北京朝阳年鉴
2014

北京市朝阳区地方志编纂委员会　编

中　华　书　局

图书在版编目（CIP）数据

北京朝阳年鉴．2014/北京市朝阳区地方志编纂委员会编．
－北京：中华书局，2014.12
ISBN 978－7－101－10633－6

Ⅰ.北… Ⅱ.北… Ⅲ.朝阳区－2014－年鉴
Ⅳ.Z521.3

中国版本图书馆CIP数据核字（2014）第293098号

责任编辑：朱　慧

北京朝阳年鉴2014
北京市朝阳区地方志编纂委员会编
*
中　华　书　局　出　版
（北京市丰台区太平桥西里38号　100073）
http://www.zhbc.com.cn
E-mail:zhbc@zhbc.com.cn
廊坊市金虹宇印务有限公司印刷
*
889×1194　1/16　32印张　44插页　1 674千字
2014年12月第1版　2014年12月第1次印刷
印数：1－2600册　定价：200.00元

ISBN 978－7－101－10633－6

编 辑 说 明

一、《北京朝阳年鉴》是一部综合性资料工具书。在中共北京市朝阳区委和朝阳区人民政府领导下，由朝阳区地方志编纂委员会《北京朝阳年鉴》编辑部组织编纂。版权属朝阳区地方志编纂委员会和《北京朝阳年鉴》编辑部。

二、本年鉴以马克思列宁主义、毛泽东思想、邓小平理论、“三个代表”重要思想、科学发展观为指导，遵循实事求是的原则，科学、客观地反映实际情况。

三、本年鉴从2005年开始逐年编纂。当年出版的年鉴，记述上一年度朝阳区政治、经济、文化、社会各领域发展变化的基本情况和重大事件，为领导决策提供可资参考的依据，为各行各业提供有价值的资料，为各方面人士了解朝阳、研究朝阳提供信息。

四、本年鉴以记述朝阳区属各系统、各单位情况为主，适当记述辖域内中央、市属单位情况，突出主体又兼顾全貌。

五、本年鉴文字内容设特载、专文、大事记、政党团体、政权政协、政法军事、产业商贸旅游、农业水务气象、功能区建设、综合经济管理、财政税务金融、城乡建设、城乡管理、科技教育、文化体育卫生、社会生活、地域、人物、统计资料、附录等20个一级栏目。除大事记、特载、专文、人物、统计资料、附录外，其余均为条目体，下设二级栏目，二级栏目下设分目，分目下设条目。

六、本年鉴所用文章和条目，均由区属各部门、各单位和驻区有关单位专人撰写或提供，并经主要负责人审核。统计数字由朝阳区统计局提供。图片由各有关单位提供。

七、本年鉴反映2013年1月1日至12月31日期间的情况，文内一般直书月、日、年内，不再书写年份。

八、为方便读者使用，本年鉴一级栏目“地域”内容，依据各街道、地区（乡）名称第一个字汉语拼音的英文字母顺序排列，第一个字相同的，按第二个字排列，以此类推。

九、本年鉴在编纂过程中，得到全区各单位的大力支持，在此一并表示感谢。年鉴中存在的不足和疏漏之处，恳请读者批评指正。

《北京朝阳年鉴》编辑部联系电话：010－65094347　65099572

地址：朝阳区日坛北街33号朝阳区档案馆5层

邮编：100020　　　　电子邮箱：cydsjb@126.com

1月29日，中共中央总书记、中央军委主席习近平到朝阳区视察慰问武警北京总队十三支队

6月15日，市委书记郭金龙（右四）到朝阳区调研大气污染防治工作

9月6日，市长王安顺（前排左二）参加北京CBD商务节

7月10日，区委书记程连元（左三）到六里屯街道道家园社区警务工作室调研

5月16日，区长吴桂英（前一）在潘家园松西东小院调研老旧小区居民互助自管工作

10月10日，区人大常委会主任佟克克（前排右三）和部分人大代表参加会前视察活动

8月6日，区政协主席辛燕琴（左四）及班子成员专题调研“平安朝阳”建设

中共北京市朝阳区委十一届五次全体（扩大）会议

北京市朝阳区第十五届人民代表大会第三次会议

政协北京市朝阳区第十二届委员会第二次会议

区人大常委会组织代表预算日活动

区政协成立“委员之家”

和平街街道组织开展“两代表一委员”进社区活动

区政协组织“聚焦国际化、提升软实力”专题议政会

2013北京CBD国际论坛

参加首届中国—中东欧国家高级别智库研讨会的各国政要参观朝阳区企业奇虎360

北京CBD国际经贸合作洽谈会暨上合组织国家专场洽谈会

北京中央文化区（CCD）发展战略研讨会

北京CBD国际经贸合作洽谈会暨东盟国家专场洽谈会

联发科技北京子公司正式进驻朝阳

第17届京港洽谈会朝阳区专场

"投资朝阳"微信平台发布仪式

悠唐–朝阳时尚消费节开幕式

朝阳区产业发展空间推介会

国家广告产业园区发展趋势研讨会

广告产业园区发展联盟成立

朝阳区APEC商务旅行卡企业俱乐部成立

奥运功能区发展联盟2013年度全体成员大会

汇丰银行北京分行与香江国际中国地产签约入驻财富金融中心

金盏金融服务园区与广发银行签订入驻协议

朝阳区第三次全国经济普查动员会

安全生产综合监管调度系统和执法终端使用培训

电子城促进楼宇经济发展培训会

安全生产大型公开课暨安全生产培训

朝阳区中小企业融资座谈会

朝阳区—高校发展合作联盟成立

区科协召开科普场馆联席会发展研讨会

海外学人中心网站——朝阳国际人才港发布

区教育系统“京剧进课堂”现场会

朝阳院士专家服务中心成立

区第一批教育外事窗口校颁牌

朝阳社区学院2013年度最具影响力事件表彰

朝阳区小学学校、家庭、社区协同教育现场会

澳大利亚总理访问陈经纶中学

全国课程改革与学校特色发展校长论坛

区广电中心庆祝第十三届记者节

朝阳区获国家公共文化服务体系示范区称号

朝阳区图书馆新馆开馆

朝阳区青联委员社区公益行暨农村地区十佳道德模范宣传活动

首都机场地区“我的梦 中国梦”百姓宣讲汇报会

大屯街道“凝聚党旗下”主题演讲比赛

朝阳书画院院长江源、画家蒋山青的“东方心象”现代水墨画展在巴黎联合国教科文组织大厦开幕

孙河乡“五虎棍”“聚友同心天平老会”被评为区级非物质文化遗产

非物质文化遗产——茅古斯舞（土家族舞蹈）

区检察院与三间房乡签署动漫社区共建协议

金盏地区图书馆开馆

“北京朝阳”政务微博科普游活动

第四届朝阳区“书香朝阳”全民阅读活动

和平街街道民间连锁博物馆揭牌

第15届全国连环画交易会在潘家园旧货市场举办

垂杨柳学区第五届师生收藏展在潘家园旧货市场举办

北京潘家园第十届全国红色收藏展览交易会在潘家园旧货市场举办

八里庄街道推行“书画进楼门 情暖回迁户”活动，居民参观楼门内书画作品

朝阳规划艺术馆举办北京国际中老年模特大赛

特级教师杨广馨工作室走进朝阳系列活动之94中机场分校书画展

小关街道举办“小关大爱”文化活动

高碑店村举办第二届龙抬头节，小学生行开笔礼

北京民俗博物馆举办“我们的节日—清明系列文化活动”

北京民俗博物馆举办“我们的节日—中秋系列文化活动”

陈广元大阿訇手书王凤桐朵斯梯石刻《古兰经》展开幕

798艺术节颁奖活动

亚运村第二届文化艺术节

朝阳区第六届首都新侨乡文化节

小朋友在香河园“亲子读书周”启动仪式上演出

2013北京外语游园会

区侨办接待加拿大华裔青少年夏令营

百星社区公益行香河园街道专场

左家庄社区文化节

百星社区公益行三里屯街道专场

朝阳区“亲子读书周”活动

驻华使节京剧体验专场活动在朝阳京剧文化艺术中心举办

“中复杯”朝阳区第六届舞蹈普及推广展赛决赛

将台地区新年音乐会

双井街道庆“七一”表演花鼓

常营代表队在朝阳区农村地区健身秧歌大赛中夺得第一名

第八届北京市文博会分会场“乐动三间房”艺术音乐节

"水立方杯"海外华裔青少年中文歌曲大赛

在奥林匹克森林公园举办"首届北京市民徒步嘉年华"活动

蓝岛大厦职工运动会

世界著名足球教练米卢与朝阳区少儿业余体校足球队运动员合影

第九届"久久俏夕阳"老年交谊舞比赛

第四届朝阳区残疾人运动会开幕式轮椅操表演

东坝乡第十六届人民代表大会第三次会议

十八里店乡第九届村委会换届选举工作动员会

第九届村委会换届选举公示选民榜

高碑店乡半壁店村第九届村委会选举大会

奥运村街道“党政群共商共治工程居民议事厅”项目获2013年度“中国城市管理进步奖”

南磨房地区“红心汇”启动

朝阳区村党组织书记培训班

朝阳区农村地区社会工作者培训

望京街道党政群共商共治问政会

小红门乡牌坊村党员教育大讲堂

大屯安慧东里“几何工作法”专家评审会

朝建公司“我与企业共成长”座谈

朝阳公安分局在东风派出所举办警营开放日活动

区检察院开展未成年人刑事案件社会调查工作理论与实践研讨

区检察院初任检察官宣誓

市高法举办朝阳法官刘黎先进事迹新闻发布会

区法院举办第一届法官沙龙活动

民盟朝阳区委学习中共十八届三中全会精神座谈会

九三学社朝阳区委学习中共十八届三中全会精神座谈会

民建朝阳区委青工委与民建重庆渝中区青工委交流

民革朝阳区委与东湖街道党委联合举办“我的梦·中国梦”主题歌曲阅读会

农工党朝阳区委被农工党中央授予“2012中国环境与健康宣传周突出贡献奖”

致公党朝阳区委向北京西藏中学捐赠英汉字典

团结湖街道举办“我的梦·中国梦”百姓宣讲活动

区财政局参加市财政局举办的“中国梦弘扬北京财政精神宣讲活动”

全国工商联到区工商联调研理想信念教育实践活动

朝阳区大学生“村官”首届演讲比赛决赛暨大学生村官宣讲团成立

望京街道开设青少年道德讲堂

台盟朝阳区工委中青支部参观鱼子山抗日战争纪念馆

区纪委的廉洁奥运主题文化园被命名为“北京市廉政教育基地”

垡头街道团工委组织社区青少年参加红色教育基地学习

区委组织部召开基层党代表培训会

区烟草局组织党员和入党积极分子参观“复兴之路”主题展

亚运村“微党建”成立

朝外街道举办党史知识讲座

区委党校研讨党风廉政建设工作

酒仙桥街道非公企业党组织工作站成立

亚运村地区商会党支部成立

来广营地区纪念建党92周年活动

朝阳区党建研究会平房地区分会成立

团结湖街道“我的梦·中国梦”百姓宣讲暨建党92周年庆祝活动

区建筑公司第一次妇代会

朝阳区服务业工会第一次代表大会

平房地区“社区便民服务大篷车”活动

呼家楼街道呼北社区第一届归侨侨眷代表大会

奥运村街道工会为职工预订返乡火车票

居民们在六里屯街道“健康直通车”接受免费体检

北京市朝阳生活垃圾综合处理厂焚烧中心项目奠基

酒仙桥旧城区改建项目奠基

“清洁空气 绿色出行 蓝天行动”公共文明引导员宣讲活动

团结湖小学垃圾减量分类宣传活动

朝阳区“典型区域PM2.5监测系统建设及监测数据分析”课题通过市科委验收

区国土分局“地球日”宣传活动

大环平原造林绿化

萧太后河污水应急治理工程

区农业执法大队渔政增殖放流

“朝阳公安林”主题植树活动

劳模代表参加“劳动者纪念林”植树活动

区综治委多元调解专项组办公室联席会议

区劳动人事争议仲裁委员会工作会

区人力社保局“春风行动”专场招聘会

区环卫职工技术练兵比赛

建外街道北郎东社区111救助工程参与“善聚公益”节目录制

太阳宫乡转居安置工作部署会

亚运村京民社区“馨予心灵驿站”启动

区人口计生委表彰“百家幸福家庭”

麦子店街道国际社区服务中心建成

黑庄户地区第十五届群星璀璨表彰会

小关街道完成“邻里中心”标准化改造

管庄地区杨闸村改造征求百姓意见

团结湖公园“人口文化园”揭幕

王四营乡纪念“世界人口日”暨老年人心理健康知识讲座

区副食品总公司为首位百岁退休职工祝寿

潘家园街道慰问老红军贺芳齐

麦子店街道养老助残中心获“全国敬老文明号”

将台地区第三届孝星表彰会

和平街街道建设法治文化广场

劲松街道启动“志愿者之家”

中国人寿北京分公司启动老年人意外伤害险

区疾病预防控制中心成立十周年

朝阳区东部医疗联合体（中日友好医院医疗联合体）启动

台盟朝阳区工委组织“同胞情”义诊活动

区工商、税务、质监、公安、卫生等部门建立“一口受理、多证联办”行政审批模式

奥运村工商所执法人员检查超市熟肉制品

区食药局组织联合检查，确保群众饮食用药安全

区国税局在办税服务大厅设立纳税诊所

区地税局“真爱家园、拒绝黑中介、远离群租房”主题宣传月活动

区地震局建设地震安全示范社区

区质监局“防灾减灾日”特种设备安全宣传

区民防局开展安全教育培训

区房管系统职工春节期间值守供暖岗位

区气象局宣传气象防灾减灾知识

区红十字会应急救护教育师资培训

朝阳区“共产党员献爱心”活动

第五届“大爱无国界”为云南贫困山区捐建水窖活动

区副食品总公司组织共产党员捐款献爱心

劲松四小学生参加首都慈善公益日捐款活动

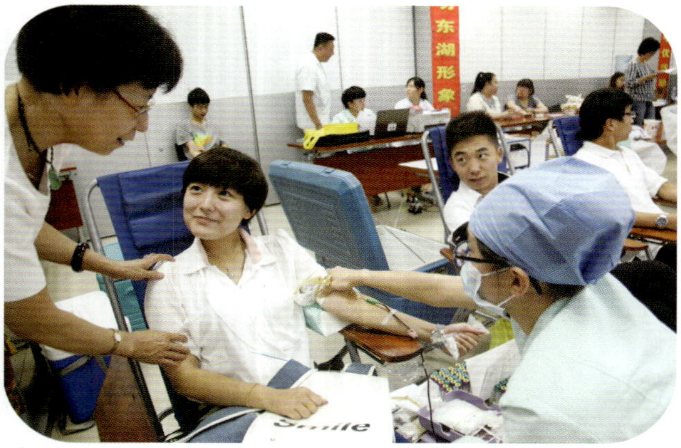

东湖地区无偿献血活动

工商银行商务中心区支行营业室组织党团员捐助贫困小学

区社会办、团区委等单位参与主办“2013西部温暖计划”

区慈善协会“美丽中国·慈善助学基金”捐书仪式

区妇联组织“恒爱行动——为孤残儿童织毛衣”活动

“阳光温暖回家路——送大学生回家过年”项目惠及朝阳区13所高校499名贫困大学生

朝阳烟草局团支部开展冬衣捐赠活动

区青联“温暖衣冬”专场捐赠活动

区社会办组织社会公益博览会

小红门地区“阳光驿站”志愿服务活动

朝阳区急救网络志愿团赴乌海开展志愿活动

安贞街道举办“梦想集结哨，安贞公益汇”活动

国家电网首都电力共产党员服务队朝阳分队开展暑期系列安全用电讲座

朝外志愿服务站——“橙房子”一周年及志愿者注册屏启用

潘家园街道党员奉献日活动

中国银行北京朝阳支行金融进万家活动

区种养中心“2013年全国食品安全宣传周”主题活动

民革朝阳区委医疗与法律咨询小组为社区居民义务咨询

工商银行亚运村支行开展金融知识进万家活动,为客户讲解识别假币常识

朝阳城管设立执法宣传服务站，国庆期间为群众提供服务

垡头街道检查烟花爆竹零售网点安全

司法行政开放日

区食药局保健食品“打四非”宣传活动

平房地区联盟商户开展安全自查互查

区武装部春节前夕慰问困难现役军人家庭

纪念延安双拥运动70周年暨庆“八一”慰问演出

区民政局（区双拥办）召开军地相互支援座谈会

武警官兵到双井垂东社区看望困难居民

百星社区公益行建外街道专场

区审计局举办内审人员法规测试

区国资委企业领导人员领导力提升研修班

朝阳循环经济产业园管理中心被认定为“北京市区县机关档案工作市级优秀单位”

地震应急示范校第一响应分队培训

区第二届行政复议委员会非常任委员换届

建设中的十八里店乡周庄三期农民回迁房A区

环境整治后的孙河乡康营小区

建设中的小红门乡农民新村

南皋组团京旺家园入驻

公租房项目东坝红松园入住

金盏金融服务园区中央绿地公园北园区建成

财富中心三期竣工

古塔郊野公园雨洪利用工程

北京国家广告产业园开园

南磨房山水文园小区新貌

目　录

特　载

专　文

大事记

政党　团体

政权　政协

政法　军事

产业　商贸　旅游

农业　水务　气象

功能区建设

综合经济管理

财政　税务　金融

城乡建设

城乡管理

科技　教育

文化　体育　卫生

社会生活

地　域

人　物

统计资料

附　录

BEIJING CHAOYANG YEARBOOK
CONTENTS

SPECIAL ISSUE

FEATURES

CHRONICLE

POLITICAL PARTIES ORGANIZATIONS

AUTHORITIES POLITICAL CONSULTATION

POLITICS AND LAW MILITARY AFFAIRS

INDUSTRY TRADE TOURISM

AGRICULTURE WATER AFFAIRS METEOROLOGY

CONSTRUCTION OF FUNCTIONAL DISTRICTS

COMPREHENSIVE MANAGEMENT OF ECONOMIES

FISCAL TAXATION FINANCE

URBAN AND RURAL CONSTRUCTION

URBAN AND RURAL MANAGEMENT

SCIENCE AND TECHNOLOGY EDUCATION

CULTURE SPORTS HEALTH CARE

SOCIAL LIFE

REGION

PEOPLE

STATISTICAL DATA

APPENDIX

特 载

解放思想 深化改革
再创朝阳科学发展民生幸福新佳绩

——在中国共产党北京朝阳区十一届七次全体(扩大)会议上的报告

中共朝阳区委书记 程连元

(2013 年 12 月 30 日)

各位委员、同志们:

下面,我受区委常委会委托,向全委会报告工作。

2013 年工作回顾

2013 年是深入贯彻落实党的十八大精神的第一年,也是为朝阳区再创发展优势奠定基础的重要一年。一年来,在市委的正确领导下,区委团结带领全区各级党组织和广大党员干部群众,紧紧围绕主题主线,牢牢把握工作定位,沉着应对风险挑战,全面完成各项任务,基本实现"十二五"规划中期目标。回顾全年工作,主要有以下三个特点:

一、抓党建促全局,执政能力持续提升

积极适应新形势下党的建设面临的问题和挑战,转作风、强基础、增活力,充分发挥领导核心作用。

凝心聚力推动科学发展。全面学习贯彻党的十八大、十八届三中全会和习近平总书记一系列重要讲话精神,广泛开展"中国梦"宣传教育,强化理论武装。加强区委常委会自身建设,完善区情通报、民主议事机制,带动区四套班子开展调研近千次,提高决策质量。加强思想政治建设,在全区树立正确的政绩观、权力观、群众观和科学的价值导向、需求导向、问题导向。深刻把握朝阳发展的阶段性特征,在安全发展、产业升级、农村城市化、文化建设、社会管理、人口调控等方面统一思想、开阔思路。巩固区四套班子团结和谐默契的良好局面,支持区人大围绕"深化监督年"主题,深化工作思路,完善工作制度,探索方式方法,加强代表工作和常委会自身建设;支持区政府依法行政、高效理政、从严治政,推进科学民主决策,实施绩效管理,提高行政效能;制定区委《关于加强人民政协政治协商制度建设的意见》实施办法,支持区政协规范协商形式、丰富协商内容,议政建言、民主监督。加强对重大决策、重要工作、重点问题的协商,增进与民主党派团结合作,凝聚力量共谋发展。

党建工作基础全面夯实。深入探索新时期党建工作思路,加强统筹、打牢根基,提高引领发展、组织社会、协调利益、服务群众的能力。落实党委管党建、书记抓党建,推行基层党组织向上级党工委汇报党建工作制度。加强处级领导班子整体建设,大规模开展党员干部教育培训,完善干部选任方式,强化分类培养,建立考德模式,建设综合监督体系,做好街乡届(任)中考察,统筹优化班子干部配备。全面推进区域化党建,深化"千名干部下基层"活动,形成党建工作项目化、党务工作网格化等载体。完成村委会换届选举,完善农村党组织引领发展机制。充实基层党务工作者队伍。开展"两代表一委员"民情联络工作,拓宽党代表履职途径。统筹人才工作,启动"CBD 国际高端商务人才发展区"建设。出台加强新时期统一战线工作意见和党外代表人士队伍建设实施意见,搭建发挥党外人士作用的平台。工会、共青团、妇联组织成为服务群众的有效阵地。

党风廉政建设取得实效。严格履行党风廉政建设责任制,加强监督检查,狠抓任务落实。把执行中央八项规定作为严明党纪的重要内容,深入开展整风肃纪专项行动。精简会议活动,厉行节约、反对浪费,全区性会议数量、公务接待费和会议活动费同比减少 29.7%、7.5% 和 17.8%。认真检查总结惩防体系建设五年规划完成情况,完善廉政风险防控"四四五五四"模式。成立预防腐败局,建立预防腐败工作联席会议制度,推进分权管权和区级权力公开透明运行,出台处级党政主要领导"三不直接分管"工作制度和党政领导班子严格执行"三重一大"事项集体决策实施办法。加强巡视工作,发现问题、形成震慑。加强廉政宣传教育,纪检监察派驻机构的监督管理作用有效发挥。创新电子监察工作,有效监管重大项目和农村"三资"。整合全区便民服务热线(平台),改进执法监察、效能监察和廉政监察工作,强化行政问责。完善反腐败组织协调机制,建立反腐资源库。加大惩治腐败力度,有案必查、有腐必惩,全年立案 39 件,同比增长 50%。

二、抓转型促增长,整体发展格局逐步形成

系统推进产业升级、功能区建设和城乡一体化发展,逐步形成功能配套、产业互补、区域联动、城乡统筹的发展格局。

经济发展稳中有进。积极应对复杂严峻的经济形势,强化资源统筹、政策引导、阶段调控、项目调度和企业“三问”服务，稳增长、调结构、促转型。以现代服务业为主导的产业结构持续优化，现代服务业收入、金融业增加值、文化创意产业收入“十二五”以来年均增长21.9%、16.2%、13.3%，服务贸易和电子商务、医药等新兴消费快速增长。“朝阳区—高校发展合作联盟”资源对接、成果转化成效初显。区属国有企业对功能区和重点工程的融资、开发、建设作用充分发挥。预计全年实现地区生产总值3959亿元，增长9%；完成区级财政收入380亿元，增长9%；城乡居民收入分别增长8.3%和10.3%。节能降耗超额完成指标任务。

功能区统筹发展态势凸显。围绕“十大发展基地”，统筹城乡、功能、项目和规划建设管理，推动功能区整体建设、集成发展。CBD核心区重点项目进入正式开工或一体化施工阶段，东扩区开发有序推进。大望京项目建设任务超额完成，电子城实现一体化发展。奥林匹克公园成功创建国家体育产业示范基地，奥体文化商务园区建设全面推进。垡头科技商务区明确“科技CBD”的产业定位，CBD—定福庄国际传媒走廊、东坝国际商贸中心区、金盏金融服务园区、温榆河绿色生态休闲区的规划建设和项目引进取得实质进展，功能区之间、功能区与街乡之间联动加强。

农村城市化难题深入破解。立足国际商务中心拓展区、配套区、服务区的功能定位，围绕“四增五减”工作目标，深入破解农村地区发展瓶颈，加快探索城市化新路径。以产业升级、腾笼换鸟为龙头，南磨房东郊市场项目改造试点取得阶段性成果。集成政策、先行先试，来广营等6个乡绿隔后续建设全面启动。土地储备15个地块基本完成腾退，土储区域农民回迁安置任务基本完成。启动16个村农民转居工作，8337名农民转为城市居民。规范村级大额资金和预算管理，强化合同联预审和规范调整，全面开展村干部经济责任审计，落实“三资”监管“1+7”政策，41个村产权制度改革扎实推进。农村地区财政收入、经济总收入分别增长20%和7%，区域贡献度明显提升，发展潜力不断释放。

三、抓环境促宜居，社会建设加速推进

直面发展现状和群众需求之间的差距，下大力气改善环境、改善民生，促进社会和谐稳定。

生态环境建设取得新进展。实施2013—2017年清洁空气行动计划，拆除192万平方米违法建设，基本完成“7543N”水务工程建设，完成平原造林全年任务，打造出东坝大环景观生态林等绿化精品。坚持整、拆、建并举，农村环境面貌明显改善。启动惠及4.7万户居民的棚户区改造五年计划，17.4万户居民受益老旧小区综合整治和供热计量改造。建设交通管理示范区，启动全国安全发展示范城市创建工作，全区安全生产大检查整改隐患8万余项，城市运行平稳有序。建立人口综合服务管理体系，全区实有人口总量持续下降。

人文环境建设迈上新水平。提出“文化强区”战略，发挥文化引领发展作用。成功创建国家公共文化服务体系示范区，形成“四全”建设模式，基本建立公共文化设施服务和数字服务网络，初步实现公共文化供给多样化、品牌化、均等化。深入推进思想道德和精神文明建设，顺利通过全国城市文明程度指数测评。构建双拥“5+5”体系机制，国防后备力量建设有效加强。搭建服务平台，形成网络社会建设“十百千”工作架构。

社会环境建设取得新成效。突出均衡、优质、特色、统筹，推进“十大民生工程”。健全城乡一体促进就业格局，新农合人均筹资标准居全市首位。新增学位1.4万个，市区级示范校、引进优质资源校实现街乡全覆盖，中、高考成绩再创新高。增加优质医疗资源供给，公共卫生服务水平稳步提高。超额完成保障性住房建设年度任务。创建养老服务社会化示范区。健全全模式服务管理体系，实施基层党政群共商共治工程，推进社区基本公共服务、小区精细化管理和各类社区创建工作，创新社区分类治理模式。打造三级社会组织服务平台，扩大政府购买服务规模，志愿服务逐步常态化、社会化、专业化。深化平安基础建设，社区民警驻区制基本实现全区覆盖。全面推行社会稳定风险评估，优化科学维稳体制机制，集中化解信访积案，妥善处置重大涉稳事件，有力维护了发展大局。

各位委员、同志们，成绩来之不易，奋斗尤为艰辛！成绩的取得，得益于全区群策群力、团结奋斗，得益于各级党组织狠抓落实、引领攻坚，得益于广大党员干部群众埋头苦干、辛勤奉献，得益于社会各界广泛参与、倾力支持。在此，我代表区委向大家表示衷心的感谢！

当前面临的形势

2014年是全面贯彻落实十八届三中全会精神的改革之年，也是加快朝阳转型发展、实现“十二五”规划的攻坚之年。党的十八届三中全会对今后一个时期全面深化改革作出了总体部署，强调要坚持社会主义市场经济改革方向，以促进社会公平正义、增进人民福祉为出发点和落脚点，进一步解放思想、解放和发展社会生产力、解放和增强社会活力，坚决破除各方面体制机制弊端，努力开拓中国特色社会主义事业更加广阔的前景。市委十一届三次全会要求我们保持良好的精神状态，进一步理清发展思路、把握发展重点，切实做好经济工作，打好治理“城市病”的攻坚战，推动全面深化改革各项工作，着力保障和改善民生，维护首都和谐稳定，奋力开创首都科学发展新局面。我们要自觉把思想和行动统一到中央和市委精神上来，以抓铁有痕、踏石留印的劲头，认真落实各项部署要求，向市委和全区人民交上合格的答卷。

当前，朝阳发展仍处于大有作为的重要战略机遇期，“三化”同步的基本趋势没有改变，市场化、国际化优势依然明显，人才、资本要素集中，科技、文化资源丰富，发展的潜力和后劲不断显现。但同时也要看到，随着朝阳进入新的发展阶段，内外环境正在发生深刻而复杂的变化。从内部环境看，区委十一届五次全会指出的朝阳发展的六个阶段性特征将继续凸显，它决定我们的发展方位、主要矛盾和突破路径。从外部环境看，朝阳正处于新一轮发展的三大周期之中，挑战和机遇并存。一是新一轮深化改革周期。十八届三中全会指出，2020年要在重要领域和关键环节改革上取得决定性成果。朝阳区作为首都改革开放的前沿，从发展乡镇企业到繁荣市场经济，从建设CBD到筹办奥运会，从绿化隔离地区建设到城乡一体化发展，从科技、文化创新到社会服务管理创新，每一次深化改革的探索都为全区发展注入了活力、创造了优势，也奠定了朝阳不断推进改革的坚实基础。没有改革创新的领先，就不会有科学发展的率先。要破解发展难题，掌握主动权、再创新优势，根本动力是改革，根本出路在改革。我们要珍惜机遇、大胆实践，做好改革这篇大文章。二是新一轮经济转型周期。当前世界经济复苏缓慢曲折，全球科技革命、产业变革与我国加快转变经济发展方式形成历史性交汇，首都经济发展也进入转方式的攻坚阶段。如何处理好改革发展稳定的关系和稳增长调结构促改革的关系，加快经济转型和产业升级，是朝阳发展躲不开、绕不过的战略问题。三是新一轮城市发展周期。先进城市的发展正在进入内涵式、高端化、协调型的阶段，更加注重提升城市品质，更加注重功能平衡布局，更加注重城乡共同繁荣，更加注重人口资源环境协调发展。区域之间、城市之间的竞争更加激烈。如何发挥朝阳的比较优势，加快转变城市发展方式，大力提升城市发展品质，以城市发展带动经济社会全面发展，成为我们必须加快破解的重大实践课题。

审视朝阳的发展环境，我们更加清醒地认识到存在的矛盾和问题，主要体现在：现代高端的建设目标与相对薄弱的基础支撑之间矛盾突出，转型攻坚的战略要求与利益固化、路径依赖的现实之间矛盾突出，城乡统筹的发展趋势与条块分割、政策滞后的现状之间矛盾突出，群众诉求的不断增多与公共服务、公共管理的供给不足之间矛盾突出。特别是人口资源环境问题尖锐，“城市病”趋于严重，产业结构和经济布局不尽合理，低级次产业清理改造任务艰巨，安全生产事故频发，社会矛盾纠纷高位运行，社会治理方式亟需改进。与此同时，一些党组织、领导班子和领导干部在狠抓工作落实、破解瓶颈难题、密切联系群众、化解社会矛盾上能力需要提高，形式主义、官僚主义、享乐主义和奢靡之风仍然存在，个别干部违法违纪影响恶劣，加强党的执政能力建设还面临着诸多考验。

面对新形势、新任务，我们要进一步统一思想、振奋精神，坚持以发展为第一要务，以转型为核心，以改革为动力，以民生为根本，突出规划引导发展、环境促进发展、管理规范发展、文化引领发展，积极探索推进科学发展、民生幸福的有效路径。要勇担发展责任。努力在完善首都功能、履行服务职责上有新作为，在促进改革开放、加速城市化进程上有新担当，在完善基础设施、改善生态环境上有新贡献，在提高治理能力、促进城市管理现代化上有新进步，着力在推进产业升级、实现“四增五减”目标、解决人口过度膨胀和违法建设屡禁不止等方面取得实效，更好地承担起服务首都的责任和使命。要遵循发展规律。切实遵循经济建设规律，发挥市场配置资源的决定性作用，全面优化发展环境，大力调整产业结构，实现协同配套、梯度发展。切实遵循城乡建设规律，注重完善功能、建管结合，实现以城带乡、互补互促。切实遵循社会建设规律，发挥群众主体作用，动员各方积极参与，实现政府治理和社会自我调节、居民自治良性互动。要提高发展质量。始终坚持安全发展、依规发展、集约发展、协同发展，追求更加尊重自然、更加尊重人的发展，追求实实在在、没有水分的发展，追求人均地均产出提高、资源有效利用的发展，追求质量、效益提高又没有后遗症的发展，让全区人民享受更多更公平的改革红利和发展成果。

2014年工作重点

2014年全区工作的总体要求是：深入学习贯彻党的十八届三中全会和市委十一届三次全会精神，以邓小平理论、“三个代表”重要思想和科学发展观为指导，解放思想、稳中求进、改革创新，着力推进重点领域改革，提高经济发展质量，提升城市综合品质，推进社会治理创新，提高党建科学化水平，坚持宗旨、改进作风，再创朝阳科学发展民生幸福新佳绩。

重点推进五方面工作：

一、突出先行先试，推进重点领域改革

制定区委关于全面深化改革的实施意见，紧跟中央、全市节奏，注重基层探索创新，从制约发展的突出问题改起，从群众期盼的领域改起，正确、准确、有序、协调地推进改革。

深化经济体制改革。创新投融资体制，落实中央、北京市鼓励民间投资相关政策，引导民间资本进入基础设施、市政公用设施、医疗、养老等领域。发展混合所有制经济，鼓励区属国有资本、集体资本和非公有资本交叉持股、相互融合。深化国有企业改革，支持国有企业重组、上市，完善现代企业制度，探索以管资本为主加强国有资产监管，增强国有经济对功能区、重大项目建设和提供公共服务的保障作用。深化“朝阳区—高校发展合作联盟”建设，建立CBD—定福庄国际传媒走廊发展建设协商机制，推进产学研协同创新。

深化行政体制改革。加快政府职能转变，强化政府在公共服务、市场监管、社会管理、环境保护等方面的履职，完善电子政务服务体系，建设法治政府和服务型政府。推进行政审批制度改革，编制《朝阳区行政审批目录》及相应管理办法，开展优化投资项目审批试点，清理不适应市场配置资源的政策规定。完善政府购买服务目录，推动公共服务提供主体和提供方式多元化。健全预算收支管理制度，增加基层财力，提高服务效能，满足群众需求。统筹推进政府机构改革，做好事业单位分类改革。

健全城乡一体化健康发展机制。践行“五规合一”的发展理念，建立公平合理、富有效率的民主参与机制、利益分配机制和发展动力机制，推进城乡一体化发展。加快道路建设管护、垃圾清运、绿地养护等公共管理职能向农村地区延伸覆盖，推进城乡基本公共服务均等化、优质化。落实农村土地制度改革政策措施，创新方式方法，维护农民权益，增加农民收益。

推进社会事业改革创新。建立健全以市场为主体、政府支持引导的就业创业促进机制。以办学体制、学校管理、课程和招生制度改革、骨干教师轮岗制度建设为突破，推进教育综合改革。深化基层医疗卫生机构综合改革，健全基层医疗卫生服务运行机制。探索管办分离、多元参与、居民自治的公共文化发展体系，推动政府部门由办文化向管文化转变，推动公益性文化事业单位建立法人治理结构。深化人口服务管理体制改革，促进人口事业发展。

二、突出核心功能，提高经济发展质量

坚持稳中求进、稳中有为，突出商务核心功能，促进经济提质增效升级，实现城乡居民收入增长与经济增长同步、区级财政收入增长与全市同步。

推进产业结构高端化。深入实施产业发展新三年行动计划，增强科技、文化创新驱动能力，提升以品牌、服务为核心的产业竞争力，加快形成与区域功能定位相匹配的产业结构。完善服务和支持体系，做优做强总部经济。促进商务服务业专业化、规模化、高端化发展。加速聚集国际金融及相关配套产业，打造光华国际金融城。积极引进龙头企业、重点项目，发展文化传媒产业。培育大宗商品、电子商务等高端要素市场，充分利用京交会、商务节、经贸活动、服贸网等平台，发展开放型经济。鼓励发展教育、医疗、家政、养老等生活服务业，调整优化批发零售、房地产等产业内部结构，发展绿色、低碳、循环经济。加强与周边区域联动协作，推动产业有序转移。完成节能降耗指标任务。

推进功能布局一体化。健全功能区之间、功能区与街乡之间的协商推进机制，形成全区整体统筹、功能区核心带动、分类推进、协同发展的一体化格局。加快“十大发展基地”建设，CBD、电子城、奥运功能区要加大龙头企业和总部引入力度，争取政策创新，推动业态创新，完善公共配套设施，强化整体建设和管理，打造高端发展品牌，提高辐射带动能力；CBD东扩区、CBD—定福庄国际传媒走廊、大望京科技商务创新区、金盏金融服务园区要加强功能培育,加快土地开发和基础设施建设,推进重点项目落地开工,完善产业配套,发展战略性新兴产业;垡头科技商务区、东坝国际商贸中心区、温榆河绿色生态休闲区要健全管理体制机制,完善规划编制,做好功能统筹,推进资源整合,培育产业环境,扩大产业规模,奠定发展基础。要发挥土地储备在促进城市化、提升产业层级、优化功能布局中的作用,按期推进土地整理上市,加快基础设施建设。

推进经济管理组织化。优化经济工作组织调度,联合开展产业促进、优化布局、服务企业等工作。落实产业项目准入制度,着力引入重大功能性项目,引导投资发挥优化城市功能、支持经济发展的作用。建立服务企业协调机制,全面落实促进经济发展六项工作机制,加强对入驻企业的前期服务和过程管理,完善中小企业服务体系,提高服务效率。

三、突出城乡统筹,提升城市综合品质

回应群众过上更好生活的期待,加快破解城乡发展难题,使朝阳更宜创业、更宜发展、更宜生活。

加速农村城市化进程。把握机遇、集中力量、加快进度、突破瓶颈,提高城市化建设水平。加大区级统筹和倾斜力度,完善低级次产业改造升级政策,拆多建少、拆低建高、拆分散建集中,以产业优化升级促进农村全域发展。控、收、调、拆、建、管相结合,综合运用绿隔试点、棚户区改造、土地储备、重点工程和新农村建设等政策手段,分类推动城乡结合部改造,加快一道绿隔试点乡建设,全面启动十八里店小武基村拆迁建设试点,完成十八里店西直河及豆各庄京津高速以南等项目拆迁腾退。启动24个村的农民转居工作。加快完成东南三乡安置房建设。以土地、产业为重点,健全农村集体"三资"监管组织运行和权力约束机制,全面推行村级预算管理,持续清理集体经济合同,坚决遏制违反规划和用途管制的土地流转。

统筹加强城乡建设管理。坚持规划引导、建管结合,提高城乡建设管理的规范化、标准化、精细化水平。抓好城乡结合部地区空间资源利用的规划研究,扩大"五规合一"实施范围,统筹产业、就业、居住、生态、文化等功能,促进产城融合。加强以农村地区为重点的基础设施建设,完善配套设施网络。扩大棚户区改造范围,加快改造进度,综合整治老旧小区,提升群众居住质量。构建城市运行综合管理体系,建立城市管理工作联席会议制度,推行分区化管理,形成统筹有力、主体清晰、权责明确、协调顺畅的城市管理机制。深化交通治理,抓好交通排堵保畅,规范市容秩序。完善应急指挥体系,提高响应联动效率,提升城市运行保障水平。

巩固提升城乡文化文明。制定实施文化强区战略,推动文化与经济、社会、城市建设管理、生态环境建设等领域相互融合促进。推动公共文化服务社会化发展,完善四级服务设施网络,健全群众评价和反馈机制,提升公共文化服务供给水平。做好全国文明城区复查工作,加强中华传统美德教育,倡导志愿服务,建立社情民意征询系统。鼓励街乡、社区(村)围绕区域文明进步和居民实际需求,创新思路、主动作为,强化管理基础,实施惠民工程。争创全国双拥模范城"六连冠",完善国防、法制、科普、社区和终身教育体系,提升朝阳人文形象。

促进城乡人口资源环境协调发展。制定《建设宜居城区,促进人口资源环境协调发展行动计划》(2014—2016年),打好治理"城市病"攻坚战。高标准做好亚太经合组织峰会环境保障工作,守住违法建设"零增长"底线,有序拆除已有违法建设;认真落实节能减排任务,降低大气主要污染物浓度;推进"9942N"水务工程,基本完成平原造林工程,实现重点区域和重点道路的环境达标。加强土地腾退后续管理,从严管理、集约利用土地、水、能源,建设资源循环利用体系。严格控制人口规模,推进以房管人、以证管人、以业控人、以税控人等措施,严格管理出租房屋,综合整治农村出租大院,集中清理群租房,抓好地下空间治理,强化房地产经纪机构管理,引导人口有序流动、合理布局。

四、突出为民惠民,推进社会治理创新

坚持共治共享,围绕保障改善民生、促进公平正义,推进系统治理、依法治理、综合治理和源头治理,促进人民安居乐业、社会安定有序。

统筹改善民生。统筹推进"十大民生工程",抓好为民办实事工作,加快公共服务、公共管理向城乡常住人口全面覆盖。强化职业技能培训,提高劳动力就业组织化、精细化程度。妥善应对入学、入园高峰,继续扩大优质教育资源覆盖面,打造开放多元现代的教育体系,促进各类教育协调发展。完善医疗联合体系及运行机制,构建新型医疗卫生服务体系,深化公共卫生工作站和公共卫生安全社区建设,提升社区卫生服务质量。发展群众体育事业,实现科学健身引导全区覆盖。加快保障房建设和配租、配售。推进养老服务综合改革,深化医养结合试点,完善社会化养老服务体系。

创新社会管理。以创建全国社区治理和服务创新实验区为契机,以社会动员体系建设为突破,有效衔接居民自治、专业服务与政府工作,推进社会服务管理创新。完善全模式服务管理体系,形成两级平台、三级管理、双向互动的闭环系统。加强社区工作统筹调度,以党政群共商共治项目为载体,推进老旧小区准物业管理、商品房小区业委会建设和保障房社区服务管理,探索农民回迁房社区建设的有效方法,提高社区规范化建设水平,增强社区自治和服务功能。建立朝阳区社会组织促进会,发挥枢纽型社会组织作用,培育发展行业协会商会类、科技类、公益慈善类、社区服务类社会组织,促进社会组织"法人治理、以社养社"。健全基层综合服务管理平台,建设职业化、专业化的社工队伍。加强服务管理,构建党委政府主导与网络群体支持参与相结合的网络社会建设格局。

建设"平安朝阳"。把安全稳定作为一切工作的前提条件,提高标准、完善制度、优化机制、夯实基础,加快"维稳"向"创稳"转变,提升群众安全感。把反恐防暴纳入维稳责任体系,建立信息预警机制,健全社会稳定风险评估、应急处置长效机制。完善社会治安防控体系,织密群防群治网络,固化社区民警驻区制和村庄社区化建设成果,创新社区和街头警务工作,抓好平安社区(村)建设,提高社会治安管理能力。突出源头维稳,推进涉法涉诉信访工作改革,集中化解历史遗留问题和群体性突出矛盾。紧抓全国安全发展示范城市创建,健全隐患排查治理体系和安全防控体系,加大重点地区、高危行业隐患治理力度,努力实现安全生产事故指标明显下降,企业主体责任和政府监管责任全面落实,坚决遏制重特大事故发生,保障生产安全和食品、药品、消防安全。推进依法治区,维护司法公正。

五、突出作风保障,提高党建科学化水平

全面落实改革任务,关键在党;办好朝阳的事情,关键也在党。坚持党要管党、从严治党,以党的群众路线教育实践活动为抓手,以作风建设为突破,推进党建科学化建设,提高科学执政、民主执政、依法执政水平。

完善党的领导方式。坚持总揽全局、协调各方,加强和改进党的领导。健全人大讨论、决定重大事项制度,落实“一府两院”向人大报告重大事项制度,深化对民生、法治等重点难点问题的监督;完善基层人大工作体系,密切代表同群众联系,提高代表履职水平。发挥统一战线的重要作用,建立民主党派直接向区委提建议制度,完善与民主党派的定期沟通、决策共商机制。强化政协作为协商民主重要渠道的作用,推进政协工作制度化、规范化、程序化建设,支持政协围绕全区发展的重大问题开展调研、建言献策,进一步丰富协商形式、增强协商实效。加强党对人民团体的领导,支持人民团体围绕做好新形势下群众工作、调动群众积极性和创造性这一中心任务,当好党和政府联系群众、凝聚群众的纽带。

扎实开展党的群众路线教育实践活动。贯彻中央“照镜子、正衣冠、洗洗澡、治治病”的总要求和市委“转作风、强组织、促发展”的总目标,以为民务实清廉为主题,聚焦反对“四风”,扎实开展活动。重点抓好处级以上领导机关、领导班子、领导干部,突出抓好执法监管部门、窗口单位和服务行业,着力解决群众反映强烈的突出问题,推进作风建设常态化、长效化。坚持分类指导、统筹推进,在区级层面,围绕基层实践,协调解决重大问题,统筹长效机制建设;在处级层面,依托“千名干部下基层”等载体,围绕中心抓落实,紧扣问题促整改,加大对基层的服务和支持力度,解决基层实际问题;在基层层面,强化党员干部的宗旨、责任、身份和荣誉意识,健全制度抓服务,千方百计解民忧,提高用群众路线推动工作的水平。通过活动的开展,实现转变党员干部作风、密切血肉联系、凝聚发展合力、解决突出问题、提升执政能力的目标。

构建宣传思想工作整体格局。坚持把实现“两个巩固”、坚定理想信念作为宣传思想工作的根本任务和着力点,加强理念创新、手段创新和基层工作创新。推进宣传思想工作与领导班子思想政治建设相结合,在全区深入学习宣传十八届三中全会和习近平总书记一系列重要讲话精神,用社会主义核心价值观统一思想、用科学理论武装头脑、用“中国梦”凝心聚力。树立“大宣传”理念,构建“大宣传”格局,加强基层宣传思想工作能力建设。以网络社会、“两新”组织、知识分子和青年群体为重点,提升思想引导和理论教育水平。

建设高素质的领导班子和干部人才队伍。坚持严格教育干部、严格选拔配备干部、严格管理干部、严格党内生活,深入落实“四个坚决不允许”的要求,发扬敢于担当、敢于碰硬、敢于创新的精神,大力倡导团结、民主、务实、勤俭之风,建设听指挥、敢担当、肯实干、真为民、严操守的干部队伍。树立正确用人导向,坚持组织部门考察、听取群众意见、党委集体决定,提高选人用人公信度。深化干部人事制度改革,完善干部推荐、测评、考核和选用机制,统筹优化干部队伍结构,健全干部综合监督体系,增强领导班子整体功能。重视基层一线干部培养,关心关爱基层干部成长,重点规划和建设好村级组织后备干部队伍。推进人才工作体制机制改革和政策创新,完善人才服务和荣誉表彰体系,加快“CBD国际高端商务人才发展区”建设,打造“国际人才宜聚区”和“创新人才宜聚区”。

推进区域化党建工作。加强基层服务型党组织建设,构建区域化党建格局,扩大党的组织、工作、服务覆盖,建立统筹联动机制,完善区域化保障体系,推进各领域党建工作创新,充分发挥党组织的战斗堡垒作用。扩大党内民主,健全民主集中制,探索建立党员定期评议基层党组织领导班子、党员旁听基层党委会议制度,深化党代表“民情联络”工作,全面试行乡党代会年会制。加快党委系统信息化建设,推进党务公开。探索建立机关、企事业单位党组织和在职党员在属地的“双报到、双服务、双评议”制度,加强对党员特别是流动党员的教育管理服务,提高党员发展质量。加强基层党务工作者队伍建设,让他们履职得重视、工作有条件、发展有前途,推动基层党建创新发展。

加强廉政建设和反腐败斗争。认真落实党风廉政建设责任制,强化党委主体责任和纪委监督责任。深入落实改进工作作风、密切联系群众各项规定,持之以恒纠正“四风”,强化整风肃纪。制定朝阳区2013—2017年惩防体系五年规划实施意见,强化反腐倡廉制度保障。加强对党的纪律执行情况的监督检查,维护法规制度严肃性,提高制度执行力。推进权力结构科学化配置、运行规范化监督和廉政风险信息化防控体系建设。加大巡视工作力度,做好民主评议,完善监督制约机制,规范党员干部履职行为。抓好示范教育、岗位廉政教育和警示教育,深入开展廉政文化创建活动。加强基层干部教育管理,推进基层民主管理、民主监督。加大惩治腐败力度,以反腐败的实际成效取信于民。

各位委员、同志们,形势催人奋进,使命激励前行。在新的一年里,我们要牢牢把握正确方向,善抓善用发展机遇,以时不我待的责任担当、改革创新的时代精神、一心为民的真挚情怀,开拓进取、再创佳绩,更好地推进朝阳科学发展、民生幸福!

朝阳区人民政府工作报告

——2014年1月7日在朝阳区第十五届人民代表大会第四次会议上

朝阳区人民政府区长　吴桂英

各位代表：

我代表朝阳区人民政府向大会报告工作，请予审议，并请各位政协委员提出意见。

2013年工作回顾

2013年，是“十二五”规划承上启下的重要一年，是经济社会深度转型的关键之年。在市委、市政府和区委的坚强领导下，在区人大、区政协的监督支持下，我们紧紧依靠全区人民，牢牢把握朝阳发展的阶段性特征，直面矛盾、攻坚克难，圆满完成了全年任务，经济社会发展取得了新的成绩。

一、调整转型、稳中向好，综合经济实力进一步增强

坚持在攻坚中稳增长、调整中促转型，聚焦重点功能区、重点产业，健全协调联动机制，努力扩大消费、稳定投资，全力确保了经济平稳增长。预计地区生产总值超过3950亿元、增长9%，城乡居民人均收入增长8.3%和10.3%。实现区级财政收入380亿元，增长9%。万元GDP能耗下降4.1%。

产业结构持续优化。商务服务和金融业的支撑作用进一步稳固，实现营业收入和利润分别占现代服务业总量的63%和84%。金融业实现区级收入增长15.2%，对全区增收的贡献率达到18.4%。文化创意产业规模进一步扩大，实现收入约占全市1/4，实现利润增长25%。高新技术产业聚集态势明显，电子商务等新兴行业发展提速。国际商务服务和贸易功能更加完善。跨国公司地区总部达到100家，实际利用外资和进出口总额分别增长6.3%和4%。专利申请和授权量分别增长10.3%和33.1%。

功能区建设深入推进。加快“十大发展基地”建设，CBD核心区“中国尊”等重点项目开工，公共配套设施完成年度建设任务，CBD东扩区华北电网科研总部楼开工，电子城9个项目竣工，大望京45%项目结构封顶，中国国学中心、奥体南区等建设加快推进，东坝、金盏园区的土地开发和基础设施建设加快实施，CBD－定福庄传媒走廊、垡头、温榆河等区域的规划编制取得重要进展，功能区发展质量和辐射带动作用不断增强。CBD中心区新增企业3300余家，税收过亿元楼宇达到43座。电子城实现总收入突破4000亿元。奥林匹克公园成为全国首个国家体育产业示范基地。

农村地区转型发展取得新突破。围绕“四增五减”目标，积极争取市级政策支持，在解决农民转居转工和土储代拆问题、推进农村地区产业发展和城乡结合部环境整治等方面，取得实质进展。孙河、来广营8337名农民实现转居。探索城乡结合部改造和城市化的新路径，南磨房东郊市场等地区拆迁改造取得重要成果。农村“三资”监管全面加强，产权制度改革稳步推进。加强对农村土地出租合同的管理，收回土地7600余亩。实施“腾笼换鸟”和产业升级改造，10个项目建成开业，农村地区财政收入和农村经济总收入分别增长20%和7%，对全区发展的贡献明显提升。

二、综合施策、精细管理，城市建管水平进一步提高

面对全市要求和群众期待，以敢于担当、敢于碰硬的精神，签订责任书，立下军令状，全面开展环境整治攻坚战，高标准推进城市建设和综合治理。

生态环境建设取得新成效。实施清洁空气五年行动计划，淘汰老旧机动车5.5万辆，改造燃煤锅炉1151蒸吨，关停高污染企业，严控工地扬尘，严管渣土清运，推进呼家楼小庄社区煤改气试点、农村地区减煤换煤，全力降低大气主要污染物浓度。严厉打击违法用地违法建设，拆除违法建设750余处、190多万平方米。实施环境专项整治，清除各类脏乱点2000余处。深化垃圾分类管理，垃圾分类达标率达到65%以上。实施平原造林，加大老旧小区、道路和水系绿化，新增、改造绿化800公顷。以“7543N”为重点的水环境建设深入推进，完成了7处下凹式立交桥积水点和5条中小河道治理，在全市率先建成4个郊野公园雨洪利用工程，北小河、亮马河、坝河五环路以内水质有效改善。

城乡建设加快实施。全年开复工面积4295万平方米，占全市25%。以产业功能区和居住区为重点的道路建设、维修和改造工作有效推进，启动20条主次干路建设，改造断堵头路20处，广渠路二期四环至五环段主路实现通车，开通全市首条潮汐车道。新增停车位2.2万个。四惠交通枢纽周边、13个新开通地铁出站口周边环境得到改善。启动惠及4.7万户居民的棚户区改造五年计划，通惠河北路边角地、酒仙桥危改等项目正在加快实施。土地储备稳步推进，15个地块完成拆迁，9个地块实现上市，回笼资金112.9亿元，1.8万农民回迁上楼。

安全管理力度全面加大。强化底线意识，加强基层基础工作，推进安全生产标准化建设。深入开展安全生产大检查，清理了一批出租大院、群租房和低级次市场，落实责任，消除安全隐患。整合食品药品监管职能，强化生产、流通、消费全过程监管。严厉打击黑车运营。加强灾害天气和重污染日预报预警，应急处置能力不断提升。健全多元调解平台，积极化解矛盾纠纷和信访积案。深化基层平安建设，开展治安重点地区排查整治，推行社区民警驻区制，全区治安形势保持稳定，可防性刑事案件下降9.4%。

三、贴近需求、改善民生，社会服务管理水平进一步提升

深化“大民生”工作格局，把改善民生和创新服务管理放在更加突出的位置，坚持优质、均衡、特色、统筹，全力推进“十大民生工程”建设，发展社会事业，改善群众生活。

基本公共服务水平不断提高。完善就业政策体系，强化对农民和大学生就业的指导、培训和服务，优化就业环境，城镇登记失业率控制在0.92%。教育优质均衡发展水平进一步提升。新增学位1.4万个，北京中学西坝河校区、首师大附属朝阳实验小学开学，中高考成绩、学生体质健康测试成绩居全市前列。在全市率先探索以三级医院为核心的医疗联合体建设，全区27个社区卫生服务中心实现了与驻区大医院的常规转诊、分级医疗、远程会诊，管理运行经验在全市推广。安贞医院、北京中医医院入驻东坝、垡头地区获得市级批复，垂杨柳医院改扩建工程房屋征收工作全面启动。积极支持社会力量开展社区养老、居家养老服务。区第二福利中心结构封顶。基本建立公共文化设施服务和数字服务网络，我区成为全国首批"国家公共文化服务体系示范区"。

社会服务管理深入推进。健全"大人口"工作格局，多措并举，加强人口调控。采取拆违控违、产业升级、出租房屋管理、地下空间整治等综合措施，全年减少流动人口17.4万人。积极探索具有朝阳特色的"共治共享"社区治理模式，开展社区分类治理，推进老旧小区准物业管理和村庄社区化管理，建成69个智慧社区和81个六型社区。

集中精力为群众办实事。畅通群众诉求渠道，建立"一线一网一平台"便民服务信息网络，办理各类实事1160多件，解决了一批群众关心的实际问题。为65岁以上老人提供免费体检8.3万人次。建立新农合血液透析中心，农民个人自付款从2.6万元减至6620元。完成了200多万平方米老旧小区综合整治和1790多万平方米热计量改造任务。开工建设各类保障房1.7万套、竣工1.4万套。严格资格审核，加快保障房的配租配售，全区52%的备案家庭解决了住房困难问题。

各位代表，过去一年，在区委的坚强领导下，区政府坚持依法行政、从严治政、高效理政，坚决落实中央"八项规定"和市委市政府的相关要求，认真执行区人大及其常委会决议和决定，认真听取区政协、民主党派和人民团体意见，认真办理人大议案和人大代表建议、政协委员提案。严格履行党风廉政建设责任制，切实转变作风。严格控制"三公"经费，公务接待费和会议活动费同比减少7.5%和17.8%。建立区政府常务会人大代表列席制度，发挥政府决策咨询专家委员会、政府法律顾问团和特约监督员作用，努力提高政府依法行政和决策科学化水平。出台政府工作规则、机关事务管理等制度，加强行政效能监察和绩效管理，着力提高行政效能，全力推进了工作落实。

成绩来之不易。这是市委、市政府和区委坚强领导的结果，是区人大、区政协监督支持的结果，是全区上下奋发有为、开拓进取的结果。在此，我代表区政府，向奋战在各条战线上的全区人民，向人大代表、政协委员、各民主党派、人民团体、社会各界人士，向大力支持我们工作的驻区中央、市属单位和解放军、武警部队、公安干警，表示崇高的敬意和衷心的感谢！

回顾一年工作、审视朝阳发展，我们清醒地认识到，在发展中还面临很多挑战和难题。主要体现在：发展的质量和效益还有待进一步提高。产业结构和经济布局不尽合理，发展中的不平衡、不协调、不可持续问题依然突出。破解人口资源环境矛盾任务艰巨。"城市病"趋于严重，人口过快增长、大气污染、交通拥堵、部分地区环境脏乱等问题突出，必须痛下决心进行治理。农村地区发展压力和社会矛盾交织凸显。产业发展效益相对较低，人口结构复杂，利益诉求多元，民生问题与社会问题相互交织，社会管理任务空前加重。城乡结合部安全管理基础薄弱，违法建设、非法经营屡禁不止，安全隐患治理任务艰巨。政府自身建设还需要进一步加强。个别单位履行职责不到位、基础工作不扎实，个别公务员存在享乐主义和庸懒散现象，"重审批、轻监管"、"脸难看、事难办"现象依然存在，政府职能转变还有大量工作要做。

2014年工作任务

2014年是全面贯彻落实党的十八届三中全会精神的改革之年，也是加快朝阳转型发展、实现"十二五"规划的攻坚之年。党的十八届三中全会提出了全面深化改革的宏伟蓝图，市委市政府对首都发展做出了重要部署，必将激发巨大的发展活力。作为首都改革开放的前沿，朝阳区市场化、国际化程度高，"三化"同步、发展超前，面临的矛盾和问题在全市具有典型性，区域发展具有很强的先行先试和导向作用，改革红利在朝阳将体现得更加综合、更加全面、更加明显，将对我们的工作提出更高要求。

面对新的形势，2014年政府工作的总体要求是：深入学习贯彻党的十八届三中全会和市委十一届三次全会精神，按照区委十一届七次全会部署，着力推进重点领域改革，着力深化结构调整，着力破解人口资源环境难题，着力推进城乡一体化，着力加强精细化管理，着力保障和改善民生，转变发展方式，转变政府职能，推动朝阳经济社会持续健康发展，保持社会和谐稳定。2014年的主要预期目标是：地区生产总值增长7.5%，城乡居民人均收入增长7.5%，城镇登记失业率控制在1.5%以内，区级财政收入增长9%，万元GDP能耗完成市下达任务。

新的一年，我们要进一步解放思想，坚持稳中求进、改革创新，以民生为导向，以法治为基础，勇于担当、直面矛盾，奋力开创朝阳科学发展新局面。

一、推进重点领域改革，增强区域发展活力

突出重点，把握节奏，处理好政府与市场的关系，抓好重大改革措施的细化落实，增强发展内生动力。

深化经济体制改革。创新投融资体制，落实中央、北京市鼓励民间投资相关政策，引导民间资本进入基础设施、市政公用设施、医疗、养老等领域。完善政府债务管理制度，控制债务总量，防范债务风险。深化国有企业改革，探索国有企业分类管理。支持非公有制经济和中小微企业健康发展，推动驻区各类企业之间的优势互补、融合发展。完善科技创新服务体系，推进国家级科技与文化融合示范基地建设，促进产学研用协同创新。

深化行政体制改革。推进行政审批制度改革，做好市级下放审批事项的承接和对应调整，开展优化投资项目审批试点，编制朝阳区行政审批目录及管理办法。加快行政审批服务平台建设，推进投资审批网上统一办理，优化流程，压缩工作时限。深化工商登记制度改革，将个体工商户验照、企业年检制度改为年度报告制度，推进工商登记便利化。优化调整卫生、计生等部门的机构设置。积极稳妥推进事业单位分类改革。

推进社会事业领域改革。建立健全以市场为主体、政府支持引导的就业创业促进机制。以办学体制、学校管理、课程和招生制度改革、骨干教师轮岗制度建设为突破，推进教育综合改革。深化基层医疗卫生机构综合改革，健全基层医疗卫生服务机制。探索管办分离、多元参与、居民自治的公共文化发展体系，推动政府部门由办文化向管文化转变。推动公益性文化事业单位建立法人治理结构。

二、深化结构调整，提高经济发展质量和效益

把握国际商务中心的功能定位，整合资源、创新机制，促进经济提质增效升级,增强区域综合竞争力。

优化需求结构。完善城乡便民商业体系,鼓励连锁企业、品牌企业和老字号企业进社区,大力发展文化、养老、健康等服务消费,加快研究和争取鼓励信息消费的政策,培育新的消费增长点,稳定扩大消费规模。发挥投资对城市功能的引导作用,集中精力推进一批重点产业项目落地和重大基础设施开工,加快环境整治和公共服务设施建设。扩大社会资本投资领域。加大经营性用地供给,提高产业投资比重。坚持国际化视野,发挥比较优势,抓住京津冀一体化发展以及首都经济圈建设的重大机遇,积极参与国际经济合作与竞争。

优化产业结构。以产业内部结构优化升级为主攻方向,进一步强化国际商务中心和现代服务业领先优势。坚持高端高效、集群生态的方向,在深入实施现代服务、金融、文化创意、高新技术产业发展三年行动计划的基础上,大力发展互联网金融、电子商务等新兴业态,规范提升批发零售、住宿餐饮、居民服务等生活性服务业,培育发展教育、科技、文化、体育、卫生、养老等领域的非基本公共服务业。积极争取政策支持,促进科技、金融、文化、商务融合发展。深化跨国公司外汇管理改革试点,鼓励发展小额贷款公司等各类金融机构,增强金融服务能力。主动开展与国内外知名要素市场的合作,推动大宗商品等要素市场高端化发展。梳理发展政策和机制,优化投资服务环境,促进央企、民企总部和重大功能性项目落地。清理一批、改造一批、关停一批高耗能、低级次市场,坚决退出不符合城市功能定位的低端业态。

优化空间布局。更加注重CBD、电子城、奥运等高端功能区的辐射带动作用,促进功能区之间的联动、协调发展。整合利用农村地区土地资源,推动国际商务中心功能的集群扩张。有序推进“十大发展基地”建设,打造新的发展空间。加快CBD核心区三星(中国)总部等8个项目、奥林匹克公园三大国家级文化设施、电子城6个产业项目建设,大望京70%项目结构封顶,推进CBD—定福庄传媒走廊产业项目聚集。加快金盏、温榆河、东坝等区域的土地开发和上市。抓住政策机遇,加快中关村朝阳园建设,促进电子城、大望京、垡头等区域协调发展。

三、破解人口资源环境难题,增强可持续发展能力

坚持标本兼治、综合管理,打持久战、攻坚战,加快解决影响城市形象和持续发展的关键问题,不断提升区域生态文明水平。

坚决控制人口过快增长。以控制总量、优化布局、改善结构为重点,疏堵结合,降低常住人口增速,减少流动人口总量。加强区级统筹,分解落实街乡人口调控指标,实行重点督查考核。推进以房管人、以证管人、以业控人等措施,严格管理出租房屋,综合整治农村出租大院,集中清理群租房,抓好地下空间治理,强化房地产经纪机构管理,引导人口有序流动、合理布局。

坚决抓好大气污染治理。深入实施清洁空气五年行动计划,以压减燃煤、控车减油、治污减排、清洁降尘为重点,明确任务,落实责任,完善措施。推进老旧小区煤改气、农村地区减煤换煤,淘汰黄标车,加强渣土运输、道路遗撒、工地扬尘的综合治理,确保空气中主要污染物浓度完成市下达指标。加强空气污染应急管理。提高绿化建设和管理水平,新增280公顷城市绿地,完成市下达的平原造林任务,提升生态环境质量。

全力推进水环境和垃圾治理。加强水资源分析和监测,将防洪与治污结合、水务与绿化结合,提升水环境质量。推进水利工程建设,开展东南郊干渠等9条河道治理,完成大望路等9处下凹式立交桥积水点治理,建成雷桥水库(二期)等雨洪利用工程。开展温榆河、通惠河、坝河、北小河等绿廊建设,打造“水清、岸绿、安全、宜人”的河湖生态环境。继续推进垃圾分类处理,加强废旧物资回收市场的规范管理,加快生活垃圾综合处理厂焚烧中心项目建设,提升垃圾处理能力和管理水平。

加强资源统筹管理。坚持产业、人口、空间、土地利用、生态规划“五规合一”,加强城乡规划统筹,提高区域综合承载能力。加快推进土地储备,力争拆出一批、上市一批、建设一批、绿化一批,拓展城市建设和发展空间。加快基础设施建设,推动水、电、气、热等重大市政设施落地。做好重点项目房屋征收工作。健全绿色发展的体制机制,加强资源集约利用和管理,对建设项目实行主要污染物总量控制管理,促进绿色发展。

四、把握关键环节,推进城乡一体化发展

树立全区一盘棋思想,健全城乡一体化健康发展机制,将财政投入向农村地区倾斜、基础设施向农村地区延伸、公共服务向农村地区覆盖,力争在农村地区转型发展上取得新突破。

全力破解城市化发展难题。坚持因地制宜,“控、收、调、拆、建、管”相结合,多措并举,分类推动城乡结合部改造。实行一乡一策,启动来广营、太阳宫等第一道绿化隔离地区6个试点乡建设,力争用3—5年时间基本实现城市化,统筹解决农民安置、产业发展和转居等遗留问题。以小武基村为试点,创新政策,探索城乡结合部综合改造新模式。继续利用棚户区改造、土地储备和新农村建设政策,加快城乡结合部的拆迁建设。推动豆各庄等7个乡、40个村的农民转居工作。

全力提高农村地区发展水平。按照国际商务中心拓展区、配套区、服务区的发展定位,紧紧围绕“四增五减”目标,提高农村经济发展质量和效益。加快农村产业用地的建设和利用,严格产业项目准入,退出小、散、低产业,拆多建少、拆低建高、拆分散建集中,以产业优化升级促进农村地区发展。深化东坝等4个乡产权制度改革。落实“1+7”政策,提升农村“三资”监管水平,推动乡村集体资产的良性发展和农民的持续增收。

全面加强农村地区综合治理。统筹联动,综合施策,开展城乡结合部以及环境脏乱、安全隐患突出区域的专项整治。下决心清理一批有严重隐患的出租大院,整治一批“三合一”、“多合一”生产经营场所,严厉打击违法非法生产经营行为。加强源头治理,持续加大土地资源管理和土地出租合同清理力度。加强农村社区标准化建设,推进村庄社区化管理全覆盖。

五、加强精细管理,提升城市服务管理水平

以做好APEC峰会服务保障为契机,全区动员、全力以赴,加强环境整治、精细管理,努力营造和谐稳定的社会环境。

高标准做好峰会服务保障。制定和细化服务保障方案预案,全力做好场馆周边环境保障工作。集中整治二环、三环、四环和京承、京平、机场高速等峰会沿线环境,精心做好环境布置和绿化美化。深入开展精神文明创建活动,提升市民文明素质和城市文明程度,为峰会召开营造良好氛围。

全面加强市容环境整治。形成高压态势,坚决控制和拆除违法建设。对于新增违法建设实现“零容忍、零增长”。对于存量违法建设,加大力度,分阶段、有重点拆除。全面开展环境达标建设,集中整治背街小巷、城乡结合部等脏乱死角,拆除违规广告牌匾,粉刷重点地区临路建筑物外立面,清理乱堆物料、暴露垃圾和白色污染。重拳治理小广告、黑车、露天烧烤、无证无照游商等城市痼疾顽症,保持良好环境秩序。

持续改善交通出行条件。加大拆迁力度,推进东坝南二街等主次干路建设。推进道路微循环建设，实施百子湾路、京沈豆各庄出口等交通堵点改造，提高道路通行能力。加大自行车道和人行步道整治，增强绿色出行吸引力。挖掘潜力，新增一批停车位。强化停车管理，鼓励学校、大型社区开展定制公交服务，增开社区循环巴士，加快解决"最后一公里"问题，方便居民日常出行。

完善长效管理机制。强化属地责任和部门监管责任，健全"横向部门联动、纵向职能下沉"的工作机制。将日常管理与监督执法有机结合，规范联合执法工作流程和标准，加大联合执法力度。推动区级部门执法和管理力量下沉，强化街乡协调和调度职能，制定社区、村级安全管理规范和标准，夯实管理基础。整合资源，全面推进网格化管理体系建设，提高管理精细化水平。完善各类应急预案，提高突发事件的预警、防范和处置能力。

维护区域安全稳定。深入推进全国安全发展示范城市和北京市安全生产标准化示范区创建工作。坚持专项检查与日常监管相结合，及时排查和消除安全隐患，坚决防止重特大安全事故发生。进一步加强一氧化碳防控系统建设。组建区、街乡两级食品药品安全委员会，加大监管力度，提升监管水平。深化基层平安建设。进一步完善机制，落实责任，积极推进疑难积案化解，把社会矛盾纠纷解决在基层、解决在萌芽状态。深入推进平安示范小区创建工作，健全社会面防控体系和治安防控网络，严厉打击各类违法犯罪行为，不断提高群众安全感。

创新社会服务管理。以创建全国社区治理和服务创新实验区为契机，以社会动员体系建设为突破，促进政府工作与社区居民自治、专业服务的有效衔接。利用信息化手段和网格化管理基础，完善全模式服务管理体系。加强社区分类治理，推进老旧小区准物业管理，提高社区规范化建设和管理水平。创新公共服务供给模式，加大政府购买公共服务力度。深入开展六型社区、智慧社区、环境优美小区和"三无"小区创建工作，提升社区宜居环境。深化一刻钟社区服务圈建设，方便群众生活。

六、围绕百姓需求，促进民生持续改善

进一步创新机制、完善政策，坚持"保基本、兜底线、促公平、可持续"，提高基本公共服务水平，促进社会文明和谐，努力使发展成果惠及全区人民。

改善居民居住条件。加快酒仙桥危改以及六公主坟、北湖渠、西直河、永安里等重点区域的棚户区改造步伐。推进城中村、边角地以及历史遗留项目的拆迁建设。加大老旧小区综合整治力度，完成290万平方米抗震加固和节能改造任务。推进2万套、150万平方米保障房建设。严格资格审核，加快配租配售。研究和完善相关政策，推进平房乡全市首个集体土地公租房建设。

完善就业和社会保障体系。健全就业促进机制，引导企业和培训机构建立高技能人才培养和公共实训基地。开发就业岗位10万个。探索农民就业服务新机制，设立社区就业服务站点，提升农民就业组织化、市场化程度。扩大社会保障覆盖面。实施养老服务综合改革，深化医养结合试点，推进养老服务社会化示范区创建工作。完善多层次社会救助体系，加大困难群体帮扶力度。

促进教育卫生事业发展。坚持教育优先发展战略，强化教育督导，继续扩大优质教育资源覆盖面，大力促进教育公平，打造开放多元现代的教育体系，促进各级各类教育协调发展。将教育资源和教育资金更多地投向农村地区和教育薄弱地区，逐步缩小城乡和校际差距。加快北京中学建设步伐。增加学位1万个，有效应对入学、入园高峰。优化医疗资源布局，加快推进望京、常营、来广营等地区的大医院建设。完成垂杨柳医院改扩建工程的征收拆迁，力争实现开工。建成麦子店、东坝、潘家园社区卫生服务中心。完善运行机制，实现医疗联合体服务全覆盖。新建135套全民健身工程，提高居民健康水平。

加强文化文明建设。巩固和提升公共文化服务体系建设水平，促进服务标准化、均等化。推进常营、劲松和香河园等地区文化中心改造，实施公共电子阅览室达标工程。区图书馆实现开馆。加强文物修缮、保护和利用，促进文博事业发展。健全文明城区建设长效机制，深入开展群众性精神文明创建活动，加强未成年人思想道德建设，不断满足群众的精神文化需求。争创全国双拥模范城"六连冠"。加强国防、法治和科普教育。

各位代表，新形势、新任务对政府自身建设提出了新要求。在新的一年，我们将坚持依法行政，严格按照法定权限和程序行使权力、履行职责、接受监督，坚决贯彻区人大及其常委会决议，认真听取区政协、民主党派和人民团体的意见，进一步提高政府公信力和执行力，建设法治政府和服务型政府。一是切实转变政府职能。在简政放权的同时，进一步加强政府在公共服务、市场监管、社会管理、环境保护等方面的履职，把政府该管的事情管好管到位。全面实施首问负责制、限时办结制，坚决杜绝推诿扯皮、办事拖沓现象。坚持用法治思维和法治方式破解发展难题，推动法治城区、法治政府、法治社会一体化建设。二是始终坚持从严治政。加强政府绩效管理，强化行政效能监察，减少和规范一批行政审批事项，提升一批重点窗口地区和行业，完善一批奖惩考核机制。坚决执行党风廉政建设责任制，强化权力运行制约和监督体系。加强财政预算管理，深化重大项目资金的风险防控，严格控制政府运行成本，严格控制"三公"经费。三是全面加强作风建设。扎实开展群众路线教育实践活动。按照中央、市委和区委要求，聚焦"四风"问题，转变干部作风，密切与群众联系，解决突出问题，提高行政能力。探索建立政府部门一把手对话群众制度，落实领导干部接访制度，让更多的部门、街乡主要负责同志与群众交流，使政府的各项工作更好地根植于群众、取信于群众、造福于群众。对于群众集中反映的重点问题，挂账督办、重点解决，使群众反映的问题有回应、有落实，使政府各项工作更加符合群众的要求和人民的期待。

各位代表，让我们在市委、市政府和区委的坚强领导下，以更加振奋的精神状态，更加务实的工作作风，开拓进取，奋发有为，为朝阳科学发展、民生幸福而努力奋斗！

名词解释

1. 电子商务：是指依托网络进行货物贸易和服务交易，

并提供相关服务的商业形态。核心是建立在互联网信息技术基础上的商务活动，具有交易成本低、经营效率高、受众覆盖面广等诸多优势，对培育新兴消费方式、增强城市综合竞争力发挥着积极作用。具体细分为在企业之间（Businessto Business，简称B2B）、企业和消费者之间（Business to Consumer，简称B2C）、个人之间（Consumer to Consumer，简称C2C）、政府和企业之间（Government toBusiness，简称G2B）通过网络通信手段缔结的交易和服务。

2. 十大发展基地：朝阳区"十二五"规划纲要提出要着力抓好十大发展基地的建设，即CBD核心区、CBD东扩区、奥林匹克公园核心区、电子城北扩区、垡头科技商务区、温榆河生态绿色休闲区、CBD定福庄国际传媒走廊、金盏金融服务园区、大望京科技商务创新区、东坝国际商贸中心区。十大发展基地是促进六大功能区建设的重要抓手,是朝阳区未来发展新的增长极。朝阳区力图通过十大基地建设,将功能提升、产业调整、均衡发展等任务落到实处。

3. 四增五减:按照转变思维方式、发展方式、管理方式的要求,努力实现农村地区经济总量、税收收入、农村集体收入、城乡居民收入增加,违法建设、流动人口、治安案件、安全事故、非正常群体访减少的目标。

4. 国家体育产业示范基地:根据《国家体育产业基地管理办法(试行)》的规定,国家体育产业示范基地是指经国家体育总局命名的、在体育产业某领域具有重要影响力和较强竞争力的机构。

5. 农村"三资":指农村集体经济组织的资金、资产、资源。

6. 清洁空气五年行动计划:2013年,国务院和北京市相继发布了《大气污染防治行动计划》(即空气"国十条")和《北京市2013—2017年清洁空气行动计划》。北京市要求各区县编制实施相应计划,并与各区县签订了清洁空气行动计划目标责任书。《朝阳区落实北京市2013—2017年清洁空气行动计划实施方案》(即"清洁空气五年行动计划")是关于未来五年全区大气污染防治工作的综合性工作方案。主要包括八大重点任务和三大保障体系、各类大气污染防治措施50项,涉及全区25个部委办局和42个街道(地区)办事处(除机场街道)。总目标是到2017年,区域空气中PM2.5年均

浓度比2012年下降30%以上,控制在60微克/立方米左右。

7. 平原造林工程:是北京市依据城市总体规划、土地利用总体规划和绿地系统规划中确定的"两环、五水、九楔"平原地区生态空间结构要求,按照"转变发展方式、促进绿色增长,森林拥抱城市、绿色引领生活"的理念,在平原地区营造大面积、高水平、有特色、多功能的城市森林,构建树种丰富、结构合理、自然协调、稳定健康的森林生态体系,以提高首都的生态承载能力、绿色增长能力和可持续发展能力的绿色生态工程。

8. 潮汐车道:即可变车道(Reversible lanes),在英式英语中多用Tidal flow来表示,所以也叫"潮汐车道"。是指在不同的时间内变化某些车道上的行车方向或行车种类的一种交通组织方式,具有随早晚高峰而变、根据早晚潮汐交通量设置车道可变数等特点。

9. 棚户区改造:根据《关于加快推进棚户区(危旧房)改造的通知》(建保〔2012〕190号),棚户区改造是指对城市规划区范围内,简易结构房屋较多、建筑面积较大、使用年限久、房屋质量差、建筑安全隐患多、使用功能不完善、配套设施不健全的区域进行改造。北京市将平房区院落修缮项目、危改项目、城中村边角地项目、新增棚户区改造和环境整治项目等四类纳入了棚户区改造和环境整治工作。

10. 安全生产标准化建设:《北京市人民政府办公厅关于进一步推进企业安全生产标准化建设工作的意见》(京政办

发〔2013〕10号)确定朝阳区、海淀区、顺义区、大兴区和北京经济技术开发区为本市标准化建设示范区。安全生产标准化是指通过建立安全生产责任制,制定安全管理制度和操作规程,排查治理隐患和监控重大危险源,建立预防机制,规范生产行为,使各生产环节符合有关安全生产法律法规和标准规范的要求,人、机、物、环处于良好的生产状态,并持续改进,不断加强企业安全生产规范化建设。

11. 社区民警驻区制:是指社区民警依托社区警务室,全天候不间断开展群众工作、社区管理服务、社会矛盾化

解、实有人口管理、出租房屋管理、信息搜集等警务活动的一项基本工作制度。

12."大民生"工作格局:在全区层面建立跨部门、跨地区协调联动和资源整合的工作机制,在组织保障、超前谋划、资源利用、政策制定等方面,通过加强城乡统筹、部门统筹、区域统筹等,积极调动社会力量参与,形成组织推进有力、部门配合顺畅、政策衔接紧密、资源利用高效的局面,全面推进民生工作开展,促进社会和谐。

13. 十大民生工程:朝阳区"十二五"规划纲要提出要着力抓好十大民生工程,即教育质量提升工程、健康服务便捷工程、公共文化惠民工程、交通出行优化工程、宜居环境塑造工程、智能城市服务工程、就业服务创新工程、社会保障提升工程、平安朝阳建设工程、社区服务拓展工程。围绕群众最关心、反映最强烈的十个方面,明确约束性的考核

指标,列出带动性强的重点项目,排出关系长远的重大任务,确保在改善民生方面取得实实在在的效果。

14. 医疗联合体:简称"医联体",又称"医疗服务联盟"和"医疗服务共同体",是指在卫生行政部门统一规划片区内,由三级、二级医院和社区卫生服务机构组成的跨行政隶属关系、跨资产所属关系的医疗机构联合体,实行常规转诊、分级医疗、远程会诊影像传输等运行机制,构建区域内分级医疗、急慢分治、双向转诊的诊疗模式。养老服务社会化示范区按照2013年北京市民政工作会议部署要求,在全市推进"一区一品"民政工作品牌。朝阳区充分发挥综合实力强、养老服务基础好的优势,积极应对人口老龄化,加快推进养老服务社会化进程,以实现养老服务投资主体多元化、运营模式多样化、服务对象公众化、管理服务标准化、服务队伍专业化为目标,与市民政局协议共建北京市养老服务社会化示范区。

15. 国家公共文化服务体系示范区:是文化部、财政部在"十二五"期间共同开展的一项战略性文化惠民项目。根本目的在于推动各地研究和解决公共文化服务体系建设面临的突出矛盾和问题,探索建立公共文化服务体系可持续发展的长效保障机制,为同类地区提供借鉴和示范,为国家制定相关政策提供科学依据和实践经验。创建工作自2011年开始,每两年一个周期,计划开展三批示范区创建。2013年9月,第一批31个创建示范区、45个创建示范项目通过评审验收。2013年11月6日,在国家公共文化服务体系示范区(项目)创建工作会上,文化部、财政部对通过创建验收的城市进行了统一授牌。

16. 老旧小区准物业管理:指在不具备物业管理条件、暂时无法推行正规物业管理的老旧小区成立居民准物业自治管理组织,按照低于一般物业管理的收费标准,为居民提

供基本的物业服务。

17. 村庄社区化管理:是指把城市社区管理经验移植到农村,目的是进一步提升农村文明程度、加强农村社会管理、推进社会管理创新,是统筹城乡发展、加快城乡一体化建设的有益探索。具体包括:完善"三站两室"(巡防工作站、流动人口服务管理工作站、警务工作站、民调室、监控室)、治安岗亭、便民设施等内容。

18. 智慧社区:指利用物联网、云计算、移动互联网、信息智能终端等新一代信息技术,通过对各类与社区居民生活密切相关

信息的自动感知、及时传送、及时发布和信息资源的整合共享,实现对社区居民"吃、住、行、游、购、娱、健"七大要素的数字化、网络化、智能化、互动化和协同化,让"五化"成为居民工作、生活的主要方式。

19. 六型社区:北京市民政局根据《关于开展评选北京市建设和谐社区示范单位的工作意见》(京民社区发〔2011〕142号),提出以环境整洁、管理规范、服务完善、安全稳定、健康幸福、文明祥和为目标,建设干净、规范、服务、安全、健康、文化"六型社区"。

20. 一线一网一平台:2013年4月,区政府出台《关于进一步转变作风,切实解决群众热线反映问题的意见》,提

出充分运用全模式社会服务管理系统和现有便民服务电话工作网络,进一步整合政府各部门热线和为民服务网络,建立以"81890000"便民服务热线、朝阳区政府门户网站和全模式社会服务管理系统平台为核心的"一线一网一平台"的便民服务信息网络,实现一号受理、多线联动,形成方便、畅通、高效、及时的政府公共热线和网络服务体系。

21."三公"经费:指政府部门人员因公出国(境)经费、公务车购置及运行费、公务招待费。互联网金融是互联网与金融相结合的新兴领域,指借助于互联网技术、移动通信技术实现资金融通、支付和信息中介等业务的新兴金融模式,包括第三方支付、P2P(Peer to Peer,即"人人贷")、众筹融资等模式。

22. 中关村朝阳园:2012年10月13日,国务院发布《国务院关于同意调整中关村国家自主创新示范区空间规模和布局的批复》(国函〔2012〕168号),在北京市十六个区县设立中关村国家自主创新示范区分园,在朝阳区设立中关村科技园区朝阳园,政策区面积为26.1平方公里,包括电子城东区(6.11平方公里)、电子城西区(2.02平方公

里)、电子城北区(3.37平方公里)、健翔园(3.88平方公里)、望京地区(2.71平方公里)和垡头中心区(8.01平方公里)。

23. 平安示范小区:是指在老旧居民小区开展以物防技防改造为主的平安创建活动,目的是进一步提升老旧小区

治安防范能力和规范管理水平、提升居民安全感和满意度,主要包括:建设视频监控系统、改造门禁设备、规范停车管理、加强网格化防控以及流动人口管理等内容。

24. 全民健身工程:是指由国家体育总局统一组织,各级体育行政部门利用体育彩票公益金作为启动资金,捐赠给街道办事处、乡镇人民政府、社区居委会、行政村以及公园、学校、企事业单位等,由受赠单位兴建,旨在开展全民健身活动的公益性体育设施。

25. 两级平台、三级管理、双向循环的闭环系统:是指区和街乡两级全模式社会服务管理系统平台,区、街乡、社区(村)针对网格化事务的三级管理,"自上而下"派遣案件和"自下而上"请办案件相结合的闭环流程。

26."三无"小区:以"无暴露垃圾、无堆物堆料、无乱涂乱为标准,针对小区公共部分实行有效管理的居民住宅小区。

朝阳区人民代表大会常务委员会工作报告

——2014年1月8日在朝阳区第十五届人民代表大会第四次会议上

朝阳区人大常委会主任　佟克克

各位代表:

我受朝阳区第十五届人民代表大会常务委员会的委托,向大会报告工作,请予审议。

2013年的主要工作

2013年是全面贯彻落实党的十八大精神的开局之年,是实施区"十二五"规划承前启后的一年,也是区人大常委会确定的"深化监督年"。一年来,区人大常委会深入贯彻落实区委十一届五次全会的工作部署和本届人大第三次会议决议,在中共朝阳区委的领导下,按照"四个坚持、四个服务"的总体目标要求,以深化监督工作为重点,依法有效行使宪法和法律赋予的各项职权,为推进朝阳科学发展和民生幸福提供了民主法治保障。

全年共召开常委会会议6次、主任会议6次;共审议议题46项,听取审议"一府两院"专项工作报告7项,计划、预算、决算、审计等报告7项,作出决议、决定9项。坚持考核考试和任命标准,依法任免国家机关工作人员67人次;接受闫军辞去区人民政府副区长,王立辞去区人民检察院检察长,金华民、杨泰峰辞去区人大常委会委员职务的请求,向大会报告备案。圆满完成了本届人大第三次会议确定的各项任务。

一、围绕"深化监督年"主题,全面提升人大监督工作水平

监督权是常委会使用最广泛、最经常的一项职权。本届常委会把届首之年作为"基础工作年",确定了五年的工作目标、重点任务和总体要求。在此基础上,把2013年确定为"深化监督年",以深化监督为统领,推动人大各项工作不断深入。

(一)明确了深化监督的工作思路

以提高人民代表大会会议质量为核心,加强对区域经济社会发展全局层面的监督;以增强人大常委会监督实效为关键,加强对"一府两院"重点工作、专项工作的监督;以推进代表议案、建议落实为重点,加大力度解决关系群众切身利益的问题。

一方面,围绕提高监督实效,不断丰富监督形式,完善监督手段,增强监督刚性;另一方面,拓展监督内容的广度和深度,把加强人大监督与促进"一府两院"内部监督相结合,把解决实际问题与促进制度建设相结合。

(二)初步形成了深化监督的制度体系

常委会针对人大监督中的重点环节,依据宪法和法律赋予人大及其常委会的职权,注重加强制度建设,制定了落实深化监督工作的"1+4"文件。

“1”是关于深化监督工作的十六条措施，明确了三项重点任务，即强化服务保障，提高人民代表大会会议质量；完善工作方式，增强常委会监督实效；加大督办力度，推进代表建议落实。“4”是4项配套措施和办法，对深化监督的各项任务进行分解。制定规范性文件备案审查工作细则，促进备案审查工作制度化；出台专题询问暂行办法，探索运用法定的刚性监督形式；研究进一步加强代表建议、批评和意见办理工作的机制，保障代表建议权的落实；提出加强对乡人大工作指导的意见，充分发挥乡人大在推进基层民主法治建设中的作用。

“1+4”文件的出台，进一步健全了监督工作机制，既指导了“深化监督年”的工作实践，也为今后开展监督工作提供了制度保障。

（三）探索了深化监督的方式方法

着力提高人民代表大会会议质量。抓好代表会前活动环节，采取部门集中汇报——代表分团讨论——主任会议听取汇报的模式，使代表意见提前进入各项工作报告的修改阶段，充分发挥会前活动作用。设立人大代表预算日，开展预算编制的专题培训，为代表了解预算、审查预算打好基础；坚持大会预备会议与会前活动相结合，会议安排更紧凑，保证代表能够集中精力审议各项工作报告。建立会议期间代表分团讨论审议发言整理反馈机制，常委会对本届人大第三次会议期间代表提出的256条审议发言意见进行了汇总，并向区政府集中反馈，为政府改进工作提供参考。本次大会还首次尝试安排代表大会发言，鼓励代表围绕我区经济社会和民生领域的热点、难点问题，发表有深度、有价值的意见建议。

努力增强常委会监督实效。按照“让会风实起来、文风活起来、委员和代表的积极性调动起来”的要求，丰富审议的形式，提高审议质量。首次将询问环节嵌入常委会审议过程中，常委会先后围绕食品安全、农村“三资”管理、文化事业发展、农村产业升级等议题开展了询问活动，既增进了委员和代表与政府的互动，又提高了政府工作的透明度。提升常委会工作委员会调研质量，要求调研意见要言之有物、问题明确、建议具体、操作性强，主任会议也加强了对调研意见的把关。提高审议发言质量，鼓励常委会组成人员敢于指出问题、剖析原因，不说空话、套话。通过一系列改进，常委会的监督从程序和内容上得到进一步加强。

大力推进代表建议落实。坚持重点督办、分类督办、统筹督办、跟踪督办相结合，积极探索机制创新。对代表建议合理分类，按照办理权限和办理要求，将代表建议分为四类，从源头上解决建议办理结果认定标准不清、责任不明的问题。建立建议办理终结机制，明确代表建议的“出口”。截至去年底，本届人大第三次会议期间代表提出的368件建议，76件超出本区权限的D类建议已向代表反馈，并由代表联络室集中整理报送市人大按照建议的性质统一向市政府有关部门反映；区属权限、交区有关部门办理的292件建议全部办复。其中，79件A类建议中，除3件建议因立项计划等待批复等原因不能保证年底前落实，其他76件建议均得到有效落实；169件B类建议中，有27件建议列入2014年承办计划；44件C类建议中，8件建议得到落实或推进，其余继续加强与市相关部门协调。恢复北京藏医院南侧社区道路、麦子店地区枣北社区居民楼通邮及更换新邮箱、安华里社区部分楼房电力增容等群众反映强烈或呼吁多年的一批问题得到解决，受到了群众的赞扬。

一年来，常委会坚持高标准、高水平、高质量的工作要求，在深化监督的工作思路、制度体系、方式方法等方面做了有益尝试，人大监督工作整体上向前推进了一步。

二、围绕推进经济社会科学发展，认真履行法定工作职责

常委会紧紧围绕全区科学发展的重点任务和关系民生幸福的热点难点问题，认真履行宪法和法律赋予的各项职责。

（一）抓好议案督办工作

本届人大第三次会议确定了“关于加强水系整治，营造优美生态环境”和“关于转方式、调结构，提升农村地区产业发展层级”两项议案。为确保议案办理实效，常委会分别成立了由主管主任牵头、相关委室参加的督办工作组，制定了议案督办方案和折子工程，认真做好督办工作。

一是突出监督重点。在与政府相关部门沟通的基础上，把群众反映强烈、代表关心关注的重点河道水质还清、农村产业项目审批等问题作为两个议案督办的着力点，争取重点突破。

二是深入调查研究。坚持议案督办与议题督办相结合，围绕重点水域整治、农村产业项目建设等主题，组织委员和代表有针对性地开展多次视察调研活动，并听取区政府有关部门工作汇报，及时掌握议案办理进展情况。

三是创新督办方式。组织部分人大代表列席区政府项目审批等会议，将监督范围由执行环节向决策环节延伸；先后组织五次询问活动，增加了监督深度；组织开展了污水处理和水环境治理、农村产业发展专题培训，提升监督水平。强化委室联合监督、市区乡三级代表联动、定期与政府部门沟通等机制，形成了工作合力。

在区政府及各部门共同努力下，议案办理工作取得了一定成效。水务议案方面，区政府围绕落实“7543N”水利工程建设的总体任务，累计投入资金42亿元，完成了工程总量的85%，区域防洪能力显著提高、水环境质量明显改善。同时，完善水环境长效管理机制，提升区域水资源环境承载能力。

农村产业发展议案方面，区政府制定了规范引导农村产业升级和项目建设的政策文件，重启项目联审会机制，一批项目规划、立项手续获得批复，部分重点项目即将开业；黑庄户和东坝等乡规划制约、产业升级改造试点等难点问题取得积极进展。

（二）认真开展计划和预算监督

计划和预算监督是常委会依法履行监督职责的重要内容，也是落实“深化监督年”主题的重要措施之一。常委会依法听取审议计划、财政预算决算和审计工作报告，审查批准了2012年度财政决算，初步审查了2014年预算草案的主要内容，促进年度计划有序落实，财政资金依法、高效使用。

“十二五”规划中期实施情况是重点监督内容。常委会确定了财经工委牵头、其他委室配合的联合监督思路，制定了实施方案，将主要指标的完成情况、“双十工程”的实施情况、重点领域改革的推进情况作为监督的重点内容，对41个专项规划和规划纲要涉及的700多项工作任务进行分解，明确责任委室。并采取实地调研、听取第三方评估意见和网络征集建议等方式，全面了解“十二五”规划实施情况。针对规划实施中面临的困难和问题，提出了加快推进三次产业内部结构深度调整、加大农村基础设施投入力度、完善重大行政决策程序、拓宽民营经济的发展空间等建议，并结合实际批准了部分指标调整方案，推进“十二五”规划的落实。

积极探索加强计划和预算监督的新方法和新途径。常委会首次开展了对本届人大第三次会议关于计划和预算审查意见落实情况的跟踪监督，由主任会议专题听取区政府落实审查意见的研究处理方案，常委会审议审查意见的落实情况，推进大会决议的落实。

认真贯彻《北京市审计条例》,运用绩效审计结果,对区教育资金使用管理情况进行专项监督,通过对重点部门、重点资金的监督提高预算监督水平。

(三)加强对民生热点难点问题的监督

城市建设与管理一直是常委会关心关注的热点。针对我区老旧小区设施设备陈旧、安全隐患较大的情况,听取审议区政府老旧小区节能改造抗震加固工作报告,从完善政策规定、强化质量管理、拓宽资金渠道等方面提出意见建议。区政府加强组织领导,在全市率先启动节能抗震改造住宅试点项目,改造面积327万平方米,惠及居民4.7万户。围绕建立全模式管理体系,听取区政府工作汇报,督促区政府完善评价奖惩制度、强化工作监管,进一步提升社会服务管理水平。常委会还对大气污染防治工作进行了跟踪督办,开展了绿化、缓解交通拥堵等工作的专项调研。

"三农"问题是常委会监督工作的又一重点领域。随着城市化快速推进,集体"三资"(资产、资金、资源)管理成为广大农民关注的焦点,为此常委会听取审议区政府关于农村集体"三资"管理情况的报告,针对管理中存在的三方监管体系有待完善、合同管理需要强化等问题,提出了严格依法行政、完善防控体系、加强监督考核等意见建议,督促政府进一步完善监管组织体系和全程监控体系,确保资金安全完整、资产保值增值和资源合理利用。重点村回迁房建设事关群众切身利益。常委会邀请有关乡人大共同参与此项议题监督工作,在实地视察调研和听取工作汇报的基础上,提出建议,督促政府加快回迁房建设进度,让周转的群众按时回迁。

常委会高度关注社会事业发展。针对朝阳区人口老龄化的基本区情,在2010年督办养老议案的基础上,听取审议区政府关于朝阳区养老服务设施建设情况的报告,督促区政府落实养老设施建设三年行动计划,完善养老服务体系,提高养老事业发展水平。听取审议区政府关于推进我区文化事业发展情况的工作报告,推动政府对接百姓文化需求,建立覆盖城乡的公共文化服务网络,大力发展公共文化事业,增强区域发展的动力和活力。常委会还对科技创新工作进行专项调研,督促政府完善科技创新体制机制,以科技服务经济社会发展。跟踪督办医疗卫生议案后续办理工作,区政府加快垂杨柳医院改扩建项目等重点工程和区域医联体建设,全区医疗卫生事业发展扎实推进。

(四)积极推进基层民主法治建设

监督推进依法行政,维护司法公正,促进社会和谐,是常委会的重要职责。常委会加强对司法工作的监督,听取审议区检察院关于未成年人刑事检察工作情况的报告,提出完善未成年人刑事检察工作制度、强化法制宣传教育、加强检察队伍专业化建设等意见建议。区检察院坚持"教育为主、惩罚为辅"的原则和"教育、感化、挽救"相结合的理念,探索出"捕诉监防"一体化工作新模式,全面保障未成年人合法权益。司法所是司法行政工作的基础,常委会围绕所务工作开展、办公用房配备等情况开展调研,听取区政府专题汇报,提出相关意见建议,促进基层司法所规范化建设和职能发挥。跟踪督办区法院知识产权案件审判工作,推动我区知识产权保护工作的健康发展。

高度重视信访工作。把做好人大信访作为督促"一府两院"依法行政、公正司法的重要手段。一年来,共受理人民群众来信来访342件587人次,办结率达到96%,积极化解社会矛盾,维护和谐稳定。

加强对乡人大工作的指导。制定了《关于加强对乡人大工作指导的若干措施》,从完善工作机制、发挥乡人代会作用入手,加强对乡人大工作的业务指导、法律监督和工作联系。各乡人大依法履行职责,在推进地区科学发展、解决民生问题、完善乡村管理、维护安全稳定等方面发挥着越来越重要的作用。

三、围绕推进全年任务有效落实,加强代表工作和常委会自身建设

做好人大工作,代表是主体,常委会是关键。常委会紧紧抓住服务保障代表履职、提高自身工作水平和加强机关基础工作,积极培育"理性、平和、严谨、务实"的代表履职文化和"勤奋好学、严谨务实、和谐宽松、讲情重义"的机关文化,为完成全年任务提供了坚实保障。

(一)加强服务保障,发挥代表作用

代表联系选民、了解选民诉求是代表履行职责的基础。代表工作室根植于选区,为代表联系选民提供了固定场所和平台,是通过法治化、制度化的方式来反映和解决选民需求的途径,是托起人民代表大会制度的基石。为充分发挥代表工作室作用,促进代表密切联系选民,常委会组织召开了代表工作室成立一周年交流研讨会,广泛听取街乡、代表和选民的意见,研究解决代表接待选民、选民意见处理等重点难点问题,推进代表工作室的规范化、常态化运转。各人大街道工委、地区代表小组结合自身工作实际,创新方式,完善功能,充分利用代表工作室开展代表接待选民、代表向选民述职、代表小组集中学习以及专题调研等活动,形成代表工作室建设百花齐放的局面。2013年,341名代表走进代表工作室,接待选民8101人次,收集选民反映的问题1245件。其中,经过多方努力协调,已经解决659件。人大工作在汇聚民意、表达诉求中得到了新的推进和发展。

同时,常委会围绕代表履职需求,认真组织代表调研视察、政府半年工作通报、服务代表知情知政等工作,开展了代表议案、建议撰写知识培训,服务保障代表更好履职。全年共有1256人次代表参加了常委会及各工作委员会组织的集中调研视察等活动,代表的广泛参与为常委会做好各项工作提供了有力的支持。

做好市人大朝阳团各项服务保障工作。组织市人大代表向常委会、区人大代表述职,密切市、区代表联系。加强市、区代表联动,发挥市代表优势,由市人大朝阳团代表反映的朝阳区绿化隔离地区建设中的困难和问题,得到了市政府主要领导的重视,促进了问题的解决。

(二)加强常委会自身建设,提高履职能力

坚持把理论学习放在首位,组织学习党的十八届三中全会、市十一次党代会和区委十一届五次全会等会议精神,增强大局观念、群众观念和法治观念,使常委会始终围绕中心开展工作,始终保持正确的政治方向。坚持常委会读书班、定期学法等制度,组织常委会组成人员及工作委员会成员学习人民代表大会制度、监督法、预算法、审计法等人大业务知识,提高依法履职能力。

加强制度建设,修订了《北京市朝阳区人民代表大会常务委员会议事规则》,明确了专题询问和规范性文件备案审查工作相关内容,从制度上落实了"深化监督年"工作的重要成果。建立人大代表列席区政府常务会制度,增强了常委会委员和代表对区情的把握。

(三)加强人大机关和干部队伍建设,夯实工作基础

严格落实中央、市委、区委关于改进工作作风、密切联系群众的有关规定,改进机关文风、会风,在保障各类会议活动和视察调

研中,体现了节俭务实、周到顺畅。

坚持以机关文化建设为统领,发挥机关党组织作用,通过开展读书活动、学习培训和挂职锻炼等措施,促进干部成长,增强了机关活力,机关学习研究的氛围日渐浓厚。加强与街乡联络员的联系沟通和工作培训,进一步提高了服务代表的意识和水平。

以《朝阳人大》杂志、《朝阳人大信息》、朝阳人大网站和朝阳报、朝阳有线作为工作交流和对外宣传的重要渠道,积极推进常委会信息公开,及时反映街乡人大工作动态,广泛宣传人大代表履职事迹,为坚持和完善人民代表大会制度,推进民主法治建设营造良好的舆论氛围。全年《朝阳人大》杂志出刊5期,多角度反映了51名代表的履职事迹和个人风采,《朝阳人大信息》出刊110期,继续保持全市人大系统前列位置。

常委会还组织完成了14名区人大代表补选工作。配合市人大常委会开展了传染病防治法、北京市实施归侨侨眷权益保护法办法、北京市动物防疫条例等法律法规实施情况的检查。

各位代表,一年来,常委会按照“深化监督年”的工作主题,求真务实,积极探索,圆满完成了本届人大第三次会议确定的各项任务,“四个坚持、四个服务”的总体工作目标顺利推进。区委对人大工作高度重视,区委常委会多次专题研究,区委主要领导多次提出明确指示和要求,为人大常委会开展工作提供了有力的支持。我们真切的感受到,一年来成绩的取得,是区委正确领导的结果;是全体常委会组成人员和人大代表共同努力的结果;也是区政府、区法院、区检察院积极配合,各人大街道工委、地区代表小组辛勤工作,广大人民群众关心、帮助、支持的结果。在此,我代表区人大常委会,向各位代表、“一府两院”、人大街道工委、地区代表小组,向所有关心、支持人大工作的同志们、朋友们,表示衷心的感谢!

在总结工作的同时,我们也深切地感受到,常委会的工作还存在很多问题和不足,主要是:监督方式仍需完善,监督工作的针对性和实效性需要进一步增强;代表工作室建设发展不平衡,需要继续健全工作机制,推进代表密切联系选民,有效表达民意诉求;对乡人大工作的指导需要继续加大力度,乡人大发挥作用的空间还有待拓展;对照中央、市委、区委关于改进作风的要求,常委会调查研究的深度不够,机关作风建设需要进一步加强。对此,我们将在听取各位代表意见的基础上认真研究,不断改进。

2014年的主要任务

2014年是我区全面贯彻党的十八届三中全会精神、开展密切联系群众主题实践活动的重要一年,也是本届常委会确定的“深化代表工作年”。当前,朝阳区已经进入转型发展的关键阶段,面临深化改革、经济转型、城市发展的三大任务。区人大常委会要在中共朝阳区委的领导下,深入贯彻党的十八届三中全会和区委十一届七次全会精神,以作风建设为主线,以发挥代表作用为切入点,认真履行各项职责,努力做好人大工作,为推进我区科学发展民生幸福做出新的贡献。今年,常委会将重点抓好六项工作。

一是继续深入学习贯彻党的十八届三中全会精神。三中全会强调,发展社会主义民主政治,必须以保证人民当家作主为根本,推动人民代表大会制度与时俱进,推进人民代表大会制度理论和实践创新。常委会要深入学习、准确把握全会精神,结合落实“四个坚持、四个服务”的总体目标要求,勇于实践,敢于探索,以实实在在的成果坚持好、落实好人民代表大会制度。

同时,结合纪念人民代表大会制度建立60周年,协助做好区委人大工作会议的筹备工作,落实市委人大工作会议精神,系统总结本届常委会的工作思路、具体措施,推动我区人大工作迈向更高水平。

二是继续推进经济社会科学发展。以计划和全口径预算决算监督为重点,推进我区重点工作、重点任务的落实。继续跟踪监督“十二五”规划实施,推动政府加强年度计划与“十二五”规划的衔接,保证规划的顺利实施。推进预决算信息公开、审计结果公开,促进预算的规范运行和有效使用。探索人大代表参与预算的事前绩效评估,提高财政资金分配的科学性和透明度。

农村产业发展是一项长期而艰巨的任务。常委会将把“关于转方式、调结构,提升农村地区产业发展层级”议案作为本届人大的跨年度议案,制定阶段性工作目标,持续跟踪督办,督促政府加快重点项目审批和经济薄弱地区的发展,解决当前存在的突出矛盾,以产业升级推动农村可持续发展。

三是继续推进民生改善。围绕事关群众切身利益、群众普遍关心的热点难点问题,综合运用听取专项工作报告、执法检查、视察调研等方式,推进问题解决,让发展成果更多更公平惠及人民群众。

跟踪督办医疗卫生事业发展议案,努力解决就医难问题,提高人民健康生活水平。开展大气污染防治相关法律法规的执法检查,督促政府加强绿化建设和管理,推进生态环境建设。监督推进农民转居转工、重点村整治和新型农村社区建设,加快农村城市化。

对食品药品监管、安全生产、物业管理、机动车停车管理、旅游业发展等工作开展专项调研,推进有序发展、稳定发展。

四是继续推进法治朝阳建设。保证法律法规在本行政区域内的遵守和执行,推进“一府两院”依法行政和公正司法,是人大及其常委会的重要职责。抓住政府行政复议、法院行政案件审判两项重点,促进政府不断提高依法行政水平。

充分发挥人大信访的作用,加强信访工作分析和预警分析,促进“一府两院”完善制度,改进工作。

深化与各乡人大的工作联系,督促各乡进一步落实关于加强对乡人大工作指导的若干措施,充分发挥乡人大在促进科学民主决策、推进地区经济社会建设、维护群众切身利益等方面工作中的作用。

五是继续加强和深化代表工作。围绕“深化代表工作年”主题,拓宽代表知情知政的渠道,开展多种形式的学习培训,坚持市、区代表联动,搭建代表履职的多元化平台,把代表工作进一步做深、做实,做出成效。

进一步加强代表工作室建设,紧紧围绕“人大代表密切联系群众”主题开展活动,充分发挥代表密切联系选民的优势和作用,更好地反映人民意愿、维护人民利益。

深入落实常委会《关于进一步加强代表建议、批评和意见办理工作的实施办法》,做好代表建议的审核会商、分类及督办等工作。加大建议办理力度,跟踪督办、推进解决一批代表集中关注的问题。建立代表建议办理工作信息库,跟踪检查建议承办部门答复代表意见的落实情况,提高建议落实率。

六是继续加强常委会自身建设,不断提高履职能力和工作水平。按照区委统一部署,深入开展群众路线教育主题实践活动,坚决反对形式主义、官僚主义、享乐主义和奢靡之风,进一步改进机关文风、会风,加强统筹协调、团结协作,营造良好的工作氛围,提高服务保障能力。深化调查研究,察实情、办实事、出实招,努力做到程序不空转、决议不空泛、审议抓重点、监督有成效。探索使用专题询问、工作评议等监督方式,加大监督力度,提高监督水平。深化人大常委会与人大街道工委、地区代表小组的联系,加强指导,整体推进人大工作。

今年是常委会确定的"深化代表工作年"。常委会将认真学习贯彻北京市即将颁布的代表法实施办法和代表建议、批评和意见办理条例,加强与代表的联系,切实发挥代表在参与"一府两院"专项工作监督、计划预算监督、开展法律法规执行情况检查、反映民意诉求推进问题解决、督促改进机关工作作风等方面的作用,确保全年各项任务的顺利完成。

各位代表,朝阳发展的新形势、新任务,对人大及其常委会的工作提出了新的要求。人大工作要与时俱进,必须符合朝阳区当前发展的阶段性特征,必须适应新的发展形势,必须契合民意需求。我们要认真贯彻落实党的十八届三中全会精神,在区委的领导下,不负使命、奋发有为,为推进朝阳科学发展、民生幸福而努力奋斗。

名 词 解 释

1."四个坚持、四个服务":区十五届人大常委会的总体工作目标要求,即:坚持正确的政治方向,坚持依法有效履行职责,坚持充分发挥代表的主体作用,坚持民主务实的工作作风;更好地为推进科学发展服务,更好地为推进民生幸福服务,更好地为推进民主法治建设服务,更好地为代表依法履职服务。

2."1+4"文件:"1"是关于深化监督工作的若干措施;"4"是规范性文件备案审查工作细则,专题询问暂行办法,进一步加强代表建议、批评和意见办理工作的实施办法以及加强对乡人大工作指导的若干措施等四项配套措施和办法。

3.代表建议分类:分为ABCD四类,(1)区属权限、具备当年能够解决条件的为A类。(2)区属权限、需跨年度分步落实的为B类。(3)区属权限、需协调市相关职能部门解决的为C类。(4)超出本区职权范围的为D类。

4.7543N水利工程建设:即7条河道治理工程、5个再生水厂建设、4项郊野公园雨洪利用工程、3条河道水质还清工程、N项水务重点工程。

5.区域医联体建设:全区按照医疗资源和行政区划,将朝阳区分为北部、中部、东部、南部4个片区,每个片区内建议由三级、二级医院和社区卫生服务机构组成的跨行政隶属关系、跨资产所属关系的医疗机构联合体,实行常规转诊、分级医疗、远程会诊影像传输等的运行机制,构建区域内分级医疗、急慢分治、双向转诊的诊疗模式。

中国人民政治协商会议
北京市朝阳区第十二届委员会常务委员会工作报告

——2014年1月6日在政协北京市朝阳区第十二届委员会第三次会议上

朝阳区政协主席 辛燕琴

各位委员:

我受政协北京市朝阳区第十二届委员会常务委员会委托,向大会报告工作,请予审议。

2013年工作回顾

2013年,区政协常委会贯彻落实中共朝阳区委总体工作部署,服务全区工作大局,按照"四个再上新台阶"的工作目标,牢牢把握团结民主两大主题,认真履行政治协商、民主监督、参政议政职能,为推进朝阳科学发展、民生幸福做出积极贡献。

一、围绕朝阳科学发展,协商议政工作深入推进

常委会重视推进政治协商制度建设,积极开展多种形式的协商议政活动,为推进党政科学民主决策发挥出应有作用。

深化政治协商制度建设。2013年初,中共朝阳区委根据中共十八大关于健全社会主义协商民主制度的要求,为充分发挥人民政协作为协商民主重要渠道作用,提出依据《中共朝阳区委关于加强人民政协政治协商制度建设的意见》(以下简称区委《意见》),制定相关实施办法,规范人民政协政治协商操作规程。区政协主动承担任务,召开政协党组会议、主席会议、常委会议和专题座谈会广泛征求意见。经充分调研论证,配合区委起草了《关于<中共朝阳区委关于加强人民政协政治协商制度建设的意见>的实施办法》(以下简称《实施办法》),对协商议题的提出和确定、协商活动的安排和准备、协商活动的形式和内容、协商成果的整理和报送、协商意见的办理和反馈、政治协商的保障和服务作出明确规范。期间,区委书记对《实施办法》作出批示,会同区相关领导来区政协专题对《实施办法》进行调研。11月份,经区委常委会议审议通过并正式印发。区政协积极配合区委研究制定并落实年底前政治协商计划,12月份专题就区委全会报告、区政府工作报告、政协委员届中增补工作等重要议题开展了协商讨论。《实施办法》的探索和实践,为推进我区协商民主广泛多层制度化发展起到了示范引领作用。

推进协商议政广泛多层开展。十二届二次会议期间,委员们对事关全区经济社会发展的重点问题开展集中协商议政,提出200多条有价值的意见和建议,提交了321件提案。党派联席会议邀请区长通报区情,征求区民主党派、工商联对区域经济社会发展的意见和建议,研究确定调研课题。常委会议、主席会议就区水环境综合治理工程建设和国家公共文化服务体系示范区创建工作,邀请主管副区长到会通报情况,开展专题协商。常委会议听取区政府提案办理工作情况通报、建议案办理情况答复,并提出意见和建议。各专委会与区委、区政府20多个职能部门开展对口协商,优化工作措施,推动了不少难题的解决。

共谋区域经济持续发展。为推进朝阳民营经济发展,经济科技委员会与区发改委、区金融办、民建朝阳区委、工商联、驻区金融机构和部分企业联合召开促进区域民营经济发展与转型升级座谈会、中小企业融资恳谈会,提出建立"一站式办公"综合服务平台、完善银企全面合作和融资平台机制、建立民营企业互助资金、简化融资程序等建议和措施,助力民营企业健康发展。针对年初全球经济下行、国内宏观经济增速放缓的形势,经济科技委员会与首经贸大学、致公党朝阳区委联合主办"宏观经济形势与经济转型发展"论坛,与会专家学者对比国内外经济发展阶段性特征、经济转型和产业结构调整态势,就我区经济发展存在的问题和发展前景进行深入剖析,提出许多推进区域经济持续发展的建议。43件委员提案着眼国际化、关注区域经济发展,围绕高新技术企业创新、民营企业发展现状和对策、外事服务环境优化、集体土地管理使用制度改革等多方面提出建议,助推区域经济发展,建言农村集体土地管理使用。城建环保委员会围绕垡头功能区规划建设进行专题调研,形成调研报告,提出意见和建议。区委书记给予充分肯定并作出批示,指出调研工作很实,数据有说服力,建议措施有针对性和可行性,建议报市领导参考。区政协作为重要信息报送市政协,得到副市长等市相关领导的批示,对垡头功能区规划建设的推进发挥了积极作用。

聚焦国际化发展议政建言。确定"聚焦国际化,提升软实力"议政主题,形成主席会议主旨报告,围绕朝阳区转型发展要更加突出文化引领作用提出15个方面的建议,提请区委、区政府决策参考。与区委统战部一起,组织协调各专委会、区民主党派、工商联围绕议政主题形成43份调研报告,推选11个专题发言,就国际化背景下文化产业推进、教育卫生发展、信用资源运用、人口环境调控、智慧社区建设、生态环境优化、商会组织培育等多方面提出意见和建议。主旨报告和议政发言得到了区委领导的高度重视,认为主旨报告提出的"四个必须"到"四个率先"(率先实现经济转型发展,率先推进社会领域改革,率先实施文化强区战略,率先构建城乡一体发展格局)的战略,为朝阳区未来的发展开阔了视野和思路;专题发言提出的医疗联合体经验推广问题、教育国际化问题、社区矫正"中途之家"建设问题,很有针对性;其他专题发言提出的建议很具前瞻性,要求有关部门研究推进。会后,区委、区政府相关领导和有关部门主动与区政协相关专委会、区民主党派、工商联课题组对接,进行研讨,注重吸纳,使意见和建议转化为工作推进的成果。

二、关注社会发展稳定,议政监督工作富有成效

常委会密切关注社会建设和社会事业发展,找准工作结合点,组织委员开展各类履职活动。

加大提案办理协商力度。十二届二次会议以来的306件立案提案涉及全区经济社会发展多个领域。其中200多件提案发挥着体察民生、关注民情、反映民意的重要作用。提案委员会注重提案的分析、梳理、交办和督办,区相关部门注重提案的办理协商,加大党派提案和问题集中类提案的办理力度。先后就2件养老问题的党派提案,4件望京地区道路交通类和9件社区卫生类委员提案进行了集中办理答复,推进相关问题的解决。就6名委员提出的水环境治理提案进行了综合办理,助推我区水务建设。就8名委员提出的事关我区公共文化服务体系建设的相关建议,纳入到创建国家公共文化服务指标体系建设中。主席班子带队,就高新技术企业创新发展、社区矫正工作机制建设、乡村记忆抢救性发掘与保护、社会组织作用发挥等4件重点提案进行督办,促进了相关工作的开展和落实。全年,提案办复率达到百分之百。

加大视察调研工作力度。主席班子增大视察调研密度,全年围绕水系水质改善工程、智慧社区建设、城乡一体化发展、社会组织和基层民主推进、公共文化服务体系示范区建设等多方面开展了31次视察调研活动,有针对性的指导和建议,推进了相关工作的开展。各专委会围绕医疗服务、社区建设、流动人口服务管理、社区矫正等课题,展开视察调研活动。教文卫体委员会专题调研组走进医院和社区开展调研活动,围绕转诊流程优化、专家下社区带教、相关政策扶持、医疗联合体经验推广等方面提出意见和建议。组织召开公共文化服务体系建设专题座谈会,就公共文化供给多样化、品牌化、均等化提出意见和建议。城建环保委员会召开提升城乡管理水平专题协商会,就落实"五规合一",建立城乡运行综合管理体系等方面提出意见和建议。社会法制与民族宗教委员会专题调研组对5个地区的流动人口管理服务工作开展调研,就统筹管理、区域协作、环境治理、工作创新等方面提出意见和建议。对社区矫正工作开展调研,就健全领导机制和工作机制,推进"中途之家"建设,探索社会力量参与社会治理工作新模式提出意见和建议。各专委会全年共提交16份调研报告,经常委会审议通过,形成完善基层医院与大医院分工协作机制、完善农村地区流动人口管理服务政策、优化科技金融创新机制等三份常委会建议案,提交区委、区政府决策参考。年底前分三路,组织委员开展了集中视察,全面了解区域经济社会发展情况,为三次会议集中建言献策做了充分准备工作。

加大监督议政工作力度。注重提案办理监督,对具有可行性的提案,经过实地调研、协调会等形式,跟踪推进提案的进一步落实。特别是连续两年京沈高速豆各庄路段交通拥堵问题的提案办理,先后与区市政市容委一起,对该路段拥堵问题结点、委员提出高速路增设出口建议进行反复推敲,实地进行现场调研,并和相关单位召开京沈高速公路豆各庄路段交通拥堵问题提案办理现场调研会,提出治理方案,锲而不舍地推进相关问题的解决,使此案已有了明显的进展。建立三个监督咨议小组,增强民主监督的实效性。经济科技委员会与区财政局加强对接,进行工作交流,积极开展财经咨议活动;文史委员会与区文委一起,建立博物馆第三方监督小组,开展了相关监督活动;城建环保委员会成立水利工程建设监督小组,开展了系列视察监督活动,协助解决相关问题。18名政协委员担任特约监督员,积极参与执法检查、行风评议、党风廉政责任制检查、文明窗口检查评比等工作的监督。常委会议听取区政府办理优化提升电子城科技园区产业发展环境、打造朝阳国际化医疗服务聚集示范区、推进农村地区社区建设与管理三份建议案情况答复,并就持续推进问题提出意见和建议。召开社情民意信息工作会议,进行特约信息员培训,加大信息报送力度。全年共报送社情民意信息220余件,其中关于综合治理空气污染的建议等多件信息得到了市、区相关领导的批示,并被市政府、市政协评选为优秀信息。

加大委员进社区工作力度。重视搭建委员履职平台,了解区情、发挥优势。在健全委员进社区工作机制的基础上,开展联络员培训研讨会，建立沟通联络机制，利用“两代表一委员”民情联络室，拓展委员进社区的形式和内容，深化委员进社区工作。委员带着责任、带着资源、带着热情进社区，参与党政群共商共治工程、为民解忧工程和街乡双百考核，开展携手健康行、送文化进社区、朝阳慈善情活动，建言消防安全宣传教育，开办社区大讲堂，广泛征集提案线索，积极为民办实事，得到了社区居民的欢迎。各街道和地区办事处注重为委员搭建平台，畅通渠道，通过邀请委员参与听证会，开展视察调研活动，开设接待日、设立“两代表一委员”民情信箱、举办党政群共商共治问政会、问政于民座谈会，让政协委员全面了解和参与社会安全、环境治理、公共服务、社区建设等工作。一年来，委员进社区活动达到320多人次，为推进基层民主建设发挥出积极作用。

三、汇集力量凝聚共识，团结民主氛围日益浓厚

常委会把握团结民主两大主题，重视做好富有政协特色的工作，倾力打造团结和联系社会各界的平台。

积极开展团结联谊活动。充分发挥人民政协大团结大联合的组织优势，与区民主党派、工商联、侨联开展座谈交流，就内部事务和共同关心的课题进行协商研讨，增进了与党派团体和各界人士的团结合作。联合开展视察调研、植树、健步走等系列活动，体现了团结民主氛围。走访委员和委员单位，举办“我们相知在政协，把美丽留给春天”庆三八女委员联谊活动，召开教育界委员庆祝教师节专题座谈会，凝聚了委员智慧和力量。专题视察少数民族地区经济社会发展和宗教场所建设与管理等问题，积极促进民族和谐与宗教和睦。组织港澳台侨界委员参观京交会、开展乒乓球赛，与台资企业家和台湾学生举办元宵节、中秋节联谊座谈，邀请参加台盟市委第六届“交流与共享”研讨会的台湾乡里长来朝阳参观考察，增进了两岸三地交流合作的共识。

重视加强友好往来和交流。今年以来，接待全国政协和市、区政协，部分外省市(区)政协来我区参观考察12批次，开展了多方位的工作研讨和交流。值“七一”之际，突出“红色”主题，组织常委赴贵州进行学习考察。考察期间，参观了息烽集中营、遵义会议旧址，接受了爱国主义教育；与黔西南州政协、贵阳市政协进行了专题座谈，相互交流了政协工作；与北京国际城市论坛基金会一起，向黔西南州兴义市两所中小学捐赠了字典和爱心包裹，开展了“心手相牵，传递爱心，共享成长”活动。

注重宣传和文史工作。把宣传工作同履行职能的各项活动紧密结合，通过改版政协网站，编印《朝阳政协》杂志，编发《学习文选》、《政协简报》，与广电中心合办《和谐在线》，与人民政协报、朝阳报密切合作，积极传播政协理论，报道履职成果，展示委员形象。完成《朝阳文史》13辑编印工作，发挥出政协文史资料存史、资政、团结、育人作用。与区委组织部、区委党校一起，开设了青干班和处级班人民政协理论专题讲座，推进人民政协理论进党校，增强党政干部利用人民政协政治资源、人才资源为党政工作服务的意识。

四、重视工作机制创新，政协自身建设全面加强

常委会重视加强“五位一体”自身建设，以学习研究带动实践创新，进一步提升政协工作的科学化水平。

注重理论武装，提升履职能力。充分利用常委会议、主席会议、委员报告厅等多种形式，邀请全国政协委员和专家学者作中共十八大和十八届三中全会精神、全国“两会”精神、经济形势、国学经典等专题报告会8场次，凝聚了改革共识，提升了协商议政能力。举办第二期委员读书班，听取中国经济热点和难点问题专题报告，进行信息化工作培训，开展“委员赠书”活动，组织参观考察，加强了学习交流和工作研讨。成立朝阳区人民政协理论与实践研究会，选举组织机构和组建研究队伍，就协商民主、民主监督等课题开展研讨，形成了一批高质量论文，分别被人民政协报、市政协《理论研究》、《北京观察》刊载，推进了我区人民政协的理论创新、制度创新、工作创新。

发挥特色优势，增强工作合力。坚持与民主党派、工商联联席会议制度，听取区情通报、研究工作要点、确定议政课题；坚持政协常委会议、政情通报会、专题调研视察活动邀请党派团体参加，尊重和保障他们在政协活动中发表意见、提出建议。一年来，区民主党派、工商联充分发挥自身优势，在政协提出集体提案21件，形成调研报告30余份，反映社情民意信息140多条，营造了区政协各参加单位、各界人士团结合作的工作氛围。重视突出界别特色，积极推进界别工作有序开展，先后组织界别座谈会、界别视察调研活动达12次，发挥了政协界别在扩大社会各阶层有序政治参与中的重要作用。

强化专委会工作，激发委员主体活力。专委会加强与区委、区政府职能部门对口联系，组织委员围绕功能区发展、城乡一体化建设、朝阳循环经济产业园发展、河道治理及雨洪利用工程、农村地区保障房公共配套设施建设等方面开展了30多次视察活动，助力我区相关工作开展。修订《政协北京市朝阳区委员会委员队伍建设和管理的办法》(以下简称《委员队伍建设和管理办法》)，制定《政协北京市朝阳区委员会委员履职考评实施细则(试行)》(以下简称《实施细则》(试行))，实现了委员管理动态化，日常考勤规范化。在区委、区政府和相关部门的大力支持下，“委员之家”建成并启用，成为党派团体和政协委员开展履职活动、增强凝聚力的重要平台和场所。一年来，组织委员开展各类履职活动220余次，参与委员达1600多人次，体现了政协委员高度的政治责任感和使命感。

抓好机关建设，提升政务性服务能力。制定区政协机关党建工作意见，加强机关党建工作，参与“千名干部下基层”活动，开办道德讲堂，推进干部学习培训制度化，加强干部选拔、交流和任用，推进学习型、创新型、服务型、和谐型机关建设，着力增强机关政务性服务能力和统筹协调能力。实施机关信息化建设规划，完善机关网上办公系统、委员异地办公服务系统和移动服务平台系统，使区政协网站在提升政协履职服务效能中发挥了突出作用，日益成为资源共享、凝聚委员的交流平台。

2013年区政协工作成绩的取得，是中共朝阳区委正确领导，市政协有力指导，区人大、区政府及社会各界大力支持的结果，是参加区政协的各党派团体、政协委员共同努力、扎实工作的结果。在此，我代表区政协常委会向为人民政协事业发展付出智慧心血、做出无私奉献的政协委员，向所有关心、支持政协工作的各级领导、各界人士，表示诚挚的敬意和衷心的感谢！

过去的一年，我们的工作还有许多不足。主要是：民主监督职能的发挥和民主监督的力度不够；界别特色的体现和界别活动的丰富性不够；履行职能的载体和激发委员履职的活力和动力不够，等等。对于这些问题，我们要高度重视，不断研究解决。

2014年工作安排

2014年是贯彻落实中共十八届三中全会精神、全面深化改革的重要一年，是朝阳区加快转型发展、实现“十二五”规划的攻坚之年。区政协工作的总体要求是:深入学习贯彻中共十八届三中全会精神和市委、区委全会精神,围绕中共朝阳区委总体部署和全区重点工作,按照“四个再上新台阶”的工作要求,把握团结民主两大主题,认真履行政协职能,广泛凝聚共识,形成改革合力,为朝阳区改革、发展和稳定做出贡献。

一、加强思想理论建设,凝聚改革共识

学习贯彻中共十八届三中全会精神,广泛凝聚改革共识,是人民政协的重大政治任务。要坚持和完善常委会议、主席会议集体学习制度,安排好委员报告厅,围绕三中全会精神解读、全国“两会”精神学习、重点领域改革等方面组织好专题辅导报告,深入把握三中全会提出的全面深化改革的战略思想和精神内涵。安排听取党的群众路线教育实践活动开展、“三清一绿”环境工程推进、城乡一体化发展等情况通报,把握区委总体部署和全区重点工作,增强大局意识、责任意识和履职意识。组织好第三期委员读书班,注重与专题培训、考察座谈、区情通报相结合,丰富学习培训形式。充分发挥朝阳区人民政协理论与实践研究会平台作用,突出协商民主、民主监督两个课题,推出一批理论研究成果,开好研究会年会。重视理论与实践研究成果的转化,引领履职实践。继续推进人民政协理论进党校,深化协商民主宣传工作,推进协商民主广泛多层制度化发展。

二、聚焦提高发展质量,增强履职实效

把深入学习贯彻中共十八届三中全会精神体现到委员履行职责的各项工作中。要深刻把握朝阳区发展的六个阶段性特征和重点领域改革的新任务,着眼于新的历史时期朝阳科学发展的重大问题,着眼于群众期盼、社会关注的热点、难点问题,深入开展调查研究,在提出问题的深度、切中要害的程度、建言献策的质量上下功夫。通过常委会议、主席会议、专题座谈会等形式,专题协商区委关于全面深化改革的实施意见、《建设宜居城区,促进人口资源环境协调发展行动计划》,以及“三清一绿”环境工程推进、全国安全发展示范城市和北京市安全生产标准化示范区创建工作。及时向委员通报全区经济形势,围绕区域中小企业发展、科技创新成果转化进行视察调研,助推区域经济持续健康发展。召开“促进金融与科技、文化、商务融合发展,提升区域竞争力”主题论坛,为区域经济发展提出全局性、战略性、前瞻性意见和建议。围绕现代公共文化服务体系构建开展视察调研,为推进文化体制机制创新建言献策。以“国际化背景下加快推进城乡一体化发展”为主题召开议政会,聚焦城乡统筹发展,整合各界力量,集中开展调查研究,建睿智之言、献务实之策。围绕农村地区城市建设开展视察调研,就城乡结合部地区改造、空间资源利用提出意见和建议。与区相关部门联合,发挥政协委员智力和专业优势,成立财经、文化、环境综合治理监督咨议小组,增强民主监督的针对性和实效性。持续以视察座谈和提案追踪问效等方式,关注“十大民生工程”推进、社会组织培育、“9942N”水务工程建设、社区营造计划等民生课题,提出意见和建议。充分利用建议案、提案、社情民意信息、对口协商等履职载体,围绕重点领域改革、功能布局一体化推进、文化文明提升、城乡发展难题破解、社会治理创新等方面建言献策,为推进区域经济、政治、文化、社会和生态建设发挥重要智库作用。

三、发挥政协组织优势,广泛凝心聚力

着眼于制度化、规范化、程序化建设,积极发挥人民政协作为协商民主重要渠道作用。落实《实施办法》,围绕区委重大决策和工作部署,研究提出协商议题,会同区委、区政府制定好年度协商计划,增加协商密度,提高协商成效。建立常委会议专题协商制度和大会发言制度,增强协商的针对性和时效性。建立月恳谈会制度,深化党派联席会议制度和界别联系制度,就党政关注的前瞻性问题和社会关心的热点、难点问题,各党派参加人民政协工作的共同性事务进行座谈协商。加强与党政有关部门联系,依托专委会和界别工作组,切实发挥界别召集人作用,以界别引领界别调研、界别视察、界别提案,推进对口协商、界别协商制度建设。建立提案集中办理协商制度,尝试开展专委会督办提案工作。研究委员进社区工作的组织形式和内容,鼓励委员立足本职工作,利用自身优势和资源,履行社会责任,参与基层民主建设。办好《社情民意》信息刊物,提升社情民意信息的质量和水平。充分尊重和保障各民主党派、工商联和无党派人士在人民政协履行职能。加强同少数民族、宗教界代表人士的联系,开展相关调研,推进民族团结和宗教和睦。通过特殊节日、传统节日,组织好港澳台侨界及有关界别委员的联谊交流活动。加强与新社会阶层人士联系,关心非公经济和混合所有制经济健康发展,支持行业协会、商会类、科技类、公益慈善类、城乡社区服务类社会组织培育工作,关注网络社会和青年群体健康成长,激发社会活力。加强区内外的友好交往,扩大交流和联谊工作。

四、加强政协自身建设,推进工作创新

本着“创新、务实、高效”的工作标准,不断完善发挥民主党派和无党派人士参政议政作用、界别有序政治参与作用、委员主体作用、专委会基础作用、机关服务保障作用的长效机制,增强政协工作的协调联动和整体合力。通过联席会议、议政会、联合调研等平台,全力支持区各民主党派、工商联和各界别履行职责,认真协调办理党派团体提出的提案。重视加强专委会建设,制定好年度工作计划,充分发挥委员的主体作用。坚持用事业凝聚委员,用机制激励委员,抓好《委员队伍建设和管理办法》及《实施细则》(试行)的落实,优化履职服务。完善委员联络制度,丰富联络形式,加大交流密度。鼓励和引导广大委员深入实际、走向基层、贴近群众,切实发挥在本职工作中的带头作用、政协工作中的主体作用、界别群众中的代表作用,自觉树立和展示政协委员良好形象。建设团结民主、和谐聚力的“委员之家”,发挥其大学校、大舞台、大家庭作用。以开展党的群众路线教育实践活动为契机,切实改进工作作风,进一步加强学习型、服务型、创新型、和谐型政协机关建设,增强政协机关政务性服务能力和统筹协调能力。做好奥运“三亲”资料的征集工作,编辑出版好《朝阳文史》。继续办好《朝阳政协》、《政协信息》刊物和区政协网站,加强与人民政协报、朝阳有线、朝阳报等区内外媒体合作,凝聚改革共识,汇集各方力量,展示履职成效。

各位委员,新形势鼓舞人心,新使命催人奋进。让我们紧密团结在以习近平同志为总书记的中共中央周围,高举中国特色社会主义伟大旗帜,在中共朝阳区委领导下,以更加强烈的责任意识,一心为民的工作作风履行政治协商、民主监督、参政议政职能,发挥好协调关系、汇集力量、建言献策、服务大局的重要作用,为再创朝阳科学发展、民生幸福新佳绩做出积极贡献!

名词解释

1. 四个再上新台阶:坚持党的领导,推进思想理论建设再上新台阶;坚持服务大局,推进履行职能水平再上新台阶;坚持团结民主,推进汇聚和谐力量再上新台阶;坚持创新发展,推进政协自身建设再上新台阶。

2. 朝阳发展的六个阶段性特征：在经济发展方面是转型攻坚，在农村城市化方面是动力再造，在城市建设管理方面是规范提升，在社会建设和管理方面是共治共享，在文化建设方面是驱动发展，在生态文明建设方面是促进人口资源环境相协调。

3. 五规合一：在规划建设过程中统筹考虑产业、人口、土地、空间、生态建设五项规划。

4.“三清一绿”环境工程：实施清洁街巷工程，实施清洁空气工程，实施清洁水环境工程，实施绿化美化工程。

5.“9942N”水务工程：治理曹各庄排水沟等9条河道，配合市实施9处下凹式立交桥积水治理，推进定福庄等4座再生水厂建设，建成雷桥水库二期和温榆河老河湾2处雨洪利用工程，实施N项水务重点工程。

6. 十大民生工程：教育质量提升工程、公共文化惠民工程、宜居环境塑造工程、智能城市服务工程、就业服务创新工程、社会保障提升工程、社区服务拓展工程、健康服务便捷工程、交通出行优化工程、平安朝阳建设工程。

7. 社区营造计划：通过强化居民对社区共同体的存在意识和认同，引导社区居民积极参与社区文化、社区生态、社区服务、社区环境、社区安全等方面建设，以此促进居民之间、居民与社区之间的密切联系，增强居民对社区的归属感，激发社区活力，提升社区治理水平。

8. 政协文史资料工作的“三亲”原则：政协文史资料是政协委员及其所联系的各方面人士对重要历史事件和历史人物的记述，是历史当事人，见证人和知情人亲历、亲见、亲闻的第一手资料。“三亲”是政协文史资料的鲜明特色。

朝阳区人民检察院工作报告

——2014年1月8日在朝阳区第十五届人民代表大会第四次会议上

朝阳区人民检察院代检察长 王向明

各位代表：

我代表朝阳区人民检察院向大会报告工作，请予审议。

2013年工作回顾

2013年，我院在区委和市检察院领导下，在区人大及其常委会监督下，深入贯彻十八大和十八届三中全会精神，落实强化法律监督、自身监督、队伍建设的总要求，认真贯彻执行修改后刑诉法、民诉法，大力提升执法水平和执法公信力，各项检察工作稳步推进。

一、围绕朝阳区经济社会发展，着力做好服务大局工作

立足朝阳区功能定位，围绕经济社会发展目标任务，充分发挥打击、监督、预防、保护等职能，维护和优化发展环境。

积极服务和保障转变经济发展方式。依法惩治破坏市场经济秩序犯罪。突出打击合同诈骗、传销、非法吸收公众存款等涉众型经济犯罪，依法审查起诉“巨鑫联盈”等在本市有重大影响的非法吸存案件，涉案金额近30亿人民币，涉及被害群众4万余人。加强对创新驱动和文化产业的司法保护，重视惩治侵犯商标权、文化创意产业著作权和制售假冒伪劣商品犯罪，依法批捕侵犯知识产权案件20件23人，提起公诉67件74人；批捕生产、销售伪劣产品案件27件30人，提起公诉121件122人。

大力服务和保障民生。依法严厉打击严重暴力犯罪、“两抢一盗”等多发性侵财犯罪、电信诈骗等严重侵害群众合法权益、危害社会安全感的犯罪案件，保障人民群众生命财产安全。贯彻落实中央“打击食品犯罪、保卫餐桌安全”精神，与公安机关密切配合，办理生产销售有毒有害食品案件23件25人；按照高检院部署，组织开展查办“发生在群众身边、损害群众利益”职务犯罪专项工作；深化联系基层人民群众工作机制，健全完善“6+2+N”特色检察联络室工作模式，开展法律监督和服务群众工作，深入学校、机关、企业、农村开展法制宣传20余次。

积极服务城乡一体化建设。围绕城乡一体化发展要求，积极参与农村社会治安综合治理，依法严厉打击影响农村社会稳定的各类刑事犯罪，与区纪委加强协作，开展对土储拆迁和城乡结合部建设等领域环节腐败问题查处工作，撰写《朝阳区土地腾退拆迁领域职务犯罪专项预防报告》，面向农村干部开展反腐倡廉教育，维护农民权益，促进农村发展。

二、围绕平安朝阳建设，着力维护社会和谐稳定

坚持以执法办案为中心，依法惩治犯罪，促进矛盾化解，努力做好检察环节维护社会稳定工作，积极参与社会治安防控体系建设和平安朝阳创建活动。

认真履行批捕、起诉职能。共依法批捕各类刑事案件3013件3940人，提起公诉3602件4268人。始终保持对严重刑事犯罪的高压态势，起诉故意杀人、爆炸、绑架、抢劫等犯罪案件136件201人，与公安机关密切配合，积极参与打黑除恶、缉枪治爆、禁毒禁赌、扫黄打非斗争，维护社会治安大局稳定。贯彻宽严相济刑事政策，严把事实关、证据关、法律关，不批准逮捕907人，不捕率为18.7%；不起诉319人，不诉率为6.9%。

积极参与重大专案办理和专项行动。依法妥善办理“5.24”使馆区维稳专案、“7.20”首都机场爆炸案、“10.2”农展馆藏民打砸案等一批社会热点、敏感案件；加强网络虚拟社会管理，参与“8.18”打击网络违法犯罪专项行动，依法批捕“网络推手”秦志晖(网名“秦火火”)涉嫌寻衅滋事、杨秀宇(网名“立二拆四”)等人涉嫌非法经营案。

依法化解矛盾纠纷。健全检察环节排查、化解和预防社会矛盾工作体系，完善执法办案风险评估预警、释法说理、检调对接等制度，积极排查、化解涉检信访积案，主动把检察工作融入社会大调解工作格局,促成民事申诉案件当事人和解4件,配合党委、政府有关部门做好案件息诉罢访、稳控救助等工作。完善检务接待工作机制,妥善处理群众法律诉求,受理刑事申诉案件7件,受理民事申诉案件146件,办理国家赔偿案件3件,受理人民群众来访596批次1436人次,检察长接待4批次155人次,听民意、解民忧,将释法说理、矛盾化解工作贯穿其中,努力提高办理信访事项的质量和效率,维护群众合法权益。

三、围绕反腐倡廉建设,积极查办和预防职务犯罪

坚决贯彻中央关于反腐败斗争的部署和要求,依法履行查办职务犯罪职责,注重抓好职务犯罪预防工作,扩大办案效果。

加大职务犯罪查处力度。共立案侦查贪污贿赂案件27件27人,其中大案22件;查办司法工作人员渎职案件3件3人。深入查办商业贿赂和行业性窝串案,查办北京晚报、北京青年报等新闻媒体工作人员收受贿赂刊发广告性新闻案件6件6人,对净化行业风气起到了积极的促进作用;加大追逃、追赃的工作力度,成功抓捕一名潜逃十年的贪污犯罪嫌疑人。

深化预防职务犯罪工作。立足朝阳辖区实际,不断丰富预防工作模式和手段,对医药购销、新农合、房屋管理及司法领域开展专项预防调查,其中两份调研报告分别获得区委书记、区人大常委会主任重要批示。积极开展预防宣传与普法教育工作,先后开展警示教育138次,赴北京热力集团、人民卫生出版社等多家国有企事业单位开展廉政法制讲座10余次。向社会提供高效便捷的行贿犯罪档案查询服务,共办理查询2940份,涉及工程领域项目427个,政府采购领域项目549个,其他领域项目150个,覆盖全国大部分省、自治区、直辖市。

加强反腐工作机制建设。健全案件线索信息化管理机制,加强对案件线索的管理和评估,完善线索集中管理、统筹分流和统一调配机制,推进内外部沟通协调与线索移送工作。加强外部协作机制建设,与国家检察官学院职务犯罪研究所签订协议,合作开展职务犯罪调研和职务犯罪侦查、预防人才培养,实现优势互补,检、学共建;积极与区纪委、区预防腐败局加强交流,在工作力量整合、信息资源共享及共建联动机制等方面开展合作,形成预防职务犯罪工作合力。

四、围绕维护执法司法公正,着力开展诉讼监督

坚持把加强诉讼监督作为维护法制统一、促进公平正义的着力点,加大监督力度,完善监督机制,促进执法司法公正。

加强立案和侦查活动监督。共受理立案监督线索55件,监督立案6件,监督撤案22件;对应当逮捕而未提请逮捕的,依法追捕76人,对应当起诉而未移送起诉的,依法追诉111人;对侦查过程中程序违法等行为,发出纠正违法通知书12份,侦查活动监督类检察建议29份;拓展侦查监督环节,积极探索将监督触角延伸到刑侦支队、派出所等一线执法部门,有效规范侦查机关取证、执法行为。

加强刑事审判监督和民事监督。积极参与"量刑建议审查备案表和对法院判决、裁定审查表"试点工作,进一步强化量刑建议的精准性,对法院审理过程及判决结果进行全方位的审查,提起抗诉6件,均获得上级院支持。加大民事审判监督力度,认真履行民事检察职能,审结民事申诉案件174件,提请或建议提请抗诉获上级院支持10件,抗诉后法院改判8件,发出再审检察建议1件并获法院采纳。

加强刑罚执行监督。就交付执行违法和履职不力问题,向北京市外地罪犯遣送处等单位发出纠正违法通知书、检察建议书。积极开展监外执行检察,会同区司法局等单位联合开展社区矫正执法工作大检查,面向43个街道、地区办事处的司法所所长和矫正干部开展社区矫正检察监督工作培训;就法律文书送达不及时等问题向市一中院等单位发出纠正违法通知3份,有效预防和减少监外执行人员脱管、漏管和重新犯罪。

五、围绕提升检察业务水平,着力抓好贯彻实施修改后刑诉法、民诉法

将贯彻实施新刑诉法、民诉法作为今年的重点任务,加强统筹部署,深入调查研究,认真履行新增职能,切实保障人权、依法执法、规范办案。

严格落实证据制度。证据是诉讼的核心。在职务犯罪侦查工作中严把调查取证关,严格执行讯问过程全程同步录音录像,确保侦查取证工作依法进行。在诉讼过程中秉承公正立场,对移送审查逮捕、审查起诉的案件,坚持全面客观审查证据,与公安机关加强沟通,依法排除非法证据,避免"带病批捕"、"带病起诉",确保案件事实清楚、证据确实充分,经得起检验。

探索羁押必要性审查工作机制。严格逮捕审查程序和条件,强化羁押必要性审查意识,明确羁押必要性审查内容,加强捕后案件跟踪审查工作,建立健全对犯罪嫌疑人、被告人变更强制措施综合评估机制,通过羁押必要性审查变更强制措施17件19人。

推进庭前会议和简易程序出庭工作。与区法院加强庭前会议工作沟通交流,通过个案探索创新、积累经验,最大限度发挥制度功能。制定出台《简易程序出庭规则》,确立区别出庭机制。探索建立简易程序出庭监督机制,对简易程序出庭记录进行定期审核,确保简易程序出庭质量。

探索特别程序案件办理机制。依法开展未成年刑事检察工作,全面落实未成年人刑事案件法律援助和法定代理人、合适成年人到场制度;稳步推进社会调查工作,对199名未成年人开展社会调查;规范附条件不起诉和监督考察工作,附条件不起诉13件19人;探索犯罪记录封存工作,封存111件173人,保障涉罪未成年人诉讼权益。深化刑事和解工作,修订出台《公诉案件刑事和解工作办法》,与区司法局签订《联合开展和解工作办法》,成功办理刑事和解案件101件108人。积极研究、探索强制医疗程序的运行要求及证据标准,共向法院提出强制医疗申请5件5人,法院做出强制医疗决定3人。

依法办理外国人犯罪案件。加强统筹协调,积极探索外国人犯罪案件办理经验,制定外籍犯罪嫌疑人探视工作流程,保障外国人犯罪案件审查起诉工作依法有序进行,实现案件办理规范化、专业化、高效化,共审查起诉外国人犯罪案件33件38人。

积极贯彻落实修改后民诉法。构建以民事抗诉为中心的多元化监督格局,努力提高民事检察工作效率。规范执法办案流程,探索开展民事执行、调解案件检察监督,与区法院会签《加强民事执行活动法律监督工作文件》,强化民事执行监督。稳步推进再审检察建议工作,加强与法院审判监督部门的沟通联系,提高再审检察建议的采纳率和改判率。

六、围绕提升检察人员素能,着力加强队伍建设

坚持教育、管理、监督并举,加强检察队伍建设,提升检察人员素能,强基固本,提高履职能力和水平。

大力推进队伍管理机制建设。完善中层干部绩效考核和培训工作,出台《中层领导干部绩效考核办法》,对中层干部开展量化考核,组织开展"新闻宣传与舆情应对"专题培训,提高中层干部履职水平。加大青年人才培养力度，探索建立“处长助手”制度，从青年检察官训练班成员中选拔处长助手，协助部门负责人履职，为青年干警提供学习、锻炼的机会。严把检察官队伍入口关，深化助理检察员差额选任机制，健全助理检察员见习考核制度。

全面深入开展教育培训工作。开展全员业务素能培训，以培养基本素质能力和解决工作实际问题为主要目标，设计涵盖5大类、17个专项、76个细项的全员业务素能培训体系，探索人才分类培养。深化特色培训项目，我院“检察官夜校”被评为北京市建设学习型党组织品牌活动。加强人才发展团队的管理与考核，开展多种层次、多种形式的培训和考核，保障专业化人才队伍可持续发展。

深化检察文化建设。提升检察文化建设层次，出台《检察文化建设2013—2015年发展规划》，进一步明确检察文化建设的主题、目标、任务，推动检察文化建设进入新的发展阶段。继续加大检察文化平台建设，重新整合文化社团，强化社团机制建设、人才建设和品牌建设。拓宽检察文化建设视野，与北京歌舞剧院签订共建协议，借助社会文艺团体资源优势，建立检察文化建设实训基地。积极参与文化活动，荣获朝阳区第六届舞蹈普及推广展赛二等奖和组织工作奖，展现了我院干警的良好风貌。

加强自身建设。坚持从严治检，加强执法执纪督察，确保检察队伍自身正、自身硬、自身净。加强党风廉政建设，健全“一级管一级、一级监督一级”的责任体系，组织院领导、中层干部分级签订《责任书》，落实党风廉政建设责任制。贯彻落实中央八项规定，严格执行最高检《禁酒令》及《检察人员8小时以外禁令》，整肃检容检纪。充分发挥检务督察委员会职能作用，采取定期督察、突击督察与专项督察相结合的方式，对检察人员出庭、提讯，检务接待，警车、警械具使用等执法环节情况进行督察，加大检务督察情况通报、整改力度。严肃查处举报我院检察人员违纪违法案件线索，维护党纪政纪和检察纪律的严肃性，确保廉洁从检。

各位代表，在过去一年的工作中，我们牢固树立监督者更要接受监督的意识，自觉接受人大及社会各界监督。向区人大常委会专题汇报未成年人案件检察工作，认真贯彻落实区人大常委会审议意见；积极拓宽代表联络工作，定期寄送《检察情况通报》，召开未成年人附条件不起诉、社会调查工作座谈会，邀请代表、委员、特约监督员参加，视察评议检察工作；开展领导干部走访人大代表工作，通报工作、征求意见，及时办结、反馈代表意见和建议；健全人民监督员制度，强化职务犯罪案件监督机制，对4件拟作撤案处理的职务犯罪案件提请人民员监督，有效防范案件处理中可能发生的错案和偏差。深化检务公开，推进案件公开审查、公开答复，对两起刑事申诉案件主动进行公开审查、公开示证，邀请人大代表到场进行监督，增强检察工作透明度。

一年来我院工作的成绩，是全体干警团结一心、共同奋斗的结果，更是区委、市检察院正确领导，区人大及其常委会有力监督，政府、政协和人民群众大力支持的结果。在此，我代表朝阳区人民检察院向各位人大代表，向所有关心支持检察工作的领导和同志们表示崇高敬意和衷心感谢！

回顾一年来的工作，我们也清醒认识到，面对新形势新任务，检察工作还存在一些问题和不足，突出表现在：执法办案和法律监督工作仍存在薄弱环节，对群众反映强烈的执法司法不公问题监督还不到位；队伍的执法理念和整体素质与形势要求还有差距，尤其是化解矛盾纠纷和群众工作能力有待提高；贯彻实施修改后刑诉法、民诉法还面临不少问题，一些工作还需要继续探索创新、完善机制。对于以上问题，我们将高度重视，以求真务实的精神，切实采取有效措施加以解决。

2014年工作思路

2014年是贯彻党的十八大精神的重要一年，也是落实我区十二五规划的关键一年。党的十八届三中全会吹响全面深化改革的号角，为检察工作发展提供了重大机遇和良好条件，同时也加重了检察机关法律监督责任。我们将深刻认识检察工作面临的新要求、新挑战，不断增强政治意识、大局意识、责任意识、忧患意识，创造性地开展各项检察工作。

2014年，我院检察工作的思路是：深入学习贯彻党的十八届三中全会精神，紧紧围绕首都和朝阳区创新驱动、转型发展的工作大局，以执法办案为中心，全面履行检察职能，积极参与社会治理，服务保障民生，促进经济社会科学发展和实现自身科学发展。

一是注重转变执法理念。深刻认识十八届三中全会和司法体制改革对检察工作带来的机遇和挑战，准确把握面临的形势任务，结合实施修改后刑诉法、民诉法，认真研究各项改革对检察机关执法理念、执法机制、执法方式、执法素质方面提出的新要求，从转变执法理念入手，坚持惩治犯罪与保障人权、程序公正与实体公正、全面客观审查证据与坚决排除非法证据、强化法律监督与自身监督、依法履职与检务公开并重，确保理性、平和、文明、规范执法。

二是依法独立公正行使检察权。立足宪法和法律定位，忠实履行法律监督职能，注重法律监督能力建设，更加注重依法独立公正行使职权，强化诉讼监督，进一步贯彻实施修改后刑诉法、民诉法，补强监督薄弱环节，突出监督重点，健全监督机制，高度关注人民群众反映强烈的执法司法不公问题，重点加强对刑事立案、侦查活动和执行环节的监督，保障司法权力依法、规范、公正行使，以维护执法司法公正的扎实成效回应人民群众对检察工作的新期待。

三是积极参与社会治理。坚持围绕中心、服务大局，始终把检察工作融入朝阳经济社会发展全局中去谋划和推进，针对区情、区位特点，立足检察机关职能，以执法办案为中心，加大惩治刑事犯罪力度，严厉打击危害公共安全、严重暴力、多发性侵财和涉黑涉恶涉毒犯罪，维护社会治安秩序；加强与其他执法司法机关的协作配合，加强知识产权司法保护，坚决惩治涉众型经济犯罪、制售假冒伪劣产品和危害食品药品安全犯罪；全面落实党委和上级检察机关反腐倡廉工作部署，加大预防和查处职务犯罪工作力度；做好检察环节群众工作，努力化解社会矛盾，服务保障民生，维护社会和谐稳定。

四是切实加强检察工作的科学管理。加强内部监督制约，以执法办案活动为监督重心，深化检务督察，确保依法正确行使检察权。推进执法规范化建设，健全检察业务规范，完善工作评价体系及内部协作机制，提高工作效率和办案质量。加强检务保障和信息化建设，推进全国检察机关统一业务应用系统平稳有序运行，科学配置检力资源和经费装备，开展创建节约型检察机关活动。

五是积极探索检察官办案责任制改革。遵循司法规律和检察权运行特点，在区委和上级检察机关统一领导下，积极稳妥地推进检察官办案责任制改革试点工作，探索建立突出检察官主体地位的办案责任制,明晰检察官责权,完善职权配置,健全监督制约,落实责任追究,强化履职保障,切实防止冤假错案,确保公正司法。

六是大力加强检察队伍建设。加强思想政治建设,深入开展党的群众路线教育实践活动,增强宗旨意识和群众观念;加强素质能力建设,依托人才发展团队、青年检察官训练班等载体,大力开展分类培养和检察技能实训,着重抓好对舆论应对引导、突发事件处置、化解矛盾等方面的培训,提升检察人员的综合素质和岗位技能;加强纪律作风和反腐倡廉建设,坚决反对"四风",落实党风廉政建设责任制,打造为民、务实、清廉的检察队伍。

七是自觉接受监督。强化接受人大监督意识,更加自觉地把检察工作置于区人大及其常委会的监督之下,主动报告工作,坚决贯彻落实区人大常委会的决议、决定,积极开展代表联络工作,拓宽联络渠道,丰富活动内容,建立手机网络信息平台,定期向代表发布检察工作信息,认真收集、办理、反馈代表意见建议,确保人大代表对检察工作的"知情权"、"参与权"和"监督权"。以深化检务公开为重点,进一步健全人民监督员制度,不断提高检察工作透明度。

各位代表,新的一年里,我院将在区委和市检察院坚强领导下,在区人大及其常委会监督支持下,牢记使命,求真务实,忠诚履职,开创朝阳检察工作新局面,努力为朝阳区建设发展做出新的更大的贡献!

名词解释

1. *法律监督*:是宪法和法律赋予检察机关的一种专门权力,是检察机关依照法定程序,采用诉讼手段及其他监督手段,对执法、司法、守法活动实施检察以及督促纠正违法的专门性国家活动,包括:刑事案件侦查权、批准和决定逮捕权、公诉权、立案监督和侦查监督权、刑事审判监督权、裁定的执行和监管机关的活动是否合法的监督权、民事审判监督权、行政诉讼监督权等。

2. *涉众型经济犯罪*:指涉及众多受害人,特别是涉及众多不特定受害群体的经济犯罪。主要包括非法吸收公众存款、集资诈骗、传销、非法销售未上市公司股票等经济犯罪活动,该类犯罪涉案金额巨大、犯罪类型集中、涉案人数众多、案件隐蔽性强,潜伏期长,社会危害性大,极易酿成恶性群体事件,严重影响社会治安稳定。

3. *"巨鑫联盈"案*:2009年12月至2012年5月间,被告人朱梓君等人,假借销售商品为名,以北京巨鑫联盈科贸有限公司"联合加盟方案"为依托,通过网络、推介会等途径向社会公开宣传、承诺在一定期限内以货币的方式给付高额回报,变相吸收公众资金人民币26亿余元。

4. *"6+2+N"检察联络室工作模式*:为延伸检察机关为基层人民群众服务的触角,全市各检察机关设立检察联络室。我院经过前期试点,结合区域特点创立了自己的模式。"6"是指在小红门、平房、崔各庄、亚运村、酒仙桥、潘家园等地设立6个基础联络室,以地域划分覆盖周边若干街乡。"2"是指在CBD管委会、奥林匹克公园管委会设立2个定点联络室,重点围绕这两个区域开展工作。"N"是指在每个街乡、CBD管委会和奥林匹克公园管委会聘请1名检察联络员,配合该院开展检察联络工作。通过"6个基础联络室辐射周边,2个定点联络室突出特色,45个检察联络员全区覆盖"的模式开展群众工作。

5. *宽严相济刑事政策*:是指根据社会治安形势和案件情况的不同,严格依法区别对待,该严则严,当宽则宽,宽严适度。对严重刑事犯罪依法从严打击,对因婚姻家庭、民事纠纷引发的轻微刑事犯罪以及未成年犯罪、初犯、偶犯和过失犯罪,依法从宽处理,实现宽与严的有机统一,教育挽救被告人与保障被害人合法权益的有机统一,执法的法律效果与社会效果的统一。

6. *网络推手*:指借助网络媒介进行策划、实施并推动特定对象(包括企业、品牌、事件以及个人)使之产生影响力和知名度的人。

7. *执法办案风险评估预警机制*:为及时、有效化解各类涉检矛盾纠纷,对本院受理、办理的各类案件,是否可能引发群体访事件、个人极端行为、越级上访等涉检信访事项,进行风险预测、评估,做到早发现、早疏导、早化解的工作机制。机制主要包括执法办案风险评估预警的原则、工作机构、范围、信访风险等级的划分、不同风险等级对应的不同工作流程、案件信访风险评估表、应急处置预案、首办责任部门及首办责任人的确定、责任追究以及信访风险评估预警工作领导小组的成立等内容。

8. *检调对接工作机制*:为进一步整合民事行政案件息诉以及司法局人民调解力量,区检察院、区司法局建立工作联席会议制度,搭建线索移送渠道,区检察院民事行政处将办案中发现的典型案件、缠访缠诉、群体申诉等信息及时通报司法局,便于司法局及时掌握本地区矛盾排查和工作重点,司法局职能部门将区内矛盾纠纷热点、人民调解动态信息及时通报检察院,便于检察院提前掌握容易引发申诉的案件信息,双方共同做好民行纠纷的矛盾化解工作。

9. *行贿犯罪档案查询系统*:该系统以所有北京市查办审结的1997年以来行贿犯罪案件及2006年以来的受贿犯罪案件和行贿行为案件为基础,为社会单位和个人提供信息查询服务,在行政审批、招标投标、资金拨付、组织人事、行政执法、司法处罚等环节均可为相关单位和部门提供翔实可靠的实证,以加大贿赂犯罪成本,发挥更强的警示和震慑犯罪的作用,进一步促进市场经济秩序规范有序和社会信用体系建设。

10. *羁押必要性审查*:修改后刑诉法第93条增设了羁押必要性审查制度:犯罪嫌疑人、被告人被逮捕后,人民检察院仍应当对羁押的必要性进行审查。对不需要继续羁押的,应当建议予以释放或者变更强制措施。有关机关应当在十日以内将处理情况通知人民检察院。根据该规定,人民检察院应当对所有被逮捕的犯罪嫌疑人、被告人进行羁押必要性审查。

11. *庭前会议*:修改后刑诉法新增设的制度,根据修改后刑诉法第182条以及最高人民法院《关于适用<中华人民共和国刑事诉讼法>的解释》第183条规定:对于证据材料较多、案情重大复杂、社会影响重大的案件,在开庭以前,审判人员可以召集公诉人、当事人和辩护人、诉讼代理人,对案件管辖、回避、出庭证人名单、非法证据排除等与审判相关的问题,了解情况,听取意见。同时,审判人员还可以询问控辩双方对证据材料有无异议,对有异议的证据,应当在庭审时重点调查;对无异议的,庭审时举证、质证可以简化。

12. *简易程序出庭*:修改前刑诉法规定,适用简易程序审理公诉案件,人民检察院可以不派员出席法庭。修改后刑诉法第二百一十条规定:适用简易程序审理公诉案件,人民检察院应当派员出席法庭。

13. *区别出庭机制*:即依据审判组织形式,实行合议庭审理案件承办人自行出庭和独任制审理案件轮值公诉人出庭。

14. 未成年刑事检察工作：对未成年犯罪嫌疑人在刑事诉讼中适用特别规则，维护诉讼权利，保护身心发展的工作制度，主要包含成立专案机构，适用“少捕慎诉”原则，加强教育挽救与社区矫正，开展未成年人犯罪预防等。

15. 法定代理人到场：是指对于未成年人刑事案件，在讯问和审判的时候，应当通知未成年犯罪嫌疑人、被告人的法定代理人到场。

16. 合适成年人到场：是指无法通知、法定代理人不能到场或者法定代理人是共犯的，也可以通知未成年犯罪嫌疑人、被告人的其他成年亲属，所在学校、单位、居住地基层组织或者未成年人保护组织的代表到场，并将有关情况记录在案。

17. 社会调查：是指公安机关、人民检察院、人民法院办理未成年人刑事案件，根据情况可以对未成年犯罪嫌疑人、被告人的成长经历、犯罪原因、监护教育等情况进行调查。

18. 附条件不起诉：是指对于未成年人涉嫌刑法分则第四章、第五章、第六章规定的犯罪，可能判处一年有期徒刑以下刑罚，符合起诉条件，但有悔罪表现的，人民检察院可以作出附条件不起诉的决定，并附加6个月到1年的考验期，对其监督考察，最终根据考验状况做出起诉或者不起诉决定的制度。

19. 附条件不起诉监督考察：在附条件不起诉的考验期内，由人民检察院对被附条件不起诉的未成年犯罪嫌疑人进行监督考察。被附条件不起诉的未成年犯罪嫌疑人，应当遵守下列规定：遵守法律法规，服从监督；按照考察机关的规定报告自己的活动情况；离开所居住的市、县或者迁居，应当报经考察机关批准；按照考察机关的要求接受矫治和教育。

20. 犯罪记录封存：对于犯罪时不满十八周岁，被判处五年有期徒刑以下刑罚的未成年人的犯罪记录，应当予以封存。犯罪记录被封存后，不得向任何单位和个人提供，但司法机关为办案需要或者有关单位根据国家规定进行查询的除外。依法进行查询的单位，应当对被封存的犯罪记录的情况予以保密。

21. 强制医疗：修改后刑诉法第二百八十四条规定：实施暴力行为，危害公共安全或者严重危害公民人身安全，经法定程序鉴定依法不负刑事责任的精神病人，有继续危害社会可能的，可以予以强制医疗。第二百八十五条：对精神病人强制医疗，由人民法院决定。公安机关发现精神病人符合强制医疗条件的，应当写出强制医疗意见书，移送人民检察院。对于公安机关移送的或者在审查起诉过程中发现的精神病人符合强制医疗条件的，人民检察院应当向人民法院提出强制医疗的申请。人民法院在审理案件过程中发现被告人符合强制医疗条件的，可以作出强制医疗的决定。

22. 外国人犯罪案件办理：修改前刑诉法规定外国人犯罪的刑事案件一审由中级人民法院管辖，而修改后刑诉法第二十条规定中级人民法院管辖的第一审刑事案件，不再包括外国人犯罪的刑事案件，因此改由基层人民法院管辖该类犯罪一审。

23. 再审检察建议：检察机关在案件审查过程中，发现符合《中华人民共和国民事诉讼法》规定抗诉条件的案件，或发现存在虚假调解、恶意调解、双方串通损害国家或者第三方利益的调解以及违反自愿、合法原则的调解案件，可以向法院书面发出再审检察建议。

24. 刑事和解工作：修改后《刑诉法》第277条规定：下列公诉案件，犯罪嫌疑人、被告人真诚悔罪，通过向被害人赔偿损失、赔礼道歉等方式获得被害人谅解，被害人自愿和解的，双方当事人可以和解：(1)因民间纠纷引起，涉嫌刑法分则第四章、第五章规定的犯罪案件，可能判处三年有期徒刑以下刑罚的；(2)除渎职犯罪以外的可能判处七年有期徒刑以下刑罚的过失犯罪案件。第279条：对于达成和解协议的案件，公安机关可以向人民检察院提出从宽处理的建议。人民检察院可以向人民法院提出从宽处罚的建议；对于犯罪情节轻微，不需要判处刑罚的，可以作出不起诉的决定。人民法院可以依法对被告人从宽处罚。

25. 检察官夜校：是利用工作之余的固定时间，全员参与、集中培训的一种学习形式，夜校学习时间为每月第二个周二17:30－19:30，全院以部门为单位，根据部门工作重点和培训需求自行安排学习内容，通过组织集中培训、交流讨论等灵活多样的形式开展学习培训活动。目前已开展39期。

26. 最高检《禁酒令》：严禁工作时间和工作日中午饮酒；严禁执法办案期间饮酒；严禁携带枪支弹药、档案、案卷、案件材料、秘密文件或者其他涉密载体饮酒；严禁佩戴检察标示和着法警制服在公共场所饮酒；严禁酒后驾驶机动车。

27.《检察人员8小时以外禁令》：严禁接受案（事）件当事人及其委托人的吃请、财物或者安排的旅游、健身、娱乐等活动；严禁到夜总会及其他存在营利性陪侍活动的场所参与奢靡、不健康娱乐活动；严禁借婚丧嫁娶、子女升学就业等事宜大操大办；严禁利用职务上的便利，将应当由本人或亲属支付的费用，由下属单位及其他单位或者个人支付、报销；严禁用公款吃喝、送礼、旅游及支付非公务活动费用；严禁公车私用、警车他用，违规将公车、警车停放在餐饮、休闲娱乐场所及旅游景区；严禁参与赌博、色情性质的活动；严禁耍特权、逞霸道及其他与检察人员身份不符的言行。

28. 检务督察：检务督察职能部门及其工作人员依照法律和规定对督察对象履行职责、行使职权、遵章守纪、检风检容等方面进行的督促检查和督促落实。检务督察制度是检察机关内部的一种监督模式，是完善对检察权行使的监督制约的一项重要举措。检务督察制度的最大特点是突出事前和事中监督，具有动态性，旨在达到从源头上防止检察人员违法违纪目的。

29. 人民监督员制度：北京市检察机关办理的直接受理立案侦查案件，实行人民监督员制度，接受社会监督。人民监督员对北京市检察机关办理直接受理立案侦查案件的如下情形实施监督：(1)应当立案而不立案或者不应当立案而立案的；(2)超期羁押或者检察机关延长羁押期限决定不正确的；(3)违法搜查、扣押、冻结或者违法处理扣押、冻结款物的；(4)拟撤销案件的；(5)拟不起诉的；(6)应当给予刑事赔偿而不依法予以赔偿的；(7)检察人员在办案中有徇私舞弊、贪赃枉法、刑讯逼供、暴力取证等违法违纪情况的。

朝阳区人民法院工作报告

——2014年1月8日在朝阳区第十五届人民代表大会第四次会议上

朝阳区人民法院院长　李瑞翔

各位代表:

我代表朝阳区人民法院向大会报告工作,请予审议。

2013年,是全面贯彻落实党的十八大精神的开局之年。在区委的领导,区人大的监督,区政府、区政协的支持和上级法院的指导下,我院坚持以邓小平理论、“三个代表”重要思想、科学发展观为指导,紧紧围绕习近平总书记提出的“努力让人民群众在每一个司法案件中都感受到公平正义”的工作目标,更加注重审判职能作用的发挥,更加注重司法为民能力的提升,更加注重监督制约机制的完善,努力为朝阳区再创新优势、建设“新四区”提供有力的司法保障和服务。

一、坚持服务大局,依法履行审判职责

2013年,我院收案数量再创首都法院历史新高,全年受理案件62794件,结案60806件,收案数、结案数、全员人均结案数三项数据连续三年居全市基层法院之首。在各项工作开展中,我院始终深刻领会、牢牢把握区委提出的“四个必须”工作定位,把执法办案作为服务朝阳科学发展民生幸福的基本途径,进一步发挥司法职能、用好司法手段,不断拓展审判工作服务辖区经济社会发展的广度和深度。

(一)发挥惩治犯罪的职能作用,努力营造平安稳定的社会环境

以推进“平安朝阳”建设为目标,贯彻落实新刑事诉讼法精神,共审结刑事案件3180件,依法惩处犯罪分子3900人。严厉打击危害公共安全、爆炸、抢劫等严重影响社会稳定的犯罪行为,其中判处五年以上有期徒刑407人,努力增强人民群众的安全感;积极回应群众对重大刑事案件的关切,全程公开首都机场“7·20”爆炸案审理过程,依法对被告人冀中星判处有期徒刑六年,树立尊重法律、理性维权的社会导向;高度重视对食品、药品等民生领域违法犯罪行为的惩处,审结此类案件24件,保护群众的生命健康权;妥善审理非法吸收公众存款、电信诈骗等涉众型经济犯罪,集中宣判“3·10”特大跨境电信诈骗案等一批典型案件,进一步净化了市场和社会环境。贯彻宽严相济的刑事政策,在严格证据审查标准的基础上,对785名犯罪分子适用缓刑,对6名被告人免予刑事处罚,被判处缓刑的罪犯在考验期内无一重新犯罪。注重对被害人权益的充分保护,运用刑事和解程序审结案件219件,为被害人挽回经济损失1.8亿元。积极探索教育、保护未成年人的有效途径,增设涉诉未成年人“心理抚慰室”,与区律协联手成立“法律阳光工作室”开展心理辅导,帮助涉诉未成年人平复心理创伤、早日回归社会。

(二)发挥保障民生的职能作用,努力营造安居乐业的生活环境

以服务辖区“十大民生工程”建设为中心,贯彻落实新民事诉讼法精神,共审结婚姻家庭、劳动争议、医疗卫生、生活消费等涉民生案件30542件。进一步加强对群众切身权益的保护,让司法符合民意。加强对基本民事权益的保护,妥善处理中石化女处长牛郎门案、演艺明星状告侵犯名誉权案等一系列社会普遍关注的个案,明确个人名誉权与媒体舆论监督权的界限,树立明晰的是非标准,得到公众和媒体的广泛认同;加强对家庭暴力受害者的司法保护力度,增设8个妇女维权合议庭,妥善审结李金诉“疯狂英语”创始人李阳离婚一案,对家庭暴力行为作出准确的司法认定,表明了鲜明的否定态度,该案被国际媒体称为“中国里程碑式的家暴案件判例”;针对当事人存在经济困难的情况,加大司法救助力度,依法决定当事人缓、减、免交诉讼费80万元,并在有关部门的大力支持下,为生活困难的申请执行人发放救助款260万元,传递党的温暖,彰显司法的人文关怀;加强对矛盾纠纷的化解力度,完善多元化调解工作机制,充分发挥人民调解员、特邀调解员、律师等社会力量参与调解的优势,全年调撤民商事案件20453件,调撤率达48.9%。进一步加强对生效裁判的执行,让司法惠及民生。全年执结案件标的额42.8亿元,同比增加16.3%。加大执行威慑力度,努力破解“执行难”问题,对有履行能力但恶意躲避执行的被执行人,采取法律惩戒措施688件次,其中罚款78.5万元,司法拘留145人次,限制出境552人次;创新执行方法,首次通过控制被执行人的银行理财产品执结案件,进一步增加了反规避执行的手段。妥善执结了涉地铁6号线、7号线及14号线的重点拆迁腾退案件,为群众便捷出行排除障碍。进一步促进社会管理的完善,让司法赢得民心。全年发出司法建议91份。根据我院司法建议,国家食品药品监督管理总局加强了对药物临床试验的管理,消除了危及群众生命健康的隐患;中国民用航空局督促各民用航空公司严格落实军人抚恤优待政策,保障了伤残军人享受半价优惠票的权利;中国保险监督管理委员会废止了沿用15年的《人身保险残疾程度与保险金给付比例表》,扩大了民众意外伤残保障的范围。

(三)发挥服务发展的职能作用,努力营造公平有序的市场环境

以促进辖区经济发展方式转变为重点,共审结与经济建设、市场交易密切相关的案件10901件。制裁违约欺诈行为,促进发展环境更加优化。大力推进司法诚信和社会诚信建设,保护守约方权益,妥当适用诚实信用原则破除不公平的合同约定,所审理的“建材市场格式条款免责无效案”被评为中国“3·15案例”,并入选全国六大维权案例;举办制裁伪证行为专题新闻通报会,加大对伪证行为的惩处力度,有效遏制了不诚信诉讼行为。提供定向司法服务,促进经济布局更加优化。建立CBD区域内经济纠纷化解的绿色通道,设置专门人员集中送达经济纠纷的诉讼材料,在CBD金融行业协会刊物上开设司法专栏,集中解答企业发展中的法律难题,为落实全域CBD发展理念提供充分的司法保障。密切关注辖区金融行业的潜在风险,全年审结金融案件4481

件,同比上升 24.7%,并通过认定私设黄金期货交易平台的违规交易行为无效等典型判例,规制金融市场的交易秩序,保障金融创新的稳步推进。推动资源顺畅流转,促进产业结构更加优化。进一步规范公司治理方式和市场退出机制,审结股权转让、公司诉讼、破产重整等案件 1171 件,促进功能区内生产要素的优化配置。保障辖区创新驱动战略实施,充分发挥司法保护知识产权的主导作用,审结一批在全国有较大影响力的知识产权案件,其中《次仁卓玛》摄影作品著作权案入选"中国法院知识产权保护 50 大典型案例";因知识产权审判水平突出,我院被最高人民法院指定管辖专利权纠纷案件,成为全国仅有的四家具有专利权纠纷案件管辖权的基层法院之一。

(四)发挥监督和支持依法行政的职能作用,努力营造和谐互信的政民关系

以促进法治政府建设为导向,共审结行政案件 602 件,审查行政非诉执行案件 143 件。深化行政争议的实质性解决机制,对房屋拆迁、土地征用、劳动和社会保障引发的行政诉讼,加强协调解决力度,全年以行政协调方式化解行政纠纷 115 件,同比提高 121%,进一步增进了人民群众和行政机关之间的理解和信任。主动为行政机关提升依法行政能力提供服务,向政府部门定期通报行政案件司法审查情况,举办法制培训 15 次,组织行政机关工作人员旁听案件 10 次,行政机关执法水平稳步提高。由于参与促进依法行政工作成绩突出,我院被授予北京市依法行政法制宣传教育基地称号,2 名法官受聘为北京市依法行政讲师团成员。

二、坚持司法为民,切实维护群众权益

2013 年,我院牢牢把握司法的人民性特征,紧紧抓住影响人民群众对司法工作满意度的关键环节,强化为民意识,改进工作作风,提升司法能力,畅通诉讼渠道,努力使人民群众日益增长的司法需求得到及时回应。

进一步增进与人民群众的感情。加强为民宗旨教育。开展"爱民月"系列活动,举办"诉权保障与公正司法"主题法官讲坛,通过举行"身边的榜样"宣讲报告会等生动形式宣教司法为民的优秀事迹,从思想上解决好为谁掌权、为谁司法、为谁服务的问题。开展向先进典型学习活动。我院法官刘黎在十几年的职业生涯中,坚持"怀群众感情、为人民司法"的职业理念,坚持法明、理透、情深的工作方法,用温暖的方式解决群众诉求,被当事人亲切地称为"百姓信赖的法官"。市高级法院、朝阳区委先后作出向刘黎同志学习的决定,在系统内外掀起了向刘黎法官学习的热潮。

进一步提升为群众服务的本领。不断增强教育培训的统筹性、针对性和实践性,搭建岗位竞赛、庭审观摩、法官沙龙、学术研讨等培训平台,逐步完善干警能力培训体系。继续将"片区法官工作站"作为提升工作能力的有效途径,让青年法官在基层实践中练就一套"当场调、就地审"的本领,该模式被市高级法院领导批示为"锻炼培养青年法官的有效机制"。2013 年,我院法官队伍的司法能力稳步提升,1 名法官被评为"全国法院办案标兵";3 起案例入选北京法院参阅案例,1 起案件入选最高人民法院指导性案例;审判调研能力也受到上级法院充分肯定,在我院历史上首次中标最高人民法院重大司法调研课题。

进一步丰富为群众服务的举措。努力让立案过程更加便捷。加强立案指导服务,制作《起诉材料告知书》,努力让诉讼群众一次性知晓立案需要提交的材料,当事人一次性立案成功率达 67%;为来院诉讼群众提供全方位诉讼服务,全年接待来访 11.7 万人次,收转材料 1817 件,查询案件 31478 次,受到群众普遍欢迎;针对当事人证据材料不充分导致无法立案的情况,发放诉前调查令 80 份,主动弥补当事人取证权限的不足。努力让诉讼过程更加顺畅。优先选择简便高效的审判方式方法,适用简易程序审结案件 31802 件,进一步减少了当事人的诉累。努力让司法服务更加亲民。注重发挥人民法庭接近基层、了解民情的优势,深入辖区街乡走访座谈,开展巡回审判 56 次,向辖区居民发放普法专刊 8 万余份,将司法服务的触角延伸到群众的日常生活中;不断丰富法律维权热线的服务内容,接听群众来电 200 余人次,解答群众法律问题 260 余条,让人民群众享受到更加周到的法律服务。

三、坚持公正司法,不断强化监督制约

为进一步满足人民群众对司法公正的期盼,我院不断深化司法业务管理,主动接受社会各界监督,把权力的使用关在制度的笼子里、把权力的运行晒在公开的阳光下,努力追求每一起案件的处理都经得起历史和人民群众的检验。

(一)健全内部监督体系,让法官队伍更加公正、廉洁地行使审判权力

进一步加强质量管理,确保公正司法。细化审判管理责任。深化审判委员会评议审判执行工作机制,明确院、庭长的审判管理职责及考核标准,试行审判长对合议庭案件质量全权负责制度,不断强化每一个管理层级的监管力度,努力使每一个案件的运行都看得见、管得住。加强案件质量评查。在各审判部门设立兼职评查机构,组织评查法官到各派出法庭进行巡回评查,深入开展庭审及裁判文书两评查活动,全年共评查案件 4700 余件;加强信访问题分析,组织专门人员对来信来访逐一进行责任甄别,对存在问题的案件及时纠正、严格追责,对原审并无不当的法官予以正名,为法官正常履职排除不当干扰。经过努力,我院的案件质量进一步提升,案件改判率、发回重审率均低于全市法院平均值。在"两评查"活动中,我院优秀裁判文书及优秀庭审数量均居全市基层法院首位,1 篇裁判文书被评为全国法院"两评查"活动优秀裁判文书。进一步加强廉政监督,确保廉洁司法。开展司法廉洁教育系列活动。下发《法官廉政提示手册》,组织干警参观警示教育图片巡展,讲授"遵纪守法"主题党课,进一步强化审判队伍的廉洁意识,筑牢廉政底线。加强预防渎职侵权工作。排查渎职侵权行为风险点 36 个,开展"找问题、抓规范、转作风、促质效"专项活动,组织典型庭审问题视频展播,促使干警自觉规范司法言行,树立公正文明的司法形象。

(二)拓宽外部监督渠道,让人民群众更加充分、有效地监督法院工作

自觉接受人大监督。通过座谈、上门走访、电话沟通、旁听案件庭审等多种方式开展"请代表进法院"系列活动,全年邀请全国及市、区人大代表 100 余人次来我院监督视察工作;增加信息化的联络沟通渠道,发送《法情专报》手机短信 7 期,确保代表同步获取法院重点工作信息,加深对法院工作的了解。依法接受法律监督。主动加强与检察机关的沟通交流,与区检察院共同签署在民事、执行等领域接受监督的工作意见,积极支持、配合检察机关开展监督工作。广泛接受社会监督。充分发挥人民陪审员既审案又监督的双重作用,共邀请人民陪审员参审案件 11642 件,陪审率同比提高 31.4%,促进了人民群众对司法活动的有效监督。理解并尊重律师的职业立场和关切重点,充分听取律协对法院工作的意见建议,与青年律师开展座谈交流,切实保障律师在审判

过程中依法履行职责,营造互相监督、互相尊重、互相理解的良好氛围。不断畅通媒体监督渠道,全年举办新闻发布通报会5次,接待记者1800余人次,在中央和市级以上媒体刊发司法宣传稿件5600余篇,司法宣传工作受到最高人民法院通报表扬。

各位代表,过去的一年里,面对工作强度持续加大、司法环境深刻变化的新形势,我院全体干警不断提升依法履职的水平、为民司法的水平、公正办案的水平,力争让人民群众切实感受到法治的进步,感受到司法的温暖,感受到人民法院在实现司法公正中所作出的努力。2013年,我院先后荣获"全国法院刑事审判工作先进集体"、"全国维护妇女儿童权益先进集体"等荣誉称号;继"全国先进工作者"钟蔚莉、"全国法院办案标兵"臧德胜之后,涌现出"全国维护妇女儿童权益先进个人"、一等功获得者刘黎这一先进典型。我们深知,这些荣誉的取得得益于区委的正确领导,得益于区人大及其常委会的有力监督,得益于区政府、区政协及社会各界的大力支持。在此,我代表区法院,向一直以来关心、爱护、理解、支持法院工作的人大代表和各级领导表示衷心的感谢!

各位代表,当前,随着依法治国的深入推进,人民群众权利意识和法治意识不断增强,对司法公开公正高效的期盼比以往任何时候都要强烈,对参与诉讼时享有尊严感的渴望比以往任何时候都要迫切。与人民群众的新期盼、新要求相比,法院工作还存在一些问题和困难。一是受理案件数量持续增长,保持审判工作良性循环的任务十分艰巨,审判队伍的工作压力、精神压力、生活压力越来越大,人才流失、法官断层等问题日益突出;二是随着改革逐渐进入深水区,司法案件中法律问题与社会问题交织,社会公共利益与当事人个体权益叠加碰撞,案件审理的复杂程度越来越高,法官的司法能力面临新的挑战;三是随着社会环境日益公开透明,特别是微博、微信等新媒体的广泛应用,人民群众对法院审判工作的透明度和规范性提出了更高的要求,人民法院适应舆论环境的能力亟待提高;四是队伍的司法能力还不能完全适应人民群众日益增长的司法需求,一些案件效率不高、裁判不公,个别法官审判作风散漫、精神状态不佳。对于这些问题,我们一直在努力寻求更有效的解决方法,也诚恳希望各位代表对我们的工作继续予以监督、指导和帮助。

2014年,是深入贯彻落实十八届三中全会精神的第一年。我院将紧紧依靠区委领导,深入贯彻十八届三中全会精神,沿着司法为民公正司法的主线推进各项工作。一是进一步加强审判专业化。不断增强大局意识,加强对深化改革开放过程中司法应对问题的研究预判,妥善审判、执行与辖区转变经济发展方式、城乡一体化建设以及社会建设密切相关的各类案件,为辖区经济社会发展提供更加有力的司法保障。大力加强审判监督管理,着力规范司法审判方式,提升庭审质量,强化裁判说理,努力让人民群众感受到司法公正。二是进一步实现司法公开化。加快审判流程公开、裁判文书公开和执行信息公开三大平台建设,自2014年1月1日起实现我院生效裁判文书全部上网公开,加强法院官方微博建设,积极拓展人民群众监督司法工作的渠道,消除司法权力的寻租空间。加强与人民群众和社会各界的良性互动,以更加开放、更加自信的姿态,回应人民群众对司法工作的关注和期待。三是进一步推进诉讼便民化。加强诉讼服务中心建设,全面实行诉讼服务机构、内容、标准、标识四个统一,畅通诉讼渠道、消除诉讼障碍,让人民群众在朝阳法院打官司少担诉累。坚持以人为本,充分考虑不同当事人在诉讼能力、生存状况方面的差异,强化诉讼指导、加强司法救助,让人民群众在朝阳法院打官司更有尊严。四是进一步推动队伍职业化。扎实开展群众路线教育实践活动,不断提升审判队伍依法裁判的能力和做群众工作的能力,努力培养一支职业品德优良、专业知识深厚、实践经验丰富的高素质法官群体,让审判队伍更多地为群众着想、更好地为人民服务。

各位代表,党的十八大对建设社会主义法治国家的部署和习近平总书记关于法治建设的重要论述,为司法工作指明了方向;党的十八届三中全会强调要深化司法体制改革,加快建设公正高效权威的社会主义司法制度,为司法工作的发展进一步明确了路径。今后,我们将在区委的坚强领导下,更加自觉接受区人大及其常委会的监督,牢牢立足辖区宽广有力的工作平台,紧紧依靠广大人民群众的信任支持,始终将维护宪法法律尊严作为我们的神圣使命,始终将保障辖区经济社会科学发展作为我们的应有担当,始终将满足人民群众对公平正义的向往作为我们的奋斗目标,切实履行宪法和法律赋予的职责,努力为朝阳区科学发展、民生幸福作出应有的贡献!

名词解释

1.全年共受理各类案件62794件,审结案件60806件:刑事案件收3158件,结案3180件;民事案件收案30813件,结案30542件;商事案件收案9730件,结案8831件;行政案件收案819件,结案745件;知识产权案件收案2131件,结案2070件;执行案件收案15690件,结案14990件;申诉再审案件收案87件,结案82件;诉前财产保全、管辖异议以及其他案件收案366件,结案366件。区法院全年结案数同比提高3.5%,审限内结案率为99.94%。

2.首都机场"7·20"爆炸案:2013年7月20日,被告人冀中星携带自制爆炸装置,自山东省鄄城县的居住地乘长途汽车独自来京,当晚18时许至北京首都国际机场三号航站楼二层国际旅客到达B出口处,在遇到民警现场执法时引爆自制爆炸装置,造成其本人重伤,同时造成民警韩某面部、双臂及胸前背部多处灼伤。爆炸现场秩序混乱,国际旅客到达出口通道紧急关闭。被告人冀中星被当场查获。10月15日,区法院对该案进行一审宣判,认定被告人冀中星在公共场所实施爆炸,其行为构成爆炸罪,判处有期徒刑六年。公诉人、辩护人到庭,被告人冀中星的亲属、媒体记者等近40人旁听了本案的宣判。北京法院网的官方微博及时发布了该案的宣判情况。

3."3·10"特大跨境电信诈骗案:2011年3月至6月间,彭发荣等91人先后在印度尼西亚、柬埔寨、马来西亚等地参加他人组织的针对内地居民的诈骗组织。该组织冒充内地中国电信工作人员或者法院、公安局、检察院等国家机关工作人员,通过电信技术手段向内地不特定多数人群发语音电话、接打电话,虚构被害人名下电话欠费、信用卡透支、身份信息泄露、需要对被害人名下存款进行对账或调查、需要对财产进行加密保护、在法院被诉讼、名下的信用卡涉嫌犯罪、需要对其财产进行公证或保全等事由,诱导被害人进行转账或汇款,造成多名被害人财产损失。2013年2月3日,区法院对该案进行一审宣判,对91名被告分别判处有期徒刑8年至1年半不等,并处罚金8000至2000元不等。宣判当日,中央电视台《新闻联播》等20余家媒体对该案的宣判进行了全程报道。

4.刑事和解程序:刑事和解是指在刑事诉讼过程中,通过调停人或其他组织使被害人与犯罪嫌疑人、被告人直接沟通、共同协商,双方达成民事赔偿和解协议后,司法机关根据案件的具体情况对犯罪嫌疑人、被告人不再追究刑事责任或从轻减轻刑事责任的诉讼活动。

5. 心理抚慰室:为满足未成年人审判工作的需求,2013 年 9 月,区法院少年审判庭在原有"亲情室"的基础上,增添沙盘、沙桌、沙具架、抱枕、数百个沙具及视频数字电视等心理抚慰硬件设施,进一步扩大了亲情室的使用功能。

6. 法律阳光工作室:未成年被告人在面对法庭审判时,往往产生恐惧、怨恨、抵触等心理,严重影响了对未成年被告人的教育、感化、挽救效果;此外,有的未成年被害人在遭受性侵等暴力犯罪后,也常伴有自闭、抑郁等现象。2013 年 5 月 28 日,区法院与区律协联合举行了针对涉诉未成年人进行心理疏导的"法律阳光工作室"启动仪式,聘请有心理咨询资质、热爱儿童事业的律师对涉案儿童进行心理抚慰,建立了常态化合作机制。

7. 中石化女处长牛郎门案:2013 年初,网络爆出"中石化女处长身陷牛郎门"的消息,该消息称中石化国际事业公司一女处长在相关招投标项目中接受投标企业"非洲牛郎"性贿赂,而后帮助该企业非法中标。后中石化国际事业公司招投标处处长张某以"该消息失实,对其造成了严重的影响"为由,将发布相关文章的"IT 商业新闻网"、"中华网"的主办公司北京大东半岛科技有限公司、北京华网汇通技术服务有限公司分别诉至法院,要求二被告消除影响、恢复名誉,并要求北京大东半岛科技有限公司赔偿其精神损害抚慰金 3 万元,北京华网汇通技术服务有限公司赔偿其精神损害抚慰金 7 万元。9 月 6 日,区法院对该两案进行了审理,认定二被告的行为构成了对张某的名誉侵权,并根据相关侵权情节,依法分别判处二被告担责并致歉,赔偿张某精神抚慰金 3 万元和 1.5 万元。宣判后,区法院召开新闻通报会。人民日报、新华社等 29 家中央级、市级新闻媒体进行了现场采访报道。

8. 李金诉"疯狂英语"创始人李阳离婚案:李金诉"疯狂英语"创始人李阳离婚一案,区法院判决准许双方离婚;三个女儿均由李金抚养;李阳按照每人每年 10 万元的标准按年支付三个女儿的抚养费;10 套房产、5 家公司股权及 23 个商标均归李阳所有,剩余房屋贷款由李阳偿还,李阳为此给付李金上述财产的折价款 1200 万元;同时,认定李阳构成家暴,判决支持了李金就此提出的 5 万元精神损害抚慰金的诉请。宣判的同时,根据李金的申请,区法院向李阳发出人身安全保护裁定,禁止李阳殴打、威胁李金,这是新民事诉讼法实施后北京市首例行为保全。

9. 首次通过控制被执行人的银行理财产品执结案件:刘某诉吴某民间借贷纠纷一案,区法院判决吴某偿还刘某借款 203200 元及利息,并承担本案诉讼费。判决生效后,刘某向区法院申请强制执行。执行法官在查询到第五家银行时,发现吴某在中国银行购有一百万余元的理财产品,及时冻结了吴某购买理财产品的账户并进行了资金划扣。本案得以顺利执结。事后,刘某专程送来锦旗,感谢法官司法为民、辛勤工作,使得自己的"养老钱"顺利追回。

10. 建材市场格式条款免责无效案:何某在十里河民乐建材市场商户张某处购买了价值 900 余元的建材,合同第二条约定该合同在市场管理部门加盖建材市场公章后,市场才对因此合同产生的纠纷承担责任。建材市场同时在醒目位置悬挂告知牌,将上述条款进行了告知。但是何某并未按此规定在市场管理部门加盖公章,后因张某不再在建材市场经营,合同约定的售后服务无法实现,何某多次与建材市场协商,建材市场以合同未加盖公章为由拒绝承担责任。何某诉至法院,要求判令上述合同第二条无效,并判令建材市场支付交通费、通话费等。案件承办法官在多方调查查清案情、充分理解法律精神的基础上,依法判令该格式条款无效,并对何某诉请的交通费、通话费等予以支持。

11. 制裁伪证行为专题新闻通报会:为倡导诚实信用的社会风气,引导当事人树立诚信诉讼的理念,有效遏制司法领域的不诚信诉讼行为,2013 年 6 月 27 日,区法院结合典型案例就民事诉讼中制裁伪证行为情况召开专题新闻通报会。区法院通报了在民事诉讼过程中查处的 4 起当事人伪造证据的案件,根据涉案人董某、肖某、张某、陈某对自己提供伪证的违法行为情节、后果及悔过态度,分别施以相应处罚。

12.《次仁卓玛》摄影作品著作权案:薛某诉称燕某公开发表的油画《阿妈与达娃》系临摹其早年创作的摄影作品《次仁卓玛》而成,侵犯了其改编权,要求燕某停止侵权、赔礼道歉,赔偿其经济损失 1.5 万元。区法院一审判决燕某停止使用侵权油画、赔偿经济损失一万五千元。该案是北京法院对参照他人摄影作品绘制油画行为作出侵权认定的首例案件,不仅保护了摄影作品著作权人的合法权益,对于规范美术界从业者的创作行为也具有重要的现实意义和导向作用。

13. 法官讲坛:"法官讲坛"创立于 2003 年,已成功举办 17 届。十年来,"法官讲坛"已经成为促进法官与专家学者交流沟通、推动专业理论与审判实践良性互动、培养和展示人才的有效载体。自讲坛创立以来,区法院先后邀请国内多所知名学府和上级法院的近 50 位专家、学者、法官莅临指导、点评;区法院法官亦有 80 余人走上讲坛,阐述理论观点和实践思考,其中,1 人成长为"全国法院审判业务专家",2 人被评为"全国法院办案标兵",5 人荣获"全市法院审判业务标兵"称号,12 人走上中层领导岗位,7 人被遴选到上级单位。经过多年的培育,"法官讲坛"已经成为区法院文化建设的标志性品牌,得到了法院系统内外的关注与赞誉,曾于 2008 年被朝阳区评为"十大特色文化活动",并于 2013 年被最高人民法院评为"全国法院文化建设特色项目"。

14. 刘黎:身处矛盾纠纷化解第一线,奥运村法庭副庭长刘黎法官始终坚持以公正树公信,努力把公正体现在每一个具体司法环节、落实在每一个具体案件中。六年来,她共审结各类民事案件 2000 余件,年均结案近 400 件,涉案当事人 7000 余名,无一信访投诉。最高人民法院党组成员、副院长景汉朝,北京市高级人民法院党组书记、院长慕平等领导分别对刘黎的事迹做出专门批示;北京市委政法委高度评价刘黎事迹,并指定其作为践行党的群众路线先进事迹报告团成员在全市政法系统进行宣讲;北京市高级人民法院、北京市朝阳区委均做出向刘黎法官学习的决定;北京市高级人民法院召开专门新闻发布会,对刘黎法官的事迹进行推介,人民日报、新华社、中央电视台等近 60 家媒体参与报道,产生了广泛的影响。刘黎法官先后荣获北京市人民满意的政法干警、北京市法院系统"优秀共产党员"、"双优民事法官"和"全国维护妇女儿童权益先进个人"等称号,荣立个人一等功 1 次、个人三等功 2 次;现参评"全国模范法官",已公示完毕。

15. 最高人民法院指导性案例:为了贯彻落实中央关于建立案例指导制度的司法改革举措,最高人民法院于 2010 年 11 月 26 日印发了《关于案例指导工作的规定》,这标志着中国特色案例指导制度初步确立。指导性案例的发布是落实推进中国特色案例制度,总结审判经验,确保司法公正公开,正确、统一实施法律和司法政策,积极参与社会管理创新,促进社会和谐建设的有力举措。区法院审理的“张莉诉北京合力华通汽车服务有限公司买卖合同纠纷”一案被确定为最高人民法院第17号指导案例,成为北京法院系统首个入选最高人民法院指导性案例的案件。

16.最高人民法院重大司法调研课题:最高人民法院审判理论重大课题和司法调研重大课题是法院系统层级最高的调研课题,亦是影响非常大的部级课题项目,面向全国机关、院校招标。各申报单位投标后,由最高人民法院组织院内外权威专家对课题的投标申请书进行了评审,并在封闭环境下逐项给每份投标申请书打分,根据得分排名提出了10个审判理论重大课题和15个司法调研重大课题主持人的推荐人选,报经最高人民法院主要领导同志批准后确定中标结果。

17.诉前调查令:调查令是指当事人在立案审查阶段因客观原因无法取得诉讼所需要的证据,经申请并获法院批准,由法院签发给当事人的诉讼代理律师,由其向有关单位和个人收集所需证据的格式性法律文书。诉前调查工作的开展,有利于方便当事人依法行使收集证据的权利,有利于人民法院在立案之前明确案件的被告、涉诉标的以及其他必须明确的信息。

18.审委会评议审判执行工作机制:2013年4月25日,区法院修订实施《审判执行部门工作评议规则》,不仅突出了对问题庭室工作状态的评议,而且更突出了对先进庭室工作状态的评议。评议过程中,先由被评议部门的中层正职向审判委员会报告本部门的审判执行工作,随后再由审判委员会委员对被评议部门的工作情况进行询问并发表评论意见。这种正反两方面的评议方法收获了推广工作经验和整改工作疏漏的双重功效。

19.信访甄别机制:2013年8月23日,区法院刊发《信访责任甄别工作办法(试行)》,对所有信访先进行责任甄别,区分有责信访和无责信访,有责信访重点抓问责和整改,无责信访则重点抓化解和稳控;同时,将无责信访案件与承办法官相剥离,由部门中层领导和信访部门接受化解,最大限度地减少无理访给审判工作带来的影响。

关于朝阳区2013年国民经济和社会发展计划执行情况与2014年国民经济和社会发展计划草案的报告

——2014年1月7日在朝阳区第十五届人民代表大会第四次会议上

朝阳区发展和改革委员会主任　常树奇

各位代表:

受朝阳区人民政府委托,向大会提交朝阳区2013年国民经济和社会发展计划执行情况与2014年国民经济和社会发展计划草案的报告,请予审议。

一、2013年国民经济和社会发展计划执行情况

2013年,按照党的十八大精神的指引,对照“十二五”规划中期目标的要求,我区认真把握稳中求进、发展转型的宏观环境,沉着应对发展过程中的阶段性挑战,全区在市委、市政府和区委的坚强领导下,在区人大、区政协的监督支持下,通过加快转型发展,稳住了经济增长;通过拓展空间布局,增加了发展承载;通过加强环境建设,保障了城市运行;通过创新社会管理,增进了民生福祉。过去的一年,朝阳区坚持在发展中转型、在稳定中调整、在统筹中突破,齐心协力,攻坚克难,较好的完成了全年各项工作。

2013年计划任务执行的主要特点是:

(一)攻坚克难,实现了稳定增长和结构调整

区域经济运行平稳增长。主要指标完成情况良好,初步核算地区生产总值超过3963.6亿元,增长9.1%;区级财政收入380亿元,增长9%。社会消费品零售总额完成1962.4亿元,增长7.3%,总量继续保持全市首位;全社会固定资产投资1216.7亿元,完成市级下达任务。万元GDP能耗降低5.76%,优于市级调控目标。经济社会协同发展,预计城镇登记失业率控制在1%以内;城镇居民人均可支配收入和农民人均现金收入分别增长8.3%和10.3%。在稳增长过程中,注重了提前筹划、研究预案,面对复杂严峻的宏观形势、转型发展的新要求和增长减缓的整体环境,在保投资、促消费、稳税源等环节上形成了一系列具体措施和任务进度安排。特别是在“十二五”规划中期评估基础上,下调五年规划经济增长预期目标,为调结构转方式留出了更大空间。坚持了部门统筹、重点调度,深化了部门与功能区管委会、街乡的会商协调机制,增进项目信息共享、促进空间需求对接。强化了完善机制、优化环境,研究制定了以税源建设为主促进经济发展的六项工作机制,推进服务下沉,通过街乡属地的参与,扩大了对企业跟踪走访服务的范围和内容,主动对接、了解需求,培育产业、涵养税源,稳定了经济发展的基础。

经济转型发展取得成效。落实稳增长、调结构的要求,兼顾当期增长与长远发展,主动作为、加快调整,经济发展稳定性增强、运行质量逐步提高。消费贡献稳定,扩大了商业设施供给,吸引更多商业机构入驻,新增商业面积15万平方米,红星爱琴海等项目相继开业;加快发展网络新兴消费,成功引进易迅、亚马逊网上书城等10家电商企业,网上零售额增长53%。投资结构优化,主动引导社会投资向产业领域转移,制定出台促进商务楼宇发展的专项政策,落实重大项目绿色审批通道工作机制,商务楼宇投资同比增长49%,占房地产投资比重提高了8.3个百分点。加强融资创新,筹措建设资金超过17亿元,加大政府在民生保障、环境建设领域的投入力度。国际化特色巩固,世界500强企业投资项目累计达到306个,占全市47.7%;实际利用外资34亿美元,增长6.3%,占全市总量的41%;企业境外直接投资增长1.6倍;进出口总额1793.5亿美元,增长4%。节能降耗力度加大,健全能源消耗考核体系,选定5家单位开展了节能试点;淘汰退出高

能耗、高污染企业52家,关停隆昌工业、东景寅等两家建筑渣土烧结砖企业。

产业结构调整效果显现。健全产业引导政策体系,出台了加强业态调整的工作意见,加强项目准入和低端产业的优化升级。加大了对商务、金融、文创、高新技术等主导产业的发展培育,安排产业扶持资金5.2亿元,引导重点项目加速聚集,培育了产业的新增长点。金融产业贡献显著,全年引进首旅集团财务公司等50家金融机构,金融业实现财政收入同比增长15.2%,对财政收入增长的贡献度达到18.4%。引进中信财务等5家大型国资财务公司,占全市新引进财务公司80%以上,金融结算功能进一步增强。积极推进跨国公司外汇管理试点工作,三星、中粮等5家试点企业已取得良好效果。文化创意产业加速聚集,新引进注册资金5000万以上的规模企业39家,北京国际广告传媒集团、央视创造文化传媒有限公司等龙头企业落户发展。广告会展业占文化创意产业的比重持续提高,达到24.8%。文化科技融合发展势头良好,网络新媒体、数字内容产业等实现较快增长,文化创意产业的资源潜力正加快向产业优势转变。现代服务业地位稳固,新认定了阿美远东等10家跨国公司总部,并引入了中石化石油工程建设有限公司等10家国内总部。商务服务业贡献稳定,实现财政收入同比增长9.3%,对财政收入增长的贡献度达到14%。全年新引进国际高端会展活动超过50个,服务贸易加速发展,我区京交会签约额同比增长110%。高新技术产业后劲增强,新移动通讯、新生物医药、新能源产业进一步发展,15家亿元以上战略性新兴产业入驻电子城,电子城科技园高新技术产业实现利润总额216.6亿元,同比增长20.4%。中小企业蓬勃发展,企业数量年增速达到10%,成为我区社会经济发展和吸纳就业的重要力量。发挥政策效果,主动搭建银企对接平台,通过贷款贴息、融资创新补贴等方式,帮助中小企业解决融资难问题;积极支持中小企业创新,建成11个中小企业孵化器和创业基地,中小企业服务体系日益完善。

(二)统筹推进,加快了空间拓展和改造升级

十大发展基地建设有序推进。一批新的产业空间正加快形成。CBD核心区中信、三星等项目正式开工或进入一体化施工阶段。东扩区智能电网中心项目启动建设。中心区永安里、化石营旧城改造项目加快推进。电子城普天首信、恒基伟业等9个项目竣工,默沙东、湘电新能源等6个项目开工建设。大望京科技商务创新区45%项目实现封顶,为近期产业项目引进提供了空间。奥运功能区完成奥运博物馆、观光塔主体施工,中国国学中心正式启动,奥体文化商务园区封顶建筑面积近30万平方米。CBD—定福庄国际传媒走廊凤凰国际传媒中心竣工,世纪华腾总部公园、动漫大厦工程封顶。部分区域规划和开发模式取得实质进展。东坝国际商贸中心区控规已通过市规划委审查,编制了土地一级开发实施方案,引入社会资本参与园区开发。金盏金融服务园区控规调整通过市规划委审查。垡头科技商务区紧抓中关村扩区机遇,明确"科技CBD"的发展定位,区域规划正在进一步深化。温榆河绿色生态休闲区产业规划编制完成,孙河商贸中心项目控规获批,金盏小店110千伏电站启动建设,长店北路基本完工。

农村地区转型发展取得突破。以"转方式、调结构,提升农村地区产业发展层级"议案办理为契机,按照"四增五减"目标,加快推动农村地区产业发展升级,农村地区财政收入、农村经济总收入分别增长20%和7%,对全区经济发展的贡献提升。加快农村地区的空间改造。完成了孙河等4个乡15个上市地块的拆迁腾退,实现了8个地块113.5公顷土地的上市。以环境整治为突破口,基本完成了南磨房东郊市场地上建筑物拆除,落实了64个环境建设项目,启动了十八里店乡西直河村和豆各庄乡京津高速以南地块的环境整治。加大规划和资金的扶持。完成了将台乡产业用地初步调整方案,东坝和黑庄户乡产业用地规划取得积极进展。研究筹建农村产业发展基金,破解农村地区融资发展难题。加强产业升级的引导。建立了产业用地项目库和低级次市场清理腾退项目库,加快淘汰低级次产业,招商引资渠道逐步拓宽。完善产业项目审议管理制度,推进了伊莎广场等34个重点产业项目建设,10个项目建成开业。规范集体经济的管理。三间房、黑庄户等4个乡41个村产权制度改革工作梯次推进。完成了三资在线监管平台管理系统的建设,搭建农村系统专项资金管理信息平台,引入项目化管理。17个乡、144个村集体收支项目纳入预算管理。

空间资源统筹力度加大。坚持"五规合一"的规划统筹。以CBD－定福庄国际传媒走廊为试点,在规划中统筹考虑土地、空间、产业、人口、生态等要素,促进人口、资源、环境的协调平衡。加强重点区域的组织统筹。完善了东坝国际商贸中心区、垡头科技商务区、金盏金融园区等基地开发建设的组织管理机构,进一步明确了温榆河管委会的工作职能和范围。健全部门和街乡的工作统筹。健全功能区与属地街乡、产业部门的定期会商机制,实现招商信息、土地资源共享。组织产业发展空间重点地块推介会,共推介32个地块、308公顷用地。积极联系市级部门,加快土储待拆区域审批流程。建立功能区、街乡楼宇联系人制度,及时跟踪楼宇空间变动情况,提升楼宇空间使用效率和经济贡献。

(三)多措并举,强化了建设管理和生态环境改善

加大建设力度,提升设施保障能力。加强水环境建设。"7543N"工程顺利推进,完成了安华桥等7处下凹式立交桥和大羊坊沟等5条防洪河道的治理,定福庄等4座再生水厂红线内拆迁工作基本完成,建成清河营郊野公园等4处雨洪利用工程,坝河等3条水系的河道治理还清工作基本完成,实施崔各庄乡奶西村积水治理等防汛工程14项。加快保障房建设。开工建设保障房16942套,竣工交用各类保障房14221套,超额完成全年任务;其中今年完成配租配售4984套,累计解决我区备案家庭比例达到52%。组织实施19个棚户区改造项目,酒仙桥危改等13个项目启动征收或拆迁。综合整治老旧小区200多万平方米,惠及群众3.4万户。完善交通设施条件。启动20条主次干路建设,郎家园路、辛庄路等道路已基本完工,广渠路二期四环到五环段主路通车;完成三丰胡同等20处断堵头路改造,打通城市微循环。积极引导出行方式转变,完善173处公共自行车租赁站点,投入公共租赁自行车5000辆。继续加大停车位建设,采取改造地下人防空间、错时停车等方式,全年增加停车位22529个。加强交通管理疏导,建设了CBD等四个交通管理示范区,对双井桥等五个重点区域开展交通综合整治,开通了全市首条潮汐车道。

加大拆违力度,优化城市面貌。严格违建查处,促进人口调控。建立控管违建长效机制,加强联合执法,落实属地责任,制定《朝阳区严厉打击违法用地违法建设专项行动指导意见》,实施违建台账精细化管理,全年累计拆除违法建设190多万平方米、拆除出租大院71个。制定《关于加强人口服务管理工作的意见》,加强业态调整、清理整治地下空间、治理无证无照经营行为,全年调减流动人口17.4万人。完善管理分工,实现重点突破。夯实

工作基础,建立管理台账,制定《朝阳区环境建设考核评价办法》及30个实施细则。治理了四惠公交枢纽周边秩序、京哈暑运专线沿途环境。启动5处非正规垃圾场治理工作,整治东坝后街村大型垃圾山、北五环外侧废品回收市场等12处大型脏乱点。

加大管理力度,促进运行安全。强化安全生产。关停违法企业1014家,推动安全生产标准化创建工作,完成5034家企业达标工作,排查生产经营单位超过28万家。加强食品药品安全监督工作,组建区食品药品监督管理局,建成区食品药品安全指挥平台。完善应急体系。修订完善地质灾害、防汛、重污染天气等应急预案,实行重大决策信访维稳风险评估机制,及时处置740起城市公用设施应急突发事件。扩充应急设施。完成奥林匹克公园和朝阳体育中心等5处简易应急避难场所建设,区消防指挥大厅和4座消防站建成并投入使用。

加大治污力度,维护生态环境。加强大气污染治理。率先建成PM2.5自动监测系统,改造燃煤锅炉1151蒸吨,淘汰老旧机动车5.5万辆,对1391家企业开展了大气污染专项检查,累计完成道路降尘421万平方米。加强水污染治理。对908家废水未排入污水处理厂企业进行检查和处理,排查、整治河道沿线垃圾污染源100处,有效减少水污染源。加强绿化建设。全年新增、改造绿化面积800公顷;新建成利泽公园等4处公园绿地,完成24处老旧小区的绿化改造,建成朝阳路、华威南路等19条环境优美大街。

(四)注重民生,提升了公共服务和社会管理水平

强化民生保障。创新就业促进手段。出台农村劳动力就业评审奖励办法,引导区内企业招收本区农村劳动力。择优委托专业机构为征地转工人员等重点人群提供专项培训,有效提升了城乡劳动力技能水平。出台了就业服务精细化操作规范,为大学毕业生开通就业服务绿色通道,有效提升了就业服务质量。全年开发就业岗位12万个,促进城镇登记失业人员实现就业2.5万人。完善城乡社会保障体系。拓展社保覆盖面,建立街乡社保征缴动态跟踪机制,全年五项社会保险基金累计收缴403.6亿元,同比增长21.4%。完成孙河和来广营两个乡8337人转居办理工作。多层次社会救助体系逐步完善,发放城乡低保金及各类帮困金近1.3亿元,重残无业人员的生活补助从每月520元调整到580元。加快养老设施建设,新建养老机构4家,增加床位1086张;新增养老服务管理中心40家,培育养老服务商1016家,区、街乡、社区(村)三级养老服务设施逐步健全。

提升公共服务水平。教育质量进一步提高。采用多种模式扩大教育承载,新建、改扩建学校、幼儿园46所,新增学位1.4万个。通过合作办学促进教育质量提升,成立了首师大附属朝阳实验小学,合作办学学校达到23所。北京中学西坝河校区顺利开学,东坝校区已进入概念设计阶段。健康服务体系更加完善。优化医疗资源配置,在医疗资源薄弱的东坝、垡头地区,与安贞医院和北京中医医院开展合作建设分院。完善医联体运行机制,中部医联体初步实现了大医院与社区卫生机构间的资源共享和协助诊疗,并成为市级医疗模式创新试点。推进医疗服务便捷化,新增3家社区卫生服务中心,2家社区卫生服务中心成为"全国示范社区卫生服务中心";家庭医生式服务签约203.2万人,为65岁以上老年人免费体检8.3万人次。文化文明建设进一步深入。成功创建成为首批"国家公共文化服务体系示范区"。完善了服务设施,朝阳区图书馆新馆投入使用,街乡文化中心、社区(村)文化活动室覆盖率均达到100%,24小时自助图书馆覆盖43个街乡;建立"文化居委会"基层文化自治组织,群众文化队伍达到2029支,形成77个特色文化品牌,"社区一家亲"等三个项目获国家群众文化领域最高奖"群星奖"。营造全民健身氛围。创建体育生活化社区80个,新建全民健身设施135套。2000余次全民健身活动共吸引150万人次参与。

全面深化社会服务管理。整合服务资源,累计建成"一刻钟社区服务圈"193个,积极打造10个星级服务圈;全面开展69个智慧社区和81个六型社区建设,社区服务功能更加完善。不断加强农村社区建设,新建33个村级社区服务站,建成50个星级社区服务站,开展23个"三社一体化"试点,规范化水平进一步提高。开展社会组织建设创新示范区创建活动,推出朝阳社会组织微信平台,开展"助力民生服务,共建幸福朝阳"等品牌服务活动,全区现有已注册社会组织776家,培育发展各类社区组织1972家。

在看到成绩的同时,我们也清醒地认识到,发展中还存在一些复杂的矛盾和问题,需要在明年的经济社会工作中给予高度关注:一是面对经济增长逐步放缓和区域竞争加剧的客观环境,区域经济回升向好的基础尚不稳固,在巩固区域功能优势、突破传统发展路径、创新转型发展思路等方面的措施还有待进一步加强。二是面对人口、资源的刚性压力和改善环境的艰巨任务,土地、水、能源等资源的集约利用水平还需提升,改善生态环境的长效机制还有待逐步建立。三是面对城乡一体化发展中的难点问题,系统化解决的手段还需提高,通过机制改革、思路创新,打破传统格局、促进协同发展的举措还有待继续深化。四是面对城市运行保障中的管理风险,严格治理、有效化解的方法还需创新,从根本上破解城市管理难点、实现安全有序运行的整体工作体系还有待不断完善。

二、2014年经济社会发展计划总体考虑和初步安排

2014年是全面贯彻落实十八届三中全会精神的重要之年,是我区落实"十二五"规划、加快经济转型升级、推动城乡一体化发展的关键之年,做好全年经济社会发展各项工作意义重大。

从发展趋势上看,2014年我区的发展环境总体有利。一是党的十八届三中全会对全面深化改革做出总体部署,中央将对科技文化、金融体系、对外开放等领域做出重大改革部署,这将有利于我区充分发挥科技文化金融资源丰富、人才和资本要素集中的优势,进一步提升市场化国际化水平。二是经过多年的发展,我区CBD、奥运、电子城功能区高端要素聚集能力显著增强,十大基地加快建设,奥体南区、大望京等一批重要产业空间陆续释放,这将有利于我区加快培育新的增长点,进一步夯实经济平稳增长的基础。三是全市对加快棚户区改造和城乡结合部环境整治出台政策,我区在推动农村地区产业升级方面争取了市级支持,这将有利于我区充分利用农村地区的发展空间,进一步加快农村城市化步伐,努力实现城乡一体化发展。

综合当前形势,2014年经济和社会发展工作的重点是,在经济发展上,注重功能强化、转型升级,着力培育新的增长点,促进经济运行的持续稳定。在区域发展上,注重全域统筹、空间拓展,加快十大基地建设,探索农村城市化新路径。在城市运行中,注重建管结合、精细管理,大力改善生态环境,营造宜居宜业空间。在民生工作中,注重基本保障、均衡配置,不断完善服务体系,进一步提升水平、改善民生。

2014年的主要预期发展目标是:地区生产总值增长7.5%;区级财政收入增长9%;全社会固定资产投资完成市级下达任

务;社会消费品零售额增长6%;万元GDP能耗指标达到市级要求;城镇登记失业率控制在1.5%以内;城镇居民人均可支配收入和农村居民人均现金收入均增长7.5%。

(一)创新体制机制,深化重点领域改革

全面实施行政审批制度改革。加快推进投资项目审批流程改革试点工作,对照市级《投资项目审批事项精简目录》,做好市级下放审批事项的承接和对应调整,全面梳理区级审批事项及权限,编制目录、简化环节、优化流程、审批时限平均压缩到109个工作日。选择一批代表性项目和条件成熟地块,开展投资项目综合审批试点,选择对区域发展有带动作用的14个项目拟采取新流程进行审批。推行网上审批,实现依法、高效审批。

推进社会事业重点领域改革。深化教育综合改革,提高信息化建设水平,探索学区制和九年一贯制对口招生改革试验,重点支持100个教育教学改革创新项目,提高教育质量。继续深化医药卫生体制改革,积极落实社会办医政策,鼓励社会资本参与医疗设施建设,稳妥推进区属公立医院改革,取消医药补偿机制等运作模式。深化文化体制改革,启动实施公益性文化事业单位建立法人治理机构。加强社会管理创新,继续深化社会组织管理体制改革,激发社会组织活力。

探索深化国有企业改革。推动国有企业完善现代企业制度。推进国有资本向优势产业、优势企业集中,推动国有企业做大做优做强。努力发展混合所有制经济,探索加大国有企业与其它所有制企业的合作力度。推进分类监管,创新企业激励机制,激发国有企业参与市场竞争的活力、创造力。强化公共资产管理,建立公共资产台账,完善监管体制机制。逐步提高国有资本收益上缴公共财政的比例,补充区域公共支出,引导国有企业发挥在民生领域的支撑性作用。

落实财税体制改革。继续推进营改增试点工作,健全地方税制体系,着眼国家财税体制改革方向,提早研究未来税源增长方向,通过调整产业发展方向和布局,保持税源持续增长。推进预算管理制度改革,建立跨年度预算平衡机制,突出预算的约束性和透明度,强化绩效评价,提高资金使用效益。

创新投融资体制。突出重点,以需求为目标,拓展投融资渠道和方式,按照北京市《基础设施领域引进社会资本试点项目方案》,争取将我区符合条件的项目纳入试点,加大引入社会资本的力度,减轻政府直接投资的压力。在园区产业项目建设和基础设施建设中,积极尝试中期票据、私募债、保险资金等新型融资方式,缓解融资难的压力。加强政府资金监管,规范流程,严控债务规模。同时完善资金使用评价体系,尝试委托专业中介机构,对大额专项资金项目支出绩效进行跟踪考评,提高资金使用效率。

加强区域政策创新。积极推动CBD国家级示范中央商务区的授牌工作,重点支持以法律、会计、审计、咨询等高端商务服务为核心的现代服务业发展。深化跨国公司总部外汇资金集中运营管理试点工作,争取更多的跨国公司总部企业获得政策支持。积极促进文化金融改革创新综合实验区落户朝阳,以北京798艺术区、CBD—定福庄国际传媒走廊、国家广告产业园等文创产业基地为承载,建立覆盖文化创新发展全过程的文化金融服务体系。

(二)加快调整转型,提高经济发展质量和效益

巩固优势,稳定经济增长。提升消费贡献。吸引消费聚集,研究起草朝阳区商业发展总体规划,积极吸引大型商业综合体、知名品牌总部入驻,加快推进孙河商贸中心等商业项目建设;鼓励发展便民服务和民生商业,鼓励连锁企业、品牌企业和老字号企业进社区。培育新兴消费,研究制定促进电子商务发展的引导鼓励政策,积极吸引当当网、乐蜂网等电商企业入驻,引导传统商业企业开展电商业务;引进高品质教育、医疗、文化、养老等服务机构,促进服务型消费增长。优化投资结构。发挥投资对城市功能的引导作用,以北京加快城市建设为契机,集中力量推动一批市区重点工程建设,重点支持环境整治、棚户区改造、基础设施等项目,引导投资投向东部、南部、城乡结合部等薄弱区域。增强投资对产业的持续支撑,加大经营性用地的供给,引导扩大金融、文创、商务服务、科技服务等关联性产业的投资,研究鼓励社会资本参与公共服务设施建设的措施。强化企业服务。全面落实促进经济发展六项工作机制,重点实施企业服务"三总师"制度,在部门和街乡设立企业联系人、楼宇责任人、项目牵头人,强化跟踪服务,增强企业发展的根植性。完善招商引资工作机制,增强对项目信息、空间信息的整合和动态跟踪,尝试建立一口受理的审批机制;加强投资服务,加大投资服务大厅环境治理力度,提升工作人员服务水平,为企业提供更加便捷、优质的服务。

调整结构,促进经济转型。促进主导优势产业升级。巩固商务服务业的发展优势。鼓励商务服务业专业化、规模化、高端化发展,大力发展信用评级、融资租赁等新兴现代服务业。创新总部支持和服务方式,调整完善总部经济及现代服务业支持资金管理办法,积极推动总部联合会的筹备运营,以优质的服务吸引更多总部企业入驻,进一步提高总部经济贡献。提升金融、文化创意、高新技术产业贡献。全力推进"光华国际金融城"建设,加大国际金融总部、央企财务公司、内资银行总部的引进。抓住深化文化体制改革机遇,加大对中央文化事业单位改制形成的龙头企业的吸引,推进中国出版创意产业基地等重点项目建设。调整房地产结构,着力扩大商业地产规模,稳定房地产业的持续贡献。积极培育新的增长点。对接北京市新兴产业发展方向,加强对新兴服务业、互联网金融、节能环保等新兴产业的引进和培育。完善科技创新服务,继续推进朝阳区高校发展合作联盟建设,加快知识产权代理、评估转让、技术经纪等科技中介的发展,深入推动技术市场建设,促进创新成果产业化。支持引导非公有制经济发展,增强对非公经济和中小企业的扶持力度,发挥个私协、工商联、商会等社会组织的平台作用,研究完善服务中小企业发展的工作模式,充分发挥现有政策措施的效果,激发企业活力和创造力。

突出功能,扩大对外开放。强化服务贸易功能。借助"京交会"的品牌优势,不断扩大"服务贸易网"的影响力,促进国际服务贸易中介、协会组织的集聚。提升国际经贸枢纽功能。加强与中国东盟中心、中东欧组织、上合组织等国际组织和国内外商协会合作,举办专场经贸交流活动。依托雅宝路国际商会,组织自主品牌企业赴英国、俄罗斯、韩国等地举办"中国时尚日"经贸活动,支持国内企业"走出去",抓好雅宝路外贸转型升级示范基地建设。推进进口商品交易中心建设,力争实现实体网上交易。创新促进开放合作的手段。探索建立全区外资行政审批管理和服务平台,尝试外商投资企业设立登记并联审批。有效整合驻外商务参赞以及驻华使馆资源,依托朝阳区国际经济贸易合作服务中心,深入开展国际经贸洽谈活动,促进外资外贸发展。抓住京津冀一体化战略机遇,发挥我区信息资本等要素优势,为京津冀协同发展提供商务支撑,同时深化与河北等周边省市产业对接协作,率先尝试引导低端产业转移发展,实现区域共赢。

(三)坚持分类推进,加快十大发展基地建设

在建区域抓项目建设和招商引资,促进产业发展。CBD核心区公共配套设施工程可施区域主体完工,累计实现8个项目地块开工,部分项目完成地下部分施工;中心区全年吸引40家以上注册资本过亿企业,税收过亿元的商务楼宇达到40个。电子城东区国际电子总部4号地和IT产业园A5、A6厂房启动建设;西区国际研发园(三期)、恒基伟业研发中心投入使用,爱立信(二期)、默沙东、时代凌宇项目完成主体结构施工,太极研发中心、中国电信互联网运营中心等6个项目加快建设;大望京科技商务创新区力争结构施工面积完成总量的70%;吸引5家战略性新兴产业项目或企业入驻。奥林匹克公园核心区继续推进三大国家级文化设施、国家全民健身示范基地二期等项目建设,做好奥体南区的招商引资。CBD—定福庄国际传媒走廊加快国家广告产业园(二期)等国家级基地建设、懋隆文化产业创意园(二期)等重点园区类项目建设,为文化传媒企业提供更多空间承载。

筹建区域抓土地开发和基础设施建设,吸引项目落地。CBD东扩区重点地块取得实质进展,力争与第一热电厂签署搬迁意向书;深入研究小庄地块、四惠高压线入地等项目的实施路径,促进其尽早实施。东坝国际商贸中心区力争3个地块入市交易,加速推进北京中学、第四使馆区拆迁腾退工作。垡头科技商务区进一步明确功能定位和发展重点,加快启动焦化厂和原朝阳港部分地块开发及入市工作;以北汽农机公司等7家国有企业为试点,加快土地的整合利用和产业的转型升级。金盏园区有序推进重点地块入市,加快中信集团金融后台、金盏国际金融中心二期等项目的前期工作,继续推进东高路、坝河北滨河路等6条主次道路及中心绿地公园建设。电子城北扩区力争完成局部地块控规审批和征地手续。温榆河生态绿色休闲区重点推动黄楼路、金盏小店110KV变电站建设,系统研究功能业态、土地出让方式、项目准入标准及合作方式,探索推进产业项目的整体工作模式。

(四)加强综合治理,缓解环境和人口资源压力

从严整治,改善城乡环境。实施清洁街巷工程。继续加大拆违控违力度,坚决拆除存量违法建设,坚持对新增违法建设"零容忍",部门联动执法,清理一批有严重隐患的出租大院,整顿一批散租房屋,清理关闭一批低级次市场。针对重点道路以及城乡结合部等重点地区,加大力度严控乱倒垃圾、堆物堆料、露天烧烤、非法张贴小广告、道路遗撒、街道占巷经营、黑车运营等行为,集中治理9处非正规垃圾填埋场,建成10条环境优美大街。实施清洁空气工程。统筹治理燃煤污染,削减农村地区炊事用煤、取暖用煤,具备改造条件的所有燃煤锅炉基本完成清洁能源改造任务,力争淘汰老旧机动车36500辆,关停退出高能耗、高污染企业28家,加强对施工扬尘、渣土运输等问题的管理,力争PM2.5浓度下降达到市级要求。实施清洁水环境工程。继续推进水利工程建设,实施曹各庄排水沟等9条河道治理,完成大望路等9处下凹式立交桥积水点治理。加快推进4处再生水厂建设,高安屯、定福庄和清河第二水厂完成主体工程50%。新建雷桥水库(二期)、温榆河老河湾两处雨洪利用工程。对23条乡管沟实施清淤清障。新改扩建5处小型污水处理站。加强非正规排污口治理,严格控制工业废水入河直排。实施绿化美化工程。新增、改造城市绿地280公顷,完成平原造林任务7335亩。以亚太经合组织峰会环境保障为契机,对京平高速、京承高速等4条重点道路相关路段以及部分区级道路实施绿化美化提升。做好广渠路二期道路绿化工作,建设环二环城市绿道和温榆河生态绿道、亮马河、北小河滨水绿廊,增加市民出行500米见公园绿地的覆盖范围。继续实施老旧小区绿化美化工程,创建一批花园式社区和单位。

综合调控,缓解人口资源压力。加强人口规模调控力度。通过严厉打击非法出租房屋、非法经营、清理整治地下空间等方式,有效推进人口调控工作,缓解人口过快增长对城市资源、生态环境等产生的压力。提高资源利用效率。加快节能降耗步伐,引导和鼓励采用新能源、清洁能源及可再生能源,进一步优化用能结构;完善区域能耗检测体系,对重点用能单位能耗进行及时监测。积极推进服务业节能降耗工作,发展低碳经济;完成市政府下达的万元GDP能耗指标任务。在CBD、奥运地区楼宇试点推进新能源技术改造,提高能源消费结构中的清洁能源比例。改进垃圾处理方式。巩固垃圾分类达标小区质量,最大限度利用各种废弃物和再生资源,鼓励吸引再生资源利用企业,规范餐厨垃圾和废弃油脂收运工作,继续推进焚烧中心、生化处理中心等设施建设,提升垃圾处理能力和管理水平。

(五)注重规范引导,提升城乡建设管理水平

加大力度,推进城乡建设。全力推进棚户区改造和环境整治。加快已启动19个项目的建设,协调棚户区改造项目前期手续办理,重点研究遗留危改项目和棚户区改造相结合的实施方案。配合棚户区改造和环境整治等重点工程建设,对酒仙桥、六公主坟等11个旧城区改造项目实施征收工作。持续推进安居工程。合力推进保障房新获批项目及在建项目进度,推进2万套保障性住房建设。加强保障性住房和农民安置房的监理和验收工作,确保工程质量。积极推进老旧小区综合整治。提前安排改造项目,确保完成全年290万平方米任务,改善居民居住条件。持续改善群众出行条件。加快推进东坝南二街全线道路建设,启动实施京沈豆各庄出口、百子湾路等疏堵项目。建设北苑、六里屯等交通管理示范区,深化东三环沿线及其周边重点区域交通秩序改善,缓解交通拥堵。加强停车秩序、非机动车及行人交通管理,继续推进居住区停车位挖潜工作。

守住底线,注重安全发展。全面加强公共安全监督。严格落实政府安全生产监管责任,健全安全生产诚信机制、监管机制、隐患排查治理机制,继续推进安全生产标准化建设,到2014年底实现全区30%的小微企业岗位达标。严厉打击非法违法生产经营建设行为,加大对安全生产事故及重大安全隐患处理力度。加强对人员密集场所、出租房屋、地下空间等场所的消防安全检查,及时排除安全隐患,坚决杜绝重特大安全生产事故发生。加强城市地下管线管理,摸底掌握城市各类管线分布情况,开展老旧供热管线改造工程,加大对重点管线的隐患排查。切实做好食品药品监督,加大日常监管及抽检力度,制定食品药品突发事件应急预案,保障饮食、用药安全。提升防灾减灾和应急处置能力。完善突发事件预警和自然灾害应急物资保障机制,探索建立军民融合的应急保障机制。进一步细化各类应急预案,加强防空防灾、应急救援等知识的宣传,力争实现全区每个街乡建立1支应急志愿者服务队,组织有关应急队伍强化应急演练,提升应急处置能力。

(六)突破重点难点,推进农村城市化进程

腾笼换鸟,促进产业升级。加快低级次产业改造升级。研究出台农村地区低级次产业升级改造工作指导意见,确定差异化区域升级改造目标。全力推进十八里店乡西直河村等区域的升级改造试点,并适时进行推广。加快落实用地规划。整合农村现有产业用地,强化产业用地项目库管理,力争协调补足将台等乡产

业用地指标，明确价格标准和供地方式，提高农村土地资源的利用效益。加大高端项目引入。研究制定农村地区产业准入标准，发挥产业联席会议的统筹协调作用，加快培育引进带动性强、符合全区发展定位的重点项目。统筹农村地区楼宇空间管理，积极承接功能区产业转移。加强集体三资管理。在合同收款、工程管理、项目评审等重点环节引入中介服务，全面推行村级预算管理，规范大额资金审批权限和审批程序，促进经济决策科学合理。扎实推进集体产权制度改革。按照土地股份合作改革模式，完成黑庄户和豆各庄乡28个村产权制度改革任务，加快东坝、来广营等4个乡的产权制度改革。

用好政策，解决城市化进程中的难点问题。用一道绿隔的试点政策收尾一批。以一道绿隔试点乡建设为契机，积极协调市级相关部门，平衡资金成本，全面推进将台等6个乡绿隔建设的收尾，统筹解决乡域农民安置、转居、产业发展等方面的历史遗留问题。用棚户区和环境整治政策加快改造一批。围绕棚户区改造、产业升级和环境整治任务，利用棚户区政策在前期手续、贷款融资等方面的优势，积极推进十八里店饮马井、平房乡黄杉木店等项目建设。用土储项目实施推进开发一批。认真总结前一阶段土地储备经验，从腾退资金缺口、筹资渠道等方面入手，细化腾退方案，加快实施金盏等乡土地储备腾退扫尾工作。用城乡结合部的政策创新推动建设一批。充分发挥农民主体作用，激发城乡一体化建设积极性，因地制宜研究探索多种城市化推进模式。

加大投入，提升基础设施和环境建设水平。坚持基础设施投资向农村地区的倾斜。全力协调市有关部门尽快启动龙爪树路、化工路、东坝南二街等市级道路建设，推动水电气热、排污、垃圾处理、网络通信等重大市政设施项目落地，全面提升农村地区承载能力。加强农村环境改善。加大农村地区环境整治和建设力度，开展废品收购点、黑车等专项治理工作，深化大气、水环境污染的治理，提升城市绿地覆盖率，改善农村生态环境。加快优质教育和医疗资源在农村地区布局，坚持规范与引进相结合，缓解农村地区公共服务不足问题。提升出租房屋组织化水平。推广黑庄户出租房屋准租模式、平房乡黄渠村出租房主协会模式等试点经验，全方位减少农村安全隐患。

（七）强调公平均衡，切实保障和改善民生

落实政策，加大促进就业和社会保障力度。提升就业服务水平。贯彻市级绿色公益性就业组织政策，实施区级农村劳动力转移就业补奖政策，做好特困人员托底安置工作。落实《朝阳区精细化就业服务操作规范》，提升就业服务精细化水平。落实创业工作奖励办法，完善区、街两级创业服务平台功能，以创业带动就业。全年新增就业岗位10万个，确保城乡登记失业人员实现就业2万人。扩大社保覆盖范围。做好土储区域、绿隔地区以及重点工程涉及的农转工人员纳入城镇保障工作，以建筑、餐饮、住宿等服务行业为重点，推动企业做好农民工的参保工作。全力推进农民转居转工，实现太阳宫、豆各庄和金盏等3个乡16个村的农民转居，力争启动常营、东坝、三间房、崔各庄等4个乡24个村转居工作。做好城镇居民学生儿童参加大病医疗保险、城乡居民养老保险的参保缴费工作，做到应保尽保。加强养老服务。重点推进养老服务社会化示范区建设。区第二福利中心整体完工，在20个街乡建成养老照料中心。制定社会资本投资养老领域的扶持政策，推进医养结合试点工作。完善保障房的服务管理。做好保障房的价格测算和价格监督检查工作，完善房屋预约登记系统，做好公租房配租、经适房和限价房摇号选房工作。

统筹资源，促进教育、医疗均衡布局。继续促进教育均衡优质发展。继续推进“以五化促均衡”策略，深化35所“城乡学校发展共同体”建设，推进各乡建设20所乡村中心园，缓解农村地区入园难问题。扩充优质资源，加快推进北京中学建设，推动9所优质资源校带动薄弱校发展。加快教育基础设施建设，落实中小学建设三年行动计划，大力推进33所学校改造提升。推动医疗资源优化和布局均衡。完善医疗联合体运行机制，加强与市级部门的沟通，在中部医联体建设中，争取医保、药品投入等方面的政策支持，深入推进东部、北部医联体运行，启动南部医联体建设。完成垂杨柳医院改扩建工程房屋征收工作，力争实现开工。完善基层卫生服务，力争新建3个社区卫生服务中心，推动社区卫生服务中心老年保健病床建设。发展特色医疗服务，促进区域中医药服务向国际化特色发展，鼓励社会资本投资兴办高端国际化医疗机构。扩大全民健身活动覆盖面。打造55个体育生活化社区，通过“百姓健身大讲堂”等品牌活动，在全区实现科学健身引导全覆盖。

抓住契机，提升公共文化服务水平。以全国文明城区复查为契机，深化文明城区长效机制建设。坚持专项督查、常态监测、效能监察、市民巡访和第三方测评“五查”相结合，巩固成果，防止反弹。完善“3+1”四级公共文化服务网络，促进公共文化服务标准化、均衡化。加强公共文化设施建设。推进常营、劲松和香河园等地区文化中心装修改造工程。根据公共文化服务体系示范区创建标准，继续大力推进街乡文化中心、社区（村）文化活动室达标工程。实施“公共电子阅览室建设计划”，建设150个数字文化社区。弘扬传统文化。加强文物修缮、保护和利用。以东岳书院为平台，举办传统文化学术研讨会、国学讲座。精心组织好潮流音乐节、798艺术节等重大活动和品牌项目，进一步提升地区文化品牌的竞争力和影响力。增强公共文明引导，围绕食品行业、公共场所和窗口行业，开展道德教育、道德评议、道德治理，营造良好道德风尚。大力推进和普及“道德讲堂”建设，做好朝阳好人评选活动，全面提高公民道德素质。

夯实基础，加强社会服务管理体系建设。启动“社区营造计划”，加强六类小区的分类治理，推进“六型社区”建设创建工作，提高社区自治水平，实现社区管理精细化。开展“服务提升计划”，整合服务要素，补充居民急需服务项目，推动一刻钟社区服务圈向农村延伸，深入做好“三社一体化”和社区居民之家建设工作。出台农民新村社区建设意见，加快建立管理规范、职责明晰、运转高效、功能齐全的新型社区管理服务体系。加大政府购买公共服务力度。突出保障房社区服务、社区养老服务、特殊人群服务方面项目购买，把社会组织能承接好、做得好的项目，交由社会组织来完成，积极促进政府职能的有效转变。不断完善全模式社会服务管理。进一步完善顶层设计，强化区、街乡、社区（村）三级工作平台建设，健全基础数据库，加大工作人员培训力度，以提高各类问题解决率为目标，依托移动互联网，优化系统运行。

各位代表，2014年的任务依然艰巨，充满挑战，但我们满怀信心，将在市委、市政府和区委的正确领导下，在区人大、区政协的监督指导和支持下，用科学发展观统揽全局，巩固优势，不断创新，务求实效，为推进朝阳科学发展、民生幸福而努力奋斗！

名词解释

1．跨国公司外汇管理改革试点：2012年12月1日，北京地区正式启动该项试点政策,在京注册的7家跨国公司总部获得首批试点资格,其中朝阳区有5家,分别是中粮集团、三星集团、施耐德、卡特彼勒、壳牌。该项政策在跨国公司资金统一运营、跨境往来、外汇资金池资金融通等多方面均有较大突破。将进一步优化我区投资、贸易环境,提升区域金融资本集合能力,促进跨国公司全球及亚太资金结算中心和财务管理中心在我区聚集,加大跨国公司对我区经济发展的贡献。

2. 网络新媒体:指与传统媒体相对的、以互联网信息处理技术为依托的新媒体形态,具体包括搜索引擎、IPTV、网络报纸、网络图书、网络期刊、博客,以及门户网站、新闻网站、视频网站、社交网站等在内的各类互联网媒体形态。

3. 数字内容产业:指运用信息技术来制作数字化产品或服务的产业,以内容特征作为分类依据,具体涵盖了数字动漫、游戏设计制作、数字学习、数字出版、数字影音应用、网络服务、移动互联网服务及软件服务等行业领域。

4. 京交会:即中国(北京)国际服务贸易交易会(简称京交会CIFTIS),是由商务部和北京市人民政府共同主办的,全球唯一一个国家级、国际性、综合型的服务贸易平台,自2012年起每年5月28日在北京举行,是目前全球唯一涵盖服务贸易12大领域的综合型服务贸易交易会。朝阳作为京交会的主会场和承载区,在做好企业服务的同时,重点加大了对我区"十大发展基地"及整体投资环境的宣传力度,加强了潜力企业和优质资源的引入力度,有效提升了区域服务业的对外开放水平。

5. 新移动通讯产业:指移动通信领域关键技术的研发、网络测试设备、芯片、智能卡、集成电路、电子元件的制造和运营支撑。

6. 新生物医药产业:指新生物技术和制药、生物医学工程的科研、实验、推广、应用及其生产、经营活动。

7. 新能源产业:指新能源技术和产品的科研、实验、推广、应用及其生产、经营活动,它是将太阳能、地热能、风能、海洋能等非传统能源实现产业化的一种高新技术产业。

8. 中小企业孵化器:指通过为新创办的中小企业提供物理空间、资金、管理等一系列的服务支持,为创办初期的企业提供多种便利,旨在对创业企业进行孵化,以降低创业者的创业风险和成本,提高创业成功率,促进企业成长。

9. 技术经纪:指在技术市场中,以促进成果转化为目的,促成他人达成技术交易并取得合理佣金的中介居间、代理等行为。

10. 科技CBD:指通过发挥中关村和国家智慧城市创建试点的政策叠加效应,借助朝阳区现有的国际化、高端化服务优势,重点培育和发展商务服务与科技成果转化相融合的科技金融、科技中介、技术交易等科技商务服务产业集群,打造垡头以新兴创新总部集聚、科技商务服务、应用创新示范、创意展示体验为核心的科技商务创新中心,建设成为首都东南门户形象区和辐射京津冀城市群的中心城东南部经济中心。

11. 农村集体产权制度改革:指集体经济组织在坚持农民集体所有的前提下,按照股份合作制的原则,经集体资产折股量化到人,将农民共同共有的产权制度转变为农民按份共有的产权制度,农民转变为股民,按份享受集体资产收益的分配制度。

12. 土地股份合作改革:指在坚持各村集体土地所有权不变的基础上,成立乡资源资产股份合作联社,统筹运营各村集体土地(各村以集体土地占全乡集体土地面积比例出资入股),并按照一定标准和增幅向村集体经济组织支付租金,在确保各村既有收益的同时统筹乡域发展。

13. 一道绿隔试点:为改善北京市的生态环境,在城市中心区和10个边缘集团之间规划了240平方公里绿化隔离地区,140平方公里的绿地,简称为"一道绿隔"。涉及朝阳区17个乡。南磨房、常营、来广营、豆各庄和将台6个乡列为北京市一道绿隔地区城市化建设试点乡,先行先试,为全市推进一道绿隔地区城市化探索路径和模式。

14. 大学生就业服务绿色通道:朝阳区人力资源市场专门针对大学毕业生的就业服务窗口,优先为大学毕业生进行求职登记、岗位推荐和素质测评等服务。

15. 家庭医生式服务:指开展以社区卫生服务团队为核心,以居民健康管理为主要内容,社区卫生服务团队通过与居民建立相对稳定的自愿服务关系(在充分告知、自愿签约、自由选择、规范服务的原则下,服务团队与服务家庭签订服务协议),为居民提供主动、连续、综合的健康责任制管理。

16. 一刻钟社区服务圈:指由辖区中心点由外辐射,让社区居民从居住地出发步行一刻钟之内可办理日常政务服务,享受到快捷的公益服务和基本的商业、生活、文体娱乐等便民服务。

17. 三社一体化:指充分凝聚专业社工、社区社会组织和社区三者的作用,引入现代的专业社会工作方法,处理化解社会问题,通过社会组织建设推进社区居民自治。

18. 九年一贯制对口招生改革:是《中共中央关于全面深化改革若干重大问题的决定》中提出的一种招生方式的改革,即:小学毕业生直接升入对口初中的招生方式。

19."三总师"制度:"三总师"原指公司的管理和技术核心,即总工程师、总会计师和总经济师。在税源建设专题调度会中,程连元书记提出要在税源建设中运用"三总师"工作理念,具体是指在商务楼宇工作中设置总联系人,掌握楼宇信息,促进楼宇招商;在重大项目引进过程中设置总协调人,全程跟踪服务,促进项目落地;在规范异地纳税企业工作中设置总负责人,协调相关部门,加速企业回迁。

20. 国家级示范中央商务区:根据商务部《关于组织开展特色商业街区、商贸功能区、中央商务区示范创建工作的通知》(商流通发〔2012〕119号)精神,我区及时启动了北京商务中心区(以下简称北京CBD)的国家级示范中央商务区申报工作。经过充分调研和准备,北京CBD已完成申报工作,通过了商务部组织的专家评审,成为全国首批唯一完成全部申报工作的单位。实现国家级示范中央商务区的授牌,将有助于朝阳构建有别其他区域的战略品牌,进一步巩固CBD乃至朝阳区全域高端化、国际化、品牌化的服务业发展优势。

21. 雅宝路外贸转型升级示范基地:是商务部于2011年授予的首批国家级外贸转型升级专业型示范基地(全国共计59个)之一。"十二五"期间,朝阳区将通过构建以雅宝路国际服装商业街为龙头,以751时尚服装设计园区、奥林匹克公园为重点的"一街两园"发展格局,吸引国内自主品牌服装企业总部、国际时尚品牌企业总部及投资管理机构聚集,培育本土旗舰服装企业发展,打造具有特色的国家外贸转型升级服装产业示范基地。

22. 小微企业岗位达标:指小微企业开展安全生产标准化岗位达标建设,需要达到《朝阳区微型企业(含个体工商户)安全生产标准化岗位达标评定标准》的相关要求。

23. 城乡学校发展共同体:指城市优质校与农村校结对促进农村校发展的一种组织形式。通过统筹推进结对学校之间学校管理、教育教学、师资队伍、生源分布、文化特色的资源共享和一体化发展,扩大优质资源的辐射面,实现城乡学校优质均衡协调发展。

24. 五化促均衡:指通过合作引进带动优质教育资源快速聚集,通过名校办分校带动新建校快速提升,通过"城乡学校共同体"带动一体化联合发展,通过学区化管理带动优质均衡发展,通过信息化建设带动资源共享。

25. "3+1"四级公共文化服务网络:指在传统的区、街乡、社区(村)三个行政层级公共文化服务网络的基础上,打破按行政层级设置公共文化机构的模式,增设地区级文化中心这一服务层级,构建"区—地区—街乡—社区(村)"四级公共文化服务网络。

关于朝阳区2013年财政预算执行情况和2014年财政预算草案的报告

——2014年1月7日在朝阳区第十五届人民代表大会第四次会议上

朝阳区财政局局长　欧晓勋

各位代表:

受朝阳区人民政府委托,向大会提交朝阳区2013年财政预算执行情况和2014年财政预算草案的报告,请予审议。

2013年财政预算执行情况

2013年是深入贯彻落实十八大精神的第一年,是实施"十二五"规划承上启下的关键一年,在市委、市政府和区委的坚强领导下,在区人大、区政协的监督支持下,全区上下贯彻落实科学发展观,牢牢把握朝阳区"六个阶段性特征",深入落实"四个必须"工作定位,努力增收节支,强化预算管理,稳步推进财政改革,落实保障区"十二五"规划中期目标各项任务,全年财政预算执行情况良好。(以下数据为预计情况)

一、2013年财政收支总体情况

2013年我区区级财政收入完成3800931万元,比上年增加315114万元,增长9%。其中:公共预算收入3764732万元,增长9%;基金收入36199万元,增长6.9%。主要收入科目完成情况是:营业税1040262万元,完成预算的87.4%;企业所得税752765万元,完成预算的91.8%;增值税706009万元,完成预算的121.7%;房产税308765万元,完成预算的101.6%;土地增值税271967万元,完成预算的128.1%。

2013年我区当年财力3351085万元,比上年增加317696万元,增长10.5%,完成预算的117.7%。其中:区级财政收入3800931万元,扣除体制上解1187232万元,加上体制补助59404万元,体制财力为2673103万元;市追加专项531553万元;市定额及结算补助146429万元。动用上年结余208507万元,2013年实际可用财力为3559592万元,安排支出3275926万元,当年专项结余283666万元。

2013年我区财政支出完成3275926万元,比上年增加482019万元,增长17.3%,完成预算的115.1%。主要支出科目完成情况是:一般公共服务178333万元,完成预算的96.3%;国防5251万元,完成预算的170.5%;公共安全372379万元,完成预算的114.1%;教育707051万元,完成预算的114.8%;科学技术66236万元,完成预算的114.7%;文化体育与传媒78609万元,完成预算的114.6%;社会保障和就业649483万元,完成预算的115.9%;医疗卫生280968万元,完成预算的113.4%;节能环保93704万元,完成预算的155.9%;城乡社区事务402332万元,完成预算的115.3%;农林水事务260220万元,完成预算的114.7%;资源勘探电力信息等事务83397万元,完成预算的300.1%;商业服务业等事务20572万元,完成预算的115%;金融监管等事务支出26301万元,完成预算的128.9%;国土资源气象等事务511万元,完成预算的218.4%;粮油物资储备事务2668万元,完成预算的100%;其他支出47911万元,完成预算的97.8%。

其他需要说明的有:预备费支出28500万元,完成预算的100%,主要用于落实市区重点工作、加强基层服务保障及社会应急维稳等方面。国有土地使用权出让收入289844万元,扣除北京市计提农田水利建设资金19268万元,我区按北京市政策计提教育专项资金19268万元,扣除上缴北京市轨道交通资本金59115万元,我区实际可用国有土地使用权出让收入192193万元,其中CBD土地使用权出让收入96000万元;我区支出158555万元,其中:上缴北京市轨道交通资本金59115万元,用于教育专项2000万元,其余97440万元用于环境整治、基础设施建设及道路大中修工程。市下达土地批租专项收入33486万元,全部支出。当年实际收到土地储备前期成本1143128万元,支出1084764万元。

以上数字是按照预算执行的情况初步汇总的,在决算编成后,还会有所变化。

2013年财政预算执行主要有以下特点:

一是优化经济结构全面涵养税源,财政收入实现稳定增长。在国际宏观经济形势下滑、国内"转方式,促发展"的经济工作部署背景下,我区不断巩固完善税源涵养工作机制,充分调动街乡及各部门积极性,加大对企业的服务管理力度,改善市场经营环境,积极推进产业结构战略性调整,财政增收成果不断巩固,全年财政收入完成年初既定任务。

二是严格控制政府运行成本,集中财力为民办实事。落实中央"八项规定"要求,改进工作作风、密切联系群众,坚持节约型政府建设,压缩"三公"经费及其他行政运行经费,优先保障教育、农业、卫生等法定支出需求,统筹财力向民生领域倾斜;在此基础上,全力保障“国家公共文化服务体系示范区”成功创建及成果转化,公共服务体系建设不断完善。

三是努力保障全市重点工作,全面推进环境建设。努力筹措资金保障北京市各项重点工作部署,大力推进万亩造林、老旧小区综合整治、棚户区改造、再生水厂建设等工程;加大环境建设投入,全面支持生态环境的保护和治理,努力改善大气污染和水环境。

二、2013年财政管理工作

(一)涵养税源与结构优化相结合,努力促进区域经济可持续发展

深化产业结构调整,安排资金173929万元,促进我区经济全面、协调、可持续发展。一是加快“十大发展基地”建设步伐。支持CBD核心区项目建设、环境整治同步推进,扩大奥运功能区文化、体育、旅游综合影响力,建成全国首个“国家体育产业示范基地”,推进电子城高新技术产业聚集,推动区域经济协调发展。二是促进产业结构优化升级。巩固提升现代服务业主体地位,金融、文创和商务服务业规模不断扩大,支持电子商务、教科文卫服务、生物医药等新兴产业发展提速,加快外资总部企业聚集,鼓励倡导节能降耗,提升我区产业体系发展新优势。三是充分发挥财政政策的引导服务作用。积极落实营改增等结构性减税及财政扶持政策,大力支持招商引资工作,规范企业纳税行为,营造良好的市场经营环境。

(二)加快建设与科学管理相结合,积极推进城乡一体化发展进程

统筹城乡一体化发展,安排资金937759万元,构建美丽和谐新朝阳。一是大力支持环境治理工作,努力建设优美宜居城区。支持清洁空气五年行动计划,新增、改造绿化面积800公顷,促进“7543N”水利工程实施,全力保障环境治理攻坚战;推进非正规垃圾填埋场治理和生活垃圾规范化管理,加大老旧小区、危旧房、城中村等地区秩序整治力度。二是坚持首善标准,提高城市科学管理水平。保障拆违控违工作的切实推进,严厉打击违法用地和违法建设;加强交通秩序治理,支持全市首条潮汐车道建设,加快断堵头路改造,增加停车位以提升道路运行效率;保障开展安全生产大检查,及时消除城市安全隐患,切实加强社会安全管理。三是加快农村城市化进程,提升基本公共服务均等化水平。大力支持农村地区产业升级,千方百计促进农民增收;保障解决农村转居转工问题,推进村级社区服务站建设和村庄社区化管理工作,着力改善农村地区的生活质量。

(三)突出重点与统筹兼顾相结合,切实增强对民生事业的服务保障能力

巩固完善大民生工作格局,安排资金1798851万元,推进各项社会事业建设。一是健全公共医疗卫生服务体系,投入资金280968万元。加快优质医疗资源引入,推进社区卫生服务中心建设,努力解决卫生资源布局不均等问题,缓解百姓“看病难、看病贵”问题。二是推动教育优质均衡发展,投入资金824521万元。支持中小学建设三年行动计划,示范校和引进名校实现街乡全覆盖,提升办学条件和现代化水平;大力支持幼儿园建设,努力解决适龄儿童入园难问题。三是积极推进支持就业和社会保障服务创新,投入资金649483万元。保障各类就业扶持资金的落实,努力增加新就业岗位;落实养老助残政策,支持创建养老服务社会化示范区,推进残疾人示范温馨家园建设;加快保障性住房建设,努力改善群众居住条件;加大政府购买公益性服务力度,征集400多个公益服务项目,覆盖我区所有街乡,努力向居民提供优质公共服务。四是支持公共文化服务体系的建设,投入资金43879万元,区图书馆新馆建成并对外开放,全面提升居民文化生活水平。

(四)强化监督与深化改革相结合,充分提升财政科学化精细化水平

深化财政各项改革,不断提高预算管理规范性。一是科学统筹,强化预算管理。压缩“三公”及行政运行经费2069万元,重点保障信报箱建设等民生项目的资金需求;建立可持续政府融资偿债体系,实现政府债务的良性循环;稳步推进土地储备工作的开展。二是加快改革,确保资金安全高效投入。推进绩效预算工作,扩大绩效考评范围,积极探索财政资金规范化、精细化管理新途径;推进公务卡试点改革,试点单位扩至40家;继续推进政府采购专业化管理,扩大采购范围;提高资产管理水平,细化固定资产配置管理标准,完善资产申购、审批、管理流程;继续推行会计委派工作,加大试点单位的财务监管力度;加快非税收入改革,强化国有资产出租出借的监督管理工作。三是稳步推进预决算信息公开,在已公开50家预算单位2013年部门预算及“三公”经费信息的基础上,完成朝阳区2012年财政总决算及50家单位决算信息公开工作,主动接受社会监督。

2013年,财政部门严格按照《北京市朝阳区预算监督办法》的要求和程序上报决算报告、预算上半年执行情况,积极落实人大决议,认真办理人大常委会各项审议意见,高度重视区十五届人大三次会议计划预算审查委员会对财政预算的审查意见,并将研究处理方案落实在预算执行和编制工作当中;加强与区人大常委会的沟通,了解人民代表对政府工作提出的要求和建议,主动接受人大监督。

2013年,是经济结构调整优化的一年,是社会事业全面推进的一年,是城市建设管理水平不断提高的一年。全区上下奋发有为、攻坚克难,成功应对经济增速下滑的严峻挑战,圆满完成年初财政预算任务。同时,我们也清醒的认识到,2014年在经济增速放缓、结构性减税等因素影响下,财政保持稳定增收的难度更高,建设发展及当前重点工作带来的收支矛盾进一步加剧,为应对挑战、抓住机遇,我们仍需做好以下三方面工作:一是继续转变发展方式,推行创新驱动发展,确保财政稳定增收;二是继续完善基本公共服务体系,促进城乡共同繁荣,改善生态环境,提高百姓生活质量;三是继续提高财政资金的使用效益,严格控制政府运行成本,全面提高财政财务管理水平。

2014年财政预算草案和主要工作

2014年是深入贯彻十八届三中全会精神、全面落实群众路线教育实践活动、加快完成“十二五”规划任务的重要一年。总体工作思路是:贯彻落实十八届三中全会战略部署,认真完成中央经济工作会议、市委十一届三次全会、区委十一届七次全会的各项任务,深化改革开放,不断开拓创新,强化财政管理,全力推进朝阳区科学发展、民生幸福。

一、2014年预算草案

2014年预算编制的指导思想是:全面贯彻落实党的十八届三中全会精神,以邓小平理论、“三个代表”重要思想、科学发展观为指导,坚持依法理财、统筹兼顾的基本原则,深化财政预算改革,加强部门预算管理,巩固完善公开、透明、规范、完整的预算制

度，坚持厉行节约，进一步优化支出结构，努力保障市区重点工作的需要，提高预算编制和执行的严肃性和规范性。

按照上述指导思想，依据相关法律法规的要求，在充分听取人大代表意见的基础上，按照朝阳区经济社会发展的需要，区政府编制了2014年财政收支预算草案，提请大会审议：

财政收入4142000万元，比上年决算预计增长9%，其中：公共预算收入4100000万元，增长9%；基金收入42000万元，增长16%。

当年财力3250000万元，比上年决算预计下降3%，比上年预算财力增长14.2%。

财政支出安排3250000万元，比上年决算预计下降0.8%，比上年预算支出安排增长14.2%。

财力与支出相抵，当年预算收支平衡。

2014年财政支出预算安排的总体情况是：基本支出790763万元，其中人员支出471150万元，对个人和家庭补助支出213293万元，公用支出106320万元；项目支出2459237万元，其中预备费32500万元，占财政支出的1%。

2014年财政支出预算安排的总体情况是：

一般公共服务172700万元；国防6016万元；公共安全372620万元；教育708498万元；科学技术66409万元；文化体育与传媒78808万元；社会保障和就业651452万元；医疗卫生283128万元；节能环保93764万元；城乡社区事务398759万元；农林水事务261452万元；资源勘探电力信息等事务31902万元；商业服务业等事务20626万元；金融监管等事务支出26400万元；国土资源气象等事务278万元；粮油物资储备事务2668万元；预备费32500万元；其他支出42020万元。

二、2014年财政管理工作

（一）完善税源涵养工作长效机制，促进财政收入的可持续增长

深入贯彻税源涵养长效工作机制，安排资金187847万元，提升经济发展与财政增收的良性互动。一是深化产业布局调整，推进CBD核心区及东扩区建设，提升奥运功能区文化产业、旅游产业、体育产业发展品质；促进高新技术企业入驻中关村朝阳园，推动电子城、大望京、垡头等区域协调发展；加快金盏金融、温榆河、东坝等区域的规划建设，激发区域经济发展活力。二是发挥财政调控职能，加快现代服务业发展，鼓励电子商务、金融业等产业蓬勃发展，涵养培育中小企业，为经济可持续发展提供后续力量支撑。三是贯彻产业结构调整及结构性减税政策，大力支持招商引资，规范企业纳税行为，鼓励企业良性竞争，培育更加成熟的市场环境。

（二）提高城乡建设管理水平，营造健康和谐宜居的城市新面貌

加快城乡协调发展，安排资金957886万元，打造城市市容新面貌。一是以APEC会议举办为契机，努力提升城市发展品质。促进生态文明建设，支持美丽朝阳行动计划，推进清洁空气、水环境、绿化美化工程；加快道路等基础设施建设，保障道路养护及大中修工程；强化市容秩序整治，保障老旧小区节能和抗震改造实施，不断提升居民生活幸福指数。二是保障城市管理高效运转。加快优化城市路网布局，支持交通秩序治理，提高道路通行能力；改进社会全模式服务管理体系架构，健全社会管理网络；高度重视社会安全稳定，大力支持生产、食品、药品等安全隐患排查工作，保障突发事件和灾害应急处理，充分发挥维稳工作体系效能，切实提高群众安全感。三是推进城乡一体化发展。促进农村地区产业改造和升级，提高农村地区的整体发展能力；进一步加快农村地区市政基础设施建设，推进我区农村城市化进程。

（三）保障各类民生事业发展需求，提供优质的均等化公共服务

进一步向民生领域倾斜，安排资金1805297万元，着力解决群众最关心、最直接、最现实的问题。一是推进医疗卫生体制改革，安排资金283128万元。继续优化医疗资源布局，完善公共卫生服务体系建设，保障垂杨柳医院改扩建工程顺利推进。二是提升区域教育发展水平，安排资金824163万元。支持“双名工程”实施，扩大优质教育资源聚集，保障教育基础设施建设，改善办学条件，促进城乡义务教育均衡发展。三是完善城乡统筹的就业和社会保障体系，安排资金651452万元。支持落实各项就业政策，着重保障特殊人群的就业促进工作；推进社会保险机制改革，进一步扩大社会保障覆盖面；落实“九养”政策，加强养老服务社会化示范区建设，鼓励医疗机构与养老机构合作新模式；继续加大保障性住房建设投入，缓解群众住房难问题；巩固完善政府购买公益性服务工作机制，进一步扩大服务对象范围，切实提高我区公共服务水平。四是支持提升文化文明，安排资金46554万元，完善公共文化服务体系，推进文化中心、文化社区建设，提高公共文化服务能力。

（四）深入贯彻科学化精细化理念，打造规范高效的财政管理体系

加强财政规范化管理，为财政事业的发展构筑坚实基础。一是强化预算管理、提升预算执行效率，落实厉行节约工作要求，严格控制政府运行成本，进一步强化预算的刚性约束，集中财力向民生领域倾斜。二是继续深化各项改革工作，推进国库集中收付改革，增加公务卡结算管理试点；促进绩效预算改革，强化事前、事中、事后全过程绩效评价工作；继续推进国有资本经营预算编制工作，不断提高预算编制的完整性。三是夯实基础工作，强化重大资金项目廉政风险防控，加强资产专业化管理，加大财政资金的监管力度，继续推进会计委派工作，加强土地储备资金的监督管理和及时调度，稳步推进预决算信息公开工作。

各位代表，2014年朝阳区的发展机遇与挑战并存，预算任务光荣而艰巨。我们将在区委的正确领导下，在区人大、政协的监督和指导下，扎实工作、不断改革、稳中求进，全力以赴完成各项财政工作任务，为朝阳区发展再上新台阶做出新的贡献！

相关问题的说明

一、关于对预计数和预算编制数口径差异的说明

（一）当年财力预计和预算编制的口径差异

2013年当年财力预计数中包含：根据财政收入形成的体制财力2673103万元、市对区补助资金677982万元（包含市追加专项资金、结算补助及其他资金），2013年当年财力为3351085万元。

2014年当年财力预算数中包含：根据预计财政收入形成的体制财力2907207万元，目前可以明确市对区补助资金342793万元，2014年预算当年财力为3250000万元。

2014年预算当年财力3250000万元，比2013年决算预计下降3%。负增长的主要原因是：目前在2014年预算中可以明确的市对区补助资金，比2013年已实现的金额少335189万元。

(二)财政支出预计和预算编制的口径差异

2013年财政支出预计数中包含:根据财政收入形成的体制财力2673103万元、市对区补助资金677982万元、动用上年结余208507万元,当年专项结余283666万元,实际支出为3275926万元。

2014年财政支出预算数中包含:根据预计财政收入形成的体制财力2907207万元,目前可以明确市对区补助资金342793万元,2014年预算当年财力为3250000万元,全部安排支出。

2014年预算支出3250000万元,比2013年决算预计下降0.8%。口径存在差异主要是预算支出不包含动用往年结余。

二、2013年部分收支科目完成情况的说明

(一)收入情况说明

增值税706009万元,增长98.7%。增幅较大的主要原因是:北京实施营业税改征增值税试点改革,增值税税源增加所致。

营业税1040262万元,下降13.7%。下降幅度较大的主要原因是:北京实施营业税改征增值税试点改革,营业税税源减少所致。

企业所得税752765万元,下降0.8%。负增长的主要原因是:主要是涉外企业所得税减收所致。

城镇土地使用税18577万元,增长1.8%。增幅较小的主要原因是:我区城镇土地使用规模基本稳定。

土地增值税271967万元,增长36.6%。增幅较大的主要原因是:我区部分房地产项目进入土地增值税清缴阶段。

印花税105028万元,下降0.3%。负增长的主要原因是:受宏观经济形势影响,经济活动中合同签订量下滑所致。

非税收入55107万元,下降41.6%。降幅较大的主要原因是:2012一次性因素导致2013年同比基数较高。

(二)支出情况说明

一般公共服务178333万元,下降2.4%。负增长的主要原因是:2013年大力控制三公经费及行政经费支出所致。

国防5251万元,下降22%。降幅较大的主要原因是:2012年追加区人民武装部993工程、区民防局民防工程等一次性项目,2013年无此因素。

节能环保93704万元,增长60.9%。增幅较大的主要原因是:2013年高效节能家电推广中央财政补贴等项目所致。

资源勘探电力信息等事务83397万元,增长9%,增幅较低的主要原因是:2012年市追加一次性因素所致。

商业服务业等事务20572万元,增长33.8%。增幅较大的主要原因是:2013年市追加商业流通发展资金及中小企业发展等项目所致。

金融监管等事务支出26301万元,增长31.5%。增幅较大的主要原因是:市区加大对金融产业扶持力度。

国土资源气象等事务511万元,下降37.8%。降幅较大的主要原因是:2012年追加国土部门土地整治规划等经费,2013年无此因素。

粮油物资储备事务2668万元,增幅为零,该资金按照市财政局统一要求安排并拨付。

三、2014年部分预算支出科目的说明

国防支出6016万元,比2013年预计增长14.6%,主要是2014年按照相关规定进行了科目调整。

资源勘探电力信息等事务31902万元,比2013年预计下降61.7%,主要是2013年市追加一次性项目所致。

国土资源气象等事务278万元,比2013年预计下降45.6%,主要是2013年市追加一次性项目所致。

四、2013年法定支出完成情况的说明

教育依法增长。《中华人民共和国教育法》、《中华人民共和国教育法实施细则》规定:教育财政拨款的增长应当高于财政经常性收入的增长,并按在校人数平均的教育费用逐步增长,保证教师工资和学生人均公用经费逐步增长。全国各级财政支出总额中教育经费所占比例应当随着国民经济的发展逐步提高。2013年教育总支出824521万元,占公共预算支出的26.02%,高于上年26.01%的比重;教育科目支出707051万元,比上年增长18.3%,高于财政经常性收入9%的增幅。

科技依法增长。《中华人民共和国科学技术进步法》规定:用于科学技术经费的增长幅度高于经常性收入的增长幅度。2013年科技法定支出66236万元,比上年增长18.1%,高于财政经常性收入9%的增幅。

农业依法增长。《中华人民共和国农业法》规定:对农业总投入的增长幅度应当高于财政经常性收入的增长幅度。2013年农业法定支出260220万元,比上年增长18.2%,高于财政经常性收入9%的增幅。

卫生依法增长。《中共中央、国务院关于卫生改革与发展的决定》规定:中央和地方政府对卫生事业的投入,要随着经济的发展逐年增加,增加幅度不低于财政支出的增长幅度。2013年卫生法定支出280968万元,比上年增长17.6%,高于财政支出17.3%的增幅。

文化依法增长。依据中央有关规定:对宣传文化事业的投入增加幅度不低于财政收入的增幅。2013年文化法定支出43879万元,比上年增长9.2%,高于财政收入9%的增幅。

人口和计划生育依法增长。《中共中央、国务院关于全面加强人口和计划生育工作统筹解决人口问题的决定》、朝阳区政府与北京市政府签定的人口与计划生育工作责任书规定:人口和计划生育财政投入增长幅度要高于经常性财政收入增长幅度。2013年人口和计划生育投入6620万元,比上年增长10.5%,高于财政经常性收入9%的增幅。

专 文

朝阳区2013年国民经济和社会发展统计公报

北京市朝阳区统计局
国家统计局朝阳调查队
北京市朝阳区经济社会调查队
(2014年5月14日)

2013年,是“十二五”规划承上启下的重要一年,是经济社会深度转型的关键之年。按照党的十八大精神的指引,区委、区政府认真把握稳中求进、发展转型的总体要求,沉着应对发展过程中的挑战,继续优化产业结构,加快推进社会和谐发展,努力增进民生福祉,全区经济持续健康发展,各项社会事业再上新台阶,人民生活水平进一步提升。

一、综合经济

◇ 经济增长

据初步核算数据显示:朝阳区全年实现地区生产总值(GDP)3963.6亿元,按现行价格计算,比上年增长9.1%。其中,第一产业增加值1.5亿元,比上年下降5.5%;第二产业增加值397.7亿元,比上年增长1.3%;第三产业增加值3564.4亿元,比上年增长10.1%。三次产业结构为0.04:10.03:89.93。

按常住人口计算,全区人均GDP达到104498元,按年平均汇率折合16874美元。

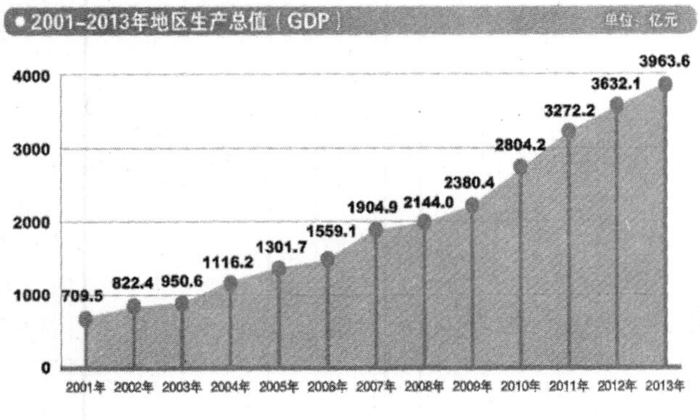

◇ 财政、金融

全年完成区级财政收入380.1亿元,比上年增长9.0%。其中,公共财政预算收入376.5亿元,比上年增长9.1%。全年完成区级税收361.6亿元,比上年增长10.4%。分税种看:营业税104.0亿元,比上年下降13.7%;企业所得税75.3亿元,比上年下降0.8%;增值税70.6亿元,比上年增长98.7%;城市维护建设税36.4亿元,比上年增长15.8%。四大税种共完成286.3亿元,占区级财政收入的75.3%。

全年地方财政支出327.3亿元,比上年增长17.2%。其中,公共财政预算支出316.8亿元,比上年增长15.1%。用于教育、社会保障和就业、城乡社区事务、一般公共服务、医疗卫生的支出分别为66.7亿元、61.3亿元、38.4亿元、17.8亿元和28.3亿元,增速依次为11.5%、21.0%、15.9%、-2.4%和18.2%。上述五项支出合计占财政支出的64.9%。

年末朝阳区中资银行人民币存款余额13779.6亿元,比上年增长13.3%。其中,企业存款余额8037.7亿元,比上年增长15.0%;储蓄存款余额4725.7亿元,比上年增长5.9%。全区中资银行人民币贷款余额5820.5亿元,比上年增长4.1%。其中,中长期贷款3965.4亿元,比上年增长2.3%;短期贷款1818.9亿元,比上年增长10.8%。

◇ 消费

全年实现社会消费品零售额1962.4亿元,比上年增长7.3%。其中,限额以上单位实现零售额1878.7亿元,比上年增长5.0%。

限额以上汽车及配件销售企业实现零售额674.7亿元,比上年增长4.8%;石油及制品销售企业实现零售额153.6亿元,比上年下降3.6%;综合零售企业实现零售额396.3亿元,比上年下降0.7%;互联网零售企业实现零售额73.0亿元,比上年增长49.0%。

2005-2013年社会消费品零售额　单位：亿元

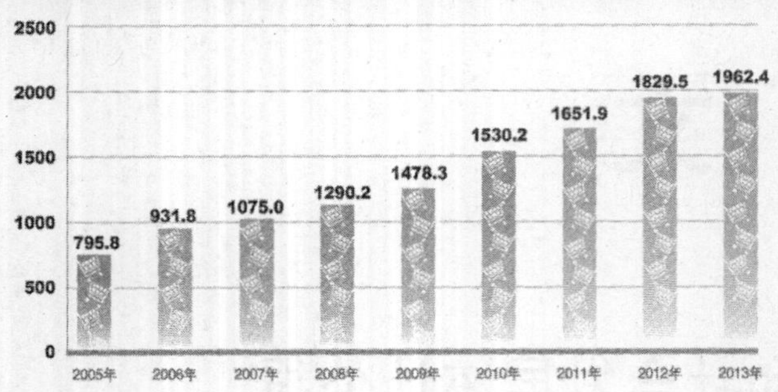

◇ 固定资产投资

全年完成全社会固定资产投资1216.7亿元，比上年增长1.8%。

按投资领域划分，城镇固定资产投资540.7亿元，比上年下降1.9%；房地产开发投资656.9亿元，比上年增长7.6%；农村固定资产投资19.1亿元，比上年下降44.0%。

城镇固定资产投资中，基础设施投资为344.4亿元，比上年下降7.9%，占全社会固定资产投资的28.3%。其中，交通运输业完成投资253.5亿元，比上年下降21.2%；电力、燃气及水的供应业完成投资56.6亿元，比上年增长126.4%；公共设施管理业完成投资18.1亿元，比上年下降25.2%。

房地产开发投资中，住宅投资226.8亿元，比上年下降22.8%；办公楼投资195.6亿元，比上年增长81.4%；商业营业用房投资55.1亿元，比上年下降19.9%。住宅投资中，政策性住宅投资为60.6亿元，比上年下降54.0%。

从产业投资看，第一产业投资2.9亿元，比上年增长3.6%；第二产业投资59.4亿元，比上年增长110.6%；第三产业投资832.9亿元，比上年增长8.5%。

◇ 对外经济

全年实现进出口总额1761.6亿美元，比上年增长3.2%。其中，出口149.2亿美元，增长17.9%；进口1612.4亿美元，增长2.0%。

全年新批三资企业574家，其中世界500强企业12家；新增跨国公司总部11家。全年批准合同外资额40.0亿美元，比上年下降25.0%；实际利用外资34.2亿美元，比上年增长6.9%。

2005-2013年实际利用外资　单位：亿美元

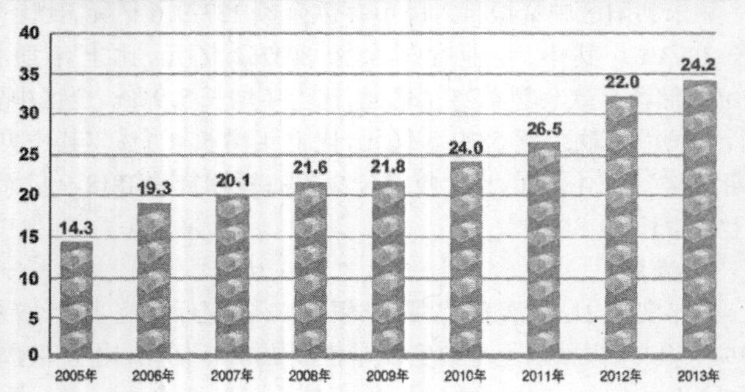

二、行业及重点产业发展

◇ 农业

农业全年实现增加值1.5亿元，比上年下降5.5%，占全区GDP的0.04%。

全年完成农林牧渔业总产值42471.0万元，比上年下降5.9%。其中，种植业产值7764.0万元，比上年下降0.8%；林业产值21461.9万元，比上年下降6.5%；畜牧业产值5052.0万元，比上年下降15.6%；渔业产值5394.0万元，比上年下降3.3%。

全区共有农业观光园12个，接待旅游人数117.3万人次，观光园总收入4.2亿元。民俗旅游接待户30户，接待旅游人数3308人次，民俗旅游总收入19.5万元。设施农业实现收入3935万元，比上年增长7.1%；已利用设施农业占地面积1765万公顷，比上年增长1.7%。

◇ 工业

工业全年实现增加值298.8亿元，比上年增长0.1%，占全区GDP的7.5%。

全年规模以上工业企业实现现价工业总产值1119.8亿元，比上年下降7.5%。按行业类型划分，产值排名前三位的为煤炭开采和洗选业，开采辅助活动，电力、热力生产和供应业，分别实现现价工业总产值280.4亿元、199.8亿元和126.1亿元，分别比上年下降14.8%、增长10.4%和增长2.4%。上述三大行业共完成现价工业总产值606.3亿元，占全区规模以上工业企业总产值的54.1%。

1－11月，规模以上工业企业实现主营业务收入1046.1亿元，同比下降5.0%；实现利润58.9亿元，同比增长13.5%；企业亏损面为26.5%，比上年同期扩大4.2个百分点。

◇ 建筑业

建筑业全年实现增加值98.8亿元，比上年增长5.1%，占全区GDP的2.5%。

具有资质等级的总承包和专业承包建筑业企业完成总产值1003.6亿元，比上年增长14.2%。其中，在京内完成产值550.7亿元，比上年增长11.5%；在京外完成产值452.9亿元，比上年增长17.5%。全年累计签订合同额1804.4亿元，比上年增长11.5%；房屋建筑施工面积5417.5万平方米，比上年增长5.5%。

◇ 批发和零售业

批发和零售业全年实现增加值964.1亿元，比上年增长8.1%，占全区GDP的24.3%，拉动全区GDP增长2.0个百分点。

1－11月限额以上批发和零售业企业实现主营业务收入13095.2亿元，同比增长12.1%；实现利润371.0亿元，同比下降2.2%。

◇ 房地产业

房地产业全年实现增加值402.9亿元，比上年增长7.9%，占全区GDP的10.2%，拉动全区GDP增长0.8个百分点。

全年商品房施工面积2633.3万平方米，比上年下降3.6%，其中政策性住宅718.9万平方米；商品房竣工面积494.0万平方米，比上年下降11.8%，其中政策性住宅217.0万平方米。

全年商品房销售面积371.8万平方米，比上年下降21.3%，其中，住宅销售面积233.8万平方米，比上年下降30.1%；商品房销售额904.1亿元，比上年下降9.8%，其中，住宅销售额579.7亿元，比上年下降17.4%。

◇ 高技术产业

1－11月全区规模以上高技术产业单位实现营业收入398.2亿元，同比增长3.8%。其中，高技术制造业实现营业收入196.1亿元，同比下降6.5%；软件开发实现营业收入202.1亿元，同比增长16.4%。1－11月全区高技术产业实现利润48.0亿元，同比增长37.9%。其中，高技术制造业实现利润29.6亿元，同比增长28.1%；软件开发实现利润18.4亿元，同比增长56.3%。

全年全区规模以上高技术制造业企业实现现价工业总产值189.5亿元,比上年下降16.6%,占全区工业总产值的16.9%。其中,产值排名前三位的是医药制造业、电子及通信设备制造业和医疗设备及仪器仪表制造业,分别实现现价工业总产值70.3亿元、57.3亿元和31.0亿元,增速分别为6.2%、-21.9%和14.8%。

◇ 现代服务业

1-11月全区规模以上现代服务业单位资产总计70018.5亿元,同比增长10.2%;实现收入8508.1亿元,同比增长23.4%。其中,租赁和商务服务业实现收入3949.0亿元,同比增长31.9%;科学研究和技术服务业实现收入755.8亿元,同比增长15.0%;信息传输、软件和信息技术服务业收入合计446.9亿元,同比增长5.2%。

1-11月全区规模以上现代服务业单位实现利润2111.6亿元,同比增长40.5%。其中,租赁和商务服务业实现利润650.2亿元,同比增长10.3%;科学研究和技术服务业实现利润53.3亿元,同比下降5.5%;信息传输、软件和信息技术服务业实现利润33.9亿元,同比增长196.0%。

◇ 文化创意产业

1-11月全区规模以上文化创意产业单位资产总计2439.9亿元,同比增长12.5%;实现收入1891.0亿元,同比增长5.6%。其中,广告会展,软件、网络及计算机服务,旅游、休闲娱乐分别实现收入463.7亿元、420.2亿元和351.9亿元,增速分别为7.6%、4.6%和12.9%。

1-11月全区规模以上文化创意产业单位实现利润88.6亿元,同比增长71.0%。其中,软件、网络及计算机服务,广告会展,旅游、休闲娱乐分别实现利润33.5亿元、17.6亿元和9.6亿元,增速分别为216.1%、11.1%和30.0%。

◇ 金融业

金融业全年实现增加值428.4亿元,比上年增长12.0%,占全区GDP的10.8%,拉动全区GDP增长1.3个百分点。

1-11月全区金融业单位实现收入2103.6亿元,同比增长23.8%。其中,保险业、货币金融服务和资本市场服务分别实现收入1605.0亿元、285.5亿元和51.9亿元,增速分别为26.1%、19.3%和3.6%。1-11月全区金融业单位实现利润1240.8亿元,同比增长75.4%。其中,保险业、货币金融服务和资本市场服务分别实现利润987.5亿元、152.3亿元和8.4亿元,增速分别为97.3%、44.5%和-21.5%。

◇ 生产性服务业

1-11月全区规模以上生产性服务业单位资产总计72548.0亿元,同比增长11.7%;实现收入19237.0亿元,同比增长17.9%;实现利润2394.7亿元,同比增长34.2%。分领域看,流通服务实现收入11952.8亿元,同比增长13.7%;商务服务实现收入3977.9亿元,同比增长31.8%;金融服务实现收入2103.6亿元,同比增长23.8%;信息服务实现收入446.9亿元,同比增长5.2%;科技服务实现收入755.8亿元,同比增长15.0%。五大领域收入所占比重分别为62.1%、20.7%、11.0%、2.3%和3.9%。

◇ 旅游业

全年实现旅游综合总收入802.8亿元,比上年增长10.2%。其中,旅游商业收入241.2亿元,比上年增长7.2%;旅行社收入300.4亿元,比上年增长17.0%;住宿业收入154.8亿元,比上年增长2.6%。全年接待国内外游客5127.3万人次,比上年增长31.4%。其中,旅游景区接待游客3694.0万人次,比上年增长52.1%;住宿业接待游客1153.1万人次,比上年增长2.2%;旅行社接待游客162.6万人次,比上年下降23.1%;乡村旅游接待游客117.7万人次,比上年下降11.6%。

三、功能区发展

◇ CBD功能区

CBD功能区全年完成投资536.3亿元,比上年增长35.6%,占全区投资总量的44.1%。1-11月CBD功能区规模以上现代服务业单位实现收入6510.7亿元,同比增长25.0%,占全区现代服务业收入的76.5%。其中,租赁和商务服务业实现收入3542.3亿元,同比增长34.4%,占全区租赁和商务服务业收入的89.7%;金融业实现收入1977.4亿元,同比增长23.6%,占全区金融业收入的94.0%。1-11月CBD功能区限额以上批发和零售业企业实现主营业务收入8303.1亿元,同比增长19.4%,占全区批发和零售业主营业务收入的63.4%;实现利润212.9亿元,同比下降17.0%,占全区批发和零售业利润的57.4%。

按北京商务中心区(CBD)东扩后6.99平方公里的范围统计,CBD全年完成投资213.2亿元,比上年增长11.2%;实现社会消费品零售额395.8亿元,比上年增长3.3%。1-11月CBD规模以上现代服务业单位实现收入3346.9亿元,同比增长36.4%,占全区现代服务业收入的39.3%;规模以上文化创意产业单位实现收入699.3亿元,同比增长4.1%,占全区文化创意产业收入的37.0%;限额以上批发和零售业企业实现主营业务收入1965.8亿元,同比增长3.1%,占全区批发和零售业主营业务收入的15.0%。

◇ 电子城功能区

电子城功能区全年完成投资179.1亿元,比上年增长16.3%,占全区投资总量的14.7%;功能区内100家规模以上工业企业实现工业总产值249.3亿元,比上年下降11.7%,占全区工业总产值的22.3%。

1-11月电子城功能区规模以上高技术产业单位实现营业收入196.5亿元,同比下降1.1%,占全区高技术产业营业收入的49.4%。其中,高技术制造业实现营业收入144.2亿元,同比下降8.0%;软件开发实现营业收入52.3亿元,同比增长25.0%。1-11月电子城功能区规模以上高技术产业单位实现利润28.2亿元,同比增长39.1%,占全区高技术产业利润的58.7%。其中,高技术制造业实现利润21.5亿元,同比增长32.7%;软件开发实现利润6.7亿元,同比增长64.2%。1-11月电子城功能区限额以上批发和零售业实现主营业务收入1324.4亿元,同比增长4.2%,占全区批发和零售业主营业务收入的10.1%;实现利润123.0亿元,同比增长50.9%,占全区批发和零售业利润的33.2%。

1-11月中关村国家自主创新示范区电子城科技园单位实现总收入2749.9亿元,同比增长10.5%。其中,技术收入和产品销售收入分别为483.4亿元和733.1亿元,分别增长25.4%和1.6%。实现利润241.9亿元,同比增长22.5%。实现工业总产值693.9亿元,同比下降4.5%。其中,新产品产值389.5亿元,同比下降15.3%。

◇ 奥运功能区

奥运功能区全年完成投资129.0亿元,比上年下降24.6%,占全区投资总量的10.6%。1-11月奥运功能区规模以上现代服务业单位实现收入1152.0亿元,同比增长23.4%,占全区现代服务业收入的 13.5%;实现利润 142.1 亿元,同比增长 10.9%,占全区现代服务业利润的 6.7%。1 – 11 月奥运功能区限额以上批发和零售业企业实现主营业务收入 2980.1 亿元,同比增长 1.3%,占全区批发和零售业主营业务收入的 22.8%;实现利润 33.0 亿元,同比下降 17.3%,占全区批发和零售业利润的 8.9%。

四、人口、就业和人民生活

◇ 人口

年末全区常住人口 384.1 万人,比上年末增加 9.6 万人。其中,常住外来人口 176.1 万人,占常住人口的 45.8%。从性别构成看,男性人口 197.4 万人,占常住人口的 51.4%;女性人口 186.7 万人,占常住人口的 48.6%。从年龄构成看,0 – 14 岁人口为 35.9 万人,占常住人口的 9.4%;15 – 64 岁人口 313.2 万人,占常住人口的 81.5%;65 岁及以上人口为 35.0 万人,占常住人口的 9.1%。常住人口中:全年出生人数 35304 人,出生率为 9.31‰;死亡人数 13857 人,死亡率 3.65‰;自然增长率为 5.66‰。

年末全区户籍人口 201.5 万人,比上年末增加 3.4 万人,增长 1.7%。全区计划生育率为 98.3%。

◇ 就业和社会保障

年末全区城镇登记失业率为 0.73%,较上年末下降 0.15 个百分点。全年开发就业岗位 13.8 万个,比上年增长 8.7%。城乡登记失业人员现就业人数 2.8 万人,比上年增长 4.9%。

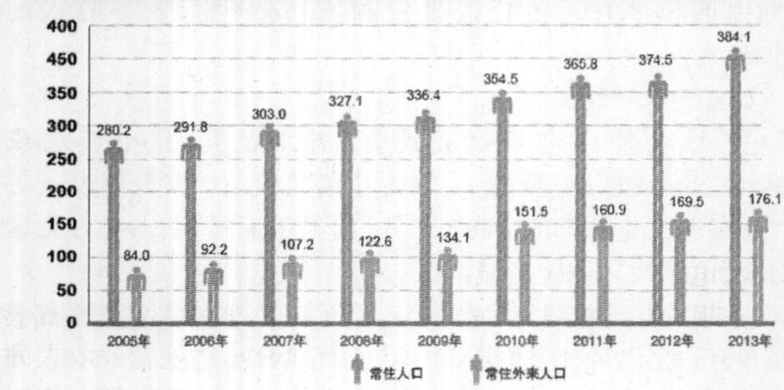

年末全区参加基本养老、基本医疗、失业、工伤和生育保险的人数分别为 270.0 万人、284.5 万人、218.9 万人、189.6 万人和 185.9 万人,比上年分别增长 8.8%、7.2%、3.2%、3.5%和 5.5%。城镇社会保险各项基金征缴额达 441.8 亿元,比上年增长 20.9%;各项基金收缴率均达到 99.0%以上。全区农民参加城乡居民养老保险的人数为 8.3 万人,比上年增长 2.4%。参加农村新型合作医疗的人数为 10.5 万人,新型农村合作医疗参合率达 99.8%。全区最低生活保障救济人数为 15519 人,比上年下降 1.9%;最低生活保障金发放总金额为 9881.7 万元,比上年增长 9.4%。

◇ 居民生活

全年城镇居民人均可支配收入达到 41035 元,比上年增长 8.3%;农村居民人均纯收入达到 24426 元,比上年增长 10.3%。

全年城镇居民人均消费性支出达到 28315 元,比上年增长 5.7%。其中,家庭设备用品及服务支出、食品支出增长最快,增速分别为 38.1%和 8.5%。农村居民人均生活消费现金支出达到 18593 元,比上年增长 1.2%。其中,其他商品和服务支出、教育文化娱乐支出增长最快,增速分别为 13.0%和 11.3%。城乡居民恩格尔系数分别为 31.7%和 34.7%。截至年末,城镇居民每百户家庭拥有家用汽车 43 辆,家用电脑 106 台,空调 169 台,手机 205 部。农村居民每百户家庭拥有家用汽车 51 辆,家用电脑 94 台,空调 156 台,手机 247 部。

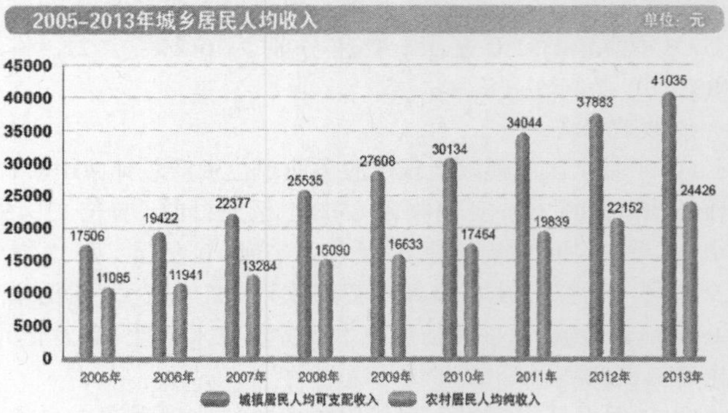

五、社会事业

◇ 科技

全年专利申请量和授权量分别为 22916 件和 12707 件,分别比上年增长 8.7%和 27.2%。其中,发明专利申请量和授权量分别为 12774 件和 4390 件,分别比上年增长 7.9%和 19.6%。全年技术市场成交量 6371 项,比上年下降 13.6%;技术合同成交额 426.2 亿元,比上年增长 11.5%。全年科普投入 1252.0 万元,人均科普经费 6.2 元。

◇ 教育

年末全区共有幼儿园 191 所,在园幼儿 58653 人,示范幼儿园比例为 19.4%,一级(优质)幼儿园比例为 65.0%,学前三年入园率为 94.0%。

全区共有普通小学 134 所,当年招生 27255 人,在校生 120075 人,毕业生 14914 人;小学入学率 100%,小学规范建设硬件达标率 100%;拥有教职工 8279 人,其中专任教师 7571 人。

全区共有普通中学 81 所,当年招生 20238 人,在校生 56959 人,毕业生 14780 人;初中入学率 100%,初中毕业率 99.8%,初中校硬件办学标准达标率 100%;高中录取率 94.8%,高中毕业率 96.0%;拥有教职工 9481 人,其中专任教师 7652 人。

全区共有职业高中 6 所,当年招生 980 人,在校生 10435 人,毕业生 2714 人;拥有教职工 1044 人,其中,专职教师 709 人。

◇ 文化

年末全区共有公共图书馆 2 个,社区图书馆 44 个,图书馆馆藏图书达 248.0 万册。全区共有博物馆 33 个,剧场、影剧院 59 个,街乡级文化服务中心 43 个,社区(村)文化活动室覆盖率 100%。广泛开展基层文化演出,公益性演出 3368 场次;基层数字电影放映 6541 场次;文化广场达到 194 个。

◇ 卫生

年末全区共有卫生机构 1279 个。其中,医院 151 个,社区卫生服务中心 41 个,社区卫生服务站 222 个。卫生机构共有床位 18252 张,卫生技术人员 40623 人,其中,执业(助理)医师 15762 人,注册护士 17603 人。婴儿死亡率 2.4‰;每十万人甲乙类传染病发病率 143.2 例;人均预期寿命 80.86 岁。

◇ 体育

年末全区共有体育场地 2355 个;各项体育活动参与人数 26 万人;全民健身工程 1155 个,比上年增加 135 个;全民健身工程面积 135.7 万平方米,比上年增加 6.6 万平方米。全区共有专业体育运动员 3698 人,获得市级以上奖牌 713 枚,其中,金牌 283

枚,银牌233枚,铜牌197枚。

六、资源、环境与城市管理

◇ 能源消耗

初步核算,全年能源消费总量1109.2万吨标准煤,比上年增长1.5%。其中,第一产业能源消费量1.5万吨标准煤,下降2.5%;第二产业能源消费量249.1万吨标准煤,下降8.4%;第三产业能源消费量602.4万吨标准煤,增长8.0%;生活用能256.2万吨标准煤,下降2.2%。按不变价计算,全区万元GDP能耗0.2799吨标准煤,下降5.76%。

◇ 环境保护

全区空气中悬浮颗粒物平均浓度(PM10)为112.4微克/立方米,空气中二氧化硫平均浓度为29.7微克/立方米,空气中二氧化氮平均浓度为64.0微克/立方米。平均每月降尘量7.0吨/平方公里。

◇ 绿化

全年新增绿化面积51.1公顷;改造绿化面积159.0公顷;城市绿化覆盖率达到46.9%;人均公园绿地面积26.8平方米。

◇ 环卫

年末全区共有密闭压缩式垃圾转运站271个;生活垃圾无害化处理率为100%。全区共有公共卫生间939个,公共卫生间达标率为100%。

◇ 道路

年末全区城市道路总长度1861.9公里,比上年增加16.4公里。其中高速公路225.5公里。新改扩道路长度62.8公里。其中,新建、改建和大中修道路分别为21.3公里、10.6公里和31.0公里。路网密度达到每平方公里4.0公里。

◇ 安全生产

全年共发生非正常死亡事故168起,非正常事故死亡人数189人。其中,生产安全事故15起,死亡15人;公共安全事故153起,死亡174人。亿元GDP安全生产事故死亡率为0.0477。

公 报 注 释

1.2013年地区生产总值及各产业增加值、能源消费量和万元GDP能耗数据为北京市统计局反馈的初步核算数据,正式数据以《2014年朝阳区统计年鉴》为准;

2.本公报中的地区生产总值及各产业、行业增加值均按现价计算;

3.除特殊说明外,本公报中所有增长速度指标均未扣除物价上涨因素;

4.本公报中如无特殊注明均为区域口径;

5.自2011年起,社会消费品零售额由“法人经营地”统计原则变更为“产业经营地”原则;2010年数据按“产业经营地”口径进行了调整,以前年份仍为“法人经营地”口径数据;

6.本公报中现价工业总产值指标为快报数据,正式数据以《2014年朝阳区统计年鉴》为准;

7.本公报中农村固定资产投资包括农村非农户固定资产投资和农村农户固定资产投资;

8.本公报中产业投资是指全社会固定资产投资扣除住宅投资之后的投资;

9.规模以上工业划分标准:年主营业务收入2000万元及以上的工业法人单位;限额以上批发业划分标准:年主营业务收入2000万元及以上的批发业法人单位,年经营性单位收入2000万元及以上的批发业产业活动单位,年营业收入2000万元及以上的批发业个体经营户;限额以上零售业划分标准:年主营业务收入500万元及以上的零售业法人单位,年经营性单位收入500万元及以上的零售业产业活动单位,年营业收入500万元及以上的零售业个体经营户;限额以上住宿业划分标准:星级饭店和星级饭店以外年主营业务收入200万元及以上的住宿业法人单位,年经营性单位收入200万元及以上的住宿业产业活动单位,年营业收入200万元及以上的住宿业个体经营户;限额以上餐饮业划分标准:年主营业务收入200万元及以上餐饮业法人单位,年经营性单位收入200万元及以上的餐饮业产业活动单位,年营业收入200万元及以上的餐饮业个体经营户;规模以上服务业划分标准:(1)执行企业会计制度的年营业收入500万元及以上的服务业法人单位,跨国公司地区总部,投资收益500万元及以上的企业总部管理、投资与资产管理法人单位;(2)执行行政事业会计制度或民间非营利组织会计制度的年收入合计500万元及以上的服务业法人单位;(3)全部旅行社;(4)A级及以上旅游区(点)和主要旅游区(点);

10.CBD功能区、电子城功能区和奥运功能区数据按照朝阳区“十一五”规划确定的范围计算。CBD功能区:按照区“十一五”规划确定的统计口径,CBD功能区地域范围包括望京、朝外、呼家楼、三里屯、六里屯、麦子店、团结湖、八里庄、双井、劲松、潘家园、左家庄、东风、高碑店、平房、南磨房北部、太阳宫南部等17个街道和地区办事处;电子城功能区:按照区“十一五”规划确定的统计口径,电子城功能区地域范围包括望京、来广营东部、酒仙桥、将台、东坝、崔各庄西部等6个街道和地区办事处及望京高新技术产业区;奥运功能区:按照区“十一五”规划确定的统计口径,奥运功能区地域范围包括奥运村、大屯、亚运村、来广营西部、安贞、和平街、小关、香河园、太阳宫北部等9个街道和地区办事处;

11.人口数据中,常住人口、常住外来人口、常住人口性别构成和年龄构成、常住人口出生人数、出生率、死亡人数、死亡率、自然增长率为北京市统计局反馈数据;户籍人口取自北京市公安局朝阳分局;计划生育率取自朝阳区人口和计划生育委员会;

12.本公报部分指标数据取自朝阳区教育委员会、科学技术委员会、市政市容管理委员会、商务委员会、文化委员会、人口和计划生育委员会、人力资源和社会保障局、财政局、安全生产监督管理局、卫生局、体育局、园林绿化局、环境保护局、水务局、民政局、北京市公安局朝阳分局和科学技术协会提供的相关数据;

13.根据国家统计制度,目前北京市统计局尚未反馈各行业全年财务指标数据,因此公报中涉及收入、利润等相关指标为1–11月数据,全年数据请参照《2014年朝阳区统计年鉴》。

大 事 记

2013 年朝阳区大事记

1月

5日 区委十一届五次全体(扩大)会议召开。会议总结2012年工作,部署2013年任务。

6日 “朝阳区—高校发展合作联盟”成立。联盟有17家会员单位,包括朝阳区政府、15家驻区高校和1家科研院所。联盟旨在整合区域内科技服务能力,探索高校与企业协调发展规律,转化科技成果。

7日 区政协十二届二次会议在北京会议中心召开。市政协副主席王永庆,程连元、吴桂英、佟克克、辛燕琴等区四套班子领导出席。

8日 十五届区人大三次会议在北京昆泰酒店召开。程连元、吴桂英、佟克克、辛燕琴等区四套班子领导出席。

▲ 区环保局与北京市环境科学研究院共同研发的“交通噪声在线监测系统”,获国家知识产权局授予的实用新型专利。

10日 在第三届中国智慧城市大会上,北京CBD获“中国智慧新城奖”。

14日 大屯街道慧忠北里东段的建工集团供暖管线发生爆裂,影响周边165万平方米1.4万余户居民正常供暖。15日凌晨5时抢修完毕,8时恢复正常供暖。

29日 中共中央总书记、中央军委主席习近平到朝阳区视察慰问武警北京市总队十三支队。

▲ 朝阳区护理联盟成立,由驻区12家三级医院与18家二级医院组成。

31日 朝阳区预防腐败局挂牌成立。

2月

7日 公安朝阳分局2012年度“朝阳警察榜样”评选揭晓,22名优秀干警受到表彰。

26日 北京市东坝航空商务区管理委员会正式更名为北京市朝阳区东坝国际商贸中心区管理委员会(简称东坝国际商贸中心区管委会)。

是月 世界第一大石油公司沙特阿美亚洲区总部落户CBD。公司注册资本2500万美元,主营石化贸易。

3月

1日 房屋登记全面实行网上预约,3月4日始办理网上预约业务。

4日 北京民俗博物馆入驻百度数字博物馆。网民可随时随地在线浏览北京民俗博物馆的馆藏文物精品和发展动态。

8日 中央信访工作北京督导组到朝阳区检查工作。

18日 北京市城乡一体化试点村之一的大望京村回迁小区——京旺家园二期交付使用。崔各庄乡索家村、崔各庄村、善各庄村村民4020人回迁。

27日 朝阳区住房保障事务中心成立。该中心承担全区保障性住房技术性、事务性、辅助性工作,下设综合办公室、使用监督管理科、资格审核科、房源分配管理科、修缮管理科和租金管理科。

28日 区政府办印发《朝阳区2013年在直接关系群众生活方面拟办重要实事的通知》,全年拟办重要实事共27件。

29日 朝阳区APEC商务旅行卡企业俱乐部成立。持卡人三年内无须办理入境签证,可自由往来于已批准入境的各APEC经济体之间,并在主要机场出入境时使用APEC商务旅行卡专用通道。

4月

1日 市委书记郭金龙、市长王安顺围绕“加快污水处理和再生水利用设施建设,提升生态文明水平”主题到朝阳区调研。区领导程连元、吴桂英、刘军胜、王春陪同。

3日 国务院原副总理李岚清到奥林匹克森林公园“龙腾友谊林”植树,并参观廉洁奥运主题展馆,与相关人员座谈公园文化项目发展工作。

6日 组织21万人参加“首都第29个全民义务植树日”活动,植树5.9万株,养护各类树木110万株。

10日 区政府印发《2013年区政府折子工程》。折子工程共100项,涉及牵头单位46家。

15日 启用网上办税服务厅。纳税人可通过外网申请办理新办税务登记、变更税务登记、普通发票版面变更等业务。

18日 市公安局以朝阳为主会场,召开全市派出所基础工作电视电话会,部署“最安全社区、最规范派出所”达标争创活动。朝阳区在会上介绍社区民警驻区制工作经验。

19日 市长王安顺到朝阳区调研砖厂南巷(通惠河北岸遗留边角地块)整治工作。

▲ 市人力社保局批准CBD设立北京市博士后(青年英才)创新实践基地,批准区域内的中国国际期货有限公司等5家企业设立创新实践基地工作站。

27日 全国人大教科文卫委员会主任委员柳斌杰到朝阳区调研《中华人民共和国传染病防治法》执行情况。

5月

6日 北京市首个“红十字社区志愿者之家”在劲松街道挂牌。

10日 全国老龄办副主任吴玉韶,市老龄办常务副主任李建国,区领导张立新出席朝阳区首届老年文化体育节开幕式暨朝阳孝亲敬老园揭幕仪式。

16日 朝阳区院士专家服务中心暨企业院士专家工作站揭牌仪式在CBD举行。

17日 全国城乡社区数字化学习实验基地成立。该基地由北京东方妇女老年大学和朝阳社区学院合作举办。

20日　朝阳文化数字服务平台上线。该平台设有文化资源地图、数字图书馆、数字博物馆、数字文化馆、数字服务移动应用等板块。

29日　朝阳区城市管理监察大队更名为朝阳区城市管理综合行政执法监察局，并举行揭牌仪式。

是月　朝阳区综治办被人力资源和社会保障部、中央综治委授予"2009—2012年全国社会管理综合治理先进集体"称号。

6月

1日　在第二届京交会"北京主题日"上，北京市对总部经济集聚区和商务服务业集聚区进行认定授牌。北京CBD获市商务委"北京市总部经济集聚区"和"北京市商务服务业集聚区"两项授牌。

3日　朝阳区教委与首都师范大学举行合作办学签约仪式。双方约定在垡头街道翠城小区共同开办首都师范大学附属朝阳实验小学。学校于2013年9月开学。

5日　老旧小区综合整治改造工程启动。涉及21个街乡的81个小区、3.44万户居民。

15日　市委书记郭金龙、市长王安顺到朝阳区调研大气污染防治工作。

18日　"朝阳国际人才港"网站(www.tocbd.gov.cn)上线。该网站为海外学人提供落户、创业、生活服务等一站式查询服务。

7月

1日　全市首家保障房党员服务中心在常营地区(乡)建成。

4日　市长王安顺到朝阳区调研环境整治和危房改造工作。

5日　全国人大常委会副委员长、全国妇联主席沈跃跃到朝阳区调研妇女工作。

13日　位于北京奥林匹克森林公园的廉洁奥运主题文化园被市纪委命名为"北京市廉政教育基地"。

21日　全国政协副主席马飚到八里庄街道第二社区卫生服务中心调研。国家卫生计生委副主任孙志刚，市卫生计生委主任方来英，市发改委委员、市医改办主任韩晓芳，副区长张立新陪同。

22日　朝阳区政务微博群——"北京朝阳微广场"正式进驻新浪微博。第一批上线成员单位59家，包括委办局、街道(地区)社区(村)、其他机构三类。网址：http://topic.t.sina.com.cn/pub/i/zt/bjcy。

25日　区委十一届六次全体(扩大)会议召开。会议贯彻落实全市上半年经济形势分析会精神，总结全区2013年上半年工作，研究部署下半年重点任务。

26日　朝阳区第三次全国经济普查工作动员大会召开。

28日　奥林匹克公园瞭望塔工程项目获"北京市结构长城杯金奖"。

8月

5日　中央政法委秘书长、国务院副秘书长汪永清，中央政法委副秘书长王其江到朝阳区调研。中央政法委有关部门领导王晓光、雷东生、段农根、诸建全，副市长张延昆，市有关部门领导，区领导吴桂英、陈宏志、陶晶陪同调研。

20日　"北京朝阳"政务微博在人民微博、腾讯微博正式上线运行。"北京朝阳"微博网址：新浪网：http://e.weibo.com/beijingchaoyangqu。人民网：http://t.people.com.cn/ beijingchaoyangqu。腾讯网：http://e.t.qq.com/beijingchaoyangqu。

26日　市委书记郭金龙围绕"深入开展党的群众路线教育实践活动，提升基层医疗服务水平"主题，到劲松街道百环家园社区卫生服务站、劲松社区卫生服务中心调研。

9月

3日　北京市朝阳区行政服务中心(简称区行政服务中心)成立。该中心为区政府派出机构，机构级别正处级，行政编制8人。

5日　国家知识产权局局长田力普到朝阳区专题调研设计服务业知识产权工作。

▲　朝阳区食品药品监督管理局挂牌成立，11月1日起正式对外办公。

6日　叶青大厦成立妇女联合会，此为全市首个非公领域妇联组织。

6日至8日　"2013北京CBD商务节"举行，商务节主题为"融合发展 创新驱动 建设国际商务中心区"。期间，举办三场高规格产业论坛，分别为：2013北京CBD国际论坛、2013北京CBD国际金融论坛、2013中国文化产业高端峰会。市领导王安顺、李士祥、程红、杨晓超等出席。

9日　中国气象局局长郑国光到高碑店兴隆家园调研城市气象安全社区建设工作。

12日　朝阳区和贵州省贵阳市结为友好市区。

26日　北京东方职业学校与北京电气工程学校合并，合并后名称为"北京市电气工程学校"。

10月

1日至7日　"2013北京朝阳国际旅游文化节"在朝阳公园举办。38万名游客参与，日均游园超过5万人。

12日　中共十八届中央委员、国务委员、国务院党组成员王勇到麦子店街道养老助残服务中心、寸草春晖养老护理院调研养老工作。

21日　区长吴桂英、副区长张立新在区政府会见日本东京大田区议会友好访问团。

25日　北京奥林匹克公园举行"国家体育产业示范基地"揭牌仪式。

11月

2日　中国国学中心奠基。中心位于北辰东路西侧、国家体育场北路北侧，规划总建筑面积82500平方米。

2日至10日　"潘家园第六届非物质文化遗产手工艺品展览交易会"在潘家园旧货市场举办，近20个非遗项目亮相。

5日　中共十八届中央委员、国务委员、国务院党组成员杨洁篪到奥林匹克公园调研。中央有关部委领导王毅、王仲田、王仲伟、张业遂、李保东，市领导王安顺、李士祥、陈刚，区领导程连元、甘靖中、刘军胜陪同。

6日　在上海召开的国家公共文化服务体系示范区(项目)创建工作会议上，文化部、财政部领导为31个国家公共文化服务体系示范区和9个优秀示范项目获得者授牌。副区长张立新代表朝阳区接牌。朝阳区成为北京市首个国家公共文化服务体系示范区获得者。

18日　东郊市场在朝阳区双桥重新开张。东郊市场原址位于通惠河南岸，大望路东侧，6月18日停业腾退。市场新址所在地是原新发地双桥市场。

是月　东三环景观照明项目获中国照明学会"2013年首届城市照明建设奖引领奖"。

12月

9日 朝阳区人民政协理论与实践研究会成立。

11日 垡头科技商务区迎来首家签约企业——广东盛迪嘉集团环渤海总部。

12日 《朝阳政法综治网》上线开通试运行。

18日 朝阳区养老服务指导中心(位于劲松中街)成立。市民政局副局长李红兵、副区长张立新出席揭牌仪式。

26日 朝阳区图书馆新馆正式开馆。新馆位于广渠路66号院,建筑面积1.46万平方米,设有室内自助服务区、室外自助服务区和盲人借阅区。全馆室内实现无线网络覆盖。

27日 朝阳区实验小学成为全市首个责任督学挂牌督导校。

政党 团体

中国共产党北京市朝阳区委员会

概 述

年内，在市委的正确领导下，中共朝阳区委深入学习贯彻党的十八大、十八届三中全会和习近平总书记一系列重要讲话精神，按照市委十一届二次、三次全会和区委十一届五次、六次、七次全会部署，团结带领全区各级党组织和广大党员干部群众，紧紧围绕主题主线，牢牢把握“四个必须”工作定位和朝阳发展的阶段性特征，沉着应对风险挑战，全面完成各项工作任务，基本实现“十二五”规划中期目标。

抓党建促全局，执政能力持续提升。积极适应新形势下党的建设面临的问题和挑战，转作风、强基础、增活力，充分发挥领导核心作用。在全区树立正确的政绩观、权力观、群众观和科学的价值导向、需求导向、问题导向，加强思想政治建设，加强区委常委会自身建设，巩固区四套班子团结和谐默契的良好局面，增进与民主党派的团结合作，在安全生产、产业升级、农村城市化、文化建设、社会管理、人口调控等方面统一思想、开阔思路，凝心聚力推动科学发展。深入探索新时期党建工作思路，提高引领发展、组织社会、协调利益、服务群众的能力，党建工作基础全面夯实。落实党委管党建、书记抓党建，推行基层党组织向上级党工委汇报党建工作制度。加强处级领导班子整体建设，强化分类培养，建设综合监督体系，完成街乡届(任)中考察，优化班子干部配备。全面推进区域化党建，形成党建工作项目化、党务工作网格化等载体。完成村委会换届选举，充实基层党务工作者队伍，拓宽党代表履职途径。启动“CBD国际高端商务人才发展区”建设，搭建发挥党外人士作用的平台，工会、共青团、妇联组织成为服务群众的有效阵地。严格履行党风廉政建设责任制。把执行中央八项规定作为严明党纪的重要内容，深入开展整风肃纪专项行动，全区性会议数量、公务接待费和会议活动费同比分别减少29.7%、7.5%和17.8%。成立区预防腐败局，推进分权管权和区级权力公开透明运行，出台处级党政主要领导“三不直接分管”工作制度和党政领导班子严格执行“三重一大”事项集体决策实施办法。深化廉政宣传教育，加强巡视工作和派驻机构监督管理，改进执法监察、效能监察和廉政监察，完善反腐败组织协调机制，加大惩治腐败力度，全年立案39件，同比增长50%。

抓转型促增长，整体发展格局逐步形成。系统推进产业升级、功能区建设和城乡一体化发展，逐步形成功能配套、产业互补、区域联动、城乡统筹的发展格局。强化资源统筹、政策引导、阶段调控、项目调度和企业“三问”服务，经济发展稳中有进。全年实现地区生产总值3963.6亿元，增长9.1%；完成区级财政收入380亿元，增长9%；城乡居民收入分别增长8.3%和10.3%；节能降耗超额完成指标任务。以现代服务业为主导的产业结构持续优化，现代服务业收入、金融业增加值、文化创意产业收入“十二五”以来年均增长21.9%、16.2%、13.3%，服务贸易和电子商务、医药等新兴消费快速增长。“朝阳区—高校发展合作联盟”成效初显。围绕“十大发展基地”，统筹城乡、功能、项目和规划建设管理，功能区统筹发展态势凸显。CBD核心区重点项目进入正式开工或一体化施工阶段，东扩区开发有序推进，大望京项目建设任务超额完成，电子城实现一体化发展，奥林匹克公园成功创建国家体育产业示范基地，垡头科技商务区明确“科技CBD”产业定位，CBD—定福庄国际传媒走廊、东坝国际商贸中心区、金盏金融服务园区、温榆河绿色生态休闲区的规划建设和项目引进取得实质进展，功能区之间、功能区与街乡之间联动加强。立足国际商务中心拓展区、配套区、服务区的功能定位，围绕“四增五减”工作目标，深入破解农村城市化难题。以产业升级、腾笼换鸟为龙头，南磨房东郊市场项目改造试点取得阶段性成果。集成政策、先行先试，来广营等6个乡绿隔后续建设全面启动。土地储备15个地块基本完成腾退，土储区域农民回迁安置任务基本完成。启动16个村农民转居工作，8337名农民转为城市居民。规范村级大额资金和预算管理，强化合同联预审和规范调整，落实“三资”监管“1+7”政策，41个村产权制度改革扎实推进。农村地区财政收入、经济总收入分别增长20%和7%，发展潜力不断释放。

抓环境促宜居，社会建设加速推进。直面发展现状和群众需求之间的差距，下大力气改善环境、改善民生，促进社会和谐稳定。实施2013—2017年清洁空气行动计划，基本完成“7543N”水务工程建设，完成平原造林全年任务，打造出东坝大环景观生态林等绿化精品。坚持整、拆、建并举，拆除192万平方米违法建设。启动惠及4.7万户居民的棚户区改造五年计划，17.4万户居民受益老旧小区综合整治和供热计量改造。建设交通管理示范区，启动全国安全发展示范城市创建工作，全区安全生产大检查整改隐患8万余项。建立人口综合服务管理体系，全区实有人口总量持续下降。提出“文化强区”战略，发挥文化引领发展作用。成功创建国家公共文化服务体系示范区，形成“四全”建设模式，基本建立公共文化设施服务和数字服务网络。深入推进思想道德和精神文明建设，顺利通过全国城市文明程度指数测评。构建双拥

“5+5”体系机制。搭建服务平台，形成网络社会建设“十百千”工作架构。突出均衡、优质、特色、统筹，推进“十大民生工程”。健全城乡一体促进就业格局，新农合人均筹资标准居全市首位。新增学位1.4万个，市区级示范校、引进优质资源校实现街乡全覆盖，中、高考成绩再创新高。增加优质医疗资源供给，公共卫生服务水平稳步提高。超额完成保障性住房建设年度任务。创建养老服务社会化示范区。健全全模式服务管理体系，实施基层党政群共商共治工程，推进社区基本公共服务、小区精细化管理和各类社区创建工作，创新社区分类治理模式。打造三级社会组织服务平台，扩大政府购买服务规模，志愿服务逐步常态化、社会化、专业化。深化平安基础建设，社区民警驻区制基本实现全区覆盖。全面推行社会稳定风险评估，集中化解信访积案，妥善处置重大涉稳事件，有力维护了发展大局。

地址：日坛北街33号

电话：65094217

邮编：100020

(韩　旭)

主要工作和重大活动

【区委十一届五次全体(扩大)会议】　1月5日，区委召开十一届五次全体(扩大)会议，总结2012年全年工作，研究部署2013年工作。区委书记程连元代表区委常委会作工作报告。会议审议通过《中共北京市朝阳区委十一届五次全体(扩大)会议决议》。程连元强调，要深刻领会全会精神，进一步增强引领发展的使命意识和忧患意识。要在增强党性中转变作风，在服务群众中转变作风，在服务基层中转变作风，在服务企业中转变作风，在创新发展中转变作风。要做好年初相关工作，抓好十八大精神学习贯彻落实，抓好社会稳定，抓好经济开局，抓好干部廉洁。

(韩　旭)

【区政协十二届二次会议闭幕】　1月9日，区政协第十二届委员会第二次会议闭幕。程连元代表区委对大会的圆满成功表示祝贺，肯定2012年区政协和全体委员一年所做的工作、取得的成绩，代表区委对进一步做好政协工作提出四点希望：一是要更加注重发展协商民主；二是要更加注重服务全区发展大局；三是要更加注重促进社会和谐；四是要更加注重加强自身建设。

(韩　旭)

【区十五届人大三次会议闭幕】　1月11日，区第十五届人民代表大会第三次会议闭幕。区委书记程连元代表区委对大会的圆满成功表示祝贺，肯定2012年新一届区人大及其常委会工作的突出特点，代表区委对进一步做好人大工作提出四点希望：一是发挥制度优势，为基层民主政治建设做出贡献；二是发挥代表作用，为服务区域发展增添动力；三是增强履职成效，为推进依法治区发挥更大作用；四是强化党的领导，为人大依法有效履职创造更好环境。

(韩　旭)

【经济发展工作会召开】　1月29日，召开区经济发展工作会。市委常委、常务副市长李士祥，区四套班子领导出席会议，区委副书记、区长吴桂英主持会议。李士祥就做好朝阳区2013年经济工作提出指导意见和工作要求；区委常委、常务副区长甘靖中作《稳中求进　开拓创新　推动朝阳经济持续健康发展》工作报告。程连元强调，全区上下要认真研判发展形势，准确把握2013年经济工作的要求，切实提高做好经济工作的能力和水平，落实好“保稳、促健、组织化”的工作要求。“保稳”，就是要保持经济社会平稳发展。“促健”，就是要强健经济活力和动力，加速产业结构优化升级，加速优化空间布局，加速城乡一体化建设。“组织化”，就是要提高经济工作组织化程度。

(韩　旭)

【老干部座谈会】　2月4日，召开区第二十六次老干部座谈会。区领导程连元、佟克克、辛燕琴、陈宏志、张革、甘靖中出席，吴桂英主持会议。区委副书记、政法委书记陈宏志传达北京市第二十六次老干部座谈会的主要精神；区委常委、组织部部长张革代表区委老干部工作领导小组作工作报告。程连元向与会老干部通报朝阳区2012年的经济社会发展情况和2013年工作思路，并强调要切实增强做好新形势下老干部工作的责任感和使命感；切实做好老干部各项工作，在加强老干部思想政治建设和党支部建设上下功夫；切实加强对老干部工作的组织领导。

(韩　旭)

【党风廉政建设工作会】　2月19日，召开第十一届纪律检查委员会第四次全体会议暨全区党风廉政建设工作会。市纪委副书记、市预防腐败局局长李振奇，区四套班子领导出席，区长吴桂英主持会议。李振奇对朝阳区纪检监察工作提出新要求；区委常委、区纪委书记宋铁健作《深入学习贯彻党的十八大精神　扎实推进全区党风廉政建设和反腐败工作》工作报告。程连元强调，要改进作风树立新形象，严明党的政治纪律，抓好中央八项规定的落实，将为民务实清廉真正落到实处；要完善体系实现新提升，科学制定惩防体系五年规划，注重源头预防，完善“四四五五四”廉政风险防控体系，加大惩治力度；要强化保障构建新格局，严格落实党风廉政建设责任制，形成广泛监督的工作格局，加强纪检监察组织和队伍建设。

(韩　旭)

【城乡统筹发展工作会】　2月25日，召开2013年加强社会建设推进城乡统筹发展工作会。区四套班子领导出席，区长吴桂英主持会议。区委常委、副区长陈涛，副区长苑文新分别作工作报告。区委书记程连元指出，朝阳区已经进入城乡协调融合发展的历史阶段，不能再按照惯性思维和旧有的工作方法，孤立地看待、谋划和开展社会建设和城乡一体化建设，而是要通过两者的统筹，实现同研究、同部署、同推进，促进城乡共同发展、共同繁荣。程连元强调，要统一思想，深刻认识加强社会建设、推进城乡统筹发展的重大现实意义；要科学谋划，切实把这项工作抓紧抓实、抓细抓好；要健全机制，为加强社会建设、推进城乡统筹发展解难题。

(韩　旭)

【政法、信访、维稳工作会】　2月26日，召开政法、信访、维稳工作会，区四套班子领导出席，区长吴桂英主持会议。区领导陈宏志、陈涛分别作工作报告。区委书记程连元指出，全区安全稳定工作面临着新旧矛盾相互交织、不可控因素增多、社会敏感性加剧等新特点，要准确把握安全稳定工作面临的新形势。程连元强调，要强化责任、服务、创新、法治四个意识，不断夯实基层基础，加强统筹整合，提升工作能力。

(韩　旭)

【党建工作电视电话会】　4月12日，召开2013年区党建工作电视电话会议。区四套班子领导出席，区长吴桂英主持会议。区委常委、组织部部长张革，区委常委、宣传部部长、统战部部长谢莹分别部署组织、宣传和统战工作。区委书记程连元指出，新形势下朝阳区党的建设面临着社会环境、党建任务、群众和社会需求、党组织和党员队伍结构四大深刻变化，给全区的党建工作带来为政自觉、组织适应、能力提升、作风改进四大挑战。程连元强调，要把握党建工作规律，增强党的建设与事业发展要求的一致性和有效性。要围绕夯实基础工作，抓班子、带队伍、建格局。要围绕用好基本方法，重民主、作表率、强功能。

（韩　旭）

【公共文化服务体系建设大会】 5月3日，召开公共文化服务体系建设大会。市委宣传部副部长、市文化局局长陈冬，区四套班子领导出席，区长吴桂英主持会议。陈冬讲话；上海华夏社会发展研究院院长鲍宗豪分析绩效测评情况；区委常委、宣传部部长、统战部部长谢莹，副区长张立新分别做工作部署；区委书记程连元在讲话中强调，文化强区就是增强人文精神凝聚力，激发区域文化创新力，提高文化服务供给力，强化文创产业支撑力，提升文化体系保障力。对于国家公共文化服务体系示范区创建，要有志在必得的信念，有冷静清醒的头脑，有精益求精的作风。

（韩　旭）

【文明委召开（扩大）会议】 6月25日，召开2013年区文明委（扩大）会议暨迎接全国城市文明程度指数测评部署电视电话会，区四套班子领导出席，区长吴桂英主持会议。副区长张立新宣读表彰决定，区委常委、宣传部部长、统战部部长谢莹部署迎检工作。区委书记程连元强调，要进一步提高对全国城市文明程度指数测评这项工作的认识，通过测评工作夯实朝阳区精神文明建设的基础，通过测评工作提升区域发展软实力和区精神文明建设的整体水平。

（韩　旭）

【党建工作会召开】 6月28日，召开朝阳区纪念中国共产党成立92周年暨推进区域化党建工作大会，区四套班子领导出席，吴桂英主持会议。区委副书记、政法委书记陈宏志，区委常委、区委办主任、区直机关工委书记刘军胜分别部署推进区域化党建工作和“千名干部下基层”工作；区委常委、组织部部长张革宣读《朝阳区首批基层党建大项目立项决定》和《关于聘请党建专家与朝阳区首批基层党建大项目结对的决定》。程连元强调，要坚持群众路线，密切血肉联系，重点提高“五个水平”，即提高宗旨意识和党性教育的水平，提高发扬民主、问政于民的水平，提高组织群众、动员社会的水平，提高服务基层、服务群众的水平，提高改进作风、反腐倡廉的水平。要强化统筹联动，推进区域化党建工作，从区域化党建是什么，为什么要推进区域化党建工作，如何推进区域化党建工作三个方面加以把握。程连元指出，做好区域化党建工作，要树立“大党建”的理念，要坚持共治共享和互利共赢的原则，要创新工作载体、创新功能、创新机制、创新方法。

（韩　旭）

【对台工作领导小组（扩大）会议】 7月3日，召开对台工作领导小组（扩大）会议。区领导程连元、吴桂英、谢莹、苑文新出席，吴桂英主持会议。区委常委、宣传部部长、统战部部长谢莹传达中央和市委对台工作会议有关精神。程连元强调，要深刻把握当前对台工作面临的新形势，把握对台工作的主基调，把握对台工作的主线，把握朝阳对台工作的要求；要扎实做好新时期朝阳区对台工作，加强统筹、把握关键，发挥优势、注重实效，夯实基础、完善机制。

（韩　旭）

【区委十一届六次全体（扩大）会议】 7月25日，区委召开第十一届委员会第六次全体（扩大）会议，总结2013年上半年工作，研究部署下半年重点任务。区委书记程连元代表区委常委会作工作报告；区长吴桂英作上半年经济社会发展情况和下半年重点工作的通报。会议审议通过《中共北京市朝阳区委十一届六次全体（扩大）会议决议》。程连元强调，面对当前稳增长和转型发展的双重压力，要落实好责任制，强化统筹联动，加强社会动员。

（韩　旭）

【CBD区域化党建工作推进会】 7月31日，召开北京CBD区域化党建工作推进会，区领导程连元、陈宏志、张革、甘靖中、刘军胜出席，甘靖中主持会议。程连元强调，当前朝阳已经进入转型发展的关键阶段，CBD中心区建设和东扩工作也机不可失、刻不容缓，越是在前进遇到困难、发展面临挑战的时候，越是要注重和加强党建工作，希望CBD功能区党建工作争当协同发展的示范，争当特色党建的示范，争当服务企业的示范。

（韩　旭）

【学习贯彻全市组工会议精神】 10月31日，召开学习贯彻全市组织工作会议精神大会，区领导程连元、陈宏志、张革、宋铁健、刘军胜出席，陈宏志主持会议，张革传达北京市组织工作会议精神。程连元强调，要深刻领会全市组织工作会议精神，牢牢把握从严治党的根本要求、服务发展的核心任务、改革创新的理念方法、基层基础的工作重心。程连元指出，做好新时期朝阳的组织工作，在班子干部队伍建设方面，重点是抓导向、抓整体、抓监督；在基层党的建设方面，重点是抓服务、抓格局、抓活力；在人才队伍建设方面，重点是抓统筹、抓机制、抓环境。会后，召开朝阳区学习贯彻全市组织工作会议精神座谈会，区领导程连元、张革、刘军胜等听取部分党（工）委、党组书记围绕“贯彻落实全市组织工作会议精神，切实加强组织工作，促进朝阳区各项事业发展”的主题发言。下午，区委各主管工委分别召开各系统学习贯彻全市组织工作会议精神座谈会。

（韩　旭　郭树伟）

【紧急电视电话会】 11月20日，召开紧急电视电话会，区领导程连元、吴桂英、佟克克、辛燕琴、刘小宁、陈涛、谢莹、陶晶、张革、宋铁健、甘靖中、贾彦翎、王春、张立新、苑文新、汪洋出席，吴桂英主持会议。副区长王春部署工作。程连元强调，十八里店地区小武基村火灾发生后，中央、市委市政府高度重视，教训极其深刻。针对这起事故，要妥善做好善后处置工作，全面抓好全区范围的排查整治工作，尽快探索区域安全发展的有效路径。

（韩　旭）

【城乡结合部专项整治会】 12月12日，召开城乡结合部安全生产专项整治工作动员部署视频会议。区领导程连元、吴桂英、刘小宁、陈涛、陶晶、宋铁健、甘靖中、刘军胜、张立新、苑文新、张维刚出席，吴桂英主持会议。陈涛做工作部署。程连元指出，要认清朝阳区安全发展面临的严峻形势，全力以赴、务求必胜，争做全市安全发展的示范。程连元强调，要坚决落实全市集中开展城乡结合部地区专项整治工作部署要求，严格落实责任，加强统筹联动，夯实基层基础，注重长效建设；要深刻吸取“11·19”火灾事故的惨痛教训，狠抓严管，有效防范和坚决遏制重特大事故发生。

（韩　旭）

【区委十一届七次全体（扩大）会议】 12月30日，区委召开十一届七次全体（扩大）会议，总结2013年工作，研究部署2014年重点任务。区委书记程连元代表区委常委会做工作报告。会议审议通过《中共北京市朝阳区委十一届七次全体（扩大）会议决议》。程连元指出，要紧抓深化改革、首都聚焦“城市病”治理和服务保障亚太经合组织峰会、首都实施城乡结合部城市化攻坚三大机遇，突出规划引导发展、环境促进发展、管理规范发展、文化引领发展和治理共促发展。程连元强调，要勇于担当，主动作为，转作风、守底线、解难题。要夯实基础，打牢根基，提升素质、加大支持、加强考核。

（韩　旭）

【区委常委会】 全年召开区委常委会27

次,研究议题129个。议题涉及经济发展、社会建设、城市管理、公共文化、环境整治、党的建设等内容。

(韩 旭)

区委办公室工作

【概况】 中共北京市朝阳区委办公室,是负责协助区委领导处理日常工作,对区委各工作部门进行协调、组织和服务的综合办事机构。

地址:日坛北街33号

邮编:100020

电话:65094217

(董 艺)

【制度建设】 年内,印发《朝阳区委办公室关于加强值班工作的意见》《朝阳区委办公室关于进一步加强厉行节约的实施细则》《朝阳区委办公室关于科级干部竞争上岗工作方案》《朝阳区委办公室关于区领导碰头会服务保障工作的安排》《朝阳区委移动办公平台及终端设备使用管理暂行规定》等文件5个。

(董 艺)

【综合协调】 年内,接待中央、市领导调研41次,组织安排全区性大型会议活动29次,组织有关区领导出席的会议活动114次,安排区委主要领导的调研33次、会见32次,安排区委主要领导会议、调研、活动26次,组织区领导赴广东、贵州考察活动,接待外省市、外区县考察14次;组织召开2013年度党委系统办公室主任会议,组织召开四办主任联席会3次,安排召开区委办公室主任办公会、全体干部会等内部会议27次;制定《区领导一周重要会议活动安排》51次,办理日常值班来电来文422件。

(董 艺)

【文书工作】 年内,制发文件106份,向市委备案党内规范性文件9件,处理公文和领导批示件953件,处理各类信息、简报等9600余件。

(董 艺)

【文稿起草】 年内,起草文稿205篇,120万余字。

(董 艺)

【信息编发】 年内,编发《朝阳信息》"专刊"148期、"调研与参阅"40期、"特刊"25期、"专报"740期、"业务通讯"15期,累计处理文字90万余字。被《北京信息》采编455条(篇),在全市十六区县中排名第二。领导对各类信息批示29条,其中市领导批示3条。

(董 艺)

【督查督办】 年内,督办各类事项101件,其中决策类40件、领导专项批示61件,具体督办事项230件。办理政协党派提案21件、委员提案5件;上报市委督查室、市委办公厅等《督查专报》14期,上报区委各类督查报告52个,刊发《督促检查工作》8篇。组织安排区领导调研、会议、检查、慰问活动等27次,完成会议纪要16期、备忘录5期。接待市领导调研环境保障服务15次。

(董 艺)

【党委系统处级领导调研结题】 年内,文稿起草方面,完成各类文稿112篇,处理文字量63万字;调研工作方面,统筹做好区委调研决策服务,加强重点难点问题研究,加大对党委系统调研工作统筹力度,党委系统处级领导完成调研课题191个。

(董 艺)

【党委系统信息化规划出台】 年内,制发《朝阳区党委系统信息化建设规划(2013—2015年)》《朝阳区电子政务内网建设和管理规划(2013—2015年)》,用于指导全区党委系统信息化与电子政务内网建设工作。完成朝阳区党委系统信息化网络暨电子政务内网机房工程项目建设。

(董 艺)

组 织 工 作

【概况】 中共朝阳区委组织部是区委主管组织建设、干部队伍建设和人才队伍建设的职能部门。设干部科、干部监督科、人才科、组织科、党员教育管理科、干部教育培训科、调研室、党代表联络室、办公室等9个科室。年内,以提升组织工作科学化水平为目标,以学习贯彻党的十八大精神为重点,深入贯彻群众路线教育实践活动的有关要求,着力推动党员干部作风改进,加快构建区域化党建格局,不断深化党建"聚合力"工程,夯实基层党建工作基础,加强教育服务管理,进一步增强党员的凝聚力和向心力,以干部人事制度改革为手段,进一步增强班子功能、提升干部综合能力,搭建人才发展平台,积极打造"国际人才宜聚区"和"创新人才宜聚区",加强自身建设,打造模范部门、过硬队伍,努力为朝阳区各项事业发展提供坚强的组织保障。截至年底,全区有党员163897名,其中在岗职工党员56057名,占党员总数的34.2%;大专以上学历党员81213名,占党员总数的49.6%;离退休党员93751名,占党员总数的57.2%;女党员74930名,占党员总数的45.7%;少数民族党员7239名,占党员总数的4.4%;非公有制企业和社会组织从业人员中的党员25784名,占党员总数的15.7%。年内,全区发展党员1446名,其中非公企业234名,占发展党员总数的16.2%。

地址:日坛北街33号

电话:65094313

邮编:100020

网址:http://www.chyzg.gov.cn

(孔 珅)

【慰问专家人才】 "两节"期间(元旦、春节),落实领导干部联系专家人才制度,区四套班子领导分别带队到企业、高校、医院、基层单位和生产一线,走访慰问朝阳区享受政府特殊津贴人员、"凤凰计划"海外高层次人才等10名专家人才代表,了解专家人才工作生活等情况,并听取专家人才对区域经济社会发展的意见和建议。

(陶 智)

【"凤凰计划"认定及联盟成立】 1月4日,举行第三批"凤凰计划"海外高层次人才认定仪式,并成立知名人才顾问机构朝阳联盟和海外知名高校北京校友会人才联盟,市委组织部副部长闫成、区委书记程连元、区长吴桂英及有关区委常委出席仪式。

(陶 智)

【基层党代表列席区委全体(扩大)会议】 1月5日,区委召开十一届五次全体(扩大)会议;7月25日,区委召开十一届六次全体(扩大)会议;12月30日,区委召开十一届七次全体(扩大)会议。根据《中国共产党北京市朝阳区代表大会代表任期制实施细则(试行)》的规定,每次区委全会推荐18名区第十一次党代表大会基层代表列席会议,听取区委书记程连元代表区委常委会做工作报告。

(李 锋)

【慰问党组织和党员】 1月8日,联合朝阳区委老干部局下发《关于转发中央组织部<关于在元旦春节期间开展走访慰问党员、老党员和老干部活动的通知>的通知》,启动2013年"两节"走访慰问活动。"两节"期间,走访慰问基层党组织1293个、老干部和各类党员9389人,发放慰问品14624件、慰问金163.242万元,帮助解决生产生活困难741个,听取工作建议773条,参加慰问的处级以上领导553人。6月28日,市委副书记、市长王安顺到双井街道九龙花园社区,慰问朝阳区老党员江崇桥。"七一"前夕,普遍开展走访慰问老党员、老干部、优秀共产党员、优秀党务工作者、先进基层党组织负责人和困难党员活动，通过座谈、走访看望等形式，了解党员的所思、所想，掌握生活状况，解决实际困难，区级层面走访慰问党员13名，基层党组织12个，涉及资金6万余元。

（卢万腾）

【成立党委】 1月31日，批复中共中国城建工程有限公司委员会、中共北京蟹岛集团委员会、中共北京潮星控股集团委员会、中共中国华冉建设集团委员会成立。5月7日，批复中共北京市朝阳区东湖街道筹备处利泽西园一区社区委员会、中共北京市朝阳区东湖街道筹备处望湖社区委员会、中共北京中良仁和商贸有限公司委员会、中共和君集团有限公司委员会成立。10月8日，批复中共北京市朝阳区小关街道小关东街社区委员会成立。11月13日，批复中共北京市朝阳区平房地区天鹅湾社区委员会、中共北京市朝阳区平房地区青年路社区委员会、中共北京市朝阳区平房地区姚家园东社区委员会、中共北京市朝阳区平房地区逸翠园社区委员会成立。11月26日，批复中共北京奥运功能区工作委员会成立。12月31日，批复中共北京市朝阳区崔各庄地区京旺家园第二社区委员会、中共北京市朝阳区女企业家协会委员会成立。

（陈 冰）

【村“两委”换届】 2月6日，参加全市村“两委”换届选举工作座谈会，组织部部长张革汇报朝阳区村级党组织换届选举有关情况和下一步村委会换届选举准备情况，市委组织部、市委农工委对朝阳区党组织换届选举工作给予肯定。3月25日，召开朝阳区村“两委”换届选举工作领导小组会。会上，区委组织部、区委农工委、区民政局分别汇报区村“两委”换届选举工作领导小组办公室机构设置、拟不进行第九届村委会选举村有关情况和区第九届村委会选举工作方案等事项。3月25日，朝阳区第九届村民委员会选举办公室召开第一次工作会议，部署区第九届村民委员会选举工作。4月1日，区村“两委”换届选举工作领导小组召开第九届村委会选举工作动员部署会。4月12日，朝阳区召开第九届村委会选举工作培训会，向各乡选办安排部署村委会换届选举具体工作。4月27日，区选办召开第九届村委会选举阶段性培训会，安排部署下一阶段工作。4月29日至5月8日，朝阳区选举工作进入推选选委会阶段。5月20日至22日，区领导陈宏志、陈涛、张革、刘军胜、张立新分别调研村委会换届选举工作，了解选情，实地察看第九届村委会选举选民登记榜张榜情况。6月13日，召开第九届村委会选举工作汇报会。6月20日，召开朝阳区第九届村委会选举投票日安保协调会。6月30日，朝阳区63个参选村完成第九届村委会选举投票阶段工作。全区登记选民75401人，参加投票选民72895人，参选率为96.7%，选举产生新一届村委会成员269人，其中中共党员233名，占86.6%。14个村实现书记、主任“一肩挑”，占总数的22.2%；主任连选连任38人，占总数的60.3%；56个村实现“两委”交叉任职，占总数的88.9%；村委会成员中女性成员81人，占总数的30.1%，每个村至少有1名女委员。

（陈 冰）

【领导班子干部队伍建设】 2月至4月，在指导区委各工委及有关部门研究分析本系统班子干部队伍情况的基础上，综合分析全区处级班子的运行状况和干部队伍的结构、能力、作风情况，形成专题分析报告，向区委常委会汇报。4月，结合班子干部情况分析结果，聚焦朝阳发展形势，系统谋划全年班子干部队伍建设，确定“以提升干部工作科学化水平为目标，突出作风导向，围绕班子整体建设、干部分类培养、机制制度完善、从严监督管理四个重点，深入推进素质能力提升工程，推动班子干部队伍整体优化”的总体思路。

（韩珊珊）

【建立科室与基层经常性联系】 3月7日，区委组织部在呼家楼街道呼北社区召开联系基层工作总结部署会，会上宣布启动区委组织部有关科室与部分市区基层一线党代表及所在党组织建立经常性联系活动，明确开展联系活动的目标、主要任务、工作措施等。通过开展联系活动，有助于相关科室深入了解基层实际情况、服务党代表更好地履职、推进党代表所在基层党组织党建工作。

（李 锋）

【区深化聚合力工程座谈会】 3月27日，召开区深化聚合力工程座谈会（“聚合力工程”是指基层党组织通过加强和改进自身建设，建立凝聚基层组织内在动力，整合各类政治组织资源和社会力量的工作机制，进而形成在区域范围内推动事业发展的合力，领导、保证和促进朝阳区经济和社会协调快速发展。），区委常委、组织部部长张革，区委组织部常务副部长王小毛参加会议，会上，区直机关工委、社会工委、农工委、非公工委根据《关于进一步深化聚合力工程，推进区域化党建工作的意见》初稿，并结合系统实际汇报分意见的起草情况提出修改意见。5月3日，张革主持召开工委书记会，向各工委通报深化聚合力工程“1+4”文件的相关情况，传达全市城乡基层组织建设会议和区委常委会精神，与各工委研究机关干部、党员下基层工作及实施方案。6月7日，向区委常委会汇报《关于推进区域化党建工作，进一步深化聚合力工程的意见》的背景、主要特点、主要内容及4个分意见的相关情况。6月28日，下发《关于推进区域化党建工作，进一步深化聚合力工程的意见》“1+4”文件。12月18日，召开全区区域化党建工作推进会，部署区域化党建工作实施方案，明确各级党组织的工作职责和任务。会议由区委组织部常务副部长唐行安主持，各工委主要负责同志参会，张革出席会议并讲话，要求进一步深化认识、抓好落实、总结规律。

（陈 冰）

【党员干部深入老旧小区】 4月11日，朝阳区召开选派党员干部深入老旧小区综合整治现场工作动员会。大会由区委常委、常务副区长甘靖中主持，区委常委、组织部部长张革出席会议并讲话。8月1日，市委组织部组织处一行到朝阳区调研老旧小区改造工作，实地调研东坝地区高杨树北里小区抗震改造现场和小关北里45号院节能改造现场，并与区委组织部、区住建委、街乡及市区选派干部代表座谈。区委组织部常务副部长唐行安陪同参加调研活动。

（陈 冰）

【基层党代表培训】 4月11日至12日，区委组织部召开2013年基层党代表培训会。区第十一次党代会全体基层党代表、区委各工委党代表工作具体负责同志、各街乡组织科科长参加会议。4月11日，区纪委副书记刘丽平为全体代表开展党风廉政教育讲座，技术人员为党代表讲解网上工作室使用及操作注意事项，下午组织党代表参观学习通州区永乐店镇党建“四评”工作法和通州区宋庄镇小堡村文化创意产业园。4月12日，中央党校教授宫力为全体代表作国际形势讲座，下午全体代表分组讨论“如何开展为民务实清廉群众路线教育实践活动”。

（李 锋）

【远程教育站点建设】 5月3日，制定下发《关于开展党员干部现代远程教育终端站点学用情况调查的通知》，开展党员干部现代远程教育终端站点学用情况调查。9月

13日，参加全市电教和党员干部现代远程教育工作座谈会。年内，举办2013年朝阳区党员干部现代远程教育终端站点管理员培训班，通过集中授课、问题咨询、上机操作相结合的方式，对各街乡及社区、村管理员开展业务技能培训，提升管理员队伍素质。

(卢万腾)

【党代表读书月活动】 5月7日至6月底，区委组织部在全体区党代表中组织开展主题为"坚定理想信念作为民务实清廉表率——阅读·进步·履责"的读书月活动。"读书月"活动包括代表学习和评比选优两项主要内容。全区387名党代表参考区委组织部推荐书目，结合工作和自身实际，有针对性地选读有关书籍。区委各工委按照本系统党代表分布情况，结合区委中心工作和本系统实际确定主题，适时组织代表交流研讨。各系统党代表结合前期自学及研讨交流情况，撰写读书心得。区委组织部评比代表撰写的读书心得，并将优秀作品结集出版下发。

(李　锋)

【处级班子整体建设研究试点】 5月，启动处级班子整体建设研究试点工作，选取机关、街道、农村系统的8家单位作为试点单位，围绕影响班子整体功能发挥的基础性和关键性因素开展研究。9月，开展班子整体建设研究试点中期检查。年内，总结试点工作经验，探索形成进一步加强处级领导班子整体建设的意见，指导班子发挥整体力量。

(韩珊珊)

【完善干部选拔任用机制】 5月，根据处级班子和干部队伍建设实际需要，对环保局、循环经济产业园管理中心2家单位的2个副职岗位开展单位内部竞争上岗，促进优秀干部脱颖而出。5月至6月，面向全区开展副处级领导干部和专业技术类干部公开选拔工作，19名干部被提名为街、乡或委、办、局副职和专业技术类干部人选。8月，为促进公开选拔干部尽快适应岗位要求，组织开展集中培训。年内，在区委全委会、全区正处级以上干部、区纪委委员和部分"两代表一委员"范围内，集中对11个委办局正职和8个街乡正职人选开展公开推荐。注意完善公开推荐机制，对重要岗位人选增加系统内推荐、公开述职等环节设置，统筹考虑推荐结果和干部日常表现，合理确定提名人选。

(韩珊珊)

【海外学人俱乐部会员大会召开】 6月18日，召开朝阳区海外学人俱乐部会员大会，市委组织部人才处处长于森，市海外学人中心副主任赵峰，区委常委、组织部部长张革，区长助理、金融办主任李瑶等市、区领导出席大会。大会回顾俱乐部成立三年以来的历程，按照程序选举产生新一届俱乐部执委会。会上正式发布海外学人中心网站——朝阳国际人才港。

(陶　智)

【"两代表一委员"民情联络工作启动】 6月21日，太阳宫地区举行"两代表一委员"民情联络工作启动仪式，同时全区各街乡"两代表一委员"民情联络工作也正式启动。区委常委、组织部部长张革，区人大常委会副主任李国，区委社工委书记张永新，区委农工委书记胡良森，区委组织部常务副部长唐行安，各街乡党(工)委副书记参加会议。会后与会人员实地参观太阳宫社区"两代表一委员"民情联络室，市委组织部组织指导处领导全程观摩会议。7月30日，与区人大办公室、区政协办公室联合下发《朝阳区各街乡开展"两代表一委员"民情联络工作实施意见》，用以指导各街乡民情联络工作的开展。

(李　锋)

【第八届"博士进朝阳"活动】 6月，全面启动第八届首都高校博士生(后)和辅导员到朝阳区挂职锻炼活动。18所高校的9名高校青年教师、8名博士生、2名博士后和3名辅导员(共22名挂职人员)，到朝阳区13家单位开展挂职锻炼。通过实践锻炼、参观调研、分类研讨等活动，深入了解朝阳发展的整体规划和前沿领域，结合专业特长开展专题调研工作，形成20余篇调研报告，从不同角度为朝阳发展献计献策。

(陶　智)

【功能区区域化党建工作会】 7月1日，电子城功能区召开区域化党建一周年工作会，总结一年来在组织覆盖、工作覆盖和服务覆盖上的做法，相关街乡和企业在会上作交流发言。区领导程连元、张革、汪洋出席，区委书记程连元讲话。7月31日，CBD功能区召开区域化党建工作推进会，会议总结功能区区域化党建工作和下一步工作思路，部分街乡、企业和志愿者代表在会上作交流发言。区领导程连元、陈宏志、张革、甘靖中出席会议，区委书记程连元讲话。

(陈　冰)

【海外高层次人才政策资金兑现】 7月19日，举行第三批认定海外高层次人才仪式，向第三批入选"凤凰计划"的20名海外高层次人才和51家企业发放资助奖励资金1400万元。仪式以座谈的形式，介绍朝阳新发展，了解海外人才需求，进一步形成共识，凝聚智慧，推动发展。

(陶　智)

【人才发展规划中期评估】 7月，组织开展朝阳区"十二五"人才发展规划中期评估工作。系统梳理近三年来朝阳区人才工作整体情况，结合人才发展规划提出的各项指标任务，重点从主要指标进展情况、体制机制和政策创新情况、重点工程进展情况及效果，存在问题及下一步措施等方面具体评估规划实施情况，并征求部分单位意见，完成中期评估报告。

(陶　智)

【市领导调研】 8月27日，市委常委、组织部部长姜志刚，市委组织部领导刘宇辉、胡银同等一行到朝阳区调研组织工作，区领导程连元、吴桂英、张革、甘靖中、刘军胜等陪同。调研先后参观考察建外街道永安里东社区商务楼宇党建、莱锦创意产业园、"凤凰计划"海外高层次人才创办企业——蓝海电视台、CBD及国际高端商务人才发展区建设情况，并听取相应工作汇报。姜志刚充分肯定朝阳区近年来区域发展为北京市经济、社会发展所做的贡献，希望朝阳区运用创新理念，用一流的创意、品质、管理、服务，全面推动朝阳区各项事业发展。

(陶　智)

【海外学人创新创业大会】 8月28日，在朝阳规划艺术馆召开朝阳2013海外学人创新创业大会。海外学人联席会各成员单位、海外学人创业者以及真格基金、鼎晖投资等60余家知名投资机构参会。大会旨在搭建人才、项目、资金、信息、政策、服务等要素的互动平台，营造良好创业软环境，吸引更多的海外高层次人才到朝阳创新创业。

(陶　智)

【海外女性人才联谊会成立】 8月30日，在建外soho彩虹书吧召开朝阳区海外女性人才联谊会成立大会。联谊会由区委组织部、区妇联及海外学人中心联合发起，旨在为朝阳区海外女性人才提供交流平台，促进海外女性人才聚集，服务朝阳区经济社会发展。

(陶　智)

【基层党建交流】 9月10日，区委常委、组织部部长张革到全国组干学院为河南省基层党建创新培训班授课，为河南省地市组织部部长介绍朝阳区基层党建工作开展情况、党务工作者队伍建设情况。是日，接待河南省基层党建创新专题研讨班全体学员到798艺术园区现场教学，就798党组织建设和朝阳区文化创意产业发展开展研讨，区委组织部常务副部长唐行安、区委宣传部副部长丰春秋参加活动。

（陈　冰）

【区域化党建工作调研】　9月23日、25日，区委常委、组织部部长张革分别到福建商会、汉能集团调研非公企业党建工作，在听取福建商会党委和汉能集团党委的党建情况介绍后，指出要结合非公企业实际，探索党组织建设、党员发展等工作的具体途径，因地制宜做好党建工作。11月5日、18日，张革分别到将台乡、酒仙桥街道、平房乡和常营乡专题调研区域化党建工作，实地参观酒仙桥街道党员服务中心和常营乡党群服务中心，指出街乡要及时总结好的经验做法，加大宣传推广力度，进一步推进区域化党建工作。

（陈　冰）

【党的群众路线教育实践活动调研】　10月29日，召开朝阳区党的群众路线教育实践活动专题调研座谈会，征求区领导、"两代表一委员"、离退休老干部、群众对党的群众路线教育实践活动的建议。开展区领导访谈、问卷调查等工作，征求全区各阶层、各类别党员群众对开展党的群众路线教育实践活动的意见建议，形成专题调研报告，用以指导开展党的群众路线教育实践活动。12月4日，区委常委、组织部部长张革主持召开朝阳区党的群众路线教育实践活动专家研讨会，会议听取党建专家学者对群众路线教育实践活动的理论认识以及对朝阳区即将开展的教育实践活动的意见和建议。

（卢万腾）

【街乡领导班子届（任）中考察】　10月至11月，为进一步掌握班子干部情况，促进班子干部队伍长远发展，区委派出9个考察组，对全区43个街乡领导班子和427名领导干部开展届（任）中考察。期间，发放民主测评表97071张、民主评议表3425套，与1968人个别谈话，收回评议意见421条，征求各类建议153条。12月，根据考察情况，初步研究街乡领导班子调配方案，统筹优化班子结构，进一步提升整体功能。

（韩珊珊）

【制发乡党代会年会制工作意见】　11月14日，将《关于试行乡党代会年会制的工作意见》印发至全区19个乡。前期根据中组部《关于试行乡镇党代会年会制的意见》和市委组织部有关通知要求，研究制定朝阳区乡党代会年会制具体工作意见和实施办法。并在试点乡工作基础上，总结经验，明确具体操作流程和工作步骤，有针对性地指导，进一步推进朝阳区乡党代会年会制工作。

（李　锋）

【组织高层次人才国情研修】　12月5日，为落实高层次人才服务机制，加强与高层次人才的沟通联系，组织高层次人才参加国情研修和座谈交流。区委常委、组织部部长张革出席座谈并讲话，来自区域各个行业入选千人计划、市级优青、凤凰计划和区级表彰的专家20余人参加活动。

（陶　智）

【党代表任期制工作会】　12月16日，区委组织部召开区2013年党代表任期制工作会。区第十一次党代会全体基层党代表、区委各工委相关负责同志、各街乡党（工）委副书记、组织科长参加会议。区委组织部常务副部长唐行安在会上作2013年朝阳区党代表任期制工作报告。区委常委、组织部部长张革出席会议并讲话，从把握好加强党的领导和发展党内民主的关系，把握好区域化党建和推进党代表工作的关系，把握好党代表和党员群众的关系三个方面对下一步如何做好党代表任期制工作提出明确要求。会后，围绕"在即将开展的党的群众路线教育实践活动中，党代表如何进一步发挥作用"这一主题，各系统分别组织本系统的基层党代表座谈会。

（李　锋）

【基层党代表年终述职】　12月，全区第十一次党代会基层代表开展年终述职，党代表结合一年的履职情况，从党代表身份出发，撰写履职情况报告，总结一年来履职情况。

（李　锋）

【接收团职军转干部】　12月，组织召开团职军转干部安置会，具体部署75名团职军转干部的安置、培训等工作，完成团职军转干部安置工作。

（韩珊珊）

【党建大项目支持计划】　年内，推进全市区县局级党建大项目"城市社区党政群共商共治工程"，开展调研工作，全程跟踪项目实施。6月，下发《关于实施基层党建大项目支持计划的通知》，确定6个区级基层党建大项目，聘请党建专家与6个项目结对子，指导项目实施。年内，各项目负责单位均做出阶段性总结。

（卢万腾）

【处级领导班子综合考核】　年内，按照区委要求，区委组织部会同区纪委，协调相关成员单位，对综合考核进一步完善。结合中央反"四风"要求和2013年区委区政府中心工作，加强对生态文明、作风建设和禁违查违等全区重点工作的考核，出台《关于在禁止和查处违法建设工作中加强干部监督和班子考核的通知》。围绕构建"两化两分"考德模式，研究制定《干部德的考核评价试行办法》，在街乡领导班子届（任）中考察中，首次推行干部德的反向测评。年初，公布和反馈2012年度综合考核结果，对优秀班子兑现奖励，对考核结果处于中间和靠后的班子，采取书面、谈话谈心等多种方式深度反馈。12月，区委派出10个考核组对75个委办局处级领导班子开展年度测评考察，在此基础上，推进全区处级班子年度综合考核实绩分析、服务对象及关联单位评价等工作。

（韩珊珊）

【人才工作项目管理】　年内，以工作项目方式统筹推进全区各项人才工作的落实，根据《朝阳区人才工作项目管理办法》，全年实施人才项目44个，其中重大项目4个，重点项目10个，一般项目30个，投入资助资金200万元。

（陶　智）

【党员教育培训】　年内，贯彻党员"六大培训工程"，先后举办基层党务工作者境外培训班、新任村支部书记示范培训班、"两新"组织党组织负责人培训班、国有企业党务工作者示范培训班、新发展党员示范培训班等区级示范培训班10余期，培训2000余人次，其中58人赴新加坡参加境外培训。施行"基层党员教育培训支持计划"，确定11个重点项目，拨付支持资金130万元，并在课程设计、师资等方面给予支持，开展跟踪评估。组织区内电教工作者参加北京市现代远程教育管理员示范培训班和北京市党员干部现代远程教育课件制作人员培训班。

（卢万腾）

【党员电化教育】　年内，在全区各级党组织中征集党员电教片65部，其中《赤子》和《格桑花丛安吉拉》分别被评为北京市优秀党员教育电视片二等奖和三等奖。协助市委组织部、北京电视台，完成朝阳区优秀共产党员支芬、刘黎先进事迹专题片的拍摄工作。8月中旬，按照市远程办任务安排，汇总全区各基层单位组织开发制作的党员教学资源305分钟，报送市委组织部。年内，开展2013年度朝阳区党员电教片观摩评比表彰工作，表彰14部获奖作品。

（卢万腾）

【党员信息平台更新利用】　年内，指导各级党组织在线更新维护“朝阳区党员信息服务平台”。利用平台开展教育活动,以手机短信和语音呼叫方式,向全区党员发送教育、管理类短信 11 次,发送信息 41.8 万条,党员回复短信 4000 余条。

(卢万腾)

【党员关心关爱】 年内,完成全区 72 名新中国成立前入党的农村老党员和未享受离退休待遇的城镇老党员一次性补助发放工作。做好市、区困难党员帮扶资金申报、审批和发放工作,有 1991 名生活困难党员受到“朝阳区生活困难党员专项资金”帮扶,帮扶资金总额 267.4 万元。联合区慈善协会、区委各主管工委开展共产党员献爱心活动,全区 84106 名党员、16035 名群众参与献爱心活动,募集善款 4644837 元,所筹资金全部用于助老、助学、助困和助残活动。

(卢万腾)

【发展党员】 年内,发展党员 1446 名,完成全年计划 1630 名的 88.71%,较上年减少 84 名,降低 5.49%。其中发展 35 岁以下青年党员 912 名,占发展总数的 63.07%,比上年增加 0.85%;发展生产、工作第一线的党员 1203 名,占发展总数的 83.20%,比上年上升 8.17%;发展工人(营业员、服务员)181 名,占发展总数的 12.51%,比上年上升 1.73%;发展非公有制经济组织和社会组织的党员 234 名,占发展总数的 16.18%,比上年上升 1.54%。

(卢万腾)

【党刊征订】 年内,开展 2014 年度党刊及党员电教光盘的集中订阅工作。全区订阅《北京支部生活》《党建》《党建研究》《党课一小时》等 7 类党刊 17223 套,订阅经费 1641264 元。

(卢万腾)

【党费管理使用】 年内,加强区管党费的日常管理和使用,检查 2012 年度全区有党费留成单位党组织的党费收缴、管理、使用和上缴情况。集中返还 2012 年度“两新”党组织上缴的党费,返还金额达 892611.6 元。通过朝阳政务内网、组工专网及各单位、各地区局域网等内部网络平台,向全区基层党组织和党员公示中管、市管、区管党费使用情况。向市委组织部上缴 10 名党员大额党费 50230 元。

(卢万腾)

【向“两新”党组织拨付经费】 年内,根据《中共北京市朝阳区委关于落实科学发展观进一步深化聚合力工程的意见》(京朝发〔2009〕15 号)和《中共北京市委组织部、北京市财政局〈关于进一步加强基层党组织工作和活动经费管理的办法〉的通知》(京组发〔2012〕11 号)的有关规定,按每年人均 210 元的标准,向“两新”基层党组织拨付 2013 年度工作和活动经费 2198910 元。

(卢万腾)

【群众路线教育实践活动宣传】 年内,开展“新时期党的群众路线之我见”主题征文活动,组织全区各级党组织和共产党员撰写报送主题征文 1380 篇,并表彰其中的 100 篇优秀作品。在区政府门户网站设计群众路线教育专栏,筹备“永远的传家宝——党的群众路线教育网展”,展示中国共产党不同历史时期群众路线的主要内容和成果,为在全区开展的党的群众路线教育实践活动营造良好氛围。完成《朝阳区党的群众路线教育实践活动学习读本》《朝阳区党的群众路线教育实践活动征文集萃》《党的群众路线教育实践活动领导讲话汇编》等系列群众路线教育实践活动丛书的制作工作。

(卢万腾)

【处级班子思想政治建设】 年内,通过专题学习、座谈会等方式,组织处级领导班子学习贯彻党的十八大和十八届三中全会精神,教育引导全区领导干部把思想和行动统一到中央和市、区委全会精神上。进一步加强民主集中制建设,把落实民主决策情况作为评价班子和考核干部的重要内容,围绕“三重一大”,加强对处级领导班子落实民主决策情况的检查指导。加强对处级领导班子的走访调研和分析研究,加大对处级班子思想政治建设的指导检查力度,定期分析班子运行情况,实现对班子建设状况的动态掌握,有针对性地开展思想作风建设。

(韩珊珊)

【干部监督管理】 年内,制定干部综合监督体系构建工作方案,按照整体设计、分步实施,先易后难、突出重点,抓点带面、整体推进的原则,从风险评价模型库、信息采集、信息分类、会商机制、预警处置等方面实行项目化管理,初步完成模块梳理,形成相关制度性文件初步成果。加强日常监督管理,坚持报告申报监督和干部任前廉政征询制度,完善联席会议机制,加大经济责任审计力度,离任审计 9 人、任中审计 5 人。全面梳理处级班子选人用人情况,对离任的处级班子主要领导开展履行干部选拔任用工作职责情况离任检查。及时调查“12380”举报电话受理情况。强化责任追究,提请区委调整 2 个班子的主要领导,对 1 名群众不认可的干部予以免职。

(韩珊珊)

【年轻干部培养】 年内,制定《年轻干部分类培养工作方案》,通过组织召开座谈会、个别谈话、跟踪了解、定期分析等方式,研究年轻干部成长规律和培养模式。结合街乡领导班子届(任)中考察和委办局处级领导班子年度测评考察工作,了解分析年轻干部情况,进一步摸清年轻干部底数,加强年轻干部储备。3 月,会同区委社会工委、区委农工委,对 2010 年任命的 7 名街乡助理开展任期届满考察。12 月,按照市委组织部要求,会同区人力社保局,启动面向村官公选副科级干部和选调生选拔相关工作。

(韩珊珊)

【干部交流挂职】 年内,选派 3 名干部赴西藏、新疆开展对口援建;选派 3 名干部参与全市“三个一百”挂职,1 名干部赴中央金融机构挂职;组织 23 名干部参与全区“五个一批”挂职锻炼。接收中央国家机关和金融机构挂职干部 4 名,市级机关和科研院所挂职干部 10 名,新疆、青海、内蒙古、重庆、贵阳等省市区挂职干部 38 名,房山、延庆挂职干部 10 名,在尊重派出单位及本人挂职意向基础上,按照“专业对口”的原则拟定安置方案,将挂职干部分别安置在相关委办局及部分街乡等单位。10 月,为进一步加强干部培养锻炼,促进班子干部服务基层服务群众,研究出台《关于双向挂职培养锻炼干部的暂行办法》。

(韩珊珊)

【关爱干部】 年内,进一步推进干部“五关爱”工程,采取多种措施关心关爱干部。2 月,组织处级退休干部召开“三个一”会议,引导帮助退休干部调整心态。4 月,组织全区 400 余名局处级干部健康体检,研究制定防癌专项筛查工作方案,帮助干部及时发现重大健康隐患。5 月,制定下发《关于进一步做好党政机关工作人员带薪年休假工作的通知》,将干部休假制度落到实处,确保干部身心健康和以旺盛精力投入工作。注重开展各类节前慰问工作,特别是围绕“八一”组织全区开展内容丰富的军转干部慰问活动,进一步传递区委的关爱。结合日常考察考核,加强与干部的思想沟通,与处级干部谈话谈心,了解干部的想法、困难和需求,使干部感受到区委的关心爱护。

(韩珊珊)

【处级班子干部调整】 年内,根据区委总体部署,按照统筹考虑、科学调配的原则,调整干部 413 人次,涉及班子 93 个,其中:

提拔244人次(正职22人次),平职改任60人次,免职退二线(退休)46人次,挂职、兼职等其他任免63人次。

(韩珊珊)

【政工职称评定】　年内,完成常年政工职称评审工作,3人获政工师资格,3人获助理政工师资格。

(曾　智)

【干部培训】　年内,举办培训班34期,培训2832人次,其中处级干部1864人次。举办北京大学公共管理高级研修班、清华大学领导力提升高级研修班、处级干部进修班、中青年干部培训班、青年政治理论读书班等主体班10期,培训450人次;举办新任党政正职赴浦东干部学院培训班、经济形势与区域发展培训班、推进城乡可持续发展培训班、领导艺术与管理智慧培训班、周末大讲堂等专题班24期,培训2382人次。

(曾　智)

【在线学习】　年内,参加在线学习局级干部33人、处级干部1201人、科级干部6605人,全部达到市委组织部规定的考核目标,其中处级及以上领导干部平均学习62学时,科级及以下干部平均学习42学时,超额完成全年的在线学习任务。

(曾　智)

【处级干部读书活动】　年内,继续采取下发推荐图书目录、干部自主选读的方式开展处级干部读书活动,要求全区处级干部结合工作实际和自身需要选择图书。处级干部上交读书体会1187篇。

(曾　智)

宣传与精神文明建设

【概况】　朝阳区委宣传部(简称区委宣传部)是主管全区意识形态、对外宣传的区委工作部门。朝阳区精神文明建设委员会办公室(简称区文明办)是区委、区政府精神文明建设工作的综合协调部门,也是区精神文明建设委员会的办事机构,设在区委宣传部。区委宣传部代行宣传系统工委职能,并负责区文化创意产业领导小组办公室日常工作。办公室、宣传科、理论科、综合科、创建科(志愿者工作科)、研究室、区委对外宣传领导小组办公室(区政府新闻办公室)、文化创意产业发展科、基层工作科、未成年人工作科,内设公共文明引导行动协调指导小组办公室(简称公共文明协调办),所属全额拨款事业单位朝阳区文化创意产业发展中心,人员编制63人。

地址:日坛北街33号

电话:65099322

邮编:100020

(孙　翀)

【朝阳区"两会"宣传】　1月7日至11日,朝阳区"两会"召开期间,组织策划1场领导专访和8场新闻发布会,集中宣传朝阳区"十二五"规划思路、2012年经济社会发展成就和2013年重点工作,邀请新华社、北京电视台、《北京日报》等30多家媒体到场采访,媒体报道150余篇次。

(陈　婧)

【道德领域突出问题专项教育和治理】　1月10日,区委常委、宣传部部长、统战部部长谢莹调研麦子店地区蓝色港湾餐饮街"诚信做食品"工作,并现场观摩蓝色港湾餐饮街道德讲堂活动。43个街乡主管领导、区文明办、区食品办、区卫生局等部门及蓝色港湾部分商户代表参加。3月14日,在新奥购物中心举行餐饮街"诚信做食品"监督投诉站揭牌仪式暨"3·15"国际消费者权益日宣传咨询活动,区文明办、区食品办、奥运村街道等单位领导及食品安全保障、消费者权益保护部门参加活动,区文明办先后下发《朝阳区关于深入开展道德领域突出问题专项教育和治理活动的实施意见》《2013年深入开展"文明餐桌行动"工作方案》等。7月16日,全区召开文明餐桌行动工作推进会,区食品办、区工商分局、区卫生局、区商务委、区旅游委、区市政市容委主管领导参加。年内,向各街乡、相关部门下发"讲文明树新风"、文明餐桌海报6类8万张、遵德守礼小贴士11类7万张,统一设置5840个遵德守礼提示牌。

(李孟阳)

【道德讲堂】　1月10日,在麦子店街道蓝色港湾道德讲堂举办朝阳区"诚信做食品"道德讲堂观摩会,各工委,"诚信做食品"工作领导小组成员单位(区食品办、工商朝阳分局、区卫生局、区质监局、区商务委、区城管执法监察局),各街、乡主管领导参加,区委常委、宣传部部长、统战部部长谢莹出席活动。5月16日,区委书记程连元观摩亚运村街道"道德讲堂"活动,区领导谢莹、张立新、刘军胜一同参加。5月31日,在北京民俗博物馆东岳书院建立朝阳区"道德讲堂"总堂。年内,制定下发《朝阳区2013年深化"道德讲堂"建设工作实施方案》,拓宽"道德讲堂"建设规模,在全区区级以上文明单位、百人以上的食品药品生产流通企业和窗口行业单位全面部署"道德讲堂"建设工作。全区各文明单位以重点人群、重点领域的教育引导作为突破口,着重建设机关、社区、企业等各类"道德讲堂",提升"道德讲堂"活动的针对性、实效性。截至2013年底,全区建设各级各类道德讲堂680余家,开展活动2700余场,受教育干部群众14万余人次。

(孙　静)

【"身边雷锋·最美北京人"活动】　1月18日至24日,全市开展宣传树立"身边雷锋·最美北京人"活动,朝阳区推荐叶如陵、邸伟、梁会兰、李高峰和杨惠芳入围"身边雷锋"标兵,望京网阳光公益联盟入围"身边雷锋"标兵团队,京朝民兵连、朝阳区法律援助中心、朝师附小悦行志愿助残报摊小队等8家单位入围"身边雷锋"团队,侯雨彤、宋金萍、刘连环等31人入围"身边雷锋"。1月29日,朝阳区"身边雷锋·最美北京人"入围个人和团队,到北京联合大学继续教育学院,参加中国摄影家协会的集中拍摄。2月1日,区文明办慰问区道德模范杨立英、"身边雷锋·最美北京人"标兵和个人叶如陵、李楠、李增江。

(孙　静)

【"三下乡"活动】　1月29日至31日,开展"贯彻落实党的十八大精神·共建美丽朝阳"——2013年朝阳区春节文化、科技、卫生"三下乡"活动。在将台、东坝、黑庄户等三个乡开展以政策宣传、科技培训、专家义诊、法律咨询和文艺演出等为主要内容的宣传服务活动。

(徐志浩)

【社会服务管理创新工作宣传】　1月,组织《北京日报》《北京晚报》等10余家市属媒体集中采访报道朝阳区老旧小区准物业管理实施情况。3月,先后组织《人民日报》《北京日报》等20余家媒体集中采访麦子店、安贞、潘家园等街、乡党政群共商共治工程开展情况。6月,奥运村街道成立全市首个"邻里驿站",组织《人民日报》、新华社、《北京日报》等近10家媒体现场采访,《人民日报》《北京日报》头版报眼报道。

(姜丽钧)

【北京朝阳国际风情节】　2月9日至15日,在朝阳公园举办以"风情世界　欢乐style"为主题的第十一届北京朝阳国际风情节。在延续品牌活动基础上,增加国际城市文化交流、娱乐趣味性活动、微博互动等活动内容,活动期间接待游客约40万人。

(吴丁佳宝)

【调研考察】　2月19日,首都文明办调研南磨房乡、高碑店村和高井村乡情村史博物馆建设情况,首都文明办副主任卜秀均,创建处处长刘耀霞、副调研员武忠池参加调研。3月29日,首都文明办副主任卜秀均带队,市文物局副局长刘超英和13个区县文明办主任参加,调研朝阳区乡情村史陈列室建设情况,区委宣传部副部长、文明办主任吕岚陪同考察组实地观摩南磨房乡、高碑店乡高碑店村和高井村3处乡情村史陈列室。4月11日,中央政策研究室文化研究局、市委办公厅、市委研究室、市委宣传部有关领导在来广营乡绣菊园社区开展"中国梦"主题参观调研座谈活动。4月至11月,重庆市江北区、南岸区、广西南宁市、内蒙古呼和浩特市文明办四批52人到朝阳区考察交流文明城区创建工作。12月26日,中央国家机关有关部门文明办一行25人到朝阳区参观南磨房乡乡情村史陈列室、高碑店乡科举匾额博物馆、新农村民居,首都文明办创建处处长刘耀霞、副调研员武忠池参加调研。年内,怀柔区文明办、顺义区文明办、平谷区文明办、海淀区西三旗街道等单位50余人先后到朝阳区考察文明城区创建和乡情村史陈列室建设工作。

(李孟阳)

【志愿服务】　2月28日,召开2013年志愿服务工作会暨志愿服务项目发布会。会议全面总结2012年志愿服务工作,部署2013年学雷锋活动、志愿服务工作,面向社会发布2013年志愿服务项目,推出25个示范项目和63个特色项目。各工委及志愿者联盟27个地成员单位在主会场参加会议,43个街乡设立分会场,会议由副区长张立新主持,区委常委、宣传部部长、统战部部长谢莹出席会议并讲话。12月2日,联合区委社工委召开朝阳区2013社会公益博览会,会上表彰朝阳区2013年度突出贡献志愿者、优秀志愿者组织和爱心企业等,会议由区社会办主任赵年生主持,首都文明办副主任韩龙彬、区人大常委会副主任朱春霞、副区长苑文新、首都文明办宣教处调研员杨秀卿出席,朝阳区各街乡和各部门主管领导、社会组织代表、爱心单位代表、志愿者代表约900人参加,会上下发《美丽朝阳志愿行——朝阳区志愿服务风采录》丛书,并设置"美丽朝阳 精彩一瞬"市民文明巡访团摄影展。年内,组织春节期间"志愿情暖朝阳、红红火火过大年""3·5学雷锋日"等志愿服务活动;先后下发《进一步开展三关爱志愿服务活动实施方案》《关于开展"关爱自然·美丽朝阳"志愿服务行动的通知》等,部署全区志愿服务工作;在朝阳报每期开设《美丽朝阳志愿行》专栏,在3·5和12·5重要节点开设专版加强宣传报道,继续依托中国志愿服务基金会开展资金募集工作,募集资金103.37632万元。对2012年至2013年志愿服务资金使用情况开展工作审计;下发《关于进一步加强朝阳区网络文明传播志愿者工作的通知》,进一步发展壮大网络文明传播志愿者队伍,每半年开展骨干培训。经中央文明办反馈,2013年网络文明传播志愿者工作考评在全国文明城区中位列第一。

(李孟阳)

【为民办实事工程宣传】　2月,推出2013年为民办实事工程,组织《北京日报》《新京报》等近10家媒体集中宣传报道,其中2月22日《北京日报》头版以"朝阳:雨洪利用将建4大工程"为题进行报道。12月,围绕为民办实事工程落实情况,邀请《北京日报》、北京电视台等20余家媒体集中采访报道大中修道路完成情况、"菜篮子"工程建设情况、首个社会化养老服务指导中心成立等内容,媒体报道60余篇次。

(康　艺)

【全国"两会"文明引导志愿服务】　3月3日至18日,在全国"两会"代表委员驻地周边重点公交站台和行车线路,区文明办开展公共文明引导专项志愿服务活动,并对接区交通支队,在10个重点交通路口增派40名公共文明引导员协助交警开展文明交通引导行动,确保重点站台、主要路口及沿线公共交通秩序良好;对接潘家园街道"两会"代表驻地周边街、乡,抽调32名公共文明引导员开展排队引导活动,营造安全、稳定、有序的站台乘车秩序,为"两会"营造安全、和谐、文明乘车氛围。

(张　川)

【学雷锋图片巡展进校园】　3月5日,是毛泽东同志"向雷锋同志学习"题词50周年纪念日,区委宣传部、区文明办、区档案局(馆)制作"榜样——纪念毛泽东主席为雷锋题词50周年图片展"和宣传折页,启动学雷锋图片巡展进校园活动,向全区中小学生解读雷锋精神内涵,宣传身边典型,引导未成年人积极参与学雷锋志愿服务,提升思想道德建设水平。

(李　娟)

【学雷锋系列宣传活动】　3月6日、10日,街道和农村系统分别前往中华世纪坛,参观《永远的雷锋》大型主题展览。3月19日,组织开展"志愿服务我参与,雷锋精神传朝阳"微访谈活动,区青年志愿者协会、区公共文明引导员团队借助新浪微博平台,与网友分享志愿者们践行雷锋精神的故事和感悟,并就新时期如何理解、学习、践行雷锋精神展开交流互动。5月14日至23日,在朝阳区规划艺术馆举办为期10天的"永远的雷锋"大型主题展览,展览期间,接待社会各界观众13400余人,观众留言692条,并有249人在活动现场注册成为学雷锋志愿者。

(孙　静)

【宣传思想和精神文明建设工作会】　3月21日,召开2013年朝阳区宣传思想和精神文明建设工作视频培训会。会议部署宣传部(区文明办)2013年整体工作,并就2013年朝阳区精神文明建设和迎接全国城市文明指数测评工作、新闻宣传、外宣工作开展专项培训,区委常委、宣传部部长、统战部部长谢莹出席会议并讲话。

(董　梅)

【参加道德模范和身边好人评选】　4月1日至11日,根据首都道德模范评选表彰活动的工作部署和要求,确定叶如陵、宋金萍、邸伟、李祥娜、李建文、岳海清、侯雨彤、谷现恩、田惠萍、樊蒙等十人代表朝阳区参加第四届"首都十大道德模范"评选。4月1日至25日,在全区开展2013年朝阳区"身边好人"推荐评议活动,推荐候选人300余人。5月6日,经朝阳区精神文明建设委员会办公室遴选和考核,最终候选人名单在中国文明网北京朝阳站公布,接受社会公众投票。叶如陵、樊蒙、谷现恩等30名同志获得2013年度朝阳身边好人荣誉称号,刘连环、李楠、殷金凤等30名同志获得朝阳身边好人提名奖。12月19日,首都文明委召开表彰大会,叶如陵当选第四届首都道德模范、樊蒙获得第四届首都道德模范提名奖。

(孙　静)

【公共文明引导日主题实践活动】　4月11日,作为全市第25个公共文明引导日,根据市委、市政府生态文明和城乡环境建设动员大会部署要求,朝阳区以"推进生态文明公共文明引导在行动"为主题,在南磨房乡41路总站设立主会场,以各街乡公交站台和公共文明引导示范街区为主,扩展到主要大街、重点地区、街心公园、社区、村镇、街巷胡同等,组织动员公共文明引导员、共建单位和社会志愿组织、社区志愿者等,集中开展环境卫生治理活动,清除周边地面小广告,清理积存垃圾、绿地杂物及卫生死角,营造整洁、清新、优美的公共环境。

(张　川)

【周末社区大讲堂活动】　5月8日开始,在全区举办周末社区大讲堂讲座12场,先后邀请马彦红、陈伟文、舒京、彭国球、李建平、萧宇仁等专家到朝阳区作专场讲座，千余人次聆听讲座，涉及涵盖传统文化、社科知识、北京历史等各方面内容。

（吴丁佳宝）

【领导调研】 5月16日，区委书记程连元，到将台乡和亚运村街道调研宣传文化工作。程连元先后到梵谷水郡社区"居民之家"和亚运村街道综合文化中心，了解社区文化活动及管理服务情况、将台地区公共文化服务体系示范区创建工作落实情况和"道德讲堂"活动开展情况、亚运村街道迎接全国文明城市文明程度指数测评复查筹备情况，并召开座谈会听取区委宣传部（区文明办）汇报宣传部及宣传系统工作、朝阳区网络社会建设工作开展情况和迎接全国城市文明程度指数测评复查筹备情况。区领导谢莹、刘军胜、张立新一同调研。7月11日，市委常委、市委宣传部部长李伟到朝阳区调研宣传文化工作。先后考察堡头地区文化中心、莱锦文化创意产业园、朝阳规划艺术馆，并召开座谈会，听取工作汇报，市委宣传部副部长张淼、市文资办主任周茂非参加调研。朝阳区委书记程连元，区长吴桂英，区委常委、宣传部部长、统战部部长谢莹分别汇报有关工作。

（孙　翀）

【参加"我的中国梦·北京少年美德故事汇"】 5月25日，首都文明办在国家大剧院举办"我的中国梦·北京少年美德故事汇"活动，区文明办推荐朝阳区新源里四小学生张睦韩代表朝阳区参加活动，展示朝阳区未成年人勤奋好学、尊师重教、助人为乐、热心公益的美德及乐观向上、积极进取的精神风貌。

（李　娟）

【第二届京交会宣传】 5月28日至6月1日，第二届京交会在国家会议中心举办。会议期间，策划组织召开6场新闻发布会和3场重点采访，先后邀请《人民日报》、中央电视台、新华社、《北京日报》、北京电视台等近50家媒体到场采访，媒体报道400余篇次。

（陈　婧）

【道德模范、"身边好人"巡演巡讲】 5月31日，2013年朝阳区道德模范、"身边好人"基层巡演巡讲活动拉开序幕，首场活动在清华附小商务中心实验小学举办。7月3日，巡演巡讲进社区活动在小关街道举办。7月9日，巡演巡讲进机关活动在朝阳区卫生局卫生监督所举办。7月18日，巡演巡讲进乡镇活动在南磨房乡举办。7月25日，巡演巡讲进企业活动在朝阳宾馆举办。7月29日，巡演巡讲进军营活动在武警朝阳支队举办。

（孙　静）

【北京CBD国际经贸洽谈会宣传】 5月、9月，北京CBD国际经贸洽谈会之上合国家专场洽谈会、东盟国家专场洽谈会分别在朝阳规划艺术馆召开。活动期间，组织邀请中央电视台、《北京日报》、北京电视台等近30家媒体采访，媒体报道50余篇次。

（姜丽钧）

【创建公共文化服务体系示范区宣传】 6月17日，国家公共文化服务体系示范区实地验收工作座谈会在朝阳区举办，会议听取区长吴桂英创建国家公共文化服务体系示范区工作情况汇报。7月30日，区委书记程连元在文化部示范区验收评审会上，汇报朝阳区创建国家公共文化服务体系示范区工作情况，朝阳区通过评审。9月，朝阳区以88.91分的成绩创建首批国家公共文化服务体系示范区，名列直辖市第一、全国第二。11月6日，国家公共文化服务体系示范区（项目）创建工作会议在上海浦东干部学院召开，文化部、财政部领导为31个国家公共文化服务体系示范区和9个优秀示范项目获得者授牌，副区长张立新代表朝阳区接牌，朝阳区成为北京市首个国家公共文化服务体系示范区。年内，围绕创建工作，组织策划系列宣传报道，邀请《人民日报》《北京日报》、北京电视台等20多家中央及市属媒体集中采访朝阳区四级公共文化服务体系建设、创建工作成效等内容，媒体报道100余篇次。

（陈　婧）

【全国城市文明程度指数测评】 6月19日，召开朝阳区迎接全国城市文明程度指数测评培训会，副区长张立新对迎接2013年全国城市文明程度指数测评工作提出具体要求，制定并下发朝阳区迎检工作方案和任务分解书、申报点位（单位）名录和实地考察工作指南。全区成立5个督导组，开展分类专项督导工作。8月2日，完成向中央文明办关于全国城市文明程度指数测评体系和未成年人思想道德建设工作测评体系22类847个实地考察点位的申报工作。8月9日，完成7大类31项51个细类测评内容的电子档案上传工作。8月16日，区委书记程连元主持召开区委专题会，专题研究推进迎接全国城市文明程度指数测评工作。8月16日，召开迎接全国城市文明程度指数测评工作部署电视电话会，副区长张立新主持，区委常委、宣传部部长、统战部部长谢莹出席，相关部门主管领导和各街、乡主要领导参加。8月底，中央文明办委托国家统计局对朝阳区开展全国城市文明程度指数测评，主要采取实地考察、材料审核、问卷调查和网络媒体调查四种方式。12月23日，根据中央文明办通报，朝阳区以全国第三名的成绩通过2013年全国城市文明程度指数测评工作。年内，在《朝阳报》、朝阳有线电视台和文明朝阳网开展"讲文明树新风"公益广告宣传，累计33版、上万条次。

（李孟阳）

【区文明委（扩大）会议】 6月25日，召开2013年朝阳区文明委（扩大）会议暨迎接全国城市文明程度指数测评部署电视电话会议。区四套班子领导出席大会，区二级班子主要领导参加会议，各街、乡设立电视电话会议分会场。大会由区委副书记陈宏志主持。区委常委、宣传部部长、统战部部长谢莹部署2013年精神文明和迎检工作。区委书记、区文明委主任程连元讲话。

（李孟阳）

【"北京朝阳"政务微博】 7月22日，在新浪微博上线朝阳区政务微博群——"北京朝阳微广场"，第一批上线成员单位有59家，包括委、办、局、街道（地区），社区（村），其他机构三类。8月20日，在腾讯网、人民网开通"北京朝阳"政务微博，形成新浪网、腾讯网、人民网三网共同发声。策划组织开展"美丽朝阳"微博文化节系列活动，全年共组织"美丽朝阳·红红火火过大年""美丽朝阳·志愿者之春""美丽朝阳·敬老孝亲"等主题线上线下活动7次，推出"美丽朝阳·精彩随手拍"等线上互动，113名网友上传273张作品。与望京网、区科协合作开展"美丽朝阳·志愿者之春""美丽朝阳·生态夏日"等线下活动，300余名网友参与。全年利用微博集中宣传朝阳国际风情节、东岳庙春节文化庙会、北京CBD国际论坛、中国文化产业高端论坛等活动，推出"聚焦文博会""经普小知识""逛世界 从朝阳开始"等微话题。截至12月31日，新浪微博粉丝881569名，发布微博6211条；腾讯微博发布信息1067条，粉丝41739名；人民网发布信息993条，粉丝101394名。

（李文轩）

【百姓宣讲活动考评迎检】 8月29日，以市委宣传部副部长崔耀中为组长的考评领导小组考评朝阳区"我的梦·中国梦"百姓宣讲工作。考评组通过观看专题片、查阅档案、听取汇报、召开座谈会、现场观摩报告会等形式全面检查考核"我的梦·中国梦"百姓宣讲工作在全区开展情况。区委常委、宣传部部长、统战部部长谢莹参加考评。

(徐志浩)

【区域化党建项目试点】 8月,梳理宣传系统各单位区域化党建工作模式,选取5个具有行业特色和区域化党建工作特征的党建项目作为试点,为进一步研究、规范推广区域化党建模式做好准备。

(杨 阳)

【三大重要论坛宣传】 9月6日至8日,朝阳区集中举办北京CBD国际论坛、北京CBD国际金融论坛和中国文化产业高峰论坛三大重要论坛。围绕论坛内容,组织策划朝阳区"十二五"规划中期系列成果报道,召开4场媒体沟通会,同时开设新华网、凤凰网2类网络专题直播。现场邀请《人民日报》、北京电视台、《北京日报》《国际金融报》等40余家媒体采访,媒体报道200余篇次。

(姜丽钧)

【"追梦之舞·炫舞朝阳"活动】 10月9日,在朝阳体育馆启动"追梦之舞·炫舞朝阳'中复杯'"舞蹈普及推广展演和比赛活动,来自全区61支舞蹈队伍的1300多名舞蹈爱好者参与。10月19日,在朝阳体育中心举办万人舞蹈展演活动。作为朝阳区群众文化活动品牌之一,"炫舞朝阳"舞蹈普及推广展赛已举办五届,本届大赛选择标准交谊舞为普及推广内容。

(姜 军)

【基层党组织负责人培训】 10月16日至17日,举办宣传系统基层党组织负责人培训班,系统各单位基层党组织负责人、党务干部150余人参加。中央党校党建教研部教授陈冬生等专家领导,分别围绕群众路线、基层党建、党风廉政建设进行授课,文化馆党支部等4个基层党组织作交流发言。区委宣传部常务副部长高春利出席结业仪式并讲话。

(杨 阳)

【京港洽谈会宣传】 10月23日至24日,第十七届京港洽谈会在北京举办。洽谈会期间,策划组织在《北京日报》《香港文汇报》《香港经济日报》3家媒体推出专版报道;推出新华网、凤凰网2大网络专题报道;组织1场媒体集中采访,邀请《北京日报》、北京电视台等30余家媒体到场采访,集中宣传报道朝阳区投资发展环境、"十大基地"阶段性发展成果及重点签约项目等内容,媒体报道80余篇次。

(康 艺)

【群众性精神文明创建】 10月29日,首都军(警)民共建工作指导小组军地专家组一行5人在副组长黄柯的带领下到朝阳区调研,专家组先后观摩南磨房地区田华小学少年军校,考察三里屯街道幸福一村社区军(警)民共建点,并召开调研座谈会。副区长张立新、解放军总装备部政治部副秘书长王金玉、武警北京总队政治部秘书群工处副处长刘少飞出席会议,区文明办、民政局、武装部、教委和南磨房乡、三里屯街道相关领导参加。座谈会由区委宣传部常务副部长高春利主持。

(李孟阳)

【第八届北京文博会宣传】 11月7日至10日,第八届北京国际文化创意产业博览会在国际展览中心举办。期间,组织策划新闻发布会16场,集中宣传报道朝阳区文创项目参展情况及区域文化创意产业发展成就,邀请《人民日报》、中央电视台、《光明日报》《北京日报》、北京电视台等近50家中央及市属媒体现场采访,媒体报道400余篇次。

(姜丽钧)

【区委中心组学习】 年内,制定实施《2013年区委中心组学习计划》,通过与市委联学、局处级联学、区委中心组集中学习等形式,围绕学习贯彻十八届三中全会精神、习近平总书记系列重要讲话精神、学习贯彻2013年《政府工作报告》、中国梦与中国特色社会主义、新时期党的建设和群众路线教育等专题,组织区委中心组集中(扩大)学习12次。全区各单位组织集中学习2000余次。继续坚持区委中心组成员联系基层制度。每位区领导固定联系2-4个基层单位,定期开展调查研究,结合分管工作,确定调研课题,组织课题研究的牵头部门和参与部门深入开展调查研究,完成《关于"文化强区"发展战略的研究》《新形势下服务群众的工作方式方法研究》《加强农村党风廉政问题研究》等24篇调研报告。组织参评"丹柯杯"优秀调研成果评选,其中《领导干部德的考核评价标准与方法路径研究》获一等奖。

(权英淑)

【"中外记者看朝阳"系列外宣活动】 年内,与市外宣办联合组织"北京市加快推进养老服务业发展情况"中外记者集体采访活动,组织英国路透社、美国有线新闻、日本广播协会、新加坡《联合早报》、中国新闻社等境内外主流媒体记者,实地参观采访和平街寸草春晖养老院,介绍北京市养老服务业发展情况及鼓励社会力量进入养老服务领域等政策。全年接待来自美国、英国、德国、西班牙、白俄罗斯等十余个国家近40批次160名记者,采访拍摄1919音乐文化产业基地、798艺术区留学乌克兰画家孙文九、雅宝路商会成立等题材,报道朝阳区经济、文化发展,民生服务措施等。参与协助北京举办的"外国摄影师拍北京"系列活动,协调组织27批40余位外国摄影师到朝阳区拍摄奥运场馆、CBD商务中心区、文化创意产业园区等地。

(王金凤)

【未成年人工作专题报道】 年内,根据中国文明网总体安排,为充分宣传报道朝阳区未成年人思想道德建设工作,区文明办先后在中国文明网开设"我在乡村少年宫""文明交通进校园"等专题,"我在乡村少年宫"专题抓住未成年人在教辅中心参加社会实践活动情景,以孩子的视角反映朝阳区乡村学校少年宫建设、使用、开展活动情况;"文明交通进校园"专题通过《文明交通三字诀》、共建文明交通环境主题宣传活动以及交通安全文艺节目展演等多个栏目,集中反映朝阳区2013年度"文明交通进校园"工作成果。

(李 娟)

【先进表彰】 年内,区文明委表彰23名突出贡献志愿者、236名优秀志愿者、160个优秀志愿服务组织和25个爱心企业。

(李孟阳)

【城乡环境建设宣传】 年内,围绕全区环境建设重点工作,组织策划系列宣传活动,报道全区垃圾清理、拆除违建、水污染治理等情况。从3月至年底,组织策划16场媒体集中采访,邀请《北京日报》、北京电视台等20余家媒体集中现场采访报道十八里店白墙子、饮马井环境治理,八里庄清理4000平方米垃圾场、化工路整治、施工扬尘监控,十八里店拆除违建等内容,媒体报道500余篇次。

(康 艺)

【网络舆情监测】 年内,完善网络舆情监测体系,形成7×24小时网络舆情监测制度。结合区域内重大事件做好舆情监测与舆论引导工作。注重新闻报道和网络舆情的收集处理,编辑《网络舆情监测专报》86期,《朝阳区网络舆情分析报告》2012年年报、2013年月报12期。

(李文轩)

【"中国梦"主题学习教育活动】 年内,研究制定《朝阳区关于开展"中国梦"学习宣传教育活动的方案》,在全区开展"我的梦·中国梦"主题作品征集活动,征集梦想寄语

500余条，诗歌、散文100余篇，摄影、书法、绘画作品200余幅。组织发动全区党员干部群众参加中国梦学习教育知识竞赛活动，收集报送知识竞赛答题卡133442份。精选“中国梦”寄语，策划编辑《多彩中国梦》和《美言美文》“美丽朝阳·多彩梦”副刊，印发12000册。

（权英淑　张秋佳）

【“引导员的梦·中国梦”宣讲活动】 年内，按照市委宣传部、首都文明办在全市开展“引导员的梦·中国梦”百姓宣讲活动的安排，区协调办经过前期报名和街乡推荐，在全区选拔8名公共文明引导员组建“引导员的梦·中国梦”宣讲团，开展宣讲活动进街乡、进社区。

（张　川）

【新增爱国主义教育基地】 年内，新批准北京朝阳京剧文化艺术中心为区级爱国主义教育基地。朝阳区规划艺术馆和北京奥林匹克公园，经北京市爱国主义教育基地领导小组实地考察验收，命名为北京市爱国主义教育基地。至12月底，域内市级爱国主义教育基地16家，区级2家。

（董　梅）

【对外文化交流】 9月，朝阳区对外文化交流协会与朝阳区文化馆携兵马俑灯笼赴英国展出，“漂亮的兵马俑灯笼”展览受到欢迎。年内，组织乌克兰托尼斯电视台一行参观798艺术区、并采访艺术区留学乌克兰艺术家。组织接待蒙古新闻代表团一行参观鸟巢、水立方，了解奥运后发展情况。朝阳区对外文化交流协会先后前往希腊、匈牙利等四个国家开展文化交流，了解当地文化团体及文化活动。

（王金凤）

【未成年人思想道德建设工作测评】 年内，区文明办按照全国未成年人思想道德建设工作测评体系要求，逐条对接重点任务分工，逐项审核指标体系内容，逐个指导成员单位，重点加强材料审核、网络（媒体）调查、实地考察工作。按照2013年最新要求，未成年人思想道德建设迎检电子档案上传，成为全国未成年人思想道德建设工作测评新增重点内容，区文明办对接教委、民政局、残联、妇联等未成年人工作重点成员单位，做好指标任务分解、部署对接，对重点成员单位涉及的33条指标63项内容逐项督查指导，完成中央文明办未成年人思想道德建设工作测评。

（李　娟）

【理论宣讲活动】 年内，巩固扩大理论宣讲示范基地建设，建立市级“理论宣讲示范基地”5个，其中建外街道获“北京市优秀理论宣讲示范基地”称号。与市委宣传部、市委讲师团合作，先后在劲松卫生服务中心、八里庄街道、常营乡举办“理论家新春走基层”互动宣讲活动，邀请首都理论界专家围绕“中国梦”、绿色出行、医疗改革等专题，解读中央精神和有关政策，全年宣讲80余场。先后涌现出亚运村街道理论宣讲团、金盏乡党员宣讲团、崔各庄乡党员宣讲团等一批优秀基层理论宣讲队伍，其中亚运村街道获“全国基层理论宣讲先进集体”称号。

（张秋佳　梁奥博）

【网络文明传播】 年内，加强网络文明传播，重点从拓宽信息获取渠道、提升信息采编水平、策划特色亮点工作专题等方面，丰富精神文明建设宣传内容，提升“中国文明网北京朝阳站”网站建设水平。网站每季度接受中国文明网测评，朝阳区各季度测评得分依次为84.5分、87.6分、87.7分、87.9分，在全国所有文明城区测评排名中，三个季度位列全国文明城区第一名。

（孙　静）

【学习型党组织建设】 年内，组织各系统各单位做好区级学习型党组织建设示范点、品牌活动的推荐工作，全区各级各类党组织申报示范点95个、品牌活动72个，择优推荐市级示范点、品牌活动各4个。在《朝阳报》党建版宣传推广崔各庄乡学习型党组织建设工作示范点典型经验，及团区委“晨讲晚读”、来广营绣菊园社区莱福隆大学等品牌活动经验。

（权英淑　张秋佳）

【网络社会建设】 年内，与监督中心、信息办、社会办等部门协作，推动网络社会管理工作，梳理“十百千”工作架构，编制“网络舆情监测系统工作流程”“网络舆情处置系统工作流程”“网络正面宣传引导工作流程”。在全区选取“五街三乡”（建外、双井、团结湖、望京、东湖、太阳宫、三间房、管庄）作为试点，针对网络社会服务、网络社会管理、网络社会建设工作分别试点。探索网络公益联盟建立方式，重点培养朝阳网络名人名博，增强网络发言人队伍影响力。

（王金凤）

【百姓宣讲活动】 年内，在全区开展“我的梦·中国梦”百姓宣讲活动，成立朝阳区社区宣讲团，参加全市“我的梦·中国梦”主题巡回宣讲近20场，举办北京市百姓宣讲团朝阳区报告会。向全区发放《朝阳区百姓宣讲工作指南》和辅导光盘500套，深入基层开展指导和培训，及时解决基层宣讲工作难题。组建“海外学人”宣讲团、三间房动漫社区宣讲团、小红门乡梓梦宣讲团等特色宣讲团。构建区级、各系统、街乡、社区（村）“四级体系”，组建600支宣讲团，宣讲员人数达3000余人，深入基层宣讲800多场，实现百姓宣讲全覆盖。

（杨　帆）

【开展寻找“最美孝心少年”活动】 年内，中央电视台推出“寻找最美孝心少年”大型公益活动，为展示朝阳区“做一个有道德的人”主题教育实践活动成果，区文明办联合区委教工委、区教委开展寻找朝阳区“最美孝心少年”活动。该活动通过寻找、发掘、宣传新时期“孝心”少年典型代表，展现他们孝敬长辈、自强不息、阳光向上、自立自强的感人事迹和美好情操，引导广大未成年人尊老、爱老、敬老，引导社会各界关心关爱未成年人健康成长。朝阳区推荐20名候选人参加全国“最美孝心少年”评选。

（李　娟）

【新闻发言人和外宣干部培训】 年内，与区委组织部、中国传媒大学联合举办2013年朝阳区初任新闻发言人培训班，90余名来自全区委、办、局，街、乡，公司，人民团体的初任新闻发言人和联络员参加培训，强化新闻发言人善待媒体、善用媒体的意识。举办2013年政务微博专项工作培训班，对微广场成员单位管理员、网评员、社区工作者等近200人集中开展培训。

（王金凤）

【参与市文明宣讲活动】 年内，为贯彻党的十八大和十八届三中全会精神，落实全市清洁空气行动计划主题活动，区文明办选派的东风乡引导员刘连环，入选市宣讲团，参与首都文明办、市交通委等部门联合开展的“清洁空气、蓝天行动、绿色出行、畅通北京”宣讲活动，传达绿色出行、畅通北京、城市清洁的美好愿望，传播文明交通理念，展示朝阳区公共文明引导员的良好素养。

（张　川）

【学习服务】 年内，为全区局、处级领导干部订阅《大讲堂》《网络舆情》《党建》《红期文稿》《思想政治工作研究》《时事报告》《中心组学习专刊》等杂志1500套，为局、处级领导干部配发各类书籍和光盘2500余册、1000余套。向全区各系统发放《习近平总书记重要讲话选编》6000册、《理性看　齐心办——理论热点面对面2013》8000册。创新和改版现有学习载体，理论学习手机报创新推出《亮点朝阳》《民生朝阳》《文化朝阳》《观点集萃》《他山之石》等新栏目，全年编发手机报46期。为全区局、处级领导编发《宣传文化学习咨询》49期共73500册。面向全区各级干部群众编发《美言美文》杂志及副刊16期9.6万册。围绕全国宣传思想工作会议精神、中纪委十八届二次全会精神、2013年政府工作报告、"中国梦"、密切联系群众和转变作风等专题，编发《中心组学习参阅》13期。围绕党的十八大精神、习近平总书记系列讲话、全国"两会"精神、"中国梦"、经济形势、文化建设、廉政建设、社会主义核心价值体系等专题，做好《中心组学习园地》信息更新工作。

（张秋佳　梁奥博）

统战工作

【概况】 中共朝阳区委统战部、中共朝阳区委台湾工作办公室、朝阳区人民政府台湾事务办公室、朝阳区人民政府侨务办公室3个机构合署办公。

地址：团结湖北五条5号

电话：65099438

邮编：100026

邮箱：chytzb@126.com

（姚德文）

【走访慰问】 元旦、春节期间，区委统战部、台办、侨办分别走访慰问所联系的党外代表人士、困难家庭、长期帮扶对象、民族宗教和部分活动场所教职人员、黄埔同学会老先生，台胞台属、归侨侨眷和重点台资、侨资企业。

（姚德文）

【台胞中秋联谊活动】 1月25日，举办台商新春联谊会。市台办副巡视员马振生，区委常委、宣传部部长、统战部部长谢莹，副区长苑文新，区台办主任李靓，区发改委、区商务委、区投促局等单位相关负责人与驻区台胞、台商代表30余人共迎佳节、共话发展。

（姚德文）

【市侨办领导调研区侨务资源需求】 1月25日，市侨办副主任李纲、侨政处副处长郝强等一行到朝阳区调研"区县对海外侨务资源方面的需求"。区投促局详细介绍规划招商、招商选资等重大项目建设、重点招商项目和金融、文化创意、高科技、现代服务业等以及对海外资源的需求意向。区侨办主任石延刚及工作人员陪同调研。

（姚德文）

【市侨办领导慰问困难归侨】 1月28日，市侨办副巡视员史立臣，走访慰问困难归侨老人唐翠英，为老人送去节日的祝福以及慰问品、慰问金和慰问信。区侨办主任石延刚陪同。

（姚德文）

【看望海外侨领在京亲属】 1月31日，区侨办主任石延刚看望美国亚特兰大中国商会会长倪健在京的父母，向两位老人致以新年的问候和祝福。两位老人表达对朝阳区侨办的感激之情，并表示："将继续以实际行动促进中美文化交流交往，以多种形式弘扬中国传统文化，为北京的国际交流合作做贡献"。

（姚德文）

【党派联席会议召开】 2月5日，召开区党派联席会议，区委副书记、区长吴桂英向各民主党派、工商联负责同志通报全区2012年经济稳定增长、功能区建设、创建全国文化示范区、老旧小区改造、保障性住房建设等主要工作；2013年朝阳区重点工作。希望区政协及各民主党派、工商联从调整经济结构、转变发展方式、借助科技创新战略推动区域产业发展、农村产业结构升级、社会管理创新、人口调控、控制违法建设、生态文明建设等方面深入开展调研，积极建言献策。

（姚德文）

【获北京市侨务工作先进单位】 2月28日，市侨办召开的全市区县侨办主任会议，表彰2012年侨务工作先进单位，区侨办获得2012年度北京市侨务工作先进单位。

（姚德文）

【两岸交流活动】 2月28日，台湾美和科技大学教授黄志坤一行到团结湖街道社区养老机构参观访问，先后参观团结湖社区暮年颐乐园、富润泽老年餐厅和中路北社区服务站，并与社区服务志愿者协会代表、社区居干、社区工作者座谈。5月16日，台湾海外青年菁英京沪参访团团长廖俊杰等一行20人到798艺术区参观访问，台湾海外青年菁英京沪参访团由台湾"中华侨联总会"组织，名誉团长为台湾"中华侨联总会"理事长简汉生，成员均为长期在海外工作定居的青年台胞。5月28日，台湾绿色环保产业参访团一行15人参观朝阳循环经济产业园。10月1日至7日，由朝阳国际旅游文化节组委会邀请，来自台湾的中华旗袍文化推广协会成员在朝阳公园登台展示。11月6日，台湾文化创意产业参访团团长刘维公等一行7人到798艺术区参观访问，参观尤伦斯当代艺术中心等园区代表机构，并到751原创设计区参观，区台办主任和工作人员接待陪同。

（姚德文）

【侨商合法权益维护】 3月，协助侨商北京河添羽绒制品有限公司调解在承租商铺经营中产生的纠纷。侨商多次与业主交涉无果，向区法院提起诉讼，由于案件情况比较复杂，区侨办经调查了解取证后，多次与法院和侨商沟通协商，在保护双方当事人合法利益的同时，顺利解决此案。

（姚德文）

【台资企业入驻朝阳】 4月18日，联发科技北京子公司办公大楼落成启用仪式在电子城国际电子城总部举行。区委书记程连元，区委常委、区委办公室主任刘军胜，副区长汪洋等区领导出席仪式，市台办经济处处长刘清，区台办主任李靓等应邀参加活动。

（姚德文）

【市人大代表检查侨法实施办法落实情况】 4月22日，市领导带领市人大代表一行30余人检查朝阳区贯彻落实《北京市实施<中华人民共和国归侨侨眷权益保护法>办法》情况。先后检查了归侨企业精进电动科技(北京)有限公司和望京街道归侨侨眷阜荣街社区，检查后在区人大机关听取了朝阳区工作情况汇报，执法检查组成员交流了检查情况。

（姚德文）

【社会领域党组织负责人培训】 4月23日至6月28日，与区委社会工委在北京社会主义学院连续举办了五期社会领域党组织负责人统战教育培训班。街道、地区办事处主管副书记、统战干部、社区书记、商务楼宇服务站站长等550人参加培训。培训内容有《新的社会阶层统战工作》《城市民族、宗教工作》《新时期统一战线形势与任务》。

（姚德文）

【统战工作推进会召开】 5月15日，召开朝阳区2013年统战工作推进会，区委常委、宣传部部长、统战部部长谢莹做工作部署，区委统战部常务副部长胡杰华主持会议。区各民主党派、工商联负责人，无党派代表人士，街乡分管统战工作的书记和干部，区各委、办、局的领导出席会议。

（姚德文）

【全国省市台办主任培训班调研798艺术区】 5月24日，由国台办组织的全国省市台办主任培训班一行30余人到798艺术区，调研两岸文化创意产业交流合作情况。市台办主任马玉萍、副主任高振生、副主任黄塞溪，朝阳区区长助理黄建勤、区台办主任李靓等领导一同调研。

（姚德文）

【非公人士理想信念教育】 5月至10月，以开展非公有制经济人士理想信念教育活动为契机，引导和帮助非公有制经济人士坚定对中国特色社会主义制度的信念、增进对党和政府的信任，提振对自身企业发展的信心。按照区委常委、宣传部部长、统战部部长谢莹“活动形式要新颖、内容为王、效果检验”的工作要求，与工商联党组共同研究制定活动的实施方案，并参与调研，组织落实。5月23日，全国工商联副主席安七一率领全国非公有制经济人士理想信念教育实践活动第三调研小组到朝阳区调研。分别听取北京市、朝阳区开展非公有制经济人士理想信念教育实践活动情况汇报，与朝阳区8名企业家座谈。

（姚德文）

【区委对台工作领导小组（扩大）会议】 7月3日，召开区委对台工作领导小组（扩大）会议。区委书记程连元出席会议并讲话，区委副书记、区长吴桂英主持会议，区委常委、宣传部部长、统战部部长谢莹传达中央和市委对台工作会议有关精神。对台工作领导小组及台胞权益保障协调小组成员60余人参加会议。

（姚德文）

【座谈交流楼宇统战工作】 7月5日，安徽省芜湖市委统战工作考察团一行6人，到叶青大厦参观党外人士之家，听取叶青大厦楼宇统战工作经验介绍，观看楼宇统战工作宣传片，双方就楼宇统战工作座谈交流。

（姚德文）

【市侨办征求区县意见】 8月1日，市侨办征求各区县侨界对深入开展党的群众路线教育实践活动的意见建议，区侨办召开“全区侨界关于市侨办学习实践党的群众路线教育活动征求意见座谈会”，特邀驻区16名侨界代表人士恳谈交流并向与会的归侨侨眷传达市侨办开展党的群众路线教育实践活动的整改决心，听取归侨侨眷对市侨办的意见建议。

（姚德文）

【接待华裔青少年夏令营】 8月1日至8月10日，接待来自加拿大华赢国际交流中心的华裔青少年夏令营一行30人，区侨办组织营员参观了爱国主义教育基地——“中国航空博物馆”；观看了老北京民俗表演；学习了剪纸、书法、绘画等。

（姚德文）

【社区统战工作交流】 8月6日，天津市河西区统战工作考察团一行35人，到朝阳区座谈交流社区统战工作。建外街道、朝外街道三丰里社区、团结湖街道一二条社区分别介绍街道商务楼宇统战、社区统战工作开展情况，观看了楼宇统战专题片，双方就社区统战工作交流座谈。

（姚德文）

【调研台资企业】 8月6日，副区长苑文新走访调研台资企业宝岛眼镜百货公司旗舰店。参观眼镜卖场及提供医疗服务的眼科中心，并与该企业负责人沟通企业发展中遇到的问题。区台办主任李靓、劲松街道办事处主管领导陪同调研。

（姚德文）

【民族节日走访慰问】 8月8日开斋节、10月15日古尔邦节，到辖区清真寺慰问穆斯林群众。12月24日平安夜、12月25日圣诞节，走访慰问基督教朝阳堂、平房天主教堂的信徒及神职人员。

（姚德文）

【市侨办领导调研CBD侨务工作】 8月23日，市侨办副主任严卫群等一行5人到CBD调研。了解企业华侨华人留学归国人员的生存发展状况、存在难题、需市侨办协调解决的问题以及华侨华人专业留学人员在区域建设与发展中的作用。同时，征集企业对市侨办在加强作风建设，反对“形式主义、官僚主义、享乐主义和奢靡之风”，密切与侨界群体的团结联络，提升侨务工作团队的素质和服务能力等方面的意见建议。CBD管委会及相关企业负责人、区侨办主任石延刚陪同调研。

（姚德文）

【涵养侨务资源】 9月12日，召开部分归侨侨胞、侨企人员座谈交流会。了解他们在生产经营中的实际困难和问题，提供有针对性的服务

（姚德文）

【市台办到区调研并征求意见】 9月13日，市台办副主任王兰栋与市台办秘书处处长彭文柱、经济处处长刘清等一行到朝阳区调研工作，听取区台办主任李靓对市台办开展党的群众路线教育实践活动的意见。

（姚德文）

【出席市侨办“投资北京”项目推介会】 9月28日，区侨办主任石延刚出席市侨办“投资北京”项目推介会，向与会的150多名海外侨商作题为“新规划、新机遇、新亮点，打造具有世界影响力的国际商务中心”的主题推介，向侨商们介绍朝阳区的投资服务环境和十大重点功能园区，欢迎侨商、侨企、协会机构到朝阳区投资。

（姚德文）

【设立侨务政策宣传角】 9月，在团结湖街道一二条社区爱心捐助站设立“侨务政策宣传角”。落实北京市“六五”普法规划，加大宣传《侨法及其实施办法》的工作力度，在社区开展贯彻落实《北京市实施<中华人民共和国归侨侨眷权益保护法>办法》及侨务政策、法律知识的学习宣传活动。

（姚德文）

【成立党外知识分子联谊会】 10月14日，北京市朝阳区党外知识分子联谊会（简称区知联会）筹备工作领导小组成员单位会议在北京城市发展研究院召开，会议审议通过区知联会筹备工作报告，理事、常务理事、监事、会长、副会长、秘书长等人选名单及相关说明，章程、选举办法等草案说明以及各次会议议程安排。10月18日，朝阳区党外知识分子联谊会正式成立，区知联会理事、与会领导、特邀嘉宾及媒体代表200余人参加成立大会，市委统战部副部长周开让，区委常委、区委副书记刘小宁出席会议并讲话，会议由区委常委、宣传部部长、统战部部长谢莹主持。会议选举产生第一届理事会会长、常务副会长、副会长、秘书长、监事、常务理事等，开通区知联会网站。

（姚德文）

【社会领域统战工作交流】 10月28日，怀柔区委统战部带领街道组织部部长、社区书记等一行16人，到朝阳区座谈交流社会领域统战开展情况。朝阳区分别介绍基层统战工作，社区一站式服务管理和社区统战，民族、侨务、服务非公经济、宗教事务管理7个方面的工作。随后双方座谈交流社会领域统战工作，共同探讨基层统战工作的新思路。

（姚德文）

【台商座谈会召开】 10月29日，区台办以“携手两岸同胞，共创美好未来”为主题，召开台商座谈会。区委副书记、区长吴桂英与到场的30余位台商出席座谈会同叙友情、共话发展。区台办主任李靓主持会议。

（姚德文）

【与区政协联合召开议政会】 11月1日，与区政协联合召开议政会，围绕“聚焦国际化 提升软实力”议题，为推进朝阳区转型发展中更加突出文化引领作用，保持经济社会持续发展建言献策。区领导程连元、辛燕琴、陈涛、谢莹、甘靖中、刘军胜、曾元纪、张立新、苑文新、张维刚、郑煌、张树安、陈合庄、高向宇等出席，辛燕琴主持会议。

（姚德文）

【致公党中央领导调研】 11月11日,全国人大常委、教科文卫委员会副主任、致公党中央副主席严以新一行到朝阳区开展文化产业投融资体系建设情况调研。北京市人大常委会副主任、致公党北京市委主委李昭玲,致公党北京市委专职副主委谢朝华,中共朝阳区委副书记刘小宁,区委统战部常务副部长胡杰华陪同调研。严以新一行先后走访北京国际版权交易中心、北京国家广告产业园、莱锦文化创意产业园、朝阳规划艺术馆等单位,了解文化产业投融资体系发展的现状、面临的问题,研讨解决措施。

(姚德文)

【基层社区两岸交流研习班动员会】 11月18日,召开"两岸交流形势报告会暨朝阳基层社区交流研习班动员会"。邀请国台办交流局副局长王冰、市台办交流二处处长邓劲松授课。区台办主任李靓,社工委、纪工委、社会办主管领导及24个街道和社区干部80余人参加培训。

(姚德文)

【京台科技论坛暨台湾名品博览会开幕】 11月21日,以"合作共享合力共进"为主题的第十六届京台科技论坛在北京市朝阳区国贸大酒店开幕。北京市市长王安顺、国务院台办副主任龚清概、台北世贸中心董事长王志刚、台湾区电机电子同业公会理事长郭台强等和来自京台两地的200多位嘉宾出席开幕式。区台办主任李靓参加开幕式及相关活动。"2013北京台湾名品博览会"同日在北京农展馆开幕,250余家台湾企业参加展出。

(姚德文)

【民主党派专项调研】 11月28日,召开民主党派专项调研工作会,会议由统战部常务副部长胡杰华主持。会议通报2013年民主党派调研工作开展情况及调研报告评选结果,全年形成调研报告36篇,其中有24篇专项调研报告获奖,并全部完成成果转化。年内,接待台盟北京市委常务副主席陈军一行调研"北京市城乡结合部集体土地乡镇统筹对策";接待天津市委常委、统战部部长刘长善一行调研"农村城市化及非公经济人士理想信念教育实践活动开展情况";协助民革北京市委调研民革四川省委"关于转变街道职能,进一步促进社会组织发展"。

(姚德文)

【党外人士座谈会】 12月12日,召开区党外人士座谈会,就区委十一届七次全会工作报告(征求意见稿)征求各民主党派、工商联和无党派人士意见,座谈围绕对中共中央十八届三中全会精神的理解;朝阳区推进基层民主政治建设的思考和建议;对目前发展现状、面临的机遇和挑战以及促进朝阳经济社会发展前瞻性问题的对策和建议等内容。区领导程连元、辛燕琴、陈宏志、甘靖中、刘军胜、郑煌、张树安、陈合庄等出席座谈会。会议由区委书记程连元主持。

(姚德文)

【市侨办领导专题调研】 12月12日,市侨办副主任李纲一行到中国科学院动物研究所与10余名归侨交流与探讨回国感受、回京落户、子女教育、侨务政策等方面内容。侨政处的领导现场解答相关政策问题。区侨办主任石延刚陪同调研。

(姚德文)

【增补区政协委员】 12月13日,按照市委文件规定及朝阳区关于政协委员届中增补的条件和程序,结合政协工作实际,增补区十二届政协委员29名,区委常委会原则同意《关于增补区十二届政协委员有关情况的汇报》。12月24日,中共朝阳区委召开民主协商会,区各民主党派、工商联负责人,无党派人士代表以及各人民团体负责人出席,区委统战部常务副部长胡杰华作《增补区十二届政协委员建议名单》的说明,协商讨论建议人选,共同签署联合建议书。

(姚德文)

【党外人士理论培训】 12月16日,举办朝阳区党外人士理论培训班。全区党外处级领导干部、各民主党派、工商联骨干成员、知联会常务理事170余人参加培训。邀请中央社会主义学院教授李小宁结合党的十八届三中全会精神,系统解读社会主义协商民主制度,阐释协商民主制度内涵。区委统战部常务副部长胡杰华、区委书记助理聂清凯出席开班动员会。

(姚德文)

【出席海峡两岸美食文化交流研讨会】 12月17日,区台办主任李靓陪同市台办副巡视员马振生等领导,出席由朝阳区工商业联合会等单位主办的第三届海峡两岸美食文化交流研讨会启动仪式。

(姚德文)

【侨务工作现场教学】 12月20日,全国侨务干部培训班100余人到望京街道参加现场教学,街道介绍侨务工作开展情况,阜荣街负责人介绍社区特色侨务工作。随后学员们到阜荣街社区观看剪纸、书法等许多有特色的社区侨务活动和"侨之家"活动室。之后从方针政策、侨情特点、工作务实等三个模块开展交流和研讨。区侨办主任石延刚出席。

(姚德文)

【民主协商会】 12月31日,中共朝阳区委召开区各民主党派、无党派人士和各人民团体民主协商会。会上协商讨论《关于朝阳区补选区人大常委会委员、区检察院检察长候选人建议人选名单》的说明。区委书记程连元出席会议并讲话。

(姚德文)

【协助民主党派加强机关建设】 年内,通过定期组织召开工作例会、专题会议以及落实"双月活动日"制度等,加强与各民主党派机关负责人及机关干部的工作沟通和感情交流,协助各民主党派加强机关建设。为加强对民主党派成员特别是新成员的思想引导,区委统战部常务副部长胡杰华,先后6次在民主党派举办的培训班上主讲统战理论和统战文化。还走访了部分民主党派重点人士及新成员的企业,关心了解他们的生活和工作情况。全年,组织各类工作研讨、学习交流等30余次。

(姚德文)

【党外代表人士工作】 年内,储备民主党派代表人士后备干部354名,无党派代表人士164名;向北京市党外知识分子联谊会推荐理事3名;协助市委统战部考察并推荐市级民主党派后备干部5名;有5名非公经济代表人士获得北京市第四届优秀中国特色社会主义事业建设者称号;考察并推荐8名党外代表人士担任北京市政府特约工作人员;为区青联换届推荐24名优秀青年骨干成员;增补区政协委员29名。

(姚德文)

【信息报送】 年内,向市、区编发信息800余条,在区县统战部门中位列第三,获北京市统战系统信息优秀二等奖。

(姚德文)

【叶青大厦获评"全国侨务工作示范单位"】 年内,国侨办开展创建全国商务楼宇侨务工作示范单位活动,并将其工作经验向全国推广。年底,"叶青大厦"被评为全国首家"全国侨务工作示范单位"。

(姚德文)

老干部工作

【概况】 中共北京市朝阳区委老干部局隶属区委组织部领导。负责落实党的老干部政策,为朝阳区离休和副处级以上退休干部开展服务工作,人员编制40人。截至2013年底,全区有离休干部618人,副处级以上退休干部1214人。
地址：团结湖南里甲1号
邮编：100026
电话：85975641
网址：http://lgb.bjchy.gov.cn

（吴晓东）

【老干部座谈会】 2月4日，区委、区政府召开第二十六次老干部座谈会，传达北京市第二十六次老干部座谈会精神。区四套班子领导、离退休干部代表、区委老干部工作领导小组成员以及相关单位负责人280余人参加会议。区委常委、常务副区长甘靖中主持会议。与会人员观看2012年朝阳区老干部工作专题片。区委副书记陈宏志传达北京市第二十六次老干部座谈会精神。区委常委、组织部部长张革作题为《深入学习贯彻党的十八大精神，全面做好新形势下离退休干部工作》的报告，区委书记程连元通报2012年朝阳区经济社会发展情况和2013年工作思路，对2013年朝阳区老干部工作提出要求。

（吴晓东）

【建局30周年纪念活动】 10月25日，区委老干部局召开建局30周年座谈会，老干部局离退休干部、从老干部局调离的干部职工和在职干部职工等70人参加座谈会，座谈会由区委组织部副部长、老干部局局长郑晶主持。在座谈会上，播放《光荣的使命、辉煌的历程——纪念区委老干部局建局30周年》专题片。10月，围绕纪念建局30周年，开展以"发扬优良传统、做好本职工作"为主题的"五个一"教育活动。

（吴晓东）

【倡导文化养老】 年内，在老干部大学每个班级、文体活动队组建党员活动小组，以党建带动学习活动阵地建设；在老干部活动中心开办北京市首家老干部数字图书馆；在老干部党校社区课堂开设远程教育，离退休干部学习活动阵地不断向社区延伸；以"学习贯彻十八大，共建小康乐晚年"为主题，举办朝阳区离退休干部第二届文化节，近千名离退休干部参加活动。区委老干部局获得北京市第九届全民健身体育节优秀组织奖。

（吴晓东）

【离退休干部"两项建设"】 年内，加强离退休干部思想政治建设和党支部建设，落实《2013年朝阳区离退休干部政治理论学习安排意见》。围绕学习贯彻党的十八大、十八届三中全会和习近平总书记系列重要讲话精神，利用老干部党校、老干部大学等学习活动阵地，采取举办各类读书班、学习班和培训班，作辅导报告、时事讲座、区情通报，组织参观工农业生产建设项目等多种形式，安排和组织离退休干部深化政治理论学习。立足区域化党建大格局，把老干部工作纳入到全区党建工作中，在全市率先成立朝阳区党建研究会老干部分会，研究离退休干部党建工作中的重点难点问题；开展"学习贯彻十八大，共建小康乐晚年""同心共筑中国梦"等系列活动，区教委、区建委等离退休干部党支部获得"坚守共产党员精神家园，我为党旗再添光彩"主题党日评比优秀奖。

（吴晓东）

【改善离退休干部生活待遇】 年内，按照市、区为离退休干部办实事的要求，区财政投入383.94万元，落实为区属离休干部安装家庭无障碍设施、探索建立离休干部护理病床、为离休干部每人每天送一份健康食品等7件实事；改进体检服务方式，在集中体检、上门体检的基础上，增加了就近体检和住院体检两种方式。坚持落实走访慰问制度，对有特殊困难的老同志及时解困帮扶。

（吴晓东）

【利用社区资源服务离退休干部】 年内，开展区级利用社区资源做好离退休干部服务工作示范点评选工作，全区推选出12个示范社区。按照区委关于开发老干部人才资源的要求，为离退休干部发挥作用搭设各种平台，组建老党员先锋队、成立老干部十八大精神宣讲团、选聘有丰富党务工作经验的老同志担任非公经济组织党建工作指导员、组织有宣传工作经验的老同志开展网络舆论监督工作。

（吴晓东）

保密工作

【概况】 中共朝阳区委保密委员会办公室和区国家保密局是一个机构，两块牌子，既是区委保密委员会的办事机构，又是区政府管理保密工作的职能部门，由区委办公室管理。设综合科和检查技术科。
地址：朝阳区日坛北街33号
邮编：100020
电话：65094302

（郎春颖）

【建立保密工作督导负责机制】 年初，为科学整合全区保密工作力量，发挥上下联动作用，建立保密工作督导负责机制。具体为：组建三个督导工作组，组长分别由保密局的1名同志担任，各单位督导组组长由主管保密工作领导担任。保密局分组负责督导、协调全区各单位的保密工作，各单位主管领导定向负责，重点督导本单位保密任务完成情况。

（郎春颖）

【检查指导与交流】 2月20日，市保密局副局长许新文等一行4人到区保密局调研指导保密工作，听取区保密局关于近几年各项重点工作的汇报，并提出工作要求。3月5日，区委保密委员会主任、副区长苑文新到区保密局调研指导保密工作，提出工作要求。7月12日，海淀区国家保密局一行6人到区保密局学习交流，区保密局为来访人员介绍防泄密监控报警中心的各项功能，共同交流保密工作经验。9月12日，石景山区国家保密局局长及保密工作协作组组长一行12人到区保密局学习交流，区保密局工作人员为来访人员介绍防泄密监控报警中心的筹备、建设过程以及各项功能。

（郎春颖）

【区委保密委员会全体会议】 3月26日，区委保密委员会召开全体会议，区委常委、区委保密委主任刘军胜，副区长苑文新和28个保密委员会成员单位领导参加会议。会上传达市委常委、市委保密委主任赵凤桐讲话，总结2012年保密工作，讨论并通过2013年保密工作要点。

（郎春颖）

【保密检查验收】 4月16日，市保密局检查组检查验收朝阳区贯彻落实《北京市"十二五"时期保密事业发展规划》中期情况。朝阳区按照《规划》要求，以三项重点工作为引领，提前完成《规划》中期规定的各项任务，构筑起科技加管理的保密立体防线，通过市保密局检查组的检查验收。

（郎春颖）

【保密宣传教育】 4月至7月，按照区委保密委员会要求，区保密局加快构建不能泄密、不敢泄密、不想泄密的立体化保密防线，在全区区属单位、国家秘密定点印刷复制企业、军工企业开展全员培训，受教育人数达6710人，其中处级以上干部439人，实现保密宣传教育全覆盖。

（郎春颖）

【非涉密计算机检查和消除工具发放】 4月至7月，为区属各单位发放非涉密计算机检查、消除工具，并现场指导使用，要求各单位主管领导、工作人员配合保密干部开展对本单位非涉密计算机和移动存储介质的隐患排查工作，及时发现并消除隐患，确保国家秘密安全。

（郎春颖）

【“高考”考点保密检查】　6月3日至6日，成立高考保密检查小组，分片负责，检查区教育考试中心和八十中学、九十四中学、西藏中学、陈经纶中学、十七中、一一九中学、工业大学附属中学、和平街一中、化工大学附属中学、日坛中学等10个高考考点存放试卷的保密室，加强对考务人员的保密教育和培训工作，确保各项保密措施符合要求。6月7日至8日，在高考考试期间全天巡查高考考点，突出抓好试卷保管、领取、运送、分发、存放等重点环节的保密管理。

（郎春颖）

【武器装备科研生产单位保密管理】　9月，根据《中华人民共和国保守国家秘密法》和《武器装备科研生产单位保密资格审查认证管理办法》及相关规定，对辖区3家武器装备科研生产单位进行初审。

（郎春颖）

【保密普查】　9月，按照国家保密局、市保密局《关于开展全国保密普查工作的通知》要求，在全区部署开展保密普查工作，要求全区各单位准确填报保密机构设置、涉密设备等相关信息，区保密局将全部信息录入系统并按时上报北京市国家保密局，完成保密普查工作任务。

（郎春颖）

【新上岗保密干部培训】　10月18日，对全区57家单位、59名新上岗保密干部开展基本技能培训。区保密局工作人员介绍朝阳区防泄密监控报警中心的各项功能，讲解保密法规和涉密计算机、涉密移动存储介质的使用管理要求，辅导规范填写《保密工作管理手册》，介绍涉密载体集中收集统一销毁工作等，使新上岗保密干部提高保密意识，掌握保密工作的方法和技能，增强做好保密工作的责任感和使命感。

（郎春颖）

【保密督导检查】　11月8日至12月10日，按照督导检查工作要求，对区信息办、区人大、区国土分局、左家庄街道、常营地区等96家一类单位、24家二类单位以及53家三类单位开展保密督导检查工作。检查各单位保密督导工作落实情况、涉密计算机软件及设备使用管理情况、非涉密计算机隐患排查消除和台账登记情况、《朝阳区2013年度保密工作管理手册》填写情况、互联网电子邮箱的保密管理情况，并对保密工作督导、保密工作考核评价标准征求意见。经过检查，各单位已在前期自行排查非涉密计算机9073台，督导小组抽检非涉密计算机283台。

（郎春颖）

【两人取得执法检查资格】　12月11日至12日，区保密局2名同志通过考试，取得执法检查证，成为北京市保密技术检查大队成员，并参加专题技术培训班，学习保密技术检查技术，签订保密承诺书，日后参与全市保密检查工作。

（郎春颖）

【筑牢第四道保密“防水墙”】　年内，筑牢第四道保密“防水墙”。购置先进的防窃听窃视检测设备，完成对保密要害部门部位的保密技术检查检测工作。

（郎春颖）

【销毁涉密载体】　年内，63家单位主动送销涉密载体，其中内部文件约20吨，硬盘、U盘62个，软盘3张。

（郎春颖）

区直机关工委工作

【概况】　中共北京市朝阳区委区直属机关工作委员会，是主管区直属机关系统党的建设和思想政治工作的区委工作部门，领导区直属机关纪律检查委员会工作，人员编制12人。

地址：日坛北街33号

邮编：100020

电话：65094320

网址：http://jggw.chy.egov.cn

（谭小昆）

【健康知识讲座】　3月5日，举办“关爱女性、关爱健康”——庆“三八”健康知识讲座。区直机关工委、妇工委邀请卫生部、中央文明办健康社区行全国巡讲专家范志红，为机关120名妇女代表开展健康知识讲座。这次讲座也是机关系统2013年“学习大讲堂”系列活动的首讲。

（谭小昆）

【“千名干部下基层”活动调度会】　4月10日，召开“千名干部下基层”活动第一次调度会，“千名干部下基层”活动领导小组成员及领导小组办公室成员参会，讨论研究活动实施方案，明确成员单位职责分工和活动准备阶段工作任务，会上，区委常委、区委办主任、区直机关工委书记、活动领导小组组长刘军胜对活动提出“五个结合”的工作要求：要与转变工作作风，密切联系群众相结合；要与加强思想政治工作，学会做群众工作相结合；要与强化服务意识，为基层排忧解难，解决挂账问题相结合；要与领导包片包案联系基层单位相结合；要与关心关爱困难群体，资金人力向基层倾斜相结合。5月9日，召开“千名干部下基层”活动第二次调度会，会上，传达区委书记程连元在4月22日常委会上的相关讲话精神，对“千名干部下基层”活动前期筹备情况及近期工作考虑作汇报，刘军胜出席会议，并提出明确具体的要求，会后，领导小组办公室进一步修改完善“千名干部下基层”活动实施方案。

（谭小昆）

【岗位技能竞赛活动举办】　4月至8月，联合区委办公室、区政府办公室、区委党校，在机关干部中开展以“学技能、练本领、强素质、促发展”为主题的机关干部岗位技能竞赛活动，通过计算机操作、公文写作、现场辩论等项目的岗位练兵、技能竞赛活动，营造机关学习氛围，进一步提升机关干部综合素质。8月9日，举办区直机关系统干部岗位技能竞赛辩论赛决赛暨干部岗位技能竞赛总结表彰会，对辩论赛、计算机操作和公文写作比赛获奖单位及个人进行颁奖表彰。

（谭小昆）

【培训组织委员】　5月14日，举办机关系统组织委员培训班，对机关系统70家直属党组织的组织委员进行专题培训。

（谭小昆）

【机关党组织负责人工作会】　5月20日，为进一步推动“千名干部下基层”活动的深入开展，召开机关党组织负责人工作会。会上，学习和传达区委书记程连元在4月22日常委会上的讲话要求及区委常委、区委办主任、区直机关工委书记刘军胜在5月9日“千名干部下基层”活动调度会上的讲话内容，进一步梳理和筛选“千名干部下基层”活动挂账问题，确定解决问题的责任部门。

（谭小昆）

【参观“永远的雷锋”主题巡展】　5月22日，区直机关工委组织机关系统参观“永远的雷锋”主题巡展。机关系统31个单位750余人，分3场次参观首都文明办在朝阳规划艺术馆举办的“永远的雷锋”主题巡展。

（谭小昆）

【入党积极分子培训】　5月31日至6月7日，组织机关系统直属党总支、直属党支部99名入党积极分子参加培训，通过现场授课、个人自学、网上教学等形式，端正入党积极分子入党动机，增强对党章、党史的理解和认识。

（谭小昆）

【“我的梦·中国梦”宣讲活动】　5月至6月，按照区委宣传部的安排，组织机关系统开展“我的梦·中国梦”百姓宣讲活动，机关系统38个单位均组建宣讲队伍，并按要求上报相关材料。

（谭小昆）

【慈善捐款活动】 6月21日，举行第九次“共产党员献爱心”捐款活动启动仪式，标志着2013年度“共产党员献爱心”活动在全区展开。区四套班子主要领导参加活动并带头捐款，机关千余名党员积极参与捐款活动，活动现场捐款13.06万元。

（谭小昆）

【“千名干部下基层”活动】 6月28日，在全区纪念建党92周年大会上，区委常委、区委办主任、区直机关工委书记刘军胜就2013年区直机关“千名干部下基层”活动作动员部署。按照《朝阳区直属机关进一步深化千名干部下基层活动实施方案》的要求，区直机关各单位结合本单位实际，研究制定工作计划，成立组织机构，明确项目联系人和活动联系人，明确工作制度和推进措施。31个项目服务组，带着项目任务，以党组织的身份、党员的身份、服务的身份深入基层，充分发挥项目配合部门和基层党组织的作用，采取现场办公、会商研究等方式，分析问题现状，探究问题症结，商讨解决办法。各单位重视发挥部门优势，按照“四个倾斜”的要求，向基层投入人力物力财力，促进问题解决。

（谭小昆）

【机关单身青年联谊会举办】 6月29日至30日，联合区总工会举办“缘在朝阳”机关单身青年联谊会，通过多种形式活跃活动气氛。

（谭小昆）

【主题党日活动】 7月，在机关系统开展“凝聚党旗下，党群心贴心”主题党日活动，通过开展“五个一”活动，教育引导广大党员进一步提高做好新形势下群众工作能力。

（谭小昆）

【主题征文活动】 7月，在机关系统70家单位中开展“新时期党的群众路线之我见”主题征文活动，征集165篇优秀作品参加区委组织部评选。

（谭小昆）

【专题研究会召开】 8月1日，区委召开“千名干部下基层”活动专题会。区委书记程连元听取领导小组办公室及区住建委、区市政市容委、区民政局、团区委的工作汇报，并就固化已有成果、推进重点项目提出要求。按照程连元把攻坚克难纳入下基层活动的新要求，“千名干部下基层”活动领导小组将群众关心的康营村土储拆迁、高安屯征地转居、龙爪树绿隔征地引发的群体访问题，作为新增重点项目任务纳入“千名干部下基层”活动解决的问题，领导小组办公室及时研究制订重点问题项目管理实施方案。9月4日，“千名干部下基层”活动领导小组专题研究“千名干部下基层”活动重点项目总体实施方案和康营村等三个重点项目服务组工作方案。协调相关部门，配合区纪委、区农委两个主责单位做好三个重点项目的落实。

（谭小昆）

【项目推进专题研讨会】 8月8日，区委常委、区委办主任、区直机关工委书记、“千名干部下基层”活动领导小组组长刘军胜主持召开由区农委、区纪委、区信访办等13个单位参加的研讨会，集中研究推进康营村土储拆迁、高安屯征地转居、龙爪树绿隔征地三个重点项目的思路和对策。

（谭小昆）

【分片座谈会召开】 9月中下旬，“千名干部下基层”活动领导小组办公室先后5次召开分片座谈会，51个基层服务组、31个项目服务组汇报交流下基层活动的情况和做法。

（谭小昆）

【“千名干部下基层活动”网站开通】 9月23日，为进一步加大对“千名干部下基层”活动的宣传，领导小组办公室与信息办、北京翔宇领翔软件有限公司合作，依托朝阳政务内网办公平台，开通“朝阳区千名干部下基层活动”网站。

（谭小昆）

【专题调研工作座谈会】 10月30日，联合区政法系统，召开第二批党的群众路线教育实践活动专题调研工作座谈会，并就相关问题征求意见，形成报告，上报区委组织部。

（谭小昆）

【基层党建大项目课题调研】 10月至12月，完成《党员干部“沉”下去 机关党建“实”起来——朝阳区区直机关“千名干部下基层”活动的实践与思考》的基层党建大项目课题报告。

（谭小昆）

【基层党组织负责人培训】 11月8日，在区委党校举办机关系统基层党组织负责人专题培训班，120人参加。

（谭小昆）

【民主生活会前征求意见座谈会】 12月26日，召开对区级领导班子民主生活会前征求意见的座谈会，并就相关问题征求意见，形成报告，上报区委组织部。

（谭小昆）

【党组织与党员基本情况】 年内，区直机关工委所辖的72个处级单位，设7个直属党委、4个直属机关党委、26个直属党总支、33个直属党支部（重点办党的关系并在政府办党总支，区委区政府研究室于2013年12月30日划归机关工委，党组织正在筹备中），有在岗党员5421人（其中党政机关党员3316名，事业单位管理人员、专技人员党员1800名，工人305人），离退休党员1115人。年内，29个直属党总支、支部完成换届改选工作；机关系统新发展党员139人，转正164人。

（谭小昆）

党校工作

【概况】 中共北京市朝阳区委党校是区委直接领导，培养领导干部、理论宣传干部和国家公务员的学校，兼有区行政学院、区社会主义学院职能，三块牌子一支队伍。内设校办公室、党群办公室、财务科、行政科、培训一科、教学保障科、学员工作科、综合教研室、党建教研室、学员工作科等10个科室。在职教职员工51人，其中教师8人。主要工作是轮训培训处级领导干部、中青年后备干部、国家公务员、基层党员和积极分子，开展成人学历教育等工作。

地址：朝阳区静安庄一区四号
网址：http://www.cydx.net/
邮箱：chydangxiao@163.com
邮编：100028
电话：64651199－8234

（刘新欣）

【2013年开学典礼】 3月11日，举行区委党校2013年开学典礼。区委常委、组织部部长、党校校长张革在讲话中指出，参加培训是党员领导干部的政治责任、适应区域发展的必然要求以及提高能力素质的重要途径，并提出“四个必须”：必须强化首都意识，把朝阳建设成为实现首都功能的重要载体；必须增强服务理念，把朝阳建设成为实现首都功能的重要载体；必须发扬首创精神，把朝阳建设成为服务首都经济的重要支撑；必须坚持首善标准，把朝阳建设成为展示首都形象的重要窗口。

（刘新欣）

【区领导为处级班学员授课】 4月9日、9月9日和11月13日，区委常委、区委办主任、区直机关工委书记刘军胜为处级班学员作“努力做到‘六讲六重’，提升群众工作水平”的专题授课。刘军胜从讲历史,重危机;讲责任,重大局;讲学习,重方法;讲感情,重换位;讲作风,重能力;讲奉献,重心态六个方面讲析新形势下做好群众工作的重要性和途径。并归纳做好群众工作的八字要诀:经历、学会、懂得、升华。

(刘新欣)

【区委书记为军转干部授课】 4月15日,区委书记程连元从朝阳区情特点、军转工作、军转干部如何尽快融入朝阳三个方面,为2012年度朝阳区106名军转干部授课。

(刘新欣)

【校长参加主体班教学】 6月17日,区委常委、组织部部长、党校校长张革到区行政学院,与参加2013年公选科级领导干部任职培训班的学员座谈,对学员们提出“明晰自身优劣势、做到知行合一、强化专业角色、形成个人特色、认清风险守住底线”的希望和要求。9月26日,张革出席朝阳区新任副处级干部培训班结业式并讲话,从执政党建设和干部成长的角度,阐述加强学习对建设学习型、服务型、创新型政党的重要意义,要求各位学员调整心智模式,把学习变成一种习惯。

(刘新欣)

【纪委书记调研党校廉政工作】 7月3日,区委常委、区纪委书记宋铁健就党风廉政建设工作和干部队伍作风建设工作开展调研,并参观党校廉政文化阵地。

(刘新欣)

【区委书记与优秀中青年干部座谈】 9月27日,区领导与2013年第2期优秀中青年干部培训班学员座谈会在中国延安干部学院举行,区委书记程连元结合区情实际对干部提出工作要求,强调指出中青年干部要切实提高“四个能力”,一是善于联系群众;二是研究把握规律的能力;三是善于组织协调统筹资源;四是加强沟通的能力。要求全体参训学员能够将学到的知识和自身的思考融入今后的工作中去,在实际工作多研究问题,多解决问题,勇于磨砺自己,提高自身能力,为朝阳区能又好又快发展做出更大的贡献。

(刘新欣)

【主体班培训】 年内,举办主体班18期。包括处级干部进修班3期、新任处级干部培训班1期、中青年干部培训班3期、正科级干部培训班3期、副科级干部培训班3期、公选科级培训班1期、军转干部培训班3期、青年干部政治理论读书班1期,累计培训学员888人次,其中新任处级党政正职领导干部培训班1期30人。将原有的“政治理论”“形势政策”“综合素质”“履职能力”和“党性修养”等五大教学模块,调整为符合朝阳实际、具有朝阳特点的“理论教育”“党性教育”“知识教育”以及“区情研究”等四大模块教学内容体系。

(刘新欣)

【专题班培训】 年内,举办专题班28期,包括新发展党员示范培训班1期,处级女领导干部培训班1期,领导艺术与管理智慧专题班1期,文化创意产业培训班1期,政经热点专题班1期,机关系统入党积极分子培训班1期,拟上市文化创意企业资本运营培训班1期,基层干部能力素质培训班1期,公选新任副职干部培训班1期,机关工委基层支部书记培训班1期,政法系统优秀中青年干部培训班1期,人文国学专题班1期,法制干部培训班2期,经济形式与区域经济发展专题培训班1期,推进城乡可持续发展专题培训班1期,社会管理专题培训班1期,公共管理培训班1期,大学生“村官”岗前、在岗、离岗培训班各1期,村党支部书记培训班1期,街乡、委、办、局系统入党积极分子培训班1期,环卫中心科级后备干部培训班2期,人才服务中心基层党支部书记培训班1期,科级后备干部培训班1期,党外人士培训班1期,累计培训学员2485人。

(刘新欣)

【学历教育】 年内,完成中央党校2013年度在职研究生64人的招生报名及考务工作、2010级在职研究生班的毕业论文答辩工作、2011级和2012级在职研究生的日常教学管理工作。

(刘新欣)

【党校分校工作】 年内,为基层党校分校及区规划局、区国资委、机关工委、区机关后勤等单位讲授“十八大精神解读”“新党章学习辅导”“当前国内国际形势”“实用公文的写作”“政务礼仪”等20余个课题。在基层党校分校开展党的十八大精神、“我的梦·中国梦”和“坚定理想信念,筑牢精神支柱”主题宣讲。全年开发22个新课题,累计安排254场次;完成1224课时的基层讲课任务,培训基层党员干部9230人次。

(刘新欣)

【网上党校】 年内,初步形成集网络培训、考试管理、政策文件查阅、资料下载、党的知识学习等多种功能于一体的党员干部远程教育平台。网上党校课程包含政治理论、党性教育、政策法规、公共管理、经济建设、领导能力建设、城市管理、综合课程等20个单元,收录300多门课程,可满足网络培训班学员和主体班学员同时在线学习需求。

(刘新欣)

【科研工作】 年内,出台《中共北京市朝阳区委党校科研管理办法(试行)》。完成朝阳区党的建设研究会2013年度重点课题《国际化背景下干部人才队伍能力提升的对策研究——以北京市朝阳区为例》,区委重大委托课题《新型城市化背景下朝阳区违法建设成因与治理研究》。申报国家行政学院课题《城市社区公共参与的建构与发展——以朝阳区为例》,市委党校科研协作课题《朝阳农村地区特色文化产业发展研究——以高碑店、三间房、何各庄为例》和《大力发展循环经济、提高城市承载力——朝阳循环经济产业园发展模式的调查与思考》。全年公开发表论文36篇,其中《当前基层干部急需重点培训九种素质和能力》刊登在《全国干部教育通讯》上,《浅谈基层党校办公室“八字工作法”》刊登在《北京干部教育报》上,《文献计量学视角下的西方当代中国研究——以<中国季刊(1960-1969)>为个案》《初大告与中文典籍英译》《两岸社区治理与变迁比较研究》《近代武汉工商同业公会的兴起与发展》《年轻干部认同代沟的原因分析与破解对策》等5篇文章发表在核心期刊上,《培养和打造一支合格的“三本”干部队伍——谈朝阳区干部教育培训的素质目标》一文得到区委副书记陈宏志批示,刊登在《朝阳信息》上。

(刘新欣)

【党建工作】 年内,组织全体教职工观看《北京市领导干部及公务员依法行政电视教学片,并赴北京市反腐倡廉警示教育基地参观。与区纪委预防腐败局、区文化委、朝阳图书馆联合建设“廉政文化读书角”,第一批上架的廉政书籍有《党员干部的15堂廉政课》《党的群众路线读本》《共产党员人生课堂》、党纪条规以及党史、国学等近千册。邀请区纪委风险防控室相关领导为全体教职工授课,并与区纪委联合举办“一把手”讲廉政党课活动。

(刘新欣)

党史工作

【概况】 中共朝阳区委党史工作办公室是中共朝阳区委主管党史工作的职能部门。行政编制6人。

地址:朝外日坛北街33号

电话:65099228

邮编:100020

网址:http://chydsb.bjchy.gov.cn

（钱素君）

【优扶助残】 1月30日,区委党史办领导到石佛营西里社区走访慰问优扶助残对象仲文国全家,赠送慰问品和慰问金500元。

（钱素君）

【筹备党的群众路线历史展】 1月,筹备撰写“党的群众路线历史展”大纲草案。2月5日,召开党史专家座谈会,听取和征求专家学者对展览大纲草案的意见和建议。2月26日,区委组织部常务副部长王小毛主持召开“党的群众路线历史展”筹备工作协调会,决定抽调人员组建写作班子集中办公,确保展览大纲尽快完成。3月11日,王小毛主持召开“党的群众路线历史展”筹备工作第三次协调会,区委常委、组织部部长张革,区委宣传部常务副部长高春利及区委办、区委党校、党史办,区信息办、区档案局和布展公司相关部门人员参加会议,与会领导对大纲提出具体的意见和建议。3月12日,“党的群众路线历史展”第4稿送市委党史研究室主任谢荫明审阅。3月21日,谢荫明提出修改意见。10月,“党的群众路线历史展”大纲交组织部,党史办根据大纲内容制作“党的群众路线历史回顾”网络版。

（钱素君）

【编著地方党史】 3月,《中共北京市朝阳区历史(1944－2011)》形成征求意见书稿,开展书稿征求意见工作,发出征求意见稿175份。6月上旬反馈完毕,收到反馈意见148人次,948条,期间,先后召开3次座谈会,分别与市委党史研究室领导和区离退休老干部探讨书稿的修改工作。7月,在整理汇总反馈意见的基础上,成立书稿修改小组,吸收专家学者参与,开始修改书稿。9月,形成《中共北京市朝阳区简史(1944—2011)》(讨论稿),印刷100册,开展第二轮征求意见。期间,区委常委、组织部部长张革主持召开编委会、离退休老干部、专家学者座谈会,以区委名义分别听取意见,区委书记程连元参加专家学者座谈会,对朝阳党史的编著工作提出意见和要求。第二轮征求意见收集意见建议210条,区委党史办修改书稿,并根据领导指示撰写《中共北京市朝阳区历史(1944—2011)》概要及送审稿。

（钱素君）

【编辑出版期刊】 4月,《朝阳党史》2013年第一期出版。分《领袖风范》《历史回眸》《深入学习十八大精神推动朝阳党史工作》《朝阳党史人物传》《“朝阳党史大家谈”征文选》《朝阳记忆》《党史工作》《各单位动态》《党史钩沉》《朝阳风物》等15个栏目。12月,第二期出版,分《“党的群众路线大家谈”征文选》《党史研究成果选登》《党史工作动态》《党史采珍》等17个栏目。

（钱素君）

【领导调研】 5月7日,市委党史研究室主任谢荫明、二处处长韩勤英及办公室主任梁红到朝阳区调研地方党史编著工作。区委党史办主任张前和副主任魏自强汇报《中共北京市朝阳区历史》(征求意见稿)的产生过程、编写程序及编写过程中遇到的问题。谢荫明对朝阳党史征求意见稿提出修改意见。韩勤英就全书图片问题和内容作详细点评。

（钱素君）

【《中共北京市朝阳区历史》编委会会议】 5月14日,召开《中共北京市朝阳区历史》编委会会议,编委会成员40人参加。区委党史办主任张前汇报《中共北京市朝阳区历史(1944—2011)》征求意见稿产生过程,就编委会成员单位职责任务及分工作简要说明。区委常委、组织部部长张革要求编委会成员按照《编委会成员单位职责任务及分工》认真细致地布置审稿工作,并提出修改意见。并就如何做好审稿工作提出四点意见:一是准确把握阶段特征,科学划分历史阶段;二是精确提炼素材,准确记载重大历史事件;三是体现朝阳特点和特色,注意反映基层组织、人物和党员;四是用发展的眼光,正确评价朝阳历史。10月21日,朝阳党史编委会第二次会议召开。张前汇报朝阳党史修编工作情况,编委会各成员单位对朝阳党史讨论稿提出修改意见。张革强调,重点把握三个方面:一是理清朝阳党史突出的主线,明晰朝阳党史发展的基本阶段和脉络,客观评价朝阳党史。二是编委会各成员单位要安排相对固定人员,对朝阳党史讨论稿进行详细通读,从整体上把握结构关系,提出书面修改意见。三是党史办要根据进度逐一征求意见,认真组织修改。

（钱素君）

【老干部座谈会】 6月4日,召开《中共北京市朝阳区历史(征求意见稿)》离退休老干部座谈会。离休老干部许敬禹,退休老干部王树山、李惠芳、钟盛军、许同乐参加座谈。党史办主任张前和副主任魏自强就书稿的形成和编著情况向老干部们作汇报。老干部们畅谈对征求意见稿的修改意见。10月23日,区委常委、组织部部长张革主持召开第二次离退休老干部座谈会,离退休老干部施绍祺、沈乃宏、王树山、李惠芳、郭学棣、叶庆高等参加会议,张前汇报书稿征求意见简要情况,各位老干部提出修改意见。张革要求下一步要在把握主线、深入研究、精益求精上下功夫,努力打造精品力作。

（钱素君）

【党史研究课题评审】 6月18日,区委党史办、区党史研究会召开课题评审会议,评审2012年度立项的10个党史研究课题。区委党史办主任、区党史研究会会长张前主持会议。区委党史办副主任、区党史研究会副会长魏自强介绍区党史研究会成立以来首年度研究课题工作进展情况。来自中国传媒大学、北京师范大学和朝阳区委党校等高校的专家学者对研究课题进行评审。

（钱素君）

【千册党史书籍送基层活动】 6月19日至26日,区委党史办主任张前、副调研员刘培途先后到六里屯、亚运村、麦子店、建外、团结湖、小关、奥运村、王四营、崔各庄和来广营等10个街乡,赠送《与党员干部谈作风、学风、文风》《中华人民共和国史稿》《群众路线教育实践活动学习读本》及毛泽东、周恩来等老一辈无产阶级革命家实录等党史书籍29类1630余册,同时向呼家楼街道、东坝乡赠送“党史之窗”多媒体阅读机。

（钱素君）

【主题党日活动】 6月27日,开展“凝聚党旗下,党群心贴心”主题党日活动,将民主生活会、群众座谈会和书记讲党课三者有机结合。与会党员干部就党史工作如何进一步开展,如何更好地作好宣传教育工作等作发言。区委党史办主任张前回顾工作经历和心路历程,从个人成长和国家发展的角度讲述30多年来中国共产党致力于中华民族复兴和国家繁荣富强,表达对党的感恩之情。并对今后工作提出要求:认清形势,鼓足干劲,力争上游;认识自我,脚踏实地、埋头苦干;认真工作,一丝不苟,精益求精。

（钱素君）

【开通官方微博】 6月28日,党史办开通新浪微博“耕耘与奉献”。9月3日,区委党史办主任张前和副主任魏自强带领工作人员到昌平区委党史办考察学习创办微博的经验和工作方法。9月6日,新浪官方微博“朝阳党史”取得官方认证。截至12月31日,发布微博406条,拥有粉丝386人,关注393人。

（钱素君）

【党史宣传教育月活动】 6月,与区委组织部联合下发《关于开展党史宣传教育月活动的通知》,号召全区各级党组织利用现有资源开展多种形式的党史宣传教育活动。与区委党校、老干部局等单位合作组建党史宣讲团,到机关、街乡、企业、学校和社区开展党史宣讲教育,全年宣讲16次,听课人数1375人。在全区开展“党的群众路线大家谈”征文活动,收到征文9篇,其中7篇优秀作品在《朝阳党史》第2期上刊登。开展“朝阳记忆”老照片征集活动,收到反映朝阳区解放初期选举、邓小平同志视察718厂及建国初期文化艺术等老照片4张。在紫光影城设立党史教育影片播放点,组织区机关干部、社区党员干部等530余人次观看革命历史题材影片《南泥湾》《倾城》。

(钱素君)

【北平和平解放谈判地纪念碑落成】 9月6日,“北平和平解放五里桥谈判纪念碑”正式落成。此碑于2013年8月1日开工修建,坐落在朝阳区常营回族乡东高路东侧“万亩大造林”内,铺设了石板甬道与东高路相连,与五里桥谈判遗址只一路之隔。北平和平解放五里桥谈判是中国人民解放军平津战役前线司令部领导人与国民党军傅作义部代表就北平和平解放问题进行的一次重要谈判。北平和平解放谈判先后进行三次,前两次谈判在河北省蓟县八里庄村(现天津市蓟县八里庄村)举行。第三次谈判于1949年1月15日至16日在河北省通县五里桥村(现北京市朝阳区常营回族乡五里桥村)张家大院举行。五里桥谈判最终达成北平和平解放初步协议,即《北平和平解决十四条》。1月19日,双方代表在北平城内将协议增补为22条。1月22日,傅作义在《关于北平和平解决问题的协议书》上签字,并发表广播讲话。1月31日,中国人民解放军进驻北平城,北平宣告和平解放。五里桥谈判促成北平和平解放,使古都免遭战火涂炭,其历史功绩永载史册。2010年,全国进行革命遗址普查工作,北平和平解放谈判地遗址——北京市朝阳区常营回族乡五里桥村张家大院,被列入北京市革命遗址。为纪念这一重要历史事件,经区委同意,党史办联合区文化委、常营乡政府共同修建北平和平解放五里桥谈判纪念碑。纪念碑坐北朝南,碑体长3.5米,高2米,由青白石和灰麻花岗岩雕刻而成。纪念碑碑文由朝阳区书法家协会主席沈莉题写。

(钱素君)

【参观党的群众路线档案展】 10月11日,党史办全体党员干部参观由中央档案馆、西城区委在中华世纪坛举办的“党的群众路线档案展”。内容涉及中国共产党的创立、土地革命、抗日战争、解放战争、社会主义革命和建设时期、全面建设中国特色社会主义时期等历史阶段,展现中国共产党90多年来贯彻群众路线的风雨历程。

(钱素君)

【工作交流】 10月28日,区委党史办全体干部应邀到贵阳市委党史研究室开展工作交流。双方互相介绍组织机构、人员编制、编研成果,畅谈工作体会,针对彼此的优势与不足,沟通如何互补、加强交流、学习与联系;并互赠近年的党史研究成果。参观贵阳市委党史研究室办公场所和贵阳市城乡规划展览馆。交流过程中,受到贵州省委常委、贵阳市委书记陈刚的接见。

(钱素君)

【专家学者座谈党史讨论稿】 11月8日,朝阳党史讨论稿专家学者座谈会召开。区领导程连元、张革、刘军胜,7名党史、党建方面的专家学者及党史办全体干部参加会议。党史办主任张前汇报朝阳党史编著的简要过程、朝阳党史书稿征求意见情况及修改的主要内容。各位专家学者对书稿提出修改意见。程连元提出四点要求:一是认真理清朝阳区党的发展脉络,突出各个时期党建特点。二是对每一个历史时期党的建设都要有归纳总结,发挥资政育人的作用。三是加强对文字、体例、内容的完善,使朝阳党史书稿可读性更强。四是继续研究吸纳专家意见,进一步提升著书水平、价值,并提炼全书概要,与送审书稿一并提请区委常委会审定。

(钱素君)

纪检监察

【概况】 中共北京市朝阳区纪律检查委员会机关(以下简称“区纪委”)是主管全区党的纪律检查工作的区委工作部门;北京市朝阳区监察局(以下简称“区监察局”)是主管全区行政监察工作的区政府组成部门。北京朝阳区预防腐败局(以下简称“区预防腐败局”)列入区政府工作部门序列,不计入政府机构个数。区纪委与区监察局、区预防腐败局合署办公。区纪委、区监察局、区预防腐败局在区委区政府和市纪委、市监察局、市预防腐败局的双重领导下工作。内设办公室、干部室、研究室、宣传教育室、党风廉政建设室、风险防控室、廉情监测室、信访室、案件审理室、案件检查室、执法监察室、纠正部门和行业不正之风办公室、行政投诉中心、联合纪检监察室(组)。2013年,区纪委监察局强化主责主业意识,围绕“板块化设计(即把12室1中心划分为四个板块:监察板块、案件板块、预防板块及服务保障板块)、系统化推进、网络化联动、信息化支撑”的工作思路,通过狠刹“四风”、明察暗访、整治违建和纠风惠民等工作,把贯彻落实中央八项规定和作风建设摆在工作的突出位置,严肃查处一批违反作风建设有关要求的典型问题,建立起一批作风建设常态化机制;通过构建预防腐败工作格局、统筹推进分权管权工作和加强反腐倡廉宣传教育,把预防与教育有机结合,形成预防、惩治、监督“三位一体”的工作格局和全区预防腐败工作一盘棋。制定《朝阳区处级党政主要领导“三不直接分管”工作制度》,推进区级权力公开透明运行和处级党政主要领导权力的科学配置,绘制朝阳区加强处级领导廉政监督路线图,把权力关进制度的笼子;通过加强对重大资金项目和土地储备资金的监管、加大问责追究力度,不断强化监督检查,把重大决策部署落实到位;通过发挥信访主渠道作用、建立起四库合一的反腐资源库(即:案件线索库、办案专家库、办案人才库、案例警示库),不断加大查办违纪违法案件力度,始终保持惩治腐败的高压态势。
地址:日坛北街33号
电话:65099369
邮编:100020
网址:http://www.chyjw.gov.cn

(张卫红)

【作风建设】 1月21日,印发《关于进一步严肃党的纪律深化作风建设的通知》(朝纪通〔2013〕1号)。7月26日,印发《关于进一步严肃纪律落实作风建设相关规定的通知》(朝纪通〔2013〕4号)。9月10日,召开各系统工委书记及重点委办局党委(组)书记座谈会,传达北京市有关文件精神,向区委各工委下发《朝阳区加强作风建设廉洁过好“两节”的通知》。9月22日,央视《新闻联播》报道朝阳区加强公车管理和严查公款消费的情况。10月14日,转发市纪委《关于查处违反中央八项规定精神的违纪案件的通报》(京纪发〔2013〕15号)。10月,严肃处理来广营乡清河营村村委会副主任马林祥为其子婚事大操大办问题。12月2日,印发《关于进一步加强作风建设廉洁过好“两节”的通知》(朝纪通〔2013〕7号),严明纪律,强化监督,深化和巩固落实中央八项规定精神成果。

(刘鹏远)

【领导干部廉洁自律】 1月22日,组织召开2012年新任处级正职领导干部集体廉政谈话会,17家区属单位的19名新任处级正职领导干部参加集体谈话，签订《廉政承诺书》。

（刘鹏远）

【烟花爆竹安全管理监督检查】　2月6日，会同市监察局、市烟花办、市工商局、市消防局等部门，专项监督检查朝阳区春节期间烟花爆竹安全管理工作。实地勘查重点部位周边烟花爆竹销售点，现场听取区烟花办、区安监局、区工商分局、区消防支队等单位开展工作情况，并针对春节期间烟花爆竹存储运输、隐患排查、消防安全等问题提出要求。

（王雪飞）

【区纪委十一届四次全会】　2月19日，召开中共北京市朝阳区第十一届纪律检查委员会第四次全体会议暨全区党风廉政建设工作会议。市纪委副书记、市预防腐败局局长李振奇出席。会上播放《聚焦发展护航朝阳》专题片；区委常委、区纪委书记宋铁健作《深入学习贯彻党的十八大精神，扎实推进全区党风廉政建设和反腐败工作》报告。区委书记程连元对2013年工作提出要求：一是严明纪律，抓好中央八项规定精神的落实，将为民务实清廉落到实处；二是科学制定惩防体系建设五年规划，完善“四四五五四”廉政风险防控体系，注重源头预防；三是严格落实党风廉政建设责任制，形成广泛监督的工作格局，加强纪检监察组织和队伍建设。

（姚新宇）

【党风廉政建设责任制】　2月19日，在全区党风廉政建设大会，区委、区政府部分领导与分管单位、部门主要负责人签订党风廉政建设责任书。之后，下发《关于逐级签订党风廉政建设责任书的通知》，全年与各级党员领导干部签订责任书7743份。6月3日至9日，在全区115家单位抽取近5000名干部群众开展2013年党风廉政建设情况民意调查，收回有效问卷4652份。9月16日至17日，民意调查结果排名靠后的9家单位党委（党组）书记被约谈。11月25日，下发《关于开展2013全区党风廉政建设责任制专项检查的通知》（朝责办〔2013〕2号），在全区122家单位开展党风廉政建设责任制专项检查，区委、区政府、区纪委主要领导带队重点抽查部分单位贯彻执行党风廉政建设责任制、作风建设和惩防体系建设情况。12月11日、27日，迎接市党风廉政建设责任制专项检查组检查。区委常委、区纪委书记宋铁健陪同检查。

（刘鹏远）

【参与领导干部接访月活动】　2月27日至3月20日，接待来信来访29件次，其中初信初访11件次，群体访1件次。在受理的信访举报件中，转办基层17件次，采取信访监督方式3件次，交办相关部门要结果2件次。采取多部门联动缓和孙河康营乡集体访等矛盾问题，确保全国“两会”期间区域社会稳定。

（宇娅薇）

【新任纪检监察干部集体谈话】　2月28日，组织召开16名新任处级纪检监察干部集体谈话会。区委常委、区纪委书记宋铁健出席会议，并从如何认清岗位职责、如何当好纪委书记、如何履职尽责等三个方面与新任职干部集体谈话。

（陈　鹏）

【建立“反腐资源库”】　2月，在全市率先建立“反腐资源库”（包括案件线索库、办案专家库、办案人才库、案例警示库），全面整合各方力量，发挥办案合力，进一步完善惩治腐败体系建设，实现案件线索不流失和人力资源配置的最优化。

（王　飞）

【重大资金项目联动监督】　2月，以区重大资金项目廉政风险防控管理领导小组办公室名义制发《关于对我区重大资金项目开展联动监管的通知》《对重大资金项目审批信息进行复核的通知》《进一步完善重点项目筛选工作机制的通知》，整合监管资源，建立三级联席会议制度，创新开展项目“审批信息”和“变更洽商”网上联审，推进重大资金项目联动监督。全年，召开联席会议60次，协调解决项目建设中的困难、问题105项；开展联合检查21次，发现和纠正变更洽商不合理、招标投标组织不规范等问题12项。

（陈　征）

【“家庭助廉大家谈”座谈会】　3月7日，与区妇联在常营地区办事处共同举办“家庭助廉大家谈　建设美丽新朝阳”座谈会。基层纪委书记代表、基层妇联干部代表、村干部代表、五好文明家庭代表等40余人参加。会上区纪委、区妇联向全区广大家庭联合发出《倡家庭节俭之风　建美丽和谐朝阳》的倡议书，号召全区各级单位积极开展家庭助廉活动。

（高　华）

【预防腐败工作联席会议】　3月21日，组织召开朝阳区预防腐败工作联席会议第一次会议。区委常委、纪委书记宋铁健出席会议，16个联席会成员单位和部门的30多位领导参加会议。会议讨论《预防腐败工作联席会议制度（试行）》。会上，宋铁健指出朝阳区预防腐败监督工作存在的问题，强调从整合力量、渠道畅通、检查巡视、及时会诊、结果共享五个方面改善。

（李　靖）

【法规制度建设】　3月，选编2011年—2012年全区反腐倡廉制度建设具有代表性、针对性和长效性的文件、制度，收集文件、制度30份，审核、编辑后印发300本给全区纪检监察干部，便于基层纪检监察干部查找文件，依规照章办事。11月8日，区纪委监察局从推进制度创新，强化源头防腐；健全完善制度，抓好贯彻落实；针对存在问题，开展调查研究三个方面向十一届区委常委会第21次会议汇报朝阳区反腐倡廉制度建设的情况。

（陶　沙）

【清理和规范节庆论坛展会】　3月，制定《朝阳区关于进一步规范庆典研讨会论坛的通知》，规范申请、备案、审批环节。4月，对列入区委区政府的庆典、研讨会、论坛活动，会同区委办对申请单位提出规范管理要求。9月，根据市清理和规范节庆论坛展会活动工作领导小组《关于开展节庆论坛展会摸底普查和规范的通知》要求，经市领导小组核准，朝阳区仅保留CBD商务节节庆活动1项。

（李福硕）

【分权管权工作】　4月1日，召开“朝阳区推进分权管权试点工作部署会”，从各系统选取26家试点单位开展推进分权管权工作试点。10月12日，在总结试点单位经验，形成《朝阳区廉政风险防控管理工作资料汇编（四）》的基础上，召开全区推进分权管权工作部署会，全面推进分权管权工作。

（李　靖）

【纪检监察领导干部培训】　4月8日至12日，在中国纪检监察学院举办全区纪检监察领导干部培训班。全区各部委办局、街道、区属企业的86名纪（工）委书记、纪检组长集中培训学习。

（陈　鹏）

【廉政风险防控管理典型发言】　4月10日，在市纪委召开的2013年全市廉政风险防控管理工作部署会上，区委常委、区纪委书记宋铁健代表朝阳区作“坚持‘三新三化’，扎实推进廉政风险防控管理”典型发言。围绕完善新模式，实现廉政风险防控分阶段系统化推进；采取新举措，实现重点领域、关键环节项目化突破；改革新体制，实现预防、惩治、监督板块化提升三个方面展示朝阳区廉政风险防控管理工作情况。

（李　靖）

【效能监察立项】　4月下旬，制定下发《关于2013年度效能监察立项工作的通知》,区政府59个职能部门和区属事业单位实施效能监察立项203项,街道系统实施效能监察立项177项,农村系统实施效能监察立项112项。8月和12月,围绕拆违控违、环境治理等区政府重点工作,分别组织各牵头单位,采取多种形式,监督检查各单位立项工作任务完成情况,检查结果纳入年度目标管理双百考核。

(王雪飞)

【便民服务热线(平台)监督管理】 4月,依据《关于进一步转变作风切实解决群众热线反映问题的意见》(朝政发〔2013〕5号),对便民服务热线(平台)监督管理(包括:区非紧急救助热线"81890、96105",区城管执法监察局投诉举报电话"96310",区政民互动平台,市社区服务信息平台"96156",区市政市容委服务电话"67301616"及区行政投诉电话"96160")。年内,在区政府常务会通报1、2季度和下半年便民服务热线(平台)工作情况,把解决群众诉求情况纳入政风行风建设,热线受理和办理情况纳入目标管理双百考核。截至12月,便民服务热线(平台)受理信件398997件,办结372832件,办结率为93.44%。

(王 上)

【特约监察员管理】 4月,对特约监察员开展民主评议工作专题辅导,制作《朝阳区监察局特约监察员工作手册》。8月,召开2013年目标管理双百考核工作部署暨培训会。全年,34名特约监察员以目标管理双百考核和民主评议政风行风为切入点和工作载体,组成6个评议督导组采取"听、查、访、测"等方式,重点检查和考核评议全区59个政府部门、24个街道办事处和19个地区办事处落实双百考核情况。截至12月,特约监察员明察暗访600余次,组织召开服务对象座谈会100余场(包括辖区人大代表、政协委员、小区居民(村民)、企事业单位代表等层面),发放调查问卷4000份,提出工作建议210余条,督促整改问题200余个,被评单位完善制度52项。

(袁 莹)

【食品安全立项监察】 4月,起草2013年食品安全立项效能监察工作方案。确定食品安全成员单位职责、任务及工作目标,部署2013年食品安全监察工作;明确年内发生严重责任事故、违纪违法案件、影响社会稳定问题单位,年终考核实行一票否决制;对发生重大有影响的违纪违规案件的单位和个人依据《北京市行政问责办法》予以责任追究。5月,北京市食品安全检查组调研和检查朝阳区食品安全工作。"中秋""国庆"前夕,配合区食品办检查静安庄市场、京客隆超市等四个企业的食品安全。

(王若宁)

【行走"廉之路"活动】 5月3日,在廉洁奥运主题文化园(奥森公园内)组织开展"走好廉之路,传递正能量——朝阳青年行走'廉之路'主题教育活动"。市纪委常委张才雄,团市委社区部副部长陈斐,区委常委、区纪委书记宋铁健等有关领导出席。60余名青年代表在奥林匹克公园徒步行走,观看廉洁奥运主题文化园,并举行集体廉政宣誓仪式。宋铁健对青年代表们提出三点希望:一是坚定理想信念,恪守廉洁自律;二是勤奋学习实践,矢志增长才干;三是勇立潮头之先,经受组织检验,为朝阳区新四区建设做出新的更大的贡献。

(高 华)

【水利项目监督检查】 5月7日,印发《关于进一步加强重点水利项目资金监督管理的工作方案》,针对2013年重点水利基础设施项目开展专项监督检查。年内,指导区水务局制定《2013年水利工程建设专项监察工作方案》等制度;将北部水系改善、中小河道治理、绿隔地区雨洪利用等8个项目纳入电子监察跟踪监督;参加联席会议审议变更洽商等工程问题12次、开展监督检查5次,提出完善内控制度、规范招投标程序等意见建议23条。

(陈 征)

【全市监察平台建设现场观摩会】 5月15日,市监察局召开全市监察平台建设现场观摩会。会上,朝阳区监察局以重大资金监管、农村"三资"监管、政民互动三个平台为亮点,全面展示朝阳区行政监察现代化科技防控工作成果。

(王雪飞)

【"三资"管理问题举报件进入初核程序】 5月,针对农村信访举报情况,配合农委、经管站对部分乡共同开展联预审检查,会同相关部门研究后决定对凡涉及"三资"管理问题的举报件全部进入初核程序,以提高朝阳区对农村"三资"管理信访举报的查处力度。

(宇娅薇)

【"两规范一提高"试点】 5月,根据市监察局统一部署,制发《关于在全区开展"两规范一提高"试点工作的实施方案》的通知(朝监发〔2013〕7号),按照"条块结合、以块为主"的原则,确定小关街道为朝阳区开展"两规范一提高"(规范执法行为、规范政务服务、提高执法能力和服务水平)试点单位。5月29日,在小关街道召开工作动员会,将试点工作与政风行风建设、政务公开及廉政风险防控工作相结合,组织协调公安、工商、国税、地税和人力社保局等成员单位对街道服务大厅工作给予业务指导,完善制度、规范流程,并根据群众评价和实地检查中发现的问题,制定整改措施。通过采取内部自查和外部征求意见方式,推举出街道社保所、计生办和城管执法队为群众满意的科队站所。

(袁 莹)

【会员卡专项清退活动】 6月7日,印发《关于在全区纪检监察系统开展会员卡专项清退活动的通知》(朝纪发〔2013〕6号),在全区开展纪检监察干部会员卡专项清退工作,全区1072名纪检监察干部填写《会员卡个人清退情况报告表》,自查报告面达到100%,做到"零持有、零报告"。

(刘鹏远)

【重点领域纪委书记约谈会召开】 6月14日,组织召开区属重点领域纪委书记(纪检组长)约谈会,区发改委、区财政局、区建委、区水务局、国土朝阳分局、规划朝阳分局等6个单位汇报工作。区委常委、区纪委书记宋铁健出席会议并从讲究方法、强化措施;整体把握,协调推进;盯住重点,健全机制;扩大公开,注重实效等四个方面提出要求。

(陈 鹏)

【市纪委领导调研廉政风险防控管理】 6月27日,市预防腐败局副局长张岚、市纪委预防腐败二室主任李固到朝阳区调研廉政风险防控管理工作,区纪委领导宋铁健、刘丽平、于良佐等陪同调研。张岚对朝阳区廉政风险防控工作给予肯定,并提出要求:一是提高认识,充分发挥预防腐败工作的重要作用;二是加强探索,不断深化风险防控管理"三个体系"建设;三是创新改革,充分利用信息化手段提升有效预防腐败的实际效果。

(李 靖)

【预防职务犯罪巡展】 6月,利用区内外案例资源,制作预防职务犯罪警示教育图板30余块,并组织全区各系统轮流展出。截至12月底,全区10万余名党员干部观展,接受警示教育。

(高 华)

【民主评议基层站所】 6月,根据市纠风办要求,制发《朝阳区2013年开展民主评议基层站所(服务窗口)工作实施方案》(朝纠发〔2013〕1号),对教育、卫生、银行、电信、出租汽车、旅游、公交7个系统开展民主评议。评议内容主要围绕信息公开、依法办事、服务态度、办事效率、清正廉洁五个方面。评议方法主要采取调查问卷方式,向43个街乡发放500份调查问卷。

(袁 莹)

【与驻在部门见面会】 7月10日,召开与驻在部门见面会。区纪委监察局、区委组织部、区人力社保局领导以及区总工会、区妇联、区侨联、区工商联、区文联、区信访办、区金融办、区农经办8家驻在部门领导和工作人员25人参加。会议下发《关于联合纪检监察组工作的实施意见(试行)》和配套的《议事规则》《驻在部门例会》《驻在部门报告重要工作》《联合纪检监察组向区纪委常委会报告工作》《列席驻在部门党组和行政领导班子会议》《专项监督检查》6项工作制度,动员和部署联合派驻工作。

(赵诚强)

【廉洁奥运碑帖签赠仪式】 7月13日,在廉洁奥运主题文化园组织开展廉洁奥运赋碑帖签赠仪式。市纪委副书记杨逸铮、市纪委常委张才雄等领导参加。廉洁奥运主题文化园被市纪委和市委宣传部、团市委和团区委分别命名为"北京市廉政教育基地"和"青少年廉洁教育基地"。

(高 华)

【参加市政风行风热线访谈节目】 8月8日,区委常委、常务副区长甘靖中参加市政风行风热线在线直播访谈节目,介绍朝阳区便民服务热线(平台)的运行情况,就"畅通群众诉求渠道,着力解决群众身边的热点难点问题"与网友现场交流,解答网友提出的东坝地区交通路网、通惠河北路边角地环境改善等问题。之后,区监察局责成相关部门就网友提出问题按时答复。

(王 上)

【新任处级干部"实景"廉政谈话】 8月21日,与区委组织部合作,组织37名新任处级领导干部参观北京市反腐倡廉警示教育基地,区委常委、纪委书记宋铁健开展廉政谈话,新任处级领导干部签订廉洁从政承诺书。

(高 华)

【与市监察局签署合作框架协议】 8月29日,市监察局副局长刘东波率队到朝阳区调研《北京市监察局与朝阳区政府合作框架协议》筹备工作,区长吴桂英出席,市监察局综合监察室主任陈家康,区委常委、区纪委书记宋铁健,区纪委常务副书记、监察局局长刘丽平,区信息办主任王臻参加座谈。宋铁健围绕完善监察平台建设、推进廉政风险防控信息化建设、建立96160座席管理机制、促进依法行政、探索政务服务创新五个方面,与刘东波交流规划构想及筹备工作情况。10月中旬,市监察局与朝阳区政府正式签署合作框架协议。

(王雪飞)

【区预防腐败局成立】 8月,经市编办和区编委会批准,成立朝阳区预防腐败局,与区纪委、区监察局合署办公,负责朝阳区预防腐败工作,列入区政府工作部门序列,不计入政府机构个数。区预防腐败局在区政府和市预防腐败局的双重领导下负责朝阳区的预防腐败工作。设局长1名,由区纪委副书记兼任;副局长2名,其中1名由相关室主任兼任。

(陈 鹏)

【目标管理双百考核】 8月,制发《朝阳区2013年目标管理双百考核工作实施方案》(朝政发〔2013〕35号),修订《朝阳区效能监察评价指标体系》和《朝阳区优化发展服务民生评价指标体系》。根据重点工作调整考核权重、考核方式及考核单位,街乡和政府部门采用不同考核体系;建立服务对象信息库,按比例确定座谈对象,并加强日常动态监督考核。9月至12月,综合运用职能部门评议、网上评议、民意测评、民主评议、主管领导评议、互查互评等6种考评方式,对全区59个政府部门、24个街道办事处和19个地区办事处开展考核评议。12月,召开政府部门、街道系统、农村系统互查互评会。

(袁 莹)

【化解孙河乡康营村信访问题】 9月,按照全区"千名干部下基层"工作部署,结合市纪委关于孙河乡康营村信访问题的办理要求,区纪委牵头成立孙河乡康营村重点项目服务组,着重解决影响地区社会和谐稳定的突出问题。通过听取群众代表的意见,调取拆迁补偿、购房安置情况档案等方式,对群众反映强烈的问题进行调查,并将有关人员交由公安分局、案件检查室等部门调查。截至12月,违规党员干部主动退赔房产9处,资金300万余元。

(宇娅薇)

【招投标专项检查】 10月12日,以区重大资金项目廉政风险防控领导小组办公室名义制发《招标投标专项监督检查工作方案》,在全区开展招标投标领域专项监督检查工作。10月至11月,针对区发改委、区住建委、区财政局等行政监督部门履职情况和43个街乡招投标管理情况组织开展自查检查,自查项目592个,发现问题44项。12月,针对自查发现的突出问题,组织相关职能部门和街道、地区办事处开展复查。

(陈 征)

【廉洁文化进校园】 10月26日,教育系统开展"妙笔丹青绘廉洁,师生共谱正气歌"金秋主题笔会活动,通过书法界人士话廉洁、百幅作品送廉洁、参与活动者倡廉洁、师生老少绘廉洁形式,带动青少年树立廉洁理念。

(高 华)

【走访考察街乡纪(工)委书记】 10月31日至11月20日,利用乡街班子届(任)中考察时机,对全区43个街乡纪(工)委书记开展走访考察,全面了解纪检监察干部履职情况。

(陈 鹏)

【区级权力公开】 10月,编印《区级权力公开透明运行手册》(征求意见稿)。年内,梳理区委党代会、全委会、常委会职权47项;区委书记职权7项、副书记职权17项、常委职权63项;区政府全体会、常务会、区长办公会、专题会职权14项;区长职权11项,副区长职权63项;绘制区委、区政府权力运行流程图103个。

(刘鹏远)

【举办行政投诉工作培训会】 11月4日,在小关街道举办全区监察科长行政投诉工作培训会,60余人参加。投诉中心副主任讲解投诉件办理、调查、答复以及如何撰写调查报告等相关业务知识,网络工程师培训投诉件的网络操作。会后下发《关于加强基层行政投诉工作的指导意见》。

(王若宁)

【举办"一品青莲"首届廉政剪纸艺术大赛】 11月20日,朝阳区"一品青莲"首届廉政剪纸艺术大赛获奖作品展示活动在酒仙桥街道社区服务中心举办。中央纪委正局级监察专员阎群力,市纪委常委张才雄,区纪委副书记、预防腐败局局长于良佐等领导出席活动并为获奖者代表颁发荣誉证书。大赛以"树新风扬正气,讴歌时代特色、赞美和谐生活"为主题,通过展现人文风貌和勤廉风采,引导社会和人民遵守社会公德,倡导职业道德,崇尚为政官德,传递正能量,共筑美好中国梦。大赛历时5个月,来自全区194名剪纸艺术爱好者踊跃参赛,征集作品268组。经中华文化促进会剪纸艺术委员会、北京手工艺术协会、朝阳区民间艺术家协会等专家评审,评选出《中央八项规定》《一品清廉 清正廉洁》《幸神年华》《和谐盛世话清廉》等68幅优秀作品。

(高 华)

【机构改革和职能转变情况检查】 11月,按照市纪委《关于开展政府机构改革和职能转变情况监督检查的通知》要求,对朝阳区落实机构改革任务和职能转变要求的情况开展专项监督检查。督促区编办等职能部门发挥牵头作用,从明确责任、完善制度、承接下放审批事项、优化投资项目审批流程等方面,落实中央、北京市关于机构改革和行政审批制度改革等多项工作部署。

(陈　征)

【案件审理】 年内,审结案件33件,涉及33人。其中给予开除党籍、行政开除双重处分2人,开除党籍、开除公职双重处分6人,单独给予开除党籍处分13人,单独给予开除公职处分2人,给予留党察看两年、降低岗位等级双重处分1人,给予撤销党内职务、行政降级双重处分1人,给予党内严重警告、行政降级双重处分1人,单独给予党内严重警告处分2人,单独给予党内警告处分2人,取消预备党员资格1人,单独给予行政警告处分1人,单独给予降低岗位等级处分1人。33人中,处级党员领导干部3人,科级党员干部11人、一般党员、科员16人、其他人员3人。按违纪行为性质分类,妨害社会管理秩序行为11件、贪污贿赂行为10件、失职渎职行为5件、违反财经纪律行为2件、违反廉洁自律行为2件、严重违反社会主义道德行为1件、侵犯公民权利行为1件、违反公务员职业道德行为1件。另外,受理申诉案件1件,对2名留党察看处分的党员恢复党员权利。

(陶　沙)

【反腐倡廉宣传】 年内,围绕廉政风险防控、作风建设等反腐倡廉重点工作开展多种形式宣传报道,在中央、市、区级40余家媒体刊登稿件162篇,比2012年增加18%。其中中央级媒体41篇、市级媒体48篇、区级媒体73篇。委局网站全年发布工作信息84篇,工作照片130余张,同时与风险防控室和区信息办共同开发廉情监测平台(试运行),8月至12月制作、发布《舆情专刊》12期。截至12月底,"廉政朝阳"微博拥有粉丝3万余人,发布微博1300条,收到留言2000余条。

(李　聿)

【党风廉政教育】 年内,开展典型示范教育、警示教育、党纪条规教育等10余次。组织农村系统和街道系统党员干部到抗日战争纪念馆参观"光辉典范"展览和到廉洁奥运主题文化园学习廉洁奥运成功经验,文化园接待参观学习人员3万余人次。组织国资系统、机关系统、街道系统党员干部15批次1000余人到法庭旁听。在区委党校、社区学院开设的各个层级培训班中,请市纪委、区纪委领导开设廉政教育课堂。邀请中央纪委、市纪委和有关高校教授为全区纪检监察干部举办解读十八大、党的十八届三中全会精神两个专题辅导班,全区纪检监察干部500余人次参加。

(高　华)

【"勤廉之星"评选】 年内,在基层党员干部中开展"勤廉之星"推选工作。全区各系统共推选出勤廉人物26人,高碑店乡高碑店村党总支书记支芬被评为北京市勤廉之星,并被推荐到中央纪委。

(高　华)

【"一把手"讲廉政党课】 年内,组织全区党政"一把手"开展讲廉政党课活动。区委书记程连元,区人大常委会主任佟克克,区委常委、区纪委书记宋铁健带头做好此项工作,146个单位的"一把手"为本单位党员干部讲授廉政党课。全年,收到党课课件136件,参与率90%,经初评、复评,评出26件优秀党课课件并编辑成书。

(高　华)

【廉政文化建设】 年内,在农村、街道、教育等系统中开展多种形式的廉政文化创建活动,发挥郊野公园优势加强农村廉政文化阵地建设,指导基层单位利用社区文化资源挖掘奥运文化、儒家文化等思想内涵,规划建设廉政文化活动阵地。年底,酒仙桥街道被评为2013年朝阳区廉政文化特色基地。

(高　华)

【廉政文艺作品征集活动】 年内,组织全区党员干部开展"微小说、平面公益广告"作品征集和展播活动,收集作品200余件,其中10余件在市纪委获奖。

(高　华)

【信访举报受理】 年内,受理信访举报600件次(初信初访261件次),其中检举控告532件次,申诉类1件次,批评建议1件次,纪检监察业务范围外66件次。纪检业务监察范围内信访同比下降21.4%。按信访形式分,来信440件次,来访42件次,电话举报17件次,网络举报101件次。信访谈话15人次,发信访通知书15件。另外为区委组织部门选拔任用干部、区党代会代表人选及各部门评优提供干部廉洁自律情况600余人次,单位廉洁自律情况66次,使信访监督转化为组织监督。

(宇娅薇)

【交办和直查案件受理】 年内,加大交办和直查案件力度,处理直查案26件,按期审结14件(7件未到期)。全年交办要结果案件45件,按期限、按要求审结交办案件31件(10件未到期)。交办和直查案件均按市纪委要求进入初核程序,确保审结质量。

(宇娅薇)

【案件查办】 年内,初核线索99件,立案39件。其中区纪委直查案件14件,指导基层查办25件。结案33件,处分32人,取消预备党员资格1人。涉及处级干部3人,科级干部13人,一般干部3人,其他党员14人。

(王　飞)

【土储资金监管】 年内,以东南三乡重点村及上市地块拆迁腾退工作为重点,继续发挥资金监管小组监督、审核、协调、服务作用,保障资金依法、合规、安全使用。组织召开30多次现场会,牵头召开4次联席会,协调解决安置房建设资金拨付、国有单位拆迁、特殊企业补偿等多个问题,核减资金约110万元,追回孙河乡雷桥村被套取补偿款1800万元,推动第四使馆区项目拆迁腾退工作顺利启动。

(郝克敏)

【遏制违法建设】 年内,落实市、区"3·28"严厉打击违法用地违法建设会议精神,运用监察手段,开展约谈、督办、典型案件调查工作,强化执纪问责,严厉打击违法建设。约谈15个街乡主要领导、主管领导30人(次);督办拆除4个乡5处规划卫片发现的重点违法建设;调查处理崔各庄乡奶东村典型违法建设案件;针对2012年土地卫片执法占用基本农田和耕地案件督促相关部门开展有效整改。

(郝克敏)

【重大资金项目电子监察】 年内,分两批次筛选政府投资重点项目77个,涉及总投资234亿元,通过电子监察系统实施跟踪监督。系统预警135项(次),发现审批手续不完备、招标投标不规范、填报信息不完整等各类问题79个,督办210余次。截至12月,101项预警完成整改,整改率75%。

(陈　征)

【查办行政案件】 年内,调查处理在拆违控违、安全生产、土地储备、政协提案办理等方面存在失渎职问题的5起案件。对5名正处级领导、6名副处级领导和4名科级干部分别给予党纪政纪处分和行政问责处理,向3个单位下发监察建议书;协调处理平房逸翠园、小红门中海城、将台嘉林花园、八里庄东恒时代、大屯金盘御足等违法建设信访件问题;调查常营乡违法用地、十八里店乡"11·19"火灾事故信息报送迟缓等问题,提出处理建议;对区政协委员反映的定福庄路环境问题,协调市、区相关部门推进解决。

（郝克敏 陈 征）

【政风行风建设】 年内，将转变作风、落实中央八项规定情况纳入目标管理双百考核。与区委办、区政府办、党风室对重点窗口单位开展多次明察暗访，对存在问题现场反馈，督促立即整改；组织特约监察员对窗口单位政风行风情况开展明察暗访10余次。调查核实媒体报道的"朝外街道芳草地社区老太办医保事件"，督促街道系统制发《朝阳区街道系统进一步落实八项规定，改进政风行风提高服务群众水平的通知》。

（袁 莹）

【政民互动】 年内，加强对政民互动平台监督管理，督查督办领导重视不够、内部未形成有效工作机制，造成信件回复超时、办理质量不高的21家单位，解决群众反映的公共管理、政风行风、公共服务等问题。全年，政民互动平台受理信件37756件，办结35628件，按期办结率94.36%。

（王 上）

【纠风专项治理】 年内，加强治理教育乱收费监督检查，对向社会办学出租校舍问题、管理不规范等问题给予纠正，查处1起补课乱收费问题，责令其停办并退款。

（李福硕）

【行政投诉网上办理系统】 年内，建设覆盖全区43个街乡及部分委办局的行政投诉件网上办理系统，10月正式开通试运行，市行政投诉中心将朝阳区列为市、区、街乡三级投诉系统一体化试点单位。全年接待投诉900余件次，受理投诉276件，同比上升47.6%；直查85件，直查率30.8%；办结269件，办结率97.5%；署名投诉答复率100%；发工作建议书3件，发监察建议书3件，做出书面检查2人，行政告诫3人，党纪处分1人。

（王若宁）

民 主 党 派

民革朝阳区委

【概况】 中国国民党革命委员会北京市朝阳区委员会（简称民革朝阳区委）下设参政议政、祖国统一、社会服务、信息、宣传、老龄、妇女、教科文卫体、《潮流》编辑部9个专委会。有党员807人，基层支部19个。年内，区委共召开主委会议4次，主委（扩大）会议1次，全委会议1次，全委扩大会议1次。以区委为主导，以各专委会、支部为单位开展学习贯彻十八大精神、传达全国'两会'精神、学习贯彻十八届三中全会精神、落实民革中央薪火相传学习教育活动等各种形式的专题讲座、学习辅导、座谈、参观考察活动近百次。全年发展党员43人。年内，获得民革北京市委颁发的"民革北京市委年度人物""民革工作创新成果""民革基层典型经验"3个奖项；7人获民革北京市委"参政议政、社会服务先进个人"。

地址：团结湖北五条8号楼

电话：65094936

邮编：100026

电子邮箱：chymg4936@126.com

（秦 阳）

【传达全国"两会"精神】 3月30日，召开传达贯彻全国"两会"精神、交流部署"美丽朝阳"创建工作研讨会。民革中央副主席、民革北京市委主委傅惠民，民革北京市委秘书长蒋耘晨，中共朝阳区委统战部常务副部长胡杰华等领导出席会议。民革朝阳区委全体委员、各支部主委、副主委，各专委会主任、副主任、秘书长近80人参加会议。全国政协委员、民革党员温香彩在会上传达全国"两会"精神。民革朝阳区委主委张兴凯着重就创建"美丽朝阳"的目的和做法作说明并提出要求。

（秦 阳）

【关注中小学生校服安全】 4月13日，民革朝阳区委与北京服装学院联合召开了中小学生校服安全及服装安全预警系统建设研讨会。民革北京市委领导傅惠民、于雪鹰，民革朝阳区委主委张兴凯及北京服装学院党委书记呼文亮、副院长廖青、党委副书记钱卫等20余人参加会议。傅惠民表达了与学院长期合作的意愿。双方就中小学校服的安全性、行业监管机制及纺织染色等领域存在的问题进行深入交流探讨。会后，民革各位领导在北服领导的陪同下参观北服服装安全研究检测中心、中关村时尚创业园以及民族服饰博物馆。

（秦 阳）

【主题歌曲阅读会】 7月4日，民革朝阳区委与左家庄街道曙光里社区党委联合举办"我的梦，中国梦宣讲之党好、国好、日子好"主题歌曲阅读会。中央统战部一局五处处长陆红艳、中共北京市统战部党派处和民革朝阳区委的领导出席。社区居民100余人参加。

（秦 阳）

【两岸书画联谊会举办】 9月27日，民革朝阳区委祖统委及第七支部举办以"两岸共写一幅画，两岸共唱一支歌"为主题的"迎国庆·两岸金秋书画联谊会"。8位来自北京市中山书画社中联国兴书画院及朝阳区民革的大陆知名书画家与8位台湾书画家交流联谊。民革北京市委领导常桂云、王志新及20余位民革党员出席活动。

（秦 阳）

【薪火相传学习教育活动】 11月29日至30日，召开学习贯彻十八届三中全会精神暨落实中央薪火相传学习教育活动大会。民革中央副主席、民革北京市委主委傅惠民，中共朝阳区委统战部常务副部长胡杰华及民革朝阳区委委员、支部负责人、青委会成员以及新党员等120余人出席会议。会上，傅惠民传达中共十八届三中全会精神，要求民革党员深入学习和领会，认真贯彻和落实；宣布成立青年工作专门委员会；宣读中央薪火相传学习教育活动文件及民革区委活动方案；中央社会主义学院教务长刘旺作"政治共识与求同存异"讲座；胡杰华作"统战与统战文化"讲座。

（秦 阳）

【三篇调研报告获奖】 年内，在中共朝阳区委统战部举办的专项调研报告评选中，民革朝阳区委提交调研报告3篇。其中《净化国际司法环境 确保金砖落户朝阳》和《养老服务转型创新——以完善社区大食堂建设为例》获三等奖，《乡村记忆的抢救性发掘、保护与利用》获优秀奖；在区政协开展的"社会主义民主监督"理论文章征集活动中，民革朝阳区委提交的理论文章《构建社会主义和谐社会的民主监督机制》和《论政协民主监督之现状与完善》被市政协、区政协理论研究会采用。

（秦 阳）

【三件提案获优秀提案】 年内，民革朝阳区委向区政协提交党派提案3件，均被评为优秀提案。分别为:《关于朝阳区沟渠河道水生态环境系统工程的若干建议》《关于对朝阳区乡村记忆进行抢救性发掘与保护的建议》和《建设安全发展城区的建议》。《建设安全发展城区的建议》得到中共朝阳区委的重视，促成"国家安全发展示范城市"正式落地朝阳区，成为全国十大试点城市之一。

(秦　阳)

民盟朝阳区委

【概况】 中国民主同盟北京市朝阳区委员会下设基层委员会3个(每个委员会下设3个支部)，基层支部36个，共45个支部，盟员1409人。全年发展盟员59人。民盟区委下设参政议政、文化教育、经济、科技、社会法制、社会服务、青年、妇女、老龄9个专门工作委员会。有市人大代表4人，区人大代表9人(副主任1人，常委1人);全国政协委员4人(常委2人)，市政协委员8人(常委4人)，区政协委员20人(常委3人);部级特邀监察员2人，市级特约工作人员2人，区级特约工作人员9人。全年召开主委会6次，全委会5次，学习十八届三中全会精神座谈会、调研工作会、组织工作会、青年盟员座谈会、统战理论学习会、纪念"五一口号"发布65周年座谈会、暑期学习班等30余次。

地址:团结湖北五条8号楼

电话:65094938 65094058

邮编:10026

电子邮箱:cymm@bjchy.gov.cn

(衣　雪)

【曾原纪等8人被推选为市政协委员】 1月，朝阳区盟员曾原纪、卞留念、李德胜、王姮隽、王永滨、佟立志、李刚、赖平安被推选为第十二届北京市政协委员，其中曾原纪、卞留念、李德胜、王姮隽当选为常委。

(衣　雪)

【程红等4人被推选为全国政协委员】 2月，朝阳区盟员程红、钱克明、顾欣、朱乐耕被推选为第十二届全国政协委员，其中程红、钱克明当选为常委。

(衣　雪)

【统战理论研究会(扩大)会议】 4月23日，民盟朝阳区委召开统战理论研究会(扩大)会议，围绕民盟北京市委和朝阳区政协的理论研究课题展开讨论，针对民主党派参政议政、民主监督的方式方法、当前的社会问题发表看法。

(衣　雪)

【思想宣传工作获市先进】 5月15日，在民盟北京市委召开的思想宣传工作会议上，民盟朝阳区委被评为"思想宣传工作优秀集体"，民盟北京中医药大学委员会被评为"思想宣传工作先进集体"。常务副主委周道珍在会上代表民盟朝阳区委作题为《加强盟员思想建设，积极做好宣传工作》的发言。

(衣　雪)

【30人获聘民盟中央委员会委员】 6月20日，在中国民主同盟第十一届中央委员会专门委员会成立大会上，民盟朝阳区委30名盟员获聘为专委会委员，其中6人担任主任或副主任。

(衣　雪)

【四届九次全委会召开】 8月28日，民盟区委召开四届九次全委会暨暑期学习班。与会人员学习总书记习近平《胸怀大局把握大势着眼大事，努力把宣传思想工作做得更好》讲话精神，进一步明确新形势下如何做好思想宣传工作。

(衣　雪)

【民盟区委获民盟中央表彰】 10月10日至11日，在民盟中央召开的组织工作会议上，民盟朝阳区委被民盟中央评为组织发展工作先进集体，周道珍代表民盟朝阳区委作"坚持人才兴盟战略，开创民盟朝阳区委组织发展工作新局面"的发言。

(衣　雪)

【梁漱溟思想座谈会】 10月15日，在中国民航管理干部学院紫英阁宾馆召开"一代直声，利国惠民"梁漱溟以法治国、教育救国、关注民生思想座谈会。原民盟中央副主席李重庵、民盟北京市委专职副主委宋慰祖出席。专职副主委周道珍主持会议。民盟中央社会服务工作委员会副主任吕铮，民盟中央农业工作委员会委员、著名农业保险专家郭永利，民盟中央文化工作委员会委员曾辉等分别发言。

(衣　雪)

【召开组织工作会议】 11月14日，民盟朝阳区委召开组织工作会议。会上，对近三年在盟务工作中做出优异成绩的15个单位、85位个人进行表彰。民盟北京市委专职副主委刘玉芳、组织部部长严为，朝阳区委统战部常务副部长胡杰华出席会议并讲话。

(衣　雪)

【张瑜担任戒毒宣传形象大使】 12月3日，民盟朝阳区第七支部盟员、著名表演艺术家张瑜接受大兴区天堂河戒毒康复所的聘请，担任该所戒毒宣传形象大使。

(衣　雪)

【民盟工作获市多项奖】 12月28日，在民盟北京市委举办的"同心协力、助推发展"活动中，阚存一、殷培红、韩全义、穆军升、刘铭5名盟员被评为先进个人，中国传媒大学支部、农业部委员会被评为先进基层组织，盟区委《坚持人才兴盟战略，开创民盟朝阳区委组织发展工作新局面》《凝心聚力促发展，参政议政谱新篇》两个项目被评为典型工作经验。殷培红代表优秀盟员发言。

(衣　雪)

【调研报告获区统战系统奖】 年内，完成调研报告3篇:《关于加强人口调控力度，提升朝阳区人口管理服务水平的建议》《关于朝阳区水环境综合管理的建议》和《关于加强中医药卫生服务推进和谐社区建设的建议》，分别获区委统战系统调研成果评比一、二、三等奖。

(衣　雪)

【向区政协十二届二次会议提交提案】 年内，向区政协十二届二次会议提交《关于CBD——定福庄国际传媒走廊国际化服务设施建设的建议》《借鉴国际经验，创新朝阳区社区养老服务模式》和《关于朝阳区大力发展电子商务，促进区域经济发展方式转变的建议》3件党派提案和26件委员提案。

(衣　雪)

【报送社情民意信息】 年内，向盟市委、区政协、区委统战部报送社情民意信息130余条。其中《出租车三类安全隐患不容忽视》被市政协《诤友》专报采编。

(衣　雪)

民建朝阳区委

【概况】 截至年底，中国民主建国会北京市朝阳区委员会有会员1441人，下设32个支部，9个专业委员会(参政议政专委会、组织专委会、法制专委会、经济专委会、社会服务专委会、妇女老龄专委会、科技教育专委会、文化宣传专委会、信息专委会)，1个工作委员会(青年工作委员会)，1个小组(理论研究小组)。全年发展会员60人。会员中有全国政协委员4名(其中常委1名)，北京市政协委员6名(其中副主席1名、常委1名)，区政协委员32名(其中常委4名);全国人大代表1名，北京市人大代表5名，区人大代表11名(其中常委2名)。

地址:团结湖北五条8号楼

电话:65094054 65094934

邮编:100026

电子邮箱:chaoyangminjian@126.com

(李佳君)

【向区政协十二届二次会提交提案】 1月，在区政协十二届二次全会上提交党派提案2件，其中《关于依托电子城打造我国国际化高端科技创新服务示范区的建议》被评为优秀提案。

（李佳君）

【传达全国"两会"精神报告会】 3月22日，民建朝阳区委举办报告会，邀请全国政协委员、民建北京市委副主委叶青传达全国"两会"精神，系统解读民建界别政协委员围绕经济建设、政治建设、文化建设、社会建设、生态文明建设等五个方面的发言。

（李佳君）

【社会服务】 3月，中信支部慰问京顺打工子弟希望小学，并向学校近300名学生捐助各类体育、文具用品及1台教学投影仪。5月，联合一支部到朝阳区小武基乡宏善学校（打工子弟学校）与该校1200余名学生和教师欢度"六一"国际儿童节。7月，科七支部部分会员和北京市朝阳区视光眼镜行业协会的专家到北京SOS儿童村，为所有家庭的孩子进行眼睛筛查、验光及爱眼知识的讲授。9月，科教专委会再次到SOS儿童村，与北京五洲妇儿医院共同承办"北京SOS村儿童体检送关爱行动"。10月，社会服务专委会与两个老年支部联合组织会员走访太阳宫老年公寓，调研养老现状及现有养老方式的可能性和社会效应。社会服务专委会举办"天津市南开区招商引资洽谈会暨科技项目推介会"和"推进京鲁两地企业家交流"等活动。丰宁县是民建中央定点扶贫地区，科一支部与南开区企管二支部的农业及项目策划、营销方面的专家会员多次赴丰宁村镇进行智力帮扶服务。科二支部、法制专委会和安贞街道工委联合举办综合义务咨询活动，为周边居民提供法律咨询、党派知识咨询、知识产权、电脑维修、医疗服务、心理咨询等服务。年内，持续关注"一老一小"群体，开展帮扶工作。社服专委会设立了"丰宁春华助学金"，以资助丰宁一中优秀的贫困孩子学有所成，来自11个支部的40余名会员认捐，捐款总计94100元，本年度向该校20名优秀贫困学生颁发助学金。

（李佳君）

【"作风建设年"活动】 8月10日，民建朝阳区委"作风建设年"领导小组召开动员会，部署民建北京市委和民建朝阳区委"作风建设年"活动实施方案；9月7日和14日，分4场召开座谈会，近百人参加，发放纸质调查问卷和电子问卷各100余份，就民建区委领导班子、各支部和专业委会领导班子的作风建设等问题，广泛听取意见建议。领导小组对征集到的意见建议逐一分析整理并制定整改措施。

（李佳君）

【参加议政会】 10月，在区政协和区委统战部举办的议政会上做《关于打造政府牵引、社会各界参与的居家养老国际服务体系的建议》的大会发言，同时还向大会提交了《以旅游业带动朝阳区文化创意产业发展》《关于推动朝阳区企业兼并重组的建议》《关于在朝阳区进行离境免退税试点工作》3篇书面调研报告，并被汇编入册。

（李佳君）

【调研报告获区统战系统奖】 年内，向区委统战部报送调研报告3篇，分别是《以旅游业带动朝阳区文化创意产业发展的调研报告》《关于设立朝阳区商务楼宇统战工作标准的建议》和《关于打造政府牵引、社会各界参与的居家养老国际服务体系的建议》，获得二等奖1篇、三等奖2篇。

（李佳君）

【向市相关部门报送调研报告】 年内，向民建北京市委报送《关于加快北京国家广告产业园建设的建议》《关于提升社区服务信息化水平的建议》《关于促进朝阳区民营经济发展与转型升级的调研报告》等调研报告。向市委统战部报送《关于创新北京市政府融资模式和渠道的建议》和《抓住国家碳交易试点的机遇，促进北京金融要素市场发展》两篇调研报告。《优化北京消费环境，让消费引领北京经济增长》作为市政协十二届二次议政会重点发言。

（李佳君）

民进朝阳区委

【概况】 截至年底，中国民主促进会北京市朝阳区委员会共有会员658人，支部27个，年内新增会员36人。成立民进社法支部，会员8人。有市人大代表2人、市政协委员3人（其中常委1人），区人大代表4人（其中常委1人）、区政协委员23人（其中常委4人），区政府特约工作人员7人。年内，民进朝阳区委共召开主委会7次，全委会1次、全委（扩大）会1次，支部主任例会2次。按照民进市委部署，民进区委及所属专委会、支部开展学习贯彻中共十八大会议精神、传达全国'两会'精神、学习贯彻中共十八届三中全会和民进十三届二中全会精神，以及"深化文化体制改革"等不同主题的"民进大讲堂"、座谈、参观和学习交流活动。

地址：团结湖北五条8号楼
电话：65094935
邮编：100026
电子邮箱：chyminjin@126.com

（张 纯）

【向北科试验学校捐赠电脑】 1月12日，民进朝阳区委组织部分会员到昌平区北科试验学校开展爱心捐赠活动。民进北京市委副主委李焕喜、毛桂芬，朝阳区委主委张耘及会员30余人参加捐赠活动。民进朝阳区委向北科试验学校捐赠电脑46台、桌椅50套，并举行民进"爱心电脑室"揭牌仪式。

（张 纯）

【先进支部和优秀会员表彰】 1月27日，民进朝阳区委召开2012年度先进支部和优秀会员表彰会，表彰10个先进支部和45名优秀会员。民进市委专职副主委李焕喜、区委统战部常务副部长胡杰华出席会议，朝阳区170余名民进会员参加。

（张 纯）

【四届七次全委会】 3月9日至10日，民进朝阳区委召开四届七次全委（扩大）会议。区委统战部常务副部长胡杰华等领导及民进朝阳区区委委员、支部主任、专委会主任共37人出席。会议总结2012年工作，通报2013年工作要点。各专委会和各支部分别做总结。会议还通报了民进区委制定的《区委财务管理及经费使用办法（试行）》《区委工作例会制度》等规章制度。

（张 纯）

【民进社法支部成立】 3月29日，朝阳民进社法支部成立。民进北京市委组织处处长鲁剑出席会议。区委主委张耘主持会议。社法支部共有会员8人，其中律师5人，平均年龄39岁，是民进朝阳区委成立的第一个以律师为主的支部。

（张 纯）

【养老问题座谈会】 4月17日，举办"中国式养老——我们的需求"座谈会。围绕老年人关心的居家养老，就餐、就医、服务照顾等问题研讨，为民进北京市委养老调研提供了第一手资料。民进北京市委老龄委、议调处，民进朝阳区委老龄委、老会员以及北京寸草春晖老年心理服务中心工作人员等20人参加。

（张 纯）

【教育工作座谈会】 4月26日，民进朝阳区委召开教育工作座谈会。邀请民进北京市委、朝阳区委统战部、区教工委相关处（科）室负责人，就朝阳区民进基层组织建设、学校会员发展，以及民进教师的职业发展等问题进行交流。民进北京市委组织处处长鲁剑出席会议。

(张　纯)

【支部换届】 4月至10月,民进朝阳经济二支部、社区联合支部、化工大学支部3个支部,分别召开支部换届工作会。按照组织程序经过民主推荐、会员投票,选举出新一届支部领导班子,完成支部换届工作。

(张　纯)

【文化体制改革座谈会】 11月22日,民进朝阳区委在中国传媒大学举办深化文化体制改革座谈会。邀请民进北京人民艺术剧院支部主任杨立新与朝阳民进中国传媒大学支部、民进北京社会科学院支部、民进中国音乐学院支部,以及部分文化界别的民进会员共同座谈,就学习十八届三中全会精神、深化文化体制改革进行交流。

(张　纯)

【民进区委受表彰】 12月24日,在民进北京市委表彰大会上,民进朝阳区委获2013年会员发展工作"先进组织"称号。

(张　纯)

【报送调研报告和提案并获奖】 年内,民进区委参政议政专委会委员围绕朝阳区经济结构调整工作以及区政协、区委统战部议政会部署,以区域国际化为专题,成立4个课题调研小组,实地调研,掌握一手资料。民进区委已经就朝阳区人口、资源、环境和朝阳教育竞争力等问题向区委统战部上报调研报告4篇、向区政协议政会提交报告1篇、提案3篇。获得中共朝阳区委统战部举办的区民主党派专项调研优秀成果评比二等奖、三等奖和优秀奖各1篇;1篇提案被区政协评为2013年度优秀提案。

(张　纯)

农工党朝阳区委

【概况】 截至年底,中国农工民主党北京市朝阳区委员会(简称农工党朝阳区委)有23个支部、党员767名,主要由医药卫生、人口资源和生态环境领域高中级知识分子组成。农工党朝阳区第三届委员会有委员17名,主任委员邢念增,副主任委员吕立秋、秦小平、鲁建玲、张其成、罗凤基、张斌,鲁建玲(专职,兼任秘书长)。内设办公室、组织部、宣传部3个机构。专门工作委员会5个,分别为参政议政工作委员会、社会服务工作委员会、宣传(反映社情民意信息)工作委员会、青年工作委员会和老龄工作委员会。党员中,享受政府特殊津贴2人,全国政协委员1人,北京市政协委员5人,区人大代表5人(常委1人),区政协委员22人(副主席1人,常委3人),市级特邀监督员3人,区级特邀监督员7人。年内,区委被农工党中央授予"2012中国环境与健康宣传周突出贡献奖"。

地址:团结湖北五条8号楼
电话:65094937
邮编:100026
电子邮箱:chyngd@163.com

(管文东)

【报送调研报告并获奖】 4月至9月,区委各调研组分别到区发改委、麦子店街道、团结湖街道等相关单位实地调研和座谈,完成5篇调研报告,提交区统战部、区政协议政会和农工党北京市委。分别为:《关于构建智慧健康社区和中医药特色社区的建议》《发展循环经济,建设生态朝阳》《关于尽快在朝阳区设立中药研发孵化器助推中药产业健康发展的建议》《关于中医药文化进入朝阳区中小学校本课程的调研报告》《加强政策引导 进一步提升我区职业教育服务区域经济发展的能力》。在区统战系统评比中,1篇获三等奖、2篇获优秀奖。

(管文东)

【参加议政会】 11月1日,区政协、区委统战部召开"聚焦国际化提升软实力"专题议政会。区委副主委秦小平作"完善基层医院与大医院分工协作机制"专题发言。区委书记程连元给予肯定,并责成有关部门立即着手研究推进。议政会上提交调研报告4篇,均编入议政会调研报告汇编。

(管文东)

【第十期党员学习班】 11月7日,区委举办第十期党员学习班。中央社会主义学院教授李金河讲授"多党合作的光荣传统与历史",区委统战部常务副部长胡杰华讲授"中国统战文化与基层统战工作",副主委张其成讲授"中国梦和中华民族的伟大复兴"。近百名党员参加学习。

(管文东)

【向乐亭韩坨村捐赠种植类图书】 12月6日,区委青工委赴河北乐亭韩坨村举办"送文化,促发展"图书捐赠活动。捐赠果蔬种植类图书千余册,其中各支部党员捐赠700余册,区委捐赠300册。

(管文东)

【组织建设】 年内,发展新党员37名;完成6个支部班子调整;按照农工党北京市委要求,农业部支部正式划归到区委;加强专委会建设,选配一批素质较高、热心党派工作的优秀党员增补为专委会委员。

(管文东)

【信息报送量位居全市第一】 年内,向各相关组织报送信息162条,其中社情民意类信息112条,占上报信息总量的三分之二以上,是近年来数量最多的一年,在农工党北京市委采用率排名中位列第一。

(管文东)

【向区政协提交提案】 年内,撰写《关于尽快在朝阳区设立中药研发孵化器助推中药产业健康发展的建议》和《关于发展循环经济,加快推进废旧轮胎综合利用,建设生态朝阳的建议》2件党派提案,并提交区政协十二届三次会议。提交区政协十二届二次会议的党派提案《关于促进朝阳区高新技术企业创新发展的建议》被选为2013年区政协领导检查督办重点提案,并获区政协十二届三次会议优秀党派提案奖。

(管文东)

致公党朝阳区委

【概况】 截至年底,致公党朝阳区委党员499人(归侨、侨眷、港澳台属、留学归国人员356人,占71.3%),17个支部。其中新发展党员37人,新成立区委十三支部和北工大支部。党员中有全国政协委员2人,北京市人大代表1人、北京市政协委员1人,区人大常委1人,区政协委员16人(其中副主席1人、常委3人、副秘书长1人、专委会副主任2人),致公党中央委员2人(其中常委1人),致公党北京市委委员8人(其中常委2人),担任国土资源部特约监察专员1人、市级特约工作人员6人、区级特约工作人员7人。

地址:团结湖北五条8号楼
电话:65094933
邮编:100026
电子邮箱:zgdchyqw@126.com

(李　旭)

【宏观经济形势与经济转型发展论坛】 5月9日,举办宏观经济形势与经济转型发展论坛。百余名党员参会。中国社会科学院和首都经济贸易大学的专家学者就国内外宏观经济形势进行分析,重点就经济发展、阶段性特征、经济转型、产业结构调整等相关情况进行对比、阐述,就朝阳区发展现状以及存在的问题、发展前景进行剖析,并提出意见建议。

(李　旭)

【致公党中央调研社区养老】 6月20日,致公党中央社会服务部副部长李万通率队到小关街道调研社区养老服务工作,确定将小关街道惠新北里社区作为致公党关爱空巢老人的社区试点单位。

（李　旭）

【党员学习班】 7月6日，举办党员学习班，学习中共十八大精神、致公党中央十四大精神和中共中央《关于加强新形势下党外代表人士队伍建设的意见》。致公党北京市委原副主委孙津、区统战部常务副部长胡杰华参加并做报告。50余名党员参加。

（李　旭）

【区政协领导走访致公区委并座谈】 7月22日，区政协主席辛燕琴率班子一行走访致公党朝阳区委并座谈，详细了解区委开展的以“发展民族教育、促进民族团结、维护地区稳定”为主题的致公天露助学工程和区委关于文化产业调研工作进展情况。

（李　旭）

【致公党中央调研社会服务】 7月30日，由致公党中央宣传部部长王翔带领致公党中央中共支部一行6人到致公党朝阳区委调研社会服务工作。会上，区委副主委刘伟介绍致公天露助学工程开展情况及取得的成果。

（李　旭）

【向北京西藏中学捐赠英汉字典】 9月29日，致公党中央机关中共支部、北京外语教学与研究出版社，联合向致公天露助学工程暨北京西藏中学捐赠价值2万余元的英汉双解字典（北京西藏中学高一年级272名新生每人1部）。

（李　旭）

【致公党市委领导走访调研】 10月8日，致公党北京市委副主委闫傲霜、谢朝华带队到致公党朝阳区委走访调研，开展以“加强自身建设，服务首都发展”为主题的“走基层、转观念、改作风”活动。主委高向宇汇报区委自身建设、参政议政和社会服务等方面的工作情况和取得的成果。参加会议的区委委员和支部主委围绕人才培养、理论研究、加强支部建设、发挥党员作用以及组织发展等问题提出意见建议。

（李　旭）

【致公党中央调研文化产业】 11月11日，致公党中央副主席严以新一行到朝阳区开展文化产业投融资体系建设情况调研。致公党北京市委主委李昭玲、专职副主委谢朝华，中共朝阳区委副书记刘小宁，区委统战部常务副部长胡杰华、致公党朝阳区委主委高向宇等陪同调研。致公党中央调研组到北京国际版权交易中心、北京国家广告产业园、莱锦文化创意产业园、朝阳规划艺术馆等单位实地参观调研，并与文化创意企业、银行、小额贷款公司以及朝阳区发改委、工商联、科委和金融办等单位的负责人座谈交流。

（李　旭）

【四届六次全委会】 12月14日，致公区委召开四届六次全委（扩大）会，区委统战部常务副部长胡杰华出席会议。主委高向宇作致公党朝阳区第四届委员会届中工作报告、部署工作并广泛征求和听取与会人员的意见建议；高向宇代表区委领导班子做2013年工作述职；区委委员就各自分管工作述职；与会人员对区委委员进行民主测评；会上增补2名区委委员。

（李　旭）

【调研报告获区统战系统奖】 年内，提交调研报告3篇，分别为：《区域创新中心建设模式和管理运行研究》《关于开展节能减排创建朝阳区低碳交通运输的建议》和《弘扬传统文化，打造艺术精品提升朝阳区文化软实力》，分别获得区统战系统优秀调研成果一等奖、二等奖和优秀奖。

（李　旭）

【草原土壤生态保护调研报告获中央领导重视】 年内，副主委高吉喜陪同致公党中央副主席严以新到内蒙古自治区考察草原生态保护情况，并执笔完成了《加强我国草原土壤生态保护》的调研报告，报告得到国务院副总理汪洋的批示；在致公党中央组织的《中国发展》论坛大会上，高吉喜作题为《农村环境保护对策》报告，得到致公党中央副主席杨邦杰的好评，并经评审录入《中国发展》杂志。

（李　旭）

九三学社朝阳区委

【概况】 九三学社北京市朝阳区委员会下设组织部、宣传部、参政议政第一委员会、参政议政第二委员会、社会工作委员会、老龄工作委员会、青年工作委员会、办公室。截至年底，共有支社22个，社员1004人，其中年内新发展社员45人。社员中有全国人大常委1人，全国政协委员2人；市人大代表1人，市政协委员3人；区人大代表5人（常委1人），区政协委员20人（常委4人）；区青联委员6人，区政府特约员10人；九三学社中央委员6人，九三学社北京市委委员12人（副主任委员1人、常委1人），九三学社北京市委监督委员会委员2人（副主任1人）。

地址：团结湖北五条8号楼

电话：65094932、65094059

邮编：100026

电子信箱：jiusanchaoyang@sina.com

（刘　军）

【参加议政会】 11月1日，在区政协、区委统战部联合举办的“聚焦国际化，提升软实力”专题议政会上，区委委员朱良代表九三学社朝阳区委作题为《关于建设国际文化枢纽区的建议》的专题发言。

（刘　军）

【学习十八届三中全会精神座谈会】 11月25日，组织召开学习十八届三中全会精神座谈会。区委委员朱良、张萍分别作题为“中共中央关于全面深化改革若干重大问题的决定中的理论要点”和“三中全会文件中的政治体制改革”的发言。区委委员、各支社干部26人参加会议。九三学社北京市委专职副主委方炎、区委统战部常务副部长胡杰华出席会议。

（刘　军）

【调研报告获区统战系统奖】 年内，在区统战系统优秀调研评比中，区委提交的3篇调研报告均获奖。其中：《朝阳区外地农村劳动力务工情况调查报告》获一等奖，《关于建设国际文化枢纽区的建议》和《加强金融服务园区建设，推进朝阳区金融业发展》获三等奖。

（刘　军）

【向区政协会议提交提案】 年内，在区政协第十二届二次会议上，区委提交党派提案2篇。其中《打造国际化示范园区，推动文化创意产业发展》被评为优秀党派提案。

（刘　军）

【组织建设】 年内，冶金支社、朝阳综合支社、首都经贸大学（东区）支社、北京化工大学支社、中日友好医院支社等5个支社支委会完成换届，选举产生新一届支委会，朝阳医药卫生支社完成支委增补。在朝阳区政协委员届中增补中，增补1名九三学社界别的区政协委员。

（刘　军）

【社区委获先进】 年内，3个支社被九三学社北京市委评为社会服务工作先进支社，13人被九三学社北京市委评为社会服务工作先进个人。

（刘　军）

台盟朝阳区工委

【概况】 台湾民主自治同盟北京市委员会朝阳区工作委员会（简称台盟朝阳区工委）是台盟北京市委员会派出机构。台盟朝阳区工委委员7人，设3个支部，盟员68人。其中市人大代表、政协委员3人，朝阳区人大代表、政协委员7人,丰台区政协委员1人。
地址:团结湖北五条8号楼
电话:65094943
邮编:100026
电子邮箱:tmcygw@126.com

(李 力)

【区工委总结会】 1月19日,召开2012年台盟朝阳区工委总结暨新春茶话会。台盟北京市委常务副主委陈军、区委统战部常务副部长胡杰华出席。主委高峰主持会议,50位盟员参会。大会颁发5个奖项,15位盟员获奖。

(李 力)

【年度工作会】 3月,召开参政议政、宣传、信息和对台小组年度工作会。台盟北京市委副主委汪舟、秘书长彭京玉出席会议。主委高峰主持会议,各专门工作小组成员20人参会。

(李 力)

【义诊咨询】 6月22日,组织在京台湾医师、台湾学生"医心益行两岸情"走进潘家园社区服务百姓义诊咨询活动。台盟北京市委秘书长彭京玉,台盟朝阳区工委主任高峰等领导出席活动。

(李 力)

【调研报告获奖】 7月至8月,完成《创新产业布局助力朝阳城乡一体化建设》《大气颗粒物污染防治,推动朝阳生态文明建设》等课题调研。其中:《大气颗粒物污染防治,推动朝阳生态建设》《创新产业布局助力朝阳城乡一体化建设》和《民办图书馆参与公共文化建设促进公共文化服务的均等化、优质化发展》3篇调研报告获朝阳区民主党派专项调研优秀成果二等奖。

(李 力)

【暑期读书班】 8月30日至31日,举办盟员暑期读书班。邀请新华社港台部副主任陈斌华做"对台交往与对台宣传中的敏感问题及对策"的台情报告、中央社会主义学院教授赵丰做"同心同德共筑中国梦"的讲座、台盟北京市委副主委蔡勉做"怎样写好信息"的培训。主委高峰等20位盟员参加学习。

(李 力)

【中秋联谊活动】 9月17日,与区政协、区台办共同举办"走进朝阳,了解朝阳"中秋联谊活动。邀请台商、台生参观区规划艺术馆和莱锦文化创意园。

(李 力)

【承办台盟市委交流与共享研讨会】 9月,承办台盟市委第六届"交流与共享"研讨会活动。组织台湾乡里长参观团结湖街道智慧社区和高碑店新村,并与朝阳区部分街道负责人进行交流座谈。主委高峰等区工委领导参加活动。

(李 力)

【组织建设】 年内,对3个基层支部负责人进行调整。发展新盟员4人。盟员徐庆被增补为区政协委员。10月,召开台盟区级组织成立15周年座谈会,于英等10位盟员获盟市委颁发的"区级组织建设贡献奖"。

(李 力)

【向区"两会"提交建议提案并获奖】 年内,在区人大和区政协"两会"上,区工委提交党派提案两件;政协委员提案7件;人大代表建议3件。其中,《关于建立和完善朝阳区居家医疗服务模式的建议》被区政协评为优秀党派提案。

(李 力)

团 体

朝阳区总工会

【概况】 朝阳区总工会是朝阳区工会组织的领导机关。内设办公室(财务部)、组织部(经审办)、宣传教育部、经济技术部、权益保障部、职工服务(帮扶)中心,职工服务中心(工人文化宫)和服务业工会、制造业工会。编制公务员28人,工勤人员3人。全额拨款事业编6人,自收自支事业编74人。全区共有会员398130人。年内,37个街乡服务站完成规范化建设;区级职工之家达到140余家;申报市级以上职工书屋11个;开展技术练兵、技能比赛7550次;签订工资集体协商专项合同14750家,覆盖职工307162人,建制率为95%;建会公有制企事业单位厂务公开、职代会建制率为100%,建会非公企业厂务公开、职代会建制率为95%;投入293万元,救助和慰问困难职工1149人次;成立区总工会信息中心,"智慧工会"信息化管理平台获"全国基层组织建设创新成果奖"。
地址:朝阳区日坛北街33号
电话:65099158
邮编:100020
邮箱:cyqzghbgs@126.com

(张兰英)

【行业工会成立】 1月6日,区总工会和区非公经济工委分别召开朝阳区服务业工会第一次代表大会和朝阳区制造业工会第一次代表大会。通过民主投票、选举产生本行业工会第一届委员会、经费审查委员会、女职工委员会委员。标志着朝阳区服务业工会和朝阳区制造业工会正式成立。

(张兰英)

【就业服务】 1月9日,区总工会在帮扶中心召开2012年度就业援助工作座谈会。12个街道地区总工会和劲松、三里屯、南磨房、金盏等4个街道和地区基层社保所的领导及工作人员参加座谈。

(张兰英)

【获市工资集体协商优秀指导员】 1月10日,在北京市总工会召开的工资集体协商工作会上,朝阳区陈恺、王旭光作为北京市工资集体协商优秀指导员(19名)受表彰。

(张兰英)

【年度工作会】 1月24日,区总工会在蟹岛召开2013年度工会工作会。区总工会党组书记、主席尹秀峰作题为"凝心聚力,攻坚克难,为朝阳科学发展、民生幸福做出新的更大贡献"的工作报告,提出2013年工会工作的总体要求。区总工会常务副主席李琪主持会议,副主席李扬出席会议。全区各级工会主席、工会干部240人参加。

(张兰英)

【幸福之家评比获奖】 1月31日,区总工会在北京职工婚姻家庭建设协会举办的"北京职工幸福之家"评选活动中,获得优秀组织单位。郭成洪家庭被评选为"北京市职工幸福之家",孟广霞等15户被评选为"优秀家庭",马怀军等20户家庭获得提名。

(张兰英)

【区领导走访慰问劳模】 "两节"期间,区领导吴桂英、宋铁健、张富生、王春等分别走访慰问朝阳区全国劳动模范李菊花和北京市劳动模范李东来、李国深、尚荣丽、杨文尧等，区总工会主席尹秀峰、常务副主席李琪一同慰问。

（张兰英）

【工会经费预算执行情况审计】 3月11日至4月12日，区总工会经审办委托北京中路华会计师事务所对全区街道、地区和商务中心区总工会，教育工会，医疗卫生工会，工商联工会及部分国资、外资企业单位工会共53家进行审计。审计内容为2012年度工会经费预算执行和财务收支情况。审计工作采取进驻方式。

（张兰英）

【招聘专职工会社会工作者】 3月12日至4月30日，区总工会面向社会公开招录专职工会社会工作者35人，全部分配到各街道、地区和商务中心区总工会及各行业工会工作。

（张兰英）

【劳动争议调解获市奖】 3月20日，全市召开首都深化劳动争议调解联动机制建设大会，区总工会调解中心被评为2012年度先进调解组织，常颖、白红梅被评为2012年度优秀调解员。

（张兰英）

【推选先进个人和集体】 3月，朝阳区推荐全国"五一劳动奖状"1个（北京叶氏企业集团有限公司）；全国"五一劳动奖章"2名（权福苗、李爱平）；全国工人先锋号1个（北京市朝阳区阳光矫正管理培训中心）；首都劳动奖章32名（刘建军、潘爱国等）；首都劳动奖状6个（北京市朝阳区劲松文体协会等）；北京市工人先锋号11个（北京劳动大厦有限责任公司等）。

（张兰英）

【摩托罗拉裁员事件调解】 4月22日至6月，摩托罗拉移动控股公司在北京地区裁减员工近500名，引起职工强烈不满，曾引发群体性事件。在区总工会的介入下，化解企业和员工矛盾，使事态得到平息，最终472名员工协商与企业解除劳动合同，分批得到经济补偿款，补偿金额近1.4亿元。

（张兰英）

【庆"五一"劳模林植树】 4月23日，在东郊森林公园举行朝阳区庆祝"五一"国际劳动节暨绿色行动植树活动。区领导程连元、陈宏志、刘军胜、王亚贵、苑文新、郑煌以及区总工会主席尹秀峰等共同与获得2013年全国、首都劳动奖章、奖状和北京市工人先锋号的40余名代表在劳模林前合影留念。参加植树的还有各行各业干部职工1000余人，共植树1900余株。

（张兰英）

【救助残疾困难职工】 5月，区总工会启动残疾困难职工助残日救助活动。常营等19个基层工会的50名残疾职工领到助残专项慰问金2.5万元。

（张兰英）

【市总工会调研基层工会】 6月5日，市人大常委会副主任、市总工会主席梁伟一行10人到朝阳区调研基层工会规范化建设工作。实地考察建外街道工会服务站、南郎社区联合工会和南磨房地区工会服务站，看望一线工会干部，听取区总工会在加强社会管理、职工服务站规范化建设、信息数字化建设、职工会员日服务等方面工作以及三级服务体系建设工作的汇报。市总工会副主席曾繁新、王玉英、陆晓光，区领导程连元、陈宏志、刘军胜、王亚贵及区总工会领导一同调研。

（张兰英）

【民办校工资集体协商签约仪式】 6月26日，在蟹岛举行朝阳区民办学校工会联合会第二届二次代表会暨民办学校行业工资集体协商签约仪式。市总工会副主席王玉英、市教育工会常务副主席刘欢，区总工会主席尹秀峰，区教工委书记周炜等领导，民办学校工会主席及教职工代表共200余人出席签约仪式。本次行业工资集体协商覆盖民办学校224家，涉及教职员工近8000人。

（张兰英）

【劳模志愿服务日活动】 7月2日，区总工会组织全区劳模服务队开展庆"七一"劳模志愿服务日活动。活动主会场设在华堂商场前广场，区教委、区卫生局、区法院、养老院、居民小区、劳模服务基地为分会场。5支服务队的300余名劳模代表分别在上述地点开展义诊、心理咨询、普法讲座、法律援助、义务理发、保健按摩、应急救援知识宣传等志愿服务。

（张兰英）

【十三届四次委员（扩大）会】 8月22日至23日，召开区总工会第十三届四次委员（扩大）会议。市总工会党组副书记、副主席王北平，区委副书记陈宏志出席。区总工会三委委员、区联合纪检监察组、基层工会主席共170人参加会议。区总工会党组书记、主席尹秀峰代表区总工会第十三届委员会常委会做工作报告；区总工会副主席李扬通报2012年度基层工会经费审计情况；大会选举黄文娟为区总工会第十三届委员会常委、副主席。区总工会常务副主席李琪主持会议。

（张兰英）

【职工宣讲报告会】 10月21日，在区卫生局报告厅举办"中国梦·我的梦"职工主题宣传教育活动启动仪式暨首场职工宣讲报告会。来自35个基层单位的约150名干部职工参加。6名先进职工代表分别讲述他们在工作和生活中爱岗敬业、开拓创新、求真务实、乐于奉献的感人故事。以品读中国梦、感知中国梦、传递中国梦、践行中国梦为主题，在全区开展一系列的宣讲和文化展演活动。

（张兰英）

【全总领导调研】 11月15日，全国总工会书记处书记、党组成员赵世洪一行在北京市总工会党组副书记、副主席王北平陪同下，到朝阳区建外街道总工会服务站调研工作。调研组先后听取了区总工会主席尹秀峰关于工会基础建设和服务职工举措的介绍，建外街道总工会就服务站运行情况的汇报。全总领导对服务站的硬件设施和针对区域特点提供的特色服务给予充分肯定。

（张兰英）

【电工安全职业技能大赛】 11月19日，朝阳区电工安全职业技能大赛在电梯职业技能学校举行。市技术交流中心副主任赵建军，区总工会副主席黄文娟，区人力社保局副局长徐宝荣等领导到赛场观看比赛并为获奖选手颁奖。来自39家基层工会的400名选手参加初赛，70名选手获得决赛资格，16名选手最终获奖。其中特等奖1名、一等奖2名、二等奖3名、三等奖10名。朝阳区制造业工会等7家单位获得优秀组织奖。

（张兰英）

【基层工会主席培训】 11月19日至27日，区总工会举办全区基层工会主席培训班，就新时期工会干部使命、中国工会十六大报告解读等专题进行讲座；学习《工会前沿理论》《工会主席领导艺术》等课程；结合实际工作进行分组研讨。来自街道、地区、商务中心区总工会和行业工会主席、副主席共80人参加。

（张兰英）

【十三届五次委员（扩大）会】 11月20日，区总工会邀请中国劳动关系学院工会学院院长杨冬梅解读党的十八届三中全会精神和中国工会十六大精神，全区各级工会干部500余人参加。

（张兰英）

【厂务公开民主管理工作获奖】 11月，朝阳区厂务公开协调小组分别被评为全国和北京市推动厂务公开民主管理工作先进单位，北京慧远电线电缆有限公司分别被评为全国和北京市厂务公开民主管理先进单位。被评为北京市厂务公开民主管理先进单位的还有:朝阳公园经营开发有限公司、爱慕内衣有限公司、钧豪物业管理有限责任、沃尔玛百货有限公司大郊亭分店。

(张兰英)

【新联协创房地产裁员事件调解】 12月10日,北京新联协创房地产开发有限公司60名职工因裁员问题上访,经工会组织调解,最终职工和企业签订解除劳动合同并得到补偿款200多万元,化解了矛盾,避免了重大群体事件的发生。

(张兰英)

【女职工工作获奖】 12月,呼家楼街道总工会被评为2013年北京市工会女职工工作示范单位,常营地区总工会副主席高思颐被评为北京市女职工工作先进个人。

(张兰英)

【救助困难会员职工】 年内,救助工作累计投入资金93.76万元。通过以两节送温暖、爱心卡日常生活救助、突发疾病专项救助、突发意外专项救助和金秋助学等方式,对994人次困难职工和7家单位的一线职工进行救助和慰问,覆盖了全部在册困难职工和符合救助条件的工会会员。

(张兰英)

【完成市工资集体协商专项合同】 年内,全区符合工资集体协商企业15515家、覆盖职工363999人。其中签订集体合同的企业14915家、覆盖职工307183人。签订工资集体协商专项合同企业14751家,覆盖职工300472人,建制率为95.1%。区域和行业工资集体协商的企业11827家、覆盖职工96651人。完成市总数据库中的455家百人企业全部签订工资集体协商专项合同,覆盖职工144252人。

(张兰英)

共青团朝阳区委

【概况】 共青团北京市朝阳区委员会是中共北京市朝阳区委和共青团北京市委领导的一级团委,是朝阳区先进青年的群众组织,负责全区共青团工作,领导少先队朝阳区工作委员会,指导朝阳区青年联合会,并承担朝阳区未成年保护委员会办公室的工作。机关下设办公室、组宣工作部、基层工作部、社会工作部,下辖青少年指导服务中心和青年志愿者协会2个事业单位,分别行使各自职责,共同开展朝阳区青少年工作。年内,有序推进基层团组织全覆盖,新建乡镇实体化团组织565家,"两新"团组织672家,位居全市之首。积极打造青年活动阵地,全年建成60家市级示范社区青年汇,覆盖全区所有街乡,数量位居全市第一,组织开展活动2600余次,参与青年达5.7万人次,有效提升了对各类青少年的覆盖和活动影响力。以青年就业需求为导向,继续推进就业见习基地规范化管理,推动与社会创业资源的有效对接。开展万名中小学生"星光自护"培训、共青团与人大代表和政协委员面对面活动,营造关心青少年的社会氛围,获首都未成年人思想道德建设先进集体称号。建立10个青年文化志愿服务阵地,服务朝阳区公共文化服务体系示范区创建工作,开展青年志愿服务项目运行和志愿者管理标准化,吸纳注册志愿团体105家,运行项目302个,注册志愿者达3.9万人。根据共青团基本信息采集数据,截至年底,全区共有区属团员5.6万人,二级团组织138个,其中街道系统24个,农村系统19个,青工系统52个,非公经济及民办高校团组织43个。

地址:朝阳区日坛北街33号
电话:65094384
邮编:100020
电子邮箱:cytqw@aliyun.com

(孙晓辉　王义源)

【"温暖衣冬"活动】 1月3日至18日,组织朝阳区5家示范社区青年汇开展第一期"温暖衣冬——为最需要的人送去一份温暖"活动,并在朝阳规划艺术馆举办青联专场捐赠。本次活动动员市民捐献闲置冬衣8409件。12月6日至20日,开展第二期"温暖衣冬"衣物捐助活动,收集衣物9953件,全部运往市青基会仓库进行清洗。组织51个青年汇专职社工和北京化工大学40名志愿者到北清路衣物存放点对捐助物品筛选,筛检衣物5168件。捐赠的冬衣由团市委安排在京大学生在假期返乡时带往受助贫困地区。

(孙晓辉　王义源)

【"蓝立方"服务队总结会】 1月12日,朝阳区青年志愿者协会在奥林匹克公园管委会指挥中心召开2012年朝阳区"蓝立方"青年志愿服务队年终总结会。会上,服务队各参与高校团体负责人汇报本校志愿者活动开展情况;颁布新的《请假细则》及激励制度;任命新总值班站长并颁发聘书。与会人员还探讨了运行中相关问题的解决办法,为"蓝立方"更好的运行提出意见建议。

(孙晓辉　王义源)

【第十一届五次全委(扩大)会】 2月26日,共青团北京市朝阳区第十一届五次全委(扩大)会议召开。总结上年工作,研究和部署本年工作重点。增选第十一届委员会委员、候补委员及常委。增选后,委员41人、候补委员5人、常委11人。

(孙晓辉　王义源)

【"星光自护"培训活动】 2月28日,寒假"星光自护"培训活动结束。活动期间共组织培训134场,培训学生6000余人。培训依托两家专业培训机构,组织教师20名。9月1日,暑假青少年"星光自护"培训结束,全区共开展培训148场,培训学生7400余人。培训内容主要是根据教育部颁发的《中小学公共安全教育指导纲要》,讲授"两法一条例"和日常文明礼仪等。

(孙晓辉　王义源)

【完成青年汇选址工作】 3月1日,团区委社区青年汇建设专题调研组赴十八里店地区、机场街道等3家青年汇调研。至此,已完成60家社区青年汇的第一轮走访任务。本轮走访,是由团区委班子成员带队,历时一个月,分3路对43个街乡的60家备选青年汇进行走访并进行现场指导。最终全部确定为社区青年汇建汇。

(孙晓辉　王义源)

【青年就业创业见习基地工作会】 3月20日,召开青年就业创业见习基地工作会,规划全年青年见习工作,从三个方面提升见习基地相关工作。一是实现十大发展基地和重点行业全覆盖,调整见习基地的区域和行业分布,重点支持朝阳区优秀企业建立见习基地;二是实现青年见习初次就业率和满意率双提升,保证青年就业见习的实效;三是完善见习基地进入和退出机制。

(孙晓辉　王义源)

【赴甘肃平凉市灵台县调研】 4月25日至29日,与中国青少年发展基金会、千训慈善爱心基金会共同赴甘肃省平凉市灵台县调研。期间走访3个贫困村,慰问15个贫困家庭,与50名贫困学生结对并为每人资助1000元的爱心助学金,签订了《幸福友好共建村协议》。

(孙晓辉　王义源)

【"蓝粉笔"乡村教师招募】 5月9日,对接区教委、中航国际企业志愿者协会启动"蓝粉笔"乡村教师——西部山区支教项目。招募10名优秀教师暑假期间赴贵州支教,通过培训贫困地区的乡村教师,为乡村教育"造血",输送新的教育理念和技巧。

(孙晓辉　王义源)

【我的第二故乡运动嘉年华活动】 5月25日,"助力成长梦想飞扬"北京·朝阳我的第二故乡运动嘉年华在朝阳体育中心举办。超过3000名农民工子女参加当天的运动嘉年华活动，近200名高校志愿者参加志愿服务。本次嘉年华设有田径项目和趣味项目，在项目设置上将节能环保、应急逃生和团队配合等内容融合到运动项目中。

（孙晓辉 王义源）

【区领导调研共青团工作】 6月5日，区委书记程连元前往建外SOHO现代城社区青年汇调研共青团工作。区领导陈宏志、刘军胜陪同调研。程连元一行观看了社区青年汇活动，参加青年代表座谈会，听取社区青年汇情况介绍及青年就业创业工作汇报。

（孙晓辉 王义源）

【预防青少年违法犯罪和未成年人保护工作会】 6月14日，召开2013年度朝阳区预防青少年违法犯罪和未成年人保护工作推进会。副区长张立新，团市委权益部部长张洁出席会议。区相关单位负责人70余人参加会议。会议下发了《关于调整北京市朝阳区综治委预防青少年违法犯罪专项组领导机构人员名单的决定》《关于调整北京市朝阳区未成年人保护委员会领导机构人员名单的决定》等文件，明确下阶段重点工作。

（孙晓辉 王义源）

【党群共建示范培训班】 7月30日至31日，区委组织部与团区委联合举办党群共建示范培训班。区委常委、组织部部长张革出席开班仪式并讲话。基层团干部及社区青年汇专职社工近200人参加。培训内容主要为坚持党团共建，深化区域化团建工作，推进团的科学化建设；以“我的中国梦”为主题，加强青年理想信念教育；加强青年作风建设，打造新时期的服务型组织等。

（孙晓辉 王义源）

【西部温暖计划活动】 8月6日，在朝阳区规划艺术馆启动“2013西部温暖计划”活动。活动由团市委、首都文明办，中国青基会兰花草艺术基金、千训爱心慈善基金会、北京公益服务发展促进会、朝阳区社会建设工作办公室和团区委等单位联合主办，共为西部贫困地区捐赠衣物10万余件。

（孙晓辉 王义源）

【民营企业进校园活动】 10月25日，区青联、区工商联在对外经贸大学举办“我的梦·企业梦——朝阳民营企业进校园”活动。市工商联副主席佘运高等领导参加，企业家们以“我的梦·企业梦”为主题发表演讲，围绕企业内部人才选拔及培养策略与高校学子展开交流互动。

（孙晓辉 王义源）

【爱心企业牵手社区青年汇】 12月8日，团市委书记常宇、副书记郭文杰，北京青少年发展基金会秘书长陈淑惠，在朝外街道潮外社区青年汇参加“有你汇更好——爱心企业牵手社区青年汇”活动启动仪式，号召爱心企业与社区青年汇结对支持社区青年汇发展。当日，北京市新闻出版局机关团委在潮外社区青年汇举办“一缕书香·点亮人生”主题公益活动，为朝阳区打工子弟学校的学生捐赠1.5万册青少年喜闻乐见的读物。

（孙晓辉 王义源）

朝阳区妇女联合会

【概况】 朝阳区妇女联合会是中共朝阳区委领导下、北京市妇联指导下的群众组织，是党和政府联系妇女群众的桥梁和纽带。年内，朝阳区妇女联合会以“双学双比”“巾帼建功”和“五好文明家庭”等活动为载体，围绕党政所急、妇女所需、妇联所能，团结带领全区广大妇女积极投身朝阳各项事业建设。朝阳区妇女联合会机关设5个部室、1个中心，即：办公室、组联部、事业发展部、维权部、妇女儿童工作委员会办公室（内设科室）、朝阳区妇女发展服务中心。

地址：朝阳区日坛北街33号

电话：65099410

邮编：100020

电子邮箱：chaoyang@bjwomen.gov.cn

（付剑梅）

【开展为孤残儿童编织毛衣活动】 1月18日，区妇联副主席贾冬云带队，将300件毛衣送给朝阳东方博爱儿童福利院的孩子们。这些毛衣是区妇联响应市妇联号召，组织43个街乡的200多位巧娘开展“恒爱行动—为孤残儿童编织毛衣”活动提供的。由恒源祥集团提供毛线，在半个月的时间内编织了300件适合5岁以内孩子穿着的毛衣。

（付剑梅）

【迎新年文艺演出】 1月27日，区妇联、中国民族器乐学会、北京器乐学会、劲松街道办事处共同举办“用爱托起希望·用美扮靓北京·文化艺术进朝阳”迎新年演出活动。区妇联副主席杨丽、中国民族器乐学会常务副会长兼秘书长毕可炜、北京乐器学会副秘书长金岩，以及来自北京器乐学会的师生、社区表演团队、社区居民等150人参加活动。

（付剑梅）

【“两节”送温暖】 元旦春节期间，区妇联开展了以“营造温暖之家、共享美好生活”为主题的扶贫慰问送温暖工作，为1073户单亲特困母亲送慰问金21.46万元，为1991名城市老年无业妇女发放医疗救助金79.64万元。得到北京市妇女儿童发展基金会的资助，为14名老妇救会主任和142名特困单亲家庭发放救助金10万元。

（付剑梅）

【妇联十二届四次执委会】 2月26日，区妇联召开十二届四次执委会议，区妇联副主席杨丽主持，31名执委参会。会议审议通过了“以党的十八大精神为指引，推动朝阳区妇女工作创新发展”工作报告，通报了区妇联2013年“三八”活动安排。

（付剑梅）

【区女律师联合会成立】 3月6日，区律师协会在纪念“三八”国际劳动妇女节活动中宣布成立朝阳区女律师联合会，郝惠珍任会长；宣布朝阳区律师协会成立妇女委员会。经前期选举，郝惠珍任律师协会妇委会主任，邢冬梅、荣凤琴、李宝珠、袭荣华、秦丽萍、李华任副主任。

（付剑梅）

【庆“三八”传统文化鉴赏活动】 3月6日，区妇联举办纪念“三八”国际劳动妇女节传统文化学习交流鉴赏活动。邀请著名京剧表演艺术家孙毓敏讲解京剧知识、点评京剧折子戏。140名街乡妇联主席，妇工委（妇委会）负责人及部分女校长参加活动。

（付剑梅）

【家庭助廉大家谈活动】 3月7日，区纪委、区妇联和常营地区办事处联合举办第二届“勤俭持家·创和谐家庭”家庭助廉大家谈活动。区纪委、区妇联向广大家庭和妇女姐妹发出“倡家庭节俭之风·建美丽和谐朝阳”的倡议，号召大家争当勤俭节约观念的倡导者、勤俭节约行动的实践者、勤俭节约美德的传播者。纪检干部和妇女代表们就家庭助廉对于党员干部勤政廉洁的重要作用以及如何当好贤内助、廉内助进行交流发言。与会人员还参加了廉政文化、家庭文化知识竞答及“厉行节约勤政廉洁”文艺演出等活动。

（付剑梅）

【捐资助学】 3月15日，区妇联与区地税局组织开展以“牵手延庆学子 践行北京精神”为主题的捐资助学活动。由区妇联牵线搭桥，区地税局捐资5万元资助延庆县50名贫困学生。

（付剑梅）

【“三八”妇女维权周启动】 3月26日，区妇联在王四营地区文化服务中心举办以

"关爱妇女儿童·共建美丽朝阳"为主题的"三八"维权周启动仪式，市妇联，区政法委、区检察院、区法院、区司法局、区人力社保局等单位的领导和各街乡妇联主席、社区干部，女干警，女检察官，女法官，女劳动仲裁员，女性社会组织代表及文体协会代表等200余人参加活动。启动仪式上，领导们为区妇女儿童法制教育实践基地和5个区妇女儿童维权工作站授牌。

（付剑梅）

【幸福养老大课堂教育基地人员培训】 4月2日，在朝阳社区学院举办"幸福养老大课堂"朝阳教育基地管理人员第四期培训工作会。对全区新增的100家教学基地管理人员就老年教育的相关制度、网络教学点管理、教育教学工作组织等内容进行培训。北京东方妇女老年大学副校长回春茹主持会议，区妇联、区老龄办、区老干部局等部门领导出席会议。

（付剑梅）

【巧娘手工艺协会成立】 4月16日，区妇联在潘家园国际民间文化发展中心召开朝阳区巧娘手工艺协会成立大会暨第一次会员代表大会。区妇联主席李洁、副主席杨丽、贾冬云及协会会员、街乡妇联主席等100余人参加会议。会上，贾冬云向大会做巧娘工作报告。大会推选出第一届理事会、监事会成员。

（付剑梅）

【区妇女儿童工作委员会工作会】 4月19日，区妇儿工委召开2013年度朝阳区妇女儿童工作委员会工作会，区妇儿工委38个成员单位主管领导及联络员、43个街乡妇儿工委主任及办公室主任共120余人参加会议。会上，区妇联主席李洁做工作报告；区委组织部、区卫生局做经验交流；市妇儿工委办公室常务副主任周静，区妇儿工委主任、副区长苑文新出席会议并讲话。

（付剑梅）

【第二届朝阳区家庭文化节举办】 5月11日至17日，由区妇联主办的第二届朝阳区家庭文化节暨"巧手扮靓生活"巧娘作品展在潘家园旧货市场现代收藏品大厅二楼展厅开举办。市妇联副主席常红岩、区政协副主席陈合庄及社工委、农工委、文明办、总工会、团区委、潘家园街道办事处等有关部门领导，部分妇工委、妇委会、43个街乡妇联干部、妇女群众代表等200余人参加开展仪式。展览共展出布艺、珠绣、纸艺、绢花等10余类600余件手工艺作品。

（付剑梅）

【全国妇联主席沈跃跃到朝阳调研】 7月5日，全国人大常委会副委员长、全国妇联主席沈跃跃到朝阳区，就开展党的群众路线教育实践活动和加强妇女工作进行调研。市委副秘书长王翔，市妇联主席赵津芳，区委书记程连元、副书记陈宏志，区妇联主席李洁陪同调研。沈跃跃实地视察了奥运村街道龙祥社区的和谐家庭指导站、妇女之家、幸福养老大课堂，国奥村社区奥运村地区妇女儿童教育基地——民间奥运博物馆，亚运村街道的五矿大厦商务楼宇姐妹驿站和街道妇女之家，望京街道女性社会组织——李楠社会工作事务所，与社区的妇女群众交谈，询问家庭生活情况和暑期儿童学习生活情况等。视察过程中，沈跃跃随行听取了朝阳区开展妇联工作基本思路、落实党建带妇建工作汇报；听取了基层妇联组织关于调解家庭矛盾、促进邻里和谐及为妇女群众办实事工作开展的情况介绍。沈跃跃对朝阳区妇女工作给予高度肯定，并认为朝阳区委区政府高度重视妇女工作，坚持党建带妇建，切实增强了妇联组织的战斗力和凝聚力，大力培养选拔女干部，积极推动妇女参政议政。妇联组织团结广大妇女在经济建设、社会建设、家庭建设和承担急难险重任务中发挥积极作用，"金玫瑰"巾帼志愿服务行动、五级维权工作体系、女性社会组织公益服务季等是很好的经验，值得认真总结推广。

（付剑梅）

【处级女干部及妇联执委培训】 7月8日至12日，区处级女领导干部、妇联执委培训班在区委党校开班。区各委办局、各街乡的女性领导干部及妇联执委共115人参加培训。市妇联副主席陈玲，区委常委、组织部部长张革，区委党校常务副校长董伟，区妇联主席李洁等出席开班仪式。张革在开班动员中对女领导干部提出三点意见，一是强化学习意识，树立正确的学习观；二是注重学习效果，加强实践锻炼；三是坚持群众路线，彰显女干部良好形象。培训包括现代领导执行力、国际形势与国家安全、女性领导干部形象塑造、积极心理学、传统艺术鉴赏等课程。

（付剑梅）

【阿拉善盟妇联到朝阳考察】 8月12日，内蒙古阿拉善盟妇联考察团30人到区参观考察妇女之家建设情况并座谈。座谈会上，双方签订《朝阳区妇联和阿拉善盟妇联结成友好妇联》协议。

（付剑梅）

【妇联十二届五次执委会】 8月27日，区妇联召开十二届五次执委会议。会议讨论通过了朝阳区妇联十二届执委、常委替补事项，审议通过了区妇联2013年半年工作报告。

（付剑梅）

【区海外女性人才联谊会成立】 8月30日，北京市朝阳区海外女性人才联谊会成立大会在建外SOHU彩虹书吧召开。市妇联副主席周志军，区委组织部副部长高敬茹，区妇联主席李洁、副主席贾冬云，区海外学人中心副主任肖振祥等领导及部分联谊会会员参加会议。会议由肖振祥主持。秘书长王燕红向大会作筹备工作报告，新当选理事会成员同大家见面并作表态发言。朝阳区海外女性人才联谊会由区委组织部、区妇联及朝阳海外学人中心联合发起成立。采取网上投票方式通过章程（草案）及选举第一届理事会成员，共有会员60人。

（付剑梅）

【创建平安家庭预防儿童伤害知识竞赛】 8月30日，区妇儿工委办公室举办朝阳区"创建平安家庭 预防儿童伤害"知识竞赛决赛。王四营地区的贺天悦家庭获一等奖，大屯街道的罗宇琳等3个家庭获二等奖，六里屯街道的韩燕明等5个家庭获三等奖。

（付剑梅）

【村妇代会换届】 截至8月底，全区村妇代会换届选举工作结束。与村党支部、村委会换届选举同步进行，共有63个村妇代会进行换届选举，选举产生63名村妇代会主任。新一届村妇代会主任进两委人数63人。在全区村党支部、村委会换届选举工作中，其中女性党支部书记6人，女性村主任1人；村党支部女性配备率94 %；村委会女性配备率100 %；女性进村委会比例30.1%，女性两委配备率100%；村女书记主任一人兼1人，占总数1.5%，女性在村两委交叉任职率为21%。

（付剑梅）

【叶青大厦建立区域型妇联组织】 9月6日，叶青大厦召开第一次妇女代表大会，40名妇女代表参加会议。会议选举产生叶青大厦妇联执委9名，阚冬、王慧超分别当选为妇女联合会主席、副主席。会上，区妇联主席李洁为叶青大厦姐妹驿站颁牌。市妇联副巡视员周静，区委组织部常务副部长唐行安出席会议。

（付剑梅）

【女性健身舞蹈大赛】 9月6日，区妇联举办"美丽朝阳，乐活人生"女性健身舞蹈大赛。区妇联、南磨房地区办事处、中国网乐活频道、智品互联文化传播（北京）有限公司、华夏银行等主办单位和承办单位的领导出席闭幕式并为获奖的15支参赛队颁奖。获奖队伍在闭幕式上进行了汇报演出。本次大赛共有37支队伍参加，参与人数达千余人。

（付剑梅）

【农村系统妇联干部培训班开班】 9月16日，区妇联举办朝阳区农村系统妇女工作者、“妇女之家”负责人培训班。300人参加。区妇联副主席贾冬云介绍“妇女之家”建设整体情况和全区妇女工作主要思路、重要目标；太阳宫地区社区“妇女之家”负责人和高碑店地区村“妇女之家”负责人交流经验；中国家长教育研究所教授王斌哲讲授开展家长教育工作的方法，中华女子学院教授杨静讲授“妇女之家”在新农村建设和构建和谐社会中的重要作用。

（付剑梅）

【区女性家政服务员联谊会成立】 9月18日，召开朝阳区女性家政服务员联谊会成立大会。联谊会吸纳了全区40多家家政企业，首批会员104人。成立大会后举办职场女性礼仪知识讲座。

（付剑梅）

【市评估朝阳妇女儿童发展规划】 9月26日，北京市“十二五”妇女儿童发展规划中期评估督导组及专家组，到朝阳区开展“十二五”妇女儿童发展规划评估督导工作。区妇儿工委主任、副区长苑文新代表区委区政府汇报朝阳区“十二五”妇女儿童规划的实施情况，区委组织部、区教委、区卫生局分别就规划中的女干部培养使用情况、儿童教育情况及妇幼卫生情况进行汇报。之后，评估督导组一行分别到朝外街道芳草地社区和朝阳区妇女儿童维权合议庭了解“一刻钟社区服务圈”建设和妇女儿童维权工作。督导组认为朝阳区评估机制建立完善，规划实施科学规范，工作整体水平居于全市之首。同时针对全市普遍存在的婚检率低和出生缺陷率高的问题提出建议，希望朝阳区探索有效途径，为全市积累经验。

（付剑梅）

【流动儿童关爱服务推进会】 9月27日，区妇联与区流管办共同召开朝阳区流动儿童关爱服务体系试点工作推进会。10个成员单位的领导和负责同志及街乡妇联主席、流管办主任约100人参加会议。会上，区妇联副主席杨丽介绍朝阳区关于试点工作实施方案，高碑店村、十八里店金地老君堂实验学校代表试点单位作经验介绍。

（付剑梅）

【全国妇联妇研所到区调研】 10月14日，全国妇联妇研所所长谭琳一行到朝阳区十八里店乡调研。与十八里店乡妇联、工会、流管办、民政、司法、计生、派出所、村委会等部门的基层工作人员和流动农民工代表进行座谈，了解流动农民工基本情况、工作上遇到的困难、政府为流动农民工提供服务以及在管理流动农民工上遇到的问题等。调研还就农民工婚姻家庭、夫妻关系等方面进行详细询问。市妇联副主席陈玲，市妇联研究室主任韩桂华，区妇联副主席杨丽，十八里店乡党委副书记李万军陪同调研。

（付剑梅）

【朝阳两代表参加中国妇代会】 10月28日，中国妇女第十一次全国代表大会在京开幕。朝阳区妇联党组书记、主席李洁，北京靓诺派时装有限公司总经理苑永萍被推选为妇女代表参会。

（付剑梅）

【妇女维权机制建设工作推进会】 11月6日，区妇联、区法院、区检察院联合在南磨房法庭举办朝阳区妇女维权机制建设工作推进会。市妇联副主席常红岩，区委副书记陈宏志，区法院院长李瑞翔及区综治委、公安分局、区司法局、区人力社保局、区女律师联合会等部门领导出席会议。会上，就全区妇女维权工作进行了汇报；与会领导为区法院、区检察院的“妇女维权合议庭”“妇女儿童维权通道”授牌；王四营法庭妇女维权合议庭和区检察院妇女犯罪审控组就自身开展妇女维权工作进行经验交流；区法院、区检察院的领导分别就本系统开展妇女维权工作的情况和落实此次会议精神进行部署。陈宏志在讲话中对妇女维权工作提出三点意见：一是要充分认识维护妇女儿童合法权益的重要性，切实增强为妇女儿童维权的光荣感、使命感；二是要积极创新工作机制，不断提高新时期妇女维权工作的实效性；三是要切实加强组织领导，为妇女维权事业发展提供坚强保障。

（付剑梅）

【公益讲师团座谈会】 12月13日，区妇联召开2013年公益讲师团座谈会。2012年8月至2013年12月，公益讲师团共有18名讲师深入到社区、村文化服务中心，妇女之家，老年活动室等地方授课，受益群众累计近4000人次。

（付剑梅）

【和谐家庭教育指导项目培训】 12月20日，区妇联与市家庭教育指导中心、区教委等单位联合举办和谐家庭教育指导服务项目专题培训。43个街乡妇联主席及557名社区和谐家庭指导站负责人参加培训。市家庭教育研究会副会长齐大辉作“朝阳区和谐家庭教育指导服务工作途径及方法”讲座，市家庭教育研究会副会长宗春山作“儿童社会性行为培养”的培训。

（付剑梅）

【妇儿发展规划实施情况汇报】 12月23日，在区政府第43次区长办公会上，区妇联主席李洁对2013年实施妇女儿童发展规划工作情况进行专题汇报。会上，副区长张立新提出：区教委要就儿童教育方面的指标与妇联对接，在指标表述上突出教育统筹发展、均衡发展的概念；关于提高婚检率问题卫生局要协调相关部门召开专题工作会。区长吴桂英对婚检率低和出生缺陷率高的问题做出指示，责成妇联牵头，民政局、卫生局、人口计生委、财政局等单位配合，加大宣传力度，增加婚检地点，方便报销流程；并决定增加妇女之家活动经费，按照全区常住妇女人数，每人每年2元钱的标准给予拨付。

（付剑梅）

【巧娘手工艺协会总结会】 12月25日，区巧娘手工艺协会召开2013年工作总结会。总结全年工作、重点部署2014年工作，巧娘代表左翠霞在会上作“传承陶瓷文化，让千年陶瓷的振兴从我们行动做起”的主题演讲。协会成立一年来，会员从53名发展至128名，50余名顾问讲师团成员共举办技能培训1060多场次，受益妇女达4万余人，带动弹性就业4000余人。

（付剑梅）

【评选妇女之家和姐妹驿站】 年内，按照《关于在创先争优活动中建设“妇女之家”的实施意见》和《关于创建区级示范“妇女之家”的实施意见》，在全区的“妇女之家”和“姐妹驿站”中开展示范创建工作。年底，共评选出朝阳区示范“妇女之家”15个，示范“姐妹驿站”6个，优秀活动项目13个。

（付剑梅）

【关爱两癌困难妇女群体】 年内，区妇联争取到全国妇联、财政部和北京市妇女儿童发展基金会拨付的贫困母亲两癌救助专项基金共计6.5万元，慰问太阳宫、崔各庄、金盏等地区的两癌特困妇女；基金会还为468名乳腺癌已做切除手术的患者免费赠送义乳文胸，分批为她们进行量体制作。

（付剑梅）

朝阳区青年联合会

【概况】 朝阳区青年联合会是朝阳区各族

优秀青年的爱国统一战线组织，内设秘书处作为日常办公机构。按委员代表性及职业，划分为社团劳模、科教卫、经济、金融、现代服务、公共管理、政法、文化体育、新闻传媒、港澳台侨民族宗教10个界别，其中经济界别下设经济1组和经济2组。共有委员349名，其中主席团成员16人，常委50人。年内，开展新春联谊会、委员绿色出行、贫困学子帮扶等活动10余次。“青年之友”联谊会作为区青联的外围组织，是区青联的一部分，联谊会会员主要包括因为超龄、卸职的青联委员，除在青联组织中不具有选举权和被选举权外，会员与其他青联委员一样参加青联组织的各项活动。“青年之友”联谊会设会长1人，副会长9人，共有会员109人。

地址：朝阳区日坛北街33号

电话：65099178 65094331

邮编：100020

电子邮箱：cyqinglian2013@163.com

（郭学渊　武　爽）

【区青联四届十四次常委会】 4月25日，召开区青联四届十四次常委(扩大)会议及新委员见面会。会议审议通过了《关于增补于斌等13名同志为区青联委员的建议》《关于调整朝阳区青联常务副主席的建议》《2013年工作要点》《北京市朝阳区青年联合会后备委员联谊会制度》。张继明当选为朝阳区青联常务副主席，于斌、马恒、王延安、叶冉、布和(蒙古族)、关德鹏、张冬冬、邱宾、周鹏、徐剑、郭建军、梁晶(女)、隗冬梅(女)增补成为朝阳区第四届青联委员。

（郭学渊　武　爽）

【外事交流】 8月13日至17日，区青联组织青少年赴韩友好交流访问。访问团成员与韩国首尔江南区世宗高中的师生进行友好交流。

（郭学渊　武　爽）

【区青联四届十五次常委会】 9月24日，召开区青联四届十五次常委(扩大)会议。会议审议通过了《北京市朝阳区青年联合会第五届委员会第一次全体会议日程安排》《北京市朝阳区青年联合会第五届委员会委员组成方案及推荐办法》，会议通过了《关于增补朝阳区青联委员的建议》，王心安等25人士增补为朝阳区第四届青联委员。

（郭学渊　武　爽）

【区青联五届一次全委会】 12月20日，朝阳区青年联合会第五届委员会第一次全体会议在华膳园召开。会议选举产生第五届委员会主席、副主席及常委。朝阳团区委书记王洪涛当选主席，万科集团执行副总裁毛大庆等15人当选副主席，朝阳区社区青年汇运营支持中心主任马恒等34人当选常委；会议审议通过了关于工作报告的决议；向毛大庆、贺贝奇等20位第四届委员颁发突出贡献奖；向马嘉、周连选等9位委员颁发公益爱心奖并与学子助学结对。

（郭学渊　武　爽）

朝阳区工商业联合会

【概况】 北京市朝阳区工商业联合会(简称区工商联)是中国共产党领导下的具有统战性、经济性及民间性的人民团体和民间商会。中共朝阳区委非公经济工作委员会(简称区委非公经济工委)与朝阳区工商联合署办公。

地址：团结湖北五条8号楼

电话：65094397

邮编：100026

电子邮箱：chygsl@bjchy.gov.cn

（杨婷婷）

【“两节送温暖”活动】 “两节”期间，在工商联系统发出“两节送温暖”倡议。据不完全统计，共有78家会员企业，走访慰问困难党员、困难家庭420余户，资助贫困大学生、老人、孤儿等社会弱势群体累计278万余元。四川雅安地震发生后，眉州东坡、汉能控股、安正物流、石材业商会等企业捐助资金累计2632万余元。三间房企业联合会组织会员单位慰问三间房敬老院，共计捐款14500元，赠送了价值3万元的食品、日用品和音响；京奥港集团捐赠600多万元支援家乡建设；银海万向捐赠97.7万元资助困难学生、儿童福利院、养老院。

（杨婷婷）

【学习全国“两会”精神专题报告会】 3月21日，区工商联组织学习全国“两会”精神专题报告会。国务院发展研究中心环境和能源研究所副所长李佐军做专题报告，市工商联党组副书记张卫江，区工商联领导及系统内93家会员企业代表参加。

（杨婷婷）

【商务旅行卡企业俱乐部成立】 3月29日，与区外办共同举办朝阳区APEC商务旅行卡企业俱乐部成立大会。外交部国际经济司参赞、APEC高官谈践，市外办副主任张海舟，副区长张立新及相关部门负责人，爱慕集团、西京集团等首批25家会员企业代表参加成立大会。

（杨婷婷）

【入党积极分子培训】 5月28日，区委非公经济工委在区委党校举办入党积极分子培训班。年内，培养入党积极分子450名，发展党员102名。

（杨婷婷）

【执委会会议】 6月19日，召开第十届执委会第三次会议。经大会选举通过，梅诗曙任区工商联常务副主席、王素荣任副主席；王小毛不再担任区工商联党组书记、常务副主席、非工经济工委书记职务；赵宁江不再担任区工商联党组副书记、副主席、非公工委副书记职务。

（杨婷婷）

【“我的梦·企业梦”主题活动】 7月30日至10月30日，区工商联开展“我的梦·企业梦”主题征文比赛活动。32家执委企业参评，15名企业家获得优秀征文奖。朝阳有线《和谐在线》栏目采访了26名企业家，并在《朝阳新闻》中录制播出“我的梦·企业梦”电视专题采访栏目12期，集中宣传了握奇数据、眉州东坡、福润达化工、洛娃集团等在转变发展方式、企业文化、科技创新、光彩事业、开拓市场等10个方面的典型企业。

（杨婷婷）

【民营企业专场招聘会】 7月，区工商联与区人力社保局、团区委共同举办民营企业专场招聘会。以综合招聘会、区际手拉手、民企专场招聘会等形式，组织大学生村官、高校毕业生、青年失业者、复员转业军人等群体参加，共提供岗位4300个，达成用工意向1467人。

（杨婷婷）

【获全国先进集体称号】 10月18日，朝阳区工商联被全国工商联、人力资源社会保障部授予“全国工商联系统先进集体”荣誉称号。

（杨婷婷）

【区工商联法律服务中心成立】 12月4日，依托会员企业法律服务资源优势，成立了朝阳区工商联法律服务中心，为会员企业免费提供日常法律咨询服务。

（杨婷婷）

【非公组织党建】 年内，通过政策宣传、思想沟通、典型引导、加强服务等多种方式，加大非公企业党建工作力度，推进规模以上企业建立党组织。中国城建工程有限公司、银海万向投资控股有限公司、和君集团有限公司、北京华力置业有限公司、朝阳区大柳树精神病康复中心分别成立了党组织。

（杨婷婷）

【商会建设】 年内，新成立商会组织6个。

包括:2个地区分会(亚运村街道分会、孙河乡企业联合会),3个行业分会(文化创意产业分会、视光眼镜行业协会和对外贸易分会),1个楼宇商会(叶青大厦商会)。截至年底,共有商会组织22个,覆盖会员企业37880家。

(杨婷婷)

【参政议政】 年内,动员并鼓励系统内人大代表、政协委员提交提案,为区域发展建言献策。先后完成了《北京市非公经济代表人士人才发展》《关于加强新形势下商会组织建设的探索与思考》等5个课题任务。

(杨婷婷)

【派驻党务工作者】 年内,在区委组织部支持下,向中复电讯公司党委、福建企业总商会党委、女企业家协会党委派驻党务工作者4名,协助企业开展党务工作,提炼工作亮点,树立党建品牌。完成《北京福建企业总商会党建工作调研报告》《关于向非公经济组织派驻党务工作者和党建工作指导员的方案》2个调研报告。围绕非公企业发展需要,联合北京双高朝阳人力资源开发中心,谋划并组织实施全年人才工作项目——朝阳非公企业家对话高校人才系列活动。

(杨婷婷)

【对外宣传】 年内,新组建80名企业信息联络员队伍;开设区工商联网站和《朝阳非公简讯》专刊。区工商联获市工商联系统"2012年度内报内刊组织奖"。

(杨婷婷)

朝阳区归国华侨联合会

【概况】 朝阳区归国华侨联合会是在中共朝阳区委领导下,由朝阳区归国华侨、侨眷组成的人民团体,是党和政府联系广大归侨侨眷和海外侨胞的桥梁和纽带。年内,围绕履行群众工作、参政议政、海外联谊、维护侨益等职能开展各种活动。在市政协十二届一次会议、区政协十二届二次会议和区人大十五届二次会议期间,共提交个人议案、提案17件;新成立社区侨联组织7个,基层组织总数已达42个。在中国侨联召开的第九次归侨侨眷代表大会上,朝阳区侨联获全国侨联系统先进集体。

地址:团结湖北五条8号楼

电话:65094372

邮编:100026

电子邮箱:chyqlyx@163.com

(刘玉安)

【为归侨侨眷送温暖】 春节期间,各基层侨联采取走访慰问、座谈交流等传统慰问方式,共慰问归侨侨眷1300余人,送慰问金和节日慰问物品共计14万余元。市、区侨联先后走访慰问了宗贵纯、杨振汉、何玉兰等老归侨和田景廉、吴杏荣、周馥莲等前街道侨联主席,看望了区属特困归侨谷玉秀和重病归侨黄芬娥、黄乔尔等老人。

(刘玉安)

【区侨联全委会】 3月15日,召开区侨联全委会,讨论通过了《2013年区侨联工作要点》《关于在朝阳区基层侨联组织中开展组织建设年的实施意见》《朝阳区基层侨联组织"示范单位""优秀集体""先进个人"评选工作实施方案》等。委员们就提高思想认识、推进工作科学化水平、创新服务手段、打造服务品牌、加强组织建设等问题提出了意见建议。

(刘玉安)

【"侨心公社"公益项目启动】 7月12日,在朝阳剧场举办朝阳区首都新侨乡文化节文艺汇演暨"侨心公社"公益服务项目启动仪式,中国侨联副主席、北京市侨联主席李昭玲,区委副书记陈宏志等领导出席。

(刘玉安)

【第一家楼宇企业侨联成立】 10月29日,朝阳区第一家楼宇企业侨联暨三里屯街道楼宇企业侨联组织成立。

(刘玉安)

【宣传落实归侨侨眷权益保护法】 10月30日,举办学习贯彻《中华人民共和国归侨侨眷权益保护法》培训班。区侨联委员和全区各基层街道侨联主席、侨务干部近百人参加。

(刘玉安)

【示范单位及先进评选】 12月18至19日,在密云瑞海姆会议中心召开2013年朝阳区侨联组织建设年工作总结会。会上,评选出2013年基层侨联组织建设年侨联工作示范单位8个、优秀集体单位10个、先进个人30名。

(刘玉安)

朝阳区科学技术协会

【概况】 北京市朝阳区科学技术协会(简称朝阳区科协)是朝阳区科技工作者的群众组织,是党和政府联系科学技术工作者的桥梁和纽带。由区级学会、协会、研究会,街乡科协、企事业单位科协和高校科协组成。主要职能为"三服务一加强"(服务区域经济社会发展、服务全民科学素质的提高、服务科技工作者、加强自身建设)。行政编制8名,内设综合科、科普部两个科室。下属规范工资事业单位北京市朝阳区科技协作中心编制4名。年内,建立朝阳院士专家服务中心,开辟大嘉网"北京朝阳企业专区",创刊《朝阳科技参考》杂志。整合专业机构科技资源,组织"科教进社区""北京医科社团进社区"等活动,全面服务区委、区政府科学决策和区域经济社会发展。完善朝阳区科技场馆联席会议制度、科普工作联席会议制度,健全43个街乡科协组织,制作印发《走进科技殿堂、共享文明生活——朝阳区科普场馆巡游指南》等科普宣传材料,为街乡增设LED数字科普视窗并购置多媒体播放器。组织以科技周、科普之夏、全国科普日等重点科普活动为平台的基层科普活动200余场。北京百万家庭数字生活技能大赛"连年保持全市领先地位,组织中小学参加全国和北京市青少年科技创新大赛、青少年机器人竞赛等赛事均取得优异成绩。

地址:朝阳区日坛北街33号

电话:65099961

邮编:100020

电子邮箱:cyqkxjsxh@126.com

(玉 红)

【科普场馆联席会发展研讨会】 1月11日,区科协召开科普场馆联席会发展研讨会,中国科技馆、国家动物博物馆等19家驻区的国家级、市级博物馆、科技场馆的领导或代表出席会议。会议就如何发挥场馆作用、加强科普工作研讨交流。北京航空航天模型博物馆、北京农耕文化科技示范园、北京工业大学科技馆成为联席会成员单位。

(玉 红)

【科技"三下乡"活动】 1月29日,朝阳区"贯彻落实党的'十八大'精神 共建美丽朝阳——2013年春节文化、科技、卫生'三下乡'活动暨文艺演出"在将台地区举行。区科协通过制作科普展板,发放2013年科普年历和各类宣传资料,将科普知识送到将台、东坝和黑庄户等地区。

(玉 红)

【为区机关安装数字科普视窗】 1月,在区机关餐厅安装数字科普视窗,并采用最先进的3G传输手段,及时发布党和政府有关精神,宣传科学技术、生活百科、节能环保和防震减灾等科普知识。

(玉 红)

【获北京青少年机器人竞赛多个奖项】 2月3日,第13届未来伙伴北京青少年机器人竞赛在北京市通州区第三中学落幕。朝阳区青少年代表队摘取机器人创意比赛、综合技能比赛、VEX 工程挑战赛等五个项目的冠军,位居全市第一,区科协获竞赛组织工作奖。

（玉　红）

【获市科协多项表彰】 2月,在2013年市科协系统工作会上,区科协获"2012年度北京市科协系统文明单位""市科协系统信息工作先进集体"称号;由区科协推荐的2名科技工作者获得"北京优秀青年工程师"称号;8个社区获科普益民奖补计划、1个村获科普惠农兴村计划奖补对象、1个场馆获科普优秀科普场馆、23名社区干部获优秀社区科普宣传员称号。

（玉　红）

【世界地球日宣传活动】 4月22日,区科协邀请区环保学会,组织肉类食品研究中心、理化分析测试中心的专业人士前往小红门乡开展世界地球日宣传活动,现场解答社区居民关于低碳生活、环境保护、食品安全、空气污染等方面的社会热点问题,并发放宣传资料。

（玉　红）

【再编《科普场馆巡游指南》】 4月,在原《朝阳区科普场馆巡游指南》基础上,收录新加入的北京工业大学科技与艺术博物馆、北京航空航天模型博物馆、黑庄户农耕教育示范园和北京市园林科研所的场馆介绍、服务信息和宣传图片,重新编辑出版1万册《走进科技殿堂、共享文明生活——朝阳区科普场馆巡游指南》,发至全区各社区。

（玉　红）

【院士专家服务中心成立】 5月16日,朝阳区院士专家服务中心暨企业院士专家工作站揭牌仪式在CBD举行。国务院参事、国际欧亚科学院院士刘燕华,国际欧亚科学院院士彭公炳、何昌垂、何建邦、崔伟宏,中国科学技术咨询服务中心主任盛小列、副主任王诚,市科协党组书记、常务副主席夏强,市科协副主席周立军,区委常委、组织部部长张革等领导出席。副区长汪洋主持揭牌仪式。盛小列和夏强共同为院士专家服务中心揭牌,夏强为超图软件有限公司、北京中材人工晶体研究院两家企业院士专家工作站授牌,张革为进站院士代表颁发聘书。中国科协领导充分肯定朝阳区院士专家服务中心的工作模式,并表示要把朝阳区作为中国科协拓展工作领域、创新工作模式的全国试点单位。

（玉　红）

【北京科技周活动】 5月,区科协与区教委、区园林绿化局联合举办第十二届红领巾科普游园会暨2013年"六一"科普玩具欢乐汇;与团结湖街道办事处在团结湖公园联合举办以"低碳环保、健康生活"为主题的"科学健身、环湖健步走"系列科普活动,2000余名社区群众参加。各街乡以"科技创新·美好生活"为主题,针对食品安全、生态环保、应急避险、低碳节能、健康生活、防灾减灾、公共卫生等与百姓生活密切相关的热点问题,组织科普活动39项。

（玉　红）

【开辟《北京社区报》科普专栏】 5月,与《北京社区报》合作,联合推出《科技护航》科普宣传专栏,每月4期,主要以提升公众应用科学知识解决实际问题、改善生活质量、应对突发事件的能力为目的,传播科学文化,提高公众科学文化素质。该报在区内各社区及京客隆商场均有免费赠阅。

（玉　红）

【区科协成为北方智桥联盟首批会员】 6月18日,来自北京、辽宁、青海、山东、湖北等11个省市的19家城市科协齐聚北戴河,打破区域限制,携手打造高端智力资源共建共享、服务创新发展的新平台"北方智桥联盟",区科协作为北京市唯一代表,被吸纳为联盟首批会员。

（玉　红）

【获全国青少年机器人赛多奖项】 7月16日至20日,第十三届中国青少年机器人竞赛在吉林省长春市举行。由区科协带队,来自朝阳区5所学校的36名师生参加了8个项目的角逐,最终获4枚金牌,居北京市区县金牌总数第一。

（玉　红）

【通过全国科普示范区中期评估】 7月30日,由北京市科协领导和专家组成的全国科普示范区(县)评估组对朝阳区全国科普示范区进行中期评估。评估组在听取区科协主席杨绍磊作的自查汇报,审查有关档案材料,实地检查管庄乡科普教育基地后,对朝阳区科普工作给予高度肯定,同意朝阳区通过全国科普示范区中期评估。

（玉　红）

【区科协六届二次全委会】 7月31日,区科协第六届全委会第二次会议在蟹岛召开。56名委员出席。杨绍磊通报区科协上半年工作情况和下半年工作重点。会议增补玉红为区科协第六届委员会委员,选举玉红为区科协秘书长。

（玉　红）

【科普之夏系列活动举办】 7月,区科协以"保护生态环境,建设美丽北京"为主题,举办朝阳区2013年科普之夏系列活动,广泛宣传节约能源资源、保护生态环境的重要意义。43个街乡共组织各类活动近千项,上报市科协重点活动18项,1万余人次参与活动。

（玉　红）

【签订战略合作协议】 7月,区科协与中国行为法学会财富管理研究会签订协议,共同致力于朝阳区财富管理研究与财富健康增长服务。合作期限为5年,自2013年8月1日至2018年8月1日。8月15日,区科协与北京科技咨询中心签订战略合作协议,以朝阳区院士专家服务中心为依托,为企业提供技术合同登记、高新企业认证、科技信息推广应用、国际科技经贸交流、企业问诊专家咨询等菜单式服务,助力企业自主创新。

（玉　红）

【中国科协领导到朝阳调研】 8月14日,中国科协常务副主席、党组书记、书记处第一书记申维辰带领考察团一行到来广营地区北苑家园茉藜园社区,就科普社区建设情况进行调研。市委常委苟仲文、副秘书长王翔,市科协党组书记、常务副主席夏强,市科协副主席周立军、秘书长吕家香,区领导程连元、刘军胜、汪洋陪同调研。申维辰书记一行详细参观了社区文化科普中心,听取社区科普工作开展情况的汇报,并重点了解社区在中水处理、水资源利用以及节水知识宣传等方面的经验和做法,对社区科普工作给予肯定并题词:"科普益民、引领北京、示范全国"。

（玉　红）

【市百万家庭数字生活技术大赛在区举办】 8月24日,在"2013年北京百万家庭数字生活技能大赛"中,朝阳区选派的家庭队以总分第一的成绩获"E家英雄会"家庭赛总决赛冠军。朝阳区组织43个街乡参与的网上答题人数达到190524人,占全市网上竞赛答题参与人数的56.65%,名列第一,且连续8年位居该项赛事第一名。朝阳区科协、来广营地区茉藜园社区、南磨房地区百子湾西社区、安贞街道安贞里社区、劲松街道和谐雅园社区和孙河地区办事处分别获区县组织工作奖和数字魅力社区及优秀组织单位奖。市科协党组书记、常务副主席夏强,中国科协信息中心主任高勘,北京市经信委副主任王学军,副区长汪洋等领导出席活动并为获奖单位和个人颁奖。

（玉　红）

【企业科技工作者乒羽赛】 9月5日,由区科协主办,中体竞赛管理有限公司和区体育局协办的2013年朝阳企业科技工作者乒羽赛在朝阳体育中心举行。本次比赛以“增强企业交流,服务科技工作者”为主题,来自神华国华北京热电分公司等19家驻区大中型科技企业的200名科技工作者参加赛事。

(玉 红)

【建立社区科普学校和科普小组】 10月,团结湖、六里屯、东湖、来广营、南磨房和管庄6个科普工作基础较好的街乡,率先在全市建立第一批社区科普学校,劲松街道核桃园社区、南磨房地区欢乐谷社区等5个社区建立以社区“科普达人”为主的科普小组。

(玉 红)

【入围“明天小小科学家”评选活动】 11月20日,陈经纶中学高三学生孙金钊成功代表朝阳区参赛学生入围由中国科协、教育部和周凯旋基金会联合举办的第十三届“明天小小科学家”奖励评选活动。这项赛事是国内青少年科技大赛中级别最高、奖励幅度最大的赛事之一。

(玉 红)

【部分院士专家与科技企业对接】 12月19日,区科协邀请全国大数据发展战略领军人物、中国工程院院士邬贺铨以“大数据时代企业发展战略”为题,为朝阳区100余位企业家做专题讲座;材料、制药、化工等行业的7位权威专家,现场解答企业有关问题;中国科学咨询中心专家进行“专利信息应用实务基础”培训。北京科技咨询中心与区科协联合发布了企业创新一站式信息服务内容。中国科学咨询中心主任盛小列到场。

(玉 红)

【区第十届青少年机器人赛】 12月22日,区科协与区教委联合主办的朝阳区第十届青少年机器人竞赛在北京市陈经纶中学分校举办。来自全区31所中小学的近500名学生参赛。本届大赛以“分享快乐——我的机器人梦”为主题,设置了机器人综合技能比赛、机器人足球比赛、FLL机器人工程挑战赛、VEX机器人工程挑战赛和ASC机器人能力挑战赛5个参赛项目和创意项目展示,每个项目分设小学组、初中组和高中组。最终,北京市第八十中学等20个参赛队胜出并将代表朝阳区参加2014年1月举行的市级比赛。

(玉 红)

【《朝阳科技参考》创刊】 年内,作为北京市智库建设的试点单位,区科协与北京科技报社合作,创刊《朝阳科技参考》季刊。刊物开设院士观点、创新思路、案例解析、参赞视角、环球推荐、国内纵览、微言大义等栏目,面向朝阳区委、区政府,各委办局,各街乡,辖区内科技企业,重要科研院所,各学(协)会及北京市科协和兄弟区县科协,每季定向发刊。

(玉 红)

【主题科普活动举办】 年内,区科协相继组织区属20个单位的公务员和43个街乡的社区居民近3000人走进中国科技馆、国家动物馆、中国电影博物馆等科普教育基地,开展“走进科技殿堂,共享文明生活”主题科普活动,通过参观体验,感受科技魅力。

(玉 红)

【新建3家企业科协】 年内,在区科协的协调支持下,北京超图软件股份有限公司、北京中材人工晶体研究院有限公司、北京光华纺织集体有限公司先后召开科协成立大会,选举产生了主席、副主席、秘书长,并组织科技工作者开展活动。

(玉 红)

【健全基层科协组织】 年内,全区43个街乡全部建立科协组织,成立工作机构,建立组织章程,开展科普活动。

(玉 红)

朝阳区残疾人联合会

【概况】 朝阳区残疾人联合会(简称朝阳区残联)是中国残联的地方组织,是朝阳区人民政府残疾人工作委员会的办事机构,是代表、服务、管理朝阳区残疾人的事业团体。朝阳区残联归口区委政法委管理,业务上接受市残联指导。内设康复部、教就部、组联部、宣文部、办公室、财务室6个科室。辖区43个街道办事处、地区办事处(乡政府)均设立残联,390个社区(村)成立了残疾人协会,形成三级组织工作网络。年内,残疾人工作加强政策落实和服务创新,着力促进融合发展,全面推进残疾人社会保障和服务体系建设,完成残疾人职业康复中心装修改造工程。

地址:朝阳区建国路29号高碑店兴隆家园5号楼102号
电话:84552317
邮编:100123
电子邮箱:cyclbgs@bjchy.gov.cn

(沈 立)

【十八大精神宣讲报告会】 1月11日,举办学习宣传贯彻党的十八大精神宣讲团“走基层”活动专场报告会。宣讲团成员、国家行政学院公共管理教研部教授李军鹏以“如何建成小康社会”为题作报告,21家残疾人社会组织代表、7家街道残联党总支部残疾人党员代表和区残联专门协会负责人以及机关全体党员干部150余人参加。

(沈 立)

【张海迪慰问残疾人】 1月23日,中国残联主席张海迪到北京市朝阳区东方爱心康复托管中心和东方博爱儿童福利院慰问并调研残疾人康复托养工作。张海迪代表中国残疾人福利基金会给儿童福利院的残疾儿童带去奶粉、玩具、毛毯、尿不湿等生活用品。

(沈 立)

【残疾人专场招聘会】 1月25日,区残联在区人力资源市场举办2013年就业援助月残疾人专场招聘会。中国大饭店、屈臣氏等20家单位提供人力资源、财会、文秘、前台接待、网络架构、收银、话务、面点师等46个工种近300个适合残疾人就业的岗位,200余名残疾人到场应聘,114人达成初步就业意向。

(沈 立)

【残疾人工作会议暨培训会】 3月27至28日,召开朝阳区残疾人工作会议暨培训会,43个街道和地区办事处残联主管主任、理事长、专干、协管员近200人参加会议。会议部署年度工作要点,表彰2012年度信息宣传工作先进单位和先进个人,对相关政策和业务进行专题培训。

(沈 立)

【聋人画家作品展】 5月14日,在首都图书馆举办“花开有声”朝阳区聋人画家蔡珍年、韩琳作品展,100余名残疾人书画爱好者参加开展仪式。

(沈 立)

【助残日专场招聘活动】 5月17日,区残联、区人力社保局、区民政局在朝阳区人力资源市场联合举办“全国助残日”残疾人专场招聘会。32家用人单位提供了490余个工作岗位,128名残疾人和北京安华学校的14名应届职高毕业生到场应聘,其中62人现场达成初步就业意向。

(沈 立)

【参加市残疾人文艺汇演】 6月7日,区残疾人艺术团参加第八届北京市残疾人艺术汇演,选送节目12个,106人参赛。舞蹈《花语飞虹》获一等奖,大合唱《哦,大地》获二等奖,舞蹈《地道战》、情景剧《我的梦》、混声小合唱《花儿与少年》、女声小合唱《灯塔》获三等奖。

(沈 立)

【精神康复者职业技能大赛】 8月22日,区残联与区卫生局、区精防中心共同举办

2013年朝阳区精神康复者职业技能大赛。29个街道和地区及区第三医院、区精神病托管中心的115名精神残疾人康复者参加活动。大赛设有风筝制作、插花、粽子制作、计算机打字等项目。

(沈 立)

【温馨家园宣讲团报告会】 9月27日,举办"我的梦·中国梦"温馨家园宣讲团报告会。43个街道和地区办事处残联理事长、专干和残疾人代表150余人参加。8名残疾人代表作宣讲。

(沈 立)

【第四届朝阳区残疾人运动会】 10月16日,在朝阳体育中心举行第四届朝阳区残疾人运动会开幕式。本届运动会设象棋、乒乓球、羽毛球、游泳、田径、举重等8个大项、18个小项的比赛,全区1300余名残疾人参赛。

(沈 立)

【职业康复项目及产品推介会】 11月15日,区残联在798艺术区举办"艺无界、爱无疆"朝阳区残疾人职业康复劳动项目及产品推介会。展示了6大类别500余件残疾人职业康复劳动作品。朝外、建外、南磨房、东风等街道和地区残疾人职业康复劳动站现场展示软陶、编织及丝网花制作等项目。

(沈 立)

【张海迪调研残疾人工作】 12月31日,中国残联主席张海迪到区调研残疾人工作,实地考察望京街道花家地南里社区残疾人温馨家园、大屯街道残疾人温馨家园和朝阳区新运儿童康复中心。详细了解温馨家园在街道和社区的设立情况以及开展的日间照料、职业康复、法律援助、心理咨询和志愿服务等内容,看望了参加职业康复和接受日间照料的残疾人,并向他们致以新年祝福。

(沈 立)

【"十二五"规划中期目标完成】 年内,朝阳区"十二五"时期残疾人事业发展规划整体落实情况良好,率先构建起残疾人社会保障和服务体系基本框架,社会环境和文明程度显著提升,残疾人生活水平明显改善。规划中确定的3个领域、15项主要指标中,8项指标达到或超过规划目标,6项指标实现时间过半、任务过半的实施进度要求,区残疾人职业康复中心建设等重大项目取得突破性进展。

(沈 立)

【残疾人职康中心改造工程完成】 年内,朝阳区残疾人职业康复中心装修改造完成并启用。该中心运营管理方案,既考虑到充分满足现有残疾人职业康复劳动、培训、康复服务等需求,又为未来残疾人工作的发展预留升级空间,并在自闭症儿童教育培训和康复研究、残疾人心理咨询、盲人导航系统应用、残疾人综合咨询服务等多个领域明确了合作意向和发展方向。

(沈 立)

【基层残疾人服务设施建设】 年内,对残疾人温馨家园实施绩效考评。全区58家温馨家园强化"一园一特色"服务,通过购买服务的方式为残疾人提供多样化、个性化服务。其中37家建立法律服务工作站,依靠专业律师提供法律援助服务。45家提供免费上网服务,长期参加活动的残疾人4200余人,服务志愿者1150余人。为44家辅具站配备辅助器具34830件。58家残疾人职业康复劳动基地稳定安置残疾人1200余人,多项劳动产品入选"北京礼物"和"朝阳礼物",并在北京国际旅游博览会上展出。

(沈 立)

【残疾人康复】 年内,制定了《2013年家庭康复培训工作实施细则》,区残联和各街乡举办各类残疾人家庭康复培训205期,培训残疾人4000人次。举办残疾预防和康复知识讲座百余场。为8100多人提供康复治疗和康复训练补贴及救助,包括:白内障复明手术、植入人工晶体;入住康复基地训练;听力残疾儿童植入人工耳蜗及耳蜗升级;在社区或医疗机构进行康复训练;装配假肢或装配矫形器;低视力行走训练,配用助视器;提供辅助用品用具;为贫困残疾人实施股骨头置换手术等。为600余人提供居家康复服务。为7000余人提供康复转介服务。为1046名残疾人健康体检。

(沈 立)

【残疾人教育培训】 年内,为169名残疾人学生和生活困难残疾人子女学生发放助学补助,为23名考入高中和大学的残疾学生发放奖金。63名残疾儿童在学前教育机构接受学前教育。11名残疾儿童享受"送教上门"服务。63名残疾儿童享受中国残联残疾人事业专项彩票公益金助学项目,132名残疾儿童享受长江商学院资助金13.2万元。3家残疾人职业培训基地通过评估。开展定岗、订单、定向式培训,组织1100名残疾人参加CAD制图、公共营养师、英语会话、插花、计算机办公软件操作等职业技能培训。

(沈 立)

【残疾人就业】 年内,新安置残疾人就业260人,其中按比例安置150人,社区就业19人,集中安置5人,个体就业16人,其他形式就业70人。职介推荐就业23人。扶持残疾人自主创业个体就业1人。提供就业服务467人,求职登记112人,完成残疾人职业能力测评36人。对残疾人应届大学生实施就业服务,21名应届毕业生全部就业。新成立4家盲人保健按摩机构,安置盲人按摩师6人。对839家用人单位给予安排残疾人就业岗位补贴和超比例安排残疾人就业奖励1497万元。

(沈 立)

【按比例安置残疾人就业审核】 年内,审核社会单位10.57万家(其中网上审核3.94万家),按比例安置残疾人就业6733人,核收残保金5.47亿元。对3.8万家未进行上年残保金审核的社会单位进行催审。

(沈 立)

【残疾人社会保障】 年内,6907名残疾人享受生活补助(其中重残无业人员2853人,享受低保待遇及无业轻残人员4054人)。5051名残疾人享受城乡居民养老保险参保补贴(其中年度新增办理210人),7572名残疾人参加居民医疗保险和农村新型合作医疗,1840名个体就业残疾人享受社会保险补贴,持证残疾人统一享受意外伤害保险。4642人次机动轮椅车车主享受燃油补贴。101名残疾人享受入住福利机构补贴,12家社会福利机构享受运营补贴15.33万元。

(沈 立)

【走访慰问】 年内,走访慰问和临时救助残疾人17467人次、基层单位149家,送慰问款(物)642万余元。

(沈 立)

【居家养老助残服务】 年内,8119名残疾人享受居家养老助残服务(其中新增784人),773名残疾人享受"阳光家园"居家托养服务,为1060户残疾人家庭进行无障碍改造。

(沈 立)

【残疾人证件办理】 年内,办理新增、变更、注销、残损换新残疾人证4200件。其中新增2177件。截至年底,全区持证残疾人为45844人。

(沈 立)

【维权信访】 年内,回复和调处残疾人来信、来访、来电、网上咨询1095人次,区法援工作站为200余人次的残疾人提供法律咨询服务,为8人提供法律援助,涉及继承、劳动合同、工伤、交通事故赔偿等方面。

(沈 立)

【残疾人工作者业务培训】　年内，组织336名社区残疾人工作者参加中国残联和清华大学举办的全国残疾人社区就业指导员远程培训。

（沈　立）

【调查研究】　年内，开展《朝阳区残疾人青壮年文盲调查分析报告》《关于朝阳区示范性社区（村）康复站建设的思考》《北京市残疾人居家助残服务模式研究》《关于加强朝阳区基层残疾人开展文艺活动的几点思考》《残疾老龄化和老龄残疾化带来的挑战与对策》等5项重点调研并形成报告。开展劳动年龄段残疾人文盲状况调查，本区年龄在15岁至50岁的残疾人文盲共有1124名。

（沈　立）

朝阳区红十字会

【概况】　朝阳区红十字会是区政府直接领导联系的社会救助团体。内设办公室和业务科，共有工作人员10人。年内，获得中国红十字总会报刊宣传先进集体二等奖、北京市捐赠工作先进集体，应急救护知识普及工作获北京市红十字会人道公益品牌活动提名奖，"关爱生命与健康温暖工程"项目被北京市红十字会授予人道公益品牌活动。

地址：团结湖北五条8号楼

电话：65094673

邮编：100026

电子邮箱：chaoyanghonghui@163.com

（孙宏娟）

【红十字青少年】　3月15日，区红会承接市红十字会"人道感言、博爱寄语——续写雷锋日记启动仪式"活动在陈经纶中学保利分校举行。共收集雷锋日记1122篇，区红会与区教委对5个组织突出的优秀单位进行表彰。创建区级健康促进校15所（全区共有健康促进校167所，占全区学校总数的84%）。教委系统开展"博爱在朝阳——博爱一元捐献爱心"等主题实践活动，全年收到博爱捐款12.01万元。

（孙宏娟）

【志愿服务】　3月21日，在外经贸大学开展"学雷锋——造血干细胞血样捐献在行动"活动，采集血样124例。4月7日，与文明办联合下发了《关于在全区开展"学雷锋——红十字志愿服务关爱行、文明行"活动的通知》。在潘家园、左家庄、香河园、高碑店等街乡开展关爱文明引导员急救知识培训活动，共培训引导员1500人。在劲松街道成立了"红十字志愿者之家"，300名红十字志愿者与地区的空巢老人、智障儿童结成对子，开展帮扶行动。10月8日，在和平街、管庄开展造血干细胞知识讲座3场，受众500余人。区红十字会应急救护教育讲师团、蓝天救援队朝阳分队、毛亚斌律师法律服务志愿者团队等3支志愿者队伍获朝阳区文明委优秀志愿者组织称号。

（孙宏娟）

【"关爱生命与健康温暖工程"启动】　5月16日，启动"关爱生命与健康温暖工程"项目。在垡头、小关、安贞、劲松、潘家园、香河园、团结湖、三里屯、东湖街道筹备处等9个街道进行试点，整合资源，定期向社区居民提供应急培训、健康科普、卫生保健、志愿服务、心理援助、献血动员、接受捐赠、赈济救助等综合服务。全年共开展"关爱生命与健康温暖工程"主题活动20余次，300余名特困居民得到及时救助，2万余名社区居民不出社区学习了应急救护、逃生避险等科普知识，上千居民参与了逃生避险演练活动。该项目被北京市红十字会评为第二届"红十字人道公益品牌活动"。

（孙宏娟）

【救助活动】　年内，博爱募捐救助款发放799.82万元，救助1390户，善款使用率72%。其中博爱助困167.36万元；博爱助老16.27万元；博爱助学1万元；博爱助医265.2万元；人道救助20.25万元；定向救助300万元。少儿大病救助29.74万元，救助大病儿童33名。

（孙宏娟）

【募捐活动】　年内，区红十字会统一设计制作了博爱募捐箱，发至各街乡、社区（村）红十字会，制定了《红十字募捐箱管理办法（试行）》，对募捐箱的使用、管理、检查和监督做出明确的规定，为基层红会博爱募捐活动开展奠定了基础。全年，区红十字会共接收全区各街乡、机关单位和社会各界人士捐款1110.75万元，同比增加474.98万元。超额完成市会下达的80万元任务指标的1288.44%。其中博爱募捐914.75万元，雅安地震捐款196万元。

（孙宏娟）

【宣传活动】　年内，全区红十字系统开展各类主题宣传活动80余次，发放博爱募捐、急救培训、捐献造血干细胞宣传画等各类宣传资料4万余份，受众群众近6万余人次；制作少儿大病救助宣传片一部。

（孙宏娟）

【应急救护教育培训】　年内，依托各级红十字会组织，通过应急救护教育培训"五进"工程（进社区、进学校、进企业、进机关、进工地），开展应急救护知识普及和避险逃生演练活动。完成应急救护教育取证培训30123人，超额完成全年任务指标100.4%。完成救护知识普及培训17.5万人，超额完成全年任务指标116.7%。参加培训人员包括中小学生、社区群众、文明引导员、初任公务员及事业编人员、武警官兵等。

（孙宏娟）

朝阳区慈善协会

【概况】　北京市朝阳区慈善协会是非营利社会团体法人。协会宗旨：遵守国家宪法、法律和法规，维护国家统一和民族团结，发扬人道主义精神，弘扬中华民族扶贫、济困传统美德，依靠政府和社会力量，广泛募集慈善资金，大力开展社会救助，为困难群众服务，促进社会文明和谐。协会主要任务：在区委、区政府领导下，广泛动员社会力量，多方筹措慈善资金，积极实施助医、助学、助老、助残、助困等慈善救助项目，在重大自然灾害、突发公共事件时实施紧急救助。协会内设办公室、宣传部、募捐部，有工作人员15名。年内，募集善款6041.44万元，使用善款6587.69万元，实施救助项目314个，惠及17301户家庭。

地址：朝阳公园南路19号

电话：65920669

邮编：100125

电子邮箱：cycs@bjchy.gov.cn

（王利华）

【"美丽中国慈善助学"捐赠】　1月7日，慈善协会在朝阳区星河双语学校金盏校区举行了"美丽中国慈善助学基金"捐赠仪式。会长屈亚凤出席。美丽中国慈善助学基金创始人邵建波向该校区捐赠1000余册《精选古诗词解析》。

（王利华）

【帮扶生活困难党员】　1月9日，慈善协会举行第10次"朝阳区生活困难党员帮扶资金"发放仪式。区委组织部常务副部长王小毛、慈善协会会长屈亚凤向困难党员代表发放帮扶资金。本次活动共发放帮扶资金130万元，惠及困难党员962人。6月26日，慈善协会举行第11次朝阳区生活困难党员帮扶资金发放仪式。本次共计发放帮扶款145.9万元，惠及困难党员1134人。

（王利华）

【两节送温暖活动】　1月18日至23日，慈善协会开展"两节送温暖——重大疾病慰问"系列活动。分别对43家分会的423户低收入重大疾病致困家庭和区国资委系统4家单位300名生活困难职工实施慈善救助,发放善款99.6万元;在“情暖万家——生育关怀行动”项目中发放善款29.9万元,惠及全区计生困难家庭598户。

(王利华)

【朝阳慈善情百姓新春大联欢】 2月6日,慈善协会举办第七届“朝阳慈善情——百姓新春大联欢”活动。主会场设立在大屯街道慈善分会,其余42个街道、地区慈善分会均设立分会场,全区共有6368名群众参加活动。慈善协会向5733名困难群众发放了慰问品。

(王利华)

【慈善助学】 3月6日,慈善协会举行2011年度“衣恋圣秀”助学款第4批发放仪式。向100名2011届贫困初中毕业生每人发放助学款1500元,共计15万元。5月30日,慈善协会呼家楼街道分会开展“慈善助学”活动,共救助地区低保儿童54名,使用善款6.3万余元。在当天举行的“李春平慈善百分百助学捐助”活动仪式上,慈善家李春平向呼家楼慈善分会捐款30万元。8月28日,慈善协会发放2013年度“衣恋圣秀慈善基金”(助学金),向全区150名该项目的受助学生每人发放3000元,使用善款45万元。

(王利华)

【慰问贫困单亲母亲】 3月7日,在“三八”国际妇女节来临之际,慈善协会携手北京爱慕集团慰问了三里屯、东湖、大屯、太阳宫4个街道和地区的200名贫困单亲母亲。北京爱慕内衣有限公司捐赠200套保暖内衣,价值16.8万元。

(王利华)

【关爱低保家庭儿童】 5月31日,慈善协会开展“携手慈善庆‘六一’关爱低保家庭儿童”活动。会长屈亚凤、秘书长孙涛到潘家园、南磨房入户慰问低保家庭儿童。活动惠及14岁以下儿童1650名,使用善款22万余元。

(王利华)

【阳光温暖回家路活动】 6月5日,慈善协会与区青年志愿者协会共同举办“阳光温暖回家路——送大学生回家过年”项目款发放仪式。该活动由区慈善协会、北京苏宁电器有限公司、朝阳团区委联合开展,苏宁电器每年提供10万元善款,委托区慈善协会、区青年志愿者协会为朝阳区500名贫困大学生回家过年报销火车费用。本次活动使用善款11.64万元,13所高校的499名困难大学生受助。

(王利华)

【共产党员献爱心活动】 6月21日,区委组织部、区委宣传部、区慈善协会联合开展的第九次“共产党员献爱心”捐献活动启动仪式在区机关举行。区四套班子领导带头捐款,当日千余名机关党员群众捐款13.06万元。截至8月21日,在全区范围内共募集善款467.61万元,100479人参与,其中党员84427人,群众16052人。

(王利华)

【关爱失能老人项目座谈会】 9月9日,召开“携手夕阳关爱失能老人”项目总结座谈会。会议邀请试点分会主管领导、区卫生局社区卫生服务中心以及团区委志愿者团队的主要领导参加。

(王利华)

【重阳节慰问失能老人】 10月11日,会长屈亚凤、副会长周滢带领协会工作人员到团结湖、六里屯街道的“携手夕阳·关爱失能老人”项目受助人代表家,送去节日慰问及志愿服务。本次活动,慈善协会为100位失能老人送去电暖气,使用善款35.8万元。

(王利华)

【首都慈善公益日】 12月2日至6日,在第六届“12·3”首都慈善公益日活动期间,通过42个慈善分会组织共计超过2万名群众参与募捐活动,募集善款30.22万元,实施救助项目7个,使用善款6.1万元,惠及困难家庭56户。

(王利华)

政权　政协

北京市朝阳区人民代表大会常务委员会

【概况】　北京市朝阳区人民代表大会常务委员会是朝阳区人民代表大会常设机构。内设办公室、内务司法工作委员会、财政经济工作委员会、城建环保工作委员会、教科文卫工作委员会、农村工作委员会、代表联络室、研究室、信访办9个机构。年内，召开常委会会议7次，主任会议7次，共审议议题46项。听取审议“一府两院”专项工作报告7项；计划、预算、决算、审计等报告7项；作出决议、决定9项。坚持考核考试和任命标准，依法任免国家机关工作人员67人次；接受闫军辞去区人民政府副区长，王立辞去区人民检察院检察长，金华民、杨泰峰辞去区人大常委会委员职务的请求，向大会报告备案。组织召开了朝阳区第十五届人民代表大会第三次会议。年内，《朝阳人大》出刊5期，《朝阳人大信息》出刊110期。

地址：安立路0号

电话：65094843

邮编：100107

电子邮箱：13671225057@163.com

（邢浩铭）

【十五届人大三次会议】　1月8日至11日，朝阳区第十五届人民代表大会第三次会议举行。大会听取并审议了《朝阳区人民政府工作报告》，审查《朝阳区2012年国民经济和社会发展计划执行情况的报告及2013年国民经济和社会发展计划》《朝阳区2012年财政预算执行情况的报告和2013年财政预算》，听取并审议《朝阳区人民代表大会常务委员会工作报告》《朝阳区人民法院工作报告》和《朝阳区人民检察院工作报告》，并通过上述报告的各项决议。会议期间，组织人大代表询问活动，区人大常委会、区政府、区法院、区检察院领导及区政府49个相关职能部门接受区人大代表的询问并解答代表提出的问题。组织召开了城市建设管理、经济建设工作、农村城市化建设和社会事业发展工作四个专题座谈会。主席团常务主席李国、王亚贵、张富生、朱春霞分别主持会议。区委、区人大领导及121名代表分别参加座谈，区政府、区法院、区检察院领导以及政府有关部门负责人到会听取代表意见。会议确立“关于加强水系整治，营造优美生态环境”和“关于转方式、调结构，提升农村地区产业发展层级”作为大会议案。未列人大会议案的其他16件议案作为建议、批评和意见，交区相关部门研究办理并答复代表。

（邢浩铭）

【深化监督工作研讨会】　1月29日，区人大常委会机关召开深化监督工作研讨会。会议由区人大常委会主任佟克克主持，常委会各位副主任及各委室主任围绕深化监督年，畅谈对深化监督的思考和建议。佟克克强调：一是从完善会前活动与预备会结合的做法、开展代表询问活动的形式、搜集整理代表审议发言摘编、提高会前视察活动质量、完善议案督办机制等六个方面切实提高人民代表大会的会议质量。二是在闭会期间，常委会研究从做好专题调研和跟踪调研、加大执法检查力度、专题询问、规范性文件审查、代表列席政府常务会、代表工作室建设、加强对乡人大工作指导等方面，进一步改进监督方式、拓展监督内容，提高常委会监督工作实效。

（邢浩铭）

【第九次主任会议】　2月21日，召开区十五届人大常委会第九次主任会议。初审并决定区人大常委会第九次会议建议议题和有关事项；听取区十五届人大三次会议代表建议、批评和意见交办情况的汇报。

（邢浩铭）

【区人大常委会第九次会议】　2月28日，区第十五届人大常委会第九次会议举行。会议审议并原则通过了《朝阳区人大常委会2013年工作要点（草案）》。审议并原则通过了《朝阳区人大常委会关于深化监督工作的若干措施（草案）》。决定了区政府人事任免事项。会议以举手表决的方式，通过了《北京市朝阳区人民代表大会常务委员会关于接受阎军辞去朝阳区人民政府副区长职务请求的决定》，接受阎军辞去北京市朝阳区人民政府副区长职务，并报北京市朝阳区第十五届人民代表大会备案。书面审议了区十五届人大常委会第八次会议被任命人员冯守华的就职报告。

（邢浩铭）

【代表工作布置会】　3月6日至7日，区人大常委会召开2013年代表工作布置会，总结2012年工作，布置2013年工作。常委会副主任李国提出三点意见：一是进一步提高对代表工作重要性的认识，增强责任感和使命感。二是把握代表工作的规律，努力探索创新。三是不断提高自身能力，提升服务代表的水平。各人大街道工委办公室主任、地区代表小组联络员围绕如何利用人大代表工作室开展代表工作进行了研讨交流，重点对进一步完善代表工作室工作和相关制度提出了建议、意见。

（邢浩铭）

【乡人大工作会议】　3月22日，区人大常委会召开2013年乡人大工作会。区人大常委会主任佟克克、副主任张富生出席会议，区人大常委会部分委室负责人，各乡人大主席、副主席参加会议。会上，常委会农村工委通报常委会2013年主要工作、农村工委重点工作以及常委会审议通过的《关于对乡人大工作指导的若干措施》。各乡人大主席、副主席汇报了2013年重点工作，并就对乡人大工作指导的若干措施提出了意见建议。佟克克强调：一要提高认识，转变观念，树立信心；二要积极进取，稳步推进，注重实效；三要加强学习，总结经验，提高水平。

（邢浩铭）

【人大代表义务植树】 4月2日，区人大常委会组织部分市、区人大代表到金盏乡金榆路植树。区人大常委会主任佟克克、副主任张富生，区十四届人大常委会主任王力军及市、区人大代表近300人参加义务植树活动。

（邢浩铭）

【第十次主任会议】 4月10日，召开第十次主任会议。初审并决定常委会第十次会议建议和有关事项；听取区政府关于基层司法所建设情况的汇报；听取区政府关于区十五届人大三次会议计划预算审查委员会对国民经济、社会发展计划审查意见研究处理方案的汇报和对财政预算审查意见研究处理方案的汇报；讨论通过《北京市朝阳区人大常委会规范性文件备案审查工作细则》；讨论通过人大代表工作室有关制度。

（邢浩铭）

【区人大常委会第十次会议】 4月17日，区第十五届人大常委会第十次会议举行。会议听取并审议了区检察院检察长王立作的《朝阳区人民检察院关于未成年人案件检察工作情况的报告》。听取并审议了区政府常务副区长甘靖中受区长吴桂英委托所作的《关于朝阳区老旧小区节能抗震加固改造工作情况的报告》。会议以举手表决的方式，通过了《朝阳区人民代表大会常务委员会关于同意王四营乡补选乡第十六届人民代表大会代表的决定》，同意王四营乡补选乡第十六届人民代表大会代表1名。根据区政府常务副区长甘靖中受区长吴桂英委托所做的提请，免去胡良森北京市朝阳区园林绿化局局长职务，任命荣学强为北京市朝阳区园林绿化局局长。

（邢浩铭）

【第十一次主任会议】 5月3日，召开第十一次主任会议。初审并决定常委会第十一次会议建议议题和有关事项；通报区人大常委会询问及专题询问工作。

（邢浩铭）

【议案督办工作会】 5月8日，区人大常委会召开议案督办工作会。听取“转方式、调结构，提升农村地区产业发展层级”议案办理实施方案及督办方案汇报。区人大常委会主任佟克克、区政府副区长陈涛出席会议，区人大常委会副主任张富生主持。常委会有关委室及议案办理有关部门负责人，部分市、区人大代表参加会议。陈涛表示，区政府将加强全域统筹和部门联动，充分发挥产业联席会作用，注重资源整合，把议案办理过程变成促进机制创新、形成工作合力的过程，加快推动产业项目落地，力争使议案办理取得实实在在的成果。

（邢浩铭）

【区人大常委会第十一次会议】 5月10日，区第十五届人大常委会第十一次会议举行。会议根据区长吴桂英的提请，任命张维刚为北京市朝阳区人民政府副区长，区人大常委会主任佟克克向被任命人员颁发了任命书。根据主任佟克克的提请，免去纪海义北京市朝阳区人大常委会农村工作委员会主任职务。区人大常委会代表资格审查委员会副主任委员孙立作《朝阳区第十五届人民代表大会常务委员会代表资格审查委员会关于提请接受陈刚等6名代表辞职请求的报告》。决定接受陈刚、朱瑞波、伍冀湘、赵宏伟、荣学强、纪海义6名代表辞去朝阳区第十五届人民代表大会代表职务的请求。区人大常委会代表资格审查委员会副主任委员孙立作《朝阳区第十五届人民代表大会常务委员会代表资格审查委员会关于代表资格的审查报告》，北京市朝阳区第十五届人民代表大会现有代表439名。依照选举法的有关规定，纪海义的人大常委会委员职务相应终止，北京市朝阳区第十五届人民代表大会常务委员会现有组成人员34名。区人大常委会代表联络室主任孙立作《关于补选朝阳区第十五届人民代表大会代表有关情况的说明》。决定在大屯地区、安贞地区、将台地区补选朝阳区第十五届人民代表大会代表3名。决定了崔各庄乡乡人大代表补选事项。区人大常委会专职委员张建顺作《关于崔各庄乡补选乡人民代表大会代表有关情况的说明》，同意崔各庄乡补选乡第十六届人民代表大会代表1名。

（邢浩铭）

【规范性文件备案审查工作会议】 5月16日，区人大常委会召开规范性文件备案审查工作会议。市人大常委会法制办副主任郭金忠，区人大常委会副主任李国、王亚贵、朱春霞，区政府副区长张维刚出席。常委会专职委员、各乡人大主席及相关人员参加。会上郭金忠对备案工作作专题辅导并提出三点要求：一是进一步明确人员和责任；二是认真抓好备案工作。要按照工作要求，做到应报不漏、有件必备；三是健全工作制度。

（邢浩铭）

【第十二次主任会议】 6月8日，召开第十二次主任会议，初审并决定常委会第十二次会议建议议题和有关事项；听取区政府关于重点村回迁房建设情况的汇报；听取区政府关于全模式社会服务管理工作情况的汇报；听取区政府关于推进朝阳区科技创新工作情况的汇报。

（邢浩铭）

【区人大常委会第十二次会议】 6月27日，区第十五届人大常委会第十二次会议举行。会议听取并审议了区审计局局长刘野受区政府委托所作的《关于2012年朝阳区预算执行和其他财政收支的审计工作报告》。听取并审议了区财政局副局长欧晓勋受区政府委托所作的《关于朝阳区2012年财政决算草案的报告》。会议审查和批准了朝阳区2012年财政决算。审议通过了《朝阳区人民代表大会常务委员会关于加强对乡人大工作指导的若干措施（草案）》。审议并原则通过了《朝阳区人民代表大会常务委员会专题询问暂行办法（草案）》。审议通过了《关于进一步加强代表建议、批评和意见办理工作的实施办法（草案）》。审议并原则通过了《北京市朝阳区人民代表大会常务委员会议事规则修正案（草案）》。听取了区人大常委会代表联络室主任孙立作的《关于补选朝阳区第十五届人民代表大会代表的情况的报告》。代表资格审查委员会主任委员李国作了《朝阳区第十五届人民代表大会常务委员会代表资格审查委员会关于代表资格的审查报告》。经本次会议确认，宝月凤、魏永祥、连文胜代表资格有效。北京市朝阳区第十五届人民代表大会现有代表442名。根据区人大常委会主任佟克克的提请，免去徐家亮北京市朝阳区人大常委会大屯街道工作委员会主任职务，任命宝月凤为北京市朝阳区人大常委会大屯街道工作委员会主任，任命王颖为北京市朝阳区人大常委会财政经济工作委员会副主任。根据区政府常务副区长甘靖中（受区长吴桂英委托）的提请，表决通过免去张维刚北京市朝阳区人民政府办公室主任职务、曲君北京市朝阳区监察局局长职务、邹立嵩北京市朝阳区财政局局长职务、张仲凯北京市朝阳区安全生产监督管理局局长职务、王文远北京市朝阳区人民政府国有资产监督管理委员会主任职务、王春平北京市朝阳区统计局局长职务，任命杨建海为北京市朝阳区人民政府办公室主任、刘丽平为北京市朝阳区监察局局长、于良佐为北京市朝阳区预防腐败局局长、欧晓勋为北京市朝阳区财政局局长、刘炳起为北京市朝阳区安全生产监督管理局局长、王春平为北京市朝阳区人民政府国有资产监督管理委员会主任、邵建云为北京市朝阳区统计局局长。书面审议了朝阳区第十五届人大常委会第三次会议对《朝阳区2011年财政决算草案》《关于知识产权审判工作的报告》审议意见的办理报告。书面审议了人大常委会第十一次会议被任命人员荣学强的就职报告。

（邢浩铭）

【人大常委会举办读书班】 7月3日至9日，区人大常委会举办常委会组成人员读书班，区人大常委会主任佟克克，副主任李国、王亚贵、朱春霞、曾原纪和常委会委员共25人参加。读书班期间，常委会组成人员学习了区人大常委会关于深化监督工作的若干措施、专题询问暂行办法以及部分地区人大开展专题询问工作的经验等内容，并围绕深化监督年的主题进行了深入研讨。佟克克作开班动员和总结讲话。各位副主任分别就常委会上半年工作情况及下半年工作思路做总结和部署。

（邢浩铭）

【政府工作半年通报会】 7月31日，区人大常委会举行2013年政府工作半年通报会。区长吴桂英代表区政府向人大代表、政协委员通过上半年朝阳区经济社会发展情况。佟克克向区人大代表传达区委十一届六次全体（扩大）会议精神，并通报区人大常委会2013年上半年工作情况和下半年重点工作思路。会后，区人大代表还对政府半年工作进行了分团讨论。

（邢浩铭）

【第十三次主任会议】 8月8日，召开第十三次主任会议。初审并决定常委会第十三次会议建议议题和有关事项；听取区市政市容委办理区十五届人大三次会议建议、批评和意见情况汇报；通过将台、高碑店地区代表小组组长名单。

（邢浩铭）

【信访工作联席会议】 8月16日，区人大常委会召开上半年信访工作联席会议。区信访办、区法院、区检察院、区公安分局、小红门乡信访负责人参加会议。各单位汇报上半年信访工作情况和下一步工作重点，并就区人大信访办上半年受理的8件重点疑难案件进行分析和研究，明确责任单位和责任人，以及答复要求和办理时限。

（邢浩铭）

【人大代表工作室建设交流研讨会】 8月28日，区人大常委会组织召开人大代表工作室建设交流研讨会。部分街乡、区人大代表和选民代表分别发言。佟克克强调：一是进一步加强组织领导和宣传力度。二是进一步探索和完善机制，促进问题的解决。三是进一步完善功能，发挥好人大代表的作用。

（邢浩铭）

【区人大常委会第十三次会议】 8月29日，区第十五届人大常委会第十三次会议举行并首次在审议中增加询问环节。听取并审议了区发改委主任常树奇受区政府委托所作的《关于朝阳区2013年国民经济、社会发展计划上半年执行情况的报告》。听取并审议了区财政局副局长欧晓勋受区政府委托所作的《关于朝阳区2013年财政预算上半年执行情况的报告》。听取并审议了区政府副区长陈涛所作的《关于农村集体资金资产资源管理工作情况的报告》。听取并审议了区政府副区长张立新所作的《关于推进朝阳区文化事业发展情况的报告》。书面审议了人大常委会第十二次会议被任命人员杨建海、刘丽平、欧晓勋、于良佐、邵建云、王春平、刘炳起的就职报告。根据《北京市朝阳区人民代表大会常务委员会议事规则》，本次会议首次在审议中增加询问环节，在区政府汇报工作后，各位委员针对有关问题进行询问，区政府相关人员现场回答。

（邢浩铭）

【建立代表微信平台】 9月14日，运用新媒体建立代表微信平台，每周一、三、五发布人大工作动态和政务信息，对时效性强的消息随时发布。全年共发布消息96条。

（邢浩铭）

【第十四次主任会议】 10月10日，召开第十四次主任会议。初审并决定常委会第十四次会议建议议题和有关事项；听取跟踪督办区政府关于"推进我区医疗卫生事业发展，提高人民健康生活水平"议案办理情况的汇报。

（邢浩铭）

【组织市、区人大代表会前视察】 10月29日，区人大常委会组织市、区人大代表分四路就农村城市化、经济建设、社会建设管理、社会事业发展等4个专题，前往来广营乡、东郊市场、高碑店乡、CBD核心区、北京颐堤港、国际金融博物馆、古塔杜仲南部郊野公园、大郊亭三街、潘家园街道松榆西里社区东小院、南磨房欢乐谷社区、朝阳区图书馆新馆、清华附中朝阳学校12个地点进行人代会会前视察。区领导佟克克、陈涛、甘靖中、李国、王亚贵、曾原纪参加视察，副区长张立新、苑文新、汪洋、张维刚陪同。

（邢浩铭）

【区人大常委会第十四次会议】 10月31日，区第十五届人大常委会第十四次会议举行。听取并审议了区政府副区长王春所作的《关于加强水系整治，营造优美生态环境议案情况的报告》，听取并审议了区政府副区长陈涛所作的《关于转方式、调结构，提升农村地区产业发展层级议案情况的工作报告》，听取并审议了区政府副区长张立新所作的《关于养老服务设施建设情况的报告》，区人大常委会相关部门分别汇报上述3个报告的调研意见。听取并审议了区政府副区长张维刚所作的《关于朝阳区国民经济和社会发展第十二个五年规划纲要实施情况的中期评估报告》，并对《关于朝阳区"十二五"规划纲要部分指标调整方案（草案）》做了说明。区人大常委会财政经济工作委员会主任任敬东汇报了对该报告的调研意见。表决通过了《关于朝阳区"十二五"规划纲要部分指标调整方案（草案）》。区人大常委会副主任李国作《朝阳区第十五届人民代表大会常务委员会代表资格审查委员会关于提请接受刘炳起等7名代表辞职请求的报告》。决定接受刘炳起、杨建海、刘伯明、王海军、赵年生、郑霞、金华民辞去朝阳区第十五届人民代表大会代表职务的请求。杨泰峰、王雅雄2名代表因工作变动，调离朝阳行政区域，根据《中华人民共和国全国人民代表大会和地方各级人民代表大会代表法》的有关规定，代表资格自行终止。区人大常委会代表资格审查委员会主任委员李国作《朝阳区第十五届人民代表大会常务委员会代表资格审查委员会关于个别代表的代表资格的报告》，北京市朝阳区第十五届人民代表大会现有代表433名。根据《中华人民共和国全国人民代表大会和地方各级人民代表大会选举法》的有关规定，金华民、杨泰峰的代表资格终止后，其朝阳区第十五届人民代表大会常务委员会委员职务相应终止。北京市朝阳区第十五届人民代表大会常务委员会现有组成人员32名。区人大常委会代表联络室副主任王宁作《关于补选朝阳区第十五届人民代表大会代表有关情况的说明》。决定在潘家园地区、亚运村地区、双井地区、小关地区、劲松地区、将台地区、十八里店地区、豆各庄地区、管庄地区、孙河地区和驻区解放军部队补选朝阳区第十五届人民代表大会代表11名。根据区人大常委会主任佟克克的提请，免去郑培林北京市朝阳区人大常委会教科文卫工作委员会副主任职务,任命李虹为北京市朝阳区人大常委会教科文卫工作委员会副主任。根据朝阳区人民法院院长李瑞翔的提请,免去张健朝阳区人民法院执行第二庭庭长职务,陈红朝阳区人民法院双桥人民法庭副庭长、审判员职务,赵彤朝阳区人民法院温榆河人民法庭副庭长、审判员职务,巴晶焱朝阳区人民法院民事审判第四庭副庭长、审判员职务,普翔朝阳区人民法院民事审判第三庭副庭长、审判员职务,李铁朝阳区人民法院刑事审判第一庭副庭长职务,石岩朝阳区人民法院双桥人民法庭副庭长职务,吴岩朝阳区人民法院双桥人民法庭副庭长职务,李俊军朝阳区人民法院执行第一庭副庭长职务,王振杰朝阳区人民法院执行第二庭副庭长职务,胡晶钰朝阳区人民法院立案庭副庭长职务,张华朝阳区人民法院立案庭副庭长职务,高萍朝阳区人民法院审判委员会委员、审判员职务,王富博、陈轶、夏莉、周维、卞京英、王金岭、张宪杰朝阳区人民法院审判员职务。任命张华为北京市朝阳区人民法院民事审判第二庭副庭长,吴岩为北京市朝阳区人民法院民事审判第五庭副庭长,王振杰为北京市朝阳区人民法院执行第一庭副庭长,李俊军为北京市朝阳区人民法院执行第二庭副庭长。书面审议了北京市朝阳区人民政府关于落实区人大常委会对《关于朝阳区大气污染防治工作情况的报告》审议意见的办理报告。

(邢浩铭)

【补选区人大代表】 11月27日,根据区人大常委会决定,安贞等11个选区完成补选11名区人大代表工作。

(邢浩铭)

【部分市人大朝阳团代表述职】 12月4日,区人大常委会召开部分市人大朝阳团代表述职暨市、区人大代表座谈会。市人大常委会代表联络室副巡视员王晓虹出席会议。

(邢浩铭)

【第十五次主任会议】 12月5日,召开第十五次主任会议,初审并决定常委会十五次会议建议议题和有关事项;通过了先行许可对区人大代表陈景华采取强制措施的决定。

(邢浩铭)

【区人大常委会第十五次会议】 12月19日,区第十五届人大常委会第十五次会议举行。听取并初步审查《关于朝阳区2014年财政预算草案主要内容的报告》,听取并审议常务副区长甘靖中作的《关于办理朝阳区十五届人大三次会议代表建议、批评和意见工作情况的报告》。书面审议检察院《关于办理朝阳区十五届人大三次会议代表建议、批评和意见工作情况的报告》。听取《关于朝阳区十五届人大三次会议代表建议、批评和意见督办情况的报告》。表决通过了《关于召开朝阳区第十五届人民代表大会第四次会议的决定》,会议决定朝阳区第十五届人民代表大会第四次会议于2014年1月7日至10日召开,决定了区十五届人大四次会议有关事项。讨论了《朝阳区人民代表大会常务委员会工作报告》。听取代表资格审查委员会主任李国作的《关于暂时停止陈景华执行代表职务的报告》。听取《关于补选朝阳区第十五届人民代表大会代表的情况报告》。代表资格审查委员会主任李国作了《关于代表资格的审查报告》。经区人大常委会第十四次会议的确认,王毅、阚宝奎、董健、吴冰、殷宁、刘显威、米振华、陈杰、高永荣、张树宝、黄涛的代表资格全部有效。朝阳区第十五届人民代表大会现有代表444名。根据区人大常委会主任佟克克的提请,表决通过,任命董健为北京市朝阳区人大常委会双井街道工作委员会主任、王毅为北京市朝阳区人大常委会潘家园街道工作委员会主任、吴冰为北京市朝阳区人大常委会小关街道工作委员会主任、殷宁为北京市朝阳区人大常委会劲松街道工作委员会主任。表决通过,任命王向明为北京市朝阳区人民检察院副检察长、检察委员会委员、检察员;任命王向明为北京市朝阳区人民检察院代理检察长。根据王立同志的请求,会议决定接受王立辞去北京市朝阳区人民检察院检察长、检察委员会委员、检察员职务的请求,并报北京市朝阳区第十五届人民代表大会备案。根据区法院院长李瑞翔的提请,表决通过,任命罗丽为朝阳区人民法院王四营人民法庭庭长、雷翔为朝阳区人民法院执行第二庭庭长、杨兵为朝阳区人民法院民事审判第一庭副庭长、周昌昊为朝阳区人民法院民事审判第四庭副庭长。免去张雯朝阳区人民法院副院长、审判委员会委员、审判员职务、雷翔朝阳区人民法院南磨房人民法庭副庭长职务、薛文才朝阳区人民法院审判员职务。听取《关于对区人民法院院长李瑞翔提请区人大常委会任命人员的考察报告》。根据检察院副检察长陈旭的提请,表决通过,免去马云星北京市朝阳区人民检察院检察员职务、隋丽华北京市朝阳区人民检察院检察员职务、张相丽北京市朝阳区人民检察院检察员职务、李德锌北京市朝阳区人民检察院检察员职务。书面审议《区十五届人大三次会议计划预算审查委员会对国民经济、社会发展计划审查意见及第十三次常委会议对国民经济、社会发展计划上半年执行情况报告》《区十五届人大三次会议计划预算审查委员会对财政预算审查意见和区人大常委会对财政决算、财政预算上半年执行情况报告》《区人大常委会对朝阳区2012年预算执行和其他财政收支审计工作报告》《区人大常委会对朝阳区对老旧小区节能改造抗震加固工作情况的报告》审议意见的报告。

(邢浩铭)

【组织常委会读书班】 年内,组织常委会组成人员及工作委员会成员学习党的十八届三中全会、市十一次党代会和区委十一届五次全会等会议精神,增强大局观念、群众观念和法治观念,保持正确的政治方向。学习人民代表大会制度、监督法、预算法、审计法等相关业务知识,提高依法履职能力。

(邢浩铭)

【组织建设】 年内,修订《北京市朝阳区人民代表大会常务委员会议事规则》,明确专题询问和规范性文件备案审查工作相关内容,从制度上落实"深化监督年"工作的重要成果。制定《代表接待选民》《选民意见处理》《代表考勤登记》《档案管理》四项制度。建立人大代表列席区政府常务会制度,增强了常委会委员和代表对区情的把握。

(邢浩铭)

【内务司法工作委员会】 年内,开展对基层司法所建设情况、区检察院未成年人案件检察工作情况、全区养老服务设施建设情况的调研和对区政府相关部门执行"十二五"规划情况的调研,并在2012年开展对区法院知识产权案件调研的基础上对区法院落实常委会审议意见情况进行跟踪调研。参与区第九届村委会换届选举,研究制定法律监督工作方案。配合市人大常委会对朝阳区贯彻落实《北京市实施〈中华人民共和国归侨侨眷权益保护法〉办法》情况的执法检查。

(邢浩铭)

【财政经济工作委员会】 年内,开展对年初人代会关于计划、预算审查意见落实情况的跟踪监督。完成常委会法定议题的初审和准备工作。按照《北京市审计条例》规定,选择资金规模较大,资金构成和使用情况复杂的重点部门区教委,对其部门预算执行情况进行专项监督。开展联合监督，研究形成《区人大常委会监督“十二五”规划实施情况中期评估工作的方案》。

（邢浩铭）

【城建环保工作委员会】 年内，组织常委和市、区人大代表视察调研17次，参与代表162人次。组织部分城建委委员和部分人大代表就所涉及的8项规划实施情况及中期评估工作，先后到14个政府部门和有关街乡进行视察调研并形成调研意见。对2012年10月常委会审议通过的《关于朝阳区大气污染防治工作情况报告》的审议意见落实情况进行跟踪督办。组织部分区人大代表到六里屯商住中心工地和垡头焦化厂工地，就朝阳区落实《北京市市容环境卫生条例》及市、区有关渣土运输遗洒相关规定的执法情况进行检查。

（邢浩铭）

【教科文卫工作委员会】 年内，组织调研、视察等活动14次，参与代表236人次。围绕朝阳区十五届人大一次会议确定的“推进我区医疗卫生事业发展，提高人民健康生活水平”议案，成立议案跟踪督办工作组，重点督办区政府在整合医疗卫生用地、引进优质医疗资源，合理规划和建设三级医院工作的办理情况。配合市人大做好全国人大就传染病防治法执法情况调研的前期准备工作。

（邢浩铭）

【代表联络室】 年内，组织区人大代表听取区政府半年工作通报、参加代表大会会前活动和代表集中视察，参加代表1108人次；代表811人次参与区有关部门和区人大常委会各工作委员会组织的视察调研等活动86次；代表1076人次参与街乡组织的各类活动230次。协助市人大完成代表会前活动、代表培训等工作，参加代表183人次；组织代表全团集中和分组活动8次；邀请市人大代表参与区人大常委会及各工作委员会组织的视察、调研、执法检查等活动7次。

（邢浩铭）

【代表工作室发挥联系选民作用】 年内，各街乡依托人大代表工作室组织开展代表与选民座谈、接待选民、向选民述职等活动。341名代表共计1222人次在全区179个工作室接待选民8101人次。收集选民反映的问题1245件，已经解决659件。282名代表当面向选民述职，115名代表提交了书面述职，4700余名选民参加代表述职活动。

（邢浩铭）

【办理代表意见建议】 年内，对区人代会上代表提出的368件建议按照A、B、C、D进行分类，交由区人大常委会办理5件、区政府办理286件、区检察院办理1件，对超出朝阳区职权范围的76件建议由市人大代表递交市人大处理。闭会期间收到代表建议26件，交由区政府办理16件，转市人大处理10件。

（邢浩铭）

【农村工作委员会】 年内，围绕手续审批和资金扶持两个环节开展议案督办工作。从严格依法行政、完善监管体系、加强监督考核等方面提出意见建议，督促区政府围绕“三方监管”“五项制度”和“一个平台”，着力提升农村集体“三资”监管水平，确保资金安全完整、资产保值增值和资源合理利用。

（邢浩铭）

【信访办公室】 年内，受理来信来访307件次，比上年增加25件次。其中来访185批次517人，比上年增加12批次254人；来信122件，比上年增加13件。重复访45件次，比上年增加27件次。集体访11批次315人，比上年增加5批次255人。

（邢浩铭）

北京市朝阳区人民政府

概　　述

年内，北京市朝阳区人民政府在市委、市政府和区委的坚强领导下，在区人大、区政协的监督支持下，紧紧依靠全区人民，牢牢把握朝阳发展的阶段性特征，直面矛盾、攻坚克难，圆满完成了全年任务，经济社会发展取得了新的成绩。主要经济指标继续保持全市首位。2013年，地区生产总值3963.6亿元、增长9.1%，城乡居民人均年收入增长8.3%和10.3%。实现区级财政收入380.1亿元，增长9%。不变价万元GDP能耗速度下降5.76%。

调整转型、稳中向好，综合经济实力进一步增强。坚持在攻坚中稳增长、调整中促转型，聚焦重点功能区、重点产业，健全协调联动机制，努力扩大消费、稳定投资，全力确保了经济平稳增长。产业结构持续优化。商务服务和金融业的支撑作用进一步稳固，实现营业收入和利润分别占现代服务业总量的63%和84%。金融业实现区级收入增长15.2%，对全区增收的贡献率达到18.4%。文化创意产业规模进一步扩大，实现收入约占全市1/4，实现利润增长25%。高新技术产业聚集态势明显，电子商务等新兴行业发展提速。国际商务服务和贸易功能更加完善。跨国公司地区总部达到100家，实际利用外资和进出口总额分别增长6.3%和4%。专利申请和授权量分别增长10.3%和33.1%。功能区建设深入推进。加快“十大发展基地”建设，CBD核心区“中国尊”等重点项目开工，公共配套设施完成年度建设任务，CBD东扩区华北电网科研总部楼开工，电子城9个项目竣工，大望京45%项目结构封顶，中国国学中心、奥体南区等建设加快推进，东坝、金盏园区的土地开发和基础设施建设加快实施，CBD—定福庄传媒走廊、垡头、温榆河等区域的规划编制取得重要进展，功能区发展质量和辐射带动作用不断增强。CBD中心区新增企业3300余家，税收过亿元楼宇达到43座。电子城实现总收入突破4000亿元。奥林匹克公园成为全国首个国家体育产业示范基地。农村地区转型发展取得新突破。围绕“四增五减”目标，积极争取市级政策支持，在解决农民转居转工和土储代拆问题、推进农村地区产业发展和城乡结合部环境整治等方面，取得实质进展。孙河、来广营8337名农民实现转居。探索城乡结合部改造和城市化的新路径，南磨房东郊市场等地区拆迁改造取得重要成果。农村“三资”监管全面加强，产权制度改革稳步推进。加强对农村土地出租合同的管理，收回土地500余公顷(7600余亩)。实施“腾笼换鸟”和产业升级改造，10个项目建成开业，农村地区财政收入和农村经济总收入分别增长20%和7%，对全区发展的贡献明显提升。

综合施策、精细管理，城市建管水平进一步提高。面对全市要求和群众期待，以敢于担当、敢于碰硬的精神，签订责任书，立下军令状,全面开展环境整治攻坚战,高标准推进城市建设和综合治理。生态环境建设取得新成效。实施清洁空气五年行动计划,淘汰老旧机动车5.5万辆,改造燃煤锅炉1151蒸吨,关停高污染企业,严控工地扬尘,严管渣土清运,推进呼家楼小庄社区煤改气试点、农村地区减煤换煤,全力降低大气主要污染物浓度。严厉打击违法用地违法建设,拆除违法建设750余处、190多万平方米。实施环境专项整治,清除各类脏乱点2000余处。深化垃圾分类管理,垃圾分类达标率达到65%以上。实施平原造林,加大老旧小区、道路和水系绿化,新增、改造绿化800公顷。以"7543N"为重点的水环境建设深入推进,完成了7处下凹式立交桥积水点和5条中小河道治理,在全市率先建成4个郊野公园雨洪利用工程,北小河、亮马河、坝河五环路以内水质有效改善。城乡建设加快实施。全年开复工面积4295万平方米,占全市25%。以产业功能区和居住区为重点的道路建设、维修和改造工作有效推进,启动20条主次干路建设,改造断堵头路20处,广渠路二期四环至五环段主路实现通车,开通全市首条潮汐车道。新增停车位2.2万个。四惠交通枢纽周边、13个新开通地铁出站口周边环境得到改善。启动惠及4.7万户居民的棚户区改造五年计划,通惠河北路边角地、酒仙桥危改等项目正在加快实施。土地储备稳步推进,15个地块完成拆迁,9个地块实现上市,回笼资金112.9亿元,1.8万农民回迁上楼。安全管理力度全面加大。强化底线意识,加强基层基础工作,推进安全生产标准化建设。深入开展安全生产大检查,清理了一批出租大院、群租房和低级次市场,落实责任,消除安全隐患。整合食品药品监管职能,强化生产、流通、消费全过程监管。严厉打击黑车运营。加强灾害天气和重污染日预报预警,应急处置能力不断提升。健全多元调解平台,积极化解矛盾纠纷和信访积案。深化基层平安建设,开展治安重点地区排查整治,推行社区民警驻区制,全区治安形势保持稳定,可防性刑事案件下降9.4%。

贴近需求、改善民生,社会服务管理水平进一步提升。深化"大民生"工作格局,把改善民生和创新服务管理放在更加突出的位置,坚持优质、均衡、特色、统筹,全力推进"十大民生工程"建设,发展社会事业,改善群众生活。基本公共服务水平不断提高。完善就业政策体系,强化对农民和大学生就业的指导、培训和服务,优化就业环境,城镇登记失业率控制在0.92%。教育优质均衡发展水平进一步提升。新增学位1.4万个,北京中学西坝河校区、首师大附属朝阳实验小学开学,中高考成绩、学生体质健康测试成绩居全市前列。在全市率先探索以三级医院为核心的医疗联合体建设,全区27个社区卫生服务中心实现了与驻区大医院的常规转诊、分级医疗、远程会诊,管理运行经验在全市推广。安贞医院、北京中医医院入驻东坝、垡头地区获得市级批复,垂杨柳医院改扩建工程房屋征收工作全面启动。积极支持社会力量开展社区养老、居家养老服务。区第二福利中心结构封顶。基本建立公共文化设施服务和数字服务网络,朝阳区成为全国首批"国家公共文化服务体系示范区"。社会服务管理深入推进。健全"大人口"工作格局,多措并举,加强人口调控。采取拆违控违、产业升级、出租房屋管理、地下空间整治等综合措施,全年减少流动人口17.4万人。积极探索具有朝阳特色的"共治共享"社区治理模式,开展社区分类治理,推进老旧小区准物业管理和村庄社区化管理,建成69个智慧社区和81个"六型社区"。集中精力为群众办实事。畅通群众诉求渠道,建立"一线一网一平台"便民服务信息网络,办理各类实事1160多件,解决了一批群众关心的实际问题。为65岁以上老人提供免费体检8.3万人次。建立新农合血液透析中心,农民个人自付款从2.6万元减至6620元。完成了200多万平方米老旧小区综合整治和1790多万平方米热计量改造任务。开工建设各类保障房1.7万套、竣工1.4万套。严格资格审核,加快保障房的配租配售,全区52%的备案家庭解决了住房困难问题。

与此同时,区政府坚持依法行政、从严治政、高效理政,坚决落实中央"八项规定"和市委市政府的相关要求,认真执行区人大及其常委会决议和决定,认真听取区政协、民主党派和人民团体意见,认真办理人大议案和人大代表建议、政协委员提案。严格履行党风廉政建设责任制,切实转变作风。严格控制"三公"经费,公务接待费和会议活动费同比减少7.5%和17.8%。建立区政府常务会人大代表列席制度,发挥政府决策咨询专家委员会、政府法律顾问团和特约监督员作用,努力提高政府依法行政和决策科学化水平。出台政府工作规则、机关事务管理等制度,加强行政效能监察和绩效管理,着力提高行政效能,全力推进了工作落实。

(王北辰)

主要工作和重大活动

【卫生工作调研】 1月16日,区委副书记、区长吴桂英到朝阳区中医医院、区妇儿医院、区疾病预防控制中心等多家医疗机构调研朝阳区医疗卫生服务整体情况。吴桂英强调,卫生系统要强化机遇、统筹、人才、民本和奉献意识,更好地服务朝阳百姓。

(王北辰)

【朝阳区经济发展大会】 1月29日,召开2013年朝阳区经济发展大会,市委常委、常务副市长李士祥,区委书记程连元,区委副书记、区长吴桂英等领导出席会议。会议总结2012年全区经济工作,部署2013年任务的同时,表彰100家经济贡献突出企业和优秀企业。

(王北辰)

【春节前走访慰问】 春节前夕,区领导慰问部分老干部、劳模、优秀教师。在原朝阳区人大常委会主任李福奎的家中,区委副书记、区长吴桂英看望慰问李福奎,并介绍朝阳经济社会发展的整体情况。在朝阳区外国语学校,吴桂英看望慰问全国劳模、朝阳区外国语学校校长郝又明,吴桂英对郝又明为朝阳区教育做出的贡献表示感谢,并交流教育国际化方面的问题。在望京中园社区,吴桂英看望全国劳动模范李菊花。

(王北辰)

【预防腐败局成立】 1月31日,朝阳区成立预防腐败局并启动财政资金和农村"三资"监管系统,实现对重大资金、重点部门、重要领域和重点对象的全域防控和全程监管。市纪委副书记、市预防腐败局局长李振奇,区委书记程连元,区委副书记、区长吴桂英,区委副书记、政法委书记陈宏志等市、区领导出席仪式。

(王北辰)

【烟花爆竹安全管理】 2月6日,召开2013年度春节烟花爆竹安全管理暨节日安全工作部署会。区委副书记、区长吴桂英等区领导参加会议。会议要求加大对十六类禁放点控制力度,加强重点时段维护,彻底消除死角盲区,确保节日期间烟花爆竹安全管理工作万无一失。

(王北辰)

【慰问驻区部队官兵】 2月7日,区领导程连元、吴桂英、陈宏志、贾彦翎、刘军胜到总装备部和武警北京总队,为驻区部队官兵带去朝阳区人民的新春祝福。在总装备部,区领导看望慰问部队官兵。区委书记程连元向总装备部领导介绍朝阳区在过去的一年里经济社会发展的情况，对驻区部队为朝阳区发展给予的帮助和支持，尤其是在双拥工作以及科技示范和科技教育方面做出的贡献表示感谢。

（王北辰）

【“朝阳警察榜样”揭晓】 2月7日，朝阳公安分局2012年度“朝阳警察榜样”评选表彰活动结果揭晓，22名朝阳公安分局优秀干警受到表彰。区委书记程连元，区委副书记、区长吴桂英等领导出席表彰活动。

（王北辰）

【市领导调研城市化建设】 2月17日，北京市委常委、常务副市长李士祥，副市长林克庆、张延昆率相关部门领导到朝阳区调研城乡结合部城市化建设工作。李士祥提出，朝阳区要在农村城市化方面先行一步创造经验，应把握三个重点：加强城市精细化管理；产业优化升级；城市化总体规划分步实施。并要求抓紧研究三个政策：制定城乡结合部产业升级的标准；研究农村城市化的机制和政策体系；研究调整基础设施投资体制和实施主体。区领导程连元、吴桂英、陈宏志、陈涛、甘靖中、刘军胜、王春、汪洋参加调研。

（王北辰）

【城乡统筹发展工作会】 2月25日，召开2013年加强社会建设推进城乡统筹发展工作会，会议总结2012年朝阳区在社会建设和农村城市化方面的工作，并全面部署2013年重点任务。区委书记程连元，区委副书记、区长吴桂英，区人大常委会主任佟克克，区政协主席辛燕琴等区领导出席会议。

（王北辰）

【建议、提案交办会】 2月27日，区政府组织召开朝阳区2013年人大代表建议、政协委员提案交办会。区委常委、常务副区长甘靖中，区人大常委会副主任李国，区政协副主席张树安出席会议。全区委、办、局、街道（地区）办事处等105家单位的主管领导及有关人员参加会议。

（王北辰）

【城市管理工作调研】 2月28日，区委副书记、区长吴桂英等区领导到朝阳区城管监察大队调研城市管理工作。吴桂英指出，城市管理工作战线长、任务重，城管监察大队要在破解街面秩序、道路遗撒等城市管理中的顽疾痼症上下功夫，要理清主体责任、属地责任和部门责任之间的关系，围绕重点和难点工作切实解决遇到的实际问题；同时要在机制体制上进行深入研究，加强部门之间的协调配合，形成执法工作的联动机制，探索适合朝阳区实际情况的城市管理长效方式；着力加强执法队伍和执法能力建设，不断提高执法队伍的整体素质，为提高朝阳区城市管理的精细化水平贡献力量。

（王北辰）

【民政、老龄工作部署会】 3月8日，召开第十二次民政会议暨2013年民政、老龄工作部署会。市民政局副局长孟钧，区领导陈宏志、张立新出席会议。2008年到2012年五年间，朝阳区从资金投入到政策创制不断加大力度，民政事业经费支出年均增长23%，先后出台保障基本民生的惠民政策50余项，全区各项民政工作均取得显著成绩。

（王北辰）

【调研北京服装学院】 3月14日，区委副书记、区长吴桂英到北京服装学院调研，并要求区相关部门要积极为学校的发展提供服务、搭建平台，加快推进文化创意产业与学校办学相融合，使服装产业在朝阳得到发扬和传承。

（王北辰）

【卫生事业发展大会】 3月15日，召开2013年朝阳区卫生事业发展大会，区委副书记、区长吴桂英出席会议，并强调要为建设健康朝阳，打造卫生强区再做新贡献。会议总结2012年卫生事业发展所取得成绩，表彰在创建国家卫生应急综合示范区中表现突出的先进单位，并部署2013年全区卫生工作。

（王北辰）

【朝阳京剧文化艺术中心成为爱国主义教育基地】 3月22日，朝阳京剧文化艺术中心被区爱国主义教育基地领导小组正式命名为“朝阳区青少年爱国主义教育基地”，原市人大常委会副主任刘晓晨，区委副书记、区长吴桂英，副区长张立新出席挂牌仪式。

（王北辰）

【调研区广电新闻中心】 3月27日，区委副书记、区长吴桂英率有关部门负责人到区广播电视新闻中心调研。她强调，朝阳广电新闻中心要整合资源、创新机制，积极发挥媒体监督作用，坚持高标准、高质量的制作出更多反映社会发展变化和民生幸福的节目内容，为提升朝阳形象做出贡献。

（王北辰）

【人口服务管理工作会】 3月29日，召开2013年人口服务管理工作会。市人口计生委主任刘志，区领导吴桂英、张革、朱春霞、张立新、郑煌出席会议。会议提出要进一步创新机制体制，加强区域人口的服务与管理，推进区域人口长期均衡发展。

（王北辰）

【绿化美化总结动员大会】 3月30日，召开2013年平原万亩造林启动仪式暨绿化美化总结动员大会，区四套班子领导及各部、委、办、局（处）、各街乡主要领导、驻区部队官兵代表约1000人参加大会。会议总结2012年绿化美化工作，对2013年全区绿化美化工作提出要求。

（王北辰）

【市领导专题调研】 4月1日，市委书记郭金龙到朝阳区调研污水处理和再生水设施建设情况。郭金龙在调研时强调，要通过在全市形成建设生态文明的共识，破解环境保护、社会管理等领域面临的一系列难题，努力推动首都科学发展，让市民生活更加美好。市委副书记、市长王安顺，副市长林克庆，市政府秘书长李伟参加调研。区领导程连元、吴桂英、刘军胜、王春一同调研。

（王北辰）

【市文化局领导调研】 4月3日，北京市委宣传部副部长、市文化局局长陈冬等一行到朝阳区调研国家公共文化服务体系示范区创建工作。调研组一行先后到潘家园街道数字文化社区和垡头地区文化中心，详细参观和询问数字化社区、24小时自助图书馆以及“3+1”四级公共文化服务设施网络等方面的建设情况，并听取国家公共文化服务体系示范区创建工作的汇报。副区长张立新陪同调研。

（王北辰）

【审计工作会】 4月7日，召开2013年审计工作会，北京市审计局副局长李拥军，区委副书记、区长吴桂英等领导出席会议。朝阳区以深化审计监督，维护经济安全，服务民生改善、促进廉政勤政、推动科学发展为目标，重点关注民生热点，全面履行审计监督职责，确保经济平稳增长和社会和谐稳定。

（王北辰）

【专题工作会】 4月8日，朝阳区城乡环境建设、缓解交通拥堵、大气综合治理工作会召开，区领导吴桂英、辛燕琴、陈宏志、谢莹、张革、宋铁健、甘靖中、刘军胜、李国、王春、苑文新出席会议。会议总结2012年工作，部署2013年重点任务，动员全区干部群众，凝聚力量，攻坚克难，全力建设“美丽朝阳”。

（王北辰）

【中央政策研究室调研社区建设】 4月11日，中央政策研究室文化研究局调研组到朝阳区来广营乡绣菊园社区调研社区建设工作。区委常委、宣传部部长、统战部部长谢莹陪同调研。

(王北辰)

【建设系统质量安全工作大会】 4月15日,召开2013年度建设系统质量安全工作大会,区委常委、常务副区长甘靖中出席会议。甘靖中要求,完善施工安全监督管理机制,规范参建单位主体行为,促进朝阳区建设工程安全生产和绿色施工水平迈上新台阶。

(王北辰)

【民政部调研社会救助工作】 4月16日,民政部党组成员、中央纪委驻民政部纪检组组长曲淑辉一行到高碑店兴隆家园社区,调研基层社会救助能力建设基本情况。市民政局党委书记、局长李万钧,副区长张立新陪同。

(王北辰)

【区领导接受媒体专访】 4月17日,区委副书记、区长吴桂英做客北京城市服务管理广播《对话一把手》栏目,回复和解答有关保障房配租配售、交通出行以及教育等市民关心、关注的问题,同时还就朝阳区环境建设问计于民,倾听市民的意见和建议。

(王北辰)

【公共文化服务体系建设大会】 5月3日,召开朝阳区公共文化服务体系建设大会,会议总结前一阶段国家公共文化服务体系示范区创建工作,下发《关于进一步加强公共文化服务体系建设的意见》,部署下一阶段工作任务。市委宣传部副部长、市文化局局长陈冬出席会议并对创建工作提出指导意见,区四套班子领导出席会议。

(王北辰)

【市领导调研绿化隔离地区建设】 5月7日,副市长林克庆带领市城乡办、市发改委、市监察局、市财政局等职能部门负责人到朝阳区,调研绿化隔离地区建设情况。林克庆对朝阳区在绿化隔离带建设上取得的成绩表示肯定,要求朝阳区继续按照城市化的目标和走在前列的要求探索经验,重点关注就业问题、转居问题、产业问题和绿化问题。区委副书记、区长吴桂英,区委常委、副区长陈涛陪同调研。

(王北辰)

【应急委员会(扩大)会议】 5月8日,召开突发事件应急委员会第七次全体(扩大)会议暨防汛工作部署会。区领导吴桂英、陈宏志、陈涛、谢莹、陶晶、甘靖中、贾彦翎、王春、汪洋参加会议。

(王北辰)

【中小河道治理工作调研】 5月9日,为确保"7543N"水务工程建设各项任务按既定时间圆满完成,及早发挥工程作用,区委副书记、区长吴桂英实地调研中小河道治理工作。副区长王春一同调研。

(王北辰)

【驻京中外知名企业朝阳行活动】 5月16日,市投促局与朝阳区政府共同组织的驻京中外知名企业朝阳行活动在朝阳规划艺术馆举办。市投促局局长周卫民,副局长张华、苏宏,区领导程连元、吴桂英、刘军胜、苑文新出席活动。369家驻京中外知名企业的447位高层、高管人员参加活动。

(王北辰)

【社会组织建设和社区工作调研】 5月16日,区委副书记、区长吴桂英到街道调研社会组织建设和社区管理工作,区领导苑文新、张维刚一同调研。吴桂英指出,社区工作在全区工作中越来越重要,要以组织化、市场化和社会化作为发展方向。

(王北辰)

【区领导带队检查工地扬尘防控】 5月23号,区委副书记、区长吴桂英带领区环保局、住建委、城管大队等部门负责人,实地检查部分建筑工地的扬尘防控情况,并调研环境质量情况

(王北辰)

【调研定福庄传媒文化产业区】 5月23日,区委副书记、区长吴桂英到定福庄传媒文化产业区进行调研文化创意产业发展情况。区领导张立新、张维刚一同调研。

(王北辰)

【签署科普合作协议】 5月24日,区政府与中国科学技术馆签署科普合作协议。中国科技馆成为朝阳区中小学生课外实践活动和科普教育基地。市委常委陈刚,团市委书记常宇,区委副书记、区长吴桂英等领导出席签约仪式。

(王北辰)

【省部长与跨国公司CEO对话会】 5月28日,以"智慧服务提升城市核心价值"为主题的省部长与跨国公司CEO对话会在国家会议中心举办。市委常委、常务副市长李士祥,区领导程连元、吴桂英出席会议。

(王北辰)

【现场办公推动断堵路疏通工程】 6月7日,区委副书记、区长吴桂英到红军营西路断堵路疏通工程现场,察看工程进展情况,对断堵路疏通过程中遇到的问题进行现场办公。

(王北辰)

【市领导调研大气污染防治工作】 6月15日,市委书记郭金龙到朝阳区调研就大气污染防治工作。郭金龙走进居民家中和企业,与多方深入交流,了解情况,听取意见。市领导王安顺、赵凤桐、张工、李伟一同调研,区领导程连元、吴桂英、刘军胜、王春陪同调研。

(王北辰)

【全国城市文明程度测评部署会】 6月25日,召开文明委(扩大)会议暨迎接全国城市文明程度指数测评部署电视电话会。区委书记程连元要求,以每年一次的测评工作为契机,强化工作结合,提高工作实效,深化长效建设,全面提升朝阳区精神文明建设的整体水平。区领导陈宏志、陈涛、谢莹、宋铁健、贾彦翎、朱春霞、张立新、苑文新、汪洋、郑煌,区委副巡视员刘英男出席会议。

(王北辰)

【调研大气污染防治工作】 7月3日,区委副书记、区长吴桂英到区环保局调研大气污染治理和各部门相关工作落实情况。副区长王春一同调研。

(王北辰)

【市领导调研棚户区改造工程】 7月4日,市委副书记、市长王安顺到朝阳区调研棚户区改造工程。他强调,要把棚户区改造作为重大民生工程和重大发展工程,迎难而上,加快推进,五年完成四环内棚户区改造任务。市、区领导陈刚、张延昆、李伟、程连元、吴桂英等陪同调研。

(王北辰)

【政府决策咨询专家委员会会议】 7月5日,召开政府决策咨询专家委员会全体会议。会上,中国入世首席谈判代表龙永图、国务院参事室参事闪淳昌等32名北京地区的专家、学者受聘为朝阳区第三届政府决策咨询专家委员会(简称专委会)成员,并在3年的任期中,为朝阳区的发展献计献策。区领导吴桂英、甘靖中、陈涛、张立新、苑文新出席会议,区相关职能部门列席会议。

(王北辰)

【市地税局领导调研座谈】 7月11日,北京市地税局调研组一行到朝阳区,调研并座谈交流朝阳区如何发挥税收职能作用,促进区域经济社会发展等方面内容。市地税局党组书记、副局长刘江平,区领导吴桂英、张革、甘靖中、张维刚等参加座谈。

(王北辰)

【农村产业发展座谈会】 7月18日,举办农村产业发展座谈会。区委书记程连元在会上强调,朝阳区发展的比较优势在农村

地区，要抢抓机遇，攻坚克难，乡域统筹，部门联动，坚定不移地加速农村地区产业发展。区领导吴桂英、陈宏志、陈涛、甘靖中、刘军胜出席会议，区委副书记陈宏志主持会议。

（王北辰）

【接待贵阳市观山湖区考察团】 7月29日，贵州省贵阳市观山湖区考察团到朝阳区考察社会服务管理和全模式社会服务管理情况。副区长苑文新陪同。

（王北辰）

【调研消防支队】 8月1日，区委副书记、区长吴桂英到朝阳区公安消防支队调研，同时向消防官兵致以节日的问候。副区长王春一同调研。吴桂英指出，消防安全要以“防”为先，加大隐患排查力度，从根源上降低火灾事故发生的可能性。

（王北辰）

【军事日活动】 8月1日，举办军事日活动，邀请国防大学战役教研部教授孙旭作题为“国家安全战略与思考”的专题辅导报告。以特别的方式庆祝中国人民解放军建军86周年。区委书记程连元，区委副书记、区长吴桂英等区领导参加活动。

（王北辰）

【中央政法委领导调研平安建设】 8月5日，中央政法委秘书长、国务院副秘书长汪永清到北京市调研，在朝阳区太阳宫乡召开党的群众路线教育实践活动征求意见座谈会，就基层平安建设听取群众意见。中央政法委副秘书长王其江和北京市副市长、市委政法委副书记张延昆出席座谈会。区委副书记、区长吴桂英，区委副书记、政法委书记陈宏志等区领导参加座谈会。

（王北辰）

【区领导调研东坝国际商贸中心区】 8月7日，区委副书记、区长吴桂英调研东坝国际商贸中心区规划建设情况。吴桂英强调，要把东坝国际商贸中心区建设成为朝阳区新的产业动力集合，推进朝阳区城市现代化和国际化进程。

（王北辰）

【社会建设工作调研】 8月8日，区委副书记、区长吴桂英调研各街道社区社会建设工作，副区长苑文新一同调研。吴桂英强调，要进一步探索社会服务管理新模式，开辟便民利民惠民新途径。

（王北辰）

【市领导调研水务工作】 8月8日，市委常委、常务副市长李士祥到朝阳区调研水务相关工作，副市长林克庆，市政府副秘书长赵根武、徐熙一同调研，区领导吴桂英、陈涛、王春陪同调研。李士祥强调，朝阳区承担着本市城六区近七成污水处理任务，属地和市相关部门要共同努力，克服眼前困难，加紧增加污水处理设施，实现治污、节水同步进行。

（王北辰）

【市领导调研养老服务工作】 9月2日，北京市副市长戴均良调研朝阳区养老服务工作。区委副书记、区长吴桂英等区领导陪同调研。

（王北辰）

【国家知识产权局领导调研】 9月5日，国家知识产权局局长田力普一行到朝阳区专题调研设计服务业知识产权工作。北京市副市长戴均良、市知识产权局局长汪洪，区委副书记、区长吴桂英等领导陪同调研。

（王北辰）

【2013中国文化产业高端峰会】 9月8日，在朝阳规划艺术馆举办的“2013中国文化产业高端峰会”上，20余位来自全国知名高校的业界专家学者及行业主管部门相关负责人、文化企业代表深入探讨新型城镇化与文化发展、城市文化与文化产业发展、文化产业的产业融合与区域合作、文化传承创新与文化产业发展等议题。副市长杨晓超，区领导程连元、吴桂英、陈涛、谢莹、甘靖中、刘军胜、朱春霞、张立新、汪洋、郑煌出席。

（王北辰）

【与贵阳市结为友好市区】 9月12日，贵阳市委副书记、市长李再勇和朝阳区委副书记、区长吴桂英代表双方签署友好市区协议。

（王北辰）

【国家安全监管总局领导督查指导】 9月24日，由国务院安委会办公室副主任、国家安全监管总局副局长孙华山带队的国务院安委会第16督查组到朝阳区，督查指导安全生产工作。市、区领导张延昆、程连元、吴桂英等陪同检查。

（王北辰）

【区领导检查安全生产工作】 9月27日，区委副书记、区长吴桂英带领区安监局、朝阳消防支队、住建委等职能部门，到中国侨福芳草地、民源大厦建筑工地、十里河居然之家等地，开展节前安全生产检查。

（王北辰）

【区领导调研食药局】 10月9日，区委副书记、区长吴桂英和副区长苑文新到区食品药品监督管理局调研，听取其组建工作第一阶段完成情况的报告，并协调相关部门和街乡共同筹划下一阶段工作。吴桂英要求，新的食品药品监督管理局组建成立后，要全面落实行业法规，加强监管能力建设，提升食品药品安全监管水平，确保全区人民群众饮食用药安全。

（王北辰）

【调研人口调控工作】 10月10日，区委副书记、区长吴桂英，副区长张立新调研人口工作开展情况，与相关部门负责人总结研讨统筹解决人口问题的途径。吴桂英要求，人口计生工作应在统筹解决人口问题上主动作为，充分认识促进人口均衡发展在经济社会发展中的基础地位和战略意义，更加自觉地统筹经济发展与人口、资源、发展的关系。

（王北辰）

【市领导调研医改工作】 10月10日，副市长杨晓超到朝阳医院、朝阳区第二医院、八里庄第二社区卫生服务中心和区卫生局，通过实地调研、观看专题片和听取汇报等多种形式，了解朝阳区卫生事业发展情况，特别是公立医院改革以及医疗联合体工作开展情况。市卫生局局长方来英，区委书记程连元，区委副书记、区长吴桂英等陪同调研。

（王北辰）

【市领导调研养老服务工作】 10月17日，北京市委副书记吕锡文到朝阳区调研社区养老服务工作。区委副书记、区长吴桂英陪同调研。吕锡文一行到和平街街道和平家园社区的寸草春晖养老院，查看养老院日常运转情况，了解街道和社区在开展养老服务工作中遇到的困难和存在的问题。吕锡文指出，基层要整合资源，推动养老服务的可持续发展；培育和发展居家养老服务的社会组织，推进社区养老服务；满足养老服务的多种需求，破解养老服务难题。

（王北辰）

【联合主办外语游园会】 10月19日，由北京市民讲外语活动组委会、市政府外办等单位主办，朝阳区政府联合主办的2013年北京外语游园会在北京朝阳公园开幕，游园会为期两天。自2002年启动以来，北京外语游园会已成功举办14届，累计百余万市民参与活动，成为全市外语爱好者欢聚交流的品牌平台。游园会开幕式当天，北京市委常委、常务副市长李士祥到游园会现场，视察场内安保、节目演出及游园项目组织等各项工作，区委副书记、区长吴桂英陪同视察。

（王北辰）

【日本东京大田区议会友好访问团来访】 10月21日，区委副书记、区长吴桂英，副区长张立新在朝阳区政府会见日本东京大田区议会友好访问团一行,双方就进一步加强合作交换意见。

(王北辰)

【调研垡头功能区建设】 10月22日,区委副书记、区长吴桂英到垡头地区,实地查看焦化厂区域开发建设的相关工作情况。吴桂英对垡头管委会做出的工作表示肯定,要求加强整体基础设施和公共设施的配套关系的细化工作,并做好焦化厂旧址的保护和开发,并希望区内各部门与垡头管委会密切配合,立足区域发展,推进垡头功能区建设的有序开展。

(王北辰)

【奥林匹克公园专题研讨会】 10月25日,召开北京奥林匹克公园促进国家体育产业示范基地建设和发展研讨会。国家体育总局经济司司长刘扶民,市体育局局长李颖川,区领导吴桂英、张立新出席

(王北辰)

【与市民政局签订合作框架协议】 10月30日,北京市民政局与朝阳区人民政府签订共建养老服务社会化示范区合作框架协议。北京市副市长戴均良、区委书记程连元等参加签约仪式。根据协议,朝阳区将充分发挥典型示范作用,实现"一区一品",打造具有朝阳特色的创新品牌。

(王北辰)

【区领导调研房地产业和保障房】 11月12日,区委副书记、区长吴桂英,区委常委、常务副区长甘靖中调研房地产业发展及保障性住房建设工作。吴桂英表示,要在加快推进保障性住房进度上有所作为,确保居民按时入住;要在稳定房地产价格上有所作为,加强对房地产价格的监测和预警;要在整合资源和落实政策上有所作为,加快实施、严格落实各种政策要求;要在宣传工作和联动机制上有所作为,让民众更加了解房产工作的进度和进展。

(王北辰)

【区领导慰问部队新兵】 11月28日,副区长张立新带领区民政局、双拥办负责人,到总装后勤部新兵训练基地慰问新兵。

(王北辰)

【市领导调研绿隔试点】 12月12日,副市长林克庆到朝阳区,调研一道绿隔试点建设实施方案的制定情况。区委副书记、区长吴桂英等区领导陪同调研。

(王北辰)

【全国经济普查领导小组会】 12月12日,召开第三次全国经济普查领导小组(扩大)会。区委常委、常务副区长甘靖中,副区长张维刚参加会议。

(王北辰)

【经济责任审计工作领导小组会议】 12月16日,召开经济责任审计工作领导小组第一次会议暨2013年经济责任审计联席会议,区委副书记、区长吴桂英,区委常委、组织部部长张革,区委常委、纪委书记宋铁健参加会议。会议听取区审计局关于经济责任审计工作的报告和区国资委、区财政局开展的重点监督检查工作的汇报,审议领导小组议事规则并围绕上述议题进行讨论。

(王北辰)

【党风廉政建设责任制检查】 12月25日,区委副书记、区长吴桂英带领区党风廉政建设检查组到区民政局,重点检查党风廉政建设责任制工作。吴桂英强调,要进一步深化对党风廉政建设责任制重要性的认识,加强对权力运行的制约和监督,广大党员干部要转变工作作风,提高工作能力,促进各项工作再上新台阶。

(王北辰)

【部署烟花爆竹安全管理工作】 12月26日,召开2014年元旦春节烟花爆竹安全管理工作动员部署会,区领导王春、汪洋出席,会议部署元旦春节期间烟花爆竹的销售及燃放安全管理工作。

(王北辰)

【区政府常务会、区长办公会召开】 年内,召开7次政府常务会、43次区长办公会。研究综合经济、城乡建设、城市管理、民生发展、安全生产、信访、社会治安、食品安全、便民热线、市容环境和违法建设等方面的工作。

(王北辰)

区政府办公室工作

【概况】 北京市朝阳区政府办公室是政府部门的综合办事机构,承担着参与政务、处理事务、协调服务的职责,发挥着承上启下、联系左右、协调各方的枢纽作用。全年,围绕"服务大局、服务基层、服务部门",转变职能、创新机制,实施和推进一系列重点工作,进一步提升综合办事效能,各项工作取得新进展。

地址:北京市朝阳区日坛北街33号

电话:65094221

邮编:100020

电子邮箱:zfbmsk@bjchy.gov.cn

(王北辰)

【值班值守】 年内,处理各类会议(活动)通知2109件。严格执行24小时值班制度,进一步规范请销假、值班管理、钥匙使用等工作流程,完善各项值班值守工作制度。

(王北辰)

【会务办理】 年内,组织区政府常务会7次、区长办公会43次,电视电话会议35次,接待中央和市领导调研53次、外省市领导考察38次,承办区政府领导会议和调研活动、视频会议等1700余次。

(王北辰)

【文秘工作】 年内,制发公文769件,登记流转各类公文5796件,处理中央、国务院、市委、市政府机要文件490件,收集整理归档文件2000余件。起草区政府工作报告、区政府领导讲话及区政府向人大汇报材料等文稿300余篇、共130多万字。

(王北辰)

【调查研究】 年内,开展《新城镇化战略下朝阳区城乡结合部管理创新研究》《朝阳区转型发展的制约问题和对策研究》等17项课题的调研工作。全年起草或组织起草各类调研报告20篇,编发《领导参阅》等刊物9期,撰写其他临时性研究报告10余篇。开展朝阳区受理群众诉求主要渠道的基本情况和机关事务管理基本情况的研究,出台《关于进一步转变作风,切实解决群众热线反映问题的工作意见》《北京市朝阳区人民政府办公室关于贯彻实施<机关事务管理条例>的意见》,实现由调研课题到政策文件的转化。

(王北辰)

【信息编发】 年内,编发各种信息刊物1242期(特刊303期、普刊173期、朝阳情况592期、朝阳动态174期),其中,市、区领导批示167条;采编基层信息6026条。向市政府报送各类信息592期,被采用330条,获得市委市政府主要领导领导批示信息83条。信息工作按照分数排名位列十六区县第三名。

(王北辰)

【督查督办】 年内,督查室办理市领导批示44件,区领导批示95件;督办市、区各类折子、实事任务198件,其中市政府折子主办36件、市政府实事主办6件,区政府折子100件、区政府实事27件,市政府生态文明和城乡环境建设折子45项;跟踪督查5次区政府常务会、39次区长办公会议定的248个事项1099个次;完成区领导批示督办598期,完成媒体曝光问题督办121期,下发各类督查通知1119个。

(王北辰)

【绩效管理】 年内,成立由区长任组长、36家区级部门为成员的区政府绩效管理工作

领导小组。与市级考评任务全面对接，制定朝阳区2013年绩效管理工作实施方案，组织区相关部门全面自评，查找不足，推进工作。将绩效考评结果与领导班子考评、双百考核相结合，将考核成绩作为处级班子综合考核的依据之一，列入“一票否决”范围，促进绩效管理考评结果的有效运用。

（王北辰）

【应急管理】 年内，接报突发事件2097起，其中，社会安全类事件1627起占77.59%，事故灾难类事件439起占20.93%，公共卫生类事件20起占0.95%，自然灾害类事件11起占0.52%。

（王北辰）

【应急演练】 年内，会同有关部门，结合防汛和空气重污染天气应对工作重点，组织两次区级应急演练。5月8日，在顾家庄桥现场模拟强降雨天气后桥区积水的实际场景，实地演练紧急排险及道路交通保障流程。11月13日，结合北京市组织的空气重污染一级预警（红色）应急演习，启动区应急委空气重污染应急工作机制和应急预案，开展实战和模拟相结合的全区性应急演练。

（王北辰）

【建议、提案办理】 年内，区政府收到全国人大代表、政协委员提案2件，市级人大代表建议、政协委员提案96件，区级人大代表建议、政协委员提案576件，交由区政府部门及街乡系统承办，全部按期办复。

（王北辰）

【外联服务】 年内，接待云南昆明、山东泰安、湖北十堰等外省市领导考察28次，承担市政府外联办交办任务26件，整理全区服务中央单位和驻京部队的重点事项37件。

（王北辰）

【队伍建设】 年内，输送副处级领导干部1名；提拔正科级领导干部5名，副科级领导干部4名，正科级非领导干部1名，副科级非领导干部3名；1名干部到市委组织部借调、1名干部到市政府办公厅以干代培，1名干部抽调到区党的群众路线教育实践活动领导小组办公室，组织基层工作经历不满两年的2名干部到街乡挂职锻炼。

（王北辰）

政府信息公开

【概况】 朝阳政府信息公开办公室是朝阳区政府办公室内设机构，负责推进、指导、协调全区政府信息公开工作和区政府、区政府办的政府信息公开具体工作。

地址：日坛北街33号
电话：65090089
邮编：100020

（叶易棠）

【主动公开政府信息】 年内，全区各政府信息公开工作机构主动公开政府信息11788条，其中，机构职能类信息201条，占总数比例1.71%；法规文件类信息334条，占总数比例2.83%；规划计划类信息25条，占总数比例0.21%；行政职责类信息31条，占总数比例0.26%；业务动态类信息11197条，占总数比例94.99%。

（叶易棠）

【依申请公开政府信息】 年内，全区各政府信息公开工作机构受理申请总数3435件，其中区政府和区政府办727件，区级机关和区属机构2056件，街道办事处和地区办事处652件。除申请人自愿撤销的36件，其他3399件均按期答复，其中同意公开816件，同意部分公开10件，不予公开73件，信息不存在的1227件，非本机关掌握的665件，申请内容不明确的84件，非政府信息的244件，已移送档案馆的66件，其他214件。申请内容主要涉及房屋拆迁、房屋登记、建筑施工许可、竣工验收备案、绿化隔离地区建设征地拆迁、土地腾退等。

（叶易棠）

【行政复议】 年内，涉及政府信息公开的行政复议申请714件，全部办结，办结率100%。其中，市法制办收到173件，全部维持；区法制办收到541件，维持行政机关具体行政行为的405件，不予受理的98件，确认行政机关违法，责令重新答复的37件，申请人主动撤回的1件。

（叶易棠）

【行政诉讼】 年内，涉及政府信息公开的行政诉讼618件，结案100%。其中，北京市第二中级人民法院受理110件，裁定驳回原告起诉105件，判决驳回原告诉讼请求5件；北京市第三中级人民法院受理75件，全部判决驳回原告诉讼请求；朝阳法院受理433件，裁定驳回原告起诉374件，裁定移送42件，原告撤诉9件，判决被告败诉、要求履行职责4件，判决驳回原告诉讼请求3件，中止审理1件。

（叶易棠）

【年度考核】 综合考评2013年度全区各政府信息公开工作机构，评出政府信息公开工作优秀单位43个，其中政府部门21个，街道系统11个，农村系统11个。

（叶易棠）

【年度报告】 年内，按照《中华人民共和国政府信息公开条例》的规定，全区各政府信息公开工作机构统一向社会公布本单位2013年度的政府信息公开工作年度报告。报告包含概述，主动公开政府信息情况，依申请公开政府信息情况，因政府信息公开申请导致行政复议、提起行政诉讼的情况，政府信息公开工作存在的不足及改进措施等内容。

（叶易棠）

【更新公开指南】 年内，更新编制《北京市朝阳区政府信息公开指南（2013版）》，在区域内的各级各类信息公开窗口免费向公众发放，同时，在政府信息公开专栏中同步更新。

（叶易棠）

【政府信息公开场所建设】 年内，为构建服务便捷的公开场所，更好地服务公众，满足公众的信息公开需求，升级改造区政府信息公开综合服务窗口，更新各街乡政府信息公开宣传查阅场所的设备，并设立全市首个社区政府信息公开宣传查阅点。

（叶易棠）

人事管理

【概况】 朝阳区人力社保局是负责全区人力资源和社会保障工作的区政府工作部门。区编办是北京市朝阳区机构编制委员会的常设办事机构，负责全区行政管理体制和机构改革以及机构编制日常管理工作，既是区委的工作机构，也是区政府的工作机构，与区人力社保局合署办公。

地址：日坛北街33号
电话：65099577
邮编：100020

（丁明圆）

【公务员制度建设】 2月6日，区委常委会审议通过，制定出台《朝阳区关于进一步加强公务员队伍建设的若干意见》并印发全区。

（丁明圆）

【公开选拔科级领导干部】 4月，首次面向全区公开选拔40名年轻科级领导干部。区内6个系统的36家单位拿出40个职位（其中正科14个、副科26个）面向全区各类机关、企业、事业单位公选。选拔出的40名科级干部平均年龄28.4岁，最小的25岁，最大的33岁。其中硕士研究生11名、本科29名。

（丁明圆）

【博士后创新实践基地获批】 5月，朝阳区商务中心区博士后（青年英才）创新实践基地获批设立,成为北京市批准设立的12家创新实践基地之一,也是朝阳区继电子城创新实践基地后的第二家获批基地。商务中心区创新实践基地下设中国国际期货有限公司、普华永道中天会计师事务所有限公司等5家企业工作站,涉及国际金融、现代服务业等重点发展领域。设站企业计划开展研究项目14项,招收博士后(青年英才)14人。

(丁明圆)

【城管执法队伍体制调整】 5月,规范机构设置,将区城市管理监察大队更名为区城管执法监察局,各街乡设置区城管执法监察局(街乡)执法队,加强专项执法队伍建设,重点加强区域内应急突发事件处置、违法建设拆除、施工工地管理等工作的执法监察工作力度,以适应城市管理新形势和新任务要求。

(丁明圆)

【组建区食药局】 9月,组建区食品药品监督管理局,在各街道、乡设置食品药品监督管理所,对生产、流通、消费环节的食品安全和药品的安全性、有效性实施统一监督管理,减少监管环节、明确部门责任、优化资源配置。

(丁明圆)

【社保所纳入机关工资规范管理】 10月,43个街乡社保所工作人员纳入机关工资规范管理范围,全区863名社保所工作人员经过人员核定、培训考试等流程完成过渡,并完成工龄确定、工资审核及退休审批工作。

(丁明圆)

【完善公务员退出机制】 年内,依据公务员法,尝试实施公务员提前退休工作,全年162人完成提前退休。提前退休办法的实施,腾出部分编制和职数,促进公务员队伍的新陈代谢,是朝阳区深化干部人事制度改革的一种探索。

(丁明圆)

【招考公务员】 年内,完成两次公务员考录和两次规范管理单位招考工作,全年招录公务员329人,规范管理事业单位招录66人,组织743人面试。

(丁明圆)

【中小学教师职称制度改革】 年内,与区教委配合,完成14151名教师的职称过渡、20名正高级教师人选推荐等工作。此次职称制度改革建立起统一的中小学教师职称制度,职称等级统一设置为5个等级,即从正高级到员级,打破教师的晋升"瓶颈",6名优秀教师获北京市首批中小学正高级教师职称。

(丁明圆)

【制定加强人才工作的意见】 年内,为实施人才强区战略,在总结"十一五"时期朝阳区人才工作主要做法、成绩、问题及梳理政策文件的基础上,针对朝阳区人才发展现状,结合其他区、省市的经验,制定《关于进一步加强人才工作的意见》,从人才队伍建设的长远出发,在中观层面,从政策创新、载体建设及优化环境等方面提出措施,以期逐步实现人才队伍规模逐步壮大、人才结构不断优化和人才素质显著提升的目标,更好应对人才竞争新形势的需要。

(丁明圆)

【人才引进】 年内,拓宽高层次人才引进渠道,开展人才引进和专项计划申报工作,全年上报高层次人才引进111人,其中引进教育人才71人,卫生人才3人,产业人才23人,留学生14人。

(丁明圆)

【大学生"村官"艺术团成立】 年内,成立大学生"村官"艺术团,为大学生"村官"在农村公共文化建设中搭建成长成才平台,吸纳17个乡的30多名具有专业特长和兴趣爱好的大学生"村官"。

(丁明圆)

【事业单位分类】 年内,按照市里下发的相关配套文件和事业单位分类职责目录,将事业单位所承担的社会功能作为划分类别的标准,对全区780个事业单位分类,确定其公益服务的职责,为下一阶段事业单位改革工作奠定基础。

(丁明圆)

【工作居住证管理】 年内,制定出台《区工作居住证系统数字证书使用管理办法》,将责任落实到人。全年,为6569人办理工作居住证业务,其中新办证5137人、续签1432人,为4198人变更居住证各类信息、1291家用人单位办理注册登记。

(丁明圆)

【促进高校毕业生就业】 年内,以区政府名义印发《朝阳区促进普通高等学校毕业生就业工作实施意见》,从引导高校毕业生到基层就业,加强毕业生就业公共服务体系建设等六个方面提供政策支持。制定与之配套的补贴资金实施细则和未就业高校毕业生实名制登记管理细则,规范补贴资金使用与管理。

(丁明圆)

【人才招聘】 年内,举办大型双选会,创建"才子朝阳"就业服务品牌,举办第一届校企对接洽谈会,开展毕业生就业服务月和进校园送服务等活动,全年累计举办招聘会135场,招聘企业近6101家,求职人员近8万人次。

(丁明圆)

【军转安置】 年内,接收安置随军家属54人,其中自谋职业45人,安置事业单位9人,为62名干部身份随军家属发放安置工作补助经费178万元。

(丁明圆)

民族　宗教

【概况】 朝阳区民族宗教办公室是主管全区民族宗教事务的政府职能部门,下设综合科、民族科、宗教科三个职能科室。全区有汉、回、满、蒙、朝、藏等56个民族,少数民族人口约20万人(包括流动人口)。区内有民族工作重点街道、民族乡各1个,民族村11个;民族中、小学校7所;经批准的清真饮副食餐馆、专柜达180余家。区内有伊斯兰教、基督教、天主教、道教等4个传统宗教,爱国宗教团体3个、庙管会1个;有伊斯兰教清真寺9座,基督教、天主教教堂各1座,道教东岳庙1座;依法批准的基督教聚会点6个、涉外宗教临时活动场所2处;宗教教职人员47人,宗教信徒约6万余人;外国信徒约7000余人。

地址:团结湖北五条8号

电话:65094755

邮编:100026

邮箱:mzb@bjchy.gov.cn

(宋　娜)

【落实区委全会及区"两会"精神】 1月11日,召开全体干部会,传达学习区委十一届五次全会及区"两会"会议精神,会上明确2013年工作重点:一是学习贯彻党的十八大精神;二是深切关注民族宗教领域民生幸福;三是全力确保民族宗教领域和谐稳定;四是指导宗教团体及场所提升管理水平;五是加强机关党员干部素质能力建设。

(宋　娜)

【民族宗教工作会议】 4月,召开民族宗教工作会议,区领导苑文新出席会议并讲话。在讲话中对全区2012年民族宗教工作所取得的成绩给予肯定,分析民族宗教工作所面临的形势任务,并就做好2013年的民族宗教工作提出三个方面的要求,一是树立科学理念,增强做好民族宗教工作的责任感;二是创新体制机制,全面加强民族宗教工作服务与管理;三是加强组织领导,确保民族宗教工作任务圆满完成。

(宋　娜)

【宗教政策法规学习月活动】 6月13日，启动开展宗教政策法规学习月活动。通过组织动员部署、专题培训、学习讨论、交流考察、主题宣传等方式，与“六五”普法工作相结合，与加强各宗教团体自身建设相结合，与创建和谐寺庙教堂相结合，切实加深宗教工作“三支队伍”和广大信教群众对宗教政策法规的理解。

（宋　娜）

【穆斯林群众欢度“开斋节”】 8月8日，是信仰伊斯兰教的回族、维吾尔、哈萨克等十个少数民族的传统节日——开斋（尔代）节。全区5160名中外穆斯林群众（其中外宾143人）分别在南下坡、常营等9所清真寺参加节日会礼庆祝活动。副区长苑文新、区委统战部副部长石延刚、区民宗办主任王爱录等领导分别到南下坡、常营清真寺向穆斯林群众祝贺节日，并送去慰问金。各清真寺所在地的街、乡领导分别到辖区清真寺向各地穆斯林群众祝贺节日。

（宋　娜）

【通报南上坡清真寺移建情况】 9月11日，区民宗办项目服务组到区伊协，向穆斯林群众代表及区伊协负责人通报南上坡清真寺移建情况。

（宋　娜）

【穆斯林群众欢度“古尔邦节”】 10月15日，是信仰伊斯兰教的回、维吾尔、哈萨克、乌兹别克、塔吉克、柯尔克孜、塔塔尔、保安、撒拉、东乡等十个少数民族的传统节日——古尔邦节（宰牲节）。上午，全区3850名中外穆斯林群众（其中外宾130人）分别在南下坡、常营等9所清真寺参加节日会礼庆祝活动。当天全区9所清真寺宰牛51头，宰羊153只。区委统战部、区民宗办、公安朝阳分局有关领导分别到常营、南下坡清真寺向穆斯林群众祝贺节日并送去慰问金。9所清真寺所在地的街、乡领导也分别到辖区清真寺向各地穆斯林群众表达节日祝贺。为确保节日活动安全，副区长苑文新对做好“古尔邦节”服务保障工作提出明确要求，公安朝阳分局国保支队组织有关单位抽调骨干力量，加强各清真寺周围的安全保卫工作，确保宗教节日活动顺利开展。

（宋　娜）

【天主教基督教界欢度圣诞节】 12月24日晚，约5000名信教群众到基督教朝阳堂参加圣诞礼拜仪式；1200余名信徒参加平房天主教堂举行的2场弥撒。市人大副主任李昭玲，副市长戴均良，市政协副主席赵文芝，市委副秘书长赵玉金，市委统战部副部长张洋，市民委主任、宗教局局长池维生，朝阳区人大常委会主任佟克克，副区长苑文新，区政协副主席张树安，区委统战部常务副部长胡杰华，区民宗办主任王爱录，区委统战部副部长石延刚等市、区领导分别到教堂看望慰问宗教界代表人士，并向信教群众表达节日祝贺，宗教界代表人士和信教群众对党和政府的关心表示感谢。市、区统战、宗教、公安及东风乡和平房乡等有关部门的领导一同到各宗教活动场所检查指导圣诞节工作。圣诞节期间，全区基督教朝阳教堂、平房天主教堂的宗教活动正常，秩序良好。

（宋　娜）

【首都民族团结进步表彰】 12月26日，第七届首都民族团结进步表彰大会在北京会议中心召开，会议表彰评选出140个首都民族团结进步先进集体和259名先进个人。朝阳区潘家园街道办事处等10个单位，王世泉等19名个人，分别获得第七届首都民族团结进步先进单位和先进个人表彰称号。中央政治局委员、市委书记郭金龙，全国政协副主席、国家民委主任王正伟出席会议并讲话，部分中央单位有关领导和北京市领导、各区县主要领导出席会议。朝阳区少数民族乡、民族工作重点街道、社区的代表参加会议。

（宋　娜）

【“千名干部下基层”活动】 年内，按照区直机关工委关于《朝阳区直属机关进一步深化千名干部下基层活动实施方案》的通知要求，区民宗办迅速成立组织机构，成立民宗办项目服务组，明确领导责任，制定工作计划，确定活动联系人，并及时与朝阳区伊斯兰教协会对接。8月20日，民宗办项目服务组组长带队到区伊协座谈，就南上坡清真寺移建工作听取区伊协关于穆斯林群众反映的情况和问题，帮助梳理存在的突出矛盾和问题。

（宋　娜）

【全国民族政策法规知识竞赛】 年内，为加强党的民族理论、政策的宣传学习，联合区司法局下发通知，组织全区各街乡和委办局，参加全国民族政策和民族基本知识有奖知识竞赛。

（宋　娜）

外事工作

【概况】 朝阳区人民政府外事办公室（简称区外办），是负责朝阳区对外国际交往和处理涉外及港澳事务的区政府工作部门，又是区委外事工作领导小组的办事机构。内设综合科、因公出入境管理科、国际交流科、涉外管理科，行政编制12人。

地址：日坛北街33号

电话：65099237

邮编：100020

网址：http://wsb.bjchy.gov.cn

（蔡　萌）

【外事会见】 1月11日，区委书记程连元、副区长汪洋会见美国微软公司大中华区总裁贺乐赋，就微软公司与朝阳区的合作交换意见。1月16日，区长吴桂英会见捷克驻华大使利博尔·塞奇卡，探讨朝阳区考虑同捷克布拉格一区结为友好城市、朝阳区支持捷克家庭信贷（HOME CREDIT）公司发展、捷克向朝阳区推荐污水处理技术及捷克同朝阳区开展文化交流等友好合作事宜。3月26日，区委书记程连元会见乔治·华盛顿大学商学院院长道格·格思里一行，就乔治·华盛顿大学与对外经济贸易大学在朝阳区合作办学事宜交换意见。10月21日，区人大常委会主任佟克克、区长吴桂英、副区长张立新会见到访的友好城区日本东京都大田区议会议长高濑三德一行6人，沟通两区的经济、文化、青少年等方面的友好合作与交流事宜。10月31日，区人大常委会主任佟克克会见由日本东京都特别区议会议长会会长、东京都中野区议会议长伊东伸治率领的东京都区市町村议会议长会代表团一行10人，就区域发展、人大情况座谈。

（蔡　萌）

【对外交流】 1月14日至24日，区外办主任谭林坤率团出访美国和捷克，分别拜会美国纽约市布鲁克林区区长马蒂·马克维茨、捷中友协主席扬·高厚德和监事会主席德沃吉克、布拉格市议会外委会副主任卢卡斯·考克奇，布拉格一区区长奥德里奇·拉莫奇，以及捷信集团代表，并与洛杉矶、纽约、布拉格三地的职业教育学校进行交流。2月21日，区外办主任谭林坤、区医学会会长殷菁会见世界抗衰老医学会暨美国抗衰老医学科学院中国区首席代表郭弋一行，探讨朝阳区与该医学会的潜在合作机会。4月3日，朝阳区友城美国伯明翰市政府中国委员会主席、美国伯明翰阿拉巴马大学教授彭成产与朝阳区东方德才学校校长金云峰会谈，探讨拟在两地高中之间开展电子笔友项目合作的相关事宜。4月14日，区外办副主任刘致勇率工作组访问朝阳区友城美国纽约市布鲁克林区，进一步推进朝阳区向布鲁克林区赠送中国式牌楼事宜。4月25日，区金融办书记赵捷、区外办副主任刘致勇、区卫生局副处级调研员高丹丹会见捷克驻华大使馆商务参赞彼德·瓦夫拉和捷克"第一私有化基金(PPT)"集团中国区代表,进一步推进深化朝阳区与布拉格一区的友好关系,并以为PPF集团在朝阳拓展业务提供支持为契机,促进双方务实项目合作。6月5日,区外办主任谭林坤会见瑞典延雪平省地区发展委员会国际关系负责人安瑞玫和延雪平省议会议员阿尔夫·奥斯特达尔,探讨促进两地经贸往来、加强社会建设经验交流等合作项目。7月7日,区外办主任谭林坤会见捷中友好协会监事会主席德沃吉克,商讨落实区领导出访议定事项,探讨两地交流合作事宜。8月23日,区外办副主任刘致勇拜会巴布亚新几内亚驻华大使克里斯多夫·梅罗,就协助朝阳区企业在巴新开展业务事宜交换意见。9月4日,朝阳区友城瑞士卢加诺市议会副议长法比奥·阿玛德率卢加诺市经济发展办公室主任和旅游委主任拜会副区长张立新,同区外办、金融办、旅游委分别举行座谈会,探讨友好交往和务实合作事宜,并参加2013北京CBD国际论坛。10月4日至8日,区外办副主任刘致勇率团出访韩国,同朝阳区友城首尔市江南区和松坡区领导会面,拜会两区外事、经济、旅游等部门负责人,就双方合作交换意见,并率原创设计推广协会设计师参加江南时装节闭幕时装秀,观摩松坡区百济文化节。

(蔡　萌)

【承办外事调研任务】　2月28日,门头沟区外办主任陈江峰一行4人到朝阳区外办开展调研,交流外事工作;7月31日,由市外办人事处处长伍琦带队的"建设国际活动聚集之都"高级研修班一行20人到CBD管委会调研。

(蔡　萌)

【成立APEC商务旅行卡企业俱乐部】　3月29日,朝阳区APEC商务旅行卡企业俱乐部成立大会在朝阳区慈善协会礼堂召开,副区长张立新与安邦保险集团股份有限公司总经理姚大锋共同为俱乐部揭牌,区外办、区金融办、区投促局、区工商联、区商务委、区国资委、CBD管委会、区私个协、区慈善协会等9个单位及俱乐部首批25家会员企业代表约100人参加。

(蔡　萌)

【调研APEC商务旅行卡企业俱乐部会员企业】　5月2日至6月26日,区外办到蓝地集团、北京潮星控股集团、西京集团、凤凰新媒体公司、北京握奇数据系统有限公司、华熙国际投资集团、北京爱慕国际商贸有限公司等朝阳区APEC商务旅行卡企业俱乐部会员企业开展调研,了解企业需求,并开展上门政策讲解及申办服务。

(蔡　萌)

【配合中央外宣】　5月,向中联部"红星照耀中国梦"外宣视频竞赛活动推荐朝阳区先进基层党组织及优秀党员,安排传媒大学参赛学生到高碑店村党支部采访拍摄,展示朝阳区开放友好的国际形象。

(蔡　萌)

【APEC商务旅行卡推介】　6月20日,区外办在日坛国际酒店举办朝阳区首场APEC商务旅行卡推介活动,向朝外地区的昆泰集团、昆泰房地产、九龙宝典传媒、侨福置业和北京日坛国际贸易公司等60多家企业宣传介绍APEC商务旅行卡的功能、管理办法和办卡流程,并介绍区外办为企业申办APEC商务旅行卡采取的具体措施及朝阳区APEC商务旅行卡企业俱乐部的基本情况。8月23日,区外办携北京握奇数据系统有限公司拜访巴布亚新几内亚驻华大使,请其为企业讲解投资形势,并就赴巴布亚新几内亚工作员工签证和安全保障及APEC商务旅行卡的发放等事项争取支持。11月8日,区外办在北京时代美术馆举办朝阳区APEC商务旅行卡企业俱乐部首场海外投资推介会,邀请马来西亚驻华使馆公使衔参赞翁忠义、新加坡驻华使馆经济参赞陈如海、新加坡经济发展局北京代表处主任王易沛为来自俱乐部的会员企业和在新加坡、马来西亚有投资意向的21家企业介绍这两个国家投资的优惠政策和投资环境。

(蔡　萌)

【外语人才培养】　6月至7月,开展2013年机关及事业单位外语人才统计,更新外语人才库,朝阳区机关及企事业单位外语人才1261人,比2012年增长11%,涵盖9个语种。7月11日至11月29日,分别与区卫生局、区流管办等业务主管部门合作,针对来自区属各行业、委办局及街乡的260名学员,开展为期3个月,3种类型9个班次,240课时的党政系统公务员班、涉外医疗服务班、国际化社区工作者班的外语培训,是自2006年开展外语人才培训工作以来规模最大的一次。

(蔡　萌)

【外语标识口号普查】　9月至10月,区外办组织英、韩、俄等国的外语专家、留学生、语言服务机构工作人员赴现场收集外语标识和口号60余次,涵盖麦子店、望京、三里屯、朝外等24家重点街道及地区,国资委、商务委等5家重点行业部门,及798管委会、循环经济产业园等11家重点涉外机构和企业。实地普查后进入资料核校及整理阶段,建议修改的数据将于2014年上报市外办审核后再进行反馈。

(蔡　萌)

【外语游园会举办】　10月19日,北京外语游园会在朝阳公园举办,3万余名市民前来进行多语种交流体验。作为联合主办单位之一,区外办在牵头区内各相关部门,配合做好应急医疗保障、安保交通协调、场地服务及游园节目组织等属地服务保障工作的同时,选送的8场节目由于群众参与度高、外语水平高、演出效果好,受到游园观众好评。

(蔡　萌)

【驻华使节京剧体验专场活动】　10月23日,由朝阳区人民政府与北京市人民政府外事办公室联合举办的"老北京　新朝阳"驻华使节京剧体验专场活动在北京朝阳京剧文化艺术中心举办,厄瓜多尔审计部长夫妇,土耳其、卢森堡、格林纳达、玻利维亚、厄瓜多尔等五个国家的大使,及来自47家驻华使馆、跨国企业、国际机构的百余名外国嘉宾参加活动。

(蔡　萌)

【国际义卖】　11月2日,第五届"大爱无国界"国际义卖活动在朝阳公园礼花广场隆重举办。区外办协助外交部落实活动安保、交通、消防、卫生救护、应急等各项服务保障工作并协调区内企业为活动捐款83万元人民币(或等价物)。

(蔡　萌)

【接待党宾国宾参观团】　年内,完成外交部、中联部等交予的党宾、国宾接待任务17团组290人次,其中重点团组包括:4月10日,泰王国公主玛哈扎克里·诗琳通一行30余人到劲松职业高中参观访问,泰国驻华大使韦文·丘氏君,中国前驻泰国大使晏廷爱,外交部亚洲司、区外办、区教委工作人员陪同参观;4月21日,以老挝万象市委常委、桑通县委书记兼县长本天·昆西为团长的2013年度第三批老挝干部考察团一行30人到朝阳区参观考察;4月25日,瑞典城市环境管理培训代表团30余名学员到朝阳循环经济产业园参观考察朝阳区城市垃圾资源化利用情况;5月25日,受中联部邀请,以越共中央民运部人民团体司司长何玉英为团长的越南司局级党政干部考察团一行30人到叶青大厦参观考察;6月17日,以老挝国家企业改革委员会副主任(副部级)本邦·万纳吉为团长的2013年度第四批老挝干部考察团一行27人到朝阳区参观考察；7月1日，越共中央委员、中央经济部部长王庭惠一行6人到蓝岛大厦参观座谈，了解学习朝阳区国企改革改制情况；9月10日，越共中央政治局委员、河内市委书记范光毅一行参观日坛公园，考察朝阳区古文物保护修缮等方面的做法和经验，区委常委、组织部部长张革陪同参观；12月20日，参加首届中国—中东欧国家高级别智库研讨会的各国政要参观驻区企业奇虎360和爱慕集团。

（蔡　萌）

【为驻华使馆提供服务】　年内，协调解决吉布提驻华大使租赁房屋纠纷、哈萨克斯坦使馆安放雕像、意大利使馆安装户外电子屏等使馆属地服务保障事宜10余件；协助丹麦使馆开展第三届"绿色骑行"、土耳其使馆举办神奇大理石纹水画展等各驻华使馆在朝阳区举办的国际活动；配合市外办，调研金台艺术馆放置多国雕塑事宜，规范申报手续、安放流程并明确责任划分。

（蔡　萌）

【开辟新友城渠道】　年内，与捷克布拉格一区达成结好意向，实现朝阳区在东欧无友好交往渠道的突破；与肯尼亚内罗毕州、瑞典延雪平、希腊克里特岛戈蒂纳市、俄罗斯圣彼得堡市、加拿大多伦多市、波兰华沙市等地领导开展初步交流，增进了解；通过驻外使领馆牵线搭桥，与老挝、柬埔寨相关城市建立初步联系，为下一步建立友城打下基础。

（蔡　萌）

【外事调研】　年内，围绕区重点工作和出访任务，就国外养老制度及政府如何服务企业"走出去"等课题开展调研，撰写《浅析欧洲养老制度的经验与启示》和《浅析美国养老制度的经验和启示》。汇总整理朝阳区25个签约友城及其他友好交往城市的基本情况和交往现状，编辑制作《朝阳区友好城市手册》。完成《朝阳区友城发展的初步考虑和建议》课题，提出下一阶段友城发展工作的初步构想和目标。继续完善《统筹涉外资源促进朝阳区世界城市试验区建设工作方案》。到区商务委、卫生局等涉外程度较高的部门调研，了解各部门、各行业对外事工作的需求，解答其对外事规定的疑问，并承诺在政策解读、语言培训、拓展渠道等方面予以支持。

（蔡　萌）

【办理因公出访】　年内，办理各类因公出访团组85批次、225人次，其中党政干部153人次。办理教育系统因公出访团组53批次、247人次。

（蔡　萌）

【APEC商务旅行卡办理】　年内，受理38家企业新办APEC商务旅行卡105张，办结卡30张。

（蔡　萌）

【编发《朝阳外事》图册】　年内，总结2012年朝阳区外事活动和外办主要工作，编制并发放《朝阳外事》图册，展示朝阳区国际交往成果。

（蔡　萌）

【信息工作】　年内，刊发《朝阳外事通讯》55期。向市外办《外事和港澳通讯》刊物投稿43篇，刊登近30篇。公开政务信息36条。

（蔡　萌）

法制工作

【概况】　朝阳区人民政府法制办公室是区政府负责法制工作事务的工作部门，对区政府法制工作负有统筹规划、指导、协调、组织和监督职责。内设综合调研科、行政执法监督指导科、行政复议科、行政应诉指导科、信访事项复查科、规范性文件审查科，编制21人。

地址：日坛北街33号

电话：65094421

邮编：100020

（丁国乐）

【行政法律工作联席会】　1月31日，区政府与法院行政法律工作联席会第一次工作会召开，区法制办、区法院行政庭、公安朝阳分局、区政府信息公开办、区农委等单位参加会议。与会单位就政府信息公开案件中遇到涉及政府信息范围的界定、国家秘密和个人隐私的认定、行政程序中案卷材料的认定、依申请政府信息公开的受理程序、重复申请的答复方式等方面的问题从法律原则、立法本意、实体与程序、证据认定、判例分析等多个角度展开阐述与讨论，为行政机关进一步规范政府信息公开工作提出指导意见。

（丁国乐）

【依法行政工作培训会】　3月29日，召开2013年依法行政工作培训会。会议将依法行政工作会、法制培训会及行政复议委员会换届会三会合一，一并召开。市法制办党组书记周继东、副区长王春出席会议。全区各街乡依法行政领导小组办公室主任和法制专职工作人员，各行政执法单位法制主管领导和法制科室负责人，各城管分队常务副分队长近200人参加会议。会上通报2012年度行政执法评议考核情况、基层单位法制机构和队伍建设情况，与会领导向区政府第二届行政复议委员会非常任委员颁发聘书，王春对2013年全区推进依法行政工作作出部署和指示，周继东开展依法行政专题培训。

（丁国乐）

【两法衔接工作联席会】　5月23日，针对行政执法与刑事司法信息共享平台运行出现的具体问题，区法制办牵头组织公安朝阳分局、区检察院、区卫生局、区安监局、工商分局、药监分局、国土分局、国税局、区质监局、区烟草专卖局召开两法衔接工作联席会。会上重点探讨刑事案件的鉴定责任和采用的鉴定方式，进一步规范两法衔接工作中的信息录入等具体操作标准。

（丁国乐）

【法制研究会会员代表大会】　6月8日，区法制研究会召开第三次会员代表大会。大会讨论通过《朝阳区政府法制研究会章程》（修改稿）和《朝阳区政府法制研究会收费管理办法》，按程序选举出会长、副会长、秘书长、常务理事、理事，副区长王春当选为会长。同时，区政府法学研究会创办《法制研究》专刊，年内出版刊物2期，内容涉及法制理论热点、执法实践等方面，为执法单位提供交流学习的平台。

（丁国乐）

【文件合法性审查委员会成立】　7月17日，朝阳区行政规范性文件合法性审查专家咨询委员会正式成立，委员会由副区长王春任主任委员，区法制办主任马龙任常务副主任委员，区属相关综合部门主管领导任常务委员，并邀请国务院法制办政府法制研究中心、市政府法制办领导，北大、人大、政法等高校法学教授，资深律师任非常任委员。形成政府、高校、社会三方共同推动文件合法性审查的工作格局。

（丁国乐）

【行政复议工作研讨】　9月26日，区法制办参加北京市法学会行政法学研究会举办的"行政救济法学术研讨会"。区法制办工作人员作题为《行政复议指导功能的定位与探索》的主题汇报。该汇报从区法制办行政复议工作的实绩中总结出行政复议预判性指导、案件审理指导及案后总结指导三种指导方式，重新定位行政复议指导功能。

（丁国乐）

【法学专家进社区】　11月1日，启动"法学专家进社区宣讲 助推法治北京建设"活动。中国政法大学教授杨建顺等10位来自首都高等院校和研究机构的行政法学专家学者受聘为首批宣讲团成员。市政府法制办党组书记、行政法学研究会会长周继东,副区长苑文新出席启动会议。法学专家进社区宣讲活动积极探索创新法治宣传教育模式,请法学专家走进乡镇、街道,引导基层干部群众全面认识法、自觉遵守法、善于运用法,在实践中提高运用法治思维解决实际问题的能力。区法制办编辑发放《政府法制工作手册》1500余本,主要内容涵盖2012年以来国家新颁布的法律法规、市区推进依法行政工作重要制度文件及法院司法解释。

(丁国乐)

【行政执法案卷评查】 年内,对纳入区政府行政执法考核的41个行政执法部门开展行政处罚和行政许可案卷评查,全年集中抽查、评查执法案卷723本,对执法工作中存在的问题逐一解答及纠正,确保各执法部门行政行为的合法与规范。

(丁国乐)

【依法行政教育培训】 年内,采取多种形式对全体公务员开展法制教育培训,依托依法行政教育培训中心平台,与区委组织部主体班、专题班,人社局科级班、军转班、事业编干部培训班密切结合,以集中授课、专题讲座、旁听庭审,案例教学等多种方式开展培训,全年有3000余名干部接受法制教育培训。

(丁国乐)

【行政复议】 年内,收到行政复议申请738件,同比增长64%。审结复议案件659件(含上年结转37件),其中不予受理11件,维持387件,驳回8件,终止30件(申请人主动撤回29件),责令履责19件,撤销14件。纠错率为5%(以责令履责、确认违法、撤销为纠错案件计算)。发告知书174件(因复议申请不符合条件),逾期未补正视为放弃复议16件。案件类型主要涉及信息公开、行政处罚、拆迁纠纷、行政不作为等。

(丁国乐)

【信访事项复查】 年内,接待群众来电来访168批次498人,受理信访复查案件95件(比上年增长63%),办结复查案件94件,其中维持被申请人答复意见35件,责令被申请人重新答复48件,撤销被申请人答复意见6件,不予复查5件,纠错率57%。收到市政府信访复核意见11件,全部维持区政府复查意见。

(丁国乐)

信息化工作

【概况】 朝阳区信息化工作办公室(简称区信息办)是全区信息化主管部门,负责指导、组织和实施辖区内信息化建设。下设电子政务与社会信息化科、软件与信息服务业科、综合管理科和信息网络中心。

地址:朝阳区日坛北街33号

电话:65094288

邮编 :100020

网址:http://xxb.bjchy.gov.cn

(颜成园)

【无线电宣传月活动】 9月,以无线电宣传月为契机,通过向全区43个街乡发放宣传材料和现场咨询等方式,向百姓普及无线电知识。通过手机、平板电脑结合二维码的方式,创新无线电台站登记、执法、巡检等工作模式,提高工作效率。

(颜成园)

【启动智慧朝阳建设】 1月,朝阳区入选由住建部评选的全国首批智慧城市试点。为更好地利用系统工程思想开展智慧朝阳建设,本着"顶层设计、长远规划,基础共建、资源共享,示范先行、全面推进,政府主导、开放合作,统一规范、保障安全"的原则实施顶层设计,启动顶层设计招标工作,完成顶层设计方案的编制。

(颜成园)

【完成智慧社区建设任务】 年内,按照市、区折子工程任务,在全区建成20个智慧社区,通过新一代信息技术手段,在社区管理、公共服务、社区环境、社区党建等方面,创建资源全整合、社会全参与、信息全联通、过程全监督的智慧社区。以团结湖、亚运村、奥运村、麦子店等为代表的智慧社区建设初见成效。年底,信息办会同社会办完成全区智慧社区星级评定工作,并报市经信委审批。

(颜成园)

【建设示范性智慧园区】 年内,打造"智慧CBD""智慧电子城"等一批示范园区,推进全光通信网和无线宽带在公共场所及办公楼宇全覆盖,信息化基础设施达到世界先进水平。为企业开通视频会议、信息化党建等服务平台,提升智慧管理和服务水平。在区域内建设智能停车诱导系统,缓解交通压力。聚集一批以通信互联网、新媒体、金融信息、电子交易中心等为代表的信息服务企业,强化信息枢纽功能,优化产业发展环境。

(颜成园)

【打造智慧朝阳服务网】 年内,"智慧朝阳服务网"被列为2013年区政府折子工程,主要内容为建设一站式网上为民服务平台,建立统一服务资源库,面向"居民、企业、投资者、旅游者"四类服务对象,提供51类政府办事和6类民生服务。年底前完成针对居民、企业两大频道的51大类107小类栏目资源的简单梳理,完成教育、医疗、交通旅游、文化设施等类主题服务资源的详细梳理;完成网站页面的初步设计。

(颜成园)

【智慧城市重点领域应用】 年内,开展"智慧医疗",推广电子病历和居民健康档案,为百姓提供在线健康监测、网络预约挂号、双向转诊等便民服务。在奥林匹克公园等景区开展"智慧旅游",实现景区智能监控、旅游电子商务服务等信息的实时传递和交换,提高旅游管理和服务水平,提升游客舒适度和满意度。推进"智能交通",通过信息化技术监测并分析交通运行状况,实现交通数据资源整合和共享,与市级平台协调联动,为区域综合交通运行协调提供全方位支撑。

(颜成园)

【信息服务业产业发展】 年内,全区规模以上信息服务业单位640家,总资产859.1亿元,同比增长21.3%;实现营业收入374.4亿元,同比增长4%;形成区级财政收入3.23亿元。

(颜成园)

【信息服务业发展调研】 年内,通过开展多项课题研究,提出信息服务业发展策略,完善行业投融资体制,解决中小企业融资难问题。完成年度信息服务业发展白皮书,为推动区内信息服务业创新发展提供数据与政策支撑。

(颜成园)

【产业资金管理】 年内,继续开展朝阳区高新技术产业发展引导资金管理工作,针对2012年支持的24家支持企业的60个项目签署责任书和支付确认书,委托第三方中介机构对支持企业开展专项资金审计。全年征集项目65个,完成项目的初审及专家评审,形成初步的资金支持方案。

(颜成园)

【引进重点龙头骨干企业】 年内,推进重点龙头骨干企业微软公司在朝阳区设立分公司。经过与微软公司多次洽谈协商,并与区发改委、区财政局、区投促局、区国税局、区地税局等部门多次沟通协调,双方签署为期三年的战略合作协议和销售合同,微软公司承诺在朝阳区设立分公司。

(颜成园)

【功能园区建设】 年内，推进电子城“移动谷”建设，促进移动产业发展，吸引移动上下游企业入驻园区，形成产业聚集和人才聚集，完成装修工程，年底举行挂牌仪式。调研垡头“智慧谷”，了解最新进展，组织信息服务业和电子商务企业到垡头产业区管委会考察，通过介绍垡头功能区核心区的现状和控制性规划编制情况，为引进一批国内外领先企业和重大项目，打造“国际智慧谷”奠定基础。推进智慧朝阳创新展示中心建设，通过先期3D三维制作，用虚拟展现的方式来推进实体展示中心的建设。

（颜成园）

【促进电子商务企业发展】 年内，组织召开“央企电子商务发展研讨会”，吸引央企电子商务项目在朝阳区落户。组织企业参加科博会、京交会、银企对接会、投融资洽谈会、拟上市企业对接会等商务活动，为企业创造技术交流及成果展示的平台，营造产业发展环境。

（颜成园）

【节能减排管理】 年内，与爱立信、IBM、世纪互联三家企业签署节能减排协议书，完成节能减排的任务和指标。发挥相关行业协会、产业联盟的作用，与中国信息化协会、TD产业联盟等单位开展合作，开展对企业节能工作监管、评估、考核等配套措施和标准的研究，提升企业节能管理工作水平。

（颜成园）

【网络建设】 年内，全区新建小区宽带入户率接近100%，3G网络覆盖全区，推进“三网融合”应用，高清交互数字电视网络覆盖60万户家庭，在CBD、电子城等重点区域实现无线宽带接入覆盖。全区政务专网线路完成由ATM向ASON网迁移任务，更换部分网络设备，逐步实现专网扩容，解决带宽不足问题。

（颜成园）

【一氧化碳中毒预警防控】 年内，累计在13个乡、105个村安装部署联网式报警器14.3万支，利用科技手段解决取暖季燃煤取暖间燃煤安全防护工作。进一步完善和拓展联网式报警器监测平台的各项功能，加强对报警器插电上线等使用情况的巡检工作。

（颜成园）

【突发事件应急保障】 年内，利用增设摄像头、单兵视频监控等方式，将各类突发事件的现场图像传送到区级指挥中心，为领导决策调动提供技术支撑。参与全区防汛保障，汛期安排专人24小时应急值守备勤，确保图像信息系统、视频会议系统、移动政务平台和通信系统正常运行。

（颜成园）

【电子政务标准化】 年内，在已制定的政务信息资源基础数据标准体系基础上，进一步深化全区电子政务标准化工作，修订2011年制定的一个管理办法、六个规范文件和两个应用指南的编制（1+6+2），拟定移动平台标准规范、GIS平台标准规范、云计算标准规范。

（颜成园）

【建立移动电子政务体系】 年内，统筹管理全区移动电子政务应用开发，各单位开发各自应用放入政务应用商店，按照权限安装相应APP。整合全区人口承载力统计分析、图像监控系统、环境环保数据、交通流量、汛情防控、应急指挥等功能模块，初步形成具有朝阳特色的移动电子政务体系。

（颜成园）

【区级重点信息资源应用项目】 年内，牵头建设房屋权属登记业务网上预约系统，完成系统开发、测试等工作，并在系统上线后参与系统运行专项保障工作；参与区级人口数据更新工作，会同流管办调研麦子店外籍人口服务中心建设工作，为对接市级相关部门人口数据工作提供技术支持；建设渣土智能监控系统，在10个主要在建工地出入口增设摄像头，监控渣土运输情况；参与全区网络社会管理相关问题研究，继续做好舆情监测工作，编发各类《网上舆情监测》刊物45期。

（颜成园）

【编制“十二五”中期评估报告】 年内，对照信息化“十二五”规划的主要任务目标，梳理中期各项工作完成情况，基本实现时间过半任务过半，对进展缓慢的工作分析原因查找解决问题办法，将其列为督办事项，积极推动重点任务的开展，确保“十二五”规划任务目标能如期完成。

（颜成园）

【信息资源管理中心建设】 年内，协调各方资源，信息资源管理中心建设取得实质性进展，基本完成选址、设计工作。

（颜成园）

【信息安全保障】 年内，组织全区信息安全检查，完成129个政府外网网站应用漏洞评估工作，组织二、三级等保单位开展信息安全培训。处置9起Ⅳ级信息安全事件，采取约谈、实地调查、发送整改建议函等方式处置，出具信息安全处置报告9份。提升信息安全管理水平，更换部分老旧设备，区政府核心机房部署应用服务及网络设备监控报警系统，调整梳理区域安全策略，对重要系统和网站开展信息安全评估。

（颜成园）

【信息化项目和专项资金管理】 年内，结合廉政风险防控管理工作要求，进一步规范信息化项目和资金管理关键环节，加大对项目可行性调研、立项审核、招标文件审核、合同审核和签署、项目验收、合同款支付、档案保存等关键环节的管理力度，所有项目均按规定经集体讨论、多层把关。升级完善信息化项目管理平台，做好追加建设项目资金工作和2014年信息化专项资金预算工作。

（颜成园）

信访工作

【概况】 中共北京市朝阳区委、朝阳区人民政府信访办公室，挂北京市朝阳区社会矛盾调处中心牌子。内设综合办公室、来信受理科（北京市朝阳区人民政府人民建议征集办公室）、来访接待科、排查科、矛盾调处室（重大矛盾研究室）、联席会议办公室和督查督办科，行政编制26人。

地址：日坛北街33号

电话：65099121

邮编：100020

网址：http://xfb.bjchy.gov.cn

（刘福森）

【区领导慰问】 2月16日，区委书记程连元，区委副书记、区长吴桂英，区委副书记、区委政法委书记陈宏志，区委常委、副区长陈涛，区委常委、区委办主任刘军胜等区领导到区信访办慰问信访干部。程连元指出，全区社会形势总体平稳，但因全区还将处在高发展、高风险的特殊历史时期，信访工作任务仍然不会轻松。希望广大信访干部把握好全区发展的时代特征，调整好工作节奏和心态，协调好各街乡、各部门，特别是与民生息息相关的职能部门，创新工作方法，化解矛盾纠纷。程连元强调，在积极畅通群众诉求表达渠道的同时，还要维护好正常的信访秩序和社会秩序，不断促进信访问题的快速有效解决，促进全区社会整体和谐稳定。

（刘福森）

【区领导走访座谈】 2月16日，区领导程连元、吴桂英、陈宏志、陈涛、刘军胜等到市信访办走访慰问，与市信访办领导班子座谈交流2013年信访工作，区信访办领导班子成员宋少伟、张振海、于建国、张军茹陪同。

（刘福森）

【党政领导干部“接访月”活动】 2月27日,启动全区党政领导干部“接访月”活动,区领导程连元、刘军胜到区信访办参加接访工作,程连元查看区信访办接待大厅、调处室等接待场所的环境设施情况,要求加强信访接待场所建设,解决接待场所紧张的问题。程连元接待反映退休问题的劲松社区服务中心某职工,现场核实了解情况,为信访人解疑释惑,并责成劲松街道办事处跟踪服务,进一步开展疏导、解释工作,确保实现“案结事了”。围绕物业纠纷问题,程连元与区委办、区委社会工委、区委农工委、区房管局等部门领导专题研讨。2月27日至3月20日,16位区领导参加接访工作,调度研究信访问题24件,各街乡、各部门领导接访793批次。

(刘福森)

【市信访办督查信访工作】 2月28日,市信访办副主任张宗林到区督查全国“两会”期间信访工作。副区长张立新参加当日的大接访活动,并与张宗林就信访工作座谈和交流。张宗林肯定朝阳区信访工作取得的成绩,要求建立信访摘报,进一步加强信访调研工作。

(刘福森)

【中央信访工作北京督导组督导检查】 3月8日,中央联席会议办公室负责人、国家信访局纪检组组长、督导组组长胡冰带领中央信访工作北京督导组,到区督导检查基层信访工作。市政府副秘书长、市信访办主任薄钢,区领导程连元、吴桂英、陈涛、刘军胜陪同。区委办、区政府办、区委政法委、区委农工委、区信访办、高碑店乡政府等单位的主要领导和主管领导参加督导检查活动。中央信访工作督导组到高碑店乡高碑店村参观检查农民新村整体建设情况,深入农民家庭走访,了解新农村建设后农民经济收入、生活环境等民生状况,听取高碑店乡半壁店村关于加强基层信访工作的汇报。薄钢向督导组总结朝阳区信访工作的突出特点,程连元向督导组介绍区委、区政府有关新时期信访工作的总体思路,陈涛向督导组介绍全国“两会”期间服务保障工作的落实和进展情况。胡冰肯定朝阳区经济社会发展取得的成绩,指出区委、区政府高度重视信访工作,越是重大节日或活动期间,各项工作准备越加充分,对于中央关于做好全国“两会”期间信访工作的各项要求,都有责任、有落实、有成效。朝阳区各级党委、政府,特别是基层组织能够广泛发动群众,依靠群众共谋发展,共同发现、解决发展进程中出现的各类矛盾纠纷,创造出符合实际的推动发展和解决问题的新思路。

(刘福森)

【信访条例主题宣传日活动】 5月10日,全区开展“畅通和规范群众诉求表达、利益协调、权益保障渠道”信访条例宣传月启动活动,即信访条例主题宣传日活动。各街乡在主要街道、社区(村)群众来访接待场所设立宣传站点,向群众发放宣传材料,宣传依法信访观念,引导群众依法行使民主权利,理性有序信访。同时,各主要宣传站点组织律师、法律工作者、心理咨询师和人员调解员深度开展政策法规暨问题咨询服务,以现场受理信访、调处矛盾纠纷等形式开展活动。宣传日当天,全区设立宣传站点183个,悬挂横幅332条,张贴宣传画295套,发放宣传折页21466套和宣传环保手提袋14396件,向群众提供《信访条例》9676本、《北京市信访条例》9471本和《信访人须知》11423份。226名街道、地区办事处领导干部、2783名社区(村)干部参加宣传活动,接受群众咨询229人次,18896名群众参与宣传活动。

(刘福森)

【学习交流信访调研工作】 5月31日,区信访办领导班子及部分工作人员,到北京市信访矛盾分析研究中心学习交流信访调研工作,市信访办副主任张宗林、市研究中心副主任郑广淼、市信访办办信处处长樊凯鸿与区信访办的领导干部交流和座谈。张宗林在介绍市研究中心经验时指出,信访工作还没有完全摆脱传统的工作模式,在一定程度上停留在受理、办理、交办、转送、督办等方式和程序上,不仅缺乏对社会矛盾和社会问题的深刻洞察和整体把握,也导致信访部门研究能力的集体缺失,无法把更准确、客观的数据信息用于科学决策。在当前的信息化社会,信访工作的理念和思路创新尤为重要。全市信访系统要认识到信访调研工作的重要性,通过分析研究,使信访工作逐渐成为各级党委、政府了解社会动态、掌握社会矛盾、完善各项政策、调节发展速度、调整发展模式、推动和谐社会建设的必不可少的渠道之一。郑广淼、樊凯鸿分别介绍北京市矛盾分析研究中心的运行情况、全市办信工作情况。区信访办主任宋少伟汇报2013年朝阳区信访调研工作思路和相关安排。

(刘福森)

【区领导调研】 6月27日,区委常委、副区长陈涛到区信访办调研工作,听取区信访办关于近期突出信访矛盾的情况汇报。针对下一步信访突出问题的调处化解工作,陈涛指出,群众的信访诉求归根结底是群众利益问题,要做好群众宣传教育工作,对于群众的合理诉求,各部门要千方百计给予实现和满足,对于不合理诉求,要耐心做好解释工作。

(刘福森)

【信访专项调研工作会】 6月28日,召开2013年信访专项调研工作会,区委书记程连元出席会议并讲话。区委社工委、区委农工委、区住房城乡建设委、区委教工委、区计生委、区应急办、区房管局、区人力社保局等调研工作牵头单位参会。区信访办副主任张军茹宣读《朝阳区2013年信访矛盾调研工作方案》,程连元就调研课题的8个方向与参会单位交流,对在实际工作中影响和制约朝阳区发展的问题提出原则性、方向性和操作性建议,对下一步开展调研工作提出明确要求。

(刘福森)

【办信工作网络化建设培训会】 7月15日至16日,召开全区办信工作网络化建设培训会。市信访办来信办理处处长樊凯鸿、网上信访办理处副调研员关亚君、区信访办副主任张军茹介绍全市信访工作形势、国家信访局网上投诉受理情况、市长信箱办理情况以及区内办信工作相关情况。

(刘福森)

【市信访办督导检查信访调研工作】 7月26日,市信访办副主任刘志洪、市信访办综合调研处处长李英强到区检查督导2013年信访调研工作。区信访办主任宋少伟,副主任张振海、张军茹陪同座谈。刘志洪指出,信访调研是指导信访工作新实践的需要,也是对社会矛盾和社会问题的深刻洞察和整体把握。信访部门应该灵活掌握这种调研能力,准确、客观地了解社会动态和社会矛盾,准确客观地为党委政府的依法行政、完善政策和科学决策提供富有成效的调研成果。朝阳区作为全市发展最快的城区之一,区内的社会矛盾纷繁复杂。朝阳区既要为朝阳区全区发展稳定大局服务,也要为全市的信访工作理论和实践提供第一手资料,确保大调研活动取得实际效果。

(刘福森)

【贵阳市信访局调研考察】 9月13日,贵州省贵阳市信访局到朝阳区考察调研信访工作。贵阳市委群工委副书记、市群工中心常务主任、市信访局局长朱玉峰,市信访局监察室主任陈洁,市信访局办公室副主任雷开,市信访局督查处负责人张玉叶与区信访办领导班子座谈，交流学习矛盾纠纷化解、体制机制建设和信访干部队伍建设等方面工作。

（刘福森）

【信访排查调处工作培训会】 11月21日，召开2013年度信访排查调处工作培训会。市信访办信访督查专员孙贵芳、区信访办领导班子出席会议。区信访办副主任张振海主持会议。各街乡，各职能部门矛盾调处分中心和部分委办局信访工作主管领导、信访办主任、信访干部等220人参加会议。区信访办党组书记胡铁闽作开班动员讲话，并对今后工作提出五点要求：一是完善工作排查工作机制；二是强化包片联系工作机制；三是建立对账协商工作机制，四是完善涉访聚集事件统一调度机制；五是健全"三横多纵"调处工作体系。市信访办督查专员孙贵芳以《全市信访工作形势及问题分析"为题，分析北京市当前信访形势，并提出信访工作应当注意的五个要点：一是信访干部要培养包容的意识；二是要加强社会协同，充分发挥律师、心理咨询和医护在信访工作中的积极作用；三是要讲究工作策略，注意态度热情和说话技巧；四是依法办事，讲究方法，在依法依规的前提下想尽办法化解矛盾；五是要规避风险，做到不压事、不延误、不激化，有工作痕迹。

（刘福森）

【信访情况】 年内，区信访办受理群众来信来访10409件（批）次，比上年上升4.2%。受理来信6780件，比上年上升5.0%，其中联名信237件次19029人次，比上年件次下降3.3%，人次下降22.7%；接待来访3629批次18766人，比上年批次上升2.7%、人次上升9.6%，其中集体访618批次15208人次，比上年批次上升23.6%，人次上升20.8%。到市集体访63批，比上年上升70.3%。群众反映的问题主要集中在拆迁安置、住房问题和社会保障三类问题，分别占信访总量的16.8%、8.6%和8.1%。

（刘福森）

【人民内部矛盾排查】 年内，区排查办组织开展4次排查工作，立案22件，全部实行区领导包案，年内结案20件，化解率为90.9%。

（刘福森）

【督查督办】 年内，挂账上级机关交办的督办事项25件，已全部结案，结案率100%。

（刘福森）

档案工作

【概况】 朝阳区档案局与朝阳区档案馆合署办公，为区政府直属事业单位，经费由财政全额拨款。区档案局为区政府负责辖区档案事业行政管理的主管部门，履行档案工作行政管理职能；区档案馆负责辖区档案和有关资料的收集、保管和开发利用等工作。内设办公室、业务科、法规科、收集科、保管科、利用科、整理科、信息化科8个科室，编制46名。

地址：日坛北街33号

电话：65094976

邮编：100020

网址：http://www.dangan.bjchy.gov.cn

（杨馨珠）

【档案馆爱国主义教育基地】 3月5日，与区委宣传部、区文明办联合举办"榜样——纪念毛泽东主席为雷锋题词50周年图片展"，展览图片与内容结合，解读雷锋精神内涵，宣传身边的雷锋典型，引导广大市民在学雷锋"人人可为、处处可为、时时可为"的理念感召鼓舞下，身体力行，争当"雷锋"，提升社会道德水平，构建和谐温馨的社会环境，累计1000人次观看展览。6月9日，"岁月寻珍——朝阳区馆藏档案展"向社会开放，累计接待参观者270人次。

（杨馨珠）

【档案人员岗位培训】 3月18日至22日，举办全区档案人员岗位培训班。培训分为面授和网上两部分，面授培训的主要内容有公文管理、档案法制与职业素养、档案与档案工作概述、档案保护技术、档案资源开发与利用工作，文书、基建、设备、会计、照片、电子等门类档案的管理、档案管理软件的使用等；网上培训内容为北京市档案工作者教育培训网的学习使用。完成面授、网上培训全部课程的学员获得区档案局颁发的档案专业知识培训证书。区属机关、企事业单位近一年内新上岗的专（兼）职档案人员92人参加培训。

（杨馨珠）

【执法检查】 7月至9月，对全区70家单位开展档案行政执法检查。对8家获得原"北京市区县机关档案工作目标管理"北京市一级证书有效期满的单位按《北京市区县机关档案工作测评办法》测评。抽查6家乡（地区）综合档案室及其下属6个行政村的村级档案室的新农村建设档案工作情况。

（杨馨珠）

【市级优秀单位】 年内，朝阳循环经济产业园管理中心正式被市档案局认定为"北京市区县机关档案工作市级优秀单位"。

（杨馨珠）

【档案管理】 年内，扫描3万余卷、188万余页，完成馆藏21个全宗的扫描工作。馆藏数字化原文1307万余页，19万余卷，占馆藏全部纸质档案的61%。

（杨馨珠）

【档案收集】 年内，接收37家单位纸质档案45008卷（件），全年档案进馆总量超出2010年至2012年三年接收数量的总和。主动拍摄照片3532张。征集孙河、金盏、豆各庄等9个地区村容旧貌影像记录18个小时。征集区著名教师关槐秀档案12类86件。向社会征集各种图书资料60余册。首次面向全区各委、办、局，企事业单位，人民团体和社会组织，街道社区、行政村招募200名档案工作志愿者。

（杨馨珠）

【档案鉴定开放】 年内，开放审查馆藏1983年98个全宗满30年71282件档案，向社会开放使用21296件，控制使用49986件。对馆藏2000年至2004年1526件商务节档案实施提前开放审查，向社会开放使用1034件，控制使用492件。鉴定馆藏1963年44个全宗1577卷原长期档案，自鉴定之日起保管期限变更为永久的有1547卷，自鉴定之日起满保管期限应销毁设置10年搁置期的有30卷；鉴定馆藏1998年10个全宗338卷1750件原短期文书档案，自鉴定之日起保管期限变更为永久的有817件，自鉴定之日起延长保存至2028年（30年）保管期限的有217件，自鉴定之日起满保管期限应销毁设置10年搁置期的有716件；鉴定馆藏1998年11个全宗691卷原保管期限15年期会计档案，自鉴定之日起延长保存至2023年2卷，自鉴定之日起满保管期限设置10年搁置期的有689卷。

（杨馨珠）

【政府信息公开】 年内，接收91家单位移送的主动公开的政府信息目录正式文本254份，电子目录10581条。

（杨馨珠）

【档案利用】 年内，接待档案利用者12250人次，其中公民个人利用档案占总人次的94.8%；查阅档案1992卷、304件，出具证明8749份；复制档案27100页，摘抄档案67页。

（杨馨珠）

【档案编研】 年内，编印完成《北京朝阳档案史料》(第五辑),辑录朝阳区从五十年代初期开始进行的多次大规模扫盲运动开展情况;挖掘和利用城乡文化资源,加强文体队伍和基础设施建设,开展群众文化活动情况,共计12.3万字,46张图片。编印完成《北京朝阳档案史料》(第六辑)。该专辑共计12.5万字、84张图片,内容包括:朝阳区贯彻执行群众路线、加强党同人民群众联系的情况;日坛史料;朝阳区文物古迹普查登记史。

(杨馨珠)

地方志工作

【概况】 朝阳区地方志编纂委员会办公室(简称区志办),是区政府主管本行政区域地方志工作的机构。主要职责是:组织、指导、督促和检查全区地方志工作;拟订朝阳区地方志工作规划和编纂方案;组织编纂地方志书和地方综合年鉴;收集、整理、保存地方志文献和资料,组织整理旧志;组织开发利用地方志资源;推动方志理论研究和学术交流,组织开展业务培训等。年内,区志办落实《朝阳区地方志工作发展规划(2011—2020年)》要求,积极稳妥推进朝阳志鉴建设。3月,启动第一批由区相关部门、部分街乡和国有企业等15家单位参加的编修本单位志书的试点工作。组织编纂《北京朝阳年鉴》(2013年卷);编写完成4个季度《朝阳大事记汇编(季刊)》,约110万字;编发《朝阳方志》报12期。10月22日,在北京市方志馆开馆仪式上,朝阳区作为全市唯一区县代表进行典型发言。区志办主任邓献云经市地方志办公室推荐,被提名为北京市地方志学会副秘书长、中国地方志学会城市区志专业委员会副会长。

地址:日坛北街33号

电话:65094347

邮编:100020

网址:http://qzb.bjchy.gov.cn/

(王 源)

【经验介绍】 2月,在北京市地方志工作会议上,区志办以"围绕中心,突出重点,全面启动朝阳志鉴体系建设"为题,向全市介绍经验。

(王 源)

【地方志工作会议】 3月22日,召开"2013年朝阳区地方志工作会议"。总结2012年工作,部署2013年任务。表彰2012年《北京朝阳年鉴》编纂工作的60家先进集体和81名先进个人。北京年鉴社社长、北京市地方志学会年鉴工委秘书长沈红岩和北京年鉴社韩枫分别对年鉴和大事记主笔人开展"关于年鉴条目的编写"与"关于年鉴彩页注意事项"专题业务培训。北京市地方志办公室副主任张恒彬,副区长、区志编委会常务副主任苑文新出席会议并讲话;区地方志编委会副主任、志书执行主编关三多,北京市地方志办公室区县处处长尹树国及区"四办"主管领导出席会议;全区各单位地方志工作主管领导、年鉴主笔人、大事记主笔人,区属15个修志试点单位主管领导、修志主笔人及为《北京朝阳年鉴》供稿的29个社会单位年鉴主笔人等近400人参加会议。

(王 源)

【完成《北京年鉴》供稿任务】 3月底,按照市地方志办公室、北京年鉴社要求,收集整理"朝阳概况"相关资料及照片报送市年鉴社,刊登于《北京年鉴》(2013年卷)。《朝阳概况》全文8000余字,客观反映了2012年朝阳区政治、经济、文化和社会各方面发展变化;完成《区县风采》栏目"北京市朝阳区彩页专版",刊登照片9张,约400字;完成北京商务中心区概况约稿,约2000字。

(王维成)

【获得荣誉】 3月,区志办被北京市地方志办公室、北京年鉴社评为"2012年《北京年鉴》编纂工作先进集体",党京华获先进个人。8月,《北京朝阳年鉴》(2012年卷)获中国出版工作者协会年鉴工作委员会组织的"第七届全国年鉴编校质量检查评比"二等奖。11月,区志办《关于启动朝阳志鉴体系建设,助推朝阳地方文化发展研究》课题获区委宣传部"2012年朝阳区基层思想政治工作调研课题"二等奖。12月4日至5日,在北京市地方志资料工作会议上,区志办获"北京市地方志资料年报工作"先进单位,王凤梅获先进个人。

(王 源)

【评审《石景山区志》初稿】 6月,北京市地方志办公室指定朝阳区志办参与初审《北京市石景山区志》(初稿)"经济类"和"文化类"12编初稿。区志编辑部及时明确具体分工和评审要求,7月15日,召开区志编辑部全体会议,专题学习、研讨、评议志稿,形成对《北京市石景山区志》(初稿)的评议意见,并提交8月1日至2日北京市地方志办公室组织召开的初审会。

(王 源)

【接待贵阳市地方志办调研组】 9月29日,贵阳市地方志办公室主任邓忠元率贵阳市地方志工作调研组一行7人,到区志办学习考察二轮修志工作,双方开展业务交流和座谈研讨。区志办主任邓献云介绍朝阳区地方志工作情况。区地方志编委会副主任、志书执行主编关三多从修志工作者要了解全局、要熟悉区情、要把握全志书、要清楚部门工作、要研究消化资料等"五要"原则,与客人们进行交流。

(王 源)

【调研课题立项】 9月,区志办申报的"关于推进朝阳志鉴体系建设的调查与思考"调研课题和指导豆各庄乡的"乡志编纂初探"调研课题获得北京市地方志办公室首届调研课题立项。12月,区志办启动"朝阳区地方志工作机构与业务演变"课题调研。

(王 源)

【参加全国地州区县年鉴研讨会】 12月9日至12日,区志办选派两名干部参加在广东省佛山市南海区召开的由中国版协年鉴工委会主办,广东省佛南海区委、区政府协办的以"服务基层,转型创新"为主题的第十四次全国地州区县年鉴研讨会。会议围绕"年鉴组稿的改革与创新、年鉴编校的实践与思考、年鉴的作用重在运用、年鉴图片的编辑和开发、年鉴编辑素质的培养和提高"等专题进行研讨。

(王 源)

【全区二轮修志】 年内,区志编辑部继续开展二轮志书初稿调度工作,组织初稿调度会、修改对接会,以及编辑部内部小组研讨会、工作推进会、业务培训会、阶段总结会等100余次。为使志书结构布局更趋合理,进一步调整了志书部分篇目设置。采取集中走访、外调等方式,对修志资料进行了进一步搜集、补充和挖掘,以确保志书资料准确、真实、完整、连续。继续采取逐编(35编)调度的方式,对志书初稿进行精打细磨,全年对各编志稿平均调度3次以上,有的多达10余次。

(王 源)

【年鉴编纂发行】 年内,编纂出版2013年卷《北京朝阳年鉴》。年鉴系统地反映全区各单位在政治、经济、文化、社会各个领域,各项事业发展变化基本情况和大事、要事、新事及新建设、新成就、新进展。全书有正文620面,彩页40面,照片227张,收录条目4000余个。年鉴发行至区领导、全区各单位以及有关社会单位,共计2700余册。

(王 源)

【印制街道和农村系统资料汇编】 年内,为永久留存街乡二轮修志阶段性成果,真正使街乡修志资料起到全区二轮修志总预备队的作用,也为街乡启动编写本单位志书奠定基础,区志办会同区委社会工委、区委农工委两个修志编辑部，分别对两个系统各单位二轮修志形成的资料进行系统梳理、把关，形成社会工委、农工委和各街乡二轮修志资料汇编，按各街乡独立成册标准，统一印制40套，每套50册（其中街口24册、农口26册）、约800万字，及时归档留存。

（王 源）

【地方志宣传】 年内，区志办加强地方志宣传推广工作。以编发业务报《朝阳方志》和网站为平台，提高稿件质量，完善版面设计，印刷数量由原来的1000份增加到2000份。开设"朝阳地名典故""文物古迹""主笔人谈编写年鉴（大事记）体会"等专栏，增加图片新闻等。涌现出一批优秀信息报道员。全年报区直机关工委信息15条；报北京市地方志办公室区县修志动态信息25条，采用18条。

（王 源）

【清理确认涉权事项】 年内，区志办按照《朝阳区关于清理确认涉权事项加强权力运行程序监督制约工作方案》和《朝阳区处级党政主要领导"三不直接分管"工作制度（试行）》要求，召开清理确认涉权事项专题工作会议。确定职权目录17项（其中人事、财务、行政管理岗位职权10项，内部管理、纪检监察岗位职权7项）。编制内部权力运行流程图13张（其中人事、财务、行政管理岗位权力运行流程图10张，内部管理、纪检监察岗位权力运行流程图3张）。查找廉政风险点4个（其中中级2个、低级2个）。绘制《区志办领导班子成员工作分工结构图》。

（王 源）

机关后勤管理服务

【概况】 朝阳区机关后勤服务中心是区政府所属正处级全额拨款事业单位。内设党委办公室、行政办公室、财务科、生活科、管理科、接待科、经营科、车管科、安全保卫科和交换站。下属单位有：朝阳住房中心、区政府幼儿园、北京朝政汽车检测场、北京朝政汽车修理厂、北京京朝花园农业发展中心、北京朝政物业管理中心、天天好厨（北京）餐饮管理有限公司、北京欧陆风韵会议中心、北京市朝阳京城印刷厂，其中幼儿园为差额拨款事业单位。编制104名，在岗人员81名，内退人员8名，空编15名。

地址：日坛北街33号

电话：65099458

邮编：100020

网址：http://203.86.55.120/wygl/in－des.aspx

（李芯蕊）

【党建活动】 年内，组织各党支部党员开展学习党的十八大精神活动，为每位党员发放十八大报告原文、新《党章》及十八大报告辅导读本和新《党章》辅导读本，邀请区委党校老师潘德金为全体党员干部作题为《学习贯彻党的十八大精神》的专题讲座。开展"一名党员一面旗"——党员公开承诺制活动，每位党员都亮出身份，佩戴党徽上岗。开展"我的梦·中国梦"百姓宣讲活动，组建百姓宣讲团，组织专场宣讲会，有百人次观看宣讲。开展读书活动，为党员发放《论共产党员的修养》《正能量》等书籍。加强党员活动阵地建设，在党员活动室设立图书角，增加学习书籍，鼓励党员利用中午休息时间到党员活动室自主学习阅读，提高党员阅读兴趣。开展"共产党员献爱心"捐款活动，捐款6510元。开展困难党员走访慰问活动，发放慰问金5000元。开展"凝聚党旗下，党群心贴心"主题实践活动和重温入党誓词活动。

（李芯蕊）

【空气重污染日车辆停驶管理】 年内，按照北京市和朝阳区关于空气重污染预警的要求，负责区机关系统公务车辆停驶的组织工作。向机关系统70余家单位下发《关于空气重污染期间采取临时交通管理措施的通知》，做好停驶车辆数据统计上报工作。制定《空气重污染预警一级（红色）期间区机关系统公务车辆停驶方案》，明确相关工作的程序和要求。

（李芯蕊）

【后勤保障】 年内，收发全区编号文件1.4万余件、无编号文件57万余件；转发国家、市机要文件4.1万余件；收发市机要局档案611件、机要件8149件、市委内刊8万余册；发放报纸杂志1000余种200万余件；收发挂号信、快递等各种信件16万余件。完成会议服务4257次，服务108526人次，其中区级重要会议304次，区级重要接待149次，外出会议服务235次，礼仪服务19次。对符合改造要求的19家区属公共机构68处办公区实施热计量改造，总面积331057平方米。完成设备安装工作，安装热计量表78块、电动单座控制阀78套、水力平衡阀78套、时序控制箱78套、新建热力小室56座，维修办公设备和办公家具220件，维修费用27万元。全年完成日常维修8760人次，保障电视会议54场次、更换灯管2500支，维修排风扇42处，配电柜18处，维修和新安装电话单机300部次，安装热水器分时用电装置10套，网络布线和工位改装18处，更换办公室单联开关180个，维修食堂电器设备230余件次。全年定期召开各类安全生产和安全生产隐患大检查、安全生产专项隐患系列检查会议69次，下发安全生产文件和专项安全生产工作通知31次，组织各类安全检查隐患排查，配合分析中心安全形势，研究解决安全生产新问题98次，全年发放安全、消防资料2670余份，影像播放2000余小时，在机关主楼大厅和企业大厅摆放交通事故展板89块。在各办公区和企业张贴悬挂各类安全宣传挂图、横幅160余幅，对部门、企业的2062具各类型灭火器实施年检、充压和维修。报废不合格灭火器21具，并购置新品及时补充，更换补充8条消防水带，8个水枪头，17个消防锤，配合监督机关幼儿园重新更换大门，增加可视对讲系统，增设3个隐蔽探头，更换100余张幼儿《接送卡》，购置30余个小型灭火器、200余个防毒面具、40根逃生绳索。全年担负各类应急处突257次，担负临时重大接待活动108次，服务22197人次，处置各类单人和群体上访事件324起34750余人次。

（李芯蕊）

中国人民政治协商会议北京市朝阳区委员会

【概况】 中国人民政治协商会议北京市朝阳区委员会(简称区政协)是朝阳区地方政协组织。其主要职能是政治协商、民主监督、参政议政。区政协第十二届委员会设提案委员会、学习委员会、文史委员会、经济科技委员会、教文卫体委员会、城建环保委员会、社会法制与民族宗教委员会、港澳台侨委员会等8个专门委员会。机关设办公室、研究室、专委会工作一室、专委会工作二室、专委会工作三室、专委会工作四室、专委会工作五室等7个处室。年内,围绕《中共朝阳区委关于加强人民政协政治协商制度建设的意见》实施办法的制定,召开政协党组会、主席会、常委会和专题座谈会,广泛征求意见,并于11月正式印发。推进协商议政多层次开展,召开"聚焦国际化,提升软实力"专题议政会,形成43份调研报告,推选11个专题发言,提出15个方面的意见和建议,供区委区政府决策参考。加大提案办理协商力度。十二届二次会议以来的321件提案全部办复完毕。加大视察调研工作力度,围绕北京水质改善工程,城乡一体化发展等进行31次视察调研活动;各专门委员会围绕社区建设、医疗服务、流动人口管理、社区矫正等专题调研形成16份调研报告,经常委会审议形成3份常委会建议案,提交区委区政府决策参考。推荐18名政协委员担任特约监督员,参与执法检查、行风评议等监督工作。委员进社区工作参与委员达320人次。反映社情民意140余条,引起有关领导和部门重视。团结民主工作方面,开展各种团结联谊活动。成立朝阳区人民政协理论与实践研究会,形成一批高质量的论文,分别被《人民政协报》、市政协《理论研究》《北京观察》等刊载。坚持党派联席会制度,发挥界别在扩大社会各阶层有序政治参与中的重要作用。年内,组织委员开展各类履职活动220余次,参与委员达1600余人次,体现了政协委员高度政治责任感和使命感。

地址:朝阳区安立路0号

电话:65094484

邮编:100107

电子邮箱:cyzx@bjchy.gov.cn

(许 治)

【区政协第十二届二次会议】 1月7日至9日,政协北京市朝阳区第十二届委员会第二次会议在北京会议中心举行。406名委员出席会议。会议听取并审议区政协主席辛燕琴所作的常委会工作报告和副主席郑煌所作的关于十二届一次会议以来提案工作情况的报告;列席区人大十五届三次会议开幕式,听取并讨论区长吴桂英所作的《政府工作报告》;审议通过十二届二次会议决议。会议对十二届一次会议以来的提案工作先进集体和个人进行表彰。会议期间,围绕经济建设、城市管理与农村城市化建设、社会事业发展等专题召开座谈会。区委区政府领导及委办局负责人参加分组讨论和专题座谈,听取委员们的意见和建议。市政协副主席王永庆,区委、区人大、区政府领导应邀到会。区委书记程连元在会议闭幕式上讲话,对政协工作提出四点希望。区各委办局、各街乡领导,各民主党派、工商联负责人,部分社区领导和老政协委员联谊会部分会员列席大会开闭幕式。会议期间,邀请中国战略文化促进会常务副会长兼秘书长、全国政协委员、少将罗援为委员们作"形势与责任"专题报告。

(许 治)

【常委会第六次(扩大)会议】 1月9日,召开区政协常委会第六次(扩大)会议。会议审议2013年工作要点(草案);书面汇报各专委会2013年工作计划。

(许 治)

【召开党派联席会议】 2月5日,召开党派联席会议,区委副书记、区长吴桂英到会通报区情。

(许 治)

【慰问民主党派、工商联机关】 2月16日,主席辛燕琴带队到区各民主党派、工商联机关走访慰问,送上新春祝福,并与相关负责人和机关干部座谈交流。区委常委、统战部部长谢莹参加。

(许 治)

【主席班子成员赴外地学习考察】 3月11日至15日,主席辛燕琴率主席班子一行7人赴广州、惠州、梅州等地学习考察政治协商制度建设问题,与广州市政协、惠州市政协交流工作。

(许 治)

【常委会第七次会议】 4月1日,召开区政协常委会第七次会议。听取副区长王春关于朝阳区水环境综合治理工程情况通报。听取全国人大代表、区政协常委张兴凯传达十二届全国人大一次会议精神;听取全国政协委员、区政协常委张明森传达全国政协十二届一次会议精神,并与大家交流参会体会。会议听取各专委会2013年重点工作汇报。

(许 治)

【组织委员植树并视察】 4月3日,组织120余名政协委员到东坝乡植树并视察朝阳循环经济产业园。主席辛燕琴参加。

(许 治)

【举行专题讲座】 4月17日,邀请全国政协委员、区政协常委、北京中医药大学管理学院院长张其成,传达全国"两会"精神并作"国学精神与中华文化复兴"主题演讲,政协委员等近百人参加。

(许 治)

【"宏观经济形势与经济转型发展"论坛】 5月10日,由区政协、首都经济贸易大学、致公党朝阳区委联合主办的"宏观经济形势与经济转型发展"论坛,在亮马河饭店会议中心召开。论坛解读2013年宏观经济形势,探索符合朝阳区域经济发展新思路。区领导辛燕琴、陈宏志、甘靖中出席。中国社会科学院经济研究所和首都经济贸易大学专家、学者,区政协委员,各民主党派、工商联,区政府有关部门领导100余人参加论坛。

(许 治)

【部分全国政协委员视察爱迪学校】 5月14日,全国政协港澳台侨委员会主任杨崇汇、副主任马建率全国政协委员视察团到朝阳区爱迪学校参观视察。市政协副主席沈宝昌,市政协港澳台侨委员会副主任杨惠时,区领导程连元、辛燕琴陪同。

(许 治)

【常委会第八次会议】 6月21日,召开区政协常委会第八次会议。听取副区长张立新关于创建国家公共文化服务体系示范区情况通报。会议邀请首都经济贸易大学中国经济实验研究院院长张连城作《宏观经济走势与经济发展方式转型》专题讲座。会议讨论了《<中共北京市朝阳区委关于加强人民政协政治协商制度建设的意见>的实施办法》(讨论稿)。对信息化工作进行培训。

(许 治)

【政协常委赴贵州学习考察】　6月30日至7月4日，主席辛燕琴率政协常委赴贵州省黔西南州、贵阳以及遵义等地学习考察。考察中，向黔西南州兴义市万峰林民族小学、何家坪中学捐赠字典和爱心包裹，开展“心手相牵，传递爱心，共享成长”活动；参观息烽集中营、遵义会议旧址等爱国主义教育基地；分别与黔西南政协、贵阳市政协座谈。

（许　治）

【举办委员读书班活动】　9月5日至6日，举办2013年委员读书班。邀请国务院参事室特邀研究员姚景源作关于“目前中国经济的热点和难点问题”的专题报告；区政协委员、区信息办主任王臻就区政协委员服务移动平台的具体内容和使用方法作详细介绍。副主席张树安就《政协北京市朝阳区委员会关于加强政协委员队伍建设和管理的办法（征求意见稿）》作说明。主席辛燕琴参加。

（许　治）

【程连元调研区政协工作】　10月9日，区委书记程连元到区政协调研。主席辛燕琴汇报政协工作。程连元主持并讲话。区领导陈宏志、刘小宁、谢莹、甘靖中、刘军胜参加调研。与会领导就《关于 < 中共北京市朝阳区委关于加强人民政协政治协商制度建设的意见 > 的实施办法》座谈交流。

（许　治）

【常委会第九次会议】　10月22日，召开区政协常委会第九次会议。听取区委副书记刘小宁关于政协工作专题讲座和常务副区长甘靖中关于十二届二次全会以来提案办理工作情况通报；听取区电子城管委会、区卫生局、区农委负责人代表区政府分别就办理区政协2012年关于《优化提升我区电子城科技园区产业发展环境》《打造朝阳国际化医疗服务聚集示范区》《推进朝阳区城乡一体化农村地区社区建设与管理》建议案情况的通报。会议审议通过《关于完善基层医院与大医院分工协作机制的建议案》《关于完善朝阳区农村地区流动人口管理服务政策的建议案》《关于优化朝阳区科技金融创新机制的建议案》及相关调研报告（草案），同意提交区委区政府决策参考。主席辛燕琴传达区委调研政协工作的情况，并对下一阶段开好议政会、民主协商会，以及委员集中视察、十二届三次全体会议等相关筹备工作做出安排。会议还审议通过《关于加强政协委员队伍建设和管理的办法（草案）》。

（许　治）

【“聚焦国际化提升软实力”议政会】　11月1日，区政协、区委统战部联合召开“聚焦国际化提升软实力”专题议政会。辛燕琴主持。程连元出席并讲话。会上提交了43份调研报告，11名委员和党派成员分别代表区政协专委会和各民主党派、工商联课题组围绕“聚焦国际化提升软实力”专题作了专题发言，提出了15个方面的意见和建议，提请区委、区政府决策参考。区领导陈涛、谢莹、甘靖中、刘军胜、张立新、苑文新、张维刚出席。

（许　治）

【组织委员集中视察】　11月14日，在区政协十二届三次会议召开前，组织200余名政协委员分三路对城市建设管理和农村城市化、区经济建设、社会事业发展等方面进行集中视察，了解朝阳区城市管理和经济与社会发展情况。辛燕琴参加。区领导陈涛、张立新、汪洋陪同。

（许　治）

【中共十八届三中全会精神辅导报告会】　12月9日，举办中共十八届三中全会精神专题报告会。邀请国务院发展研究中心资源与环境政策研究所副所长李佐军作专题报告。

（许　治）

【区政协理论与实践研究会成立】　12月9日，朝阳区人民政协理论与实践研究会在“委员之家”举行成立大会。市政协副秘书长、市人民政协理论与实践研究会秘书长宗朋到会。大会听取研究会筹备情况的汇报；审议通过《北京市朝阳区人民政协理论与实践研究会章程》；选举产生北京市朝阳区人民政协理论研究会第一届理事会理事43名；理事会选举会长、副会长、秘书长。选举产生第一届监事会组成人员。

（许　治）

【常委会第十次会议】　12月26日，召开区政协常委会第十次会议。听取区纪委书记宋铁健关于区党风廉政建设情况通报。会议审议了《政协北京市朝阳区第十二届委员会第三次会议议程（草案）》，同意提交十二届三次会议审议。会议审议通过《政协北京市朝阳区第十二届委员会第三次会议日程安排（草案）》；审议通过十二届委员会常委会工作报告（草案）和十二届二次会议以来提案工作情况报告（草案）；审议通过《政协北京市朝阳区第十二届委员会常务委员会关于增补委员的决定（草案）》《政协北京市朝阳区第十二届委员会常务委员会关于王先勇等8名委员不再担任区政协委员的决定（草案）》。会议通报了2013年度委员履职情况。主席辛燕琴通报区政协2013年主要工作，部署2014年工作，并对开好十二届三次全会提出要求。

（许　治）

【提案委员会】　内年，共收到提案321件，经审查立案306件，未立案6件，超出朝阳区事权范围转交市有关部门9件。立案提案中，民主党派、工商联提案21件，委员提案285件。提案全部办理完毕。其中：已经落实和正在落实的157件，有一定进展的121件，因政策和现实条件等因素限制短期内不能解决的19件，作为参考的9件。提案及办理情况有四个特点：一是关注经济建设，着眼区域经济国际化；二是关注城市管理，着力改善区域环境；三是关注民生，着重提高服务水平；四是关注统战与法制建设，着意维护社会和谐稳定。提案工作主要做法：一是把握关键环节，夯实工作基础；二是注重多方联动，合力推进落实；三是提高服务意识，扩大提案影响。

（许　治）

【学习委员会】　年内，组织了报告会、专题讲座、委员读书班；在王四营乡开展政协委员“送文化进社区”活动；出版《委员进社区工作（专刊）》。对《关于推进朝阳区信用资源可持续发展的几点建议》课题进行调研论证，形成调研报告。

（许　治）

【文史委员会】　年内，召开全体委员会议，听取区文化委负责人通报2013年工作，开展对口协商。听取区文化委主管领导对近年来博物馆的发展现状及博物馆专项资金使用情况的通报，就继续促进扶持民办博物馆发展、弘扬优秀传统文化提出建议。组织部分委员赴河北省爱国主义教育基地赵州桥等地参观、考察；到今日美术馆和紫檀博物馆调研，审核两馆专项资金使用情况。编辑出版《朝阳文史》第十三辑。

（许　治）

【经济科技委员会】　年内，围绕科技金融、智慧社区、人才资源等方面问题，组成3个联合调研组深入基层调研，形成《关于优化朝阳区科技金融创新机制的建议》《国际化视野下朝阳区社区建设与管理的智慧化转型研究》和《关于促进朝阳区民营经济发展与转型升级的调研》等3篇调研报告，就相关问题提出意见建议。

（许　治）

【教文卫体委员会】　年内，开展《完善基层医院与大医院分工协作机制》专题调研，结合朝阳区实际情况，提出“要让社会提升认知社区卫生服务能力”等14条意见建议。

（许　治）

【城建环保委员会】 年内,就《区政协委员履职考评实施细则》征求委员意见和建议。成立水利工程建设民主监督小组、生态文明建设课题调研组、城市管理咨议小组、环境保护咨议小组和委员沙龙活动小组。通过视察、调研、座谈等形式的监督活动,先后查看了亮马河、坝河、北小河、萧太后河、大羊坊沟河道治理情况,视察将府郊野公园坝河千亩湖雨洪利用工程以及北甸污水处理厂的建设情况,协调解决工作推进中的重点和难点问题;以“强化区域水环境综合治理,提升生态文明建设水平”为课题开展专题调研,并形成调研报告。

(许　治)

【社会法制与民族宗教委员会】 年内,成立流动人口管理服务课题调研组、特殊人群管理服务课题调研组、城乡一体化建设课题调研组、社会法制咨议小组、民族宗教咨议小组和委员沙龙活动小组。围绕“城乡一体化建设”主题,开展专题视察活动,实地查看小红门乡二期安置房建设项目,详细了解安置房项目建设进度、质量把关、安全管理等情况。分别成立3个专题调研组,以“完善朝阳区社区矫正和刑释解教人员工作机制”“朝阳区农村地区流动人口管理服务工作的探索与研究”“完善农村地区公共配套设施,推进城乡一体化公共服务体系建设”为课题开展调研,并形成调研报告。

(许　治)

【港澳台侨委员会】 年内,与区侨联联合成立调研组,就如何发挥侨务优势,引进海外人才,提升区域人才竞争优势进行调研,形成《关于发挥侨务优势,建立完善海外人才引进和服务体系的研究》的调研报告。

(许　治)

政法　军事

政　　法

政法委员会工作

【概况】　中共北京市朝阳区委政法委员会(简称区委政法委)是区委领导和管理政法工作的职能部门,在区委领导下开展工作。年内,区委政法委以区委年初工作安排为依据,统筹协调全区公、检、法、综治、维稳等部门进行科学维稳建设、平安朝阳建设、政法队伍建设,妥善处置涉日、涉访等问题,圆满完成全国"两会"、北京市"两会"、十八届三中全会等安保维稳任务,确保全区政治稳定、社会安定,为朝阳区经济社会发展提供安全稳定的社会环境、公平正义的法治环境和优质高效的服务环境。
地址:朝阳区日坛北街33号
电话:65099200
邮编:100020

(赵　江)

【政法系统书画摄影比赛】　1月21日至2月1日,在区政府南楼一层大厅集中展出获奖书画摄影作品。此前,区委政法委组织开展以"为十八大保平安·为党旗添光彩"为主题的第六届朝阳区政法系统书画摄影比赛暨征文活动,共收集政法系统10个单位167人创作的417幅书画、摄影、征文作品。其中63人的64幅作品被评为优秀作品。

(王　洋)

【政法系统成立妇工委】　1月30日,召开区政法系统妇工委成立大会。区妇联主席李洁,政法委专职副书记倪东新参加会议。会议由政法委政治部主任邢伟主持。政法系统直属10个单位的妇女代表参加大会。会议选举邢伟、邸淑华等13人为政法系统妇工委委员。

(王　洋)

【政法维稳信访工作会】　2月26日,区召开朝阳区政法、维稳、信访工作会议。区四套班子领导,区二级班子党政正职领导,各街乡主管领导,各社区、村书记,治安巡逻志愿者和专职保安代表,共计1200余人参加会议。会议总结2012年工作,分析面临的形势,部署2013年政法、维稳、信访工作。

(赵　江)

【"三八"节纪念活动】　3月5日,组织政法各单位的50余名优秀女干警代表,参加在奥林匹克森林公园廉洁奥运主题文化园举办的弘扬"廉洁奉公、执法为民"价值观主题活动,纪念"三八"妇女节。区委副书记、政法委书记陈宏志,区妇联主席李洁,区委政法委常务副书记杨树旗等领导参加。

(王　洋)

【警营开放日活动】　4月12日,在全区范围内开展警营开放日活动。区政法系统基层庭、所、科、队,除保密单位和部门外全部向社会开放。部分人大代表、政协委员、人民陪审员、特邀调解员、廉政监督员、企事业单位代表、部分院校师生受邀参加活动。区委副书记、政法委书记陈宏志先后在朝阳法院王四营法庭、朝阳公安分局东风派出所参与活动,倾听群众需求,解决实际困难。开放日,政法系统各单位共接待群众1.2万余人次,发放各类宣传材料1.84万余份,解答群众各类咨询140余次,发放征求意见表3200余张。

(王　洋)

【第六届政法系统篮球比赛】　5月13日至21日,区政法系统第六届篮球比赛在朝阳体育中心举行。12支代表队参赛。朝阳公安分局、区法院和区检察院代表队分别夺得冠、亚、季军。民政局代表队获得最佳风尚奖,赵清晨等12名队员获得优秀球员奖。

(王　洋)

【区委书记调研政法工作】　5月23日,区委书记程连元带队到区委政法委调研政法工作。区委常委、公安朝阳分局局长陶晶,区委常委、区委办公室主任刘军胜,区检察院检察长王立,区法院院长李瑞翔等领导,区委办、社工委、农工委、信访办和政法系统各单位的主要领导以及政法委班子成员参加调研。程连元观看了区委政法委对朝阳区维稳指挥体系运行情况的多媒体演示,听取了全区政法工作及政法系统各单位的情况汇报。程连元充分肯定政法工作所取得的成绩,对政法队伍的执行力和战斗力给予高度评价,并对进一步做好政法维稳工作提出明确要求。

(赵　江)

【开展学习法官刘黎活动】　5月30日,市高院党组书记慕平对朝阳法院亚运村法庭刘黎在民事审判中的突出事迹给予高度评价。6月3日,中共北京市高级人民法院党组决定,在全市法院系统开展向刘黎同志学习活动。市高级人民法院举办刘黎法官先进事迹新闻发布会。6月7日,区委委常委会决定,在全区开展向刘黎同志学习活动。6月8日,区委组织部、区委宣传部联合下发《关于开展向刘黎同志学习活动的通知》,在全区掀起向刘黎同志学习活动。

(王　洋)

【基层党组织负责人培训】　7月2日,区委政法委以十八大报告解读和基层党务工作为重点,举办全区政法系统基层党支部书记培训班。来自政法系统9个单位142名基层党组织负责人参加。政法委专职副书记倪东新、政治部主任邢伟参加指导培训。

(王　洋)

【市委政法委到朝阳征求意见】　8月22日,根据市委政法委机关统一安排,首都综治办副主任、市流管办常务副主任苗林等领导一行到朝阳区召开座谈会。就市委政法委领导班子、局级领导干部以及机关在“四风”方面需要改进和加强的方面征求意见和建议。区委政法委常务副书记、维稳办主任杨树旗,专职副书记倪东新等领导及部分基层政法综治维稳干部参加,并结合党的群众路线教育实践活动,提出了意见和建议。

(王　洋)

【朝阳政法综治网上线】 12月12日,《朝阳政法综治网》正式上线开通试运行。年内,按照中央、市委政法委关于推进首都政法综治网群建设的工作要求,从全区政法综治工作的实际情况出发,区委政法委在深入调研的基础上,完成了网站策划、网页设计,调试和优化等项工作。

(赵　江)

【慰问特困干警】 12月27日,在区政府南楼602会议室集中慰问政法系统特困干警。区委副书记、政法委书记陈宏志,副区长张立新,政法委常务副书记杨树旗及相关部门领导,汉能控股集团党组书记袁亚斌,首开股份志信分公司总经理周兵等参加慰问。杨树旗与区红十字会常务副会长赵宁江共同签署救助项目协议,副区长张立新代表区红十字会接受汉能控股集团和首开股份志信分公司捐款。

(王　洋)

综合治理

【概况】 朝阳区社会管理综合治理办公室(简称区综治办)是朝阳区社会管理综合治理委员会常设办事机构,与区委政法委合署办公。年内,社会管理综合治理工作坚持科学发展观,推进“新四区”发展战略,探索再创发展新优势的有效路径,抓住作为全国和北京市社会管理创新综合试点区的大好机遇,突出工作重点,破解难题,推进社会矛盾化解、社会管理创新和公正廉洁执法三项重点工作。

地址:朝阳区日坛北街33号
电话:65099395
邮编:100020
网址:http://zfw.bjchy.gov.cn

(宛　煜)

【全国“两会”安保】 全国“两会”期间,全区共有“两会”代表及委员驻地5处,驻地及行车路线共涉及18个地区。为确保“两会”期间社会安全稳定,实现“大事不出、小事不出、管理严格、秩序良好”的目标,通过“四个加强”织密网格化社会面治安防控体系,营造“两会”安全稳定的社会环境。区委政法委、区综治委先后召开5次全区大会,区委书记程连元,区长吴桂英,区委副书记、政法委书记陈宏志先后对“两会”安保工作进行动员部署,要求各部门、各街乡高度重视,提高认识,深入动员,广泛发动,精心组织,周密部署,充分调动群众参与积极性,最大限度发动各种社会力量,协助公安、武警等专业力量,加强社会面控制,形成群防群治的强大氛围。期间,未发生一起危及社会安全的暴力恐怖事件;未发生一起敌对势力和“法轮功”等邪教组织捣乱破坏事件;未发生一起拦截代表车队、到代表驻地上访告状情况;未发生一起群死群伤重大责任安全事故,确保了社会面安全稳定,为“两会”顺利召开提供了良好的社会环境。

(宛　煜)

【中央政法委领导调研综合治理工作】 8月5日,中央政法委秘书长汪永清、副秘书长王其江,副市长张延昆等领导到朝阳区调研。对朝阳区坚持以群众需求为导向,最大限度维护好群众身边的安全稳定给予肯定。

(宛　煜)

【市委政法委领导调研综合治理工作】 10月14日,市委政法委书记赵凤桐等市领导到朝阳区调研,对朝阳区综治维稳工作中心建设运行及基层平安创建工作给予肯定。

(宛　煜)

【十八届三中全会安保】 10月29日,召开以“明确责任,提升能力”为主题的治安志愿者培训工作会。43个街乡主管领导、综治助理、综治办主任,各派出所主管所长,各社区(村)委会主任、治保主任,社会单位代表,志愿者骨干等1200余人参加会议。会议下发《关于做好党的十八届三中全会社会面防控安全保卫工作的方案》《朝阳区党的十八届三中全会社会面防控安保督查工作方案》。10月31日,召开43个街乡和54个综治委成员单位主管领导参加的社会面防控工作会,传达市委政法委会议精神,部署全区社会面防控工作。11月4日,启动社会面二级加强等级防控,在重点地区启动社会面一级等级防控。发挥以43个街乡综治维稳工作中心和469个社区(村)综治维稳工作站为基础的防控体系,全力开展社会面防控工作,动员组织志愿者统一佩戴红袖标、小红帽上岗执勤,配合公安、武警加强对重点地区、重要部位的安全保卫工作,形成点、线、面,时间、空间全覆盖的立体化安保防控格局。11月9日至12日,十八届三中全会召开期间,全区启动社会面一级超常防控等级,每日出动志愿者10万人以上。采取区综治委领导包片督查,委办局对街乡“一对一督查”;区综治办联合区社会办、区农委、朝阳公安分局等部门联合督查等,确保各项工作落到实处。

(宛　煜)

【提升群众安全感】 年内,程连元、吴桂英分别主持召开区委常委会和区长办公会,专门研究提升全区群众安全感工作。下发《关于进一步做好提升群众安全感工作的方案》,成立专门领导小组,各级党政一把手任组长,切实加强对提升群众安全感工作的组织领导。坚持每季度对全区43个街乡群众安全感进行调查排名并向全区通报,对群众安全感较低的街乡开展重点帮扶。开展打击违法犯罪、集中整治、流动人口管理、公共安全隐患治理、科技创安、社区警务全覆盖、为民解难、宣传引导等八个专项行动。印发22万余份《致居民一封信》、4.5万个环保袋、6750套宣传海报和215条横幅,邀请多家媒体进行集中宣传报道。经过一年的努力,全区群众安全感呈现出稳步上升态势,第四季度群众安全感为89.5%。

(宛　煜)

【社会治理】 年内,全区加强社会治理,更新完善35个区级、29个街乡级、36个社区(村)级共100个项目的群众工作创新项目库。新推出7个创新工作亮点和4项建设,即:团结湖街道“交通五微工程”和“出租房屋免费中介服务”新模式,双井街道“虚拟社区建设”,高碑店地区半壁店村“五个致力于创建平安村”,垡头街道“全市首家法制文化活动基地”,东风乡“综治协管员队伍管理五大工作机制”,黑庄户地区“42415”村庄社区化管理工作模式;社区民警驻区制建设,法官片区工作站建设,检察联络室建设,调解员队伍建设。研究政法综治干部进社区工作,探索司法干警、法官、检察官、退休政法综治干部和律师进社区的工作内容、工作权限等,推进政法综治工作创新发展。

(宛　煜)

【社区民警驻区制】 年内,全区推进377个社区警务工作室建设,配齐642名民警,1369名专职文员、专职保安和流动人口管理员等“一警三专”力量,实现全区覆盖。明确驻区民警10项工作职责,即实有人口管理、重点人管控、公共安全管理、社区安全防范、出租房屋管理、治安管理、消防管理、情报信息搜集研判、群众矛盾纠纷调处、为民服务。健全社区党委、居委会等基层组织工作机制和全时运转、应急处置、定期会商、重点帮扶、教育培训、督查考核、群众评议、奖惩激励等长效机制，确保社区民警下沉到社区、扎根在社区，提高见警率和管事率。

（宛　煜）

【城市综合管理指挥中心建设】 年内，区政府将城市综合管理指挥中心建设列入区政府折子工程，要求“发挥街乡综合管理指挥中心作用，科技创安覆盖率达到95%”。按照每个街乡每年60万元的标准，从街乡财政预算体制中下拨各街乡城市综合管理指挥中心运行保障经费2580万元。确保指挥中心在社会治安、城市管理、公共服务、应急、网格管理等方面发挥重要作用。

（宛　煜）

【区政府实事和折子工程建设】 年内，30个村的村庄社区化管理、24个老旧居民小区的“平安示范”创建、老旧楼房门禁系统的更换维保工作等区政府实事和折子工程全部落实。区综治办、区社会办、区农委、区财政局和公安朝阳分局等部门组成专门小组对上述三项工作检查验收。30个社区、村全部完成基础建设工作并通过验收，共建成三站两室30个，围墙1.54万延米，探头900个，智能化停车管理系统68个，治安岗亭144个，便民服务设施150处，配备通讯手台414部，基本达到“双控双降”要求。其中7个村实现“零发案”，9个村发案1起；48个“平安示范”小区中，13个小区实现“零发案”。全区科技创安整体覆盖率达到89%，完成年初提出的目标。

（宛　煜）

【综治专项委员会调整】 年内，将原有的10个专项工作组和21个综治专项工作协调委员会调整为：实有人口、特殊人群、“两新组织”、社会治安、法规规章、预防青少年违法犯罪、校园及周边治安综合治理、护路护线联防、科技创安、社会矛盾多元调解等10个专项工作组和14个综治工作协调委员会。

（宛　煜）

【网格化社会面防控】 年内，综合治理工作对接城市管理监督网格，以社区、村为基础单元，确定469个社会面防控工作网格，明确网格内专业力量、专职力量、社会力量的工作任务，创新建立五项监督机制，全区网格化社会面防控体系建设整体水平明显提升。将综治维稳工作中心（站）的规范运行与网格化社会面防控体系建设相结合，统筹推进，深化“五联机制”、完善“八项制度”，提升全区综治维稳工作中心（站）的规范化运行水平。

（宛　煜）

【重点地区排查整治】 年内，将社会治安重点地区排查整治工作作为推进“平安朝阳”建设的主线，结合重点工作落实各项措施，各级挂账治安重点地区面貌明显改观。市级挂账5个高发案地区和13个高发案社区可防性案件累计发案同比下降41.2%和28.5%；公安、交通、城管等部门及属地街乡围绕区级挂账12处重点地区存在的黑车、无照游商、流浪乞讨、代办验证等扰序问题，累计开展联合执法1223次，查扣黑车7833辆，抓获治安拘留以上各类扰序人员3203人。

（宛　煜）

【铁路护路联防】 年内，确保区域内的京哈线、京包线、丰双线、京秦线、东星联络线、百东联络线、京承线、百星线、京津城际高速共96公里和36座铁路桥梁、33个铁路涵洞、20个铁路道口的安全，完成国庆、十八届三中全会期间的铁路护路工作，路外伤亡事故明显减少。连续三年获北京市铁路护路先进区县，并被评为2009年—2013年“全国平安铁路示范区”。

（宛　煜）

【最高法接待室周边安全稳定工作】 年内，针对最高人民法院信访接待室和北京市高级人民法院信访接待站环境脏乱差、社会治安隐患增多、交通堵塞严重、社会面不稳定因素多等问题，每月召开会商会，统筹开展秩序维护工作。协调区卫生局、公安朝阳分局、朝阳交通支队等单位，通过实行“两控两联”机制（严格控制上访人员租住现象出现，严格设置非法关押场所现象出现；开展联合执法、召开联席会议）、设立120急救站、建设停车场、派专人负责交通疏导、清理非法咨询、严管出租房屋、及时化解矛盾纠纷等举措维护周边秩序。全年，最高法信访接待室和市高法接待站共接待来访71101人，未发生重大治安问题。

（宛　煜）

【综治队伍建设】 年内，在深入调研基础上，调整充实区、街乡两级综治办人员力量，全区登记在册治安志愿者12万余人，达到首都治安志愿者协会章程规定的要求。

（宛　煜）

【禁毒专项工作】 年内，在社区戒毒和在社区康复人员共170人，涉及41个街乡。对吸毒人员采取由街乡政府负责组织督导社区、派出所和吸毒人员家属，对吸毒人员进行帮教，并争取民政、人力社保资源和卫生等部门对其进行康复指导、就业培训、介绍工作、办理最低生活保障等，帮助他们回归人生。

（宛　煜）

【学校幼儿园安保工作】 年内，为确保民办和自办学校、幼儿园的安全，相关部门和街乡加大工作力度，落实四项重点工作。一是监控探头连接指挥中心，纳入地区监控。区综治办会同区教委、区财政局、公安朝阳分局等职能部门，将226所学校监控探头联入指挥中心；二是全区356所学校落实“一校两保安”制度；三是377所学校落实“紧急报警铃”的安装；四是445所学校落实消防安全责任制，配备相关设施设备。

（宛　煜）

【公共安全知识普及】 年内，区公共安全馆共接待90余个团体，参观人次达7万余人次。公共安全馆成为普及安全知识、提升安全防范技能的平台。

（宛　煜）

维护稳定

【概况】 朝阳区维护稳定工作领导小组办公室（简称区维稳办）为朝阳区维护稳定工作领导小组的常设办事机构。年内，维稳工作针对“国际问题与国内问题相互影响，虚拟社会与现实社会相互利用，敌我矛盾与人民内部矛盾相互交织”的新特点，把维护稳定作为第一责任和硬任务，依靠科技维稳体系，重点抓好重点人排查稳控和矛盾纠纷化解工作，全面推进源头维稳、动态维稳和应急处置工作，确保全区安全稳定。

地址：朝阳区日坛北街33号

电话：65099200

邮编：100020

网址：http://zfw.bjchy.gov.cn

（李渊峰）

【市“两会”安保维稳】 1月21日至28日，为保证北京市“两会”期间全区安全稳定，成立现场指挥部，启动全区维稳情报信息战时会商机制和“零”报告制度，落实重点人稳控机制，防止出现重点人到“两会”代表委员驻地（涉及来广营、奥运村、亚运村和大屯等街乡）及重点敏感地区上访滋事情况发生。按照“属地负责”“谁主管、谁负责”原则，对各种突发事件，特别是农民工讨薪等问题做到早发现、早报告、早处置，最大限度地将其化解在萌芽状态，从源头上预防群体性涉稳事件,把矛盾和问题化解在属地,最大限度地减少群体访、越级访和个人极端行为的发生。

(李渊峰)

【全国“两会”安保维稳】 2月28日至3月20日,为做好全国“两会”维稳工作,区建立组织指挥体系,区级指挥部总指挥为程连元、吴桂英,常务副指挥为陈宏志,副指挥由陶晶、王春担任。成员单位为各相关单位和43个街乡。制定了《朝阳区2013年全国“两会”安保维稳工作领导体系方案》。全区启动全国“两会”维稳情报信息战时会商机制。按照“下好先手棋、打好主动仗”的工作思路,加强情报信息搜集研判,确保掌握维稳工作主动权,为“两会”安保工作提供可靠的信息支持。

(李渊峰)

【垃圾焚烧中心项目风险评估】 10月29日,区维稳办组织区市政市容委、区农工委、区信访办、区环保局、循环经济产业园、常营乡、金盏乡主管领导及清华大学、市维稳办专家,对朝阳循环经济产业园生活垃圾综合处理厂焚烧中心建设项目风险评估报告进行审查。根据《朝阳区重大决策社会稳定风险评估实施细则》风险等级的判定标准,该项目社会稳定风险初始等级为重大风险。通过落实相应的防范、化解措施,社会稳定风险可降低为较大风险。建议加快启动马各庄和沙窝两村搬迁,加大对周边区域环境改善力度,实施惠民工程,解决百姓关心的问题,在此基础上再开工建设。

(李渊峰)

【西直河村五环外地块整治维稳】 11月21日,启动十八里店乡西直河村五环外地块集中整治工作。为确保整治工作顺利进行,区维稳办研究制定《十八里店乡西直河村五环外地块整治维稳信访工作方案》,成立维稳工作领导小组,明确各职能部门责任。督促、指导十八里店乡做好西直河村五环外地块环境整治及产业升级拆迁腾退风险评估工作。

(李渊峰)

【京沈高铁专项维稳】 年内,针对京沈高铁项目环评工作引发的各种不稳定因素,区领导程连元、陈宏志提出“做好稳控工作,防止现实危害”的要求,区委政法委成立专项工作指挥部,陈宏志、陶晶坐镇调度,一线指挥,确保京沈高铁项目环评工作顺利进行。

(李渊峰)

【北苑再生水厂二期扩建维稳】 年内,针对北苑再生水厂二期扩建引起的各种问题,区委副书记、政法委书记陈宏志专题调度,区维稳办对工程周边小区居民维权反对施工建设的相关情况进行深入了解和梳理分析,建议按照《北京市维护稳定工作责任制》和《北京市2013年全面推进重大决策社会稳定风险评估工作实施方案》的相关要求,落实重大项目风险评估工作,最大限度地从源头上预防和减少社会矛盾。

(李渊峰)

【科学维稳应急体系建设】 年内,区维稳办根据陈宏志提出的“突出抓好前端评估、中端稳控、末端处置工作”的要求,全面加强科学维稳应急体系建设,创新性提出综合评估社会稳定水平的社会稳定指数。重点研究社会稳定指数的科学评价指标体系,并通过系统改造、实际运行,验证了指标体系的可行性、正确性。通过建立朝阳区社会稳定指数,将各类维稳情报信息通过计算转化形成宏观数字指数,以全面掌握全区社会稳定状况的变化走势,增强应急处置工作的预见性。

(李渊峰)

【互联网维稳】 年内,把握互联网特点、规律和发展趋势,坚持虚拟社会管理与现实社会管理相融合,传统工作经验与科学维稳理念相结合,专门力量与群众力量相配合,构建统一指挥、专群结合、运转高效的互联网维稳工作体系。依托朝阳科学维稳体系,结合朝阳区网络维稳工作实际和特点,建立网络舆情监测系统,提升网络舆情的即时监测能力,促进互联网维稳的即时性、针对性。

(李渊峰)

【社会稳定风险评估机制】 年内,区制定下发《朝阳区深入推进社会稳定风险评估工作实施方案》。明确区、街乡两级领导体系和工作任务,建立健全报备制度、联席会议制度、分级分类评估制度、科学分析制度、报告审核制度、风险控制制度等六项工作制度,确保朝阳区风险评估工作有序推进。建立重大决策社会稳定风险评估工作联席会议。由维稳办、信访办、农工委、社工委、发改委、市政市容委、住建委、法制办、财政局、房管局、人力社保局、卫生局、环保局、规划分局、国土分局、城管执法监察局等部门组成,为分析形势、研究解决重点疑难问题、统筹协调开展工作以及绩效考核、责任倒查等搭建平台。以区委办公室和政府办公室“两办”名义向全区印发《关于将重大决策社会稳定风险评估纳入区委常委会、区政府会议决策程序和项目审批程序的通知》,要求对提请区委常委会、区政府会议,市委、市政府相关会议研究决定的重大决策事项和在区发改委立项的重大建设项目,必须进行社会稳定风险评估并出具评估报告和审核结论,切实将风险评估作为重大决策的前置程序,从源头上预防和化解社会矛盾。

(李渊峰)

【维稳工作调研】 年内,区维稳办获市维稳办2012年度维稳调研工作优秀组织奖。提交的《关于朝阳区2012年“9·18”涉日维稳工作经验与思考》《发挥科技维稳体系新优势全面提升维稳工作科学化管理水平》和《关于做好新时期政治稳定工作的几点思考》三篇调研报告,分别获得优秀调研成果一、二、三等奖。其中《关于朝阳区2012年“9·18”涉日维稳工作经验与思考》被评为年度重点调研课题成果。

(李渊峰)

流动人口服务管理

【概况】 区流管办是区流动人口和出租房屋管理委员会常设办事机构,与区综治办合署办公。年内,按照中央和北京市关于加强实有人口管理服务工作要求,坚持“民生为本、服务为先、融合为要”的工作理念,以加强和创新社会管理为主线,以深化流动人口管理服务、规模调控、信息化建设为重点,进一步理顺流管工作体制机制,全面推进流动人口管理服务各项工作。

地址:朝阳区日坛北街33号

电话:65094741

邮编:100020

网址:http://zfw.bjchy.gov.cn

(倪　辉)

【召开外籍人服务管理会】 3月14日,副区长王春主持召开外籍人服务管理工作调度会。会议要求推进外籍人服务管理各项工作的标准化建设。年内,制定了《进一步加强外籍人服务管理的工作意见(征求意见稿)》《朝阳区外籍人服务管理工作建设标准及工作流程》,对外籍人服务管理场所的各项标准、服务管理场所保障支持及经费测算、临时住宿登记工作流程、协管员选用标准及志愿者选用标准、志愿者队伍工作经费等做出明确规定。

(倪　辉)

【出租房屋安全管理】 5月17日,下发《北京市朝阳区人民政府关于加强出租房屋安全管理的意见》,对出租房屋安全标准、出租人、承租人、房地产经纪机构各方责任以及加强行政监管等方面做出规定。12月9日,开展房屋违法出租问题治理、流动人口和出租房屋信息采集登记、出租房屋安全隐患和违法出租问题调查摸底、房屋租赁经纪机构违法违规问题清理整治和日常管理等工作。按照“属地负责、部门尽责,规范管理、消除隐患”原则,研究探索和落实治理房屋违法出租问题的各项措施及有效方法,实现全区出租房屋底数全面清楚,出租房屋中的安全隐患全面排查掌握,违法群租行为得到有效治理,房屋租赁经纪机构违法出租行为彻底杜绝,出租房屋安全隐患明显减少,为群众创造和谐宜居的生活环境。

（倪　辉）

【推广劲松街道群租房治理模式】　9月12日,市委政法委副书记、市流管办主任闫满成对劲松街道群租房整治工作、黑庄户乡地区农村出租房屋准租制度试点工作进行专题调研。10月15日,市委书记郭金龙到朝阳区调研,对劲松街道群租房治理工作表示肯定。11月26日,首都综治办在北京会议中心召开全市房屋违法出租问题整治工作动员部署会,劲松街道介绍了群租房整治工作经验。劲松街道的做法是,提出以治理群租房为抓手,推进城市建设与发展,净化首都城市环境的工作思路,集中力量对群租房进行专项整治。建立“条专块统”的工作机制,取得“四降四升”的明显成效,即:流动人口数量明显下降,人口与资源环境渐趋适应,社区宜居度明显提升;各类安全隐患明显下降,出租房屋安全性明显提升;治安案件同比明显下降,群众安全感明显提升;矛盾纠纷明显下降,社区和谐度明显提升。

（倪　辉）

【十八届三中全会期间流管工作】　11月1日,区印发《关于做好十八届三中全会期间流管工作的通知》,要求各街乡加大对重点人、重点房和各类安全隐患的排查管控力度,努力做到“三个发现”(发现出租房屋的治安隐患、安全隐患、窝住在出租房屋内的各类重点人员)。全区启动“1258”工作机制、员包户责任制、六方责任机制、内部督查检查机制、体制外监督机制、信息零报告制度等一系列工作机制,进一步健全完善上述机制和措施,形成“以战时促平时、以平时保战时”的良性循环。11月4日至12日,全区累计出动流动人口管理员25618人次,检查流动人口452703人,检查出租房屋97147户301970间,排查发现并整改安全隐患578处,确保十八届三中全会期间全区流动人口和出租房屋的总体安全稳定。

（倪　辉）

【推进以房管人工作体系】　年内,建立多措并举,源头管理,完善机制,创新发展的“以房管人”工作体系,实现流动人口管理到位、保障安全、人员减少、结构优化的工作目标。通过严把“五道关”(出租房屋标准关、出租房屋登记关、出租房屋控违关、出租房屋中介关、出租房屋使用关),确保出租房屋基本安全。推进“四项机制”(公约管理机制、“员包户责任制”工作机制、租房业主联管机制、科技服务机制),促进出租房屋管理水平提升。明确六方责任(职能部门、属地街乡、房屋管理(产权)单位、房产经纪机构、房屋出租人、承租人的责任),确保出租房屋管理效果。通过“以房管人”各项措施的落实,全区流管工作出现“五化两转变”,即:人口服务管理工作整体推进有序化、出租房屋管理实现责任化、出租房屋管理逐步实现法制化、违法违规出租房屋整治实效化,出租房屋安全制度化及流动人口数量向规模适度转变、流动人口素质结构向优化趋势转变。9月29日,副区长王春代表朝阳区在市流动人口和出租房屋管理服务工作经验交流会做题为“积极推进‘以房管人’工作实践努力实现流动人口‘规模适度、结构优化’目标”的经验介绍。

（倪　辉）

【深化“35569”服务管理体系】　年内,完善和推进“35569”流动人口服务管理体系建设。其具体内容是:抓好以业控人、以房管人,以证管人“三条工作主线”,严把出租房屋标准、登记、控违、中介、使用“五道关”,推进公约管理、员包户责任制、租房业主联管、科技服务、民警驻区“五项机制”,明确“六方责任”,深化出租房屋免费中介、就业、教育培训、子女教育、劳动保障、法律援助、卫生防疫、社会救助和煤气中毒预防及其他安全保障“九项服务”。与农委、社会办合作,督促各街乡主动采取措施,控制各类违法建设及地下空间、群租房和出租大院,整治“五小七黑”和“六小门店”,加强出租房屋管理,调整流动人口结构,降低流动人口总量。截至年底,与2012年同期相比流动人口减少17万余人。

（倪　辉）

公　安

【概况】　年内,朝阳分局全面落实“两最”建设,夯实基础和“平安朝阳”战略要求。完成了全国“两会”、党的十八届三中全会、中央经济工作会议等重大安保任务。全年发案下降,破案、刑拘、治拘“三上升”,实现了全区政治和治安“两个稳定”。全年共接报“110”警情63.4万余件,同比上升5.1%。其中刑事类警情2.1万件,同比下降11.2%。运用“双X”警务工作法,警卫活动风险评估机制,公安、武警、交通捆绑作战,感官安检和随位警戒相结合,完成各类警卫勤务1734起,出动警力8.4万人次。破获各类刑事案件2万余起,刑事拘留5989人,行政拘留1.3万余人;破获经济案件2000起,挽回经济损失2亿余元;破获毒品案件418起,收缴各类毒品16.4公斤;破获“祈福点灯”诈骗外地人专案、“6·11”跨国电信诈骗专案、“7·29”特大组织偷渡专案等重大团伙案件,铲除犯罪团伙1489个,抓获团伙成员5285人。妥善处置四川籍藏民冲闯打砸农展馆、东八里庄居民拆迁补偿、“京沈高铁”维权等群体性事件1408批次4.9万余人次。在“8·07”买卖公民个人信息案、贝德集团非法获取公民个人信息案及“3·01”非法删帖等3个专案中,共刑事拘留违法犯罪人员134人,夺得市局打击网络违法犯罪专项行动各单项及总成绩第一名。年内,关停违法网站221家,违法栏目103个,行政警告网站3417家。组织派出所主管领导和社区民警642名,参加安全防范、群众宣传、矛盾化解、民意搜集和便民服务等科目的专项培训,入户走访10多万户,发放宣传材料7万份,张贴警情提示画报4万份,新封闭村庄42个,新增监控探头390个,社区可防性案件同比下降10.7%。组织安保力量21.7万余人次,安检633万人次,完成450项1625场次大型活动安保任务;办理犬类登记、年检手续10多万只;受理群众来信、来访、网络信件3946件,办结3874件。举办枪支使用、警犬技术、摩托车驾驶技术、视频巡控、个人极端行为现场处置等警务实战技能培训21批次,累计培训1795人次。按照“党建是核心,队建是根本”的要求,成立14个党建工作督导组,深入109个基层党支部,督导基层党建工作;紧密结合群众路线教育活动,组织党委成员、内设机构领导班子,围绕“四风”查摆问题、深入实际,建立基层联系点338个、征求群众意见1716条。采取拍摄警示教育片、制作案例、网上通报、召开全局大会等方式,确保全警100%受教育;坚持“有错必纠,违纪必查,有案必办”,查办违法违纪案件18起27人。在出入境、人口和户籍派出所等窗口服务单位推出便民、利民、惠民措施。继续坚持“向基层派出所倾斜、向实战一线岗位倾斜”的原则,将130名社招大学生及军转干部充实到警情高发、社区民警缺编严重的派出所;为刑侦支队、国保支队、看守所补充具有专业能力的新警15人。拍摄了一部由分局民警自编、自演的反映派出所师徒民警默默奉献、扎根基层、献身公安工作的微电影《蓝国槐》。

地址:朝阳区道家园1号

电话:85953429

邮编:100025

电子邮箱:cyfjda@sina.com

(王　晖)

【北京市“两会”安保】　1月21日至28日,公安分局围绕市“两会”安保工作,出动安保力量8896人次,其中现场警卫8203人次,路线警卫693人次。

(邓建华)

【习近平视察武警部队安全警卫】　1月29日,习近平等中央领导到位于朝阳区的武警十三支队和武警北京总队视察慰问。公安分局出动警力890人。

(邓建华)

【流动人口登记办证服务月】　2月至3月,分局组织开展“流动人口登记办证服务月”活动。设立集中宣传站96个,发放宣传材料3.7万份,广播短信、社区网站信息宣传300余条。登记办证8.3万人,办理暂住证7.4万人,登记出租房屋3517户,核销人员信息7.4万条,核销出租房信息1018条。

(刘金岩)

【全国“两会”安保】　全国“两会”召开期间(3月初至3月中旬),分局启动外围查堵一道防线,在京哈高速白鹿收费站进京方向设置临时卡点,24小时设卡盘查,在首都城区外围架起一道过滤屏障。共出动安保力量3.2万人次,执行警卫勤务207起。其中完成驻地警卫87起,各类路线警卫99起,临时警卫21起。

(孙玉玲　邓建华)

【破获“2·15”抢劫金店案】　3月7日,破获“2·15”管庄抢劫金店案。专案组在广东省公安厅的协助下,在天津市西青区某网吧将犯罪嫌疑人赵某某(1992年8月出生,男,河南省南乐县人)抓获。经审,嫌疑人对2月15日(正月初六),在朝阳区管庄乡PLUS365商场“六六福”珠宝店抢劫黄金项链13条,2012年11月10日、12月25日在管庄乡万鑫佰隆购物商城盗窃金店案两起,涉案价值49万余元的犯罪事实供认不讳。

(隋新宇)

【破获系列抢劫强奸案】　3月12日,破获梁某某系列抢劫强奸案。分局刑侦支队会同亚运村周边6个派出所在朝阳区安贞桥某小区西门外抓获犯罪嫌疑人梁某某(1980年12月出生,男,河南省内乡县人)。经审,犯罪嫌疑人对2013年春节以来,在朝阳亚运村地区采用徒手、使用砖头、持刀威胁等犯罪手段实施多起抢劫强奸的犯罪事实供认不讳。初步核破案件6起,其中拦路抢劫、强奸5起,入室盗窃1起。6月22日,破获了东四环沿线系列抢劫强奸案。在孙河康营家园小区门口抓获犯罪嫌疑人张某某(1969年10月出生,男,北京市人)。经提取该人血液进行DNA检验,确定共有7起案件与其DNA认定同一。初步核实抢劫强奸案件18起。

(隋新宇)

【“朝阳公安林”主题植树活动】　4月14日,分局在崔各庄乡蓝莓庄园植树林开展“‘绿树见证忠诚·金盾捍卫平安’——民警共建‘朝阳公安林’”主题植树活动。分局党委班子成员,局属单位功模代表、传帮带师徒代表、女民警代表、青年民警代表、消防官兵代表、文职辅警保安员代表及离退休老干部代表700余人参加。

(王云龙)

【破获“祈福点灯”特大诈骗案】　4月29日,打掉一个以“祈福点灯”为手段的特大诈骗团伙。抓获丁某(1962年11月出生,男,安徽省巢湖市人)、王某某(1985年8月出生,男,湖南省祁东县人)等68名嫌疑人,当场起获赃款10万余元。经审,嫌疑人均对伙同他人实施诈骗的犯罪事实供认不讳。

(隋新宇)

【以色列总理访华安全警卫】　5月8日至10日,以色列总理访华。分局承担凯宾斯基饭店驻地及活动路线警卫任务。共出动警力723人次,其中执行驻地勤务3天,出动警力168人次,执行路线勤务8次,出动警力555人次。

(邓建华)

【北京国际科博会安全警卫】　5月22日至26日,第十六届中国北京国际文化创意产业博览会(简称“科博会”)在京召开,主展场位于朝阳区中国国际展览中心。期间有来自20余个国家和地区的7个国际和地区性组织40余个代表团参展。朝阳分局承担“科博会”主展场、首长专场及相关活动警卫工作,共出动警力65人次,确保了国内外参展人员的安全。

(邓建华)

【第二届“京交会”安保】　5月28日至6月1日,第二届中国(北京)国际服务贸易交易会(简称“京交会”)在京举行。期间,党和国家领导人,来自五大洲的国家政要,外国部长,国际组织、国际商协会及跨国公司负责人,各省、自治区、直辖市主管贸易的省级领导出席开幕式和相关活动。朝阳分局承担国际会议中心及北扩区、洲际酒店、国家会议中心酒店、北京会议中心、国际会议中心、国家游泳中心等6个区域的安全警卫工作,日常出动警力213人,开放日出动警力253人,确保活动顺利进行。

(邓建华)

【破获团伙贩毒案】　5月30日,分局禁毒中队会同市局禁毒总队、十二总队等单位,破获以王某为首的团伙贩毒案。在朝阳区双桥康惠园小区抓获该团伙主犯王某(1968年12月出生,男,北京市朝阳区人)、何某某(1991年8月出生,女,四川省南充市人),在京港澳高速杜家坎收费站抓获从四川省运输毒品进京的犯罪嫌疑人谷某某(1987年10月出生,男,湖南省衡阳市人),收缴冰毒共计3130.58克。经审,供认了由王某、何某某出资,何某某联系上家购买毒品,由谷某某负责运输毒品进京的犯罪事实。

(耿　颖)

【破获壮阳类有毒有害食品犯罪团伙】　5月31日,分局经侦大队食药中队在市局经侦总队指导下,在区药监、工商等单位配合下,成功打掉尹某某等人销售壮阳类有毒有害食品犯罪团伙。在朝阳、通州、丰台、大兴、怀柔等8个区县抓获尹某某(1963年1月出生,男,吉林省靖宇县人)、尹某某(1984年9月出生,男,吉林省靖宇县人)、徐某某(1989年7月出生,女,河北省丰宁满族自治县人)等犯罪嫌疑人40人,刑事拘留17人,打掉制售有毒有害保健食品犯罪团伙13个,捣毁产供销窝点17个。经审,上述犯罪嫌疑人对生产、销售有毒有害食品的犯罪事实均供认不讳。此案是国内侦破的首例跨区域生产、销售有毒有害食品案,彻底摧毁了北京市制售有毒有害食品犯罪的“集散中心”,打响了全国规模性打击保健食品犯罪第一枪。

(孟　茜)

【审查特大跨国电信诈骗案】　6月11日,分局承担“6·11”特大跨国电信诈骗案嫌疑人审查任务。经对从马来西亚押解回京的三线话务员负责人肖某某(1988年1月出生,女,福建省福州市闽侯县白沙镇人);二线话务员负责人鲍某某(1987年9月出生,男,福建省福州市永泰县富泉乡蜚安村人);一线话务员负责人肖某某(1982年1月出生,女,福建省福州市闽侯县廷坪乡岩头村人)等29名涉案嫌疑人审查,全部供认了以打电话冒充公检法工作人员,诈骗事主80人1000万余元的犯罪事实。其中28名嫌疑人被批准逮捕,1名嫌疑人因系未成年人被取保候审。

(王　晖)

【韩国总统访华安全警卫】 6月27日至29日,韩国总统朴槿惠来华访问。分局承担韩国总统抵、离京路线,国贸三期会见活动现场,奥体中心体育馆中韩演唱会现场勤务和往返朝阳区路线警卫勤务。期间执行警卫任务20起,出动警力1153人次,完成现场警卫勤务4起,路线警卫勤务16起。确保外国元首安全。

(邓建华)

【破获"7·29"组织偷越边境案】 8月15日至16日,分局配合市局相关部门破获"7·29"组织他人偷越国边境案。在朝阳区远洋新干线海洋国际旅行社三元桥营业部、沾京宾馆等地先后抓获任某某(1968年10月出生,男,北京市人)、梅某(1981年11月出生,男,北京市人)等37名犯罪嫌疑人(组织偷渡犯罪嫌疑人10名、参与偷渡人员27名),其中刑事拘留13人、行政拘留10人,现场起获偷渡人员护照19本,偷渡人员伪造材料等物证。

(沈依依)

【处置藏民冲闯农展馆打砸事件】 10月3日至7日,天津市现代展览中心在朝阳区农展馆承办"北京玉石文化艺术收藏博览会"。10月2日中午,在布展过程中,部分藏民未申办展位要强行进馆参展。遭到拒绝后,围攻展馆保安、强行闯入农展馆3号馆,用灭火器、砖头、棍子等物砸毁展厅物品,并对保安、参展商、工作人员进行围殴,造成8人受伤,价值2.3万余元物品被损毁。朝阳分局立即启动"国庆"安保应急预案,会同市局相关部门,调集100余名警力70余名保安成立处置组,迅速将闹事藏民带离现场。经审,85名四川省黑水籍闹事藏民对此次有组织的采取冲闯打砸行为,索要展位以谋取私利的犯罪事实供认不讳。依法刑事拘留82人,教育释放3人。

(毕志刚)

【打掉非法网络公关犯罪团伙】 10月16日,朝阳分局经侦大队会同市局6个相关部门及来广营、八里庄等10个派出所,对以陈某、杨某某等人为首的长期从事非法网络公关的犯罪团伙展开统一收网行动。共出动警力283人。对涉及北京市朝阳、西城、通州等10个区县以及湖南、广西、海南等9个省12个市的犯罪团伙成员集中实施抓捕,共抓获陈某(1972年2月出生,男,湖北省潜江市人)、杨某某(1978年7月出生,女,河北省清苑县人)等犯罪嫌疑人81人,刑事拘留77人。经审,主要犯罪嫌疑人供述了团伙成员相互勾结,为谋取非法利益,利用网站技术人员的职务便利,通过信息网络有偿提供删除信息服务的非法网络公关犯罪行为。

(孟　茜)

【刑侦支队迁入新址】 11月5日,分局刑侦支队迁入位于姚家园南路9号院新办公大楼。大楼建筑面积1.5万平方米,配有DNA实验室、技术实验室、视频侦查实验室、法医鉴定中心、科技办公区、"三室"执法办案区以及民警生活区。配备了功能齐全的刑侦专业办公设备,为科技强侦提供了有力保障。

(隋新宇)

【个人极端行为处置技能培训班】 11月18日至年底,分局在黑庄户民兵训练基地举办个人极端行为现场处置专项培训班。分别教授模拟街区、空旷场地和车辆查控等处置技战术。培训班分8期,533名巡警支队及派出所"01"巡逻车组民警参训。培训班旨在增强一线巡逻民警现场处置能力,提升应对个人极端行为应急处置工作水平,提升民警对自身保护水平,防止次生灾害事件发生。

(赵紫兢)

【破获非法吸收公众存款案】 12月14日,分局经侦大队在市局经侦总队的指导配合下,24小时内破获了中百汇佳(北京)投资基金管理有限公司涉嫌非法吸收公众存款案。在朝阳区抓获涉案公司法定代表人郑某某(1969年6月出生,女,黑龙江省虎林市人)、营销部负责人刘某某(1980年3月出生,男,江苏省苏州市人)两名犯罪嫌疑人。经讯问,二人对以投资河北省黄骅市石佛寺"福座连对"项目可获高额返利为名非法吸收公众存款的犯罪事实供认不讳。

(孟　茜)

【"网安启明星"工程启动】 12月27日,朝阳区"网安启明星"工程启动仪式通过校园网络视频系统在朝阳区教委举行。网安总队、朝阳分局、朝阳区教育工会、朝阳区信息办等领导参加。奇虎360科技有限公司副总裁谭晓生、朝阳区245所中小学主管领导和学生代表1700余人分别在主会场和视频分会场参加启动仪式。"网安启明星"工作依托朝阳区校园网,以区教委为主讲堂,以"一人授课,人人受益"为建设目标,旨在提升全民网络安全责任意识。谭晓生在启动仪式上讲授第一课——网络战背景下的互联网安全形势。

(徐　鹏)

【国内外代表团参观访问】 年内,分局接待尼泊尔警察通信局代表团、哈萨克斯坦内务部代表团、韩国忠清北道警察厅模范警察访问团共32人次。接待青海海东分局的警务参观交流代表团,就"110"接处警、视频图像监控系统应用、勤务指挥和队伍管理等交流和研讨。

(王　晖)

【"三个一百"警意民意征集活动】 年内,启动"三个一百"警意民意征集活动。通过"百名领导干部下社区""百名社区居民走进社区警务工作室""百名人大代表、政协委员走进派出所"等方式,征求人大代表、政协委员和社区居民对公安工作的意见建议。活动期间,共发放和回收调查问卷2020份,征求意见建议367条,梳理出群众反映较为突出的问题11项。

(王　晖)

【打击整治突出治安问题】 年内,依托警情监测分析研判,针对影响社会秩序的黄赌等突出治安问题,加大对站街、坐店、卡片、楼凤、网络招嫖和电子游艺赌机、德州扑克、百家乐等有组织涉黄涉赌犯罪打击力度。共打掉娼赌黄等违法犯罪团伙窝点651个,抓获处理违法犯罪人员4420人(刑拘387人,治拘4010人,其他处理23人),收缴赌资239.3万元、招嫖卡片8.5万张、淫秽物品2122件、非法出版物3.5万件。

(崔志猛)

【查处有组织赌博违法犯罪】 年内,针对朝阳区电子游艺场所涉赌问题,采取严打严查、打管结合等措施,重点打击电游场所内赌博活动。先后查获了春平广场"酷鑫俱乐部"、北苑路42号"万游引力电玩城"等294家涉赌电游场所,拘留处理557人,收缴赌博机2327台。坚持"情报先行"原则,进一步掌握当前机械手百家乐、德州扑克俱乐部等新兴、有组织赌博违法犯罪活动特点及规律,重拳出击。先后打掉了石佛营东里133号院4号永利世纪德州扑克俱乐部、南磨房乡恒安医院院内游艺宫二层(百家乐)、驼房营西里甲2号院5号楼底商(百家乐)、王四营桥南一无名洗浴城(机械手百家乐)等5个聚众赌博犯罪团伙、窝点,拘留以上处理128人,其中刑拘14人、治拘114人。

(崔志猛)

【敏感事件处置】　年内,随着外来务工人员大量涌入,各类矛盾引发的外来人员聚集事件、群体访问题日益突出。出现了一系列因非正常死亡、医疗、交通事故、刑事案件等问题引发死者家属聚集事件。分局建立了“三个一”工作机制。即:第一时间出现场,有效控制现场局势;一名领导带队,发挥牵动、指导作用;成立一个专班,按照“一案一专班”工作模式,抽调专人盯进展,协调政府职能部门介入,妥善化解矛盾。妥善处置了小武基火灾善后、双井李老爹餐厅装修工人触电、通州交通事故死者家属到东湖数码港滞留等多起善后维稳工作。

(门之凯)

【出台专项整治指导文件】　年内,为有效解决朝阳区社会面存在的“黑车”扰序、无照游商等痼疾顽症,分局依据市局532号文件,制定下发了《关于确定朝阳区扰乱社会秩序整治重点地区的批复》,采取在66处重点地区对扰序人员一次予以治安拘留的措施,为专项整治提供政策支持,有效解决了流动扰序人员难处理问题。共抓获拘留以上处理扰序人员3203人(刑事拘留24人,治安拘留3179人)。此做法受到市政府和市局的肯定,并在全市范围内推行。

(陈　静)

【大型群众性活动安保】　年内,全区举办展览展销、文艺演出、体育比赛等各类大型活动450项1625场次,接待群众633万人次。期间,组织安保力量24万人次,确保朝阳国际风情节、环北京职业公路自行车赛、中国网球公开赛、北京马拉松赛等各项活动治安秩序良好。其中亚冠联赛、中超联赛、足协杯赛等22场比赛重点足球赛事均在工人体育场举办,共组织警力1.4万人次。

(鲁玲娟)

【打击盗贩自行车行动】　年内,组织16个警情高发派出所组建打击盗销自行车小分队,打掉盗销自行车团伙窝点83个,抓获处理涉案嫌疑人469人,收缴自行车483辆。

(陈　静)

【治理“黑车”专项行动】　年内,分局牵头组织交通、城管、工商、交管等部门,采取集中围剿、“波次”整治和“脉冲”行动等措施,开展专项治理。行政拘留“黑车”扰序人员1654人,查扣“黑车”7833辆,其中“摩的”1429辆,电动三轮5530辆,人力三轮874辆。

(陈　静)

【物流寄递渠道治安管理】　年内,分局对全区物流寄递企业情况进行调查摸底,并与工商、邮政、交通等部门进行数据核对。纳入管理物流企业485家、寄递企业275家。共检查物流企业320家,发现整改问题150件,收缴违禁物品521件。对无证照、超范围、证照不全、证照过期、异地经营等5类涉证照非法经营单位全面调摸,分类建立台账,以便加强管控。

(郭咲琳)

【治爆缉枪专项行动】　年内,收缴猎枪、气枪、自制枪等各类枪支145支,仿真枪474支,各种子弹2500余发,管制刀具329把;处置雷管7个、高炮炮弹2枚、黑火药1.3万克、底火500枚;处理涉案人员96人,教放28人。

(贾雪超)

【烟花爆竹安全管理】　年内,坚持“超前准备、严密部署、科学指挥、精细操作”原则,加大执法检查力度,元旦、春节期间,查获非法烟花爆竹案件20起,刑事拘留1人,行政拘留13人,警告1人,罚款2人,教放5人,收缴非法伪劣烟花爆竹751箱2.1万公斤。

(贾雪超)

【危险物品安全监管】　年内,分局与全区持有危险物品单位签订责任状和承诺书,落实安全管理责任化、规范化和制度化,实行“四停一封”(停产、停运、停用、停售和封闭库房)措施;对全区刀具销售单位采取“两个一律”(一律禁止销售匕首、三棱刮刀等工业用管制刀具,一律实行凭有效证件购买并实名登记)的管控措施,组织派出所对辖区内销售刀具的百货商场、超市、户外用品店、集贸市场、小商品市场等各类市场开展排查,对50家刀具销售企业落实民警实名管控,对不符合要求的商户一律下架停售,集中封存。确保各项重大安保活动期间危险物品安全监管工作落实到位。

(贾雪超)

【保安服务业监管】　年内,分局对负责监管的39家民营保安公司、1794个保安服务驻勤点、211个自行招用保安员单位、5.2万名保安员采取分级管理,对保安服务企业和驻勤点采取积分制考评。行政处罚3家存在问题的保安服务企业,行政拘留1人。通过网上巡检系统发现并辞退不符合条件保安员1026人,抓获网上通缉在逃人员6人。

(王连勇)

【堵截电信诈骗七措施四步法】　年内,分局会同辖区金融营业网点,构建电信诈骗堵截防范体系,深化“每月通报例会,强化防范提示,加装自动语音提示装置,安装手机信号屏蔽器,建立成功堵截奖励机制,建立联合倒查机制,建立支行、网点两级防控考核机制”等七项金融营业网点防范堵截电信诈骗措施;落实营业柜台拦截电信诈骗“四步工作法”(即:一宣传、二观察、三劝说、四登记),成功堵截126起电信诈骗案件,为群众挽回损失达1500万元,保护了群众资金安全。

(聂建平)

【中小学幼儿园安全防护】　年内,建立了属地综治、教育、公安三部门联勤联动维护校园安全机制。运用“巡防、技防、自防、群防”四位一体防范工作机制,完成了全区中小幼地标采集和数据录入,由区域防范升级为整体防范,为全区800余所中小学幼儿园40万名学生儿童提供人身安全保障。

(聂建平)

【社区民警驻区制警务建设】　年内,落实驻区警务室“一警三专”辅警配备标准,招聘专职辅警1396人(文职377人,保安377人,流动人口管理员642人)。化解各类矛盾纠纷2.1万件,检查出租房屋11万户,排查发现整改各类安全隐患1.3万处,提供线索1784条,破获各类案件221起,抓获作拘留以上处理人员309人。

(徐肖鹤)

【流动人口专项管理】　年内,分局对出租大院、地下空间、群租房、废弃仓库、闲置厂房、农家院、自建楼、独门独院,中小宾馆、旅店,足疗、发廊等保健场所及“四黑四害”(即:制售假劣食品药品的“黑作坊”、制售假劣生产生活资料的“黑工厂”、收赃销赃的“黑市场”、涉黄涉赌涉毒的“黑窝点”;严重危害人民群众生命健康,严重危害青少年身心健康,严重危害群众切身利益,严重危害公共安全和社会诚信)场所为重点,入户走访调查流动人口12.4万人,新登记办证流动人口6852人,检查出租房屋1.2万余户。其中群租房598户,地下空间292户,出租大院483户。新登记出租房屋409户,处罚违法出租房主74人,排除化解矛盾纠纷213起,刑事拘留17人、治安拘留37人。

(刘金岩)

【完善巡逻一体化街面防范体系】　年内,分局推行《01巡逻车后夜停靠点制度》《01巡逻车携带武器巡逻规定》等勤务制度,最大限度地把01巡逻车固化在街头。依托“站巡制”、高峰勤务、视频巡控、“三位一体”区域设卡等警务模式,强化长安街延长线、使馆区、外交部等敏感部位和繁华商圈动态控制,盘查核录可疑人85.1万人、可疑车辆1.9万辆,查扣"三无一遮挡"车辆、"摩的"319辆,抓获作拘留以上处理现行违法犯罪人员1752人,街头刑事警情同比下降7.2%。

(孙玉玲)

【视频巡控】 年内,三级视频巡控平台通过视频巡控手段抓获各类违法犯罪嫌疑人1299人,其中处以刑事拘留的87人,处以治安拘留的1212人,提前发现并成功处置各类群体访71批次974人。

(孙玉玲)

【涉外警务驻区制】 年内,分局依托驻区制警务机制,前移登记关口、推进警务前置,在外国人聚居的呼家楼、南湖、花家地、三里屯等36个地区,建成125个涉外警务标准化社区,将涉外服务管理与社区基础工作有机结合,不断提高散居境外人员住宿登记率,最大限度减少"三非"外国人漏管失控问题的发生。

(沈依依)

【开展"三非"打击】 年内,分局先后制定了《朝阳分局关于出入境行政案件办理程序有关问题的通知》等4个指导性文件,自主研发制作了《朝阳分局出入境行政案件法律文书制作规范》和《出境入境管理法》手机电子书两部。指导局属派出所查处"三非"外国人559人,其中非法居留543人、非法工作3人、非法入境13人,拘留审查17人,拘留以上处理61人,罚款66.3万元。

(李丹滢)

【推出派出所出入境证件受理】 年内,为缓解出入境接待大厅办理公民出入境证件数量巨大压力,分局作为首批推行派出所出入境证件办理业务试点单位,分别于10月和12月,在东风、平房两个派出所建成出入境证件分受理点并正式对外办公。

(沈依依)

【与西藏那曲开展对口交流合作】 年内,公安分局与西藏自治区公安厅那曲公安处结成对子,开展市区县公安机关对口交流合作。西藏那曲地区派出4名民警分别到朝阳分局办公室、情报中心、网安大队、国保支队进行为期3个月的交流学习。

(赵紫兢)

检　　察

【概况】 围绕平安朝阳建设,着力维护社会和谐稳定。全年共批捕各类刑事案件3013件3940人,提起公诉3602件4268人。起诉故意杀人、爆炸、绑架、抢劫等犯罪案件136件201人。办理生产销售有毒有害食品案件23件25人。审查起诉"巨鑫联盈"等在北京有重大影响的非法吸存案件,涉案金额近30亿人民币,涉及被害群众4万余人。依法批捕侵犯知识产权案件20件23人,提起公诉67件74人。批捕生产、销售伪劣产品案件27件30人,提起公诉121件122人。依法妥善办理"5·24"使馆区维稳专案、"7·20"首都机场爆炸案、"10·2"农展馆藏民打砸案等一批社会热点、敏感案件。贯彻宽严相济刑事政策,严把事实关、证据关、法律关,不批准逮捕907人,不捕率为18.7%;不起诉319人,不诉率为6.9%。受理刑事申诉案件7件,受理民事申诉案件146件,办理国家赔偿案件3件,受理人民群众来访596批次1436人次,检察长接待4批次155人次,促成民事申诉案件当事人和解4件。全年共立案侦查贪污贿赂案件27件27人,其中大案22件。查办司法工作人员渎职案件3件3人。查办北京晚报、北京青年报等新闻媒体工作人员收受贿赂刊发广告性新闻案件6件6人。加大追逃、追赃工作力度,抓捕一名潜逃10年的贪污犯罪嫌疑人。开展警示教育138次、廉政法制讲座10余次。向社会提供高效便捷的行贿犯罪档案查询服务,共办理查询2940份,涉及工程、政府采购等领域,覆盖全国大部分省市。全年共受理立案监督线索55件,监督立案6件,监督撤案22件。对应当逮捕而未提请逮捕的,依法追捕76人;对应当起诉而未移送起诉的,依法追诉111人;对侦查过程中程序违法等行为,发出纠正违法通知书12份,侦查活动监督类检察建议29份。加大民事审判监督力度,审结民事申诉案件174件,提请或建议提请抗诉获上级院支持10件,抗诉后法院改判8件,发出再审检察建议1件并获法院采纳。开展监外执行检察,会同区司法局等单位联合开展社区矫正执法工作大检查,面向43个街道、地区办事处的司法所所长和矫正干部开展社区矫正检察监督工作培训。探索羁押必要性审查工作机制。通过羁押必要性审查变更强制措施17件19人。推进庭前会议和简易程序出庭工作。开展未成年刑事检察工作,对199名未成年人开展社会调查。规范附条件不起诉和监督考察工作,附条件不起诉13件19人。探索犯罪记录封存工作,封存111件173人,保障涉罪未成年人诉讼权益。深化刑事和解,修订出台《公诉案件刑事和解工作办法》,办理刑事和解案件101件108人。研究、探索强制医疗程序的运行及证据标准,向法院提出强制医疗申请5件5人,法院做出强制医疗决定3人。依法办理外国人犯罪案件,制定外籍犯罪嫌疑人探视流程,审查起诉外国人犯罪案件33件38人。围绕加强队伍建设、提升检察人员素能,制定出台《中层领导干部绩效考核办法》;探索建立"处长助手"制度,为青年干警提供学习、锻炼机会;设计涵盖5大类、17个专项、76个细项的全员业务素能培训体系;深化检察文化建设,与北京歌舞剧院签订共建协议,建立检察文化建设实训基地。加强党风廉政建设,发挥检务督察委员会职能作用,采取定期督察、突击督察与专项督察相结合的方式,对检察人员出庭、提讯,检务接待,警车、警械具使用等执法环节情况进行督察,加大检务督察情况通报、整改力度。

地址:道家园17号

电话:59553208

邮编:100025

网址:hppt://www.bjjc.gov.cn

(白富强)

【第三期青年检察官训练班开班】 1月16日至18日,区检察院开展了第三期青年检察官训练班"冬训"练兵活动。"冬训"针对青年干警成长需求,凸显三个特点:一是主题鲜明、重点突出,"语言表达能力提升"主旨贯穿始终;二是开拓思路、引入外脑,积极探索"即学即练"的务实培训模式;三是联系实际、针对性强,理论学习与实践演练动态结合。

(白富强)

【开设"反贪大讲堂"】 1月17日,朝阳检察院开设"反贪大讲堂",确立固定时间,采用"2+3+3"(授课和实训两种培训方式,教授讲、专家讲和干警讲的"三讲",练汇报、练素质和练作风的"三练"。)教育培训模式,邀请学者和实务专家侧重开展反贪侦查理论和侦查技能培训,提升干警侦查办案能力。

(白富强)

【首次召开庭前会议】 1月18日,依新修改的刑事诉讼法,就提起公诉的简怀兵、胥文勋侵犯商业秘密罪一案参加朝阳法院庭前会议,此案是朝阳区首次召开庭前会议的案件。

(白富强)

【首次驻华大使馆官员探视】 1月18日,朝阳检察院安排加拿大驻华大使馆领事及领事官员探视朝阳检察院审查起诉的该国犯罪嫌疑人。依新刑事诉讼法,本次探视为朝阳检察院接待的首次驻华大使馆对外籍犯罪嫌疑人的探视工作。

(白富强)

【侦查处业务建设考评细则出台】　2月25日，出台《2013年度朝阳检察院反贪局侦查处业务建设考评实施细则》。将考核目标量化分解为立案侦查数、起诉数、有罪判决数、起诉贪污贿赂犯罪大案要案数、撤案、不起诉、无罪判决情况、职务犯罪预防效果、协查与追逃工作、侦查一体化以及检察业务基础管理规范等9个方面。

(白富强)

【技术处获市办案集体嘉奖】　2月26日，朝阳检察院技术处荣获市检察院和市人力社保局共同颁发的2011—2012年度办案集体嘉奖。

(白富强)

【起诉首例外国人犯罪案件】　2月26日，朝阳检察院对受理的全市首例基层院审查起诉办理的外国人犯罪案件依法提起公诉。按照2013年1月1日起开始实施的新《刑事诉讼法》，犯罪地在北京市朝阳区、丰台区、通州区、密云县辖区范围内的外国人犯罪案件由朝阳检察院办理。

(白富强)

【社会调查员首次出庭】　2月26日，朝阳检察院在对1名未成年被告人提起公诉时，引入社会调查员参与庭审。这是《刑事诉讼法》修订后朝阳区首例社会调查员出庭的案件。

(白富强)

【未成年人刑事检察工作会】　3月13日和28日，区人大常委会关于未成年人刑事检察工作座谈会在朝阳检察院召开。与会代表重点交流未成年人检察专业化建设、附条件不起诉、犯罪记录封存、跟踪回访等保障未成年人合法权益工作的开展。

(白富强)

【"公正司法为人民"新闻发布会】　3月14日，朝阳检察院召开"公正司法为人民"主题新闻发布会。人民日报、新华社、中新社、检察日报等20家媒体参加，重点就新刑事诉讼法规定的羁押必要性审查制度予以发布。

(白富强)

【出台控告申诉工作事项分流、办理实施意见】　3月19日，朝阳检察院出台《北京市朝阳区人民检察院控告申诉工作事项分流、办理实施意见(试行)》。实施意见从4个方面对控告申诉工作进行细化，明确分级负责、归口办理的案件线索分流原则并对办理情况进行监督，增加受理案件线索的范围，规定受理时限和对自侦案件线索的处理规则。

(白富强)

【民事执行监督工作座谈会】　3月29日，朝阳检察院与朝阳法院召开民事执行监督工作座谈会，就相互配合、依法开展执行监督达成4点共识：确立依法监督、有限监督、互相配合，维护司法权威公正和民事执行当事人合法权益的监督原则；明确区检察院的监督方式；细化监督环节；建立定期工作联系制度。会后双方会签署了《加强民事执行活动法律监督工作》文件。

(白富强)

【制定文化建设三年发展规划】　4月2日，朝阳检察院出台文化建设2013—2015年发展规划，落实三阶段三方面系列举措，全面提升检察机关执法公信力。通过作风建设、规范执法活动、形象树立三个方面，实现检察机关执法公信力较大提升的目标。

(白富强)

【签订刑事和解工作实施办法】　4月15日，朝阳检察院与区司法局共同签订《关于联合开展刑事和解工作的实施办法》。《办法》共计十七条，从五个方面对刑事和解工作做出规定：明确刑事和解案件专门办理机制；明确刑事和解案件办理程序；明确需要委派法律援助律师的情形；明确刑事和解办公室中检察人员与法律援助律师的职责分工；明确刑事和解工作的沟通会商机制。

(白富强)

【法警队获"工人先锋号"称号】　4月，朝阳检察院法警大队被北京市总工会授予"工人先锋号"荣誉称号。

(白富强)

【青年检察官成才沙龙活动】　5月4日，朝阳检察院团委组织开展首期"青春朝检——青年检察官成才沙龙"活动，组织青年检察人员开展思想和工作方法交流。

(白富强)

【附条件不起诉专项工作汇报会】　5月7日，朝阳检察院召开朝阳区未成年人附条件不起诉专项工作汇报会。市人大、市政协及市检察院领导参加会议。团区委、区司法局"阳光中途之家"、市政法职业学院、北京朝阳职业技术学校等单位负责人参会。

(白富强)

【成立"中国梦"百姓宣讲团】　5月14日，朝阳检察院成立了由5人组成的"中国梦"百姓宣讲团，参加全区开展的"中国梦·检察梦"宣讲活动。

(白富强)

【两法衔接联席会议】　5月22日，召开朝阳区两法衔接成员单位工作联席会。区法制办、公安分局法制处、经侦大队及区卫生局、区食品办、区工商局、区药监局、区质监局等单位参加。会议就两法衔接工作及餐桌保卫战专项活动达成三点共识：一是落实工作责任，强化沟通协调、确保信息通畅；二是建立"专家库"，形成专家指导体系；三是总结重点联系点工作经验，形成模式，全面辐射多领域。

(白富强)

【捕后羁押必要性审查】　5月29日，依法对外籍犯罪嫌疑人努尔坦涉嫌故意伤害罪一案进行捕后羁押必要性审查。依新修改的刑事诉讼法，首次向公安机关发出外籍犯罪嫌疑人《羁押必要性审查建议书》获采纳，及时为嫌疑人变更强制措施。

(白富强)

【未检处获市"先进集体"称号】　5月，朝阳检察院未成年人刑事案件检察处获得"2011—2012年度北京市未成年人保护工作先进集体"荣誉称号。

(白富强)

【北京市检察长到朝阳调研】　6月3日，北京市检察院党组书记、检察长池强到朝阳检察院调研，并提出三点要求：忠实履行检察职能；不断强化自身监督；牢固树立执法为民理念。

(白富强)

【与国家检察官学院签订合作协议】　6月5日，朝阳检察院与国家检察官学院职务犯罪研究所签订合作协议，合作开展调研活动和人才培养工作。

(白富强)

【获国家版权局特等奖】　6月19日，朝阳检察院公诉二处因办理被告单位北京赛金传媒科技有限公司、被告人陈海涛等6人涉嫌侵犯著作权罪专案，获国家版权局"2012年度查处侵权盗版案件有功单位"特等奖。该案系全国首例通过视频网站上传影视剧，向网络用户提供视频点播、下载服务的侵犯著作权案。

(白富强)

【颁发检务督察证】　6月21日，朝阳检察院召开检务督察工作会，为全体检务督察员颁发"检务督察证"。检务督察委员会总结近年来检务督察工作的开展情况和取得成绩，部署下一步工作重点。

(白富强)

【建立检察文化建设实训基地】　6月27日，朝阳检察院与北京歌剧舞剧院举行共建协议签字仪式，正式建立朝阳检察院检察文化建设实训基地。

(白富强)

【建党92周年表彰大会】 6月28日，朝阳检察院召开纪念中国共产党成立92周年暨表彰大会。会议表彰10名优秀共产党员、5名优秀党务工作者、5个先进党支部。

（白富强）

【未成年人刑事案件社会调查工作研讨】 7月3日，朝阳检察院与北京政法职业学院共同举办研讨会。内容为未成年人刑事案件社会调查工作理论与实践。北京市首都综治办、北京市人民检察院、清华大学法学院、中国社会科学院法学研究所、燕山大学法学院、北京市青少年法律援助中心、北京市政法职业学院相关领导参加。

（白富强）

【制定《办理信用卡诈骗案法律适用意见》】 7月11日，朝阳检察院与朝阳分局、朝阳法院联合制定《关于办理信用卡诈骗案件法律适用意见》，准确界定恶意透支行为，贯彻落实宽严相济的刑事政策，妥善办理信用卡诈骗案件，解决办理恶意透支型信用卡诈骗案件遇到的突出问题，统一执法标准。

（白富强）

【社区矫正检察监督培训】 7月24日，区检察院联合区司法局，在全市率先开展"全覆盖性"的社区矫正检察监督工作培训。司法部社区矫正管理局、市司法局、市检察院、区司法局相关领导到会。培训活动突出三个"全覆盖性"，即：内容全覆盖性；环节全覆盖性；地域全覆盖性。

（白富强）

【检察兼职教师培训】 8月15日，朝阳检察院举办检察兼职教师培训活动。邀请北京高校青年教师教学基本功比赛一等奖获得者、北京政法职业学院应用法律系副教授刘昂讲授教学技能与方法。该院检察实务课程授课老师、法制副校长、释法说理小组成员及青年检察官培训班成员70余人参加。

（白富强）

【制定民事检察和解工作规定】 8月21日，朝阳检察院制定出台《民事检察和解工作规定（试行）》，进一步明确民事申诉案件检察和解工作的适用条件、范围及工作流程。

（白富强）

【反渎局获"先进集体"称号】 8月23日，在北京市检察机关职务犯罪工作会上，朝阳检察院反渎局被授予"北京市检察机关严肃查办危害民生民利渎职侵权犯罪专项工作先进集体"称号。

（白富强）

【未成年人羁押必要性审查实施细则】 8月26日，朝阳检察院制定出台《未成年人羁押必要性审查实施细则（试行）》。该细则共十二条，包括六方面内容：阐释羁押必要性的概念和范围；确立羁押必要性审查的原则和理念；明确羁押必要性审查的依据；整合羁押必要性审查的内容；规范羁押必要性审查的程序；设立羁押必要性审查的监督措施。

（白富强）

【规范案件管理流程】 9月25日，朝阳检察院制定出台《北京市朝阳区人民检察院案件管理工作办法（试行）》和《朝阳区人民检察院律师接待工作的暂行办法》，规范案件管理流程，推进律师权利保障落到实处。

（白富强）

【会签财产刑执行监督意见】 10月25日，朝阳检察院与朝阳法院会签《关于财产刑执行监督工作的具体意见（试行）》。《意见》主要内容包括：建立工作机制；明确执行监督范围；规范执行监督方式；确立执行监督原则。

（白富强）

【"管制刑"适用工作会召开】 11月1日，朝阳检察院与朝阳法院、朝阳司法局联合召开朝阳区管制刑适用工作推进会，就适用取保人员续保时提交的证明材料、拟建议管制刑社会调查委托函、复函模式及衔接方式等问题达成共识。

（白富强）

【获区"妇女儿童维权通道"称号】 11月8日，朝阳检察院妇女犯罪审控组在朝阳区妇联召开的妇女维权机制建设工作推进会上荣获"妇女儿童维权通道"称号。

（白富强）

【全媒体时代反腐机制建设研讨会】 12月5日，朝阳检察院与国家检察官学院职务犯罪研究所共同举办"全媒体时代反腐机制建设"专题研讨会。市检察院、国家检察官学院、中国人民公安大学、当代中国犯罪研究所、纪检监察报、检察日报以及《人民检察》和正义网等单位的领导、专家近30人到会。内容主要为全媒体时代检察反腐举报机制建设、全媒体时代检察反腐办案机制建设以及网络反腐的法律规制。

（白富强）

【检察开放日活动】 12月10日，朝阳检察院举办"严厉查办和预防职务犯罪，让权力在阳光下运行"为主要内容的检察开放日活动。邀请崔各庄检察联络室辐射的孙河、金盏等5个街乡的联络员、纪检监察干部20余人参加活动。现场播放了由干警自编自演的反映检察机关反贪污贿赂工作的微电影《伏虎》。

（白富强）

【签署文创产业发展共建协议】 12月11日，朝阳检察院与朝阳区三间房乡政府在三间房动漫产业园共同签署《关于进一步加强文化创意产业发展共建协议》。明确共建指导思想；确定共建内容；确立共建形式；明确双方职责。双方共同为"文化创意产业携手共建单位"揭牌。

（白富强）

【未成年人检察工作征文获奖】 12月31日，中国法学会、中央综治办、共青团中央联合举办"未成年人健康成长法治保障大型主题征文和创新事例征集"活动。朝阳检察院"社会调查员出庭制度"被评为最佳事例的创新事例，朝阳检察院未检处申报的《未成年人刑事司法中社会调查材料的法律性质》，被评为征文活动二等奖。

（白富强）

【"人才分类培养工程"获区奖】 12月，在朝阳区人才项目管理工作验收评估和评审工作中，朝阳检察院申报的"人才分类培养工程"项目获2013年度朝阳区人才项目工作三等奖。

（白富强）

审　　判

【概况】 朝阳区法院内设部门42个，行政编制616人、事业编制88人。全年共受理各类案件62794件，结案60806件。其中，刑事案件收案3158件，结案3180件；民事案件收案30813件，结案30542件；商事案件收案9730件，结案8831件；行政案件收案819件，结案745件；知识产权案件收案2131件，结案2070件；执行案件收案15690件，结案14990件；申诉再审案件收案87件，结案82件；诉前财产保全、管辖异议以及其他案件收案366件，结案366件。全年结案数同比提高3.5%，审限内结案率为99.94%。年内，区法院获得"全国法院刑事审判工作先进集体""全国维护妇女儿童权益先进集体"和"北京市模范法院"等荣誉称号；奥运村人民法庭法官刘黎被评为"全国维护妇女儿童权益先进个人"和"全国法院先进个人"。

地址：朝阳公园南路甲2号

电话：65021021

邮编：100026

电子邮箱：bjcyqfy-mygt@chinacourt.org

（李默菡）

【"疯狂英语"创始人李阳离婚案】 2月3

日，区法院对李金诉“疯狂英语”创始人李阳离婚一案进行一审宣判，判决准许双方离婚；三个女儿均由李金抚养；李阳按照每人每年10万元的标准按年支付三个女儿的抚养费；10套房产、5家公司股权及23个商标均归李阳所有，剩余房屋贷款由李阳偿还，李阳为此给付李金上述财产的折价款1200万元；同时，认定李阳构成家暴，判决支持了李金就此提出的5万元精神损害抚慰金的诉请。宣判同时，根据李金的申请，区法院向李阳发出人身安全保护裁定，禁止李阳殴打、威胁李金，这是新民事诉讼法实施后北京市首例行为保全。该案被国际媒体称为“中国里程碑式的家暴案件判例”。

(李默菡)

【刘黎获全国法院先进个人】 6月，市高院在区法院召开刘黎法官先进事迹新闻发布会。区法院法官刘黎在十几年的职业生涯中，坚持“怀群众感情、为人民司法”的职业理念，坚持法明、理透、情深的工作方法，用温暖的方式解决群众诉求，被当事人亲切地称为“百姓信赖的法官”。特别是自2006年从事审判工作以来，连续6年审结民事案件近2000件无一信访投诉。市高级法院、朝阳区委先后做出向刘黎同志学习的决定。年内，刘黎获“全国维护妇女儿童权益先进个人”“全国法院先进个人”、人民网2013年度“十大责任公民”等荣誉称号，并作为政法系统代表参加中共中央办公厅、国务院办公厅举行的春节团拜会，受到总书记习近平亲切慰问。

(李默菡)

【信访责任甄别机制建立】 8月，区法院建立信访责任甄别工作机制，完善信访工作模式。刊发《信访责任甄别工作办法(试行)》，对所有信访先进行责任甄别，区分有责信访和无责信访，有责信访重点抓问责和整改，无责信访则重点抓化解和稳控。同时，将无责信访案件与承办法官相剥离，由中层领导和信访部门进行教育疏导和协调化解工作，最大限度地减少无理访给审判工作带来的影响。

(李默菡)

【首都机场“7·20”爆炸案】 10月15日，区法院对首都机场“7·20”爆炸案进行一审宣判，认定被告人冀中星在公共场所实施爆炸，其行为构成爆炸罪，判处有期徒刑六年。2013年7月20日，被告人冀中星携带自制爆炸装置，自山东省鄄城县的居住地乘长途汽车独自来京，当晚18时许至北京首都国际机场三号航站楼二层国际旅客到达B出口处，在遇到民警现场执法时引爆自制爆炸装置，造成其本人重伤，同时造成民警韩某面部、双臂及胸前背部多处灼伤。被告人冀中星被当场查获。

(李默菡)

【中石化女处长“牛郎门”案】 10月23日，区法院对中石化女处长“牛郎门”案进行一审宣判，认定二被告的行为构成了对张某的名誉侵权，并根据相关侵权情节，依法分别判处二被告担责并致歉，赔偿张某精神抚慰金3万元和1.5万元。2013年初，网络爆出“中石化女处长身陷牛郎门”的消息，称中石化国际事业公司一女处长在相关招投标项目中接受投标企业“非洲牛郎”性贿赂，而后帮助该企业非法中标。后中石化国际事业公司招投标处处长张某以“该消息失实，对其造成了严重的影响”为由，将发布相关文章的“IT商业新闻网”“中华网”的主办公司北京大东半岛科技有限公司、北京华网汇通技术服务有限公司分别诉至法院，要求二被告消除影响、恢复名誉，并要求北京大东半岛科技有限公司赔偿其精神损害抚慰金3万元，北京华网汇通技术服务有限公司赔偿其精神损害抚慰金7万元。

(李默菡)

【深化审判管理】 年内，深化审判委员会评议审判执行工作机制，试行审判长对合议庭案件质量全权负责制度，强化每一个管理层级的监管力度。在各审判部门设立兼职评查机构，组织评查法官到各派出法庭巡回评查，开展庭审及裁判文书“两评查”活动，全年共评查案件4700余件。全年，案件改判率、发回重审率均低于全市法院平均值。在“两评查”活动中，区法院优秀裁判文书及优秀庭审数量均居全市基层法院首位，1篇裁判文书被评为全国法院“庭审及裁判文书两评查”活动优秀裁判文书。

(李默菡)

【完善司法为民举措】 年内，制作《起诉材料告知书》，方便诉讼群众一次性知晓立案需要提交的材料，当事人一次性立案成功率达67%。全年接待来访11.7万人次，收转材料1817件，查询案件31478次；发放诉前调查令80份。适用简易程序审结案件31802件。发挥人民法庭接近基层、了解民情的优势，开展巡回审判56次，向辖区居民发放普法专刊8万余份。加大司法救助力度，针对当事人存在经济困难的情况，依法决定当事人缓、减、免交诉讼费80万元，在有关部门的支持下，为生活困难的申请执行人发放救助款260万元。

(李默菡)

【司法建议服务民生】 年内，发出司法建议91份。根据司法建议，国家食品药品监督管理总局加强了对药物临床试验的管理，消除了危及群众生命健康的隐患；中国民用航空局督促各民用航空公司严格落实军人抚恤优待政策，保障了伤残军人享受半价优惠票的权利；中国保险监督管理委员会废止了沿用15年的《人身保险残疾程度与保险金给付比例表》，扩大了民众意外伤残保障的范围。

(李默菡)

【司法能力建设】 年内，继续将“片区法官工作站”作为提升工作能力的有效途径，青年法官在基层实践中“当场调、就地审”的模式被市高级法院领导批示为“锻炼培养青年法官的有效机制”。区法院1名法官被评为“全国法院办案标兵”；3起案例入选北京法院参阅案例，1起案件入选最高人民法院指导性案例；首次中标最高人民法院重大司法调研课题；“法官讲坛”获“全国法院文化建设特色项目”。

(李默菡)

司法行政

【概况】 朝阳区司法局机关内设科室10个，即办公室、法制科、政工科、基层工作科、法制宣传教育科、公证工作管理科、律师业务指导和执业监管科、律师证照和综合科、法律援助工作指导科、矫正帮教科。由区纪委派驻纪检组、监察科各1个，设纪检组长、监察科长各1人。司法局下设科级事业单位3个，即法律援助中心、阳光矫正管理培训中心和正阳公证处。年内，区司法局被评为“北京市社区矫正工作十周年先进集体”，阳光中途之家被全国总工会命名为“全国工人先锋号”，区法援中心被评为“首都法律援助十佳便民服务窗口”。

地址：朝阳区六里屯西里5号

电话：65025495

邮编：100026

电子邮箱：sfjbgs@bjchy.gov.cn

(张　静)

【司法所规范化建设工作会】 10月10日，召开全区司法所规范化建设工作会议。会议印发了《朝阳区司法行政基层建设三年行动计划》，通过树典型、现场观摩、经验交流等多种形式，推动司法所规范化建设，被市司法局编发成专报在全市推广。

(刘　忠)

【5司法所通过市局AAA验收】 年内，常营、南磨房、东湖、机场、朝外5个司法所首

批通过市局AAA规范化司法所验收。

（刘　忠）

【46个调委会获市局规范化验收】　年内，全区有各级调解组织754个，46个调委会被市局命名为全市第一批规范化人民调解委员会。初步建立了街乡人民调解员专家库，多元调解机制建设得到加强。推广“公益律师法律服务村居行”、香河园街道政府购买调解服务等做法，促进人民调解、司法调解、行政调解衔接以及与其他社会组织之间的沟通协作。全年调处各类纠纷41423件，调解成功39990件，成功率为96.5%，防止矛盾纠纷激化165件，涉及3128人。

（刘　忠）

【“六五”普法规划实施】　年内，实施全区“六五”普法规划。开展法律“五进”（进机关、进社区村、进学校、进企业、进单位）活动；开展“做讲法制守秩序的好市民”主题宣传、普法惠民行动、市民普法大讲堂等活动；形成了朝外街道普法“橙房子”等典型经验。

（张　静）

【法制文化示范点创建】　年内，确定3个北京市法治文化单位建设候选示范点和3个法治文化阵地建设候选示范点，小关、和平街、垡头、奥运村、团结湖、常营等街乡建成不同形式的法治文化阵地，建立健全法治文艺创作人才库，探索建立群众法治文艺小分队，构建以传统媒体为核心，网络、微博、手机短信等新媒体为补充的立体化、全方位的法治文化传播体系。

（张　静）

【矫正帮教工作】　年内，规范社区矫正执法工作。结合劳教制度废止工作，做好刑释解教人员帮教工作。安置43名无缝衔接重点人员和三无人员；对412名刑释人员开展回归调查、对191名刑释人员未成年子女开展帮扶工作；推广左家庄街道“回归驿站”经验，在全区建成街、乡就业基地23家；创建阳光专项救助、开展民生救助，为629名特困的两类人员提供救助；提升中途之家品牌建设，为740余人提供法制教育、心理辅导、就业指导、过渡性安置等教育和服务；与预防犯罪研究所合作，举办“中途之家”矫正模式研讨会，司法部副部长张苏军参加。

（张　艳）

【法律援助】　年内，以法律援助条例颁布实施十周年为契机开展主题宣传活动，通过“五个一”举措，全面提升法律援助影响力和知晓率。共办理法律援助案件1360件，其中刑事案件542件，民事案件815件，行政案件3件；接待群众来访来电咨询38505人次；修订《朝阳区法律援助工作手册》；出台《朝阳区律师事务所、律师志愿从事法律援助工作办法（试行）》，成立朝阳区首批法律援助志愿律师团；编辑《朝阳区法律援助律师实务工作手册》，保证律师提供法律援助符合工作标准；出台《朝阳区法律援助案件指派管理办法（试行）》，综合案件性质和办案人员专业特长等因素指派合适承办人，提高案件办理专业化水平。

（鲍春明）

【律师服务】　年内，区政府法律顾问团为区政府及有关部门的10项重大涉法事件提供30余次法律论证和建议，顾问律师共参与区领导信访接待62次，涉及775批次9136人，其中集体访276批次2851人。引导127家律师事务所与全区43个街乡及各社区、村签约，开展法律服务“村居行”工作。组建了30余名律师参与的公益律师讲师团，开展法律讲座百余场次，2.6万人次听课。

（牛　旭）

【公证】　年内，根据朝阳区有关单位申请，先后多次就拆违控违工作、村委会换届选举工作、小升初和幼升小电脑派位工作等提供现场监督公证。公证处业务量同比增长10%以上。在市局组织的公证案卷质量评查工作中，正阳公证处案卷合格率为100%。

（智　娟）

交通管理

【概况】　北京市公安局公安交通管理局朝阳交通支队对管界道路交通依法实施管理。编制887人，机关内设7个机构，政秘科、勤务指挥科、警务保障科、安监科、交通科、事故科、法制科；下属单位8个，呼家楼大队、高速路大队、东外大队、亚运村大队、劲松大队、双桥大队、机场大队、奥运村大队。年内，加强指挥调度和路面指挥保障。共接警863289起，回访8.6万起，群众满意率为99%；利用电视监控系统直接发现问题48250起，其中交通事故14200起，车辆故障9330起，交通拥堵2674起，其他22046起；各级指挥领导上路2555人次，发布指挥调度令4.2万余次，上报路况信息18500条。全支队开展夜查“酒后”等专项行动224次，共查获酒后驾车违法行为1695起，同比减少52%；行政拘留醉酒驾车司机25名，拘留非司机驾车225人；现场处罚闯红灯违法行为38942起，同比减少53%；处罚“涉牌”违法9872起，同比减少79%；扣留非法“摩的”、三轮摩托车、人力三轮车341辆，同比减少30%；处罚货车违法行为105062起，同比减少59%。全年执法总量为184.3万起。其中非现场执法处罚总量为144万起，占全年执法总量的79%。现场执法处罚总量同比减少43%。交通事故预防成效显著。管界共发生交通事故79462次，伤11658人，亡154人，同比，次数上升21.8%，伤亡人数分别下降2.4%和12.0%。在事故总数中，快速处理79314起，占99.6%；一般程序处理328起，占0.4%。加强交通安全宣传教育。组织开展各类交通安全宣教和培训活动815场次，印发宣传材料39万份，发放宣传品7.5万份，发放宣传光盘4.3万张，累计教育群众56万人次，营造了“人人参与文明交通、人人践行文明交通”的社会氛围。强化交通疏堵，完善交通设施。制定设施改造和道路优化方案228个，安装路口信号灯17处，安装隔离护栏19725米；安装各类交通标志368套；施划、复划道路标线2.3万米。证件办理审批。办理危化品运输证80张，外埠通行证9000张，办证车辆未发生重大交通事故和严重交通违法行为。办理驾驶证审验手续1.2万件，换证6.9万个。

地址：朝阳区百子湾西里303号
电话：68399501
邮编：100124
电子邮箱：21870997@qq.com

（吴晓萌）

【侦破“8·27”肇事逃逸案】　8月27日1时56分，一辆黑色“奔驰”小客车，在朝外大街东岳庙人行横道处将2名横过道路的行人当场撞死，小客车肇事后逃离现场。案发后，立即成立联合专案组，连夜开展工作。经核实悬挂京A32652号（套牌）黑色“奔驰”小客车有重大嫌疑，通过以车找人的方式，掌握了付炜为当晚黑色“奔驰”小客车的驾驶员。专案组随即围绕付炜展开调查，并获取付炜已逃往外地的信息，专案组立即前往山西、陕西等地，在当地公安机关的配合下，9月9日，在西安市某酒店将犯罪嫌疑人付炜抓获。经突审，付炜供述了8月27日在朝阳区发生事故后逃逸的犯罪事实。同日，在北京某4S店内将肇事车起获。

（吴晓萌）

【抓获网上通缉逃犯】　12月17日，经过长时间的摸排、蹲守、侦查，办案民警在丰台区光彩路附近发现交通肇事逃逸两年的刘桂东行踪,并于某网吧内将其抓获。2011年11月10日1时40分,在朝阳区北三环东路宝瑞通典当行门前,刘桂东驾驶京ND8771号"奇瑞"轿车由东向西在非机动车道行驶,将执行夜查酒驾任务的交通协管员谭金斗撞倒,造成谭金斗重伤送医院抢救。事故发生后,刘桂东驾车逃逸。因该案发生在执行公务过程中,局领导、支队领导先后作出指示,要求尽快破案。专案组民警在开展抓捕工作的同时,在公安网上通缉刘桂东。自2011年11月11日至2013年12月期间,专案组民警先后6次到承德市、唐山市等地查找线索,8次到哈尔滨市、大庆市等地抓捕肇事嫌疑人刘桂东。

(吴晓萌)

【特勤警卫】 年内,支队完成全国和北京市"两会"、十八届三中全会、2013年北京环京公路自行车赛、2013国际田联世界田径挑战赛、"科博会"及中央领导、外宾国事访问等多项交通特勤警卫工作。支队共接布勤务2282次,其中,一级勤务187次,一级疏导勤务36次,二级勤务335次,二级疏导勤务227次,三级勤务949次,三级疏导勤务548次,共出动警力49225人次。

(吴晓萌)

【查处机动车违法行为】 年内,支队把源头监管预防事故作为重点工作,着力提高交通安全防范能力和水平。对违法超标和发生严重违法的5304家(次)单位采取责令限期改正执法措施,限改执法力度同比上升2.1%;对3655家(次)单位采取了禁止机动车上路行驶执法措施,禁驶执法力度同比上升3.2%。排查交通安全隐患地点34处,治理完成率100%。

(吴晓萌)

【强化疏堵治堵机制】 年内,针对常发性拥堵点段,以122拥堵报警数据为依据,综合分析,确定高峰时间节点,集中警力疏导,增加7项个性化疏导方案,根据路面交通变化适时启动。针对偶发性拥堵点段,发挥单兵定位系统及警车GPS定位系统作用,通过监控画面实时指导,调集民警处置。科学合理设置岗位及警力部署,实行警区民警分段分片管理、责任无缝连接制度。增加两轮摩托巡逻岗16处,快速处置路面交通事故。成立协勤疏导队,弥补警力不足。在朝阳路开通全市首条潮汐车道,提高通行能力。

(吴晓萌)

【规范创新交通执法】 年内,开展执法监督检查活动66次,对98起执法不规范问题进行考核兑现。全年,接待群众行政复议364起,正式立案18起;行政诉讼案件出庭应诉5次;审理行政拘留案卷296宗;审理危险驾驶刑事案卷146宗;审理重大事故案卷155宗;审理一般事故案卷180宗;接待群众信访1200余人次;接待群众复核68人次,复核立案26宗;办理国家赔偿案件13宗;审理案件监管案卷3100余宗。

(吴晓萌)

【干警队伍建设】 年内,以干部交流机制为平台,激发干部工作积极性,共调整干部27名;全年组织干部民警参加各种培训教育活动20批800余人次。1个集体荣立二等功、3个集体荣立三等功,1名民警荣立个人二等功、56名民警荣立个人三等功、169名民警荣获局嘉奖,169名民警被评为优秀公务员。

(吴晓萌)

军 事

人民武装

【概况】 中国人民解放军北京市朝阳区人民武装部(简称区武装部),负责朝阳区的军事工作,受北京卫戍区和朝阳区委、区政府双重领导,是朝阳区委的军事部门和朝阳区政府的兵役机关。部内设军事、政工、后勤3个科。年内,学习贯彻党的十八大精神和习近平系列讲话,坚持以强军目标为统领,围绕军区三大工作重点和卫戍区三个特别建设目标,完成各项工作。部党委参加卫戍区组织的专题集中理论学习,开展"学习贯彻党章、弘扬优良作风"和"坚定信念、铸牢军魂"专题教育、"警卫战士忠于党"系统教育活动。年内,分别被北京军区和北京市评为先进人武部、北京市征兵工作先进单位、首都全民义务植树先进单位,部长贾彦翎在北京军区预备役及人武部工作会议上做典型发言。

地址:朝阳区亮马桥路34号

邮编:100125

电话:53201300 53201330

(黄丙起 李玉国)

【民兵军事训练】 2月27日,针对全国"两会"安保要求,会同区公安分局巡警支队对执勤民兵进行看桥护路培训,共150人参加。培训内容为看桥护路的职责、疏导交通、发现易燃易爆危险品的处理等内容。4月25日至5月12日,在民兵训练基地组织224名民兵应急分队进行队列、盾棍术、防汛、炊事车操作等训练,在北京卫戍区的考核验收中获全市民兵应急分队整组点验第一名、盾棍术第二名。

(黄丙起 李玉国)

【民兵应急分队授旗仪式】 5月12日,北京卫戍区在朝阳区民兵训练基地举行民兵应急分队授旗仪式。卫戍区司令员郑传福,市政府副秘书长周正宇,卫戍区副司令员邵亨、参谋长李建波,区领导陈宏志,区武装部长贾彦翎、政委史连雪参加授旗活动,参加活动的还有各区(县)领导和武装部领导。

(黄丙起 李玉国)

【征兵任务完成】 6月起,围绕征兵工作,先后组织了兵役登记、街乡摸底会、征兵集中宣传、征兵领导小组会、征兵动员大会和欢送新兵入伍大会等工作。6月24日至25日,组织驻区高校大学生484人参加夏季征兵体检。7月22日,区征兵工作领导小组召开第一次会议,研究朝阳区夏季征兵工作。7月26日,在朝阳宾馆召开夏季征兵工作动员部署大会,区领导吴桂英、陈宏志、贾彦翎、王春参加。参加会议的还有区征兵工作领导小组成员,各街乡工委书记、武装部部长,驻区高校和驻区企业主管领导、武装部部长等近300人。部长史连雪主持会议。王春宣布《朝阳区人民政府、朝阳区人民武装部2013年夏秋季征兵命令》;贾彦翎总结2012年征兵工作,部署2013年征兵任务;陈宏志宣读《关于表彰2012年冬季征兵工作先进单位和个人的通报》;吴桂英讲话。8月6日至8日,组织社会适龄青年418人参加夏季征兵体检。9月3日,召开夏秋季入伍新兵欢送大会。

区领导吴桂英、贾彦翎、王亚贵、王春、郑煌参加,史连雪主持会议。会上新兵代表、家长代表、接兵部队代表先后发言,贾彦翎代表区征兵工作领导小组致辞,王春宣读对4名优秀现役军人表彰的通报。吴桂英为新兵送上祝福和希望,希望他们珍惜军人荣誉,珍惜军旅生涯,用过硬素质践行军人使命,用优良品质展示朝阳风采,尽快适应部队的学习、工作和生活环境,坚决听党指挥,严守军纪,练就过硬本领,争创一流业绩,为亲人争光,为家乡添彩。9月5日,第一批新兵开始起运,截至9月29日,将443名男兵和70名女兵分别送往解放军和武警部队18个大单位,完成征兵任务。

(黄丙起　李玉国)

【办公地址迁移】　6月16日,区武装部机关由麦子店正街80号搬迁至亮马桥路34号。原办公楼及附属设施移交朝阳公园,新办公楼于2012年由区政府投资3692万元建设,占地6000平方米,建筑面积3651平方米,主体地下二层、地上三层。

(黄丙起　李玉国)

【防汛工作】　6月18日,召开驻区部队和民兵防汛工作部署会。明确任务和担负的抢险地域,组织驻区部队和民兵在温榆河、坝河进行防汛实地演练,提高应对洪灾的能力。调整防汛指挥部领导成员,完善防汛方案。区防汛抢险队由7500人组成。其中,驻区解放军部队500人,武警部队1800人,民兵5200人,编为3个梯队和1个预备队。

(黄丙起　李玉国)

【国防教育】　8月1日,在民兵训练基地开展军事日活动。区四套班子领导,检、法两院院长,区国防动员委员会成员,征兵工作领导小组成员单位领导和各街乡相关领导共140人参加。国防大学教授孙旭做题为《国家安全战略思考》国防教育辅导报告,介绍当前中国周边安全整体形势与对策。报告会后,与会人员进行了轻武器实弹射击,体验军旅生活。

(黄丙起　李玉国)

【民兵整组】　年内,按照民兵编组符合要求、干部素质良好、整组工作扎实、活动制度健全、设施资料完备的要求,完成应急、支援、储备三种队伍编组工作。全区编组分布43个街乡、15个企业和14所高校。其中,民兵应急队伍2410人,支援队伍6575人,储备队伍1015人。民兵队伍专业对口率76%,退伍军人占83%,高中文化占89%,高科技人才占20%。

(黄丙起　李玉国)

【战备工作】　年内,修订完善了作战、动员、维稳、抢险救灾等战备方案,加强战备值班和民兵应急分队战备演练。在"两节"、全国"两会"和"国庆"等节日和重要敏感期,加强战备教育、战备值班和信息侦察,发挥民兵辐射面广的优势。每天安排5个单位,不少于250人的战备值班分队,随时应对突发事件,高标准完成战备值班任务。

(黄丙起　李玉国)

【民兵应急分队建设】　年内,完成了北京市赋予的200人,区委、区政府赋予的200人民兵应急分队编组任务,配备了民兵指挥通信器材、炊事车辆、冲锋舟等应急装备。落实北京市民兵预备役正规化建设现场会精神,调研民兵应急分队的兵力编成、指挥机构、任务区分、应急装备、使用权限等问题,为北京市和区委区政府决策提供依据。

(黄丙起　李玉国)

【武器装备管理】　年内,加强基础设施建设,检修加固训练基地的仓库电网、监控系统和铁丝网,对库存的高炮、高机全面擦拭保养并更新消防器材。加强对库管人员的教育管理,武器装备管理连续47年无事故。

(黄丙起　李玉国)

【预备役登记】　年内,完成436名军队转业干部和512名退伍士兵的预备役登记工作并上报各种数据。

(黄丙起　李玉国)

【重要结点维稳】　年内,在全国"两会"和十八届三中全会期间,根据北京市、北京卫戍区的统一部署,区内18个街道和地区的396名民兵共担负53处目标的路桥定点守护任务。期间,区武装部成立检查督导组,每天分三个时段对执勤情况检查督导,保证了全国"两会"和十八届三中全会期间的安全稳定。

(黄丙起　李玉国)

人民防空

【概况】　北京市朝阳区民防局(以下简称"民防局")成立于2006年12月26日,是区政府所属的正处级行政机关,也是区国防动员委员会常设机构,民防局机关内设科室5个,下设3个规范管理事业单位,编制总数88人。年内,区民防局围绕市、区工作部署,统揽全局,突出重点,抓好以人防工程清理整治为主线的各项工作,成绩显著。

地址:朝阳区甜水园东街7号院

电话:65851275

邮编:100026

电子邮箱:mfj306@126.com

(邱云波)

【民防工作会议】　3月22日,召开民防工作会议。区委常委、区武装部部长贾彦翎,副区长王春参加。民防局长闫宾做工作总结;街道代表交流经验。王春提出四点要求:一是以一流的标准完成人防工程清理整治任务;二是以创新的思维丰富人防工程管理手段;三是以负责的精神不断提高公益化服务水平;四是以前瞻的眼光建立长效机制。

(邱云波)

【市领导检查人防"86"客栈】　5月3日,副市长张延昆带领市安监局、市民防局、市质监局及市消防局等部门领导到朝阳区检查人防"86"客栈,对客栈规范管理给予肯定。

(邱云波)

【防空袭演练】　10月25日,在兴隆家园小区开展防空袭疏散掩蔽综合演练。区领导贾彦翎、王春和市民防局相关领导在指挥中心观摩演练。

(邱云波)

【落实廉政风险制度】　年内,按照区纪委分权管权试点工作部署,调整廉政风险等级较高的人防工程经营中心等部门职能,合理划定职责权限;规范人防工程拆除、改造等行政许可及竣工确认的工作流程和责任主体。制定完善工程项目管理、落实"三重一大"、党组会与局长办公会、政民互动、政府采购、人防工程各环节公开化运行等6项制度。

(邱云波)

【编制调整】　年内,经区人力社保局批准,朝阳区人防工程经营管理中心由事业单位性质变更为纳入工资规范管理的全额拨款事业单位并更名为朝阳区人防工程综合服务中心。

(邱云波)

【人防工程清理整治】　年内,坚持"态度坚决、积极推进、确保安全、维护稳定"原则,采取政府主导、属地负责、社会参与"三结合"模式,对人防工程实施清理整治。共清退违法违规使用人防工程105处,超额完成市折子工程规定的任务;清空、拆除违规搭建房屋7385间;清退租住人员11913人。

(邱云波)

【签订政府购买服务合作协议】　年内,与北京鸿福隆达物业管理有限公司签订政府购买服务合作协议。该公司负责对全区4000余处工程87个字段信息进行详细普查,补充人防工程台账37万余条,核实信息8万余条。

(邱云波)

【人防工程规范管理】 年内,制定《朝阳区人防工程精细化管理规范》和《朝阳区人防工程分类管理实施意见》;研发民防(地震)局信息化管理系统,实现基本业务数据查询、统计与演示,同时兼顾行政审批功能;下放行政执法权限到管理所,提高行政效能。

(邱云波)

【安全预防】 年内,区民防局强化人防工程安全责任,落实安全措施。以防火为重点,发现安全隐患327处,现场改正150处,责令限期改正177处;对70处住人工程进行限电改造,预防因用电引发的火灾事故。与43个街乡签订防汛责任书,重点预防92处渗漏水较严重的人防工程和9处防汛重点部位;与北京市人防建设开发总公司第一项目经理部签订防汛抢险协议书,成立30人防汛抢险队伍,汛期24小时值守;拨专款18万元,在酒仙桥红霞路1号及垡头双合家园2号楼建设2处防汛应急物资库。

(邱云波)

【人防公益服务设施建设】 年内,利用人防工程建设公益服务设施。按照"规划先行、优先街乡,公益为主、服务便民"的思路,建成3处便民超市、30余处便民果蔬店、7处文化传媒场所、3处台球俱乐部;利用延静里中街甲18号院2号楼等69处人防工程为小区物业员工提供宿舍,满足物业需求;利用利泽西园308号楼等12处工程为环卫中心提供扫雪铲冰应急物资储备库;新增审批人防汽车库工程70处,提供地下停车位11994个,完成区政府实事工程规定的6000个任务的199.9%;向街道(地区)和其他单位移交工程230处用于公益服务。

(邱云波)

【早期人防工程维护】 年内,通过公开招投标方式,完成80处人防设备设施老化、破损、渗漏水严重的工程维护维修工作;完成朝八干线京棉二厂段早期工程报废回填任务。

(邱云波)

【人防工程规划与建设】 年内,新规划人防工程90处,总建筑面积47万平方米。完成新建竣工认可工程107处,建筑面积约36.3万平方米,使用面积27.7万平方米。其中应急物资储备库4处,社区活动站4处,民防宣教基地3处,汽车库44处,其他工程52处。

(邱云波)

【人防工程查处】 年内,检查人防工程累计发出各类整改通知书6879份,立案处罚188起,实际收缴罚金105万元。

(邱云波)

产业　商贸　旅游

工　业

【概况】 年内，实现地区生产总值3963.6亿元。其中第一产业增加值1.5亿元，同比下降5.5%；第二产业增加值397.7亿元，同比增长1.3%；第三产业增加值3564.4亿元，同比增长10.1%。三次产业结构为0.04∶10.03∶89.93。由于龙头企业生产量下滑及大企业的停减产，工业生产整体下行，工业经济呈现负增长。全年规模以上工业企业工业总产值1054.2亿元，同比下降12.4%。按行业类型划分，产值排名前三位的分别为煤炭开采和洗选业，开采辅助活动，电力、热力生产和供应业，实现工业总产值280.4亿元、152.6亿元和124.7亿元，分别比上年下降14.8%、下降16.1%和增长5.2%，上述三大行业完成工业总产值557.7亿元，占全区规模以上工业总产值的52.9%。高技术制造业产值下滑。91家高技术制造业企业全年实现工业总产值173.1亿元，同比下降24.4%，占全区工业总产值的16.4 %。实现主营业务收入181.1亿元，利润总额33.9亿元。

（陈　珊）

【产业发展】 年内，地区工业涉及29个行业。6大支柱行业：煤炭开采和洗选业、石油和天然气开采辅助活动、电力热力生产和供应业、电气机械及器材制造业、非金属矿物制品业、医药制造业，分别实现工业总产值280.4亿元、152.6亿元、124.7亿元、73.4亿元、71.8亿元和70亿元。

（陈　珊）

【产业结构调整】 年内，健全产业引导政策体系，加强项目准入和低端产业的优化升级。加大对商务、金融、文化创意、高新技术等主导产业的发展培育，安排产业扶持资金5.2亿元，引导重点项目加速聚集，培育产业的新增长点。金融产业贡献显著，全年引进首旅集团财务公司等50家金融机构，金融业实现财政收入同比增长15.2%，对财政收入增长的贡献度达到18.4%。文化创意产业加速聚集，新引进注册资金5000万元以上的规模企业39家，北京国际广告传媒集团、央视创造文化传媒有限公司等龙头企业落户发展。现代服务业地位稳固，新认定了阿美远东等10家跨国公司总部，并引入中石化石油工程建设有限公司等10家国内总部。商务服务业贡献稳定，实现财政收入同比增长9.3%，对财政收入增长的贡献度达到14%。高新技术产业后劲增强，新移动通讯、新生物医药、新能源产业进一步发展，15家亿元以上战略性新兴产业入驻电子城。中小企业蓬勃发展，企业数量年增速达到10%，成为全区社会经济发展和吸纳就业的重要力量。发挥政策效果，搭建银企对接平台，通过贷款贴息、融资创新补贴等方式，帮助中小企业解决融资难问题；支持中小企业创新，建成11个中小企业孵化器和创业基地，中小企业服务体系日益完善。加大节能降耗力度，淘汰退出高能耗、高污染企业，关停隆昌工业、东景寅等两家建筑渣土烧结砖企业。

（陈　珊）

【企业固定资产投资】 年内，核准、备案工业及软件类企业固定资产投资项目103个，项目以电子信息、通信设备、生物医药等高技术产业投资、技术改造为主，建设内容涉及物联网技术研发及成果转化、小企业创业基地建设、企业技术中心创新能力建设、生产线节能环保改造等，总投资额57.8亿元。

（陈　珊）

【5家企业工程实验室获得认定】 年内，辖区内5家企业工程实验室分别获得国家地方联合工程实验室、北京市工程实验室命名，分别是：北京东方国信科技股份有限公司“用于海量数据分析的数据库关键技术北京市工程实验室”、北京中材人工晶体研究院有限公司“人工晶体北京市工程实验室”、北京七星华创电子股份有限公司“动力锂离子电池装备北京市工程实验室”、安世亚太科技股份有限公司“高端装备研发设计综合仿真技术北京市工程实验室”和北京超图软件股份有限公司“地理信息系统云计算服务技术国家地方联合工程实验室”。

（陈　珊）

【企业知识产权运用能力培育】 年内，加强企业自身知识产权运用能力的提升，辖区内13家企业被认定为北京市工业企业知识产权运用能力培育工程试点企业，分别是：北京七星华创电子股份有限公司、北京握奇数据系统有限公司、京东方科技集团股份有限公司、中国昊华化工集团股份有限公司、中国蓝星（集团）股份有限公司、北京中冶设备研究设计总院有限公司、北京紫竹药业有限公司、华润赛科药业有限责任公司、北京奥科瑞丰新能源股份有限公司、北京经纬恒润科技有限公司、北京光华纺织集团有限公司、北京洛娃日化有限公司、北京索为高科系统技术有限公司。

（陈　珊）

高新技术产业

【专项资金安排】 上半年,安排高新技术产业专项资金2630万元,支持重点项目30个、重点功能园区10家,奖励高新技术企业认定55家。下半年,安排高新技术产业(信息服务业方向)专项资金1321.8万元,支持项目19个。

(王秀程)

【产业发展】 年内,高技术资产总计586.7亿元,同比下降34.2%,营业收入414.2亿元,同比下降7.6%,利润总额55.9亿元,同比增长14.8%。

(王秀程)

【企业发展环境优化】 年内,新增中关村高新技术企业200家,国家级高新技术企业30家,新增朝阳区高新技术企业协会会员50家。9家企业入选中关村十大系列评选榜单。32家企业入选中关村"十百千工程"重点培育企业。13家企业被认定为示范区首批标准创新试点单位。设立博士后创新实践基地工作站4个、吸引16名青年英才进站工作,13个岗位列入人才引进专项计划。电子城科技园获得"北京市总部经济集聚区"和"北京市战略性新兴产业科技成果转化基地"称号。

(王秀程)

【16家企业入选自主创新榜单】 年内,在国务院研究中心、中国企业评价协会公布2013年中国企业自主创新TOP100榜单(高端制造业、能源业、电子信息业、生物业、节能环保五大产业中分别评选出前100名)中,朝阳区有16家企业上榜,占北京市83家入选企业的19%,其中,京东方获得中国企业创新成果奖。

(王秀程)

商务　现代服务业

【概况】 朝阳区商务委是负责全区内外贸易、对外经济合作和现代服务业发展的区政府工作部门,挂北京市朝阳区人民政府口岸办公室(简称区口岸办)牌子,行政编制46名,事业编制15名。年内区商务委紧跟国内外商务发展形势,通过全方位布局,多举措实施,挖掘消费市场增长潜力、优化区域产业结构、强化国内外经贸枢纽功能、夯实服务民生基础,推动区域商务领域的快速发展。全年实际利用外资34.2亿美元,进出口总额1761.60亿美元。

地址:日坛北街33号

邮政编码:100020

电话:65099185

(张维民)

【成立总部经济发展科】 2月26日,经朝阳区机构编制委员会批准,成立总部经济发展科,主要负责研究制定朝阳区企业总部经济发展规划和企业总部吸引落户政策,并组织实施;负责总部招商促进工作,重点引进跨国公司地区总部、央企总部和民营企业总部;负责协调促进企业地区总部功能完善,统筹总部企业税源建设和协调服务工作;指导朝阳区区企业设立跨国公司地区总部的材料上报工作;承担市商务委吸引跨国公司地区总部专项资金的初审上报工作。

(张维民)

【承担京交会任务】 5月28日至6月1日,第二届中国(北京)国际服务贸易交易会(简称"京交会")在国家会议中心举办,朝阳区统筹辖区相关单位组织3个板块展览、2项主题活动、29场推介、37项签约和近百场对接洽谈活动,并参加北京日主题活动、北京馆展览和中国电子商务大会,实现签约额2009.1亿元,其中交易额1109.1亿元,银行授信900亿元。朝阳区承办的分销服务板块、跨国公司板块和广告板块展览活动中40多个国家的180余家企业开展项目对接,举办28项签约活动,实现交易额1047.9亿元。北京日主题活动中,组织辖区企业在9个项目中签约,实现签约额961.2亿元,位列各区县首位。CBD、电子城科技园被授予首批"北京市总部经济集聚区",CBD、北京奥林匹克公园被授予首批"北京市商务服务业集聚区",占全市命名功能区总数的近四分之一。组织CBD、大望京国际科技商务创新区、东坝国际商贸中心、北京科技CBD4个功能区参加北京馆展览,超过全市参展功能区的四分之一。在中国电子商务大会成果展示区,展示区域电子商务形象及发展历程。

(张维民)

【利用外资】 年内,实际利用外资34.2亿美元,同比增长6.9%,占全市总量的40.1%。吸收合同外资千万美元以上大项目60个,吸收合同外资34.6亿美元,占全区合同外资总量的86.5%,其中新设项目16个,合同外资金额14.4亿美元;存量企业增资势头不减,增资千万美元以上项目44个,合同外资金额20.2亿美元。新增世界500强企业投资项目12家,投资总额达9.8亿美元。

(张维民)

【外贸进出口】 年内,进出口总额1761.60亿美元,同比上升3.15%,占全市总量的41.05%。进口完成1612.38亿美元,同比上升1.97%,占全市总量的44.07%;出口完成149.22亿美元,同比增长17.85%,占全市总量的23.59%。三项指标均稳居全市第一。

(张维民)

【境外投资】 年内,受理82个境外投资项目,投资总额135443万美元,同比增长194%,新增投资额94168万美元,同比增长152%,中方协议投资额80519万美元,同比增长96%。

(张维民)

【经贸合作交流】 年内,深化对外经贸交流合作,开展中东欧十六国、上合七国、东盟七国、东非五国等多国别专场经贸洽谈会及罗马尼亚、加拿大等单国别地区专场经贸洽谈会,与中美商会、中澳商会等7个国家的国际组织建立长效合作机制。

(张维民)

【外贸转型升级示范基地建设】 年内,推进雅宝路外贸转型升级示范基地业务由销售环节向更多环节拓展，强化研发、展示、交易、结算等功能。推动成立雅宝路国际贸易商会，首批吸收会员单位100余家，为外贸服装企业提供产品信息、行业动态、市场拓展、贸易救济、国际合作、融资贷款等方面服务，发挥行业协会在外贸发展中的桥梁和纽带作用。强化与格林伍德国际商贸中心等境外国际营销网络的互动机制，推动区内国际采购平台、境外商品展示中心建设。鼓励支持基地企业参加2013中国·绥芬河国际口岸贸易博览会、俄罗斯CPM展会等多个国际性展会，促进与中东欧贸易往来，通过多举措转型升级，该基地成为俄罗斯CPM展“中国馆”唯一承办方，并与黑龙江省二连浩特、绥芬河等口岸建立战略合作。

（张维民）

【筹备进口商品展示交易中心】 年内，获得商务部贸发局支持，筹建集展示、交易、流通为一体的中国商务部进口商品展示交易中心。通过罗马尼亚、希腊、意大利等十余国大使馆与这些国家的商会进行深入对接；与意向承接落户展示与保税物流中心建设的大型物流企业、金融单位、大型IT企业以及关联的第三方等相关机构和企业进行接触与磋商，为下一步建设实施工作奠定基础。

（张维民）

【引进国际高端展会】 年内，通过多项措施的开展，引进国际高端展会，国际高端会展活动加速聚集。争取对国际高端会展活动的政策支持，全年有19个在朝阳区举办的展会入围2013年度北京市引导支持品牌展会名录，占全市总量的63.3%；支持区内主要会展场馆实施改造，提高国际高端会展承载和配套服务能力；发挥朝阳区会展业协会的平台功能，推进国际高端会展活动主办单位与朝阳区主要会展场馆资源的有效对接。全年引进第四届CIAPE中国新能源汽车展、2013第十三届中国（北京）医疗器械展览会等53个国际高端会展活动，提前完成区政府折子工程任务。

（张维民）

【跨国公司地区总部认定】 年内，认定路易达孚（北京）贸易责任有限公司等11家跨国公司地区总部，朝阳区已累计拥有跨国公司地区总部达到101家，占全市比重始终保持在70%以上。

（张维民）

【促进消费】 年内，在消费增长整体放缓的大背景下，通过进一步完善工作机制，实施促消费政策，鼓励支持网络购物等新型业态发展，搭建促消费活动平台，发挥商业设施对时尚消费的承载作用，促进区域消费增长。全年累计实现社会消费品零售额1962.4亿元，同比增长7.3%，占全市的比重为23.4%，总量继续稳居全市首位。

（张维民）

【扶持电子商务企业】 年内，加快电子商务企业引入，引进中粮我买网、易迅网、居然在线、车讯网、大卫之选、惠民网、三只松鼠、托米商城等10家知名电子商务企业。加强政策支持，引导辖区电子商务龙头企业向商务部申报2013—2014年度全国电子商务示范企业评选，其中中粮我买网、乐友达康、国富商通三家企业获评。利用总部及服务业专项资金，加大对电子商务的扶持力度，2013年给予3家企业奖励资金共300万元。搭建服务平台，组织居然之家、中粮我买网、天翼手机网等近50家电商企业参加2013电子商务博览会，为区域电商企业提供品牌展示的舞台、商机发布和交易洽谈的桥梁。鼓励引导企业创新发展，利用市级商业发展资金扶持电子商务企业经营模式和技术创新，引导老字号等传统商业企业开拓网上零售业务，引导京客隆、快乐的狗、大卫之选等企业申报电子商务建设项目扶持资金，帮助中小电商做大做强。全区互联网零售企业全年实现零售额73亿元，同比增长49%，增速较2012年提高31.3个百分点。

（张维民）

朝阳副食品总公司

【概况】 北京市朝阳副食品总公司是朝阳区国资委直接监管的国有企业。主要承担国有资产保值增值、离退休人员及内部退休、待岗人员的管理工作，负责北京市中良实业总公司（区粮食局）的全面委托管理工作。持有北京京客隆商业集团股份有限公司股份1.67亿股，占其总股本的40.61%；对北京市腾远兴业汽车服务有限公司投资3280万元，占其总资本的82%；对北京富安小额贷款有限公司投资5960万元，占其总资本的18.01%。年内，管理职工7115名，其中在职职工672名，离退休职工6443人（含托管区粮食局离退休职工966人）。全年实现收入26720万元，资产总额72815万元，净资产总额44834万元，上缴税费1460万元，上缴国有资本收益400万元。

地址：北京市朝阳区姚家园路石佛营101号
电话：65867726
邮编：100025
邮箱：cfbangongshi@bjchy.gov.cn

（张国静）

【《企业会计准则》全面执行】 1月1日起，按照区国资委推进《企业会计准则》试点工作安排，作为第三批试点单位之一，经区国资委批复同意，执行《企业会计准则》，会计核算方法由权益法调整为成本法。5月，完成原执行《企业会计制度》与新执行《企业会计准则》的转换工作，对所涉及的会计处理确认、会计重分类及重分类后期初数等进行调账，对财务报表进行新旧替换，完成数据衔接工作。

（张国静）

【领导调整】 7月26日，区国资委党委书记王文远到公司宣布免去顾汉林公司党委书记职务，到年龄办理退休手续；任命总经理王伟林为公司党委副书记，主持党委工作。

（张国静）

【成立安全保卫部】 11月4日，针对年内全国多个地区发生多起重特大安全生产事故的形势，为切实落实安全生产主体责任，防范安全生产责任事故的发生，成立安全保卫部。

（张国静）

【支持小额贷款公司发展】 年内，支持投资企业北京富安小额贷款有限公司发展，对其增资2980万元，累计投资额5960万元，投资比例由29.8%变更为18.01%，继续保持第一大股东和董事长单位地位。富安公司注册资本由1亿元增到3亿元，按照相关政策，最高贷款规模4.5亿元。

（张国静）

【支持腾远公司发展】 年内，支持投资企业北京市腾远兴业汽车服务有限公司发展，针对汽车限购政策带来的市场困境，拓展外埠汽车市场，调整腾远康体健身中心经营项目和布局，提高效益。2013年营业收入2.25亿元。

（张国静）

【商业网点出租管理】 年内，制定并实施《房屋出租管理若干规定（试行）》，修订完善房屋出租合同范本，增强经营风险防范能力，提高市场化运营水平，租赁收益提升。

（张国静）

【安全生产联合检查】 年内，开展安全生产联合大检查和安全隐患排查整治工作，重点检查从事餐饮、旅馆、网吧等行业的商业网点承租户及在建待建工地，及时发现和处理安全生产事故隐患。

（张国静）

【预防煤气中毒】 年内,与34家使用煤炉的商业网点承租户签订《协议书》并发放《煤火使用规定》,与查出的擅自使用炉火的5家承租户补签《协议书》并清理违规炉具。对11处平房宿舍区,开展知识宣传、入户安全检查等工作,避免煤气中毒事故发生。

(张国静)

【职工宿舍安全管理】 年内,申请公共维修基金,更新2部经鉴定无维修价值的电梯,消除电梯安全隐患。修缮2处楼体外墙,解决墙皮脱落问题。开展安全检查,做好职工宿舍维修工作,确保房屋及设施安全。

(张国静)

【党支部建设】 年内,各党支部完成换届选举工作;发展预备党员5名,为4名预备党员按期转正,组织6名入党积极分子参加培训;组织党员学习贯彻十八大精神,开展"凝聚党旗下,党群心贴心"七一庆祝活动、"我的梦·中国梦"百姓宣讲活动、"弘扬廉洁理念,倡导清风正气"廉政微小说征集、"新时期党的群众路线之我见"主题征文等活动。

(张国静)

【廉政风险防控管理】 年内,开展贯彻执行中央八项规定等方面教育活动,强化廉政风险防控意识。加强权力运行程序监督制约工作,梳理企业"三重一大"决策事项及关键岗位、重要环节的职责职权,清理确认涉权事项104项,制作权力运行流程图52个,查找廉政风险点15处,修订完善并汇编成册相关制度12个。

(张国静)

【岗位竞聘】 年内,完成中层管理岗位3个、部门主管岗位4个的岗位竞聘工作。

(张国静)

【办理企业补充医疗保险】 年内,出资121.8万元为职工办理企业补充医疗保险,减轻职工医疗负担。

(张国静)

【帮扶困难职工】 年内,健全完善并实施《企业职工困难救助实施办法》。为待岗、内退职工每人每月上调工资120元至140元。开展节日走访、专项帮扶、医疗救助、互助保障等各项帮扶工作,慰问职工919人次。

(张国静)

蓝岛大厦

【概况】 北京蓝岛大厦有限责任公司(简称蓝岛大厦)地处朝阳区朝外大街东大桥路口,毗邻CBD,分东、西区,总建筑面积4.5万平方米,营业面积2.6万平方米。大厦东、西两个经营区域由2、3、4层的连廊贯通,东区负1层至6层经营食品、滋补品、药品、日用品、化妆品、珠宝首饰、钟表、男女服装、运动服装、运动器材、家居用品、家用电器、裘皮羽绒类服装和美食街;西区1层至4层经营鞋帽、箱包、儿童用品、办公用品、休闲服装、内衣、针织服饰类商品。公司下辖北京通州蓝岛大厦有限公司,参股北京金隅蓝岛商业运营管理有限公司。在职职工945人。

地址:朝外大街8号

电话:85634422

邮编:100020

网址:http://www.ldds.com.cn

(龚立卓)

【迎新春消费者联谊会】 1月8日,举办"2013年迎新春消费者联谊会"。团结湖工商所消费者协会会长吕秉生、区国资委组宣科工作人员、消费者和社区居民代表参加会议。公司副总经理冯亦娜在介绍公司经营运转和发展规划情况后,与参会人员共同观看蓝岛大厦企业宣传片。

(龚立卓)

【领导慰问】 1月15日,副区长汪洋带队,到公司慰问获得"有突出贡献高技能人才"荣誉称号的女士服装卖场营业员张桂红。1月29日,区国资委书记吴金龙在公司董事长黄豪、党委副书记刘彦娟陪同下看望并慰问原公司纪委书记李纯瑶。10月25日,区总工会服务业工会主席宋慧青一行5人,慰问公司机关工会三分会困难职工刘永明,并送去3000元抚慰金。

(龚立卓)

【建店20周年庆典】 1月18日,在蓝岛大厦门前广场举行"北京蓝岛大厦建店二十周年庆典仪式"。公司领导、消费者代表、服务明星代表、中层管理人员及员工代表160余人参加庆典仪式。

(龚立卓)

【区领导调研】 1月28日,区委常委、副区长陈涛,区国资委主任王文远,区政府办副主任郭君一行到公司调研,听取领导班子成员汇报工作。11月18日,区政协主席辛燕琴、区国资委主任王春平在公司党委书记王东海、公司副总经理冯亦娜陪同下,到蓝岛金隅百货考察调研。

(龚立卓)

【便民服务】 1月29日、12月26日,两次组织由专业技能人员和服务明星组成的蓝岛便民服务队,为芳草地社区居民提供明星咨询、皮革保养、量血压、测血糖、毛衣去球、义务理发等多项便民服务。

(龚立卓)

【商业预付卡检查】 1月30日,由商务部、纪检监察局、监察部、财政部、人民银行、税务总局、工商总局及防腐败总局等相关单位组成的检查小组,检查公司单用途商业预付卡工作的实施和制度执行情况。

(龚立卓)

【安全检查】 2月7日,副区长汪洋带队到公司开展节前安全检查工作,董事长黄豪、总经理李伟、副总经理刘克明以及相关职能部门负责人陪同检查。

(龚立卓)

【微信开通】 2月10日,蓝岛大厦微信正式开通。

(龚立卓)

【职工代表大会】 2月28日,召开第四届第十一次职工(第四次会员)代表大会,审议通过公司2013年工作报告、公司2012年度业务招待费使用情况的报告、公司工会2013年工作报告及公司工会2012年度财务收支情况报告,并通报公司2012年度财务决算报告和公司2013年财务预算报告。

(龚立卓)

【年度工作会议召开】 3月1日,召开2013年工作会议。公司领导部署2013年工作,23名中层管理人员围绕本职工作交流发言。

(龚立卓)

【专业培训】 3月25日至27日,举办高级商品营业员继续教育培训班,19名取得高级商品营业员资格的员工参加培训。4月2日至10日,与区职业技能鉴定中心下属培训学校合作,举办CAD专业培训,提高相关人员业务技能水平。5月15日,保密督导工作小组组长、区保密局副处级调研员于云霞带队到公司开展保密专题培训,副总经理冯亦娜出席并主持培训活动。6月27日,邀请市安全生产协会总工程师俞胜章对中层以上管理人员及安全生产专、兼职人员、特殊岗位工作人员开展安全生产标准化工作培训。11月21日,公司党委举办"百货商业营销管理"培训会,邀请中央财经大学商学院教授周利国讲授百货商业营销管理等内容。

(龚立卓)

【获得荣誉】 3月,被中国商业联合会、中华全国商业信息中心联合授予"2012年度全国重点百货零售企业"和"2012年度全国重点百货店"荣誉称号。4月16日,通州店被北京市消防安全委员会授予“2012年度北京市消防安全工作先进单位”荣誉称号。4月24日，被北京市工商行政管理局授予“2012年度市级绿色通道示范单位”荣誉称号。6月，女士服装卖场营业员张桂红被中华全国总工会授予“全国五一巾帼标兵”荣誉称号。12月，化妆首饰卖场钟表片片长黄洁在2013年北京市万名孝星命名活动中被授予“孝星”称号；33名收银员取得由北京市职业技能鉴定管理中心颁发的“国家高级收银员职业资格证书”。

（龚立卓）

【通过质量管理体系监督审核】 4月23日至24日，通过北京联合智业认证有限公司审核小组对公司ISO9001质量管理体系的监督审核，获得推荐保持认证注册资格。

（龚立卓）

【参观廉洁奥运主题展馆】 4月25日，公司董事长黄豪、工会主席刘彦娟及劳模、先进个人代表等10人参观廉洁奥运主题展馆。

（龚立卓）

【职工运动会】 4月27日至11月14日，第十七届职工运动会历时7个月，先后组织开展广播操、击鼓颠球、健步走、踢毽、单摇跳绳、集体跳绳、乒乓球及拔河八场赛事，720余人次参加比赛。工会所属通州分会、女士休闲分会和机关一分会分获团体总分前三名。

（龚立卓）

【监控系统更新改造】 5月，全面更新改造监控系统，提升技防设施的功能水平。

（龚立卓）

【消防疏散演习】 6月28日和11月8日，举行两次全员消防疏散演习，增强员工消防安全意识，积累消防实战经验。

（龚立卓）

【越共中央经济部考察团考察】 7月1日，以越共中央委员、中央经济部长王庭惠为团长的越共中央经济部考察团来访，公司领导陪同考察并座谈。

（龚立卓）

【职工活动】 7月7日，公司团委组织团员参加朝外街道主题演讲比赛，获得最佳组织奖，机关联合团支部的赵鑫和袁媛获得三等奖，运动针织卖场团支部龙克非获得纪念奖。7月10日，工会举办“蓝岛女职工风采展示”活动，13个分会的50余名员工参加活动。

（龚立卓）

【人事调整】 7月15日，区国资委党委宣布免去李伟北京蓝岛大厦有限责任公司董事、总经理职务，调任京客隆集团担任总经理。12月31日，区国资委党委通报侯钜南辞去公司副总经理职务的决定。

（龚立卓）

【经营布局调整】 8月25日至9月30日，完成品牌结构及经营布局调整，涉及5个楼层、10余个经营品类、90余个品牌，女士服装卖场、家居儿童卖场、鞋帽休闲卖场调整为女装休闲卖场、家居美食卖场、鞋帽儿童卖场。

（龚立卓）

【慰问幼儿园】 9月10日，董事长黄豪带队到蓝岛幼儿园慰问全体教职员工。

（龚立卓）

【食品安全知识竞赛】 9月24日，举办食品安全知识竞赛，蓝岛超市、美食街、职工食堂的60余名员工参加活动。

（龚立卓）

【考察交流】 10月23日，接待由复兴商业城党委书记周伟丽带队的商业考察组，公司领导陪同考察并座谈。

（龚立卓）

【慈善活动】 11月29日，在门前广场举行“寒冬送暖 爱心捐助暨蓝岛首届羽绒节开节仪式”。党委副书记刘彦娟主持仪式，副总经理侯钜南宣布蓝岛首届羽绒节启动，副总经理冯亦娜代表公司向区慈善协会捐赠100件女士长款羽绒服，区慈善协会募捐部部长何彦军为公司颁发荣誉证书。

（龚立卓）

【营销活动】 年内，开展“相伴二十载 服务献精彩”“相伴二十年 悦享蓝岛情”“大拜年”“元宵佳节有奖猜谜”“美女喜福会”“快乐一夏”“嗨皮儿童节”“年中庆”“浓情七夕喜乐汇　改装出清大放价”“喜迎国庆”以及“圣诞嘉年华”等系列主题促销活动。举办“新春杯”开门红促销竞赛和第十一届“舞动金秋”购物节暨“金秋杯”促销竞赛等系列营销活动。首次尝试开展“员工内购惠”活动。

（龚立卓）

【董事会召开】 年内，召开董事会4次，先后审议通过《公司2013年工作报告（审议稿）》《2012年度公司财务决算报告（审议稿）》《2013年度公司财务预算方案（审议稿）》《2013年公司董事会工作计划及有关文件实施细则》《公司“十二五”发展规划实施情况的中期评估报告（审议稿）》，为企业发展决策做出保障。

（龚立卓）

【内控机制建设】 年内，开展三轮次内控机制工作检查，整改在内部审计、效能监察、制度检查和调研中发现的问题并修订管理制度。

（龚立卓）

【工会慰问】 年内，工会组织慰问病困职工146人次，发放慰问金97114.4元。

（龚立卓）

京客隆集团

【概况】 北京京客隆商业集团股份有限公司（简称京客隆集体）是以经营日用消费品零售及批发业务为主的香港上市公司。京客隆集团集社区购物中心、大卖场、综合超市、便利店四种零售经营业态为一体，拥有278家零售网点，营业面积32.5万平方米，店铺网络覆盖至北京市除房山外的15个区县及河北廊坊地区。下辖朝批商贸有限公司、欣阳通力商业设备有限公司、京客隆（廊坊）有限公司等5个控股子公司。以经营日用消费品批发业务为主的朝批商贸有限公司已形成以北京市场为核心，以饮料、油脂、调味品、酒业、日化、餐饮6个子公司为基础，以天津、青岛、石家庄、太原、唐山、济南六个外埠子公司为辐射基地，与零售业务互为依托、协同发展的格局。京客隆自建有常温和生鲜两个现代化配送中心，支撑零售业务的拓展。2013年销售总额135.78亿元。截至2013年底拥有会员250万名。

地址：新源街45号楼

电话：64688233

邮编：100027

网址：www.jkl.com.cn

（邢茹玉）

【领导调整】 5月24日，区委组织部任命公司原总经理李建文为京客隆集团党委书记。6月28日，第四届董事会第三次会议选举李建文担任京客隆集团第四届董事会董事长，选举李伟担任总经理。7月1日，原党委书记、董事长卫停战到年龄办理退休手续。

（邢茹玉）

【获得荣誉】 10月，京源店店长王喜杰与西单店店长梁学军获中国连锁经营协会2013年度“CCFA金牌店长”荣誉称号。

（邢茹玉）

【规模拓展】 年内，新开店铺10家，包括大卖场3家，综合超市2家，便利店5家；装修改造店铺7家。截至2013年底，京客隆店铺总数为278家。朝批公司利用企业并购等手段设立大同、唐山及电商茂利升等子公司。

（邢茹玉）

【物流配送】　年内,常温配送中心实现300家供应商协力配送转经由切换,由供应商直接配货到店改为送到常温配送中心后统一配送到店,保证店铺货源,提高了物流收入。朝批物流分销中心小型拆零自动化分拣系统上线,新增五号库新区,完成四号库系统升级。

(邢茹玉)

【市场促销】　年内,加大促销力度,将每月单周促销改为每月双周、单周叠加型促销。

(邢茹玉)

【客户服务】　年内,引进资和信商通卡、信用卡积分消费等增值项目,消费金额超过7700万元。拉卡拉、缴费易等便民项目交易次数超过200万次。

(邢茹玉)

【送温暖活动】　年内,拨款43.14万元慰问一线员工、劳动模范和优秀员工代表;慰问困难员工并发放慰问款及慰问品27.24万元;拨款46.78万元为全体在岗4379名员工进行健康体检。

(邢茹玉)

弘朝伟业公司

【概况】　弘朝伟业国有资产经营有限责任公司作为朝阳区政府授权的资产运营机构,对原社区办、工业局和物资局三家单位及所属企业的国有资产行使监督、运营和管理职责,并管理授权范围内的城镇集体资产。公司注册资本1000万元人民币。年末,公司在职职工1073人,离退休人员10966人。资产总额17.7亿元,净资产6.7亿元。

地址:芍药居北里208、209楼底商

电话:84645512

邮编:100029

(崔庆菊)

【成立妇委会】　1月15日,召开第一次妇女代表大会,选举产生公司第一届妇委会委员。公司党委书记、董事长杨士山讲话,要求妇委会切实发挥作用,为广大妇女职工服好务、维好权,鼓励帮助妇女职工积极发挥聪明才智,为公司发展贡献力量。

(崔庆菊)

【年度工作会召开】　1月17日至18日,召开2013年度工作会,国资委副书记张中华、公司监事会主席白贵宁出席会议,公司系统36家企业党政正职干部参会。会议总结2012年党建和行政工作,并部署2013年的工作。会上部分企业作为代表与公司签订《经营责任书》《党风廉政责任书》《安全稳定责任书》。

(崔庆菊)

【区领导调研】　2月21日,副区长陈涛、区国资委书记吴金龙一行到公司调研,听取领导班子关于企业基本情况、现状及未来发展规划的汇报,为支持公司发展,陈涛重点了解公司发展中存在的主要问题,并指示将问题汇总上报,吴金龙要求公司要提高物业管理水平,确保稳定,同时对改革工作、发展新的业态提出要求。5月23日,副区长苑文新带领区工商局、国税局、地税局、投资促进局及发改委等区相关部委主管领导到下属和平街中心樱花集中办公区调研,苑文新根据集中办公区的现状和朝阳区今后的任务,就涵养税源扶持小企业,提高办公区入住企业水平和质量等方面讲话,强调"弘朝伟业公司不但肩负着经营责任,还要肩负更多的社会责任,把办公区做好,也是对区里的一个贡献"。

(崔庆菊)

【一届九次董事会召开】　2月26日,召开一届九次董事会,会上讨论通过董事会成员职责、2013年董事会工作计划等项工作,经营层向董事会通报2013年前两个月经济指标完成情况。会议标志着董事会工作进一步完善,公司向着规范管理、健全机制的目标迈进。

(崔庆菊)

【信访维稳专题会召开】　3月29日,召开信访维稳专题会,国资委副主任高孟龙、区信访办副主任张振海到会并从政策、工作方法、程序等方面分别给予指导,为企业发展营造和谐稳定的环境。

(崔庆菊)

【第三次党代会召开】　5月8日,在朝阳宾馆召开中国共产党北京弘朝伟业国有资产经营有限责任公司第三次党员代表大会,大会完成换届选举工作,产生第三届党委班子和纪委班子。会议审议通过中共北京弘朝伟业国有资产经营有限责任公司第二届委员会工作报告、公司纪律检查委员会的工作报告。

(崔庆菊)

【党委书记讲党课】　9月13日,公司党委书记、董事长杨士山在朝阳宾馆以"警钟长鸣　筑牢防线　凝心聚力　共谋发展"为题讲授廉政主题党课,公司系统近百名企业领导人员参加。

(崔庆菊)

【市领导调研三源里市场】　9月26日,北京市副市长程红一行在副区长张维刚的陪同下到公司下属的三源里菜市场调研。程红向售货人员询问摊位租金、蔬菜的进货渠道、对政府推进"菜篮子"工程建设有什么建议等问题。弘朝伟业公司作为国有企业,承担着平抑蔬菜价格保民生的责任,在市场专设的平价菜柜台前,程红询问当天公示的平价菜的品种、价格进行,要求要把这项惠民实事做好,让百姓得到实惠。

(崔庆菊)

【便民蔬菜车进社区】　10月22日,代表公司落实"菜篮子"工程的弘朝庄缘商贸有限责任公司便民蔬菜车,正式开入东湖街道办事处的利泽西园一区和望京西园一区两社区,为小区居民提供物美价廉、新鲜保质的果蔬商品。此项举措是公司采取多种经营方式,落实区政府"菜篮子"工程,发挥国有企业主渠道作用的具体表现。

(崔庆菊)

【督查安全生产大检查工作】　11月25日,区国资委副主任高孟龙带领安全生产工作领导检查小组到公司督查安全生产大检查工作,了解公司各项安全工作的落实情况。区安监局、区民防局及安全生产大检查第三片组各成员单位20人到会。高孟龙提出工作要求。

(崔庆菊)

招商引资

【概况】　朝阳区投资促进局是区政府直属事业单位,负责推介区域投资环境和重点发展产业,搭建多种形式投资促进服务平台,开展有针对性的招商引资活动;负责企业投资前的咨询,投资中的注册登记及投资后的跟踪服务。人员编制31人。

地址:霄云路霄云里1号3层

电话:84681251

邮编:100026

网址:http://www.investchaoyang.gov.cn

(马玉昭)

【投资促进活动】　5月,参与第16届北京国际科技产业博览会;5月,组织驻京中外知名企业参加"朝阳行活动";7月,参与中外投资机构暨民营企业北京投资发展洽谈会;8月,参与第五届投资北京洽谈会;9月,参加第17届中国国际投资贸易洽谈会;10月,参加第17届京港洽谈会;12月,与贵阳市投资促进局研讨交流。

(马玉昭)

【媒体宣传】　年内,在美国纽约时代广场纳斯达克广告大屏上播放朝阳区宣传视频,开通官方微信公众平台和官方微博——"投资朝阳",借助新媒体的力量宣传营销。

（马玉昭）

【企业入驻】　年内，引进注册资金亿元以上、并在朝阳区完成税务登记的重点企业18家，包括北京兴诚旺实业有限公司（注册资本金50亿元）、中国葛洲坝房地产开发有限公司（注册资本金10亿元）、中投现代物流产业基金（注册资本金10亿元）、北京北控交通装备有限公司（注册资本金10亿元）等。

（马玉昭）

【服务企业】　年内，分别协助京师辅仁文化传媒公司、北京盛源博乐信息科技有限公司、舒迪安医药研发（北京）等多家公司办理工商登记注册、营业执照内容变更、增资等手续；帮助中能建、江西铜业等多家企业解决实际困难。

（马玉昭）

【走访调研】　年内，到中石油北京第二分公司等企业走访，了解驻区企业需求，增强企业投资朝阳区的信心；实地调研集中办公区，为降低企业运营成本，规范企业经营管理提供服务。

（马玉昭）

【建立楼宇经济统计调查机制】　年内，统计辖区内商务楼宇情况，定期开展商务楼宇空置率及售价、租金调查，按季度形成统计调查表和分析报告；完善商务楼宇经济的联系人网络，建立包括甲级写字楼租赁部门、房地产服务商、各街道办和各功能区管委会在内的联络体系。

（马玉昭）

【调研商务楼宇】　年内，走访考察颐堤港、银泰中心、国贸三期、世贸大厦、现代汽车大厦等重点商务楼宇；和国际领先的房地产服务商——高纬环球、第一太平戴维斯、世邦魏理仕等进行交流合作。

（马玉昭）

【投资服务大厅环境优化】　年内，在投资服务大厅各办事窗口工作人员中开展“创服务品牌，树党员形象”活动，开展“服务之星”评比，提高工作人员办事效率和文明程度；开设由工商局等六部门组成的“一口受理、多证联办”综合服务窗口，规范运行“一口受理、内部流转、同步审批、统一发证”的工作流程，进一步整合服务资源，压缩办事时限，简化办事流程，加快项目落地；继续加强环境治理，专项整治门前临时停放机动车、散发小广告、游商贩卖食品、大厅内黑中介拉活、揽活等不法现象。

（马玉昭）

【投资服务大厅审批受理】　年内，大厅接待咨询142万人次，比上年增长7%；受理各类申请741650件，审批736665件，比上年增长9%。大厅工商分局窗口新批内资主体29037家，比上年增长8%，其中500－5000万元规模的企业1932家。大厅商务委窗口新批外资企业476家。大厅内3家银行共入资298亿元。

（马玉昭）

文化创意产业

【概况】　朝阳区文化创意产业领导小组办公室设在区委宣传部，是朝阳区文化创意产业领导小组的下设机构，负责统筹、协调全区文化创意产业发展，日常工作由区委宣传部所属全额拨款事业单位朝阳区文化创意产业发展中心（相当副处级）和文化创意产业发展科具体负责。截至2013年底，在朝阳区工商注册的文化创意企业45465家，其中规模以上企业2620家。全区规模以上文化创意企业实现年收入2330.3亿元，文化创意产业利润总额109.1亿元；文化创意产业实现增加值约占全区GDP的13.2%；实现区级财政收入89.2亿元，占全区区级收入的23.5%。包括文化艺术，新闻出版，广播、电视、电影，软件、网络及计算机服务、广告会展在内的文化传媒业，实现收入占全区文化创意产业总收入达到60.6%，其中广告会展业收入占比26.0%。年内，在文化创意产业九大行业中，新闻出版，广告会展业，旅游、休闲娱乐业，其他辅助服务业四大行业年收入排全市第一。

地址：日坛北街33号

电话：65099650

邮编：100020

（冯伟林）

【调研文化创意产业】　3月14日，区委副书记、区长吴桂英一行到北京服装学院调研服饰时尚设计产业创新园项目并指导工作。5月23日，区委副书记、区长吴桂英到定福庄传媒文化产业区调研文化创意产业发展情况。5月30日，第二届京交会期间，国家工商总局副局长甘霖、副市长程红调研北京国家广告产业园。6月8日，中共中央政治局常委、中央书记处书记刘云山调研北京文化改革发展情况，在座谈会上区委书记程连元作为唯一的一名区县代表专题汇报朝阳区文化创意产业发展情况及主要做法。6月28日，区委书记程连元调研751北京时尚设计广场。7月11日，市委常委、宣传部部长李伟调研朝阳文化创意产业园区。8月27日下午，市委常委、组织部部长姜志刚调研莱锦文化创意产业园及园区重点企业蓝海卫视，区委书记程连元，区委常委、组织部部长张革陪同调研。8月30日，市文资办主任周茂非一行调研北京CBD—定福庄国际传媒产业走廊。9月8日，副市长杨晓超出席2013中国文化产业高端峰会并参观朝阳规划艺术馆。10月15日，全国人大常委、教科文卫委员会副主任、致公党中央副主席严以新一行先后走访北京国际版权交易中心、北京国家广告产业园、莱锦文化创意产业园和朝阳规划艺术馆，调研朝阳区文化创意产业投融资服务体系建设情况。

（武　雯）

【高级经营管理培训班】　4月15日至19日，朝阳区文化创意产业高级经营管理培训班在区委党校举办。相关委办局、街乡主管文化创意产业的处级领导及文化创意产业集聚区、重点企业、重点项目高级管理人员70余人参加培训，为历年最多。

（李穆明）

【植树活动】　4月21日，朝阳文化创意产业精英俱乐部与区海外学人中心联合举行植树活动。中国传媒大学动画学院学术委员会主席路盛章等文化创意产业精英代表、重点企业志愿者等20余人参加活动。

（丛军刚）

【文创企业高级培训班】　6月17日至21日，在区委党校举办朝阳区拟上市文化创意企业资本运营高级培训班，朝阳区23家拟上市文创企业的34位相关负责人参加培训。

（吕　洋）

【中国文化产业高端峰会】　9月8日，中国文化产业高端峰会在朝阳规划艺术馆举行，此次峰会以“文化产业协同创新”为主题,吸引文化产业研究领域知名学者、权威专家和国内重点文化企业领军人物180余人参加。国家行政学院副院长周文彰、北京市副市长杨晓超、文化部文化产业司司长刘玉珠,市相关部门负责人张淼、梅松,区领导程连元、吴桂英、刘小宁、陈涛、谢莹、甘靖中、刘军胜、朱春霞、张立新、汪洋、郑煌等出席活动。

(李穆明)

【798艺术节】 9月21日至10月20日,北京798艺术节在798艺术区举办。该届艺术节的主题为"艺象·融合",有200余家艺术机构参展,参观游客达80万余人次。

(丛军刚)

【751国际设计节】 9月26日至10月3日,"北京国际设计周——751国际设计节"在751D·PARK北京时尚设计广场举办。

(吕　洋)

【举办第八届文化创意产业博览会】 11月7日至10日,第八届中国北京国际文化创意产业博览会在中国国际展览中心举办。朝阳区在主会场设立700平方米展区及10个分会场活动,举行19场新闻发布会,组织100余个朝阳区文化创意产业精品园区项目和品牌企业参展,接待社会各界参观观众超过30万人次。新华社、人民日报、中央电视台、北京日报、北京电视台等媒体报道近2000篇/次。国家工商行政管理总局党组书记、局长张茅,原财政部部长、全国社保基金理事会理事长谢旭人,市委常委、宣传部部长李伟,市相关部门领导张淼、张慧光、陈冬、杨艺文、熊九玲,区领导程连元、谢莹参观朝阳展区,并给予充分肯定。

(李　强)

【人才集群发展工程完成验收】 11月,完成朝阳区人才工作重大项目——2013年朝阳区文化创意产业人才集群发展工程验收。

(丛军刚)

【获市文创产业绩效评估第一名】 年内,在市2012年度区县政府绩效管理考评文化创意产业绩效评估中,朝阳区文化创意产业绩效管理任务最终得分4.32分(满分4分),名列各区县第一名。

(冯　芳)

【获评文化科技融合示范基地】 年内,朝阳区被科技部、中央宣传部、文化部、新闻出版广电总局等4部门认定为第二批国家级文化和科技融合示范基地。

(冯　芳)

【"传媒走廊"重点项目竣工】 年内,CBD—定福庄国际传媒产业走廊2013年度重点文化创意产业项目有凤凰国际传媒中心、惠通时代广场新址一期、三间房动漫大厦、华腾世纪总部公园一期、传媒精英总部基地等,这些项目均在年内竣工。

(冯伟林)

【奥林匹克公园项目建设】 年内,奥林匹克公园项目建设取得进展,奥运博物馆工程建设和固定展览陈列完成,中国国学中心项目11月开工。

(李　强)

【中国北京出版创意产业基地落户朝阳】 年内,中国北京出版创意产业基地正式落户南磨房乡,项目规划占地面积18公顷,建筑总规模35万平方米,项目将建设出版产业的公共服务、商务办公、交易展示、培训交流等一系列功能板块。

(郭　琪)

【57个项目获创新发展专项资金支持】 年内,全区有57个文化创意产业项目获北京市文化创新发展专项资金支持,支持总金额为11661万元。其中,29个项目获补贴资金7274万元,5个项目获贷款贴息625万,23个项目获奖励资金3762万元。

(郭　琪)

【58个项目获发展引导资金支持】 年内,58个文化创意产业项目获朝阳区文化创意产业发展引导资金支持,支持资金4922万元。

(郭　琪)

【出资参股】 年内,完成朝阳区出资参股北京市文化科技融资担保有限公司相关工作。计划出资参股6000万元,第一期出资3000万元,以区国有资本经营管理中心(区国资中心)为主体,代表朝阳区履行股东的职责。

(贝斯斯)

【文化创意产业人才工作】 年内,文化创意产业领域有15家单位、个人获"凤凰计划"认定和资助,其中凤凰网CEO刘爽等3人获"朝阳区海外高层次人才"称号;北京恒顿传媒有限公司等4家单位获"初创企业资助";蜜蜂四叶草动漫制作(北京)有限公司获"创业团队资助";北京蓝色光标公关顾问有限公司等7家单位获"引进海外人才单位资助"。协调解决时尚传媒集团等15家文化创意企业的32个优秀应届硕士毕业生户籍落户问题。

(李穆明)

【招商引资】 年内,引进京师辅仁文化传媒有限公司、北京国际广告传媒集团等75家注册资金5000万元以上的文化企业落户朝阳区。

(武　雯)

798艺术区

【党支部成立】 1月11日,798艺术区管委会党支部成立暨第一届选举大会召开。按照组织程序,会议选举产生第一届支部委员会委员。区委宣传部常务副部长高春利到会,对新成立的党支部表示祝贺。

(李　昕)

【考察调研】 3月1日,北京市十六区县的人大常委会主任到798艺术区参观考察,管委会常务副主任张国华介绍798艺术区发展历程及文化创意产业发展现状,随后各位领导参观尤伦斯当代艺术中心及百雅轩798艺术中心等艺术机构。4月10日,芬兰总统夫人以私人身份到访798艺术区,798管委会及相关画廊负责人共同接待到访客人。4月13日,冰岛总理夫人到访798艺术区,参观佩斯、朝鲜万寿台创作社美术馆等园区机构。5月7日,北京市金融工作局党组书记、副局长霍学文和副局长柯永果及各部门工作人员一行20余人到798艺术区调研,霍学文与管委会常务副主任张国华就金融服务如何推动798的文化创意产业发展交换意见,并实地调研园区的几家艺术机构,了解艺术机构的运营模式。5月10日,全国政协主席贾庆林在朝阳区委书记程连元、区长吴桂英的陪同下到798艺术区参观考察,管委会常务副主任张国华及七星集团总裁王彦伶分别从798艺术区历史沿革、发展、管理模式及当代艺术、展览作品等不同角度作汇报。5月16日,台湾海外菁英京沪参访团一行20余人在市、区台办相关领导的陪同下到798艺术区参观考察,该团由台湾"中华侨联总会"组织,成员为长期在海外工作定居的青年台胞,在当地都有一定的影响力。5月22日,市文资办规划发展处处长陈伟带领市文资办,同国务院发展研究中心及清华大学国家文化产业研究中心三方工作人员组成的文化创意产业功能区规划课题组到798艺术区,为大山子文化创意产业功能区的规划发展开展实地调研。5月24日,韩国大法院院长梁承泰(副总理级)一行到访798艺术区,全国最高人民法院相关领导陪同。梁承泰夫妇参观富思画廊、包豪斯空间等中外艺术机构。5月24日,全国省市台办主任一行40余人到798艺术区考察调研两岸文化创意产业交流与合作,市台办主任马玉萍、副主任黄塞溪及国台办相关部门领导陪同考察。5月24日，文化部领导在市文化执法总队党组书记张珠陪同下到798艺术区调研文化管理工作。6月19日，北京市前市委书记刘淇在区委书记程连元的陪同下到访798艺术区，刘淇对798艺术区的繁荣发展表示肯定，并希望园区未来进一步规划好、设计好，充分利用798的品牌效应，引导文化创意产业在798的平台上更好地发展。7月9日，北京市知识产权局局长汪洪、副局长夏勇军及相关处室领导一行到798艺术区调研知识产权快速维权中心筹建情况，区委常委、组织部部长张革，区长助理郗永春，以及区委宣传部、区知识产权局等部门领导陪同调研。7月10日，区领导吴桂英、谢莹、张立新陪同深圳市罗湖区领导班子到园区考察。9月5日，国家知识产权局局长田力普及相关部门负责人一行到798艺术区调研设计服务业和知识产权工作，了解设计服务行业对知识产权获权、维权方面的需求，北京市副市长戴均良、市政府副秘书长戴卫、市知识产权局局长汪洪、副局长潘新胜及朝阳区区长吴桂英、副区长汪洋陪同调研。9月10日，全国组干学院河南省创新基层党建专题研讨班到798艺术区开展主题为"发挥基层党组织作用，推动艺术区各项事业创新发展"的现场教学活动，区委组织部常务副部长唐行安主持活动，区委宣传部副部长丰春秋及798管委会党支部书记崔晨分别汇报区文化创意产业发展及798艺术区基层党建工作。10月23日，联合国教科文组织北京峰会代表20余人到798艺术区参观考察。10月24日，区委副书记刘小宁到798艺术区调研，区委宣传部常务副部长高春利陪同。10月26日，江西省吉安市委书记王萍，市委副书记、市长胡世忠及市人大常委会主任吴敏率领吉安市党政代表团到798艺术区调研，区领导程连元、刘军胜、张立新陪同调研。11月3日，798艺术区管委会接待越南局级以上干部培训班参观考察。11月6日，台北市文化局局长刘维公再次到访，与798管委会常务副主任张国华交流文化创意园区的发展模式及经验。12月6日，法国总理夫人布里吉特·埃罗以私人身份到访798艺术区，并在管委会常务副主任张国华及园区艺术家喻红和黎静的陪同下参观长征空间画廊的《喻红个人展》。12月21日，美国商务部部长普利茨克到798艺术区参观考察。

（季　昕）

【专项整治】 3月4日，区政协副主席郑煌带领区文化委、公安朝阳分局、区城管执法局等部门相关人员，对798艺术区及其周边地区开展"扫黄打非"专项整治，郑煌一行重点检查尤伦斯当代艺术中心、旁观书社等园区及周边区域的画廊、书店及网吧。

（季　昕）

【参观学习】 3月29日，798艺术区管委会全体工作人员和园区服务中心领导共同参观考察宋庄文化创意产业集聚区，并与宋庄园区管委会主任刘永忠、通州区委宣传部副调研员卫欣等领导座谈交流。

（季　昕）

【艺术机构女负责人代表座谈会】 4月3日，在798艺术区红三房咖啡厅，管委会党支部书记崔晨与园区部分艺术机构的女性负责人代表座谈，女艺术家们对园区发展提出许多建议，同时也希望政府能够为她们搭建更有利的发展平台。

（季　昕）

【零艺术中心女性雕塑展开幕】 4月20日，零艺术中心女性雕塑展开幕，市妇联副主席陈玲、朝阳区女企业家协会会长黄敏等女性团体领导和798艺术园区的一些女性艺术家及机构负责人到场庆贺。随后，大家在管委会党支部书记崔晨的带领下到四季码头、V/A等女性艺术家的空间参观、座谈。这次活动是管委会旨在为园区女艺术家发展搭建平台的一些尝试性举措。

（季　昕）

【参加第八届"艺术北京博览会"】 4月30日至5月3日，第八届"艺术北京博览会"在全国农展馆举办，798艺术区的当代唐人、零艺术、蜂巢艺术中心、常青画廊等几十家画廊携馆藏作品亮相于博览会，占此次参展机构的40%以上。

（季　昕）

【首届趣味运动会举办】 5月28日，798艺术区首届趣味运动会在798创意广场开幕，近20家园区机构选派120余位运动员参加比赛。此次运动会是798管委会为增强园区凝聚力和向心力，为园区艺术家、艺术机构搭建多元化交流平台的重要举措之一。

（季　昕）

【国际儿童艺术周】 6月1日，历时一周的"2013年北京798艺术区国际儿童艺术周"在798艺术工厂开幕。活动由北京798艺术区管理委员会主办，北京798文化创意产业投资股份有限公司、七星集团物业服务中心、北京印艺汇典文化有限公司承办，6家园区艺术机构共同参与协办。活动包括《精彩世界》《彩色的节日》《儿童涂鸦音乐之旅》《"游戏精神"视觉艺术展》《宝贝计画儿童原创绘本展》等5个主题展览及近10项儿童活动。

（季　昕）

【798大讲堂】 7月18日，"798大讲堂"开讲，798艺术区管委会邀请活跃在798艺术区的当代著名军旅艺术家邢俊勤为园区管理人员及相关兄弟单位部分工作人员开展题为"当代艺术新视角"的艺术讲座，798管委会、酒仙桥街道、电子城管委会、798艺术区服务中心、798文化公司的70余名工作人员参加培训。11月25日，"798大讲堂"在管委会报告厅再次开讲。著名策展人及当代艺术批评家朱其讲述当代艺术史的发展、当代艺术作品鉴赏及艺术市场的发展状况，798管委会、电子城管委会、酒仙桥街道办、798文化公司、物业的40余名工作人员参加培训。"798大讲堂"活动是798艺术区管委会党支部探索如何适应园区特点，凝心聚力，提高各方人员素质和需求的一项重要举措和尝试，也是党支部双向系列培训项目之一。

（季　昕）

【"2013北京798艺术节"举办】 9月21日至10月20日，在798艺术区创意广场举办主题为"艺象·融合"的"2013北京798艺术节"，推出开闭幕式、主题系列展、同盟系列展、特别展、摄影展、学术研讨、特色活动、戏剧演出、雕塑展等十大项近百小项艺术活动，吸引了国内外游客80万余人次，展览作品达万余件，有9名艺术家、艺术策展人及40家优秀机构受到艺术节组委会的表彰。此次艺术节，本着"节俭"的原则，通过与艺术机构、社会媒体及公司开展合作、联展、分项目承办等多种形式，节省资金，提升服务。

（季　昕）

【提升798品牌价值和影响力座谈会】 10月11日，召开2013北京798艺术节系列活动之"提升798品牌价值，扩大798国际影响力"座谈会，园区艺术机构代表、艺术家代表、专家代表及政府相关部门代表出席，座谈会主要探讨如何推动798进一步走向世界，利用798的品牌效应和影响力推动798艺术区的发展。

（季　昕）

【公安朝阳分局派驻干部进园区】 11月25日，为加强798艺术区的综合治理管控力量，公安朝阳分局特别派驻一名副处级干部李林到798艺术区管委会，主抓园区综合治理、安保、维稳等方面的工作。在干部赴任会上，区委常委、公安朝阳分局局长陶晶强调，798艺术区作为知名的当代艺术园区，中外文化活动交流频繁，环境复杂敏感，治安、维稳事件影响大，李林作为公安朝阳分局派驻798艺术区的干部，有着丰富的基层工作能力和经验，善于统筹协调，同时希望各个部门积极支持工作，形成合力。

（季　昕）

国有资产监督管理

【概况】 朝阳区人民政府国有资产监督管理委员会代表国家履行国有资产出资人职责，核定编制47人。年内，监管企业资产总额612亿元，同比减少13.7%；净资产216.3亿元，同比增长1.4%；监管企业累计主营业务收入172.1亿元，同比增长2.8%；实现利润5.2亿元，同比下降7.4%。

地址：日坛北街33号

电话：65099193

邮编：100020

（林春照）

【年度考核】 1月9日至16日，对系统20家企事业单位领导班子、102名领导人员通过述职述廉、民主测评、个别谈话、实地检查等形式开展年度综合考核。对区机关后勤服务中心领导人员采取千分制量化考核。对考核结果评定为优秀的29名（正职14名、副职15名）企业领导人员实施奖励。

（林春照）

【国有资本收益收缴】 1月25日，完成监管企业2012年国有资本收益上缴工作，17家收益上缴企业缴纳国资收益3870万元，收益上缴率100%，按时足额上缴区财政国库。

（林春照）

【中介机构入围评选项目招投标】 1月，完成中介机构入围评选项目招投标工作，对入围的10家会计师事务所、2家律师事务所进行公告。

（林春照）

【经营业绩考核】 2月1日，考核企业负责人经营业绩。根据指标完成情况及综合评价奖励情况测算出企业负责人2012年度绩效薪酬，发放《兑现通知书》。核定企业2013年度经营业绩考核指标目标值，签订《经营业绩责任书》。

（林春照）

【签订中介机构服务协议】 3月初，与12家入围中介机构签订《中介机构服务协议》。

（林春照）

【批准成立集体资产管理协会】 3月8日，批准同意北京市特种工艺装饰品厂成立集体资产管理协会。

（林春照）

【决算通过会审】 3月20日，通过市国资委组织的企业财务决算报表会审，涉及区属国有企业178户，资产量717.7亿元。

（林春照）

【通过京客隆发行A股并上市事宜】 3月21日，批准同意北京京客隆商业集团股份有限公司召开2012年度股东周年大会、股东特别大会及类别股东大会，大会审议通过将首次公开发行A股并上市相关事宜的决议的有效期限延长12个月等议案。

（林春照）

【国有资本经营预算获得批复】 3月28日，2013年度国有资本经营预算获得批复，区财政局批复国资预算收入指标6870万元，其中，利润收入（国有资本收益）3870万元，其他国有资本经营收入（财政配比资金）3000万元。4月，向8家企业下达《关于2013年度国有资本经营预算的通知》，完成对未入围企业的政策解释说明工作。

（林春照）

【完成监管企业投资计划备案分析】 3月，完成监管企业2013年投资计划备案材料的审核和数据汇总，完成《监管企业2013年度投资计划备案情况分析》。

（林春照）

【经营预算项目库管理系统建设】 3月，朝阳区国有资本经营预算项目库管理系统建设正式启动，与久其软件公司探讨软件功能需求和设计思路，明确软件开发整体进度。

（林春照）

【培训】 4月17日至21日、5月22日至26日，选派13名企业副职领导参加第二期“高级职业经理资质评价培训班”，培训重点内容为市场营销、危机管理、经营决策、人力资源等。4月23日至24日，召开国资委系统外派监事会培训会，系统8家单位18名监事会成员参加，培训会上专题听取监事会主席工作汇报，讨论2013年监事会工作要点，并邀请北京经济管理干部学院常务副院长、博士周景勤讲授如何加强监事会建设、提升监事会成员能力素质等内容。4月23日至27日，举办系统第八期入党积极分子培训班，区属国有企业近141名入党积极分子参加培训。6月25日至26日，与区委组织部联合举办区属国有企业基层党务工作者示范培训班，区国资系统的35名基层党务工作者代表参加培训。7月19日至25日，选派7名外派监事参加全国监事会监督检查工作务实暨职业化培训高级研究班，重点学习监事会职责定位、监督检查方法、监事素质模型等内容。8月27日至31日，依托国家行政学院，举办企业领导人员领导力提升高级研修班，系统20家企事业单位的正职领导人员及正职后备人员参加培训。10月15日至16日，举办产权管理工作培训班，监管单位资产管理、产权登记主管领导、部门负责人及工作人员近百人参加。10月17日至18日，召开企业法律顾问制度建设培训会，监管企业法律从业人员参加培训，培训重点为如何加强企业法律顾问制度建设、有效防范法律风险。10月28日至11月1日，举办全系统党务工作者能力提升研修班，22家区属企业党委副书记及党务工作负责人50余人参加培训。11月18日至20日，与国家行政学院合作，组织系统内新任职的7名副职领导脱产参加职业经理人资质认证培训。12月19日，对企业财务人员开展财务监控系统培训，将财务预算、财务月报、财务决算工作统一纳入财务监控系统，新增对比分析功能，搭建事后、事中和事前的财务评价监督体系。12月20日，召开系统2013年财务审计培训会，重点讲授实施企业内控等内容。

（林春照）

【完成2012年度财务决算分析报告】 5月8日，根据监管企业2012年决算审计情况，撰写完成2012年度财务决算分析报告，深入分析企业经营发展中存在的问题，并对企业今后的发展提出建议。

（林春照）

【签订项目开发建设合同】 5月，与系统所有企业签订“朝阳区国资委国有资本经营预算管理系统”建设合同。与企业确定软件功能、技术标准、完成时限、售后服务等内容，签订项目开发合同。

（林春照）

【“我的梦·中国梦”宣讲】 6月19日，在朝阳宾馆举办“我的梦·中国梦”百姓宣讲报告会。会上，10名一线的普通职工、业务主管，结合自己的切身感受，讲述自己的梦、身边人的梦、老百姓追求美好生活的梦。区委宣传部、区国资委和区属国有企业的主管领导、职工代表及国资委离退休干部200余人参加报告会。

（林春照）

【配合审计调研】 7月8日，配合区审计局调研，完成《朝阳区国资委审计监督工作概况及对建立监督协调机制和审计整改联动机制的建议》。

（林春照）

【特殊企业收益收缴方式调研】 7月，赴京广商务、CBD公司、副食公司、国资中心调研，调研中外合资、参股、融资平台等特殊类企业的国资收益收缴方式，形成《特殊企业收益收缴方式情况分析》。

（林春照）

【企业财务监控系统建设】 8月20日，与久其软件公司签署《朝阳区国资委企业财务监控系统开发合同》，建设朝阳区国有企业财务监控系统，实现企业财务月报、财务预决算、工资统计报表管理，实现企业财务数据的收集、加工处理、汇总分析等功能。

（林春照）

【分析监管企业投资活动进展】 8月，完成《监管企业2013年度投资活动半年进展情况分析》，分析监管企业固定资产投资项目进展情况、股权投资完成情况，对投资额变动项目、暂缓（延期）项目进行提示性说明。

（林春照）

【编制国有资本经营预算进展报告】 9月，编制《关于朝阳区国有资本经营预算工作进展情况的报告》，阶段性总结2013年预算执行情况、2014年工作准备情况和下一步工作安排。

（林春照）

【制订审计工作方案】 9月，制订审计工作方案，下发审计通知书，为开展弘朝公司领导人员任中经济责任审计，朝阳副食品总公司顾汉林经济责任离任审计，宝嘉恒公司资产、负债、损益全面审计做准备。

（林春照）

【“十二五”规划执行情况中期评估】 9月至11月，开展国有经济“十二五”规划执行情况中期评估，评价国有经济发展目标完成情况、重点任务落实情况及各项工作的成效，并分析存在的问题和原因，研究改进方案及具体措施。监管企业同步开展中期评估工作。

（林春照）

【国资预算工作协调会】 10月15日，区政府召开国资预算工作协调会，区委常委、副区长甘靖中主持会议，区财政局副局长苇小平，区审计局副局长杜云超，区国资委主任王春平、副主任高孟龙出席会议。会议听取2013年国资预算执行情况和2014年国资预算工作准备情况，研究下一步工作思路。

（林春照）

【经济运行分析会】 10月17日，召开监管企业经济运行分析会，企业汇报1至9月份经济指标、重要项目、重点工作完成情况，分析经济运行过程中存在的问题和困难，预测全年经济指标完成情况。

（林春照）

【国有资本经营预算工作动员会】 10月25日，联合区财政局、区审计局，召开国有资本经营预算工作动员会，启动2014年国资预算编制工作，将重点支持：企业参与功能区建设和区政府重点项目；企业投融资服务及企业创新发展；企业做大、做强、做优；企业解决历史遗留问题、确保安全稳定。

（林春照）

【国资预算项目审核】 11月1日，召开2014年国资预算项目说明会，各企业主管领导介绍项目基本情况、预期效益、筹资方案、政策依据等项目重点内容。11月7日，召开2014年国资预算企业项目联审会，各科室根据企业申报项目内容，从科室职能、项目可行性、企业经营现状等角度，逐项目交流初审意见。

（林春照）

【企业改制】 11月8日，推进北京弘朝伟业国有资产经营有限责任公司所属北京市朝阳区酿酒厂与北京京宫城酒业技术发展公司合作的改制工作，以实现优势整合和扩大营销能力。改制后新公司注册资本1000万元，朝阳酿酒厂出资510万元，占51%股权。

（林春照）

【董（监）事会人才创新改革】 11月底，按照年初上报的《新形势下区国资委董（监）事会人才工作模式与创新研究》的人才项目要求，完成对董（监）事会人才工作的调查研究和创新改革，力求使董（监）事会职责更明确、岗位设置更合理，视野更开阔，储备更合理，监督管理水平有所提升，此项工作得到上级部门资金支持。

（林春照）

【企业投资备案工作会】 12月20日，召开2014年度企业投资备案工作会。区发改委介绍朝阳区产业发展现状、产业专项资金的支持情况、支持政策和资金申请程序，会议总结2013年度企业投资计划备案执行情况，提出2014年企业投资备案工作要求，并开展投资报表在线填报培训。

（林春照）

【职务犯罪警示教育巡展】 12月26日，开展“以案为鉴　警钟长鸣”职务犯罪警示教育巡展活动，国资系统党员领导干部260余人参加活动。

（林春照）

【十八届三中全会精神辅导】 12月27日，召开国资系统学习贯彻十八届三中全会精神辅导报告会，邀请国务院发展研究中心宏观经济研究部部长余斌作专题报告，区国资委领导班子及全体机关干部、系统各单位领导班子成员120余人参加会议。

（林春照）

【国资预算企业申报项目事前评估】 12月，开展2014年国资预算企业申报项目事前评估，委托第三方机构，对华阳公司热计量改造项目和弘朝公司701厂偿还金融债项目的预期经济效益、社会效益、风险管理等内容开展事前评估，并出具《项目咨询报告》。

（林春照）

【安全生产和信访维稳工作考核】 12月，开展系统安全生产和信访维稳工作考核，并通报考核结果。

（林春照）

安 全 生 产

【概述】 朝阳区安全生产监督管理局是负责全区安全生产综合监督管理工作的职能部门,下设局办公室、安全生产综合管理科(区安全生产委员会办公室、区道口管理办公室)、事故调查科、事故处理科、法规培训科、工业安全管理科、危险化学品管理科、职业危害监督检查科、安全抢险协调科(应急指挥部办公室)等9个科室,核定编制46人。下属单位区安全生产执法总队(含安全生产综合执法一队、二队、三队、四队),核定编制22人。区安全生产委员会办公室设在区安监局。全年发生生产安全、火灾等非正常死亡事故168起死亡189人,其中生产安全事故15起死亡15人。

地址:朝阳区百子湾西里303号楼

电话:87312475

邮编:100124

网址:http://aqscj.bjchy.gov.cn

(余慧云)

【安全生产工作总结部署会】 1月16日,召开2012年度安全生产工作总结暨2013年工作部署大会。会议总结区安监局2012年度安全生产工作完成情况及存在的问题和改进建议,部署2013年度全区安全生产工作十项重点工作。

(余慧云)

【安监系统依法行政工作会】 2月4日,召开"2013年朝阳区安监系统依法行政工作会",全区安监系统近200余人参加会议。会议宣读《2012年度朝阳区安监系统依法行政工作报告》,表彰2012年度安全生产先进单位及先进个人,副区长汪洋向各街乡下达2013年依法行政工作任务,并与街乡代表签订《安全生产任务书》。

(姚 遥)

【区领导检查】 2月4日至9日,区委书记程连元和区长吴桂英带领区委、区政府领导,相关部门和街乡负责人,安全专家等人员,到烟花爆竹零售销售点、加油站、餐饮企业、百货商场、文化娱乐场所、建筑工地、公园、别墅区等地,实地检查全区重点区域和重点领域春节前全生产工作。8月1日,区长吴桂英、副区长汪洋检查朝阳大悦城商场安全生产情况。9月26日至27日,区委、区人大、区政府、区政协四套班子领导带领各部门负责人,对居然之家十里河店、北京侨福芳草地大厦、光华路民源大厦施工项目、城乡结合部地区等行业领域开展国庆节前安全检查,重点检查防火器材、经营证照、用电安全、监控设备、安全通道、特种设备、警示标志、应急预案等安全生产情况。

(余慧云)

【全国"两会"安全生产保障】 2月25日至3月15日,派出15个执法组到全国"两会"代表委员驻地及周边人员密集场所、地下空间、液化气钢瓶使用单位、危险化学品经营、储存等生产经营单位开展执法检查。检查各类生产经营单位873家,发现安全隐患988项,督促落实整改795项,下达各类文书798份,出动车辆528台次,执法人员819人次。

(刘 宁)

【领导督导调研】 2月26日,市安监局副局长常纪文一行到朝阳区调研玉石加工企业职业危害防护情况,实地走访2家玉石加工企业,分别从加工工艺、危害因素种类、防护设备设施的设置、防护用品的配备以及管理情况等方面进行调研。7月16日,副区长汪洋调研全区安全生产工作,听取安全生产大检查、安全生产大培训、安全发展示范城市创建、安全监管总局《工矿商贸企业职业卫生统计制度(试行)》的贯彻落实及安全生产标准化创建等重点工作进展情况及下一步工作打算,并参与讨论。7月24日,市安监局局长张家明调研朝阳区安全生产工作,副区长汪洋、区政府办领导及区安监局领导成员陪同调研。9月26日,区委书记程连元到区安监局开展"安全生产信息化"专项调研,了解安全生产隐患综合监管系统和PDA执法终端的使用情况,并要求加快推广使用的进程,提高全区的安全生产监管水平。

(蒋昌启)

【餐饮场所燃气安全治理】 3月至12月,在朝阳区开展餐饮场所燃气安全专项治理工作。治理范围是使用天然气、液化石油气等燃气的餐饮场所及液化石油气供应、充装、运输企业,重点包括餐饮经营单位、宾馆饭店、施工工地等使用液化石油气钢瓶的餐饮场所。专项整治期间,检查生产经营单位2765家次,消除安全隐患1575项。

(刘 宁)

【有限空间监管工作部署会】 4月26日,召开有限空间监管工作部署会,11个相关部门参加,会议通报2012年有限空间监管工作情况,并部署2013年有限空间执法检查、宣传、教育、培训等工作。

(蒋昌启)

【参与"4·28"应急救援处置】 4月28日,原北京焦化厂遗址在拆除三座"脱硫塔"过程中起火燃烧,散发硫化氢气体。区安监局参与此次突发事件的现场应急处置工作,并邀请化工、消防、安全方面专家组修订评审原拆除方案,现场监督剩余装置安全拆除。

(夏旭昀 于 松)

【"防灾减灾日"应急演练】 5月12日,在酒仙桥久隆百货大厦举办以"识别灾害风险,掌握应急技能"为主题的"防灾减灾日"应急演练活动。久隆百货600余名员工参加应急疏散和火灾自救演练,武警消防中队开展消防灭火演练,区危险化学品应急抢险队开展危险化学品救援示范演练。酒仙桥街道辖区企业安全负责人和社区负责人等300人观摩,现场发放防灾减灾宣传材料2000余份。

(于 松)

【应急救援训练】 5月12日至13日,组织预备役防化连成员60人进驻北京预役防化团开展封闭式训练,主要训练化学救援器材的使用和防化分队协同演练,提高防化分队的应急救援能力。

(于 松)

【有限空间作业安全管理培训】 5月29日至31日,连续举办三期"朝阳区有限空间作业安全管理培训班",培训物业单位和化粪池清掏单位负责人428人。培训内容主要包括有限空间作业安全管理规范、防护设备和应急救援设备的配备和使用以及事故案例。

(蒋昌启)

【安全发展示范城市座谈会】 5月30日,召开安全发展示范城市座谈会。会议邀请国家安全监管总局专员杨木清、副巡视员尚文启、办公厅综合处处长王志刚、中国安科院副院长张兴凯、市安全监督局副局长汪卫国等领导和专家研讨《北京市朝阳区安全发展示范城市创建规划》《创建方案》和《分组创建标准》。

(余慧云)

【高层商务楼宇应急疏散演练】 6月20日，北京市高层商务楼宇应急疏散演练活动在呼家楼地区泰达时代广场举办，区安监局协助演练。演练情景设定泰达时代广场商务楼某酒楼发生不明原因火灾、火情波及周边楼宇，以此检验企业现场处置及自救互救能力、属地街道、消防、医疗卫生等部门应急联动机制以及消防等专业救援能力。演练活动结束后，参会领导向企业员工和现场群众发放安全知识手册一千余份，消防部门为参会领导和市民展示演练中使用的缓降器等新型应急装备，并演示和传授自救互救技能。

（余慧云）

【"双打"专项行动】 6月，启动集中开展严厉打击特种作业及特种设备作业人员"持假证上岗、无证上岗"专项执法行动。出动执法人员2692人次，检查企业1431家，检查特种作业及特种设备作业人员2508人，发现隐患817项，下达执法文书1327份，查处持假证、无证人员26人，对存在违法行为的25家生产经营单位进行处罚，处罚金额10.5万元。

（刘　宁）

【"安全生产月"活动】 6月，以"强化安全基础，保障城市运行安全，创建安全发展示范城市"为主题，组织开展第十二个"安全生产月"活动。期间，开展各类宣教活动43780场次，受教育人数达131万人；悬挂横幅标语6150条，张贴海报、挂图、宣传画84632幅；发放宣传材料72种约31万份，发放购物袋、折扇、弹簧秤等实物27种约3万件；开展各类安全教育培训4353场13万人次；开展各类演练1487次，15万人次参加演练。

（余慧云）

【安全生产检查】 6月至12月，在全区开展安全生产大检查工作。6月21日，召开区安委会（扩大）会暨朝阳区安全生产大检查、安全生产标准化创建工作部署会。会议通报二季度安全生产工作情况，重点部署安全生产大检查、安全生产标准化创建、餐饮场所燃气安全专项治理等工作。11月27日上午，召开区安委会扩大会议，进一步部署安全生产大检查工作。11月27日下午，召开全区视频工作会，部署持续开展安全大检查工作。截至12月20日，全区43个街乡和行业主管部门组织检查组12877个（暗查、突击检查组2217个，交叉检查组548个），组织检查人员87838人次，检查生产经营单位（场所）76471家次（处），排查发现隐患134377项，督导整改119110项，责令改正、限期整改、停止违法行为25882项，责令停产、停业、停止建设1014家，暂扣或吊销有关许可证、职业资格10个，关闭非法违法企业785家，处罚金额1118万元。

（余慧云）

【防暑降温安全专项检查】 7月初，区安监局检查辖区存在热源的高温作业单位，并于7月16日迎接市防暑降温联合检查组的检查工作。检查组由市安监局职安处处长丁大鹏带队，市人力社保局、市卫生局、市总工会组成，检查高温作业单位5家，检查组对朝阳区的防暑降温工作给予肯定。

（蒋昌启）

【有限空间作业联查】 7月2日至4日、7月31日至8月2日，市安监局副局长常纪文两次带队在朝阳区开展有限空间作业日夜巡查。5月至9月，区安监局安排夜查5次，检查有限空间作业现场16家次，部分单位主要存在监护人员脱岗、井下作业人员未佩戴防护用品等问题。

（蒋昌启）

【市督察组检查指导】 7月25日，由市住建委、市教委、市气象局和市安全监管局等组成的市安委会综合督察组督察朝阳区安全生产大检查工作。11月26日，督察组再次到朝阳区督查安全生产工作，检查小红门乡、太阳宫、平房乡、北空干休所、城外诚家居广场、嘉程添富汽修、凯德MALL、百盛西坝河店、云南大厦、大悦城和北京润江南餐饮管理有限公司等3个乡和8家生产经营单位的安全生产工作。

（余慧云）

【职业卫生管理培训】 8月至11月，开展13期职业卫生主要负责人和管理人员培训班，培训651人，经考核全部合格。其中517人获得《职业卫生主要负责人培训合格证》，134人获得《职业卫生管理员培训合格证》。培训工作由市安监局认定资质的4家培训学校承办，根据市安监局和市劳保所编写的《用人单位主要负责人和职业卫生管理人员职业卫生管理培训教程》安排培训内容。

（蒋昌启）

【安全生产培训班举办】 8月7日至9日，区安委会办公室连续组织2期"安全生产大型公开课暨安全生产培训班"。副区长汪洋出席培训班并做开班动员。参加培训的包括有安全生产监管职责的部门和街乡主管领导及执法人员，达到政府安全监管人员培训全覆盖。培训以"政府部门具有哪些安全生产监管职责、如何才能切实履行好职责"为中心，设置安全生产法律法规、安全监管及事故预防、安全生产执法程序等相关课程。

（遥　远）

【安全生产综合监管调度系统启用】 8月23日，区安监局召开朝阳区安全生产综合监管调度系统和PDA执法终端使用培训会，43个街乡和区安监局的执法人员参加。这标志着朝阳区安全生产综合监管调度系统的正式启用。

（马海鹏）

【检查液氨使用单位安全】 9月2日至6日，区安监局派出专项检查组对全区7家液氨使用单位开展安全检查和复查工作，重点检查液氨储罐及管道的泄漏报警、自动喷淋、图像监控等各项安全防护措施落实情况、企业安全责任制落实情况、人员培训情况、液氨设备检验及日常维护检查情况、液氨岗位操作规程、监控报警情况及应急预案制定和演练情况等。9月5日，区安监局局长刘炳起带队，对北京自来水集团水源九厂和北京荷美尔食品有限公司等两家朝阳区最大的液氨使用单位开展安全检查。

（余慧云）

【国务院安委会督察组检查指导】 9月24日，国务院安委会第16督查组到朝阳区督查安全生产大检查工作，分别对孙河地区、王四营地区、金盏地区、豆各庄地区部分企业开展安全生产检查。

（陆玉鹤）

【组织安全生产知识竞赛】 9月至10月，组织7.2万人参加"同煤杯"安全发展战略知识竞赛和北京"建工杯"首都百万一线职工安全生产知识竞赛活动。在"同煤杯"竞赛活动中，被国家安全监管总局评为优秀组织奖。

（余慧云）

【职业卫生交叉执法检查】 10月31日，河南省安全监管局副局长刘世俊带领职业卫生交叉检查组6人到朝阳区检查职业卫生工作。市安监局副局长常纪文、职安处处长丁大鹏、区安监局局长刘炳起陪同检查。检查组检查4家单位的作业场所，并查阅职业卫生工作档案。检查组对朝阳区职业卫生监管工作给予肯定。

（蒋昌启）

【编写职业危害指导手册】 11月15日，编写完成《朝阳区存在职业危害因素企业职业卫生基础建设活动指导手册》，11月29日，完成印刷并投入使用。指导手册对基础建设活动的所有60项内容做进一步细化，对其中41项制作统一的模板，其他19

项内容明确整改措施,用于指导街乡和企业开展职业卫生基础建设活动。

(蒋昌启)

【区领导督查安全隐患大检查】 11月20日至22日,区四套班子领导带队督查安全隐患大检查工作。督查工作突出“两个重点”:一是重点督查各乡落实全市和区委公共安全相关会议精神情况;落实“四个必须做到”情况(必须做到生产经营、仓储场地与人员居住地分开,必须做到建筑物之间留有消防通道,必须做到出租房屋消防、预防煤气中毒设施安全保障齐全,必须做到出租房屋不得层层转租转包,决不能出现一边排查、一边再发生事故的现象,确保排查整治有实招、有实效、有长效);推进“三个一批”工作情况(清理一批有严重隐患的出租大院,从根本清除违法建设、出租房屋、生活居住混合用房“三合一”现象;整顿一批散租房屋,进一步规范出租房屋行为;清理关闭一批低级次市场,从源头上控制人口无序增长;并下决心改变廉价出租土地行为,从源头上杜绝违法建设,杜绝各类安全事故的发生)。二是重点督查各乡落实领导责任和工作责任、建立工作台账、采取措施严格严厉排查整改等情况。

(余慧云)

【排查十二类场所安全隐患】 11月20日至30日,全区各部门和43个街乡对仓储场所、再生资源回收、“三合一”及多合一场所、地下空间、商品批发市场、加工制造、出租大院、建筑施工、彩钢板建筑、电力线下隐患、私搭乱建以及其他等十二类场所开展安全隐患大排查。全区出动37272人,组织检查组2083个,检查单位(场所)27398家次,发现隐患21704(处),已整改15120(处),下达文书1143份,立案处罚170起,处罚106.36万元,临时查封21处,停业整顿43家,拘留21人。检查发现存在的问题主要是违法建设、无证无照、非法经营及职责不清等。

(余慧云)

【安全隐患联合检查工作会】 11月28日,召开十八里店地区安全隐患联合检查专项工作会,部署十八里店地区安全隐患联合检查专项工作。下发工作方案,明确安全隐患联合检查专项工作的工作目标、原则、范围、内容、标准、流程、执法、机制等。全区抽调160余人,成立八个包村联合检查小组,组长分别由区市政市容委、安监局、综治办、流管办、公安分局、消防支队、城管执法局、工商分局等参与检查执法的干部中选派,分别到十八里店地区各村开展工作。并要求采取有效措施加大整改和执法力度,消除安全隐患,做到“全覆盖,无死角”。

(余慧云)

【“一对一”应急预案完成】 11月,《朝阳区人民政府与重大危险源企业“一对一”生产安全事故应急预案》完成并发布执行,明确辖区内5家重大危险源单位生产安全事故应急救援工作的程序和政府有关部门职责。区安监局聘请中国安全生产科学研究院承担“一对一”应急预案编制工作,并先后实地调研考察5家重大危险源企业,收集相关资料、组织论证评估,最终完成该预案。

(于 松)

【安全生产专项整治部署】 12月12日,召开全区安全生产工作电视电话会议,传达中央、国务院、北京市主要领导指示及有关会议精神,通报若干起重特大安全生产事故情况,动员部署城乡结合部地区安全生产专项整治工作。全区各部门、各单位近1200余人参加会议。会议提出从2013年12月至2014年9月,在全区集中组织开展城乡结合部地区专项整治工作。

(余慧云)

【安全生产专项行动】 12月26日至2014年2月14日,每周四晚上全区安监系统集中开展安全生产暗访夜查行动。重点检查城乡结合部地区的安全生产状况,涉及三个方面:城乡结合部地区各类生产经营单位;“五小企业”(小化工、小木器、小服装、小加工、小作坊)和“六小场所”(小歌厅、小餐饮、小网吧、小洗浴、小旅馆、小市场);烟花爆竹批发及零售网点。检查内容的重点有:生产经营单位许可范围与实际条件是否相符;安全生产管理制度建立和落实情况;安全标识的设置情况;消防器材设置和配备情况;安全生产教育培训情况;劳动防护用品配备和使用情况;特种作业人员持证上岗及值守情况;各种安全生产设施设备的运行情况;应急值守及应急演练情况等。

(余慧云)

【执法检查】 年内,以人员密集场所、交通运输、危险化学品、建设施工等十项执法检查专项行动和安全生产大检查为重点,按照“全覆盖、零容忍、严执法、重实效”的要求,加大执法频率和处罚力度。全区立案处罚5752起,处罚金额3741.9万元,行政拘留和刑事追究违规违法人员352名。其中,安监系统立案处罚1217起,处罚金额951.15万元,在全市安监系统排名第一。43个街乡立案处罚809起,处罚金额451.54万元。

(余慧云)

【危险化学品安全监管】 年内,累计审批办理危险化学品经营许可案件157件、易制毒备案17家,全部按照法定条件、法定程序、法定期限完成,无一起申诉复议。累计对危险化学品从业单位(含烟花爆竹网点)开展安全检查1867家次,下达各类执法文书936份,处罚违法单位7家,处罚金额12.01万元。

(夏旭昀)

【烟花爆竹安全监管】 年内,累计许可烟花爆竹零售网点154家,比上年194家的网点数量明显缩减;实际销售烟花爆竹约7.9万箱,比上年略有减少。

(夏旭昀)

【安全生产保障】 年内,在春节、全国“两会”“五一”“十一”“中国特色城市论坛”“北京电影节”“京交会”“CBD商务节”等重要节假日、重大会议及重要活动期间,开展旁站式检查,全年配合区政府及各相关职能部门参与保障各类大型活动125次,出动人员345人次,车辆289台次,消除各类隐患547项,立案处罚1起,罚款金额0.5万元。

(刘 宁)

【安全生产标准化】 年内,区政府投入资金1100万余元,各相关行业部门、街乡对照安全生产标准化创建标准和规范督促企业自查整改,全区6138家企业完成标准化达标工作。其中:规模以上企业达标1729家,占全年任务的94%;微型企业达标4409家,占全年任务的102.5%。

(陈 京)

【特种作业培训考核】 年内,全区有特种作业培训机构10家,培训工种包括电工作业、焊工作业、建筑脚手架拆装、高处悬挂建筑物表面清洗、企业厂(场)内机动车辆驾驶、制冷与空调作业、地下有限空间作业。全年培训、考核特种作业人员19731人次,合格发证15309人次。

(陈宣英)

【应急预案评审备案】 年内,开展生产经营单位安全生产应急预案评审和备案工作,采取召开相关专题部署会、与设在各街乡的安全生产工作站统一联动、结合媒体与信息平台等多种方式加大工作力度,对1800家生产经营单位开展应急预案的评审与备案工作。

(于 松)

【职业病危害项目申报】 年内,通过整理职业病危害项目申报数据库、查阅工商注册信息,结合日常检查和街乡摸底信息,对注销或搬迁到外区县的生产经营单位的申报进行注销,组织534家单位重新申报职业病危害项目，审核新申报单位110家。年底，申报库中有用人单位644家。

（蒋昌启）

【安全生产举报投诉受理】　年内，受理安全生产举报投诉事项333件，其中“12350”受理311件，区县举报电话受理22件，办结率100%。

（刘　宁）

旅　　游

【概况】　朝阳区旅游发展委员会是负责全区旅游业管理的区政府工作部门。下设办公室、产业促进科、行业管理科、安全生产管理科和北京旅游咨询服务中心朝阳服务站。年内，累计实现旅游综合收入802.8亿元，同比增长10.2%，占全市十六区县总量的27.6%，居十六区县之首。旅游接待5127万人次，占全市总接待量的14.0%。全区旅游三大核心行业——旅行社业、住宿业和旅游商业运行状况良好，旅行社业实现综合收入300.4亿元，同比增长17.0%；旅游商业实现综合收入241.2亿元，同比增长7.2%；住宿业实现综合收入154.8亿元，同比增长2.6%。三个行业占全区旅游综合收入的86.7%。年末，纳入统计的住宿业单位797家，其中星级饭店110家。旅行社369家。旅游景点35家，其中A级景区13家。

地址：团结湖北五条5号

电话：65099077

邮编：100026

网址：http://www.bjtravel.gov.cn

（牛宇阂）

【首批文化旅游示范单位揭牌】　1月14日，朝阳区首批文化旅游示范单位揭牌仪式在北京励志堂科举匾额博物馆举行。25家特色企业被授牌。市旅游委委员方泽华、区长助理郗永春出席揭牌仪式。该活动是落实首都北京旅游资源多样化战略的重要举措，促进文化和旅游的有机融合，实现区域旅游资源的多样化发展。

（牛宇阂）

【社会单位旅游开放日】　5月19日，在“5·19”中国旅游日组织区域社会单位举办旅游开放日活动。从朝阳区首批文化旅游示范单位中推选出北京励志堂科举匾额博物馆、北京晋商博物馆、中国铁道博物馆（东郊馆）等3家博物馆作为朝阳区第二批社会开放单位。

（牛宇阂）

【旅游行业安全与保险知识竞赛】　6月10日，区旅游委组织全区旅游企业参加市旅游委组织的2013年旅游行业安全与保险知识竞赛报名及考试。有346人报名参加，人数和参加旅游企业数均位居全市首位。7月16日至17日，朝阳区代表队参加复赛，以350分最高分值居于8支队伍之首。7月29日，朝阳区代表队在北京市旅游行业安全与保险知识竞赛中获得总决赛第一名。

（牛宇阂）

【安全生产培训工作会】　7月19日，举办全区星级饭店安全生产标准化创建培训工作会，全区59家星级饭店负责人和企业相关部门负责人118人参加培训。10月23日至24日，对区内景区、住宿业组长单位安保经理或安全工作负责人（共300余人）开展安全生产培训。年内，组织全区112家星级宾馆、12家A级景区、67家非星级宾馆组长单位的安保负责人开展集中培训，并向非星级宾馆下发《朝阳区非星级宾馆安全生产管理指导手册》。

（牛宇阂）

【参加“北京礼物”旅游商品赛】　7月29日至9月22日，第十届“北京礼物”旅游商品大赛征集评选工作全面展开，区域内华夏鸿盛商贸有限公司、华夏合香（北京）文化传播有限公司、北京艺有道工业设计有限公司、北京松鹤年科技开发有限公司、华江文化发展有限公司五家单位报名参赛，报送皇城根京剧系列酒、北京客道——鸟巢杯托、北京客道——鸟巢烟灰缸、北京扇子、京剧书签、糖葫芦蜡烛、太极小人、五环盘、碧玺小分子活化水杯、碧玺天然保健枕套等十余件产品。获得金奖1名（全市共5名）、银奖3名（全市共14名）、铜奖3名（全市共25名），区旅游委获得“优秀组织奖”。

（牛宇阂）

【“首都旅游紫禁杯”表彰】　9月23日，北京市旅游发展委员会、北京市人力资源和社会保障局发布《关于表彰第十四届“首都旅游紫禁杯”先进集体和先进个人的决定》。全市100个集体获得首都旅游紫禁杯集体奖，200位从事旅游及相关领域工作的人员获得首都旅游紫禁杯个人奖。朝阳区有24家单位、39名个人获得第十四届“首都旅游紫禁杯”奖项，分别占全市的24%和19.5%。

（牛宇阂）

【朝阳国际旅游文化节】　10月1日至7日，在朝阳公园举办2013年北京朝阳国际旅游文化节活动。本届旅游文化节秉承“国际化、品牌化、精品化”的运作理念，以“融汇梦想，欢乐朝阳”为主题。朝阳公园欢乐会场，涵盖观光、休闲、娱乐、文体、会展、美食、购物等7大类、10余项活动。旅游节邀请俄罗斯、波兰、立陶宛、苏格兰、英国和台湾等国家和地区的艺术团体60余名艺术家演出。首次引入马术嘉年华活动。现场专门设置《旅游法》展览展示和咨询台。活动期间，朝阳公园入园总人数达36万人次，平均每天入园5万人次，最高单日入园7万人次。

（牛宇阂）

【中国家庭访俄交流】　10月2日至9日，根据全市“2013俄罗斯中国旅游年”中国家庭回访活动的统一部署，区内11户家庭分两批到俄罗斯莫斯科开展回访交流活动。朝阳家庭在俄回访期间，文明出行，文明旅游，尊重当地的风俗习惯，树立国人在外的良好形象，展现中国首都市民的良好风尚，为中俄之间的友好交流再次播下友谊的种子。

（牛宇阂）

【第二届国际动漫博览会】　10月12日至20日，由文化部、北京市政府和中国人民对外友好协会联合主办的第二届国际动漫博览会（北京2013）在蟹岛国际会展中心举办。多个国家的近200个动漫企业、20余部动漫电影、数千种动漫衍生品及50余位国际知名漫画家亮相该博览会。

（牛宇阂）

【安装旅游景区标识牌】　年内，利用市旅游发展专项资金149万元完成12家A级旅游景区五种文字全景牌、6家A级景区24块道路交通标志牌安装工作。

（牛宇阂）

【星级饭店复核】　年内，开展一至三星饭店复核工作。对全区25家一至三星级饭店开展星级复核,达标13家,延期复核2家,限期整改4家,取消星级6家。为辖区25家一、二星级饭店全部换发新版星级证书。

(牛宇阅)

【A级景区评定】 年内,开展A级旅游景区评定工作。对北小河、大望京公园开展A级旅游景区质量标准培训,结合标准提出整改建议。完成对日坛公园、红领巾公园、团结湖公园和蓝色港湾等A级旅游景区的复核工作。

(牛宇阅)

【旅行社管理】 年内,开展对旅行社设立分社、服务网点备案登记工作,完成旅行社服务网点备案600家,变更地址、名称或负责人45家,注销93家,完成旅行社分社备案75家,变更地址、名称或负责人37家、注销81家。区旅游委、工商朝阳分局、区人力社保局和市旅游委行管处、执法大队组成联合检查组,先后98次对辖区旅行社分社、服务网点开展联合清理整顿和专项检查,对发现问题的单位下发整改通知书,限期整改。

(牛宇阅)

【节能减排】 年内,制定区旅游委"十二五"节能减排工作规划,完成区"十二五"重点行业领域节能目标分解工作,确定年耗能2000—5000吨标煤的19家旅游饭店为朝阳区重点用能单位,签订《朝阳区重点用能单位节能减排目标责任书》。指导并协助用能单位建立完善企业节能制度和措施,包括建立企业节能工作领导小组,专门设立能源管理负责人和能源管理岗位,制定实施年度节能计划,节能目标考核体系和节能考核奖惩制度等。19家区旅游业重点用能单位年度投入近千万元用于节能技术改造工程和淘汰更新能耗设备,包括改造中水设备、更换LED照明、锅炉更换、购买风机变频设备、更换老旧制冷机组和变压器、直燃机组进行大修和变频水泵改造等。

(牛宇阅)

【安全管理】 年内,安全生产工作突出"平安旅游"主线,完成各项日常安全检查任务及重大节庆活动安全生产保障任务。完成元旦、春节、"五一"、端午、"十一"等重大节日和全国"两会"等重大活动期间的安全保障工作。对辖区内所有旅游业开展滚动式不间断的安全生产检查,并组织企业开展安全自查行动。联合多部门重点检查60家星级饭店、12家A级景区。针对"11·19"火灾事故,制订《朝阳区旅游行业2013年冬季消防安全专项检查工作方案》,强化在全区范围内开展的旅游行业安全生产专项检查。实现区内900余家住宿业单位全覆盖式安全生产大检查。在全市各区县率先编制下发《朝阳区旅游行业应急预案标准化手册》和《朝阳区旅游行业安全检查标准化手册》,重新修订《北京市朝阳区非星级宾馆安全生产指导手册》,并下发1000余册。

(牛宇阅)

【旅游环境秩序整治】 年内,继续将旅游环境秩序整治列为全年重点工作。打击散发"小广告""黑车""黑导"各类违法行为。区旅游委牵头区社会办、区农委和景区周边涉及街乡,加强景区及周边环境整顿。建立A级景区周边环境治理基本数据台账,对旅游景点名称、具体位置和所在街乡等数据进行重新统计。加强"一日游"市场整顿,牵头多家部门对奥林匹克公园、欢乐谷和劲松周边等九处旅游秩序重点整治地区明察暗访重点打击。配合市公安、市旅游委、市交通执法大队彻底根除2家涉嫌损害游客合法权益的"老乡店"。通过"属地管理、条块结合"的管理模式,形成合力,集中力量,重点打击,在全市环境秩序整治考核中获满分。

(牛宇阅)

【旅游宣传】 年内,加大与主流媒体合作宣传力度,扩大旅游宣传范围。在《朝阳报》《社区生活周刊》每周发布一期介绍区内旅游资源的报道。与北京电视台、北京广播电台、《北京日报》、北京旅游委官方微博、奇虎360等媒体合作,宣传朝阳特色景区、精品线路、节庆活动、文化旅游示范单位等。

(牛宇阅)

【旅游促销】 年内,组织区内企业参加各类旅游博览会,开展旅游促销活动。4月27日,组织旅游企业参加北京市旅游委在地坛公园举办的北京市春季旅游促销推介及春季歌会活动。7月22日,组织50家旅游企业参加内蒙古自治区呼伦贝尔市新巴尔虎左旗旅游推介会。9月6日至8日,组织旅游企业参加第十七届重庆都市旅游节暨第五届中国重庆城际旅游交易会。11月29日至12月1日,组织旅游企业参加在新疆国际会展中心举办的2013中国西部冰雪旅游节暨第八届新疆冬博会。12月6日至8日,组织旅游企业参加在成都世纪城新国际会展中心举办的2013成都国际旅游展。

(牛宇阅)

【创建景区自助点读导览系统】 年内,创建景区自助点读导览系统,制作成5种语言文字点读笔,用信息化、智能化手段将区内12家A级旅游景区和25家文化旅游示范单位的介绍以图片、语音的形式传递给旅游者,丰富朝阳旅游资源的推介模式。

(牛宇阅)

【旅游黄金周】 年内,春节、"十一"两个旅游黄金周和元旦、清明、"五一"、端午和中秋五个小长假平稳度过,期间均无安全事故和投诉现象发生,实现"安全、秩序、质量、效益"四统一目标。有31个旅游企业纳入假日统计监测范围,包括16个旅游景区(点)、14个住宿业和1个民俗接待。元旦小长假接待游客18.86万人次,同比下降11.49%,产生旅游综合收入498万元,同比增长28.94%;春节黄金周接待游客77.33万人次,同比下降17.43%,产生旅游综合收入2082.83万元,同比增长33.3%;清明小长假接待游客34.01万人次,同比增长0.76%,产生旅游综合收入1454.49万元,同比增长7.31%;"五一"小长假接待游客58万人次,同比增长9%,产生旅游综合收入2756.18万元,同比增长14.56%;端午小长假接待游客49.04万人次,同比增长22.72%,产生旅游综合收入1565.67万元,同比增长2.22%,"十一"黄金周接待游客121万人次,同比增长1.10%,产生旅游综合收入4941.55万元,同比增长1.16%。

(牛宇阅)

【咨询服务】 年内,区内纳入统计的旅游咨询站点有32个,接待游客90万余人次,其中三里屯咨询站接待5万人次,高碑店两个咨询站接待2万人次,奥林匹克三个咨询站接待10万余人次。所有站点都通过日常咨询、发放宣传品外,利用LED电视每日播放宣传片等形式开展旅游资源宣传展示和旅游咨询服务。为丰富旅游咨询服务模式,咨询服务走进基层社区、景区景点、购物商圈,通过为百姓解答旅游疑问、宣传旅游资源、介绍旅游安全知识,让百姓充分了解旅游咨询,享受咨询便利。奥林匹克公园3号安检口新建咨询站被评为2013年朝阳区精品站项目。

(牛宇阅)

【旅游投诉受理】 年内,受理旅游投诉40件。其中涉及住宿业的投诉32件、景区投诉6件,旅行社投诉2件,办结率100%。收到政民互动平台反馈问题26条,全部解决,群众满意率100%。与去年相比,投诉案件呈明显下降趋势。

(牛宇阅)

农业 水务 气象

农村经济

【概况】 北京市朝阳区农村工作委员会(简称区农委),挂北京市朝阳区动物卫生监督管理局(简称区动物卫生监管局)牌子,与中共北京市朝阳区委农村工作委员会(简称区委农工委)合署办公。区委农工委是负责朝阳区农村工作的区委派出机构,区农委是负责朝阳区农村发展和农村经济工作的区政府工作部门。区委农工委主要职责是贯彻执行党在农村的路线、方针、政策,市委、区委的决议、决定,研究朝阳区新农村建设、城乡一体化和农村改革发展过程中的重大问题,向区委提出报告和建议。区农委主要职责是贯彻执行国家和北京市关于新农村建设、城乡一体化、农村经济管理的方针、政策、法律、法规、规章,结合朝阳区农村实际,进行综合性调研,向区政府提出报告和建议。协调、指导和推进朝阳区农村的改革,指导农村集体经济产权制度改革,研究制定农村经济发展规划和年度计划并组织实施,组织拟订财政支农资金计划并协调相关政策的落实。协调、督促城乡一体化建设的行业(专项)规划和产业发展规划的落实;参与乡域规划调整方案的制定,协调指导农村土地开发建设工作。参与农村基础设施和公共服务设施等农村基本建设和重大项目建设的规划方案制定工作并协调督促落实。研究提出农村产业发展功能定位并指导产业结构优化升级,负责农村经济发展主导产业的培育和重点项目的引进工作。区委农工委、区农委(区动物卫生监管局)行政编制53名,设12个内设机构。年内,农村地区实现经济总收入1184亿元,同比增长11%;形成区级财政收入73亿元,同比增长20.6%;农民人均纯收入24426元,同比增长10.3%。产业结构进一步优化,三次产业比重为0.4:28.5:71.1。

地址:日坛北街33号

电话:65099262

邮编:100020

邮箱:cyngw(内网)

(曹 义)

【"三资"管理】 年内,17个乡、144个村集体收支项目纳入预算管理,完成154个村306名村干部经济责任审计。调整清理不规范合同1200份,集体收益累计增加2.2亿元。农村三资在线监管平台初步建成。

(曹 义)

【产权制度改革】 年内,黑庄户、豆各庄、东坝3个乡改革方案及配套文件经区委区政府批准启动乡级产权制度改革,其所属37个村产权制度改革工作稳步推进,其中东坝乡所属9个村劳龄统计工作进行两榜公示。来广营乡所属4个村劳龄统计工作进行一榜公示。截至年底,全区累计完成或基本完成改革的单位103个,其中完成改革的村98个,占村级总数的68%。

(曹 义)

【集体经济合同管理】 年内,利用GIS定位测绘技术,完成全区19个乡7668份经济合同定位测绘工作,采取一卡一账对三图模式,实现合同文本电子备案。利用土地资源电子信息系统对经济合同进行清理规范,截至年底,全区累计调整不规范合同1200份,增加集体收益2亿元,解除合同115份,收回土地510.13公顷。规范乡、村两级合同签订程序,统一合同文本,推进合同签订联预审工作机制,对新签续签387份合同实施联预审,从源头上推进土地资源合理和有效利用。

(曹 义)

农村城市化

【概况】 年内,按照城乡一体化的发展要求,加快推进新农村建设,通过加强基础设施建设、加大绿化美化力度,着力改善村容村貌、村居环境,初步营造了"乡风文明、村容整洁"的和谐农村氛围。农村地区全年实现经济总收入1184亿元,同比增长11%;利润总额53.6亿元,同比增长9.3%;税金总额38.1亿元,同比增长9.0%;形成区级财政收入73亿元,同比增长20.6%;农民人均纯收入达到2.4万元,同比增长10.3%。

(曹 义)

【城乡统筹发展工作会】 2月25日,朝阳区召开2013年加强社会建设推进城乡统筹发展工作会,区四套班子领导出席。区委常委、副区长陈涛作题为《转变发展方式破解发展难题努力开创农村城市化工作新局面》的工作报告。报告回顾2012年农村工作,分析农村城市化发展形势,提出2013年的主要任务。区委、区政府相关部门、委、办、局党政正职,各地区机关科级以上干部、村、社区书记、主任等1300人出席大会。

(曹 义)

【土地储备和重点村整治】 年内,孙河、来广营等4个乡15个上市地块完成腾退。三间房、东坝2个乡回迁安置房竣工140万平方米,土储区域安置房项目累计竣工453.6万平方米,回迁5.82万人,农民回迁安置任务基本完成。

(曹 义)

【新农村建设】 年内,开展黑庄户优质煤替代和王四营"煤改电"试点,减煤换煤工作扎实推进。6处"三起来"工程和40个新农村基础设施项目全部完工,高碑店村东区600户农宅完成抗震节能改造,黑庄户乡定辛庄等3个村被列为市级新型农村社区试点。

(曹 义)

【流动人口管控】 年内,通过拆迁腾退、拆除出租大院、拆除违法建设、清理七黑五小、整治群租房、地下空间等措施调减流动人口12.1万人,人口数量实现稳中有降的目标。

(曹 义)

【公共服务】 年内,孙河、来广营2个乡实现农民转居民8337人。豆各庄等3个乡16个村转居工作全面启动;新型农村合作医疗筹资标准由820元增至1140元;北京中学西坝河校区建成招生;将台等6个乡12所中心幼儿园启动建设;安贞医院入驻东坝地区获得市级批复同意。

(曹 义)

【农村社区建设】 年内,加快提升社区服务功能,完成33个村级服务站、50个星级服务站建设和71个社区用房改扩建项目,11个新社区获批成立,全面完成33个"六型社区"创建工作。创新社区管理模式,积极推动23个"三社一体化"建设试点,高碑店地区兴隆家园社区、高碑店地区西社区、将台地区梵谷水郡社区、将台地区丽都社区、三间房地区艺水芳园社区、常营地区常营保利社区、来广营地区新街坊社区、平房地区定福家园南社区8个社区被评为首批全国社会工作服务标准化建设示范社区。

(曹 义)

【文化文明建设】 年内,完成8个乡情村史陈列室和26处室外文化广场建设,实现乡、村文化中心(室)100%覆盖、100%达标。举办农村地区健身秧歌大赛等文体活动,群众文化生活更加丰富。推行志愿服务项目申报制,来广营"一站一队助一家"等服务形成品牌。

(曹 义)

【维护稳定】 年内,结合千名干部下基层活动,加大矛盾纠纷排查调处力度,解决一批维稳重点问题。30个村完成社区化建设任务,77个村(社区)落实民警驻区制,可防性案件和矛盾纠纷大幅度减少。

(曹 义)

【环境整治】 年内,拆除各类违法建设658处、245.8万余平方米。集中整治京承高速路孙河段、东坝大环内垃圾等一批"百姓关注、舆情关注、领导关注"的环境脏乱点。实施环境建设惠民"3+1"工程(走好路、穿新衣、建广场,灭死角),投入3000万元,支持各乡开展64个环境建设项目。

(曹 义)

农村经济管理

【概况】 朝阳区农村集体经济办公室是区政府农村经济管理部门,正处级参照公务员管理事业单位,编制37名,内设办公室、统计科、集体资产管理科、调研科、合同管理科、财务审计科、产业发展科、信息培训科。主要负责开展朝阳区农村集体经济产权制度改革并组织实施;负责农村集体企业和集体经济组织改制的资产评估和资产归属确认;负责农村经济统计工作并对农村经济运行状况进行监测和分析;负责农村集体经济合同纠纷调解仲裁委员会办公室和农村负担监督管理领导小组办公室的日常工作;负责农村土地承包经营权流转工作并对农村土地承包合同和农村经济合同进行监督管理;负责监督、指导农村财务管理、财务公开工作,指导农村集体经济组织开展日常审计工作。年内,农村地区围绕全面加快农村城市化进程的中心任务,扎实推进农村三资管理、农村产权制度改革、农经统计、政策调研等工作,农村经济管理取得积极进展,农村经济健康发展。

地址:团结湖北里9号楼

电话:85962684

邮编:100026

邮箱:chyhtk@163.com

(方学清)

【集体资产管理】 年内,全区19个乡全部成立乡集体资产监督管理委员会及其办公室,其中王四营、南磨房等9个乡正式对外挂牌办公。全区19个乡154个村全面完成集体经济组织重新登记工作,并健全完善村级社员代表大会制度。对19个乡级集体经济组织、154个村级集体经济组织进行集体资产产权登记年检工作,截至年底,全区集体资产总额655.2亿元,负债总额419.7亿元,所有者权益173.6亿元,集体净资产总额142.7亿元,土地面积23852公顷。

(方学清)

【集体资金管理】 年内,全区19个乡154个村完成2013年度和2014年度收支预算的编制工作,按照预算控制、分级审批、集体决策、民主监督、依法依规、规范操作的原则,健全完善大额资金管理制度。对19个乡154个村干部进行任期和离任经济责任审计,审计村干部306名,审计对象包括村党支部书记、村委会主任、村经济合作社社长,审计内容包括村集体经济组织财务收支合法性、经营成果真实性、财政资金和专项资金使用规范性等,审计覆盖面100%。审计金额298.5亿元,审计合同7948份,审计出各类问题4201项,提出审计建议1292条。

(方学清)

【土地确权与流转】 年内,全区13个乡121个村农用地实行确权确利落实农民土地承包经营权,签订确权确利协议书52983份,涉及农民116840人,土地面积8745公顷,确权确利收益5928.7万元。

(方学清)

【合同纠纷调解】 年内,发挥与法院合同纠纷调解联动机制的作用,依法开展调解仲裁工作,妥善化解信访案事件。按照《农村土地承包经营纠纷调解仲裁法》规定,对黑庄户乡定辛庄西村郝某等3起农村土地承包经营纠纷案件,朝阳区农村集体经济合同纠纷调解仲裁庭公开进行依法仲裁。接待小红门乡、黑庄户乡等11批次48人次上访,做好政策解释和宣传工作。配合区纪委协助调查崔各庄乡黑桥村合同管理情况,有效化解农民上访问题。

(方学清)

【农村经济政策研究】 年内,围绕农村三资管理重点工作,深化"1+7"政策体系,对农村预算管理、印章管理、大额资金管理、经济责任审计等政策进行调查研究，完成政策性文件、征求意见函等文稿31份，有效服务农村经济管理。配合市农研中心，开展北京市第二道绿化隔离地区发展问题专题调研，完成《关于加强管理创新提升集体三资管理水平的研究》《朝阳区创新农村集体三资管理模式的实证研究》等立项课题研究任务。

（方学清）

【信息化建设】 年内，按照市经管站要求，完成农村人口信息、农村劳动力信息、农民家庭详细资料、农经统计资料等15个数据库的数据更新工作；完成乡村两级210名农村管理信息化管理人员培训工作，对7名新任信息员颁发上岗资格证书。对159台村管电脑、22台乡农经平台服务器及52台触摸屏、184台扫描仪进行系统维护。

（方学清）

种植养殖服务

【概况】 朝阳区种植业养殖业服务中心是负责本区畜牧兽医、农业、农机、水产管理服务工作的区政府直属部门，归口区农委管理，全额拨款正处级事业单位，事业编制47名。内设行政办公室、党委办公室、财务科、动物卫生安全管理科、特种养殖发展管理科、农业机械化服务科、都市农业规划建设科、科教信息科、农产品质量安全科、生态能源开发科。下设朝阳区动物疫病预防控制中心、植物保护检疫站、鱼种场3个事业单位。主要职能是贯彻执行国家和北京市有关畜牧兽医、农业、农机、水产发展的法律、法规和方针、政策，实施朝阳区动物防疫、农作物检疫工作，贯彻落实中央和市、区政府重大动物、农作物疫病的防疫、检测和强制免疫工作，负责人畜共患重大动物、农作物疫病的诊断、疫病监测、疫病净化，动物疫情预报、预测和强制免疫用药供应，应急防疫物资和技术储备及重大动物疫病的扑灭工作，负责动物源性食品的安全以及农作物种子及产品产地检疫、水产品的产地检疫，负责农情信息调查、农作物病虫、草及鼠害的预报和防治工作。年内，全区存栏牛2572头，其中农场局2个规模场存栏2388头，散养户存栏184头；散养羊25户1907只；特禽12户4020只；马属动物17户505匹，注册犬49992条；鸽子4128户147604只。动物诊疗机构62家，兽药生产、经营单位31家。经营肉类产品的超市153家，经营肉类产品的市场97家，肉类半成品加工单位14家。全区池塘面积175.6公顷，其中闲置水面41.4公顷，水生植物种植8.067公顷，水产养殖面积为134.2公顷，包括观赏鱼养殖面积86.4公顷，食用鱼养殖（含垂钓）93户，面积47.8公顷，水生菜种植11公顷。2013年，区种养中心获得“朝阳区农村公共信息服务支撑体系建设”项目北京市金桥工程二等奖。

地址：东坝红松园14号

电话：65495193

邮编：100018

邮箱：zyzx@chy.egov.cn（内网）

（夏春秋）

【宣传培训】 3月11至14日，开展宣传培训月活动，以动物产品安全知识、动物疫病防控知识为主题进行人畜共患病的宣传，发放《致养犬人的一封信》和《文明养犬手册》、宣传海报、动物源性食品安全手册等宣传材料15万余份。对区域内检疫人员、商场超市和涉及出市销售动物产品的单位进行培训，培训检疫证明及检疫标志使用单位180家，各级防疫员1.5万余人次，发放各类宣传材料15万余份；对全区43个街乡530名村级（社区）防疫员开展防疫知识培训，实地为左家庄、香河园、东坝13个街乡的200余名动物防疫人员讲课。5月、12月，分别举办朝阳区村级（社区）动物防疫员培训班，500余人参加培训。

（罗建华 张柳青）

【增殖放流】 4月12日，在奥林匹克森林公园、大望京公园、将府公园等5个景观水域开展春季增殖放流活动，放流面积77.6公顷，放流13100公斤鱼种，其中白鲢10000公斤，花鲢2900公斤，草鱼200公斤，约折合16万尾。

（简 洁）

【工作方案制定】 年内，制定《2013年春季重大动物疫病防控工作意见》《朝阳区2013年度狂犬病防控工作方案》《2013年秋季重大动物疫病防控工作意见》《动物疫病监测方案》《村级（社区）防疫员配需考核办法》《街乡动物防疫工作检查通知》等8个工作意见及方案，召开工作部署会21个。

（罗建华）

【疫病防控】 年内，设立23个流动免疫点、45个固定免疫点。全年结合免疫，全区狂犬病免疫49992条，应免率100%。全区口蹄疫、禽流感等疫病免疫率100%。与疾病预防控制中心开展布病防控，监测4个牛场的40名饲养员，未发现布病阳性病例；检测2572头奶牛，未发现阳性。

（罗建华 张柳青）

【应急处置】 年内，在防控禽流感期间，启动禽流感应急预案，成立禽流感疫情防控办公室，成立协调组、物资保障组、信息统计组、3个疫情处置组等6个防控工作组，对各类相关疫情举报实行24小时直报专线的应急值守。共接收各类举报咨询300余起，现场处置152起，检测各类动物样品253份，未检出阳性样品。

（罗建华 张柳青）

【春防秋防】 年内，在全区开展春、秋防工作。对全区奶牛进行牛结核、布病检疫净化，对马属动物进行马传贫、马鼻疽的检疫净化，无阳性；加强抗体监测，经检测抗体水平均在有效保护范围；集中发放消毒药品39.21吨，对各街乡防疫人员和530名村级（社区）防疫员发放毛巾、手套、消毒液等防护用品2500余套。

（张柳青）

【动物及动物产品检疫】 年内，检疫各类动物6.5万头（条、只、羽、匹），对肉类批发市场和京客隆生鲜配送中心实行24小时全程监管；对外埠进京动物和动物产品的检验检疫，实行24小时昼夜值守；检疫外埠进京猪肉3500万公斤、鸡肉780万公斤、鸭肉190万公斤、牛肉1750万公斤、羊肉700万公斤。

（张柳青）

【经营单位督导】 年内，纳入监测的肉类经营市场97家，摊位1871个，纳入监测的商场超市153家，加工配送单位14家，外埠进京换证的52家，检疫标志使用单位170家。

（张柳青）

【动物疫病监测】 年内，接收动物血清样品4035份，实验室检测8000份次。检测项目包括马传贫、马鼻疽、奶牛结核、布病、口蹄疫、高致病性禽流感、狂犬病、弓形虫等。

(张柳青)

【动物产品药残检测】 年内,接收畜禽产品3312份,水产品673份,进行11045项次实验室检测,包括沙丁胺醇、克伦特罗、莱克多巴胺、孔雀石绿、氟喹诺酮 、呋喃唑酮、氯霉素、己烯雌酚等。

(张柳青)

【水产渔业】 年内,监测水环境样本40份,开展552项次实验室检测,包括pH值、溶解氧、COD、亚硝酸盐、非离子氨、总磷、总氮、重金属含量等;接收542尾草金鱼进行190项次的检测,包括:鲤春病毒、锦鲤疱疹病毒、嗜水气单胞菌、杀鲑单胞菌等。

(张柳青)

【落实责任制】 年内,组织全区开展一二三级防疫责任书签订工作,签订责任书10671余份,进一步明确2013年防控目标和重点工作,完成覆盖区、乡(街道)、村(社区)的三级防控责任体系。

(张柳青)

【疫病净化】 年内,对全区存栏马属动物进行两次马鼻祖、马传染性贫血病两种国家二类动物疫病的检疫净化,检疫马属动物973份,未发现阳性动物。对全区存栏奶牛进行两次牛布鲁士杆菌病、结核病两种国家二类动物疫病的检疫净化,检疫牛441份,未发现阳性动物。

(张柳青)

【水产品质量安全】 年内,承担市水产技术推广站《水产品质量安全调查与分析》、《水产品安全生产田间督导》两个水产品质量安全项目。组织开展水产 养殖过程中风险情况调查,协助项目单位完成水环境、水产品、鱼药及饲料等投入品采样工作,协调各乡农服中心及养殖单位确定全区水质、鱼病定点监测点。

(简　洁)

【景观水域调研】 年内,对全区景观水域进行调研,景观水域40处,面积175.6公顷。其中市属景观水域4个,区属景观水域8个,郊野公园14个,度假村、村属景观水域14个。

(简　洁)

【特种养殖现状调研】 年内,开展特种养殖现状调研,完成《2013年朝阳区畜禽特种养殖情况表》《2013年朝阳区水产特种养殖情况表》,撰写《朝阳区特种养殖发展现状与建议》的调研报告。

(简　洁)

【观赏鱼创新团队项目】 年内,引进日本锦鲤夏花1万尾,二龄金鱼700多尾作为后备亲鱼;主要推广金鱼小池精养技术、优质金鱼人工挑选技术操作规程、优质锦鲤人工初选技术操作规程、锦鲤扬色饲料等新技术和产品;组织观赏鱼养殖技术培训班,40多个观赏鱼养殖单位(户)参加培训;组织从业人员参加观赏鱼文化宣传等活动。

(简　洁)

【全国"两会"淡水鱼供应】 年内,为全国"两会"供应草鱼6431.8公斤,鲫鱼485.65公斤,花鲢836.75公斤,罗非1036.4公斤,鲤鱼1315.4公斤,合计10106公斤;为北京"两会"供应鲜活鱼共计1759公斤,其中草鱼1377.5公斤,鲫鱼10.5公斤,罗非222.5公斤,花鲢148.5公斤。

(舒泓翔)

【农机购置补贴】 年内,落实市级工作补贴资金13.84万元,购置大中型拖拉机4台。

(漆　龙)

【"三夏""三秋"及秸秆禁烧】 年内,"三夏""三秋"农机作业投入机具32台次,培训农机操作人员45人次。机播玉米61公顷、小麦3.3公顷,机收玉米61公顷、小麦3.3公顷。"三夏""三秋"作业期间,技术人员深入田间作业现场督导、检查秸秆禁烧执行情况。

(漆　龙)

【货车通行证办理】 年内,为11个农业企业103辆货运车辆办理通行证196张。

(漆　龙)

【政策性农业保险投保】 年内,全区10家农业企业投保政策性农业保险中的桃、枣、梨、葡萄、苹果、温室大棚等6个险种55公顷,保费共34.84万元,其中市财政补贴17.42万元,区财政补贴10.45万元,企业自缴6.97万元。15户次因自然灾害获赔47.89万元。

(漆　龙)

【蔬菜生产提质增效】 年内,确定蟹岛、朝来、永顺华三家园区为"三百"工程示范园区;全年安排11个示范点,上半年安排冬春茬2个春大棚、3个温室,7个示范点。下半年安排1个秋大棚、3个温室4个示范点。

(于洪伟)

【有机肥补贴】 年内,在全区推广政策补贴有机肥900吨,二氧化碳吊袋1400袋,配方肥45吨,以及番茄授粉器、番茄防折环等。

(于洪伟)

【农业用地调研】 年内,完成农业用地调研工作。全区农业用地面积1534.54公顷,其中蔬菜182.11公顷,粮食67公顷,果树313.05公顷,苗木810.18公顷,花卉103.73公顷,商业草坪58.47公顷。

(于洪伟)

【粮食直补】 年内,落实国家惠农政策,小麦直补发放补贴资金1.44万元;玉米直补发放补贴资金6.35万元。

(于洪伟)

【蔬菜普查】 年内,对涉及蔬菜生产的6个乡开展蔬菜普查工作,全区菜田总面积182.11公顷,其中设施蔬菜面积81.38公顷、露地蔬菜面积100.73公顷。全区蔬菜播种面积257.25公顷,其中春播面积51.37公顷、夏播面积37.67公顷、秋播面积129.68公顷、冬播面积38.53公顷。

(于洪伟)

【农情上报工作】 年内,通过市农业局农情信息调度系统报送农情信息17条、农情报表127套、农业局蔬菜处平台报表22套、粮食种植档案5套、其他报表63套、报表共217套。数据上报4万余个。小麦收获面积3.33公顷,秋季集中在金盏乡、黑庄户乡。玉米播种、收获面积61.67公顷,其中春玉米22公顷,夏玉米39.67公顷。

(于洪伟)

【"221"信息平台业务数据更新】 年内,完成市级"221信息平台"业务数据在线更新工作,其中包括15张业务数据表、4大类共2000余个业务数据的收集、整理和录入工作。

(黄业中)

【果类蔬菜创新团队建设】 年内,开展果类蔬菜高产高效技术示范与推广应用培训等工作。建立高产高效示范点11个,示范推广新品种7个、新技术10项,组织农民活动日18次,其中开展技术培训5次、观摩学习活动7次、技术研讨活动1次。年底,朝阳区农民田间学校工作站通过果类蔬菜创新团队年度工作考评。

(黄业中)

【信息化培训】 年内,组织开展朝阳区农业农村信息化创新应用培训,各乡农服中心、重点园区及相关农村社区的负责人等50余人参加培训。

(黄业中)

【科普宣传】 年内,与区科协、农业科普示范基地、农业园区及农业科技公司等社会力量合作,在北京科学嘉年华、北京科普之夏、朝阳科技周主会场、首都图书馆、蟹岛农耕节上,开展"倡导绿色生活,共建和谐家园"主题科普宣传活动,发放宣传册和调查问卷3万余份。获得2013年北京市全国科普日活动优秀组织单位奖。

（黄业中）

【植物检疫】 年内，在相关作物上进行黄瓜绿斑驳病毒病、果斑病、番茄溃疡病、美国白蛾、扶桑绵粉蚧、红火蚁、稻水象甲、大豆疫病等危险性有害生物普查，未发现危险性有害生物。

（靳 为）

【调运检疫】 年内，调运检疫25批次(1382公斤蔬菜种子)，未发现危险性有害生物。

（靳 为）

【执法宣传检查】 年内，重点检查调运植物产品有无植物检疫证书，督促建立植物检疫证书登记档案。执法人员对全区10余家种业公司、门市部进行执法检查及植物检疫知识宣传培训，发放宣传材料700余份。

（靳 为）

【毒饵站灭鼠】 年内，完成6542.1公顷春季农区灭鼠工作；完成7987.7公顷秋季农区灭鼠工作；毒饵站示范面积664.7公顷。

（靳 为）

【农残检测】 年内，检测农贸市场、基地及配送企业、超市的20090个蔬菜水果样品，合格率99.9%以上(其中农贸市场合格率99.9%，农产品生产基地及配送企业合格率99.9%，超市合格率100%)，定量检测121个蔬菜水果样品，合格率100%。

（靳 为）

【农产品质量安全监管追溯体系】 年内，对14个项目监控点检测室运行情况做到每日电询、每周抽查、每月普查，确保三级管理高效通畅。累计检查基层检测点100人次，解决数据传输、登记书写、样品记录等各类情况115个次。迎检接待相关部门100余人次。

（李雅娟）

【检测规范培训】 年内，对17个园区生产基地、加工配送企业、大型农贸市场负责人及基层农产品检测员80余人进行农产品质量安全监管培训。发放《农产品质量安全检测人员工作手册》《农产品质量安全法律法规》等学习材料1700份。

（李雅娟）

【标准化基地建设】 年内，对全区符合条件的7家“菜篮子”工程标准化生产基地进行普查确认、系统打分、划分评级、动态管理，区永顺华蔬菜基地被评为“2013年北京市菜篮子工程优秀级标准化生产基地”。

（李雅娟）

【农产品质量安全普法宣传】 年内，联合区农委、区食品办、区科协、区农业执法大队等部门，开展全国食品安全宣传周、市科学嘉年华、“送法下乡”宣传月、朝阳科技周、“农产品安全社区行”等宣传活动。发放《农产品质量安全法》《农产品质量安全100问》《农产品质量安全实施技术》等宣传材料近3万份。

（李雅娟）

【“三品”认证管理】 年内，对都市农汇、黑桥常珍种植专业合作社、大运河翰林农业科技公司首次申报的19个品种进行网上申报、文书申报以及现场认定检查。对永顺华、方圆平安、蟹岛、朝阳水科园等生产规模大、品牌知名度高的无公害农产品认证企业进行全方位的检查；对京客隆酒仙桥店、家乐福姚家园店和永旺大悦城店、永辉、华堂等大型商场超市、批发市场的无公害农产品标识、地理标志使用情况进行专项调查。推行“三品”备案规范管理制度，对12个园区基地35个无公害、112个有机食品认证品种进行备案；对全区从事“三品”管理与认证的17名检查员、20名内检员进行备案。

（李雅娟）

【农产品质量安全自检】 年内，全区12家生产、加工配送、销售农产品单位全年自检农产品样品165939个，合格率均在98.8%以上。其中蔬菜样品134547个，合格率98.8%；水果样品10703个，合格率99.9%；畜禽样品19209个，合格率99.9%；水产样品1480个，合格率100%。较上年自检样品合格率增加0.1个百分点，杜绝不合格农产品上市，实现全年无一例重大农产品质量安全事故发生。

（李雅娟）

【检测试剂补贴】 年内，对蟹岛、永顺华、东郊市场等11个试点企业进行统一检测配套，补贴检测酶150份，补贴克伦特罗、莱克多巴胺、孔雀石绿检测卡及耗材5000份。

（李雅娟）

【郎家园枣入普查名录】 年内，对朝阳区农产品地理标志资源进行普查，朝阳区郎家园枣通过专家评审，进入全国农产品地理标志资源普查名录。

（李雅娟）

农业综合执法

【概况】 朝阳区农业综合执法大队是区农委直属行政执法机构，加挂区动物卫生监督所的牌子，机构规格副处级，编制75名。内设办公室、组织科、法制科、执法一科、执法二科、执法三科、执法四科、执法五科、白鹿公路动物防疫监督检查站、动物收容站、应急处理科等11个科(站、室)。负责辖区内动物卫生、兽药、饲料及饲料添加剂、农药、肥料、种子、转基因生物安全、农机、渔政等9项行政执法监督职能。全年出动执法人员7445人次，执法车辆2302车次，检查各类管理相对人11133家次；签订责任书、发放告知书1067份，制作监督笔录及意见书2253份；查处各类涉农违法案件524件(其中：一般程序处罚案件272件，简易程序处罚案件252件)，罚没款总额61.3万元；检疫监督运输外埠动物及动物产品进京车辆2.54万车次，检查活体动物207万头只、动物产品21.9万吨，劝返不符合规定运输车辆20车次；收容无主动物32只；开展联合执法行动61次；处理举报136起。全年协助农业部、市农业局等单位开展抽样检查活动13次，对28家单位55类产品抽取样本216个。开展大型集中宣传9次，发放各类宣传材料8.5万余份，接受群众现场咨询2417人次；举办管理相对人培训班20次，培训管理相对人579家、1139人次。在参加农业部2012年度全国农业行政处罚案卷评查活动中，被评为“全国农业行政处罚优秀案卷”。

地址：北京市朝阳区团结湖北三条甲8号

电话：85979219

传真：85979220

邮编：100026

网址：http://nyzf.bjchy.gov.cn

邮箱：cynyzfdd@bjchy.gov.cn

（白国辉）

【配合完成水产品抽样】 1月11日、4月1

日、7月11日、10月17日,区农业综合执法大队分别配合市农业局水产处和黑龙江水产研究所相关负责人在朝阳区进行水产品季度抽样检测,抽取8家市场(超市)54个水产品样本,完成年度抽检任务。

(白国辉)

【签订农机安全生产责任书】 1月14日,各乡按照区农委下发的《关于签订2013年农业机械安全生产工作责任书的通知》要求,结合各乡具体实际,制定区域内防范和处理农机安全生产事故的预案及措施,与内各村(社区)及涉及农机产销、维修、使用单位签订《农机安全生产责任书》,逐级落实农机安全生产责任,19个乡由农机主管领导签字并加盖乡政府公章的《2013年农机安全生产责任书》全部交至区农业综合执法大队进行备案,全区农机安全生产监管工作覆盖率100%。

(白国辉)

【"风情节"肉食品安全保障】 2月1日,"2013年北京朝阳国际风情节"组委会组织参加风情节的200余名餐饮商户负责人在区卫生局召开大会,邀请区工商、卫生、消防和农业综合执法大队4个职能部门分别就工商管理、卫生防疫、消防安全、动物产品使用安全等方面的规定和要求,给参会的商户负责人做讲解和说明。区农业综合执法大队从动物产品的采购、利用等环节,结合检疫标签、检疫合格证明票据的查验和留存等方面进行宣讲,明确相关法律要求。

(白国辉)

【GSP资质调查统计】 2月10日,完成全区兽药经营单位GSP资质的调查统计工作。全区有17家兽药经营单位,其中10家取得GSP资质认证。

(白国辉)

【排查"食人鱼"】 3月18日,区农业综合执法大队接市渔政站举报,称有市民反映在朝阳区十里雅园国际花卉市场出现了"食人鱼",担心该物种会在北京泛滥,对市内居民的人身安全造成威胁,并且详细告知出售的摊位商铺。接到举报后,农业执法人员立即赶赴现场,对举报的E8A号商铺进行仔细检查,现场未发现举报人所称的"食人鱼"及其他带有攻击性的外来物种。随后,执法人员向该市场总经理通报情况,现场制作监督笔录,要求市场立即开展自查,对市场内水族大厅所有商户逐一排查,发现问题立即上报大队。之后,执法人员对举报人回复,及时说明现场检查情况,消除举报人的顾虑,并留下便民服务电话。

(白国辉)

【涉农企业专业培训】 3月,大队组织开展以动物疫病防控教育培训为主的"宣传培训月"活动,对辖区内动物诊疗、兽药、种子、农产品基地、农药、渔政、农机及商场(超市)、市场、餐饮企业等涉农企业进行相关专业知识培训,宣传农业法律法规。开展各类管理相对人培训班11期,培训管理相对人407家。

(白国辉)

【预防假劣兽药流入市场】 一季度,兽药抽检结果显示北京立时达药业有限公司生产的产品批号为"20120801"的痢菌净粉不合格。经与企业负责人确认,此产品非该企业生产。4月27日,大队和市动监所执法人员到该公司进行有针对性的执法检查,通过查看痢菌净产品的生产记录、销售记录、成品库房,未发现该公司在2012年以后生产批号为"20120801"的痢菌净粉。通过询问公司负责人,此种产品已于2011年停止生产。

(白国辉)

【H7N9禽流感防控】 4月13日,召开禽流感防控紧急工作会后,大队立即部署当前执法应急工作。4月15日至5月1日期间,暂停日常执法检查,全面投入禽流感应急处理工作,每天安排2名带班领导、8名执法人员组成夜间应急加强班,负责处理值班应急举报工作;坚持24小时值班制度,全体应急人员确保24小时通讯畅通,全面进入防控应急状态。

(白国辉)

【基层防疫人员培训】 5月9日,配合区重大办组织2013年村(社区)防疫员培训班,对全区43个街乡的负责人和471名基层防疫员进行培训。

(白国辉)

【配合犬防疫】 5月12日,配合区养犬办、区工商局、城管大队,对辖区内的酷迪宠物诊所和东兴动物医院的狂犬病强制免疫、年检注册情况进行摸排调查,收容平房地区流浪犬1只,在国美第一城进行狂犬病防疫工作宣传,向社区群众普及文明养犬知识及狂犬病的危害,发放宣传材料800余份。

(白国辉)

【核查冒称北京市农药生产企业】 5月,区农业综合执法大队接到市农业局关于集中核查冒称北京市农药生产企业的通知后,迅速组织执法人员对标称在朝阳区的6家农药生产企业进行核实。这些企业大部分属于违法经营,其办公地址多为虚构,业务人员也是藏头露尾,给执法人员的核查工作造成了很大困难。对此,执法人员通过网络、电话和实地检查等多种方式,对标称在朝阳区的农药生产企业进行核查。在实地检查过程中,执法人员多方探访,仔细向标称地址所在地写字楼、商铺及社区的管理工作人员询问相关信息,查明实际情况并及时上报市农业局,圆满完成核查工作。

(白国辉)

【养犬宣传执法检查】 6月13日至30日,由朝阳公安分局治安支队养犬管理办公室、区农业综合执法大队、区疫控中心、地区派出所组成的养犬宣传联合检查组,利用早晚市民遛犬时间,到辖区督导养犬登记年检以及大型犬、烈性犬查处情况,对全区21个地区60余个小区进行督导检查。

(白国辉)

【农产品质量安全保障】 6月,开展朝阳区农产品生产基地执法检查月活动,成立专项检查小组,对区内12家农产品生产基地进行执法检查。截至6月底,有农产品生产基地12家,种植面积362.27公顷。其中北京永顺华蔬菜种植有限公司等4家8个品种果蔬取得有机认证。未取得认证的8家农产品生产基地中,部分单位农药、肥料等农业投入品储存条件差,未施行专库、专人管理,管理制度不严,农业投入品使用记录等生产记录不规范、不完整。

(白国辉)

【上道路农机联检宣教活动】 7月至11月,大队联合朝阳交通支队、区安监局及各乡农服中心,在全区范围内持续开展5次上道路农机联检宣教活动。出动执法人员27人次,执法车辆19台次,检查农用运输车辆34台次,发放《平安农机知识手册》读本、农机文化衫、警示反光条等宣传材料170余份,纠正无牌无证驾驶、车辆脱检、灯光不全等违法违章行为7起。

(白国辉)

【食用成鱼药残抽检采样】 7月29日至30日,大队联合区种养中心,到崔各庄、孙河、金盏等5个乡,与乡农业服务中心一起,对5个乡8个食用成鱼养殖场(户)进行药残抽样检测的采样工作,并对各渔场(户)的养殖记录和用药记录等进行执法检查。采样全部采取1公斤以上的食用成鱼,检测指标包括孔雀石绿、氯霉素、硝代等4项。

(白国辉)

【实地考察种子经营企业】 8月19日至

22日，区农委、区农业行政许可审批大厅和区农业综合执法大队组成的行政许可核查小组，对两家在朝阳区申办种子经营许可证的种子经营企业在甘肃省武威市的种子经营条件进行实地考察。核查人员对两家企业的办公场所、种子加工设备、种子库房、种子晒场、种子检验室、检验仪器、繁种基地和有关材料的原件进行核实检查。

（白国辉）

【义务监督员对大队满意度测评】　8月27日下午，组织大队聘请的20名义务监督员召开义务监督员座谈会。会上，大队向义务监督员通报执法工作的开展情况和下一步主要工作任务。会议最后进行满意度测评，由义务监督员通过自身感受、社会反映等直观印象，对农业执法大队及执法人员在"廉政建设""依法办事"等6个方面20项指标项目进行测评，整体满意度达99.94分。

（白国辉）

【区农村系统诗书画协会活动】　9月16日，区农村系统诗书画协会开展慰问农业执法人员笔会活动。协会成员在与执法人员面对面交流，了解执法人员的需求后，挥毫泼墨，当场作画写字，此次笔会为执法人员作出书画作品70余幅。

（白国辉）

【饲料采样】　10月14日至17日，区农业综合执法大队完成市动监所和市饲料监察所布置的饲料采样监测任务。采集北京樱花园动物医院、北京绿房子动物医院有限公司、北京康佳动物医院、朝阳区动物疫病预防控制中心、北京好友巡天生物技术有限责任公司朝阳饲料生产厂、北京三元绿荷奶牛养殖中心北牛场6个单位的32个饲料样品。其中泌乳期奶牛精料3个样品、配合饲料21个样品，饲料添加剂8个样品。采集的样品将分别送到市动监所和市饲料监察所进行专项检测和常规检测，通过检测结果了解朝阳区饲料行业质量状况，为下一步监管提供科学依据。

（白国辉）

【三秋农机监管】　10月15日，朝阳区"三秋"农机安全监管工作完成。全区秋粮收获面积65公顷，其中玉米（青饲）机收面积61.67公顷，大豆3.33公顷；投入作业农机具19台套，其中玉米（青饲）收获机械3台，大中型拖拉机10台，其他配套农机具6台件。"三秋"期间，出动执法人员19人次，执法车辆4台次。开展农机安全生产培训1次，培训区、乡农机监管人员和机手24人次；举办农机安全生产宣传活动1次，发放农机法规读本和宣传材料1300余份；联合金盏乡对投入作业的农机具进行田间巡查1次；组织农机集中交通安全治理行动2次，联检上道路行驶农业机械12台次，纠正违法行为5起。

（白国辉）

【设施农机安全生产大检查】　11月4日至8日，大队与区安监局、区种养中心组成联合检查组，到9个乡12家设施农机使用单位进行为期一周的冬季设施农业装备暨农机安全生产联检工作。出动执法人员54人次，车辆24台次，检查大棚301个，各类机械542台（其中卷帘机299台，微耕机4台，割灌机115台，打药机110台，拖拉机14台）。未发现投入作业机具存在明显安全隐患。

（白国辉）

【农机销售维修企业联检】　11月8日，大队同区质监局、朝阳工商分局开展农机销售、维修企业联检活动。出动执法人员5人次，车辆3台次，检查1家农机销售、维修门店，重点检查企业是否建立销售记录、是否持有维修技术合格证书、主要维修设施状况和维修人员持证上岗情况，现场发放宣传材料3份。

（白国辉）

【秸秆禁烧检查】　11月19日，市农业局农作物秸秆禁烧工作检查组到朝阳区进行秸秆禁烧及卷帘机规范管理工作督导检查。年内，朝阳区玉米收获面积61.67公顷，其中50公顷为青贮收获面积，11.67公顷为秸秆粉碎还田，没有冬小麦播种。区农委同种养中心、执法大队先后两次对金盏和孙河乡玉米收获地块逐一检查，未发现秸秆焚烧现象。

（白国辉）

【基层防疫员培训】　11月26日至28日，大队配合区重大办组织2013年村（社区）防疫员培训班，对全区43个街乡的负责人和488名基层防疫员进行培训，并针对近期《北京日报》报道的"多家农贸市场仍在现场宰杀买卖活禽"的情况进行分析，做好隐患排查工作，杜绝因活禽交易宰杀处理不当导致禽流感疫情的发生。会上，讲解了外出旅游度假如何办理宠物检疫托运手续，如何做好无主动物的收容等相关知识。

（白国辉）

【《询问笔录》被市站指定为范本】　12月5日至7日，大队执法二科参加北京市渔政监督管理站组织的全市范围内的执法案卷评查，朝阳区参评的渔政执法案卷经审核全部被评为优秀案卷。朝阳区执法案卷中的《询问笔录》在保证证据确凿的前提下，注重以人为本，以说理式询问为方式，避免强制性语言，杜绝诱导性提问，得到市渔政监督管理站领导的肯定，并被指定为范本在全市范围内参照使用。

（白国辉）

【严查农药违法】　年内，根据北京市植物保护站转来农药产品抽样单及检验报告上显示，区内2家农资经营部经营的农药中，有4种农药经检测判定为假、劣农药。经查，2家单位还在经营上述4种假、劣农药。执法人员当即立案调查，并依法对上述单位经营假、劣农药行为作出行政处罚决定，依法没收其经营的假、劣农药，没收违法所得并处罚款1448元。

（白国辉）

【利用大鲵经营餐饮摸底检查】　年内，按照北京市渔政监督管理站工作部署，大队集中对区域登记备案经营利用大鲵（娃娃鱼）的18家餐饮企业进行集中摸底检查。市渔政站台账中登记的18家经营利用大鲵的企业中，17家企业正常开展餐饮服务经营行为，1家企业已注销不再营业；17家营业的餐饮企业中，大鲵《水生野生动物经营利用许可证》到期的4家，已全部于行政许可到期前停止经营利用大鲵，其余13家停止经营利用大鲵的1家、仅用于观赏的1家有大鲵1尾。

（白国辉）

【农药安全管理】　年内，对区域内农药生产、经营、使用的19家单位举办以"安全农资课堂"为主题的农药知识培训，与1家农药生产单位、6家农药经营人签订农资生产经营承诺书，与12家农产品生产基地签订农产品安全生产承诺书。

（白国辉）

【农药经营者标牌悬挂】　年内，为加强对农药经营单位的管理监督，促进农药市场健康有序发展，根据《北京市食品安全条例》和《北京市农药经营者名录管理暂行办法》，市农业局组织各区县编制《北京市农药经营者目录》（第一批），朝阳区有四家农药经营单位、个人在列。大队对列入名录的4家单位进行全面监督检查，对农药质量、销售记录管理等方面进行规范，完成标牌悬挂和销售记录等宣传管理材料的发放工作。

（白国辉）

农村人才培训

【概况】 北京市朝阳区农村人才培训中心(北京中华会计函授学校朝阳区分校,北京市朝阳区农村劳动力教育培训服务中心)隶属于区农委,为正科级全额拨款事业单位。配合区农委及各乡政府致力于朝阳区农村地区人员教育培训工作,为朝阳区农村地区发展提供智力支持和保障。有专、兼职教师23人,培训工种15个。年内,完成培训人数4186人次。

地址:东坝红松园13号

电话:65493070

邮编:100018

网址: http://ncpx.bjchy.gov.cn/sub/windex.jsp

(李　勇)

【培训需求调研】 年内,按照区农委关于培训工作的整体部署及培训中心主要职能,培训中心向19个乡发出《关于开展农村基层干部基本情况和培训需求调查的通知》及调查问卷,对农村基层干部基本情况及培训需求进行调查。收回18个乡580份调查问卷(基层干部占56.90%,乡村社区领导占43.10%),并对调查内容进行汇总分析,于7月底完成约4500字的调查报告。

(李　勇)

【市民化培训】 年内,开展农民市民化培训,结合职业技能培训1633人次。包括管庄瑞祥里社区、高碑店东社区、高碑店西社区和高井社区等。

(李　勇)

【引导性培训】 年内,开展引导性培训564人次。包括南磨房、十八里店、三间房等。

(李　勇)

【职业技能培训】 年内,根据各乡实际情况,突出小班教学、理论与实际并重,开展多方面服务。为豆各庄乡培训初级保洁员153人次。

(李　勇)

【农村地区社会工作协会】 年内,区农村地区社会工作协会开展社会工作者培训和案例写作培训等工作。5月,举办为期2天的社工师考前培训班,8个地区13个社区的26名社区工作者参加培训;组织社区骨干社区工作者培训班,14个地区47名社区基层工作者参加培训;18日至25日,承办由区农委和社会工委联合主办的社会工作者“万人培训计划”。培训班为期10天、分5个班、每班2天,共有995人参加培训。全年开展进社区培训活动,共走进13个社区、村,送课17次68课时、培训562人。完成考前培训、案例写作培训、社工骨干培训等3个项目206人次培训。

(李　勇)

水　务

【概况】 朝阳区水务局是负责本区水行政管理工作的区政府工作部门,为公务员单位。主要职能是贯彻落实国家、北京市有关水务工作的法律、法规、条例和政策,研究制定朝阳区水务中长期发展规划和年度计划并组织实施;负责管理水资源(地表水、地下水、再生水)、组织实施水资源调查、评价、规划、综合开发利用和保护等工作;负责再生水利用、水资源循环利用等工作、指导饮用水水源保护工作;负责节约用水工作,编制节约用水规划并监督实施;监督和指导排水、污水处理、水环境治理工作;组织编制污水排水、污水治理规划和年度计划,并组织落实;负责区属河道排水许可管理工作;负责区属河道保护范围内的绿化、林木管理养护、森林防火和林政工作;负责河道、湖泊、坑塘、堤防的管理和保护工作;承担区防汛抗旱指挥部的具体工作责任,组织、监督、协调、指导本区防汛抗旱工作;负责水政监察和行政执法工作,依法负责水务方面的行政许可工作;负责水利工程设施、防洪工程设施、排水设施、水土保持设施的安全管理工作,并承担相应的监管责任。有公务员编制50名,内设机构10个,下属事业单位12个。年内,水务工作紧密围绕区十五届人大三次会议“加强水系整治,营造优美生态环境”议案办理,为消除区域防洪安全隐患,改善区域水环境,实施“7543N”(即7条河道治理工程、5座再生水厂建设、4处郊野公园雨洪利用工程、3条河道水质还清工程、N项水务重点工程)水务工程建设。

地址:朝阳区团结湖北路1号

电话:85970772

邮编:100026

邮箱:cyswj@bjchy.gov.cn

(刘　洋)

【水普检查】 1月7日,市水务普查办公室主任杨进怀、副主任郝忠勇到朝阳区检查指导水普工作。区水普技术负责人汇报区水普工作总体情况和《朝阳水普“6+1”系列成果》编写情况。

(刘　洋)

【水务普查成果应用培训会】 1月8日,区水普办召开朝阳区第一次水务普查成果应用培训会,全区43个街乡全体水务普查工作人员参会。会上,由区水务普查技术负责人向大家介绍近三年来普查成果;水普信息平台技术支撑单位技术人员介绍信息平台登录方法、内容构成,并详细讲解水普平台应用方法。通过培训,使各街乡水务工作者熟悉水务资料查阅方法,切实指导实际工作。

(刘　洋)

【区政协领导调研】 1月16日,区政协主席辛燕琴、副主席张树安及区政协委员等10余人到区水务局调研工作,区水务局党委书记闻惠友、副局长刘明辉陪同调研。区政协领导到朝阳区北部水系水质改善工程的亮马河麦子店、坝河太阳宫南街、北小河广顺北大街、北甸污水处理站施工现场察看,并听取汇报。刘明辉介绍朝阳区北部水系水质改善工程总体情况和2013年水利工程建设任务进展情况。

(刘　洋)

【河道清障检查】 1月25日,市水务局河道清障工作检查组第二组由市防办主任王毅带队检查区河道清障工作。区水务局局长宗永军、副局长刘明辉陪同检查。检查组检查河道清障及朝阳区积水点应急预案落实情况，实地考察大柳树沟危桥及河道清淤工作，对朝阳区河道清障与今冬明春水利工程建设相结合的做法表示肯定。

（刘 洋）

【排水执法专项活动启动】 2月至12月，为保障公共排水管网安全，促进朝阳区排水和再生水管理，保证排水和再生水设施正常运行，遏制非法排污造成的水质污染，分5个阶段开展排水专项执法活动。活动内容包括加强排水管理，督促排水户办理排水许可证；检查餐饮服务排水户是否设置符合标准的隔油设施。累计检查排水户305家，立案处罚24家，罚款28万元。

（刘 洋）

【市领导调研】 3月8日，副市长林克庆、市水务局局长金树东、副局长潘安君到朝阳区调研水务工作，朝阳区副区长王春、区水务局局长宗永军陪同调研。市领导查看坝河、萧太后河、大羊坊沟等河道，针对综合整治规划、排污管理措施和解决办法等问题，现场听取汇报，重点了解朝阳区“7543N”水务工程建设的基本内容和开展情况。4月1日，市委书记郭金龙实地考察萧太后河污水治理，市委副书记、市长王安顺，副市长林克庆，市政府秘书长李伟参加调研，区领导程连元、吴桂英、刘军胜、王春陪同。萧太后河共有沿河排污口54个，入河污水每日5万吨，朝阳区通过加大联合执法力度，安装临时污水处理装置等措施全力改善河道水环境。郭金龙在听取朝阳区的治污方案后表示，一定要抓好落实，争取早日让河水返清。要通过在全市形成建设生态文明的共识，破解环境保护、社会管理等领域面临的一系列难题，努力推动首都科学发展，让市民生活更加美好。4月20日，副市长林克庆，市相关部门主要领导，各区县水务工作主管区长及水务部门负责人，现场调研朝阳区中小河道治理工程之一——红军营沟治理工程，并召开北京市中小河道治理工作推进会。市水务局党组书记聂玉藻主持会议，会议听取各区县主管区长汇报。8月8日，市委常委、常务副市长李士祥，副市长林克庆就朝阳区水务相关工作进行调研，市政府副秘书长赵根武、徐熙，区领导吴桂英、陈涛、王春陪同调研。李士祥一行实地查看位于马家湾闸上段的萧太后河临时污水处理装置处理效果，听取朝阳区污水治理等水务建设相关工作汇报。李士祥肯定“清水朝阳”建设的成果并指出，朝阳区是按照首都城市功能定位确定的城市功能拓展区，是首都重要的经济增长点，是全市治污行动的“主战场”，希望朝阳区在水系、园林、节水示范工程三个方面加大统筹，下大功夫，特别是要在编制规划、研究政策、创新机制方面进行系统研究。他要求市、区两级各部门共同努力，克服眼前困难，加快再生水厂建设，实现治污、节水同步进行。

（刘 洋）

【软科学课题通过验收】 3月22日，召开《朝阳区水务基础调研与水情研究与应用》软科学课题验收会，区科委副主任李晓霞、区水务局副局长彭庆彬参会，市水务局教授级高工丁跃元、市地质勘察院高工周磊、北京林业大学副教授马伟芳组成专家组，经审核，同意该课题通过验收。

（刘 洋）

【世界水日、中国水周系列纪念宣传活动】 “世界水日（3月22日）”和“中国水周（3月22日至28日）”期间，围绕“水合作”和“节约保护水资源，大力建设生态文明”等宣传主题，各街乡、单位开展纪念宣传活动。3月22日《朝阳报》发表纪念“世界水日”专题文章，向全区发起节水护水倡议；全区各街乡和基层水管单位广泛发放宣传资料和宣传品，把水法和水务知识送到广大村民和用水单位身边；六里屯街道设立节水大讲堂，面向机关和社区居民大力宣传节水护水知识；三里屯街道利用商业中心区LED显示屏，开展节水宣传；将台乡加大投入，制作宣传展板、条幅和宣传品，得到辖区居民的认可和积极参与。期间，全区累计发放宣传材料、宣传品20000余份、水法规单行本1500本，开展主题宣传活动近百场。

（刘 洋）

【水务普查档案通过验收】 3月25日，召开朝阳区水务普查档案验收会。根据《北京市第一次水务普查档案管理办法》《第一次全国水利普查档案验收办法》《市水普办关于做好北京市第一次水务普查档案验收工作的通知》要求，北京市第一次水务普查工作领导小组办公室组织北京市档案局、北京市水务局、朝阳区档案局和朝阳区水务局成立北京市朝阳区第一次水务普查档案验收组，通过听取汇报、现场检查、询问等形式对区水务普查档案工作进行验收。最终评议：区水普工作归档文件材料内容清晰、准确，各项审核签字手续完备，整理基本符合系统性、规范性要求，验收合格。

（刘 洋）

【主题宣传】 3月29日，区水务局、区节约用水管理中心联合金盏学校及金盏东村在金盏东村活动中心举办“节约保护水资源，大力建设生态文明”主题宣传活动，600余人参加。活动中，学生们运用丰富生动的表演和以“水—生命之源”爱水为主题的现场绘画展现此次活动的主题，水务工作人员及节水小志愿者向当地居民发放宣传材料和节水宣传纪念品。

（刘 洋）

【区领导调研】 4月10日，区政协副主席张树安、城建环保委员会主任李树东等12人调研区水务工程建设情况，区水务局局长宗永军、党委书记闻惠友、副局长刘明辉陪同调研。区政协领导到“将府郊野公园—坝河千亩湖”雨洪利用工程现场，此项工程是朝阳区2013年4项郊野公园雨洪利用工程之一，旨在实现调蓄雨洪与水资源利用的双重功能。刘明辉汇报朝阳区水务工程建设整体情况。4月17日，区委书记程连元、区人大常委会主任佟克克、区政协主席辛燕琴现场调研水务工程建设情况，并听取汇报。区领导一行查看“清河营郊野公园—雷桥水库”工程建设现场和北小河上游嘉铭园段。宗永军汇报朝阳区2013年水务工程建设情况，程连元认为朝阳区水务建设各项工作推进顺利，重点工程、重点项目正在显现阶段性成果。5月9日，区长吴桂英、副区长王春查看红军营沟治理工程、东小口沟治理工程、“将府郊野公园—坝河千亩湖”雨洪利用工程、青年路沟治理工程、大柳树沟治理工程等5处建设现场。区水务局及相关部门主要领导陪同调研。吴桂英要求各部门要全力配合，保证在6月1日上汛前完成主体建设，汛期发挥作用，实现消除区域防洪安全隐患，提高防洪减灾能力，改善区域水环境的目标。6月9日、13日，区领导程连元、陈宏志、陈涛等领导调研将台乡、崔各庄乡农村产业工作时，现场查看将府郊野公园雨洪利用工程及崔各庄奶西村防汛工程。程连元要求属地密切配合施工方加快开展工程收尾工作，确保周边居民安全度汛，同时做好工程用地环境建设，为提升乡域环境品质加分。6月21日，区人大常委会主任佟克克考察区水务工程建设情况，区人大常委会副主任张富生、副区长王春陪同。区领导到现场查看杜仲郊野公园雨洪利用工程、青年路沟治理工程和京城森林公园雨洪利用工程建设情况，并与区水务局及相关单位座谈，听取2013年朝阳区水利工程建设整体进展情况汇报。佟克克充分肯定区水利工程建设取得的成绩，希望区有关部门在下一步的工作中加强沟通,加大对水利工程建设的支持力度;同时,区人大常委会将充分发挥自身职能和作用,呼吁和协调解决工作困难,推进水利工程建设,督促工程按期高质量完成,保障全区人民安全度汛。

(刘　洋)

【市水文总站调研】 5月8日,市水文总站总工黄振芳调研朝阳区水环境监测分中心筹建工作,区水务局、区水文站汇报水环境监测分中心筹建情况,并陪同参观拟建地点。黄振芳表示将大力支持朝阳分中心的建设,解决部分运行维护费,希望朝阳分中心尽快建成并通过CMA认证。

(刘　洋)

【水利部专家调研地下水远程计量管理】 5月30日,水利部专家调研朝阳区地下水远程计量管理工作,市水务局水资源处、科教处相关人员陪同。区水务局汇报朝阳区水资源管理信息系统的建设及后期运行维护情况,水利部专家实地考察2家单位地下水远程计量设施的运行状况,对各项工作开展情况表示肯定。

(刘　洋)

【水库农转非移民扶持工作培训】 5月30日,区水库移民办召开区大中型水库农转非移民扶持工作培训及2013年工作部署会,全区43个地区和街道办事处参会。市移民办后期扶持科人员讲解市相关政策精神;区移民办部署2013年农转非移民核定登记工作,并提出具体工作要求,下发《大中型水库移民后期扶持政策法规文件汇编》和朝阳区扶持大中型水库农转非移民核定登记公告;各办事处就过去五年农转非移民工作中出现的问题和解决经验展开讨论。

(刘　洋)

【防汛分指挥部会召开】 7月2日,召开2013年通惠河、清河－温榆河防汛分指挥部会。市水务局东水西调管理处副主任钟海涛,区防汛抗旱指挥部办公室副主任、区水务局局长宗永军,清河－温榆河防汛分指挥部指挥、区农委副主任关得志,清河－温榆河防汛分指挥部副指挥、区水务局副局长彭庆彬,市通惠河管理所等14家分指挥部成员单位共36人参加会议。与会人员观看《北京"7·21"特大自然灾害应对纪实》视频,关得志、彭庆彬分别部署清河温榆河防汛抢险工作和通惠河防汛抢险工作,宗永军要求要提高防汛工作意识;要加强雨情、汛情、灾情信息的对接,加强流域上下游、左右岸应急指挥的对接;要严格落实各项制度,加强防汛值班、加强对重点部位的布控和值守、加强防汛隐患的消除。

(刘　洋)

【区人大调研议案办理】 7月25日,区人大常委会副主任李国与部分市、区人大代表一同调研区十五届人大三次会议"加强水系整治,营造优美生态环境"议案办理工作情况,副区长王春陪同视察。李国一行先后视察北小河及青年路沟防洪治理工程现场,并专题听取区水务局关于议案办理工作情况的汇报,为水环境治理工作的有效开展提出意见建议。

(刘　洋)

【村镇供水设施运行检查】 7月31日,市水务局联合市卫生局检查村镇供水设施运行情况,区水务局副局长彭庆彬陪同。检查组现场检查豆各庄水厂及黑庄户乡苏坟村供水站,重点检查水源卫生及水源保护措施情况,并听取相关汇报,对朝阳区村镇供水安全保障工作给予肯定。

(刘　洋)

【雨水利用工程安全检查】 8月23日,市水务局、市节水中心对朝阳区雨水利用工程进行安全检查。检查组实地查看建外街道中服大厦、六里屯街道十北公园、奥运村街道世纪龙祥嘉园小区的雨水利用工程现场,充分肯定朝阳区雨水利用工程管理情况,并要求加强汛期设备维护,对蓄水池等重点部位定期巡视,认真核查安全隐患,杜绝安全事故发生。

(刘　洋)

【调研清河再生水厂】 9月4日,为深入了解再生水厂规划、建设及运行等阶段的相关细节,切身体会老百姓关心的建设程序、气味环境、地下水保护等相关问题,区水务局局长宗永军会同区农委、区信访办、区维稳办、来广营乡政府、孙河乡政府、金盏乡政府和黑庄户乡政府的相关领导参观清河再生水厂,并与市排水集团领导座谈。

(刘　洋)

【中小河道工程质量检查】 10月22日,市水利工程质量监督中心站专家组联合区水利工程质量监督站,对区2013年度中小河道治理工程中的大羊坊沟、大柳树沟工程进行质量大检查。

(刘　洋)

【区人大代表视察】 10月29日,区人大代表视察杜仲公园雨洪利用工程,副区长苑文新陪同视察,区水务局局长宗永军介绍全区绿隔地区雨洪利用工程。杜仲公园雨洪利用工程是朝阳区2013年绿隔地区雨洪利用工程之一。工程通过改造杜仲公园内下沉式雨水广场和新建调蓄设施,解决双桥路白鹿司段积水问题,同时综合利用雨水资源。

(刘　洋)

【水务议案通过审议】 10月31日,区水务局《关于办理"加强水系整治,营造优美生态环境"议案情况的报告》通过区第十五届人民代表大会常务委员会第十四次会议审议。

(刘　洋)

【"百日整治"河湖水环境】 10月,为期3个月的河湖水环境"百日整治"行动结束。百日整治集中整治包含温榆河、清洋河等在内的10余条河道,清理垃圾渣土8616吨、打捞水面漂浮物464吨。

(刘　洋)

【管水员工作总结会】 11月19日至20日,朝阳区农村地区管水员工作总结会召开。各乡负责人、水务所相关人员及荣获2012年度优秀循环水务村、优秀村分会的代表、管水员70余人参加会议。会议总结2013年管水员工作,表彰获得北京市2012年度优秀的循环水务村、优秀村分会和优秀管水员;交流管水员工作和农民用水者协会工作经验;研讨管水员实际工作中出现的问题和解决问题的办法,明确管水员工作和农民用水者协会工作重点;布置下一步工作。

(刘　洋)

【水务系统消防综合演练】 12月13日,区水务局在区温榆河管理所开展消防综合演练,区水务局副局长刘明辉全程观摩演习。演习模拟突发火灾,演练人员疏散、火灾扑救等环节,并全程摄录制作成消防宣传光盘。

(刘　洋)

气象与服务

【概况】 朝阳区气象局由朝阳区政府和北京市气象局双重领导,并以上级气象主管机构领导为主的管理机构。下设气象行政机构(综合办公室、业务管理科、社会管理与法制科),气象事业单位(气象台)、气象服务机构(气象服务中心),三部分5个科室,有职工17人,事业编制职工8人、外聘职工9人。承担辖区内气象数据收集整编、预报服务、科技服务、科研及行政管理职能。年度平均气温为12.8℃,比历年平均值12.4℃偏高0.4℃;极端最高气温为37.7℃,出现在7月28日,极端最低气温为-13.9℃,出现在1月4日;年度降水量为428.7mm,比历年同期平均值559.1mm偏少23.3%;一日最大降水量为51.8mm,出现在7月15日;最长连续无降水日数为60天,出现在11月2日至12月31日。

地址:北京市朝阳区酒仙桥东风南路6号
电话:64378628,64378211
邮编:100016
电子邮箱:Chyqxj@bjchy.gov.cn

(张子曰)

【气候概况】 年内,平均气温12.8℃,比历年平均值12.4℃偏高0.4℃。年度冬、春、夏、秋季平均气温分别为-3.4℃、13.6℃、26.2℃、13.2℃,与历年同期平均值-1.8℃、13.7℃、25.2℃、12.5℃相比,夏、秋季分别偏高1.0℃和0.7℃,冬、春季分别偏低1.6℃和0.1℃。极端最高气温为37.7℃,出现在7月28日,极端最低气温为-13.9℃,出现在1月4日。年度降水量428.7mm,比历年同期平均值559.1mm偏少23.3%。年度冬、春、夏、秋季降水量分别为16.6mm、25.8mm、320.9mm、74.3mm,与历年同期平均值8.3mm、70.3mm、397.3mm、83.3mm相比,冬季偏多1倍,春、夏、秋季分别偏少63.3%、19.2%、10.8%,年度一日最大降水量为51.8mm,出现在7月15日;最长连续降水日数为8天,降水量为51.5mm,出现在6月5日至6月12日;最长连续无降水日数为60天,出现在11月2日至12月31日。

(张子曰)

【气象灾害】 1月31日区域内出现雨并有雨凇结成、冰粒、雪天气现象,造成地面结冰湿滑,地面积冰厚度1毫米,望京到太阳宫高架(阜通东大街)约百辆车连环追尾。2月28日气象站出现大风天气,姚家园附近钢架结构雕塑被大风刮倒,1人被砸伤;望京广顺南大街一堵近两米高的在建工地围墙被大风刮倒,4人(行人)被砸伤;百子湾家园地下停车场出口遮阳篷被大风吹起,砸中20余辆车;崔各庄地区1人攀上宿舍房顶进行加固时,连同房顶被大风吹刮坠落死亡。3月9日气象站出现大风天气,瞬时极大风速达20.8米每秒,风力为烈风9级,造成朝阳区东坝东路附近一处工地里由彩钢板搭建的一栋三层简易房倒塌,无人员伤亡;首都机场3号航站楼国际区东北角屋顶局部被风掀开,几条跑道被迫关闭。8月11日上午8时许,首都机场T3航站楼停机坪遭受雷击,导致1名男清洁工死亡、1名受伤。

(张子曰)

【异常天气及气候】 8月平均气温比历年同期平均值偏高2.3℃,7月、8月日最高气温≥35℃高温日数分别为9天和5天,8月高温日数为1971年以来最多天数,12月平均气温为0.1℃,比历年平均值-1.5℃偏高1.6℃,为1959年建站以来历史同期最高值,12月最高气温为15.0℃,为1959年建站以来历史同期第二位,仅次于1989年12月最高气温18.7℃。5月降水量为2.6mm,比历年平均值37.0mm偏少93%,为1969年以来月降水量最小值,6月降水日数15天,为气象站1959年建站以来同期降水日数最多的一年,12月无降水,历年平均降水量为1.8mm。1月出现19天轻雾,为1980年以来历史同期最多值;出现15天霾,为1959年建站以来历史同期第二多,仅次于1994年1月的16天。3月19日至20日出现雨雪天气,其中8小时降雪量为7.3mm,达暴雪量级,3月20日08时平均积雪深度达10厘米。7月出现3次暴雨天气过程,9月分别出现一次冰雹和飑天气现象,最大冰雹的最大直径为3mm,年度内共出现6次大风、33次雷暴、2次大雾、1次冰雹、1次飑、1次雨凇、3次扬沙、163次轻雾、92次霾天气现象。

(张子曰)

【气象服务】 年内,发布气象灾害预警信号91期,转发北京市气象局天气预警90期,发布1期预警,天气情况及雨情分析268期,重要天气报告10期,假日旅游气象服务专报7期,公路自行车赛6期,气候趋势预测4期;向区应急人员及气象信息员发送预警和重大天气过程短信息260余条,20万余人次;举办信息员培训2次。

(张子曰)

【防雷减灾管理】 年内,避雷装置安全检测东区分中心对辖区内1600余家单位进行防雷检测,并对1300余家单位提出整改意见。

(张子曰)

【依法行政】 年内,审批施放气球作业278件,审批施放升空气球1748个;受理防雷行政许可报批69件,其中设计审核39件,竣工验收30件,进行执法检查71次。

(张子曰)

注:上述历年平均值统计值采用新30年气候平均值(1981-2010年)。暴雨过程采用12小时30.0-69.9毫米,特大暴雨采用12小时大于140.0毫米,特大暴雪采用12小时大于15.0毫米标准。

功能区建设

北京商务中心区

【概况】 北京商务中心区(CBD)管委会为北京市政府在商务中心区设立的行政机构,代表市政府统一行使北京商务中心区开发建设和管理职能,由朝阳区政府代管。年内,核心区Z1b清华、Z2a阳光、Z2b三星、Z3万通、Z6远洋、Z13国寿、Z14正大、Z15中信8个项目取得立项批复;Z15中信项目正式开工。公共配套设施工程可施区域实现结构封顶,累计完成21.46万平方米,占工程总建筑面积的41%。东扩区重点项目取得实质性进展。中心区新增企业3692家,总注册资本308.5亿元。其中注册资本过亿元企业64家,总注册资本195.9亿元;中心区税收收入321.1亿元,同比增长8.8%,占全区的20.9%;实际利用外资17.5亿美元;税收过亿元楼宇43座,其中6座超过10亿元,招商局大厦实现税收最高,为43.3亿元。功能区税收收入866.4亿元,同比增长6.5%,占全区的56.4%;实现区级财政收入225.7亿元,同比增长8%,占全区的59.4%;实际利用外资32.5亿美元。

地址:东大桥路8号SOHO尚都北塔A座7层
电话:58780000
邮编:100020
电子邮箱:cbd@bjchy.gov.cn

(胡志芳)

【入驻机构】 1月22日,北京金通港房地产开发有限公司入驻万通中心,注册资本26亿元;1月24日,北京北控能源投资有限公司入驻北控大厦,注册资本10亿元;2月7日,北京北控交通装备有限公司入驻北控大厦,注册资本12亿元;6月27日,江苏省建工集团有限公司入驻北京财富中心,注册资本3.5亿元;7月26日,澳大利亚澳洲联邦银行公众股份有限公司北京分行入驻国贸中心,注册资本2亿元;9月25日,中航国际租赁有限公司入驻华贸中心,注册资本20亿元;11月12日,中视金桥国际传媒集团有限公司入驻万通中心,注册资本3000万美元。

(胡志芳)

【产业服务】 3月13日,召开中心区楼宇经济发展座谈会,表彰2012年度在楼宇企业服务中做出突出贡献的招商局大厦等17座楼宇。5月8日,召开功能区楼宇工作会,将中心区楼宇联络机制扩展到功能区范围。年内,联合CBD工商、税务、社保等职能所,建立企业注册“绿色通道”,协助110余家企业办理工商注册手续。

(胡志芳)

【CBD核心区建设】 4月13日,CBD核心区公共配套设施工程可施区域除景辉街、景辉南街东管廊外,开始底板混凝土浇筑。6月9日,完成CBD核心区基坑周边道路及管线安全评估论证。7月18日,Z15中信项目取得地下底板及以下部分施工许可证,7月29日正式开工。7月27日,公共配套设施工程可施区域底板混凝土浇筑完成。9月19日,Z14正大项目与北京海关签署保护性协议,与公共配套设施工程一体化施工正式启动。12月7日,CBD核心区地下公共空间工程一标段通过市结构“长城杯”质量验收。12月24日,颁布实施《CBD核心区建设工程管理办法》。12月29日,公共配套设施工程可施区域实现结构封顶。12月30日,Z15中信项目基础桩完成,共计921根。12月31日,四工区Z12泰康、Z13国寿项目与公共配套设施工程一体化施工正式启动。

(胡志芳)

【CBD博士后创新实践基地成立】 4月,CBD博士后(青年英才)创新实践基地及5个工作站获市人力社保局批复成立。首批5个工作站分别设在中国国际期货有限公司、北京富基标商流通信息科技有限公司、北京中纺海天染织技术有限公司、普华永道中天会计师事务所有限公司北京分所、宜信惠民投资管理(北京)有限公司。年内,香港科技大学、北京理工大学等高校的6位博士进入工作站从事研发工作。

(胡志芳)

【商务活动】 5月28日至6月1日,完成第二届中国(北京)国际服务贸易交易会跨国公司板块活动。11月4日至6日,参加世界商务区联盟年会和中国商务区联盟年会。会上,北京CBD连任中国商务区联盟主席单位,任期三年;广州天河中央商务区加入世界商务区联盟,联盟成员增至21家。11月15日至17日,参与组织第六届跨国公司领袖圆桌会。通过开幕式致辞、主题演讲、宣传片、宣传册等形式宣传推介北京CBD。年内,参与中国北京国际科技产业博览会、中国国际贸易投资洽谈会、北京国际金融博览会、京港洽谈会等活动。

(胡志芳)

【北京CBD获两项认定】 6月1日,在第二届京交会“北京主题日”上,北京市对总部经济集聚区和商务服务业集聚区进行认定授牌。北京CBD获北京市总部经济集聚区和商务服务业集聚区两项认定。

(胡志芳)

【“十二五”发展规划中期评估】 7月,完成“十二五”发展规划中期评估。对照主要指标、重点任务和重点项目完成情况,CBD功能区“十二五”规划总体完成较好。功能区营业收入超过1万亿元,提前完成主要指标要求。

(胡志芳)

【CBD人才公租房配租工作启动】 8月,正式启动CBD人才公租房配租工作。年内完成首轮配租,为区域内20余家纳税百强企业提供150余套人才公租房。

(胡志芳)

【2013北京CBD商务节】 9月6日至8日，举办2013北京CBD商务节，主题为“融合发展 创新驱动 建设国际商务中心区”。期间，举办2013北京CBD国际论坛、2013北京CBD国际金融论坛、2013中国文化产业高端峰会三场产业论坛。北京市相关领导及部分驻华使节代表、国外友好城市代表、国际组织和驻华商协会代表、中国商务区联盟代表、跨国公司、世界500强企业代表等出席论坛。

（胡志芳）

【CBD核心区机构调整】 11月15日，调整北京商务中心区核心区建设领导小组成员及机构设置。领导小组组长为区委书记程连元、区长吴桂英。领导小组下设办公室、建设现场指挥部、市政交通保障部、资金保障部、规划建设前期部、宣传工作部和审计监察部。

（胡志芳）

【HR经理人俱乐部成立】 11月27日，成立北京商务中心区HR经理人俱乐部。俱乐部由CBD管委会牵头，旨在依托政策支持，联合区域企业，构建人才政策发布、服务、沟通交流平台，促进区域发展。

（胡志芳）

【市政基础设施】 12月30日，朝阳路2号天桥桥梁结构工程完工。该天桥位于朝阳路京广桥东100米，横跨朝阳路，北连首创禧瑞都，南接中央电视台新台址，主桥长56.5米，宽4米。

（胡志芳）

【重点项目建设】 12月31日，永安里中国国际商务中心项目完成意愿征询工作，941位产权人中830位同意，占总数的88.2%，意愿征询通过，可以启动征收工作。明确化石营旧城区改建项目规划调整方案，并完成项目普测。

（胡志芳）

【重点楼宇节能减排改造】 年内，开展重点楼宇节能减排改造。世贸天阶完成空调系统节能改造，京广中心、中海广场完成LED节能灯具改造，国贸中心完成空调风机、照明等设备节能改造。

（胡志芳）

【CBD东扩区进展】 年内，CBD东扩区智能电网科技研发交流中心项目开工建设；人民日报社报业大厦基本完成外立面装饰。东扩区重点项目第一热电厂搬迁项目达成停产备用协议。

（胡志芳）

【环境优化】 年内，CBD西北区环境整治项目被列为市级环境建设试点工程。包括绿化美化、墙体修复、景观整治、牌匾规范及道路修复等项目。11月至12月，金桐西路、城市绿廊和西北绿地完成修复改造，工程施工面积近2000平方米。

（胡志芳）

【CBD交通管理示范区建设】 年内，启动CBD交通管理示范区建设项目。升级改造CBD停车诱导系统及区域内部分自行车停车场，维护景华南街等区域干道交通设施，调整道路标志标线；更换停车诱导外场LED显示单元110块，覆盖华贸中心等12座重点楼宇。规范区域内广告牌匾标识审核与管理，加强国贸中心、世贸天阶等楼宇新设广告牌匾标识审核，清理整顿不符合规定的广告牌匾标识。

（胡志芳）

【党工团组织建设】 年内，CBD区域新成立非公企业党组织1个，发展党员20名；成立CBD党群服务中心。选取华贸中心开展CBD“四务合一”商务楼宇党建模式的实证研究。新增建立工会企业44家，新增会员1.5万人；建立CBD总工会服务大厅，配备心理调解室、处理劳动纠纷室。11月28日，“CBD公益基金”暨紧急援助金计划正式启动，提出“员工及家庭成员综合帮扶”的特色援助模式。

（胡志芳）

【考察交流】 年内，接待各级领导视察、省级交流、国内外考察团60余场800余人次。

（胡志芳）

北京奥林匹克公园

【概况】 北京奥林匹克公园管理委员会为市政府派出机构，委托朝阳区政府代管。设综合处、安保交通处、综合治理处、大型活动处、发展处和市政管理处6个处室，下设1个城管分队和1个服务中心。公务员编制102名，实有90名；全额拨款事业编制25名，实有24名。主要职责：贯彻执行国家及北京市有关法律、法规和政策。研究提出奥林匹克公园发展规划和相关政策，并组织协调市、区有关部门及区域内企事业单位共同落实。参与拟定奥林匹克公园建设规划。负责区域内大型活动的组织管理和服务保障。负责组织协调区属单位开展社会秩序、市政基础设施、城市绿化、市容和环境卫生整治等工作，统筹园区及周边景观管理，实施标准化城市管理。按照功能区建设要求，组织、协调、统筹区域内产业发展和促进工作。负责统筹区域应急管理工作。负责组织协调有关部门及区域内企事业单位，开展食品卫生、防火安全、生产安全、交通管理、社会治安、旅游市场管理等工作。年内，园区完成固定资产投资39.5亿元。接待游客4500万人次，接待外宾及团体参观2300人次。功能区完成区级财政收入58.37亿元，同比增长8.72%，占全区的15.36%。

地址：北辰东路15号

电话：84972647

邮编：100101

网址：www.bogac@sina.com

（赵振霞）

【获批商务服务业集聚区】 5月，经市商务委批准，公园获批成为北京市商务服务业集聚区。

（颜文婷）

【创建体育产业示范基地】 7月23日，经国家体育总局批准，公园成为全国首个国家体育产业示范基地。

（颜文婷）

【赛事评估体系建设】 7月，邀请国家体育总局政策法规司、国家体育总局运动项目管理中心、国家体育总局体育信息研究中心的5位体育专家，评审《关于北京奥林匹克公园体育赛事评估工作的指导意见》《北京奥林匹克公园体育赛事评估标准研究报告》和《北京奥林匹克公园体育赛事评估实施办法》。专家一致认为评估体系基本合理，内容基本准确，指标选取有一定的建设性，研究成果对提升北京奥林匹克公园管委会管理水平，促进北京体育产业健康有序发展具有实际意义。

（丁　军）

【5A景区市场管理领导小组成立】 8月29日，成立国家5A景区市场管理领导小组。

组长田巨清(奥管委常务副主任)、魏莉(北京新奥集团总经济师);副组长龙彩凤(奥管委副书记)、杨平(奥管委副主任)、赵建民(奥管委副主任)、刘刚(奥管委副主任)、黄瑛(北京新奥集团资产经营筹备组负责人)、赵劲(北京新奥物业公司总经理)、董晨明(国家体育场总经理助理)。成员单位:奥运村工商所、朝阳区卫生监督所、新奥集团(含新奥物业)、国家体育场、管委会六个处室及服务中心、奥林匹克公园派出所、奥林匹克公园执法队。职责:按照国家5A级旅游景区标准,进一步规范园区经营服务秩序,监管园区经营服务商户,全面提升服务意识与服务水平,为游客提供安全、文明、和谐的游园环境。

(宋彦例)

【慕尼黑啤酒节】 9月6日至21日,举办慕尼黑啤酒北京之旅——第一届"慕尼黑啤酒节"。期间,4座啤酒大篷接待中外游客近70万人次,消耗啤酒80万升,并创下单体篷房面积最大等世界纪录。活动由市文资办、市文化局、市商务委联合主办,奥管委协办。此为"慕尼黑啤酒节"首次在中国举办。

(沙春迎)

【获批旅游景区协会会员单位】 10月,经国家旅游协会批准,奥林匹克公园成为中国旅游景区协会会员单位。

(丁　军)

【国学中心奠基】 11月2日,中国国学中心奠基。中心位于北辰东路西侧、国家体育场北路北侧,责任单位为国务院参事室,用地面积3.55公顷,规划总建筑面积82500平方米,包括国学展示区、国学体验区、中外文明交流展示区、国学研究中心、国际培训中心、中华传统文化北京论坛和公共服务设施等七个部分。

(颜文婷)

【功能区运动会】 12月24日至27日,"迎新春"北京奥林匹克功能区联盟运动会在北京奥林匹克公园举行。该活动为第三届北京·朝阳国际体育文化节项目之一,是北京奥林匹克公园成为5A级旅游景区后首次举办的联盟运动会。国家体育场有限责任公司、国家会议中心等20余家联盟单位的500余名选手参赛。赛事由北京奥林匹克公园管理委员会与朝阳区体育局联合主办,北京京岳奇季文化发展有限公司承办,北京世奥森林公园开发经营有限公司协办。

(沙春迎)

【党风廉政建设】 年内,组织召开3次党建大课堂活动。贯彻落实中央八项规定和朝阳区"两个从严""四个坚决不允许"要求,改变领导干部工作作风,实现"一升、四降"(全年调研工作上升230%,会议数量下降40%、会议费用下降80%、文件数量下降15%、简报数量下降40%)。签订党风廉政建设责任书24份,跟进管理市区重点工程督办12项,跟办市人大代表建议18个,对外公开信息51条。

(曹延伟)

【选聘干部】 年内,通过单位内部竞争上岗,选用5名科级干部;通过社会公开招聘,选用1名科级干部。

(曹延伟)

【发展规划研究】 年内,开展"十二五"规划中期评估;开展后奥运时代奥林匹克公园对区域发展的影响评价研究,分析奥林匹克公园对朝阳区、北京市乃至全国社会经济发展的贡献;启动北京市奥林匹克中心区建设"国家高端产业低碳发展示范区"研究,为实现奥林匹克中心区低碳发展,争取国家、北京市相关政策及资金支持提供科学支撑。

(丁　军)

【税源建设】 年内,促成国能生物发电集团、联讯证券、瑞德光伏、太思妙拓有限公司等企业回迁,完成中数书画频道等地税回迁,引入中国环球工程公司、中央新影环球时空俱乐部有限公司、中国城建工程有限公司、北京安利达建设发展有限公司等企业。

(颜文婷)

【产业扶持】 年内,为区域重点企业和项目成功争取2013年度市、区两级体育、文创、节能等专项资金2000万元,兑现重点企业和中网公开赛等重点项目2012年专项资金1.2亿元。建立注册登记服务绿色通道,帮助水立方游泳俱乐部、星巴克等20家新入驻园区企业办理工商注册、地址变更等事项。

(颜文婷)

【大型活动和会议展览】 年内,园区举办2013第三届北京国际电影节、第二届中国(北京)国际服务贸易交易会(京交会)、2013国际田径挑战赛、2013第三届环北京职业公路自行车赛、2013北京赴和田旅游首发团暨穿越和田英雄汇自驾游启动仪式、2013北京现代·北京马拉松、巴西国家队世界巡回赛、"桑巴起舞·梦扬中国"中巴足球系列活动、SM家族演唱会等活动和会展项目1000余项,国际性活动330项。

(丁　军)

【智慧旅游建设】 年内,与北京元铭正方科技有限责任公司合作,研发完成一套人性化智能旅游服务移动终端应用程序"H"。该软件包括园区主要建筑室内地图及主要景区介绍,主要功能是通过信息化手段实现人文旅游、科技旅游,同时,标志着北京奥林匹克公园成为北京市首个开展人性化智能旅游服务的国家5A级旅游景区。

(丁　军)

【"全民健身示范基地"二期完成】 年内,国家"全民健身示范基地"二期主体施工完成。乐跑跑道4月30日全线贯通开放;6片5人制足球场项目中4片足球场对外开放。

(颜文婷)

【奥体南区建设】 年内,开元国际广场项目3号、5号地块完成主体结构施工。该项目总建筑面积约37万平方米,总投资约93.5亿元,定位为国家级、国际级企业总部集聚区,由中国建筑大厦等5栋国际甲级写字楼以及配套商业建筑组成。年内,奥体文化商务园区2号地块项目开工,基坑支护完成。该项目为天圆置业写字楼,总规划建筑面积约20万平方米,其中地上13.2万平方米,项目建筑高度140米,总投资27.1亿元;由两栋楼宇组成,一栋为天圆置业自持,一栋与中国铝业界第三大企业、民营第一大企业——北京鑫恒集团公司合作建设,用于该公司总部办公。年内,投资14.5亿元用于奥体文化商务园地下公共空间建设。

(颜文婷)

【整治园区市场秩序】 年内,治安拘留无照游商、黑照相等扰序人员186人,处行政罚款5.8万元,没收非法经营商品及经营工具7万余件。

(张金彪)

【入园安检】 年内,安检物品1059万余件,查获禁限带物品23990件。其中,管制刀具1271把、限带刀具15653把、限带酒类4705瓶、工具1750件、限带条幅435件、航模176个。

(彭　伟)

【规范交通秩序】 年内,发放《违法停车告知单》1320张,警告489人次,查处假车证100余张,暂扣电动车、摩托车、自行车578辆。

(彭　伟)

【园区安全检查】 年内,检查重点部位810处,填写检查记录单325份,发现问题及隐患45处,给予行政警告处罚7个,发放隐患整改通知单5个,限期整改通知单21

个，召开全体业主安保负责人会议10余次，指导国家体育场、国家体育馆、国家游泳中心、国家会议中心消防演练12次。

（张金彪）

【媒体接待】 年内，接待中央电视台等国内媒体52批次263人次，英国广播公司等国外媒体及外事机构19批次118人次。配合15家单位在园区选景，拍摄影视剧及宣传片，邀请朝阳有线电视台、《朝阳报》拍摄园区大型活动50次。

（崔　念）

电子城科技园

【概况】 中关村科技园区电子城科技园管理委员会是区政府派出机构，主要负责电子城科技园规划、建设和管理等。朝阳区副区长汪洋兼任管委会主任，王文军任工委书记、常务副主任，副主任分别为刘克文、黄文伟、栾玲、李琼（挂职）。下设办公室、大望京管理办公室、规划发展科、高新技术产业办公室、组宣科、招商投资促进办公室、电子城科技园服务中心。编制33名。其中，公务员编24名，事业编9名。年内，在职人员29名，退休人员2名。年内，电子城科技园有中关村高新技术企业1233家，从业人员19万人，电子信息、新能源、先进制造是电子城三大支柱产业。实现总收入3551.1亿元，同比增长23.9%，有过亿元企业224家，其中8家企业超百亿，过10亿元企业44家；实缴税费350.9亿元；实现利润总额343.0亿元，同比增长44.0%；完成工业总产值774.6亿元。在中关村“一区十六园”中，总收入第三，利润第二。

地址：酒仙桥路甲12号电子城科技大厦15层

电话：64311811

邮编：100015

电子邮箱：64317300@163.com

（苏　姗）

【城市生命线监测系统获奖】 1月16日，首届中国移动杯“智慧北京”大赛颁奖大会暨中关村物联网2013年迎新年会在京仪大酒店举行。北京时代凌宇科技有限公司自主开发的城市生命线监测系统获“优秀解决方案奖”。

（赵　剑）

【时代凌宇获批博士后工作站】 1月24日，北京市人力资源和社会保障局决定，批准电子城园区北京时代凌宇科技有限公司设立北京市博士后（青年英才）创新实践基地工作站。该创新实践基地旨在通过建立首都地区高等学校、科研院所和企业协同创新的长效机制，整合人才、智力、科技资料，构建产、学、研、用相结合的创新研发支撑平台。

（李　哲）

【超图软件获奖】 1月，在中国信息化研究中心等单位举办的“iChina Tech2012”年度评选中，北京超图软件股份有限公司获“年度智慧城市解决方案”奖。作为亚洲领先GIS平台厂商，超图软件的智慧城市解决方案是以物联网、互联网、通信网为基础，全面实现城市规划、建设、管理、服务全过程一体化和互联互通，打造透明、安全、便捷、高效的智慧城市。6月19日，由中国电子信息产业发展研究院主办，《软件和信息服务》杂志社、赛迪智库软件与信息服务业研究所联合承办的“2013中国方案商大会暨（第十五届）金软件金服务颁奖盛典”在北京新世纪日航酒店召开。北京超图软件股份有限公司获“2013中国金软件之十大杰出企业”奖。

（赵培付然　赵　剑）

【园区企业获市科技奖】 2月22日，北京市科委公布2012年北京市科学技术奖获奖项目名单，园区7家企业的7个项目入选。分别为：北京七星华创电子股份有限公司独立完成的“热式数字气体质量流量测控系统”；北京华大信安科技有限公司参与完成的“椭圆曲线密码及其国家算法标准SM2的集成电路实现”；北京信诺海博石化科技发展有限公司参与完成的“变压吸附聚丙烯尾气回收技术开发及工业应用”；中国石油集团长城钻探工程有限公司独立完成的“高精度成像测井地面平台、井下仪器研发与应用”；中铁十六局集团有限公司参与完成的“大断面海底隧道钻爆法施工关键技术”；中国建筑科学研究院参与完成的“外墙外保温防火关键技术研究与应用”。以上项目分获2012年北京市科学技术二等奖；北京瑞利分析仪器有限公司独立完成的“UV-2200双光束紫外可见分光光度计”获2012年北京市科学技术三等奖。

（赵　剑）

【东方园林获百强企业称号】 2月，举办主题为“生态文明，美丽中国——传承园冶造园文化遗产，建设中华民族美丽家园”的第三届园冶高峰论坛。北京东方园林股份有限公司获“中国城市园林绿化企业综合竞争力百强企业”“全国十佳园林设计企业”“全国十佳园林工程企业”“全国十佳园林科技创新企业”称号。“园冶杯”风景园林国际竞赛及第九届园博会设计师广场颁奖仪式同期举行。东方园林、棕榈园林、广东普邦、岭南园林等全国300余家设计机构代表参会。

（苏　姗）

【高新技术企业认定检查启动】 3月5日，按照科技部、财政部、国家税务总局《关于开展高新技术企业认定管理工作检查的通知》规定，北京市高新技术企业认定小组在全市开展高新技术企业认定检查工作。根据市科委统一部署，电子城管委会高新技术产业办公室组织园区高新技术企业开展自查，并填报高新技术企业自查表。317家高新技术企业自查并上报自查表。

（赵　剑）

【研发55英寸裸眼3D显示屏】 3月7日，电子城高新技术企业京东方科技集团股份有限公司成功研发出55英寸裸眼3D显示屏。该款显示屏以京东方自主开发的4K×2K超高清（Ultra HD）液晶面板为基础，应用京东方独有的ADSDS宽视角技术，分辨率、亮度、视角等特性均有提升。

（赵培付然）

【高新认定暨复审培训会】 3月14日，根据科技部、财政部、国家税务总局《高新技术企业认定管理办法》规定，电子城管委会召开2013年国家高新技术企业认定暨复审培训会，60余家企业参加培训。

（赵　剑）

【电子城春季校园招聘会】 3月15日至4月10日，电子城科技园服务中心组织园区部分企业参加北京地区春季校园巡回招聘会，北京信息科技大学等4所高校参加。兆维集团、京东方、七星华创、明道恒通、中天荣泰等园区企业提供近百个岗位现场招聘。

（司　维）

【电子城平台增添信用评定业务】 3月18

日,电子城管委会高新技术企业协会作为中关村信用促进会电子城平台,正式开通支持资金及信用星级评定网上办理中介服务。其中资金补贴分为网上申报和现场受理两部分。企业需在线填写申请表,并按提示上传相关原件的扫描件;待网上审核通过之后,将网页申请表及上传文件全部打印(黑白、彩色均可),并加盖企业公章或财务章,装订成册,于审核通过后15日内交至电子城信用工作平台。申请星级评定的企业,需在线填写"企业信用星级评定申请表"并提交,由平台或秘书处审核通过后,备齐网页所列资料报送信促会秘书处。

(李　哲)

【高新技术企业工商年检】 3月18日至22日,电子城科技园服务中心现场集中办理工商年检,园区300余家高新技术企业参检。

(司　维)

【电子城科技园专场招聘会】 3月29日,电子城科技园服务中心联合北京朝阳人才服务中心,举办2013年春季第一届电子城专场招聘会。园区68家企业提供400余个岗位,招聘人数近千人。

(司　维)

【管委会第一届妇委会成立】 3月29日,成立电子城管委会第一届妇委会。管委会15名妇女代表全部出席会议,选举产生第一届妇委会。栾玲担任妇委会主任,韩蓉蓉担任组织委员,王仁清担任学习委员,张红担任宣传委员,孙咪咪担任文体委员。

(赵培付然)

【国遥入选重点软件企业】 3月,北京国遥新天地信息技术有限公司入选"2011年—2012年度国家规划布局内重点软件企业和集成电路设计企业"名单,该名单由国家发展改革委、工业和信息化部、财政部、商务部、国家税务总局联合认定。

(李　哲)

【ABB推出节能低压断路器】 4月10日,ABB推出全球第一款集成电能管理功能的低压断路器Emax2。使用Emax2替换现有传统低压断路器,每年可节电58亿度,相当于210万个中国家庭年用电量。断路器Emax2应用于需要大量电能保护和控制的低压工作场所,如工业厂房、商用楼宇、数据中心或船舶等。

(赵培付然)

【蓝色光标收购Huntsworth股份】 4月25日,北京蓝色光标品牌管理顾问股份有限公司宣布收购全球知名的公关集团Huntsworth19.8%股份,并成为其第一大股东。Huntsworth总部设在英国伦敦,是一家全球领先的公关顾问集团,在32个国家和地区有72个办事处,并在伦敦证交所上市。其业务重点涵盖消费、科技、金融服务、政府和公共服务、医疗、食品和饮料等领域。这是中国本土公关公司第一例海外重大收购,也是中国企业第一次在营销传播领域投资世界巨头公司。

(赵培付然)

【"三网融合创新园"一期竣工】 4月,普天科创"三网融合创新园"项目一期竣工并完成现场施工验收。一期占地面积约3万平方米,总建筑规模5.6万平方米。"三网融合创新园"项目总建筑规模约19万平方米,总投资超过10亿元。

(王　谦)

【大望京建设专题会】 5月10日,副区长汪洋主持召开大望京建设工作专题会,研讨四个议题:①大望京科技商务区城市公共空间精细化设计;②中环路、北小河跨河桥及望京沟相关问题;③相关建设地块道路腾退和热力管线建设;④医疗、教育用地及6号地前期手续办理。

(黄雅卿)

【招商推介】 5月16日,电子城科技园参加"驻京中外知名企业投资朝阳行"推介活动,电子城管委会副主任栾玲代表园区向驻京跨国公司、大型民企、各省市驻京企业代表等200人进行专场推介和项目对接。推介会着重推介IT产业园、国际电子总部、电子城北区、大望京科技商务创新区4个招商项目,华泰汽车集团表示入驻电子城科技园意愿。

(苏姗付然)

【大望京专场推介会】 5月29日,在国家会议中心中国(北京)国际服务贸易交易会"分销服务"展区现场,举办大望京科技商务创新区重点项目推介活动。大望京科技商务创新区北京绿地中心、浦项中心、望京五环中心、保利国际广场等四个重点项目参加推介。

(黄雅卿)

【电气联合实验室正式揭牌】 5月,"中北大学-施耐德电气联合实验室"正式揭牌。该实验室是一个以So-Machine为核心软件,包含电气控制、工业控制以及运动控制系统的全方位实验平台和创新活动基地,由施耐德电气(中国)投资有限公司与中北大学共同建立。双方籍此展开以实验室为平台的人才联合培养计划,推进中西部地区自动化技术人才培养。

(赵培付然)

【9家企业入选"十百千工程"】 5月,中关村管委会公布"十百千工程"重点培育企业名单。经遴选,120家企业成为重点培育企业,电子城科技园区9家企业入选。分别为:北京中电华大电子设计有限责任公司、人民网股份有限公司、安世亚太科技股份有限公司、华润赛科药业有限责任公司、北京奥科瑞丰新能源股份有限公司、西门子(中国)有限公司、北京兆维电子(集团)有限责任公司、北京蓝色光标品牌管理顾问股份有限公司、艺龙网信息技术(北京)有限公司。"十百千工程"系市委市政府贯彻落实《中关村国家自主创新示范区发展规划纲要(2010-2020年)》要求,围绕电子信息、生物工程与新医药、能源环保、新材料等战略性新兴产业领域,重点培育一批收入规模在十亿元、百亿元、千亿元级的创新型企业。其目的在于形成具有全球影响力的创新企业群,推动中关村示范区建设。

(苏姗付然)

【东方园区获专利授权】 5月,北京东方园林股份有限公司自主研发的实用新型专利——"层台式亲水景观护岸系统"通过国家知识产权局审核获得专利授权。该项专利集河道防护、河流水生动物栖息以及植物景观配置于一体,不仅可以防护河岸、绿化护岸,还可以方便游人亲近水面,为营造河道景观起到重要作用。

(苏姗付然)

【华大电子获奖】 6月4日,"国家金卡工程2013年度金蚂蚁奖"颁奖仪式举行,北京中电华大电子设计有限责任公司设计的双界面高安全芯片产品获"创新产品奖"。该产品采用32位安全CPU,支持多算法和多种安全芯片设计技术。

(赵培付然)

【电子城获"北京市总部经济聚集区"称号】

6月8日,根据《北京市商务委员会关于开展总部经济和商务服务业集聚区(第一批)认定命名工作的通知》精神,市商务委授予中关村科技园区电子城科技园"北京市总部经济集聚区"称号。

(孙咪咪)

【电子城与园区企业签订责任书】 6月13日,电子城管委会拟定《中关村电子城科技园项目监管责任书》,并与园区14家产权单位就20个项目分别签订《中关村电子城科技园项目监管责任书》。

(王　谦)

【兆维党建服务工作站揭牌】 6月26日,在兆维工业园举行兆维工业园党建服务工作站揭牌仪式。兆维集团党委书记叶晨清、电子城管委会副主任黄文伟为工作站揭牌。

（赵 培）

【展翼计划及知识产权宣讲会】 6月27日，电子城管委会高新技术企业协会举办中关村展翼计划及知识产权服务宣讲会。会议邀请中关村信用促进会秘书长刘英、业务主管毛炜系统讲解中关村“展翼计划”方案。工商朝阳分局商标科工作人员讲解商标知识。

（李 哲）

【三维空间软件助力神舟升空】 6月，在嫦娥二号和天宫一号发射升空并实现首次载人自动交会对接过程中，北京国遥新天地信息技术有限公司自主研发的三维空间信息平台软件EV－Globe成功演播火箭起飞、助推器分离、整流罩分离、船箭分离、太阳能电池帆板展开、测控站链接与切换以及在太空中的飞行姿态等过程实时态势，实现多目标多任务情况下，航天飞船与运载工具的运行状态以及运行环境的虚拟表现，通过动态信息的传输转化，实时监控和模拟神九在太空中的飞行态势，为指挥监控提供精确依据。

（赵 培 付 然）

【电子城党建会议】 7月1日，在望京昆泰大厦召开电子城功能区区域化党建一周年工作会。会议总结区域化党建工作，酒仙桥街道工委、来广营地区工委、七星集团党委等分别介绍经验，北京超图软件股份有限公司副总裁龚亚杰代表党外人士发言。会议表彰了功能区党建工作优秀组织和个人；向为区域化党建工作做出贡献的党外人士代表颁发电子城功能区高层次党外人才证书；决定在重点功能产业园党建服务工作站的基础上，设立“电子城功能区统战服务工作站”和“电子城功能区党群服务工作站”。

（赵 培）

【浦项中心项目取得施工许可证】 7月22日，大望京科技商务创新区3号地浦项中心建设项目取得北京市住房和城乡建设委员会颁发的施工许可证。该项目位于3号地629地块，用地规模2万平方米，工程规模约16.33万平方米，计划建设A、B两座写字楼，A座33层、规划高度154米，B座25层、规划高度119米。项目由韩国浦项集团负责建设，采用雨水收集、绿色建材、生态景观等环保高新技术及地热、辐射等节能系统，系浦项集团中国区总部大楼。

（黄雅卿）

【促进楼宇经济发展培训会】 7月24日，电子城科技园服务中心组织召开电子城促进楼宇经济发展培训会。园区近30家重点楼宇负责人参加会议。会上讲解、宣传园区楼宇“腾笼换鸟”工作意义（即清退租期已到期、未在朝阳区纳税的企业）；通报会后摸排相关楼宇入驻企业和为符合条件的科技企业进行认定辅导两项工作。

（司 维）

【“中国锦”取得施工许可证】 7月25日，大望京科技商务创新区地标建筑“中国锦”取得北京市住房和城乡建设委员会颁发的施工许可证。“中国锦”位于3号地627地块内，用地性质为商业金融，由绿地集团下属企业绿地京华置业有限公司负责建设。该项目地上55层，高260米，建设规模约10.7万平方米，由迪拜塔设计团队设计。“中国锦”预计2015年年底完工。

（黄雅卿）

【环境整治入户调查】 7月29日，电子城管委会完成酒仙桥北路、驼房营路、将台路、酒仙桥路合围区域道路两侧平房区469户环境整治入户调查工作，收集整理房屋、户数、权属、用途、面积、土地性质等基础资料。调查面积约10万平方米。

（王 谦）

【市科委认定电子城项目】 7月，市科委认定电子城“朝阳移动互联网和新一代移动通信产业基地”为北京市战略性新兴产业科技成果转化基地。同时，对电子城“智慧电子城（一期）建设”基地公共服务平台项目、北京首信科技股份有限公司“下一代移动互联网认证鉴权（AAA）设备研发”和鼎桥通信技术有限公司“TD－LTE多媒体集群系统在城市管理专用网的应用示范”基地企业协同创新项目进行支持。

（李 哲）

【企业法律顾问对接服务会】 8月6日，电子城管委会高新技术企业协会在电子城科技大厦举办“企业法律顾问对接服务会”。北京市冠腾律师事务所律师介绍会员制法律服务优势，讲解法律顾问服务方式及方法。园区20家会员单位与冠腾律师事务所签订法律打包服务协议。

（李 哲）

【营改增政策培训会】 8月14日，电子城技术合同登记处联合朝阳区国税局货劳科、国税三所、国税十所等举办营改增政策培训会，园区京东方、安捷伦、超图等十余家技术合同重点登记企业参会。

（司 维）

【默沙东博士后工作站挂牌】 8月21日，默沙东公司中国研发中心首个博士后工作站在中关村科技园区电子城科技园正式挂牌，首批11名外部博士后和4名内部博士后加盟。该工作站旨在携手国内高校和科研院所，采用中外双导师制度，培养研发人才，加快科研成果转化。

（赵 培 付 然）

【蓝色光标进入全球公关公司20强】 8月，全球公共关系行业权威资讯机构霍尔姆斯（The Holmes Report）发布2013全球公关公司250强榜单。根据2012年的服务费收入，蓝色光标跃升至第19位，进入全球公关公司20强，并继续蝉联亚洲最大的公关公司。同时，蓝色光标以38.9%的增长率在25强中继续排名第一，成为增长最强劲的公司。

（赵 培 付 然）

【认定电子城科技园】 8月，市科委认定电子城科技园为“北京市战略性新兴产业科技成果转化基地”。根据市科委《北京市战略性新兴产业科技成果转化基地认定管理办法》，基地的公共技术服务能力建设项目及基地牵头组织开展的共性关键技术研发和产业化项目获市科委科技资金支持。

（孙咪咪）

【京东方获吉尼斯认证】 9月8日，在第53届德国柏林国际电子消费品展（IFA 2013）期间，吉尼斯世界纪录认证中心向京东方颁发“世界最大的液晶电视”证书。京东方110英寸超高清ADSDS显示屏最高分辨率3840×2160（4Kx2K标准），相当全高清（1080P）的4倍，该产品可以替代4台55英寸液晶电视的拼接效果，实现画面真人尺寸1:1再现。

（赵 培 付 然）

【乾景公司取得国有土地使用证】 9月26日，大望京科技商务创新区2号地开发商乾景房地产开发有限公司取得2号地《中华人民共和国国有土地使用证》，获得大望京2号地建设用地618、623、626地块的土地使用权。

（黄雅卿）

【大望京区域热力管线开工建设】 9月，大望京热力管线取得工程规划许可证。该热力管线分主线和支线两部分。主线全长约1839米，起点位于宏昌路，经由望京中环路，终点至中环路望京五号街路口，由北京市热力集团投资并发包，9月底完工。支线分绿地工段和保利工段两部分，绿地工段总长402米，起点望京中环路新望京干道路口，沿规划二路至望京三号街，由绿地京华公司、乾景房地产公司投资，北京市热力集团发包，11月初完工。保利工段总长600米，起点中环路望京五号街路口，沿望京五号街敷设至保利中央公园，由保利营房地产公司投资，北京市热力集团发包，11月初完工。

（黄雅卿）

【110千伏全地下变电站开工建设】 10月18日，北京电子城投资开发股份有限公司举行110千伏全地下变电站开工仪式。该工程位于IT产业园东北角，建设用地面积约4500平方米，新建4台50兆伏安变压器，2.0米*2.3米电力隧道795米，电缆线路1.8公里。

（王 谦）

【融资贷款政策培训会】 10月22日，电子城融资贷款政策宣讲会在望京科技创业园举行。专业讲师介绍并分析融资贷款业务和特色产品贴息政策，为企业“融资方案设计”提供现场咨询，对园区企业提供信用再担保贷款特色服务，与急需融资服务的企业确定入户时间，开展面对面辅导。

（司 维）

【新三板上市政策宣讲会】 10月30日，电子城科技园服务中心邀请相关专家宣讲“新三板”政策，为相关企业筹备股份制改制或挂牌上市释疑。30余家企业负责人参会。“新三板”政策主要包括两项内容：①依据《中关村国家自主创新示范区支持企业改制上市资助资金管理办法》，企业可申请改制资助，每家企业支持20万元，进入股份报价转让系统挂牌的企业，可获50万元资金支持；②依据《朝阳区推动企业上市工作办法》，企业完成股份有限公司改制后，朝阳区第二年给予50万元补助。

（司 维）

【大望京630地块竣工验收】 10月，位于大望京科技商务创新区4号地630地块的1、6号商业楼和2、3、4、5号住宅楼及1号地下车库等通过竣工验收。至此，除作为售楼中心的7号商务楼外，630地块其余楼座全部通过规划竣工验收，验收证书编号为2013规(朝)竣字0134号、2013规(朝)竣字0135号。630地块由北京保利营房地产开发有限公司建设，为保利中央公园三期建设项目，占地3.47公顷，总建筑面积10.53万平方米。此次竣工验收面积10.34万平方米，可为大望京科技商务创新区提供近8万平方米的住宅空间和近1万平方米的商务办公空间，承担大望京区域高端住宅配套服务和商务活动服务功能。

（黄雅卿）

【政协委员调研奇虎360】 10月，围绕“全媒体时代的文化责任与网络安全”，全国政协副主席卢展工及新闻出版界政协委员赴电子城科技园企业——奇虎360公司考察座谈。委员们参观奇虎360公司的发展展览，实地考察网站搜索舆论审核区。奇虎360相关负责人介绍行业及产业现状，提出互联网领域反垄断、促进互联网开放和信息自由流动、鼓励互联网公司走向国际化等建议。委员们听取并记录相关建议，围绕全媒体时代引导社会舆论健康发展，推进互联网信息安全、优化网络舆情监管体系，进一步提升新闻工作者特别是网络新媒体从业人员职业道德和专业素养等问题座谈。

（付 然）

【电子城平台获表彰】 11月5日，电子城管委会高新技术企业协会参加中关村企业信用促进会2013年总结表彰大会，获“中关村企业信用促进会优秀平台”称号。

（李 哲）

【信用及科技金融政策培训会】 11月12日，电子城管委会高新技术企业协会在电子城科技大厦举办“中关村信用及科技金融政策与劳动合同法”培训会。邀请中关村信用促进会秘书长刘英、业务主管毛炜讲解中关村信用及科技金融政策；邀请北京会智众合管理顾问有限公司讲师讲解劳动合同法，分析企业劳动争议案例。

（李 哲）

【电子城大学生专场招聘会】 11月13日，电子城科技园2013年冬季大型招聘会在北京高校就业指导中心举行。园区67家企业提供400余个岗位招聘。

（司 维 付 然）

【“新四条”政策宣讲会】 11月20日，电子城科技园服务中心在蟹岛生态园会议中心为园区高新技术企业宣讲中关村“新四条”税收试点政策(对有限合伙制创业投资企业的法人合伙人给予所得税优惠政策；将5年以上非独占许可使用权转让纳入技术转让所得税优惠政策试点；对中小高新技术企业以未分配利润、盈余公积、资本公积向个人股东转增股本有关个人所得税，可最长不超过5年分期缴纳；从事文化产业支撑技术等领域的企业被认定为高新技术企业的，可减按15%的税率征收企业所得税)，并结合企业实际缴税流程，比对“1+6”先试先行延期政策解析新旧政策，力促中关村新政惠及企业。

（司 维 付 然）

【园区重点项目巡查】 11月26日，组织开展园区新建、在建项目巡查。现场巡查京东方、金汉王科技等10家企业的15个新建和在建重点产业项目，了解项目进展，检查项目依法、依规建设情况，排查施工安全隐患。

（王 谦）

【望京沟临时桥开工建设】 11月，位于望京公园段、横跨望京沟的临时桥正式开工建设。同时拆除修建于2009年并部分损毁的原临时桥。新桥为无压钢筋混凝土箱涵结构，桥面宽8米、长17米、荷载大于100吨，12月底完工。

（黄雅卿）

【安全责任书签订】 12月13日，电子城管委会与各建设单位签订《大望京科技商务创新区消防安全责任书》。《责任书》确定由大望京各建设单位作为责任主体，承担建设项目消防安全职责，明确危险品、易燃易爆品的存放、使用和管理，提出火灾事故救援及善后处理具体要求。

（黄雅卿）

【国高新企业认定复审】 12月13日，2013年市科委国高新企业认定、复审基本结束。园区复审通过44家，新认定42家。园区拥有国高新企业数量共计318家。

（赵 剑）

【大望京3号地通过竣工验收】 12月，大望京3号地北京绿地中心项目1、2号商务办公楼及地下部分通过竣工验收。规划竣工验收总面积12.1万平方米，工程总造价近4.82亿元，其中1号商务办公楼地上部分2.7万平方米，2号商务办公楼3.2万平方米，地下部分6.2万平方米，由北京绿地京华置业有限公司开发建设。

（黄雅卿）

【申报拨付专项资金】 12月，完成2013年“朝阳区高新技术产业发展专项资金”拨付工作。30家企业的30个项目获资金支持1480万元，10个重点功能产业园获资金支持1050万元，55家新认定国家高新技术企业获补贴73.75万元。

（赵 剑）

【专项资金支持】 12月，园区七星集团光伏发电项目、国际电子总部冰蓄冷空调系统项目获中关村生态建设专项资金支持1170万元。

（王 谦）

温榆河生态走廊

【概况】 北京市朝阳区温榆河生态走廊建设管理委员会为区政府派出机构，负责温榆河地区开发建设管理和协调服务工作，内设办公室、规划建设科、资源利用科，公务员编制15名。主要职责：负责研究编制温榆河地区总体规划、控制性详细规划和各专项规划，制定地区发展规划、相关政策和开发建设计划并组织实施；负责统筹温榆河地区市政基础设施建设、产业发展和生态环境建设，制定地区土地开发建设计划并组织实施；负责协调建设用地征地、拆迁、转工、转居，制定征地拆迁安置计划和政策；负责温榆河地区开发建设项目初审和报批，并协助相关部门开展对工程项目的财务管理和审计监督；负责研究温榆河地区财政、金融运行态势，组织对外宣传和招商引资。北京市朝阳区温榆河生态走廊服务中心为其下属事业单位，差额拨款事业编制10名，主要负责区域相关信息化建设和服务，政策咨询和信息发布、追踪、反馈，管委会后勤保障及服务等工作。年内，管委会深化功能区产业规划研究，协调推进以孙河国际商务园为代表的重点产业项目，稳步推进以长店北路、金盏小店变电站为代表的市政基础设施建设。完成固定资产投资约9.4亿元。

地址：金盏乡金盏东街9号
电话：84334239
邮编：100018
电子邮箱：wenyuriver@163.com

（金丽坤）

【市政基础设施建设】 1月，温榆河区域变电站前期工作稳步开展。金盏110千伏变电站站址规划意见书获市规划委批复，东苇（草场地）110千伏变电站取得规划意见复函，东郊农场110千伏变电站开展环评工作。3月，金盏110千伏变电站获市发改委立项核准。6月底，温榆河大道电力工程全部完工，该工程由市华商电力公司承建，其中，电力沟道11430米，电力管井19042.37米，总投资41698.8万元。7月下旬，孙河供水站及配套管线完工，该工程由市自来水集团承建，为区域新增每日10万立方米自来水供水能力。9月上旬，金盏小店110千伏变电站开工建设，该电站是金盏乡长店回迁组团及金盏组团土储地块等重点项目的电力来源。

（金丽坤）

【领导调研】 4月12日，市规划委用地处、规划朝阳分局到管委会调研地区规划情况，重点听取区域规划编制、产业规划研究及重点产业项目推进情况的汇报，并现场勘察孙河商贸中心项目用地、孙河国际商务园（暂定名）项目用地及金盏乡马各庄、沙窝两村企业。5月14日，市人大朝阳团代表联组视察温榆河绿色生态走廊、万亩造林东郊森林公园海洼子地块。5月24日，由市农研中心、市城市规划设计研究院组成的市二道绿化隔离地区发展问题专题调研组调研地区规划、发展与政策瓶颈等问题。调研组提出，把温榆河功能区作为第二道绿化隔离地区的特殊区域重点研究。12月26日，副区长张维刚调研功能区产业发展工作，并就如何进一步统筹推进支撑区域长远发展的重大基础设施建设、统筹安排生态环境建设及统筹乡产业用地布局提出具体意见。

（金丽坤）

【重要会议】 6月18日，区委常委、副区长陈涛听取管委会关于温榆河绿色生态休闲区产业规划研究和孙河国际商务园控规编制情况的汇报，并就完善产业规划研究、推进孙河国际商务园后续工作提出具体意见。8月26日，第29次区长办公会听取并原则同意管委会关于温榆河功能区规划建设情况的汇报。9月30日，区委常委会第52次会议听取并原则同意管委会关于温榆河功能区规划建设情况的汇报，要求管委会健全功能区“五大机制”（规划统筹、生态维护、产业准入、基础设施推进、就业促进），促进温榆河绿色生态示范区建设。

（金丽坤）

【重点项目建设】 年内，重点围绕孙河国际商务园项目开展工作。5月，管委会会同市规划院、规划朝阳分局、孙河乡完成项目功能定位研究和控规编制初步成果。拟规划用地位于京顺路（M15号线孙河站）以东，李天高速公路以北，孙河组团东南侧，温榆河西南滨河路以西。项目规划总用地面积43.4公顷，其中建设用地21.45公顷，绿地9.9公顷。项目产业定位为“发展花园式商务办公为主的高端现代生产型服务业”，区域划分为商务办公和商务休闲两大功能分区，参照周边建设情况划定空间形态、建设强度及规模等，并制作项目分析模型。12月，管委会正式委托市规划院编制该项目城市设计方案，并在此基础上完善项目控规成果。

（金丽坤）

【产业规划研究】 年内，《温榆河绿色生态休闲区产业发展规划研究》完成。该研究坚持人口、土地、产业、空间、生态“五规合一”和“布局集中、产业集聚、用地集约”原则，确定区域“高品质的生态绿色休闲区”产业发展定位，形成“一廊五区”发展格局（一条绿色生态走廊，以电子城北扩区为主的高新技术服务区，以金盏金融园为主的金融服务区、旅游休闲区、综合服务区、文化创意区）。重点研究未实施规划的“1+1+7”，即新增约1平方公里旅游设施用地、落实约1平方公里集体产业用地及确定未实施的约7平方公里建设用地，并以此作为指导地区未来空间布局的规划依据。在近期产业发展方面，提出“新发展一批、转型升级一批、拆除腾退一批”思路。新建项目以乡村集体经济组织为主导，按照城市产业开发运营模式，从规划指标、功能定位、业态选择、投资强度、税收标准等方面引导，形成集体经济优质资源；重点研究分析规模以上企业183家，提出企业保留及转型升级实施原则；提出以“四个结合”（结合地区土地储备、结合区域重点工程、结合市政基础设施、结合地区生态环境）为主要任务，依照地区规划分类，逐步拆除腾退低级次产业目标。

（金丽坤）

【绿色空间保护与建设研究】 年内，开展绿色空间保护与建设研究工作。该研究系统梳理区域绿色空间现状及分布特征、绿色空间规划及政策等，分析区域绿色空间实施存在的问题，并结合北京市与朝阳区现行绿化空间实施政策和方法，提出制定功能区绿色空间生态发展规划、建立生态维护机制、打造生态景观亮点工程等对策及建议。

（金丽坤）

金盏金融服务园

【概况】 金盏金融服务园区管委会是负责金盏金融服务园区规划、发展、建设、管理和综合协调工作的区政府派出机构。园区东至温榆河大道,南至坝河北滨河路,西临机场第二高速路,北至规划东坝路,占地面积约595公顷。管委会行政编制12名,下设办公室、综合科。北京市朝阳金盏金融服务园区服务中心为管委会下属事业单位,编制6名;中心下辖2个企业,编制26名。主要职责:负责研究制定园区中长期发展规划、年度计划和相关政策,参与编制园区市政基础设施、配套服务设施等各类专项规划,负责园区对外宣传、产业促进、招商引资、项目建设和综合协调等工作,贯彻执行国家相关法律、法规、政策及区委、区政府决议和决定,协助区政府开展重大项目的引进研究和决策,负责园区开发建设项目管理,并监督管理园区规划落实、土地利用、项目建设情况,负责市、区相关专项资金的使用和监督管理,负责园区社会化服务管理、信息化建设和统计分析等工作。年内,完成固定资产投资约1800万元。

地址:东坝大街(楼梓庄路)9号

电话:84398989

邮编:100018

电子邮箱:jzyqgwh@bjchy.gov.cn

(杨　雪)

【成立工会】 2月1日,园区管委会工会成立,职工44人均入会。王国庆、王治国、马思敏、李淑琴、李剑、张杰、杨雪7人任第一届工会委员会委员;王国庆任工会主席,李剑任副主席,马思敏任经费审查委员会主任,马思敏、陆雨平、程甲林任第一届经费审查委员会委员。

(杨　雪)

【园区绿化】 4月15日,园区中央绿地公园北园区约1万平方米绿化工程完工。

(杨雪)

【领导调研】 4月23日,区委书记程连元调研园区重点工作进展情况,对下一步工作提出3点要求:①协调金盏乡政府做好拆迁资金调配,加大住宅拆迁力度,推进园区东坝路等6条市政道路建设;②认真研究地铁车辆段选址问题;③以“优化资源、节约土地”为原则,细化园区控规调整方案。5月30日,国土朝阳分局局长赵北亭、区土地储备中心主任林海燕到园区调研,研究园区拆迁、道路建设、劳动力安置、控规调整、土地出让等重点工作。6月26日,区委常委、常务副区长甘靖中到园区调研。对下一步工作提出5点要求:①抓紧推进控规调整,做好园区中心绿地周边及沿东坝大街、坝河、机场二高速的产业规划和景观绿化工作,尽快形成产业氛围,打造核心区域的整体面貌;②抓紧办理园区公开出让、协议出让项目各项手续,为下一步做好准备;③推进征地拆迁进度,加速市政道路等基础设施建设;④配合区土储部门尽快落实安置资源和资金;⑤参照北京市关于绿色园区的标准,继续深化能源综合利用专项研究。6月27日,区长助理李瑶、黄建勤、郗永春及区金融办书记赵捷调研园区建设发展情况。提出5点建议:①完善园区规划,实现供需对接;②强化思路创新,控规调整后,结合园区控规做好整体的、细化的城市设计方案;③加大中小金融机构、新兴金融产业(如第三方支付、直投公司、PE、VC等)引进力度,增加区级税收;④加强学习考察,吸收借鉴其他园区的成功经验;⑤创新投资模式,加大政府财政资金的杠杆效应。10月12日,区领导程连元、陈宏志、甘靖中、刘军胜、王春在园区召开土地储备工作调研会。会议议定:①抓住时机,完成拟上市地块拆迁腾退既定的目标任务;②提高土地资源利用效率,促进区域经济结构调整;③增强统筹发展意识,处理好区域人口资源环境的关系。

(杨　雪)

【重要会议】 5月9日,市规划委正局级委员邱跃、区长吴桂英共同主持召开会议,研究朝阳区有关规划工作。会议议定,原则同意对2007年市政府批复的金盏园区控规进行动态维护:①在性质方面,在原有金融后台功能的基础上,增加金融服务、商业商务、教育、居住等内容,完善园区功能;②在布局方面,原则同意市规划院目前规划编制成果确定的空间结构;③在规模方面,在原审批规模基础上新增约15%,且新增规模不超过75万平方米。针对重点项目,按照集约节约利用土地的原则,可以先期研究确定具体地块规划指标,保障项目落地。7月24日,吴桂英主持召开会议,议定园区控规调整、转非劳动力安置、园区建设及所需资金、金盏国际金融中心项目建设等相关工作。9月27日,区委常委、常务副区长甘靖中主持召开会议,议定关于金盏国际金融中心项目合作和园区先期土地供应工作。12月16日,2013年第42次区长办公会听取园区关于功能定位、产业发展目标和规划指标的调整的报告。会议议定:①原则同意园区的工作报告;②与市规划委加强沟通,加快推动园区内部分地块规划调整工作;③尽快确定用于劳动力安置的产业用地地块,并与金盏乡政府对接产业用地后续事宜;④加快推进园区土地一级开发,推进园区拟上市地块地上物拆迁腾退,并妥善安置劳动力。12月25日,区委常委会2013年第26次会议听取并原则同意园区关于功能定位、产业发展目标和规划指标调整的汇报。会议强调,园区要以此次控规调整为契机,进一步明确园区功能定位,统筹推进功能区整体建设发展。

(杨　雪)

【第一届职工羽毛球比赛】 5月15日,举办第一届职工羽毛球比赛。比赛分为男子单打和女子单打项目,设置一、二、三等奖各1名,其余为参与奖,33人参赛。

(杨　雪)

【宣传推介】 5月22日至26日,参加第十六届北京国际科技产业博览会,重点推介园区发展优势及产业规划。5月28日,参加第二届京交会分销服务板块展览,展示园区金融服务发展优势。9月8日至11日,参加第十七届中国国际投资贸易洽谈会,重点推介园区国际金融中心项目。该项目占地面积3.07公顷,建筑面积约7万平方米,总投资约10亿元,是园区内首座低碳建筑。项目分两期建设,其中一期建筑面积约1万平方米,年内具备入驻条件;二期建筑面积约6万平方米,年内取得立项和土地证等相关手续,勘察和设计工作进行中。10月23日,参加第十七届京港洽谈会,重点推介园区新规划及金盏国际金融中心项目。10月31日,参加享有“中国金融第一展”之称的北京金融博览,宣传推介金融服务项目。

(杨　雪)

【妇委会成立】 6月21日,园区管委会妇女委员会成立。园区有女性干部、职工20人。马思敏、任艳霞、杨雪、黄高敏、邢琳等5人任妇女委员会委员；马思敏任妇女委员会主任，任艳霞任副主任。

（杨　雪）

【项目建设】 8月12日，拟入驻园区的中国民用航空局清算中心项目，获市政府批准按照协议出让方式供应土地。项目位于园区2号地块中1113－13地块，用地规模1.27公顷（约19亩），拟在园区建设数据处理中心、资金管理监控中心、科研创新基地等工程。该项目于4月24日完成区发改委立项。10月31日，拟入驻园区的中信集团金融后台综合基地项目，与区土储部门签订《土地开发建设补偿协议》，实现项目落地。12月27日，园区与广发银行签订入驻协议，广发银行拟在园区建设广发金融中心（北京）项目，项目位于园区第11－7号地块，占地面积74.1亩。该项目于5月21日通过市金融局项目性质认定。

（杨　雪）

【控规调整】 9月，园区控规调整完成网上公示。调整后在2007年市政府批复的园区规划范围、总建设用地规模不变的基础上，容积率由1.5－2.0调整为1.5－3.0，控高由24米调整为45－60米，规划总建筑面积增加75万平方米，由508万平方米调整至583万平方米。

（杨　雪）

【首届妇委会摄影比赛】 11月29日，园区妇委会举办首届“发现生活之美·分享点滴精彩”摄影比赛。18位女员工参加，收到摄影作品36幅。比赛设置一、二、三等奖各1名，其余为纪念奖。

（杨　雪）

垡头文化休闲产业区

【概况】 垡头文化休闲产业区管理委员会是区政府派出机构，负责垡头产业区规划、发展、建设、管理和综合协调工作，机构级别为正处级，下设办公室、产业科、规划科，行政编制10名。垡头核心区规划范围15.6平方公里，总建筑规模约2100万平方米，毛容积率约1.3，建设用地平均容积率约2.4。规划四至范围：位于四环、五环之间，东至通惠灌渠西路，西至垡头西路，南至大洋坊路、孔家井北路，北至京哈高速。主要职责：负责产业区整体规划的统筹协调和组织推进；研究制订产业区发展规划和相关配套政策；协调推进产业区重大项目落实、优化项目布局、促进产业升级；组织协调产业区市政基础设施、配套服务设施建设和环境治理、景观提升，以及产业区重点企业和社会单位的信息联系和综合协调等工作。垡头功能区也是朝阳区“十二五”时期重点建设的十大发展基地之一。

地址：南磨房金蝉西路欢乐谷社区西侧楼
电话：65094663
邮编：100023
电子邮箱：mengjames2009@live.cn

（孟庆龙）

【领导调研】 1月6日，副区长苑文新主持召开关于落实中关村国家自主创新示范区政策，加快垡头环渤海总部商务基地（朝阳园垡头基地）建设工作会，区发展改革委、国土朝阳分局、规划朝阳分局共同研究。2月22日，区委常委、常务副区长甘靖中，副区长苑文新，区政协副主席张树安到管委会调研，市、区相关委办局及6乡1街负责人参加会议。甘靖中明确下阶段调研重点为：功能区定位、规划范围、资金平衡、地铁七号线东延、规划审批、土地利用方式等。5月15日，区长吴桂英主持召开垡头功能区开发建设专题会议。会上议定垡头功能区功能定位、平台公司及东五环外国有单位开发策略等相关事宜。7月30日，中关村国家自主示范区管委会副主任廖国华带队到朝阳区调研中关村垡头基地规划建设工作。管委会汇报垡头中心区发展现状、纳入中关村政策区后的工作开展情况、下一步安排及需要关注并协调的相关事宜，苑文新介绍垡头功能区总体规划、功能定位、产业发展、重点项目落地等工作。廖国华肯定中关村垡头基地的工作，强调垡头基地在中关村布局中的战略地位、潜在发展优势及机遇。8月15日，副区长张维刚带队到管委会调研。张维刚提出4点建议：①定位与产业结构要细化；②把基础设施建设梳理清楚；③深入研究开发模式和开发主体；④深入分析研究重点项目。8月28日、10月22日，区领导吴桂英、程连元分别到管委会调研。现场查看地铁7号线车辆段开发建设情况，并在管委会主持召开座谈会。会议议定4项事宜：①完善组织机构；②强化区域规划统筹，分步分类推进实施；③完善区域发展适用政策；④形成焦化厂区域建设问题报告。

（孟庆龙）

【宣传推介】 5月21日，参与第16届中国北京国际科技产业博览会；5月28日，参加第二届中国（北京）国际服务贸易交易会；9月8日，参加第十七届中国国际投资贸易洽谈会，推广介绍垡头功能区总体规划、功能定位及产业发展方向。

（孟庆龙）

【控规编制】 年内，调整完善《垡头地区控制性详细规划方案》（简称《控规》），并通过市规划院审查。以区政府名义，向市规划委上报审查《控规》的请示。启动《控规》中市政、交通专项规划编制前期研究。《控规》主要调整内容：围绕垡头功能区整体战略定位目标，统筹考虑周边地块用地性质以及综合开发的成本收益平衡，在保证整体区域规划科学性与完整性的基础上，将局部用地规划性质由科研用地调整为商业金融及多功能用地（F3）。

（孟庆龙）

【“双核驱动 两翼齐飞”思路确定】 年内，结合地铁7号线车辆段施工进展与原朝阳港用地一级开发拆迁腾退情况，确定“双核驱动、两翼齐飞”思路，按照以焦化厂剩余用地和原朝阳港用地为龙头，以东四环和东五环沿线产业用地为两翼的开发布局，全面启动功能区开发建设。重点推进焦化厂剩余用地、原朝阳港用地、北控能源研发中心，豆各庄金丰创意产业园、豆各庄土储6号地，五环外市属国有企业资源整合和五环外十八里店地区、豆各庄地区环境整治产业升级等项目建设，推动东四环、东五环沿线产业发展和转型升级，率先形成规模和影响力，带动整个功能区发展。

（孟庆龙）

定福庄传媒文化产业区

【概况】 定福庄传媒文化产业区管委会是区政府临时派出机构，行政级别正处级，行政编制5名，下设办公室。主要职责为：负责统筹推进定福庄产业区规划建设；组织协调产业区市政基础设施和配套服务设施建设；负责产业区产业促进和对外宣传，促进产业结构调整和优化升级。年内，进一步深化CBD—定福庄国际传媒产业走廊空间发展研究，被市规划院列为“协作式规划”试点地区。提出2+X思路，推动产业区建设。“2”即定福庄城市文化综合区、管庄滨水文化综合区两个重点地块的控规调整；“X”即定福庄区域懋隆产业园、东亿国际传媒基地等重点项目建设。截至年底，有规模以上文化创意企业44家(同比增长57.1%)，营业收入11.5亿元(同比增长42%)，利润总额0.8亿元(同比下降27.3%)，平均从业人员2231人(同比增长43.4%)；有规模以上现代服务业企业106家(同比下降5.4%)，营业收入85亿元(同比下降41.3%)，利润总额5.7亿元(同比下降43%)，平均从业人员16899人(同比增长2%)；有规模以上工业企业18家(与上年持平)，营业收入32.8亿元(同比下降7.3%)，利润总额3.4亿元(同比下降35.8%)。

地址：建国路15号院甲1号(华文国际传媒大厦12层)

电话：65420802

邮编：100024

电子邮箱：dfzgwh@126.com

(徐隆祥)

【星光大道项目规划研究】 1月6日，区委书记程连元到中国传媒大学调研，与中国传媒大学党委书记陈文申、校长苏志武等学校中层以上领导座谈交流。双方围绕加强合作，促进中国传媒大学的长远战略发展以及朝阳区文化产业、文化事业建设等问题研讨，在校区战略合作协议、改善办学条件、定福庄二小与中国传媒大学土地置换等方面达成一致意见。年内，星光大道项目启动道路规划方案和项目可行性研究。

(徐隆祥)

【队伍建设】 年内，原管委会综合科科长王建军通过选拔考试，被任命为管委会副主任(副处级)。

(徐隆祥)

【打造文化中心区】 4月3日，举行文化中心区(CCD)发展战略研讨会暨课题签约仪式。此课题是结合CBD—定福庄国际传媒产业走廊规划，重点研究三间房乡文化驱动新型城镇化发展模式以及三间房南区的规划建设。

(徐隆祥)

【传媒走廊规划研究专题会】 5月23日，区长吴桂英主持召开CBD—定福庄国际传媒产业走廊整体规划研究专题会。会议原则同意定福庄管委会和北京市规划设计院《关于CBD—定福庄国际传媒走廊整体规划研究》的阶段性成果，并做出加快重点区域控规调整的指示。

(徐隆祥)

【“协作式规划”试点】 8月13日，副区长张立新带领定福庄管委会与市规院院长施卫良座谈，拟将传媒走廊规划作为北京市“协作式规划”试点，探索相关工作方法以及规划思路。

(徐隆祥)

【宣传推介】 9月6日、10月24日，分别参加2013北京CBD商务节、第十七届京港洽谈会朝阳区专场活动，推介定福庄传媒文化产业区。11月7日至10日，参加第八届中国北京国际文化创意产业博览会，在主展场布置定福庄传媒走廊沙盘，联合相关单位，举办乐动三间房、动漫三间房、中国高端工艺精品展招商引资。

(徐隆祥)

【走访国有企业】 10月12日，与区文创办联合走访辖区重点企业北京齿轮厂，听取企业关于经营现状及产业转型发展思路介绍，对企业产业转型后发展文化产业表示欢迎，建议抓紧开展前期方案的策划与调研。11月14日，与区文创办、豆各庄乡政府联合走访辖区重点单位491电台，介绍产业区功能定位与优惠政策，听取491电台运营现状及发展思路介绍。12月3日，到辖区重点企业中交第一公路工程局有限公司调研，介绍产业区功能定位与优惠政策，并察看在建项目世通国际大厦。

(徐隆祥)

【党支部成立】 12月18日，成立定福庄管委会党支部，管委会主任桑小为任党支部书记，王建军、谭婧、徐隆祥分别为纪检委员、组织委员、宣传委员。

(徐隆祥)

【懋隆产业园一期改造完成】 年内，完成懋隆产业园一期原有仓库改造工程，华映星球国际文化发展有限公司、佳美丽家陶瓷有限公司等近20家企业入驻。

(徐隆祥)

【东亿国际传媒基地建设】 年内，完成东亿国际传媒基地二期8万平方米的建设、招商工作，三期6.5万平方米启动建设。

(徐隆祥)

【三间房动漫大厦竣工】 年内，三间房动漫大厦竣工，同步启动招商工作。动漫大厦建筑面积1.1万平方米，未来将打造大型综合性动漫企业总部基地。

(徐隆祥)

东坝国际商贸中心区

【概况】 东坝国际商贸中心区，地处东坝边缘集团东坝北区，西至东五环，东邻机场二通道(距首都机场约8公里)，南侧以坝河为界与东坝边缘集团东坝南区相邻，北至规划东坝路。规划范围约6.21平方公里，总建筑规模(地上)约800万平方米。2009年3月4日成立东坝航空商务区管理委员会，2013年2月正式更名为东坝国际商贸中心区管理委员会，代表区政府承担东坝国际商贸中心区的开发建设管理和协调服务工作。行政级别正处级，下设办公室，行政编制6名。主要职责：负责东坝国际商贸中心区各项规划的研究制订和报批；协调推进商贸区建设用地拆迁、农民安置和劳动力就业；组织协调市政基础设施、配套服务设施规划建设以及商贸区社会化服务等工作。

地址：东三环北路2号迪阳大厦18层

电话：65416800

邮编：100027

电子邮箱：dbgwh@bjchy.gov.cn

（霍　蕊）

【正式更名】 2月26日，北京市东坝航空商务区管理委员会正式更名为北京市朝阳区东坝国际商贸中心区管理委员会（简称东坝国际商贸中心区管委会），其办公室更名为北京市朝阳区东坝国际商贸中心区管理委员会办公室（简称东坝国际商贸中心区管委会办公室）。

（霍　蕊）

【启动市政基础设施规划编制】 3月8日，会同北京市土地整理储备中心朝阳分中心，与北京市城市规划设计研究院、北京市首都规划设计工程咨询开发公司签署《东坝商贸区市政基础设施专项规划技术咨询合同》，正式启动东坝国际商贸中心区市政基础设施专项规划编制工作。

（霍　蕊）

【控规成果通过审查】 5月30日，市规划委召开北京市中心城规划动态维护会，东坝国际商贸中心区控制性详细规划成果通过会议审查，并完成控规指标社会公示工作。

（霍　蕊）

【四评报告报审】 9月5日，国家地震安全性评定委员会和北京市地震安全性评定委员会对《北京市东坝国际商贸中心区地震小区划报告》下达评审意见，同意该报告通过评审。同日，北京市发展和改革委员会对《朝阳区东坝国际商贸中心区规划项目节能专篇》下达评审意见，同意该报告通过评审。11月15日，《东坝国际商贸中心区控制性详细规划交通影响性评价报告》通过北京市交通委专家会审查。12月27日，《东坝国际商贸中心区控制性详细规划水资源论证报告》通过北京市水务局专家会审查。

（霍　蕊）

【重点地块土地一级开发】 11月8日，经区政府批准同意，区土地储备中心与中信国安投资公司签订《土地一级开发委托协议》，授权中信国安投资公司作为东坝国际商贸中心区重点区域土地一级开发实施主体，带资实施园区重点地块土地一级开发。

（霍　蕊）

【宣传推介】 年内，参加第13届北京CBD商务节、第17届京港洽谈会、第8届文博会，推介东坝国际商贸中心区控规成果，宣传展示园区城市规划理念及规划亮点。

（霍　蕊）

北京国家广告产业园区

【概况】 北京国家广告产业园区成立于2011年11月，是国家工商总局首批认证的9个国家级广告园区之一，由政策区和核心区构成，区域覆盖北京CBD核心区、定福庄文化传媒走廊大部分区域，东邻通州区，西抵东城区，北起朝阳北路，南至京秦铁路，面积40余平方公里，是一个独立完整、专门用于广告产业发展的园区。核心区位于北京电视台南侧，北临通惠河，南至京秦铁路，西起东三环庆丰公园，东到东四环路，占地面积约35万平方米。年内，园区核心区一期投入使用，北京国际广告传媒集团、联动文化等优势广告企业入驻。北京国家广告产业园区管理办公室是北京国家广告产业园区行政管理部门，行政编制5名。负责北京国家广告产业园区整体规划、产业发展、统筹协调等工作。

地址：西大望路甲12号

电话：010－67730990

邮编：100124

电子邮箱：Adpark@126.com

（刘　鹏）

【北京国际广告周】 5月28日至6月1日，第二届中国（北京）国际服务贸易交易会（简称京交会）在国家会议中心举办，作为京交会重要版块之一的北京国际广告周在北京国家广告产业园区同期举办，该活动由工商朝阳分局和北京国家广告产业园区管理办公室共同承办。北京国际广告周包括公益广告作品展示，全国国家级广告产业园区发展论坛，新媒体发展与规范论坛等三大主题活动。广告周活动期间，由北京国家广告产业园区管理办公室率先组织发起的广告产业园区发展联盟成立。联盟为全国各广告产业园区共享资源、共享发展成果提供交流、借鉴平台。

（刘　鹏）

【园区发展趋势研讨会】 10月26日，由中国广告协会主办，北京国家广告产业园区管理办公室承办的“国家广告产业园区发展趋势研讨会”，于第二十届中国（国际）广告节期间在南京国际博览中心召开。研讨会邀请全国各广告园区负责人、入驻园区企业代表及广告业界专家学者就广告园区的运营管理和发展趋势等问题建言献策。

（刘　鹏）

【启动扶持资金支持项目征集工作】 11月1日至30日，根据《朝阳区促进广告产业发展加速北京国家广告产业园区建设的办法（试行）》规定，北京国家广告产业园区管理办公室启动2013年度朝阳区广告产业发展扶持资金支持项目征集工作，公开征集2013年度朝阳区广告产业发展扶持资金支持项目。2013年度支持项目分别为：企业落户奖励、优秀广告作品奖励、房租补贴等。

（刘　鹏）

【启动广告业试点扶持资金申请】 11月12日至12月11日，根据《北京市国家广告产业示范区广告业试点扶持资金管理办法》规定，区财政局、工商朝阳分局、广告产业办启动2013年度广告业试点扶持资金申请工作，公开征集2013年度广告业试点扶持资金支持项目。2013年度试点扶持资金支持重点分别为园区核心区基础设施建设和环境改造升级；园区核心区公共服务和公益平台建设。

（刘　鹏）

【重点项目建设】 年内，北京国家广告产业园区管理办公室配合南磨房乡政府等相关部门积极推进二期规划建设，完成东郊市场拆迁腾退工作。市政府相关部门原则批复产业用地5.78公顷、建筑规模20万平方米的建设指标，用于平衡环境整治、棚户区改造所需资金。

（刘　鹏）

【宣传推介】 年内，参加第二届中国（北京）国际服务贸易交易会、2013北京CBD商务节、第十七届京港洽谈会、第二十届中国（国际）广告节以及第八届文博会等活动,宣传推介园区,提升北京国家广告产业园区知名度和影响力。

(刘　鹏)

【入驻机构】 年内,朝阳区新增广告专营企业630户,新增注册资本7.47亿元。其中,园区新增广告专营企业172户,新增注册资本3.07亿元。园区新增企业数占全区的27.30%,新增注册资本占全区的41.10%。截至年底,朝阳区新增规模以上广告专营企业37户,其中园区新增21户,园区新增规模广告专营企业数占朝阳区新增规模广告专营企业数的56.76%。引进北京国际广告传媒集团有限公司、联动文化(北京)有限公司等两家注册资本过亿元企业。园区核心区一期现有企业32户,其中新注册和新迁入企业19户。

(刘　鹏)

综合经济管理

发展和改革

【概况】　朝阳区发展和改革委员会(简称区发改委)是负责朝阳区国民经济和社会发展统筹协调、经济体制改革综合协调的区政府工作部门。编制56人,实有52人。全年实现地区生产总值(GDP)3963.6亿元,按现行价格计算,比上年增长9.1%,占北京市GDP比重20.3%。实现区级财政收入380亿元,同比增长9%;社会消费品零售额1962.4亿元,同比增长7.3%,占全市的23.4%;全社会固定资产投资1216.7亿元,占全市的17.3%;实际利用外资34.2亿美元,同比增长6.9%,占全市的40.1%。
地址:百子湾西里303号
电话:65090600
邮编:100124
电子邮箱:fgw65090600@126.com

(黄　旭)

【协调解决居民用电增容】　1月初,望京南湖渠三巷发生居民因长期停电上街堵路事件,区发改委协调望京街道办事处、朝阳供电公司等单位,研究制定电力改造方案,筹措改造资金并督促施工。1月28日,南湖渠三巷电力设施改造完工并正式发电,解决地区593户居民用电问题。

(余合喜)

【2012年度节能发展引导资金安排】　2月27日,朝阳区2012年度节能发展引导资金安排方案经第7次区长办公会讨论通过,本期27个项目符合要求,安排资金2810.9万元。其中财政补助项目24个,安排资金2447.5万元;直接奖励项目3个,安排资金335.4万元;资金评审费用28万元。

(薛　蕾)

【党风廉政建设】　2月28日,召开2013年党风廉政建设工作会议,贯彻落实区党风廉政建设工作会议精神,明确2013年五个方面工作要点:①把政治纪律教育纳入干部培训教育总体部署;②强化日常勤政廉政教育,强化主动服务意识;③扎实推进廉政风险防控管理机制建设,有效预防各类风险;④强化效能建设,进一步提升行政效能监察工作水平;⑤服务投资管理大局,全面开展政府投资项目稽察工作。按照区机关工委《关于逐级签订党风廉政建设责任书》通知要求,逐级签订2013年度党风廉政建设责任书。

(张跃华)

【2012年度节能考核】　3月5日,市考核组考核朝阳区2012年度节能目标完成情况和节能政策措施落实情况,区发改委做专题汇报。4月20日至6月30日,朝阳区组织考核全区24个街道办事处、19个地区办事处(乡政府)、13个行业主管部门、235家重点用能单位2012年节能工作情况。朝阳区纳入节能指标考核的235家重点用能单位,163家完成年度节能指标,72家未完成。

(王春元)

【编制《依法行政工作汇编》】　4月30日,编制完成《朝阳区发展和改革委员会依法行政工作程序规定汇编》,并印发全委。《汇编》包括13个部分,分别为:固定资产投资行政许可;非许可行政审批及便民服务事项办理程序规定(试行);《政府核准的投资项目目录》以外的企业投资项目(非基建类内资项目)备案程序规定(试行);政府投资建设项目决算审批程序规定(试行);政府投资基本建设专项计划程序规定(试行);政府投资项目招标投标监督管理程序规定(试行);民办学校非学历教育收费备案程序规定;机动车停车场收费标准核准程序规定;价格举报受理程序规定;价格监督检查和行政处罚程序规定(试行);电力节能行政执法工作程序规定;政府信息依申请公开办理程序规定;行政处罚案卷评查办法(试行)和行政诉讼应诉办法(试行)。

(康　楠)

【效能监察立项任务完成】　5月2日,制定并实施《朝阳区发展和改革委员会2013年度效能监察立项工作方案》。其中立项项目13项,分别是地区生产总值增长8%;区级财政收入确保增长9%;实现全社会固定资产投资1205亿元;万元GDP能耗指标达到市级要求;开展"十二五"规划实施中期评估工作;推进"双十工程"建设;扶持与国际交易形式接轨的艺术品拍卖交易市场发展;建立企业发展资源储备库;引导鼓励社会资金投向商务楼宇建设;合理安排企业债和短融债发行时间;用好《促进中小企业发展引导资金管理办法》;完善并实施鼓励社会力量资助公共文化服务的政策和机制;推进国家音乐文化产业基地建设。至12月31日立项任务全部完成。

(张跃华)

【政府投资项目稽察】　5月6日,对区部分政府投资项目开展第一批次稽察。公安朝阳分局、区卫生局、区文化委员会及世奥公司的9个政府投资项目(总投资13656.068万元)接受稽察;7月8日,开展第二批次稽察。区武装部、区残联、区机关后勤、区园林绿化局、世奥公司、区环卫中心及区地税局的10个政府投资项目接受稽察。8月19日,开展第三批次稽察。奥运村、建外、安贞、大屯、酒仙桥、双井等街道社区规范化建设工程、管庄产业用地基础设施建设、朝阳京剧文化艺术中心装修改造工程、酒厂ART国际艺术园基础设施改造工程、北京郡王府古建修缮改造工程、北京高端产业功能区发展与协调领导小组商务中心区会议会址共11个政府投资项目接受稽察。

(张跃华)

【全国节能宣传周活动】　6月15日至21

日,举办"践行节能低碳,建设美丽家园"全国节能宣传周活动。期间,6月17日为首个全国低碳日。宣传周主要开展全国低碳日主题活动,包括公共机构专题节能宣传,节能宣传进社区、进学校、进商场等。

(吴清溶)

【专项稽察】 7月29日,市重大项目稽察办公室对朝阳区平原地区造林项目开展专项稽察。抽查5个地块,面积75.12公顷(1126.8亩),涉及资金1.32亿元。稽察结果显示,朝阳区在程序、标准、生态效果上均良好。

(张跃华)

【投资管理系统建设启动】 8月2日,启动朝阳区投资管理系统建设工作,委托北京闪亮智能信息技术有限公司代为进行系统开发,建立涵盖固定资产投资项目历史数据以及未来10年的固定资产投资项目数据系统,并在此基础上进行管控和分析工作。

(康　楠)

【行政执法案卷评查】 8月5日至16日,参加区法制办2013年度行政执法案卷评查。区发改委6本行政执法案卷参评,其中行政处罚案卷3本,分别为:《北京海源国泰停车场管理有限公司未按规定的内容和方式明码标价的价格违法行为案卷》《北京鸿运天外天餐饮有限公司不按规定的内容和方式明码标价的价格违法行为案卷》《北京创意佳家乐福商业有限公司存在标价之外加价出售商品的价格违法案卷》;行政许可案卷3本,分别为:《北京中关村电子城建设有限公司备案卷》《北京超图软件股份有限公司备案卷》《中国石化工程建设有限公司北京新能源工程技术开发中心项目备案卷》。经评查,6本案卷成绩均为优秀。

(康　楠)

【"煤改气""煤改电"试点】 8月至10月,区发改委牵头,在呼家楼街道小庄社区开展居民冬季取暖"煤改气"试点。对89户居民家庭实施燃气自采暖改造。10月至12月,在王四营乡南花园村开展冬季取暖"煤改电"试点。至12月5日,完成550户改造任务。

(吴清溶)

【经济分析决策系统招标启动】 9月2日,启动朝阳区主体经济分析决策系统招标工作。9月23日,完成招标,委托北京宏科高软科技有限公司代为进行系统开发。该系统可进一步促进信息系统深层次应用、扩大信息系统区域覆盖度,进一步加强信息资源集成、提高政府管理与决策水平。

(康　楠)

【政府投资基本建设项目征集】 10月12日至31日,面向全区组织2014年区政府投资基本建设项目申报。征集项目185个,总投资268.4亿元,其中申请区政府投资基本建设专项资金160.8亿元。

(王之静)

【完成"十二五"规划中期评估】 年内,组织开展朝阳区"十二五"规划中期评估。该工作自5月9日启动,采取全面评估与重点评估相结合、纲要评估与专项评估相结合、内部评估与外部评估相结合等方式,统筹各部门按时间节点完成专项评估。期间,组织召开人大代表、政协委员、民主党派、专家学者4个专题论证会,并委托专业机构开展第三方评估。至10月31日,区发改委撰写完成《关于朝阳区"十二五"规划纲要实施情况的中期评估报告》,并经区十五届人大常委会第十四次会议审议通过,会议一并通过"地区生产总值年均增速预期目标由8%调整为7.5%左右""增加空气质量任务"两项指标调整方案,朝阳区"十二五"规划中期评估工作完成。

(秦　海)

【2013年电力迎峰度夏】 年内,采取四项措施完成2013年电力迎峰度夏工作:①落实分级调控措施;②多措并举推动节约用电;③加强电力设施保护;④开展电力应急管理。

(余合喜)

【税源建设】 年内,完成区级财政收入同比增长9%的目标,实现区级财政收入380亿元。研究制定促进经济发展六项机制,从商务楼宇、土地空间、规范企业纳税、功能区联动、绿色通道服务等方面健全组织机构和流程,奠定下一步工作基础。

(黄　旭)

【融资服务】 年内,形成2013年融资方案建议,为全区重点工程建设提供资金保障。与中粮集团金融实业部和工商银行北京分行签署战略合作协议,为朝阳区经济发展提供资金支持。以国资中心为主体,正式发行第二期16亿元企业债券。

(黄　旭)

【绿色审批通道】 年内,豆各庄自住型商品住房、中央农产品物流园、能源资源类等35个项目纳入市级绿色审批通道,项目总投资813亿元。

(赵　琼)

【完成固定资产投资任务】 年内,制定2013年朝阳区全社会固定资产投资预期完成目标任务分解方案,将投资促进任务分解落实到全区14个职能部门。1月至12月,全区全社会固定资产投资完成1216.7亿元,同比增长1.8%。

(赵　琼)

【固定资产投资项目审批】 年内,区级批复项目立项164个,总投资约376亿元,其中,审批政府投资项目43个,批复企业投资项目核准70个,批复项目备案51个。

(赵　琼)

【市政府资金支持】 年内,以环境、基础设施建设、民生为重点,争取市政府资金支持,全年争取平原造林工程等7个项目市级资金9.3亿元。

(赵　琼)

【纳入市2013年商品房屋投资计划】 年内,47个计划建设房地产项目纳入北京市2013年房地产投资计划,总建筑面积842万平方米,其中住宅366万平方米;总投资236亿元,2013年计划投资71亿元。

(赵　琼)

【47个项目列入市重点建设项目】 年内,47个项目列入北京市重点建设项目。其中交通类12项,现代产业6项,民生保障10项,生态环境建设9项,能源资源10项,项目总投资5764亿元;29个项目列为北京市2013年重点前期项目,总投资约909亿元。

(赵　琼)

【促进楼宇经济发展】 年内,以区政府名义印发《加快商务楼宇建设 促进楼宇经济发展的意见》。《意见》包括指导思想和发展目标、发展原则、工作重点、措施保障等四个部分。

(赵　琼)

【投资项目审批新流程试点】 年内,开展优化投资项目审批流程试点工作,绘制审批流程图,选取17个项目按照新的审批流程重点推进。

(赵　琼)

【中小河道治理】 年内,批复第一、二阶段中小河道治理工程项目,治理大柳树沟、大羊坊沟等11条河道,总长度49.2公里,总投资18.2亿元。

(赵　琼)

【落实压减燃煤任务】 年内,根据市压煤办《北京市压减燃煤促进空气质量改善2013年工作计划》,研究制定朝阳区2013年压减燃煤任务,重点开展三项工作:①完成东南热电中心配套热力管线、东北热电中心配套中水管线、热力管线建设;②完成1151蒸吨燃煤锅炉清洁能源改造任务,基本完成四环路内燃煤锅炉清洁能源替代;

③试点完成优质型煤替代。年内，通过锅炉改造，"煤改气""煤改电"工程改造，拆除违法建设，调整退出高污染企业等一系列措施，完成市相关部门下达的35万吨压减燃煤工作任务。

（赵　琼　吴清溶）

【政府性楼堂馆所清理检查】　年内，排查区域内政府性楼堂馆所项目建设情况。经查，区域内无2013年3月新一届国务院组成后新批准或新开工，使用区财政性资金建设的政府性楼堂馆所项目；无2013年3月新一届国务院组成前已批准并开工建设，以及已批准但尚未开工使用区财政性资金建设的政府性楼堂馆所项目。

（赵　琼）

【基本建设专项计划执行】　年内，朝阳区下达4批基本建设专项资金使用计划，涉及计划项目113个，下达计划金额13亿元。区发改委结合项目实施进度，组织召开项目调度会7次，下达资金使用计划。

（王之静）

【争取市级资金支持】　年内，市政府投资计划共安排3批资金使用计划，朝阳区获各项补助金额10.4亿元，涉及22个建设项目。

（王之静）

【政府投资项目决算审批】　年内，完成3个区政府投资项目的决算审批，涉及区政府投资基本建设专项资金6920万元。

（王之静）

【"代建制"项目实施】　年内，朝阳区采取"代建制"组织实施2个政府投资基本建设项目，分别是朝阳区防病保健中心二期工程、和平医院扩建工程。

（王之静）

【《发展与改革》出版】　年内，出版《发展与改革》30期。其中普刊19期、特刊11期。

（康　楠）

【政府信息依申请公开服务】　年内，办结政府信息公开申请350件。其中公开135件，补正53件，非本机关制作的65件，政府信息不存在的61件，因涉及第三方商业秘密不予告知的21件。因申请人原因作废15件。

（康　楠）

【编制完成"双十工程"方案】　年内，编制完成《朝阳区"双十工程"2013年度实施工作方案》，并于4月1日以区委办和区政府办名义正式发布。《方案》包括2013年度十大发展基地和十大民生工程的具体实施任务、牵头领导、责任单位、责任人和配合单位等内容。

（秦　海）

【实现2013年节能目标】　年内，朝阳区能源消费总量1109.24万吨标准煤，同比增长1.63%。万元GDP能耗0.2799（吨标准煤/万元），按可比价格计算，同比下降5.76%，超额完成2013年万元GDP能耗下降4.06%的年度目标。

（王春元）

【公共机构供热计量改造】　年内，加快推进公共机构供热计量改造。上半年，完成机关后勤中心系统热计量改造，改造19家区属机构68处办公区，总面积约331057平方米。下半年，启动教育、卫生、街和乡四个系统热计量改造，完成改造工程设计，并上报资金报告。

（薛　蕾）

【固定资产投资梳理汇总】　年内，根据2013年固定资产投资项目建设情况，结合2014年重点建设项目征集、政府投资基本建设项目征集、项目审批及2014年商品房计划上报情况，梳理汇总全区2014年计划实施的297个项目，总投资约6047亿元，预计2014年投资约1100亿元左右。

（赵　琼）

统　计　管　理

【概况】　北京市朝阳区统计局是朝阳区政府负责综合统计工作的职能部门，国家统计局朝阳调查队、北京市朝阳区经济社会调查队为国家统计局北京调查总队和北京市经济社会调查总队的派出机构，与区统计局合署办公，局长对本地区统计工作负总责。内设11个科室、派驻1个科室，编制66人，其中行政编制47人，专项编制19人；下属5个事业单位，编制40人，均参照公务员管理；下设43个街乡统计所，编制176人，其中行政编制105人，专项编制71人。年内，局队围绕区政府中心工作和折子工程，履行信息、咨询、监测职能，加强统计分析和监测，准确研判经济运行态势，抓好基层基础，提高数据质量，加强执法检查，强化队伍建设，完成各项工作任务。被北京市档案局评为2012年北京市区县机关档案工作测评优秀单位，被区政府评为2012年朝阳区目标管理双百考核先进单位，被区社会管理综合治理委员会评为2012年朝阳区社会管理综合治理先进集体，被区地方志编委会办公室评为2012年《北京朝阳年鉴》编纂工作先进单位。

地址：日坛北街33号区政府北院南楼四层
电话：65094641
邮编：100020
网址：http://www.chystats.gov.cn

（李海林）

【深化统计服务】　年内，在月度、季度等重要时间节点向区领导和有关部门报送经济信息，其中《统计快报》15篇，被区两办采用信息206篇；通过月度调度会、季度经济形势分析会、专题汇报会分析经济走势，完成15篇统计专报、175篇分析和41篇调查报告，其中，《朝阳区2013年1－3季度GDP完成情况分析》《关于加强部分电子商务企业协调力度 促进我区社会消费品零售额增长》等10篇分析材料得到区领导批示；根据区领导提议，组建课题组完成《关于进一步挖掘经济增长潜力的研究》《朝阳区近五年经济社会发展情况分析》《朝阳区近十年经济社会发展情况分析》《"十一五"以来朝阳区主要经济指标增速走势分析》等分析报告；为区两会、经济工作会等重要会议材料提供统计数据，向有关部门提供各类数据70余次近16万笔；强化课题研究，围绕十八大、市区"两会"及全区经济工作会提出的新目标和新要求，完成《朝阳区投资、消费与经济增长的关系研究》《朝阳区城乡居民收入翻番的实现条件与对策研究》等5篇局级重点课题；继续做好《统计经纬》编辑与发行；出版《2012年统计年鉴》。

（李海林）

【统计监测】　年内，围绕GDP、全社会固定资产投资、社会消费品零售额、工业总产值、城乡居民收入等重点指标逐月开展监测，及时将指标完成情况、走势分析及苗头性、拐点性情况上报区领导；围绕现代服务业、文化创意产业、金融业、高技术产业、生产性服务业、信息服务业等重点产业开展监测，为产业结构优化升级提供服务；围绕重点功能区、"十二五"经济社会发展统计指标体系、农村城市化和城乡一体化等重点领域进行统计监测,开展指标的收集、核实、整理和监测分析等工作,从不同层次反映区域经济社会发展进程。

(李海林)

【第三次全国经济普查】 年内,开展第三次全国经济普查,该工作列为区政府折子工程项目。组建区、街乡两级普查机构,区长吴桂英担任区普查领导小组组长,各街乡成立主任(乡长)任组长的普查机构;7月26日,召开动员大会,副区长张维刚到会并讲话,区经济普查领导小组成员单位主管领导、各街乡行政正职、全区统计、工商、国税、地税各所所长等近300人参加会议;完成普查区域划分、综合试点工作;选调普查指导员、普查员4200余人;踏查辖区所有建筑物,摸清辖区法人单位、产业活动单位及个体经营户基本信息,完成普查底册;以17块大型户外广告、5000平方米围挡、2000面路旗、6400条横幅等形式开展宣传月活动;12月18日,组织开展"第三次全国经济普查宣传日"活动,蓝岛大厦广场设立主会场,全区43个街乡分别设置分会场;完成业务培训、物资准备等相关工作,为普查正式入户登记做好准备。第三次全国经济普查标准时点为2013年12月31日,普查时期资料为2013年年度资料。

(李海林)

【统计专项调查】 年内,依托社情民意调查中心,受区综治委委托,以电话调查的方式,按季度在全区所有街乡开展"群众安全感民意调查",出具《朝阳区群众安全感民意调查报告》和街乡分报告;受区委组织部委托,开展"朝阳区处级领导班子和领导干部综合考核测评民意调查",完成面向4715户居民和社区居委会干部的调查,撰写3篇调查报告和43篇分析;协助区纪委开展面向全区144个党政机关、事业单位的"党风廉政建设民意调查";对318家单位开展全国投入产出调查;开展CBD楼宇经济和外国公司驻京代表处调查,调查楼宇119家、外企代表处168家;完成市局总队布置的《北京市居民摇号购车政策民意调查》《北京居民文化消费现状及需求意向调查》等调查任务。

(李海林)

【年度人口抽样调查】 年内,开展年度人口抽样调查工作。调查涉及全区16个街乡、19个居(村)委会的36个调查小区、6400户、1.6万人。调查时点为11月1日零时。调查工作先后成立区、街乡人口抽样调查办公室,依次完成调查员选调、动员培训、普查小区划分、建筑物核查、清查摸底、登记复查、数据处理和资料开发等工作。依据调查资料推算朝阳区2013年末,常住人口为384.1万人;其中男性197.4万人,女性186.7万人;0-14岁人口35.9万人,15-64岁人口313.2万人,65岁以上人口35.0万人;常住外来人口176.1万人;2013年1-12月,出生人数35304人,出生率9.31‰,死亡人数13857人,死亡率3.65‰。

(李海林)

【保障统计数据质量】 年内,采取七项措施,强化基层基础,保障统计数据质量。①完善名录库管理,采取电话语音、手机短信、人工催报等形式敦促新增法人单位2336个、产业活动单位2279个办理统计登记,通过电话、实地踏查等方式查找"准规模"调查单位2634家,继续完善与税务、工商等部门的联动机制,实现应统尽统;②开展"一套表"联网直报"三查"工作,修正87家单位基本信息,逐一核实主要指标变动过大单位情况;③加强基础业务培训,对直报和重点企业统计人员开展专项培训,提升统计从业人员业务水平,把好源头数据质量关;④以市局总队巡查为契机,推进基层基础工作;⑤研究探索村级统计站建设,根据区情确定农业生产比较集中的4个乡51个村作为首批建站乡村;⑥开展数据质量评估,加强报表各环节质量控制,严格执行科室专业评估会、月度调度会、局级经济形势分析会三位一体的数据质量评估制度;⑦全力做好年报工作。

(李海林)

【统计执法检查】 年内,继续加大对迟报、拒报统计资料和不办理统计登记单位的执法检查力度,重点检查投资、零售额、能耗、增加值核算等相关指标。全年检查666家单位,立案42家,行政处罚75家,其中行政警告23家,行政罚款52家,罚款金额24.62万元。

(李海林)

【统计普法宣传】 年内,组织开展"法律六进"活动138次,开展大型普查宣传活动7次,其他形式宣传活动30次,通过悬挂横幅、摆放展板、设立咨询台、发放材料、宣传广播、文艺演出、普法答题等形式提高企业的认知度和配合度,营造统计法制氛围;继续回访被处罚单位,检查10家企业整改情况;为保障案卷审核流程清晰明确,采取"二审制"管理模式审理立案案卷52卷;组织完成年度统计从业资格考试,全区报考2879人,实考2072人,合格1071人;为1389人办理统计从业资格证书。

(李海林)

【统计信息化建设】 年内,全面改版原"朝阳统计信息网"并投入运行;利用现有网络资源,建立一套标准查询系统,满足各部门及时查询统计数据需求;完成"朝阳统计系统培训平台"项目研发,利用该平台开展年报培训等工作;根据《朝阳统计局网站渗透测试报告》内容,对"朝阳统计信息网"的安全进行检查、整改,升级改造网络安全设备。

(李海林)

【统计队伍建设】 年内,制定《2013年干部教育培训计划》,举办为期3天的统计所干部业务培训班,举办近三年入职青年干部培训班;通过公开招考,录用26名公务员;面向全区公开选拔总统计师和1名副科长;继续开展机关科室和统计所干部"一对一"互换挂职锻炼活动;编制《朝阳区统计局、调查队廉政风险防控手册》,做好廉政风险防控管理工作。

(李海林)

劳动和社会保障

【概况】 朝阳区人力资源和社会保障局是综合管理区劳动和社会保障工作的职能部门。全局行政编制738个,内设15个科室、下辖9个事业单位。其中,副处级事业单位3个,人员编制分别为社会保险基金管理中心230个、医疗保险事务管理中心102个、劳动人事争议仲裁院61个;正科级事业单位6个,人员编制分别为职业技能培训管理中心41个、职业介绍服务中心(就业促进中心)125个、职业技能鉴定管理中心10个、劳动能力鉴定中心7个、劳动服务管理中心30个、劳动监察大队65个。主要负责拟订区人力资源和社会保障事业发展规划,并组织实施和监督检查;负责建立统一规范的人力资源市场,依法管理人力资源市场,促进人力资源有效配置及合理流动;负责区劳动力资源和就业(失业)工作,城乡社会保险工作,劳动关系、劳动监察和劳动人事调解仲裁等工作的统筹管理。年内,开发就业岗位13.75万个,城镇登记失业率0.75%,培训城乡劳动者8362人;社会保险征缴441.77亿元,同比增长20.94%,医保基金审核支付73.54亿元,同比增长4.13%;行政区域内企业劳动合同签订率97.63%,地方企业劳动合同续订率99.07%,集体合同及工资集体协商覆盖面100%。

地址:大柳树甲100号

电话:84512071

邮编:100023

网址:http://cyld.bjchy.gov.cn/

(姜中一)

【征地超转人员医保管理】 1月1日,区征地超转人员医疗费用报销政策参照基本医疗保险政策管理。4月1日,区超转人员持社保卡就医可实时结算。7月15日至9月30日,区医保中心集中审核前三个月垫付医保费用。年内,就诊人次23.2万人次,基金实际支付1.18亿元,同比增长27.19%。

(王祎楠)

【外籍人员社会保险】 3月6日,朝阳区社会保险网发布《关于韩方在华工作人员免缴社会保险费有关事项的通知》《关于韩方在华工作人员免缴社会保险费的操作流程》。5月18日,北京市首名达到退休年龄的在华就业日本籍人员在朝阳区办理一次性养老金支付业务。12月,朝阳区成功支付首例英国籍参保职工生育津贴待遇。此举标志着生育津贴待遇支付范围由本市人员、外埠人员扩大至外籍人员。

(狄凌霄)

【定点医疗机构签署医保协议】 3月29日,区医保中心召开定点医疗机构服务协议签署会。区175个法人机构签署《北京市基本医疗保险服务协议》,356家定点医疗机构及8家定点零售药店签署《朝阳区基本医疗保险补充服务协议》,356家定点医疗机构签署《朝阳区基本医疗保险服务医师管理定点医疗机构服务协议》。

(王祎楠)

【职业技能鉴定考试现场督考】 4月22日起,开展辖区职业技能鉴定考试现场督考工作。全年派遣督考考试555场,涉及考生45732人次。派遣督考员600余人次。自有督考员9人,外聘督考员25人,现有督考员34人。

(左云帆)

【高技能人才队伍建设】 4月,按照《人力资源和社会保障部关于在百家城市中开展技能振兴专项活动的通知》要求,制定《朝阳区开展技能振兴专项活动实施方案》,启动技能振兴专项活动。9月,组织召开朝阳区支持企业开展职工培训试点工作暨高技能人才政策推动会,试点工作正式启动,驻区45家大中型企业相关负责人参会。11月,开展第三届北京市朝阳区享受政府首席技师、首席员工特殊津贴人员评选,27名高技能人才享受区政府首席技师或首席员工特殊津贴。12月,《北京市朝阳区人民政府关于进一步加强职业培训工作的意见》颁布执行。全年为55家用人单位965人申请高技能人才培训经费补贴117.48万元。

(周高梁)

【失业金一级发放】 5月,采取四项措施,配合北京市失业保险待遇由三级发放调整为一级发放:①开展街乡社保所新系统上线培训;②建立区、街工作人员联系制度并设专人负责业务指导;③建立领金人员基础信息台账,对失业保险申领、复核等关键岗位实行双人双岗复核制;④建立失业保险待遇发放情况通报机制,按月通报失业保险待遇发放错误率并计入街乡考评。截至12月,朝阳区失业金银行发放成功情况位列北京市前三名。

(李　婷)

【城镇职工一次性医疗救助】 5月,完成参加城镇职工基本医疗保险的重症患者一次性医疗救助工作。138人获救助金额212万元。

(杨丽艳)

【工伤保险宣传日】 6月8日,在全区开展“关爱农民工 走进建筑工地”工伤保险政策宣传日活动。43个街乡分别在各自辖区建筑工地或地区显著位置布置宣传站点,接待咨询200余人次,发放宣传材料2000余份。

(杨婧垚)

【精细化就业服务体系】 6月,印发《朝阳区就业服务精细化操作规范》,明确区、街(乡)、社区(村)三级公共就业服务平台职责,细化档案接转、职业指导、失业登记、就业援助、职业培训、职业介绍和就业登记的服务流程和标准。

(武　彬)

【社会保险档案数字化】 7月1日,启动与外包公司共同研发的社会保险业务档案数字化管理系统,涵盖档案收集、移交、保管、统计、借阅、利用等功能,实现23706卷、250万余页社保业务档案的数字化管理。

(姜桂枝)

【劳务派遣行政许可】 7月1日,根据《劳务派遣行政许可实施办法》(人社保部19号令)规定,经营劳务派遣业务行政许可工作正式开始。截至12月底,朝阳区108家劳务派遣企业获得行政许可证。

(李　雯)

【小企业劳动关系状况调查】 7月1日至9月30日,朝阳区开展30人以下小型企业劳动关系状况调查,共走访1144家企业,涉及2.4万名劳动者,劳动合同签订率99.28%。

(李　雯)

【医保监督举报奖励长效机制】 7月,在全市率先建立区域性医保监督举报奖励长效机制。设立医保监督举报电话,对举报人奖励最高不超过5000元。

(杨丽艳)

【因病鉴定业务下沉】 8月1日,北京市人力资源和社会保障局下发《关于下放失业人员和部分个人委托存档人员非因工伤残或因病丧失劳动能力程度鉴定工作权限有关事项的通知》文件。根据文件要求,10月1日起区职业介绍服务中心、区人才服务中心的个人委托存档人员,社保所代管的失业人员的非因工伤残或因病丧失劳动能力程度鉴定工作由市人力社保局下放至各区县人力社保局。

(董俞含)

【异地费用审核系统投入使用】 8月27日,区医保中心自主研发医保异地费用审核管理系统投入使用。该系统具有自动校验人员信息、自动校验三大目录库、自动生成费用分解表三大功能,实现异地纸质医疗单据电子化审核。

(王祎楠)

【人力资源服务机构诚信建设】 10月,在全区306家人力资源服务机构中开展诚信服务创建活动,指导机构推行诚信服务制度,建立诚信服务档案,并组成联合检查组开展专项抽查,33家人力资源服务机构获评“北京市人力资源诚信服务示范单位”,8家获评“朝阳区人力资源诚信服务示范单位”。

(任欢欢)

【工伤定点医疗机构持卡验收】 12月26日,区5家定点医疗机构全部完成持卡实时结算验收,于2014年1月1日起开始接待持社保卡就诊的工伤患者。

(王祎楠)

【城镇登记失业】 年内,城镇登记失业率0.75%,登记失业人员就业率73.32%。城镇登记失业人员实现就业2.79万人,其中就业困难人员实现就业1.71万人。全年开发就业岗位13.75万个。

(任欢欢)

【城乡就业管理制度并轨】 年内,完成城市化建设地区农村劳动力纳入就业失业登记管理系统工作,为全区74630名农村劳动力换发《就业失业登记证》,换证率97%,实现城乡就业、失业管理制度的统一。

(武 彬)

【农村劳动力就业】 年内,《朝阳区鼓励农村劳动力转移就业奖励办法》(朝政发〔2011〕12号)执行期满,执行期三年共计审批社会保险补贴3.11亿元,转移就业补贴1.27亿元,累计帮扶34064人次实现转移就业。11月,会同区财政局、区农委开展农村劳动力实现就业评审奖励,评选就业示范基地9家、就业明星21人、安置奖励4人,拨付奖励金104万余元。12月,出台《朝阳区鼓励农村劳动力转移就业奖励办法》(朝政发〔2013〕18号),加大农村劳动力"离土离乡"转移就业扶持力度,对招用朝阳区农村劳动力的用人单位按人数给予社会保险补贴;对在社会单位就业的农村劳动力给予相应的就业补贴。

(李 婷 任欢欢)

【促进就业专项经费】 年内,朝阳区财政投入促进就业专项经费2.76亿元,促进全区劳动力3.2万人次实现稳定就业。

(李 婷)

【就业服务专项活动】 年内,相继开展就业援助月、春风行动、民营企业招聘月、毕业生就业服务月、全国助残日、随军家属就业服务等一系列专项就业服务活动。累计发放宣传材料34845份;开展针对性职业指导活动25场;招聘会122场,提供就业岗位40242个,参会18156人,4199人达成初步就业意向。

(杨双霞)

【公共职业介绍服务】 年内,开展公共职业介绍服务活动。采集空岗信息122763个,开展职业指导85378人次,推荐失业人员再就业11669人。举办招聘会168场,参会单位2267家,提供岗位68189个,参会人数18983人,达成初步就业意向6599人。

(杨双霞)

【就业援助】 年内,为就业困难人员提供日常援助45887次,重点援助27863人次,托底援助155人次,就业困难人员实现就业17103人,就业困难人员就业率68.98%。面向就业困难人员组织"送温暖""就业援助月""就业路上与您携手同行"系列公共就业服务活动。元旦、春节"送温暖"活动期间,走访慰问就业困难人员940人,其中重点走访户15人,发放慰问金及慰问品折合人民币38.95万元。1月15日,组织即将实现签约上岗的30名残疾人进行入职前培训;1月25日,举办"朝阳区首批动漫就业合同签订仪式",31名残疾人实现定向上岗。2月,"就业援助月"活动期间,实地走访就业困难人员和零就业家庭1670户,援助676人,实现就业604人,零就业家庭人员实现就业6人。

(杨双霞)

【职业技能鉴定】 年内,职业技能鉴定全国统考报名考生资格审核人数19110人,审核通过12827人。全市14953名考生在朝阳区参加考试,与上年持平。区人力社保局分别参与5月18日至19日、11月16日至17日全国统考考务工作。两次统考,朝阳区共设置11个考点、安排考场503个,派出70余名考务人员,1006名监考人员,70名巡考人员。

(左云帆)

【城乡劳动力职业培训】 年内,制定《朝阳区定点培训机构职业技能培训工作手册》。认定并公布10家定点培训机构。全年培训城乡劳动者8362人,指标完成率199%。技能培训7737人,其中失业人员7368人、本市农村劳动力369人;创业培训625人,其中失业人员324人、本市农村劳动力16人、大学生285人。审批职业培训补贴3436人,审批资金183.259万元。

(闫 莹)

【退休人员管理】 年内,朝阳区退休人员累计419539人,其中,实行社会化管理人员累计102255人,年内转接档案11130份;全年为朝阳区4958名社会化管理的退休人员申请自采暖补贴资金439万余元;分11批组织42家社保所和74家企业的2410名退休人员参加平谷碧海山庄休(疗)养活动,完成率100%。

(刘 丽)

【失业人员补贴资金实地核查】 年内,委托北京华龙鼎嘉会计师事务所开展用人单位招用失业人员补贴资金实地核查。全年核查470家单位988人次,其中14家单位31人次存在问题,并退回申报材料。

(刘 丽)

【社会保险缴费专项审计】 年内,市人力社保局委托会计师事务所对全区281家参保单位进行社会保险专项审计。收到市局转来专项审计报告267份,其中涉及整改单位179家。年内补缴到位金额29774506.87元,收取滞纳金4607431.5元,补缴到位金额比上年完成补缴金额增加30%。

(周广瑞)

【就业专项资金检查】 年内,检查朝阳区8个就业专项资金审批项目及19家街乡公益性就业组织。经查,各项就业专项资金及补助经费管理整体运行良好,受理、初审、复审、审核、审批至拨付环节,均严格执行层级复核制,交接手续完整,且能够严格按照规定的范围、标准和渠道拨付。同时纠正公益性就业组织补助经费违规情况,督促街乡追回超范围使用资金13万余元。

(周广瑞)

【劳动能力鉴定】 年内,劳动能力鉴定中心组织劳动能力鉴定97场,鉴定人数1868人次,比2012年(1653人次)增长13%。其中工伤评残1540人次,比2012年(1425人次)增长8%;因病鉴定328人次,比2012年(228人次)增长44%(其中达到完全丧失人数288人,占因病鉴定总数的88%,再次鉴定10例,无一例结论改变)。

(董俞含)

【城镇居民基本医疗保险】 年内,城镇居民基本医疗保险参保人数251302人,其中无保障老年人23875人,本市学生儿童219912人,本市城镇劳动年龄内无业居民7515人。

(杨丽艳)

【养老保险补缴审批】 年内,养老保险补缴审批单位1609家,涉及职工4240人,其中外埠补缴1100人,同比减少10.5%。转监察实地调查补缴1年以上养老保险的外埠人员,涉及146人,其中补缴5年以上的涉及7人,未发现违法现象。

(杨婧垚)

【工伤认定】 年内,受理工伤认定申请2325件,同比减少12.36%。其中单位申请2159件,同比减少15.63%;个人申请166件,同比增加76.60%。工伤康复152人,指标完成率145%。

(杨婧垚)

【医疗保险审核】 年内,审核支付各险种基金73.5亿元,同比增长14.5%,绝对增长额3.4亿元。其中审核支付持卡结算门诊费用39.5亿元,同比增长4.2%,涉及交易4160.4万笔;审核支付持卡结算住院费用30.6亿元，同比增长5.5%，涉及37.4万人次；审核支付各类手工报销险种费用3.4亿元，同比下降6.6%，涉及16.3万人次。

（王祎楠）

【医疗保险总额控制】 年内，对27家二、三级定点医疗机构下达总额预付指标，占区医疗机构的7.6%，区总额预付指标58.34亿元，全年基金申报57.55亿元，指标使用率98.65%。对294家一级及以下定点医疗机构下达总量控制指标，占全区医疗机构的82.58%，区总量控制指标16.27亿元，全年申报16.54亿元，指标使用率101.68%。

（王祎楠）

【医保服务医师管理】 年内，全区签约医保服务医师11923人，违规扣分医师累计2320人次。其中黄牌警告48名医师，暂停其医保服务医师资格6个月。2012协议年度，表彰23家医师管理做出突出贡献的医疗机构。

（王祎楠）

【城镇职工社会保险】 年内，养老保险、失业保险、医疗保险、工伤保险、生育保险缴费人数分别为161.71万人、169.37万人、215.30万人、163.68万人、159.24万人，比上年增长7.85%、7.80%、2.99%、7.74%、8.56%。其中农民工养老、医疗保险参保人数分别为39.6万人、39.2万人。五项社会保险基金累计征缴441.77亿元，同比增长20.94%；累计支出276.26亿元，同比增支18.10%。

（狄凌霄）

【社会保险网上申报】 年内，区社会保险网上申报开通数字证书且正常使用的单位数累计6.2万家，办理各项经办业务累计突破375万笔，同比增长68.9%。

（姜桂枝）

【社会保险转移接续】 年内，申请外省养老保险关系转入6306人，完成补填7232人（含以前年度未办结人员）；养老保险转入到账6273人，到账金额17912.57万元，申请医疗保险关系转入3488人，完成补填3310人。接待受理养老保险关系转出人员9004人，办结8393人，医疗保险关系转出3849人，办结3629人。退役军人转移总到账人数858人次，到账金额1602.84万元。

（姜桂枝）

【社会保险稽核】 年内，受理接待投诉举报2180人，立案873件，补缴社会保险费1012人，补缴金额1377万元；日常稽核3158家，稽核人数193万人，补缴12687人，补缴金额2180万元，清理欠费15802万元。

（姜桂枝）

【社会保险个人权益】 年内，根据个人权益记录管理办法，辖区参保单位和个人通过业务前台查询下载或打印北京市社会保险个人权益记录8847人次、自助终端5234人次、网上服务平台48090人次。

（姜桂枝）

【授予和谐劳动关系单位称号】 年内，区人力资源和社会保障局、区总工会、区企业联合会授予174家企业“2012年朝阳区和谐劳动关系单位”称号。

（李　雯）

【劳动合同签订率】 年内，根据网格化系统显示，行政区域内监控的各类企业劳动合同签订率97.63%；劳动合同续订率99.07%；新增备案集体劳动合同8203户，涉及职工251570人。

（李　雯）

【劳动人事争议仲裁】 年内，接收劳动争议案件14858件，其中立案受理13207件，同比增长0.7%，不予受理1651件，同比增长14.89%。相关争议案件中，集体案件713件，涉及劳动者4202人，占案件总人数的31.82%；农民工案件5975件，占案件总量的45.10%。截至12月25日，审结劳动争议案件12847件，结案率97.3%；调解案件5520件，调解率43%。受理人事争议案件10件，审结8件，结案率80%。

（于　飞）

【基层调解组织建设】 年内，指导新建企业性调解组织16家，其中非公企业劳动争议调解委员会14家，商会（协会）调解组织2家。继续完善与街乡调解组织的对接服务机制，于4月26日，组织召开全区街乡劳动人事争议调解员培训工作会，43个街乡130名调解员参加培训；分批次组织11个街乡的30余名调解员观摩朝阳区法院劳动争议案件庭审。各企业调解组织全年调解成功劳动纠纷409起，置换调解书10件；街乡调解组织调解成功劳动争议183起，置换调解书183件。

（于　飞）

【劳动监察执法】 年内，劳动监察部门检查用人单位1.68万家，立案7419件，其中巡查立案2948件；受理投诉举报4740件，为5666名劳动者追讨拖欠工资5775万元，为265名劳动者追缴社会保险费428.76万元，责令用人单位为9名劳动者补签劳动合同。全年开展各类专项检查行动5次，出动监察员800余人次，检查用人单位4462家，涉及职工15.6万人。内容涉及农民工工资支付、清理整顿人力资源市场秩序、用人单位劳动用工及防暑降温等工作。

（韩运旗）

【劳动监察“两网化”建设】 年内，区劳动监察“两网化”管理系统完成用人单位信息采集3740家，更新用人单位信息8386家；区监察大队对街乡一级监察小组下达指定巡查任务4778条，完成巡查4764条，完成率99.7%，发现违法行为666起，立案664件；下达指定用人单位信息采集任务102条，反馈完成采集97条，完成率95.1%。

（韩运旗）

【医保监察】 年内，医保监察大队医疗骗保立案244起，约谈参保人员133人次；检查21家定点医疗机构，其中对2家定点医疗机构给予32万元行政处罚；对3名违规参保人员给予3.55万元行政处罚，追回医保基金7.77万余元；对7名骗保人员给予停卡处理。

（韩运旗）

【劳动用工规范一条街工程】 年内，各街乡劳动监察小组组织实施“劳动用工规范一条街工程”，并将该工程与日常巡查、劳动用工书面审查相结合。责令72家企业为828名劳动者补缴社会保险7.44万元，为8家企业15名劳动者解决工资待遇1.67万元，为19家企业20名劳动者补办职业资格证书，规范用人单位3957家，劳动者劳动合同签订率、社会保险参保率和持证上岗率均为100%。

（韩运旗）

工商行政管理

【概况】 北京市工商行政管理局朝阳分局(简称工商朝阳分局),主要负责辖区市场经济主体登记注册、商标广告监管、经济合同监管、食品质量与安全监督管理、市场竞争监管、打假维权以及规范市场经济秩序等工作。全局年初下设39个部门,后根据中共北京市委办公厅北京市人民政府办公厅关于印发《北京市食品药品监督管理体制改革方案》的通知规定,将食品质量监督管理科、食品安全综合科、食品安全监督检查科划转北京市朝阳区食品药品监督管理局。年底工商朝阳分局实有部门36个,其中15个职能科室、15个工商所、1个执法检查队、5个事业单位,有干部职工510人。年内,加强业态调整促进产业升级,鼓励支持个体工商户转为企业组织、推进企业注册登记多证联办"一口式"审批模式。清理整治留学中介、家居装饰、快递、餐饮行业格式条款,雅宝路地区试用《国际货物买卖合同(服装类)》试用文本。坚持执法警示与行政指导并重,全年开展行政指导2958次。消保科获全国工商行政管理系统先进集体,奥运村工商所获评全国工商行政管理系统先进工商所。

地址:霄云路霄云里1号

电话:51069009

邮编:100125

网址:http://www.hd315.gov.cn

(曹发来)

【消费者权益保护】 3月,开展"3·15"宣传、宣讲活动40场次,开展消费者权益保护培训、教育活动,直接受众约3600人,发放宣传材料2.6万份。工商朝阳分局消费教育宣讲团举办150场宣讲,直接受众4万人,建成高力国际灯具港、红星美凯龙北四环店、金吉列留学3个消费教育基地。抽查辖区服装、床上用品、酒店用品、儿童玩具及用品、室内装饰装修材料(管材管件、水龙头、卫生洁具)、小家电(电源插座、充电器、手机电池)、鞋、日化用品、汽车配件(刹车片、制动液、刹车软管)等样品543组,检查5家知名电商企业网站销售的商品;包括手机配件、灯具、移动插座、小家电、汽配、雨伞、玩具、凉席、纺织品、鞋等10个种类,共计115件商品。

(曹发来)

【第二届京交会·北京国际广告周】 5月28日至6月1日,在北京国家广告产业园区举行第二届京交会·北京国际广告周。期间,协助北京国家广告产业园区与全国其他10个国家级广告产业园区签署《广告产业园区发展联盟协议》。

(曹发来)

【北京商务中心区工商所】 截至10月,北京商务中心区工商所管辖地区有各类市场主体28502户。按主体类型统计:内资企业(含个人独资及合伙企业)21250户;外商投资企业3451户;外资企业办事处246户;外国企业驻京代表机构1149户;个体工商户2404户;有形市场2个。企业年检应检数22332户,通过年检企业数21088户,综合年检率94.43%。个体验照应验2503户,实际验照2204户,验照率88.05%。全年查处违法行为案件233件,罚没款入库213.84万元 。

(曹发来)

【向区食药局划转干部】 年内,根据中共北京市委办公厅北京市人民政府办公厅关于印发《北京市食品药品监督管理体制改革方案》要求,工商朝阳分局103名干部划转新成立的北京市朝阳区食品药品监督管理局。

(曹发来)

【广告监督管理】 年内,监测各类广告867023条次,处理涉及违法广告3721条次,违法发生率0.43%,同比降低62.1%。完成2012年度朝阳区广告业基础数据调查、数据导入及调试工作。本次数据调查涉及广告及其相关联的文创企业12956户(内资企业12821户、外资企业135户),媒介单位276户。全年查处广告违法案件112件,罚没款158.78万元。其中涉及医疗案件24件(其中网络医疗案件19件)、药品案件14件、医疗器械案件8件、保健食品案件6件、其他类型案件60件。

(曹发来)

【有形市场监督管理】 年内,完成《以北京农产品中央物流园建设为契机推动朝阳区农产品批发市场转型发展》《对朝阳区东郊市场与新发地双桥市场合并发展可行性调研报告》,呈送区委、区政府和市工商局。关闭东郊市场,完成3600余户商户的整体清退,腾出90亩土地。关闭太阳宫早市,清退商户600余户,腾退40余亩土地。关闭存在无照经营、销售侵权商品等非法经营行为的"永安里地下商城",清退商户33户,清理封闭108个摊位。

(曹发来)

【工商登记注册】 年内,探索企业注册登记多证联办"一口式"审批新模式。启动"朝阳区多证联办综合管理系统"研发程序并于6月下旬投入使用,办理完成389家企业一次申请,多证联办手续。办理完成"个转企"476户。受理企业登记注册业务(不含名称)81290件,同比提高5.19%。新设立市场主体41532户,同比下降1.42%,其中,新设立内资企业29310户,同比提高7.74%;外资企业1191户,同比下降26.71%;个体工商户11031户,同比下降17.05%。

(曹发来)

【商标监督管理】 年内,在雅宝路地区引导商标国际注册,在秀水街地区支持推动品牌授权经营和注册自由商标,在文化创意产业园区强化品牌管理。全区有"北京市著名商标"69件,"中国驰名商标"17件。推广商标权质押贷款,协助8家企业与银行达成商标质押贷款,累计贷款总额2.91亿元。为朝阳区企业累计获得知识产权质押贷款贴息补贴212.2万元。全年办结商标侵权类案件255件,罚款224.3万。其中秀水街市场立案21件,办结18件,罚款24万元。

(曹发来)

【食品安全监督管理】 年内,受理食品流通许可申请7553件,发放食品流通许可证6785件。办结食品类案件177件,罚没金额348.13万元。全年抽取食品样本4127件,检出不合格食品样本55件,合格率99.8%。对城乡结合部、学校食堂、建筑工地等用餐人数集中地区和单位,开展夏季食品安全大检查,检查农产品基地31个,生产企业228户,学校、建工食堂1174个,民俗旅游村5个,餐饮企业9531户,露天餐饮1280户,保健食品生产经营企业62个;检查商场、超市、食杂店等4425户,责令改正594起,立案257起,查处无照经营813户,查处无证(照)餐饮单位318户,取缔无照游商2082个。

(曹发来)

【外资监督管理】 年内，应检外资企业11059户，实检外资企业10464户，年检率94.61%。应报代表机构3223户，实报代表机构2799户，年报率86.84%。用CA申报成为外资年检的主点。查处外资企业及代表机构的违法违规行为，办结外资监督类案件262件，罚没款598万余元。实行商务楼宇服务管理，241座商务楼宇纳入商务楼宇服务管理，建立商务楼宇工商工作站49个。

（曹发来）

【合同监督管理】 年内，办理动产抵押登记119份，帮助企业吸纳银行贷款2167387.39万元，盘活企业资产2678313.88万元。进行拍卖会会前备案772场，会后备案725场。现场监拍30场，检查确认书63932份，成交额1046327.54万元。清理整治留学中介、家居装饰、快递、餐饮行业格式条款。收集快递行业、家居装饰行业涉嫌违法格式条款8条，上报北京市工商局；收集留学中介企业涉嫌违法格式条款6项，被北京市工商局认定。

（曹发来）

【企业年检和个体验照】 年内，开展年检年报验照工作。2012年度，朝阳区应参加年检内资、个人独资及合伙企业计163785户，实际参检154534户，年检率94.35%。全区应验照个体工商户82087户，实际验照70026户，验照率85.31%。全年出动执法人员3953余人次，检查各类经营主体5845余户，查处无照经营行为为599户次。

（曹发来）

【查办迪卡侬销售不合格产品案】 年内，查办迪卡侬(北京)体育用品有限公司销售不合格产品冒充合格产品案，罚没款30.2万元。经查，迪卡侬(北京)体育用品有限公司在2011年11月至2012年2月间，销售各类服装2436件，货值金额总计220049元。2012年5月8日，工商朝阳分局执法人员会同国家纺织制品质量监督检验中心专业人员抽检当事人销售的服装，经检测鉴定，“产品使用说明”未标明产品名称、产品标准，不符合国家强制性标准要求，检验结论为不合格。依据《中华人民共和国产品质量法》第五十条规定，责令其立即停止销售不合格产品行为，并处罚款220049元；没收违法所得82011.89元。

（曹发来）

【经济检查】 年内，接到各类线索举报160件，其中涉嫌传销129件，商业贿赂7件，不正当经营6件，其他性质18件。立案11件，结案9件，罚没款114.5万元。专项整治团购网站违法经营，对朝阳区规模较大的团购网站——满座网、艺龙网、千品网、58同城、万众团、金苹果开展调查摸底，检查搜集证据，并对艺龙网虚假宣传的违法行为下达处罚决定；葛兰素史克(中国)投资有限公司商业贿赂案移交公安朝阳分局经侦大队和区地税局；查处三生(中国)健康产业有限公司北京分公司涉嫌传销案、儒特(北京)信息咨询有限公司未取得许可通过互联网销售图书案。立案调查如新(中国)日用保健品有限公司北京分公司涉嫌传销、虚假宣传、违规直销案。

（曹发来）

【专项整治】 年内，专项整治旅游市场、食品安全和“黑车”。立案22件，罚没款120万余元。取缔无照经营21户、食品黑窝点5个，移送有关部门2件，案值总计6000万元。查扣侵权物品800件，查扣非法出版物90册，盗版光盘1000张。在“黑车”专项整治中下架电动三轮车40辆。

（曹发来）

【联合整治】 年内，会同公安、文化、城管、旅游、民政等22个部门，开展40项专项整治及联合执法工作，涉及“打非治违”专项行动、安全生产监管行动、市场及废品回收点消防安全整治、餐饮娱乐业经营单位防火使用专项执法行动、物流行业治理、人力资源市场整治、宾馆洗浴行业、非法出版物整治等领域。

（曹发来）

【信息化建设】 年内，信息档案中心向区有关部门累计提供数据67次，175313条数据。检查数据151次，修补企业问题数据823条，个体工商户问题数据115条，数据“整体规范率”始终保持在100%。外部查询工商登记档案94661次，日均接待量378余次。完成内资登记档案(含年检)扫描、装订、整理，入库档案252161卷，完成外资档案(含年检)12235卷的加工、扫描和移交。完成个体、企业成批吊销组卷425卷，扫描21183份处罚决定书，及时移交市局登记和外资处罚决定书2642份。完成各门类综合档案549件(卷)收集整理和归档，整理归档案件档案4654卷。

（曹发来）

【私营个体协会】 年内，区私个协会与中国银行、民生银行、邮政储蓄银行等金融机构合作，搭建银企平台，推荐会员成功申请贷款1亿余元。区私个协会会同工商朝阳分局制作完成《国际货物买卖合同(服装类)》试用文本并经北京市工商局合同处批准，7月31日在雅宝路地区试用。

（曹发来）

行　政　服　务

【概况】 北京市朝阳区行政服务中心(简称区行政服务中心)成立于2013年9月3日。为区政府派出机构，机构级别正处级，行政编制8名。其中主任1名，副主任1名。主要职责：负责组织区政府相关职能部门集中受理和办理行政许可审批事项，研究制定办事流程、运行机制工作方案并组织实施；负责服务大厅的日常管理和行政许可事项服务工作的组织、协调、指导；负责组织协调跨部门审批事项和重大事项会审、联审；负责监督评价服务大厅进驻部门行政服务效能；协调进驻部门关系，对进驻人员实施监督、考核、培训等。

地址：霄云路霄云里1号
电话：(010)84681178
邮编：100026

（郭　斌）

【机构成立】 9月3日 根据市编办《关于同意成立北京市朝阳区行政服务中心的函》，区机构编制委员会印发《关于成立北京市朝阳区行政服务中心的通知》，明确区行政服务中心机构级别、人员编制及工作职责。区行政服务中心正式成立。

（郭　斌）

【运行前筹备】 11月26日，成立由副区长苑文新任组长，区人力社保局、区编办、区投资促进局、区机关后勤服务中心、区财政局、区行政服务中心为成员单位的区行政服务中心筹备工作领导小组。领导小组负责研究筹建过程中的重大问题，包括组建方案、人员选配、办公用房、财务保障等；负责协调解决现行体制运转过程中的重大问题。领导小组下设办公室,负责区行政服务中心组建过程中的日常工作,区行政服务中心主任吴景刚、区编办副主任董云增担任办公室主任。12月31日,召开区行政服务中心筹建工作协调会。会议听取区行政服务中心筹备成立所需办公用房、办公设备、车辆及其资金保障情况的汇报,副区长苑文新部署区行政服务中心全面接管区投资服务大厅工作。区行政服务中心筹备工作时限原则上截至2013年12月31日,计划2014年1月1日起,正式接管区投资服务大厅工作。

(郭　斌)

【选调工作人员】 12月13日,在双井街道办事处召开区行政服务中心选调人员面试会。12月18日,区行政服务中心主任吴景刚主持召开拟调人员(6名)工作会。

(郭　斌)

【交接准备】 12月23日,选定区投资促进局二层会议室为区行政服务中心临时办公地点,正式开始与区投资服务大厅交接准备工作。12月27日,区行政服务中心对外办公电话(01084681178)、传真(01084681229)正式启用。月内,区行政服务中心办公用章、组织机构代码证、统计证、税务登记证、财务账号全部办妥并启用。

(郭　斌)

物　价　管　理

【概况】 朝阳区发展改革委物价管理科负责全区物价管理工作;北京市朝阳区物价检查所是区发改委所属全民所有制事业单位,负责全区价格监督检查行政执法工作。编制44人,实有39人,主要职责是依法进行物价监督检查、接待并处理群众来信来访等。价格认证中心是区发改委所属全额拨款事业单位,编制10人,实有4人,以服务司法、服务政府、服务社会、服务系统"四个服务"为方向,严格程序,依法办案。涉案财物价格鉴定是价格认证工作在司法领域的延伸,价格认证中心出具的《涉案财产价格鉴定结论书》是司法部门依法办案的依据。年内,区发改委价格管理科被北京市发展改革委员会价格监测中心评为2012年度北京市价格监测工作先进单位。

地址:百子湾西里303号

电话:65012644

邮编:100124

电子邮箱:chaozhk66@.sina.com

(李永宇)

【公园门票价格调整】 1月9日,经区政府批准,2月10日至2月15日,朝阳公园"2013北京朝阳国际风情节"期间,门票价格由5元调整为10元。

(罗凤鸣)

【民办学历教育收费审核】 1月28日,审核并复函区教委朝阳区明圆学校、朝阳区星河双语学校、朝阳区金色摇篮全程实验小学、朝阳区世纪东方学校、北京朝阳外语小学、朝阳区安民学校、朝阳区爱迪外国语学校7所民办学历教育收费标准。朝阳区明圆学校小学生学费标准(人民币)2000元/学年·生;朝阳区星河双语学校(本部)小学生学费标准(人民币)2600元/学年·生;朝阳区金色摇篮全程实验小学学费标准(人民币)56000元/学年·生,小学生住宿费标准(人民币)6000元/学年·生;朝阳区世纪东方学校小学生学费标准(人民币)56500元/学年·生,初中生学费标准(人民币)80000元/学年·生,住宿费标准(人民币)10000元/学年·生;朝阳外语小学学费标准(人民币)10900元/学年·生,住宿费标准(人民币)6000元/学年·生;朝阳区安民学校小学生学费标准(人民币):2200元/学年·生,初中生学费标准(人民币):2200元/学年·生;朝阳区爱迪外国语学校小学生学费标准(人民币)250000元/学年·生,初中生学费标准(人民币)250000元/学年·生,高中生学费标准(人民币)250000元/学年·生,住宿费标准(人民币)6000元/学年·生。2月22日,审核并复函区教委私立北方中学民办学历教育收费标准,高中生学费标准(人民币)7600元/学年·生,住宿费标准(人民币)1600元/学年·生。6月28日,审核并复函区教委中国红十字基金会北京拔萃双语学校、北京市力迈外国语学校、北京市朝阳区博雅小学、北京市朝阳区精诚实验小学4所民办学历教育收费标准。中国红十字基金会北京拔萃双语学校小学生学费标准(人民币)11600元/学年·生,初中生学费标准(人民币)14600元/学年·生,高中生学费标准(人民币)16600元/学年·生,住宿费标准(人民币)5200元/学年·生;北京市力迈外国语学校小学生实验班学费标准(人民币)60000元/学年·生,小学生普通班学费标准(人民币)20000元/学年·生,初中生实验班学费标准(人民币)60000元/学年·生,初中生普通班学费标准(人民币)30000元/学年·生,高中生实验班学费标准(人民币)60000元/学年·生,高中生普通班学费标准(人民币)30000元/学年·生;2人间住宿费标准(人民币)10000元/学年·生,4人间住宿费标准(人民币)6000元/学年·生;朝阳区博雅小学学费标准(人民币)2000元/学年·生;朝阳区精诚实验小学学费标准(人民币)28600元/学年·生,小学生住宿费标准(人民币)6400元/学年·生。7月8日,审核并复函区教委北京市朝阳区启明星双语学校民办学历教育收费标准,小学生学费收费标准调整为(人民币)175000元/学年·生。8月13日,审核并复函区教委北京市朝阳区百年实验学校民办学历教育收费标准,学费收费标准(人民币)3600元/学年·生。以上批复和调整学费、住宿费均自2013年9月1日起执行。

(罗凤鸣)

【行政事业性收费许可证年审】 3月18日至5月19日,根据北京市发展改革委关于2012年度行政事业性收费年审和换发《收费许可证》的通知精神,对全区176个行政事业单位2012年度的收费票据进行年审。

(李树荣)

【收费许可证年审】 3月18日至5月20日,组织实施朝阳区2012年收费许可证年审换证工作,为235家单位年审并换发488个收费许可证。其中正本数190个,副本数298个,单位年审率98%,较上年增加1%。注销《收费许可证》正证5个、副证5个,未新增《收费许可证》单位。

(罗凤鸣)

【人大代表建议办理】 4月16日,办理完成区第十五届人民代表大会第三次会议第88号关于"有关部门应加大对假日物价调控的力度"建议,明确继续坚持四项工作,加强节假日前及期间物价调节:①组织价格综合调控;②加强价格应急机制建设;③丰富完善调控手段;④加强物价预警监测。

(罗凤鸣)

【经适房价格审核】 7月10日,区发改委会同区住建委等单位，完成朝阳区华纺星海家园（一期）经济适用房项目成本价格测算。该项目每建筑平方米销售基准价格为7351.41元。8月14日，完成朝阳区东坝驹东经济适用房项目成本价格测算，该项目每建筑平方米销售基准价格为7803.87元。

（罗凤鸣）

【价格认证管理系统建设启动】 7月13日，启动朝阳区价格认证管理系统建设工作。9月26日，朝阳区价格认证管理系统上线运行。

（康　楠）

【安置房成本价格测算】 11月27日，区发改委会同住建委向区政府上报《关于调整福临家园定向安置房项目销售价格的意见》，建议重新核定该项目二期定向安置房成本价格，并报区政府相关会议研究。12月5日，区发改委完成住总集团开发建设的黑庄户保障性住房项目建设成本测算核定，并向区政府上报《关于朝阳区黑庄户保障性住房项目建设成本测算核定工作的报告》。12月31日，区发改委完成金隅嘉业公司康惠园7号楼、21号楼定向安置房项目成本价格测算，并向区政府上报《关于朝阳区东柳居住组团（康惠园）7号楼、21号楼定向安置房项目成本价格测算工作的报告》。

（罗凤鸣）

【土储安置房成本价格测算】 12月5日，区发改委完成崔各庄乡南皋组团定向安置用房（一期、二期）项目、三间房乡D区土地一级开发农民回迁安置用房项目、金盏乡长店组团农民定向安置房二期项目、来广营乡定向安置用房项目、孙河乡康营组团定向安置用房三期（东区A、B地块）5个土地储备所在乡安置房剩余房源及商业配套成本价格测算，并向区政府上报《关于朝阳区土地储备所在乡安置房剩余房源及商业配套成本价格测算工作的报告》。

（罗凤鸣）

【旅游行业专项检查】 年内，开展旅游行业价格专项检查，1月份组织500余家相关企业进行自查、自纠。5月至6月底，抽查重点旅游企业，抽查18家旅行社、6家公园景点、5家宾馆饭店，对5家存在明码标价不规范问题的企业现场提出整改意见。

（李树荣）

【价格监督检查及价格举报】 年内，加大市场监督检查力度，检查辖区1249个单位的价格执行情况，47个单位存在违规现象，给予经济制裁12.818万元，其中没收0.095万元，退还3.993万元，罚款8.73万元；协调解决7件投诉，为消费者挽回经济损失5250元。全年受理13096件价格咨询与举报，其中价格咨询12632件，价格举报464件。在464件价格举报中，机动车停车收费问题229件占49%，明码标价问题146件占31%，其他收费问题73件占16%，价格问题16件占4%。

（李树荣）

【人才服务及职介收费巡查】 年内，巡查辖区北京四达人才服务中心、朝阳区人才服务中心、北京金义轩人才服务中心有限公司、北京四达职业介绍服务中心、朝阳区职业介绍服务中心、北京市人才服务中心化工工作站、北京化工集团公司职工交流中心、北京北辰人才交流服务中心、北京市外企人力资源服务有限公司、北京市职业介绍服务中心北辰分中心及八里庄街道、小红门乡等街乡社保所、人才服务机构、职介机构，落实《北京市发展和改革委员会、北京市财政局转发国家发展和改革委员会、财政部“关于降低部分行政事业性收费标准文件的通知”》（京发改〔2013〕75号）收费标准执行情况。巡查结果显示，5家单位未公示“预收档案保管费”退费办法，分别是：北京四达人才服务中心、朝阳区人才服务中心、北京金义轩人才服务中心有限公司、北京四达职业介绍服务中心、朝阳区职业介绍服务中心；2家单位未公示收费标准，分别是：北京市人才服务中心化工工作站和北京化工集团公司职工交流中心。巡查中对上述标价不规范行为均予纠正。

（李树荣）

【住宅买卖经纪收费标准检查】 年内，检查辖区北京中天置地房地产经纪有限公司、北京创之地产经纪有限公司、北京思源创新房地产经纪有限公司、北京中天置地房地产经纪有限公司第五十一分公司、北京麦田房产经纪有限公司、北京泰仑房地产沿海赛洛城中心店、北京麦田房产经纪有限公司金港国际店、北京中恒兴业房地产经纪有限公司等房地产经纪机构住宅买卖经纪服务收费标准执行情况。对个别明码标价不规范的单位责令其立即改正。

（李树荣）

【涉农价格和收费专项检查】 年内，开展涉农价格和收费专项检查。检查北京市朝阳区植物检疫站、朝阳区动物疫病预防控制中心和三间房乡、来广营乡及部分村的价格、收费情况，重点检查落实国家强农惠农富民政策方面，是否存在自立项目、超标准收费、不执行政府定价及指导价等情况；并检查劲松职高、求实职业学校、电气工程学校、东方职业学校、朝阳区职业技术学校、实验技工学校、电子信息高级技工学校、对外贸易学校、自动化工程学校、工业技师学院等中等职业学校对农村（含县镇）学生、涉农专业学生和家庭经济困难学生免除学费、国家助学金政策的执行情况；检查朝阳供电公司执行农村饮水安全工程优惠电价政策情况。检查中要求各单位执行国家相关价格规定，确保价格行为规范。

（李树荣）

【“3·15”法制宣传】 年内，根据区2013年“3·15”法制宣传活动安排，区价格检查所组织检查人员到商场、超市等相关企业宣传价格法规政策并开展价格检查。期间，派出10个检查组，分别发放《关于商品和服务实行明码标价的规定》、关于规范价格行为的《提醒告诫函》等宣传材料及文件，开展“3·15”法制宣传。

（李树荣）

【机动车停车秩序专项治理】 年内，专项治理机动车停车秩序。出动54个检查组，检查停车企业105家，对15家存在问题的停车企业提出整改意见，对情节严重的11家立案处理。11家停车企业中，10家违反明码标价规定，1家不执行政府定价，给予经济制裁16140元。其中没收违法所得713元，罚款15430元。

（李树荣）

【医药价格检查】 年内，对辖区5家妇幼保健院、二级医院妇产科及2家三级医院开展医药价格检查，全面检查2011年7月1日至2013年6月30日期间，各医疗机构医疗服务价格项目规范执行情况；一次性医用耗材、检查检验价格，收费执行情况及药品加价率执行等情况。

（李树荣）

【房地产经纪行业专项治理】 年内，区价格检查所与区房管局、朝阳工商分局联合检查辖区北京百合兴业房地产经纪有限公司、北京传奇置地房地产经纪有限公司劲松分公司、北京自如友家房地产经纪有限公司、北京中天置地房地产经纪有限公司、北京鲁鑫安泰房地产经纪有限公司、北京达恒运房地产经纪有限公司等6家房地产经纪机构住宅买卖经纪服务收费执行情况，纠正价格不规范行为。

（李树荣）

【价格鉴定】 年内，完成涉案财产价格鉴定业务7022件，鉴定金额11179万元；鉴定案件数量同比下降29.5%，鉴定金额同比增长42.9%。

（李树荣）

【创建价格诚信街区】 年内，采取三项措施,创建"价格诚信街区"。①严厉打击不明码标价、不按规定明码标价、价格欺诈、虚假宣传等价格违法行为。②基本完成四条街区(工体北路至东四环街、广渠路北大街、劲松至南磨房街、好运街至朝阳公园南路街区)价格诚信街区创建活动,四条街区内96家企业与区发改委签订《价格诚信承诺书》。③召开朝阳区创建价格诚信街区工作会,企业代表发言并倡议签订《价格诚信承诺书》,参会企业自愿签订《价格诚信承诺书》。

(李树荣)

质量技术监督

【概况】 朝阳区质量技术监督局是北京市质量技术监督局设在朝阳区负责本行政区域内质量技术监督管理工作的派出机构。局机关设6个职能科室,1个稽查队,全局下设直属事业单位4个,职工总数169人。其中行政编制38人、行政执法编制10人、工勤编制5人、事业编制116人。全年受理行政许可和服务类申请4737件,行政执法1895起,查处案件88起,罚没款19万元,受理投诉举报案件566件;检验特种设备40974台件;产品质量检验样品12587件;检测计量器具114269(台/件);办理组织机构代码证书78928份。

地址:平房乡姚家园村8号

电话:85576988

邮编:100123

电子邮箱:cyj@bjtsb.gov.cn

(李　娟)

【食品生产企业监管】 1月至10月,出动执法人员660人次,巡回检查辖区131家食品生产加工企业、13家食品相关产品生产企业、3家化妆品生产企业,共检查320家次。抽样检查食品企业产品,涉及饮料、糕点、糖果、食用植物油、调味料等15大类,返回检验结果样品80批次,合格样品70批次,不合格样品10批次;对10家次企业生产不合格产品行为,督促其立即查找原因及时整改,立案调查并处理10家不合格产品生产单位。

(李　娟)

【食品企业标准备案梳理统计】 2月25日,市质监局和市卫生局联合发布《关于调整食品生产企业食品安全企业标准备案管理有关工作的通告》,要求自2013年4月1日起,质监部门不再受理食品生产企业标准备案的申请,食品安全企业标准备案业务由市卫生局负责。配合此次工作调整,区质监局梳理统计2010年4月1日以后备案且有效的食品企业标准信息:食品企业标准备案513个,食品相关产品企业标准备案36个,食品执行标准登记112个,无食品添加剂企业标准备案。

(李　娟)

【"3·15"宣传咨询】 3月15日,协助国家质检总局在安贞华联商厦开展"3·15"国际消费者权益日宣传咨询,活动主题为"坚持以质取胜,保障消费者权益"。现场设立咨询区、检测区和图片展示区,为消费者提供产品质量咨询、检测等服务,发放《质量安全知识手册》等宣传资料200余份。

(李　娟)

【"5·20"世界计量日】 5月20日,在东湖街道南湖中园社区开展第十四个世界计量日宣传。活动主题为"关注民生,计量惠民"。免费为居民检测血压计、体重秤,讲解计量知识并发放宣传材料。

(李　娟)

【出租车计价器调整】 6月10日至19日,区质监局计量检测所出租车计价器检测站作为北京市出租车计价器检测机构之一,承担全市50%出租车计价器调整任务,具体内容包括两项:①在北京东苇路物流有限公司(朝阳区东苇路甲88号)调整计价器;②组成3个入户流动组,为6家大企业上门服务。期间,完成32300余辆出租车计价器调整工作。

(李　娟)

【质量安全校园行】 9月26日,开展"质量安全校园行"专题活动,组织团员青年前往东北师大附中朝阳学校,为该校600余名师生讲授电梯安全知识。

(李　娟)

【"免费质量课堂"活动】 9月26日,会同北京质量检验认证协会和北京市产品质量技术监督检验所,开展眼镜产品"免费质量课堂"活动,区内80余家企业与会。培训主要内容:①解读《产品质量法》;②眼镜产品现行标准及质量要求;③不合格眼镜产品的判定;④原材料采购质量控制。并结合2012年市级眼镜产品监督抽查中存在的问题开展案例分析。

(李　娟)

【食品生产企业监管职能划转】 自11月1日起,由区质监局负责的朝阳区生产环节食品(含食品添加剂)安全监管职责和化妆品生产行政许可、强制检验的职责划入朝阳区食品药品监督管理局,区质监局不再受理涉及食品(含食品添加剂)和化妆品生产行政许可申请,以及产品质量投诉、举报、信访、信息公开、行政复议申请等事项。

(李　娟)

【工业产品许可证管理】 年内,采取"一企"(企业名录)、"一档"(企业质量档案)措施,为辖区全部"工业产品许可证"获证企业建立企业名录、企业质量档案,形成相对完善的工业产品生产企业数据库,提升获证企业的监管水平和监督检查的有效性。至年底,朝阳区有获证工业产品生产企业155家,其中,工业产品生产许可证获证企业63家,强制性认证产品获证企业92家。

(李　娟)

【"打四黑 除四害"专项行动】 年内,开展"打四黑 除四害"专项行动。排查质检机构28家(次),机动车检测机构39家(次),食品生产企业161家(次),农资和建材等工业品生产企业326家(次),查处取缔食品类黑作坊7个。

(李　娟)

【"质监利剑"专项行动】 年内,开展"质监利剑"专项行动,包括儿童用品质检利剑专项行动、建筑用砖和钢筋打假利剑行动、汽车制动液质检利剑专项行动、农资质检利剑专项行动、酒类质检利剑专项行动。

(李　娟)

【标准制(修)订】 年内,落实《首都标准化战略纲要》和中关村科技园区高新技术产业国家级标准化示范区建设要求,鼓励企业参与标准制(修)订工作。根据《北京市技术标准制(修)订专项补助资金管理办法》及《朝阳区技术标准制(修)订资助暂行办法》,辖区17家单位开展标准制(修)订工作,获225万元市级补助资金,21家区级单位获200.2万元区级财政资金资助。

(李　娟)

【特种设备安全保障】 年内,出动监察人

员185人次，检查82家特种设备使用单位的1448台设备，完成市局下达的1223台重点设备监察任务。监察内容包括重大危险源、高危行业、人员聚集场所、奥林匹克公共区等。完成“两节”、全国“两会”、科博会、京交会等重要节日、重大活动保障任务20次。

（李　娟）

【检验检测机构监管】　年内，出动执法人员104人次，监管辖区53家检验检测机构，对28家质检机构开展年度工作质量分类，对7家质检机构开展专项年度审查，对49家质检机构开展日常监督检查，实现检验检测机构监督检查全覆盖。

（李　娟）

审计监督

【概况】　北京市朝阳区审计局是负责朝阳区审计监督工作的政府职能部门，实行双重领导，对区政府和北京市审计局负责并报告工作，审计业务受北京市审计局指导。主要职责是依照《宪法》《审计法》《审计法实施条例》等法律法规规定，对本级各部门（含直属单位）、下级政府预算的执行情况和决算，以及其他财政收支情况进行审计监督；按照国家有关规定，对国家机关和依法属于审计机关审计监督对象的其他单位的主要负责人，在任职期间对本地区、本部门或者本单位的财政收支、财务收支以及有关经济活动应负经济责任的履行情况进行审计监督等。编制67人（含工勤编3人），在编66人。设局长1名，副局长3名，总审计师1名，纪检组长1名（暂空）。内设办公室（监察科）、综合科（法制科）、信息化办公室、财政金融审计科、行政事业审计科、经济责任审计科、固定资产投资审计一科、固定资产投资审计二科、经贸审计科。下设审计指导中心（全额拨款事业单位），编制16人，在编16人。年内，研究制定《朝阳区审计局聘用外部人员参加审计工作管理办法（试行）》《朝阳区财政资金国有资产审计监督协调暂行办法（试行）》和《关于进一步加强审计整改工作的意见》。

地址：北三环东路甲26号

电话：84272203

邮编：100013

电子邮箱：cysj@bjchy.gov.cn

（许洪生）

【审计成果】　年内，完成审计（调查）项目61项，促进增收节支2279万元，查出各类问题金额19.50亿元。其中违规金额888.32万元，管理不规范金额19.41亿元（包括核减工程投资额9389.76万元）。区领导对审计报告、专报等批示32人次。区计生委、区水务局2个经责审计获评市局优秀项目，停车占道绩效审计获市局优秀项目并推荐报署评优，建外街道经责审计获市局表彰。

（许洪生）

【预算执行审计】　年内，对朝阳区发展和改革委员会、区城市管理综合行政执法监察局、区安全生产监督管理局、区人力资源和社会保障局（劳动局）、区教育委员会、北京798艺术区管理委员会、朝阳区总工会、区市政市容管理委员会、区循环经济产业园管理中心、区住房和城乡建设委员会、区委党校、区司法局、金盏金融服务园区管理委员会、金融服务办公室、区环境卫生服务中心、垡头文化休闲产业区管理委员会、区国有资产监督委员会17个单位进行预算执行审计，审计在规范预决算管理、严格财政资金使用的同时，重点关注专项预算安排合理性、资金投入绩效目标的实现程度，评价资金使用效益效果，形成17份报告，上报区政府并送达被审计单位。

（许洪生）

【政府投资建设项目审计】　年内，完成高安屯卫生填埋场垃圾大坝整治和臭气治理项目配套工程、社区卫生服务中心标准化建设等25个政府投资建设项目的审计；修订《朝阳区审计局政府投资建设项目委托审计付费标准》。

（许洪生）

【经济责任审计】　年内，开展对9个单位13名领导干部的经济责任审计。按照市委市政府要求，推动朝阳区成立以区长为组长，9个职能部门为成员单位的经济责任审计领导小组；按照区经委《关于进一步加强经济责任任中审计的意见》（朝纪发〔2012〕18号）要求，分别对4个单位、8名领导干部开展党政领导干部同步审计和任中经济责任审计，占审计单位总数的43%；改进审计方式，针对2013年经济责任审计项目主要为职能部门的特点，强化经济责任审计“1+N”模式，对8个单位同时开展经济责任审计和部门预算执行审计，占审计单位总数的89%。

（许洪生）

【绩效审计】　年内，对绿化养护资金和医疗设备采购资金开展独立型绩效审计。在对医疗设备采购资金绩效审计中，抽取行业标准中的20项指标进行绩效分析评测；在绿化养护资金审计中，聘请园林专家实地查看、抽检绿地养护管理技术和质量，保证审计评价科学准确。

（许洪生）

【企业审计】　年内，开展对区国资委监管企业国有资产出租收益管理及使用情况的专项审计调查，审计望京实创企业管理有限公司和朝阳宾馆的资产、负债及损益情况，形成2份审计报告，上报区政府并送达被审计单位。

（许洪生）

【内部审计指导】　年内，采取三项措施，开展内部审计指导：①调查33家内部审计单位内审工作开展情况。包括15个一级预算单位、6个街道、6个地区办事处、6个区属企业；②联合北京市内审协会举办两期内审人员后续教育培训班，全区委办局及街乡、企业共637名内审人员参加培训；③组织全区63家单位的财务、内审负责人进行法律法规知识考试。

（许洪生）

【审计基础管理】　年内，根据业务发展需要，结合《北京市审计条例》要求，提出审计管理三个重点：①强化审计现场管理，出台《关于贯彻<北京市审计局审计现场管理办法（试行）>的补充意见》；②强化信息化建设，出台《京OA系统应用规定（试行）》；③强化质量控制，制定《审计项目质量分级控制办法（试行）》。

（许洪生）

烟 草 专 卖

【概况】 朝阳区烟草专卖局(朝阳烟草公司)负责朝阳区行政辖区的烟草专卖管理、卷烟市场供应和卷烟销售网络建设。设五科二室,分别是营销网建科、专卖监督管理科、法制科、人事劳资科(政工科)、财务科、办公室(安保科、企管办)、内部专卖监督管理派驻办公室,职工 197 人。全年办理涉烟违法案件 398 起;查获违法卷烟 2115 万支,总案值 880 万元;查办 5 万元以上大要案 47 起。破获涉烟违法网络案件 5 起,其中以朝阳区局为主 2 起。全年销售卷烟 15.82 万箱,同比增加 1.34 万箱,增长 9.23%;实现利税合计 8.2 亿元,同比增长 11%。被北京市交通委授予 2013 年市级交通安全先进单位称号。

地址:和平街十三区甲 17 号

电话:64207613

邮编:100013

电子邮箱:bjcyyc@163.com

(丁 鑫)

【破获假烟销售网络】 1月1日,区烟草局在大兴、东城、丰台、顺义、房山等区烟草局以及朝阳、大兴、东城、丰台、房山等区公安部门配合下,破获以主犯刘卫东为首的销售假冒卷烟网络案件,查获违法卷烟 150.34 万支,总案值 163.0016 万元,抓获涉案嫌疑人 6 人,刑拘 5 人,查扣车辆 6 台,捣毁库房 6 个。5 月 20 日,联合顺义区、通州区和平谷区烟草局,在市局打网办的指导和市公安局民警配合下,破获以江西籍主犯章文亚为首的销售假冒卷烟网络案件。查扣违法卷烟 414.8 万支,总案值 670.57 元,抓获涉案嫌疑人 6 人,刑拘5人,查扣车辆 4 台,捣毁库房和囤假窝点 8 个。

(房 颖)

【卷烟市场监管实现六个转变】 7 月,将朝阳区 43 个街乡划分为 43 个网格监管区域,落实责任制,卷烟市场监管实现六个转变:①实现零售户监管“面到点”转变;②实现“市场监管精细”转变;③实现“管查分离”转变;④实现“专销联动”转变;⑤实现集贸市场整治方式转变;(6)实现联合执法制度化转变。

(房 颖)

【精准营销】 年内,按照“细分市场、细分客户、细分品牌”营销思路,推进精准营销工作。“精准营销”即:针对零售客户基本需求,采取“三看一加强”(一看卷烟库存量是否有多余;二看卷烟零售价格是否到位;三看该地段的人流量是否有变化;加强市场管理力度)措施,保证货源供应,避免客户盲目提报订单,杜绝卷烟非法流动。

(丁 鑫 臧佳音)

【“12313”举报电话】 年内,区烟草局接“12313”举报电话 233 起,其中假冒卷烟 11 起,咨询 44 起,值得深度挖掘侦破涉烟违法大要案线索 5 条,通过线索查办 5 万元以上大要案 35 起。

(房 颖)

【涉烟犯罪移送追刑】 年内,向公安机关移送涉烟犯罪案件 7 起,其中无证经营案件 3 起,非法运输案件 3 起,销售假冒卷烟案件 1 起,公安机关刑事拘留 8 人,经法院审理判刑 3 人。

(房 颖)

【法律法规培训】 年内,组织烟草专卖执法人员开展行政强制法、行政执法案卷制作、烟草专卖执法资格及烟草专卖执法相关制度的法律法规知识培训 4 次。组织 749 户新办证零售户证前培训 25 次。对 398 户违法零售户进行每户一次的烟草专卖法律法规培训。与新办证零售户和违法零售户分别签订《守法经营承诺书》。

(刘 韬)

【异常订货监管】 年内,规范烟草专卖局内部生产经营。每月内管人员通过订货预警管理系统核查上月销售数据,对存在异常销售情况的零售户,采取质询客户经理及经营人员,提取监听电话录音,核实相关票据,实地核查等措施,核实数据并依法处理。全年处理完成内管系统异常预警 1513 个,未发现违规经营问题。

(高 玥)

【企业精细化管理】 年内,采取两项措施,开展企业精细化管理。一是根据《北京市烟草专卖局关于印发直属单位年度工作业绩考核办法的通知》要求,组织各部门自下而上修订《朝阳烟草绩效考核办法》,同时将区局(公司)各项考核指标分解到各职能部门,落实各部门、各岗位工作任务和职责。二是制定《朝阳区烟草专卖局党组党风廉政建设考核专项扣分细则》《朝阳烟草科技创新管理办法》《朝阳烟草采购管理实施细则》《朝阳烟草科级实职改任非领导职务办法》《朝阳烟草终端计算机应用安全管理规定》《朝阳烟草专卖管理工作责任追究办法》《朝阳烟草专卖管理工作规范》等文件,在全局推广使用采购管理信息系统、自查“两项工作”(办事公开民主管理;工程投资、物资采购、宣传促销),找出短板,落实整改。

(丁 鑫)

【队伍建设】 年内,分解全年党风廉政建设任务,组织签订《党风廉政建设责任书》《明示承诺书》,明确干部和职工的廉政责任。修订《北京市朝阳区烟草专卖局(公司)“三重一大”决策制度实施办法》。

(丁 鑫)

财政 税务 金融

财 政 管 理

【概况】 朝阳区财政局(简称区财政局)是区政府领导下的主管全区财政收支和财政监督工作的职能部门。内设办公室、综合科、预算科、资产管理科、国库科、街乡科、行政政法科、教科文科、政府采购办公室、基本建设科、市政管理科、社会保障科、农业科、产业资金科、会计科、财政监督科、法制监察科、人事科。下属监督检查所、国库集中收付中心、预算编审中心、绩效考评中心4个事业单位,全局行政编制101人,事业单位人员编制71人。年内,区级财政收入完成380.09亿元,比上年增加31.51亿元,增长9%。财政支出完成327.59亿元,比上年增加48.2亿元,增长17.3%,完成预算的115.1%。

地址:日坛北路3号

电话:65090308

邮编:100020

(霍宗达)

【产业结构调整资金投入】 年内,深化产业结构调整,安排资金17.39亿元。一是加快产业聚集,支持CBD核心区项目建设、环境整治,建成全国首个"国家体育产业示范基地",推进电子城高新技术产业聚集。二是加快产业升级,提升现代服务业主体地位,金融、文创和商务服务业规模不断扩大,支持电子商务、教科文卫服务、生物医药等新兴产业发展提速,加快外资总部企业聚集,倡导节能降耗。三是落实营改增等结构性减税及财政扶持政策,规范企业纳税行为。

(霍宗达)

【城乡一体化发展资金投入】 年内,统筹城乡一体化发展,安排资金93.78亿元。一是新增、改造绿化面积8平方千米,推进非正规垃圾填埋场治理和生活垃圾规范化管(处)理,加大老旧小区、危旧房、城中村等地区秩序整治。二是推进保障拆违控违工作,严厉打击违法用地和违法建设,支持全市首条潮汐车道建设,加快断堵头路改造,增加停车位,开展安全生产大检查。三是支持农村地区产业升级,促进农民增收,保障解决农村转居转工问题,推进村级社区服务站建设和村庄社区化管理工作,改善农村地区的生活质量。

(霍宗达)

【公共医疗卫生服务投入】 年内,公共医疗卫生服务建设投入资金28.1亿元,加快引入优质医疗资源,推进社区卫生服务中心建设,解决卫生资源布局不均等问题。

(霍宗达)

【教育资金投入】 年内,推动教育发展投入资金82.45亿元。支持中小学建设三年行动计划,示范校和引进名校实现街乡全覆盖,支持幼儿园建设,解决适龄儿童入园难问题。

(霍宗达)

【就业和社会保障资金投入】 年内,支持就业和社会保障投入资金64.95亿元。保障各类就业扶持资金的落实,增加新就业岗位;落实养老助残政策,支持创建养老服务社会化示范区,推进残疾人示范温馨家园建设;征集400多个公益服务项目,覆盖全区所有街乡。

(霍宗达)

【公共文化服务体系建设资金投入】 年内,公共文化服务建设投入资金4.39亿元。其中对公共文化设施投入3000万元,保障24小时自助图书馆运维、支持民办博物馆、区图书馆新馆建成并对外开放。

(霍宗达)

【预算管理】 年内,控制行政运行成本,压缩"三公"及行政运行经费2069万元;保障信报箱建设等民生项目资金需求;防控政府债务风险,建立可持续政府融资偿债体系;推进土地储备工作。

(霍宗达)

【提升财政资金使用效益】 年内,扩大绩效考评范围,推进公务卡试点改革,试点单位增至40家;继续推进政府采购专业化管理,扩大采购范围;细化固定资产配置管理标准,完善资产申购、审批、管理流程;继续推行会计委派工作;强化国有资产出租出借监督管理。

(霍宗达)

【预决算信息公开】 年内,在已公开50家预算单位2013年部门预算及"三公"经费信息基础上,完成全区2012年财政总决算及50家单位决算信息公开。

(霍宗达)

国家税务

【概况】 朝阳区国家税务局是北京市国家税务局的派出机构,在朝阳区行政区域内行使国家税收征管职能。主要任务是贯彻执行国家税收法律、法规和规章,组织中央税收收入和中央、地方共享税税收和部分地方税税收收入,维护和规范税收秩序,为促进市、区的改革开放、经济建设服务。内设机构13个、直属机构2个、事业单位3个、派出机构11个(其中:3个办税服务厅、5个管理所、1个CBD综合税务所、1个大企业所、1个纳税评估所)。干部职工648人。截至年底,税务登记开业纳税人203941户,其中增值税税种纳税人184964户,企业所得税纳税人94202户。年内,组织税收收入848.6亿元,同比增收156.4亿元,增长22.6%。其中区级税收收入139.6亿元,同比增收34.7亿元,增长33.1%。不含营改增的增值税完成290.6亿元,同比增收63.6亿元,增长28%;企业所得税完成459.6亿元,同比增收35.1亿元,增长8.3%;车辆购置税完成25.5亿元,同比增收2.9亿元,增长12.8%;营改增增值税完成68.7亿元,同比增收54.2亿元,增长373.8%。

地址:左家庄东里甲3号

邮编:100028

电话:64653418

(赵　婕)

【启用网上办税服务厅】 4月15日,试点运行网上办税服务厅。纳税人可通过外网申请办理新办税务登记、变更税务登记、普通发票版面变更等业务。

(赵　婕)

【税收调研】 4月18日,国家税务总局科研所副所长靳万军到朝阳国税局,与中交集团、中石化集团、中信集团、中粮集团4家总部经济企业对话税收发展。联合中国税务出版社举办"税收政策信息获取策略研讨会暨税法赠送仪式",中信银行、中粮集团、宝马(中国)等21户朝阳区重点税源企业参加研讨会并获赠税法。

(赵　婕)

【普及税法知识】 4月24日,与区地税局团委共同到石佛营小学,开展"普及税法知识小课堂"活动,向同学们讲解税收的起源、定义、性质及分类,强化税收"取之于民,用之于民"的理念。

(赵　婕)

【所得税汇算清缴】 5月31日,完成上年度企业所得税汇算清缴,73434户企业参加,实现应补所得税93.74亿元,应退所得税10.18亿元,汇算净入库83.56亿元。

(赵　婕)

【营业税改征增值税】 8月1日,广播影视行业正式纳入营改增范围。全年,81514户企业纳入营改增试点范围,增值税纳税人受营改增政策影响,累计减税72.78亿元,试点纳税人总体税负下降44.58%。

(赵　婕)

【"四技收入"纳税人座谈会】 8月14日,协同区电子城管委会,组织召开所辖"四技收入"(技术开发、技术转让和与之相关的技术咨询、技术服务)纳税人座谈会。

(赵　婕)

【对外公布《办税指南》】 9月,《办税指南》定稿并对外公布,涵盖纳税人办理日常涉税业务的基本内容,包括登记类业务、一般纳税人认定类业务、发票类业务、优惠政策类业务、退税类业务、国际税收类业务、代扣代缴类业务、个体工商户类业务等,并详细列举每项业务涉及的办理步骤及所需资料。

(赵　婕)

【"中税答疑"软件培训】 11月7日,组织召开面向60户重点税源企业的"中税答疑"软件培训会。

(赵　婕)

【第一笔非居民企业境外间接转让股权所得税】 11月,对Co－Investment Partners、Tax－Exempt Partners、Taxable Partners和Ontario Teachers' Pension Plan Board等境外公司向GCREF Acquisitions XIX Limited(设立于英属维尔京群岛的基金公司)转让5家开曼群岛公司股权,间接转让北京汉斯京盛房地产开发有限公司股权的交易行为,征收第一笔非居民企业境外间接转让股权企业所得税,入库税款1864万元。

(赵　婕)

【稽查局检查二科迁址】 12月,稽查局检查二科办公地址由朝阳区小关东街24号迁至朝阳区驼房营南里。

(赵　婕)

【房地产专项评估】 年内,与7家税务师事务所组建联合评估组,专项评估20家房地产企业,共组织税收收入2.5亿元,其中区级收入6250万元。

(赵　婕)

【信息化建设】 年内,研发完成纳税评估工作管理平台,通过信息技术手段,摆脱单一纸制文书传递带来的不便,增强纳税评估准确性。启动"税收管理员平台"项目。完善日常辅助系统功能,增加增值税一般纳税人申报预警子系统、大企业税源管理子系统、电话信息查询子系统、发票预收款子系统,新增集中办公区管理专题、虚假地址管理专题、红字发票通知单台账管理专题。

(赵　婕)

【稽查局获国家税务总局表彰】 年内,国家税务总局印发《国家税务总局关于表彰2012年度税务系统打击发票违法犯罪活动工作成绩突出的单位和个人的决定》,通报表彰朝阳区国税局稽查局在打击发票违法犯罪活动中的成绩。

(赵　婕)

地方税务

【概况】 朝阳区地方税务局受北京市地方税务局和朝阳区人民政府双重领导，在朝阳区行政区域内行使地方税收管辖权。主要职责是负责辖区内宣传、贯彻、实施有关地方税收工作的法律、法规及规章。根据市地税局和朝阳区政府确定的预算收入计划指标，负责编制辖区内地方税收计划，并组织实施。负责依法实施征管范围内各种税、费的征收和管理工作。监督检查辖区内各纳税义务人依法履行纳税义务的情况，并对各种涉税违法、违规行为进行行政处罚。实施辖区内税收政策咨询和纳税服务工作。研究税收理论和税收政策，分析税收信息，掌握税收动态。有15个科室(含后勤服务中心)、15个税务所、1个稽查局、1个税务学会。在编人员600人，其中行政编571人、事业编5人、工勤编24人。年内，组织各项税费收入686.7亿元，同比增收38.1亿元，增长5.9%。其中地方公共财政预算收入513.6亿元，同比增收15.1亿元，增长3%。区级收入230.7亿元，同比增收0.2亿元，增长0.1%。

地址：安苑东里3区1号
电话：64919340
邮编：100029
网址：http://www.bjltb.gov.cn

（徐　毓）

【税务登记】 年内，税务登记户数230964户，其中内资企业186637户(国有企业1778户、集体企业2362户、股份制企业2949户、联营企业72户、有限责任公司74260户、股份有限公司1176户、私营企业100962户、其他企业3078户)，港澳台商投资企业4292户，外商投资企业7652户，个体工商户32383户。

（徐　毓）

【税源建设】 年内，落实"月分析、月通报、月预测"制度，每季度召开收入汇报会。确定市级重点税源户384户。构建所级重点税源监控体系，与占全局收入60%的重点税源企业建立收入预测沟通机制。开展税源普查，调查1902户企业。

（徐　毓）

【服务区域经济】 年内，研究制定落实措施19项，明确责任单位。主动参与政府经济工作，及时向区委、区政府汇报税收政策、重点税源变化情况、收入分析统计等。加强与辖区街道、乡镇、园区管委会等部门交流，形成涵养税源、协税护税联动机制。与区国税、区工商、区发改委等职能部门的数据交换比对，获取数据19342条。建立并加强与区国土、区建委的数据会商机制，对"增量"房产、土地进行税源跟踪，对"存量"房产、土地进行税源筛查，最大限度避免漏征漏管。

（徐　毓）

【落实"国五条"政策】 年内，"国五条"政策出台后，区地税局及时启动应急预案，成立专项领导小组，增加2个征收点，抽调近百名干部协助办理业务和维持秩序。政策出台首月，累计接待办税人员5.15万人次，办理相关缴税业务10442份，征收税款合计10.51亿元。

（徐　毓）

【制定突发事件应急预案】 年内，制定《朝阳区地税局突发事件总体应急预案》。

（徐　毓）

【税务征管】 年内，新办税务登记33002户，其中有税户9379户，形成税款4.41亿元，区级税款1.06亿元；系统注销税务登记3075户，解除非正常户6798户次，解除税务登记失效户1082户次。加强个人出租房屋委托代征工作，征收税款51900万元。受理转入税务登记503户，涉及2012年税款5.34亿元。欠税清缴税款及滞纳金、罚款1.42亿元。外资银行登记转入交接工作完成，转入外资银行21家，涉及税务登记户49户。建立无税户调查核实库。对7593台非国标税控装置集中清理完毕。

（徐　毓）

【纳税评估】 年内，开展建筑业、住宿业、房地产中介和物业管理公司等行业专项评估，评估1.45万户，发现问题5915户，补缴入库的税款、滞纳金及罚款共计18600万元。

（徐　毓）

【信息化建设】 年内，完成全局金税三期网络改造。实施内外网隔离，制定内外网物理隔离方案及管理办法。安装视频会议系统，制定视频会议系统管理办法。开展信息化安全巡检。发布《信息安全网络专刊》。

（徐　毓）

【税政建设】 年内，开展养老院营业税免税政策执行情况和建筑业纳税情况调查。完成个人所得税自行纳税申报任务，受理申报20万份。落实对限售股转让所得征税的工作，扣税款4318.24万元。审核股权转让变更4288人次，扣缴个人所得税1.98亿元。自行开发"跨地区经营汇总纳税总分机构备案管理系统"。审核减免税备案事项622份。加强土地增值税差别化预征和清算，采用专业化税务所管理模式，建立《土地增值税差别化预征率项目台账》，设计土地增值税收入分析表，清算补缴税款9.7亿元。受理存量房申报价格偏低11780套，计税价格调增27.71亿元，评估后调增税额1.91亿元。补缴房产及土地税1540万元。残保金累计审核10.09万户，入库5.44亿元。工会经费费源户2.24万户，缴费金额10.18亿元。

（徐　毓）

【减免弱势群体个人所得税】 年内，审批残疾人、孤老人员、军烈属减免个人所得税106份。

（徐　毓）

【营业税改征增值税】 年内，与区国税局共确认交通运输业、服务业和转让无形资产65443户，影响营业税56.1亿元。税负提高企业财政专项资金返还工作，共审核228户次，涉及营业税额度1.9亿元。

（徐　毓）

【纳税服务】 年内，重新修订完善全局办税服务场所(大厅)工作纪律。加强电话咨询服务管理，受理各类咨询电话8.7万余个。更新网站各类信息269条，网站点击量479万余人次。开展政策发布同步解读和税政宣传、辅导资料免费发放工作，组织召开专业纳税辅导会100场，参与辅导的纳税人13000余人。

（徐　毓）

【完税证明自助服务系统试运行】 年内，个人所得税完税证明自助服务系统开始试运行，纳税人凭初始密码扫描二代身份证自助进行个人所得税完税证明查询和打印，共开具2000份。

（徐　毓）

【颁发纳税信用A级企业证书】 年内，为142户纳税信用A级企业颁发证书。

（徐　毓）

【税法宣传】 年内，联合北京交通广播电

台制作推出“税收伴您同行——办税我帮您”税法宣传特别节目。联合北京新闻台“照亮新闻深处”栏目开展为期20天的税收知识有奖问答特别节目。与首都经济贸易大学联合举办第五届“朝阳地税杯”税收专业知识展示大赛。针对存量房交易税款征收、车船税、个人所得税等税收热点,进行税收政策辅导和问题解答。与朝阳有线电视台合办《地税你我他》专栏,录制节目29期,播出26期。

（徐　铳）

【法制建设】　年内,开展税务行政处罚裁量基准的试点工作,推进基层执法合规、公正。完善破产清算税款追偿工作制度,细化破产企业登记台账的栏目设置。成立法律支持研讨小组,提供法律支持服务。组织开展“严格执法程序,规范执法行为”主题讲座。

（徐　铳）

【税务稽查】　年内,对资本交易、房地产、交通运输业等行业开展专项检查。加强税收违法行为检举管理,受理举报案件1156件。上报《重大案件情况报告表》7份,入库税款、滞纳金和罚款合计5768.63万元。制定并实施《稽查工作考核管理办法》,推进电子查账软件应用。全年入库税款2.59亿元。

（徐　铳）

【成立党支部】　年内,成立朝阳地税局第一党支部,开展集体学习,组织召开全局党建思想政治工作会。

（徐　铳）

【岗位标兵评选】　年内,开展“立足岗位做奉献,创先争优当标兵(能手)”评选活动,评选出岗位标兵、能手共60名。

（徐　铳）

【编发基层建设专刊】　年内,编发《朝阳区地方税务局基层建设》专刊16期。

（徐　铳）

金　　融

【概况】　朝阳区金融服务办公室(简称区金融办)是负责促进区金融发展、金融服务工作的区政府工作部门。内设综合科、金融发展科、金融服务科、金融市场科。行政编制18人。年内,共有50家金融机构落户朝阳,注册资金总计100.7亿元,其中法人机构22家,外资金融机构7家。截至年底,全区金融机构总数1365家,其中银行类机构800家,证券类机构162家,保险类机构288家,其他金融机构115家。法人机构286家,占全市三分之一。外资机构286家,占全市65%以上。

地址:京广中心商务楼1009室

电话:65978750

邮编:100020

（刘红伟）

【两家金融机构总部开业】　1月,中信集团财务公司、韩国国民银行在华法人银行两家大型金融机构总部正式开业运营。

（刘红伟）

【华南永昌综合证券设北京代表处】　2月1日,台湾华南金控集团子公司——华南永昌综合证券北京代表处获中国证监核准设立,选址国贸大厦,代表处为台湾华南金控集团在大陆地区总联络处。

（刘红伟）

【普华永道转制】　3月25日,普华永道中天会计师事务所有限公司转制为特殊普通合伙会计师事务所。财政部、中国注册会计师协会相关负责人共同参与揭牌仪式。

（刘红伟）

【金融机构企业对接会】　3月28日,在国际金融博物馆召开全区金融机构企业对接会,工商银行、农业银行、建设银行、中信银行、中信信托、中粮信托等17家驻区金融机构和来自现代服务、文化创意、高新技术、三农等行业的90余家驻区企业代表200余人参加。

（刘红伟）

【市金融局领导调研】　4月3日,市金融工作局党组书记霍学文到区金融办调研,建议加快引进跨国公司在亚太地区的结算中心和财富中心,国际金融机构在亚太地区或大中华地区的结算中心、财富中心;以发展京东金融为核心,打造互联网金融;依托国际金融机构聚集,打造国际财富管理中心。

（刘红伟）

【CBD金融商会大会】　5月22日,北京CBD金融商会第九次理事和会员代表大会暨金融产业发展高层研讨会召开。大会选举常务副区长甘靖中为新一任会长,总结商会2012年主要工作,汇报2013年工作计划,为国民银行(中国)有限公司、北京现代汽车金融有限公司、信诚人寿保险有限公司等9家新会员授牌。在金融产业发展高层研讨会上,中国证监会研究中心主任助理鲁公路作中国资本市场分析报告。

（刘红伟）

【两家财务公司落户朝阳】　5月28日、29日,北京首都旅游集团财务有限公司、中国建材行业第一家财务公司——中材集团财务有限公司分别落户朝阳并开业。

（刘红伟）

【打击非法集资和反假币宣传活动】　5月31日,朝阳区防范打击非法集资和反假币宣传活动在呼家楼社区公园举行。活动由市金融工作局主办,区金融办和呼家楼街道办事处承办,中国农业银行、北京银行协办。现场发放《防范和打击非法集资宣传教育月宣传单》《首都金融安全知识宣传手册》等材料500余份,发放《打击非法集资典型案例汇编》200余本,接受现场群众咨询80余次。

（刘红伟）

【妇女委员会成立】　6月8日,区金融办妇女委员会成立,选举产生首届妇委会主任、副主任。

（刘红伟）

【融资性担保公司资本金核查整改】　7月5日,全区融资性担保公司资本金核查整改工作会在区金融办召开。市金融局负责人及驻区10家融资性担保公司参加会议,参会融资性担保公司汇报自身整改情况及整改计划。

（刘红伟）

【首家基金资产管理子公司设立】　8月,诺安基金管理有限公司的全资子公司——诺安资产管理有限公司获证监会批准设立,该公司为朝阳区第一家公募基金公司资产管理子公司,注册资本5000万元。

（刘红伟）

【北京CBD国际金融论坛】　9月7日,2013北京CBD国际金融论坛在朝阳规划艺术馆举办。论坛由中国社会科学院金融研究所、北京市金融发展促进中心、北京CBD国际商务节组委会主办,北京CBD

国际金融研究院承办。市委常委、常务副市长李士祥，中国人民银行副行长潘功胜，财政部原副部长、中国国际金融有限公司董事长金立群，原外经贸部副部长、北京 CBD 国际论坛理事长龙永图，区委书记程连元，区长吴桂英等出席，中国社会科学院副院长李扬主持。中国人民银行、中国银监会、中国证监会、北京银监局、北京证监局、北京保监局、北京市金融工作局相关部门负责人，及金融领域知名学者、国际金融组织和金融企业高层代表200余人参会。

（刘红伟）

【韩国农协银行代表处开业】 9月12日，韩国农协银行北京代表处在朝阳区开业，中国青年报社副社长张坤、韩国农协银行行长辛忠植、韩国驻中国大使馆财经官白龙天等出席并致辞。

（刘红伟）

【组织参加唐山金融招商会】 9月15日，组织美银美林证券、中英人寿保险、韩国产业银行等20余家驻区金融机构，赴河北唐山参加金融招商推介洽谈会。本次洽谈会由河北省贸促会、唐山政府主办，北京 CBD 金融商会协办。

（刘红伟）

【汇丰银行落户 CBD】 10月23日，汇丰银行北京分行与朝阳区财富金融中心签署租赁协议，确定该行办公地迁入 CBD。

（刘红伟）

【参与第九届北京国际金融博览会】 10月31日，第九届北京国际金融博览会在北京展览馆开幕。朝阳区作为联合主办单位之一，参与金博会各项会展和论坛活动，并在金博会主会场举办朝阳区金融业发展主题展览。

（刘红伟）

【融资性担保公司工作会】 11月12日，在国际金融博物馆召开全区融资性担保公司工作会，市金融局银行处及33家驻区融资性担保公司负责人参加会议，会议督促担保公司尽快完成整改，规范合法健康经营，进一步强化风险防控。

（刘红伟）

【跨国公司外汇管理改革试点】 12月25日，区金融办联合 CBD 管委会召开跨国公司外汇业务座谈会，ABB（中国）有限公司、康明斯（中国）投资有限公司、爱立信（中国）有限公司、亚马逊（中国）投资有限公司等10余家跨国公司负责人参会。年内，驻朝阳区的西门子财务服务有限公司、海航集团财务有限公司、北京控股集团财务公司获国家外汇管理局批准为第二批跨国公司外汇管理改革试点企业。

（刘红伟）

【国际金融博物馆接待情况】 年内，朝阳区国际金融博物馆接待国际循环经济与可持续发展官员访华团、美国斯坦福大学、清华大学、中央财经大学、北京监管局、北京市金融工作局、工商银行、中国银行、中信证券、英大证券等120个中外参观团体。

（刘红伟）

【国际金融博物馆建立艺术中心】 年内，国际金融博物馆建立金融艺术中心，邀请美国著名投资家和慈善家——洛克菲勒家族第五代掌门人史蒂夫·洛克菲勒担任主席，举办中英金融史展览及特展——民间的金融记忆，接待观众3万余人次。

（刘红伟）

中国银行北京朝阳支行

【概况】 中国银行北京朝阳支行下设9个部室、1个营业部和23家经营性网点支行。共有职工631人，其中网点行长以上级别管理人员75人。年内，实现考核利润5.12亿元，同比增幅为4.25%。资产汇总折人民币总额459.73亿元。

地址：东三环北路霞光里18号

电话：59207155

邮编：100027

（王　倩）

【存贷款】 年内，人民币公司及个人客户存款余额332.91亿元，比上年增长49.04亿元。外币存款余额6.31亿美元，比上年增长955万美元。人民币贷款余额100.75亿元，比上年增长7129万元。

（王　倩）

【中间业务】 年内，实现中间业务收入3.17亿元，比上年增长4541万元。

（王　倩）

【一分钟工程】 年内，开展以“让客户少一分钟等待、让员工早一分钟回家”为主题的创先争优活动，采取流程优化、渠道建设、制度保障等一系列措施，提升客户满意度。

（王　倩）

中国银行北京商务区支行

【概况】 中国银行股份有限公司北京商务区支行下辖20家经营性物理网点，均可开办包括对私结售汇、外汇汇款、个人理财、银行卡业务及对公结算、国际结算、跨境业务、金融机构业务等全部个人、公司金融业务。共有职工484人，其中基层经营管理人员55人。年内，实现拨备前利润6.32亿元，本外币存款总额折合人民币467.34亿元。

地址：东三环北路乙19号

电话：85731825

邮编：100020

（杨雪巍）

【存贷款】 年内，人民币存款日均余额407.35亿元，其中人民币公司存款日均余额244.80亿元，人民币储蓄存款日均余额115.79亿元；外币存款日均余额7.01亿美元，其中外币公司日均存款3.81亿美元，外币储蓄日均存款2.39亿美元。

（杨雪巍）

【中间业务】 年内，实现中间业务收入2.66亿元。

（杨雪巍）

【服务提升】 年内，推广银行柜台服务礼仪操，对柜台服务语言、手势实施标准化管理。举办理财知识讲座、贵金属展会、基金健诊活动。利用海内外联动优势，为集团客户国际化战略提供金融支持。开展网上支付、批量代收付、线下收单等互联网金融业务合作。助力小微企业发展，通过产品创新和流程整合，提高贷款审批效率。

（杨雪巍）

【公益活动】 年内，走进商场、社区开展反假币知识宣传、咨询和辅导活动。通过播放防伪知识宣传片、发放宣传手册、现场示范讲解等方式，为市民介绍人民币真伪识别方法。开展金融知识万里行活动，设立咨询台，摆放宣传海报，发放宣传资料，为市民普及金融知识，宣传电信诈骗和银行卡犯罪等风险防范措施。

（杨雪巍）

【内控安保】 年内，堵截6起电信诈骗，为客户挽回经济损失223.45万元，协助公安机关抓获犯罪嫌疑人1人。

（杨雪巍）

中国工商银行北京朝阳支行

【概况】 中国工商银行股份有限公司北京朝阳支行内设13个部室，下辖25家物理网点，7家离行式自助银行。拥有财富中心2家、贵宾理财中心15家、5家理财网点、3家金融便利店，财富中心和贵宾理财中心网点占比68%。辖内25家网点均可开办包括对私结售汇、外汇汇款业务在内的全部个人金融业务，其中21家网点可开办人民币对公业务、外汇对公存款及对公

结售汇业务。年内,实现拨备前利润15.52亿元,比上年增长7600万元。在地
地址:朝外大街1号金麒大厦
电话:65991155
邮编:100020

(杨　健)

【存贷款】 年内,本外币各项存款余额873.27亿元,比上年增加81.37亿元。其中人民币对公存款余额414.3亿元,人民币储蓄存款余额449.62亿元。本外币各项贷款余额183.8亿元,比上年增加15.95亿元。其中人民币公司贷款余额117.52亿元,个人贷款余额39.66亿元。

(杨　健)

【中间业务】 年内,累计实现本外币中间业务收入4.16亿元。

(杨　健)

【网点建设】 年内,新建网点1个、迁建网点1个、新建离行式自助银行2个(含1个"1+2+N"自助银行)。

(杨　健)

中国工商银行北京九龙山支行

【概况】 中国工商银行股份有限公司北京九龙山支行内设8个部室,下辖15家物理网点和4家离行式自助银行。拥有财富中心1家,贵宾理财中心10家,财富中心和贵宾理财中心网点占比73.33%。辖内15家网点均可开办包括对私结售汇、外汇汇款业务在内的全部个人金融业务和人民币对公业务、外汇对公存款及对公结售汇业务。年内,实现拨备前利润5.43亿元,比上年增长8554万元。
地址:广渠路甲40号
电话:67767437
邮编:100021

(尹兴田)

【存贷款】 年内,本外币各项存款余额285.12亿元,比上年增加14.58亿元。其中人民币对公存款余额73.75亿元,人民币储蓄存款余额208.78亿元。本外币各项贷款余额81.7亿元,比上年增长12.97亿元。其中人民币公司贷款余额53.29亿元,个人贷款余额26.63亿元。

(尹兴田)

【中间业务】 年内,累计实现本外币中间业务收入1.65亿元,比上年增长2106万元。

(尹兴田)

【网点建设】 年内,迁建网点2个、新建离行式自助银行2个。

(尹兴田)

中国工商银行北京亚运村支行

【概况】 中国工商银行股份有限公司北京亚运村支行内设10个部室,下辖15家网点、15家附行式自助银行、2家离行式自助银行。拥有财富中心3家,贵宾理财中心7家,财富中心和贵宾理财中心网点占比66.7%。辖内15家网点均可开办包括对私结售汇、外汇汇款业务在内的全部个人金融业务,其中有10家网点可开办人民币对公业务、外汇对公存款及对公结售汇业务。年内,实现拨备前利润6.67亿元,比上年增长7719万元,首次被评为分行"经营绩效十佳支行"。
地址:慧忠北里407号
电话:64863545
邮编:100012

(王玉丹)

【存贷款】 年内,本外币各项存款余额364.18亿元,比上年增加27.21亿元。其中人民币对公存款余额95.37亿元,人民币储蓄存款余额261.56亿元。本外币各项贷款余额96.01亿元,比上年增长35.94亿元。其中人民币公司贷款余额42.39亿元,个人贷款余额37.11亿元。

(王玉丹)

【中间业务】 年内,实现中间业务收入2.35亿元,比上年增长1297万元。

(王玉丹)

【网点建设】 年内,完成四批网点标准化改造,实现除新增自助银行外所有网点自助区设备的补充和置换,1个理财中心升级为财富中心。

(王玉丹)

中国工商银行北京望京支行

【概况】 中国工商银行股份有限公司北京望京支行内设11个部室、1个营业部,下辖24个网点支行、1个分理处、2个储蓄所及1个附属机构。拥有财富中心2家和贵宾理财中心16家,财富中心和贵宾理财中心网点占比64%。辖内15家网点可开办包括对私结售汇、外汇汇款业务在内的全部个人金融业务和人民币对公业务、外汇对公存款及对公结售汇业务。年内,实现拨备前利润8.43亿元,比上年增长0.3亿元。
地址:酒仙桥路甲10号星城国际大厦C座
电话:64368822
邮编:100015

(陈全中)

【存贷款】 年内,本外币存款余额470.25亿元。其中人民币对公存款余额120.99亿元,人民币储蓄存款余额349.27亿元。本外币各项贷款余额148.91亿元,比上年增加9.04亿元。其中人民币公司贷款余额80.38亿元,个人贷款余额14.57亿元。

(陈全中)

【中间业务】 年内,实现中间业务收入2.84亿元。

(陈全中)

【网点建设】 年内,六街坊储蓄所迁址到鹿港支行。

(陈全中)

中国工商银行北京商务中心区支行

【概况】 中国工商银行股份有限公司北京商务中心区支行内设9个部室、1个营业部,下辖13个网点支行。拥有财富中心1家和贵宾理财中心8家,财富中心和贵宾理财中心网点占比64%。辖内13家网点均可开办包括对私结售汇和外汇汇款业务在内的全部个人金融业务,其中有12家网点可开办人民币对公业务、外汇对公存款及对公结售汇业务。年内,实现分行口径本外币拨备前利润8.16亿元,比上年增长2811万元。
地址:建国路108号
电话:65669958
邮编:100022

(王天天)

【存贷款】 年内,本外币各项存款余额433.92亿元,比上年增加13.22亿元。其中人民币对公存款余额213.06亿元,人民币储蓄存款199.49亿元。本外币各项贷款余额92.80亿元,比上年增加17.28亿元。其中人民币公司贷款余额62.49亿元,个人贷款余额30.31亿元。

(王天天)

【中间业务】 年内,实现中间业务收入2.52亿元,比上年增加1149万元。

(王天天)

【网点建设】 年内,新建成1家网点支行。

(王天天)

中国建设银行北京朝阳支行

【概况】 中国建设银行股份有限公司北京朝阳支行下设4个部室,7个营业中心,11个个人金融中心。营业中心分别为营业部、呼家楼支行、东四十条支行、东直门支行、燕莎东支行、新源支行、霞光里支行。有中长期劳动合同人员419人,劳务人员25人。年内,实现本外币账面利润9.53亿元。朝阳支行营业部被评为北京市银行业文明规范服务百佳示范单位。在建行北京市分行"全面荣誉激励机制"评比中,公司银行部三星电子服务团队获五星级荣誉团队年度提名奖,朝阳支行及霞光里支行分别获得三星级荣誉团队。
地址:朝阳门外大街乙10号
电话:65994549
邮编:100020

(马晓婧)

【存贷款】 年内,本外币全口径存款时点768.38亿元,比年初新增187.01亿元。其中人民币企业存款时点余额372.85亿元,比年初新增25.63亿元,增长率7%;人民币个人存款时点余额131.31亿元,时点新增8.42亿元,增长率7%。人民币企业存款日均余额339.8亿元,新增26.98亿元,同比增速由1.4%提高至8.6%;人民币个人存款日均余额125.2亿元,新增11.99亿元,增长率由8.23%提高至10.59%。各项贷款时点合计168.32亿元,新增32.75亿元。其中对公贷款时点122.39亿元,新增31.64亿元;个人贷款时点45.93亿元,新增1.11亿元。

(马晓婧)

【中间业务】 年内,实现中间业务收入29976万元,其中对公中间业务收入15980万元,计划完成率101.4%,增长率7%;对私中间业务收入13995万元,计划完成率104.2%,增长率32%。

(马晓婧)

【公司银行业务】 年内,制订"一户一策"营销方案。三星(中国)投资有限公司人民币企业存款最高时点突破200亿元,全年日均新增70.83亿元;为北车股份公司投放流动资金贷款20亿元;国际业务排名领先,表内外贸易融资投放14.30亿美元,境外保函投放1.1亿美元,跨境人民币结算55.04亿元。全年实现投放19.5亿元。

(马晓婧)

【零售银行业务】 年内,取得本外币个人客户存款时点余额131.3亿元,日均余额125.26亿元,基金销售11.61亿元,保险销售2.56亿元,贵金属销售7.44亿元。

(马晓婧)

【公私联动业务】 年内,继续向中国医学科学院北京协和医院医护人员发售2期专享型理财产品,共销售2.65亿元。

(马晓婧)

中国农业银行北京朝阳支行

【概况】 中国农业银行股份有限公司北京朝阳支行是北京市分行在朝阳区最早设立的处级分支机构。内设部室8个、营业机构28个、自助银行10个、自助柜员机259台,在职员工573人。年内,实现利润11.58亿元。
地址:朝外工体路东2号
电话:65522914
邮编:100020

(田　慧)

【存贷款】 年内,本外币大口径存款余额640.2亿元,较年初增加85.2亿元。各项存款余额586.3亿元,较年初增加72.3亿元。各项贷款余额212.7亿元,个人贷款余额29.9亿元,较年初增加8亿元。

(田　慧)

【中间业务】 年内,实现中间业务收入2.05亿元,同比增加0.47亿元。

(田　慧)

【网点建设】 年内,欧陆大厦、世奥国际中心、高碑店产业园区、王四营新东郊商城4家自助银行,网点布局进一步优化。

(田　慧)

中国农业银行北京朝阳东区支行

【概况】 中国农业银行股份有限公司北京朝阳东区支行内设部门6个,下设支行网点8个,在建网点4个。完成原现代城支行扩租、大望京支行和朝外SOHO自助银行选址。共有员工186人,其中机关51人、网点135人。年内,实现拨备前利润3.52亿元,增幅60.73%。
地址:建国门外大街8号
电话:85660996
邮编:100022

(顾晨颖)

【存贷款】 年内,各项存款余额118.8亿元,其中对公存款77.56亿元,较成立时增加68.5亿元;个人存款40.73亿元,较成立时增加13.38亿元;同业存款3200万元,较年初增加2961万元。各项贷款余额97.58亿元,其中对公贷款91.29亿元,较年初增加21.54亿元;个人贷款6.29亿元,较年初增加2.7亿元。

(顾晨颖)

【中间业务】 年内,实现中间业务收入3904万元,增幅15.40%。经济增加值11139万元,增幅96.05%。

(顾晨颖)

【大额客户增加】 年内,星级客户净增户数排名北京分行第一,其中净增四星级客户8户、五星级客户7户。新增存款1000万元以上客户25户。

(顾晨颖)

北京国际信托有限公司

【概况】 北京国际信托有限公司(简称北京信托)是北京市国资控股、外资参股的大型金融企业,注册资金14亿元。内设24个部门,其中业务部门14个、业务支持部门6个、综合管理部门4个。员工共计195人,其中博士13人、硕士115人。截至年底,实现收入总额15.2亿元和净利润8.2亿元。公司固有资产总额42.16亿元,负债总额3.22亿元,不良资产率为零,税收贡献总计5.03亿元。
地址:安立路30号院1、2号楼
电话:59680888
邮编:100012

(王连顺)

【公益慈善】 4月,向震中芦山县捐赠价值100万元的棉被。8月,向北京市慈善协会捐赠《学生安全预防与自救》科普图书1万册,书款15.6万元。

(王连顺)

【业务发展】 年内,受托管理信托资产规模1205.24亿元,存续项目244个。累计向信托受益人分配收益76.09亿元。

(王连顺)

【服务农村经济】 年内,联合北京市农村经济研究中心,与门头沟区政府再度合作,设立富民2号集合资金信托计划,受托管理资金7.2亿元。与怀柔区合作的富民3号信托计划进入实施阶段。富民系列信托为农村村集体和获得拆迁补偿款的农民提供专门的定向理财服务。

(王连顺)

【中小企业金融服务】 年内,为中小企业融资15.82亿元,存续信托项目21个。截至年底,累计发行56个中小企业系列信托产品,为428家中小企业提供融资,信托融资总规模50亿元。参与天津北辰区金融办举办的中小企业金融服务超市服务工作,并设常驻席位。

(王连顺)

【支持节能环保】 年内,重点开发合同能源管理项目,发行首个投资EMC合同收益权信托计划,并在运行中获取用能业主支付的收益。

(王连顺)

【土地流转信托业务】 年内,先后在江苏无锡阳山、镇江句容、安徽铜陵推出集约土地流转信托项目。在开展土地财产权信托的同时,还配合土地集约经营跟进投融资服务,形成"财产权信托"和"资金信托"平行推进的"双信托结构"。

(王连顺)

【信托业务新产品】 年内,先后推出首单资产证券化业务、首单家族信托、首单现金管理类产品。

(王连顺)

【连锁型养老社区建设】 年内,以湛江养老社区项目为突破,引入保险资金合作,启动大型养老社区投资建设项目。

(王连顺)

保　险

中国人寿保险股份有限公司北京市分公司

【概况】 中国人寿保险股份有限公司北京市分公司是中国人寿在京分支机构。年内,与市委组织部合作,推进大学生村官保险,为4000余名大学生村官提供重大疾病和人身意外伤害综合保险;与市计生协会合作,在全市大部分区县开展计划生育家庭意外伤害和女性两癌特定疾病保险业务;与市老龄委合作,为全市50周岁以上老年人提供意外伤害保险保障;与房山区和平谷区政府合作,为近3万名低保人员开办小额人身保险业务。为119万名市民提供个人寿险保障,为2.9万家大中型企业提供员工人身意外、企业养老、医疗保障等团体寿险服务,为国家开发银行、中央电视台、中国航天科技集团、美国大使馆、IBM等国内外知名大型客户提供员工综合福利计划。全年处理各种赔付、给付21.2万人次,金额5亿元。获"最受消费者喜爱保险企业"和"北京保险行业综合实力十强"两项大奖,蝉联"年度最具影响力金融机构"。

地址:朝外大街16号

电话:59609896

邮编:100020

(陈鸿昊)

【低保小额保险】 4月28日,在房山区首次尝试为城镇低保人群提供小额保险保障,签下北京市低保、低收入人群《国寿小额团体意外伤害保险》第一单,由财政全额出资为房山区低保及低收入人群投保小额人身意外伤害保险。当被保险人因火灾、洪水、雷击、触电、交通事故、失足落水等各种意外伤害情形导致身故、残疾或Ⅲ度烧伤,每人最高可得到8万元的保险金补助。承保人群1.6万余人。

(陈鸿昊)

【姚明见面会】 5月8日,中国人寿形象代言人姚明出席公司客户见面会。

(陈鸿昊)

【老年人意外险】 12月16日,与市民政局联合推行的"北京老年意外伤害保险"项目正式启动。此保险为在京50岁以上老年群体提供市政公共场所意外伤害保险服务,涵盖老年人可享受优惠和基本公共服务的各类场所,涉及市域内公交车、出租车、地铁(城铁)等三种公共交通工具,公园、博物馆(院)、公共体育场馆、医疗机构等12种公共服务场所,及养老管理服务中心(站)、养老(助残)餐桌及托老(残)所等六类为老服务单位。

(陈鸿昊)

【推行"五年规划十大工程"项目】 年内,推行"五年规划,十大工程"项目,提出"北京国寿 幸福北京"的愿景和"生态和谐幸福"北分的核心价值观,提出社区经营、综合金融、跨界开拓、多元行销、人才高地、传奇服务、价值引擎、智慧保险、诚信国寿、和谐公司十大建设工程。

(陈鸿昊)

【保单升级】 年内,个险、银保、电销三大渠道开展保单升级系列活动,五福升级、美满升级等多种形式回馈客户,做出利益升级、权益升级、服务升级三大举措。此次升级还为客户提供"百万身价"、医疗咨询等全方位附加服务。

(陈鸿昊)

中国太平洋财产保险股份有限公司北京市朝阳支公司

【概况】 中国太平洋财产保险股份有限公司北京市朝阳支公司内设经理室、业务管理科、客户服务科、综合管理科、车险业务一至五科、非车险业务一至三科、农业保险业务科及银保业务科。有员工近百人。

地址:霄云路霄云里6号楼城宝饭店配楼

电话:84482495

邮编:100026

(杨　静)

【保费收入】 年内,完成保费收入37962万元,同比增长4089万元,增长率12%。其中车险完成保费收入27261万元,同比增长3934万元,增长率16.86%,业务占比72%,完成全年预算的102%;非车险完成保费收入10701万元,增长率1.48%,业务占比28%。

(杨　静)

【车险经营】 年内,与利星行集团形成高层、中层、基层全方位立体沟通合作模式,调动各家4S店积极性;形成以奔驰、宝马高端车型为主力,奥迪、雷克萨斯、沃尔沃等其他车型为补充的业务结构,共合作车商渠道37家,保费规模约20900万元;成立非车商渠道及团单业务拓展团队,重点进行非车商渠道及团单客户的拓展及服务。团单客户保费收入增长34%,非车商渠道业务增长近2000万元。

(杨　静)

【非车险经营】 年内,主动放弃赔付率较高的业务,以确保全年的非车险保费收入得以实现正增长。协调多个部门,与合作渠道共同开发线上旅游意外险、旅游责任险及学生平安险。银保渠道规模同比增长117%。与经纪渠道合作12家,保费规模

2508万元,同比增长23.63%。

(杨 静)

【内部管理】 年内,完成销售组织架构改造,逐步适应分公司对考核导向的强化及考核过程的关注。注重加大内勤科室的后援支持力度,加强对销售成本的管控,加快对业务发展不平衡的调整,提高员工的综合业务素质。

(杨 静)

【加强与车商合作】 年内,走访各车商渠道,开展形式多样的促销策略,寻求渠道对公司的业务支持及各渠道的新车资源,量化签单量及竞赛门槛值。加强对业务人员的宣导,调整外派服务团队管理考核分配办法,量化奖励标准。开展周末签单业务竞赛。

(杨 静)

城乡建设

城乡规划

【概况】 北京市规划委员会朝阳分局是北京市规划委员会(原首都规划建设委员会办公室)派出机构。主要职责是在市规划委的领导下,按照规定权限,负责组织实施朝阳区行政区域内规划编制、规划审批和规划监督工作。内设6科1室,分别为纪检监察科、法制科、综合业务科、规划用地科、建设工程管理科、市政交通工程管理科和办公室。下属单位2个,分别为朝阳区规划监察执法队和朝阳区规划设计服务中心。在编人员59人,其中公务员45人、事业编人员14人。年内,继续开展规划实施评估和五规合一工作,重点加强城乡结合地区规划研究,协调推进重点区域规划研究,推进清洁能源改造,落实"北京清洁空气行动计划",服务污水处理设施和水利工程建设,推进万亩平原造林和郊野公园建设等。

地址:农业展览馆南路5号

电话:58670333

邮编:100125

(张创国)

【建设项目规划受理】 年内,受理建设项目1417件,与上年基本持平。其中建设工程303件,同比基本持平;市政工程566件,同比增加13%;规划监督278件,公共服务261件,乡村工程9件,同比均基本持平。

(张创国)

【建设项目规划许可】 年内,办结建设项目1356件,同比基本持平。其中核发选址及条件类项目用地规模9.63平方千米,同比下降39%;许可建设用地规模3.51平方千米,同比下降23%;许可建筑工程面积637.2万平方米,同比基本持平;许可市政工程建筑规模33.27万平方米,是上年同期的2.2倍;许可各类管线总长度28.06万延米,同比增长72%;许可住宅面积186.45万平方米,同比下降35%;许可商业、科研及办公面积369.51万平方米,同比增长50%;许可配套公建面积33.82万平方米,同比下降44%;许可其他工程47.42万平方米,同比下降19%。

(张创国)

【棚改项目推进】 年内,研究19个项目的棚改工作方案,计划总拆迁改造面积约8.2平方千米,受益居民约14000户,计划腾退城市绿地约3.34平方千米;办理完成酒仙桥、东郊市场、永安里等18个项目的规划审查,其中南磨房东郊市场改造项目完成商户清退。

(张创国)

【自住型商品房建设】 年内,开展全市首批自住型商品房中位于东坝单店、高井星牌建材厂等5个项目的规划手续办理,完成项目设计方案预审,住宅建筑总规模约85.6万平方米,可提供房源1万余套,占全市50%以上。

(张创国)

【民生工程】 年内,完成14个保障性住房的规划选址和规划调整工作,完成各类保障性住房项目(含政策性住房及农民安置房)方案审查规模约141.7万平方米,许可总建筑规模约51.3万平方米;落实10小区无障碍改造折子工程;完成周庄村、官庄村、龙爪树村等3个市级重点村农民回迁安置房项目的规划设计方案,规划地上住宅建筑规模约111.5万平方米;完成12所优质教育资源规划审批。

(张创国)

【市政设施实施】 年内,解决"京沈客专"信访问题,并正式启动规划建设;完成北苑二期、定福庄、垡头、清河第二等5座污水处理厂的选址、公示、实施;审批完成蓝天供热厂、松榆里供热厂配套供热管网设施改造工程;推动完成全区煤改气工程、老旧管网改造工程;协助推进北小营供热厂、松榆里供热厂方案优化;完成7座下凹式立交桥改造方案研究并核发行政许可;坚持配套同步原则,梳理保障房道路实施、周边公交、积水排水、供电源头等配套情况,完成十八里店、王四营等保障房项目周边道路及市政管线共60余项行政许可;配合市规划委完成地铁7号线、8号线、10号线、14号线、15号线等轨道交通线路建设;开展地铁12号线、地铁3号线规划研究;开展2020年北京市轨道线网研究。

(张创国)

【规划监督执法】 年内,办理建设工程规划验收187件,建筑规模599.2万平方米,比上年增长37%。其中保障性住房项目48件、142.8万平方米,中央单位及驻京部队项目1件、5.7万平方米。规划验收工程中,住宅占总建筑规模67%,商业及办公占25%,科研、教育、医疗、文体占7%,其他占1%。通过7次卫星遥感及日常群众举报、执法巡查等,发现违法建设548处,均依据首查责任制第一时间处理。配合城管部门对236处进入城管执法程序的违法建设出具书面认定,认定面积14.6万平方米;配合区城管监督中心界定3037处新增建筑的合法性,认定面积274.7万平方米。

(张创国)

建 设 工 程

【概况】 朝阳区住房和城乡建设委员会(简称区住房城乡建设委)是负责朝阳区住房和城乡建设行政管理的区政府工作部门。主要职责为贯彻落实国家及北京市关于房地产开发管理的政策、法规和措施、办法;贯彻国家及北京市关于工程质量管理的政策、法规,研究制定朝阳区监督工程质量管理的措施;负责区域内房地产开发业的行业管理;负责区属房地产开发企业的资质审核;负责朝阳区城市建设综合开发的监督管理等。年内,完成全社会固定资产投资1216.7亿元,同比增加1.8%;完成基础设施投资344.4亿元,同比下降7.9%;完成房地产开发投资477.5亿元,同比下降21.77%,其中住宅投资226.8亿元;完成政策性住房投资60.6亿元,同比下降54.0%。房地产业增加值402.9亿元,同比增加7.9%。建筑业增加值98.8亿元,同比增加5.1%。签订合同额1804.4亿元,同比增加11.5%。房屋建筑施工面积5417.5万平方米,同比增加5.5%。商品房施工面积2633.3万平方米,同比下降3.6%,其中政策性住房718.9万平方米。商品房竣工面积494万平方米,同比下降11.8%,其中政策性住房217万平方米。商品房销售面积371.8万平方米,同比下降21.3%,其中住宅销售面积233.8万平方米。商品房销售额904.1亿元,同比下降9.8%,其中住宅销售额579.7亿元。

地址:朝阳区呼家楼向军北里23号

电话:65001728

邮编:100020

(高雅琪)

【棚户区改造】 年初,成立由区委书记、区长任组长的棚户区改造和环境整治工作领导小组,下设棚户区改造和环境整治工作总指挥部,总指挥部办公室设在区住建委。确定通惠河北路遗留边角地等19个项目纳入2013年棚户区改造和环境整治工作,涉及5个街道、9个乡,总占地面积约8.93平方千米,需动迁居民约13938户,拟投资408.38亿元,对接安置房源约6087套;年内,启动征收(拆迁)六公主坟、永安里、酒仙桥危改、十八里店乡饮马井、小红门乡国有单位及宿舍、管庄乡小寺村、十八里店乡西直河及豆各庄京津高速南;完成前期手续项目的有来广营北湖渠村、化石营、平房乡黄杉木店、黑庄户乡定东定西村、奶西村、六里屯村。截至年底,黑庄户乡郎辛庄村等8个项目启动征收(拆迁),动迁居民192户,建筑面积3.75万平方米,搬迁企业235家,30.2万平方米。

(徐德俊 高雅琪)

【老旧小区综合整治】 年初,通过从《朝阳区老旧小区基本情况数据库》中筛选,各个分指挥部核对上报后确定朝阳区2013年老旧小区综合整治任务共涉及住宅楼房421栋,面积209.85万平方米(市里下达任务是198万平方米)。其中节能改造300栋,164.35万平方米;抗震节能综合改造121栋,45.5万平方米。4月,完成项目前期的招投标手续。5月,抗震节能综合改造的施工单位进场。6月,节能改造项目施工单位进场。总指挥部办公室制定《朝阳区老旧小区综合整治工程管理规定(试行)》、设立例会制度。截至年底,完成既有非节能居住建筑供热计量及节能改造295栋,161.97万平方米;抗震节能综合改造107栋,40.17万平方米。

(李路军 高雅琪)

【工程质量监管】 年初,下发《关于推行朝阳区建设工程质量管理工作"一个不准""两个采用""七项措施""十二项基本条件"的通知》。4月,在各企业自查整改基础上,复查区域内符合检查条件的工程。年内,继续实行参建各方主体责任"一书两公示"制度。截至年底,监督房建工程1961项,2856.8万平方米;市政工程565项,26.4亿元。在监房建工程1746项,2260万平方米;在监市政工程511项,21.7亿元,在监工程未发现重大质量安全隐患。房建工程竣工209项,608.09万平方米。市政工程竣工26项,2.6亿元。办理质量监督注册房建工程560项,847万平方米;质量监督注册市政工程45项,2.1亿元。行政处罚质量违法行为47起,罚款90.02万元。执行质量动态管理记分1467分(涉及企业409家,668分;项目负责人666分;企业负责人25分;总监理工程师55分;监理工程师53分)。执行安全生产动态管理记分217分,共计动态管理记分4684分。简易行政处罚安全违法行为165起,罚款16.5万元。

(刘 祎 林 湖 高雅琪)

【质量安全工作大会】 4月10日,在北京会议中心召开全区建设系统质量安全工作大会,市住房城乡建设委、区相关委办局和各街(乡)办事处、各建筑集团总公司、在建工程建设单位领导或负责人等1200余人参会。会议总结上年建筑质量安全生产工作,部署2013年城市建设工作任务;印发《朝阳区2013年建设工程施工安全和绿色施工管理工作要点》《朝阳区2013年建设工程施工管理工作要点》和《朝阳区2013年建设工程质量管理工作要点》;表彰上年度获"朝阳杯"工程、"市文明安全工地""市文明安全样板工地""保障性住房建设先进单位"称号的单位。

(黄 岩 高雅琪)

【行业教育培训】 4月,会同区建筑业联合会举办朝阳区施工项目劳务及用工规范管理从业人员培训,全区参建企业881名劳务管理人员参加,并取得《朝阳区施工项目劳务及劳动用工规范管理培训登记证》;6月,举办全区建设工程安全生产全员培训班,全区在建工程建设、监理、施工单位主要负责人和各大专业及劳务分包项目负责人、专职安全员902人参加,取得继续教育结业证书并被聘为教员。组织施工项目部全体管理人员、施工人员安全教育培训,3.96万人参加并取得上岗证书;7月,针对在建各施工现场建筑材料的进场、检测、试验管理存在的问题,开展试验标准培训,各施工单位总工(技术负责人)、试验员、资料员、监理人员共518人参加培训。

(刘志伟 高雅琪)

【知识竞赛】 6月,举办"2013年文明朝阳杯知识竞赛活动",全区43个街道(地区)办事处814个在施工程项目近9万施工人员参与。

(苏志成 高雅琪)

【工程建设】 年内,全区开复工施工工程1147项,同比增加7.4%,建筑面积4295.36万平方米,同比增加4.11%,道路管线长373.55千米。其中房建工程758项,3538.99万平方米;拆除工程25项,79.65万平方米;市政工程124项,26.14万平方米;道路管线322.91千米;地铁工程40项,106.54万平方米;施工线路50.64千米;老旧小区综合改造工程200项,544.04万平方米。竣工工程540项,1383.51万平方米,道路管线75.59千米。其中房建工程378项,1017.29万平方米;拆除工程5项,13.45万平方米;市政工程45项,2.3万平方米;道路管线69.69千米;地铁工程6项,17.86万平方米;施工线路5.9千米;老旧小区改造工程106项,332.61万平方米。

(黄 岩 高雅琪)

【保障性住房建设】 年内,新开工建设保障性住房154.9万平方米,可提供房源16942套。其中公租房22.2万平方米,4015套;可售型保障房132.7万平方米,12927套。竣工各类保障性住房130万平方米,14221套。

(卢苍山 高雅琪)

【获市级文明安全工地称号】 年内,北京地铁14号线工程土建施工20合同段等86项工程获"北京市文明安全工地"称号,其中北京CBD核心区地下公共空间市政交通基础工程二标段等26项工程获"北京市文明安全样板工地"称号。

(苏志成 高雅琪)

【危旧房屋改造】 年内,完成京棉危改727户回迁居民办理回迁入住手续,剩余7户,京棉危改两期三步拆迁在外周转的居民全部回迁入住;北内农光里1~4号楼解危排险项目两栋回迁楼全部竣工,整治办理回迁入住手续;甜水园二期危改项目,待实施单位重新制订(定)和完善拆迁方案后即可启动滞留住户拆迁;方诚苑危改项目经市、区政府协调,决定纳入棚户区改造工作范围,处于办理相关手续、制订实施方案阶段;垂杨柳危改项目,实施单位多次调整安置补偿方案,完成王四营周转房建设;酒仙桥危改项目列入2013年棚户区改造和整治项目,回迁房已开工建设。定福西街、中纺里、茶家坟、豆各庄等危改项目,待市里制定相应政策后,开展下一步工作。

(徐德俊 高雅琪)

【轨道交通建设拆迁】 年内,承担地铁6号线、7号线、10号线二期、14号线、15号线西段5条轨道交通建设拆迁工作,涉及车站42座、车辆基地4个,朝阳区段长65.82千米。截至年底,地铁6号线拆迁居民22户、拆除面积574平方米,实现通车;地铁7号线拆迁企业1家,拆除面积1650平方米;地铁14号线拆迁居民9户,拆除面积227.7平方米,拆迁企业5家,拆除面积17312.6平方米。

(戴晓宽 高雅琪)

【房地产开发管理】 年内,启动北京市房地产开发项目监管平台和北京市新建商品住宅小区建设方案管理信息系统,实现对房地产项目开发的全过程动态监管。实行教育配套设施预警机制。审核居住小区20个,总建筑面积545.5万平方米(含住宅建筑面积372.62万平方米、配套面积17.57万平方米)。其中新建小区16个,总建筑面积431.28万平方米(含住宅建筑面积300.83万平方米、配套面积14.34万平方米),并进行网上公示。审核房地产开发项目手册39项,现场实地检查项目39个。办理开发项目产权初始登记前配套落实工作77项。

(樊 玲 高雅琪)

【房地产开发配套设施收缴】 年内,收缴各类配套设施95项,总面积约16.19万平方米。其中教育配套设施20项(含幼儿园15所、小学2所、九年一贯制学校3所),11.52万平方米;文化配套设施16项,1.26万平方米;卫生配套设施15项,1.13万平方米;养老设施3所,0.34万平方米;社区办公配套设施25项,1.25万平方米;综合服务配套设施8项,0.21万平方米;派出所1项,0.42万平方米;其他市政公用设施7项,0.05万平方米。与相关部门托管配套设施64项,13.49万平方米。其中教育配套设施20项,11.52万平方米;社区行政配套设施44项,1.97万平方米。托管率保持90%以上。

(郝一方 高雅琪)

【房地产开发企业资质管理】 年内,办理各项资质审批237件,其中新设立35件、暂定延期24件、变更55件、重新核定123件。截至年底,共有开发企业420家,其中内资企业341家、外资企业79家,一级企业19家、二级29家、三级40家、四级222家、暂定110家。

(陈丽丽 高雅琪)

【落实区域劳务联动监管体系】 年内,会同区人力社保局、43个街道(地区)办事处、各省(直辖市)驻京建管处、各建筑集团总公司落实区域劳务用工联动监管体系运行工作;召开联动监管单位、各层级参建企业管理人员参加的培训部署会4次,1300余人参加。截至年底,全区1147个施工项目中,绿色规范管理达标工程931项,占工程总量82%;黄色轻微隐患工程200项,占工程总量17%;红色重大隐患工程16项,占工程总量1%。

(苏志成 高雅琪)

【劳务用工监管】 年内,运行"朝阳区施工劳务网络监管平台"系统,实现与区人力社保局、各街道(地区)办事处管理资源实时共享、管理信息全程对接,对全区施工项目劳务及劳动用工规范管理情况动态联动监控。劳务执法检查工地608次,拉网式联合检查3次。召开项目级宣贯部署会103次,约谈告诫企业179次,实施零散工处罚4起,收取罚金19000元。协调解决工程合同纠纷27起,涉及金额1.1亿元。协调解决5起施工扰民纠纷。

(苏志成 高雅琪)

【优质工程评选】 年内,申报创"朝阳杯"工程项目93项,550万平方米;检查工程82项,409.5万平方米,11项工程跨转2014年度。获2013年度建筑结构"朝阳杯"工程82项,其中金奖29项、银奖53项。区质量监督站监督工程获2013年度全市建筑结构"长城杯"工程86项,其中金奖48项、银奖38项。获建筑竣工"长城杯"工程23项,其中金奖6项、银奖17项。

(刘志伟 刘 禕 高雅琪)

2013年度"朝阳杯"工程获奖名录表

建筑结构"朝阳杯"金奖工程(29项)

序号	工程名称	建设单位	施工单位	监理单位
1	望京A1区C组团4号地工程1#2#楼	北京鑫隆源房地产开发有限公司	北京市第三建筑工程有限公司	北京康迪建设监理咨询有限公司
2	科研综合楼	中交第一公路工程局有限公司	中交第一公路工程局有限公司北京建筑分公司	北京市高速公路监理有限公司
3	朝阳区王四营乡官庄新村农民回迁安置房及配套项目B1#B2#B3#楼	北京五方嘉和房地产开发有限公司	北京市朝阳田华建筑集团公司第六分公司	北京旭日明工程建设监理有限公司

序号	工 程 名 称	建 设 单 位	施 工 单 位	监 理 单 位
4	王四营乡官庄新村农民回迁安置房及配套项目A区1#7#8#楼车库	北京五方嘉和房地产开发有限公司	北京市朝阳田华建筑集团公司第四分公司	北京旭日明工程建设监理有限公司
5	王四营乡官庄新村农民回迁安置房及配套项目A区3#4#公建楼车库	北京五方嘉和房地产开发有限公司	北京市朝阳田华建筑集团公司第四分公司	北京旭日明工程建设监理有限公司
6	王四营乡官庄新村农民回迁安置房及配套项目A区2#5#6#楼车库	北京五方嘉和房地产开发有限公司	北京市朝阳田华建筑集团公司第四分公司	北京旭日明工程建设监理有限公司
7	周庄三期农民回迁安置房及配套项目B4B8回迁安置住宅楼	北京大洋房地产开发有限公司	华北建设集团有限公司	北京中景恒基工程管理有限公司
8	基础类教育建筑等3项(定福庄第二小学校址置换)	中国传媒大学	北京万兴建筑集团有限公司	建研凯博建设工程管理有限公司
9	朝阳区十八里店乡周庄三期农民回迁房及配套设施项目B1标段13# 16# 17#楼	北京大洋房地产开发有限公司	北京市朝阳田华建筑集团公司第十分公司	北京中景恒基工程管理有限公司
10	朝阳区十八里店乡周庄三期农民回迁房及配套设施项目B1标段3# 6#楼	北京大洋房地产开发有限公司	北京市朝阳田华建筑集团公司第十分公司	北京中景恒基工程管理有限公司
11	朝阳区十八里店乡周庄三期农民回迁房及配套设施项目B1标段1# 2# 5# 14#楼	北京大洋房地产开发有限公司	北京市朝阳田华建筑集团公司第十分公司	北京中景恒基工程管理有限公司
12	北京工业大学艺术设计学院	北京工业大学	河北建设集团	北京远达国际程管理咨询有限公司
13	朝阳区十八里店乡周庄三期农民回迁房及配套设施项目A1标段1#6#楼	北京大洋房地产开发有限公司	北京中关村开发建设股份有限公司	北京金海城工程建设监理公司
14	朝阳区十八里店乡周庄三期农民回迁房及配套设施项目10#11#14#楼	北京大洋房地产开发有限公司	北京城建远东建设投资集团有限公司	北京金海城工程建设监理公司
15	朝阳区十八里店乡周庄三期农民回迁房及配套设施项目9#楼及车库	北京大洋房地产开发有限公司	北京城建远东建设投资集团有限公司	北京金海城工程建设监理公司
16	东郊农场保障房E地块项目11#楼	北京东方瑞平房地产开发有限公司	北京高士达建筑工程有限责任公司	北京希地环球建设工程顾问有限公司
17	北京城建北苑宾馆酒店改扩建工程	北京城建集团有限责任公司	北京城建集团有限责任公司	北京旭日明工程建设监理有限公司
18	朝阳区北苑路5号定向安置房项目A3 A4楼	北京城建集团有限责任公司	北京城建集团有限责任公司	北京旭日明工程建设监理有限公司
19	朝阳区来广营乡清河营村1-10地块配套商业金融项目一期	北京市第六大洲房地产开发有限公司	中铁二十五局集团	北京华城建设监理有限责任公司
20	翠城馨园D1 D7 D8住宅楼	北京住总房地产开发有限责任公司	北京住总第四开发建设有限公司	北京旭日明建设监理有限公司
21	B-7回迁安置住宅楼等5项及车库	北京大洋房地产开发有限公司	北京市朝阳田华建筑集团公司第五分公司	北京中景恒基工程管理有限公司
22	望京SOHO中心T3工程	望京搜候房地产有限公司	中建一局集团建设发展有限公司	北京双圆工程咨询监理有限公司

序号	工程名称	建设单位	施工单位	监理单位
23	常营三期剩余地块公共租赁住房项目9#10#11#楼及4#车库	北京市保障性住房建设投资公司	北京城乡建设集团有限责任公司	北京北咨工程管理有限公司
24	常营三期剩余地块公共租赁住房项目8#14#楼及3#车库	北京市保障性住房建设投资公司	北京城乡建设集团有限责任公司	北京北咨工程管理有限公司
25	燕翔饭店改扩建项目1#楼	北京燕翔饭店有限责任公司	中铁十六局集团有限公司	北京双圆工程咨询监理有限公司
26	东坝乡南街限价房B标段B5住宅7# 8# 11#楼	北京城建房地产开发有限公司	北京城建四建设工程有限责任公司	北京鸿祥工程建设监理有限责任公司
27	朝阳区东坝乡南二街限价商品房项目A1 A13住宅楼	北京城建房地产开发有限公司	北京城建八建设发展有限责任公司	北京鸿祥工程建设监理有限责任公司
28	朝阳区东坝乡南二街限价商品住房项目B2标段B12 B16 B18楼	北京城建房地产开发有限公司	北京城建一建设发展有限公司	北京鸿祥工程建设监理有限责任公司
29	中关村科技园电子城西区望京研发基地B12一期1#3#楼	中关村电子城建设有限公司	北京市朝阳田华建筑集团公司第五分公司	北京高屋工程咨询监理有限公司

建筑结构“朝阳杯”银奖工程(53项)

序号	工程名称	建设单位	施工单位	监理单位
1	三间房农民回迁安置房D3区2#3#楼	北京京通天泰房地产开发有限公司	北京京通天泰建筑工程有限责任公司	北京旭日明工程建设监理有限公司
2	朝阳区来广营乡清河营村住宅及配套A6#住宅楼	北京春光置地房地产开发有限公司	北京城建亚太建设集团有限公司	建通工程建设监理有限公司
3	东坝乡南街限价房B标段B5住宅5# 6# 10#楼	北京城建房地产开发有限公司	北京城建四建设工程有限责任公司	北京鸿祥工程建设监理有限责任公司
4	周庄三期农民回迁房A区三标段12# 15#楼	北京大洋房地产开发有限公司	北京市朝阳田华建筑集团第四分公司	北京金海城工程建设监理公司
5	周庄三期农民回迁房A区三标段4# 8#楼	北京大洋房地产开发有限公司	北京市朝阳田华建筑集团第四分公司	北京金海城工程建设监理公司
6	高碑店北花园居住小区定向安置房项目E2# E3#住宅楼	北京国隆置业有限公司	北京建工路桥工程建设有限责任公司	北京国建工程监理公司
7	田华集团综合办公楼	北京市朝阳区官庄农工商联合公司	北京市朝阳田华建筑集团公司十五分公司	中航工程监理(北京)有限公司
8	朝阳区东坝乡南二街限价商品房项目A7 A8 A9 A10 A11住宅楼	北京城建房地产开发有限公司	北京城建八建设发展有限责任公司	北京鸿祥工程建设监理有限责任公司
9	朝阳区东坝乡南二街限价商品房项目A2 A3 A4 A5住宅楼及车库	北京城建房地产开发有限公司	北京城建八建设发展有限责任公司	北京鸿祥工程建设监理有限责任公司
10	朝阳区东坝乡南二街限价商品房项目A6A12住宅楼	北京城建房地产开发有限公司	北京城建八建设发展有限责任公司	北京鸿祥工程建设监理有限责任公司
11	朝阳区东坝乡南二街限价商品住房项目B2标段B13 B14 B15 B17楼	北京城建房地产开发有限公司	北京城建一建设发展有限公司	北京鸿祥工程建设监理有限责任公司
12	朝阳区华翰东坝驹东经适房项目D区9#楼	华翰投资集团有限公司	北京市朝阳田华建筑集团公司第四分公司	北京旭日明工程建设监理有限公司

序号	工 程 名 称	建 设 单 位	施 工 单 位	监 理 单 位
13	朝阳区华翰东坝驹东经适房项目D区11#楼	华翰投资集团有限公司	北京市朝阳田华建筑集团公司第四分公司	北京旭日明工程建设监理有限公司
14	朝阳区华翰东坝驹东经适房项目D区4#楼及商业	华翰投资集团有限公司	北京市朝阳田华建筑集团公司第四分公司	北京旭日明工程建设监理有限公司
15	朝阳区华翰东坝驹东经适房项目D区3#楼	华翰投资集团有限公司	北京市朝阳田华建筑集团第四分公司	北京旭日明工程建设监理有限公司
16	朝阳区华翰东坝驹东经适房项目D区12#楼	华翰投资集团有限公司	北京市朝阳田华建筑集团公司第四分公司	北京旭日明工程建设监理有限公司
17	(A#住宅楼等8项)A楼B楼C楼	中国煤炭综合利用集团公司	中煤建设集团工程有限公司	北京康迪建设监理咨询有限公司
18	来广营B3－1#住宅楼等14项6#7#楼	北京方兴融创房地产开发有限公司	中国建筑第八工程局有限公司	北京兴电国际工程管理有限公司
19	来广营B3－1#住宅楼等14项1#5#楼	北京方兴融创房地产开发有限公司	中国建筑第八工程局有限公司	北京兴电国际工程管理有限公司
20	来广营B3－1#住宅楼等14项2#3#8#楼	北京方兴融创房地产开发有限公司	中国建筑第八工程局有限公司	北京兴电国际工程管理有限公司
21	北京第二外国语学院学生宿舍楼及附属用房	北京第二外国语学院	北京城建一建设发展有限公司	北京建业兴建设监理有限公司
22	北京华茂城25#26#楼	北京华茂奥苑房地产开发有限公司	青建集团有限公司北京赛瑞斯国际	工程咨询有限公司
23	朝阳区十八里店乡周庄三期农民回迁房及配套设施项目A1标段5#7#楼	北京大洋房地产开发有限公司	北京中关村开发建设股份有限公司	北京金海城工程建设监理公司
24	朝阳区十八里店乡周庄三期农民回迁房及配套设施项目A1标段2#3#楼	北京大洋房地产开发有限公司	北京中关村开发建设股份有限公司(陕西2)	北京金海城工程建设监理公司
25	东郊农场保障房E地块项目12#9#10#楼	北京东方瑞平房地产开发有限公司	北京高士达建筑工程有限责任公司	北京希地环球建设工程顾问有限公司
26	朝阳区北苑路5号定向安置房项目A1 A2	北京城建集团有限责任公司	北京城建集团有限责任公司	北京旭日明工程建设监理有限公司
27	北京东郊农场保障房E地块E3E4楼及附属公建	北京东方瑞平房地产开发有限公司	北京高士达建筑工程有限责任公司	北京希地环球建设工程顾问有限公司
28	北京东郊农场保障房E地块E1E2楼及附属公建	北京东方瑞平房地产开发有限公司	北京高士达建筑工程有限责任公司	北京希地环球建设工程顾问有限公司
29	北京东郊农场保障房E地块E5E7楼及附属公建	北京东方瑞平房地产开发有限公司	北京高士达建筑工程有限责任公司	北京希地环球建设工程顾问有限公司
30	水岸庄园A03区G区工程28栋	北京润泽庄苑房地产开发有限公司	北京京华嘉典建筑工程有限公司	广州广保建设监理有限公司
31	水岸庄园A03区C区509,556,557,558,560,570,573,589#楼等8项	北京润泽庄苑房地产开发有限公司	北京京华嘉典建筑工程有限公司	广州广保建设监理有限公司
32	平房乡姚家园新村建设c组团C－3#楼	北京聚鑫城房地产开发有限责任公司	北京市朝阳田华建筑集团公司第六分公司	中国水利水电建设工程咨询北京公司
33	平房乡姚家园新村建设c组团C－4#楼	北京聚鑫城房地产开发有限责任公司	北京市朝阳田华建筑集团公司第六分公司	中国水利水电建设工程咨询北京公司
34	平房乡姚家园新村建设c组团C－5#楼	北京聚鑫城房地产开发有限责任公司	北京市朝阳田华建筑集团公司第六分公司	中国水利水电建设工程咨询北京公司
35	平房乡姚家园新村建设c组团C－6#楼	北京聚鑫城房地产开发有限责任公司	北京市朝阳田华建筑集团公司第六分公司	中国水利水电建设工程咨询北京公司

序号	工程名称	建设单位	施工单位	监理单位
36	朝阳区王四营乡官庄新村农民回迁安置房及配套设施项目B-11B-14楼	北京五方嘉和房地产开发有限公司	北京中关村银杯开发建设股份有限公司	北京金海城工程建设监理公司
38	朝阳区王四营乡官庄新村农民回迁安置房及配套设施项目B-5楼	北京五方嘉和房地产开发有限公司	北京中关村开发建设股份有限公司	北京金海城工程建设监理公司
39	朝阳区王四营乡官庄新村农民回迁安置房及配套设施项目B-10楼	北京五方嘉和房地产开发有限公司	北京中关村开发建设股份有限公司	北京金海城工程建设监理公司
40	太阳宫新区C区办公及商业楼等2项工程	北京冠城新泰房地产开发有限公司	江苏省建工集团有限公司	北京华清科技工程管理有限公司
41	朝阳区王四营乡官庄新村农民回迁安置房及配套设施项目B区6 7 9#楼	北京五方嘉和房地产开发有限公司	北京住总集团有限责任公司	北京双圆工程咨询监理有限公司
42	朝阳区王四营乡官庄新村农民回迁安置房及配套设施项目B区12 15#楼及车库	北京五方嘉和房地产开发有限公司	北京住总集团有限责任公司	北京双圆工程咨询监理有限公司
43	朝阳区王四营乡官庄新村农民回迁安置房及配套设施项目B区13 16#楼	北京五方嘉和房地产开发有限公司	北京住总集团有限责任公司	北京双圆工程咨询监理有限公司
44	北花园小区E-1住宅楼	北京国隆置业有限公司	北京建工路桥工程建设有限责任公司	北京国建工程监理公司
45	A8#住宅楼	北京春光置地房地产开发有限公司	北京大龙建设集团有限公司	建通工程建设佳里有限公司
46	北京市朝阳区太阳宫新区D区教育配套项目	北京太阳宫房地产开发有限公司	中国对外建设总公司	北京华建项目管理有限公司
47	C南区1#住宅楼等3项	北京东隆房地产开发有限公司	远洋国际建设有限公司	北京赛瑞斯国际工程咨询有限公司
48	C南区3#住宅楼等5项	北京东隆房地产开发有限公司	远洋国际建设有限公司	北京赛瑞斯国际工程咨询有限公司
49	B、C、D座办公楼	北京第六大洲房地产开发有限公司	中铁建设集团有限公司	北京华诚建设监理有限责任公司
50	绿隔产业项目(办公,商业)等2项	北京华汇房地产开发中心	北京市朝阳田华建筑集团公司第四分公司	北京科鸿建筑工程监理有限责任公司
51	水岸庄园A03区D区326,332,379,381,385,386,388,389等楼8项	北京润泽庄苑房地产开发有限公司	北京京华嘉典建筑工程有限公司	广州广保建设监理有限公司
52	水岸庄园A03区F区937,938,939,963,967,970,991,995#楼等8项	北京润泽庄苑房地产开发有限公司	北京京华嘉典建筑工程有限公司	广州广保建设监理有限公司
53	朝阳区来广营乡清河营村住宅及配套A4#住宅楼	北京春光置地房地产开发有限公司	北京城建亚太建设集团有限公司	建通工程建设监理有限公司

(高雅琪)

【施工安全监管】 年内,继续实行《朝阳区建设工程施工安全监督管理工作规定》,修订《朝阳区建设工程施工突发事故应急预案》《朝阳区建设系统防汛应急预案》等规定;继续实行施工安全形势季度分析会制度,及时通报施工安全工作情况,分析安全生产形势。开展安全教育培训、安全生产月活动,加大安全生产检查执法和抽查力度,处置违法行为,召开属地会议42次,6万余人次参加"农民工夜校"安全生产知识培训。制定施工方案1095件、应急预案1057件。组织各种演练579次,16207人参加。开展深基础工程、危险性较大分部分项工程、施工现场扬尘治理、建筑垃圾运输、预防煤气中毒、禁止燃放烟花爆竹等专项检查。检查施工工地9557个次,责令限期整改存在违法行为和安全隐患项目6667个次、停工整改424个次。行政处罚1168起,罚款521.25万元。其中立案处罚407起,罚款445.15万元。执行动态管理记分192分(企业82分、企业负责人10分、项目经理26分、安全员74分）。发生建筑施工安全生产亡人事故1起，死亡1人，未发生较大突发事件和施工安全生产事故。

（黄 岩 高雅琪）

【远程监察系统平台建设】 年内，着力解决网络瓶颈，提高视频流畅性，安装设备230余套，拆除设备190余套，在线设备43套运行良好。北京紫光软件系统有限公司负责安全监督站、质量监督站等相关科室信息平台后续使用管理。

（陈 曦 高雅琪）

【施工许可与合同履约监管】 年内，根据《北京市住房和城乡建设委员会2013年建筑市场稽查执法工作实施方案》和《关于工程建设挂靠借用资质投标、违规出借资质问题专项清理工作的通知》，排查施工合同履约风险187项，其中处理148项、处于处理阶段39项。清理2011年以来公开招标项目276项。核发建设项目施工许可证350项，建筑面积719.01万平方米，同比增加2.41%，市政道路管线30.46千米，同比减少47.66%。投资146.69亿元，同比减少18.83%。其中新建66项，建筑面积323.63万平方米，合同金额111.62亿元；装饰装修265项，建筑面积395.38万平方米，合同金额31.32亿元；市政工程19项，道路管线30.46千米，合同金额3.75亿元。查处违法建设、违章施工工程52起，处罚违规单位82家，罚款916.68万元。

（陈 曦 高雅琪）

【招投标与商品房预售资金监管】 年内，办理招标投标及直接发包工程522项，建筑面积1602.31万平方米，同比减少2.17%。其中施工工程329项，715.75万平方米，144.1亿元；监理工程163项，886.56万平方米，3.85亿元；市政工程30项，67.23千米，4.06亿元，市政道路管线67.23千米，投资合同金额152.01亿元，同比减少17.7%。完成商品房预售资金监管49项，236.33万平方米，134.44亿元。

（陈 曦 高雅琪）

【建筑节能与建材管理】 年内，办理36项新建房屋工程建材和设备采购备案网上信息申报，173条经济适用房、限价房、廉租房项目网上备案和2610条农民定向安置房项目书面备案的建材采购信息确认。启动老旧小区综合改造工程建材采购备案，督促17个项目开展网上申报。办理建筑节能设计审查备案66项，建筑节能竣工验收备案171项，建设工程材料供应备案5家、产品5项。全年收缴67个建设项目新型墙体材料专项基金3341.73万元、散装水泥专项资金223.49万元，返退91个建设项目新型墙体材料专项基金3582.02万元、88个建设项目散装水泥专项资金213.56万元。

（张 强 高雅琪）

【房屋私自拆改执法检查】 年内，实施信息共享、执法联动工作机制。到小关、管庄等9个街乡办事处，与相关领导和科室探讨和沟通“首层住宅居改商”整治执法工作中存在的问题。联合中国建筑科学研究院完成房屋结构拆改试验研究第一阶段——砌体结构“窗改门”墙体构件拆改情况试验，形成研究报告，并通过专家组的评审验收。全年受理房屋私自拆改信访事项148起，调查处置148起，其中结案104起、整改中44起。调解拆改事项引发矛盾96件，其中群体性矛盾12件，未发生矛盾激化情况。

（段玉霞 高雅琪）

【信访与信息公开】 年内，接待处理群众来信来访1273件次。全年办复1251件，办复率99.61%，其余22件处于办理阶段。接待集体访19批次，207人；重复访31批次，177人。主要涉及老旧小区综合整治、危改、房屋质量、私自拆改、施工扰民等问题。信访工作初信化解率95%，重信重访化解率97%，未发生越级访、大规模集体上访等突发性事件。信息公开283项，其中主动公开139项、依申请公开144项。

（刘茂武 高雅琪）

【行政诉讼与行政复议办理】 年内，办理行政诉讼案件6件，均胜诉；行政复议案件8件，其中向市住房城乡建设委申请复议2件、向区政府部门申请复议6件；涉及信息公开6件，均维持原答复。

（刘欣荣 高雅琪）

【获奖建筑业企业及人员】 年内，按照市建设行业诚信企业评定实施方法，经企业自愿申报，市、区相关部门两级推荐和评审，北京腾达市政工程有限公司、北京中建华昊装饰工程有限公司、北京传宇新技术有限公司、北京海世腾装饰工程有限公司、北京京兆市政建筑工程有限公司、华冉建设集团有限公司、远洋国际建设有限公司、江苏省苏中建设集团股份有限公司、青建集团股份有限公司等9家企业被评为诚信3A企业。朝阳田华建筑集团公司被评为全国优秀施工企业，朝阳建筑工程公司刘志诚被评为北京市优秀项目经理。

（刘志伟 高雅琪）

【监理人员分级管理】 年内，继续实行《朝阳区监理人员分级管理办法（试行）》。会同区建筑业联合会举办监理人员业务培训，88家监理单位949人参加，854人合格并领取相应等级胸卡。经所在企业任命或委托，持胸卡人可担任朝阳区内各类项目总监理工程师、非强制性监理项目总监、总监代表及各类项目专业监理工程师或监理员。对已取得相应等级证书的监理人员进行年度审核。

（刘志伟 高雅琪）

【建筑业企业资质及人员管理】 年内，受理新设立建筑业企业资质申请48家、升级2家。截至年底，纳入朝阳区管理的建筑业企业766家，其中一级86家、二级165家、三级440家、其他75家，涵盖房屋建筑工程等48个施工专业。完成二级建造师执业资格初始注册927人。办理企业负责人、项目负责人和专职安全员《安全生产考核证书》续期2650人。

（章 骅 高雅琪）

2013年朝阳区建筑业企业施工专业一览表

单位：家

序列	专业类别	一级	二级	三级	不分	合计
施工总承包	房屋建筑工程	14	22	34		70
	公路工程	1				1
	市政公用工程	5	11	8		24
	机电安装工程	1	5	—		6
	矿山工程	2				2
	电力工程	1	1	4		6
	化工石油工程		1	—		1
	水利水电工程		1			1

序列	专 业 类 别	一 级	二 级	三 级	不 分	合 计
小计	涵盖8个专业	24	41	46		111
专业承包	地基与基础工程	1	6			7
	土石方工程			7		7
	建筑装修装饰工程	31	43	158		232
	建筑幕墙工程	1	2	2		5
	预拌商品混凝土	—	21	11		32
	混凝土预制构件	—	3	2		5
	园林古建筑工程		1			1
	钢结构工程	1	2	13		16
	消防设施工程	6	7	9		22
	附着升降脚手架	1		—		1
	金属门窗工程	1	4	8		13
	建筑防水工程	—	3	9		12
	预应力工程	—	1	—		1
	机电设备安装工程	7	5	57		69
	爆破与拆除工程		9	12		21
	建筑智能化工程	6	2	24		32
	电子工程	1	1	6		8
	电信工程	1	1	2		4
	隧道工程		1	—		1
	防腐保温工程			5		5
	环保工程		2	14		16
	机场空管工程	2	2	—		4
	公路交通安全设施分项	—	—	—	3	3
	铁路电务工程	1				1
	送变电工程			24		24
	石化管道设备安装工程			1		1
	城市及道路照明工程		6	25		31
	起重设备安装工程	1		2		3
	体育场地设施工程	1	2	3		6
	特种专业工程	—	—	—	44	44
小计	涵盖30个专业	62	124	394	47	627
劳务分包	混凝土作业分包	—	—	—	2	2
	水暖电安装作业分包	—	—	—	9	9
	焊接作业分包	—	—	—	2	2
	钢筋作业分包	—	—	—	4	4
	抹灰作业分包	—	—	—	2	2
	砌筑作业分包	—	—	—	1	1
	油漆作业分包	—	—	—	2	2
	木工作业分包	—	—	—	4	4
	石制作分包	—	—	—	1	1
	模板作业分包	—	—	—	1	1
小计	涵盖10个专业	—	—	—	28	28
合计	涵盖48个专业	86	165	440	75	766

（高雅琪）

2013年朝阳区建设工程竣工一览表

(一)定向安置房

单位:万平方米、万元

序号	工程名称	工程地址	建筑面积	工程总投资	开工日期	竣工日期	建设单位	设计单位	施工单位	监理单位
1	北花园4项工程	朝阳区高碑店乡北花园村	13.64	32204.2	2011.5.8	2012.12.24	北京国隆置业有限公司	北京易兰城乡规划工程设计有限公司	北京建工路桥工程建设有限公司	北京国建工程监理公司
2	奥运村2项工程	朝阳区奥运村乡水源九厂东侧	2.33	6016.57	2011.1.26	2013.2.28	北京中泽林萃置业有限公司	中国中元国际工程公司	北京市朝阳田华建筑集团公司	建通工程建设监理有限公司
3	翠成馨园4项工程	朝阳区垡头	1.35	1492.52	2010.9.25	2013.5.2	北京住总房地产开发有限责任公司	北京市住宅建筑设计研究院有限公司	北京住总第三开发建设有限公司	北京旭日明建设工程监理有限公司
4	绿城·北京城园2项工程	朝阳区南沙滩东路3号	0.89	1084.97	2009.9.9	2013.7.22	北京亚奥绿城房地产开发有限公司	浙江绿城建筑设计有限公司、北京腾远设计事务所	中国建筑一局(集团)有限公司	北京中外建工程管理有限公司
5	崔各庄36项工程	朝阳区崔各庄乡北皋村	24.07	58108.68	2010.11.20	2013.8.30	北京六合天地置业有限责任公司	北京中天元工程设计有限责任公司	北京城建亚泰建设工程有限公司、北京建工路桥工程建设有限责任公司	北京中联环建设工程管理有限公司、北京光华建设监理有限公司

(二)公租房

单位:万平方米、万元

序号	工程名称	工程地址	建筑面积	工程总投资	开工日期	竣工日期	建设单位	设计单位	施工单位	监理单位
1	常营定向安置房3项工程	管庄北二里	5.58	9850.06	2011.10.1	2013.3.15	北京信远置业有限公司	北京中天元工程设计有限责任公司	江苏省苏中建设集团股份有限公司	北京思创建设监理有限责任公司

(三)限价商品房

单位:万平方米、万元

序号	工程名称	工程地址	建筑面积	工程总投资	开工日期	竣工日期	建设单位	设计单位	施工单位	监理单位
1	双合家园34项工程	朝阳区王四营乡	46.85	70981.89	2010.11.15	2013.5.16	北京建工集团有限责任公司	北京市建筑工程设计有限责任公司	北京市第三建筑工程有限公司、北京建工一建工程建设有限公司、北京六建集团有限责任公司	北京日日豪工程建设监理有限责任公司、北京双圆工程咨询监理有限公司

序号	工程名称	工程地址	建筑面积	工程总投资	开工日期	竣工日期	建设单位	设计单位	施工单位	监理单位
2	金隅嘉悦园19项工程	朝阳区东坝乡	19.40	40453.11	2011.9.30	2013.9.9	北京金隅嘉业房地产开发有限公司	北京建都设计研究院有限责任公司	河北天宏建筑工程有限责任公司、北京城建五建设工程有限公司、北京市顺兴达建筑工程有限责任公司	北京新森智业工程咨询有限公司、北京建拓工程管理有限公司
3	金隅嘉泰园9项工程	朝阳区高井	19.83	32283.16	2012.3.29	2013.11.15	北京金隅嘉业房地产开发有限公司	华通设计顾问工程有限公司、北京中天建中工程设计有限责任公司	河北玉川建筑工程有限责任公司、华都国际建设集团有限公司、北京市建筑装饰设计工程有限公司	北京建拓工程管理有限公司

(四)商品房

单位:万平方米、万元

序号	工程名称	工程地址	建筑面积	工程总投资	开工日期	竣工日期	建设单位	设计单位	施工单位	监理单位
1	逸翠园9项工程	北京市朝阳区平房乡	11.08	37752	2010.2.22	2013.2.4	和记黄埔地产(北京朝阳)有限公司	深圳市陈世民建筑设计事务所有限公司	中国建筑第八工程局有限公司	北京方圆工程监理有限公司
2	奥运村乡10项工程	朝阳区林萃路	20.94	6900.71	2011.6.15	2013.2.28	北京中泽林萃置业有限公司	中国中元国际工程公司	中天建设集团有限公司	建通工程建设监理有限公司
3	招商地产三期5项工程	朝阳区东八里庄	8.77	27314	2011.3.1	2013.3.8	招商局地产(北京)有限公司	北京市建筑设计研究院有限公司	中建三局建设工程股份有限公司	北京帕克国际工程咨询有限公司
4	财富公馆1项工程	朝阳区孙河	0.52	1626.02	2009.4.30	2013.3.19	北京财富花园房地产开发有限公司	北京市建筑设计研究院有限公司	北京建工集团有限责任公司	北京方圆工程监理有限公司
5	金泰丽富嘉园2项工程	朝阳区东坝乡	4.56	8985.67	2010.12.10	2013.4.15	北京丽富房地产开发有限公司	华优建筑设计院	中国新兴保信建设总公司	北京京龙工程项目管理公司
6	紫润家园13项工程	朝阳区安立路	12.99	27272.35	2011.3.1	2013.7.2	北京金力达房地产开发有限公司	北京世纪豪森建筑设计有限公司	中国建筑第八工程局有限公司	北京中协成建设监理有限责任公司
7	北京新天地东区2项工程	朝阳区杨闸环岛东北侧	4.99	9848	2007.2.9	2013.7.5	北京硕和房地产开发有限公司	北京世纪安泰建筑工程设计有限公司	中国中铁航空港建设集团有限公司	北京中协成建设监理有限责任公司

序号	工程名称	工程地址	建筑面积	工程总投资	开工日期	竣工日期	建设单位	设计单位	施工单位	监理单位
8	小红门新村一期26项工程	朝阳区小红门牌坊村	5.11	28166.66	2009.10.26	2013.7.8	北京江南投资集团有限公司	北京中外建建筑设计有限公司	河北沧贸建筑安装工程有限公司	北京融源建筑设计有限公司
9	长楹天街东区5项工程	朝阳区常营乡常通路	7.72	12446.27	2011.4.14	2013.7.29	北京通瑞万华置业有限公司	中国建筑设计研究院	北京城建北方建设有限责任公司	北京帕克国际工程咨询有限公司
10	东镇欣园4项工程	朝阳区将台乡驼房营	9.22	19017	2010.10.4	2013.8.9	北京将台房地产开发有限公司	山西省第二建筑设计院	永同昌建设集团有限公司	北京旭日明建设工程监理有限公司
11	新燕都家园2项工程	朝阳区将台乡霄云路	11.46	56601.18	2008.5.10	2013.8.25	北京新京润房地产有限公司	天津美新建筑设计有限公司	广东韩江建筑安装工程有限公司	广东珠江建设工程监理有限公司
12	长楹天街西区3项工程	朝阳区常营乡常通路	8.46	13628.54	2011.4.14	2013.9.15	北京通瑞万华置业有限公司	中国建筑设计研究院	北京城建北方建设有限责任公司	北京帕克国际工程咨询有限公司
13	水岸庄园80项工程	朝阳区来广营乡清河营村	24.97	27012.88	2011.1.18	2013.9.25	北京润泽庄苑房地产开发有限公司	华通设计顾问工程有限公司	北京京华嘉典建筑工程有限公司、北京金通远建筑工程公司	北京中联环建设工程管理有限公司、广州广保建设监理有限公司
14	凯德锦绣名苑8项工程	朝阳区东四环南路	5.48	12265.98	2010.8.23	2013.10.19	北京恒世同方房地产开发有限公司	北京市住宅建筑设计研究院有限公司	中建一局华中建设有限公司	北京赛瑞斯国际工程咨询有限公司
15	平乐园小区4项工程	朝阳区南磨房	2.78	13642.78	2010.7.1	2013.10.14	北京鸿坤新业房地产开发有限公司	九源建筑设计有限公司	北京市朝阳田华建筑集团公司	北京精正兴工程建设监理有限公司
16	首开常青藤53项工程	朝阳区东坝乡	22.45	52970.27	2008.8.15	2013.10.21	北京首开天成房地产开发有限公司	北京市建筑设计研究院、凯里森建筑设计(北京)有限公司	中国中铁航空港建设集团有限公司、中建一局华江建设有限公司、北京市朝阳田华建筑集团公司、北京怀建集团有限公司、北京市第二建筑工程有限责任公司	中航工程监理(北京)有限公司、北京精正兴工程建设监理有限公司、北京金海城工程建设监理公司、北京北辰工程建设监理有限公司

序号	工程名称	工程地址	建筑面积	工程总投资	开工日期	竣工日期	建设单位	设计单位	施工单位	监理单位
17	保利中央公园 11 项工程	朝阳区大望京村	15.59	27609.04	2011.7.22	2013.10.22	北京保利营房地产开发有限公司	筑博设计股份有限公司	广州富利建筑安装工程有限公司	北京东方华太建设监理有限公司、北京津京建设工程监理有限公司
18	中国电子物资 1 项工程	朝阳区酒仙桥北路 5 号	1.8	3714.87	2010.11.26	2013.11.7	中国电子物资北京公司	北京立人建筑设计有限公司	北京建工一建工程建设有限公司	北京日日豪工程建设监理有限责任公司
19	金茂家园 7 项工程	朝阳区广渠路 15 号	14.88	59044.56	2010.9.20	2013.11.12	中化方兴置业(北京)有限公司	悉地(北京)国际建筑顾问有限公司	中国建筑第八工程局有限公司、北京城建集团有限责任公司	中咨工程建设监理公司、北京兴电国际工程管理公司
20	姜庄湖园林别墅 8 项工程	朝阳区鼎成路 6 号	2.38	10808.11	2011.6.17	2013.11.14	北京姜庄湖园林别墅开发有限公司	圣地国际建筑工程设计有限公司	北京天恒建设工程有限公司	北京北辰工程建设监理有限公司
21	周庄新村二期 4 项工程	朝阳区十八里店乡周庄村	1.58	2218.92	2006.4.5	2013.11.15	山水文园凯亚房地产开发有限公司	北京世纪安泰建筑工程设计有限公司	北京中关村开发建设股份有限公司	广州广保建设监理有限公司
22	康城花园二期 19 项工程	朝阳区双桥东路	0.8	1426.9	2005.4.20	2013.11.28	北京银信兴业房地产开发有限公司	北京维拓时代建筑设计有限公司	保定兴华建筑有限公司	北京方恒基业工程咨询有限公司
23	四路通住宅小区 6 项工程	朝阳区南磨房路	8.76	179886	2007.3.1	2013.12.3	山水文园凯亚房地产开发有限公司、华瀚投资集团有限公司	北京世纪安泰建筑设计有限公司	北京城建五建设工程有限公司	广州广保建设监理有限公司
24	赛洛家园 1 项工程	朝阳区广渠路	1.24	5108.79	2008.9.30	2013.12.5	北京高盛房地产开发有限公司	中国建筑设计研究院	经典建设有限公司	深圳市中海建设监理有限公司
25	世纪华侨城 2 项工程	朝阳区南磨房乡	5.11	12783.61	2009.4.15	2013.12.10	北京世纪华侨城实业有限公司	北京市建筑设计研究院有限公司	北京市朝阳田华建筑集团公司、中兴建设有限公司	北京旭日明建设工程监理有限公司、京兴国际工程管理公司
26	璟湖园 28 项工程	朝阳区孙河乡	8.35	34233.97	2012.3.9	2013.12.16	北京东隆房地产开发有限公司	北京维拓时代建筑设计有限公司	远洋国际建设工程有限公司	北京赛瑞斯国际工程咨询有限公司

(五)办公用房

单位:万平方米、万元

序号	工程名称	工程地址	建筑面积	工程总投资	开工日期	竣工日期	建设单位	设计单位	施工单位	监理单位
1	基地综合楼工程	朝阳区双井	1.03	2800	2007.9.2	2013.3.21	北京市市政二建设工程有限责任公司	北京天地都市建筑设计有限公司	北京中然建筑工程有限公司	北京星舟建设监理公司
2	大望京项目1号地6项工程	朝阳区崔各庄大望京	2.08	9340.45	2012.1.10	2013.7.26	北京远豪置业有限公司	北京筑都方圆建筑设计有限公司	北京建工集团有限责任公司	北京中景恒基工程管理有限公司
3	豆各庄住宅小区1项工程	朝阳区大鲁店北路北侧	1.32	2404	2011.7.25	2013.11.6	北京华恩房地产开发有限公司	广州市住宅建筑设计院有限公司	广州天力建筑工程有限公司	广州广骏工程监理有限公司
4	万科蓝山G1号办公楼工程	朝阳区西大望路27号	1.65	6143.49	2011.12.25	2013.12.18	北京万科企业有限公司	中国建筑设计研究院	北京市朝阳田华建筑集团公司	北京赛瑞斯国际工程咨询有限公司
5	崔各庄5项工程	朝阳区崔各庄大望京村	12.12	48163.6	2012.9.25	2013.12.26	北京绿地京华置业有限公司	北京市建筑设计研究院有限公司	北京六建集团有限责任公司	北京银建建设工程管理有限公司、上海建科工程咨询有限公司

(六)商业用房

单位:万平方米、万元

序号	工程名称	工程地址	建筑面积	工程总投资	开工日期	竣工日期	建设单位	设计单位	施工单位	监理单位
1	北京眼镜城二期工程	朝阳区东三环南路南八里庄64号	2.13	4023	2011.3.1	2013.1.29	北京眼镜城市场有限责任公司	凯里森建筑设计(北京)有限公司	北京天盛建筑工程有限公司	北京海鑫工程监理公司
2	姚家园路2项工程	朝阳区姚家园路114号	0.39	1650	2011.4.29	2013.5.21	北京华纺旺泰房地产开发有限公司	北京市建筑设计研究院有限公司	安徽三建工程有限公司	北京市驰跃翔工程监理有限责任公司
3	天青商业综合楼工程	朝阳区平房乡姚家园村	6.37	32532	2011.1.17	2013.7.12	北京元邑房地产开发有限责任公司	北京炎黄联合国际工程设计有限公司	中铁十六局集团北京工程有限公司	北京中联环建设工程管理有限公司
4	中关村科技园区2项工程	朝阳区望京电子城西区	3.96	12450.41	2011.11.20	2013.7.19	北京中关村电子城建设有限公司	中房集团建筑设计有限公司	中建一局集团第二建筑有限公司	北京中外建工程管理有限公司
5	北京电子城2项工程	朝阳区酒仙桥北路甲10号院	2.48	5922.30	2012.9.18	2013.7.24	北京电子城有限责任公司	北京市工业设计研究院	中建一局集团第二建筑有限公司	北京京龙工程项目管理有限公司
6	北京华贸城1项工程	朝阳区来广营乡清河营村	0.38	909.86	2009.5.20	2013.7.24	北京华贸奥苑房地产开发有限公司	北京市建筑设计研究院有限公司	中建二局第三建筑工程有限公司	北京赛瑞斯国际工程咨询有限公司
7	北京财富中心写字楼工程	朝阳区东三环北路23号	17.63	76742.98	2008.10.20	2013.9.29	北京香江兴利房地产开发有限公司	中冶京诚工程技术有限公司	中国新兴建设开发总公司	北京希地环球建设工程顾问有限公司

序号	工程名称	工程地址	建筑面积	工程总投资	开工日期	竣工日期	建设单位	设计单位	施工单位	监理单位
8	首城国际中心商业楼工程	朝阳区广渠路三十六号地	0.24	845.75	2009.12.31	2013.10.11	北京首城置业有限公司	中房集团建筑设计有限公司	中国新兴保信建设总公司	北京旭日明建设工程监理有限公司
9	保利中央公园4项工程	朝阳区大望京村	1.38	2697.22	2011.9.14	2013.10.22	北京保利营房地产开发有限公司	筑博设计股份有限公司	广州富利建筑安装工程有限公司、华都国际建设集团有限公司	北京东方华太建设监理有限公司、北京津京建设工程监理有限公司
10	望京搜候中心4项工程	朝阳区望京阜通西大街	35.14	157504.24	2011.6.20	2013.11.25	北京望京搜候房地产有限公司	悉地(北京)国际建筑设计顾问有限公司	中国建筑第八工程局有限公司、中建三局建设工程股份有限公司	北京时创项目管理有限责任公司、北京兴电国际工程管理公司
11	常营大型居住区3项工程	朝阳区常营乡常通路	11.67	27102.74	2011.9.3	2013.11.29	北京通瑞万华置业有限公司	中国建筑设计研究院	中建一局集团建设发展有限公司	北京帕克国际工程咨询有限公司
12	太阳宫新区2项工程	朝阳区太阳宫乡	1.64	2440	2010.12.1	2013.12.12	北京冠城正业房地产开发有限公司	北京中建建筑设计院有限公司	北京市朝阳田华建筑集团公司	北京华建项目管理有限公司

(七)配套用房

单位:万平方米、万元

序号	工程名称	工程地址	建筑面积	工程总投资	开工日期	竣工日期	建设单位	设计单位	施工单位	监理单位
1	实验培训楼工程	朝阳区水岸南街1号院	1.32	3363.18	2011.6.3	2013.1.4	北京市对外贸易学校	北方-汉沙杨建筑工程设计有限公司	北京鼎华建筑工程有限公司	北京方程建设监理有限公司
2	世华泊郡12项工程	朝阳区来广营乡	6.16	10091.31	2010.10.20	2013.1.15	北京世纪鸿城置业有限公司	华通设计顾问工程有限公司	北京城建十建设工程有限公司、北京城建七建设工程有限公司	万宇国际工程咨询(北京)有限公司、北京方程建设监理有限公司
3	百子湾医院养老院工程	朝阳区百子湾南二路92号	3.04	9414.8	2010.11.5	2013.2.1	乐成老年事业投资有限公司	北京市建筑设计研究院	中铁建设集团有限公司	北京地厚工程管理有限公司
4	周庄新村配套公建工程	朝阳区十八里店乡周庄	3.92	14404.47	2007.4.29	2013.3.5	北京大洋房地产开发有限公司	北京中天元工程设计有限责任公司	北京市朝阳田华建筑集团公司	北京金海城工程建设监理公司
5	内部加油站工程	朝阳区东坝	0.02	120	2010.10.8	2013.3.13	北京交运通华运输有限责任公司	北京东方科旅建筑勘察设计有限公司	北京市朝阳三建第一建筑工程公司	无
6	中央商务区配套小学工程	阳区建国门外大街4号	1.12	5582	2009.8.26	2013.4.9	北京市朝阳区教育国有资产管理中心	北京燕华建筑设计有限公司	北京住总集团有限责任公司	北京赛瑞斯国际工程咨询有限公司

序号	工程名称	工程地址	建筑面积	工程总投资	开工日期	竣工日期	建设单位	设计单位	施工单位	监理单位
7	长楹天街地下车库工程	朝阳区常营乡常通路	0.89	2551.44	2011.5.25	2013.4.9	北京通瑞万华置业有限公司	中国建筑设计研究院	北京城建北方建设有限责任公司	北京帕克国际工程咨询有限公司
8	广渠门外十号地6项工程	朝阳区广渠门外十号地	1.74	5092	2010.3.29	2013.5.6	北京富力城房地产开发有限公司	广州市住宅建筑设计院有限公司	广州天力建筑工程有限公司	广州广骏工程监理有限公司
9	东湖湾4项工程	朝阳区望京北小河	5.12	10297	2006.7.21	2013.5.7	北京市东湖房地产有限公司	北京维拓时代建筑设计有限公司、北京市煤气热力工程设计院有限公司、马建国际建筑设计顾问有限公司	北京城建二建设工程有限公司、北京城建四建设工程有限公司、北京城建亚泰建设工程有限公司	北京五环建设监理公司、北京银建建设工程管理有限公司
10	中国科学院实验楼工程	朝阳区北辰西路1号	1.82	7035.09	2010.10.15	2013.5.10	中国科学院北京基因组研究所	中外建工程设计与顾问有限公司	中国新兴建设开发总公司	北京鸿厦基建工程监理有限公司
11	北花园小区幼儿园工程	朝阳区高碑店乡北花园村	0.2	911.32	2012.2.12	2013.5.20	北京国隆置业有限公司	北京易兰城乡规划工程设计有限公司	北京建工路桥工程建设有限责任公司	国建工程监理公司
12	首开常青藤E-2#车库工程	朝阳区东坝乡	0.54	1006.04	2008.8.15	2013.6.14	北京首开天成房地产开发有限公司	北京市建筑设计研究院	中国中铁航空港建设集团有限公司	中航工程监理(北京)有限公司
13	老年活动站工程	朝阳区八里庄南里3号	1.04	1884.54	2012.6.29	2013.6.24	北京诚讯商网科技有限公司	北京筑都方圆建筑设计有限公司	江苏省苏中建设集团股份有限公司	建研凯勃建设工程咨询有限公司
14	北京新天地26号配套工程	朝阳区杨闸环岛东北侧	0.21	268	2007.2.9	2013.7.5	北京硕和房地产开发有限公司	北京世纪安泰建筑工程设计有限公司	中国中铁航空港建设集团有限公司	北京中协成建设监理有限责任公司
15	招商地产九年一贯制学校	朝阳区东八里庄	1	1590.08	2008.3.15	2013.8.23	招商局地产(北京)有限公司	北京市建筑设计研究院有限公司	中建三局建设工程股份有限公司	北京帕克国际工程咨询有限公司
16	新燕都家园地下车库工程	朝阳区将台乡霄云路	8.68	14894.92	2008.5.20	2013.8.25	北京新京润房地产有限公司	天津美新建筑设计有限公司	广东韩江建筑安装工程有限公司	广东珠江建设工程监理有限公司
17	青年政治学院附属中学3项工程	朝阳区大山子西里10号	1.05	3349.82	2010.6.1	2013.8.30	北京市朝阳区教育国有资产管理中心	中外建工程设计与顾问有限公司	中建一局华江建设有限公司	北京中外建工程管理有限公司
18	豆各庄乡9项工程	朝阳区豆各庄乡东马各庄村	0.88	1968.73	2010.11.25	2013.9.9	北京宇达房地产开发有限公司	北京维拓时代建筑设计有限公司	北京城建五建设工程有限公司	江苏鑫缘项目管理有限公司

序号	工程名称	工程地址	建筑面积	工程总投资	开工日期	竣工日期	建设单位	设计单位	施工单位	监理单位
19	北四环东路3项工程	朝阳区北四环东路	0.9	1874.5	2010.9.16	2013.9.12	远洋地产有限公司	北京市建筑设计研究院	远洋国际建设有限公司	北京银建建设工程管理有限公司
20	来广营乡清河营村7项工程	阳区来广营乡清河营村	8.72	16452.96	2012.3.15	2013.10.29	北京第六大洲房地产开发有限公司	华通设计顾问工程有限公司	中铁十二局集团建筑安装工程有限公司	北京华城建设监理有限责任公司
21	王四营乡地块5项工程	朝阳区王四营乡	2.69	6282.87	2012.4.25	2013.11.1	北京建工集团有限责任公司	北京市建筑工程设计有限责任公司	北京六建集团有限责任公司、北京市第三建筑工程有限公司、北京建工一建工程建设有限公司	北京日日豪工程建设监理有限责任公司、北京双圆工程咨询监理有限公司
22	赛洛家园A1号公交站工程	朝阳区广渠路	3.97	1235.57	2008.9.30	2013.11.5	北京高盛房地产开发有限公司	中国建筑设计研究院	经典建设有限公司	深圳市中海建设监理有限公司
23	金隅嘉泰园9项工程	朝阳区高井	2.1	4903.05	2012.3.29	2013.11.15	北京金隅嘉业房地产开发有限公司	北京中天建中工程设计有限责任公司、北京华通设计顾问工程有限公司	北京市建筑装饰设计工程有限公司、河北玉川建筑工程有限责任公司、华都国际建设集团有限公司	北京建拓工程管理有限公司
24	润泽公园11项工程	朝阳区来广营乡	2.09	3057.49	2010.6.3	2013.11.18	北京市朝阳区园林绿化局	中外建工程设计与顾问有限公司、中国建筑技术集团有限公司	北京市朝阳三建第六建筑工程公司、北京市朝阳三建第五建筑工程公司	北京中联环建设工程管理有限公司
25	来广营乡12项工程	朝阳区来广营乡清河营村	4.22	13390.07	2011.5.1	2013.11.28	北京市土地整理储备中心朝阳分中心	中国中轻国际工程有限公司	北京城建亚泰建设工程有限公司	北京新森智业工程咨询有限公司
26	逸翠园2项工程	朝阳区平房乡	0.37	759	2010.2.22	2013.12.10	和记黄埔地产(北京朝阳)有限公司开发	深圳市陈世民建筑设计事务所有限公司	中国建筑第八工程局有限公司	北京方圆工程监理有限公司
27	三间房乡2项工程	朝阳区三间房乡	1.3	4200	2011.8.25	2013.12.11	北京智地普惠房地产开发有限公司	中国建筑设计研究院	中建国际建设有限公司	建研凯勃建设工程咨询有限公司

序号	工程名称	工程地址	建筑面积	工程总投资	开工日期	竣工日期	建设单位	设计单位	施工单位	监理单位
28	慈云寺危改小区工程	朝阳区慈云寺	0.65	1138	2005.3.20	2013.12.16	三能达置业有限公司	北京中天建中工程设计有限责任公司	中国新兴建设开发总公司	北京方正建设工程管理有限公司
29	四路通住宅小区1项工程	朝阳区南磨房路	1.9	29981	2007.3.1	2013.12.18	山水文园凯亚房地产开发有限公司、华瀚投资集团有限公司	北京世纪安泰建筑设计有限公司	北京城建五建设工程有限公司	广州广保建设监理有限公司

(八)市政工程

单位:千米、万元

序号	工程名称	工程地址	建筑面积	工程总投资	开工日期	竣工日期	建设单位	设计单位	施工单位	监理单位
1	电力沟道预埋工程	朝阳区望京北路	0.38	988.8	2010.8.21	2013.1.4	北京中关村电子城建设有限公司	北京京供塔园电力工程设计事务所有限公司	北京东方华辉市政工程有限公司	北京正宏监理咨询有限公司
2	三元桥地下连接通道工程	机场线三元桥站1号出入口经下穿曙光一号路到凤凰置地广场	0.078	269	2011.5.27	2013.1.15	北京华润曙光房地产开发有限公司	北京城建设计研究总院有限责任公司	中国水电建设集团路桥工程有限公司	北京帕克国际工程咨询有限公司
3	凤凰城地下连接通道工程	朝阳区凤凰城东区公建外下穿曙光南环路到凤凰城住宅区商业街	0.07	249	2011.5.27	2013.1.15	北京华润曙光房地产开发有限公司	北京城建设计研究总院有限责任公司	中国水电建设集团路桥工程有限公司	北京帕克国际工程咨询有限公司
4	幸福一村3项市政工程	朝阳区幸福一村	0.3	387	2010.1.15	2013.4.7	北京财富时代置业有限公司	北京冠亚伟业民用建筑有限公司	北京昊通市政建筑工程有限公司	北京五环建设监理公司
5	太阳宫站连接通道工程	朝阳区太阳宫乡太阳宫新区	0.008	116.11	2012.6.21	2013.4.10	北京冠城新泰房地产开发有限公司	北京城建设计研究总院有限责任公司	北京永安顺市政工程有限公司	北京方达工程管理有限公司
6	盈科大厦外部雨污水工程	朝阳区工体北路四号院	1.15	434.70	2012.6.1	2013.4.10	北京启夏房地产开发有限公司	北京城建设计研究总院有限责任公司	北京建工集团有限责任公司	北京双圆工程咨询监理有限公司
7	常营8项市政工程	朝阳区常营乡常营东二路及朝阳北路	5.23	6498.61	2009.2.25	2013.5.16	北京市土地整理储备中心	北京市市政工程设计研究总院、北京广联惠供用电工程设计有限公司、北京市自来水设计公司	北京城建道桥建设集团有限公司	北京宏远工程建设管理有限责任公司

序号	工程名称	工程地址	建筑面积	工程总投资	开工日期	竣工日期	建设单位	设计单位	施工单位	监理单位
8	焦化厂地区8项市政工程	朝阳区王四营乡原染料厂	2.49	3197.91	2012.7.2	2013.8.2	北京建工集团有限责任公司	北京优奈特燃气工程技术有限公司、北京市自来水设计公司、北京冠亚伟业民用建筑设计有限公司	北京建工路桥工程建设有限责任公司	北京双圆工程咨询监理有限公司
9	常营10项市政工程	朝阳区常营北路及常营东路	10.47	5144.74	2008.3.20	2013.8.12	北京市土地整理储备中心	北京市市政工程设计研究总院、北京广联惠供用电工程设计有限公司、北京市自来水设计公司、北京京江国际工程咨询有限公司	北京城建道桥建设集团有限公司	北京宏远工程建设管理有限责任公司
10	常营东二路2项市政工程	朝阳区常营东二路	0.75	1028.14万	2008.4.27	2013.8.12	北京市土地整理储备中心	北京市市政工程设计研究总院	北京城建道桥建设集团有限公司	北京宏远工程建设管理有限责任公司
11	幺家店路及辛庄路10项工程	朝阳区幺家店路及辛庄路	9.93	2992.66	2008.3.20	2013.8.12	北京市土地整理储备中心	北京市市政工程设计研究总院、北京广联惠供用电工程设计有限公司、北京市自来水设计公司、北京京江国际工程咨询有限公司	北京市市政三建设工程有限责任公司	北京宏远工程建设管理有限责任公司
12	林萃路上水管线市政工程	朝阳区九厂南路	0.56	535.49	2011.7.5	2013.8.13	北京世奥森林公园开发经营有限公司	北京市自来水设计公司	北京市自来水集团禹通市政工程有限公司	北京鸿祥工程建设监理有限责任公司
13	酒仙桥路东辅路道路工程	朝阳区酒仙桥路12号	0.17	196.02	2011.11.8	2013.9.24	北京东光兴业科技发展有限公司	北京冠亚伟业民用建筑设计有限公司	北京市市政工程管理处	北京磐石建设监理有限责任公司
14	幸福三村2项市政工程	朝阳区新东路东侧	0.42	185	2011.6.10	2013.9.24	北京城市建设开发集团有限责任公司望京新城分公司	北京市龙泰工程设计咨询有限公司	北京建工远大市政建筑工程公司	北京中环工程建设监理有限责任公司

序号	工程名称	工程地址	建筑面积	工程总投资	开工日期	竣工日期	建设单位	设计单位	施工单位	监理单位
15	酒仙桥中一路3项市政工程	朝阳区酒仙桥中一路	0.7	149.12	2011.10.10	2013.9.24	北京东光兴业科技发展有限公司	北京冠亚伟业民用建筑设计有限公司、北京市自来水设计公司	北京市自来水集团禹通市政工程有限公司	北京磐石建设监理有限责任公司
16	酒仙桥二街3项市政工程	朝阳区酒仙桥二街	0.43	151.34	2011.10.10	2013.9.24	北京东光兴业科技发展有限公司	北京冠亚伟业民用建筑设计有限公司、北京市自来水设计公司	北京建工远大市政建筑工程公司	北京磐石建设监理有限责任公司

(九)装饰装修工程　　单位:万平方米、万元

序号	工程名称	工程地址	建筑面积	工程总投资	开工日期	竣工日期	建设单位	设计单位	施工单位	监理单位
1	三里屯Village南区装修工程	朝阳区三里屯 Village 南区 S40、S60号楼	0.16	180	2012.7.30	2013.1.6	北京三里屯南区物业管理有限公司	无	北京侨信装饰工程有限公司	无
2	北京贵州大厦装修工程	朝阳区和平西桥樱花西街18号	2.15	8254.54	2011.8.30	2013.3.7	贵州省人民政府驻北京办事处	贵州省建设设计研究院	神州长城装饰工程有限公司	北京华远建设监理有限责任公司
3	国际贸易中心装修工程	朝阳区建国门外大街1号中国国际贸易中心一期15－3幢地上1～3层	0.94	1470	2012.6.20	2013.3.19	中国国际贸易中心有限公司	冶京诚工程技术有限公司	江苏省建设集团公司	北京华兴建设监理咨询有限公司
4	鹏丽花园公司装修工程	朝阳区世茂大厦C座8层	0.07	185	2012.5.3	2013.3.28	北京鹏丽花园房地产发展有限公司	北京中建科装饰工程有限责任公司	北京大信施装饰工程有限公司	无
5	中怡保险公司装修工程	朝阳区建国门外大街甲6号SK大厦1204～1205单元	0.03	93	2012.9.15	2013.3.28	中怡保险经纪有限责任公司	北京中建科装饰工程有限责任公司	北京大信施装饰工程有限公司	无
6	普洛斯装修工程	朝阳区光华路5号院北京世纪财富中心12层	0.03	96.8	2011.12.10	2013.3.19	普洛斯投资管理(中国)有限公司	北京思意特装饰装潢有限公司	北京思意特装饰装潢有限公司	无
7	和乔丽致酒店装修工程	北京市朝阳区光华路甲8号	0.34	1640	2012.4.20	2013.4.7	甘肃紫轩酒业销售有限公司	北京筑都方圆建筑设计有限公司	北京丽贝亚建筑装饰工程有限公司	中经国际招投标有限公司
8	华园饭店A座装修工程	朝阳区东三环霄云路28号	2.21	5178.36	2011.12.10	2013.4.10	北京华园饭店有限公司	九源(北京)国际建筑顾问有限公司	北京崇建工程有限公司	北京赛瑞斯国际工程咨询有限公司

序号	工程名称	工程地址	建筑面积	工程总投资	开工日期	竣工日期	建设单位	设计单位	施工单位	监理单位
9	嘉里中心商场内装修工程	朝阳区光华路1号	1.28	3965.26	2012.5.30	2013.4.19	北京嘉奥房地产开发有限公司	四川山鼎建筑工程设计股份有限公司	江苏省建工集团有限公司	北京双圆工程咨询监理有限公司
10	呼家楼新苑装修工程	朝阳区呼家楼新苑4号	2.78	1158	2011.9.1	2013.4.24	北京锐创控股集团有限公司	中国建筑技术集团有限公司	广东美科设计工程有限公司	北京中协成建设监理有限责任公司
11	柏蒂温妮达专卖店装修工程	朝阳区建国路2号银泰中心悦生活201～203、303～305	0.05	186.53	2012.12.6	2013.4.26	柏蒂．温妮达(中国)贸易有限公司	无	上海华地建设工程有限公司	无
12	弘钰博工艺品市场装修工程	朝阳区华威南路弘善家园104号楼	1.43	3687	2012.7.15	2013.5.2	北京市左安门农副产品批发市场有限公司	北京利时怀阳建筑设计有限公司	中天开元(北京)建筑装饰工程有限公司	北京建院金厦工程管理有限公司
13	民航工程质量监督总站工程	朝阳区望京方恒国际中心A3号楼6层	0.09	275.18	2012.4.15	2013.6.8	民航专业工程质量监督总站	中国民航机场建设集团公司	北京东华绿源建筑装饰工程技术有限公司	北京蔷薇工程监理有限责任公司
14	金杜律师事务所装修工程	朝阳区东三环中路1号金融中心东塔19层	0.19	198	2012.11.9	2013.5.14	北京市金杜律师事务所	北京中德力拓装饰工程有限公司	北京峰艺雅盛工程设计有限公司	无
15	残疾人康复中心装修工程	朝阳区建国路29号兴隆家园29号楼	1.67	4652.78	2012.3.7	2013.5.24	北京市朝阳区残疾人联合会	中艺建筑装饰有限公司	北京市日盛达建筑企业集团有限公司	北京华厦工程项目管理有限责任公司
16	嘉里健身精装修工程	朝阳区东三环光华路1号嘉里大酒店2层	0.42	2007.99	2012.11.1	2013.6.20	北京嘉里大酒店有限公司	中冶京诚工程技术有限公司	北京优高雅装饰工程有限公司	北京中外建工程管理有限公司
17	永安里支行装修工程	建国门外大街8号北京国际财源中心A座101单元	0.06	159.8	2012.11.20	2013.6.26	中国工商银行股份有限公司北京商务中心区支行	无	北京建工一建工程建设有限公司	无
18	泰科电子公司装修工程	朝阳区建国门外新华保险大厦11层	0.13	149	2013.4.19	2013.7.2	泰科电子(上海)有限公司北京分公司	北京丽贝亚建筑装饰工程有限公司	北京丽贝亚建筑装饰工程有限公司	无
19	大都会装修工程	朝阳区东三环甲10号	4.26	5924.35	2011.9.1	2013.7.25	北京万信投资发展有限公司	中国建筑科学研究院	北京建工集团有限责任公司	北京双圆工程咨询监理有限公司
20	远方饭店装修工程	朝阳区光熙门北里22号	1.57	6298.60	2012.7.16	2013.8.1	北京北控老年产业投资管理有限公司	北京京澳凯芬斯设计有限公司	北京市建筑装饰设计工程有限公司	中咨工程建设监理公司

序号	工程名称	工程地址	建筑面积	工程总投资	开工日期	竣工日期	建设单位	设计单位	施工单位	监理单位
21	爱慕大厦外装修工程	朝阳区望京开发区利泽中园二区	0.18	1449.22	2012.9.20	2013.8.8	北京爱慕内衣有限公司	北京兴安幕墙装饰有限公司	北京银都世纪装饰工程有限责任公司	北京北咨工程管理有限公司
22	工体专业足球场改造工程	朝阳区朝阳门外工人体育场内	1.2	3469	2011.1.25	2013.8.27	北京职工体育服务中心	北京市建筑设计研究院有限公司	中建一局华江建设有限公司	北京华厦工程项目管理有限责任公司
23	完美世界有限公司装修工程	朝阳区北苑路86号院310、311、208号楼	0.57	2613.62	2012.12.20	2013.8.30	完美世界(北京)软件有限公司	北京众拓建筑工程设计有限责任公司、北京都林国际工程设计咨询有限公司	中太建设集团股份有限公司	北京双圆工程咨询监理有限公司、北京新恒元工程监理咨询有限公司
24	新光天地LV店装修工程	朝阳区建国路87号	0.05	190	2013.4.1	2013.9.6	路易威登(中国)商业销售有限公司	北京中翰国际建筑设计有限公司	北京天文弘装饰工程有限公司	北京大正建设监理有限公司
25	万象新天购物中心工程	朝阳区常营乡303~304号楼	4.58	2916.09	2012.8.21	2013.9.17	北京海融兴达商业管理有限公司	北京一木装饰工程有限公司、广东大瀚建筑装饰工程有限公司、山西第二建筑设计院、中国建筑装饰集团有限公司	深圳市中鑫建筑装饰工程集团有限公司	北京和平诚信工程建设监理有限公司
26	新加坡航空公司装修工程	朝阳区建国门外大街2号银泰中心C座43层03~04单元	0.11	190.83	2013.7.8	2013.9.25	新加坡航空公司北京办事处	北京市建筑装饰设计工程有限公司	北京格林贝斯装饰工程有限公司	无
27	通产日坛俱乐部装修工程	朝阳区日坛公园	2.29	4175.85	2009.9.15	2013.9.25	北京通产日坛俱乐部有限公司	中城建北方建筑勘察设计研究院有限公司	河南林九建设工程有限公司	北京精正兴工程建设监理有限公司
28	三星海航办公室装修工程	朝阳区建国路海航实业大厦13层	0.11	178	2013.6.13	2013.10.16	三星(中国)投资有限公司	北京市建筑装饰设计工程有限公司	北京格林贝斯装饰工程有限公司	无
29	通产大厦办公楼装修工程	朝阳区朝外大街3号院1号楼	1.25	5789.69	2013.4.30	2013.10.18	北京鲁能置业发展有限公司	神州长城装饰工程有限公司、远洋装饰工程股份有限公司	神州长城装饰工程有限公司、远洋装饰工程股份有限公司	北京京友联工程建设监理公司
30	亚马逊公司内部装修	朝阳区东四环中路56号远洋国际中心A座1010	0.02	97.77	2013.5.10	2013.10.18	亚马逊通技术服务(北京)有限公司	北京金碧合力建筑设计工程有限公司	北京金碧合力建筑设计工程有限公司	无

序号	工程名称	工程地址	建筑面积	工程总投资	开工日期	竣工日期	建设单位	设计单位	施工单位	监理单位
31	远洋国际办公室装修	朝阳区王四营乡	3.12	1519.88	2013.4.19	2013.10.31	北京商务中心区投资和服务中心	北京中筑天和建筑设计有限公司	北辰正方建设集团有限公司	北京中建协工程咨询有限公司
32	埃尼中国公司装修工程	朝阳区东大桥路9号地上11层	0.13	127	2013.7.5	2013.11.6	埃尼中国公司	艾迪尔森(北京)建筑工程有限公司	艾迪尔森(北京)建筑工程有限公司	无
33	望京办公综合楼装修工程	朝阳区阜荣街10号	3.35	9087.18	2013.1.5	2013.11.19	北京首开商业地产有限公司	中外建工程设计与顾问有限公司	北京京西建设集团有限责任公司	北京市康实工程建设监理有限责任公司
34	北京纺织党校装修工程	朝阳区团结湖南里	0.41	216.12	2013.4.10	2013.11.27	北京市纺织党校	北京市金星卓宏幕墙工程有限公司	北京市建筑装饰设计工程有限公司	北京康迪建设监理咨询有限公司

(高雅琪)

北京宝嘉恒基础设施投资有限公司

【概况】 北京宝嘉恒基础设施投资有限公司隶属于区国资委,性质为国有一人有限公司,注册资金119966万元。公司设前期计划部、拆迁部、财务部等,共有职工39人。主要负责区域内主次干路的拆迁建设,同时开发及建设道路两侧的土地资源。全年净利润1939万元,上缴税金1066万元。

地址:小亮马桥东方东路6号

电话:84551546

邮编:100027

(郝　晶)

【续拆4条主干路】 年内,广渠路二期完成主桥区拆迁。高碑店平改立、水南庄平改立进行宅基地拆迁。东坝南二街项目沿线各单位启动拆迁。

(郝　晶)

【续建次干支路及雨水泵站】 年内,和平东路北延、辛庄路、三间房东路北段完成道路施工。白鹿司路、东高路、百子湾路一期、幺家店路、定福庄西路、广顺北大街二期雨水泵站,实施难度大,续建未完成。

(郝　晶)

【断堵头路建设】 年内,完成三丰胡同、秀水河胡同及大郊亭二街道路施工。双桥东路一期、双桥路、麦子店西路,实施难度大,未完成建设。

(郝　晶)

【道路前期研究】 年内,东北热电中心配套市政道路4条、孙河组团配套市政道路4条、东坝保障房周边配套市政道路工程2条取得道路规划方案、道路选址意见书等项目规划手续。

(郝　晶)

北京昆泰房地产开发集团有限公司

【概况】 北京昆泰房地产开发集团有限公司是由区国资委监管的国有独资公司。集团现有全资及参股企业22家,开发项目和所属物业超过20个,资产超过100亿元。截至年底,在职员工1342人,其中集团本部143人,管理人员38人,技术人员77人,研究生以上学历14人,设有职能部门10个。

地址:朝外大街10号昆泰大厦

电话:65995801

邮编:100020

(孙　洋)

【北京昆泰酒店工程获奖】 1月14日,北京昆泰酒店工程获中国建筑界最高质量奖项,即2012—2013年度中国建设工程鲁班奖。

(孙　洋)

【大望京2号地项目取得使用证】 9月16日,大望京2号地项目取得国有土地使用证。

(孙　洋)

【大望京2号地取得地下部分规划证】 12月13日,大望京2号地项目取得地下部分建设工程规划许可证。12月,完成地下部分土地补充协议的签订。

(孙　洋)

【安全生产】 年内,昆泰集团各部门、各单位分别于重大节日前夕开展节前安全大检查,对检查中发现的安全隐患,通知责任部门整改。11月,召开安全生产专项工作部署会。

(孙　洋)

北京华阳经济开发公司

【概况】 北京华阳经济开发公司是区政府投资的国有企业,职能为扶持全区集体经济发展和新技术开发,会同其他省市的兄弟公司开展经济联合、对外根据国务院和市有关部门的规定开展活动。下属企业是华阳安派能源科技(北京)有限公司和北京市朝阳华阳饭店服务公司。两家参股企业是北京京广中心有限公司和北京华阳房地产发展有限责任公司。内设办公室、经营部、财务部。

地址:京广商务楼718室

电话:65978762

邮编:100020

(杨　静)

【使用新的《企业会计准则》】 年初,向区国资委申请使用新的《企业会计准则》得到批准。

(杨　静)

【企业注册资本金增至6000万元】 年内,得到区国资委批准,将企业注册资本金由50万元增加至6000万元,并完成工商注册变更。

(杨　静)

【安派能源签热计量改造合同】 年内,华阳安派能源公司与11家单位签订热计量改造合同,并实施了热计量改造工程。

（杨 静）

【安派能源策划综合项目节能】 年内,华阳安派能源公司策划二外附中绿色能源建设和蓝岛大厦综合节能改造项目,两个项目通过了北京市节能环保中心专家评审并上报区发改委申请资金。

（杨 静）

【安派能源资质提升】 年内,华阳安派能源公司获得质量、环境及职业管理体系认证及3A信用等级证书。申请了6个软件著作权证书。申报高新技术企业并通过了公示。

（杨 静）

【华阳饭店服务公司签管理合同】 年内,华阳饭店服务公司与丰台地税局签署三年物业管理合同,预计三年实现利润85万元。

（杨 静）

朝阳城市建设综合开发公司

【概况】 朝阳城市建设综合开发公司是区属国有房地产开发企业,内设10个职能部门及5个项目部。现有在职员工74人,其中在岗职工53人。专业技术人员34人,其中具有中高级职称人员17人。年内,资产总额58.23亿元,净资产4.69亿元,完成经营收入4.01亿元,实现利润2082万元,上缴税金7600万元。

地址:东三环北路辛2号迪阳大厦15层

电话:84536699

邮编:100027

（孙 研）

【项目建设】 5月,朝阳城市建设综合开发公司代建的豆各庄消防站正式开工,总建筑面积2600平方米。金盏项目1、2号地全部及3、4、5、7、8、9部分地块共109公顷达到"三通一平"(通临时道路、通临时水、通临时电、土地平整)标准并纳入看护范围。实施东坝驹子房及七棵树项目红线外大市政建设,完成焦庄路、石各庄路、康各庄东路及东坝南一街共5520米及单店西路及坝河南路共2270米的市政管线施工任务。全长17.9千米的温榆河大道上水管线实现全线通水。11月,七棵树项目一期25万平方米工程竣工交用,提供定向安置用房2144套。年内,实现全部82万平方米在建工程的竣工交用。驹子房项目完成了一期B区、二期D、F区共计57万平方米住宅及相关配套基础设施建设,共提供定向安置用房5735套。

（孙 研）

【获安全生产标准化三级企业】 12月,经区安监局及安全技术评价机构审核,公司被评为安全生产标准化三级企业。

（孙 研）

【业务拓展】 年内,完成收购北京电控阳光房地产开发有限公司85%股权工作,并接手酒仙桥旧城区改建项目。该项目规划总用地面积41.8万平方米,总建筑控制规模约101万平方米,涉及居民7000余户。

（孙 研）

【安全生产】 年内,对各在建项目及27处地下人防工程、人员密集场所组织各类安全检查24次,发现安全隐患276件,下发整改通知67份,整改率为98%。

（孙 研）

【物业管理】 年内,重新签订16份人防工程使用合同,收取人防工程使用费53万元。共实施工程维修项目14项,完成迪阳大厦内外部设施改造升级,迪阳大厦房屋出租率为95%,实现租赁收入2700万元。

（孙 研）

【办理完成101户房改售房】 年内,办理完成101户城镇居民房改售房,共收房款546万元。

（孙 研）

【财务管理】 年内,组织合同会审会15次,审查合同110份,审核预算63项,累计审减金额6200多万元。

（孙 研）

朝阳区建筑工程公司

【概况】 朝阳区建筑工程公司是区属国有建筑企业。在职职工274人,其中高级职称6人,国家一级建造师7人,二级建造师7人。年内,结算产值3.26亿元,开复工面积11.65万平方米,企业资产总额4.85亿元,其中固定资产净额1702.31万元,营业收入2.55亿元,亏损2504万元,上缴税金1076万元。东坝驹子房农民定向安置房二期F区01#—04#、F08#、F09#、F13#、F14#楼工程被评为2013年度结构长城杯银质奖工程。F区01#—03#楼工程获结构朝阳杯金奖,F区04#、08#、09#、13#、14#楼获结构朝阳杯银奖。

地址:花家地金兴路6号楼

电话:64744601

邮编:100102

网址:www.bjcj.com.cn

（朱美英）

【企业法人营业执照变更】 1月4日起,企业法人营业执照注册资金由3200万元变更为7000万元。

（朱美英）

【五届八次职代会召开】 3月7日,五届八次职代会暨2013年工作会在朝建公司会议室召开。会议提出2013年企业建设实现资质升一级和在去年止住滑坡基础上扭亏为盈创佳绩的两个"朝建梦"。重新聘任中层管理人员,启用年轻人挑重担。

（朱美英）

【建设工程】 4月3日,第五项目部承接的安贞街道信息化管理中心工程开工。建筑面积401.36平方米,造价148.65万元,工期190天。9月4日,承接的郡王府后花园综合楼(办公楼)加建改造工程开工,建筑面积1140平方米,造价430万元。

（朱美英）

【第一次妇女代表大会召开】 5月10日,朝建公司第一次妇女代表大会召开。公司领导班子成员及19名妇女代表参加。会议选举产生了由王梅等5名同志组成的第一届妇女委员会。会后,召开第一届妇女委员会第一次会议,选举王梅为妇女委员会主任,刘阳为副主任,唐娟红为组织委员,耿春华为生活委员,吕跃玲为文体委员。

（朱美英）

【保持三个体系认证注册资格】 11月25日,经北京华夏认证中心有限公司技术委员会审议决定:保持朝建公司质量管理体系、环境管理体系、职业健康安全管理体系认证注册资格。

（朱美英）

【老旧小区节能保温工程】 年内,承接老旧小区节能保温工程,涉及8个街乡、21个社区、76栋高层及多层楼房,总面积32.3万平方米,总中标价14181万元。

（朱美英）

【安全教育与专项检查】 年内,开展"安全生产月"竞赛活动。对新开工、复工工地员工进行三级安全生产教育;组织施工管理人员学习《安全生产隐患排查治理暂行规定》,培训900余人次,培训率100%;对所有在施、待施、停工现场进行安全检查,隐患整改率90%以上。

（朱美英）

【经营核算】 年内,编制投标工程与结算45项,签订建设工程施工合同99份,合同签订金额约3.88亿元。编制审核工程预决算45项。编制投标预算、报价及审核结算金额约3.42亿元。

（朱美英）

【培训】　年内,完成培训项目12项。包括安全员继续教育,一级建造师继续教育,注册造价师继续教育,一级、二级建造师培训,新员工入职培训,造价员新定额培训,建筑工程量清单计价规范,科技论文辅导讲座等。培训人数970人次,其中在职培训167人次,劳务队伍入场安全教育803人次。

(朱美英)

【企业管理】　年内,下发《企业管理制度汇编》《发票使用相关规定》《修改企业法人组织章程》等。

(朱美英)

【法律维权】　年内,各类法律纠纷案件184起,涉案金额1989万元,避免经济损失400万元。审核各类经济合同36份,书写法律文书500份。

(朱美英)

【房地产开发】　年内,开发公司实现销售收入8405万元,纳税719万元。其中平谷迎宾花园项目实现销售额5754万元;海拉尔合作开发项目新开工程3万平方米,开发公司占20%份额,处于施工状态,无销售额。

(朱美英)

【物业管理】　年内,物业公司实现房屋租赁收入180万元,完成年计划90%。平谷物业管理费收入18万元,完成年计划60%。水电费收支保持平衡。

(朱美英)

田华建筑集团公司

【概况】　田华建筑集团公司是国家一级资质建筑施工企业,履行对朝阳区农口建筑业管理、服务的协调职能。内设工程科、技术科、质监科、安全科、经营科、财务科、培训科、宣传科、企业管理办公室、标准化企业管理办公室、人力资源管理办公室、行政办公室、党办。在职人员88人。全年,实现开复工面积420万平方米,完成产值54亿元,同比增长30%;新签订施工合同169项,合同金额72亿元,同比增长11%,上缴利税2亿元。获北京市“结构长城杯”奖7项,其中田华七公司3项、田华四公司2项、田华十五公司和田华十七公司各1项;获市级安全文明工地10项,其中田华六公司3项、田华四公司3项、田华五公司2项、田华十公司和田华十五公司各1项。被评为“2013年全国保障性住房建设优秀企业”“2013年全国优秀施工企业”“中国施工行业十大品牌”。通过AAA资信等级复审、北京市建设行业“AAA”信用企业复审和三大体系认证复审。

地址:金台里乙25号楼

电话:85994451

邮编:100026

(吴　国)

【老旧小区改造工程】　年内,承接87万平方米老旧小区改造任务。组织有改造任务的分公司召开专题会,增加监督检查的频次和力度,梳理和处置各种矛盾和问题。

(吴　国)

【安全管理】　年内,推进三级安全标准化评定工作。召开分公司安全科长会,评审检查各分公司在施工地100多万平方米。各分公司项目部资料齐全,各项规章制度、预案措施较完善,均通过评审。

(吴　国)

【通过方圆认证委外部审核】　年内,改版集团体系文件,综合评审各施工项目执行“三大体系”的情况,在外审中,通过方圆认证委外部审核。

(吴　国)

【业务培训】　年内,组织各分公司举办施工管理、工程创优、技术应用和取证班等各类培训。根据市住建委相关文件和通知要求,开展安全、造价及二级建造师延续培训工作的网络远程教育。

(吴　国)

国土资源

【概况】　北京市国土资源局朝阳分局(简称市国土局朝阳分局)是北京市国土资源局派出机构,负责组织实施朝阳区行政区域内土地、矿产资源行政管理工作。内设办公室、政工科、财务科、纪检监察科、综合科、耕地保护科(矿产资源科)、土地利用科、地籍科,下属事业单位为北京市土地整理储备中心朝阳分中心,北京市土地整理储备中心商务区分中心,国土资源管理所一、二、三所,北京市朝阳区权属登记事务中心,北京市朝阳区土地利用事务中心。

地址:奥林匹克森林公园北园

电话:88982879

邮编:100107

(井　鹏)

【政府土地储备开发工作】　年内,完成住宅腾退11.21万平方米,非住宅腾退约100万平方米;征收三间房集体土地约0.59平方千米,实现转居指标2341人;与5家国有单位,涉及6个地块签订收储协议,涉及土地面积0.08平方千米,收储补偿金额2.93亿元;偿还到期贷款约388.25亿元。提前偿还2014年到期贷款2.01亿元,偿还2016年到期贷款6.5亿元。落实到账资金约486亿元(银行贷款约338亿元,成本返还约60亿元,市中心收购款88亿元);完成土地储备项目投资约145亿元;与北京国安东坝投资有限公司签订土地一级开发委托协议,委托该公司作为东坝边缘集团剩余可开发区域北小河以东项目东坝大街以南区域的带资实施主体,负责项目资金筹措和一级开发具体实施工作;商务区土地储备工作追缴Z1a、Z3、Z14、Z6、Z16等土地开发建设补偿费约55亿元。

(井　鹏)

【建设项目用地预审】　年内,完成建设项目用地预审99件,涉及土地面积11.11平方千米,其中国有地66件,4.36平方千米;集体地33件,6.75公顷。

(井　鹏)

【土地划拨审批】　年内,完成划拨批复11件,用地面积0.37平方千米;划拨决定书13件,用地面积0.21平方千米;建设用地批准书3件,用地面积0.01平方千米。

(井　鹏)

【征收及农转用项目用地管理】　年内,受理14个项目集体土地征收(农转用)的前期工作,申请用地总面积3.94平方千米,其中国有土地0.96平方千米,集体土地2.98平方千米;完成建设项目征地结案工作11件,用地总面积4.17平方千米。

(井　鹏)

【耕地保护责任书签订】　年内,共签订区乡级责任书14份,乡村级责任书78份。

(井　鹏)

【土地供应】　年内,公开供应一般经营性用地12宗,供地体量约1.24平方千米,建设用地约0.59平方千米,建筑规模约113

万平方米，经营性建筑规模约110万平方米，上述项目全部成交，成交价约242亿元；公开供应政策性住房用地1.17平方千米，其中限价房0.04平方千米，经适房0.36平方千米，公租房0.36平方千米，定向安置房0.41平方千米。

（井 鹏）

【地籍管理】 年内，实现朝阳区土地登记业务全流程网上带图审批，实现城乡一体化地籍运行管理模式及历史土地登记信息与地籍信息一体化建设。通过地籍管理系统完成1.2万余件土地登记业务审批。

（井 鹏）

【宗地编码转换】 年内，完成全国宗地统一代码转化工作，将原18位宗地编码转换为全国统一的19位宗地编码。

（井 鹏）

【土地登记】 年内，完成国有土地使用权登记3679宗（包含军、央、保密、储备），占全市42.74%，同比增幅6.64%，登记面积10.6平方千米，同比降幅9.10%。其中国有土地（大业主）使用权登记435宗，面积10.48平方千米；城镇成套住宅分摊国有建设用地（小业主）使用权登记3244宗，面积0.12平方千米；办理权属审查177宗，同比增幅11.32%；办理抵押登记2221宗，同比增幅18.58%，占全市35.01%；贷款金额2736.71亿元，占全市37.46%，同比增幅43.98%；办理抵押注销2120宗，占全市39.07%，注销贷款金额1545.98亿元，占全市42.25%。

（井 鹏）

【农村土地确权登记颁证】 年内，实现农村土地确权登记调查率100%、确权登记率98.88%。

（井 鹏）

【国土资源执法】 年内，下发《责令限期改正国土资源违法行为通知书》79件，下发《国土资源行政处罚决定书》79份，处罚土地面积0.87平方千米。核查2012年度朝阳区土地执法卫星图片发现的疑似违法图斑139块，面积1.03平方千米，其中耕地0.23平方千米。结果是139块图斑实际为109宗地，其中军事用地3宗，面积0.06平方千米（耕地0.00068平方千米）；合法用地31宗，面积0.32平方千米（耕地0.13平方千米）；违法用地75宗，面积0.65平方千米（耕地0.10平方千米），75宗违法用地中新增违法用地70宗，面积0.64平方千米（耕地0.10平方千米），实地未变化图斑5宗，面积0.0079平方千米（耕地0.0036平方千米）。对新增“小产权房”零容忍，全区未发现以木屋别墅、汽车营地、生态农庄等名义未经批准利用集体土地建设租售“小产权房”情况。

（井 鹏）

【地质矿产管理】 年内，制定《朝阳区地质灾害防治工作方案》，修订《朝阳区突发性地质灾害应急预案》。完成建设项目用地地质灾害危险性评估备案件14件，建设项目压覆重要矿产资源核查7件；协助市国土资源局现场检查核对在朝阳区注册的8家地勘单位，纠正个别单位存在的问题；对31家地热井使用单位的管理使用情况进行年度检查，要求4家管理不力单位限期改进。

（井 鹏）

【行政服务工作】 年内，受理各类行政许可和服务事项业务8799件，月均受理量733件。

（井 鹏）

房 屋 管 理

【概况】 朝阳区房屋管理局挂北京市朝阳区人民政府住房保障和改革办公室、北京市朝阳区人民政府房屋征收办公室牌子，是负责全区房屋行政管理、住房保障和住房制度改革以及房屋征收与补偿工作的区政府部门管理机构。主要职责为贯彻执行国家及北京市有关房屋管理、住房保障、住房制度改革、房屋征收的法律、法规和政策，负责全区房屋登记管理工作，负责全区房屋市场管理工作，承担全区房地产经纪活动监督管理的责任等。内设14个行政科室，3个工资规范管理单位，10个全额拨款事业单位，9个差额拨款事业单位，4个自收自支事业单位及1个企业单位。

地址：三里屯南56号

电话：64186060

邮编：100027

邮箱：fgj64186060@126.com

（周 盟）

【房屋登记推行网上预约】 3月1日，开始推行朝阳区房屋登记网上预约办理。申请人可以登录区房屋权属登记中心网站预约未来5个工作日内的任意一天办理房屋登记业务（网址：http://fwdjzx.bjchy.gov.cn）。提供现场网上预约服务，为不会预约或不具有电脑等硬件设备的申请人提供便利。

（唐 珺 李 彭）

【房屋征收审核管理】 3月22日，对人民日报社报刊综合业务楼建设工程项目做出房屋征收决定；10月30日，对北京市地铁10号线二期宋家庄停车场项目做出房屋征收决定；12月6日，对北京市垂杨柳医院改扩建项目做出房屋征收决定。3个项目涉及征收房屋建筑面积33298.71平方米，被征收家庭347户，补偿资金20.28亿元。北京地铁14号线高家园站工程项目、朝阳区茶家坟房改带危改土地一级开发项目、分钟寺桥西北侧地区回迁安置房项目、国家计算机网络和信息安全管理中心机房楼建设项目、酒仙桥旧城区改建项目（一期）完成确认纳入征收、发布暂停公告等程序。

（唐 珺 魏 嘉）

【住房保障事务中心成立】 3月27日，朝阳区住房保障事务中心成立，承担全区保障性住房技术性、事务性、辅助性工作，下设综合办公室、使用监督管理科、资格审核科、房源分配管理科、修缮管理科和租金管理科。

（唐 珺 孟 阳）

【房地产经纪机构管理工作会召开】 11月13日，召开朝阳区房地产经纪机构管理工作大会。市住建委、工商朝阳分局、朝阳区发展改革委相关领导到会并讲话，区150余家房地产经纪机构负责人参加会议。会议总结了全区房地产经纪行业专项整治工作，解读《朝阳区房地产经纪行业管理实施意见》，部署全区房地产经纪行业管理相关工作。

（唐 珺 高 博）

【街乡房管工作会召开】 11月26日至28日，召开街乡房管工作动员暨培训会。会上部署普通地下室安全使用管理巡查检查、物业管理项目日常巡检、房地产经纪机构巡检、保障性住房使用监管工作，要求各街乡房管科启动房管工作巡检机制，采取“两查一报”（定期的日常巡查、有重点的复查和对违规行为报送）工作模式，及时纠正被检查对象的违规行为。

（唐 珺 袁 霖）

【保障性住房配租配售】 年内,全区取得保障性住房备案资格家庭4084户,共组织6批次保障性住房摇号及配租配售,其中廉租住房1批次、公共租赁住房2批次、经济适用住房1批次、限价商品住房2批次,累计配租配售家庭4984户。

(唐 珺 孟 阳)

【公共租赁住房项目收购签约】 年内,完成两个公共租赁住房项目的收购签约,收购建筑面积约1.6万平方米,收购房屋335套。

(唐 珺 孟 阳)

【房屋登记管理】 年内,采取多项措施应对国五条出台前存量房网签申请人数激增等问题。完成房屋登记180329件,其中初始登记822件、转移登记102692件、抵押登记42217件、抵押注销29236件、其他登记5362件。完成存量房网签6103笔,注销网签信息4707笔,购房资格核验6281笔。

(唐 珺 李 彭)

【房屋登记大厅改造】 年内,在区房屋登记大厅西门外搭建遮阳棚,内设座椅,为办事群众提供等候区域;在大厅北侧建咨询、发号窗口,分流办事群众;增加25个受理窗口

(唐 珺 李 彭)

【房屋征收拆迁管理】 年内,将人民日报社报刊综合业务楼征收项目6户未搬迁被征收人及时纳入房屋征收补偿决定程序。重点推进和平一、二、三村土地储备项目、地铁14号线与6号线甜水园换乘站、朝阳区市容市政管理委员会朝阳路南侧平房区环境整治等拆迁滞留项目。和平一、二、三村土地储备项目共签约住户268户。

(唐 珺 刘震东)

【物业行业管理】 年内,在全区范围内正式实施《朝阳区物业服务企业监督管理暂行办法》。优选46家优秀物业服务企业组建朝阳区优秀物业服务企业资源库。开展全区四星、五星物业管理示范项目达标评比活动,评出四星小区17个、五星小区3个、四星大厦6个、五星大厦4个。检查住宅物业项目收支公示情况1300余家。完成物业服务合同备案906个。完成物业服务企业注册审核463家,变更物业服务企业资质68家。接待信访投诉711件,检查大西洋新城、都会华庭、泰华滨河苑等81个物业项目。完成两批共13.1万户已建住宅楼房信报箱的更新补建。

(唐珺 周 茜)

【房地产经纪机构专项治理】 年内,配合劲松地区办事处开展百环家园和首城国际小区群租房专项治理行动。共拆除群租房552套,人口减少5500人;会同区发改委、工商分局在全区范围内开展为期4个月的房地产经纪行业专项治理,重点打击扰乱房地产交易秩序、非法经营、乱收费等违法违规行为。

(唐 珺 高 博)

【房地产经纪机构管理】 年内,出台《朝阳区房地产经纪行业管理实施意见》,提出"政府与社会共同治理、条块协同与部门联动"的房地产经纪行业管理模式,将对经纪机构的日常巡查工作下放到街乡,实现行业管理"全面覆盖、全程管理、全员参与"的工作格局。在局外网开设"经纪行业管理"专栏,对经纪机构违法违规行为、不良信用信息公示曝光,引导百姓选择规范合法机构。全年,受理经纪机构投诉2100余起,受理开发企业投诉213件;受理房地产经纪机构备案业务833件,检查新备案机构166家;受理商品房预售许可证延期申请36个,商品房售楼处及施工现场勘查45个,受理商品房预售许可申请46个,报送市住建委45个,预售资金监管项目30个,监管金额67.6亿元。

(唐 珺 高 博)

【房屋修缮及抗震节能综合改造】 年内,完成92幢36.27万平方米直管公房抗震节能综合改造工程和45幢20.07万平方米直管楼房节能改造工程,1万余户居民受益;完成30幢2.04万平方米楼房防水,36间723.82平方米平房挑修,194幢4855.71平方米楼房补漏等;完成房屋、设备养护维修10.4099万户次。

(唐 珺 李 攀)

【城镇房屋与设备普查】 年内,出动查房小组889个,2178名工作人员普查城镇房屋与设备。实查房屋10869.18万平方米、电梯15171部、二次供水设备7428台、避雷设备23652个,查出城镇房屋严重积水区域372处,完成普查工作。

(唐 珺 韩 娜)

【住宅专项维修资金审核】 年内,审批商品住宅专项维修资金使用项目634件,累计审核金额10879.7万元,涉及建筑物总面积947.2万平方米,涉及业主80359户。

(唐 珺 韩 娜)

【房屋安全管理】 年内,办理非居住房屋租赁合同备案259件;办理普通地下室安全登记备案174件,日常巡查2586处,出动近6000人次,责令改正181件,关闭住人普通地下室23处。

(唐 珺 韩 娜)

【在职无房职工住房补贴统计】 年内,完成全区机关事业单位在职无房职工住房补贴统计,共需资金24727.8068万元,涉及职工30036人。

(唐 珺 钱 前)

【专项维修资金审核】 年内,已售公房专项维修基金累计审核金额1117万元,涉及38家单位;已售公房提取房改售房款累计审核金额661.15万元,涉及3家单位。

(唐 珺 钱 前)

【房改售房】 年内,核准受理房改单位303家,办理房改售房4560套、31.2万平方米。

(唐 珺 钱 前)

【房屋行政执法】 年内,完成各类房屋行政执法检查3990次,出动12189人次;下发责令改正通知书655份,立案196起,处罚164起,结案114起。执法检查量占同期全市建设、房管检查总量的1/4以上;责令改正、行政处罚数占全市房管系统总量的70%以上。全年无行政复议、诉讼,在市住建委组织的案卷评查中取得全优成绩。

(唐 珺 王璐瑛)

【直管公房管理】 年内,修订并实施《公有房屋管理办法》,加大直管公房租金收缴力度,租金收缴率98.57%,同比增长0.08%;完成与区人力资源和社会保障局关于八里庄南里25楼接管工作,涉及总建筑面积3568.2平方米。

(唐 珺 张 烨)

【信访维稳】 年内,加大对初信初访的协调化解力度;全年接待群众来访2094批次、3424人次,其中现场处置来访案件2010批,初访处置率95.99%;接听群众来电2000余件;办理群众来信783件次。

(唐 珺 李肖红)

【房屋测绘】 年内,完成商品房实测项目37个,362.2万平方米;完成商品房预测项目32个,193.4万平方米;完成大产权实测项目21个,278.6万平方米。

(唐 珺 郑卫强)

【房屋鉴定】 年内,按照"依法经营、按章纳税、分配合理、服务第一"的原则做好房屋安全鉴定相关工作,完成鉴定249项,鉴定面积236万平方米。

(唐 珺 孙 东)

【房屋供暖】 年内,接到区市政市容委下达的供暖抢险任务15次,出动抢险人员66人次;启动8项夏季设备更新工程,50项夏季设备维修工程,范围涵盖劲松、团结湖、左家庄、石佛营等多处直管公房,涉及面积约380万平方米。

(唐 珺 郭 伟)

公用事业

供电

【概况】 国网北京市电力公司朝阳供电公司是国网北京市电力公司直属供电企业,担负朝阳区工农业生产、政府部门、各大商户及居民生活供用电任务,供电区域470.8平方千米。负责辖区内110千伏及以下电网建设、调度、运行,10千伏及以下电网检修维护、应急抢修和营销服务,担负市内约占2/3的星级饭店、外交驻华使馆区、奥运中心区、中央商务区、大型商业区、工业、农业、涉外企业及居民生活等电力供应,保证地区安全可靠供电和政治供电任务。截至年底,设置11个职能部门和3个业务机构,职能部门下设班组6个。全民所有制在册职工493人,集体所有制在册职工61人,社会化用工897人。全民职工中,具有高级职称38人、中级职称96人。售电量153.32亿千瓦时。管辖110千伏变电站41座,35千伏变电站3座。共安装主变129台,主变容量共计6035.8兆伏安。10千伏开闭站225座,小区配电室1794座,箱式变压器537座。配电变压器4487台,变压器总容量3574.7兆伏安。10千伏架空线路278路,线路总长度2240.2千米;低压架空线路2671千米。10千伏电缆10000条,总长5087.9千米;低压电缆25016条,总长4498.7千米。

地址:关东店24号

电话:63661136

邮编:100020

(欧阳昕倩)

【春检工作】 3月1日至6月30日,对全部配网架空线路进行运行排查、缺陷隐患整治、周边环境整治、用户故障隐患整治,实施7项度夏大型技改。实施东旭路、东辛店路、太阳宫路3条重载线路分倒路,松榆里地区箱变分装,左家庄开闭站切改,三元站、黄杉木店倒间隔。完成47台柱上变压器分装、32公里低压线路改造,34路架空线路综合检修。树线矛盾引发的线路故障同比降低90%。清理鸟窝354处,鸟害永久故障同比降低91.6%。发现并整改各类问题37项。

(欧阳昕倩)

【配网架空线路综合整治】 3月23日至6月30日,开展配网架空线路综合整治百日行动。成立专项领导小组和工作小组,利用100天时间,对朝阳区全部配网架空线路开展运行排查,对缺陷隐患、周边环境、用户故障进行隐患整治。明确架空配网故障和缺陷、隐患分析的主体,建立分层级的配网运行分析机制。

(欧阳昕倩)

【社会责任推广月活动】 5月,开展社会责任推广月活动。围绕履责实践、履责展示、公益服务、社会责任管理4个主题,通过"六进三送""公众开放日"和"媒体看电力"等活动,深化各层级实践社会责任,加强与各利益相关方的联系。

(欧阳昕倩)

【质量月活动】 9月,开展以"打造经济升级版,实现质量强国梦"为主题的质量月活动。组织开展质量管理合理化建议、群众性质量管理改进和质量攻关等活动。

(欧阳昕倩)

【电网规划】 年内,结合城市控制性详细规划将全区域划分成6645个"网格单元",并对其进行用地性质、开发规模、电力负荷预测的研究;将若干"网格单元"按照街道、园区、功能区归纳为44个小区,进行现状电网分析、负荷特性分析和10千伏电网空间布局规划研究;将44个小区的研究成果落实到6大功能区和整个朝阳区范围进行规划成果校核并对上一级电网需求进行分析,形成"模块化配网网架、系统化负荷预测和多元化规划成果"。完成对6大功能区,43个街乡的成果发布。

(欧阳昕倩)

【电网建设】 年内,推进豆各庄、黑庄户110千伏与三营门220千伏输变电工程规划选址。落实东北热电中心并网工程前期工作,完成北辰和团结湖220千伏变电站规划。金盏、电子城、石门、东小井等110千伏输变电工程按里程碑计划开工。小红门变电站扩建工程竣工,黄杉木店变电站扩建及第二方向外电源、保护改造工程竣工投产。完成立水桥110千伏变电站建设及其42路10千伏线路切改工程和南花园村550户居民"煤改电"工程。

(欧阳昕倩)

【安全生产】 年内,完成214项问题和隐患的整改落实。建立通报考核机制。首批实现异地调度自动化系统备用,完成设备状态试点操作。实现抢修业务和客户报修平滑对接。开展架空线路综合整治百日行动,消除10千伏配电网缺陷1210件,去树4.7万余棵。组织实施运维工程134项,实现对4座变电站6台重载主变、8条过载架空线路的降载。安排34路架空线路清扫与用电信息采集系统建设工程。

(欧阳昕倩)

【政治供电保障】 年内,启动预警45次,组织演练9次。完成全国"两会"、十八届三中全会、"嫦娥三号"发射等37项政治供电保障任务,保电天数128天,参与保电23722人次,完成3个百日安全生产长周期。累计安全运行1205天。

(欧阳昕倩)

【防汛工作】 年内,制定《防汛工作管理办法》,梳理防汛重点设施及单位电源基本情况,落实以行政领导负责制为主要内容的各项防汛责任制。加强辖区内51个防汛重点设施、71条防汛重点线路、3个防汛重点开闭站的巡视、检查,对易发生积水的来广营、北中轴及下凹式立交桥等交通主要干道泵站开展安全用电隐患排查。

(欧阳昕倩)

【营销服务】 年内,将245户二级以上重要客户的差异化服务转变为常态服务。完成建筑木材厂、和平里等4个老旧小区改造,惠及居民2100余户。完成轨道交通、保障性住房及南水北调等重点业扩工程63项。实施多维催收方式,回收欠费1400多万元。实现1045户直配用户、300余个台区的线损分析。开展打窃工作,追补电量242万千瓦时,完成违约使用电费828.48万元。完成234座开闭站3660具表计更换及采集调试。改造台区关口计量装置2066台,采集覆盖率20%。换装智能电表19.8万具,累计52万具,地区智能表覆盖率37.14%。累计完成接电容量144.83万千伏安。结存94万千伏安。受理光伏并网报装项目28户,宝马电动汽车充电桩项目7户,完成市场开拓电量5.28亿千瓦时。

(欧阳昕倩)

【共产党员服务队】 年内,开展"四心(暖心、放心、连心、舒心)工程"。与33个社区挂牌联建,与156户孤残用户确立帮扶关系,开展为3所儿童福利院(儿童希望之家、新运弱智儿童养育院、天使妈妈儿童福利院)、12所农民工子弟小学(安民小学、同心希望小学等)、3所社会福利院(北京市第一社会福利院、东方博爱社会福利院、来广营乡老年乐园)三类公益性客户的用电服务,累计开展活动1500余次,惠及百姓2.6万人次。

(欧阳昕倩)

邮政通信

【概况】 北京市东区邮电局(简称东区局)是北京市邮政公司(简称市公司)直属二级通信企业。承担东城、朝阳两个行政区域505平方千米400多万人口的邮政通信服务。内设办公室、党群工作部、人力资源部、计划财务部、运行维护部等。下设邮票公司、报刊发行分局、商函分局、代理金融分局、电子商务分局、营销局6个专业局。下辖18个邮政支局、156个邮政所,有信筒信箱468个、邮运机动车168部。辖区内每一个邮电局所平均服务面积6.56平方千米,服务人口约2.26万人。有账务中心、大客户中心、培训中心等支撑部门。全局从业人员2629人。经营和代办经营的主要业务有国内、国际函件(如信件、商函、印刷品等),国内、国际包裹,国内、国际特快专递,国内报刊订阅、零售,集邮业务及邮品制作,邮送广告及邮政商函制作,邮政物流,邮政电子商务,代理保险,邮政储蓄,邮政汇款及以代销(如基金、债券等)、代收(如水、电、燃气费等)、代发(如退休金、工资等)为主的邮政金融业务。全局固定资产总额2.87亿元,资产净值1.38亿元。完成业务收入7.42亿元。有效收入完成5.92亿元,同比增长6.2%。利润累计完成1.21亿元。劳产率实现22.24万元。

地址:金台北街6号

电话:65006003

邮编:100026

邮箱:dq-post@126.com

(胡丹丹)

【雍和宫推出蛇年有奖幸运封】 1月6日,雍和宫与东区邮电局联合推出新春祈福有奖幸运封,这是雍和宫第五枚新春祈福幸运封。“雍和宫新春祈福幸运封”是在中国邮政有奖幸运封基础上,专为雍和宫设计的贺卡式幸运封,每枚幸运封均配有收藏证书,编号为000001号幸运封被中国邮票博物馆收藏。

(胡丹丹)

【设计制作雷锋纪念封】 3月5日,设计制作毛泽东“向雷锋同志学习”题词发表50周年纪念封,纪念封以1963年3月5日刊登毛泽东题词的《人民日报》微缩版为主图,启用“人民日报社”风景日戳。

(胡丹丹)

【设立多元化综合服务站】 7月1日,在朝阳区竹竿社区设立多元化综合服务站。

(胡丹丹)

【实施优化网点管理】 8月1日,实施优化营业网点管理工作:依据经济区域、经营收入、人员规模和邮政所的隶属关系,将30个支局拆分整合为18个支局,推行“一点一策”经营模式。

(胡丹丹)

【道德讲堂活动】 8月20日,东区局党委启动“道德讲堂”活动,由敬业模范陈兰颖、孝星模范杨杨、爱心模范李毅华、志愿模范董铭柱讲述道德故事。

(胡丹丹)

【与北京热力集团战略合作】 10月22日,与北京热力集团签署战略合作协议,双方从代收供暖费业务为起点全面开展战略合作。

(胡丹丹)

【开展纪念毛泽东诞辰活动】 12月26日,与北京西单图书大厦联合开展《纪念毛泽东同志诞辰120周年》邮票首发活动,举办《毛泽东珍邮》展览,提供现场免费加盖纪念戳服务。

(胡丹丹)

【金融业务】 截至年底,累计实现业务收入2.2亿元,同比增长4.33%。个金余额新增7.79亿元,新增代理保费2.21亿元,综合理财销售20.65亿元,金融总资产净增13.51亿元。

(胡丹丹)

【邮务类业务】 截至年底,累计实现业务收入4.77亿元;函件业务收入2.76亿元,同比增长20.32%;集邮业务收入1.11亿元;报刊业务收入5894万元,同比增长6.79%;电子商务业务收入927万元;短信业务收入661万元;票务业务收入178万元;“邮乐购”专项营销收入10.5万元;代收费业务收入77万元;分销业务收入81万元,完成进度119.11%,同比增长103%;包件业务收入2205万元,完成进度119.2%,同比增长22.37%。

(胡丹丹)

【速物业务】 截至年底,结算后累计收入1696万元。

(胡丹丹)

【服务“两会”】 年内,北京“两会”期间,东区局在会议现场设立临时邮局,提供邮品销售、制作个性化明信片及邮政寄递服务。全国“两会”期间,为首都大酒店、内蒙古大厦、北京饭店、贵宾楼、京东宾馆、昆泰大厦、北京会议中心、河南大厦、广西大厦等网点提供服务,出车295次。收寄大会封4.8万件、包裹274件、特快专递224件,出售邮册1.4万册。

(胡丹丹)

【地坛庙会设临时服务点】 年内,地坛春节庙会期间,东区局设临时服务点,庙会期间销售邮品4.5万元,募集爱心包裹近百个。

(胡丹丹)

【制作宋庆龄故居个性化门票】 年内,北京第四届宋庆龄故居海棠节期间,东区局为宋庆龄故居制作个性化明信片式门票,限量发行5000枚,并提供现场加盖风景日戳等服务。

(胡丹丹)

【构建两级三线营销管理模式】 年内,营销体系建设以“分层分级、强化职责、创新机制、多元培训、突出效能”为工作方针,构建“两级开发、两级维护、两级管理、两级支撑”的营销管理体系,健全营销“管理线、客户经理线、非营销岗位员工线”三条主线的激励机制,形成东区营销管理的“两级三线”立体模式,实现营销收入5.07亿元,同比增长18.74%。18个支局营销收入超过1000万元,其中2个支局营销收入超过3000万元,75名营销员折算业绩超过100万元。

(胡丹丹)

【调整薪酬分配机制】 年内,以利润为导向,调整分配机制,奖励适度向金融专业倾斜，对一线员工实行金融储蓄柜员积分奖励与单位绩效挂钩奖励并行的分配机制。

（胡丹丹）

【成立营销局】 年内，整合大客户中心与商务中心区邮政支局，成立营销局，按专业局管理，负责全局营销收入及支撑服务。营销局工作与全局营销收入完成情况、增速及全局营销员人均营销收入水平、各单位完成营销收入序时进度情况挂钩。

（胡丹丹）

【增加金融专业岗位人员】 年内，加大金融专业各岗位人员投入，分3个批次增加金融人员228人，占全年新补充员工人数72%，金融人员占比由年初的19%提高到21%。为金融网点配备支行长57名、理财经理59名、外拓经理41名、大堂经理43名、综合柜员57名，全局57个金融网点，实现金融人员专职化，并启动区局—支局—支行三级培训督导体系。

（胡丹丹）

【增加网点专业设备】 年内，新增更新生产设备949台套；清理、回收支局无法使用的库存设备1365台套。为57个金融网点的支行长配备笔记本电脑及移动上网设备。

（胡丹丹）

【网点建设】 年内，东四邮局局房建设项目完成主体结构工程并进入装修阶段，大郊亭邮政所完成各项审批程序。接收远洋一方、晨光家园、玲珑山邮政所。农村空白乡镇补建项目接收孙河乡康营家园邮政所。

（胡丹丹）

【服务投诉】 年内，服务投诉同比下降40%。其中金融服务下降63%、邮政服务下降19%，用户满意度达到89分。

（胡丹丹）

【服务质量认证】 年内，通过ISO9001：2008质量管理体系第四轮认证期第一次审核，并获得认证资格。

（胡丹丹）

【规范运营管理】 年内，落实两岗履职责任，建立“四化”模式。实现所有网点窗投邮件信息化管理。出台《东区邮电局国内普通邮件查验赔偿和业务档案管理实施细则》，实现国内给据邮件查询在3个工作日内完成。实施网格化监控，分级督导管理。加大出口国际邮件规格质量的检查，国际邮件综合合格率97.91%。

（胡丹丹）

【财务管控】 年内，结合各网点实际运营情况，对亏损的华普大厦、奶西、北辰西路、港澳大厦、交南大街等5个网点实行暂停营业，将左家庄邮政所储蓄业务置换到香河园邮政支局本部。收回金台里邮政所、北京站邮政支局等6处网点资源。严格控制欠费，同比减少168万元。压缩非生产性和管理费用，各种经费压缩降幅30%。

（胡丹丹）

【安全防范建设】 年内，完成28个金融网点安防改造和安防、消防证取证工作，完成53台ATM报警升级、38台ATM视频监控改造和93套无人值守设备报警设备升级。加大防火、防盗抢、防治安案件和安全生产大检查和报警设备、运钞车、锅炉设备、出租房屋、非法物品等专项检查，消除安全隐患352件。落实安全评估，58个金融网点安全防范达标率100%。组织近百名员工岗前、岗上技防设备操作培训和安全管理人员培训，开展金融防盗抢、防尾随和防火演练。

（胡丹丹）

【员工培训】 年内，以远程视频、现场模拟、经验交流等形式组织70项、127期、1128课时的培训，6700人次参加。职鉴持证率96.58%，其中持高级工、技师证书员工21.87%，持双证、多证员工39.69%。首次自行承担新员工岗前培训，88人参训并取得初级职业资格证书。

（胡丹丹）

【开展首席员工评聘】 年内，新增理财经理岗位，全局129名员工参加评比，靳长杰等20名员工被评为区局级首席员工，王琦等42名员工被评为邮局级首席员工。

（胡丹丹）

【党支部建设】 年内，对营业网点党支部实施优化整合，重新设置23个区局党委直属党支部。

（胡丹丹）

城乡管理

市政管理

【概况】 朝阳区市政市容管理委员会是负责朝阳区城乡环境建设统筹协调、城市综合管理协调和交通基础设施、环卫基础设施、公用事业、市容环境卫生监督管理及统筹协调辖区交通秩序管理的区政府工作部门。业务关系受北京市市政市容管理委员会、首都城市环境建设办、北京市交通委及北京市爱卫会监督、指导。加挂朝阳区城乡环境建设委员会办公室、朝阳区交通委、朝阳区爱国卫生运动委员会办公室、朝阳区人民政府供暖办公室和朝阳区国防动员委员会交通战备办公室牌子。内设机构1室11科,即办公室(区社会矛盾调处中心市政市容委分中心)、环境管理科(区城乡环境建设办)、市政基础设施科、公用事业管理科(北京市朝阳区住宅锅炉供暖管理办公室)、行政审批科、爱国卫生科、环卫设施科、环境整治科、财务审计科、组宣科、交通管理科(北京市朝阳区国防运动委员会交通战备办公室)、综合协调科(拆违办)。行政编制70人(含纪检监察编制1人)。下设6个事业单位,核定编制178人,实有146人。其中,全额拨款事业单位4个(其中纳入工资规范管理单位2个),差额拨款事业单位1个,自收自支事业单位1个。年内,完成全国城市文明程度指数测评迎检任务。加强公服设施管理,完善公服设施台账。拆除存在重大安全隐患的违法建设,形成以拆旧带控新的工作模式,消除安全隐患,基本实现违法建设零增长目标。完成2012—2013采暖季供热保障工作;确保11月15日全区锅炉房100%按时正常供暖;加强燃气安全宣传,强化燃气日常监管;及时处置城市公用设施应急突发事件。以畅通道路微循环、停车管理和绿色出行为重点,缓解区域交通拥堵,完善全区停车管理工作机制。

地址:松榆东里甲38号楼

电话:67325578

邮编:100021

电子邮箱:gw302@163.com

(武　兴)

【广告牌匾标识整治】 1月22日,组织开展东五环内(化工桥至康化桥段)户外广告、牌匾标识整治工作。出动施工人员890人次,拆除道路两侧大型单立柱广告牌34根,落地广告牌等其他广告设施66块,约960平方米;拆除商户违规牌匾标识约170余处,1370平方米;清除窗贴、条幅等约183处,120平方米。新制作牌匾标识58处,约600平方米。

(武　兴)

【环境保障任务】 1月29日,国家主席习近平到十八里店地区武警十三支队慰问,区市政市容委完成环境保障任务。11月9日至12日,区环境办联合多部门完成党的十八届三中全会期间环境保障工作。

(武　兴)

【边角地环境整治】 1月,西大望路东鑫大厦地区边角地环境整治项目最后一户居民签订补偿协议,该项目完成全部拆迁工作。

(武　兴)

【供热管理】 1月至3月,按照市政府及市供热办相关要求,区供热办部署并落实2012—2013采暖季延长供暖工作。至3月17日24时,2012—2013采暖季供暖结束,延长供暖2天。

(武　兴)

【节前安全检查】 2月7日,区交通委开展春节前安全检查。检查停车场6个,向企业发放《整改通知单》4份;检查庙会和商业设施周边交通环境,发现燕莎奥特莱斯商场进车缓慢,造成四环辅路小范围拥堵,向企业提出整改意见。区市政市容委组织区安监局、质监局、消防支队、工商朝阳分局、区城管执法监察局等部门,专项检查辖区液化气场站、供热锅炉房安全工作。

(武　兴)

【全国"两会"安保】 2月27日,组织市燃气集团、市热力集团、属地街乡、全国"两会"驻地等单位负责人,专项部署全国"两会"燃气、热力安全保障工作。

(武　兴)

【液化石油气安全使用培训】 2月28日,邀请市市政市容委、市燃气集团专业人员开展液化石油气安全使用培训,辖区餐饮经营企业、街乡及社区管理人员300余人参加。

(武　兴)

【交通协管员换装】 3月4日,按照市交管局统一安排,朝阳区306名交通协管员统一更换新式服装。

(祖　钢)

【大洋路燃气泄漏事故处置】 3月18日,十八里店大洋路非法施工挖断燃气管线,造成燃气泄漏。区市政市容委组织协调市燃气集团、区交通支队、区消防支队、公安朝阳分局等单位开展应急处置,事故未造成人员伤害及财产损失。

(武　兴)

【拆违视频会议】 3月18日,区长吴桂英主持召开朝阳区禁止和查处违法建设联席全体视频会议。联席会议领导小组成员、各街道、地区办事处主要领导及工作人员在各自单位分会场参会。吴桂英与街、乡代表分别签订责任书。

(武　兴)

【春季环境卫生检查】 3月25日至5月28日,区环境办开展春季环境卫生综合检查。至5月底,累计出动检查组137次,检查街乡181个次,发现环境卫生问题442个(其中复查75个),反馈问题204个,整改问题

198个，整改率44.8%；发放《环境问题整改通知》20批次，152份，督办单14份。

（武　兴）

【文件编制】 3月，区环境办编制《环境建设管理工作标准汇编》，明确城市达标道路环境景观、居住区环境建设、校园周边环境整治等26项标准。

（武　兴）

【新增工作动态普刊】 4月起，《朝阳区城乡环境建设工作动态》新增“普刊”。至年底发行10期。普刊主要内容：通报环境建设管理重要会议或重要工作进展；介绍先进经验及工作方法。

（武　兴）

【停车管理】 4月3日，央视新闻频道播报朝阳路存在非机动车道擅自设置、经营停车位现象。经查，该停车位没有正规备案手续。八里庄街道办事处向公安机关报案，公安机关以涉嫌伪造公文立案调查；区交通委分别约谈该地区临时占道停车场经营企业，规范其经营行为；区交通委和属地办事处联合朝阳交通支队、区城管执法监察局、区发改委等部门加大该地区管控力度，严厉打击各类停车违法行为。

（陈　敖）

【环境交通电视电话会】 4月8日，区环境办组织召开朝阳区环境交通电视电话会，部署城乡环境建设、缓解交通拥堵、大气综合治理等工作。4月9日至17日，区市政市容委按照会议部署，会同区农委、社会办等部门对农村地区及城乡结合部环境实施联合拉练检查。发现垃圾脏乱点位42处，违法建设点位14处。4月底，全部整改完毕。

（武　兴）

【市领导召开拆违现场会】 4月12日，市委常委、副市长陈刚，副市长张延昆一行，在朝阳区召开严厉打击违法用地违法建设专项行动现场会，拆除高碑店半壁店村一处3000平方米的违法建设。

（武　兴）

【环境整治专题部署会】 4月15日，区环境办组织召开环境整治专题工作部署会。区环境办部署“深入开展市容环境卫生专项整治工作”，区城管执法监察局部署2013年“压反弹 保秩序”专项整治行动计划。副区长王春出席会议并讲话。王春强调，环境整治工作关系到群众工作生活环境的舒适度，各部门、各街乡要以提高群众满意度为出发点，突出重点，整体推进；严控违建，严格执法。通过全社会共同参与，全面实施环境综合整治，尽快改善朝阳区环境面貌。

（武　兴）

【控违专项指挥部成立】 5月，朝阳区成立严厉打击违法用地违法建设专项行动指挥部，副区长王春任总指挥，区环境办主任康志华任常务副总指挥，区政府办、社会办、农委等成员单位主要领导任副指挥。指挥部下设办公室与区禁止和查处违法建设联席会议办公室合署办公，并从区农委、社会办、城管等部门抽调人员集中办公。

（武　兴）

【环境整治调研】 5月8日，区长吴桂英现场调研朝阳区八里庄青年汇佳园小区、望京坝河北队村、东坝七棵树村、将台东八间房村等地区环境整治工作。吴桂英肯定朝阳区环境整治工作阶段性成果，对下阶段工作提出三点要求。①分类梳理环境问题，重点地区提高标准；②分析探讨农村地区环境问题，寻求解决途径和办法；③限时拆除占用基本农田及耕地、堵塞河道、侵占绿地、存在重大安全隐患以及群众反映强烈的违法建设。

（武　兴）

【市领导检查环境建设】 5月24日，市市政市容委委员张春贵带队专项检查朝阳区环境建设工作。检查点位包括定福庄北口、管庄地铁站地下通道、常营公园北侧河道、城铁立水桥南站、藏研中心地下通道及沿线环境建设管理情况。检查总体情况良好，个别地区存在广告牌匾破损、围挡墙墙皮剥落、绿地斑秃、游商聚集等现象。

（武　兴）

【市容环境专项整治】 6月，区环境办下发《关于深入开展市容环境卫生专项整治的工作意见》。内容包括原则、目标、组织机构、任务分工、机制和要求5个部分，确定“落实责任，建立台账，专项治理”等10项整治任务；协调相关部门和属地力量专项整治媒体曝光和市区领导关注的重点环境问题。

（武　兴）

【建立督查督办机制】 6月，区环境办建立督察督办机制，采取通知、督办、通报、曝光“四步走”（即发现问题下发“环境卫生问题整改通知单”；整改不到位下发“督办单”；通报批评督办未整改或整改不到位的单位；在区长办公会上曝光存在严重环境问题的区域）方法，形成快速发现、及时处置、督促办结工作态势。

（武　兴）

【市领导检查京哈铁路环境整治】 6月7日，市政府副秘书长周正宇带队检查京哈铁路沿线环境整治工作。主要检查了京哈铁路沿线违法建设突出、倾倒垃圾渣土严重、废品收购站集中、菜市场占道经营等问题。周正宇强调，各部门、各区县要加强沟通协作和联勤联动，6月底前彻底解决京哈铁路沿线各类环境和安全问题，确保京哈铁路暑运专线行驶畅通、沿线环境整洁。

（武　兴）

【应急突发事件实战演练】 6月20日，区市政市容委组织区道路养护中心、市燃气集团、市热力集团等应急抢修队伍，开展应急突发事件现场实战演练。

（武　兴）

【拆违方案出台】 7月，区违法建设联席会议办公室出台《朝阳区严厉打击违法用地违法建设专项行动工作方案》。《方案》规定，对2013年1月1日后出现的违法用地违法建设采取“零容忍”态度，发现一起、拆除一起，实现新增违法用地违法建设零增长。

（武　兴）

【燃气安全宣传】 7月13日，与首都文明办、首都综治办、市市政市容委、市公安局、市住建委等单位，共同举办“做文明有礼的北京人 燃气安全从我做起——走进朝阳区蓝岛大厦”主题宣传活动。

（武　兴）

【夏季环境整治】 8月初至10月底，开展夏季环境集中整治行动，专项整治废旧物资回收场（站）、市容秩序、土储区域环境、京哈暑运专线、废弃机动车辆、市容环境卫生、建筑垃圾、大型无序垃圾堆放点、停车秩序、交通市场旅游秩序十大重点问题，并与主责单位研究制定专项整治方案及长效管理办法。

（武　兴）

【机动车占道管理】 8月，区交通委开展查处机动车占用非机动车道停车、杜绝“黑收费”等工作，清理整顿93处停车乱点，拆除23处违规收费牌，清除1000余个私划停车位。

（武　兴）

【文明城区迎检】 8月20日至22日，中央测评组对朝阳区进行全国城市文明程度指数测评。根据区委、区政府部署及区文明办安排，区市政市容委完成环境保障、16项测评指标等相关工作。

（武　兴）

【规范管理再生资源回收行业】 8月28日，组织区商务委、工商朝阳分局、规划朝阳分局及区社会办、农委、循环产业园等单位，讨论再生资源回收行业清理整顿、规范发展等相关工作,着手拟定《朝阳区关于进一步加强再生资源回收行业规范管理的实施意见》。

(武　兴)

【环境优美小区巡展】 9月13日,区环境办联合首都环境办等部门,在朝阳区大屯文化广场举办以“共建环境优美社区,共享宜居美好生活”为主题的“环境优美居住小区街巷胡同评选巡展活动”,展出朝阳区10个环境优美居住小区和15条街巷胡同。

(武　兴)

【节前安全教育会】 9月26日,区交通委联合朝阳交通支队召开朝阳区路侧停车企业“两节”安全管理部署工作会,要求路侧停车企业在节日期间规范经营,加强安全管理。21个街乡,65家停车企业参会。

(张明君)

【德国专家团考察】 9月27日,德国科隆市垃圾处理专家考察团一行5人到麦子店街道枣营北里社区实地考察垃圾分类工作。区市政市容委介绍朝阳区垃圾分类工作开展情况及垃圾分类模式、流程,考察团一行了解枣营北里社区居民生活垃圾分类投放、分类收集,分类运输等情况,与地区办事处相关人员及居民志愿者交流。

(武　兴)

【环保大讲坛】 9月29日,与中华环保基金会在麦子店街道组织开展环保大讲坛宣传咨询。麦子店、团结湖、六里屯、左家庄等街道办事处“绿袖标”分类指导员及居民200余人参加活动。

(武　兴)

【渣土运输车专项整治】 10月11日,专项整治渣土运输车辆。在朝阳公园桥、红领巾桥、广顺桥等16个点位设卡,出动执法人员190人(其中交通警力56人、治安警力8人、巡察警力8人,城管队员118人),执法车60辆。处罚大货车违法310辆,酒后驾车5辆、机动车涉牌20辆、摩托车违法5辆,扣车6辆(其中货车2辆,酒后违法1辆,其他违法车辆3辆)。

(武　兴)

【城市环境秩序整改】 10月至12月,区环境办协调相关责任单位,整改城市环境秩序和交通安全管理等方面问题492件,包括市容环境、秩序环境、生态环境、设施环境、安全、交通、露天烧烤、无照经营、违法建设、停车秩序、小广告、黑车及垃圾等13类环境问题。

(武　兴)

【城中村(边角地)拆迁】 11月5日,启动通惠河北路遗留边角地块拆迁工作。该项目占地面积9632平方米,建筑面积8192平方米,房屋643间,需搬迁262户,600余人。此为朝阳区城中村(边角地)环境整治项目之一。

(武　兴)

【市领导调研供热保障】 11月14日,市长王安顺、副市长张延昆等一行20余人,到虎城小区供热服务中心、劲松雨河艺术幼儿园调研朝阳区今冬供热保障工作。王安顺肯定朝阳区供热保障工作,向供暖战线干部职工表示感谢和慰问。

(武　兴)

【垃圾分类宣传培训交流会】 11月15日,召开垃圾分类宣传培训交流会。相关街乡垃圾分类负责人及绿色宣讲员,东风地区办事处辖区垃圾分类达标小区社区、物业管理人员及垃圾分类指导员90余人参会。培训内容包括:垃圾分类宣传;垃圾分类宣传的必备条件;垃圾分类宣传的技巧及方法。

(武　兴)

【获首届城市照明建设奖引领奖】 11月,东三环景观照明项目获中国照明学会“2013年首届城市照明建设奖引领奖”。

(武　兴)

【垃圾分类培训基地揭牌】 11月,在六里屯街道甜水西园社区万科公园5号小区举办“垃圾分类培训基地”揭牌仪式。甜水西园社区万科公园5号小区为朝阳区首个垃圾分类培训基地。

(武　兴)

【通惠河北路综合治理】 12月1日,与建外街道办事处、建外街道派出所联合执法,对通惠河北路遗留边角地拆迁项目进行安全生产和环境秩序综合治理,出动人员约200人,运输车辆38台次,拆除违法建设30间,350平方米,清理建筑材料120吨。

(武　兴)

【逸翠园违法建设拆除】 12月17日,拆除平房乡逸翠园小区违法建设。出动100余人次,车辆8台次,拆除违法建设120平方米。

(武　兴)

【完成市级销账任务】 12月20日,区拆违办完成市级挂账违建全年销账任务(销账274万平方米,其中拆除207.7万平方米、国土处罚66.3万平方米)。

(武　兴)

【环境整治】 年内,完成京津城际铁路沿线环境整治、东三环夜景照明、“靓丽东大门”重兴寺公园建设、朝阳路环境整治、四惠公交枢纽周边环境整治、新开地铁6号线和10号线(二期)13个出站口周边环境整治,以及20条达标道路、13个平房区、20条背街小巷、10所校园周边、35个准物业管理小区、15个环境优美居住小区的改造建设等25项环境建设任务。

(武　兴)

【完善停车管理】 年内,区交通委草拟《朝阳区机动车停车管理规定(暂行)》。《暂行规定》包括两方面内容:一是明确相关职能部门和属地街乡职责分工;二是规定停车场设置、日常管理、收费及检查考核等标准。《暂行规定》亦为北京市推行临时占道停车场特许经营管理积累经验。

(高金锁)

【政民互动】 年内,区交通委处理回复政民互动案件402件,按期回复率100%。接待群众来电来访300余起,妥善处理八里庄都会华庭小区群体上访事件。

(李树茂)

【提案、建议办理】 年内,区交通委办理人大代表建议和政协委员提案42件,办理结果均为满意及以上等级。

(李树茂)

【小客车指标】 年内,区交通委窗口填报各类小客车指标申请表3416件。

(李树茂)

【督办件办理】 年内,区交通委办理督办任务422项,全部及时回复。

(周　韬)

【完成代征代建道路调查统计】 年内,区交通委安排全区各街乡摸底调查,并协调区住建委、规划朝阳分局、市规划设计院提供相关资料,梳理归类并现场勘察全区道路,最终确定将300余条未移交的代征代建道路纳入2013年工作台账并上报区政府。完成《关于朝阳区区属道路及代征道路用地移交接养管理意见(讨论稿)》。

(杨方进)

【区属道路现状普查】 年内,区交通委结合专业单位提供的基础数据,逐条核查全区道路现状。实地核查市属道路187条,总长度813公里;区属道路1417条,总长度1072公里;水务巡河路38条,总长度119公里;街乡自管道路570条,总长度533公里。以此掌握上述道路的起止点、长度、宽度等第一手基础数据,建立朝阳区现状路网基础数据库。

(张斌源)

【行政许可】 年内,区交通委受理113件占掘路行政许可申请,许可通过72件,多为市级管线专业单位老旧管线翻修消隐工程。

(吴海平)

【停车资源调查】 年内，区交通委摸底调查全区道路及停车资源。全区道路2212条，其中，快速路14条，主干路141条，次干路265条，支路687条，小区路街坊路等支路以下等级道路1105条。2012年底全区机动车保有量93万辆，其中，私家车81万辆，其他各类车辆12万辆。全区各类停车位72.4万个，41.6万个地上车位、28.5万个地下车位和2.3万个立体停车位。

（陈 放）

【锅炉房备案登记】 年内，对锅炉房备案登记实施全程管理，598家供暖单位、633座住宅供热锅炉房备案登记。

（武 兴）

【集中监控系统开发建设】 年内，推进锅炉房远程集中监控系统开发建设，直观了解全区锅炉房分布、供暖单位基础信息等情况，实时监控锅炉供暖运行温度、压力、燃气耗量等参数，建立区市政市容委、街道、供暖单位统一信息处理平台监管体系，实现与区市政市容委24小时供暖热线(67301616)有效对接。

（武 兴）

【燃气安全宣传】 年内，组织市燃气集团、属地街乡和有关部门，利用"燃气安全宣传日"和"5·12"防灾减灾日等时机，开展燃气安全宣传主题活动。制定下发《关于进一步做好燃气安全防控工作的通知》《致天然气用户的一封信》《致液化石油气用户的一封信》《致燃气热水器用户的一封信》。联合朝阳有线电视台制作燃气安全使用宣传片，每天不同时段反复播出燃气安全使用提示，普及燃气安全使用常识。组织餐饮企业负责人在八里庄、十八里店等街乡举办燃气安全知识讲座，邀请市燃气集团专家授课。

（武 兴）

【燃气日常监管】 年内，重点加强餐饮企业规范使用燃气、液化气，建立基础信息台账；组织市燃气集团入户巡检，巡检率80%以上；与各燃气供应企业签订《2013年燃气安全保障责任书》，加强燃气供应企业的日常监管及综合评价；组织区安监局、区质监局、工商朝阳分局、消防支队、区城管执法监察局等部门，开展12次燃气安全综合检查，检查燃气供应企业80家(次)、液化石油气场站160家(次)、燃气锅炉房269家(次)，各类餐饮企业及社会单位600家(次)，排除安全隐患420余个。

（武 兴）

【公用设施应急处置】 年内，协调处置道路塌陷125起、杆线应急288起、整治线缆318根、清除更换废弃线杆108根，应急处理大面积停暖事件2起，赴现场协调餐馆燃气泄漏事件18起。制订应急演练工作方案，组织燃气、热力、道路养护等应急队伍开展现场实地演练。

（武 兴）

【编制应急预案】 年内，编制《朝阳区2013年供热突发事件应急预案》和《朝阳区2013年燃气突发事件应急预案》。《供热突发事件应急预案》包括组织机构与职责、预警、应急响应、信息管理、保障措施等；《燃气突发事件应急预案》包括组织机构与职责、预测预警、后期处置、社会救助、调查评估、保障措施、宣传教育与演练等。

（武 兴）

【广告牌匾标识巡查】 年内，巡查广告牌匾标识。发出违法违规户外广告及夜景照明拆除通知85期，查处违法违规户外广告502处，其中，广告牌365处、电子屏33处、布幔36处、单体字26处、灯杆旗16处、广告柱9处、墙体广告10处、施工围挡及楼体广告7处。截至年底，整改17处，拆除105处。

（武 兴）

【建立公服设施台账】 年内，建立并完成数字北京信息亭、报刊亭、候车亭、电话亭等城市道路公共服务设施台账。经统计，朝阳区报刊亭469个，候车亭2187个，电话亭2820个。

（武 兴）

【公服设施专项整治】 年内，在全国"两会"和重大节日前，组织公交站亭、报刊亭、电话亭、信息亭等产权单位开展公共服务设施专项整治行动。清除电话亭小广告25万张，维修电话亭320组；拆除报刊亭40个，取缔报刊亭5个，更换新式报刊亭44个，迁移报刊亭12个；拆除公交候车亭31个，迁移候车亭34个。危改更新候车亭268个，清理公交站杆一日游违法广告1263张。

（武 兴）

【环卫电动车示范应用试点】 年内，接收468辆电动环卫车示范应用任务。建成呼家楼桥、北苑场站、弘燕桥等6处充电站群，可同时满足250辆电动车停车充电需求。

（武 兴）

【垃圾分类检查考评】 年内，对655个垃圾分类达标小区进行普查和日常检查，重新喷涂垃圾桶19526个，解决分类标识标记不清问题；在街道、社区、学校组织40余场宣传培训，调动群众参与垃圾分类积极性；对垃圾分类工作连续发生严重问题的街乡，由区政府督查室专项督办。

（武 兴）

【梳理道路保洁台账】 年内，重新梳理道路清扫保洁作业台账。区内市属道路环卫作业道路12条，保洁面积591万平方米；区环卫中心专业保洁道路1262条，保洁面积3281万平方米；街乡自管保洁道路907条，保洁面积913万平方米。

（武 兴）

【环境保障】 年内，完成各项环境保障工作。消除各类环境脏乱点1800余个，强化管控200余个；组织开展环境建设周拉练检查20次，行车路线总长500余公里，检查点位645个(其中市级挂账脏乱点近400个)、门前三包责任单位129个、建筑工地43个，发现并整改环境问题612个；建立1096个街道系统小区、398个农村系统小区、516条主要大街、201条市管道路、1225条街巷道路等10个管理台账；整治60条大街户外广告和牌匾标识；推进市市政管委部署的15处楼顶违规设置户外广告专项整治；发出违法违规户外广告及夜景照明拆除通知85期，查处违法违规户外广告502处；消除市级违法建设挂账任务274万平方米，拆除新增及既有违法建设944处、257.5万平方米。在呼家楼北里社区、松榆里社区等21个社区(村)开展居住区停车自治管理。

（武 兴）

节 水

【概况】 朝阳区节约用水办公室设在朝阳区水务局,负责全区节约用水工作。另设朝阳区节约用水管理中心,为局属全民所有制事业单位,编制18人。
地址:团结湖北路1号
电话:85978122
邮编:100026

(刘 洋)

【节水先进表彰会】 1月18日,朝阳区《北京市节约用水办法》宣传贯彻会暨2012年度节水先进表彰会召开。会上,通报2012年朝阳区节水专项补助资金使用情况,宣读《关于表彰2012年度朝阳区节水先进家庭和先进个人的决定》,市水务局政策法规处副调研员宁满江宣讲《北京市节约用水办法》,介绍修订背景、过程和主要修订内容。《北京市节约用水办法》自2012年7月1日起施行。

(刘 洋)

【全国城市节水宣传周宣传活动】 5月12日至18日(第22届"全国城市节水宣传周"),全区各街乡分别开展"推进城市节水,保护水系生态"主题宣传活动。期间,安贞街道和大屯街道分别举行"全国城市节水宣传周暨创建节水型社区""节水护水从我做起,从身边做起"节水宣传启动仪式,采取发放材料、现场咨询、节水志愿者入户演示"关小水龙头,减小水压力"等方式,开展节水宣传。酒仙桥街道联合京客隆集团公司举办"推进城市节水,保护水系生态"主题宣传活动。建外街道在北京市第119中学召开"建外地区节水宣传周暨119中学节水宣传总结表彰大会"。会上,宣读《校园节水倡议书》并成立"节水志愿者小队"。朝阳区豆各庄水厂在豆各庄地区举办"推进城市节水,保护水系生态"主题宣传,水厂技术人员讲解用水指标申请程序及办法,相关负责人介绍供水情况并带领与会人员参观水厂设施、供水流程及运行状况。

(刘 洋)

【专项检查用水计划及统计台账】 6月20日,北京市节水管理中心专项检查朝阳区用水计划及统计台账建设工作。检查包括用水台账资料、用水计划指标、数据采集费使用等项目,并约谈中服大厦等3家用水单位,了解用水相关工作开展情况。经查,北京市节水管理中心认定朝阳区用水计划指标下达规范,台账资料完整,数据报表准确,社会单位反应良好。

(刘 洋)

【团结湖用水指标全覆盖试点启动】 9月9日,团结湖街道作为朝阳区用水指标全覆盖管理第一批试点地区之一,召开用水指标全覆盖试点动员会。试点工作以管理全覆盖为重点,将地区所有用水户纳入管理范围,由区节水中心统一下达用水指标,定期检查节水器具使用情况及跑冒滴漏现象;要求大型用水单位通过水平衡测试,科学分析用水情况,根据用水需求下达用水指标,在节水的同时促进企业发展,创建节水型街道。

(刘 洋)

【专项整治现场制、售水机】 9月至11月,开展现场制、售水机专项整治行动。对辖区547台现场制、售水机登记造册,并针对未安装尾水回收设施的设备进行专项执法检查。经整治,457台设备按要求完成尾水回收设施安装,其余自行拆除或停止运营。期间,累计发放宣传材料800余份,下达整改通知书431份,约谈厂家负责人20余次,立案处罚5起,罚款1.3万元。

(刘 洋)

【节水法规知识培训会】 10月30日,东湖街道作为朝阳区用水指标全覆盖管理第二批试点地区之一,组织辖区100余家用水单位参加"节水法规知识培训会",培训内容包括当前水资源状况、计划用水定额管理依据及配套法律法规、创建节水型单位考核办法。

(刘 洋)

防 汛

【概况】 朝阳区人民政府防汛抗旱指挥部办公室负责制定全区防汛抗旱规划、年度工作计划、责任制和防汛抢险预案,并督促检查落实;负责协调解决排水矛盾;负责雨洪利用技术研究、应用和推广;负责防汛工程和雨洪利用工程实施。全年累计平均降水量496.1毫米,比上年减少四成;其中,6月1日至9月15日,平均降雨量430.3毫米,占汛期总量的87%,比多年汛期平均值474.4毫米偏少一成。本年汛期明显特征为主汛期提前、夜雨多。6月1日至7月15日降雨量280毫米,占汛期总量的65%;汛期3次强降雨均集中在7月前半月,其中,强度最大的一次:7月7日23时至7月8日7时,全区普降暴雨,平均降雨量48.6毫米,最大楼梓庄85毫米;降雨总量最多的一次:7月14日21时至7月16日0时,全区普降大到暴雨,平均降雨量51.5毫米,最大孙河77毫米。
地址:团结湖北路1号
电话:85975066
邮编:100026

(刘 洋)

【防汛安全大检查】 4月17日至23日,会同区农委、区社会办组织8支检查组,分别对区管河道及43个街乡开展防汛安全大检查。检查重点为各街乡防汛责任制、防汛预案、防汛隐患重点部位、防汛队伍和抢险物资、群众避险措施及相关地区河道清障措施落实情况。查出防汛隐患37处,立即采取措施,明确工程改造计划,发现一处、挂账一处、解决一处。

(刘 洋)

【防汛抢险应急演习】 5月8日,举行2013年朝阳区防汛抢险应急演习。演习由区应急办牵头,区防汛办承办,区委宣传部、区信息办、区卫生局、朝阳交通支队、公安朝阳分局、朝阳消防支队、来广营乡和北京城市排水集团等单位150余人参演。演习选取2012年汛期曾发生大面积积水、交通受阻的北五环顾家庄桥为模拟现场,按照"设备无故障、预案无盲点、指挥无失误、人员无伤亡”的实战要求，模拟在接到市防汛指挥部暴雨黄色预警情况下，区防汛指挥部防汛应急机制启动及应对处置工作开展情况。参演单位按照一桥一预案要求，按预定计划完成各环节演习任务。区长吴桂英等在区应急指挥中心全程观看，各街乡、委办局在各应急分中心组织观看。

（刘　洋）

【防汛工作会】　5月28日，召开驻区部队防汛工作会。区防汛抗旱指挥部副指挥、区水务局局长宗永军，区武装部副部长邵洪刚，区气象局局长陈秀杰，区水务局副局长彭庆彬，武警总队等8支驻区部队代表参加会议。与会人员观看《北京“7·21”特大自然灾害应对纪实》视频及5月8日朝阳区防汛应急演练视频，区气象局介绍并预测2013年汛期天气形势，区武装部部署驻区部队防汛工作，武警九支队代表发言。宗永军要求各驻区部队深刻总结“7·21”强降雨经验教训，加强演练，增强防汛抢险应急处置能力。5月31日，朝阳区召开2013年防汛工作电视电话会议。区防汛抗旱指挥部副指挥以上领导、成员单位、各街道、地区办事处参加会议。区气象局介绍并预测2013年汛期天气形势；区防汛抗旱指挥部副指挥、区水务局局长宗永军部署2013年全区防汛工作。区社会办、区农委等结合部门职责，对街乡迎汛工作提出明确要求。区防汛抗旱指挥部指挥、区长吴桂英提出增强防汛政治责任感、完善各类防汛应急预案、排查并整改隐患等要求。

（刘　洋）

【积滞水点应急预案部署会】　5月29日，召开积滞水点应急预案部署会。区防汛抗旱指挥部副指挥、区水务局局长宗永军主持会议，区防汛抗旱指挥部常务副指挥、副区长王春，区防汛办、区社会办、区农委、区市政市容委、区卫生局、区园林绿化局、朝阳交通支队、公安朝阳分局、朝阳消防支队、宝嘉恒公司、北京排水集团、市公联公司、市首发集团、各街乡主管领导及相关人员约70人参加。与会人员观看《北京“7·21”特大自然灾害应对纪实》视频及5月8日朝阳区防汛应急演练视频；区水务局副局长彭庆彬传达5月25日全市防汛工作会精神；各单位就《朝阳区积水点应急预案》展开讨论。王春提出四点要求：①认清形势，以高度的政治责任感确保安全度汛；②落实职责，确保预案执行有力有效；③加强沟通及部门联动，切实提高应急抢险协作能力；④严格防汛应急值守和信息报告制度。

（刘　洋）

【防汛综合演习】　6月18日，在温榆河畔举行朝阳区防汛综合演习。演习由区武装部、区防汛办、金盏地区办事处、清河—温榆河防汛分指挥部等组织。区防汛抗旱指挥部副指挥、区水务局局长宗永军担任总指挥，清河—温榆河防汛抗旱分指挥部副指挥、区水务局副局长彭庆彬担任现场指挥。武警五支队40名武警战士、温榆河管理所20名专业抢险队员、金盏地区30名民兵和60余名群众参与演习。演习包括防汛应急指挥系统演习、温榆河右堤加固、金盏地区沙窝村群众避险转移三个分项。

（刘　洋）

【坝河防汛分指挥部会】　7月8日，召开2013年坝河防汛分指挥部会。区防汛抗旱指挥部副指挥、坝河防汛分指挥部指挥、区水务局局长宗永军，区水务局副局长彭庆彬，坝河防汛分指挥部副指挥王学锋，市河湖处北环所及12家分指挥部成员单位20人参加会议。与会人员观看《北京“7·21”特大自然灾害应对纪实》视频，王学锋部署坝河防汛抢险工作，各成员单位围绕坝河防汛抢险分别发言。宗永军提出四点要求：一是建防抢救重在防。重点做好汛期防汛重点部位防控、防汛应急工程建设、应急抢险及灾难救助；二是防汛预案重在实。严格落实防汛预案，特别是人员、队伍、物资；三是防汛信息突出通。气象、雨情、汛情、灾情及防汛信息沟通顺畅；四是加强值守突出在。应急值守在岗在位，保证及时处理各项突发事件。

（刘　洋）

【水旱灾情统计培训会】　7月9日，召开2013年朝阳区水旱灾情统计培训会。分别讲解《朝阳区关于〈北京市水旱灾害统计报送制度〉的实施意见》及统计报表填报要求。区水务局及各街乡防汛工作人员80余人参加培训。

（刘　洋）

【观摩市防汛综合演练】　7月15日，市防汛分指挥部开展全市防汛综合演练。区长吴桂英、副区长王春会同区政府办、区水务局等部门在区防汛抗旱指挥部办公室观摩。吴桂英要求在主汛期即将到来之际，要加强部门联动、及时处置问题，加强防汛重点部位布控，积极做好各项应对工作。

（刘　洋）

【河道数据监测点建成】　7月，建设完成19个河道水位监测点及10个河道流量监测点，实现数据实时回传，并可在水务综合业务管理信息系统中查询。

（刘　洋）

【8月11日降雨】　8月11日，朝阳区普降中雨，局地大到暴雨，至8月12日7时，最大雨量点亚运村70.5毫米，最小雨量点朝外8.5毫米，全区平均雨量20.4毫米。11时，根据全市防汛电视电话会议精神及区领导指示，区防汛办向全区各级防汛部门下发《关于做好8月11日强降雨应对工作的紧急通知》，要求按照汛情橙色预警模式启动系列应对工作，同时启动八部门联合办公及异地会商机制，副区长王春在区防汛办现场指挥，各级防汛组织到岗待命。至22时50分汛情预警解除，共接报2处道路短时积水，责任单位均及时排除。

（刘　洋）

【双桥铁路社区赠送锦旗】　12月18日，三间房地区双桥铁路社区居民代表、三间房社会公共事务服务中心代表向区防汛办、水务局赠送锦旗。三间房双桥铁路社区在2012年“7·21”“8·27”降雨中积水严重，居民出行困难。2013年，区防汛办、水务局将该地区积水治理工程列入防汛应急工程，累计新建雨水管线565米、雨水方涵398米、泵站1座，工程于主汛期前完工，铁路社区积水问题得以彻底解决。

（刘　洋）

防　火

【概况】 朝阳区公安消防支队隶属于北京市公安消防总队,为现役部队副师职编制。支队机关设司令部、政治处、后勤处和防火监督处。下辖红庙、酒仙桥、垡头、左家庄、亚运村、百子湾、楼梓庄、建国门、四惠、华威、搜救犬、奥运村、奥林匹克公园、望京、朝阳门、十八里店、光华路、黄港、青年路、呼家楼 20 个消防中队,有干部 276 人,战士 744 人。年内,完成各项灭火及抢险救援任务。接警出动 8555 队次,其中,火警 5020 队次,出动消防车 12498 车次,出动 89390 人次;抢险救援 3535 队次,出动消防车 3966 车次,出动 28254 人次。8 月 1 日,支队指挥中心建成并投入使用,实现与总队指挥中心、区政府应急指挥中心、公安朝阳分局指挥中心的应急联动及信息共享。

地址:北豆各庄甲 1 号

电话:58581516

邮编:100023

(刘滕宇)

【成功扑救惠民园地下停车场火灾】 1 月 28 日 13 时 06 分,高碑店乡通惠家园惠民园 21 号楼地下停车场发生火灾。总队 119 指挥中心先后调集四惠、华威、红庙、酒仙桥、亚运村 5 个中队,总队、支队两级全勤指挥部共计 15 部消防车、100 余名官兵第一时间赶赴现场。13 时 46 分火势被控制,15 时 21 分火势被彻底扑灭。火灾引起三辆小轿车起火,无人员伤亡。

(粟诗寒)

【成功扑救双井家乐福超市火灾】 7 月 24 日 15 时 12 分,双井家乐福超市楼顶发生火灾。总队 119 指挥中心先后调集总队、支队两级全勤指挥部,红庙中队、百子湾中队、四惠中队 3 个消防中队,共 14 部消防车 86 名官兵到场处置。15 时 36 分现场火势基本熄灭,成功保护东侧库房的存储物资。

(粟诗寒)

【完成各类重大消防保卫任务】 年内,执行勤务 432 队次、出动 382 车次、3939 人次,完成中超联赛、中国网球公开赛、会议及各种节日的消防安全保卫任务。

(粟诗寒)

【完善战区制】 年内,根据朝阳区行政区划及灭火救援实际,将 20 个中队划分成 5 个战区;强化基层中队训练管理考核,开展战区联合训练、举行战区业务比武竞赛等活动 24 次。

(粟诗寒)

【消防队站建设】 年内,青年路、呼家楼、黄港、光华路四个消防中队建设完成,于 11 月 3 日投入备防;投资约 4000 万元,装修改造红庙、楼梓庄、搜救犬、百子湾、亚运村、左家庄及奥林匹克公园 7 个老旧消防中队。

(杨　鹏)

【夯实火灾防控基础】 年内,强化防火安全,夯实三个方面火灾防控基础。一是强化“全模式”网格管理。推进网格管理机构实体化建设,会同区网格办启动“全模式”消防安全网格联勤联动机制,细化消防安全标准,编制业务培训手册,完善隐患查处机制,研发消防网格化管理系统及便携式移动执法终端,实现动态隐患“全天候”监控及“闭环式”处理;二是强化“标准化”单位管理,推进 2076 家消防安全重点单位落实消防安全“三项报告备案”制度并录入“户籍化”系统,统一消防控制室 10 项记录,16 大类、57 小类消防设施标识,规范巡控力量职责分工,统一佩戴制式标识;三是建设“实名化”防控单元,推进“公安消防队为主体,政府专职消防队为补充,企事业消防队为辅助,最小防灭火单元为基础”的火灾防控体系,履行防火巡查、火灾处置、逃生疏散、宣传培训“四位一体”工作职责。

(张　道)

【消防专项治理】 年内,围绕“打基础、除隐患、创平安”百日专项行动、“铁拳”行动等活动,先后开展商市场、出租房屋及流动人口、建筑工地、高层建筑、城乡结合部等 20 余项消防专项整治行动,全年出警 108857 人次,检查单位 53517 家,发现隐患 120691 起,督促整改 120179 起,下发责令改正通知书 49262 份,罚款 1785.84 万元,实施“三停”698 家,临时查封 1010 家,行政拘留 300 人。

(张　道)

【完善消防安全监督机制】 年内,落实市政府《加强和改进消防工作的意见》及《消防工作考核办法》,依托区防火委平台,将“加强重点区域火灾防控”纳入年度折子工程,出台街乡、部门“消防工作责任制绩效评价项目书”,先后 5 次以分析报告、多媒体片等形式专题汇报消防安全形势。区委、区政府相关领导组织召开联席会、专题会,带队调研消防工作、检查消防安全 60 余次。依托防火委平台,组织召开行业部署会、培训会,开展联合执法,下发方案通知 76 份。完善消防业务每月指导、工作进展定期报告、隐患问题督办移送、责任落实月度通报制度。公安朝阳分局建立派出所消防业务定期指导培训机制,填写指导记录,编写《消防监督业务指导手册》,举办 7 期业务培训班,将消防工作列为 477 个社区警务工作站重点内容。

(张　道)

【消防宣传】 年内,组织开展各类宣传、培训教育 5520 次,消防演练 1240 余场,发放宣传材料 50 万份,张贴消防安全提示 40 万张。启动“119 消防联播网”工程,在全区 175 个楼盘安装 755 块室内电子屏滚动播出消防公益片 200 万次,受益人群 5600 万人;在 191 个高层写字楼、公寓电梯等候间新增及更换消防宣传栏 1200 块。在重要节假日、消防保卫、火灾高发期发动各街乡 15 万社会消防力量,开展“入户式”宣传,走进外来人口聚集区、鳏寡孤独家庭发放消防宣传材料 20 万份。与《法制日报》社联合推出的《法制日报消防通讯》,向 2 万余个手机用户(均为重点单位消防安全负责人、安保人员)发送消防彩信、消防安全提示短信 210 余条。

(贾　玉)

【消防行政审批】 年内,受理消防行政办事事项 9336 项。消防行政许可事项 5080 项,其中,建设工程消防设计审核 2331 项,建设工程消防验收 2082 项,公众聚集场所投入使用、营业前消防安全检查 667 项;消防备案事项 4526 项,其中,建设工程消防设计备案 201 项,建设工程竣工消防验收备案 205 项,建设工程施工现场消防安全备案 4120 项。

(谢公民)

【先进表彰】 年内,编发表彰通报 233 篇,编发《战时思想政治工作专刊》62 期。79 个先进集体、450 余名先进个人受到表彰。其中,1 个集体荣立集体二等功,3 个集体荣立集体三等功,57 名官兵荣立个人三等功、285 人荣立个人嘉奖,28 个基层党(团)

组织被北京市公安局和北京市公安消防总队表彰,117个单位和个人受各级各类表彰。1人被公安部消防局表彰为优秀共产党员,1个集体和1人分别被北京市公安局表彰为先进基层党组织、优秀共产党员,2个集体和9人分别被北京市公安消防总队表彰为先进基层党组织、优秀共产党员。

(黄 鹏)

【廉政建设】 年内,组织全体党员干部学习《中国共产党党员领导干部廉洁从政若干准则》《军队党员领导干部廉洁从政若干规定》等文件,开展纪律作风教育整顿4次,组织参加廉政教育展览4次,观看警示教育片13次,开展法制教育20次,签订各类责任书5次,诫勉谈话6人次,警示谈话4人次,集体廉政谈话次4次,开展各项专项活动17次。

(杨 涛)

防 震

【概况】 朝阳区地震局是负责全区防震减灾工作的区政府职能部门,正处级参照公务员管理事业单位。业务受市地震局指导,与区民防局合署办公。内设办公室、监测震防科、应急救援科,编制12名。年内,贯彻落实市地震局及区委区政府部署,防震减灾工作取得明显成效。获2013年度"全国地市级防震减灾工作综合考核先进单位""北京市区县防震减灾工作综合考核先进单位"。安贞街道安贞西里社区、高碑店地区兴隆家园社区被北京市地震局授予国家地震安全示范社区称号。

地址:亮马桥路34号

电话:64617795

邮编:100125

电子邮箱:bzjbgs@bjchy.gov.cn

(王 森)

【防震减灾宣传】 1月14日,在东湖街道望京西园社区举办"防灾减灾"公益主题宣讲活动,发放宣传资料300余份。1月16日,与区教委联合举办朝阳区教育系统校园安全培训会,各中小学、学区、幼儿园、直属单位及民办学校相关负责人500人参会。4月23日,聘请中国国际救援队创始队员、北京市民众安全应急救援研究院教官刘洪伟,为麦子店街道民防地震应急救援志愿者及社区居民180余人举办"生命安全心系你我"——如何应对天灾和人祸地震应急救援知识讲座。5月8日,区政府在悠唐生活广场举行以"防灾减灾——居家安全"为主题的"5·12"防灾减灾日宣传活动,区地震局向社区居民发放《居民防震减灾自救互救知识手册》、防震减灾宣传折页等宣传品2500余份。5月10日,在王四营地区办事处举办防灾减灾知识讲座。5月15日,在CBD管委会组织辖区楼宇物业公司、驻区企业安全员30人,开展应急救援知识讲座及实操技能培训。7月3日,在大屯街道组织开展防震减灾安全知识教育培训。7月16日,联合八里庄街道举办"弘扬防震减灾文化,提高防震减灾意识"防震减灾知识讲座。7月23日,在中国青少年校园安全及紧急救援训练营举办"科学应对地震灾害"专题讲座。年内,编写制作《地震安全示范社区》资料汇编300册、示范社区宣传光盘100张、宣传品削皮器2万个、宣传纸袋5000个、地震应急志愿者培训画册200本、应急避难场所资料汇编30本。全年发放《居民自救互救手册》、地震避险宣传笔、削皮器、无纺布袋等宣传品3.6万份。

(王 森)

【地震安全示范社区建设】 1月,确定在麦子店街道枣营北里、八里庄街道华贸中心社区建设地震安全示范社区,将此项目列入区政府为民办实事工程。4月9日,召开地震安全示范社区建设推进会,部署地震安全示范社区建设工作。制定地震示范社区建设方案,确定组织机构、方案计划、基础设施、宣传教育、物资器材、志愿者队伍建设演练等6部分内容,12项工作。华贸中心社区在显要位置安装指示牌(紧急避难路线图)5块、应急避难场所标识6块和地震知识宣传栏3块。为辖区20栋居民楼、2个平房院安装"家庭应急知识策略"宣传图版74块。枣营北里社区在138个居民楼单元门口安装家庭地震应急对策宣传栏。在社区10个主要路口设立应急疏散路线指示牌。定期更新宣传橱窗、展板内容。发放应急提示卡片,指导居民掌握防灾避险方法。为2个社区发放6500本《居民防震减灾自救互救知识手册》。在每个社区组建由社区居民、物业保安、医疗站工作人员、社区基层政府组织等组成的30余人的群众性地震应急救援志愿者队伍,参加地震应急救援知识培训。在枣营北里和华贸中心社区举办地震应急疏散演练。利用绿地、广场、停车场、学校操场等空地,划定社区避难场所,并配备较完善的社区减灾公共设施和器材。在社区建立应急物资库。11月19日、21日,麦子店街道枣营北里社区、八里庄街道华贸中心社区通过区地震局验收,成为朝阳区地震安全示范社区。

(王 森)

【地震应急演练】 1月,制定朝阳区地震应急演练计划。下发《关于加强经常性地震应急演练工作的通知》。5月8日,在麦子店街道枣营北里社区和枣营北里小学举行社区与学校联动的"5·12"地震应急演练,教职员工、学生及群众650人参加演练。5月10日,在青年政治学院附属中学组织疏散演练,500余名师生参加。全年指导各街乡、社区等单位开展地震应急演练200余次。

(王 森)

【应急志愿者队伍建设】 3月,制定《2013年民防地震应急志愿者培训方案》,与北京民众应急救援研究院签订应急志愿者培训协议。4月至7月,组建15支街乡民防地震应急志愿者服务分队,队员接受3天、8个科目的训练,500余名志愿者受训。

(王 森)

【简化版地震安全示范社区建设】 3月,在慧忠北里一社区启动区级简化版地震安全示范社区建设工作。区地震局与社区负责人、建设公司共同设计地震安全示范社区方案,调查社区房屋抗震能力,开展防震减灾安全知识教育。安装小区应急疏散图,发放家庭应急手册3800余本,并为每户居民发放家庭应急提示卡。8月27日,慧忠北里一社区通过区地震局验收。

(王 森)

【地震小区划工作】 3月,在东坝国际商贸中心区启动地震小区划工作。东坝国际商贸中心区建设是朝阳区重点项目,占地面积6.21平方公里、规划建设面积810万平方米。8月,此项目经中国地震局评审通过,是朝阳区第一个地震小区划项目。

(王 森)

【应急避难场所建设管理】 3月,制定应急避难场所建设工作计划,确定将府公园、东风公园、平房公园、奥林匹克公园、朝阳体育中心5处简易应急避难场所建设工程并完成任务。完成重兴寺公园避难场所建设工程,达到国标Ⅰ类地址应急避难场所标准。汇总调查全区应急避难场所,理清全区避难场所现状。向较早建成的8处避难场所管理单位下拨应急设施维护管理经费20万元,指导各单位维护维修应急避难场所设施。

(王 森)

【完善灾情速报网】 4月,调整并重新登记灾情速报队伍,设立灾情速报员近500人,建立覆盖全区的灾情速报网络,组织灾情速报员培训。建立定期联系制度(每月与所有灾情速报员联系1次),保持队伍稳定。

(王 森)

【地震应急预案修订】 4月,制定并下发《关于修订各级地震应急预案的通知》,对街乡、社区地震应急预案修订工作提出具体要求。编写街乡、社区地震应急预案模板和地震应急处置流程图模板,下发各单位参照编写。7月,完成各街乡、社区、行政村地震应急预案修订工作。10月,将各单位应急处置流程图编辑成册,各街道(地区)地震应急预案汇总存档。10月,启动区级地震应急预案修订工作。

(王 森)

【"千城大行动"启动仪式】 5月5日,适值"全国防灾减灾日"及汶川地震5周年纪念日期间,在北京剧院举行防灾减灾"千城大行动"启动仪式。活动由中国地震局主办,朝阳区政府承办。活动现场,朝阳区地震局向参会人员发放《居民防震减灾自救互救知识手册》,朝阳区应急救援志愿者讲解防灾减灾科普知识。

(王 森)

【地震安全示范学校建设】 5月至11月,完成30所地震安全示范校"五个一"工程(全区一标准、一校一方案、一校一队伍、一校一演练、一校一验收)。10月21日至11月5日,与区教委联合举办"2013年朝阳区30所地震示范校建设工作校园地震第一响应分队"专项培训,分5期培训30所地震安全示范校的老师450名。

(王 森)

【地震观测台站建设管理】 年内,检查及维护区属40处地震监测台站。联合北京工业大学地震研究所完成朝阳区幸福二村压磁地应力地震观测站数字化传输改造。组织召开地震观测人员培训会,与各观测员签订责任书。严格落实观测仪器设备日常维护保养制度,要求观测人员严格记录观测数据并及时上报。

(王 森)

【抗震设防】 年内,完成区属建筑工程抗震设防管理及地震安全性评价登记备案。指导协助6处地震安全示范社区和30所示范学校开展房屋抗震能力调查。配合老旧小区完成抗震加固改造。

(王 森)

城管执法监察

【概况】 朝阳区城市管理综合行政执法监察局是负责朝阳区城市管理行政执法与监察的区政府执法机构。其前身为朝阳区城市管理监察大队,成立于1998年12月。截至2004年底,全区所有街乡均设置城管分队,2008年奥运会后在奥林匹克公园设置4个城管分队。2013年5月29日,朝阳区城市管理监察大队更名为"朝阳区城市管理综合行政执法监察局"(简称"区城管执法监察局"),新设专职纪律检查委员会书记,增设政治部(设人事科、群团办),内设科室调整为党委办公室、行政办公室、督察科、法制科、宣传科、综合协调科、装备财务科,编制指挥中心、督察一至六队、执法一至三队共10个直属队;街乡城管分队同时更名为城管执法队,保持每个街乡1个执法队、奥林匹克公园4个执法队的格局不变,编制1196人。城管执法队行政关系隶属所在地街道办事处、乡政府(地区办事处)、奥林匹克公园管理委员会,对外以区城管执法监察局的名义行使执法权,负责本辖区行政执法工作。区城管执法监察局机关及直属督察队负责本系统城管执法工作的法制指导、指挥调度、统筹协调和督促检查,负责全区范围内重大案件、跨区域案件、专业性较强案件的执法工作。年内,围绕区委、区政府重点工作,针对市民反映强烈、领导关注、媒体曝光等环境秩序类问题,协调相关职能部门全力整治,解决群众身边环境问题;加强施工工地管理;加大违建查处力度;实施四项爱民工程,助推朝阳区经济社会健康发展。

地址:西大望路36号
电话:87718506-301
邮编:100022
电子邮箱:lijinyu1966@126.com

(李晋豫)

【清理确认涉权事项】 1月至5月,开展清理确认涉权事项工作。编制职权目录508项、权力运行流程图132份。确定廉政风险点108个,制定、修订防控措施90余项。

(李晋豫)

【净化美化工程】 2月,确定17个重点整治点位,启动净化美化工程,重点治理道路两侧临街建筑玻璃窗张贴、张挂的各类临窗标语、广告,店外经营、非法营运、非法出版物等问题。全区城管执法队查处非法出版物124起,规范门前三包77421起、霓虹灯箱横幅1517起,暂扣非法书籍594本、盗版光盘1477张。

(李晋豫)

【排忧解困工程】 2月至12月,以7所医院、7所学校为重点,集中治理学校及医院门前、急救车辆出入口50米范围无照经营、店外经营、非法运营、非法小广告、乱停乱放、私搭乱建等违法行为,实现无聚集扰序、无阻碍交通的"两无"目标,确保周边200米可视范围内环境秩序良好,各类环境秩序违法行为低发可控,群众举报处置及时。

(李晋豫)

【城市痼疾顽症攻坚】 4月至12月,与公安、交通、工商等部门联合,开展交通、治安、环境"三大秩序"集中整治工作。全区城管执法队查处临窗广告3755起、非法小广告33692起,核实非法小广告电话号码3505个,上报停机2298个,查处农用机动车售货562起。

(李晋豫)

【完善联勤联动长效机制】 5月15日,联系东外交通大队,协调区治安支队、香河园街道办事处等部门和单位,组织200余人集中整治国际展览中心无照经营,查处无照经营90余起。全年牵头组织较大规模联合执法行动55次。

（李晋豫）

【便民利民工程】 5月，以环境秩序问题突出、群众反映强烈的35个老旧小区为重点，制发《2013年老旧小区环境秩序综合整治工作方案》，全年完善便民设施347处。推进全模式社会服务管理体系建设，建立“包片到人，全面负责”机制，在690个社区施行责任人实名制管理。全年受理人大代表建议、政协委员提案33件，受理各类信访、市局转办、区政府督办2216件，办理率100%；受理热线举报97527件，办结85393件。

（李晋豫）

【调整理顺城管执法体制】 6月下旬至12月底，根据市委、市政府《关于深化城管执法体制改革全面加强首都城市管理综合行政执法工作的意见》精神，在小关街道办事处、来广营乡、金盏乡组织调整理顺城管执法体制试点工作，接收小关、来广营、金盏城管执法队全部人事关系及档案、组织关系、工资关系等，划归区城管执法监察局统一管理。区城管执法监察局按照朝阳区关于科级干部任免程序和规定，任命试点街乡城管执法队政治教导员。成立城管工作站和控违拆违巡查队。成立派驻小关街道办事处城管执法工作站；确定来广营、金盏等19个乡城管执法队调入所在乡控违拆违队，支持乡政府成立控违拆违巡查队。

（李晋豫）

【执法宣传】 年内，编发《城管信息》60期、《城管动态》15期，《朝阳报》城管专版和《朝阳城管报》各12期。开展“城市文明加油站”志愿服务活动，在庙会、公园、商业区等人流密集场所，设置“城管文明加油站”，向市民发放城管宣传折页，宣传城市管理法律、法规，制止乱贴乱画等不文明行为，并提供信息咨询、应急服务。在大屯、来广营、建外、小关、金盏等15个城管执法队，邀请市区领导、城管监督员、市民代表参加城管开放日活动。

（李晋豫）

【考核街乡执法队】 年内，考核街乡执法队1000余队次、主要大街4000余条次，制发督察动态24期、考核通报12期，制作曝光片5部并在区政府工作会上曝光。

（李晋豫）

【拆除违法建设】 年内，依据《违法建设查处工作流程》相关规定，制发督办单1098件。建立约见机制，凡经3次督办仍未发出限拆通知书或进展缓慢的案件，约见街乡城管执法队主管领导。全年组织约见8次、涉及10个街乡。加强部门沟通协调，规划部门及时认定违法建设211起；与区房管局签订合作协议，提供房屋登记信息108条，限制违法建设初始登记、抵押、转让57起。审核违法建设类案卷255卷。严格依法拆除违建。建立“违法建设、大型户外广告案件办理数据库”，实现违建案件网络化管理。全年指导城管执法队拆除违建83776.13平方米，拆除大型违规户外广告14处、面积761.5平方米。落实《关于禁止和查处别墅区及封闭居住区违法建设的紧急通知》精神，实地核查968处低密度别墅区违法建设，指导街乡城管执法队制定专项整治方案和计划。

（李晋豫）

【净化街面环境秩序】 年内，按照三级分类管控标准，开展“春雷—压反弹”“夏季—保秩序”“秋季—固成果”集中整治行动，净化街面环境秩序。全年查处无照经营26156起、店外经营81659起、露天烧烤4604起、非法运营2347起。

（李晋豫）

【提升城市生态环境】 年内，从严管控、从重查处违规施工、扬尘污染、道路遗撒等违法行为，提升城市生态环境。全年组织专项执法月活动6次，重点整治CBD、国贸三期、六里屯工地、京承高速、机场二高速、东四环四惠桥、大郊亭桥、大望桥、高碑店污水处理厂等重点区域。10月，制发《关于开展出土工地夜间值守的工作方案》，每日22时至次日6时安排执法人员重点盯守33个出土工地，高限处罚违法行为。截至11月底，累计组织专项联动执法176次，检查规范施工工地3627个次、渣土运输车辆3782台次，查扣不符合规定车辆273台次，查处夜间施工扰民1735起、道路遗撒637起、施工扬尘416起。

（李晋豫）

【爱民治乱工程】 年内，确定三元桥周边及地下通道、健德门地铁站、十里河桥周边、草房地铁站、区投资服务大厅周边等重点整治点位，集中治理非法营运、无照经营、店外经营、车辆乱停乱放、追随游客兜售商品、非法旅游小广告等违法行为。全区城管执法队查处车辆乱停乱放1137起、违章占道162起，取缔非法一日游43起。

（李晋豫）

数字化城市管理

【概况】 朝阳区城市管理监督指挥中心是负责城市服务管理监督与评价工作的区政府正处级行政机构，内设10个科室，35个监督分队，行政执法专项编制76名。2009年增设事业单位北京市非紧急救助中心朝阳分中心，编制5名。主要职责是：负责朝阳区各类城市服务管理数据的整理、分析，完成数字化社会服务管理和社会运行方面的监督与评价、81890为民系统中服务系统建设、数字化文明城区建设系统中各类主体履行法定责任的信用体系建设等工作，逐步健全和完善以政府为主导、社会为主体，以朝阳社会信用体系为支撑的常态化、精细化、高效化的全模式社会服务管理系统。年内，系统平台完成任务899786项，上报案件5386447件，解决率83.78%。

地址：日坛北街33号
电话：65094697
邮编：100020
电子邮箱：cyjdzx2012@126.com

（朱　婧）

【整治校园周边环境秩序】 1月10日，与区教委对接校园周边环境秩序保障工作。利用区政府图像资源，确定监督点位，搜索4572个探头，找到121所学校的158个点位，涉及28个街乡。

（朱　婧）

【监督分队轮岗交流系统启用】 1月，监督分队轮岗交流智能化系统正式启用并实施。此举旨在保证城市管理监督主体的独立性，形成高效、廉洁的监督运行机制，保证公平、公正地监督责任主体。

（朱　婧）

【空气质量检查】 1月，加大黄土露天、车轮带泥、道路遗撒等影响空气质量问题的检查力度，发现上报案件366件，督促相关部门处置解决278件。

（朱　婧）

【新增网络社会模块】 3月，在全模式社会服务管理十大模块的基础上,新增加网络社会模块,分为网络社会服务、网络社会管理、网络社会建设3大类,13小类。前期,分别对朝阳区业主论坛、微博、QQ群及43个街乡网络舆情工作开展普查并调研,确定劲松、团结湖、双井、望京、建外、三里屯、东湖、酒仙桥等街道办事处,三间房、平房、管庄、太阳宫、豆各庄等地区办事处为网络社会模块试点单位。

(朱　婧)

【加大安全生产监督检查力度】 4月15日至5月10日,根据《北京市安全生产委员会关于深刻吸取事故教训进一步加强安全生产工作的通知》精神,加大安全生产监督检查力度。监督6674家安全生产单位,上报安全出口、消防设施、违章用电、非法生产、存储、销售易燃易爆物品等消防安全类案件14785件,其中,违章用电用火类、灭火器不合格类案件分别为6381件、2175件,占案件总数的43.16%和14.71%。

(朱　婧)

【区领导调研81890为民服务中心】 5月8日,区长吴桂英率相关委办局到区政府81890为民服务中心调研。中心主任皮定均汇报区政府81890热线及"掌上朝阳"开发情况,吴桂英提出5点要求:一是高度重视接线态度,提高解决效率;二是通过日常监督及时有效反映各类问题;三是及时解决当前重点问题——环境问题;四是及时发现违法建设并明确责任主体;五是定期向区主要领导上报公众集中反映的问题。

(朱　婧)

【饮食健康智能化干预项目】 5月,与北京农业大学食品学院合作开展饮食健康智能化干预项目研究。分别在大屯慧忠里第二社区、香河园光熙门北里、团结湖一二条社区开展饮食健康智能化干预试点,拟利用一年时间,初步探索可能有效的综合措施,改善社区居民的超重、肥胖,以及糖尿病血糖控制等问题。总结试点经验后在全区推开。

(朱　婧)

【全模式三级平台建设】 5月,推进全模式区、街(乡)、社区(村)三级平台建设。选定朝外、小关、东湖、香河园、团结湖、亚运村、呼家楼7个街道和高碑店、王四营、平房3个乡作为试点,建立街乡、社区(村)自我发现与解决问题的运转机制,按照相关标准和规范流程逐级"自下而上""自上而下"流转案件,实现"上报"与"下派"双向循环,构建职责明确、上下互通、横向联动的社会服务管理机制。

(朱　婧)

【区领导调研全模式社会服务管理】 8月5日,区委常委、常务副区长甘靖中到中心调研全模式社会服务管理工作。中心主任皮定均汇报了全模式社会服务管理系统的运行情况,实物演示了"领导决策支持、三层大屏公示、人口自动化抽查、企业选址决策、'掌上朝阳'"等系统。甘靖中提出两点要求:一是加强宣传"掌上朝阳"系统,为百姓提供更便利的服务。二是加强基础数据库建设,实现资源共享及业务流程互联互通,推进决策科学化。

(朱　婧)

【重点问题通报机制建设】 年内,建立定期发送短信机制,加强重点问题通报机制建设。短信分为四类:一是告知区领导重点问题运行情况;二是告知相关职能部门专项工作运行情况;三是向街乡领导反馈全模式系统运行成果;四是向基层工作人员提示全模式系统运行的具体情况。

(朱　婧)

园　林　绿　化

【概况】 朝阳区园林绿化局是对全区城乡绿化美化施行统一建设管理的职能部门,隶属朝阳区人民政府,职能业务归市园林绿化局和市公园管理中心领导及监督指导。截至年底,全局在职职工919人;机关内设科室10个,下设基层单位18个。年内,全区新增、改造绿化面积210万平方米,平原造林工程576.93万平方米。城市绿化覆盖率46.86%,森林覆盖率19.74%。完成北小河、亮马河滨水空间立项前期调研工作;在腾退回收的代征绿地上新建重兴寺公园一期、瑞竹园等4处公园绿地。对区域范围内五环路、铁路、城铁、地铁等17条重点道路实施绿化改造提升,面积49.75万平方米;建成朝阳路、北苑路等5条市级环境优美大街和14条区级环境优美大街,面积8.52万平方米;配合各街乡改造提升32处街巷胡同;完成郡王府绿地、五方桥区绿地等11条道路绿地节水改造任务,绿化喷灌覆盖面积14.49万平方米;启动专项应急工作方案,及时落实立水桥公园及周边绿化恢复工程,面积3.7万平方米;完成23处老旧小区绿化改造、实现垂直绿化6300延长米,屋顶绿化2万平方米;完成农村居住区绿化17.89万平方米;国庆期间,栽植各类花卉160万株(盆),设置"美丽北京 我的中国梦"大型立体花坛。养护质量检查形成检查、评比、通报、整改、提高的系列工作机制;对公共绿地实行每季度全线综合检查,日常不定范围随机抽查;建立网格直派平台,实现分级管理、责任到人。开展多种形式的业务培训、知识竞赛、修剪比赛和参观学习等,提升绿化从业人员的技术水平和实操能力。举办日坛公园第七届春分朝阳文化节、红领巾公园第十届北京双胞胎文化节等20余项特色文化活动。庆丰公园创建成为市级精品公园,大望京公园和北小河公园创建成为3A级旅游景区。严格征占用林地审核、树木移伐审批和建设用地绿地率审核。编制《朝阳区保护发展森林资源目标责任书》《指标分解表》《目标责任制考核办法》等。全区清理林地可燃物近8000万平方米,防火期内未发生森林火警、火灾。年内,创建首都绿化美化花园式单位11个、花园式社区7个、首都绿色村庄1个。

地址:道家园路甲16号

电话:65042115

邮编:100025

电子邮箱:lhjbgs-3004@163.com

(康雅文)

【2013年绿化美化总结大会】 3月30日,朝阳区2013年平原造林启动仪式暨全区绿化美化总结动员大会在北京武警指挥学院礼堂召开。会议全面总结2012年绿化美化工作,部署2013年任务。副区长、区绿委副主任王春作《共建生态文明 共享绿化未来 开创朝阳绿化美化科学发展新局面》报告。区园林绿化局党委书记王健宣读"全民动员,广泛参与,积极投身植树造林运动"倡议书。

(冀晓娜)

【义务植树】 3月30日,启动2013年义务植树工作。区委、区政府、区人大、区政协等领导班子成员以及各部、委、办、局(处)、各街道(地区)办事处主要领导、驻区部队官兵代表1000人参加大会,会后参会人员到东郊森林公园朝阳平原造林工程现场植树1000余株。春季，重点组织8项大型义务植树活动，植树面积133.33万平方米。全区33万人以植树、抚育幼树、个人捐赠绿化基金、个人参加林木绿地养护管理、绿化宣传咨询等形式参加义务植树，折合120万株。

（冀晓娜）

【优美小区绿化工程】 4月至9月，组织实施安翔北路11号院、惠新北里社区、秀水园、机一委、西平里小区、中路南三条、磨一东院、十五区小区、安华里社区、北辰马甸园区、劲松三区、社科院居民小区、国防后备力量训练基地等13个居民小区的绿化景观改造升级，申请区财政资金880万元（工程费834万元，二类费46万元），绿化改造面积5.6万平方米。

（贯 蕊）

【老旧小区绿化工程】 4月至9月，组织实施安苑东里三区城建七宿舍、安慧里小区中心花园、三四条南小区、世纪村小区、南湖东园一区、裕民路及外馆斜街居住区、西坝河西里、公园5号、盛园131号、盛园142号、甘露家园小区、新源西里小区、枣营北里花园等12个老旧小区的绿化景观改造升级，申请区财政资金1284万元（工程费1218万元，二类费66万元），绿化改造面积15.8万平方米。

（贯 蕊 刘丽莎）

【平原造林工程】 年内，2013年平原造林工程面积576.93万平方米，栽植树木36.17万株，涉及东坝、金盏、孙河、崔各庄、将台、太阳宫、小红门、豆各庄、黑庄户等9个乡和首农集团双桥农场1个国有单位，35个地块，工程划分为5个项目，总投资3.03亿元，建设内容为景观生态林。采取招投标方式确定4家设计公司编制施工设计方案，确定12家施工单位负责14个标段的工程施工。造林施工任务由区绿指办以书面形式委托有关乡政府具体组织实施，并按照招标结果签订施工合同。

（冀晓娜 康雅文）

【街道系统绿地春季养护检查】 4月16日至19日，检查全区24个街道的24块绿地（每街道自选1处）春季养护工作。检查内容主要有绿地浇灌、开堰、中耕除草、植物修剪以及病虫害防治等春季养护工作完成情况。检查结果显示，各街道绿地干净整洁，树木长势良好。养护管理效果较好的绿地有：雅园（大屯）、幸福二村（三里屯）、磨房北里一区（劲松）、水碓子小区（团结湖）、寰球之家（和平街）、宜家门前（望京）、安贞社区公园（安贞）、安翔里小区（亚运村）、世纪嘉园小区（小关）、垡头三区南院小区（垡头）、海军701厂家属院（酒仙桥）。

（贯 蕊）

【绿篱色块修剪比赛】 6月27日至28日，组织专业养护道路绿篱色块修剪比赛。邀请2位专家现场评分。经评比，工人体育场北路（绿化一队）、阜通东大街（绿化二队）、坝河绿地（绿化二队）获一等奖；京通路（大黄庄苗圃）、二环路（绿化一队）、皇家大酒店（绿化二队）、南磨房路（绿化一队）获二等奖；天云港绿地（绿化二队）、金榆路（大黄庄苗圃）、建国路（绿化一队）、金桐东路（绿化一队）、和平西街（绿化二队）、北辰西路（北花园苗圃）获三等奖。

（王 倩）

【养护知识竞赛】 7月至10月，组织养护知识竞赛。比赛分为海选赛、初赛、决赛3个阶段，历时4个月，参赛人员209人。7月15日在北京工业大学经济管理学院进行养护知识竞赛笔试选拔；9月5日组织32名初赛入围选手进行决赛筛选，16名选手胜出；10月23日，在小庄文化馆举行首届养护知识竞赛决赛。刘旭（绿化一队）等3人获一等奖；刘跃（绿化一队）等5人获二等奖；岳孟利（绿化一队）等8人获三等奖；并选出纪念奖16名及优秀组织单位2个。

（王 倩）

【第八届北京公园节】 8月18日，是第八届北京公园节，局属各公园开展相关宣传活动。分别向游客发放《北京市公园文化活动简介》《第三届北京景观之星》《十大创新服务民生品牌项目》等宣传资料。大望京公园组织百万游人签名活动。四得公园向游客发放印有《游园十要十不要》内容的纸扇或《公园三字经》图书，并组织游客参与有奖知识答题。

（郝海英）

【街道系统绿地秋季养护检查】 8月27日至30日，开展24个街道48块绿地（每街道自选2处）秋季养护工作综合性检查。检查内容主要有绿地浇灌、开堰、中耕除草、植物修剪以及病虫害防治等常规养护工作完成情况。39块绿地分获特等奖、一等奖、二等奖。检查结果显示，各街道绿地干净整洁，树木长势良好。养护管理效果突出的绿地有：（小关）小关街道办事处、（劲松）劲松五区公园、（朝外）吉祥里西区、（香河园）西坝河南路柳芳段、（安贞）安贞西里公园、（呼家楼）世贸国际公寓、（八里庄）华贸公寓、（麦子店）北京高尔夫公寓、（东湖）东湖湾小区、（大屯）远洋万和城小区。

（贯 蕊）

【冬季整形修剪比赛】 11月20日，组织冬季整形修剪比赛。比赛分正式工组和临时工组，参赛人员177人。经评比，正式工组：何月丰（大黄庄苗圃）等5人获一等奖；薛玲（大黄庄苗圃）等7人获二等奖；杨秀萍（绿化二队）等10人获三等奖。临时工组：马丙友（绿化二队）等5人获一等奖；李世辉（绿化一队）等8人获二等奖；王文鹏（绿化一队）等12人获三等奖。

（王 倩）

【第三季度养护综合检查】 9月25日至26日，组织13个基层养护单位负责人参加第三季度养护综合检查。检查内容包括植物长势、绿地卫生状况、植物修剪效果、病虫害控制情况、草坪地被覆盖度、死树枯枝清理情况、杂草杂树萌蘖控制等方面。检查结果显示，各单位参检绿地整体养护效果及细致程度较第一、二季度有明显提高。

（王 倩）

【国庆花卉布置】 国庆期间，全区栽摆花卉160万株（盆）。立体花坛摆放从每年10余处精简为1处，设于民族大道南侧。花坛正面高6米，呈梯形状。西侧花坛以“中国梦”为主题，花墙主要构图元素为飘扬的国旗和“中国梦”字体。东侧花坛主题为“美丽北京”，花墙主要构图元素为万里长城和美丽北京字体。

（刘丽莎）

【检查验收街道系统绿化美化】 10月17日、18日、21日，聘请园林专家检查、验收街道系统各项绿化美化工作完成情况，并实施“以奖代补”。验收设立9个奖项，分别是：旧小区绿化建设奖、大绿地建设奖、小绿地建设奖、道路绿地建设奖、节日摆花奖、绿荫停车建设奖、立体绿化建设奖（拆墙透绿、垂直绿化）、养护管理奖、工程建设综合管理奖。根据打分结果评出特等奖、一等奖、二等奖、优秀奖及先进奖，“以奖代补”补助资金340万元。

（贯 蕊）

【冬季修剪技术强化培训】 12月4日，举办冬季修剪技术强化培训班。培训时间30天，内容包括国槐、龙爪槐、碧桃、西府海棠等树木冬季整形修剪技术。各养护单位26人参加培训。

（王 倩）

【环境优美大街建设】 年内，实施环境优美大街建设。建成朝阳路、鼓楼外大街（中轴路）、东直门外大街及延长线、劲松大街、北苑路5条市级环境优美大街，改造面积6.1万平方米；建成小营东路、小营西路、小营北路、北土城东路、华威南路、松榆南路、新源街、林萃路、科荟路、南皋路、观音堂文化大道、吉市口东路、西坝河路、星火西路14条区级环境优美大街,改造面积2.42万平方米。

(刘丽莎)

【新建绿地】 年内,新建弘善城市休闲公园、京哈线(双花园绿地)、广顺休闲公园一期、康营组团代征绿地一号地和二号地、常营绿地、朝丰家园1号地和2号地等6处绿地,面积25.13万平方米。

(刘丽莎)

【街巷(背街小巷)环境整治】 年内,实施北小河南侧路、枣营路、坝北村路(四环外)、延静里中街、光华里二建平房、团结湖北路东段、潘家园东里社区路、兴化路、泉辛路、郎辛庄北路、南顶路肖村段、香槟路等12条街巷道路(背街小巷)环境整治项目,绿化改造面积1.53万平方米。

(刘丽莎)

【老旧平房区环境整治】 年内,实施小庄北里、砖厂南巷、东三环南路44号楼东平房、孛罗营村平房、北里西院小区周边5个老旧平房区整治项目,绿化改造面积8945平方米。

(刘丽莎)

【屋顶绿化】 年内,完成屋顶绿化建设11处,绿化面积2.03万平方米。区园林绿化局协调区财政局等相关部门,落实"转移支付"补助资金近280万元。

(贾 蕊)

【资源保护】 年内,区森林公安处接举报98起,比上年同期减少29%,其中,行政立案7起,行政罚款4.35万元,补种树木433株;刑事案件3起,取保候审2人,批捕3人;协助市局侦办刑事案件3起,刑事拘留20人,均为贩卖野生动物及其制品类案件;立即出警率、各类案件法定时限立案率及办结率、发现火灾隐患限期消除率100%;组织开展"平原造林重点工程护航行动"、打击破坏野生动物资源违法犯罪专项行动、"天网行动"等专项整治行动,累计出动人员800余人次、车辆400余台次,行驶里程3000余公里,网上清查11处网址,网下清理整治各类市场15个,巡护清查野生动物分布区60次,开展法制宣传教育20余次,媒体宣传报道2次,发放宣传材料2000余份,解救野生鸟类4000余只,当场放飞1000余只,收缴冰冻死鸟3蛇皮袋;开展"爱鸟周"宣传活动,发放相关法规手册、粘贴画等宣传资料1万份。检查走访驯养繁殖、经营利用野生动物及其制品单位和区内古玩城、潘家园市场、十里河天娇文化城、华声天桥、小武基花鸟鱼虫市场等商户,发放保护野生动物宣传材料1000余份;坚持每日按时汇总、上报3个市级监测点、2个区级监测点的野禽监测数据,全年发现雁鸭类42万余只、小鸟类3.7万余只,未发现禽流感病例;落实防火责任制,新增宣传牌、禁放牌650块,重点火险区严格实行挂双牌管理,签订森林防火责任书22份,清理林地可燃物8000公顷,重点防火期全区专职护林员、巡查队人员全部上岗,每周巡查不少于2天,巡逻期间制止野外用火200余起,发隐患通知书30余份,制止燃放烟花爆竹40余起,清明节期间制止野外违章用火30余起。全区森林防火期内未发生森林火警、火灾。

(吕京萍)

【绿化资源管理】 5月,检查验收农村更新造林任务完成情况:全区更新造林林网6条,栽植各种乔木670余株,成活率95%;检查验收2012年林木采伐限额执行情况:抽查71块地,显示,全区2012年实际采伐林木1967.42立方米,没有超限额审批,发证合格率100%。排查清理汛期危险树、枯死树。制定保护古树名木方案。依法履行法定程序,严把征占用林地申请审核关。开展林地保护自查自纠行动。开展保护发展森林资源目标责任制工作,编制完成目标责任书、指标分解表、目标责任制考核办法等相关材料。审核朝阳区新建、改建工程项目绿地规划方案,清理移交代征绿地。全区审核、审批伐移树木163件,伐移株数6.70万株;审核征占用林地10件,征占用林地面积10.89万平方米;完成建设工程附属绿地审核77件,建设用地面积282.61万平方米。

(王桂花)

【平原造林监管】 年内,研究制定《朝阳区平原造林工程建设项目管理办法》和《朝阳区平原地区造林工程建设资金管理办法及拨付使用流程》。改变往年平原造林简单栽植片林的方式,组建园林景观施工专家组、技术指导组,对平原造林工程从设计、施工到验收,从苗木挑选、修剪到后期养护提出专业指导意见。建成东郊公园。

(康雅文)

【获奖情况】 年内,获2013年北京市绿化养护管理综合评比第二名。"龙腾盛世,文明朝阳"大型立体花坛参加"菊韵北京,美丽中国"第十一届中国菊花展览会,获"最佳组织奖"。丹凤朝阳、京华圆梦——"植桐引凤"大型立体花坛参加第九届中国(北京)国际园林博览会立体花坛及园林小品大赛,获立体花坛最佳观赏期奖、立体花坛钻石奖,区园林绿化局获先进集体、捐赠贡献奖。

(康雅文)

朝园弘园林绿化有限责任公司

【概况】 朝园弘园林绿化有限责任公司隶属区园林绿化局,属全民所有制企业单位。2002年经国家建设部批准成为国家城市园林绿化一级资质企业;先后通过ISO9001质量管理体系、ISO14001环境管理体系和OMS18000职业健康安全管理体系认证;2004~2013年度守信企业;2010~2013年资信等级AAA级;2008~2012年度全国城市园林绿化企业50强;北京市林业工程建设施工、林业勘查规划设计甲级资质。经营范围:园林绿化、园林机械、花卉苗木、环保技术开发等业务。截至年底,有职工41人,内退1人。新成立养护部门,并逐步完善成为专业养护队伍。平谷新城滨河森林公园建设工程二期第三标段工程获全国优秀园林工程银奖;园博园北京园南区绿化工程被评为北京市2013年精品工程;区园林绿化局2012年重点道路绿化改造工程——大黄庄桥区段被评为北京市2013年优质工程;园博园北京园项目部3名职工胡峭寒、张悦冬、张和被园博会组委会评为园博会北京园突出贡献奖。

地址:朝阳北路147号
电话:85841343
邮编:100025

(赵梦梦)

【绿化工程】 年内,参与建设园博园北京园南区绿化项目5万平方米、区武装部绿化改造项目7738平方米、重兴寺公园项目20.77万平方米、怀柔区雁栖湖示范区项目15万平方米、怀柔城区道路改造2.15万平方米,绿化面积43.69万平方米。承接设计项目20项,项目规划面积66万平方米。完成投标任务123项,其中公司自主投标24项,局基层单位及外单位投标99项,中标36项。参与局属工程管理,相继完成新建公园绿地、重点道路绿化美化、市区两级环境优美大街改造、花卉常态化及重大节日摆花、优美小区改造、武警指挥学院、街巷道路及平房区绿化改造等项目,绿化面积115.18万平方米。工程合格率100%,总收入5.23亿元。所属大兴与金盏两个苗圃,用于自建工地用苗4139株,苗木价值327万元。养护项目包括温榆河万亩造林、五环路沿线及中心区36条道路等。

(赵梦梦)

日坛公园

【概况】 日坛公园隶属区园林绿化局,是全民所有制差额拨款事业单位。是北京著名文物古迹五坛之一,明清两代帝王朝拜太阳神的场所。截至年底,在职职工78人。全园占地面积20.62万平方米,绿化面积17.11万平方米,水面面积4700平方米。绿化覆盖率83%。实有树木1.14万株,其中,乔木5110株(其中古树44株)、灌木6250株;月季950株,攀缘植物5000株,竹子2000墩,绿篱6000延长米,宿根花卉8000平方米,草坪7.45万平方米。园内现存9处明清皇家祭祀文物古建筑、1处马骏烈士爱国主义教育基地,以及牡丹园、清晖亭、曲池胜春园、祭日壁画、西南山水、玉馨园等江南特色景区景点。年内,改造完善基础设施,更换供暖主管线100余米;投资7万元,改造监控设备线路,更换监控头7个;更新健身器械15套,在公园北门安装LED屏。园区绿化实施动态管理,重点加强绿化补植、卫生清理保洁、整形修剪、病虫防治等养护工作。重新统计汇总公园44株古树资料,跟踪记录复壮古树长势情况,新增5处避雷塔,避免雷击等自然环境损害。全年接待游客270万人次。

地址:日坛北路6号

电话:85619984

邮编:100020

(续 丹)

【古建二期修缮工程】 3月7日,日坛古建二期修缮工程开工,工程分具服殿和钟楼两部分。具服殿修缮范围包括具服殿及东西配殿、影壁门,建筑面积422平方米。钟楼修缮范围包括钟楼二层,建筑面积246平方米。11月底完成初步验收。

(邢泷心 刘 勇)

【第七届“春分·朝阳”文化节】 3月20日,由朝外街道、区文化委及区园林绿化局主办的第七届“春分·朝阳”民俗文化节在日坛公园开幕。开幕式上,著名艺术家石维坚、高伟讲述太阳文化;主办方围绕“太阳”传说及民俗,举办绝活儿街、春食街、健身娱乐区、游艺竞技区等特色活动,现场嘉宾和观众分食传统点心“太阳糕”,近千名中外游客参加。

(曹 伟 续 丹)

【古树名木认养】 6月25日,开展古树名木认养活动。15株400年以上树龄的古树被认养,认养金额15万元。

(续 丹)

【优美小区改造】 8月1日,秀水园优美小区工程及社科院优美小区改造工程开工,工程面积1.5万平方米,工程项目立项批复金额250万元,9月25日竣工。

(高 岩)

【国庆花卉布置】 9月下旬,在公园南门、北门、曲池胜春园、宰牲亭等处摆放花境,使用串红1.5万盆、凤仙花9000盆、鼠尾草1.2万盆、夏堇8000盆、四季海棠8000盆、孔雀草1.5万盆。

(高 岩)

【绿地养护】 年内,完成北五环东湖日坛段、东大桥三角地、顾家庄桥区红星美凯龙门前、地铁十五号线日坛段4块绿地养护任务,养护面积15.19万平方米。

(续 丹)

【文化活动】 年内,协助朝外街道举办朝外地区第六届退休人员趣味运动会;重阳节期间利用30块橱窗宣传二十四孝、老年人权益保障法及爱老敬老道德模范先进事迹;参与《北京公园群众文化活动巡礼》系列专题活动,获“北京公园群众文化活动组织奖”。

(续 丹)

团结湖公园

【概况】 团结湖公园隶属区园林绿化局,全民所有制差额拨款事业单位。地处东三环北路,毗邻北京商务中心区。公园占地面积12.3万平方米,其中,绿地面积4.2万平方米,水面面积5.4万平方米,道路面积0.8万平方米,建筑占地面积0.4万平方米,铺装面积1.5万平方米;绿化覆盖率80%。实有树木2.3万株。截至年底,在编职工53人,其中管理人员19人、专业技术人员8人、工勤人员26人。年内,更换电瓶船22条,改造加固码头,增加防护栏、防护链,配备救生圈74个。更换游乐场沙坑顶棚。完成公园南环路、园路路面、山道、山坡改造。改造中岛水路,更换路椅70条、新增垃圾筒32个、铺设电缆150米、水管1000米,装修职工食堂及27间活动板房,完成管理处院内300平方米地面铺装。全年补种草坪1万余平方米,种植苔草2000平方米,节日地栽花卉3.8万盆,分植玉簪500平方米。全年完成树木认养12株。东门安放智慧团结湖信息机,向游客展示公园整体风景并提供在线咨询及服务查询。完成鼎城路降土分栽工程。完成园外养护任务25万平方米。绿化养护工作引入网格化管理。通过国家AAA级景区复审、文明城区复查和安全生产标准化三级企业评审并取得证书。全年接待游客500万人次。

地址:团结湖南里16号

电话:85973603

邮编:100026

(李洪静)

【环湖健步行】 5月21日,团结湖地区第三届“科学健身 志愿服务”环湖健步走暨北京科技周启动仪式在团结湖公园东门广场举行。活动由区科协、区体育局主办,团结湖街道、团结湖公园承办。团结湖辖区驻区机关、社会单位、社区居民、地区民兵等6个志愿者方阵参加活动。团结湖三四条社区志愿者闫学英向全地区居民发出“科学健身、志愿奉献”倡议。社区居民及游客600余人参加活动。

(张晓宇)

【绿化工程】 5月31日,重兴寺公园景观工程竣工,施工面积33617平方米。10月31日,街巷道路和平房区绿化工程竣工。该项目包括11处街巷道路绿化工程、5处平房区绿化工程,绿化面积2.42万平方米。10月31日,团结湖中路南三条小区绿化改造工程竣工,施工面积9500平方米。

(韩晓楠)

红领巾公园

【概况】 红领巾公园隶属区园林绿化局,全民所有制差额拨款事业单位。地处东四环路与朝阳北路交汇处东北角,占地面积42万平方米。其中水面面积16.09万平方米,绿化面积14.07万平方米,铺装面积6.86万平方米,建筑占地面积1.43万平方米,外单位占地面积3.55万平方米。实有树种105种。绿化覆盖率94%。截至年底,在岗职工70人,其中管理人员23人、专业技术人员11人、工勤人员36人。年内,围绕“团结、创新、服务、健康”理念,规范管理方式,细化工作流程,实施精细化管理。成立“红领巾学雷锋志愿服务站”和“红领巾之友”办公室,为游客免费提供饮用水、急救药物、存放物品等服务,36个活动团体3000余人在“红领巾之友”登记注册。新建健身广场1300平方米、遮雨棚2处,扩建乒乓球活动区。成立读书观影、勇攀高峰、妙笔生花等5个俱乐部。举办第十三届红领巾科普游园会、第十届北京双胞胎文化节、首届红领巾之友文艺汇演、

"环湖健步走·重温长征路"等特色主题活动,"长征路"被评为北京市首批10条健步步道之一。协助相关单位举办"师爱无尘·我和老师有个约会""辅助器具进社区·助残养老公益行""森林与人"环湖长走等各类公益活动38项。全年接待游客550万人次。

地址:后八里庄5号
电话:85839070
邮编:100025

(王　玲)

【第十三届红领巾科普游园会】　6月1日至2日,举办第十三届红领巾科普游园会暨2013年"六一"科普玩具欢乐汇。区园林绿化局、区科协、区教委及六里屯街道办事处主办,区青少年活动中心、现代教育报社、红领巾公园承办。活动主题为毛泽东题词"又学习,又玩耍"。活动区域按照七巧板图形布置,以七巧板·七个梦的方式介绍科普知识,分别为微观世界·航海梦、动手世界·科学梦、色彩世界·艺术梦、绿色世界·环保梦、安全世界·平安梦、阅读世界·知识梦以及媒体世界·探索梦。相关工作人员讲解玩具常识、玩法及蕴含的科学原理,游园儿童体验"学中玩,玩中学"乐趣,感受玩具魅力。1万余名少年儿童参加活动。

(牟毅卉)

【第十届北京双胞胎文化节】　10月2日至3日,举办第十届北京双胞胎文化节。活动由共青团北京市委员会、市徒步运动协会指导,区园林绿化局及六里屯街道办事处主办,红领巾公园、北京双伴行文化有限公司承办。活动主题为"相亲相爱　十全十美"。活动内容包括"双子星"才艺大赛、"一鸣惊人"双胞胎知识竞赛、"中国梦·我的梦"主题百米长卷绘画、笑脸墙、成长相册、"寄语十年后的我们"等特色项目,并设置游艺区、科教区、体育区等区域开展趣味竞技活动。全国各地789对双(多)胞胎参与活动。

(牟毅卉)

元大都城垣遗址公园

【概况】　元大都城垣遗址公园朝阳段位于中轴路东西两侧及中华民族园南侧,隶属区园林绿化局,全民所有制差额拨款事业单位。截至年底,在岗职工104人,其中管理人员19人、专业技术人员10人、工勤人员75人。有退休人员153人、离休人员1人。全年经济创收8131.48万元,固定资产总值1.57亿元。公园面积67.01万平方米,其中,绿化面积43.65万平方米,水面面积6.49万平方米,建筑面积6.03万平方米,铺装面积10.84万平方米(含园路)。实有树木20.71万株,绿化覆盖率82%。公园外接养护绿地57.77万平方米。年内,采取物理防治与生物防治相结合的方法,防治园内病虫害发生。海棠花节期间栽植海棠、凤仙、三色堇4000株。整体改造七号地景区湿地木栈道,安装公园全景导览牌及公园外部交通导向标识牌2块。9月,在北辰路两侧布置"中国梦,美丽北京"主题花坛,摆放时令花卉7万余盆。完成重兴寺公园景观工程、2项区级环境优美大街绿化工程、4项花卉常态化工程,1项节水改造项目。全年安全检查12次。获得北京市公园绿地协会"2013年优秀会员单位"。全年接待游人463万人次。

地址:惠新东街
电话:84648252
邮编:100029

(程桂清)

【绿化工程】　3月15日,公园景观工程开工,施工面积3.37万平方米,5月30日竣工,投资593万元。6月18日,2013年花卉常态化工程(科荟南路、林萃路、北土城东路)开工,6月24日竣工,投资16万元,栽植花卉面积1196平方米。9月2日,科荟路林萃路改造工程开工,属朝阳区区级环境优美大街改造工程,改造面积500平方米,9月4日竣工,投资6万元,栽植花卉面积340平方米,铺冷季型草坪160平方米。

(温晓峰)

【第十六届海棠花节】　4月中旬,举办"海棠笑迎客　留步看花溪"第十六届海棠花节。区园林绿化局、亚运村街道办事处主办。现场分别设置宣传展区及海棠文化科普长廊。海棠花广场竖立著名书法家张虎先生题就的海棠花溪赋。期间接待游客30万人次。

(赵　洋)

【国庆立体花坛布置】　9月5日施工,9月28日竣工,投资80万元,布置主题为"中国梦　美丽北京"的立体花坛。花坛位于民族大道南侧,北中轴路两侧,公园四海宾朋景区东侧和海棠花溪景区西侧城台。

(温晓峰)

四得公园

【概况】　四得公园隶属区园林绿化局,全民所有制差额拨款事业单位。位于朝阳区将台地区东四环路四元桥东南角。东临机场路辅线,西靠机场高速路,南接坝河,北邻将台西路(原赵酒路)。占地面积16.13万平方米,其中,绿地面积11.9万平方米,水面面积0.57万平方米,铺装面积1.77万平方米,其他面积1.89万平方米;绿化覆盖率73%。实有乔木3355株。截至年底,在岗职工27人,其中干部13人,工人14人。年内,按照特级养护标准养护绿地;无大面积病虫害发生;更新分类果皮箱42个、路椅11条,乒乓球桌6台;完成五环路养护。承接望京SOHO和趣园景工程,占地面积9000平方米,投资700万元;承接华贸绿线公园工程,占地面积4万平方米,投资900万元。举办"友好班级,携手共进——南湖东园小学和将台小学共同体学校友好班级启动仪式"。全年接待游客179万人次。

地址:将台西路
电话:64384057
邮编:100016

(关春明)

【"唱响北京"宣传片录制】　4月25日,歌手蔡国庆到公园与"四得银龄"合唱队参与北京电视台《唱响北京——北京市公园群众文艺活动比赛》宣传片录制。100余名"四得银龄"合唱队成员参与录制。

(关春明)

【青年政治学院附中小学部建队】　5月30日,举行北京青年政治学院附属中学小学部建队活动。活动内容包括表彰先进和举行入队仪式。500余名师生及家长参加活动。

(关春明)

北小河公园

【概况】　北小河公园隶属区园林绿化局,全民所有制差额拨款事业单位。位于朝阳区望京东湖地区,东至望京西路,西至京承高速路,南至南湖渠路,北至利泽西街。全园占地面积24.8万平方米,其中,陆地面积24.1万平方米,水面面积0.7万平方米。截至年底,在职职工27人,其中,管理人员19人,专业技术人员4人,编外合同工4人。公园实有植物55种。4月初,改造园内整体景观。年内,更换指示牌7块、应急牌21块、分类垃圾桶30个。承担望京街道、东湖街道、大屯街道、崔各庄乡和孙河乡绿化养护工作,养护面积96.39万平方米,其中新增面积5.81万平方米,包括利泽东街东口三角地、科技公园绿化带、星海明珠北路、河荫东路及原有部分道路。完成新建和改造绿地4项工程，绿化面积3.07万平方米，工程投资545万元。举办"第二届'东湖杯'中韩业余围棋邀请赛""南湖中园社区'迎七一 唱红歌'等文化活动。全年开展安全大检查12次，召开安全例会12次，召开重大节日安全会议3次，组织消防安全知识培训及应急预案演习2次，制作消防安全宣传展板4块。全年接待游客30万人次。

地址：望京东湖路1号

电话：64708518

邮编：100102

（王继芳　张阿青）

【绿化工程】　6月6日，京承高速（四环—五环）立体花坛工程开工，9月30日竣工，分两次栽植，花卉栽植面积3497平方米，投资72万元。7月19日，桐城公园东侧K6—15地块代征绿地建设工程开工。工程面积7284平方米，其中，庭院面积1410平方米，绿化面积5874平方米，10月30日竣工，投资140万元。7月20日，东湖街道利泽公园景观工程开工。工程面积1.02万平方米，其中，庭院面积2814.32平方米，绿化面积7423平方米，9月30日竣工，投资195万元。

（田　菲）

【"东湖杯"中韩业余围棋邀请赛】　9月7日，第二届"东湖杯"中韩业余围棋邀请赛暨东湖国际体育文化节开幕式在北小河公园喷泉广场举行。活动由市体育局、朝阳区政府主办，朝阳区体育局、东湖街道办事处承办。韩国和欧美等国家21支围棋队伍200余位选手参赛。9段围棋大师郑弘、5段围棋大师汪洋出席。

（王继芳）

庆丰公园

【概况】　庆丰公园隶属区园林绿化局，全民所有制差额拨款事业单位。位于东三环中路，通惠河北路南侧。公园面积20.21万平方米，其中，陆地面积20.01万平方米，水面面积0.2万平方米。园林绿地面积19.64万平方米。实有乔木3.23万株。截至年底，在职职工28人，其中，管理人员15人，专业技术人员8人，工勤人员5人。固定资产总值41.92万元，全年总收入1366万元。年内，围绕创建市级精品公园工作，在文化活动、绿地养护、设施维护、安全管理、游客服务等方面深化管理。完善游客服务配套设施，新建保安亭3处、游客服务部和儿童游乐场各1处。提供轮椅、针线包和打气筒等便民服务。有效处理游客投诉11件，开展游客满意率调查2次，游客满意率96%。设计制作公园宣传画册500本，邮封200册，完成精品公园验收资料19卷。在全市精品公园验收综合考评中名列第一。绿化养护试行精细化管理。新增、改造"之"型门10处，实现公园封闭式和静园管理。开展园内植物普查。与北京民俗博物馆、双井街道办事处共同主办以"清静自然，赏春踏青"为主题的"首届北京清明踏青节"，庆丰公园被授予"传统民俗文化活动基地"称号。全年接待游客35万人次。

地址：厂坡村甲2号

电话：67780738

邮编：100022

（房桂娟）

【首届北京二闸清明踏青节】　4月4日，庆丰公园、北京民俗博物馆和双井街道办事处共同主办"首届北京二闸清明踏青节"。北京民俗博物馆授予庆丰公园"传统民俗文化活动基地"称号，并赠予《漕运文化研究》书籍300余册。现场有清明民俗文化展、小学生诗词朗诵、茶艺、糖人、脸谱等民俗表演及老北京特色艺术品展览。期间接待游客2000人次。

（陈　希）

【绿化工程】　年内，完成公园5标段绿地工程，甘露园南里、堡头翠城馨园和甜水西园公园五号3个老旧小区绿化美化工程，潘家园磨一东院和劲松三区2个创建优美小区绿化工程。总投资764万元，铺装5477平方米，绿化面积5.99万平方米。

（李　腾）

大望京公园

【概况】　大望京公园隶属区园林绿化局，全民所有制差额拨款事业单位。位于崔各庄地区，北靠北小河，东南临京顺路，东北至五环路，西接望京规划路。截至年底，在编职工30人，其中，管理人员19人，专业技术人员7人，工勤人员4人。公园占地面积33.04万平方米，其中，绿地面积26.17万平方米，铺装面积4.53万平方米，水面面积2.34万平方米。实有树木2.91万株，绿化覆盖率87%。年内，承接绿化养护工程30项，绿化面积80.22万平方米。新建工程2项，有保利中央公园、望京SOHO和趣园景观工程，绿化面积4.2万平方米，铺装面积0.6万平方米。举办"绿地——大望京儿童成长节"、百园千米百万游人签名、区四套班子植树等活动。全年安全检查15次，发现并纠正问题7处。全年接待游客20万人次。

地址：望京东路甲6号

电话：84762917

邮编：100102

（李　坤）

【绿化工程】　5月14日，立水桥公园绿化改造工程开工，绿化面积3.3万平方米，6月30日竣工，投资772万元。8月初，北小河城市森林休闲公园绿化工程开工，绿化面积2万平方米，9月底竣工。9月7日，华贸绿线绿化工程开工，绿化面积7万平方米，10月15日竣工，投资463万元。

（于江波　张宏涛）

【放飞梦想签名活动】　8月18日，举办"摒弃陋习 拥抱文明 美丽公园 放飞梦想"签名活动。活动包括宣传公园文化及服务项目、普及文明游园知识、组织游客签名，向签名者发放《北京公园导览手册》等环节。356位游客在"游园十要十不要"图帐上签名。

（傅良旎）

【第二届儿童成长节】　10月19日至20日，举办"绿地——大望京儿童成长节"，活动主题为"梦想初起航——00后成长计划"，活动内容包括角色扮演及游戏竞赛两个部分，街头表演以及儿童舞台剧《丑小鸭成长记》点缀其间。580余名3—12岁小朋友参加。

（傅良旎）

【园外绿化养护】　年内，承担园外绿化养护16项，面积33.8万平方米。有红军营南路、北苑二号路、北苑四号路、春华路、红军营东路、来广营北路、来广营西路、城铁15号线大望京站、五环路（草场地）绿地、五环路（七棵树）、五环路（组字）、远洋万和城、竹藤园、人大提案（草场地）、北纬40度（十友园）、昆泰大厦。

（李　坤）

【绿化改造工程】　年内，改造绿化工程12项，面积42.22万平方米。有红军营南路、安华里社区、安翔北里11号院、北辰马甸园区、惠新北里社区、安慧里小区、大屯世纪村东区、大屯世纪村西区、外馆斜街、安慧东里三区城建宿舍、裕民路小区、枣营北里社区。

（李　坤）

区绿化一队

【概况】　区绿化一队隶属区园林绿化局，

全民所有制差额拨款事业单位,队部位于团结湖路15号。主要职能是管理园林绿地、美化城市环境。截至年底,在职职工121人,其中,管理人员24人,专业技术人员26人,工勤人员71人。离休干部3人,退休职工158人。年内,绿化养护面积359.47万平方米;一级养护道路91.03万平方米;二级养护道路21.71万平方米。养护道路实有树木59.54万株,竹子21.14万株,绿篱色块343.89万株,草坪98.61万平方米。制定《专业绿地养护质量检查考评办法及检查细则》。全年养护检查10次。实施重点路段精细化管理。采取预防为主和综合防治相结合的方法开展病虫害防治工作。强化网格件管理,结案率100%。开展养护知识培训、冬季修剪培训。完成专业绿化改造、代办工程18项,绿化面积2.47万平方米,投资989万元。武警指挥学院绿化工程(一期)工程1项,绿化面积3万平方米,投资363万元。重点道路项目7项,绿化面积25.84万平方米,投资1697万元。市级环境优美项目2项,绿化面积1.30万平方米,投资534.5万元。区级环境优美项目3项,绿化面积5600平方米,投资58万元。绿化美化四期工程2项,绿化面积468平方米,投资14.7万元。在光明桥、武圣东路、朝外大街、朝外市场街、东三环路、建国路、郡王府绿地、工体北路、农展南路、东大桥路、朝阳北路、东四环路、通惠河北路、姚家园路实施常态化花卉布置,绿化面积1.16万平方米,投资468.11万元。与各班组、施工队、租赁单位签订安全责任书。下发《绿化施工及养护道路作业安全注意事项》《绿化施工现场安全注意事项》和《务工人员安全管理责任须知》120余份。开展安全教育培训3次,安全生产检查30次。全年无安全责任事故发生。

地址:团结湖路15号。
电话:85967276
邮编:100026

(张　静)

【绿化工程】　4月15日,润泽西侧绿化改造工程开工,绿化面积3688平方米,5月15日竣工,投资60万元。5月1日,来广营回迁安置房景观工程竣工,工程于2012年11月15日开工,绿化面积1.60万平方米,投资510万元。6月10日,中山公园东部景区景观综合提升改造工程开工,9月25日竣工,投资419万元。6月17日,武警指挥学院绿化改造(一期)工程开工,绿化面积3万平方米,9月30日竣工,投资363万元。7月1日,华纺易城景观工程开工,绿化面积8700平方米,8月15日竣工,投资344万元。7月1日,新华联丽景景观工程开工,绿化面积1.65万平方米,8月15日竣工,投资500万元。7月1日,秀水东街绿化工程开工,8月15日竣工,绿化面积1220.4平方米。7月1日,秀水南街绿化工程开工,8月15日竣工,绿化面积1634平方米,投资72万元。7月1日,日坛西路绿化工程开工,施工面积8034.8平方米,8月15日竣工,投资143万元。7月1日,南使馆区八个转角绿化工程开工,绿化面积2273平方米,8月15日竣工,投资189万元。7月1日,新姚家园路绿化工程开工,绿化面积22万平方米,9月15日竣工,投资435万元。7月1日,朝阳路绿化工程开工,绿化面积6485平方米,8月15日竣工,投资218万元。7月1日,百环普法广场绿化工程开工,绿化面积120平方米,9月15日竣工,投资1.7万元。7月1日,农业部门前绿化改造工程开工,绿化面积348平方米,9月15日竣工,投资13万元。9月10日,华威南路绿化工程开工,绿化面积3500平方米,10月15日竣工,投资35万元。9月10日,松榆南路绿化工程开工,绿化面积1600平方米,10月15日竣工,投资15万元。9月10日,吉市口东街绿化工程开工,绿化面积500平方米,10月15日竣工,投资8万元。9月17日,劲松路绿化工程开工,绿化面积6474平方米,9月30日竣工,投资316.5万元。

(李　洋　冯　刚　姚燕博)

区绿化二队

【概况】　区绿化二队隶属区园林绿化局,全民所有制差额拨款事业单位,队部位于柳芳北里小区。主要职能是管理、规划、建设园林绿地,美化城市环境。截至年底,在职职工134人,其中,管理人员14人,专业技术人员19人,工勤人员93人,编外合同人员8人。固定资产总值2119.99万元。年内,养护绿地215条/块,实有园林绿地387.87万平方米,其中公共绿地24处。实有乔木17.3万株。养护绿地范围东至驼房营,西至八达岭高速路,南至四惠桥,北至昌平交界。明确养护范围,建立"四级"检查制度,制定《2014年养护支出计划书》。探索养护新方式,同比2012年降低成本11%。全年组织养护检查20余次,专项检查6次。在健翔桥、北四环、广顺南北大街等69条道路绿地补植苗木。完成绿化改造工程15项。与各班组、外包方和租赁单位签订《安全生产目标责任书》《社会治安综合治理责任书》《消防、用电、交通安全责任书》。完善抢险救灾应急预案,全年安全检查23次,安全培训5次,安全教育11次。以队刊《绿之声》及宣传栏为媒介,宣传"厉行勤俭节约,反对铺张浪费",出版各类期刊4期,宣传栏30期,信息报送62条。完成北京兴源体系认证中心ISO9001国际质量体系、ISO14001环境体系及OMS职业健康安全体系认证外审。

地址:柳芳北里3号楼西侧
电话:84489393
邮编:100027

(刘晓兰)

【绿化工程】　6月6日,2013年市级环境优美大街(东直门外大街、北苑路、中轴路)工程开工,绿化面积1.44万平方米,投资324万元,9月30日竣工。6月6日,2013花卉常态化工程(安定路、安立路、北辰东路、北四环、东四环、惠新西街、民族大道、农展桥、新东路、樱花西街、中轴路)开工,投资500万元,9月30日竣工。6月6日,2013年重点道路绿化改造工程(太阳宫北街、左家庄东街)开工,绿化面积9526平方米,投资257万元,9月30日竣工。7月3日,2013年老旧小区绿化美化工程(新源西里、西坝河西里)开工,绿化面积4805平方米,投资108万元,10月31日竣工。7月17日,2013年区级环境优美大街绿化工程(西坝河绿地、小营北路、小营东路、小营西路)开工,绿化面积2538平方米,投资43万元,10月31日竣工。

(刘晓兰)

区绿化三队

【概况】　区绿化三队位于东四环姚家园路口北侧,隶属区园林绿化局,全民所有制全额拨款事业单位。主要负责区域内农村道路绿化、路树养护,城市园林系统规划、绿地建设与养护工作。截至年底,在职职工41人,其中,管理人员11人,专业技术人员10人,工勤人员20人。退休职工9人。全年经济创收4098.56万元,固定资产总值604.75万元。养护专业道路绿地119条,总面积204.07万平方米。年内,新增东坝大街绿地养护面积2.40万平方米。采取预防为主和综合防治相结合的方法防治病虫害。接收处理绿化网格件1448个,结案率100%。完成北苑东路、东风中心路及辛庄南一路等3条重点道路改造;完成优美大街南皋路和星火西路改造工程;完成和睦家康复医院及拔萃双语学校代办工程,工程总面积4.32万平方米,收入1100万元。制定《区绿化三队环境保障应急抢险工作预案》,与各施工队伍、车辆驾驶员、水电工、生产组、工程组及苗圃管理人员分别签订《交通安全及安全生产》责任书。

地址:东风乡将台洼甲1号

邮编:100016

电话:84301230

(彭桂英)

【绿化工程】 6月6日,东风中心路和辛庄南一路绿化改造工程开工,9月30日竣工。东风中心路绿化面积1.3万平方米,投资235万元。6月17日,北苑东路绿化改造工程开工,绿化面积1.5万平方米,9月30日竣工,投资433万元。

(景鑫 王涛)

大黄庄苗圃

【概况】 大黄庄苗圃隶属区园林绿化局,全民所有制自收自支事业单位。位于东五环路大黄庄桥东与平房路路口往北交汇处。主要负责道路养护管理、园林绿化设计及施工、绿化苗木及花卉生产与销售。截至年底,在职职工106人,其中,管理人员9人,专业技术人员15人,工人82人。退休职工134人。全年经济收入1.75亿元,实现固定资产总值3390.77万元。养护面积499.52万平方米。绿化覆盖面积285.40万平方米。年内,围绕全国文明城区文明程度指数测评,出动保洁员480名,面包车、货车、水车及应急抢险车辆70台次。全年养护路段补植乔灌木968株、绿篱色带9.75万株、宿根花卉9.24万株、冷季型草坪1.12万平方米、丹麦草2000平方米。实施养护精细化管理,选取朝阳路、朝阳北路试点建立精细化管理示范道路。辖区道路分为9个标段招投标,并与中标单位签订《园林绿化养护合同》和《2013年度养护考核管理办法》。全年无大面积病虫害发生。完成成寿寺路二期、朝阳北路占地恢复、朝阳路杨闸环岛以东绿化改造工程,绿化面积13万平方米。

地址:大黄庄35号

邮编:100024

电话:65711286

(李颖)

【绿化工程】 3月26日,成寿寺二期绿化改造工程开工,绿化面积3391.5平方米,4月12日竣工。6月6日,朝阳路杨闸环岛以东绿化工程开工,全长2500米,属重点道路绿化美化项目,绿化面积1.86万平方米,9月30日竣工,投资215.55万元。

(李颖)

北花园苗圃

【概况】 北花园苗圃隶属区园林绿化局,是全民所有制自收自支事业单位。位于高碑店乡北花园村南,面积22.40万平方米。主要负责区域内农村道路养护管理,园林绿化设计及承揽绿化工程,道路绿地巡查,绿化苗木及花卉培育。截至年底,在职职工35人,其中,管理人员11人,专业技术人员5人,工勤人员19人。退休人员6人。年内,养护道路绿地面积119.40万平方米。与承包方签订《绿化养护承包合同》和《安全生产责任书》。全年无大面积病虫害发生。完成"五一"、国庆花卉布置,在北辰西路、弘燕路、垡头街道摆放各类花卉20.16万盆。合理调整苗圃地,引进大规格苗木,为绿化工程备苗。参加局国槐修剪比赛,获一等奖1名,二等奖2名。在"朝阳区园林绿化局养护知识竞赛"中,职工陈志超获第一名。

地址:高碑店乡北花园村南

邮编:100024

电话:87739429

(伏乃红)

【绿化工程】 6月6日,化工桥区绿化改造工程开工,绿化面积5.2万平方米,投资697万元,9月29日竣工。8月24日,西平里小区和观音堂文化大道绿化改造工程同时开工,绿化面积各为1万平方米,投资各为150万元,工程均于10月30日竣工。

(伏乃红)

林业工作站

【概况】 朝阳区林业工作站隶属区园林绿化局,是原林业工作站和果树工作站合并的全额拨款事业单位。位于平房乡姚家园村,占地面积0.73公顷。固定资产总值270.4万元。截至年底,在职员工17人,其中,管理人员8人,高级工程师3人,工程师4人,初级技术人员2人。主要负责辖区林木有害生物防治、预测预报、检疫;依法开展林木种苗生产、经营监督管理;开展林木种苗与食品安全方面的法律法规、林业果树技术、林木有害生物防治与技术培训,并指导街乡林业工作。年内,全区以防治美国白蛾、春尺蠖、国槐尺蠖、蚜虫等林木有害生物为主,普遍防治6次,防治面积9333公顷。截至10月28日,开具产地检疫证书190批次,检物检疫证书2320批次,木材运输证2100批次。不定期检疫检查管庄、东坝木材市场300余家木材经销商。四率指标完成情况是:成灾率0、无公害防治率100%、测报准确率98%、种苗产地检疫率100%。年内,果树面积374.32公顷,年总产量159.14万千克,总产值1342.89万元,增加农民就业1500人;全区接待观光采摘游客1.5万人次,收入500万元。重点推广果树矮密种植技术26.67公顷,推广老果园树体改造33.33公顷。配合市局完成无公害果品认证2家。截至年底,全区苗圃34个,育苗面积570.47公顷,可育苗面积518.6公顷,育苗262万株。苗木生产企业40家,向苗木生产企业免费发放种苗标签4.5万张,种苗标签使用率95%以上。

地址:平房乡姚家园村84号

邮编:100025

电话:51193981

(刘传敏)

园林绿化综合服务中心

【概况】 朝阳区园林绿化综合服务中心隶属区园林绿化局,行政支持类差额拨款事业单位。位于东四环红领巾桥东北角。截至年底,在职员工18人,退休职工2人。主要职责是协助有关科室开展伐移树木审批前后的相关服务、监督检查绿地控制线范围内建设情况及绿化经费收缴。年内,中心与15家社会单位签署《代征绿地移交协议》,涉及代征绿地74.9公顷;与12家社会单位签署《代征绿地认建认养协议》,涉及代征绿地42.9公顷。年内,新增土地证办理资料审核业务,7宗80.4公顷进入土地证办理窗口,取得土地证10个,涉及土地面积31.8公顷;配合局绿化办公室完成绿地率审核59件,配合局资源管理科完成树木移伐勘察现场139件次,接收树木砍伐批后监督件139件(其中市局36件,区局103件)。

地址:朝阳北路147号院1号楼

邮编:100025

电话:85974268

(王君)

朝阳区公共安全馆

【概况】 朝阳区公共安全馆隶属区园林绿

化局,系公益性科普型事业单位。位于元大都城垣遗址公园5号景区。截至年底,工作人员3人。主要职能是传播公共安全知识,提升公民安全意识,最大限度地降低和减少各种灾害和突发公共安全事件所造成的损失,构建"平安和谐朝阳"。该馆建筑面积2400平方米,其中,地上展厅600平方米,地下展厅1800平方米。场馆分为地上、地下两个部分。地上展厅综合介绍朝阳区公共安全发展情况,地下展厅由消防安全、卫生健康、生产安全、交通安全、人民防空、治安反恐、自然灾害等7个主题展区组成。消防展区为主题馆,总面积330平方米。全年接待参观3万余人次。

地址:元大都城垣遗址公园5号景区

电话:8463665

邮编:100029

(高　明)

【参观接待】　年内,接待劲松街道办事处、亚运村街道办事处等社区群众参观。接待北京大学、中国人民大学、航空航天部、有色集团、首发集团等社会单位及团体参观。接待湖南省、四川省、广东省考察团8批次。接待非洲法语系20国官员考察团、泰国曼谷市区政府官员考察团和韩国光州市消防局考察团。

(高　明)

【宣传活动】　年内,开展元大都海棠花溪宣传、"五一"宣传、红领巾科普游园会"迷你安全馆"特别展区、暑期学生开放日、防灾减灾宣传周、金秋儿童户外安全宣传月、市应急办"增强应急意识 建设平安北京"户外宣传及小关街道社区服务人员安全学习月等活动,累计33场。

(高　明)

区绿指办

【概况】　北京市朝阳区绿化隔离地区建设指挥部办公室(以下简称区绿指办),为正处级单位,编制10人。设综合科、绿化科、规划科3个科室,有正处级1名,副处级2名。下辖一个事业单位——北京市朝阳区郊野公园管理中心,中心现有工作人员10人。绿指办主要工作职能:贯彻执行上级关于绿隔地区的绿化政策,研究制定朝阳区相关政策和中长期发展规划,并负责督促落实;调研绿隔建设重大问题;调整、协调绿隔地区控制性详细规划、产业用地规划和新村用地;负责绿隔地区产业用地项目的规划建设、调整和初审,以及产业用地定向出让试点、保留企业改造升级和绿色产业项目规划建设;协调解决绿隔地区整建制转居、产权制度改革、新村建设、农民上楼及农民剩余自住房转商;协调推进绿隔地区农民新村市政基础设施建设和市政用地补征政策落实;推进绿隔地区绿化建设、郊野公园建设、绿地提升、养护和管理;协调绿隔地区中央、市属单位拆迁腾退等工作。郊野公园管理中心主要职责:负责组织落实郊野公园行业标准,制定朝阳区郊野公园管理办法和措施;负责对朝阳区郊野公园的景观保护、绿化养护等管理服务工作进行业务指导、监督和考核;管理及使用郊野公园专项补助资金。

地址:南磨房乡金蝉西路欢乐谷社区西侧

电话:65094699

邮编:100023

电子邮箱:cylzb4699@163.com

(张　森)

【平原万亩造林】　1月8日,召开"朝阳区2013年平原造林工程工作部署会",安排2013年平原造林工程实施方案、设计方案编制并布置苗木准备工作,涉及的9个乡主管乡长、1个国有企业负责人员以及设计公司参加会议。1月17日,召开区万亩造林工程建设指挥部会议。会议由区委常委、副区长、区万亩造林工程建设指挥部总指挥陈涛主持。区万亩造林工程建设指挥部各成员单位、各有关乡政府主要领导参加会议。区万亩造林指挥部办公室主任李杰民总结汇报2012年万亩造林工作、通报2013年万亩造林工作准备情况及存在的主要问题、下达2013年万亩造林工作任务,陈涛安排部署2013年造林工作。1月24日,《朝阳区2013年平原万亩造林工程实施方案》编制完毕,报区发改委审核。2月27日,召开"朝阳区2013年平原万亩造林工程设计招标开标会",区万亩造林工程建设指挥部相关单位代表参加会议。3月20日,全市统一启动造林进度日报制度后,金盏乡、孙河乡、豆各庄乡、崔各庄乡开始进场栽植苗木。截至5月10日,春季平原造林栽植面积完成全年造林任务8654亩(含双桥农场320亩)的90%,栽植树木32万株,并开展灌溉设施和简单作业道建设。10月中旬,启动秋季种植,12月上旬全部结束。

(张　森)

【成立研建小组】　7月22日,根据市平原地区造林工程建设总指挥部下发的《关于加快研究建立平原地区造林工程林木养护管理体制机制的通知》,成立朝阳区平原造林工程养护管理体制机制研建工作小组。小组成员包括区农委、区发改委、区绿指办、区园林绿化局、区财政局、区人力社保局、市国土局朝阳分局,负责落实市总指挥部各项部署要求,研究起草管护方案。

(白景元)

【市领导调研朝阳区绿隔建设】　12月12日,副市长林克庆与市相关部门领导到朝阳区研究和部署第一道绿隔试点乡建设实施情况。区领导吴桂英、陈涛、张维刚及区相关部门负责人参加会议。林克庆要求,朝阳区要为全市城乡一体化的发展探索路径,市相关部门要深化认识,围绕完成第一道绿化隔离带建设的目标,全力扶持积极配合。

(张　森)

【第一道绿隔试点乡建设实施方案研讨会】　12月26日,区委常委、副区长陈涛主持召开第一道绿隔试点乡建设实施方案研讨会。区发改委、区农工委、区农委、规划分局、国土分局及常营、来广营、太阳宫、豆各庄、南磨房、将台6个绿隔试点乡的主管领导参会。会上,陈涛按照副市长林克庆要求,从绿化建设、搬迁上楼、产业发展、农民就业、社会保障、体制改革六个方面,对绿隔试行乡建设实施方案提出修改意见。要求本着坚持优先让本地农村居民享受城市化成果,解决历史遗留问题,使农民顺利平稳融入城市;坚持特事特办,政策创新,先行先试的原则,深化实施方案,细化实施步骤,明确责任主体,使方案具有可操作性,力求解决人口、资源、环境的矛盾,使试点乡成为环境良好的可持续发展的地区。

(张　森)

世奥森林公园开发经营有限公司

【概况】　奥林匹克森林公园位于北京城中轴线北端,南起科荟路,北临清河,东至安立路,西至林萃路。公园占地约680公顷,以五环为界,分为南、北两园。南园约380公顷,北园约300公顷,横跨北五环路的生态廊道将南北两园连为一体。公园水面67.7公顷,绿化面积478公顷。现有乔灌木58万株,植物品种280种,绿化覆盖率95.61%。2012年11月6日,公园被全国旅游景区质量等级评定委员会评定为国家5A级旅游景区,是北京市区最大的城市公园,属世奥森林公园开发经营有限公司管理。世奥森林公园开发经营有限公司隶属区国资委,为国有独资企业。公司设置党委办公室、总经理办公室、工会办公室、纪检办公室、计划财务部、人力资源部、综合管理部、资产管理部、规划前期部、市政工程部、园林工程部、公园管理部、文化旅游部共13个机关部室，以及绿化公司、保洁公司、保安公司、经营公司、体育园管理中心、工程维修中心、瞭望塔、廉洁奥运主题文化园8家基层单位。截至年底，全园职工2502人。其中，在岗1362人，退休685人，其他不在岗455人。全年接待游客984.6万人次。

地址：奥运村地区北五环仰山桥西

电话：64529010

邮编：100107

网址：www.bjofp.com.cn

（王宏艳）

【第二届花卉观赏季】 3月28日至11月20日，举办第二届奥林匹克森林公园花卉观赏季活动。活动包括春花节、百亩向日葵展、秋日波斯菊展、秋日彩叶展四项内容。其中，春花节展期自3月28日至5月3日，接待游客148万人次；百亩向日葵展引进20余个向日葵品种，展期自6月28日至7月28日，接待游客92万人次；秋日波斯菊展展期自9月28日至10月28日，接待游客132万人次；秋日彩叶展展期自10月21日至11月20日，接待游客97万人次。活动均免费开放。

（王宏艳）

【北园“乐跑”健走道工程竣工】 4月28日，北园“乐跑”健走道工程竣工。“乐跑”健走道工程跑道全长5公里，宽2.2米，环绕北园外围一周，沿途在交叉路口处安装“乐跑健走道标识、标牌”108个。工程于2013年3月18日开工，由北京世奥森林公园开发经营有限公司建设，北京华奥信客国际文化传播有限公司设计，北京润安市政工程有限公司施工，北京中联环建设工程管理有限公司监理。

（王宏艳）

【李岚清到“龙腾友谊林”植树】 4月3日，原中央政治局常委、国务院副总理李岚清到公园“龙腾友谊林”植树，并参观廉洁奥运主题展馆，与相关人员座谈公园文化项目发展工作。

（王宏艳）

【“北京海外人才创业林”认建认养】 4月13日，由北京海外学人中心和北京海外高层次人才协会共同举办的2013“北京海外人才创业林”认养仪式暨海外学人奥林匹克森林公园健康日活动在公园南园举办。首都绿化委员会办公室巡视员王苏梅、北京海外学人中心主任袁方、北京海外学人中心副主任王禹、朝阳区区委组织部副部长高敬茹、世奥公司党委书记穆德林出席仪式。入选中央“千人计划”和北京“海聚工程”的海外学人、对首都发展做出贡献的优秀海外学人及留学人员创业园等从事海外学人相关工作的机构和个人共计400余人参加活动。45位海外学人领取树木“认养护照”。

（王宏艳）

【“美丽北京　魅力园林”开幕式】 4月27日，由北京市徒步运动协会作为特别支持顾问单位、北京市园林绿化局主办的“美丽北京 魅力园林”北京园林健身徒步大会开幕式在南园广场举行。500名长走爱好者参加了5公里园林健身徒步走活动。

（王宏艳）

【朝阳区青少年廉洁教育基地揭牌】 5月3日，“朝阳区青少年廉洁教育基地”在公园廉洁奥运主题展馆揭牌。

（王宏艳）

【U18青少年(北京)巡回赛】 5月11日至19日，国际网联U18青少年(北京)巡回赛在公园国家网球中心举办。中国、中国香港、中华台北、日本、比利时、澳大利亚、瑞典等9个国家和地区的近200名运动员参赛。中国选手孙子玥获女子单打冠军。

（王宏艳）

【交通平安嘉年华活动】 6月1日，北京市交管局在公园国际区举行“小手拉大手，共创首都文明交通环境”交通平安嘉年华活动，全市1000余名首都小交警交通平安志愿者及其家长参加活动。

（王宏艳）

【北京·城市乐跑赛】 6月21日，由万科集团、联想集团、时尚集团、CCTV－5、中国人民解放军军事体育运动大队、新华社北京分社、北京大学、西门子(中国)有限公司、新东方、万通控股等联合发起的“北京·城市乐跑赛”在公园南园举办。万科集团总裁郁亮、执行副总裁毛大庆，联想集团副总裁魏江雷，中国平安保险(集团)股份有限公司北京公司总经理吴越，招商银行股份有限公司北京分行行长，腾讯控股有限公司北京公司总经理葛馟，2009年世锦赛马拉松冠军白雪，2000年悉尼奥运会女子20公里竞走冠军王丽萍，中央电视台副主任张斌等74家参赛机构代表及个人代表共同签署《城市乐跑倡议书》。2580位男选手、1448位女选手参加赛事。

（王宏艳）

【2013中网公开赛全国球童选拔赛】 6月30日，在国家网球中心室外网球场举行“2013中国网球公开赛全国球童选拔暨‘中国少儿大使’澳网行”活动。全国300余名球童参选，经初试选拔，64人进入复试，通过复试的球童于7月22日至26日在北京接受澳网培训师为期一周的网球培训。该活动由中国网球公开赛赛事委员会与中国宋庆龄基金会携手澳网共同发起。

（王宏艳）

【2013年北京国际网球挑战赛】 7月6日至14日，2013年北京国际网球挑战赛在公园国家网球中心举行，66名球员参加单打预选赛。中国选手卢彦勋、张帅分获男女单打冠军，(日本)松井俊英/(泰国)乌多姆楚克、(中国)周弈妙/(中国)刘畅分获男女双打冠军。女单冠军(中国)张帅、男单四强之一中国选手张择获2013中国网球公开赛外卡。

（王宏艳）

【第18届全国大学生网球锦标赛】 7月21日至28日，由中国大学生体育协会网球分会主办、中国人民大学承办的“第十八届全国大学生网球锦标赛暨全国高校‘校长杯’网球比赛”在公园国家网球中心举行。全国157所高校逾千名师生及200余名校级领导参赛。

（王宏艳）

【《廉洁奥运赋》书贴签赠】 7月13日，在公园廉洁奥运主题文化园《廉洁奥运赋》雕塑广场举办“北京市廉政教育基地授牌仪式暨《廉洁奥运赋》书贴签赠”活动。市纪委副书记杨逸铮、朝阳区区委书记程连元颁发“北京市廉政教育基地”铜牌。《廉洁奥运赋》创作者——全国政协委员、中国新闻文化促进会会长李东东，《廉洁奥运赋》书法作者——中国军事博物馆书画院院长、著名书法家李洪海为书法爱好者及游人签赠《廉洁奥运赋》书贴。朝阳区纪检监察干部、青年志愿者讲解员、学生代表、书画爱好者及干部群众代表近200人参加活动。

（王宏艳）

【北京市结构长城杯金奖】 7月28日，奥林匹克公园瞭望塔工程项目获“北京市结构长城杯金奖”。

（王宏艳）

【全国公安民警健步走活动】 8月3日，“全国公安民警健步走活动”在公园举行。公安部党委副书记、常务副部长杨焕宁，公安部党委委员、北京市委常委、北京市公安局局长傅政华出席开幕式，公安部机关和市公安局1200名民警参加活动。活动由公安部主办、北京市公安局承办。

（王宏艳）

【首届北京市民徒步嘉年华活动】　8月4日,“首届北京市民徒步嘉年华”活动在公园举行,4000余名徒步爱好者参加。活动中,“奥林匹克森林公园健走步道”被北京市徒步运动协会评为首批十条推荐健走步道之一。活动由团市委、市体育局、市社会办、首都文明办、朝阳区政府、北京奥促会、市青联等单位联合主办,北京市徒步运动协会承办。

(王宏艳)

【CCTV5活动】　8月8日,CCTV5“跟5一起跑”和“10KM摇滚乐疯跑”活动在公园举办,“10KM摇滚乐疯跑”由联想集团发起。150余人绕行公园“乐跑”健走道一周。

(王宏艳)

【第九届北京国际体育电影周】　8月13日至18日,“第九届北京国际体育电影周红牛露天影院”在公园升旗广场举办。活动由红牛公司与北京奥运城市发展促进会联合举办,为期一周。期间,播放《天门》《奥德赛之旅》等体育类纪录片23部,观众近千人。

(王宏艳)

【斯巴鲁31座森林星之旅森林音乐会】　8月31日,斯巴鲁汽车(中国)有限公司在公园南园草坪举办“斯巴鲁31座森林星之旅森林音乐会”,4000余人参加。

(王宏艳)

【领导调研】　9月10日,区旅游委副主任张爱军一行8人到公园,调研2014年旅游产业项目及公共服务设施升级改造项目。

(王宏艳)

【2013年中国网球公开赛】　9月22日至10月6日,2013年中国网球公开赛在公园国家网球中心举行。192名选手进行277场比赛,入场观众30万人次。男子单打小德(塞尔维亚)以2-0胜纳达尔(西班牙),成就4冠王。女子单打小威(美国)以2-0胜扬科维奇,豪取赛季第10冠。男双冠军米尔尼(白俄罗斯)/特卡乌(罗马尼亚),女双冠军(津巴布韦)布莱克/(印度)米尔扎。

(王宏艳)

【北京·朝阳第三届国际体育文化节】　10月13日,由北京市体育局、朝阳区人民政府主办,朝阳区体育局承办的“北京·朝阳第三届国际体育文化节”在公园南园南门举行开幕式,朝阳区副区长张立新、北京市体育局群众体育处处长颜纳新、朝阳区团委副书记阚宝奎出席开幕式。北京第二外国语学校200余名学生参加活动。

(王宏艳)

【第一届阳光美食音乐嘉年华】　10月18日至20日,“第一届阳光美食音乐嘉年华”在公园南园体育园举行。活动划分shine舞台、艺术品展区、搭讪广场、互动游戏区、卡拉OK、美食街,民族文化展、啤酒广场、阳光咖啡厅、鞋文化、飞人球场、潮流文化等展区,并配有万人拉丁、泰国皇家舞蹈表演,中国车模大赛、中华厨房协会厨艺表演、击剑表演、大胃王比赛等节目。

(王宏艳)

【“昆仑山杯”ITF巡回赛】　10月18日至22日,由中国网球联合会、中国网球协会主办,北京东方国际网球发展中心承办的“北京国际网球节‘昆仑山杯’ITF国际元老网球巡回赛”在公园体育园祥云气膜球馆举行,世界各地逾百名网球界元老参赛。

(王宏艳)

【第九届区县公务员网球联谊赛】　12月14日,“2013年北京市第九届区县公务员网球联谊赛”在公园体育园祥云气膜球馆举办。活动由北京市网球运动协会与中国移动通信集团北京有限公司联合举办。

朝阳公园

【概况】　朝阳公园是一处以园林绿化为主的综合性、多功能的大型文化、休闲、体育、娱乐公园,为国家AAAA级旅游景区、北京市重点公园和精品公园,是北京市四环以内最大的城市公园。位于朝阳区中部,北至亮马桥路,西至朝阳公园路,东至东四环路,南至朝阳公园南路,规划总面积288.7公顷,其中,水面面积68.2公顷,陆地面积220.5公顷,绿化覆盖率87%。陆地面积中,建筑占地面积10.4公顷,道路广场铺装面积21公顷,绿化面积145公顷,其他占地面积44.1公顷。公园有中央首长植树林、生命之源、艺术广场、卧龙叠水、春花园等30余个景点;有勇敢者天地游乐园、网球中心、羽毛球馆及索尼探梦、乐高小镇等体育文化娱乐项目。北京朝阳公园开发经营公司设置党委办公室、总经理办公室、工会办公室、纪检办公室、计划财务部、人力资源部、资产管理部、园林工程部、综合管理部、公园管理部10个部门。所属8个基层单位分别为:北京朝阳公园开发经营公司安保中心、票务中心、文化商卖管理中心、物业管理中心、绿化保洁公司、水电管理中心、勇敢者游乐园和体育中心。全园职工总数1950人。其中,在岗815人,退休职工1035人,内退100人。全年接待游客839.91万人次。

地址:朝阳公园南路1号

电话:65953490

邮编:100025

电子邮箱:major@sun-park.com

(孔　雁)

【游园活动】　1月15日,北京电视台“唱响北京”栏目来园拍摄群众文艺特色活动专题片。园内广场舞、太极拳、踢毽、乒乓球等群众文化体育活动被收入片中。公园义务监督员、著名表演艺术家沙景昌参与拍摄,著名歌唱家李谷一与麦子店社区文艺爱好者演唱歌曲,共同“唱响北京”。

(孔　雁)

【傅政华检查春节安保】　2月5日,市委常委、市公安局局长傅政华、朝阳区区委书记程连元到朝阳公园,检查“2013北京朝阳国际风情节”安保工作。傅政华要求,首都公安机关要充分把握节日期间治安、交通、消防、大型活动监管等方面的规律特点,落实各项安全防范措施,保证新春佳节欢乐、祥和、安全。

(孔　雁)

【北京朝阳国际风情节】　2月10日至15日(农历正月初一到初六),举办第十一届“北京朝阳国际风情节”,接待游人454608人,经营收入826.97万元。风情节以爱尔兰为主宾国,包括文化表演、艺术展览、美食鉴赏、娱乐互动、祈福许愿等项目。期间,接待免票人员75301人次、接待市总工会春节“送温暖”人员13038人次。

(孔　雁)

【万科企业跑步活动】　3月23日,在公园08广场举行“万科跑团,幸福更近”跑步大赛,主题为“关爱地球,低碳环保”。北京万科企业有限公司业主、员工及志愿者组成的350人跑团,环绕公园中部地区慢跑3公里。10月26日,在公园08广场举行“择邻而跑启动仪式”。北京万科企业有限公司业主、员工及志愿者组成的500人队伍,环绕公园中部区域慢跑。活动由北京万科企业有限公司主办。

(孔　雁)

【第二届“春花节”】　4月1日至5月31日,举办第二届朝阳公园“春花节”。春花节主题为“灿烂春花”。春花园位于北部园区,占地14.26万平方米。自2005年至2013年,栽植培育数十个春花品种,成千株树木,形成开放式花园。2010年春花园被列为北京市40个踏青赏花景点之一。

(孔　雁)

【蝴蝶园建成营业】　4月13日,公园蝴蝶园建成营业。蝴蝶园位于万人广场南侧草坪,网室面积500余平方米。内设活体蝴蝶欣赏、蝴蝶标本展览、蝴蝶科普知识介绍、蝴蝶摄影之家等项目。蝴蝶园放飞蝶种约20余种,保持活蝶数量1000余只,游客可在不同季节观赏到不同种类的蝴蝶。

(孔 雁)

【2013年血友病日纪念活动】 4月14日,由北京睿智思通营销顾问有限公司主办的“2013年血友病日纪念”活动在公园礼花广场举行。全国各地患儿及其家属100余人参加纪念活动。活动以放飞风筝为主线,象征放飞梦想,表达社会各界对血友病患儿的美好祝愿。

(孔 雁)

【纪念第44个世界地球日】 4月21日,“呵护地球、共建美丽中国”纪念第44个世界地球日暨中华环保联合会成立8周年系列活动在公园礼花广场举行。活动由中华环保联合会主办,朝阳区环保局、六里屯街道办事处协办。北京有关高校和六里屯街道办事处代表、中华环保联合会会员、NGO等300余人参加活动。著名国礼书法大师于长海向中华环保联合会赠送书法作品,并被中华环保联合会授予“中华环保公益大使”名誉称号。

(孔 雁)

【2013“潮流音乐节”】 4月29日至5月1日,举办2013“潮流音乐节”分会场活动。音乐节系公益演出,入园即可免费观看,演出内容包括爵士乐及民谣等。

(孔 雁)

【旅游达人征选招募】 5月4日,“达人揪团带路,台湾自由行”旅游达人征选招募活动在公园礼花广场举行,当日为台湾驻北京办事处成立3周年纪念日。活动由台湾海峡两岸观光旅游协会北京办事处主办。台湾驻京办事处主任杨瑞宗、台湾观光协会副会长戴启珩、台湾贸易中心首席代表吴政典、北京台商协会会长林清发,以及社会各界相关人员等100余人出席活动。现场通过有奖征答、阿里山歌舞表演、互动游戏、发放台湾观光信息宣传手册等,号召大陆居民赴台深度游。

(孔 雁)

【李宁FUNRUN跑步嘉年华】 5月25日,举行李宁FUNRUN跑步嘉年华活动。活动现场设置产品体验区和科技互动游戏区,歌手王若琳、大张伟、果味VC、孔令奇等现场助阵。1000余名跑步爱好者在“想跑就跑”理念召唤下体验5公里夜跑乐趣。活动由李宁(中国)体育用品有限公司主办。

(孔 雁)

【《武侠三部曲》音乐会】 6月9日,在公园万人广场举行谭盾《武侠三部曲》大型多媒体交响音乐会。活动由中国交响乐发展基金会、亚太地区交响乐团联盟和北京飞行者音乐集团联合主办,北京飞行者文化传播和北京金亿广苑文化发展有限公司承办。作曲家、指挥家谭盾携手中国国家交响乐团以及张靓颖、朗朗等音乐人士演奏谭盾为《英雄》《卧虎藏龙》《夜宴》三部电影所做的配乐。

(孔 雁)

【“万字家常百变便当”菜谱推广】 6月15日,在公园礼花广场举办“万字家常百变便当”菜谱推广活动。现场安排开放厨房、就餐、广告3大功能区,通过大篷车开展体验式营销,让消费者与料理食谱教员面对面接触,感受吃得到、看得到、闻得到的佳肴。活动由北京鼎新博业文化发展有限公司主办。

(孔 雁)

【城乡直通车健康科教宣传】 6月18日,在公园喷泉广场举行“远离猝死,从‘心’做起”——城乡直通车健康科教宣传活动。活动由首都医科大学附属北京朝阳医院心脏中心主办,旨在唤起公众认识心脏猝死的严峻性,内容以义诊和咨询为主。

(孔 雁)

【“我的梦·中国梦”百姓宣讲】 6月19日,举行首场“我的梦·中国梦”百姓宣讲活动,公司领导班子成员及干部职工90余人参加活动。

(孔 雁)

【公园获奖】 6月21日,在《北京公园群众文化活动巡礼》颁奖大会上,朝阳公园被授予“北京公园群众文化活动组织奖”。该活动由市委宣传部、市文化局、市园林绿化局、市公园管理中心和北京电视台联合举办。

(孔 雁)

【2013海洋沙滩狂欢节】 6月22日至9月1日,举办第五届2013北京海洋沙滩狂欢节。在延续往届异域风情表演、沙滩宝贝大赛、沙滩游乐等项目外,还引进了海狮表演、家庭亲子活动、超级“跳跳跳”游戏等环节。6月29日,中国职业篮球俱乐部北京金隅队外援马布里到海洋沙滩狂欢节与游客互动。海洋沙滩狂欢节由北京新维体育文化发展有限公司主办,历时72天,接待游客18.8万人次。

(孔 雁)

【首都环境建设工作检查】 6月24日,市旅游委联合市市政市容委、商务委及朝阳区旅游委等有关部门,到公园检查“首都环境建设”工作。检查组实地检查公园南大门等区域,对景区环境卫生及“门前三包”给予肯定。

(孔 雁)

【公园获评三级企业】 6月26日,公园被区国资委授予“安全生产标准化三级企业”。

(孔 雁)

【狮爱太极园落成】 7月25日,狮爱太极园动工,8月25日正式落成。狮爱太极园为狮爱棋趣园(2012年建成)的姊妹园,由中国狮子联会北京会员管理委员会出资,公园承建。该园位于体育园西侧空白林地,占地350平方米,共打造3个直径7—11米不等的太极图案健身平台。园区周围设立4块展板,介绍朝阳公园狮子文化基地情况、太极拳简介及太极二十四式图谱。

(孔 雁)

【少儿足球培训体验日】 8月23日至11月24日,北京国安足球俱乐部携手世界著名足球青训教练汤姆·拜尔在公园举办“北京国安——汤姆·拜尔少儿足球培训体验日”。活动在东方健源9号、10号五人制足球场进行,超过4000名6—12岁少年儿童参加。国安俱乐部承担活动费用。

(孔 雁)

【癌症防治研究募捐义跑】 9月28日,在公园万人广场举行第十五届北京希望马拉松——为癌症患者及癌症防治研究募捐义跑。1000余名志愿者在演员韦唯的领唱中集体用手语表演《爱的奉献》。前奥运会冠军邢傲伟、杨凌、冯坤应邀领跑。活动由中国医学科学院肿瘤医院主办,现场设立抗癌科普知识图片展、爱心义卖等板块。

(孔 雁)

【2013北京朝阳国际旅游文化节】 10月1日至7日,举办“2013北京朝阳国际旅游文化节”。文化节由朝阳区对外文化交流协会主办,主题为“融汇梦想,欢乐朝阳”,涵盖观光、休闲、娱乐、文体、会展、美食、购物等几大类、十余项活动。在延续以往品牌活动的基础上,增加马术嘉年华和《世界中国》艺术长廊等项目。期间,接待游人35.68万人次,综合收入599.71万元。

(孔 雁)

【第三届麦子店国际社区文化节】 10月12日,在公园礼花广场举行第三届麦子店国际社区文化节启动仪式。启动仪式后举办了健步走活动,800余名群众参加。

(孔 雁)

【马术世界杯中国联赛总决赛】 10月12日至20日,在沙滩排球场东广场举行亚洲级别最高的马术场地障碍赛——国际马联(FEI)场地障碍世界杯2013中国联赛总决赛。赛事分为两个阶段:10月12日至10月15日为第二站分站赛,10月17日至20日为总决赛。赛事由国际马术联合会(FEI)、国家体育总局自行车击剑运动管理中心、中国马术协会、北京市体育局、北京市体育总会主办,包括马主赛、俱乐部赛、青少年赛及世界杯赛四个大类,19个级别的比赛。参加总决赛的骑手有国际马联世界排名第一的骑手、伦敦奥运会冠军本·马赫,前世界冠军、伦敦奥运会德国国家队唯一女骑手珍妮·梅耶尔,伦敦奥运会英国国家队女骑手劳拉·兰威克等。

(孔　雁)

【2013北京外语游园会】　10月19日至20日,2013北京外语游园会在礼花广场和喷泉广场举行。游园会主题为"多彩语言、美丽北京",重点突出"多种语言"。活动由北京市民讲外语活动组委会、市政府外办、市委宣传部、朝阳区政府等联合主办。

(孔　雁)

【"大爱无国界"国际义卖】　11月2日,在礼花广场和下沉广场举行第五届"大爱无国界"国际义卖开幕式。活动主题为"水·生命之源——为云南贫困山区捐建水窖",外交部部长王毅夫妇出席开幕式并为赞助企业颁发荣誉证书。93家驻华使馆、国际组织驻华机构代表、18家国内外企业及个人参加。义卖筹款约300万元,用于在云南省金平县和麻栗坡县各建一个饮水项目,惠及2400多名民众。

(孔　雁)

【橙色日公益跑】　11月25日,在公园婚庆礼堂及08广场举行"联合国消除针对女性的暴力日"公益活动暨"橙色日公益跑"活动。活动由联合国妇女署与体坛传媒集团股份有限公司承办,著名影星海清出席活动现场,并获颁成为中国首位联合国妇女署支持者。

(孔　雁)

中华民族园

【概况】　中华民族园(北京中华民族博物院)位于北四环与北辰路(中轴路)交汇的西南角,东至北辰路西红线,西至北辰西路,南至北土城路北红线,北至北四环路南红线,是博物馆与公园相结合的国家AAAA级旅游景区。占地面积28.2万平方米,其中,绿地面积17.26万平方米,道路、广场面积2.96万平方米,水面面积4.3万平方米,建筑面积3.68万平方米。行业管理隶属于朝阳区园林绿化局、北京市文物局、朝阳区旅游委,属民办事业单位。内设行政、人事、财务等12个部门。截至年底,在职职工390人(男职工156人,女职工234人),干部50人,专业技术人员19人(高级职称2人,中级职称9人,初级职称8人)。全年接待游客13.43万人次,经营收入726.27万元。

地址:中华民族博物院路1号

电话:62063646

邮编:100029

电子邮箱:emuseum@sina.com

(汪　昆)

【相约三八拥抱春天】　3月8日,举办"相约三八 拥抱春天——亚运村街道非公企业女职工游园"活动。活动由亚运村街道总工会、亚运村街道妇联主办,中华民族博物院、环球电广国际广告有限公司承办。亚运村街道16家企业,近400名女性工会成员参加。

(汪　昆)

【国际交流】　4月9日,南非比勒陀尼亚先民纪念堂常务董事松尼亚·伦巴第女士到博物院访问交流。伦巴第女士参观园区并观看少数民族歌舞演出,与博物院相关人员探讨管理及建设工作。

(汪　昆)

【汇文中学成人礼】　4月11日,汇文中学350名学生在博物院傣族景区举行18岁成人礼。

(汪　昆)

【王进鸟类摄影展】　4月25日,举办《飞翔的精灵——王进鸟类摄影展》。展览位于南园白族村寨,由博物院与全联旅游业商会联合主办。展览陈列面积196平方米,展出摄影师王进的鸟类摄影作品117幅,主要面向青少年宣传环保意识。

(汪　昆)

【"五一"民族大联欢】　4月30日至5月1日,举办少数民族大联欢和民族节庆系列活动。在傣族广场举行主场演出"少数民族大联欢及傣族泼水节""少数民族原生态歌会和民族服饰展演"。各少数民族村寨分别举办民族节庆活动。

(汪　昆)

【傣寺室内原状陈列】　4月至6月,对新翻修的傣寺内部进行原状陈列布置。包括:释迦牟尼佛像、傣族风俗画及相关佛教用品。6月18日举行开光仪式,面向游客开放。

(汪　昆)

【花卉布置】　"五一"期间,在门区广场和园内主要景区摆放花坛3个,用花1.10万株。"十一"期间在门区广场和园内主要景区摆放花坛4个,用花1.20万株。

(汪　昆)

【"5·6"社会组织公益行】　5月5日,举办"美丽北京·多彩节日——首届"5·6"民族团结日社会组织公益行"。活动包括两个板块:①傣族景区民族歌舞展演;②门区广场义诊、民族特色食品义卖、发放民族宗教知识宣传品。北京市40个少数民族社会组织、13个民族工作重点街道、民族医院、民族企业、民族乡村、民族学校等近万人次参与。活动由北京市民族联谊会主办,北京中华民族博物院、中央民族大学党委统战部联合承办。

(汪　昆)

【"安利杯"手语大赛启动】　5月15日,"安利杯"北京市第二届手语风采大赛在博物院正式启动。赛事由国家手语和盲文研究中心指导,市委宣传部支持,市残联、文明办、交通委、教委、民政局、文化局、公园管理中心及市商业联合会、市志愿者联合会、市银行业协会等共同主办。各主办单位、第一届手语风采大赛获奖团队(个人)及首都聋人代表等近200人参加活动。

(汪　昆)

【土家族社巴节】　5月,举办土家族社巴节。该活动是博物院5月主题节庆活动。主要内容有土家族花鼓、原始古戏剧"茅古斯"、原生态歌舞等表演,以及学跳土家"摆手舞"等。

(汪　昆)

【傣寺开光仪式】　6月18日,按照小乘佛教要求,完成维修后的傣寺室内重新布展,举行开光仪式,向游客开放。

(汪　昆)

【越南第一副总理参观访问】　6月20日,越南第一副总理阮善仁到博物院参观访问。阮善仁参观了撒拉族、傣族、土族、藏族等分馆,并详细了解当地文化习俗。

(汪　昆)

【民族风情端午节】　6月,在苗族山寨举办民族风情端午节。该活动是博物院6月主题节庆活动。主要内容有、插艾蒿、插香蒲、挂桃枝;苗族拦门酒、拦门歌,跳竹竿;苗族花鼓表演;包粽子、打糍粑;苗族绝技"上刀梯"。

(汪　昆)

【蒙古族马奶节】　7月,举办蒙古族马奶节。该活动是博物院7月主题节庆活动。主要内容有向宾客敬献哈达和马奶酒、蒙古族原生态歌舞表演、学跳蒙古族集体舞"安代舞"。

(汪　昆)

【中国民间传统灯具展】 8月20日，举办中国民间传统灯具展。展览位于北园区西南角新建民俗博物馆，展览面积200余平方米。展出博物院收藏的中国民间传统灯具269件套，主要征集于新疆、西藏、广西、广东、山西、河南、河北、北京、云南、贵州及四川等地，年代跨越汉、南北朝至元、明、清、民国及近代。

（汪 昆）

【"8·18"公园日主题活动】 8月23日，举办"百园千米百万游人签名"活动。活动由第八届北京公园节主办，在全市公园开展，时间为8月18日至9月28日。期间，举办"摒弃陋习 拥抱文明 美丽公园 放飞梦想"主题活动（即一百个公园、一千米签名图账、百万游人签名），并向签名游客发放《北京市公园导览手册》《2013北京公园文化活动集锦》。

（汪 昆）

【《古兰经》石经展】 8月31日，举办《古兰经》石经展。展览位于博物院南园区主展厅二楼，展览面积4000平方米。由中国伊斯兰教协会与中华民族博物院联合主办。展出由中国伊斯兰协会会长陈广元大阿訇手书，穆斯林石匠王凤桐手刻的《古兰经》石经板528块，重26吨。

（汪 昆）

【国庆黄金周游园】 10月1日至7日，举办"国庆"黄金周游园活动。主要内容有"吉祥的祝福"藏族风情表演、少数民族传统手工艺展示及原生态歌会、傣族风情表演及泼水狂欢、苗族民间绝技"上刀山"、"手拉手"民族集体舞大家跳等。

（汪 昆）

【羌族羌历年活动】 11月2日，举办"悠悠羌笛奏和谐，激情沙朗迎羌年"庆祝活动。活动由2013年北京市羌历年筹备委员会主办，博物院协办。活动内容包括在京羌族同胞论坛、羌历年传统祭祀、羌族文艺联欢会及游园等。中央民族大学羌族学生、在京羌族同胞及游客约500人参加活动。

（汪 昆）

【纪念毛泽东主席诞辰】 12月26日，举办"56个民族纪念毛主席诞辰120周年茶话会"。博物院少数民族以歌、舞、诗、话的形式纪念毛主席，感恩共产党。博物院院长王平、赵尚志烈士的侄女、1位革命烈士家属及祁家豁子社区相关人员总计100余人参加活动。

（汪 昆）

【绿地情况】 年内，园内实有绿地面积17.26万平方米，全部为自管绿地，绿化覆盖率90.6%。实有树木21393株，其中乔木4355株、灌木9180株、月季类1932株、攀援5926株；竹子168950株；绿篱3000株，340平方米；草坪2万平方米。繁殖宿根花卉4553株；水生植物500株；一、二年生草花4324株。庄稼地2800平方米，种植农作物25种40个品种181735株。

（汪 昆）

【园林养护】 年内，主要养护工作是树木修剪、农作物和花卉种植管理。树木修剪：修剪柳树等速生树种，减少树枝抽落建筑屋瓦的安全隐患，给林下灌木让出生长空间。农作物和花卉管理：农作物引进马铃薯、草石蚕、紫薯等品种。本年表现良好的农作物品种有水稻、玉米、薏米、高粱、谷子等。冬小麦比上年减产30%。葫芦类出苗晚，幼苗成活率低，坐果率低。花卉管理结合景观特点，点植、撒播多种草花，同时保护蛇莓、地丁、地黄、苦荬等野生植被品种，制造乡野景观。

（汪 昆）

【病虫害防治】 年内，采取预防为主、物理与药物并用方法防治病虫害。给乔木安置黏胶树环；采用刷除、修剪等物理除虫方法11次；对蔷薇科植物喷洒三锉酮进行药物防治。"五一"后全园打药一次。

（汪 昆）

【维修建设】 年内，投资198.94万元，维修园内民居建筑，博物院工程部管理，博物院古建施工队及工程施工队施工。其中，古建施工队施工项目9项，分别是：朝鲜族民居维修、傣族佛寺翻修、山苗民居维修、台湾水上舞台展室维修、傣族曼飞龙塔维修、羌族民居维修、侗族民居维修、水苗民居维修和民族大桥维修。古建工程队施工项目3项，分别是：藏族大昭寺屋顶维修、毛南族民居维修和贵宾室屋顶维修。

（汪 昆）

环 境 管 理

【概况】 朝阳区环境保护局是区政府环境保护专职机构，负责辖区环境管理工作。下辖机关科室6个、基层机关1个、纳入机关工资规范管理单位1个、全额拨款事业单位1个、内设机构2个。编制170人，实有141人。年内，完成主要污染物总量减排任务。削减二氧化硫4.81%、氮氧化物2.21%，超额完成3%和1%的年度任务指标；全面落实清洁空气行动计划各项任务，大气主要污染物年均浓度平均变化4.23%，可吸入颗粒物平均浓度实现同比下降；开展地下水、水源防护区、萧太后河、管庄乡"牛奶河"、孙河乡塑料加工作坊等系列水污染防治专项行动；将环境保护工作紧密对接区域经济社会发展，以持续提升环境质量为目标，强化执法效能、创新管理模式、提升监管水平，完成各项环保工作任务。被国家环保部评为"十一五"2012年度全国环境统计工作先进集体。

地址：农展南路5号

电话：65085178

邮编：100125

电子邮箱：bjcyhbj@263.net

（胡朝颖）

【出台应急预案】 1月14日，出台空气重污染日应急预案，成立领导小组，副区长王春任组长，区环保局、区发改委、区市政市容委、区住建委、区委宣传部、区卫生局、朝阳交通支队等部门和各街乡为成员单位，建立重污染日应急联动机制，根据污染程度分级采取应急措施。

（胡朝颖）

【辐射安全监管】 2月21日，完成2012年度辐射环境安全评估报告。朝阳区从事辐射工作的持证单位460家，单位性质以医疗卫生、科研院所、工业探伤等企事业单位为主。在账密封放射源2338枚。射线装置1178台。7月9日，开展创建"辐射安全示范单位"活动，确定科研院所、医疗卫生、工业探伤等不同行业的4家单位创建试点单位，分别是北京科安特无损检测公司、中国医学科学院肿瘤医院、中国航空综合技术研究所、中国科学院遗传与发育生物学研究所。7月15日，完成辖区37家社区卫生服务中心辐射专项检查。检查内容包括检查对象的单位房屋产权所有证、设备装置及工作场所变化、使用等情况监督检查和排查登记。

(胡朝颖)

【环统年报】 2月至4月,完成2012年度环境统计工作。调查对象包含工业源60家、农业源2家及集中式污染治理设施8家,填报调查表70份,涉及《国民经济行业分类》中2个门类的30个行业。

(胡朝颖)

【采暖季锅炉监察】 3月20日,完成2012-2013年度采暖季锅炉污染物排放监察监测专项行动。检查锅炉单位135家次,监测燃煤锅炉487台次,取得监测数据1107个,对5家存在违法行为的单位给予行政处罚,共处罚金14万元。

(胡朝颖)

【水污染调查】 4月1日,完成水环境污染专项调查。排查915家废水未排入污水处理厂的企业,以及清河、温榆河、北小河、坝河、亮马河、通惠河、萧太后河、通惠西排干、凉水河等辖区重点河流排污口。经查,朝阳区存在五大问题,影响水环境质量和安全,亟待全区各相关部门协同解决。五大问题分别是:农村地区废水直排、无照经营小作坊生产废水直排、十八里店乡石材加工水污染、砂石厂违法进行砂石冲洗作业、垃圾渣土露天堆放。

(胡朝颖)

【污染源申报登记】 4月9日,完成2013年度污染源申报登记工作。申报登记企业1908家,审核录入数据10万余个。与上年同期相比增加235家,增长率14.05%。

(胡朝颖)

【制定污染物减排计划】 4月12日,朝阳区第11次区长办公会议通过《朝阳区主要污染物总量减排计划(2013-2015年)》。截至12月底,通过锅炉改造、火电厂完善脱硝、老旧机动车淘汰等措施,产生二氧化硫减排效益513.30吨,氮氧化物减排效益480.55吨。

(胡朝颖)

【世界地球日】 4月,为纪念第44个世界地球日,区环保局、区环保学会、区科协及小红门地区办事处共同举办"珍惜地球资源,转变发展方式,促进生态文明,共建美丽家园"科教进社区科普宣传活动。区环保局、区文明办、区园林绿化局、区水务局等单位联合发起"关爱自然·美丽朝阳"环保志愿服务行动。每年四月为朝阳区"关爱自然志愿服务活动月"。

(胡朝颖)

【世界环境日】 6月5日,举办系列"六·五"世界环境日宣传活动。一是在太阳宫乡、来广营乡等地区开展"参与节能减排,享受低碳生活"环保知识讲座;二是联合市环保局在北京东方德才学校共同主办"科学认识电磁,绿色健康生活"移动通信基站电磁环境科学知识普及活动;三是联合区教委举办第十七届中小学生环保演讲比赛。

(胡朝颖)

【微信服务】 6月18日,区环保局、区信息办联合开发的全市第一个建设项目环保审批(一般类)微信服务系统投入试运行。

(胡朝颖)

【编制环境报告】 6月,编制完成《朝阳区2012年度污染源监测年报》《朝阳区2012环境质量报告书》及《朝阳区2012年度环境状况公报》。

(胡朝颖)

【环境规划中期评估】 7月5日,开展《北京市朝阳区"十二五"时期环境保护和建设规划》中期评估。结果显示:28项主要指标中,超额完成二氧化硫、二氧化氮年平均浓度、中水利用率等9项指标,基本完成大气和水主要污染物排放量、声环境质量等12项指标。另有建成区居住小区生活垃圾分类达标率、新增绿化面积等6项指标在推进中。

(胡朝颖)

【环境安全检查】 7月至9月,开展环境安全大检查。检查内容包括:一是核查危险化学品企业生产、储存、运输、使用、废弃等环节环境风险防控情况等;二是检查集中式饮用水源地范围内的加油站、一级以上医院污水处理站及汽修单位是否符合环保管理要求;三是督查涉氨、涉氯单位有无环境污染应急预案及控制措施、监测警报装置及风向标安装运行情况、应急装备配备情况等。

(胡朝颖)

【环保专项行动】 8月至11月,采取6项措施,开展整治违法排污企业保障群众健康环保专项行动。6项措施为:一是严查燃煤锅炉单位擅自停运、闲置治污设施和超标排放等违法行为;二是检查商业混凝土制造行业物料密闭情况和治理设施运行情况;三是检查污水处理厂及城乡各类产业园区污水集中处理设施运行情况及污泥处理处置情况;四是突出工地和道路扬尘控制,推行高标准绿色施工管理模式,严格渣土运输车辆资质管理,提高城市道路保洁水平;五是加强印刷行业重点受控工艺中挥发性有机物排放的环境监管,开展餐饮业油烟污染专项治理,严查汽车制造和有喷漆工艺的二级以上汽修企业无组织排放废气;六是开展涉铅、镉、汞、铬和类金属砷排放的电镀等重点行业"回头看",全面排查整治医药行业环境污染问题,加强对重点高等院校、科研单位实验室等重点危废经营单位的危险废物监管。

(胡朝颖)

【科研课题研究】 9月,《朝阳区典型区域PM2.5监测系统建设及监测数据分析》课题研究通过联合国环境规划署、中国环保产业协会、国家城市环境污染控制工程技术研究中心等相关部门专家及领导组成的专家组的验收评审。课题中具有环境因素矫正功能的光谱法PM2.5颗粒物监测仪取得国家实用新型专利。

(胡朝颖)

【污染物总量控制】 11月20日,朝阳区第37次区长办公会专题研究建设项目主要污染物总量控制管理工作。听取区环保局关于实施建设项目主要污染物总量控制管理工作汇报,决定于2013年12月10日起,试行建设项目主要污染物总量控制管理。

(胡朝颖)

【环境监测】 年内,开展环境质量监测、污染源监督监测、信访监测、应急监测及建设项目竣工验收委托性监测等工作。取得监测数据3万余个,报出监测报告2500余份,收取监测费180万余元。

(胡朝颖)

【燃煤锅炉改造】 年内,全力推进燃煤锅炉清洁能源改造,超额完成2013年北京市下达的700蒸吨改造任务,实际完成1151蒸吨锅炉清洁能源改造任务。

(胡朝颖)

【环境行政许可】 年内,做出一般建设项目和辐射项目环保审批1446件,验收855件。

(胡朝颖)

【信访投诉】 年内,接收环境信访投诉3927件,处理率100%,答复率100%。噪声、油烟、异味、锅炉烟尘、水环境及辐射环境污染为投诉重点。

(胡朝颖)

【行政处罚】 年内,针对大气、水和"三同时"等相关环境违法行为,做出一般程序处罚547起,总金额477.6万元。

(胡朝颖)

【机动车及加油站管理】 年内,开展入户检查、路检路查、遥感监测、进京口检查、年检场监管、加油站检查,加大机动车尾气污染监管力度。淘汰老旧机动车54995辆,超额完成全年淘汰任务的168%。监督检查机动车和施工机械64.5万辆,检查加油站2492座次。

(胡朝颖)

环 境 卫 生

【概况】 朝阳区环境卫生服务中心是朝阳区环境卫生专业作业服务队伍，区属全额拨款正处级事业单位。主要负责全区环境卫生服务性、技术性和事务性工作，担负全区主要干路的清扫保洁、喷雾降尘、垃圾清运、粪便抽运及无害化处理、公厕管理与保洁等环卫作业生产工作。中心内设办公室、组织科、宣教科、纪检监察科、工会、业务管理科、业务检查科、技安保卫科、计财科、人事劳动科、行政基建科、信息科12个科室，下设环卫一、二、三、四队，第一、二、三、四清洁车辆场和环卫服务开发中心九个基层作业单位，有职工8103人。全年清扫保洁干路1262条，面积3278万平方米；机扫作业面积1290万平方米，冲刷作业面积1477万平方米，降尘作业面积389万平方米，洗地作业面积1330万平方米；保洁清掏果皮箱6500个、人行过街天桥152座、地下通道49座；管理密闭式清洁站276座，清运生活垃圾150万吨；管理公共卫生间935座，清运粪便44.6万吨。

地址：香河园中里

电话：64628653

邮编：100028

电子邮箱：hwzxbgs@bjchy.gov.cn

（张　鑫）

【扫雪铲冰】 1月20日、2月3日、3月20日全市降雪，环卫中心启动扫雪铲冰应急预案。总计出动多功能除雪车与融雪车471车次，人员11250人次，使用干撒融雪剂112吨，水熔融雪液3300吨。

（张　鑫）

【指挥调度系统三期正式运行】 1月，信息指挥调度系统三期正式投入运行。此系统自2010年11月开工建设，2011年4月试运行，经过一期、二期、三期三次升级建设，2013年1月完工并正式投入运行。该系统旨在实现环卫日常作业与应急作业管理高度对接，实行环卫作业监督出车率、作业率、作业质量全模式管理。

（张　鑫）

【完成春节期间环境保障任务】 春节期间，为东岳庙庙会、朝阳公园国际风情节及辖区各种群众性文化娱乐活动提供环卫服务保障。出动保障人员3.5万人次，车辆1379辆3213车次，清理烟花爆竹残屑1800吨、小广告8万张，出动自查人员1071人次，检查1855次。

（张　鑫）

【全国“两会”环境保障】 3月1日至20日，出动5100余名环卫职工，环卫作业车辆19800车次，清运垃圾61300余吨，抽运粪便26000余吨，完成全国“两会”期间环境保障工作。

（张　鑫）

【百日环境整治】 7月5日至10月12日，开展“环境综合整治，百日会战攻坚”行动。行动以城市环境文明指数测评为契机，集中梳理环境管理薄弱环节，创新检查方式，探索考核奖惩机制，达到“查找问题照镜子、梳理问题成册子、针对问题抓整改、总结经验促提升”工作目标。

（张　鑫）

【“十一”环境保障】 “十一”期间，出动道路清扫保洁、洗地、冲刷、降尘等作业车辆3388车次，出动道路作业人员32880人次，清理非法张贴小广告131000余张，出动自查1305人次，完成“十一”黄金周各项环境保障任务。

（张　鑫）

【扫雪铲冰应急演练】 11月2日，在朝阳体育中心举办“2013—2014年度今冬明春扫雪铲冰工作动员暨实地演练”。演练根据天气情况，提前布控蓝、黄、橙、红不同等级的应急响应方案，扫雪铲冰作业车辆、机械和人员遵循“预报就要备勤”原则，按照“定人、定车、定路线、定点位”步骤，实时通报奥林匹克森林公园、CBD、欢乐谷等雪情观测点天气情况，并在辖区重点区域及道路实施应急准备、扫雪铲冰及雪后恢复作业模拟演练。500人参加演练。

（张　鑫）

朝阳循环经济产业园管理中心

【概况】 北京市朝阳循环经济产业园管理中心为区政府直属事业单位，机构规格相当正处级，经费形式全额拨款，归口区市政市容委管理。主要承担着朝阳区固体废弃物无害化处理和垃圾处理循环利用项目的规划、建设和管理工作。核定全额拨款事业编制44名，内设机构9个。其中书记1名、主任1名、副主任3名、科级领导干部16名。园区内建有高安屯卫生填埋场、生活垃圾焚烧发电厂、餐厨垃圾处理厂、医疗垃圾处理厂、电动汽车充换电站。年内，北京市朝阳生活垃圾综合处理厂焚烧中心项目开工建设。园区被确定为国家循环经济教育示范基地（试运行一年）。园区垃圾年消纳98.86万吨，其中，填埋场填埋残渣21.87万吨，高安屯生活垃圾焚烧发电厂年处理生活垃圾74.25万吨，北京朝阳餐厨废弃物处理厂年处理餐厨垃圾2.65万吨，北京市高安屯医疗垃圾焚烧厂年处理医疗垃圾0.09万吨。高安屯卫生填埋场年处理渗沥液8.99万吨，填埋气收集处理358万立方米（其中利用345万立方米）。高安屯生活垃圾焚烧发电厂年上网发电2.46亿度。园区完成对外接待任务351批次，11808人次，接待日达196天。12月，园区获北京市区县机关档案工作测评市级优秀单位称号。

地址：金盏乡高安屯村

电话：65417429

邮编：100024

电子邮箱：ljcl7429@sina.com

（李佐娟）

【领导调研】 3月20日，北京市副市长张延昆到朝阳循环经济产业园调研，市市政市容委副主任韩利、区长吴桂英、副区长王春、区市政市容委主任康志华参加调研。园区管理中心主任皮猛、书记郭团会陪同调研。张延昆听取皮猛关于朝阳循环经济产业园园区整体情况的介绍，现场考察焚烧发电厂、卫生填埋场、餐厨处置厂和电动汽车充换电站等设施，了解园区各设施处理工艺及运行情况，并与皮猛交流垃圾末端处理设施建设等问题。4月26日，全国人大常委会副委员长、民建中央主席陈昌智带领民建中央调研组成员一行35人到朝阳循环经济产业园调研。北京市委常委牛有成等领导参加调研。园区管理中心书记郭团会、副主任苗桂清陪同调研。调研组实地考察园区焚烧发电厂、卫生填埋场、餐厨垃圾处理厂，了解垃圾资源化处理设施生产运行情况，并听取郭团会关于园区规划、建设等情况的汇报。

（李佐娟）

【国际业务交流】 4月21日，老挝万象市委常委、桑通县委书记兼县长本天·昆西带领30余名老挝干部组成的考察团，到朝阳循环经济产业园考察交流，实地考察焚烧发电厂、卫生填埋场、电动汽车充换电站和餐厨垃圾处理厂，了解园区各设施的生产规模、工艺流程及运行情况，听取关于园区整体规划、建设和管理工作的介绍，并交流园区设施的运营模式、技术。4月25日，瑞典城市环境管理培训代表团30余名学员到北京市朝阳循环经济产业园参观学习城市废弃物科学、清洁处理情况，实地参观焚烧发电厂、卫生填埋场、餐厨垃圾处理厂，听取关于各设施生产运行情况介绍，详细了解园区卫生填埋场“生活垃圾零填埋”情况、餐厨垃圾处理厂生化处理情况，并交流各设施的生产工艺。12月12日，芬兰议会未来委员会主席利波宁带领29人的代表团到园区考察。

(李佐娟)

【考察交流】 4月24日，南京市委副秘书长孙惟勤、市政府副秘书长王国夫带领40余名党政干部，到朝阳循环经济产业园考察固废处理工作，实地考察园区的焚烧发电厂、卫生填埋场、餐厨垃圾处理厂和电动汽车充换电站，了解园区各设施的生产规模、工艺流程及运行情况。7月12日，四川省乐山市城管局局长陈秋菊、市中区政府副区长廖学军率当地村民代表和环卫局干部一行13人到朝阳循环经济产业园实地了解垃圾处理设施建设运营情况，体验生活垃圾处理全过程，为乐山市生活垃圾焚烧厂的建设寻找解决思路。

(李佐娟)

【焚烧中心项目建设】 7月29日至8月9日，完成北京市朝阳生活垃圾综合处理厂焚烧中心(以下简称焚烧中心)垃圾焚烧炉设备国际采购合同谈判工作。8月22日，举行焚烧中心垃圾焚烧炉设备国际采购合同签字仪式。10月8日，签订焚烧中心项目临时用电工程(施工、监理)合同。10月11日，签订焚烧中心项目汽轮发电机组设备采购合同。11月12日，签订焚烧中心项目全过程技术咨询服务合同。12月9日，完成焚烧中心项目垃圾抓斗起重机国际采购项目招标工作。12月13日，召开焚烧中心初步设计评审会。12月24日，焚烧中心项目垃圾抓斗起重机国际采购项目采购合同生效。12月28日，举行焚烧中心开工仪式。12月30日，焚烧中心初步设计取得市规委批复，并将初步设计概算上报市发改委。

(李佐娟)

【对外开放接待】 年内，完成接待351批次，11808人次，接待日196天。其中，政府部门领导调研131批次，3012人次；中外媒体12批次，60人次；国际交流访问7批次，152人次；学校师生团体51批次，3670人次；居民团体14批次，805人次 ；接待“垃圾文明一日游”参观22批次，2150人次；同行业及社会单位参观交流114批次，1889人次。

(李佐娟)

【异味防控与环境监测】 年内，坚持异味防控工作无上限的目标，园区各单位签订异味防控责任书，加大异味防控巡查的力度，每晚对园区及周边开展两次夜查。园区环境服务公司提升作业标准，增加道路清洗、冲刷和喷洒除臭药剂的次数，加强清扫和捡拾的密度，保障园区清洁干净、无异味。持续开展环境监测工作，并对监测结果进行统计分析，全年园区环境空气质量、二噁英监测结果均达标。

(李佐娟)

【安全工作】 年内，加强职工安全生产教育培训，开展隐患排查并强化隐患整改力度，加强施工单位管理，完善园区安全生产应急预案，新增6项专项工作应急预案，组织“11·9”防火应急演练，全年未发生安全生产事故。推进“安全生产标准化”工作，园区5家单位被区安监局评为“安全生产标注化”达标单位。

(李佐娟)

【科技工作】 年内，开展建筑垃圾资源化利用系统关键技术等方面课题研究，完成坝河水净化处理工程工艺方案并进行论证。与北京建筑材料科学研究总院就建筑垃圾处理技术开展深度合作和交流。与中央美术学院共同申报“协同创新、高校联盟”项目，发挥园区资源及高校的科研优势，为园区建立产学研一体发展模式奠定基础。

(李佐娟)

科技　教育

科　　技

【概况】　朝阳区科学技术委员会(简称区科委)是区政府主管全区科技工作的综合职能部门。朝阳区知识产权局与区科委合署办公,负责全区知识产权保护组织协调和专利工作。区科委设办公室,综合科,计划管理科,高新产业科。编制17人。其中,行政编16人,工勤编1人。下设朝阳区生产力促进中心和朝阳区知识产权服务中心两个事业单位,编制12人,均为事业编。年内,全区技术交易额突破426亿元;专利申请量22916件,同比增长8.7%;专利授权量12707件,同比增长27.2%。

地址:日坛北街33号

电话:65099674

邮编:100020

电子邮箱:kewei0001@yahoo.com.cn

(李小骏)

【高校联盟成立】　1月6日,“朝阳区—高校发展合作联盟”成立大会在北京工业大学举行。相关市、区领导,朝阳区及联盟成员单位负责人、部分区内企事业单位代表、区人大代表等130余人参加会议。市、区领导及高校代表为联盟揭牌。朝阳区社会办、北京东方艾迪普科技发展有限公司等5家区内单位分别与北京青年政治学院、北京工业大学等5家高校签订合作协议,在社区工作者培训、人才培养基地共建、技术研发、残疾人劳动与就业服务等领域开展合作。区委书记程连元、市委常委陈刚分别讲话。“朝阳区—高校发展合作联盟”,是按照“政府主导、高校自愿参与”原则,旨在推动高校与朝阳区内单位开展全方位、多领域的合作,推进区域协同创新的专门性组织。联盟以区校发展合作共建委员会、区校科技合作联席会议等为载体,通过信息、资源及需求汇集机制、会商对接及共建机制、产学研联合人才培养机制等三项机制建设,搭建五大平台(交流平台,咨询服务平台,信息、资源、需求发布平台,成果落地转化平台,合作共建平台),推进以企业为主体、市场为导向、产学研用相结合的区域创新体系建设。成员单位包括朝阳区政府、15家驻区高校与1家科研院所。同日,联盟举行区校合作共建委员会第一次会议。会议议定由北京工业大学承担2013年度联盟轮值高校工作。

【科普宣讲活动】　1月15日,在小关街道文体中心举行“科技走·转·改——学习宣传贯彻党的十八大精神朝阳区科普宣讲活动”启动仪式。活动由市科委支持,北京新材料发展中心与区科委、小关街道办事处联合举办。小关街道社区居民及朝阳区创新型科普社区代表参加活动。活动以纳米科技成果为焦点,通过展台设置,宣传资料发放,专家现场讲解互动等方式,向公众展示纳米科技的最新成果及给生活带来的便捷。

(李小骏)

【区校科技合作联席会议第一次会议】　3月13日,高校联盟组织召开2013年度区校科技合作联席会议第一次会议。区委常委、组织部部长张革出席,区文创办、区科委、区教工委、区文化委、区社会办、区财政局、区人力社保局等部门领导及联盟15家高校成员单位科研(技)处长出席会议。会议研讨联盟建设方案和2013年重点工作,张革讲话。

(李小骏)

【知识产权试点城市考核验收】　3月21日,国家知识产权局专利管理司副司长雷筱云、市知识产权局副局长王淑贤率考核验收组,考核验收国家知识产权试点城市(城区)——朝阳区。通过听汇报、查资料、现场答辩等环节,考核验收组现场打分评议,确定朝阳区通过国家知识产权试点城市(城区)验收。

(李小骏)

【科技周活动】　5月22日,组织区域内部分企事业单位的科技工作者、大学生以及社区居民等500余人参加2013年全国科技活动周暨北京科技周现场活动。科技周自5月19日至25日在全国农业展览馆新馆举办,主题为“科技创新美好生活”。主场馆以“科普星光大道”为主线,设置科技让国家更富强、科技让城市更美丽、科技让生活更美好、科普影院、未来工程师博览与竞赛、环球科普行等8个板块,向公众展示展览科技成果。

(李小骏)

【首都科技条件平台】　5月29日,联合北京工业大学共同举办首都科技条件平台“百家实验室进千家企业”朝阳工作站与北京工业大学研发实验服务基地对接交流会。北京工业大学环能学院、软件学院、材料学院的开放实验室专家与参会的精进电动、北京北齿、华德创业等企业对接交流。

(李小骏)

【科普统计】　5月至6月,组织区教委、区委组织部、区委宣传部、区农委、区文化委、街乡以及科普基地等200余个单位及直属机构,参加2012年度科普数据统计,并完成数据的收集、汇总、录入工作。统计数据显示,2012年全区有科普人员3900人,科普经费筹集额9800万元,全区有各类科普场馆66个,出版科普图书、期刊21种,年出版总数93万册,发放科普读物和资料330万余份,全年举办科普(技)讲座7300余次,受众超过62万人次。

(李小骏)

【就业招聘】　6月9日,区人力社保局、区科委和区人才中心在北京工业大学体育馆共同举办朝阳区2013年促进大学生就业——校园就业指导及双选会。活动主题为

"成就梦想、才子朝阳"。130余家用人单位提供1300余个岗位现场招聘。11月22日、29日，2013年促进大学生就业——"朝阳区－高校发展合作联盟高校系列专场招聘会"分别在北京工业大学、北京联合大学举行。招聘会由区人力社保局、区科委、朝阳区－高校发展合作联盟联合主办，区大中专毕业生就业服务中心和区人才服务中心承办。辖区近70家企业提供300余个岗位现场招聘。北京工业大学、北京联合大学近3000名应届毕业生应聘。

（李小骏）

【涉外知识产权专家问诊会】　7月26日，市知识产权局国际交流合作处和区知识产权局共同举办朝阳区企事业单位涉外知识产权专家问诊会。区内北京工业大学、北京化工大学、中科院微电子研究所、蓝星集团、握奇数据、鼎桥通信、奇智软件等16家企事业单位的20余名知识产权主管领导参加会议。

（李小骏）

【知识产权资产评估业务培训】　9月22日，北京市知识产权局与朝阳区知识产权局在蟹岛度假村共同举办知识产权资产评估业务培训及专利投融资项目对接会。朝阳区专利试点、示范单位、专利项目实施单位、高新技术企业等140余名知识产权主管领导和负责人参加会议。

（李小骏）

【文化与科技融合示范基地认定】　11月6日，朝阳区通过第二批国家级文化和科技融合示范基地认定，纳入北京中关村国家级文化和科技融合示范基地管理，作为其中一园，享受相关政策。此工作启动于2013年9月，系根据科技部、中宣部《关于申报第二批国家级文化和科技融合示范基地的通知》要求，区科委组织专家调研并起草《北京朝阳文化和科技融合示范基地规划》上报市科委，经市科委、市委宣传部实地考察、论证后，认为朝阳区符合相关申报条件，重点推荐朝阳区代表北京市申报第二批国家级文化和科技融合示范基地。该认定由科技部与中央宣传部、文化部、新闻出版广电总局联合组织并开展。

（李小骏）

【外观设计专利申请与保护培训】　11月26日，北京12330与12330朝阳分中心联合举办设计服务业外观设计专利申请与保护培训会。驻区70余家企业参加培训。

（李小骏）

【科技进步考核】　年内，根据科技部《关于2013年全国县(市)科技进步考核通过名单公示的通知》文件精神，朝阳区正式列入2013年全国县(市)科技进步考核先进县(市)，区长吴桂英、副区长汪洋、区科委主任冯守华获得2013年全国县(市)科技进步考核先进个人。

（李小骏）

【项目验收】　年内，由北京奥林匹克公园管委会、北京环境保护科学研究所共同承担的区级可持续发展与城乡一体化促进计划——"北京奥林匹克公园龙形水系水质修复与保持技术研究"项目通过专家组结项验收。科技支撑朝阳区典型区域PM2.5监测工作课题完成全部考核指标和任务目标，通过市科委专家组验收。

（李小骏）

【获人才工作先进集体称号】　年内，国家知识产权局办公室下发《关于表扬全国知识产权系统知识产权人才工作先进集体和先进个人的通知》，朝阳区知识产权局获全国知识产权系统人才工作先进集体称号。

（李小骏）

【知识产权宣传月】　年内，联合区内相关单位策划组织以"实施知识产权战略 支撑创新驱动发展"为主题的2013年朝阳区"知识产权宣传月"系列活动。包括知识产权宣传月启动仪式、知识产权知识竞赛、知识产权案件庭审旁听、商标现场宣传、文化创意产业领域知识产权宣传等活动，发放宣传材料5000余份，直接受众2000余人次。

（李小骏）

【获市科学技术奖】　年内，朝阳区34个项目获2012年度北京市科学技术奖，占全市获奖总数的18.5%。

（李小骏）

【知识产权质押贷款】　年内，14家企业进行知识产权质押贷款备案，贷款总额11390万元，其中纯知识产权质押贷款总额9559万元。经审核，14家企业均符合资助条件，区知识产权局给予贴息资金237.42万元。

（李小骏）

【资助技术标准制(修)订】　年内，联合区质监局开展2013年朝阳区技术标准制(修)订资助工作。京东方科技集团股份有限公司等21家单位、84项技术标准符合资助条件。其中国际标准1项，国家标准18项，行业标准59项，地方标准6项。资助总额200.2万元。

（李小骏）

【专利资助及奖励】　年内，受理符合条件的专利资助和奖励申请5281件(2012年度)，比上年增长22%，涉及167家单位(144家企业和23家高校、科研机构)和32名个人。经审核，授权奖励2573件、年费资助2706件、配套奖励2件，资助奖励总额445.9055万元。

（李小骏）

【专利试点单位考核验收】　年内，市知识产权局考核验收朝阳区专利试点申报单位，北京布莱迪测控仪表有限公司等26家企事业单位通过考核验收，成为北京市专利试点单位。截至年底，朝阳区专利试点单位总数168家。

（李小骏）

【专利示范单位认定】　年内，朝阳区推荐的中国科学院微电子研究所等5家企业被北京市知识产权局认定为"北京市专利示范单位"。截至年底，全区"北京市专利示范单位"累计22家。

（李小骏）

【高新技术企业认定及复审】　年内，区科委受理高新技术企业复审42家，审核推荐申报园区外高新技术企业88家，全年高新技术企业推荐数量130家，认证企业115家，园区外高新技术企业保有量突破500家。

（李小骏）

【市级科普基地】　年内，市科委与市科协共同命名243家单位为北京市科普基地，命名周期2013—2015年，并颁发北京市科普基地证书和牌匾。朝阳区33家单位被命名授牌，其中包括中国科学技术馆等28家科普教育基地，北京科技报等4家科普传媒基地，北京凯来美气候技术咨询有限公司1家科普研发基地。

（李小骏）

【区级科技项目立项】　年内，确立高新技术产业发展计划23项，安排科技经费680万元；研发投入资助计划18项，安排科技经费480万元；社会发展与可持续促进计划项目(课题)23项，安排科技经费600万元。

（李小骏）

【市级以上科技项目】　年内，开展国家重点新产品、火炬计划的征集工作，推荐18个项目申报该计划。推荐"北京798艺术区艺术品交易平台""多波段区域安全防护及预警系统""朝阳区科技成果承接与转化平台"项目入围市科委2013年度"重大科技成果转化落地培育"专项评审评估。《朝阳区产学研协同创新服务体系建设》《CBD地区高层商务楼宇的安全监管与事故应急救援系统开发》《北京798艺术区交易服务平台—在线798云平台》《朝阳区典型生物技术水质改善试验研究与示范》4个项目获市科委近900万元重大项目资金支持。

（李小骏）

【创新创业人才】　年内，区科委承担的“产学研联合人才开发模式研究及试点推进”项目，被区委组织部列为2013年重大人才项目。2人入选北京市科委创新创业人才。

（李小骏）

【知识产权人才培训】　年内，开展知识产权人才培训工作，全年累计培训340余人次。

（李小骏）

【入选“十百千工程”】　年内，辖区9家企业入选中关村“十百千工程”重点培育企业，朝阳区累计24家企业入选。9家企业分别是：北京中电华大电子设计有限责任公司、人民网股份有限公司、安世亚太科技股份有限公司、华润赛科药业有限责任公司、北京奥科瑞丰新能源股份有限公司、西门子(中国)有限公司、北京兆维电子(集团)有限责任公司、北京蓝色光标品牌管理顾问股份有限公司、艺龙网信息技术(北京)有限公司。

（李小骏）

教　育

【概况】　朝阳区教育委员会(简称“区教委”)是区政府主管教育工作的职能机构。区委教育工作委员会是区委负责全区教育系统党的建设、思想政治工作和干部教育管理工作的派出机构，与区教委合署办公。年内，教育经费总投入833507万元，教育财政拨款695322万元，比上年增加86216万元，增长14.15%，高于财政经常性收入增长5.15%，生均教育事业费支出31098元，比上年增加255元；生均公用经费17427元，比上年增加1793元。预算内教育经费支出(含城市附加)824255万元，占财政支出3167743万元的26.02%，比上年提高0.01个百分点。改扩建学校设施及修缮投入173564万元，设备购置投入77178万元。固定资产总额833575万元，校舍总占地面积5424250.59平方米，总建筑面积3115713.82平方米，学校图书馆藏书870.46万册。中小学占地面积4138204.36平方米、建筑面积2387913.69平方米，图书馆(室)藏书804.16万册，固定资产685089.56万元。小学134所(不包括25所一贯制学校)，其中教育部门办123所。班级数3393个。全区小学招生24942人，毕业生12679人。在校正式生44527人，借读生61001人；教职工7316人，其中专任教师6876人。小学入学率100%，巩固率100%，毕业率99.87%。民办中小学20所，班级数601个。完小招生2313人，毕业2235人，在校正式生1437人，借读生13074人。初高中班数135个，正式生1868人，借读生2077人(初中招生671人，毕业生530人)。打工子弟学校(未批自办校)18所，班数302个，在校生11010人。特教学校、小学附设特教班7所，班数36个，在校学生数270人，教职工95人，专任教师86人。残疾儿童入学率100%，巩固率100%。工读学校1所，班数9个，学生数228人。教职工36人，专任教师24人。民族学校4所，在校正式生555人，借读生1932人，正式生中少数民族学生数243人，少数民族学生占43.8%，教职工233人，少数民族教职工40人。中学81所(公办72所、民办9所；初中31所、完中17所、高中2所、一贯制学校31所)。毕业14780人(初中9595人、高中5185人)，招生20238人(初中15111人、高中5127人)，在校生56959人(初中40705人、高中16254人)。初中入学率100%，巩固率100%，中考及格率96.82%，应届毕业生高考本科上线率89.54%，教职工9481人，其中专任教师7652人。幼儿园191所，其中教育部门办33所，社会力量办158所。离园幼儿12342人，入园21971人，在园人数58653人，入园率94%。教职工11408人，其中，专任教师6030人。年内，新建幼儿园8所，改扩建幼儿园19所，增加学位4410个。全区0-3岁幼儿受教育率不断提高，区内北京市示范性幼儿园14所，北京市一级一类园80所，二级一类1所，一级二类园25所、二级二类园17所。北京市社区早教基地49个。校外教育单位7个，教职工168人，其中专任教师136人。

地址：石佛营西里2号

电话：85811068

邮编：100025

网址：zw.bjchyedu.cn

（赵　光）

【获评外国学生教育管理先进校】　1月10日，在北京市中小学外籍学生教育研究会2012年年会上，北京市朝阳区芳草地国际学校、北京市第八十中学和北京世青国际学校获评2012年度北京市中小学外国学生教育管理先进学校。

（沈　甚）

【获评首批实验学校】　1月12日，在首都可持续发展教育2013年春节团拜会暨北京可持续发展教育协会常务理事会上，北京市第八十中学、朝阳区白家庄小学、朝阳区牌坊小学被评为首批“联合国教科文组织中国可持续发展教育项目国家实验学校”。北京市共有23所国家实验校。

（赵艳玲）

【合作学校理事会启动】　1月18日，区教委召开“合作学校理事会”启动会。北师大附中朝阳学校、人大附中朝阳学校等14所学校成立“合作学校理事会”。理事会由7—9人组成(引进名校选派3人，区教委选派1人，合作学校选派3—5人)。理事会是学校发展规划、办学特色、形成品牌的监督指导机构，主要职能是审议学校发展规划及年度工作计划、监督指导学校的教学和管理等工作。

（石　淳）

【学校变更】　1月29日，变更北京市朝阳区垂杨柳第四小学本部地址。由垂杨柳第四小学承办朝阳区金泰先锋小区配套学校，该校址作为第四小学本部地址，占地面积7200平方米，建筑面积3578.88平方米，规模12班。隶属朝阳区教委管理，全额拨款事业单位。同日，变更北京市朝阳区三里屯幼儿园本部地址。朝外吉庆小区配套幼儿园由三里屯幼儿园承办，该园址作为三里屯幼儿园本部地址，占地面积3107.87平方米，建筑面积2872平方米，规模10班。隶属区教委管理，全额拨款事业单位。3月19日，变更北京市朝阳区光华路小学校址。将北京市朝阳区光华路小学迁至建国门外砖场胡同甲33号的配套学校内，占地面积3505平方米，建筑面积3988平方米，规模14班。隶属区教委管理，全额拨款事业单位。

（吴　蕊）

【来京务工人员随迁子女入园】　2月20日，区教委采取三项措施，扶持乡(村)中心幼儿园建设，解决来京务工人员随迁子女入园难题。①联合区农委成立区2013年首批扶持乡(村)中心幼儿园建设领导小组,下设专项工作办公室。②出台管理办法,在建设标准、项目申报、专家评审、施工监管、评估验收等方面做出明确规定。③计划在外来人口聚集地区重点扶持建设一批乡(村)中心幼儿园,同步分流一批存在严重安全隐患的自办家庭托幼场所。

(孙婷婷)

【“我是首都小交警”宣传教育】 2月25日至3月10日,区教委依托北京市公安局公安交通管理局网络,组织学生开展“我是首都小交警”主题宣传教育活动。小交警们参加一系列交通安全公益实践活动,包括与香港交通安全队交流互动、交通安全夏令营、实地参观北京市公安局公安交通管理局交通指挥中心、到交通安全教育基地参与游戏体验等活动。朝阳区11万名学生参与。

(赵 宏)

【减轻中小学生课业负担】 2月28日,区教委召开教育系统落实北京市关于切实减轻中小学生过重课业负担专项任务视频会议。朝阳区实现五个转变,将减负工作全面落到实处:一是转变观念;二是转变人才培养模式;三是转变学校管理方式;四是转变评价方式;五是转变作风。全区教育系统480余人在本校分会场参加视频会议。3月26日,区委教工委出台《关于对违反“减轻中小学生过重课业负担”规定责任追究办法(试行)》。11月20日至21日,以“抓实课堂管理 优化减负策略”为主题的朝阳区第十届小学教学工作会召开。会议下发了《关于进一步加强朝阳区小学教学管理的意见》。区教研中心、区教委小教科分别做《朝阳区小学学科质量分析报告》《朝阳区小学教研工作报告》《朝阳区小学教学管理工作报告》。

(赵 光)

【第一批教育外事窗口学校颁牌】 3月14日,朝阳区第一批教育外事窗口学校颁牌仪式及教育外事干部培训会召开。第一批教育外事窗口学校有15所,包括芳草地国际学校、北京市第八十中学、北京市日坛中学、北京市朝阳外国语学校、首都师范大学附属实验学校、东方德才学校、朝阳区芳草地国际学校富力分校、北京市望京实验学校、北京市陈经纶中学、北京市朝阳区白家庄小学、北京市朝阳实验小学、北京市朝阳区花家地实验小学、北京市劲松职业高中、北京劲松第一幼儿园、北京世青国际学校。

(赵 光)

【学生生涯发展指导课程建设优秀成果评选】 3月14日,在北京教科院课程中心组织的“北京市中小学生生涯发展指导课程建设优秀成果评选”中,北京市三里屯一中教师沙迪的“开展生涯规划教育的校本化初探”、朝阳区花家地实验小学教师马伶艳的“论小学生性格发展特点与学校生涯规划教育实施途径”分获一等奖,牟成梅、唐京文等申报的8个成果获二等奖,李延等申报的37个成果获三等奖。朝阳区报送成果获奖比例为58%,获奖成果总数居全市第一。

(赵艳玲)

【七彩小屋关爱农民工子女】 4月12日,朝阳区望京教辅中心以“相约教辅 走进春天”为主题,举办“七彩小屋”启动仪式,旨在以“七彩小屋”为阵地,开展关爱农民工子女志愿服务。“七彩小屋”设在望京花家地西里社区,依托望京教辅中心运行;管理人员由望京教辅中心工作人员、花家地西里社区工作人员、望京社区青年汇专职社工组成。

(李魏永)

【全国课改与校长论坛】 4月17日至18日,由北京师范大学教育学部、朝阳区教委“基础教育未来发展特征研究”课题组联合主办、朝阳区教委承办的“全国课程改革与学校特色发展校长论坛”召开。论坛以课程改革为切入点,聚焦于学校特色发展与校长领导力。北京师范大学副校长曹卫东以及课题总负责人裴娣娜教授分别从不同侧面介绍课题。教育部基础教育一司司长王定华做《新时期下我国基础教育改革发展及思考》主旨报告,清华大学副校长谢维和等专家分别围绕学生学习力等做主题报告。北京、浙江、四川、河南等省市教育局领导、校长、教师约350人参加论坛。

(赵 光)

【阳光体育运动】 4月21日,区教委、区体育局主办的“阳光体育运动”2013年朝阳区中小学生定向运动竞赛在朝阳区东风公园举行。全区66所中小学校的885名学生参加比赛。辜晨等6名同学分获小学男子组、小学女子组、初中男子组、初中女子组、高中男子组和高中女子组第一名。安华里一小、陈经纶中学分校、北工大附中分获小学、初中、高中组团体第一名。

(赵 光)

【李忠达获评北京市万名孝星】 4月21日,新源里四小五年级(2)班李忠达同学获北京市人民政府颁发的2012年“北京市万名孝星”荣誉称号。

(刘海娜 赵 光)

【权福苗获全国劳动奖章】 5月1日,北京市电气工程学校教师权福苗获全国“五一劳动奖章”。

(赵 光)

【三位教师获首都劳动奖章】 5月1日,朝阳区实验小学校长陈立华、北京教育学院朝阳分院教师胡凌燕、北京世青国际学校教师夏娟获首都劳动奖章。

(赵 光)

【获评北京市工人先锋号】 5月1日,朝阳区星河实验小学数学教研组、北京市忠德学校英语教研组获评北京市工人先锋号。

(赵 光)

【模拟联合国(扩大)会议】 5月4日至5日,在陈经纶中学举行2013朝阳区中学生校际模拟联合国(扩大)会议。会议以“青年使命与世界和平”为主题,旨在培养关心国际大事、有思想、有爱国心、有社会责任感的新一代青年。在联合国环境规划署、联合国开发计划署、联合国安全理事会三个会场上,模联大会代表分别代表105个国家参会并就叙利亚危机、全球范围降低温室气体排放等问题展开讨论。北京市30余所学校,180名模联大会代表及观摩团成员与会。

(黄 杰)

【网络媒体进校园】 5月10日,由市委教育工委、市教委、市互联网宣传管理办公室联合开展的“网络媒体进校园——探访身边的特色校”教育均衡发展主题宣传活动启动仪式在北京青年政治学院附属中学举行。宣传范围涉及朝阳区等六区共60余所特色小学、初中。

(王 爽)

【数字化学习实验基地落户朝阳】 5月17日,由北京东方妇女老年大学和朝阳社区学院合作的全国城乡社区数字化学习实验基地成立,该实验基地以远程教育与面授课程相结合、骨干重点培养带动的方式,为老年人提供高层次、大范围教育服务。基地开创了老年教育与社区教育融为一体的发展模式。基地首批设立100个教学基地,普遍推广“九大系列”共3000余学时的《幸福养老大课堂》数字化精品网络教学课程;同时针对社区老年人实际需要,开设面授培训班,年均13万人次参加学习。2013年增设100个教学基地,选择具备一定条件、规模、影响力的养老机构作为新一批教学基地,把老年教育开进养老机构,丰富老年人精神生活。

(韩雨倩)

【“1+3+1”模式助力】 5月18日,2013年

“名师工程”导师带教工作新一轮启动会在清华附小中心商务区实验小学召开。区教委聘请18名优秀学科导师，采用“1+3+1”模式（即1位导师，带领3名左右的骨干学员，带动1个区域教师队伍的整体提升），分学科、分层次培养学员。

（邓 芳）

【全国柔力球邀请赛获奖】 6月18日至20日，由市民委、市体育局、市教委联合主办的2013年“久久星杯·全国柔力球邀请赛”在地坛体育馆举行。全国21个省市，香港、台湾地区，新加坡等1000余名柔力球爱好者参赛。朝阳区第二实验小学柔力球队（30余人）获小学生组金奖第一名。

（赵海东）

【合作办学】 6月26日，区教委与首都师范大学签署合作办学协议。根据协议，首都师范大学承办翠城小区配套小学，学校名称为“首都师范大学朝阳附属实验小学”，性质为公办校。协议期限6年。

（石 淳）

【教师宣讲团成立】 6月27日，在区教委成立朝阳区教育系统教师宣讲团。会上，进行“我的梦·教育梦·中国梦”宣讲评比表彰活动。北京日坛中学刘楠等10人获得“优秀宣讲员”，白家庄小学王强等10人获得“优秀宣讲员提名”，酒仙桥等6个片组获得“优秀组织奖”。

（王 爽 赵 光）

【岗位资格培训班开班】 7月3日至5日，朝阳区首期社区教育工作者岗位资格培训班开班。7月至10月，先后举办两期培训班，课程涉及《社区教育理论》《社区教育项目开发与管理》等，每期培训80课时。43个街乡200余名社区教育工作者参加培训。

（韩 斌）

【教育资源社区服务】 7月12日，区教委在芳草地国际学校双花园校区举行“搭建社区教育平台 营造健康育人环境暨学校放假·社区开学”启动仪式。区教委确定46所中小学作为首批学校，开展学校资源面向社区开展社区教育服务试点。试点工作针对社区未成年人需求，以社区教育项目为载体，采用“菜单+订单”的派送模式，重点探索解决社区青少年放学后、节假日和寒暑假失管失教问题。特邀嘉宾——1992年巴塞罗那奥运会女子100米蝶泳冠军钱红、第46届世乒赛混双冠军杨影作为社区教育志愿者为学生讲授游泳、乒乓球知识。29个街乡社区教育管理委员会领导，46所试点校代表以及社区教育志愿者和学生代表200余人参加仪式。

（韩 斌）

【北京中学成立】 9月2日，北京中学在朝阳区西坝河校区宣布成立并举行以“放飞梦想，世界因我更美好”为主题的开学典礼。北京中学是市政府批准、区政府举办的一所全日制公办中学。北京中学西坝河校区位于香河园地区西坝河东里1号，设18个班，占地面积14155平方米，建筑面积12828平方米。

（吴 蕊）

【城乡教育一体化发展项目结题会】 9月26日，由市教委主办、区教委承办的“探索城乡教育一体化发展的有效途径”项目推进暨朝阳区结题现场会召开。“探索城乡教育一体化发展有效途径”项目于2010年11月由教育部立项，北京是实验省市之一，朝阳区是北京市实验区县之一，2013年12月完成。市教委、东城、西城、海淀等11个实验区县实验项目负责人以及主管领导等150余人参加会议。

（王月胜）

【学校合并】 9月26日，北京东方职业学校与北京电气工程学校合并，合并后名称为“北京市电气工程学校”。电气工程学校占地面积261978.91平方米，建筑面积69325.85平方米。至此，朝阳区公办职业学校调整至5所（北京市求实职业学校、北京市电气工程学校、北京市劲松职业学校、安华学校、朝阳区职业技术学校）。

（铁云飞）

【校外教育集团化管理模式启动】 10月8日，区教委启动校外教育集团化管理模式建设。该模式以朝阳区学生活动管理中心、朝阳区青少年活动中心为核心，统一管理朝阳区垂杨柳教辅中心、幸福村教辅中心等6个教辅中心。任务为负责统筹安排校外教育活动，促进学生主动多样化发展。

（鄂建一）

【校企共建实训基地】 10月9日，北京市电气工程学校与约克（中国）商贸有限公司举行“校企深度合作，共建实训基地”订单培养签约仪式。根据协议，约克公司向学校提供价值20万余元的先进设备，以学校为基地为企业员工和学校师生开展多项技能培训。

（铁云飞）

【优秀班主任工作室表彰与展示会】 10月12日，在酒仙桥学区召开以“研究、传承、创新、成长”为主题的朝阳区小学首届优秀班主任工作室表彰与展示会，17个朝阳区优秀班主任工作室受到表彰。会议下发酒仙桥和安贞里学区班主任工作室的研究成果《学校班主任工作指南》《小学生道德讲堂读本》，作为全区小学班主任工作室研究成果在全区推广。朝阳区2010年成立首个班主任工作室，截至2013年7月，朝阳区小学拥有班主任工作室145个（其中区级1个、学区级9个、学校级135个）。

（唐京文）

【入选全国社区教育实验项目】 10月12日，区教委《区域家庭教育社会支持体系建设实验》，潘家园街道《老年大学创新发展实验》，亚运村街道《社区老年、残疾人心理健康教育实验》，团结湖街道《建设团结湖地区数字学习园实验》，望京街道《七彩小屋——农民工子女关爱实验》等5个项目被列为教育部职成司2013—2014年全国社区教育实验项目名单。

（韩 斌）

【视频互动教学及网络研修会议】 10月17日，由教育部教育管理信息中心主办、北京教育网络和信息中心协办，朝阳区教委承办的第五届“视频互动教学及网络研修”工作暨基础教育信息化创新应用研讨会在北京市陈经纶中学举行。会上展示了朝阳区和陈经纶中学在教育信息化应用方面的创新成果和典型案例，与会代表亲身体验了“朝阳数字校园”的便捷与高效。

（赵 光）

【首届老教育工作者体育节闭幕】 10月25日，首届朝阳区老教育工作者体育节闭幕式在区青少年活动中心举行。本届体育节由区教工委、教委主办，教委老干部管理服务中心承办。体育节以“美丽朝阳·健康夕阳”为主题，分为初赛、复赛及总结表彰三个阶段，历时近一年。教育系统160余个基层单位、近4000人次参加。

（李 蕊）

【教师宣讲团校园巡讲】 10月25日，朝阳区教育系统在朝阳区京通小学成立“我的梦·教育梦·中国梦”教师宣讲团。区教委推举20位优秀宣讲教师，开展校园巡讲活动。

（王 爽）

【促进学生体质健康新举措】 11月2日，在朝阳区阳光体育运动中小学武术比赛开幕式上，十八里店中心小学、团结湖三中、十八里店中学等10所武术项目优势校和民族学校、大望路小学等30所中小学结成武术项目联合体，以优势校带动一般校的方式推广武术项目，让更多学校组团发展体育特色，提升学生体质健康。

（张桂忠）

【消防技能宣传】　11月8日,区教委、区公安消防支队在垡头第二小学联合举办"认识火灾学会逃生"朝阳区中小学校消防安全技能展示主题宣传活动。活动包括紧急疏散、救护表演、消防技能实践及发布"小手拉大手 消防一起走"倡议书等环节。垡头第二小学400余名师生参加活动,全区30余所学校安全保卫工作负责人观摩。

(赵　宏)

【高中特色发展项目结题展示会】　11月8日,北京市国家级基础教育体制改革"高中特色发展"项目朝阳区结题展示会在十七中学召开。该课题开题时间2010年11月,完成时间2013年12月。该项目是教育部项目,朝阳区作为市级体制改革实验区之一,区教委中教科牵头组织,十七中作为实验校。

(王月胜)

【首届世界学习型城市大会】　11月11日,由教育部、联合国教科文组织和北京市政府主办的首届世界学习型城市大会召开。朝阳区、东城区等6个区县参加大会并展示各自建设学习型城市成果。朝阳社区教育展示特色项目《面塑艺术》。

(韩　斌)

【"两免一补"资金发放】　11月11日,区教育系统2013年"两免一补"资金发放到位。共发放资金3338.48万元,扶助项目包括减免书费、杂费、住宿费,学习补助及伙食费补助等,惠及全区14万余名中小学生。

(胡　楠)

【应对空气重污染】　11月12日,区教委制定五项措施应对空气重污染:①研究制定教育系统空气重污染应急预案;②要求各学校根据空气重污染蓝色、黄色、橙色、红色四个预警响应级别,及时启动相应级别的应急工作。如遇红色预警,中小学、幼儿园停课,按照"停课不停学"原则,指导学校通过网络、教育资源数字化平台开展自主学习;③教育、引导师生、家长尽量乘坐公共交通工具;④加强校园施工场地的监督管理,必要时采取遮盖、洒水、防风等降尘措施;⑤及时报送相关信息。

(赵　光)

【首批中小学正高级教师评选】　11月20日,市教委公示2013年北京市学科带头人、北京市骨干教师评选结果。朝阳区56名教师被评为北京市学科带头人、278名教师被评为北京市骨干教师,3名教师被评为北京市农村骨干教师,合计337人,与2010年相比通过评选人数增加28名,占全市比例从2010年的12.79%增至13.92%,从占全市八分之一增至占全市近七分之一。朝阳区教育研究中心周岗、高萍,劲松第一幼儿园芦德芹,北京市第八十中学田树林,北京市第八十中学王贵军,北京市陈经纶中学王苹等6位特级教师获评北京市首批中小学正高级教师职称。北京市学科带头人、骨干教师每3年评选一次,此次获评的56名市学科带头人中,学前阶段教师2名,小学16名,中学32名,职高6名;281名市骨干教师中,学前阶段教师22名,小学138名,中学102名,职高19名。

(邵剑华)

【首批"习作教育"实验校】　11月22日,中国写作学会中小学写作教学专业委员会北京分会成立暨北京市"习作教育"研讨会在朝阳区楼梓庄小学举办,中国写作学会中小学写作教学专业委员会北京分会同时落户朝阳区。朝阳区呼家楼中心小学、芳草地国际学校、楼梓庄小学、东北师大附中朝阳学校等20所学校成为首批"习作教育"实验校。

(程丽静　赵艳玲)

【北京棋院青少年棋院成立】　12月7日,在朝阳区青少年活动中心成立北京棋院青少年棋院。棋院教学活动包括国际象棋、围棋、中国象棋、桥牌、国际跳棋、五子棋,首批开展围棋和国际象棋教学。围棋教学组建10岁组、8岁组、6岁组队伍,每个年龄段在全市范围选拔16名优秀棋手进行培训,每周上课6小时。

(鄂健一)

【教育合作】　12月12日,区教委与北京联合大学师范学院在北京联合大学师范学院签署合作共建框架协议。双方将在人才培养、教师培训、毕业生就业、教科研等方面开展合作共建。

(石　淳)

【全国知名特级教师学术基地启动】　12月12日至13日,在陈经纶中学举行全国知名特级教师学术基地启动仪式暨首届全国知名特级教师高端学术研讨活动数学专场。全国知名特级教师学术研讨基地由中国教师报、朝阳区教研中心、朝阳区名师工作领导小组办公室和陈经纶中学联合主办。国家教育咨询委员会委员、中国教育学会原会长、博士生导师顾明远,《中国教师报》教育家成长工程办公室主任房涛,北京市基教研中心主任贾美华,中国教育学会中学数学教学专业委员会副理事长、秘书长、人教社数学编辑室主任、编审章建跃,区委教工委副书记董健等出席。全国各地中小学校的特级教师、骨干教师和教研组长代表600余人参加。学术基地每次聚焦1—2个学科,每年开展4—6次学术研讨活动,3年完成两轮学科聚焦研讨。

(黄　杰)

【共建合作】　12月13日,区教委与贵阳市教育局签署《北京市朝阳区教委与贵阳市教育局两地教育共建合作协议》,协议期限5年。《协议》约定,双方在干部教师队伍建设、教育教学科研、社区教育等方面开展深入交流。教师队伍建设方面,建立挂职互派机制,建立名校长工作室,建立骨干教师培训机制。教育教学交流方面,建立联合教研机制,开展暑期教育大讲堂及校际交流活动。社区教育方面,构建终身教育体系,培养社区教育骨干,建立社区教育课程共享机制。

(石　淳)

【第一届小学生天文辩论赛】　12月19日,由朝阳区学生活动管理中心、青少年活动中心发起创办的第一届朝阳区小学生天文辩论赛决赛在芳草地国际学校远洋小学举行。朝阳区10所学校参赛。辩论选题为"真的有外星人吗""人类能否移居火星""美国人登上过月球吗"。参赛学生均为小学四至六年级学生,男女不限;每个学校以团体形式报名,每校一队,每队4名辩手。四所学校进入决赛。决赛题目分别是"真的有外星人吗""美国人真的登上过月球吗"。北京师范大学天文系教授何香涛担任裁判并从天文专业角度点评。芳草地国际学校远洋小学和星河实验小学获优胜辩论队,星河实验小学唐仲仪等6人获最佳小辩手。

(鄂健一)

【合作办学】　12月20日,在北京会议中心举行朝阳区教委与东城区教委、北京景山学校合作办学签约仪式。协议规定:根据景山朝阳学校的发展规模和实际需求,在两个校区之间建立干部教师定期轮岗制度。从本校选派若干名管理干部参加学校管理,选派若干名主要学科骨干教师参与教育、教学工作。同时派出景山朝阳学校部分干部、教师到本部任教或挂职学习。北京景山学校朝阳学校为公办九年一贯制学校,按照城乡一体化模式管理,实行"一个法人、一体化管理";行政归属、人员编制属朝阳区教委。学校地址在朝阳区来广营乡土储B3地块,学校规模36个班。占地面积16500平方米,建筑面积21614平方米(其中地上13200平方米,地下8414平方米)。

(石　淳)

教育督导

【概况】 2013年,朝阳区人民政府教育督导室有专职督学9人,兼职督学146人,督政兼职督学25人。主要负责对区内幼儿园、中小学、职业高中、成人教育等各类学校的办学方向、管理水平和教育质量进行监督、检查、评估和指导;监督检查区有关委办局、街道办事处和乡政府落实教育法律法规职责和实施素质教育目标责任制落实情况;对区有关行政部门领导和管理教育工作情况实施督导;调查研究教育工作重大问题并提出意见、建议。

地址:石佛营西里2号

电话:85851122/23

邮编:100025

电子邮箱:szjy506@126.com

(苏纪玲)

【街乡素质教育目标督导考核】 1月4日,组织完成2013年街道、乡政府落实素质教育目标责任情况督导考核评价。考核采取查看档案,审阅自查报告、报告单,听取汇报,与受检单位主管领导当面交流等方式,全方位、多角度了解各街道落实素质教育目标责任情况。经汇总、分析所采信息内容,督评小组向全体督评人员通报各单位工作成绩及存在的共性问题,并形成督导考核意见。

(苏纪玲)

【中小学生减负专项督导】 3月6日,召开“关于切实减轻中小学生过重课业负担专项督导工作布置会”。全区中小学兼职督学近100人到会。会议确定督导检查的内容、方法、时间和标准,强调减负专项督导重要性,对督导工作提出明确要求。3月11日至15日,组织开展全区普通中小学减轻学生过重课业负担情况专项督导。督导采取听取校长汇报、查阅档案材料、访谈教师和学生、问卷等方式进行。全区212所公办学校受检,其中包括143所小学、69所中学。参加此次督导的专兼职督学共620人次,访谈干部教师1645人,访谈学生1948人,学生问卷8605份,家长问卷8710份。督导人员在获取相关信息后进行综合分析,肯定学校取得的成绩,找出存在的问题,并与学校交流反馈。3月18日,组织召开“减轻中小学生过重课业负担”专项督导工作站站长汇报会。会议总结减负成果,认为各学校遵守减负规定,重点减负措施落实到位,提出减负工作中存在的问题和改进建议。辖区中小学督导站站长、区教委中教科、小教科相关人员参加会议。

(苏纪玲)

【教育教学交流】 4月10日,天津大港教育局副局长张强带领中学校长一行11人到朝阳区三里屯一中和首师大附属实验学校调研。区教育督导室副主任尚金森陪同调研。尚金森介绍朝阳区教育发展规划、教育发展情况及优势资源引进、教育督导等情况。受访学校校长分别汇报本校工作,来访人员各听取两节课,双方就课堂教学管理、教师队伍建设等方面问题展开交流。

(苏纪玲)

【教育督导第十四届年度工作会】 4月16日至18日,召开“朝阳区教育督导第十四届年度工作会暨第五届兼职督学培训会”。市政府教育督导室主任线联平做“学习《督导条例》推动督导创新”专题报告。原区督导室副主任张福家为全体兼职督学做岗前培训;督导室基教科和督导室职成科分别做相关业务培训;区教育督导室副主任尚金森做总结发言。

(苏纪玲)

【职高人才培养模式交流研讨会】 4月25日,召开“朝阳区职业高中人才培养模式交流研讨会暨督导调研培训会”。北京市电气工程学校、北京市求实职业学校、北京市劲松职业学校三所职高学校分别围绕楼宇、金融、美容美发等重点专业,介绍推进人才培养模式的具体做法;职成站站长、职教专家杨文尧结合即将开展的职业学校人才培养模式督导调研,做《中职人才培养模式探索》专题培训。

(苏纪玲)

【校外教育机构督导】 5月8日至17日,随访督导黑庄户教辅中心、香河园少年之家、青少年活动中心、垂杨柳教辅中心、酒仙桥少年之家5家校外教育机构;6月6日、7日,综合督导望京教辅中心、芳草地教辅中心,并形成督导评价意见,回复各校外教育机构。

(苏纪玲)

【2013年第五届兼职督学聘任会】 5月14日,召开“2013年朝阳区人民政府第五届兼职督学聘任会”,新任兼职督学近150人参加会议。区教育督导室副主任尚金森总结第四届兼职督学工作,说明新一届督学选聘及构成特点,区领导为新一届兼职督学颁发聘书,新任督学代表发言,第四届教育网络优秀督导站受到表彰。

(苏纪玲)

【朝阳区督政兼职督学工作会】 5月23日,召开朝阳区督政兼职督学工作会。会议总结2012年街乡“区教育督导考核评价工作”的突出特点和取得的成效,通报督导考核结果;简要介绍2013年全区落实素质教育目标责任督导考核评价工作的具体思路及工作方式等。督政兼职督学围绕2013年督政工作,特别是围绕街乡及委办局督导考核评价方案和《“十二五”时期教育事业发展规划重点项目推进情况调研方案》,展开研讨并提出意见建议。

(苏纪玲)

【素质教育目标责任单位联席会】 6月14日,召开“2013年朝阳区全面实施素质教育目标责任单位联席会”。会议总结2012年街乡落实素质教育目标责任自查及督导考核评价工作,部署2013年任务。区教育督导室副主任尚金森做《依法落实目标责任,推动教育事业科学发展》报告。

(苏纪玲)

【教育国际化发展调研】 6月14日,组织8位区政府特约督导员与区教委副主任刘丽彬及国际教育科,专题研讨朝阳区“十二五”期间,教育事业发展规划中的教育国际化目标推进情况。刘丽彬做《朝阳区教育国际化发展现状分析》发言,介绍朝阳区教育国际化发展的背景、现状和未来发展目标,与会人员展开探讨并明确下一步调研基本内容和步骤。

(苏纪玲)

【北京市督导评价朝阳区学前教育】 6月18日至19日,市政府教育督导室副主任关国珍率市督导评价组一行20余人专项督导检查朝阳区学前教育工作。期间,副区长张立新做《关注教育民生 加快推动学前教育持续健康发展》报告,放映相关专题片,并分别召开相关委办局负责人、教委相关科室(部门)及幼儿园座谈会。督评组还采取听汇报、座谈、查阅档案、问卷调查、观看相关教育活动等方式实地考察6所幼儿园,全面了解《朝阳区学前教育发展三年行动计划》落实情况。督导评估组对朝阳区推进学前教育工作给予肯定。

(苏纪玲)

【体质健康监测办法征求意见会】 6月24日,区教委、区教育督导室联合召开“朝阳区教育系统学生体质健康监测办法”征求意见会。各学校校长、校医及卫生保健专业人员提出意见和建议,讨论“朝阳区教育系统学生体质健康监测与评价办法”,并结合实际提出修改意见。

(苏纪玲)

【素质教育自评暨自评主管培训会】 7月

9日,在太阳宫地区办事处召开“朝阳区街乡落实素质教育目标责任 推进社区教育自评工作现场会暨自评主管培训会”。会议介绍2013年素质教育自查工作的流程、内容、方法、程序;解读《朝阳区地区(乡)街道落实素质教育目标责任 推进社区教育督导考核评价指标体系(试行)》;太阳宫地区办事处主管领导做《统筹协调 完善机制 全面落实素质教育目标责任》专题发言;区政府教育督导室副主任尚金森提出2013年素质教育自评工作要求。

(苏纪玲)

【市教育督导室调研】 9月4日,市政府教育督导室副主任关国珍及基础教育处处长张士佐到朝阳区调研迎接国家教育部义务教育均衡发展验收工作。区政府教育督导室主任王世元、副主任尚金森及督导室基础教育科、职成综合科科长参加调研。王世元汇报朝阳区进一步推进义务教育均衡发展工作的具体措施,介绍朝阳区推进义务教育均衡发展工作过程面临的困难与问题,针对北京市教育督导工作提出建设性意见。关国珍希望朝阳区在师资建设、办学条件等方面进一步加大工作力度,为迎接全国义务教育均衡发展督导评估做好准备。调研人员还到朝阳区润丰学校实地考察,润丰学校校长汇报工作。

(苏纪玲)

【中小学督学责任区组长工作会】 9月9日,召开“朝阳区2013年下半年中小学督导责任区组长工作会”。会议总结2013年上半年工作,布置下半年任务;传达《北京市推进中小学体育工作三年行动计划(2013－2015年)》通知精神,安排开学初体质监测、常规检查及办学条件调查三项随访督导工作。

(苏纪玲)

【教育督导责任区督学培训会】 10月16日,召开“2013年朝阳区教育督导责任区督学培训会”。北京市政府教育督导室副主任关国珍到会并做《督学责任区面临的新形势及新任务》专题培训。

(苏纪玲)

【职高专项督导调研总结交流会】 11月6日,召开职业高中新型人才培养模式专项督导调研总结交流会。总结新型人才培养模式专项督导调研情况;北京市电气工程学校、北京市求实职业学校、北京市劲松职业高中三所学校做“推进非重点专业人才培养模式的新探索”交流发言。总结交流会前,督导室组织参会人员参观并学习了北京市商业学校,听取学校关于推进人才培养模式的思考与做法介绍,并观摩教育教学成果展览。

(苏纪玲)

【“十二五”科研课题中期汇报会】 11月11日,召开朝阳区教育评价与督导“十二五”科研课题中期汇报会。特邀市、区相关领导和专家参会。46个单位的课题负责人分成四组分别汇报本单位课题研究的阶段成果、效果及存在的困惑与问题;专家团对汇报课题分别予以点评、答疑与指导,并提出指导意见。

(苏纪玲)

【国幼体质健康督导调研总结会】 11月26日,召开国办幼儿园体质健康工作督导调研总结会。会议肯定各园体质健康工作成绩,指出存在的问题,并提出针对性指导意见。华洋紫竹幼儿园、新源里幼儿园和安华里幼儿园分别介绍经验。区妇幼保健院保健中心主任张铁勋就托幼机构卫生保健管理工作进行培训。

(苏纪玲)

【教育督导与评价优秀论文评选】 11月26日至27日,开展教育系统教育督导与评价优秀论文(案例)征集和评选工作。各督导责任区推荐89篇论文,122篇案例。评出优秀论文21篇,其中一等奖4篇,二等奖8篇,三等奖9篇;优秀案例42篇,其中一等奖4篇,二等奖13篇,三等奖25篇。

(苏纪玲)

【职高学生体质健康专项督导】 11月,专项督导朝阳区职业高中学校体质健康工作情况。督导采用听取学校专题汇报,查阅相关文档材料,查看两操一课、阳光体育活动,查看体育器材配备情况,教师座谈、学生问卷等方式进行。督导结果显示如下问题:①职业高中学生没有全市统一的CMIS号,致使体质健康测试数据不能直接纳入CMIS系统;②职业高中体育教师的继续教育、培训、评职、评优等方面,职业教育特色不明显;③各职业高中一校多址、分散办学,校区多,面积小,制约全校大型体育活动的组织及开展。

(苏纪玲)

【督导街乡素质教育落实】 11底至12月初,完成对酒仙桥街道、南磨房乡等18个单位落实素质教育目标责任、推进社区教育工作情况的重点及非重点随访督导。原区人大常委会副主任于五一、原区政协副主席关三多等督政督学和督评人员共34人参加重点随访督导。重点随访选取未成年人教育、社区教育、外来务工人员教育等重点指标进行考核,通过听取汇报、查看档案、问卷调查和实地查看青少年教育或社区教育活动场所等环节,了解街乡落实素质教育责任推进情况。督导人员结合各单位现状,分别给予具体指导并提出建设性意见。非重点随访以指导为目的,通过查看自查报告、档案材料等了解各单位开展自查工作的经验、做法,并对发现的问题提出指导意见。

(苏纪玲)

【督导科研总结暨督评课题培训会】 12月23日至24日,召开“督导科研工作总结会暨朝阳区‘十二五’教育督导与评价课题推进培训会”。督导室基础教育科做“科研引领,推动我区督导工作的深入发展”总结;表彰2013年教育督导优秀论文21篇,优秀案例43篇,优秀组织奖8个。获奖论文、案例及课题代表分别发言;原教科所所长桂富荣做“如何做好课题结题工作”专题培训。

(苏纪玲)

【义务教育均衡发展国家级评估】 12月27日,在朝阳实验小学召开北京市义务教育均衡发展国家级评估暨中小学校挂牌督导工作推进会。市教委主任线联平部署义务教育均衡发展迎检和北京市中小学校挂牌督导工作。朝阳区就推进中小学校挂牌督导、东城区就义务教育均衡发展分别发言。副市长杨晓超提出具体要求。会上,举行“北京市中小学督导公示牌”颁牌仪式,杨晓超及国家督导办主任何秀超为朝阳实验小学挂牌督学揭牌。朝阳区实验小学成为北京市第一家实施挂牌督学的学校。

(苏纪玲)

【普高德育督导调研总结会】 12月30日,召开“2013年朝阳区普通高中德育督导调研工作总结会”。梳理高中德育工作及评价指标体系研制情况,与会专家对《普通高中德育督导评价指标体系(试行)》进行深入研讨和修改完善。

(苏纪玲)

社区学院

【概况】 朝阳社区学院为区属全额拨款正处级事业单位。属于国民教育系列,地区性成人高校,有和平里、和平西街、双龙南里和首都机场4个教学区。学院内设17个部门,教职工126人,高、中级专业技术人员65名,中共党员67名。学院占地面积34707平方米,建筑面积27723平方米。体育场馆1581平方米。图书室藏书总数

7.8万册。固定资产总值5115.62万元。2013年，毕业生848人，其中职大205人，电大643人。招生1285人，其中职大373人，电大912人。在籍生5310人，其中职大667人，电大4643人。开设专业36个，其中职大11个，电大25个。各类教育培训109226人。多媒体教室81个，其中计算机房20个，专用教室39个，专业教室22个。

和平里本部地址：和平里南口砖角楼北里5号
电话：64211719
邮编：100013
网址：http://www.bjccc.com

（王秀华）

【区流动人口培训总结大会】 1月15日，朝阳区流管办、朝阳社区学院联合召开朝阳区流动人口培训总结大会。区流管办主任王春增、社区学院副院长宁雪娟出席会议并讲话，43个街乡流管办负责人参加会议。2012年度，社区学院举办流动人口各类培训104场，受益人群12000人。王春增肯定2012年流动人口教育培训工作，并结合2013年培训重点，部署全区流管工作。酒仙桥街道、十八里店地区办事处、东坝地区办事处等10个单位被评为2012年度流动人口培训先进单位。

（王秀华）

【学院党委换届】 3月1日，召开学院党委换届选举大会。学院党委书记马金东做《解放思想科学谋划 主动服务 开拓创新 推动学院各项工作更好更快发展》工作报告。学院党委委员、副院长宁雪娟作《中共朝阳区职工大学（朝阳社区学院）委员会党费收缴、管理和使用情况》报告。全院党员分支部讨论并审议通过报告。大会选举产生新一届学院党委。马金东、王黎明、宁雪娟、白新睿、李文龙当选党委委员。

（王秀华）

【共建教学基地】 3月4日，在蟹岛度假村举行朝阳社区学院蟹岛教学基地揭牌仪式暨酒店管理专业开学典礼。学院党委书记、院长马金东，蟹岛集团董事长傅秀平和党委书记马长利等领导及全体新生参加典礼，副院长王黎明主持。王黎明宣读《朝阳社区学院与蟹岛集团共建教学基地的决定》，马金东与傅秀平签署共建协议，并为“北京市朝阳社区学院蟹岛教学基地”揭牌。首批67名蟹岛集团管理骨干和一线职工通过全国成人高考，进入该教学基地就读酒店管理专业大专班。该基地的建立是学院落实市总工会“首都农民工大学生助推计划”、主动服务区域人才需求的一项具体举措。

（王秀华）

【会计从业资格无纸化考试】 3月16日，北京市2013年会计从业资格无纸化考试在朝阳社区学院开考，3600人参考，历时6天。学院在过去2年组考的基础上，经上级部门批准，除和平里本部考点外，2013年增设双龙教学区作为朝阳考区新考点。

（王秀华）

【先进团队暨校级骨干表彰会】 3月19日，召开建设学习型学院先进团队暨校级骨干表彰会。办公室、项目管理处、艺术系、社区教育处4个部门被评为2012年建设学习型学院先进团队，李洁等被评为校级骨干。

（王秀华）

【高考备考生家长指导】 4月12日，落户学院的区家庭教育指导中心与区教委中教科，在区教委联合开展“家有考生”——朝阳区高考备考生家长指导，全区20余所高中校的400余位考生家长参加活动。中国儿童安康成长专家委员会秘书长、北师大教育学部教授钱志亮做“高考备考生的家长指导”专题讲座。

（王秀华）

【家教总结及德育干部培训】 4月12日，“朝阳区学校家庭教育工作总结及德育干部专题培训”在蟹岛举行。区家庭教育指导中心与区教委中教科等，中、小、职各学校德育工作主管领导近300人参加培训。家庭教育指导中心向与会人员介绍近两年工作情况，总结2012年朝阳区“好家长”和“我的家庭教育故事”征文活动情况，表彰3047名朝阳区“好家长”和1599篇“我的家庭教育故事”征文，下发“我的家庭教育故事”文集。

（王秀华）

【大学生社工党员示范培训】 4月24日至26日，举办朝阳区大学生社区工作者党员示范培训班。培训由区委组织部主办、社区学院承办，40个街乡的40名大学生社工党员参加培训。培训包括理论知识讲座、室内外拓展训练，及“心有多大，舞台就有多大——作为一名党员，在社区工作中如何发挥模范带头作用”主题座谈会。期间，区委组织部常务副部长王小毛讲授党课。北京青年政治学院社科部主任、教授赵卫民讲授“三观心态教育”。中央党校教授徐浩然讲授“群众路线教育”。北京市社区建设专家组组长、研究员、教授马仲良做“充分发挥党员在社会管理创新中的表率作用”专题讲座。

（王秀华）

【老年教育数字化学习协作会】 4月27日，在学院举办全国城乡社区老年教育数字化学习协作会暨老年教育研究中心揭牌仪式。第十届全国人大常委会副委员长、中国关心下一代工作委员会主任、北京东方妇女老年大学校长顾秀莲，第十一届全国人大常委会委员、上海市信息化专家委员会主任、教育部原副部长吴启迪等与会。北京、上海、天津、重庆、武汉等地高等院校和研究机构代表、教育部社区教育示范（实验）区代表、全国城乡社区数字化学习实验（示范）基地代表以及北京市各区县社区老年教育“基地”代表200余人参会。

（王秀华）

【中考招生志愿填报指导】 5月12日，区家庭教育指导中心与区教委中教科、区招生考试中心中招办联合举办“朝阳区2013年中考招生志愿填报指导”专场讲座。全区上千名初三学生家长听讲。

（王秀华）

【社区教育网课程推广培训】 5月24日，朝阳社区教育网“早教天地”网络课程推广培训会在学院举行。区教委学前办、社会力量办学管理所领导，22所幼儿园园长和区家长委员会委员代表参加培训。

（王秀华）

【社区教育座谈会】 6月5日，召开社区教育座谈会，中共中央党校政党制度教研室主任、教授祝灵君，北京市教育学会会长李观政、市区教委和学院领导与会。市教委相关人员介绍近年来北京从市、区、街、村四个层面开展社区教育的基本情况。区教委主任孙其军从功能定位、运行机制、重点切入等方面汇报朝阳区开展社区教育的情况。院长马金东汇报学院社区教育的服务支撑体系建设及围绕“一老一小、一农民、一流动、一外籍”五个重点人群，开展社区教育服务的情况。

（王秀华）

【创建学习型城市专职骨干培训】 6月19日至21日，举办2013年北京市创建学习型城市专职工作骨干队伍培训班，全市16个区县以及燕山教委在内的82名学习型城市专职工作者、20名专家组成员参加培训。培训由市教委主办、朝阳社区学院协办。

（王秀华）

【“弘扬主旋律 共筑中国梦”表彰】 7月1日，举办庆祝中国共产党成立92周年“弘扬主旋律 共筑中国梦”暨先进党支部、优秀共产党员表彰活动。先进党支部：行政党支部；优秀共产党员：田永红、吴薇、梁家锦、王乃换、刘钜涛、孙国华、王瑞春、张勇、张春发。

(王秀华)

【《中华韵》师资培训】 7月3日至5日,《中华韵》师资培训班在学院体育馆举办。百余名社区教育活动骨干、基层舞蹈教师参加培训。

(王秀华)

【党员集中教育】 7月14日至16日,开展党员集中教育活动。全体党员参加党章知识闭卷答题,自学党的群众路线相关资料、撰写"新时期党的群众路线之我见"征文,并在支部会上分享学习心得。

(王秀华)

【事业单位管理岗位青年人才培训】 9月2日,举办2013年朝阳区第二期事业单位管理岗位青年人才培训班开班典礼。培训由区人力社保局与社区学院联合举办。全区24个单位的42名学员参加为期三周的培训。

(王秀华)

【教科研年会】 9月10日,召开2013年教师节暨科研年会。会议以队伍建设为基本主题,以教科研年会为基本内容,学院全体教职工与会。会议播放《科研为学院发展插上了翅膀》科研成果宣传片,副院长白新睿围绕近几年学院科研工作的发展和未来努力方向做报告,学院为校级课题获奖的5位教师、2012年校级课题立项的12位教师、2012-2013学年度科研成果获奖的43位教师、2012-2013学年度校内论文获奖的11位教师颁发获奖证书;10位2013年师德先进个人和2位社区教育带头人受到表彰。党委书记、院长马金东要求全体教师增强科研意识,在科研数量、质量、层次三个方向努力,形成局面,促进学院可持续发展。

(王秀华)

【第二届硕博论坛】 9月10日,朝阳社区学院第二届硕博论坛开讲。论坛分为三个分论坛和一个主论坛。33位博士、硕士结合学院的发展和未来规划,围绕"提升学院核心竞争力"主题,阐述自己的见解与建议。

(王秀华)

【获市教育教学成果奖多项】 9月11日,北京市教育委员会、北京市人力资源和社会保障局、北京市财政局开展的第七届北京市高等教育教学成果奖评审落下帷幕。东城区职工业余大学、西城区经济科学大学、石景山区职工业余大学和朝阳区职工大学(社区学院)等六区八校联合申报的《立足首都、服务社区,办百姓身边大学——北京地区性独立设置成人高校办学模式创新》项目获第七届北京市高等教育教学成果一等奖。社区学院申报的《突出应用能力提升专业化水平——学前教育人才培养模式创新与实践》项目获第七届北京市高等教育教学成果二等奖。学院艺术系教师赵宏领衔的学前教育专业教学团队获北京市教委重点支持高等学校继续教育优秀教学团队。学院党委书记、院长马金东参与完成的《北京市0-6岁社区儿童早期教育服务和指导项目》获第四届北京市基础教育教学成果二等奖。

(王秀华)

【签署战略合作意向书】 9月16日,与北京首一业主大会工作辅导中心签署"北京社区建设与业主工作培训基地"战略合作意向书。"意向书"议定:自协议签订之日起,双方在"业主组织建设研究及业主委员会成员培训和咨询服务领域"开展长期合作。

(王秀华)

【合作培训财会人员】 10月23日、11月13日,首次与北京京客隆商业集团股份有限公司合作开办财会人员继续教育培训班。培训各为期3天,京客隆集团300名财会人员参加培训。培训课程设置:《企业内部控制基本规范及指引》《合并报表》《企业会计准则》《小企业会计制度》。

(王秀华)

【首届跳蚤市场教学实践活动】 10月26日,职大2012级工商管理专业学员在和平西街教学区开展学院首届跳蚤市场教学实践活动。150余名在校生和12位任课教师参加活动。

(王秀华)

【电大科研课题结题】 10月30日,2011年度基层电大科研课题"分层教学在电大本科开放英语教学中的运用研究"课题结题。该课题自2011年9月正式立项,经过对学院电大2011秋,2012春和2012秋三届非英语专业本科学生分层教学的实证研究,取得教学效果,形成研究成果。

(王秀华)

【获"首都市民学习品牌"】 10月,学院非学历培训项目之一"家庭服务训练营"获北京市建设学习型城市工作领导小组授予的2013年"首都市民学习品牌"。

(王秀华)

【首届国际老年教育论坛】 11月2日,2013中国国际教育年会暨第二届北京东方老年文化节首届国际老年教育论坛在中华女子学院开幕。活动由朝阳社区学院与中国教育国际交流协会、北京东方妇女老年大学、中国成人教育协会老年教育研究中心、朝阳区劲松街道办事处联合举办。第十届全国人大常委会副委员长、中国关心下一代工作委员会主任、北京东方妇女老年大学校长顾秀莲出席活动。学院党委书记兼院长马金东做《积极推进数字化学习 促进社区老年教育发展》发言。来自澳大利亚、比利时、日本、韩国、苏丹等国家的100余名代表参会。

(王秀华)

【北京市业主培训基地成立】 11月3日,"北京市业主工作培训基地"成立暨首期"社区建设与业主工作"培训开班典礼在朝阳社区学院举行。首期培训开设《业主工作基础知识》《第三方监理评估》等课程。北京市部分小区的近50名学员参加开班典礼。

(王秀华)

【英语口语竞赛获奖】 11月9日,2013年北京高等学校成人高等学历教育英语口语竞赛总结交流活动在北京对外经济贸易大学举行。本次比赛历时半年,59所北京高等学校、118个代表队、350名选手参加非英语专业专科组和本科组、英语专业专科组和本科组四个组别的竞赛。学院获英语专业专科组团体奖第二名、最佳赛场和竞赛组织奖。学院选手左元元、周望分获英语专科一等奖、二等奖。学院教师邹睿获优秀指导教师奖。学院教师王黎明、王乃换获竞赛贡献奖。

(王秀华)

【保育员岗位培训】 12月7日,2013年朝阳区第二期幼儿园保育员岗位培训结束。培训由学院和区教委联合举办。王四营幼儿园等39所幼儿园的103名保育员参加考试并结业。此项培训自2011年4月起始,至此已举办6期,近千人完成岗位培训。

(王秀华)

【社区教育信息工作总结培训】 12月13日,召开朝阳区社区教育信息工作总结培训会。会议总结2013年全区社区教育信息工作,表彰社区教育信息报送先进单位和个人,并对社区教育信息员进行业务培训。2013年,朝阳区38个街乡参与社区教育信息报送工作,全年累计报送信息2000余条。来广营地区办事处、六里屯街道办事处等8个单位被评为2013年度社区教育信息报送先进单位。

(王秀华)

【第二届家长委员会成立】 12月13日,朝阳区第二届家长委员会成立大会暨第一次工作会在学院召开。区教育工会主席陈先豹、社区学院书记兼院长马金东、区教委相关科室负责人及第二届家长委员会委员出席。选举产生家长委员会组织机构，董玲当选第二届家长委员会会长；房小红、郝丹和逯振强当选副会长；齐惠芳当选秘书长。与会领导向21名家长委员会委员颁发聘书。

（王秀华）

【校本培训】 12月17日，学院邀请清华大学教育研究院常务副院长史静寰教授为全体教职工做"全球化时代的高等教育与终身学习"专题讲座。

（王秀华）

【社区家庭教育骨干培训】 12月20日，区家庭教育指导中心与北京市家庭教育指导中心、区妇联、区家庭教育研究会联合举办朝阳区社区家庭教育骨干业务培训。全区43个街乡的妇联主席及557名"社区和谐家庭指导站"负责人参训。市家教中心主任梁丽健、市家教研究会副会长宗春山、市家庭教育研究会副会长齐大辉、区妇联副主席贾冬云和区教委社区教育科等领导参会。区家教中心为全区557个"社区和谐家庭指导站"配发"青少年成长营地"网络课程学习卡等家教资料。

（王秀华）

【中华传统文化教育基地展示】 12月20日，联合区教委举办朝阳区中华传统文化教育基地展示活动。中华传统文化教育进社区项目自2011年起在朝阳区推进，至2013年12月，全区街乡层面建立传统文化教育基地26个，开展传统文化教育进社区项目53个。

（王秀华）

【参加中国家庭教育高峰论坛】 12月21日至22日，参加中国教育学会家庭教育专业委员会在京举办的"中国家庭教育高峰论坛"。受峰会组委会邀请，副院长白新睿代表学院做《朝阳区家庭教育社会支持体系构建的研究与实践》经验介绍。全国各地家庭教育工作者400余人参加大会。

（王秀华）

【朝阳社区教育成果展】 12月24日，在学院和平里教学区体育馆举行朝阳社区教育成果展暨第六期社区教育活动骨干培训结业式。活动由学院与区教委联合举办。骨干班学员、教师、学院领导等700余人参加。"种子工程"——社区教育活动骨干培训项目自2011年12月启动，至此，已从初期培训2类2个班70人扩展至21类31个班2210人。

（王秀华）

【市建设学习型城市专家研讨】 12月24日至25日，由市教委职成处主办、学院承办的北京市建设学习型城市专家组研讨会召开。专家组成员、市教委职成处副处长吴缨、学院党委书记兼院长马金东和相关人员30人参加学习研讨。

（王秀华）

【学院年度最具影响力事件】 12月31日，召开学院2013年度最具影响力事件评选表彰大会。"学院办学条件得到新改善、学院获多项北京市教育教学成果奖、社区教育活动骨干培训暨"种子工程、积极探索专业建设新途径，合作办学模式更加丰富、朝阳区家庭教育社会支持体系初步建立及非学历教育资源整合能力提升、渠道拓展、成效明显"被评为学院2013年度最具影响力事件。

（王秀华）

文化　体育　卫生

文　化

【概况】　朝阳区文化委员会(简称区文化委)是负责朝阳区文化、文物、新闻出版和广播电影电视工作的政府职能部门。内设办公室、文化科、文物管理科、出版发行管理科(审批管理科)、电视音像管理科(调研室)、组宣人事科、财务基建科及文化执法队。编制60名。其中行政编制30名、行政执法专项编制27名、工勤编制3名。直属单位有文化馆、图书馆、北京民俗博物馆、朝阳剧场、紫光影城、香河园地区文化中心、劲松电影院、垡头地区文化中心、群众文化厅、朝阳京剧文化艺术中心、文物管理所、国声京剧文化艺术中心。年内,朝阳区文化建设以创建国家公共文化服务体系示范区为契机,以文化惠民为出发点和落脚点,完善公共文化服务体系,夯实文博工作基础,提升文化市场服务与管理水平。全区街乡级文化中心和社区(村)级文化活动室设置率100%,达标率分别为95%、96%。朝阳区图书馆新馆建成并投入使用,新建数字文化社区46个。有群众文化队伍2029支,比上年增加22%。完成国有可移动文物普查试点工作,并通过国家文物局验收。

地址:东三环北路36号

电话:65014855

邮编:100026

电子邮箱:cywhwyh@vip.sina.com

(林理平)

【文化居委会】　1月23日,在垡头地区文化中心启动文化居委会试点工作。垡头地区11个社区的60名居民代表参加筹备工作会并接受培训。培训内容包括:朝阳区文化发展现状及特点、建立文化居委会的意义和目的、居委会成员的工作任务、可操作的民主议事程序——罗伯特议事规则以及满足百姓需求的议事方法等。4月9日,垡头文化居委会举办议事规则培训班,60名居民代表学习《罗伯特议事规则》。10月12日,垡头文化居委会采取居民代表票决方式,推荐举办“老街坊重阳相聚一杯茶”广场大碗茶活动,欢度“重阳节”。100张八仙桌,400位老街坊,欣赏含灯大鼓、傅氏幻术、重阳故事、对口相声《说标语》及琴书段子《长寿村》等节目。

(李雪梅)

【东岳论坛】　1月29日,第六届东岳论坛开幕。论坛由北京民俗博物馆·东岳书院、北京电视台“这里是北京”栏目、北京青少年国学社团联盟联合主办,论坛主题为“中华优秀传统文化传承与社区建设”。国内多名专家学者及朝阳区街乡、社区一线的文化工作者,研讨交流传统文化在社区的地位与作用、传统文化在社区的实际传承等问题 。清华大学国学院院长陈来、中国人民大学教授周孝正、北京社会管理科学研究院院长马仲良、北京市委党校教授吴刚、北京电视台“这里是北京”总制片人李欣,就传统文化与当代城市社区建设的关系、传统文化与社区精神培育等主题分别讲演。朝阳区街乡文化工作者、北京民俗博物馆、民间收藏家、朝阳区国学传承校代表等结合工作实践,介绍传统文化进社区的经验。

(李雪梅)

【公共文化服务体系示范区迎检】　1月至6月,开展创建首批国家公共文化服务体系示范区迎检工作。创建始于2011年6月,分为四个阶段,分别为启动建设(2011年6月至8月)、全面创建(2011年9月至2012年2月)、深化创建(2012年3月至12月)和全力迎检(2013年1月至6月)。该项工作是文化部、财政部在“十二五”期间开展的一项战略性文化惠民项目,被纳入十七届六中全会《决定》中。创建中,朝阳区成立区四套班子主要领导任组长的创建领导小组,下设综合协调、制度建设、宣传信息、设施建设、街道创建和农村创建6个办公室,43个街乡分别设立创建办公室,形成“1+6+43”创建组织网络。2013年上半年,全区各街乡及有关部门分别参与迎检活动。期间,重点完成三项工作:①完成四大类、164盒创建档案以及70件亮点材料的收集整理;②按照朝阳区“2+5”评价指标体系,对全区公共文化建设开展第二次测评,重点指导测评中平均分以下的街乡;③召开全区公共文化服务体系建设大会,部署迎检验收及下一阶段文化建设重点工作。经全区共同努力,朝阳区公共文化服务体系示范区五项创建项目均取得优异成绩。其中《构建“3+1”服务网络,提升公共文化服务效能》课题在验收答辩环节得分91.62分,居全国31个创建城市第二名(第一名为广东省东莞市,得分93.69分)。6月17日至18日,文化部组织专家组验收朝阳区创建工作,专家组对朝阳区创建工作给予高度评价。7月30日,文化部召开首批国家公共文化服务体系示范区验收评审会,朝阳区创建工作得到专家组认可并通过评审。评审得分88.91,名列直辖市第一。11月6日,在国家公共文化服务体系示范区(项目)创建工作会议上,副区长张立新代表朝阳区接牌,朝阳区成功创建首批国家公共文化服务体系示范区。朝阳区亦是北京市首个国家公共文化服务体系示范区。

(李雪梅)

【重要会议】　2月1日,召开“公共文化服务体系建设与民办图书馆发展”研讨会,与会者在现场观摩的基础上,围绕“吸引社会力量参与公共文化建设”展开专题研讨。区图书馆、民办图书馆、区文化委、首都图书馆负责人分别发言,国家公共文化服务体系建设专家委员会副主任、北京大学信息管理系教授李国新从政府层面、民办图书馆层面提出三点建议：①将民办图书馆纳入公共文化服务体系；②支持民办图书馆的公益化服务；③民办图书馆继续保持自身优势和灵活性，实现民办图书馆对公共图书馆的补充及可持续发展。2月27日，召开2013年文化市场管理（扫黄打非）工作部署会，传达中央、北京市有关会议精神，部署朝阳区文化市场管理（扫黄打非）及全国“两会”期间工作方案。区委常委、宣传部部长、统战部部长、区文化市场管理（扫黄打非）工作领导小组组长谢莹强调做到“四个强化”、实行“三个检查”，即强化组织领导、强化日常监管、强化综合整治、强化宣传教育；实行出版物市场摸底查、文化市场错时查、重点点位反复查。6月26日，召开2013年文化市场管理（扫黄打非）第二次工作会议，通报北京市“扫黄打非”会议精神，部署集中整治销售非法出版物游商专项行动。谢莹提出四点要求：①加强领导，群策群防。②把好印刷关，守住流通关。③突出整治非法政治类出版物，打击兜售非法出版物游商；④开展联合行动，形成强大威慑力。

（李雪梅）

【第十二届北京民俗文化节】 2月10日至15日（农历正月初一至初六），在北京东岳庙举行第十二届北京民俗文化节暨第十五届东岳庙文化庙会。庙会主题为“逛东岳庙会·品民俗风情·祈国富民安”。庙会活动项目有：本命年红腰带、《华夏遗珍——古瓷文明展》《十二生肖话民俗——蛇生肖展》，国家非物质文化遗产——山西稷山高跷走兽表演、幡鼓齐动十三档花会、皮影戏、东岳讲坛、吴桥杂技、拉洋片、扁担戏、耍耗子、二鬼摔跤、子时祈福、“福”文化展示、东岳庙道教仪规祭祀等。期间，接待中外游客5.5万余人次。

（李雪梅）

【文化交流】 2月20日，在区文化馆大剧场上演《俄罗斯芭蕾舞精华集锦》，节目有《胡桃夹子》《天鹅湖》《堂吉诃德》《天方夜谭》。4月29日至5月1日，“2013北京潮流音乐节”邀请波兰、乌拉圭、厄瓜多尔、英国、美国、俄罗斯、丹麦、哥伦比亚、古巴等国家参与演出交流19场。6月7日，在798玫瑰之名艺术中心上演现代舞剧《trans la valo》，舞剧由北京9当代舞团与西班牙编舞家Jorge Crecis合作制作。8月30日，在区图书馆二层报告厅举办波兰《月亮的味道》作者麦克·格雷涅茨读者见面会。9月4日，韩国青少年代表团一行100人，到北京民俗博物馆参观并体验传统民俗。此次访问是两国政府间青少年交流项目之一。9月4日，在区图书馆举办日本“超人气”绘本作家宫西达也中国巡回演讲北京站演讲。9月23日，西班牙最具代表性的现代舞表演家汤尼·卓达尔，在区文化馆“北京9剧场”做“现代舞蹈说”的北京首演。此为2013国际青年戏剧节邀演剧目之一。10月2日，台湾海峡两岸和谐文化交流协进会会长、台湾文化艺术界联合会理事主席、全球中华粥会总会长陆炳文先生到北京民俗博物馆参观访问。陆炳文当场题写“永延国祚”为博物馆留念。10月25日至27日，区文化馆根据国家非遗项目创意制作的“漂亮的兵马俑灯笼”，在英国伯明翰市展出，3天接待观众近4000名。

（李雪梅）

【“书香朝阳·全民阅读”启动】 4月19日，启动朝阳区2013年“书香朝阳·全民阅读”活动。期间，分别举办亲子阅读故事剧场系列培训会、“阅读滋养心灵，读书给人力量”朝阳区残疾人原创作品诵读会、朝阳区残疾人“励志人生”报告会、朝阳区第二十五届“孙敬修杯”学生故事比赛；承办“北京市换书大集”朝阳区分会场、拥军演讲比赛、“重阳节”笔会等活动。全年组织读书活动90余场（大型读书活动24场），直接参与人数5万余人次。组织公益讲座254场。

（李雪梅）

【潮流音乐节】 4月29日至5月1日，“2013潮流音乐节”分别在朝阳公园和朝阳体育中心举行，两地共搭建舞台4个，举办演出59场。音乐节期间，朝阳公园入园4.75万余人次，朝阳体育中心入场1万余人次。（“2013潮流音乐节”源于“朝阳流行音乐周”，“朝阳流行音乐周”已连续举办七届，自2013年起更名为“潮流音乐节”）。

（李雪梅）

【文化遗产保护】 4月，区“国有可移动文物普查”试点工作通过国家文物局验收。朝阳区代表全国4个试点单位，在全国可移动文物普查培训班上介绍经验。年内，完成东岳庙西路29个殿宇、潘家园显谨亲王墓享殿等6处文物修缮工程，以及东坝单店真武庙等5处文物抢险工程。发挥“东岳书院”龙头作用及18个传统文化传承基地纽带作用，开展社区传统文化配送活动。初步形成活动、讲座、研究、展览等多种形式的传统文化配送模式。全年配送社区民俗活动12次，传统文化讲座38场，展览5部，街乡村落传统文化研究课题2个。出版《北京东岳庙楹联荟萃》《北京民俗论丛》《华夏遗珍——古瓷文明展》《朝阳门外》等书籍。

（李雪梅）

【国际博物馆日】 5月18日，北京民俗博物馆和朝外街道办事处共同举办“展现传统文化魅力 关注群众文化需求”博物馆日活动。在北京民俗博物馆活动现场，分别举办博物馆日及北京民俗博物馆主题有奖知识问答、北京民间艺术荟萃展示、徐艳丰高粱秆扎刻艺术精品展、“华夏遗珍”古瓷欣赏专题讲座以及舞蹈表演。

（李雪梅）

【文化遗产日】 6月8日，北京民俗博物馆和朝外街道办事处共同举办“文化遗产与文化传承”活动。活动项目有宣传展示、民间工艺展览、文艺表演等。现场向市民免费发放《北京民俗博物馆年刊》《北京民俗报》《中国梦》《朝阳区公共文化服务设施图册》等宣传品。6月8日晚，朝阳区非物质文化遗产保护中心在区文化馆举办文化遗产日纪念活动。活动中，朝阳区首次为第一批至第三批区级非遗项目颁发项目证书和铜牌。

（李雪梅）

【大学生戏剧节】 8月3日至18日，在区文化馆举办以“追梦”为主题的“2013金刺猬大学生戏剧节”。本届大学生戏剧节由北京戏剧家协会、北京9剧场联合主办，报名剧目65部，12所高校的12部作品入围，演出25场。西北师范大学话剧社话剧《女生禁入》获戏剧节最高奖项“金刺猬”奖，剧中“董玉良”扮演者董千里获最佳表演奖。

（李雪梅）

【原创舞剧《玫瑰之名》】 8月27日至28日，北京9当代舞团受“第二届‘中国舞蹈十二天’”活动邀请，在国家大剧院表演原创舞剧《玫瑰之名》。舞蹈内容包括新生·涌动、影射·交织、欲念·沉浮、破欲·升华、羽化·虚空五个部分，通过写意化的肢体动作，表现万物起始，创世复苏。

（李雪梅）

【文化设施建设】 12月26日，区图书馆新馆建成开馆。新馆位于广渠路66号院，建筑面积14600平方米。年内，劲松地区文化中心开工建设，香河园地区文化中心进行建设招投标，常营地区文化中心进行装修立项。全区各级文化设施近千个，基本形成覆盖城乡的“15分钟文化服务圈”。

（李雪梅）

【群众文化队伍】 年内，培训基层文化干部4800余人次、42300余学时。7月至11月,举办合唱、戏曲、民乐、舞蹈等四大类品牌团队认定比赛。认定采取日常表现与比赛成绩相结合方式,认定一类团队(区级示范团队和区级品牌团队)25支、二类团队(区级优秀团队)41支、三类团队(区级特色团队)22支、四类团队(街乡优秀团队)87支、五类团队(普及型团队)1854支。

(李雪梅)

【行政许可】 年内,简化3项审批程序,取消文艺表演团体变更审批和演出场所经营单位备案变更手续。完成560家出版物零售单位年度核验、282家网吧年审换证。全年做出行政许可决定480件,现场核查51次,检查场所141家,审阅剧本和演出视频254个。

(林理平)

【图书馆业务】 年内,办理借书证15268个;图书外借总量587052册次,报刊外借总量10257册次,流通328767人次;送书下基层237次161495册次;新购文献199138册件、报刊1286种、电子视听文献9713件;交送图书333425册;全年举办各种活动388次,69828人次直接参加。其中外语大课堂243场;朝阳文化讲堂讲座66场;法律咨询、讲座及广场活动23场;其他活动56场。图书配送服务329次,共计161495册;提供流动图书馆现场阅读服务11次,提供书刊11000册,受众1500余人次。

(林理平)

【文化市场管理】 年内,区文化市场管理(扫黄打非)工作领导小组各成员单位及43个街乡共出动执法检查人员40472人次,车辆15029台次,检查各种文化经营单位或场所38006家次。其中,检查图书、报刊、电子出版物10811家次,印刷、复制企业141家次,音像制品经营单位3878家次,演出活动及单位173家次,歌厅娱乐场所3610家次,电子游戏场所205家次,互联网上网服务营业场所7490家次,电影放映场所198家次,798艺术园区11303家次,卫星接收设施使用单位197家次。组织安全生产例会12次。

(林理平)

【获奖】 年内,朝阳区获2013年度北京市公共文化服务工作突出贡献奖;区文化馆"9当代舞团"舞蹈《青春的记忆》获全国第十六届"群星奖"作品奖;区"社区一家亲"系列文化活动获全国第十六届"群星奖"项目奖;快板刘文化大院创办人刘士华获评全国第十六届"群星奖"群众文化之星;区文化志愿者服务中心肩并肩农民工志愿工程项目被文化部评为2013年"文化志愿者基层服务年"示范项目;潘家园街道图书馆暨数字文化社区被文化部评为首批"全国文化信息资源共享工程公共电子阅览室示范点";东岳书院获北京市第五批"首都市民学习品牌"。

(林理平)

文　联

【概况】 北京市朝阳区文学艺术界联合会(简称区文联)为区级群众团体机构,行政编制6名,其中处级领导职数1正1副。有7个协会和1个艺术团:即朝阳区书法家协会、朝阳区美术家协会、朝阳区民间文艺家协会、朝阳区舞蹈家协会、朝阳区文学创作协会、朝阳区摄影家协会、朝阳区音乐家协会和朝阳艺术团。主要职责为负责所属文艺家协会的联络、协调、服务和管理;负责组织、开展地区文学艺术活动。截至年底,七个协会及朝阳艺术团共有会员、团员6600余名。直属单位朝阳书画院,行政编制3名,院长1名,级别正科。年内,开展创建全国公共文化服务体系示范区工作,组织各协会开展摄影比赛、对外文化交流活动,打造"镜头中的朝阳""旋舞朝阳""翰墨朝阳"品牌;成立"书法教育基地";举办"朝阳名家书法论坛""翰墨朝阳书法沙龙"等系列活动;出版《芳草地》报纸等。组织专业文艺工作者辅导各街乡文艺爱好者,发现和培养文艺人才,不断壮大朝阳区文艺宣传队伍,促进精神文明建设。完成"三下乡"、双拥慰问等系列宣传活动和重大演出等工作。

地址:东大桥路8号尚都国际中心303室
电话:58701210
邮编:100020
电子邮箱:chaoyangquwenlian@163.com

(刘向菲)

【春节"三下乡"】 1月29日至31日,参与朝阳区春节文化、科技、卫生"三下乡"活动。期间,邀请朝阳区书法家协会书法家18人次、朝阳区民间文艺家协会剪纸艺术家9人次,分别在将台,东坝、黑庄户3个地区书写春联600余幅、制作剪纸800余张,全部赠送现场群众。

(刘向菲)

【"镜头中的朝阳"摄影比赛】 1月至3月,举办"镜头中的朝阳"之春夏秋冬——《朝阳之冬》摄影比赛。赛事由市摄影家协会和区委宣传部主办,区文联、区摄影家协会联合承办。2000余幅原创摄影作品参赛,80幅作品入选。经专家评审,评出一等奖2名,二等奖4名,三等奖10名,优胜奖30名。一等奖:魏刚、张宇;二等奖:李治国、高学璠、高春利、徐志军;三等奖:任强、王喜荣、杨俊亮、李立新、孙玉芬、何丽、刘尚诚、张锁安、刘庆祥、陈德生。

(刘向菲)

【"美丽朝阳"摄影大赛】 2月10日至15日,在朝阳公园举办2013北京朝阳国际风情节《美丽朝阳》摄影展,展览从"镜头中的朝阳"摄影比赛获奖作品中挑选出130幅作品参展,展期6天,约50万人次观展。5月至11月,举办"美丽朝阳"摄影大赛。赛事由市摄影家协会、区委宣传部主办,区文联、区广电新闻中心、朝阳报、朝阳有线、区摄影家协会联合承办。2500余幅(组)摄影作品参赛。经专家评审,评出特等奖1名,一等奖3名,二等奖6名,三等奖10名,优秀奖30名,入围奖50名。特等奖:魏刚;一等奖:芦子春、牛荣、张雪君;二等奖:胡时芳、裴桐年、孙玉芬、张伟、张正晔、王斯然;三等奖:任强、曹延伟、单维礼、何慷民、秦鹏、杨红、易国跃、张天一、郑茂典、韩露。

(刘向菲)

【双拥慰问】 春节前夕,开展双拥慰问活动。活动主题为"军民同庆 共建朝阳",活动方式为送文化产品(剪纸、春联等)、送演出进军营。举办慰问演出3场。区书法家协会书法家、区民间文艺家协会剪纸艺术家现场书写春联、制作剪纸赠送官兵及家属。慰问演出邀请李光羲、刘兰芳等知名艺术家67人次、2个专业艺术院团表演节目,并向3200名官兵赠送春联1300幅,剪纸2200张。7月底,在66322部队举行"纪念延安双拥活动70周年"庆祝"八一"建军节双拥慰问演出,为官兵表演声乐、舞蹈、器乐、相声等节目。

(刘向菲)

【歌剧进校园】 3月15日,区文联、区音乐家协会在北京市第二中学图书馆举行"让歌剧走进校园"艺术普及活动。著名男高音歌唱家、朝阳区音乐家协会主席戴玉强现场讲授歌剧知识。本次活动是区音乐家协会成立以来,歌唱家首次走进校园为师生服务,也是文化名人服务社会的有益尝试。

(刘向菲)

【获奖情况】 3月,区文联被市文联评为"2012年度文联系统信息工作先进单位"。7月,区文联、区舞蹈家协会9部舞蹈作品在"舞之梦 中国梦"第十三届北京舞蹈大赛上获16个奖项。其中,潘家园街道追梦舞蹈团的《老来伴》、安贞街道男子舞蹈队的《放飞梦想》获创作金奖；百合花舞蹈团的《窈窕淑女》、麦子店街道舞蹈队的《月亮阿嬷》、安贞街道枫林舞蹈团的《望海》获创作银奖；潘家园街道追梦舞蹈团的《六月清荷》获创作优秀奖；朝阳区残疾人艺术团的《地道战》获表演特别奖、创作优秀奖；《窈窕淑女》获表演金奖；《老来伴》《放飞梦想》《月亮阿嬷》获表演银奖；《望海》获表演铜奖；《六月清荷》《花语飞虹》获表演优秀奖。朝阳区文联获优秀组织奖。安贞街道男子舞蹈队的《放飞梦想》参加中央电视台《第七届全国电视舞蹈大赛》，获优秀作品奖。11月，区文联参加市文联“展望未来 成就梦想”——2013北京市区县(局)、产(行)业文联优秀原创文艺节目展演颁奖汇演，选送的合唱《魅力朝阳》获三等奖；舞蹈《地道战》获三等奖和创作奖；区文联获组织工作奖。区书法家协会在“缤纷梦想”第七届北京电视书法大奖赛中获“优秀组织奖”。区文联、区摄影家协会组织会员参加2013年第十一届“北京七日”摄影大赛，选送200余幅作品参赛，其中，刘新海的《仙境清洁行》获一等奖；韩俊英的《享受绿色》获三等奖；李孝萍的《蓝天下的绿荫》、刘新海的《共谱蓝天曲》《蓝天矗立》分获优秀奖，区文联获组织工作奖。区文联选送作品参加北京市文化艺术活动中心举办的“影像北京——共筑中国梦”书画、摄影比赛。摄影作品中，魏刚的《迎接新年》获一等奖，高春利的《日坛映雪》获三等奖；书画作品中，平川的《匆匆》、王永鹏的《青少年宫的孩子们》获二等奖；汪声娟的《永定河新貌》获优秀奖。朝阳区凤朝阳合唱团在中国合唱协会第20届“京华之声”合唱比赛活动中获优秀奖；在2013北京市区县(局)、产(行)业文联优秀原创文艺节目展演中获三等奖；在“2013音乐之声”合唱比赛中获一等奖。朝阳区男声合唱团在2013年北京合唱节中获银奖。

(刘向菲)

【朝阳主题日活动】 4月16日，朝阳区文联、朝阳艺术团完成第三届北京国际电影节——电影嘉年华—朝阳主题日活动。活动以创建国家公共文化服务体系示范区为契机，围绕“美丽朝阳·百姓舞台”暨创建国家公共文化服务体系示范区群众文艺团队展演主题，邀请朝阳艺术团成员单位及优秀歌手、朝阳区品牌群众文艺团队表演精彩节目，宣传朝阳、展示朝阳，提升朝阳区公共文化服务水平。

(刘向菲)

【书法艺术教育基地揭牌】 4月18日、5月31日，区文联、区书法家协会分别在北京市九十四中学机场分校、芳草地国际学校举行“书法艺术教育基地”揭牌仪式。此为区文联、区书法家协会成立以来首次在朝阳区教育系统挂牌。

(刘向菲)

【万和校区成为陶笛骨干学校】 5月，经区音乐家协会与区教委、中国陶笛艺术委员会研讨确定，芳草地国际学校万和校区成为中国陶笛委员会骨干学校。

(刘向菲)

【名家笔会】 5月，区文联、区书法家协会、区美术家协会在朝阳区图书馆CBD文化创意分馆举办“书香飘然至·翰墨溢香”笔会。薛夫彬、侯锡瑜、徐伟、程度、靳耀华、魏斗等近20名书画名家现场书写书法作品40余幅。

(刘向菲)

【“名家逛朝阳”系列活动】 6月5日，区文联、区文学创作协会组织10余名作家到南磨房地区采风。此为区文联“名家逛朝阳”系列活动之一。作家们分别参观了地区特色产业——酷车小镇、南磨房心连心广场、传统农业文化馆、传统民居生活馆及南磨房城市化历程沙盘及展示馆等，之后，作家们以此次采风所见为素材，结合南磨房地区历史变迁，创造了文学作品，并在《朝阳报》《芳草地》等刊物发表。

(刘向菲)

【对外交流】 7月17日，朝阳书画院在巴黎联合国教科文组织大厦举办“东方心象·江源、蒋山青画展”。展览展示朝阳书画院院长江源以及画家蒋山青先生水墨画作品45幅。中国驻联合国教科文组织15国大使及巴黎中法友好人士200余人出席开幕式。

(刘向菲)

【“旋舞朝阳”舞蹈品牌】 8月，“追梦之舞·旋舞朝阳——‘中复杯’”朝阳区第六届舞蹈普及推广展赛正式启动，活动分为组织动员、普及推广、初赛、决赛、万人群众舞蹈展演及颁奖仪式6个阶段。61支队伍参加初赛，其中街道组29支，农村地区组19支，委办局社会团体组13支，参与人数1310人。33支队伍进入决赛，评出特等奖一名、创编奖二名、一等奖三名、二等奖7名、三等奖13名，评出优秀组织工作奖、组织工作奖及特别支持奖若干名。期间，连续举办5天10次小教员交谊舞培训班和骨干培训班，参与人数累计4000余人次。10月下旬，在朝阳体育中心举办万人群众舞蹈展演——朝阳区首届群众交谊舞展演。区人力社保局选送的《青春相伴》获特等奖；团结湖街道办事处、北京朝阳公园开发经营公司分别选送的《巍巍大中华》和《舞出人生》获创编奖；安贞街道办事处、来广营地区办事处、朝阳区司法局分别选送的《夕阳之梦》《舞出我的梦》《激情优雅》获一等奖；香河园、酒仙桥、机场、十八里店、东坝等街道、地区办事处分别选送的《春的旋律》《激情共享·圆梦酒仙》《炫舞燃情》《舞动风韵》《快乐舞者》，朝阳区人民检察院及公安朝阳分局分别选送的《青春圆舞曲》《舞动青春》获二等奖；垡头、三里屯、潘家园、朝外、亚运村、安贞等街道分别选送的《垡头之春》《相约朝阳》《走进新时代》《青春无悔》《舞者梦·朝阳恋》《炫舞安贞》，高碑店、崔各庄、金盏、东风等地区办事处分别选送的《我和我的祖国》《快乐组合》《美丽金盏》《东风劲舞》，北京朝阳公园开发经营公司、北京世奥森林公园开发经营有限公司、北京蓝岛大厦有限责任公司分别选送的《舞出人生》《炫叶追梦》《舞动心情》获三等奖。

(刘向菲)

【毛泽东诞辰120周年纪念活动】 12月1日，在区图书馆举办纪念毛泽东诞辰120周年——“重走伟人路 八城公益文化之旅”签名活动。广东肇庆市文化志愿者王南阳、于陈华夫妇及京城读者40余人参加活动。王南阳夫妇于2013年10月15日从广州出发，途经六省八市，行程数万里，于11月29日抵达北京，完成“重走伟人路 八城公益文化之旅”行程。天安门国旗护卫班第八任班长现场讲述国旗知识，与会人员及嘉宾20余人在横幅上签名。王南阳夫妇还代表肇庆文化界向朝阳区图书馆捐赠书法作品。

(刘向菲)

【协会活动】 年内，区书法家协会举办主要活动5次，分别是：带领芳草地国际学校国际部学生参加第四届北京国际书法双年展览研讨及笔会；召开书协第二届理事会第四次工作会议；举办“朝阳名家书法论坛”“翰墨朝阳书法沙龙”；配合北京书法家协会开展第七届北京电视书法大赛组稿工作。区摄影家协会全年举办摄影沙龙活动9次，季赛4次，系列讲座6场，参加会员5000人次。区摄影家协会顾问王文澜、李舸，区摄影家协会副主席于志新、郭建设参加“悉尼24小时——中国摄影家眼中的悉尼”摄影活动。区文学创作协会编辑出版《芳草地》刊物4期。区民间文艺家协会组织部分会员在北京民俗博物馆展卖民间工艺品，并参与第九届安贞街道社区灯会。

(刘向菲)

【“翰墨朝阳”书法比赛】 年内，朝阳区书法家协会举办中国梦——“翰墨朝阳”首届全国书法作品大赛。赛事历时3个月，2300余件作品参赛，评出一等奖5名，二等奖10名，三等奖20名，优秀奖100名。陈培站、徐右冰、杨城、郑权、赵月秋等5人的作品获一等奖；陈忠义、陈向东、赵广曙、董洪涛、韩冬、严亚军、高卫兵、袁江涛、邓炜明、朱利等10人的作品获二等奖；刘广文、韩存利、刘瑞、葛良胜、于铭洪、刘连杰、王志明、刘晓明、秦朋、郭春峰、胡海利、谭绯、李鼎、赵中华、赵景生、袁文甲、杨科云、俞文军、王玉、龙添乐等20人的作品获三等奖。

(刘向菲)

【自身建设】 年内，规范档案收集、归档和整理工作。全员参加区人力社保局《践行北京精神 提高履职能力》在线考试及2013年朝阳区在线学习培训，参加中国梦学习教育知识竞赛。

(刘向菲)

【朝阳艺术团演出活动】 年内，朝阳艺术团全年举办主要演出(活动)4场，分别是：“军民同庆 共建朝阳”朝阳区2013年春节双拥慰问演出、第三届北京国际电影节-电影嘉年华-朝阳主题日活动、2013年朝阳区新年音乐会——戴玉强师生演唱会暨朝阳区文联新春联谊会、“追梦之舞·旋舞朝阳——‘中复杯’”朝阳区第六届舞蹈普及推广展赛及群众舞蹈展演。

(刘向菲)

【朝阳艺术团“三库”建设】 年内，朝阳艺术团“三库”(节目库、演员库、文化能人库)有节目数量565个、演员510人、文化能人94人。该库自2011年底建立。

(刘向菲)

新闻传播

【概况】 朝阳区广播电视新闻中心成立于2003年6月，是在原朝阳区广播电视局、朝阳区新闻中心、朝阳有线电视、朝阳报社、朝阳区有线电视网络中心基础上组建而成。中心隶属于朝阳区委、区政府，是受区委宣传部直接领导的全额拨款事业单位。主要负责朝阳区新闻宣传工作和新闻宣传队伍建设，拥有《朝阳报》、朝阳有线电视和朝阳新闻网三个媒体平台。编制120人，现有168人，是北京市率先实行全员聘用制的区级广播电视新闻机构。中心下设办公室(保密科)、总编室、人事科、财务科、资料室、新闻科、采访科、报纸编辑科、要闻内参科、有线电视技术科、有线电视社会新闻科、有线电视播音编辑科、有线电视专题科等13个部门。朝阳有线电视拥有3个频道：在北京电视台公共频道以每天3个时段、4.5小时播出(7:30—9:00;12:30—14:00;19:30—21:00)；通过朝阳有线28频道和北京歌华有线电视网络股份有限公司“801朝阳社区频道”6:00—24:00播出。《朝阳报》周一、周三、周五出报，每期发行5万份。朝阳新闻网每年点击量数百万次。

地址：六里屯西里3号

电话：65025172

邮编：100026

电子邮箱：gdzxBGS@bjchy.gov.cn

(李　卉)

【《朝阳报》改版】 1月1日，重新设置报纸版块，改进版式设计。内容上，在原有要闻、综合、社会、经济、法制、党建、文化等栏目基础上，新增社区新闻、公益广告、朝阳光影、深度报道版；注重每版头条的策划，头版头条在紧盯全区中心工作的同时，加强挖掘基层典型经验和亮点；改变会议报道形式，更加关注报道会议亮点；选题范围有所突破，社会新闻版加大社会现象和社会问题类题材的报道分量，开设新闻调查专栏，采访报道群众关注的“最后一公里、路边非法洗车、非法收药、‘黑摩的’”等问题。版式上，参考主流媒体趋势重新设计模块，垂直分栏，统一规范标题字体、字号，适量放大图片，提升版面视觉效果。

(李　卉)

【领导调研】 3月27日，区领导吴桂英、谢莹、张立新一行到广电新闻中心调研。分别走访朝阳报社、朝阳有线电视，看望并慰问新闻工作者，实地察看办公环境，并听取广电新闻中心工作汇报。10月11日，区领导程连元、谢莹、刘军胜、张立新一行到朝阳传媒影视技术服务中心调研，明确广电中心发展定位：专注于打造CBD—定福庄国际传媒产业走廊的公共服务平台，将信息咨询、产业孵化、人才培养、共性技术、沟通联络、投融资等综合性服务纳入该平台。

(李　卉)

【影视培训】 3月至12月，朝阳传媒影视技术服务中心与中国传媒大学和央视后期制作中心合作组织开展18期影视专业培训，学员数量近千人。

(李　卉)

【朝阳有线电视栏目改版】 11月11日，朝阳有线电视改版基本完成。改版后，推出与市气象局、区气象局共同制作的《朝阳气象》栏目；《朝阳新闻》与原有独立栏目融合，推出迈向城市化、聚焦人力社保、地税你我他、同在蓝天下、走进电子城、与法同行、人口视窗等版块，并增加网罗今天、服务信息等版块。《朝阳新闻》节目时长由每期30分钟增至40分钟，成为一档整合时政与社会内容，集服务与资讯于一体的新闻杂志类节目。

(李　卉)

【对外宣传】 年内，策划组织朝阳区“两会”、朝阳国际风情节、世界城市论坛、中国(北京)国际服务贸易交易会、北京朝阳国际商务节、第十七届北京·香港经济合作研讨洽谈会、中国北京国际文化创意产业博览会等重点宣传工作。截至12月底，组织策划系列新闻宣传150余场次，正面宣传报道28000余篇(次)，内容涉及经济发展、环境建设、公共文化服务、社会服务管理创新、民生工程、教育卫生发展等方面。其中《人民日报》《北京日报》、北京电视台等主流媒体对朝阳区创建全国公共文化服务体系示范区、社会服务管理创新亮点、朝阳打造总部经济聚集区等方面工作给予高度关注和报道。

(李　卉)

【朝阳国际化外宣品牌形象塑造】 年内，打造“一会两库三平台”(新闻通气会；新闻素材库和突发事件典型案例库；朝阳有线、《朝阳报》和“北京朝阳”政务微博三大媒介平台。)，着力塑造朝阳国际化外宣品牌形象，为区域经济社会全面发展营造舆论氛围。

(李　卉)

【朝阳有线电视节目制作】 年内，中心自制电视节目时长14545分钟。其中“朝阳新闻”238期，时长6322分钟；“一周新闻综述”36期，时长540分钟；和谐在线、迈向城市化、人口视窗、聚焦电子城、幸福2+1、走进朝阳教育之名师名校、与法同行、名师讲堂、聚焦人力社保、同在蓝天下、地税你我他等11档栏目352期，时长7625钟；拍摄朝阳区贯彻落实十八大精神、公共文化服务体系示范区创建、全国文明城区复检等重点工作专题片14部，时长175分钟。

(李　卉)

【合作办报】 年内，《朝阳报》与和平街、酒仙桥、团结湖、区慈善协会、朝阳第二医院、区残联、区环保局等14家单位合办报纸。根据各单位不同需求，持续改进版面内容和栏目设置。《朝阳二院报》开设病房里的故事、医患之间”等栏目。区残联《春雨》针对残疾人读者，增设励志故事、回音壁、楠言心语等栏目。《朝阳环境报》开设政策解读、环保小常识、环保动态、环保心声等栏目。

（李 卉）

【电视与网络同步播出】 年内，朝阳新闻网（http://www.chynews.cn）将朝阳工会、陪你逛街、幸福2+1、与法同行、同在蓝天下、聚焦人力社保等20余个电视栏目的视频内容更新在朝阳新闻网上，基本实现电视与网络同步播出。

（李 卉）

【朝阳新闻网点击率】 年内，朝阳新闻网日均更新文字新闻2万余字、视频新闻70余分钟，年点击量700万次。

（李 卉）

【业务合作】 年内，北京朝阳传媒影视技术服务中心与GTV游戏频道、《杨澜访谈录》《笑神来了》《情感大裁判》等客户合作，全年录制节目95期。北京朝阳传媒影视技术服务中心与央视节目制作中心合作，利用中心五层技术设备及场地，开展节目包装业务。

（李 卉）

【《朝阳报》出刊】 年内，《朝阳报》出刊145期，400万字，图片1600张，专版64个，专刊3个，专页13个。

（李 卉）

潘家园国际民间文化发展有限公司

【概况】 潘家园国际民间文化发展有限公司是朝阳区国有资本经营管理中心下属的国有独资企业，由朝阳区国有资产监督管理委员会监管。公司设董事会、监事会、经理层、党总支委员会、工会、妇女委员会和共青团组织，下设1室6部，分别是办公室、党群工作部、财务审计部、规划发展部、人力资源部、安全生产部、项目开发部，编制34人，年内实有25人。经营范围：销售工艺品及收藏品、字画、家具、日用杂品、珠宝首饰；组织文化艺术交流（不含演出）；承办展览展示；从事投资及投资管理等，并对经营管理的国有资产承担保值增值责任。子公司北京潘家园旧货市场有限公司，编制69人，年内实有58人。市场占地49207平方米，经营面积26000平方米，分为地摊区、古建经营区、古典家具区、现代收藏区、石雕石刻区、休闲服务区、停车场等7个区域，经营摊位4000余个，直接从业人员近万人。子公司北京潘家园古玩艺术品文化传媒有限公司，编制28人，年内实有22人，主要从事设计、制作、代理、广告发布；承办展览展示；组织文化艺术交流（演出除外）等生产经营活动。潘家园商标被认定为“中国驰名商标”，并当选“2012年度（第八届）北京十大商业品牌”。年内，公司资产总额54101万元，负债总额10495万元，所有者权益43606万元，利润总额3711万元，上交税费1508万元。

地址：华威里18号

电话：67741869

邮编：100021

潘家园官网：http://www.panjiayuan.com

（王丽梅）

【外事活动】 1月20日，丹麦王国亨利克（Prins Henrik）亲王一行5人到潘家园旧货市场参观游览。

（王丽梅）

【主题活动】 2月8日至16日，举办《潘家园第五届春节交易会（庙会）》；3月16日至24日举办《潘家园第六届精品字画展》；4月25日至28日举办《潘家园第十四届连环画交易会》；4月27日举办《连环画拍卖会》；4月27日至28日、5月4日至5日举办《民间旧货交易会》；5月10日至17日举办《朝阳区妇联巧娘展》；6月3日至9日举办《垂杨柳学区第五届师生收藏展》；6月15日至23日举办《潘家园第四届雕刻艺术精品展》；7月6日至14日举办《潘家园第六届茶文化节》；7月14日举办《免费晒宝》；8月8日至11日举办《潘家园第十五届连环画交易会》；8月10日举办《连环画拍卖会》；8月24日至9月1日举办《潘家园第八届中国民间藏玉精品展》；9月27日至29日举办《潘家园第十届红色收藏展览交易会》；9月28日举办《潘家园红藏竞卖会》；9月28日至29日、10月5日至6日举办《民间旧货交易会》；10月18日举办《免费晒宝》；10月31日至11月4日举办《国际珠宝展》；11月2日至10日举办《潘家园第六届非物质文化遗产手工艺品展览交易会》。

（王丽梅）

【公司党支部成立】 9月26日，北京潘家园古玩艺术品文化传媒有限公司召开第一次党员大会暨党支部成立大会，选举李晓准为党支部书记兼组织委员和宣传委员。9月27日，北京潘家园国际民间文化发展有限公司召开第一次党员大会暨党支部成立大会，选举曹宇为党支部书记，王丽梅为宣传委员，任冰为组织委员。11月28日，北京潘家园旧货市场公司召开第一次党员大会暨党支部成立大会，选举师俊超为支部书记，刘冬生为组织委员，于冬为宣传委员。

（王丽梅）

【红色收藏展交会】 9月27日至29日，举办第十届全国红色收藏展览交易会。期间，举行《毛泽东像章典藏》编辑研究会、红色藏品交流交换、竞卖会和早期徽章评比等系列活动。全国20多个省、市、自治区的500余名收藏家和红色收藏爱好者参加，日游客数量2000人。

（王丽梅）

【中国国际珠宝展】 10月31日至11月4日，潘家园国际民间文化发展有限公司携15家经营商户组成“潘家园展团”，参加中国国际展览中心“2013中国国际珠宝展”，参展珠宝类型主要有翡翠、和田玉、玛瑙等。“潘家园展团”总成交额593.55万元。公司已连续三年参展。

（王丽梅）

【珠宝玉石鉴定培训班】 年内，与北大宝石鉴定中心合作，开办两期珠宝玉石鉴定培训班。第一期为4月13日至6月2日，第二期为9月14日至11月17日，每期学员20余人。聘请北大宝石鉴定中心专家授课，潘家园公司提供培训场地。

（王丽梅）

朝阳规划艺术馆

【概况】 朝阳规划艺术馆于2010年3月16日正式开馆，是区委宣传部所属的差额拨款事业单位。下设综合办公室、文化传媒部、3D事业部、市场部、运营保障部、社会教育部6个部门，全馆正式员工52人。年内，规划馆致力于打造多元文化品牌，构建面向全社会开放的文化创意活动集聚的公益性分享平台，努力将规划馆建设成为集朝阳区区情、规划与成就的宣传教育展示窗口、国际文化艺术交流与招商引资的公共服务平台、富有朝阳特色的文化创意活动集聚地以及以3D为主题的科技与文化融合的创新示范基地。全年接待参观2万余人，团体245个，其中贵宾团体161个。2010年，被中央宣传部选定为干部培训定点参观学习基地、区级市民学习基地以及处级干部和初任公务员现场教学培训基地；2011年，成为团市委示范社区青年汇；2012年，被授予北京市爱国主义教育基地及北京市红色旅游景点，成为“北京地区百家社会单位旅游开放日”定点场馆和朝阳区文化旅游示范单位。2013年，规划馆入选北京文化创意产业展示中心百强展示企业。
地址:朝阳公园南路1号
电话:65851500
邮编:100125
官网:www.t-space.com.cn

(柳　旭)

【"凤凰计划"认定仪式】　1月4日,在水云间举行朝阳区"凤凰计划"认定仪式暨"海外知名高校北京校友会联盟""知名人才顾问机构朝阳联盟"成立仪式。"凤凰计划"是朝阳区实施人才强区战略、推动科学发展的人才政策举措。主要内容有四项:①加大海外高层次人才引进力度;②合理处理高层次人才引进和本土人才国际化培养的关系;③注重打造高层次人才创业和成长的和谐环境;④围绕社会关注和需要解决的重点问题,提高海外高层次人才工作的针对性。

(柳　旭)

【爱心公益活动】　1月9日,由共青团北京市委、北京市青年联合会、北京市学生联合会、北京市志愿者联合会、北京电视台、北京人民广播电台、北京青年报、新浪微博等家单位联合主办的"温暖衣冬"大型公益行动在T空间举行。社会知名爱心人士、市青联委员及委员单位、知名企业及首都市民等800余人现场捐赠衣物6379件。8月6日,在3D大剧场举行由共青团北京市委、首都文明办指导,中国青基会兰花草艺术基金、千训爱心慈善基金会、北京公益服务发展促进会、共青团北京市朝阳区委、朝阳区社会建设工作办公室等单位共同主办的"2013西部温暖计划"启动仪式,100名西部阳光少年得到爱心人士"一对一"资助认捐。该项目计划在北京等地区设立近200个物资募集点。

(柳　旭)

【北京中老年模特大赛】　1月12日,在T空间举行由朝阳规划艺术馆主办的"北京中老年模特大赛",13支队伍参赛。东城区第二文化馆模特队《江南情韵》获特等奖,西城区月坛银帆艺术团《缤纷四季》获一等奖,海淀区新丝羽模特艺术团《别样绽放》、朝阳区北京婚姻建设协会模特队《幸福生活》获二等奖,东城区阳光枫林时装艺术团《青花瓷》、丰台区火美人艺术团《华夏盛世》、顺义区绿叶时装表演队《四季绽放》获三等奖。

(柳　旭)

【教学培训基地活动】　3月14日,区2013年军转干部培训班学员48人到馆参观。3月26日,中宣部组织全国新任宣传部长一行200人到馆参观。5月24日,区2013年公务员初任培训班第二期80名学员到馆参观。11月19日,由北京市商务委员会举办的2013内蒙古自治区外商投资管理与对外经济合作业务培训班成员一行50余人到馆参观。11月22日,区初任公务员培训班第四期97名学员到馆参观。12月5日,2013年新疆维吾尔自治区文化经营管理干部培训班成员一行25人到馆参观。

(柳　旭)

【开馆三周年座谈会】　3月16日,在接待室举行朝阳规划艺术馆建馆三周年座谈会暨艺术指导委员会成立大会。大会通过了关于成立朝阳规划艺术馆艺术指导委员会的决议,同时与中国电视剧导演工作委员会、北京电影学院数字媒体技术研究所、北京电子科技职业学院艺术设计学院三家单位建立战略合作伙伴关系。

(柳　旭)

【商业活动】　3月23日,在二号馆举行玛丝菲尔(Marisfrolg)2013秋冬时装发布会。3月27日,在T空间举行电视连续剧《北京一家人》开机礼暨新闻发布会。北京广播电影电视局局长李春良、副局长丁百之,市委宣传部副巡视员、文化处处长王珏,该剧编剧王丽萍、导演阎建钢,携主演张丰毅、颜丙燕、左小青、廖京生等参加活动。4月9日,在二号馆举行谢瑞麟2013新品发布会。6月19日,在二号馆举行玖熙2013秋冬新品发布会。10月15日,在T空间举行"移动未来——2013惠普IT商务新形态之激光系列打印机"秋季新品发布会。11月16日,在3D大剧场举办2013《大众摄影》杂志社55周年庆暨"包揽·中国好风光"摄影比赛获奖作品展示活动。

(柳　旭)

【参观调研】　4月11日,北京市文联党组书记陈启刚、副书记王德新、中国文联国内联络部副主任李培隽、中国文联文艺志愿服务中心副主任廖恳、中国文联文艺志愿服务中心组织协调处处长马康强以及参加全国文联组联会议人员一行100人到馆参观。7月11日,市委宣传部部长李伟到馆参观,调研朝阳区文创产业发展情况。8月14日,首任国台办政党局局长贺之军到馆参观。9月6日,市长王安顺、副市长程红到馆参观,观看由朝阳规划艺术馆与北京电影学院联合拍摄的3D版城市实景宣传片《朝阳最美24小时》。9月7日,常务副市长李士祥到馆参观,观看由朝阳规划艺术馆与北京电影学院联合拍摄的3D版城市实景宣传片《朝阳最美24小时》,重点听取区领导关于东坝国际商贸中心和CBD核心区等"十大发展基地"的规划发展情况汇报。11月11日,全国人大常委、致公党中央副主席严以新到馆参观。

(柳　旭)

【招商引资】　4月17日,区投促局在水云间举办2013年北京市朝阳区招商引资培训暨第一季度投资项目会商,总结朝阳区招商引资"一站式"服务情况,以及第一季度招商引资和大项目建设工作。5月16日,市投促局在水云间举办"驻京中外知名企业投资朝阳行"。活动围绕朝阳区金融产业、文化创意产业、高新技术产业以及现代服务业等四大主导产业进行专题推介和项目洽谈。9月17日,区发改委联合区金融办、区商务委、区文创办、电子城管委会、区工商联等单位在水云间召开"合力制胜——2013北京市朝阳区银企对接会"。会议旨在充分发挥政府、企业、银行多方积极性,搭建合作平台,通过银企之间的沟通与交流,进一步促进银企有效对接和经济金融互动共赢。10月24日,区投促局在水云间举办朝阳区产业发展空间推介会暨朝阳第三季度招商引资会商会。推介会主题为"拓展空间、对接需求、聚焦朝阳、合作共赢",发布朝阳区近期土地储备和交易地块、农村地区重点产业地块、重点楼宇招商项目、招商引资政策解读等信息,为企业家提供投资朝阳的对接平台。

(柳　旭)

【2013国际城市论坛】　4月27日至28日,北京国际城市发展研究院在水云间举办国际城市论坛2013年改革形势分析会。会议以"中国梦与中国改革"为主题,邀请中国科学院专家学者,围绕"中国梦与中国改革""新型城镇化与中国发展新机遇""十八大后中国政治经济新格局及其走势"话题展开探讨和交流。9月26日至27日,北京国际城市发展研究院在水云间举办国际城市论坛2013年年会,会议以"加快社会改革 推进城市创新"为主题,围绕"加强和创新社会管理""全面提升社会管理科学化水平""大数据时代的网络社会建设"等热点、难点问题展开研讨。区委书记程连元发表"大数据时代的网络社会建设"主题演讲。程连元表示,对于朝阳区而言,网络社会建设不仅是理论课题,更是实践课题。要将社会管理、组织体系和服务力量延伸到网络空间,以人为节点,以社会组织为网络,建立新型的"网络社会网"。

(柳　旭)

【北京CBD国际经贸洽谈会】 5月10日至12日，商务部外贸发展局、朝阳区政府在水云间举办北京CBD国际经贸合作洽谈会暨上合组织国家专题活动，活动主题为“促进沟通增强合作”。期间，举办中希经贸洽谈会暨希腊特色产品项目推介会。推介会由对外经济贸易大学、朝阳区商务委、希腊雅典市政府、雅典经商大学、雅典商务孔子学院以及希腊驻中国大使馆共同主办。9月9日，商务部外贸发展局、朝阳区政府在水云间举办2013北京CBD国际经贸洽谈会东盟国家专场活动。泰国、新加坡等7个东盟国家驻华使节与近百家企业对接洽谈跨国合作投资事项。11月4日，在3D大剧场举行由朝阳区政府、温哥华市政府主办，区商务委承办，北京国际版权交易中心和温哥华经贸委员会执行的“2013中加贸易洽谈会”。中国、加拿大的优秀企业代表、经贸专家以及新闻媒体等150余人出席会议。会议旨在促进朝阳区政府与加拿大温哥华市政府建立长期稳定的战略合作关系，双方围绕两国经贸双边合作展开深入探讨。

（柳　旭）

【展览展示】 5月14日至24日，在二号馆举办由首都精神文明建设委员会主办，市委宣传部、首都文明办、区文明办共同承办的“永远的雷锋”大型主题基层巡展。期间，接待参观40场次，参观人数1万余人。5月26日至6月6日，区委社工委、区社会建设工作办公室和区摄影协会在二号馆联合举办以“美丽社区”为主题的第三届“五月朝阳”摄影展，展出作品196幅。9月26日至30日，区双拥工作委员会在二号馆举办“纪念延安双拥运动70周年”双拥创建活动回顾暨摄影作品展，展出摄影作品778幅。

（柳　旭）

【《朝阳最美24小时》】 5月17日至20日，参加2013第九届中国（深圳）国际文化产业博览交易会，正式向社会发布由朝阳规划艺术馆和北京电影学院数字媒体技术研究所联合制作的3D版城市实景宣传片《朝阳最美24小时》，并举行首发仪式。《朝阳最美24小时》运用3D立体数字电影技术拍摄，记录城市发展历史，传递城市发展理念，展现朝阳区具有代表性的现代化建筑、公共设施和人文景观。拍摄历时1年，共拍摄朝阳区城市功能区和标志建筑物38个，拍摄影像素材3000余小时，留下照片资料近2万张。5月28日至6月1日，朝阳规划艺术馆携《朝阳最美24小时》参加第二届中国（北京）国际服务贸易交易会。11月25日，朝阳规划艺术馆选送的《朝阳最美24小时》获中国电影电视技术学会2013年度最高奖“3D电影短片类最佳奖”和“国际3D与高级影像协会国际提名作品奖”两个奖项。

（柳　旭）

【青年交友联谊】 5月17日、7月26日、12月13日，分别在水云间举行由共青团北京市委员会、北京市青年联合会主办，世纪佳缘承办的“心动北京全城热恋”大型青年交友联谊活动。累计900余名单身人士参加活动。

（柳　旭）

【2013海外学人创新创业大会】 8月28日，北京朝阳海外学人中心在3D大剧场召开主题为“服务创业，筑梦朝阳”的“2013海外学人创新创业大会”。60余家知名投资和金融机构与200余名创业者及其创业团队成员交流互动。大会组织主题论坛、对话朝阳、创业讲堂、项目路演、学人企业招聘等多项主体活动，并启动旨在帮助创业者圆梦的“筑梦行动”。

（柳　旭）

【2013北京CBD国际论坛】 9月6日，2013北京CBD国际论坛在水云间举行。国内外数位专家学者、企业领袖和媒体精英围绕“新形势下中国经济的创新和发展”主题，共同探究全球化背景下，中国与世界经济发展中的焦点问题和未来趋势。

（柳　旭）

【2013北京CBD国际金融论坛】 9月7日，2013北京CBD国际金融论坛在二号馆举行。论坛主题为“深化金融改革创新，促进经济结构转型升级”。国内外金融监管机构领导、金融领域知名学者、国际金融组织和金融企业高层代表围绕该主题，就金融改革创新、CBD发展转型升级、新型城市化建设等前沿话题建言献策。常务副市长李士祥出席论坛并作主旨发言，对北京CBD提出三条建议：①大力发展高端商务；②大力发展金融要素市场；③打造文化产业发展新优势。

（柳　旭）

【2013中国文化产业高端峰会】 9月8日，在水云间举行由中国传媒大学主办、中国传媒大学文化发展研究院承办的2013中国文化产业高端峰会。20余所高校及科研机构、行业主管部门、文化企业的30位嘉宾，针对文化产业协同创新领域的关键环节和重点问题展开研讨交流。

（柳　旭）

【华语青年影像论坛】 10月11日，在3D大剧场举行第八届华语青年影像论坛开幕式。影像论坛开幕影片《狗十三》展映，200余人观影。10月13日至16日，在3D大剧场举办第八届华语青年影像论坛展映周。期间，展映《我的影子在奔跑》《美姐》《亲爱的奶奶》《甜秘密》4部青年导演电影新作，观影人数400余人。

（柳　旭）

【2013中国3D技术与创意博览会】 11月5日，在水云间举行“2013中国3D技术与创意博览会”活动之一——全国规划（艺术）馆馆长交流日暨城市3D体验中心院线联盟成立大会。北京、山东、广州等10余家规划馆、科技馆、博物馆参会。朝阳规划艺术馆发起成立全国首个城市3D体验中心院线联盟，中国电影博物馆、沈阳城市规划展览馆、日照市城市规划展览馆、沧州规划馆、中国铁道博物馆正阳门馆等12家单位成为首批授牌理事单位。同日，在水云间举行2013中国3D技术与创意博览会开幕式暨3D专题研讨会，主题为“全球3D产业经济下的中国机会”。在3D大剧场举行“2013中国3D技术与创意博览会”活动之一——3D短片推介交易会，国内外10余部3D短片参与交易，并展映3D版动画片《终极大冒险》。

（柳　旭）

【媒体宣传】 年内，接受中央电视台、北京电视台、人民网、北京日报等近百家主流媒体100余次采访报道。其中朝阳规划艺术馆主办的2013“北京中老年模特大赛”被网易、人民网、中央电视台、《北京日报》、中青在线特别（专题）报道5次；中央电视台《走进科学》专题报道“3D新视界”；北京电视台新闻频道发表“走进身边的博物馆——北京朝阳规划艺术馆”专题报道。针对2013中国3D技术与创意博览会，中央电视台《新闻直播间》予以深度报道，《中华工商时报》《北京商报》《中国文化报》《中国经济周刊》分别发表《“3D院线联盟”应运而生》《城市展馆成为3D技术第二掘金点》《3D特种院线“绘出”产业化蓝图》《火爆的特种院线遇上片源稀缺》专题文章。

（柳　旭）

体　育

【概况】　朝阳区体育局是区政府工作部门,主管全区体育工作,行政级别正处级,下设11个事业单位,分别为:体育运动学校、区第一少儿业余体校、区第二少儿业余体校、区第三少儿业余体校、开发中心、郡王府体育中心、朝阳区体育馆、朝阳体育健身休闲公园、区社会体育管理中心、体育总会、体育科研所。区体育局机关编制27人(含工勤编3人)、事业单位编制239人。年内,围绕“整合区域体育资源,构建全民健身服务体系”中心工作,全力备战第十四届市运会,开展体育市场监管、培养青少年体育人才、体育惠民生“六个一”及国民体质监测等工作,巩固群众体育工作新优势,完善全民健身公共服务体系,构建“大群体”格局。全年向北京市输送体育后备人才50名,注册运动员2799人。

地址:姚家园路10号

电话:85971365

邮编:100026

电子信箱:tyj20062008@163.com

(刘金娟)

【朝阳区游泳产业发展联盟成立】　4月19日,朝阳区游泳产业发展联盟成立。成员单位包括水立方、英东游泳馆等31家体育经营单位。区体育局向郡王府游泳馆、北京工业大学游泳馆、奥林匹克花园运动城、特佳游泳馆、工体室内游泳馆、惠聚万豪游泳馆授牌“朝阳区少儿体校游泳训练基地”。

(刘金娟)

【承办协办大型赛事】　5月21日,协办2013年国际田联世界田径挑战赛;8月24日,承办北京市青少年皮划艇、赛艇锦标赛;8月25日,承办第四届北京市民划船挑战赛;9月14日,承办北京市青少年排球锦标赛等赛事;10月11日,承办2013年环北京职业公路自行车赛(朝阳赛段)和2013年全国击剑邀请赛。

(刘金娟)

【《实施方案》制定】　6月19日,制定《2013年朝阳区“整合区域体育资源,完善全民健身服务体系”实施方案》。主要内容为:围绕赛事品牌化、培训专业化、社团法人化整体思路,整合区域体育资源,履行政府职能,完善全民健身公共服务体系,构建“大群体”工作格局。

(刘金娟)

【参赛第十二届全运会】　8月31日至9月12日,朝阳区输送的21名运动员,代表北京队参加第十二届全国运动会,获成年男排、青年男排、棒球、拳击、花样游泳项目冠军。北京市体育局授予朝阳区体育局“第十二届全运会突出贡献单位”荣誉称号。

(刘金娟)

【引进专业教练员】　9月9日,面向社会公开招聘教练员,录用12人。涉及项目为:垒球、跆拳道、体操、武术套路、散打、排球、田径、橄榄球和游泳。

(刘金娟)

【单项体育协会成立】　9月12日,成立朝阳区社会体育指导员协会、朝阳区游泳运动协会。朝阳区具备独立法人资格的一级体育社团达到4个。朝阳区社会体育指导员协会法人代表为朝阳区社会体育管理中心副主任曹海鹏,协会分为个人会员和单位会员,办公地址在朝阳区姚家园路10号。业务范围:专业宣传、专业指导与培训、协调服务、经验交流、社会服务、承办委托。朝阳区游泳运动协会法人代表为朝阳区第三少儿业余体校副校长沙新野,协会分为个人会员和单位会员,办公地址在朝阳区后八里庄5号红领巾公园。业务范围:游泳培训、体育赛事、赛事推广、体育服务、游泳产业资源整合、承办委托、对外交流,组织游泳代表队参加市级、全国性竞赛。

(刘金娟)

【第三届北京朝阳国际体育文化节】　10月13日,第三届北京朝阳国际体育文化节开幕。活动由北京市体育局、朝阳区政府主办,朝阳区体育局承办。赛事涵盖网球、篮球、乒乓球、游泳、国际学校棒球、击剑等10个项目,区域内社区工作者、社区居民、青少年学生及国际友人等约40万人次参与,涉及驻区单位1580家。3000名在朝阳区工作或居住的外籍人士参与活动。

(刘金娟)

【备战第十四届市运会誓师大会】　11月16日,朝阳区体育局2013—2014年度冬训动员会暨备战第十四届北京市运动会300天朝阳区誓师大会在第一少儿业余体校举行,区体育局局长马海鹰,副局长班国良、冯长林,区体育系统教练员、运动员及相关人员等600余人参加会议。会议确定三项重点工作:①把握节奏,全力冲刺最后300天;②固化成绩,强化保障;③当好后盾。

(刘金娟)

【竞技体育比赛】　年内,组织体校运动员参加举重、游泳等9个项目的全国青少年单项体育比赛,获18块金牌、11块银牌、6块铜牌。组织体校运动员参加21个项目的北京市青少年单项体育比赛,获168块金牌、102块银牌、92块铜牌。

(刘金娟)

【观摩学习先进训练经验】　年内,安排5名游泳队重点运动员与国家队队员同场训练,安排橄榄球队27名重点队员与其他城市6支高水平运动队合练,观摩学习先进、尖端的技术和训练经验。组织第三少儿业余体校篮球运动员参加2013欧洲篮球冠军联赛中国巡回赛登陆体育教师篮球培训课,拓宽学生视野,提高实战能力。

(刘金娟)

【培养青少年体育人才】　年内,工大附中和清华大学朝阳学校成为国家体育总局排球训练基地,工大附中被市教委命名为排球项目基地校。新增东北师大朝阳分校、首师附中、花家地实验小学、金盏中学等6所体育传统校。与国安足球俱乐部合作,推进阳光足球进校园工作,在管庄朝阳学校、定福庄一小和十八里店中学分别设立北京朝阳国安后备人才培训基地。

(刘金娟)

【街乡体育工作联席会片区建设】　年内,加强街乡体育工作联席会片区建设,督导检查各片区工作情况。全区有8个片区,片区牵头单位每年轮换。第一片区5个街道:朝外、建外、呼家楼、八里庄、六里屯,朝外街道牵头;第二片区6个街道:安贞、大屯、亚运村、小关、和平街、奥运村,安贞街道牵头;第三片区4个街道:东湖、望京、酒仙桥、机场,东湖街道牵头;第四片区4个街道:劲松、双井、潘家园、垡头,劲松街道牵头;第五片区5个街道:麦子店、左家庄、三里屯、团结湖、香河园,麦子店街道牵头;第六片区6个乡:太阳宫、来广营、崔各庄、孙河、将台、金盏,太阳宫乡牵头;第七片区7个乡:管庄、东坝、东风、平房、三间房、常营、高碑店,管庄乡牵头;第八片区6个乡:

十八里店、南磨房、王四营、豆各庄、黑庄户、小红门，十八里店乡牵头。全年开展片区活动20余次，参与群众5000余人次。

（刘金娟）

【群体活动】　年内，结合朝阳区功能定位，以北京·朝阳国际体育文化节为主线，开展各项群体活动。主办、承办各类大型群众体育活动37次，包括朝阳国际长走大会、第七届北京市“和谐杯”乒乓球赛朝阳赛区比赛、“全民健身日”——朝阳区晨晚练辅导站健身交流展示、体育明星进社区、北京市体育公益活动等。各街乡共举办各类全民健身活动2000余场（次），近150万人次参与。

（刘金娟）

【为174个晨晚练辅导站授牌】　年内，为174个全民健身晨晚练辅导站举行授牌仪式，为健身队伍配备174块匾牌、174台广场机等设备。

（刘金娟）

【国民体质监测】　年内，开展国民体质监测工作。4个街乡三级站点、3个固定测试站点和科研所流动测试队伍共同完成测试任务。全年测试14470人次。测试首次尝试在开放性的体育经营场所（朝阳体育馆、郡王府游泳馆和奥林匹克公园）设置固定的体质监测站点。（4个街乡三级站点分别为：安贞街道、香河园街道、孙河乡和南磨房乡站点；3个固定测试站点分别为：朝阳体育馆、郡王府游泳馆和鸟巢奥林匹克公园站点）

（刘金娟）

【科学健身培训指导】　年内，面向全区各类人群，开展足球、羽毛球、篮球、马术、棋类、门球和太极拳等培训。培训205名一级社会体育指导员，培养各类群众体育专业技能服务人员800余名。在全区各系统体协、街、乡推广培训优秀健身项目，培训小教员400余名。制作《朝阳区百姓健身大讲堂（一至三辑）》，发放至各社区、村，实现全区100%全覆盖。与北京体育大学合作，创编朝阳区老中青系列健身操并在全区推广。

（刘金娟）

【体育设施建设与管理】　年内，制定下发《2013年朝阳区全民健身设施器材工作计划》《2013年朝阳区全民健身器材分配方案》，完成135套全民健身工程建设任务，创建体育生活化社区80个，新增体育设施面积（全民健身工程占地面积）6.85万平方米。

（刘金娟）

【体育惠民生“六个一”】　年内，组织驻区体育场馆经营单位开展“确定一名社区指导、提供一天免费开放、举办一项亲民赛事、联系一所中小学校、面向一个特殊群体、服务一个共建单位”体育惠民生“六个一”活动。81家场馆开展422项惠民活动，80%的街乡与属地体育场馆形成有效对接并受惠。

（刘金娟）

【体育市场安全监管】　年内，围绕法定节假日和重大活动，针对冬季、夏季相关体育项目敏感、高峰时期，联合公安、安监、卫生等相关职能部门，对人员密集场所、大型公共体育场馆、冰雪项目、游泳场馆开展3次拉网式、联动式执法检查。联合街乡和水上救生协会开展执法检查408次，检查体育经营场所336家；组织突发事件应急演练近200次；组织安全生产教育培训，受众人数5000人。约谈33家存在安全隐患的单位负责人，消除安全隐患33处；下达责令限期整改通知书29份，依法实施行政处罚4例。

（刘金娟）

医　疗　卫　生

【概况】　朝阳区卫生局是区政府负责全区卫生事业管理的职能部门。设16个科室，行政编制58人。年内，辖区有医疗机构1252个，其中营利性667个、非营利性585个。卫生技术人员40623人，其中执业（助理）医师15762人（西医12839人、中医2923人）、注册护士17603人。实有床位18252张。每千人常住人口平均拥有卫生技术人员10.58人、执业（助理）医师4.10人、注册护士4.58人、床位4.75张。全区出生18854人，男性9610人，女性9244人，总出生率9.46‰；死亡12743人，男性7284人，女性5459人，总死亡率6.39‰；人口自然增长率3.07‰；因病死亡12386人，占死亡总人数的97.20%；死因前十位依次为恶性肿瘤、心脏病、脑血管病、呼吸系统疾病、内分泌和营养代谢疾病、消化系统疾病、损伤和中毒、神经系统疾病、泌尿生殖系统疾病、传染病；居民期望寿命80.68岁，男性78.87岁，女性82.62岁，女性比男性高3.75岁。年内，亚运村和六里屯2家社区卫生服务中心获“全国示范社区卫生服务中心”称号。堡头、将台和三里屯3家社区卫生服务中心获“北京市示范社区卫生服务中心”称号。区卫生局获全国“创建示范社区卫生服务中心活动优秀集体”称号。区疾控中心获“北京市2012－2013年度流感监测先进集体”称号。区疾控中心在2013年北京市疾控系统技术大练兵及技能竞赛活动中被评为技术标兵单位。区疾控中心获2013年北京市疾控系统技术大练兵总决赛第一名。

地址：甜水园东里甲1号

电话：65859680

邮编：100026

网址：http://wsj.bjchy.gov.cn

（姚　雯　韩　静）

【卫生监督】　自11月1日起，餐饮卫生监督管理职责由区卫生监督所划转至区食品药品监督管理局，区卫生监督所不再负责餐饮卫生监督管理。年内，辖区有餐饮服务单位10136户，日常监督检查17253户次，覆盖率93.93%；行政处罚265件，罚没款998699.5元。有职业卫生技术服务机构5家，日常监督检查5户次，合格率100%。放射卫生应监管单位334个，监督362户次，合格率94.0%，实施行政处罚10起，罚款7000元。生活饮用水监督检查9483户次，处罚82户，罚款245500元。公共场所监督检查24589户次，处罚395户，罚款617400元。有学校（幼儿园）648所，监督1280户次。量化分级管理餐饮服务单位，应评定9426户，已评定9377户，其中优秀3830户，良好4037户，一般1484户，不予评级26户；公共场所应量化单位5626家，已量化5157家，完成率91.66%；其中A级单位2263家，B级单位2332家，C级单位555家，不予评级7家。办理卫生行政许可证9313个。餐饮类4736个，其中新办2240个，延续2155个，变更341个。公共场所类3111个，其中新办972个，延续1623个，变更266个。生活饮用水类1466个，其中新办228个，延续1146个，变更18个。全年注销卫生行政许可证776个,其中餐饮类411个,公共场所类291个,生活饮用水类74个。补发卫生行政许可证23个。受理公共卫生投诉举报案件4165件,同比下降19.2%,其中食品卫生2740件,医疗卫生957件,公共场所卫生343件,生活饮用水108件,学校卫生5件,放射卫生1件,传染病与消毒10件,职业卫生1件。医疗机构卫生监督检查3126户次,共处罚各级各类医疗卫生机构38家,罚款87000元,没收违法所得4302.4元。传染病防治监督检查4142户次,处罚3家医疗机构,罚款6000元。消毒产品生产经营单位监督检查314户次。

(姚 雯 韩 静)

【卫生改革】 年内,加快优质医疗资源合理配置。编制《医疗服务及公共卫生设施空间局专项规划》。安贞医院、北京中医医院入驻东坝及垡头地区获市级批复同意。完成常营、望京、劲松、来广营地块规划调整,扩充医疗用地和空间资源。全面启动垂杨柳医院改扩建工程房屋征收,启动医院临时周转用房装修改造。统筹推进医疗联合体建设。在中部(朝阳医院)医联体基础上,启动并运行东部(中日友好医院)医联体,探索建立对口扶持、绿色通道、远程会诊、业务指导、责任主任、双向考核和双向评价等机制,全区17个社区卫生服务中心实现与驻区大医院的常规转诊、分级医疗、远程会诊。推进康复体系建设试点工作。开展北京英智康复医院与朝阳医院康复病人双向转诊,康复病人实现治疗、康复一体化的连续性治疗。探索设立康复诊所,建立大医院—康复医院—康复诊所的三级康复网络。继续实施基本公共卫生服务和重大公共卫生服务项目。在所有社区卫生服务机构开展中医体质辨识等国家基本公共卫生服务中医药健康管理项目工作。为52189名妇女免费筛查乳腺癌,为50097名妇女免费筛查宫颈癌。为27.3万名0-6岁儿童免费体检,访视新生儿4.83万人次,分别为4.66万名、4.61万名新生儿进行听力筛查、疾病筛查。为26.82万名儿童筛查先天性髋关节脱位,为2.60万名儿童筛查先天性心脏病。为2611名贫困重性精神病人补助诊疗费、药费143.24万元,为5286名患者免费体检。免费为24.33万名60岁以上老年人和在校中小学生接种流感疫苗。为8.31万名65岁以上老年人免费体检。

(姚 雯 韩 静)

【社区卫生】 年内,运行42个社区卫生服务中心、200个社区卫生服务站。小红门、双井、呼家楼第二社区卫生服务中心和劲松珠江帝景社区卫生服务站正式开诊。继续推进信息化建设。在全区42家社区卫生服务中心开展银行卡刷卡结算。在42家社区卫生服务中心开展健康小屋自助体检服务;在36家实体社区卫生服务中心开展合理用药、区域体检系统;在部分社区卫生服务中心(站)开展心电监护系统、分诊叫号系统、患者满意度评价系统、自助挂号系统、体检报告自助打印系统、自助择医系统;完善社区绩效考核系统;完善结核信息系统以及区域监管平台;试点开展社区卫生服务人力资源管理库、社区卫生服务元数据以及医用耗材管理系统。推进老年卫生体系建设。重新规划社区卫生服务老年健康管理平台,研究、制定社区老年保健体系和总体规划,新建101张老年病床;六里屯社区卫生服务中心被市老干部局指定为“全市离退休老干部指定医疗点”,建立30张干部病床。全年社区卫生服务机构门急诊9156115人次,同比增长15.55%。家庭医生式服务签约2162807人,签约率61.01%;培养家庭保健员1050名;城乡居民健康档案累计建档2937740人,建档率82.87%;高血压规范管理240919人,糖尿病规范管理79048人。完成珠江帝景社区卫生服务站1270平方米、朝丰社区卫生服务站788平方米的标准化装修改造。

(姚 雯 韩 静)

【农村卫生】 年内,运行1个村卫生室。享受乡村医生基本待遇11人,补助标准为每人每年9600元。新型农村合作医疗参合104871人,参合率99.8%,人均筹资标准1140元。恶性肿瘤、先天性心脏病、白血病等15种重大疾病报销比例提高至75%,建立新农合血液透析中心,实行定额定次付费,农民个人自付款从2.6万元降至6620元。共筹资金12768万元,门诊报销71万人次,支付资金5164万元;住院报销8896人次,支付资金7625万元。基金结余3862万元(其中含风险金1196万元)。

(姚 雯 韩 静)

【疾病控制】 年内,初步建成数字化流行病学调查系统,实现与国家疫情数据库的数据互换,艾滋、麻疹、猩红热等传染病实现现场数据传输。通过主动监测发现全国首例人感染H7N9禽流感病毒健康携带者。报告甲乙类传染病5349例,发病率143.24/10万,同比下降9.15%。病毒性肝炎556例,发病率14.89/10万;痢疾1197例,发病率32.05/10万;麻疹96例,发病率2.57/10万;流行性出血热7例,发病率0.19/10万;急性肠道感染5例;无野毒株引起的麻痹病例。属地肺结核网报1316例(涂阳522例),肺结核发病率35.24/10万。登记管理352例,其中肺结核352例、结核性胸膜炎0例。352例肺结核病人(涂阳192人)中,本市124人(涂阳74人)、外地228人(涂阳118人);初治331人(涂阳173人)、复治21人(涂阳19人)。上年本市新发涂阳肺结核65例中治愈59例,治愈率90.77%。产房新生儿活产35542人,卡介苗接种数34828人,接种率97.99%。新生儿卡介苗监测304人,接种成功297人,成功率97.70%。大学生PPD监测21422例,其中强阳性819例,发现活动性肺结核9例。报告性病2983例,其中淋病333例,尖锐湿疣409例,梅毒1973例,生殖道沙眼衣原体感染220例,生殖器疱疹48例。艾滋病毒感染者897例,其中艾滋病202例。报告人感染狂犬病病例13例,其中本地3例,外地来京就诊病例10例。报告首诊19537例动物致伤患者。报告手足口病5761例,同比增加10.8%。报告人感染H7N9禽流感病例2例(1例现住址为顺义区,1例为河北省廊坊市),人感染H7N9禽流感病毒健康携带者1例。重性精神疾病患者建档管理13735人。为5286名重性精神疾病患者免费体检,享受精神科门诊治疗费用补助2108人、住院费用补助328人,336名精神残疾人参加社区职业康复站活动,社区精防医生随访50302人次,区第三医院收住院病人421人次。126名社区医务人员取得国家心理咨询师职业资格证书。开展精神卫生知识宣传活动420次,受众57511人,居民精神卫生知识知晓率80.41%。学生发育评价分析:身高受检147251人,其中上等38809人,占26.36%,中等103619人,占70.37%,下等4823人,占3.28%;体重受检147251人,其中上等49542人,占33.64%,中等93998人,占63.84%,下等3711人,占2.52%;学生营养评价分析:受检142467人,轻度营养不良23431人,占16.45%,中度营养不良3125人,占2.19%,重度营养不良108人,占0.08%,极重度营养不良10人,占0.01%;超重17120人,占12.02%,肥胖27029人,占18.97%(说明:营养评价分析包括营养不良、超重、肥胖和正常的学生,此处仅列营养不良、超重和肥胖的学生,其余均为营养适中的学生);学生疾病监测情况:视力受检148628人,视力不良87560人,占58.91%;贫血受检146633人,贫血

4437人，占3.03%；沙眼受检148051人，沙眼49人，检出率0.03%；龋齿受检148116人，龋齿患者34562人，患病率23.33%。全区0～6岁常住儿童260014人，抽样调查210人，各疫苗接种率100.0%，本市儿童四苗全程合格接种率95.40%，五苗全程及时接种率93.10%。完成113184名外来儿童强化免疫接种，3个重点地区通过市级评估。对891所学校、托幼园所进行儿童预防接种证查验和疫苗补种，查验88385人。对外来务工人员接种麻疹、流脑疫苗138099人次，其中麻疹疫苗接种69354人次，流脑疫苗接种68745人次。检测职业病危害因素单位122家，检测化学、物理、粉尘因素等41项，检测样品2578件，其中不合格样品19件。职业健康体检11504人，上报职业病31例，其中尘肺22例、职业中毒9例。完成500人职业卫生培训。放射卫生：完成状态检测、验收检测及场所防护检测134台/次；完成个人剂量监测285家，4496人次；完成建设项目评价报告53份；完成朝阳区医用辐射防护检测网点，医用辐射危害控制现场调查及朝阳区天然本地放射物质采样监测。继续开展全国慢性非传染性疾病综合防控示范区工作。开展慢病防控培训6期，培训专职慢病人员、社区医生、街乡卫生专干等200余人。追访23294名肿瘤患者，对12051位社区居民开展脑卒中高危人群筛查，筛查出高危2713人，随访管理高危人群39387人次。建立高血压、糖尿病病人及肥胖自我管理小组64个。13家单位获北京市全民健康生活方式行动示范称号，培养健康生活方式指导员948名，举办朝阳区第一届十佳健康生活方式指导员评选活动。推广居民肥胖指南，培养个性化减重技术骨干65名，师资38名；开展社区预防老年人跌倒干预，完成4231位居民的基线调查；开展肿瘤高危人群筛查，完成癌症早诊早治问卷筛查10202份，其中高危3786人。建立朝阳区慢性病及危险因素监测体系。启动社区诊断试点工作。利用各种传媒手段开展健康教育，下发各种宣传品189151份。健康科普讲师团401人，完成健康教育知识讲座1930场，受众146951人次。出版《朝阳健促工作信息》，利用《医食参考》开展健康教育。开展大型健康教育公众咨询活动509场。利用“朝阳社区卫生服务电视网络系统”开展医院健康教育宣传。完成11家创建中的北京市健康社区中期评估督导及市级验收，累计通过健康社区、健康示范村86个。继续创建健康促进学校26所，全区有167所健康促进学校。开展“禁止烟草广告、促销和赞助”控烟宣传及科普教育活动，制作控烟主题健康教育活动展板15块，发放宣传海报4800张，折页12000张。开展预防H7N9人感染禽流感健康教育工作，制作海报10000张，折页70000张，手册500本。开展合理用药健康教育工作，制作活动展板20块。针对北京市的雾霾天气，实时监测重点地区空气质量，加强健康保健知识宣传。

（姚 雯 韩 静）

【妇幼保健】 年内，孕产妇18591人，系统管理率98.84%，住院分娩率100%，剖宫产率45.31%，孕产妇死亡率0，0～6个月母乳喂养率92.53%。婚前医学检查2370人，婚检率4.93%，检出疾病143人，疾病检出率6.03%。活产儿18854人，新生儿死亡率1.64‰，围产儿死亡率3.86‰，婴儿死亡率2.39‰，5岁以下儿童死亡率3.08‰。新生儿疾病筛查率99.5%，围产儿出生缺陷发生率25.23‰。0～6岁在册儿童189261人，保健管理184876人，保健覆盖率97.68%。系统管理177635人，系统管理率93.86%。

（姚 雯 韩 静）

【医疗工作】 年内，诊疗37492626人次，其中门诊35181367人次，急诊2209914人次，家庭卫生服务101345人次；急诊观察112907人次；出院人数476536。区级医疗机构总诊疗12227358人次，其中门诊11681798人次，急诊473429人次，家庭卫生服务72131人次。急诊观察5427人次。住院41530人次，出院41501人次，区级医院病床使用率77.21%，病床周转22.18次，死亡率2.15%。院内感染发生率1.02%，住院病人手术15337人次。

（姚 雯 韩 静）

【医政工作】 年内，注销20家医疗机构的《医疗机构执业许可证》，其中有效期届满未申请延续的11家。受理医疗机构拟设置74家，颁发医疗机构设置批准书68家，医疗机构备案6家。受理医疗机构执业登记注册50家，颁发医疗机构执业许可证49家。完成197家医疗机构变更。校验许可1097家。办理医师执业注册和变更3528人，其中新注册567人、变更注册2961人。办理执业医师多点执业126人，其中西医83人、中医42人、中西医结合1人。自8月10日起，护士执业延续和变更注册工作由市卫生局移交至区卫生局办理，完成护士变更、延续7768人。编印并发放《朝阳区医疗机构依法执业实用手册》（上、下册）。开展专项督导检查57次。开展基层医疗机构集中整顿与“三好一满意”工作。修订“三好一满意”督导检查标准，实地督导检查47家一级医院、17家二级医疗机构。复核验收辖区40家平安医院、平安示范医院和申报创建平安医院。医学会受理医疗事故鉴定申请13例，其中1例被鉴定为4级医疗事故。实地督导检查区内14家二级及以下设有产科、儿科的医疗机构及142家基层医疗机构的医院感染防控工作。对区内19家二、三级医院开展春季呼吸道传染病防控督导，对区内10家二、三级医院开展人感染H7N9禽流感疫情防控督导。开展区内二、三级医院中央空调系统管道中军团菌属污染情况调查。抽检辖区医疗机构抗菌药物使用情况，结果显示抗菌药品管理水平明显提高。举办朝阳区新版病案首页填报培训，20家医疗机构的70余人参加。抽检13家二级医疗机构病历130份，抽检17家二级医院、38家一级医院病历127份。全区所有二级医院开展护理示范病区工作。举办护理骨干、护士长管理、护理员规范管理及护理管理培训班。修订朝阳区护士长管理手册。每季度举办院际间护理业务教学查房，410名学员参加。组织专家督导检查辖区10家一级医院“三好一满意”工作，督导检查12家二级医疗机构护理安全标识。驻区12家三级医院与辖区19家二级医院结成帮扶对子，完成培训2504天119人次。规范麻醉药品管理，开展麻醉药品处方权培训，56家医疗机构的264人参加，考试合格率93.9%。督导检查辖区持有印鉴卡的医疗机构。新办麻醉药品、一类精神药品印鉴卡医疗机构7家，变更27家。

（姚 雯 韩 静）

【对口支援】 年内，接收青海省海东地区、延庆县等对口支援单位20余人到驻区大医院进修，支援青海省海东地区人民医院和玉树八一医院高清远程会诊设备各一套，支援内蒙古丰镇市中蒙医院西门子CT一台，向丰镇市中蒙医院派驻专家医疗队开展临床诊疗、手术示教等技术援助活动。

（姚 雯 韩 静）

【中医药工作】 年内，启动第二批“北京市朝阳区中医药专家下基层暨学术经验继承工程”，67位知名中医专家定期到基层出诊带教，实现基层中医专家全覆盖。建立“朝阳区石国璧名老中医基层传承工作室”。完成第二届京交会中医药双语养生讲座和中医服务体验活动。北京黄枢中医医院与印尼绿色动力有限公司签署1000万元的印尼黄枢中医诊所改扩建合作项目。在麦子店街道建立中医药国际诊疗暨文化宣传基地,举办驻华外交使节重阳节中医药文化体验活动。

(姚　雯　韩　静)

【血液管理】 年内,自愿无偿献血 57047 单位(200ml/单位),其中街头自愿无偿献血 42374 单位,占 74%,同比下降 14.9%;单位团体自愿无偿献血 14673 单位,占 26%,同比提高 20.5%。高温高寒季节组织团体无偿献血 163 次,献血量 10716 单位,占总量的 73%。开展无偿献血宣传 338 次。招募无偿献血志愿者 44745 人。11 月,在双桥东路东星时尚广场设置街头献血车。驻区 40 家医疗机构临床用血 99827.5 单位。成分输血 112384.5 单位,成分输血率 100%;自身输血 3722.5 单位,自身输血率 27.2%。

(姚　雯　韩　静)

【急救工作】 年内,推进急救社区化工程,将紧急医学救援工作纳入社区卫生服务中心,并成为中心职能之一,明确在辖区每个街乡建立 1 个急救站,增加社区卫生服务机构急救人员编制,朝阳区院前急救体系人员编制总数 319 人。全年院前急救网络救治转运患者 39890 件次,参与各类重大活动保障 528 件次。

(姚　雯　韩　静)

【科研与教学】 年内,在研项目 38 项,其中国家级 1 项、市级 10 项、区级 27 项。参加继续医学教育 5511 人,达标 5502 人,达标率 99.8%。参加住院医师规范化培训 76 人,二级医院参加区县级骨干培训 77 人,8 名社区医生参加全科医师转岗培训,9 名社区医师参加中医类全科医师转岗培训。完成 4457 名社区专业技术人员继续教育必修课培训,4203 人次参加全科医师合理用药培训。30 名乡村医生全部通过 2013 年北京市乡村医生岗位培训技能操作培训和考核,合格率 100%。

(姚　雯　韩　静)

北京朝阳医院

【概况】 首都医科大学附属北京朝阳医院是三级甲等医院,由本部及京西院区组成。全院职工 3964 人(本部 3045 人,西院 919 人),编内 2820 人,编外 1144 人,其中卫生技术人员 3433 人(正高级职称 140 人、副高级职称 305 人、中级职称 806 人、初级师 1344 人、初级士 838 人)。医疗设备价值 90925.03 万元。本年度购置医疗设备总值 4546.49 万元,其中 10 万元以上 47 台、100 万元以上 14 台。年内,医院获卫生部医疗服务监管司、《健康报》社颁发的“2012 医院改革创新奖”。获评 2012 年度北京市医疗保险工作先进单位,获 2012 年度医疗保险管理一等奖、总额预付试点及 DRG 试点工作一等奖。在 2013 年中国健康年度总评榜中被评为北京最受欢迎三甲医院。医院志愿者协会获“身边的雷锋·最美北京人”团队称号。“司堃范志愿爱心工作室”被评为首都社区志愿服务组织之星。西院疝和腹壁外科获北京市总工会和北京市科学技术委员会联合认定的 2012 年度“市级职工创新工作室”。医院科协被北京市科学技术协会命名为“先进科技工作者之家”。年内,本部调整及撤销以下机构:心脏中心下设的心内科、心外科调整为一级科室,心导管室、心脏超声科为二级科室;感染和临床微生物科、SICU 调整为一级科室;宣传中心调整为一级管理部门;撤销呼吸流行病学研究室、呼吸基础研究室,并入呼吸疾病研究中心(一级科室);撤销基础医学研究中心,并入医学研究中心(一级科室);撤销放射介入科、病案科、统计科、总务处。成立以下机构:人力资源部、医务部、后勤保障部、督导办公室、放射介入影像中心、病案统计科及计算机室、输液抽血室、患者服务中心。西院调整及撤销以下机构:医务管理办公室下设门诊办公室、社会工作办公室、质量控制办公室 3 个二级科室;普外科下设疝和腹壁外科、胃肠外科 2 个二级科室;撤销感染科、肝病科、烧伤外科、肛肠外科、心脏无创检查室、病案科、统计室。成立以下机构:胃肠外科、感染与肝病科、督导办公室、绩效管理办公室、计算机管理办公室、病案统计办公室。

本部地址:朝阳区工体南路 8 号
电话:85231000
邮编:100020
京西院区:石景山区京原路 5 号
电话:51821114
邮编:100043
网址:www.bjcyh.com.cn

(杨舒玲　陈　勇　梁金凤)

【改革与管理】 年内,继续探索以理事会为核心的法人治理结构运行机制,实施扁平化管理。预约挂号方式增至 9 种;预约就诊率 68.18%,复诊预约率 63.76%,产科和口腔科复诊预约率 100%。简化门诊退费流程,启动“京医通”服务项目,成立住院服务中心,探索临床药师运行机制,建立门诊药历制度,全年药占比 39.27%。24 个专业开展临床路径,入选 95 个病种 12156 例。深化主诊医师负责制改革试点。继续深化医疗联合体工作,推动分级诊疗的医疗服务体系建设。7 名专家被聘社区卫生服务中心责任主任,27 位副高职称以上医师到医联体成员单位每周定期出诊 1 次,共出诊 900 次,诊疗患者 16000 余人次。下转住院患者 602 人,上转住院患者 68 人,在多个社区服务中心开展护理规范、感染控制培训,组织讲课 9 次,培训社区医师 630 人次,接收医联体成员单位 18 人进修。接受成员医院化验 348 项。预约安排 CT、核磁检查 45 次。4 个科室与 7 个成员社区医院共同申请科研立项 4 项。接待省市级卫生管理单位学习经验 4 次,接受媒体采访 12 次。中共中央政治局委员、国务院副总理、国务院医改领导小组组长刘延东,全国政协副主席马飚分别实地调研医院医改工作。深入开展党的群众路线教育实践活动,院领导班子带头查摆“四风”,建立健全密切联系群众的长效机制,提升患者满意度。

(杨舒玲　陈　勇　梁金凤)

【医疗工作】 年内,门诊人次 3429558 人,急诊人次 296304 人;急诊危重症抢救人次 21123 人,抢救成功率 98.56%。医院实有床位 1877 张。年出院人数 74775 人,床位周转 39.85 次,床位使用率 94.94%,平均住院日 8.61 天,病房死亡率 1.07%。住院手术例数 28654 例,剖宫产率 55.73%,孕产妇死亡率 6.60/万,新生儿死亡率 2.20‰,围产儿死亡率 6.20‰。医院感染发病率降至 1.50%。门诊患者抗菌药物使用率 14.86%,住院抗菌药物使用率 39.47%,I 类切口预防使用抗菌药物比例 22.20%,抗菌药物使用强度(DDD 值)39.29。

(杨舒玲　陈　勇　梁金凤)

【护理工作】 年内,护理文件书写合格率 99.20%,护理病历书写合格率 99.20%,基础护理合格率 99.40%,特级护理合格率 99%、一级护理合格率 99.20%,技术操作合格率 98.90%,安全护理合格率 98.90%,急救物品完好率 100%。护理差错 3 件。获“首都护理学研究专项课题”资助 3 项,在统计源期刊发表护理论文 67 篇。临床实习带教 129 人。举办国家级继续教育项目 3 项,市级项目 4 项,区院级项目 30 余项。接收各专业专科护士学员 238 人;选派 13 名护理骨干参加 5 个专业的专科护士学习。

(杨舒玲　陈　勇　梁金凤)

【医保工作】 年内,继续实行医保总额预

付管理办法。

(杨舒玲 陈 勇 梁金凤)

【医疗支援】 年内,卫生支农派出医师33人,出门诊、查房1452次,带教讲课400余次。派医师15人赴各地卫生援建、技术指导,其中内蒙古满洲里市5人,吉林省通辽市3人,新疆和田市2人,四川省什邡市1人,云南省大理市4人。

(杨舒玲 陈 勇 梁金凤)

【科研工作】 年内,获批科研课题国家级项目30项,批准金额2292.78万元;省部级项目34项,批准金额704.62万元;局级项目93项,批准金额2280.98万元。在研国家级项目85项,省部级项目103项,局级项目147项。结题国家级项目17项,省部级项目29项,局级项目54项。获北京市科学技术奖三等奖1项(去势抵抗性前列腺癌疾病进展的分子机制及治疗策略的研究),华夏医学科技奖二等奖1项(去势抵抗性前列腺癌疾病进展的分子机制及治疗策略的研究),华夏医学科技奖三等奖1项(内括约肌切除术用于低位直肠癌保肛手术的创新和临床应用)。授权专利9项。发表中文核心期刊论文479篇,SCI收录论文172篇,最高影响因子51.66,平均影响因子3.09。主编、副主编专著、教材19部,主译著作1部。

(杨舒玲 陈 勇 梁金凤)

【医学教学】 年内,毕业后教育在培287人,其中一阶段住院医师240人,二阶段住院医师47人。一阶段住院医师技能考核合格率86.88%,二阶段住院医师技能考核合格率89.47%。参加继续医学教育人数1218人,达标率99.40%。继续医学教育二级学科覆盖率100%。录取研究生201人,其中博士54人、硕士147人。接收进修419人,其中援建地区进修57人。举办短期学习班86项。

(杨舒玲 陈 勇 梁金凤)

【学术交流】 年内,接待国际代表团来访3次,出国进修、学习11人次,公派51人次出国考察、参加国际学术会议。27名外国专家来院开展专业讲座、手术演示。举办国内学术会议和学术交流活动33次。

(杨舒玲 陈 勇 梁金凤)

北京安贞医院

【概况】 北京安贞医院又称北京市心肺血管疾病研究所,是三级甲等医院。职工2877人,其中专业技术人员2695人(正高级职称176人、副高级职称341人、中级职称954人、初级职称1148人、未定人员76人)。行政及工勤人员251人。医疗设备固定资产总价值1255963163.75元。本年度购置医疗设备总值82874861.14元;其中10万元以上221台,100万元以上12台。年内,医院被评为北京市无偿献血先进单位、国家节约型公共机构示范单位、北京市节能减排教育示范基地、节能减排全民行动教育示范基地创建单位、国家心血管疾病临床医学研究中心。年内,成立社会工作部、医院等级评审办公室、物资采购中心、吴英恺基金会和国际合作办公室。院长魏永祥获国务院特殊津贴、副院长周玉杰和教授马长生获百千万人才工程国家级人选、院工会主席李昕当选中国工会第十六次全国代表大会代表、教授孙立忠获北京学者称号。

地址:安贞路2号

电话:64456205

邮编:100029

电子邮箱:anzhenyuanban@163.com

(刘 博 陈晶晶)

【改革与管理】 年内,建立朝阳区北部区域医疗联合体,全面推行"京医通"卡;开放心内科"一日病房",建立住院服务中心,建立医疗纠纷管理信息系统,建立健全医疗质量管理考核体系,制定《北京安贞医院心血管疾病介入诊疗技术相关死亡病例院内评审方案(试行)》。

(刘 博 陈晶晶)

【医疗工作】 年内,门诊2177155人次,急诊121862人次,急诊危重症抢救11219人次,抢救成功率97.4%。医院实有床位1141张,出院55360人次,床位周转48.52次,床位使用率112.35%,平均住院日8.51天,死亡率0.68%,住院手术34927例,其中外科手术18637例,介入手术16290例,剖宫产率53.3%,孕产妇死亡率4.01/万,无新生儿死亡,无围产儿死亡。医院感染发病率0.84%,感染例次率1.05%。

(刘 博 陈晶晶)

【医保工作】 年内,医院住院次均费用38916元,门诊次均费用484元,全院药占比37.81%,医保基金额度8.41亿元。

(刘 博 陈晶晶)

【护理工作】 年内,制定8项护理制度及流程,护理文件书写合格率98.37%,护理病历书写合格率93.6%,基础护理合格率94.06%,特级、一级护理合格率93.65%,技术操作合格率93.45%,安全管理合格率93.69%,急救物品完好率100%,护理缺陷18例。接收全国专科护士实习78人,接收全国进修护士148人,接受对口支援单位护士实习41名,承接北京卫生职业学院2011级中专班、首都医科大学护理夜大专升本2011级和2012级的临床护理教学。举办科研讲座6次,护理科研开题1次,立项课题6项。医院护理论文投稿73篇,发表47篇。举办朝阳区医学会第十二届护理学术年会,其中1篇护理论文获一等奖。获批护理国家级、市级继续教育项目11项,区级继续教育项目7项。

(刘 博 陈晶晶)

【医疗支援】 年内,支援内蒙古等地区县医院及心脑血管病专科医院开展各类手术,确定重点学科建设,完成疑难病例会诊。支援本市郊区县医院,参加对口支援医生78人次,涉及专业28个。组织约30个临床和医技科室以不同形式分别支援社区卫生服务机构,门诊量5670余人次。

(刘 博 陈晶晶)

【科研工作】 年内,中标课题78项,其中国家级26项、省部委级31项、市级及以下21项,合计资助经费4193.5万元。授权专利4项、申请专利4项,专著12部,SCI收录文章126篇、核心期刊680篇,国家奖2项(均为第三完成单位),省部级奖励3项(均为第二完成单位)。心脏内科中心主任马长生和心脏外科中心主任孙立忠分获2013年第十四届吴阶平-保罗·杨森医学药学奖和2013年(第二届)吴阶平医药创新奖。心血管疾病临床医学研究中心获批科技部心血管病领域首批国家临床医学研究中心;"科研基地建设-心血管重大疾病防治协同创新中心(2011协同创新中心)"获教育部批准成立。

(刘 博 陈晶晶)

【医学教育】 年内,承担首都医科大学第六临床医学院、北京市心肺血管疾病研究所本科生及研究生的教育教学工作。招收研究生152人,其中统招博士19人,在职博士34人,统招硕士68人,在职硕士19人,七年制学生11人;在院本科生201人。全院各类卫生技术人员年度继续医学教育达标率97.7%。

(刘 博 陈晶晶)

【国际交流与合作】 年内,派遣援非洲几内亚医疗队19人次。接待澳大利亚、美国、法国、越南、印度尼西亚、日本、蒙古国、奥地利等国家来访外宾147人次。与几内亚中几友好医院合作调研"在几内亚部分地区高血压的流行病学",掌握几内亚及非洲国家高血压及心血管病的流行趋势和分布情况;承接"卫生部小儿心脏病学和心脏外科学科学实验医疗中心的双边合作"。

(刘 博 陈晶晶)

中国医学科学院肿瘤医院

【概况】 中国医学科学院肿瘤医院为三级甲等医院。职工1973人(含合同制417人),其中卫生技术人员1437人(正高级职称115人、副高级职称120人、中级职称521人、初级职称681人)。医疗设备总值74723.85万元。本年度购置医疗设备6296.74万元,其中10万元以上56台,100万元以上9台。在2013年度中国医院最佳专科声誉排行榜中,肿瘤科、胸外科列第一名;在2013年度中国健康年度总评榜中列北京十佳三甲医院、医疗服务创新先锋奖;获评人民网颁发的健康中国2020——群众信赖的十大健康管理中心、"好大夫在线"2013年度惠民医院、中华全国总工会全国模范职工之家、2012—2013年度医保服务医师管理创新单位;获北京市老科技工作者总会授予的先进集体奖。院长赫捷获2013年度何梁何利奖、"全国师德楷模"荣誉称号。内镜科教授王贵齐获2013年科威特国健康促进研究奖;放疗科教授胡逸民获国际医学物理组织颁发的"全球卓越医学物理学家"。年内,成立乳腺外科。

地址:潘家园南里17号

电话:67781331

邮编:100021

网址:www.cicams.ac.cn

(高 菲 付凤环)

【学术交流】 3月16日,召开第三届国家癌症中心学术年会,美国国立癌症研究所主任及16个单位的400余名专家学者参会;7月3日至7日,主办第七届中国肿瘤内科大会第二届中国肿瘤医师大会、第二届肿瘤外科高峰论坛、海峡两岸姑息医学座谈会、首届全国术中放疗研讨会等学术会议。组织转化医学沙龙9次;组织多学科(MDT)创新研讨会。与WHO国际癌症研究署和美国M.D. Anderson癌症中心签署合作备忘录,与美国国立癌症研究所举行合作项目座谈会,举办第四届中美癌症前沿论坛、第一届中韩癌症预防研讨会、首届"中美肿瘤医疗机构控烟论坛"等。2013年度10项国际合作项目立项,执行2013年到位经费52万元。参加全球学术会议、放射治疗及肿瘤学年会、世界肺癌大会等,内科教授徐兵河成为国际晚期乳腺癌国际共识大会(ABC)专家组成员。

(高 菲 付凤环)

【改革与管理】 年内,将周六简易门诊扩大为全功能门诊;增设肿瘤营养、心理门诊;继续开展电话、网络、窗口及复诊预约等服务,开通绿色通道。重新修订《财经管理规章制度汇编》,制定《2013年度预算白皮书》。加强经济核算,提高资金使用效益。完善住院结算手续办理流程。测算成本效益。肿瘤科、医学影像科获批国家级临床重点专科。初步建立临床路径信息平台,在线临床路径65个,入径率和完成率均在90%以上,每月实施路径管理的患者占出院患者人数的68%。

(高 菲 付凤环)

【医疗工作】 年内,门诊686340人次,急诊9144人次,医院编制床位1598张,实有床位数1370张,出院51113人次;住院手术16519台次;病床周转37.35次,床位使用率95.75%,平均住院日9.55天,比上年缩短0.3天,死亡率0.45%。甲级病案率99%。医院感染率0.71%。

(高 菲 付凤环)

【医保工作】 年内,医保出院15947人次,住院总费用19265.57万元,次均费用12081元。

(高 菲 付凤环)

【医疗支援】 年内,赴内蒙古赤峰市医院讲课、带教,赴安徽省阜阳市、云南省滇西腾冲县人民医院义诊。派出4名医师完成援疆援藏任务;选派6名医护人员组成抗震救灾医疗队赴四川省雅安市救灾。

(高 菲 付凤环)

【护理工作】 年内,27个病房开展优质护理服务,覆盖比例93.10%。修订《护士手册》3本,新增13项规章制度;确立三级护理管理组织体系;实现移动护理系统的应用,建立"护理不良事件直报系统"。基础护理合格率99.45%、重症护理合格率99.88%、急救物品合格率99.75%、药物管理合格率99.31%、消毒隔离合格率99.44%、护理文件书写合格率99.50%、护理操作合格率97.78%。无护理事故发生。完成肿瘤专科护士临床教学任务,举办护理继续教育项目62项,接待各类专科护士实习130人。获批1项北京协和医学院协和青年科研基金项目,院级在研课题9项。发表护理论文17篇。

(高 菲 付凤环)

【科研工作】 年内,组织申报院外科研项目254项,新立项64项,在研项目236项,到位科研经费9876.23万元。院内科研课题申请93项,立项48项,总经费250.8万元,匹配首都临床特色应用研究8项,经费59.5万元。基本科研业务费课题新立项18项,滚动支持12项,资助经费160万元。签订科技技术合同10项,到位经费146.2万元。获国家科学技术进步奖一等奖1项;北京市科学技术奖二等奖1项,三等奖3项;高等学校科学研究优秀成果奖科学技术进步奖一等奖1项,二等奖1项;中华医学科技奖二等奖1项,三等奖1项;中华预防医学科技奖二等奖1项;华夏医学科技奖一等奖1项,二等奖1项,三等奖1项。全年发表论文455篇,SCI论文121篇,影响因子404.439,最高影响因子35.209,平均影响因子3.342。专利授权6项,其中发明专利5项。1篇论文入选"中国百篇最具影响国内学术论文"。医院成为首批恶性肿瘤国家临床医学研究中心。

(高 菲 付凤环)

【医学教育】 年内,招收研究生128人,其中硕士生71人、博士生57人。授予学位71人。研究生发表第一作者论文57篇,其中SCI论文30篇。在岗博导59名、硕导113名。接收进修生236人。发挥肿瘤专科教育资源优势,31项国家级、1项北京市级、23项区县级继续教育项目获批;院外讲座46场,院内讲座37场,听课人员10669人次。完成影像诊断科北京市住院医师规范化培训基地的申报和专家考核工作。组织中层干部赴美国国立癌症研究所、梅奥医学中心进行管理培训;开设青年骨干培训班;胸外科教授赫捷当选中国科学院院士,病因及癌变研究室教授林东昕当选中国工程院院士,获批千人计划1人、青年千人计划2人;任免12个部门的干部人选。

(高 菲 付凤环)

首都儿科研究所

【概况】 首都儿科研究所是以研究儿科疾病和儿科保健为主,治疗儿童疾病为重点的医疗、医学研究机构,附属北京儿童医院。职工1441人,其中,在编1118人,合同制323人。在编职工中,有科研、卫生技术人员902人(正高级职称59人、副高级职称91人、中级职称296人、初级职称393人、未定级63人);其他技术人员39人;行政管理人员111人;工勤人员66人。医疗设备总价值:附属儿童医院17878.02万元,研究所4104.61万元。本年度医院新购医疗设备总值3134.34万元,其中10万元至100万元29台,100万元以上5台;研究所新购医疗设备总值918.19万元,其中10万元至100万元2台107.8万元,100万元以上4台815.48万元。年内,医院被评为2013年北京市无偿献血先进单位;参加第二届北京卫生系统优秀院报评选,获"十佳文字编辑奖""十佳版面设计奖""北京市卫生系统十佳院报奖"。获北京市人力资源和社会保障局、市财政局颁发的"城镇居民医疗保险管理单项奖"。

地址:雅宝路2号

电话:85695555

邮编:100020

网址:www.shouer.com.cn

(吕凌云 马慧娟)

【改革与管理】 年内,解除大科,实行专科化管理,按专业挂号,减少二级科室设置。将部分职能科室及医技科室名称由"科""办公室"更改为"处"。成立病理生理研究室、研究所实验中心、感染科、门诊治疗中心,临床营养科分为临床营养科及食堂。筹建临床检验中心及心脏外科。修订《专科医疗管理制度》《门诊出诊管理条例》等规章制度。探索绩效考核管理,研究制定各临床科室绩效指标,根据考核结果分配奖金。推进"京医通"项目。引进2名学科带头人。

(吕凌云 马慧娟)

【医疗工作】 年内,门急诊192.3万人次,最高日门诊量6930人次。急诊198096人次。年出院22514人次,床位周转次数55.97次,床位使用率112.05%,平均住院日7.18天。住院手术病人5859例。甲级病历率99.71%。医院感染率0.99%。

(吕凌云 马慧娟)

【医保工作】 年内,医保出院5085人次,总费用4729.03万元,次均费用9382.34元,医保基金支付2159.8万元。

(吕凌云 马慧娟)

【医疗支援】 年内,分别选派1名副主任医师赴新疆、西藏支援。选派2名医师参加"人才京郊行"活动。继续落实与通州区妇幼保健院、平谷区妇幼保健院及密云县医院对口支援协议,并与黑龙江省佳木斯市妇幼保健院、内蒙古乌海市海南区人民医院、北京积水潭医院签订对口合作协议,选派骨干医师前往开展医疗工作。

(吕凌云 马慧娟)

【护理工作】 年内,护理制度新增18项、修订38项;护理岗位职责和工作标准修订26项。护理文件书写合格率96.6%,基础护理合格率96.83%,特级一级护理合格率94.59%,技术操作合格率90%,急救物品完好率98.98%。完成所级护理科研课题1项。在统计源期刊发表护理论文5篇。带教临床实习138人次,接收进修护士46人次。参加护理管理、专科进修、专科护士资格认证、护理学术年会41人次。组织继续护理学教育127项。

(吕凌云 马慧娟)

【科研工作】 年内,在研课题97项,经费7854.9万元。新增课题26项,新增课题经费874.032万元,其中国家自然基金9项,累计资助金额325万元;首都临床特色项目5项中标。成功申请国家卫计委行业专项《小儿腔镜诊断治疗先天畸形技术规范、标准及新技术评价研究》。授权专利2项。在统计源期刊发表文章159篇,SCI收录论文54篇,总影响因子159.023,最高影响因子11.202,平均影响因子2.94。举办第22届国际小儿外科腔镜协会(IPEG)学术年会。

(吕凌云 马慧娟)

【医学教育】 年内,完成北京大学医学部、首都医科大学等医学院校564名在校生儿科教学任务。在培本院住院医师175人,代培外院住院医师42人,送出培训住院医师32人,39人通过住院医师/专科医师培训阶段考核并取得证书。承办4个国家级继续医学项目、3个市级继续医学项目。组织学术活动28次。继续教育学分达标率98.6%。在读研究生100人(在职20人、统招80人)。接收国内进修61人。

(吕凌云 马慧娟)

【学术交流】 年内,公派出国24批46人次。参加国际会议20批42人次,考察访问1批1人次,长期进修2批2人次,短期培训1批1人次。外宾来所参观访问3批14人次。邀请外国专家来华2批2人次。

(吕凌云 马慧娟)

中日友好医院

【概况】 中日友好医院是国家卫计委直属三级甲等医院。附设中日友好临床医学研究所及培训中心。医院集医疗、教学、科研、康复和预防保健等功能为一体,同时承担中央保健医疗康复任务、涉外医疗任务,以及国家卫生应急队伍基地医院中央本级单位建设任务,是国家卫计委远程医疗管理培训中心,还是北京大学和北京中医药大学等临床医学院。职工3470人,其中卫生技术人员2530人(正高级职称207人、副高级职称220人、中级职称896人、初级师978人、初级士80人,未定级149人)。医疗设备总价值10.48亿元。其中10万元以上1585台(100万元以上178台)。本年度新购医疗设备总值1.85亿元。风湿免疫科、疼痛科、老年病科和急诊医学科入选国家临床重点专科建设项目。医院被《健康时报》社与清华大学公共健康研究中心评为健康中国(2013年度)·健康宣教十佳医院。内分泌代谢病中心杨文英获亚洲糖尿病研究协会(AASD)颁发的2013年度"潘孝仁亚洲糖尿病流行病杰出研究奖",并入选《健康报》社主办的"生命之托希望之诺——医药卫生界30年'生命英雄'"。陕西省吕梁片区国家医疗队被当地政府授予优秀国家巡回医疗队。年内,成立中日友好医院关节炎与风湿病研究重点实验室,将原23个行政后勤处室调整为17个行政后勤部门。

地址:樱花园东街2号

电话:84205566

邮编:100029

网址:www.zryhyy.com.cn

(欧 洁 郭丽萍)

【改革与管理】 年内,牵头组建由18家医疗机构组成的北京市朝阳区东部医疗联合体。申请、报备舰船分院资质。从北京市规划委员会获取望京国际医院建址钉桩图。组织52名国家卫生应急队队员培训2次,通过国家卫计委对国家卫生应急队伍建设项目的终期督导。派出二批医疗队分赴甘肃省岷县、漳县地震灾区开展医疗卫生应急救援。临床路径试点病种扩大至34个科室123条路径,入组率70.69%,完成率91.11%。产科、口腔科复诊预约率100%。

(欧 洁 郭丽萍)

【医疗工作】 年内,门诊2341216人次,急诊215004人次,急诊危重症抢救12789人次,抢救成功率97.65%。床位1519张。出院50263人次,床位周转33.39次,床位使用率93.71%%,平均住院日10.1天,死亡率0.87%。住院手术30862例。无孕产妇死亡,新生儿死亡率0.71‰,围产儿死亡率6.33‰。27个国家的驻华使馆大使或家属就诊国际医疗部门诊98人次。全年增加新技术、新项目50项。甲级病历率99.97%。医院感染率1.40%。

(欧 洁 郭丽萍)

【医保工作】 年内,城镇职工医保出院人次21038,出院总费用38951.22万元,次均费用18515元。城镇居民医保出院人次1550,出院总费用1897.93万元,次均费用12245元。

(欧 洁 郭丽萍)

【医疗支援】 年内,完成援藏援疆、国家医疗队巡回医疗、"西部之光"人才培养计划、京蒙省际对口支援及北京市顺义区卫生支农等任务。全年派出对口支援 332 人次,接收受援单位各类进修学习 328 人。对口帮扶 6 家受援单位开展远程会诊、远程专题培训、全科医师培训、手术示教、学术会议转播等。

(欧 洁 郭丽萍)

【护理工作】 年内,编制修订《护士长病房管理日志》《普通病房护士长手册》等文件。统一护理计划。护理文件书写合格率 100%,护理病历书写合格率 100%,基础护理合格率 99.76%,特级护理合格率 100%,一级护理合格率 100% ,技术操作合格率 100 %,急救物品完好率 94.81%。护理不良事件 102 例。在统计源期刊发表文章 42 篇。继续承担中华护理学会、北京护理学会专科护士实习培训任务。完成北京大学、北京中医药大学等重点大学实习、见习护生 246 名的带教工作。接收内蒙古、山西等 10 个省、市、自治区 16 家对口帮扶医院的 193 名护士进修,接收山西、海南等 9 个省、市、自治区 61 名护士进修。举办国家级继续教育项目 2 项、市级 7 项、区级 38 项、全院性讲课 76 次。培养中华护理学会和北京护理学会 9 个领域 51 名专科护士。派出 154 人次护理骨干外出参加业务进修、培训、学术研讨会及高层论坛等,21 人次前往日本、德国及中国台湾学习参会。

(欧 洁 郭丽萍)

【科研工作】 年内,启动 2014 年中日友好医院青年科研英才计划。有省部级以上课题牵头项目 49 项,参与 863 课题 1 项,资助经费总额 3859.55 万元,国家自然科学基金资助项目 28 项。核心期刊发表论文 653 篇,其中 SCI 68 篇,总影响因子 138.20。

(欧 洁 郭丽萍)

【医学教育】 年内,成为国家卫计委全科医师培训基地。招收住院医师 152 人。接收县级医院代培青年医师 12 人。完成继续医学教育项目 396 项次。继续教育达标率 100%。新增博士生导师 12 人,硕士生导师 21 人,博士培养点 4 个。完成部属医院名老中医学术继承人年度考核。完成基本生命支持课程 800 人次,高级生命支持课程 80 余人次。获美国心脏协会(AHA)颁发的"杰出培训中心"称号。培养 3 名 AHA 主任导师。

(欧 洁 郭丽萍)

【对外交流】 年内,接待国际访问团组 7 个 38 人。邀请境外专家 42 人来院讲学。250 人次赴境外进修学习或参加学术会议。举办各类国际学术会议 41 次,8000 余人次参加。聘请 10 名国际知名专家担任医院名誉教授。签署国际科技交流与合作协议 9 个。

(欧 洁 郭丽萍)

煤炭总医院

【概况】 煤炭总医院隶属国家安全生产监督管理总局,面向社会开放。职工 972 人(在编 654 人、合同制 318 人),其中卫生技术人员 750 人(正高级职称 54 人、副高级职称 106 人、中级职称 179 人、初级师 170 人、初级士 241 人)。医疗设备总价值 19000 万元。本年度购置医疗设备总值 2592 万元,其中 10 万元以上 23 套,100 万元以上 3 套。获 2013 年度北京市无偿献血突出贡献奖、北京市 2012 年度医疗器械不良反应事件监测工作先进单位、2013 年医疗器械监管暨不良事件监测先进单位。

地址:西坝河南里 29 号

电话:64667755

邮编:100028

网址:www.mtzyy.com.cn

(李 鹏 张 帆)

【改革与管理】 年内,筹备创建三甲医院。申报模拟评审,根据检查结果,形成《三级综合医院评审标准实施细则责任落实表》,逐条整改不合格条款。整改后,A 条款 184 项,B 条款 216 项,C 条款 155 项,未达标条款减少至 47 项,总体基本达标。

(李 鹏 张 帆)

【医疗工作】 年内,门诊 717300 人次,急诊 56797 人次,急诊抢救 1574 人次,抢救成功 1558 人次,抢救成功率 98.98%。床位 509 张。出院 11596 人次,床位周转 22.78 次,床位使用率 81.95%,平均住院日 12.65 天,死亡率 4.11%。住院手术 3645 例。无孕产妇、新生儿死亡,围产儿死亡率 2‰。推进病案信息化管理,建立虚拟病案库。医院感染率 1.43%。

(李 鹏 张 帆)

【医疗支援】 年内,派出医疗扶贫队到山西省广灵县、阳高县开展义诊和业务技术查房。治疗全国贫困地区先心病患儿 28 名,组织西藏义诊,为山南地区 700 余名警务工作站、驻寺及驻村干部体检。为房山区蒲洼乡教师免费体检。

(李 鹏 张 帆)

【护理工作】 年内,修订《护理常规》《危重症患者护理常规》等,规范冰箱温度监测;检查临床护理质量、临床路径、交接班制度、转交接登记、安全等方面工作;深入开展优质护理、组织经验交流。调整护理质量控制组织体系,分四个质控小组开展各类护士管理;实施能级管理,健全护士能级档案和管理;开展护理品管圈活动,提高护理队伍综合能力。分能级完成全院 300 余名护士三基及三甲知识培训,启动专科护士培养。举办护士节系列活动。加强对外交流,参加朝阳区手拉手活动,培训 999 急救中心医院护理人员;邀请香港护理专家来院交流护理经验。开展护士长三基三严训练,考核护理技术操作。组织护士长、资深护士外出学习培训。

(李 鹏 张 帆)

【科研工作】 年内,申报科研课题 30 项,院级科研立项 2 项。院级科研完成鉴定 15 项,申报科学技术奖励 13 项。获煤炭工业协会科技进步二、三等奖各 3 项,《北京市三级综合医院员工满意度调查及对策研究》获中国医院协会医院科技创新奖 2013 年度"优秀医院管理科研成果"。全年发表论文 165 篇,其中 SCI 论文 10 篇,中文核心期刊论文 138 篇。申请专利 4 项,获实用新型专利证书 2 项,中医药科技成果登记 3 项。编辑出版《中国灾害救援医学》《护理理论与实践》等 4 部专著,翻译出版《神经精神疾病治疗原理与实践》。

(李 鹏 张 帆)

【医学教育】 年内,组织各级各类医学教育项目 135 项,近 2 万人次接受培训,授予 157 学分。接收硕士研究生、本科临床实习生、8 年制早接触临床见习生 80 余名,新增河北联合大学硕士研究生导师 3 人。接收外院进修人员 29 名。15 名医生外出接受住院医师规范化培训。

(李 鹏 张 帆)

北京华信医院

【概况】 华信医院是清华大学第一附属医院。年内,职工 1473 人(事业编制 882 人、合同制 591 人),包括执业医师 405 人、注册护士 601 人、药剂 45 人、检验 41 人、放射影像 19 人、其他卫生技术人员 92 人;其他专业技术人员 57 人,管理、工勤人员 213 人。卫生技术人员 1203 人(正高级职称 24 人、副高级职称 129 人、中级职称 393 人、初级职称 657 人)。医疗设备总量 7321 台(件),总价值 25600 万元。本年度新增仪器设备 665 台(件),总价值 1726.04 万元;其中 10 万元以上 18 台(件),100 万元以上 1 台(件)。年内,劳动卫生研究所划归体检中心管理。感染性疾病科建立病房,设置床位 10 张。发展办公室撤销,职能划归院办。获评"2013年度北京市无偿献血先进单位",妇产科产房护士长刘学琴被评为"北京市无偿献血先进个人"。

地址:酒仙桥一街坊6号
电话:64361322
邮编:100016
网址:www.tufh.com.cn

(蒋立红　刘晨曦　关兆东)

【改革与管理】　年内,完成中层干部任期述职考核及重新聘任工作。引进正高专家2人(其中1人为清华医学中心引进的英籍专家),副高专家1人,招收新员工93人,辞职及调出53人,选聘4名合同制人员转为事业编制。建立10万元以上设备采购、维修数据库,监控重点设备的运行情况。建立医用耗材数据库。完成电力改造工程。制定《2013医疗质量考核评价标准》,专项检查三级评审关键环节、核心条款。建立医师技术档案,对医师基本信息、执业信息、专业成就、医疗质量、服务态度、学习情况等实行全面考核量化管理。完成呼吸内镜准入申请。通过爱婴医院复审。推进临床路径电子化进程,入径例数1124例,较上年增长61.7%。简化退费流程,推进预约诊疗和分时段服务。开展门急诊心肺复苏应急演练及H7N9防控演练。

(蒋立红　刘晨曦　关兆东)

【医疗工作】　年内,门诊982954人次,急诊101228人次,急诊危重症抢救1938人次,抢救成功率93.45%。实有床位770张。全年出院累计患者18835人次,床位周转24.47次/床,床位使用率80.77%,平均住院天数11.96天,急诊死亡率0.13%,病房死亡率2.21%。住院手术5262例。剖宫产率46.0%,孕产妇死亡率0,新生儿死亡率5.8‰,围产儿死亡率10‰。甲级病案率100%,医院感染率2.39%。

(蒋立红　刘晨曦　关兆东)

【医保工作】　年内,医保病人出院9486人次,总费用1.89亿元,次均费用19924元。

(蒋立红　刘晨曦　关兆东)

【医疗支援】　年内,免费接收5名内蒙古科左后旗人民医院医师进修学习。选派22名医务人员到平谷区东高村镇和峪口镇社区卫生服务中心对口支援,免费接收平谷区东高村镇卫生服务中心1名医务人员进修。赴河南、河北等12个省份开展扶贫义诊、手术指导等工作,义诊、筛查患者12000余人次;免费接收义诊地区医院进修人员5人。与河南省林州市、黑龙江省鸡西市、江西省安远县等地医院签署帮扶协议。

(蒋立红　刘晨曦　关兆东)

【护理工作】　年内,优质护理示范病房比例由上年的75%增至85%。制定《护士岗位管理制度》《护理人员岗位说明书》《护理安全管理制度》《关于加强手术外来器械管理的规定》,完善《消毒隔离制度》。完成护士长考核和换届聘任。护理文件书写合格率98.79%,护理病历书写合格率98.69%,基础护理合格率97.26%,特级护理合格率96.21%,一级护理合格率97.52%,技术操作合格率97.22%,安全护理合格率99.3%,急救物品完好率97.79%。全年上报各类不良事件138例。在统计源期刊发表护理论文1篇。接收护理实习学生114人,进修护士32人。对不同批次学生进行岗前培训4次,业务学习讲课6次。主办区县级护理继续教育16项。派出进修和参加培训班22人次。对全院34名护士长进行理论和操作考核。对全院235名5年资以上护士进行2010版心肺复苏培训及考核。

(蒋立红　刘晨曦　关兆东)

【科研工作】　年内,建立课题基金申报促进及预审制度。获国家自然科学基金课题1项;省部级课题2项;校级资助课题1项,资助金额184.5万元人民币。完成2项国家自然科学基金在研项目进展报告,3项国家自然科学基金结题报告和3项首都医学发展基金的结题答辩。在研课题数11项,其中结题6项。发表科技论文77篇,其中中文核心期刊论文52篇;发表外文期刊论文8篇,其中SCI收录杂志7篇。最高影响因子2.699,平均影响因子1.830。

(蒋立红　刘晨曦　关兆东)

【医学教育】　年内,完成各级继续教育项目33项。申报国家级继续教育项目2项、省市级项目3项、区县级项目28项。继续教育达标率95%以上。招收研究生11人,其中硕士7人、博士研究生4人。累计接收医疗、医技见习实习88人,进修23人(含对口支援6人)。院外进修1人。

(蒋立红　刘晨曦　关兆东)

【学术交流】　年内,参加各类国际国内学术交流会320余人次;接待美国、印度、英国、德国等专家学者来访10人;出国考察、参加国际会议20人次;出国进修学习3人次。

(蒋立红　刘晨曦　关兆东)

民航总医院

【概况】　民航总医院与民用航空医学卫生中心合并运行,实行一个机构两块牌子。机构名称为中国民用航空局民用航空医学中心(简称民航总医院)。职工总数1223人(在编755人;合同制468人)。其中卫生技术人员972人(正高职称27人,副高职称64人,中级职称263人,初级师330人,初级士288人)。医院设备总值3405.9374万元,10万元以上设备14台(套)、100万元以上设备12台(套)。经中国民用航空局批准,民航医学中心(民航总医院)成为民用航空体检医师培训基地。经北京市卫生局认可,医院内科成为住院医师规范化培训基地。年内,成立物业科、北京民航医药科技开发公司,新增内分泌科,空干科开设老年医学门诊。获评首都卫生系统文明单位、全国百姓放心示范医院、首都平安示范医院。全年收到患者锦旗223面、表扬信187封,退红包257220元,1564人次受到患者表扬。

地址:高井甲一号
电话:85762244
邮编:100123
网址:www.mhzyy.cn

(马倩怡　马秀利)

【航空医学】　年内,航空人员体检鉴定所完成日常体检鉴定工作:年度体检18672人次,招飞4245人,飞行学员入校复查5313人,招乘1436人,军转民79人。对全国民航40岁航线运输驾驶员开展脑核磁排查,完成排查1052人。完成航空主检医师和体检医师培训3期,航空医学基础培训班1期及北京大学医学部本科生航空医学选修课教学任务。发表各类论文12篇,其中5篇发表于《中华航空航天医学杂志》。编写完成第1期《药物与飞行安全简报》。组织实施《检测和校准实验室能力认可准则在化学检测领域的应用说明》(CNAS－CL10:2012)宣贯培训,开展药物检测新项目31项,完善水质检测20项参数的扩项准备工作,制定民航医学中心技术规范1个,原始记录5个,组织专家鉴定1项。对3个航空公司1599名飞行员进行31种临床常用降压药、降糖药的检测。完成飞行员入职、现役飞行员常用降压药物、降糖药物检测30例。参与3起航空器事故征候毒理学调查。完成60—65周岁飞行员认知功能检测96人次,特许飞行员认知功能检测22人,各类空勤人员心理评估40人,招飞心理选拔测试430人。检测10余架次飞机座舱环境卫生。为座舱空气污染环境检测1次,物理因素高频辐射现场检测1次。

(马倩怡　马秀利)

【医疗工作】　年内,门诊1109939人次,急诊210752人次,急诊危重症抢救5772例,抢救成功率97%。出院14633人次,床位周转31.25次,床位使用率100.17%,平均住院日10.16天,死亡率2.5%。住院手术6345例。无孕产妇死亡,剖宫产率41%,新生儿死亡率0.4‰,围产儿死亡率5.6‰。健康体检45772人次。预约挂号151509人次,其中专家号76891人次,普通号74618人次。普通号预约率10.36%,专家号预约率19%。产科、口腔科全科预约率分别为56%、41%。甲级病历率100%。全院住院病人院内感染率1.59%。

(马倩怡　马秀利)

【医保工作】　年内,医保出院7819人次,总费用12183.45万元,次均费用15581.85元。门诊医保就诊826970人次,总费用240458819.80元,次均费用290.77元。

(马倩怡　马秀利)

【医疗支援】　年内,组织9人赴西藏那曲为720人进行健康体检。派出27名医疗技术骨干为1689名西藏群众体检。为青海省玉树藏族自治州地震灾区义务培训10名藏族医务工作者。派专家在王四营乡、管庄乡第二社区卫生服务中心及三间房乡、平房乡社区卫生服务中心出诊,在密云县溪翁庄镇、不老屯镇义诊,接收内蒙古土默特右旗等地医院11人进修。

(马倩怡　马秀利)

【护理工作】　年内,补充制定《临床使用精密过滤输液器指导意见》《保护性约束临床应用规范》《保护性约束使用知情同意书》等7项规章制度。护理文件书写合格率95.1%;基础护理合格率94.8%;特级、一级护理合格率94.9%;技术操作合格率99.9%。急救物品完好率99.9%。开展2项院级护理科研课题;完成实习教学34人;接收外院进修47人次;举办区级继续教育项目13项。对新入职护士进行心肺复苏、简易呼吸器使用等双人配合技术操作37人次。

(马倩怡　马秀利)

【医学教育】　年内,招收研究生30人,其中硕士28人、博士2人。参加北京市住院医师规范化培训一阶段理论考试3人,合格3人;技能考试4人,合格2人。参加北京大学医学部住院医师规范化培训二阶段考试4人,均通过。参加北京市住院医师规范化培训二阶段考试20人,通过18人。举办航空医师培训班17期。举办民用航空体检医师进修班3期。

(马倩怡　马秀利)

【科研工作】　年内,"基于代谢组学方法的飞行疲劳生物标志物探索研究"得到国家自然科学基金民航联合基金立项,资助经费37万。在研课题61项,结题3项。授权发明专利1项。发表科技论文112篇,其中SCI收录3篇,最高影响因子3.487,平均影响因子2.028。

(马倩怡　马秀利)

【对外交流】　年内,参加第84届美国航空航天医学会学术年会、国际民航组织预防管理公共卫生事件合作项目第四次全球会议、第61届国际航空航天医学会、第六届民航亚太地区预防控制公共卫生事件合作项目会议。北京大学民航临床医学院·美国氩氦刀国际培训中心正式成立。接待新西兰惠灵顿奥塔哥大学航空医学系教授、美国ETC公司总裁、欧盟EUCCAP项目组与法国民航大学项目经理等来访。

(马倩怡　马秀利)

北京地坛医院

【概况】　北京地坛医院是北京大学医学部、北京中医药大学的教学医院,首都医科大学传染病学研究所、国家感染性疾病医疗质量控制中心、国家肝病及艾滋病临床药物验证基地、国家中医药管理局中西医结合传染病临床基地、世界卫生组织艾滋病综合管理中心均设在本院。职工1142人(在编962人、合同制180人),其中卫生技术人员970人(正高级职称61人、副高级职称92人、中级职称253人、初级师332人、初级士150人、未定级82人)。医疗设备总价值53533.35万元。本年度购置医疗设备总值5242.6万元,其中10万元以上设备65件、100万元以上设备22件。年内,医院获北京市医疗保险管理二等奖,被市卫生局评为北京市人口与计划生育工作先进集体;被复旦大学医院管理学院的中国最佳医院排行榜收录,在中国医院专科声誉排行榜中以传染科特色位居第三位;院报《地坛之声》获评北京市卫生系统十佳院报;北京市卫生系统"我的梦·中国梦"职工宣讲比赛优秀宣讲团。感染性疾病诊疗中心获国家卫生和计划生育委员会评选的全国艾滋病防治工作先进集体称号;红丝带之家办公室主任王克荣获第44届南丁格尔奖章,感染一科主任赵红心被评为"首都十大健康卫士",并获"大医精神奖"和"首都劳动奖章"。

地址:京顺东街8号

电话:84322007

邮编:100015

电子邮箱:www.bjdth.com

(王　蕾　张永利)

【改革与管理】　年内,实行工资总额预算管理。开展16个病种的临床路径工作,累计入径789人次,完成764人次,平均入组率73.71%,平均完成率75.19%。在金盏第二社区卫生服务中心成立北京地坛医院健康教育基地和健康管理基地,加入"中国肝炎患者同伴教育项目"。

(王　蕾　张永利)

【医疗工作】　年内,门诊498410人次,急诊41677人次,出院22945人次,床位周转38.36次,床位使用率113.7%,平均住院日10.75天,死亡率2.036%。住院手术8462例。剖宫产率48.34%,孕产妇死亡率0,新生儿死亡率0,围产儿死亡率0。医院实有床位758张。接待并收治外籍住院患者39人次。甲级病历率99.90%。

(王　蕾　张永利)

【医保工作】　年内,启动医保总额预付,多种付费方式相结合的多元化、复合式付费体系。

(王　蕾　张永利)

【医疗支援】　年内,赴密云县石城镇卫生院义诊28次。开展大型体检活动2次、参与疑难病例会诊42次,组织学术讲座、业务培训14次。支援和平医院五官科。派医生赴新疆维吾尔自治区传染病医院工作6个月。接收进修医师94人次,西藏骨干医师岗位锻炼1人。

(王　蕾　张永利)

【护理工作】　年内,推进整体护理工作,落实护士责任制分工方式,试点护士岗位绩效考核垂直管理。优质护理服务病房覆盖率100%,护理质量综合评分96.4分,患者及家属满意率99.18%以上。护理文件书写合格率94.96%,基础护理合格率94.84%,特级、一级护理合格率95.08%,技术操作合格率92.82%,急救物品完好率99.97%。接收进修护士24人、实习护士51人。接收香港理工大学护理学院本科实习8人,护理研究生指导3人。承担护理继续教育项目55项,达标率99.32%。

(王　蕾　张永利)

【科研工作】　年内,申报课题69项,中标29项,获批科研经费1028.95万元。在研各类基金课题181项,其中国家级项目35%、省部级项目27%、局级项目20%、国际及其他级别项目18%。结题17项。"甲型H1N1流感中医药应对模式及临床研究"获中华中医药科学技术进步奖二等奖。中西医结合中心"约束手套"获实用新型发明专利授权。发表核心期刊论文123篇,SCI论文39篇,最高影响因子8.376,总影响因子102.79。著作1部。市感染性疾病临床医疗质控及改进中心、市中西医结合感染性疾病研究所落户医院。

（王　蕾　张永利）

【医学教育】　年内，招收研究生24名，其中硕士生20人、博士生4人。在读统招研究生89人，毕业研究生20人。接收进修医师94人，接收实习学生200人。完成国家级继续教育项目3项、市级1项、区级26项、院内自管项目20项，临床医师和医技人员继续教育学分达标率100%。举办肝病进修班2期，33人参加；举办艾滋病培训班3期，36人参加。脱产学习1人，院外进修2人。

（王　蕾　张永利）

【学术交流】　年内，接待7批次国外专家和政要来访交流。出国访问6批次6人次，其中出国进修3批次3人次、出国交流2批次2人次、参加国际学术会议1批次1人次。开展国际合作项目9项。国内交流17批次85人次，其中赴台2批次3人次，赴香港1批次4人次。与协作医院友好交流14批次78人次。

（王　蕾　张永利）

望京医院

【概况】　望京医院是以中医骨伤科为重点，集医疗、教学、科研为一体的三级甲等中医医院。职工1152人，其中卫生技术人员901人（正高级职称65人、副高级职称101人、中级职称325人、初级师278人、初级士108人、见习24人），行政人员68人，工勤人员163人，其他技术人员20人。医疗设备总值15713万元。本年度新增设备总值3577万元，其中10万元以上设备49台（包含100万以上）、100万元以上设备6台。获2012年度北京市无偿献血工作先进集体称号、2012年度北京市卫生统计工作先进单位称号、2012年度北京地区中医医疗质量检测工作一等奖、2013年度第六届健康中国健康宣教优秀医院称号。药剂科获中华全国妇女联合会“巾帼文明岗”称号。放射科获北京医学会“2013年度优秀放射技师团队奖”。

地址：花家地街
电话：84739000
邮编：100102
电子邮箱：www.wjhospital.com.cn

（姜榅霞　侯小兵）

【机构设置】　1月，成立望京医院特色诊疗中心，推拿科纳入特色诊疗中心统一管理。7月，撤销功能检查科编制，人员、设备归入放射科和呼吸科；“心电图室”更名为“心功能科”。成立信息中心；成立药学部，实现药剂科到药学部的职能转变；医保办公室由医务处下属二级处室升级为职能处室。9月，成立专科学科办公室。

（姜榅霞　侯小兵）

【改革与管理】　年内，合并门诊输液室与急诊输液室，实行一体化管理。组织参加北京市中医管理局临床路径推进培训，制定《望京医院中医临床路径和诊疗方案推广实施方案》，规范临床行为。康复科成为国家临床重点专科。成立“特色诊疗中心”与“治未病中心”，共同构成集体质辨识、健康指导、中医综合治疗为一体的“治未病”体系。

（姜榅霞　侯小兵）

【医疗工作】　年内，门急诊1343480人次，急诊抢救1363人次；门诊手术3651例，住院手术6438例。开放床位703张，入院15622人次，出院15594人次，床位周转22.2次，床位使用率99.8%，平均住院日16.5天，门诊中医治疗率96.8%。甲级病案率95%以上。感染率0.96%，Ⅰ类切口手术围术期预防性抗菌药物使用率43.88%。

（姜榅霞　侯小兵）

【医保工作】　年内，医保出院11985人次，出院医保病人总费用23267.56万元，次均费用19414元。

（姜榅霞　侯小兵）

【护理工作】　年内，优质整体护理服务覆盖率100%，制定《中医护理方案推广实施方案》《实施应用工作方案》《中医护理效果量化评价标准》等。重点专科病区能够熟练开展10项以上中医护理技术，其他病区能够熟练开展5项以上中医护理技术。确定护理骨伤科专科带头人1名，学术继承人2名，主要技术骨干14名。设立护理科研专项基金，完成院级护理科研课题申报。申报市中医局中医护理专科培训基地（已立项）。举办护理人员“西学中培训班”，3006人次参加培训。选派6名优秀护理人员外出进修，外出学习139人。选派2人参加中国中医科学院“中医医院职业化管理研修班”。

（姜榅霞　侯小兵）

【医疗支援】　年内，与四川省雅安市中医院、宁夏固原市中医院、山西省大同市中医院、北京市密云县中医院及所属社区服务站、平谷区中医院、朝阳区孙河社区服务中心等22家医疗机构签订对口支援协议，开展多种形式的帮扶工作。

（姜榅霞　侯小兵）

【科研工作】　年内，申报各级各类课题207项，获资助58项，总经费973.04万元。加强在研项目过程管理，完成18项课题结题、验收。获各级各类成果奖励8项。发表学术论文188篇，其中SCI收录7篇。主编出版《中西医结合微创骨科学》《尚天裕实用中医骨伤科学》等6部学术著作和4部科普著作。年内，医院通过国家中医临床研究基地验收。

（姜榅霞　侯小兵）

【医学教育】　年内，招收硕士研究生49人，博士研究生6人。2013年在读硕士研究生202人，博士研究生22人，在站博士后5人。在职攻读学位15人。承担北京中医药大学七年制学生142人的教学及实习任务。胡荫奇名医传承工作站获批成立。11位继承人通过第四批北京市老中医药专家学术经验继承年度考核。3位继承人通过第五批全国老中医药专家学术经验继承人年度考核。完成医院第一批全国中医药传承博士后进站考核，3人通过考核并进站。1人进入第三批全国优秀中医临床人才研修项目。3人进入北京市复合型中医药学术带头人培养项目。接收进修生63人。

（姜榅霞　侯小兵）

【学术交流】　年内，联合针灸研究所共同组织“中泰推拿手法比较研讨会”，与泰国孔敬大学医学联合学院开展学术交流。与韩国东国大学医疗院签署合作协议书，选派优秀医师到东国大学进行康复医学培训并攻读学位。与墨西哥东南针灸医学协会、拉丁美洲耳针协会签署教学合作协议书。接待日本、美国、法国等16个国家和地区的107名学员参观访问、短期培训。与香港医院管理局中医部继续开展“北上奖学金培训及南下访问学者计划”，完成南下访问学者计划和“香港医院管理局首期中医骨伤北上奖学金计划考核和结业典礼”，2名专家赴香港完成培训教学任务，2名港方北上奖学金计划进修学员通过考核。成为上海合作组织（中国）传统医学促进会的团体会员。

（姜榅霞　侯小兵）

北京中医药大学第三附属医院

【概况】　北京中医药大学第三附属医院是三级甲等中西医结合医院。职工668人（含合同制209人），其中卫生技术人员588人（正高级职称31人、副高级职称70人、中级职称198人、初级师136人、初级士153人）；其他人员80人。医疗设备总价值

11349.58万元。本年度购置医疗设备总值3795.84万元,其中10万元以上设备44台,100万元以上设备2台。报废医疗设备价值595.38万元。年内,获北京地区中医医院医疗质量监测三等奖;北京地区中医、中西医结合、民族医医疗机构医疗服务信息工作三等奖;北京中医药大学“学术节”活动组织奖一等奖;国家中医药管理局授予医院骨伤科护理单元“优质护理服务先进病房”,心内科护士闫秋艳获“优质护理服务先进个人”。医院被第二届京交会组委会评为“第二届京交会中医药服务板块优秀参与单位”;被朝阳区医院管理中心评为“朝阳区医疗救助先进单位”。年内,成立海淀区五棵松门诊部、药物临床试验机构办公室;合并肝胆外科、普通外科组为外一科,合并泌外科、脑外科组为外二科;将计算机中心、病案科、统计室合并成立质量信息管理中心;财务处设立人员经费科。

地址:安外小关51号

电话:52075200

邮编:100029

网址:www.zydsy.com

(张进宏　刘子旺)

【改革与管理】 年内,印制《北京中医药大学第三附属医院工作制度汇编》《北京中医药大学第三附属医院岗位职责与领导小组汇编》《北京中医药大学第三附属医院综合目标管理考核奖惩办法》《北京中医药大学第三附属医院应急预案汇编》等规章制度。加强党风廉政建设目标责任制建设,强化药品、医疗设备、医用耗材集中招标采购和使用管理。加强行风建设,开展医德医风教育,进一步强化治理商业贿赂的长效机制。制定《2013年第三附属医院党风廉政建设责任制规定》。党委书记、院长与处级干部签订党风廉政建设责任书。

(张进宏　刘子旺)

【医疗工作】 年内,门诊555758人次,急诊18968人次,急诊危重症抢救216人次。床位470张。入院6264人次,出院6289人次,床位周转13.99次,床位使用率71.82%,平均住院日19.16天,死亡率6.25%。住院手术2398例。甲级病历率100%。院内感染率2.51%。

(张进宏　刘子旺)

【医保工作】 年内,医保出院3873人次,总费用7320万元,次均费用18900元。

(张进宏　刘子旺)

【医疗支援】 年内,继续支援怀柔区雁栖医院和渤海镇卫生院,派出医生188人次,开展义诊3次,义诊患者近300人次。接收1人到医院进修。与门头沟区中医院建立对口支援关系。继续承担对口支援内蒙古3家医院的任务。接收3名内蒙古对口支援单位人员免费进修。

(张进宏　刘子旺)

【护理工作】 年内,开展中医特色的护理查房、护理会诊及护理病例讨论。护理文件书写合格率98.56%,基础护理合格率98.68%,特级护理合格率100%,一级护理合格率98.18%,护理技术操作合格率97.28%,急救物品完好率99.99%,责任制护理合格率99.11%,消毒隔离合格率99.81%。3项护理科研课题中标北京中医药大学的科研基金项目及自主选题项目,承担市中医局“中医医院护理岗位设置”项目的研究。发表核心期刊论文9篇。参加北京中医药大学护理学院教学培训3次,接收127名大中专、本科、研究生护理专业学生临床实习、见习。完成10项区级继续教育护理学项目,完成单位自管项目11次。

(张进宏　刘子旺)

【科研工作】 年内,申报课题196项,获批66项,资助531.37万元。申报2013年度“新世纪优秀人才支持计划”33人,入选“国家火炬计划”专家2人。发表论文46篇,其中核心期刊38篇。担任国家中医药高等教育“十二五”卫生部规划教材主编1部,副主编3部,编委2部。担任卫生部高职高专教材《中医妇科学》《传染病学》副主编各1部。

(张进宏　刘子旺)

【医学教育】 年内,招收研究生54人,其中硕士生46人、博士生8人。在院研究生135人,其中硕士生115人、博士生20人。新增北京市第四批师承指导老师1名,国家第五批师承指导老师1名。承担市级中医药继续教育培训项目10次,完成区级继续教育项目16次。完成传染病培训16次48学时。继续医学教育达标率100%。派出37名医师到外院进修。

(张进宏　刘子旺)

【学术交流】 年内,派出3名医护人员去德国魁次丁医院工作。接待5批奥地利、澳大利亚、日本等国家专家和学者,完成342名留学生的临床教学和实习任务。

(张进宏　刘子旺)

北京妇产医院
北京妇幼保健院

【概况】 首都医科大学附属北京妇产医院北京妇幼保健院是三级甲等妇产专科医院,集医疗、保健、教学、科研为一体,主要诊治妇产科常见病、多发病和疑难病症。职工1483人(正式职工1195人、派遣288人),其中卫生技术人员1180人(正高职称59人、副高职称86人、中级职称257人、初级师548人、初级士230人)。医疗设备总价值3198.36万元。本年度购置医疗设备总值1841.81万元,其中10万元以上设备26台、100万元以上设备4台。年内,北京妇产医院被市委、市政府评为第七届首都民族团结进步先进集体;被中国关心下一代工作委员会评为中国关心下一代百城万婴示范医院;被全国妇联评为全国农村妇女“两癌”免费检查工作先进集体;被全国妇联儿童工作部、中华全国总工会女职工部、中国关心下一代工作委员会组委会办公室评为2012—2013年度“心系新生命”活动示范单位;被北京市卫生局评为首批北京健康促进示范基地;药剂科获评中国医院药学奖优秀团队奖。年内,增加“核磁共振”诊疗科目;增加“耳聋基因”筛查等分子生物学检测项目;新筛实验室与遗传实验室合并成立遗传代谢实验室;成立采购中心,负责采购医院通用物资、药品、医疗仪器;调整妇幼保健院部分科室;物价办公室归属财务科。

地址(东院区):朝阳区姚家园路251号

电话:52276666

邮编:100026

地址(西院区)东城区骑河楼街17号

电话:52277666

邮编:100006

网址:www.bjogh.com.cn

(马　明　潘　迎　张兰月)

【改革与管理】 年内,全面实施临床路径管理工作。完善宫颈癌、计划性剖宫产、卵巢良性肿瘤、子宫肌瘤、子宫肌腺症和异位妊娠6个单病种的临床路径工作。推行主诊医师负责制,建立产科、妇科、妇科肿瘤科、妇科微创中心和计划生育科主诊组。开通“京医通”卡。取消复诊预约患者取号环节。实现挂号收费通柜服务。

(马　明　潘　迎　张兰月)

【医疗工作】 年内,门诊1189849人次,急诊33588人次,急诊危重症抢救33人次,抢救成功率100%。实有床位数521。年出院人次34067,床位周转次数66.53,床位使用率101.13%,平均住院日5.5天,死亡率0.02%。住院手术例数27028人次。剖宫产率44.07%,孕产妇死亡率0(/万),新生儿死亡率(‰)0.04‰,围产儿死亡率(‰)0.3‰。甲级病历率100%。医院感染率0.11%。

(马　明　潘　迎张兰月)

【医保工作】 年内,成为北京市医保基金“总额预付”定点医疗机构。医保出院10304人次,总费用3345.44万元,次均费用3247元。

(马 明 潘 迎 张兰月)

【医疗支援】 年内,选派1名医生和1名助产士赴新疆洛浦县援疆一年;参加“情系和田”赴新疆及内蒙古大型义诊活动;与内蒙古民族大学附属医院、陈巴尔虎旗人民医院签订支援协议;接受1名“西部之光访问学者”培训任务;完成北京市通州区妇幼保健院、北京市平谷区妇幼保健院、北京市延庆县妇幼保健院对口支援任务;与安贞社区卫生服务中心签订对口支援协议。接收进修医生208人,免费接收内蒙古地区医院7人进修。

(马 明 潘 迎 张兰月)

【护理工作】 年内,护理文件书写合格率98.94%,病历书写合格率98.76%,基础护理合格率98.52%,特级、一级护理合格率99.58%,技术操作合格率98%,安全护理合格率98%,急救物品完好率100%,无护理差错与事故发生。优质护理示范病房覆盖率100%。在统计源期刊发表护理论文37篇。主编《产科临床护理与实践》《新母婴护理模式实践》。带教实习和见习生142人,带教中华护理学会专科学生52人,进修护士55人。组织继续教育144次,继续教育达标率100%。

(马 明 潘 迎 张兰月)

【科研工作】 年内,获局级以上课题立项19项,资助总金额359万元。其中国家级2项、省部级9项、局级8项。在研局级以上课题91项,结题局级以上课题35项。科技论文235篇,其中SCI收录论文13篇,最高影响因子4.67,平均影响因子2.29。主编学术著作2部。召开第8届全国妇科微创诊疗理论与实践论坛暨“保留器官与生育功能微创手术新技术、新方法高端论坛”及第4届全国妇科微创理论与实践护理论坛,第2届胎儿出生缺陷与产前诊断及咨询高端学术研讨。接收药物临床试验8项。完成“宫颈癌临床数据库和样本资源库建设”一期建设任务。

(马 明 潘 迎 张兰月)

【医学教育】 年内,培训妇产科学住院医师41人,其中年内接收10人。完成第一阶段临床技能考核住院医师139人、第二阶段临床技能考核住院医师70人。举办国家级继续医学教育项目学习班9次、市级4次。招收全日制博士研究生4人、硕士研究生15人,七年制学生9人,在职博士研究生5人、在职硕士研究生8人。毕业全日制博士研究生2人、硕士研究生15人、7年制学生8人,就业率100%。

(马 明 潘 迎 张兰月)

【国际合作与交流】 年内,接待德国、美国等14个国家及地区来访13批46人次,聘请美国北卡罗来纳大学维克森林医学院妇产科学研究中心主任、妇产科主任、教授James C.Rose和德国绝经学会主席、德国图宾根大学妇产医院内分泌、绝经及妇女健康中心主任、博士Alfred O.Mueck为首都医科大学客座教授。派出25批44名专家分赴美、英等国家参加学术会议、培训及交流等。与德国图宾根大学妇产科医院内分泌和绝经中心合作建立更年期及妇科内分泌特色诊疗研究中心;与日本国立成育医疗中心签订《大便比色卡筛查先天性胆道闭锁症》项目合作协议;完成与英国牛津大学合作项目《21世纪胎儿与新生儿发育的国际标准研究》《出生婴儿健康随访研究》项目研究的现场工作;召开2013年第五届更年期及妇科内分泌相关问题国际研讨会;获国际妇产超声学会(ISUOG)授权召开第二届胎儿出生缺陷产前超声诊断及临床咨询高级课程。内分泌科教授阮祥燕与德国图宾根大学教授Alfred. O. Mueck合著《更年期相关症状及疾病防治理论与实践》(2013年8月人民卫生出版社出版);内分泌科教授阮祥燕与德国海德堡大学教授Thomas Rabe、德国图宾根大学教授Alfred. O. Mueck合著《妇科内分泌学热点聚焦》(2013年8月人民卫生出版社出版)。

(马 明 潘 迎 张兰月)

垂杨柳医院

【概况】 北京市垂杨柳医院(又名北京微创医院)为朝阳区卫生局直属二级甲等综合性医院。占地面积2.14万平方米,总建筑面积2.46万平方米。内设心血管疾病中心、神经疾病中心、消化疾病中心等13个临床医学中心及实验医学中心等4个医学技术中心;有职工1087人,其中卫生技术人员914人(主任医师30人、副主任医师66人、主治医师159人、医师93人、护士408人、药剂人员49人、检验人员33人、影像人员20人、其他卫技人员56人),行政及工勤人员173人。医院固定资产总值70172万元。拥有1.5T核磁设备、16排CT、导管机、两微米激光治疗仪,海博刀、全自动生化分析仪、多功能X光机、彩色多普勒诊断仪等医疗设备。

地址:垂杨柳南街2号
电话:67718822(总机)
邮编:100022
电子邮箱:cylhospital@163.com

(乌 兰)

【医疗工作】 年内,门急诊总量103.94万人次,同比增长9.48%;出院12826人次,同比下降1.27%。住院手术4605台次,同比下降11.34%;床位使用率79.30%,同比下降2.67%;平均住院日9.50天,床位周转次数30.57。全年收到病人锦旗115面、表扬信381封。加强抗菌药物临床应用管理,创建《抗菌药物临床应用管理专刊》。门诊抗菌药物使用率15.45%,较2011年下降13.98%;住院抗菌药物使用率48.11%,较2011年下降26.61%;I类切口手术预防使用抗菌药物比例13.2%;住院患者微生物送检率60.75%。

(乌 兰)

【护理工作】 年内,有护理人员408人。加强护理质量管理和岗位技术大练兵,开展分层分类培训,结合技能竞赛与科研教学,提高护理队伍整体素养。运用质量管理工具提升护理质量。继续开展优质护理服务。患者对护理工作满意度94.53%;医生对护理工作满意度99.71%。

(乌 兰)

【医保工作】 年内,门诊医保患者约54.6万人次;住院医保患者6708人次;城镇职工医保申报费用1.75亿元。区医保中心来院检查3次、检查病例106份,院内自查大额病例89份,审核、统计分析单病种费用494人次。完成394名医保医师服务协议续签。

(乌 兰)

【信息化建设】 年内,完成一院三址系统改造升级、门诊首页上报系统改造、新急诊留观系统改造、医保容灾系统建设、HOA升级、管庄门诊和住院系统维护、各科室专业系统升级、各类检查活动数据统计等工作;新安装LIS设备和PACS设备各1台;优化临床和医技科室操作流程、实现科室间系统对接;开展全员信息技术应用培训。

(乌 兰)

【科研教学】 年内,组织申报国家自然基金3项,北京市自然基金2项,首都特色4项,首都医学发展科研基金专项5项,中医药管理局项目2项,北京市科技新星计划项目2项,朝阳区科技计划项目14项;中标项目1项(10万元);在研项目12项;结题项目35项。发表论文76篇,其中SCI5篇。泌尿外科与骨科成为朝阳区临床医学重点专科。34人参加北京市住院医师规范化培训。获批继续医学教育项目国家级2项、市级8项、区级30项,全院继续教育学习达标率100%;完成各类继续教育课程92场次11748人。指导研究生13人,接收实习生23人、进修生10人;送外院进修20人。聘请专业外教开展英语口语培训。1人获2013年北京市优秀人才培养专项资助,资助经费3万元。

(乌　兰)

朝阳区第二医院

【概况】 朝阳区第二医院为区卫生局所属的二级甲等综合性医院,分小庄院区、东坝院区。医院占地面积2万平方米,总建筑面积2.6万平方米,设有15个职能科室,40个临床医技科室。编制床位400张。年内,两个院区有职工933人,其中在编492人,外聘441人。医疗319人,护理360人,药剂人员47人,检验人员35人,影像人员17人,其他卫生专技人员20人,其他专业技术人员42人,行政及工勤人员93人。卫生专业技术840人(正高职称20人,副高职称59人,中级职称214人,初级职称508人,未定级39人)。医院固定资产总值3.01亿元。拥有16排螺旋CT,数字化X线摄影系统,多功能心血管超声系统,全自动生化分析仪,内窥镜系统,宫腔镜、腹腔镜等医疗设备。

小庄院区:金台路13号内2号
电话:85993431
邮编:100026
东坝院区:东坝乡东风大队二条
电话:84318600
邮编:100018
电子邮箱:erybangongshi@126.com

(朱　雪　李玉娟)

【人事竞聘】 年内,开展岗位竞聘工作。完成132个管理岗位及760个职工岗位的竞聘上岗,新聘中层领导干部25人。加强聘后管理,重新签订岗位协议,统一两个院区人员工资结构与考勤管理。处理原东坝院区遗留人员问题,解决劳动合同纠纷5起。

(朱　雪　李玉娟)

【医疗工作】 年内,门急诊75.76万人次,出院9392人次,病床使用率78.07%。预约挂号6796人次,社区双向转诊374人次。检验科、妇产科开展6个新技术新业务项目,新增CRP检查,完成2.85万人次,全自动血培养完成196套,肿瘤标记物检查完成5500例。体检中心完成体检85342人次,其中政府指令性体检26427人次,占总体检量的31%。

(杨春红　杨顺利)

【护理工作】 年内,完成26名护理管理者、39个科室314名临床护理人员的岗位设置、竞聘,新增总护士长4名,护士长8名;补充13项新制度;修订32种护理文书;发放1112份患者满意度调查问卷,平均97.85分;完成与安贞医院"手拉手"共建活动;4名护士长参加区卫生局组织的"十五项基本护理技术操作培训";安排护士长及护理骨干参加院外培训55人次,专科取证2人次(静脉输液与手术室);通过"爱婴医院复审及助产机构验收";完成护士延续注册217人次,首次注册6人次,执业变更14人次;全院护理人员继续教育达标率100%。

(李国娟　李晓东)

【科教工作】 年内,申报医技区级继续教育认可项目31项,开展院内授课项目10项。347名在岗医技职工达标,达标率100%。派出5人参加住院医师规范化培训,4名医师通过住院医师第二阶段考试并颁发合格证书。发表核心期刊论文16篇。区科委科研课题1项结题,3项正在进行中。举办社区医师沙龙3次,420名社区医务人员参加。

(杨春红　杨顺利)

【医保工作】 年内,完成全员医保服务医师管理再注册、备案及培训工作。门诊医保患者同比增长32.01%,药占比同比下降1.2%;住院医保患者同比增长32.35%。审核低保人员费用26人次。完成药品调价388种,新增药品85种,新增耗材72种,新增诊疗42种。

(谭小红)

【抗菌药专项整治】 年内,住院患者抗菌药物使用率52.19%,门诊患者抗菌药物使用率18.25%,I类切口手术患者预防使用抗菌药物比例21.17%,抗菌药物使用强度42.04DDD。新增临床路径管理病种31个,临床路径总入组率61.92%、完成率95.40%。

(杨春红　杨顺利)

【医疗援助】 年内,派出主治以上医师11人开展对口支援,接收进修人员2人。派至怀柔区九渡河卫生院的6名医师接诊382人次,开展继续教育课程4次,培训人员95人次,大型义诊1次,诊治病人60人。派至怀柔镇卫生院的4名医师接诊880人次,健康体检2265人次,开展继续教育课程2次,培训人员76人次。派出1名放射科医生赴新疆支援。

(王荣新　杨春红　杨顺利)

【医患关系】 年内,接到患者表扬159人次。

(李桂云　徐志浩)

朝阳区中医医院

【概况】 朝阳区中医医院为区卫生局直属二级甲等中医医院。占地3557.58平方米,建筑面积12700平方米,实有床位178张,内设10个职能科室、5个临床医技科室。有员工310人,其中卫生技术人员257人(主任医师4人、副主任医师16人、主治医师39人、医师59人、护士96人、药剂人员28人、检验人员10人、影像人员1人、其他卫技人员4人);行政及工勤人员53人。固定资产总值6535.9万元,大型医疗仪器设备1件价值485万元,100万以上设备7台,10万元以上设备75台。

地址:工体南路6号
电话:65534914
邮编:100020
电子邮箱:cyqzyyy@163.com

(刘　媛)

【中医建设】 年内,骨伤科、针灸科成为朝阳区临床医学重点专科。初步启动肿瘤专科建设。突出中医文化,打造"名医堂"。聘请国家级名老中医李英林教授、王临惠教授等在医院出诊、查房,累计外聘专家40余名。

(刘　媛)

【社区卫生】 年内,朝外社区卫生服务中心新增激光、中频、红光、疼痛、颈椎牵引等治疗仪及尿微量检测仪、血球分析仪,选派针灸及骨伤科医务人员进入社区,手法治疗5130人次,理疗18390人次,针灸8720人次,其他12090人次。

(刘　媛)

【医疗工作】 年内,门诊439439人次,急诊22672人次,住院2754人次,出院2757人次,病床使用率90.39%,死亡率5%。完善11项制度,规范退药流程。组织院长查房12次,全院病历讨论3次,内科系统主治医师精典查房7次。每月开展医疗质量控制检查并及时向临床科室反馈检查结果。优化门诊抽血化验流程。

(刘　媛)

【人才培养】 年内,通过北京市中医全科医师社区实践基地验收,对全区120名社区医师进行6项中医适宜技术培训。制定院内科研制度。申报区级课题5项、北京市中医局课题3项。骨伤科人才团队成为北京市建设人才团队；安排临床医生短期专业培训10余次。

（刘　媛）

【应急工作】　年内，调整应急小分队人员。针对人感染H7N9禽流感，储备常用中成药及中药饮片。开展中医药防治人感染H7N9禽流感宣传工作，发放宣传折页6820余份，张贴宣传海报62份。

（刘　媛）

【医保工作】　年内，医保门诊203241人次。配合医院结构调整计划调整医保量化指标；根据医保支付方式从项目付费到总额预付的支付制度改革要求，重新制定医保管理制度；加强医保管理，规范合理检查、合理治疗规范收费。全年无违反医保政策的投诉。

（刘　媛）

【护理工作】　年内，修订、整理各种护理规章制度、预案及操作技术规程。每季度开展中医护理业务查房1次。优质护理病区占全院的80%。举办护理知识竞赛，开展13种中医护理方案培训。开展中医基础知识培训，接受中医知识与技能培训的护理人员占护理总人数90%以上。各病区均开展3项以上中医操作项目。

（刘　媛）

【药事工作】　年内，完成社区卫生服务中心和医院的基本药物目录和价格调整工作。迎接区药监局药品抽样检查和日常督查2次，抽样10余个品种，质量合格。抽查处方7008张，合格率99.7%。完成预防H7N9禽流感中药调配工作，调配9175剂。完成社区和医院基本药物目录和价格调整。通过区药监局药品抽样检查和日常督查。培训社区药剂管理人员。选送中药人员参加北京中医药管理局组织的膏方制作人员培训。

（刘　媛）

【信息化建设】　年内，完成2012年规定的301份肿瘤病历核查。协助完成《北京医生》网站建设信息系统建设工作，上报医院、科室、医生的基本信息。获北京市中医管理局、北京中医学会颁发的《2012年北京地区中医医疗质量监测工作》一等奖。完成各种统计报表及人力资源信息的录入、修订、核查工作。

（刘　媛）

【安全保卫】　年内，全面检测医院（含各社区卫生服务站）灭火器（共214具）。开展消防知识培训，188人参加。组织消防安全知识答卷。

（刘　媛）

【离休干部就医绿色通道】　年内，接诊离休干部3766人次，就近为离休干部提供生活照顾。

（刘　媛）

食品药品监管

【概况】　北京市朝阳区食品药品监督管理局（简称区食品药品监管局）于2013年9月5日挂牌成立，11月1日正式对外履行职能。下设办公室（财务科）、综合协调科、法制科、食品生产监管科、食品流通监管科、餐饮服务监管科、食品流通市场监管科、药械市场监管科、药品监管科、医疗器械监管科、保健食品化妆品监管科、机关党委（人事监察科）12个内设机构，朝阳区食品药品稽查大队，北京市朝阳区食品药品安全监控中心、北京市朝阳区食品药品监督管理局政务服务中心2个事业单位，以及43个派出机构，即43个街道（地区）食品药品监督管理所。区食品药品监管局主要职责：对朝阳区生产、流通、消费环节的食品安全和药品的安全性、有效性实施统一监督管理。年内，启动朝阳区食品药品监督管理体制改革。整合了区食品办职责、药监朝阳分局职责、区质监局的生产环节食品安全监管职责、工商朝阳分局的流通环节食品安全监管职责以及区卫生局的消费环节食品安全监管职责，统一监督管理生产、流通、消费等环节食品安全及药品的安全性、有效性。

地址：管庄乡1号

电话：65776115

邮编：100024

电子邮箱：bjcysyj@163.com

（肖　洁）

【食品安全监管体系中期验收】　3月21日，举办《朝阳区食品安全监管体系构建及关键技术研究与应用》项目汇报会。9月25日举办中期评审会，检查验收中期开发情况。结果显示，该项目中期完成三项工作：①完成食品流通安全监管体系平台设计；②实施食品质量安全指纹图谱关键技术研究与应用，建立香蕉指纹图谱技术，建立产地指纹图谱数据库一套；③完成蔬菜、水果、禽蛋、肉及肉制品等近700个批次食品样本的检测分析，检测重金属、农残、添加剂、微生物等理化、卫生指标，获数据4000余个。

（肖　洁）

【防控H7N9禽流感】　3月31日，北京发现第一例H7N9病例，药监朝阳分局启动防控H7N9禽流感应急预案，专项检查药品生产经营企业防控H7N9禽流感药品市场供应情况。经查，辖区涉及防控药品的中药饮片生产企业2家，全部18个饮片监测品种均有库存，药品市场供应平稳。

（肖　洁）

【GSP认证】　5月17日、7月19日，分别举办朝阳区药品零售企业新版GSP《药品经营质量管理规范》培训班，辖区600余家企业近800名代表参加培训。新版GSP于2013年6月1日实施，药监朝阳分局自6月至8月15日暂停受理GSP认证业务。8月16日，启用新版GSP，恢复GSP认证业务。至年底，受理140家次药品零售企业GSP认证。期间，组织开展零售认证追踪检查70家，其中整改企业4家。对存在问题较多的企业限期整改，并安排复查。

（肖　洁）

【建设食品安全诚信体系】　6月，开展朝阳区食品安全诚信体系建设工作。区卫生局卫生监督所面向辖区餐饮服务单位负责人、厨师长、食品安全管理员、采购员，举办3期“安全与营养并重，道德与责任同行”培训班，750人受训。

（肖　洁）

【机构改革】　9月5日，朝阳区食品药品监督管理局挂牌成立。9月27日，分别在双井、南磨房组织街道（地区）食品药品监督管理所挂牌、授牌仪式。9月30日，各街道（地区）食品药品监督管理所与街道（地区）实现初步工作对接。10月15日至16日，举办区食品药品监管局第一次全员培训。此次机构改革接收划转人员241人，其中，药监朝阳分局67名，工商朝阳分局103名，区卫生局66名，区质监局5名。

（肖　洁）

【"诚信做食品"主题实践活动】 年内,开展"诚信做食品"主题实践活动,建成新奥购物中心餐饮示范街,正式启用新奥购物中心餐饮街"诚信做食品"监督投诉工作站。截至年底,朝阳区有三条餐饮示范街,分别是鸟巢北岸餐饮示范街、蓝色港湾餐饮示范街、新奥购物中心餐饮示范街。

(肖　洁)

【餐饮单位量化分级】 年内,开展餐饮单位量化分级评定工作。应评定8925户,已评定8925户,量化分级率100%。其中,优秀3595户,良好3908户,一般1422户。

(肖　洁)

【产业调研】 年内,形成《关于朝阳区医疗器械行业违法现状与分析的调研报告》。《报告》包括四个部分:国内外医疗器械行业现状分析、现实典型违法案件解析、朝阳区医疗器械行业违法现状情况介绍及解决措施。

(肖　洁)

【食品监管】 年内,采取三项措施开展食品监管。①1—3季度统一监测与监督抽检食品样本5236个(其中未出抽检结果样本178个),已出抽检结果样本合格率98.85%;②针对高风险食品及高风险项目开展风险监测,调查评估市场销售的食品质量。品种包括蔬菜、皮蛋、炒货、预包装速冻汤圆、预包装粽子、蜜饯及果脯等。检测样本721个,合格率100%;③开展食品安全快速检测,抽取19032个样本,合格率99.92%。

(肖　洁)

【食品加工监管】 年内,开展食品加工监管。出动执法人员760人次,检查360家次,完成219个批次食品样本的抽样和检验任务。全年接到12365转办投诉举报53个、自接举报12个、政民互动举报4个。取缔食品生产加工黑作坊5个。日常监督检查餐饮单位10927户,监督覆盖率94.02%。

(肖　洁)

【药品监管】 年内,监督药品生产企业73家次。除生物制品研究所(已停产)外,其他药品生产企业全覆盖。完成特殊药品经营企业监督32家次,生产企业监督15家次,完成全年特药巡查任务的75%。开展毒性药品使用单位集中检查,监督医疗机构30家。与区卫生局联合开展医疗机构培训2次,参加培训单位600余家次。现场监督医疗机构142家次。发现违法行为移送稽查部门2家次。监督医疗机构制剂室9家次,监督制剂使用单位20家次,受理《制剂许可证》换证2家次。全年完成药品评价性抽样213件,基础测试30件,快筛10件,未出现不合格。全年抽样直接接触药品包装材料32件,未接到不合格报告。

(肖　洁)

【食品安全整治】 年内,开展食品安全整治。在食品流通领域,专项检查酒类及"问题羊肉"、地沟油及餐厨废弃物。在食品生产领域开展4项活动:①严厉打击食品非法添加和滥用食品添加剂行为;②乳品及含乳食品三聚氰胺专项检查;③食品标签百日专项整治;④白酒塑化剂专项整治。在餐饮服务领域开展7项活动:①元旦、春节期间食品安全监督保障;②全国"两会"期间食品安全监督保障;③鱼翅类食品专项监督检查;④餐饮服务单位自制夏季饮品监督检查;⑤餐饮具清洗消毒企业专项整治;⑥夏季食品安全专项整治;⑦学校食堂食品安全专项整治。

(肖　洁)

【药品安全专项整治】 年内,开展中药质量专项检查、"两打两建"专项行动、医疗机构在用医疗器械专项检查、潘家园眼镜城专项检查、打击保健食品"四非"专项行动、定制式义齿专项检查等药品安全专项整治30余项。移送并配合公安部门查办9起药品涉刑案件,涉案金额150万余元。其中邮售假药案件7起,非法经营药品案件2起,抓获犯罪嫌疑人2名,查抄邮售药品单据636张,涉案金额57.8万元。

(肖　洁)

【稽查执法】 年内,办理各类举报投诉783件。立案调查食品药品案件56件,下达行政处罚34件(含上年结转8件、简易处罚8件),没收物品价值46.2276万元,没收违法所得112.037万元,罚款420.86万元,罚没金额合计532.897万元。处置各类突发应急事件36起,其中,食品药品突发事件5起,非法行医致人伤亡案件5起,配合公安部门查办涉药案件12起,上级交办紧急事件9起,媒体披露事件5起。

(肖　洁)

【组建食药所】 年内,组建43个街道(地区)食品药品监督管理所,占全市总量的13%,办公用房面积总计约2000平方米。食品药品监督管理所既是区食品药品监督管理局的派出机构,也是各属地街道(地区)的内设机构。年内,43个街道(地区)食品药品监督管理所通信网络全部按期贯通。根据街乡辖域面积、监管数量等实际情况,为望京街道食品药品监督管理所配备5人;为双井、建外、潘家园等6个街道(地区)配备4人;为团结湖、香河园、东湖、垡头等15个街道(地区)配备2人;其他单位各配备3人。

(肖　洁)

【安全监察员招聘】 年内,朝阳区食品药品监督管理局面向社会公开招聘129名安全监察员,并向区人力社保局备案。

(肖　洁)

【制度建设】 年内,完善制度建设。相继出台《朝阳区食品药品监督管理局应急预案》《案件评审制度》《法制员工作制度》《受理违法案件举报实施细则》;5项会议制度,分别是《党组议事规则》《局长办公会会议制度》《局务会会议制度》《北专题会会议制度》《科务会会议制度》;9项日常管理制度,包括公文处理办法、印章使用管理制度、车辆管理规定、考勤管理规定、信息宣传工作制度等。组织各科室签订《食品安全工作承诺书》。

(肖　洁)

【企业监督】 年内,监督全区各类企业61445家。其中食品企业31445家(食品生产企业97家、食品经营主体20912家、餐饮企业10436家);药品、医疗器械、保健食品、化妆品企业30000家(药厂17家,医疗器械生产企业110家,保健食品生产企业42家,化妆品生产企业5家,药品批发企业61家,零售药店882家,器械经营企业3120家,保健食品经营企业2180家,医疗机构1271家,化妆品经营企业22312家)。

(肖　洁)

【业务活动】 年内,分别开展业务培训、编辑专刊、编印教材、相关人员换(取)证等工作。组织全员业务培训、食药所行政许可业务培训、稽查执法业务培训、大型活动保障培训、食品药品快检技能等培训13次;编辑《执法督导专刊》7期;编印《食品药品监管法律法规培训材料》《许可培训材料》《食品药品监管业务指导手册》等教材;组织食药局220人换发执法证、17人考取执法证。

(肖　洁)

【创新监管综合服务模式】 年内,将有关药品受理业务及食品药品举报业务设在局机关受理大厅,将食品受理业务设在区投资促进局受理大厅,43个食药所受理流通许可个体业务。全年受理17300人次,其中,食品类申请10500人次,药品类申请6800人次。受理举报1706件,办结1374件,立案58件。

(肖　洁)

【大型活动保障】 年内，制定下发《朝阳区食品药品监督管理局大型活动保障工作规范（试行）》，成立30人的大型活动保障团队。完成第五届“大爱无国界”国际义卖活动食品安全保障、第八届中国北京国际文化创意产业博览会保障、亚太经合组织领导人非正式会议食品安全保障等大型活动保障任务。

（肖　洁）

社会生活

民　　政

【概况】 朝阳区民政局是负责全区民政事业管理工作的区政府职能部门,主要负责社会救助、养老服务、优抚安置、双拥共建、社会组织、社区服务、救灾救济、社会捐赠、农村基层政权、行政区划、地退管理、征地超转、福利生产、孤儿保障、婚姻收养、见义勇为等民政事业发展的监督管理、服务保障和组织协调工作。行政编制52人、机关工勤编制4人,设行政科室13个,下设事业单位32个。年内,加强流浪乞讨人员救助管理,开展集中救助20次,救助各类求助人员1091人次;新开工建设养老机构4家、床位1086张;新增养老服务管理中心40家;接受社会捐赠款525万元,救助困难群体近4万人次;保障低保、低收入群体的基本生活,发放城乡低保金及粮油帮困金1.3亿元;落实79名在院孤儿、22名散居孤儿生活待遇;妥善安置5名成年孤儿;新确认见义勇为人员5名。区民政局被市政府评为"北京市敬老爱老为老服务示范单位"。

地址:磨房南里甲19号
邮编:100021
电话:67315765。
邮箱:cymzj@chy.egov.cn(内网)

(朱弋征)

【养老服务】 10月30日,区政府与市民政局签订《共建养老服务社会化示范区合作框架协议》。12月18日,成立区养老服务指导中心,重点扶持居家和社区养老服务发展。年内,奖励扶持194家托老所、406家服务企业873万元,新准入服务商45家、终止协议59家;区第二福利中心项目结构封顶;新开工建设养老机构4家、床位1086张;新增养老服务管理中心40家(其中街乡级26家、社区村级14家)。

(朱弋征)

【温暖行动】 年内,组织开展第八届"温暖行动在朝阳"暨2013年"两节"送温暖活动,发放慰问资金2958.62万元,惠及困难群体10.2万人次。

(朱弋征)

【城乡低保】 年内,保障低保(8366户、15540人)、低收入(223户、502人)群体的基本生活,发放城乡低保金及粮油帮困金1.3亿元,城乡低保对象参保、参合率连续三年100%;开展特困人员恶性肿瘤、终末期肾病医疗救助调研与评估,推进医疗救助、临时救助工作,发放救助资金近1209万元,惠及困难群体8409人次。

(朱弋征)

【慈善捐赠】 年内,开展主题捐助、灾害捐助、日常捐助等活动,接受社会捐赠款525万元,救助困难群体近4万人次。

(朱弋征)

【救助管理】 年内,采取专项救助、集中救助和日常救助相结合的方式,加强流浪乞讨人员救助管理。开展集中救助20次,救助各类求助人员1091人次。

(朱弋征)

【福利企业】 年内,落实全区36家福利企业补贴(奖励)资金730.47万元,鼓励安置残疾人就业。区域内有福利企业36家,安排残疾职工就业596人。

(朱弋征)

【福利彩票】 年内,加强即开福利票社会销售网点建设,福利彩票销售站、销售员信息数据库和核查系统建设日渐完善,完成福彩销售8.24亿元。

(朱弋征)

【地退超转】 年内,落实征地超转人员持卡就医,完成街乡滞留资金清缴,发放生活补助金3.22亿元。新接收超转人员2145人,共有征地超转人员13712人。

(朱弋征)

【孤儿保障】 年内,开展孤儿收养隐患排查,落实79名在院孤儿、22名散居孤儿生活待遇,妥善安置成年孤儿5名。

(朱弋征)

【双拥共建】 年内,指导各街乡、驻区部队学习贯彻"5+5"双拥工作体系和机制、深化双拥共建关系,实现对口支援全覆盖;牵头开展纪念延安双拥运动70周年系列活动,组织为部队办实事项目调研,落实实事项目资金499万元,扶助困难官兵资金348.7万元。

(朱弋征)

【优抚安置】 年内,落实各类优抚资金6368.6万元;采取鼓励退役士兵自主择业、奖励社会单位提供就业等方式,拓展就业渠道,安置率100%。

(朱弋征)

【军休服务】 年内,以落实军休干部政治待遇、生活待遇为重点,新增军休所2个,新接收军休干部737人、无军籍职工414人。

(朱弋征)

【社会组织】 年内,完成近200家社会组织的评估工作,对53家重点社会组织进行审计。至年末有各类社会组织2748家,其中社会团体196家(分支机构220家)、民办非企业单位580家、社区社会组织1972家。

(朱弋征)

【社区服务】 年内,推行爱心助老服务、便民通等服务品牌项目,惠及社区老人近5.5万人次;加强志愿服务项目管理,推广"一对一"志愿为老服务,在35个街乡的81个社区试点实施志愿服务记录制度;组织社区志愿服务活动,开展各类志愿活动200余次;全区注册登记志愿者42万余人。

(朱弋征)

【基层政权】 年内,在第九届村委会换届选举中,与区委组织部、农委合作,完成涉及12个乡63个村7.3万选民的换届选举培训指导工作。

（朱弋征）

【行政区划】 年内，完成与相邻的东城、大兴2个区县和5个相邻街乡边界线的实地勘测；东湖街道办事处筹备处区划调整工作得到市政府、市民政局的同意批复。

（朱弋征）

【殡葬服务】 年内，加强殡葬服务管理，及时发放殡葬补贴，加强群众扫墓服务保障工作。加大清明祭扫服务宣传，加强高峰日值班值守，落实属地管理责任，引入志愿公益服务，为16.5万名扫墓群众提供平安、文明祭扫服务。

（朱弋征）

【婚姻收养】 年内，申报全国4A级婚姻登记机关，加强规范建设，延伸服务功能，创建服务品牌，推行许愿树、心灵驿站等品牌服务项目，满足婚姻当事人个性化需求。全年办理结婚登记22072对、离婚登记8825对、收养登记19件。

（朱弋征）

【见义勇为】 年内，新确认见义勇为人员5人。至年底，全区共有见义勇为人员143人。

（朱弋征）

社会建设管理

【概况】 中共朝阳区委社会工作委员会、朝阳区社会建设工作办公室是负责朝阳区社会建设管理及街道工作的主管部门，行政编制37名，设办公室、组宣科、党建工作科、社区建设科、社会组织科、城市管理科和人才队伍科。全区下设23个街道办事处，1个街道筹备处，有社区233个。年内，完成保障和改善民生、创新社会治理、强化社会动员、优化社会环境、推进社会领域党建、深化社会服务管理、培育社会组织等社会建设工作。朝阳区被民政部评为全国专业社会工作服务示范区，被中国社会工作协会评为全国社区志愿服务示范区，被民政部确定为全国社区管理和服务创新实验区；《朝阳区社区党委书记队伍建设调研报告》被北京市党建研究会评为2013年度自选课题优秀成果一等奖；社会志愿者公益储蓄中心项目获民政部评选的优秀志愿服务案例二等奖。

地址：日坛北街33号

电话：65099333

邮编：100020

邮箱：shehuiban@126.com

（陈　涛）

【城乡统筹发展工作会】 2月25日，召开“2013年朝阳区加强社会建设推进城乡统筹发展工作会”，区四套班子领导、机关各部委办局负责人、街乡领导、社区党委书记、社会单位代表等1200人参加大会。

（陈　涛）

【社会志愿服务工作会】 3月1日，召开2013年朝阳区社会志愿服务工作暨第二届星级志愿者表彰会。表彰朝阳区第二批十大星级志愿者，认定13171名星级志愿者，对2013年志愿服务重点工作进行部署。市委社会工委副书记、市社会办副主任周开让参加会议。

（陈　涛）

【领导调研】 3月7日，市委常委、宣传部长、副市长鲁炜，市社工委书记、市社会办主任宋贵伦到麦子店街道社区服务中心，参加北京市“感动社区人物评选活动”。5月3日，中国职业安全健康协会专家欧阳梅、陈文涛分别到机场街道、东湖街道指导国际安全社区建设工作。5月7日，市委社会工委副书记周开让到朝阳区社会动员“双中心”调研，了解“双中心”在社会动员方式等方面的做法。6月7日，中国社工协会副会长王国英、副主任委员兼总干事李晶等领导，到朝阳区调研社会建设工作。6月28日下午，中央党校地厅级民生与社会建设专题研修班到朝阳区调研。8月22日，中共中央党校学术委员会主任、国家创新与发展战略研究会会长郑必坚到朝阳区调研社会建设、改革与治理工作。9月3日，民政部基层政权和社区建设司司长蒋昆生到朝阳区调研社会建设工作；中央统战部六局局长王永庆、全国政协常委陈章良、国务院参事汤敏、国家发展和改革委员会规划司副巡视员明晓东、市规划委主任黄艳等领导到朝阳区调研集中建设保障性住房的社会管理工作。9月26日，当代中国研究所副所长武力率共和国史学术年会考察团60余人到朝阳区调研社会建设工作，市社工委领导王智玲陪同。12月27日，市委副书记、市长王安顺到六里屯街道十里堡北里社区调研党风廉政建设及社区为民服务工作。12月31日，第十二届全国政协常委、中国残联第六届主席团主席张海迪到大屯街道温馨家园看望残疾人朋友，市残联理事长吴文彦、副理事长吴学文等陪同。

（陈　涛）

【社区工作者运动会】 4月14日，举办首届“朝阳社区工作者运动会”，设立智力比拼、体力竞赛两类8个参赛项目，1200余名社工参加。

（陈　涛）

【雅安地震募捐】 4月22日至28日，针对四川省雅安市芦山县发生7.0级地震灾情，区委社会工委、区社会办联合社会志愿者公益储蓄中心为灾区募集急需物资4.5万余件，折合人民币40万余元，于24日发往灾区。同时开展“关爱身边雅安人”行动，呼吁广大社会志愿者关心和帮助身边的雅安人，得到居民和社会单位的广泛认可和积极响应。

（陈　涛）

【表彰星级楼宇服务站】 5月17日，区委社会工委组织召开星级楼宇服务站表彰授牌暨社会领域党务工作者培训会，为82个星级楼宇服务站授牌。市委社会工委委员、市社会办副主任陈建领、市委社会工委党建处处长赵济贵出席会议，全区260名社会领域党务工作者参加大会。

（陈　涛）

【纪念建党92周年】 7月1日，在朝阳区规划艺术馆举办朝阳区社会领域纪念建党92周年暨“凝聚力量，共筑梦想”主题党日活动，近200人参加。

（陈　涛）

【枢纽型社会组织认定】 8月6日，经朝阳区社会建设工作领导小组批准，认定区总工会、团区委、区妇联、区科协、区残联、区侨联、区文联、区红十字会、区社区社会组织联合会等9家单位为第一批区级“枢纽型”社会组织。“枢纽型”社会组织负责相关领域社会组织的联系、服务和管理等工作。

（陈　涛）

【社区工作者基本功大赛】 9月13日，为提升社区工作者的综合素质，启动朝阳区“社区有我”第二届社区工作者基本功大赛。来自375个社区的5000余名社工参赛,其中42个街乡168名社工进入复赛。此次大赛开展工作实务、运用小组和个案手法处理社区重点难点问题等。

(陈 涛)

【准物业管理经验介绍】 9月24日上午,北京市召开老旧小区自我服务管理工作会,来自市委市政府有关部门和16个区县的领导现场参观朝阳区潘家园街道松榆西里社区(东小院)准物业管理工作,副区长苑文新代表朝阳区介绍经验做法。朝阳区自2010年以来,在96个小区开展准物业管理工作,采取居民自管与市场机制相结合、居民自管与政府扶持相结合两种模式,实现有治安防范、有维护维修、有绿化保洁、有停车管理的"四有"标准。

(陈 涛)

【首届公益博览会举办】 12月2日,在蟹岛国际会议中心举办朝阳区首届公益博览会。9家枢纽型组织、150余家社会组织、6家基金会、40余家企业及43个街乡参加,参会人员近千人。博览会分对接展示、表彰等环节。对接展示活动划分为导视区和特装展示区、成果展示区、交流对接区(以街乡需求为核心,对接社会公益资源和相关社会组织;以区级枢纽型社会组织为中心,引导其他社会组织与枢纽型社会组织建立联系)、参与体验区(以互动的形式,展示社会组织服务活动,让与会人员切身体会社会组织服务)、公益沙龙(邀请公益领域专家、街乡代表、爱心单位以及社会组织共同畅谈公益,加深各方对公益的认识)等五个区域,活动现场播放2012—2013年度朝阳区社会公益服务总结片,认定首批9家区级枢纽型社会组织,表彰8家政府购买服务工作先进单位、10家社会组织优秀项目、10家优秀志愿者组织和爱心企业、10个突出贡献志愿者。通过现场展示与对接,40余家社会组织与9家区级枢纽型社会组织进行对接;26家社会组织与5家基金会进行对接;90余家社会组织与43个街乡进行对接;建立800余对联系,达成合作项目意向124个。

(陈 涛)

【社工职教体系】 年内,朝阳区构建"三横四纵"社工职业教育体系。纵向形成区、街(乡)、社区三级培训体系,区级侧重社工专业理论、技巧和方法,街乡侧重职业规范和实用技能,社区侧重自学互学,引导运用专业理念和方法;横向为社工构建初任培训、岗位培训、进修培训和继续教育四大类课程体系。分六期为1034名社工提供继续教育培训(助理社工师16个学时,中级24个学时);对300名新招聘社区工作者开展为期四天的初任培;完成社区建设示范点三期培训班的课程设计和教学工作;完成2500名社工参加的"北京市万名社区工作者培训"进修培训课程,引入社工培训电子签到卡管理手段。

(陈 涛)

【社区党建网格化】 年内,坚持属地化管理、区域性党建理念,在93个试点社区建立662个网格党组织,设立重点服务项目158个。初步形成以"社区党委—网格党支部—网格党小组 - 党员志愿者"为框架的服务体系;在潘家园街道松榆西里老旧小区准物业自治管理、酒仙桥街道高家园社区党员与孤寡特困老人"一帮一"志愿服务等工作中发挥积极作用。开展凝聚党旗下、党群心贴心主题实践活动,建立健全"两代表一委员"民情联络机制,深化"党员示范服务岗",细化服务项目,提升基层党组织的服务能力。建立"两新组织"党组织108个,"六小门店"自律协会102个,改扩建楼宇服务站5个。

(陈 涛)

【政府购买公共服务】 年内,研究制定《政府购买社会组织服务项目资金核定办法》和《项目实施指导手册》,进一步规范政府购买服务工作,全年购买213个服务项目,市、区两级购买资金超过1700万元。社会组织服务覆盖43个街乡,服务对象基本实现群域全覆盖,特别是保障房人群服务、养老服务、失独家庭服务、青少年成长服务等项目受到社会广泛关注。完成153家社会组织评估工作,委托会计事务所对53家重点社会组织进行审计。

(陈 涛)

【城市建设管理】 年内,开展334个"三无"小区和24个"星级环卫绿化管理站"创建工作,完成15个优美小区和20条优美大街创建任务。加大老旧小区综合整治,节能改造158万平方米、抗震节能综合改造40万平方米,涉及81个小区、428栋楼房,惠及群众3.44万户;拆除违法建设750余处、190多万平方米;开展环境专项整治,清除各类脏乱点2000余处;在15个街道的25个小区开展错时停车,解决停车位2000余个;深化民警驻区制,新建改建社区警务室149个;加强小区安全设施建设,创建48个平安示范小区,调解各类纠纷30507件,成功29405件,成功率96.4%。

(陈 涛)

社 区 服 务

【概况】 朝阳区委社会工委、朝阳区社会办认真贯彻落实党的十八大及中央和市社会建设工作精神,围绕建设"新四区"战略目标,通过开展党政群共商共治工程,深化一刻钟社区服务圈建设,采取政府购买服务等措施,进一步优化社区服务治理体系;通过推进全模式三级平台、双向循环机制建设和部门职能下沉,加强老旧小区准物业管理,培育社会组织,动员社会力量等措施,提升社区服务水平。

(陈 涛)

【"一刻钟社区服务圈"建设】 年内,在55个社区推进基本公共服务全覆盖,继续在6个社区推进"一刻钟社区服务圈"示范点建设,提升已有193个社区服务圈建设水平。按照基础资料、服务载体、工作内容、资源整合和工作成效五个部分,制定《朝阳区"一刻钟社区服务圈"检查验收标准》,指导街道开展自查自评,有针对性地做好社区服务体系查缺补漏工作,并以现场会的形式明确一刻钟服务圈建设标准,重点在服务队伍建设、运行机制、社会资源整合等方面做交流学习,促进全区服务圈建设。

(陈 涛)

【党政群共商共治】 年内,24个街道采取入户走访、网络问政、问卷调查等多渠道公开问政,召开各类问需会7763场次,征集意见建议18984条,经过民主协商确定实事1479项。各方力量积极参与落实实事项目,43个公益组织承接56个项目,实事完成率99.5%;双井地区旱厕改造、麦子店枣营北里社区路灯等一批群众反映的问题得到妥善解决,群众满意度95%以上。

(陈 涛)

【"四位一体"试点建设】 年内，坚持资源整合、信息共享、业务集成、合作治理，深入推进全模式三级平台、双向循环机制建设和部门职能下沉，在东湖、团结湖、高碑店、王四营2街2乡完成"四位一体"的全模式社会服务管理中心试点建设，工商、公安、消防等与百姓生活密切相关的9个部门135名工作人员实名下沉到社区网格，实现区级平台与街乡平台、街乡平台与社区平台两个"双向循环"，形成"自上而下"派遣案件和"自下而上请办"案件相结合的服务民生需求新方式。

（陈 涛）

【社会志愿服务】 年内，加强公益储蓄中心和分中心建设，开展星级志愿者认定表彰、志愿公益博览会等品牌活动，认定望京公益汇、朝外橙房子等一批志愿服务品牌。推进志愿服务社会化、专业化发展，培育"百星公益行"和"高校社工志愿服务进社区"等志愿服务项目。探索建立志愿服务应急动员机制，雅安地震期间3天募集4.5万件价值40万余元的物资。公益储蓄中心注册志愿者34万余人，区、街两级吸纳的爱心单位超过2000家，储蓄志愿服务时长350万小时。

（陈 涛）

居民生活

【概况】 年内，朝阳区统计局按照《住户收支与生活状况调查方案（试行）》，实行一体化住户调查制度，对以抽样方式选取的辖区城市住户和农村住户开展调查，调查主要内容包括家庭基本情况、家庭收入支出情况、生活能源消费等。调查资料显示，辖区居民收入增长相对平稳，消费增长相对减弱。

地址：日坛北街33号区政府北院南楼四层
电话：65094641
邮编：100020
网址：http://www.chystats.gov.cn

（李海林）

【居民收入】 年内，全区居民家庭人均可支配收入41035元，比上年增加3152元，同比增长8.3%；在居民家庭总收入的四项构成中，人均工资性收入28139元，占人均家庭总收入的60.3%；人均经营净收入1528元，占人均家庭总收入的3.3%；人均财产性收入734元，占人均家庭总收入的1.6%；人均转移性收入16208元，占人均家庭总收入的34.8%。全区农村居民家庭人均纯收入24426元，同比增长10.3%；在收入的四项构成中，人均工资性收入13816元，占人均纯收入的56.6%；人均家庭经营性收入467元，占人均纯收入的1.9%；人均财产性收入5190元，占人均纯收入的21.2%；人均转移性收入4953元，占人均纯收入的20.3%。

（邢 颖）

【居民消费支出】 年内，居民人均消费性支出28315元，比上年增加1530元，同比增长5.7%；其中食品类支出8980元，占人均消费性支出的31.7%；衣着类支出3059元，占10.8%；居住类支出1821元，占6.4%；家庭设备用品及服务类支出2347元，占8.3%；医疗保健支出1660元，占5.9%；交通和通讯支出4228元，占14.9%；教育文化娱乐服务支出4756元，占16.8%；其他商品和服务类支出1464元，占5.2%。农村居民人均生活消费支出18593元，比上年增加212元，同比增长1.2%；其中，食品类支出6453元，占人均消费性支出的34.7%；衣着类支出1658元，占8.9%；居住类支出2880元，占15.5%；家庭设备用品及服务类支出11511元，占6.2%；医疗保健支出1255元，占6.8%；交通和通讯支出1970元，占10.6%；教育文化娱乐服务支出2480元，占13.3%；其他商品和服务类支出746元，占4.0%。

（邢 颖）

【耐用消费品情况】 年内，每百户居民家庭耐用消费品拥有量：摩托车2辆，助力车11辆，家用汽车43辆，洗衣机99台，电冰箱100台，彩色电视机136台，家用电脑106台，组合音响12套，摄像机29台，照相机87架，其他中高档乐器8件，微波炉91台，空调器169台，淋浴热水器93台，消毒碗柜8台，洗碗机2台，健身器材11套，固定电话88部，移动电话205部。每百户农村居民家庭耐用消费品拥有量：家用汽车51辆，洗衣机98台，电冰箱106台，抽油烟机77台，彩色电视机144台，家用电脑94台，照相机44架，微波炉212台，空调器156台，淋浴热水器96台，普通电话96部，移动电话247部。

（邢 颖）

消费保护

【概况】 朝阳区消费者协会（简称区消协）是依法保护消费者权益的社会团体，会长由工商朝阳分局副局长兼任，常务副会长、秘书长、副秘书长各1人，工作人员32人，其中正式工作人员13人、临时工19人。区消协下设15个基层分会和21个维护消费者合法权益监督站，指导和开展消费维权工作。年内，收到消费者表扬信20封，锦旗17面。

地址：朝阳区霄云路霄云里1号
邮编：100125
电话：51069009
网址：http://www.hd315.gov.cn

（陈 瑾）

【消协活动】 年内，区消协以"优化消费环境 乐享和谐生活"为主题，在3.15国际消费者权益日期间，发放宣传材料1.5万余份，现场接待咨询1530人次，受理投诉15件，组织参加消费维权讲座1500人次，接受各类新闻媒体采访、报道10次。

（陈 瑾）

【消费保护】 年内，区消协及各分会受理消费者投诉11311件，办结11265件，办结率

99.6%;为消费者挽回经济损失800多万元;接待来访、咨询12567人次;因欺诈行为得到加倍赔偿80件,赔偿额10.97万元。

(陈　瑾)

【"12315"消费者投诉热线】　年内,处理各类信息29450件,其中受理消费者申诉13150件,调解成功率73.21%,为消费者挽回经济损失673.43万元;受理群众举报5052件,办结率96.16%,立案查处211件,行政指导340件,罚没金额144.77万元;受理电话咨询2980件,申诉584件,举报366件,接听申诉举报电话8266个;接待上门来访312批,其中进行申诉登记53件,举报50件;接转政风行风热线信息19件,办结19件;接转"12345"市政府非紧急救助服务中心部门移转信息42件;接转区政府政民互动信息851件,城市网格接收9738件。

(陈　瑾)

人口和计划生育

【概况】　朝阳区人口和计划生育委员会(简称区人口计生委)是负责全区人口和计划生育工作的政府组成部门,行政编制22人,事业编制16人,下设5个科室。主要职责是贯彻落实国家和北京市人口计生委的方针、政策和法律、法规、规章,完成北京市人口计生委下达的各项人口和计划生育工作指标,稳定低生育水平,制定朝阳区的人口发展规划,加强区域人口问题研究并提出意见、建议。至年末,全区户籍人口201.2万人,比上年增加3.8万人,同比增长1.8%,育龄妇女52.86万人;全年户籍人口出生20293人,符合政策生育率98.3%,出生率10.18‰,出生性别比为106.7,死亡人口7444人,死亡率3.74‰,人口自然增长12849人,自然增长率6.44‰。年内,在深入推进全国人口和计划生育依法行政示范乡镇(街道)创建活动中,三里屯、双井两个街道办事处被国家卫生和计划生育委员会授予"第二批全国人口和计划生育依法行政示范乡镇(街道)"称号。

地址:日坛北街33号

电话:65094604

邮编:100020

邮箱:chaoyang@bgfe.gov.com

(马金玲)

【人口计生工作总结会】　1月11日,召开人口和计划生育2012年工作总结会,各街乡主管领导、计生办主任参加。会议围绕迎接党的十八大召开、推进人口长期均衡发展、促进民生幸福、提升家庭发展能力、强化队伍建设5个方面总结全区2012年人口计生工作情况,对部分街乡进行通报表扬。2013年全区人口计生工作要以全面学习宣传贯彻党的十八大会议精神,落实区委十一届五次全会提出的各项要求为中心,积极做好学习贯彻党的十八大会议精神、加强区域人口服务管理、提升人口信息化工作水平、办好为民办实事项目、加强人口文化建设、抓好队伍建设、做好对外交流等8项重点工作。

(马金玲)

【首家心灵家园启动仪式举行】　2月8日,朝阳区首家心灵家园在向阳花坊举行启动仪式。向阳花坊位于双井社区服务中心,面积120平方米,分接待区、操作区、阅读区、展示区、活动区、心理辅导区等区域,营造"家"的氛围,建立符合老年人活动的专属空间。心灵家园为失独家庭的老人们提供互相交流及活动场所,并以心灵家园为平台提供服务和组织活动,引导失独家庭家长在自助、互助的活动中走出阴影,重建内心寄托。

(马金玲)

【人口服务管理工作会议】　3月29日,召开"朝阳区2013年人口服务管理工作会议",市人口计生委主任刘志和区委副书记、区长吴桂英,区委常委、组织部长张革,区人大常委会副主任朱春霞,副区长张立新,区政协副主席郑煌等区四套班子领导出席会议。会议由张革主持。区人口服务管理领导小组、区人口计生领导小组以及区婚育新风进万家活动领导小组的成员单位主要领导及各街乡主要领导、主管领导、计生办主任、流管办主任、村居委会主要领导、各区级早教项目点负责人参加会议。张立新代表区委区政府作工作报告;区人口计生委主任史素珍宣布2012年度街、乡及计划生育综合治理部门考核评估结果;刘志结合北京市人口计生工作安排,明确下一阶段工作重点;吴桂英从统一思想、明确目标、健全机制三个方面,对全区人口计生工作提出具体要求。

(马金玲)

【对口支援西藏】　6月,为期三年的为西藏堆龙德庆县开展"已婚育龄妇女健康体检"项目结束。三年间,区计生委每年为1000名已婚育龄妇女提供免费生殖道感染和乳腺疾病筛查及治疗。区计生委及朝阳区妇儿医院组成项目小组对工作开展情况进行督导和质控检查,做好数据汇总分析,并在此基础上形成项目总体分析报告。

(马金玲)

【人口服务管理调研】　10月10日,区长吴桂英、副区长张立新以及10个职能部门、2个街乡主要领导,到人口计生委调研人口服务管理工作。吴桂英强调,今年的目标任务不变,要抓好数据采集、登记、分析等基础工作,统筹推进拆违控违、重点村拆迁等重点工作,在加强日常管理、合理部署工作点位、把握关键环节、完善奖惩机制等方面,切实抓好人口服务管理工作。

(马金玲)

【中心组(扩大)集体学习】　12月17日,区委以电视电话会的形式进行中心组(扩大)集体学习,区四套班子领导和全区所有二级班子成员参加集体学习。邀请中国人口学会常务副会长、中国人民大学社会与人口学院院长翟振武就"城市发展与人口调控"为题授课,翟振武提出城市的发展离不开政府对人口的合理调控,要学习借鉴国际城市人口调控经验,并为北京调控人口规模提出具体的对策建议。

(马金玲)

【人口调控】　12月,全区人口调控年度任务完成。全区流动人口减少17.4万人,完成全年度人口调控任务的123%。

(马金玲)

【安康保险】　年内,对43个街乡符合"安康计划"意外伤害保险条件的家庭进行集中投保,为1.4万余户计生家庭进行投保,投保额43万元。其中投入15万元为5461户符合低保、特扶条件的计生家庭免费办理投保。

(马金玲)

【免费孕前检查】　年内,开展免费孕前优生健康检查项目,对辖区农村待孕夫妇、城市无业居民、流动人口待孕夫妇、城市特困和残疾人群免费提供优生健康教育、健康体检、风险评估、咨询指导、早孕及妊娠结局追踪随访等19项孕前优生健康检查服务。加强术后回访，对体检时发现有疾病的患者，继续观察疾病进展情况，并给予进一步咨询、指导；积极推进流动已婚育龄妇女生殖健康体检工作。

（马金玲）

【依法行政】 年内，办理《北京市生育服务证》25546个，《独生子女父母光荣证》8247个。落实市、区人口与计划生育各项奖励扶助金2253.99万元，惠及群众6万余人。全年区计生委行政诉讼2件，应诉行政复议3件，无败诉案件。

（马金玲）

【人口文化宣传】 年内，利用31个宣传长廊、广场、LED屏等多种形式，建设具有朝阳特色的人口文化宣传阵地。全年新增人口文化长廊3个、人口文化园4个、心灵家园3个。全区早教项目点有49个，实现区域全覆盖。

（马金玲）

老龄工作

【概况】 朝阳区人民政府老龄工作办公室（简称老龄办）是朝阳区政府老龄工作职能部门，主要负责推动朝阳区老龄事业发展和老龄事务管理工作，同时承担朝阳区老龄工作委员办公室职责。老龄办是区政府直属全民所有制事业单位，机构规格相当正处级，编制11名，内设机构为综合科、宣传调研科、养老服务科。年内，稳步推进区“十二五”时期老龄事业发展规划，落实各项惠老政策，不断满足老年人需求，着力解决好涉及老年群体利益的热点、难点问题，促进全区老龄事业发展。

地址：日坛北街33号

电话：65094460

邮编：100020

邮箱：cyllb4470@126.com

（李雪峰）

【温暖行动在朝阳】 1月16日，区老龄办会同垡头街道在地区文化馆举办2013年“两节”送温暖活动启动仪式，开启朝阳区第八届“温暖行动在朝阳”活动。春节前对2169名朝阳区户籍70岁及以上生活特困老人以每人500元标准实施一次性救助，累计投入资金108.45万元。

（李雪峰）

【交流座谈会】 3月5日，区老龄办与团结湖街道在中路北社区司堃范爱心工作室共同举办庆祝“三八”妇女节座谈会，慰问司堃范爱心工作室、“七姐妹”爱心志愿者代表，围绕“如何发动老年人参加志愿服务更好发挥作用”的主题进行座谈。区老龄办、团结湖街道、北京东方妇女老年大学领导及代表近30人参加。

（李雪峰）

【老龄工作部署会】 3月7日，朝阳区老龄工作委员会在区政府518会议室召开2013年度老龄工作部署会。会议由区老龄办主任蔺红主持，区老工委主任、副区长张立新及老工委成员单位领导30余人参加。会上通报2013年度老龄工作委员会委员调整情况，部署《贯彻落实<朝阳区“十二五”时期老龄事业发展规划>实施意见》，听取参会人员工作汇报及对老龄工作的建议。张立新结合党的十八大精神对老龄工作提出新要求。

（李雪峰）

【业务培训】 4月10日，区老龄办在郁金香会议中心召开老龄工作业务培训会，讲解老龄工作业务流程，各街乡主管科长、老龄干部近120人参加。6月27日下午，区老龄办在区民政局召开老龄工作培训会，学习北京市《关于为常住外埠老年人办理北京市老年人优待卡（证）的通知》精神，就常住外埠老年人申请办理工作进行讲解。街乡主管主任、民政科长、老龄干部近100人参加会议。12月4日至5日，区老龄办在蟹岛会议中心举办北京市养老服务与管理信息平台系统使用培训会，43个街道（地区）老龄工作部门负责人、老龄干部、居家养老管理人员、社区（村）老龄工作人员和区民政局、区老龄办有关人员等近700人参加。

（李雪峰）

【孝亲敬老园】 5月10日，区老龄办在高碑店地区漕运文化广场建立“朝阳孝亲敬老园”，打造朝阳特色“孝文化”。在举办首届朝阳老年文化体育节开幕式上，组织“朝阳孝亲敬老园”揭幕仪式。

（李雪峰）

【首届老年文化体育节】 5月10日，区老龄办在高碑店地区漕运文化广场举办首届朝阳区老年文化体育节开幕式。全国老龄办副主任吴玉韶，全国老龄事业发展基金会理事长李宝库、副理事长傅双喜，北京市老龄办常务副主任李建国、刘景林，区政府副区长、老龄工作委员会主任张立新，区老工委成员单位领导以及各街乡主管领导、孝星代表和老年人代表等400余人参加活动。6月5日，区老龄办会同区体育局在朝阳体育中心举办第八届朝阳区老年运动会。市体育基金会理事长李炳华，市体育局党组成员、纪检组组长刘宝锁，市老龄办副主任刘景林，区委副书记陈宏志，区人大常委会副主任王亚贵，副区长张立新，区政协副主席郑煌，区老工委成员单位领导以及各街乡主管领导、老年运动员代表等近千人参加活动。张立新主持开幕式。期间，区委老干部局组织区离退休干部“松鹤杯”象棋巡回赛，区人力社保局组织区退休职工乒乓球赛，区诗书画协会举办“美丽朝阳”—诗联书画摄影系列活动，区文化委举办“文化进社区、进农村”文艺展演。9月11至12日，区老龄办、区文化委联合在垡头地区七彩虹广场举办第九届“九九俏夕阳”老年交谊舞大赛。10月10日，在陕西大厦秦乐宫剧场举办朝阳区第四届孝亲敬老重阳主题活动暨首届朝阳区老年文化体育节闭幕式。

（李雪峰）

【观摩活动】 5月21日，大兴区老龄办一行10人到朝阳公园参观新24孝宣传栏、到高碑店地区参观“朝阳孝亲敬老园”；山西省侯马市张少村300位老年人到高碑店地区高碑店村与老年人开展“关爱老人关爱生活——手牵手心连心”联欢活动，并参观“朝阳孝亲敬老园”。7月19日，门头沟区老龄办到麦子店街道养老（助残）管理服务中心、八里庄街道紫光园养老（助残）餐桌参观学习。

（李雪峰）

【学习宣传《老年法》】 6月18日，区老龄办在社区学院举办学习贯彻《中华人民共和国老年人权益保障法》培训班，街乡、社区老龄干部及涉老单位工作人员和老年人代表200人参加培训；7月1日施行新修订的《老年法》；9月27日，区老龄办、区司法局、区民政局在日坛公园共同举办“老年法”宣传活动，现场开展法律咨询、医疗服务等，区人大常委会副主任王亚贵、副区长王春，市老龄办、区司法局、区民政局和朝外街道等有关领导及300余名老年人代表参加。

（李雪峰）

【走访慰问】 重阳节前夕，朝阳区组织开展“敬老月”活动，区委副书记陈宏志、区人大常委会副主任王亚贵、副区长张立新、区政协副主席郑煌分别带队走访慰问百岁、特困、空巢老人代表，看望入住日间照料室、敬老院的老人。

（李雪峰）

【重阳节主题活动】 10月10日，在陕西大厦秦乐宫剧场举办朝阳区第四届孝亲敬老重阳主题活动，命名孝星大使和为老服务先进单位。全国老龄事业发展基金会副理事长傅双喜，市老龄办宣传处处长邢伟，区委副书记陈宏志、区人大常委会副主任王亚贵、区政协副主席郑煌，区老工委成员单位领导和各街乡、社区代表及“孝星”、为老服务单位、老年人代表500余人参加。

（李雪峰）

【领导调研】 10月12日，中共十八届中央委员、国务委员、国务院党组成员王勇到麦子店街道养老（助残）中心、和平街寸草春晖养老护理院视察养老工作。国家有关部委领导李立国、窦玉沛、陈传书，北京市副市长戴均良、市民政局局长李万钧，区领导吴桂英、张立新陪同。10月17日，市委副书记吕锡文到和平街寸草春晖养老护理院调研养老工作，市有关部门领导张建明、李万钧、李红兵，区领导吴桂英、陈宏志陪同。

（李雪峰）

【养老（助餐）餐桌建设】 年内，餐桌建设纳入区政府实事工程，完成100家规范、10家示范餐桌建设任务。期间，注重典型引导，分别在亚运村、奥运村、八里庄等街道召开规范餐桌、示范餐桌建设观摩及经验交流会。

（李雪峰）

【老年优待工作】 年内，为65岁以上老年人办理优待卡近4.4万个、其中外埠老人近2.5万个；为60岁以上老年人办理优待证2万余个，其中外埠老人近5000个；平均每月发放高龄津贴4742人次，全年发放595.4万元；为2000名有需求的空巢老年人家庭安装“一按灵”；为95周岁及以上老年人核报高龄医疗补助，补贴304人次，补助费用106.4万元，确保区域内老年人享受到老年社会保障及优待政策。

（李雪峰）

地　域

街　道

安贞街道

【概况】 安贞街道位于朝阳区西北部。东邻和平街街道，南与东城区和平里街道接壤，西与海淀区花园路街道、西城区德胜街道相交，北与亚运村街道、奥林匹克公园公共区南部相接。辖域面积3.6平方公里，下辖6个社区，有304栋居民楼。登记人口有18800户48467人；新出生442人，死亡223人；外来人口19441人。有法人单位1623家，医院4所，社区卫生服务中心1个、社区卫生服务站3个，社区服务中心1个。有科研院所9个，大学1所，中学4所，小学3所，幼儿园5所。驻有总装备部等重点单位和规模以上企业约300家。年内，街道以深化为民解忧和基层基础建设作为具体工作目标，确保财政收入、就业、人口调控三项指标实现。加大对预算执行运行情况分析，联合职能部门优化地区服务环境，加大对地区企业的服务力度，拓宽沟通、反馈和协作渠道，打造上下联动机制，积极为企业搭建平台、涵养税源，从保存量和引增量两方面入手，吸纳新企业入驻，促进税源建设有新突破。实现区级财政收入6.71亿元，同比增长2.4%，征收小房产税905万元，同比增长14.4%。

地址：安华西里一区13号楼

电话：64260018

邮编：100011

邮箱：azxzb@sohu.com

（郝　军）

【志愿服务】 1月16日，街道举行志愿服务项目对接工作启动仪式。第一批3家单位认领2013年志愿服务项目3个，设及助残、助老、义诊等方面。区人大常委会副主任李国，街道工委书记王军、街道办事处主任董会生和驻区70余家企事业负责人参加活动。

（郝　军）

【社会建设大会】 2月25日，召开街道推进社会建设工作会。传达学习区加强社会建设推进城乡统筹发展工作报告。会议强调，转变发展方式，在优化城市管理工作中创优势。坚持城市建设优质化、高效化，以及经济建设目标化。提升服务水平，在社会服务管理创新工作中拓新路。固化经验成果，在文化文明双创建中见成效。加强源头治理，在地区安全稳定工作中出成果。突出改革创新，在加强党政建设工作中求突破。地区全体机关干部，社区书记、主任以及社区居干参加会议。

（郝　军）

【学雷锋活动】 3月5日，街道在亮丽街举办学雷锋活动。地区劳动、计生、社保等部门为居民提供相关咨询服务，卫生部新闻宣传中心、广济中医医院、北京康盛律师事务所等社会单位以及安华西里社区一刻钟服务商、社区志愿者等为居民提供修鞋、理发、健康咨询、法律咨询等服务。“同心社”作为安华西里社区2013年推出的一个志愿者服务品牌，一同参加学雷锋活动。

（郝　军）

【社会组织建设】 4月23日，街道办事处联合北京恩派非营利组织发展中心开展“梦想集结哨—安贞公益汇”活动。50余家地区社会单位和各类社会组织代表150余人参加活动。活动旨在展示社区社会组织风采，号召企业和其他社会力量支持，帮助社区公益组织圆梦。

（郝　军）

【红十字会建设】 5月7日，在第66个“世界红十字日”之际，街道红十字会在安华西里社区举办以“翰墨丹青绘博爱，色彩聚焦暖社区”为主题的诗书画和摄影作品展。同时，为“安贞情暖夕阳红十字博爱乐园”和“安贞街道红十字会应急救护培训基地”揭牌。

（郝　军）

【表彰先进】 6月27日，在安贞西里公园举行“百星社区公益行”暨安贞街道工委庆祝建党92周年表彰慰问老党员专场演出活动。表彰安贞里社区党委等21个先进党组织、“巧老工作室”等10个优秀党组织品牌、173名优秀共产党员、30名优秀党务工作者。授予符天超等34名连续五年获得先进个人的同志“优秀共产党员之星”荣誉称号。

（郝　军）

【养老、助残】 7月3日，区老龄委和区餐饮协会相关领导到街道检查指导规范化养老（助残）餐桌工作。对养老（助残）餐桌定点标识、制度上墙、就餐标识、套餐标准、服务规范、用餐登记、用餐环境以及服务满意度等进行检查指导。对街道养老（助残）餐桌规范化建设4家餐厅服务给予肯定。

（郝　军）

【双拥共建】 7月26日，开展以“军地共建共享，军民融合发展”为主题，纪念延安双拥运动70周年、建军86周年，开展拥军优属、拥政爱民活动。召开片组会议共谋发展，街道领导慰问驻区部队，向部队赠送电视机、保鲜冰柜、空调、笔记本等慰问品。为营造双拥共建氛围，开展了系列主题活动：开展“心理咨询进军营”活动、“同踏青军民一家亲”活动、“军警民鹊桥联谊会”活动、“军营一日”活动、纪念延安双拥运动70周年摄影展作品征集活动以及“双拥凡人凡事”征文活动，上千名群众和属地官兵参加活动。

（郝　军）

【中秋灯会】 9月18日，在安贞社区公园举办以“中秋月 安贞情 中国梦”“文明安贞 和谐安贞 幸福安贞”为主题的第九届灯会。400余盏精美花灯映亮天空。灯会融合民俗花灯展示、精彩文艺表演、公益义卖活动等内容展开,为居民奉献一场民俗文化盛宴。6000余名居民参加灯会。

(郝　军)

【"一刻钟服务圈"建设成果现场会】 9月25日,区委社会工委书记张永新、区社会办副主任刘红及24个街道社会建设主管领导一行30余人到街道参观"一刻钟便民服务圈"建设成果。在安华西里社区召开"一刻钟便民服务圈"建设经验交流会。实地查看安贞便民服务一条街建设、安贞社区服务信息平台、社区"农舍对接"便民菜站、社区图书馆等社区居民服务设施和安华西里社区服务中心。

(郝　军)

【老年文化舞蹈队获奖】 10月16日,街道老年男子舞蹈队在CCTV第七届电视舞蹈大赛中获第九名。街道老年男子舞蹈队有队员50人,平均年龄60岁,是全市唯一一支入围决赛的业余舞蹈队。

(郝　军)

【公益项目展示】 12月2日,街道参加在蟹岛三点钟会议室举行2013年朝阳区社会公益博览会。在博览会上,街道展示裕民路义务指路岗、向阳花幸福沙龙、春志服务队等2013年安贞地区社会公益优秀项目。

(郝　军)

奥运村街道

【概况】 奥运村街道位于朝阳区西北部。东抵来广营,南与亚运村街道和大屯街道接壤,西接海淀区,北临昌平区。辖区面积19.6平方公里,户籍人口58094人,居住总人口124797人。有12个社区居委会。有党政机关2个,军事单位2个,事业单位55家,规模以上企业263家,小学7所,中学3所,职业技能培训机构3所,医院6家,社区卫生服务中心1家,社区卫生服务站2家。街道地处奥运功能区核心区域,有"鸟巢""水立方"等7个奥运会竞赛场馆。有奥林匹克森林公园,北京奥运村科技园,中国科技馆,中科院感光所及天文台、国家动物博馆、中国环境科学院等企事业单位17家。有北京凯迪克格兰云天大酒店、北京胜利饭店、北京塔里木石油宾馆、北京亚奥国际酒店等三星级以上酒店4家。有北顶娘娘庙、龙王庙、弥陀古寺等历史古迹。年内,完成首都环境优美居住小区、首都环境优美街巷胡同、"三无"小区等创建任务。完成智慧社区、"六型社区"建设。完成61项为民办实事项目。实现区级财政收入5.78亿元,同比增加1.56亿元、同比增长37.03%。代征个人出租房屋税1059.74万元,同比增长15%。

地址:安立路28号院3号楼

电话:84945556

邮编:100107

邮箱:aycdas@bjchy.gov.cn

(张　雅)

【结对帮扶活动】 2月25日,开展街道机关干部与辖区困难家庭结对帮扶活动。街道27个科室76名副科级以上干部与12个社区43户特困家庭结成帮扶对子,解决困难家庭实际困难。

(张　雅)

【党政群共商共治】 7月10日,在北京市自动化工程学校召开党政群共商共治工程"居民议事厅"会议。社区居委会成员、居民代表、企事业单位负责人、物业公司代表,区、地区人大代表,政协委员、党员居民代表等60人,就"社区养老问题"进行议事。提出并通过"在区域内建立现代化应急呼叫系统""爱心帮扶邻里互助养老的提案""政府加大公共空间投入,倡导社会组织提供专业化养老服务""组织志愿者结对养老""奥运村社区卫生工作者应该深入开展居家养老和社会养老健康管理"5项议题。7月31日,《北京日报》予以报道。

(张　雅)

【残疾人展风采】 7月17日,街道温馨家园38名残疾人参加立德社工事务所展能大型活动。残疾人演员表演舞蹈《左手右手》、快板《说五好》、手语《祈祷》、相声《蛤蟆鼓》和歌曲《新南泥湾》等节目。300余名居民观众观看演出。

(张　雅)

【街道侨联成立】 10月30日,成立街道侨联并召开第一次归侨、侨眷代表大会。37名代表采取举手表决的方式选举产生了新一届街道侨联委员会。梁牧当选为侨联主席,李沐星当选为侨联副主席兼秘书长,陈秋庄、陈瑚容、梅兰当选为侨联委员会委员。

(张　雅)

【社会工作党委换届选举】 12月4日,完成街道社会工作党委换届选举工作。应到党员代表56人,实到54人,选举产生新一届街道社会工作党委委员7人,书记、副书记各一名,其中男6人、女1人;30岁至40岁3人、40岁至50岁2人、50岁至60岁2人;研究生学历2人、大学学历4人、中专学历1人。

(张　雅)

【接收无军籍职工】 12月9日,在科学园社区大讲堂召开第五批无军籍职工接收见面会。接收56名无军籍军工。为军工办理个人工资卡、医疗保险、党组织关系接转等接收管理工作。

(张　雅)

【关爱残疾人】 年内,街道开展关爱残疾人义诊、康复、慰问系列活动。为199户重残无业、一户多残、老残一体、单亲贫困残疾人送去慰问金和慰问品价值近12万元。联合北京立德社工事务所、社区卫生服务中心和解放军306医院,开展关爱残疾人行动,在南沙滩社区康复站为80位精神、智力残疾人免费体检。为社区150名各类残疾人免费进行眼病筛查。组织100名残疾人到密云县进行户外生活能力康复训练。

(张　雅)

【矛盾纠纷调处】 年内,街道多元调解委员会办公室调解矛盾纠纷410件,其中民事纠纷342件、物业纠纷68件。调解率为100%,成功率为98%。形成人民调解协议232件。在全国"两会"期间,成功调处了19起一般民间婚姻、邻里、物业管理等纠纷。实现无因民间纠纷导致民转刑案件及群体性事件发生的工作目标。

(张　雅)

【法制教育】 年内,街道办事处11个科室与奥运村法庭、亚运村工商所、中迈律师事务所等联动开展法制讲座宣传活动。开展以"做讲法制守秩序的好市民 共筑伟大中国梦"为主题的大型宣传活动4次,发放宣传资料2万余份,设立咨询台12处,制作展板25块、宣传横幅12条,黑板、橱窗宣传22块。重点宣传《中华人民共和国宪法》《六五普法汇编》等法律法规,发放宣传书籍2万余册。奥运村法庭法官为居民讲解《婚姻家庭法》《老年权益保障法》和《继承法》等热点、难点法律问题。

(张　雅)

【社会保障服务】 年内,开展企业招聘会。12家用工企业提供550余个岗位,77名辖区失业人员与用人单位达成就业意向。送岗位到农村,提供厨师、保洁、库管等160余个岗位,28名远郊农村劳动力达成就业意向。

(张　雅)

【劳动监察】 年内,完成94件劳动监察立案和处罚案件指标任务。其中整理完成处罚案卷12卷。完成80家用工单位《劳动合同期限届满情况年报表》及20家用工单位《企业在岗职工工资调查表》和《企业人工成本情况》报送工作。完成64家用人单位劳务派遣情况排查工作。对18家露天烧烤餐馆进行执法检查。完成30家30人以下小企业劳动关系状况调研。完成18家企业薪酬调查,验收合格。开展"劳动用工规范一条街工程"工作。把新奥购物中心定为"劳动用工规范一条街工程",对用人单位签订劳动合同、缴纳社会保险、工资支付、持证上岗、规章制度等5个方面进行规范。检查单位119家,对存在违法行为的54家单位进行立案查处,对其中3家单位进行处罚。同时建立健全职工花名册、完善劳动合同的签订等。通过规范,区域所有用人单位均与员工签订了劳动合同,完成认定工作。

(张　雅)

【劳动法律知识宣传】 年内,宣传普及劳动法律知识。向用工单位、农民工、居民发放宣传材料1150余份,张贴《通告》20张,咨询台接受现场咨询90余人次,悬挂横幅3条,制作展板4块,规范施工工地劳动用工,加大农民工知法懂法普法力度。

(张　雅)

【为农民工讨薪】 年内,处理农民工工资拖欠案件11起,讨回拖欠农民工工资690万余元。接待来电来访100余人次。

(张　雅)

【慰问困难党员和老干部】 年内,为辖区28名困难党员办理帮扶审核,拨付困难帮扶资金3.7万元。慰问6名老干部和21名离退休干部,送去慰问金和慰问品价值共计2.1万元。

(张　雅)

【工商服务进楼宇】 年内,开展工商服务进驻商务楼宇工作。为企业办理工商年检手续127家,接受"领地OFFICE""新奥购物中心"等4个楼宇220家企业咨询。

(张　雅)

【公务员竞争上岗】 年内,街道开展公务员岗位调整竞争上岗工作。科员调整、科长轮岗和竞争上岗21人。其中,调整科员13人,科长轮岗交流4名,4人通过竞争上岗晋升为科级职务。

(张　雅)

【6个非公企业党支部成立】 年内,北京丰收物业管理有限公司、景龙国际服务站、丰收物业服务站、领地OFFICE服务站、北京丰收物业管理有限公司、中新华宇(北京)文化传媒有限责任公司等6家非公企业分别成立党支部。

(张　雅)

【社保所人员纳入机关工资规范管理】 年内,完成社保所人员纳入机关工资规范管理工作。完成24名社保所人员工资核定,2014年1月工资发放到位。

(张　雅)

【企业统计年报】 年内,完成2012年工业、建筑业、房地产、批发和零售业、住宿和餐饮业、服务业和金融业7大专业477家企业统计年报工作。完成56张报表收审及验收,完成61家准规模单位查找任务。组织规模以上工业、建筑业、服务业、批发和零售业等企业8场次定报培训,600余名企业人员参加培训。

(张　雅)

【经济普查】 年内,召开经济普查工作专题研究会、业务培训会以及开展宣传活动等6次。经济普查干部、指导员368人次参加会议和培训。经济普查新登法人单位434户,核查登记法人及产业活动单位6242户,占街道核查底册库单位总数的91%。

(张　雅)

【道德讲堂】 年内,分别以"政协委员进社区 弘扬美德倡新风""我的梦 中国梦"和"爱岗敬业、勤勉做事"为主题,举办道德讲堂活动。邀请上官逸飞老师与社区宣讲团8位成员一同宣讲,310人次参加活动。

(张　雅)

【"一刻钟社区服务圈"建设】 年内,社区服务中心协调首信公司,为12个社区安装服务平台离线系统。发放配套耳机20余套,完成街道服务热线与社区联通,实现三方通话,确保居民诉求能够得到及时处理与反馈。对原有签约服务商信息进行核实后,签订2013年至2014年度《奥运村街道"一刻钟社区服务圈"服务商协议》,200家服务商中新增27家。

(张　雅)

【财政资金使用检查】 年内,完成区财政局、区社会办联合检查组对街道2010年至2012年度财政资金使用情况和账务处理情况的协查工作。检查各类凭证、报表、账簿、合同、文件等资料350余份(册),复印材料2000余页,核查会议费、工程项目资金、暂付款、暂存款、税源建设资金、租金相关科目及资金,抽查盘点街道固定资产,实地核查房屋租赁情况。完成"为民解忧工程"项目资金使用检查,其中检查2012年9个项目,2013年19个项目,涉及资金439.9万元。

(张　雅)

【双拥共建】 年内,街道召开双拥工作会。与武警朝阳支队(五支队)仪仗中队、66194部队,并与66194部队、奥运村消防中队开展共建活动。建立"对口支持、共同建设"帮扶对子,组织社区40余名孤寡老人到军营里与战士们度佳节。街道领导走访慰问10支共建部队,慰问20名武警五支队仪仗中队和奥运村消防中队困难官兵。八一建军节期间,开展"军事日"活动,开展军地双拥共建工作交流,组织100名优抚对象到武警五支队驻地体验警营生活,重温绿色记忆,街道领导班子和干部到部队体验生活。为部队送去法律书籍200余册。文化服务中心联合北京丑末寅初艺术团为卫戍区66194部队300余名退伍老兵进行专场慰问演出。年内,3名适龄青年应征入伍。

(张　雅)

【打非治违环境整治】 年内,召开集中清理整治群租房工作。地区综治办、城建科、城管队、派出所等部门组成联合工作组,对违法出租房屋采取挂账督办处理。拆除水源九厂北墙外和科学园四区的违法建筑、进和上元小区室外违法建设50平方米。出动执法车辆6辆,执法人员76人。开展第四个城市清洁日活动。出动152家单位,2509名群众,清理27个街巷,59个居民小区,清理地下车库、自行车棚62处,清理堆物堆料35吨,清理白色污染273.5千克,清除小广告14580张。

(张　雅)

【平安校园建设】 年内,开展校园安全岛建设。在北苑路和南沙滩军民团结路加装2000米的隔离护栏,在仰山路小区出入口处加装4条减速带,在北师大朝阳附小加装4条减速带、20米护栏和1条斑马线,在朝阳外国语学院小学部门口增加1条斑马线。

(张　雅)

【社区警务室建设】 年内,完成12个社区警务室建设。"一警三专"工作人员及物品配置到位并开始办公。

(张　雅)

【"平安返乡"服务活动】 年内,开展在京职工"平安返乡"服务活动。为25家单位职工购买往返火车票200余张。慰问一线困难职工1人,工人劳模4人、单亲特困母亲18人,发放"爱心卡"500元,慰问金1480余元。

(张　雅)

【温暖捐赠】 年内,开展"温暖衣冬""暖职工心"捐款、捐物活动。20家社会单位391人次捐棉服448件、善款9388元。

(张　雅)

【在"巧娘扮靓生活"活动中获奖】 年内,街道在区妇联"巧娘扮靓生活"活动中,选送的43件优秀手工艺作品中28件入围，4件作品获优秀奖，14件作品获纪念奖，街道妇联获优秀组织奖。

(张　雅)

【关爱未成年人】　年内，街道开展关爱青少年活动。联合中日友好医院在北京师范大学附属小学朝阳分校，免费为80余名小学生开展口腔义诊卡发放活动。组织力迈外国语学校学生志愿者30余人，在北苑路口开展以“清除城市牛皮癣 共建绿色奥运村”为主题的清除白色污染活动。组织辖区20余名农民工子女参观国家体育场“鸟巢”和国家游泳中心“水立方”。

(张　雅)

【无偿献血】　年内，组织开展无偿献血活动2次，献血49200毫升。

(张　雅)

【安全监察】　年内，街道召开安全监察工作会。街道领导班子成员及全体工作人员、12个社区负责人和辖区62家企业负责人参加会议。全年检查生产经营单位1105家次，下达现场检查记录、责令限期整改指令书、询问通知单等执法文书465份，查找安全隐患680起，督促整改624起，整改率达92%，立案15起，处罚金额13.9万元。利用会议培训、悬挂条幅、发放宣传品、张贴海报等方式开展宣传教育活动。悬挂安全生产宣传条幅50余条，张贴宣传画160余张，发放《奥运村安全生产指导手册》200余本、法律法规读本2000余册，为餐饮企业免费发放“燃气安全使用注意事项”提示牌500块。37家企业完成三级评审达标，102家小微企业完成标准化岗位达标。264家企业开展应急预案备案自报和隐患自查自报工作。

(张　雅)

【宣传报道】　年内，街道发行《奥韵时讯》报27期27万份，其中包括新年、幸福养老、党建特刊3期。发至辖区企事业单位154家、12个社区9000户居民。市级媒体报道“奥运村居民议事厅”“全民健身日 快乐动起来”图文报道等新闻16次，区级媒体报道街道新闻19次，网络媒体转载报道街道新闻1次。

(马同团)

八里庄街道

【概况】　八里庄位于朝阳区中西部，辖域面积4.4平方公里。东起青年路与平房乡接壤，南以京通快速路及电厂铁路线为界与高碑店地区相邻，西至大望路及金台路与建外、呼家楼街道相连，北临二道河与六里屯街道相望。有13个社区，其中老社区7个，新社区5个，社区筹备处1个。总人口119052人。其中户籍人口29664户、85641人；流动人口31611人，外籍人口1800人。驻地单位4079个，其中中央单位30个，市属单位56个，区属单位38个，私营及其他单位3955个。区域交通便利，东四环路横跨南北，朝阳路贯穿东西。地铁1号线、6号线驶经辖域，18条公交线路可达红庙路口，其中4条以红庙为起点，有53条公交途径地区。紧邻CBD核心区，中国纺织科学院、中国国华电力股份有限公司北京热电分公司、华糖洋华堂商业有限公司、西单商场、北京京棉集团有限责任公司、朝阳区青少年活动中心、莱锦文化创意产业园等单位坐落在辖区。年内，建立与区职能部门的横向联系，以及与地区企业的纵向联系，加强沟通，送政策、送服务，拓宽税源渠道，按计划完成年度工作。完成区级税收13.9亿元，同比增长3.73%，征收小房产税2060万元，同比增长30%。

地址：朝阳区柴家湾12号
邮编：100025
电话：65001062
网址：http://blzjd.bjchy.gov.cn

(邱维伟)

【干部队伍建设】　年内，按照干部选任培养规定，优化机关社区干部结构。1名科级干部(科长)通过公开选拔晋升为副处级领导职务；选任提拔正科级干部1名、副科级干部2名，调整了社区办等4个科室负责人，招录公务员4名和事业编干部2名，接收军转干部转业3名；调整了6个社区的书记、主任，10名社区党组织和服务站的年轻社工进入副职后备。建立了年轻干部、老干部座谈会制度和各社区的调研会制度。

(邱维伟)

【党建工作】　年内，探索新时期党建工作思路，在13个社区党组织、12个非公党组织、4个楼宇党组织中全面推行以打造品牌为主题的“双百工程特色项目”实践活动，形成了“一党委一品牌、一支部一特色”党建格局。深化楼宇党建品牌站建设，华贸中心等4个楼宇中心站开展绿色办公、儿童观影等各类文体和社会服务活动30余项。华贸中心服务站被市评为四星级服务站，京港城市大厦、金泰国益、远洋国际等被市评为二星级服务站。

(邱维伟)

【党政群共商共治工程】　年内，发挥党组织的协调和引导作用，征求居民需求建议854条，梳理整合确定20项为年度为民解忧工程，并全部完成。完成了八里庄东里等2处母子宿舍消隐、红北等2处旱厕改造、15栋老旧居民楼40个单元的“亮眼工程”和“晾晒工程”等重点实事工程；完成甘露园平安示范小区、地震安全社区、“三无小区”创建工作；新增、更换健身器材80件；新建延西绿荫停车场；为85名失独老人开放地区“心灵家园”。在居民满意度测评中，有15个项目居民满意率达100%，其余5个项目满意率均为95%以上。

(邱维伟)

【助残帮困】　年内，组织开展残疾人康复咨询、趣味运动等康复活动7次，技能培训3期，安置4名残疾人就业；为22户残疾人家庭进行无障碍改造，为1568名残疾人落实重残无业、生活困难等15项政策补助，涉及金额195万元；“两节”期间，慰问地区困难群体，送去慰问品价值和慰问金共计70多万元；开展“法律服务流动班车进社区”工作，地区5家律师事务所为困难居民举办法制大讲堂10次，为480人次提供法律咨询；养老助残服务券、困难老人补助、空巢老人“一按灵”，疾病老人“小帮手服务器”等政策性帮扶措施全部落实到位，老年餐桌实现地区全覆盖。

(邱维伟)

【再就业和社会保障】　年内，拓宽就业渠道，宣传就业政策，落实低保政策。实施“一对一”指导服务，组织举办就业招聘会，挖掘就业岗位7278个，实现就业197人。城镇登记失业人员就业率为67.33%；完成对210家单位劳动保障检查工作，巡查立案90家；完成“劳动用工一条街”111家企业的书面审查工作；处理民工讨薪事件12件，涉及工资额200多万元。

(邱维伟)

【计划生育】　年内，为40对夫妇提供免费孕前优生体检，发放计生优生药品、用具18000余件，发放计生慰问金1.3万元。开展失独老人家庭服务、亲子互动等特色活动10余场。

(邱维伟)

【文化服务】　年内，以素质教育与文化服务为统领，创新性建设社区教育研究室，打造了“李向显生活好课堂”以及“圆梦活动”等品牌活动；为社区配送图书1.45万册；与地区10余家体育经营场所建立便民服务合作意向；开展“清明”书画笔会、游北京民俗系列讲座等大型群众性文体活动23场。

(邱维伟)

【整治环境秩序】　年内,坚持日常巡查和专项整治相结合,实现重点道路、重点区域无游商、摊群,居民区无暴露垃圾。集中开展环境脏乱区域集中整治、重要节日卫生清洁、城乡结合部专项整治等多轮环境重点问题专项整治行动。规范"门前三包"单位8143家次;取缔无照经营6657起;规范施工现场40次;处理网格件近4000件,规范广告牌匾215块;清除垃圾渣土160吨。继续推行社区环境秩序管理综合考评机制,社区保洁管理保持常态化。彻底整治了青年汇佳园、罗马嘉园两处上万平方米待建区域"垃圾场";集中清理了京棉危改拆迁区、八里庄路、二道沟河沿岸等区域30余处无主垃圾,完成地区环境卫生顽固乱点和死角的整治工作。

(邱维伟)

【拆违控违】　年内,组织8次集中拆违行动。动用人力1000余人次,拆除青年汇佳园小区南侧、远洋南路、八里庄路东侧等处违建39处6500余平方米,控制新增违建13处600余平方米。

(邱维伟)

【社区办公用房购置】　年内,完成社区办公用房达标购置工作。协调、整合资金9504.47万元,购置社区办公用房3400余平方米,弥补了社区办公用房缺口,14个社区办公场所面积全部达标。

(邱维伟)

【社区服务】　年内,以"一刻钟服务圈"建设为统领,建成"一图、一网、一册、一线"4类服务信息发布平台。完成远洋天地"特色服务圈"建设。街道与社区层面20支志愿服务队为6348人次提供服务。加强流动菜车、流动早餐车等服务资源配置,开展青年社工"雏鹰计划"等特色服务项目。

(邱维伟)

【整治房屋非法出租】　年内,清理整治人防工程19处,拆除小房间929间,清出人员1174名;强化群租房整治,清理群租户52户。检查和整改煤火取暖、"三合一"场所等各类隐患900余处。整治重大安全隐患3处,分别为:取缔慈云寺18号楼地下超市、拆除延静寺村平房院彩钢板违建房、拆除延静里中街玉林烤鸭店违法建设。完成中泰雅轩小区群租整治工作,得到市综治委领导肯定,并在全市宣传推广。在全市地下空间整治工作经验交流会上,做关于"清理青年汇地下人防工程出租人员工作"经验介绍。

(邱维伟)

【社会面维稳防控】　年内,加强维稳平台、社区维稳信息员队伍建设,建立维稳月报制度。办理政民互动件1583件次,处理信访件117件次。开展人民内部矛盾排查5次,排查出重大矛盾隐患5件,并得到妥善处置。协调完成都会华庭小区停车场收费纠纷事件和十里堡东里128楼房产证问题。统筹加大社区警务室建设力度,实现社区警务室全覆盖。强化群防群治力量,加强对各类协管员、志愿者队伍的日常管理。增加30人,充实巡防队力量。采取个别走访、电话访、召开重点人员座谈会等形式,开展对地区200余名"两牢人员"帮教和管理。全年无脱管、无漏管、无重新违法犯罪现象。

(邱维伟)

【制度建设】　年内,制发《八里庄建筑工程管理办法》《信息工作管理办法》和《小房产税、个人出租房屋奖励办法》等6项工作制度。

(邱维伟)

【食品药品监督管理所成立】　11月1日,街道成立食品药品监督管理所,编制3人。负责本地区食品(含食品添加剂)、药品(含中药、民族药)、医疗器械、保健品、化妆品的日常监管工作。

(邱维伟)

朝外街道

【概况】　朝外街道位于朝阳区西部。东起工体东路、东大桥路与呼家楼街道接壤,南至光华路与建外街道为界,西至朝阳门南北大街与东城区朝阳门街道、东四街道相连,北至吉市口八条、工体西路、工体南路与三里屯街道和东城区东直门街道相邻,辖域面积2.2平方公里,是朝阳区区委、区政府所在地。有芳草地、天福园、三丰里、雅宝里、体东、吉祥里、吉庆里7个社区居委会。有常住人口43977人,户籍人口43222人,流动人口14048人。有党政机关11个、企事业单位11093个,学校(含托儿所)8个,医院(含社区卫生站)10个。外交部、司法部、民建中央、中石化等国家机关及企业,英国、朝鲜等13个国家驻华使领馆均坐落于此。是朝阳区的少数民族街道,有回、满、蒙、藏等21个少数民族3300余人长期居住。域内商务楼宇众多,商业服务业发达,是北京重要的商业繁华街区和CBD休闲消费功能区,分布有昆泰、蓝岛等大型商业企业和驰名中外的雅宝路、老番街服装市场,以及钱柜、优唐广场、音乐之声、淘宝步行街等众多消费娱乐场所。地区文化资源丰富,有日坛公园,华北最大的道观东岳庙及神路街琉璃牌楼、南下坡清真寺等历史文化资源。年内,完成地区生产总值202亿元,与去年持平,完成区级收入14.74亿元,同比增长9.49%,收取房产税1322万元,同比下降65.8%。

地址:朝外大街芳草地北巷5号院
邮编:100020
电话:010-85632515 85629992
邮箱:cwjd@bjchy.gov.cn

(杨　东)

【第七届春分朝阳文化节】　3月20日至22日,在日坛公园举办以"民俗、民族、民生"为主题的"第七届春分·朝阳文化节"。以"一坛、两场、三街、四区"(一坛:开幕式综合文艺演出,两场:伊犁州少数民族歌舞团专场演出、太阳能产品互动专场,三街:民俗手工艺品街、民族食品街、公益文化展示街,四区:太阳能环保产品展示区、民俗游艺参与区、民族文化体验区、健身队伍展示区)为活动内容。社区居民、社会单位员工和社会各界知名人士、嘉宾上千人参加活动。

(杨　东)

【区律协朝外党支部成立】　5月17日,成立区律师协会党委朝外地区党支部。党支部有14家律师事务所43名律师党员。

(杨　东)

【第九届"老板沙龙"活动举办】　6月7至9日,地区举办第九届"老板沙龙"活动。地区非公企业家、党建负责人70余人赴河北省保定市参观英利集团企业经营发展和党建工作。期间,全国人大代表、全国劳动模范、辖区企业家王文忠,民营企业家吴尚忠分别介绍企业经营发展及党建工作情况。

(杨　东)

【社会组织服务基地启动】　7月3日,"盛载社会资源·汇聚社会力量"地区社会组织服务基地启动。惠心社工事务所、曙康社工事务所等10余家社会组织代表参加活动。

(杨　东)

【全国文明城区文明指数测评】　7月至9月,完成全国文明城区第三方文明程度指数测评。对照测评标准对60个实地考察点位进行整改完善,街道机关干部入户2300余户,征集意见建议3738条(次),实施1500余件实事惠及地区居民。

(杨　东)

【"橙房子志愿服务站"周年庆】　8月8日,举办"橙房子志愿服务站"周年庆典暨志愿者注册平台启动仪式。团区委、区文明办、区社会办等负责人和志愿者代表200余人参加活动。

(杨　东)

【群众路线主题实践活动】 9月23日至24日,街道组织辖区35名党组织负责人赴河北省衡水市枣强县芍药村开展群众路线主题实践和考察活动。

(杨　东)

【党政群共商共治工程】 12月16日,召开街道党政群共商共治工程工作年终评议会。逐项评议年内实施为民办实事工程。市、区人大代表及政协委员,社会单位代表及区其他街道负责人等120余人参加会议。光明日报、新华社、北京电视台、北京日报、北京晚报、中国社会报、朝阳有线、朝阳报等新闻媒体现场进行采访报道。年内,街道围绕党政群共商共治"问政季""解忧季""收获季"三个阶段,规范"问""商""治""督""评""回头看"闭环工作流程,集中问政季和网络问政平台,确定实事项目158件,其中年初街道集中公示项目22项,社区集中公示项目63项,网络问政平台受理建议案80件,形成项目73项。街道层面为民办实事项目完成20项,完成安全培训中心项目装修工程,完成体南便民服务配建项目;社区层面已全部完成;网络问政项目73项,71项得到解决,2项列入2014年为民办实事工程。

(杨　东)

【第三次全国经济普查宣传日活动】 12月18日,在蓝岛大厦门前广场举办以"见证中国梦,经普我出镜"为主题的朝阳区区第三次全国经济普查宣传日活动。普及经济普查工作相关知识。国家统计局北京调查总队总队长、市经济普查领导小组副组长李纲,朝阳区副区长、区经济普查领导小组副组长张维刚,街道办事处主任聂宏伟等领导及朝外地区普查员代表和群众近300人出席活动。

(杨　东)

【干部队伍建设】 年内,按照"德才兼备、注重实绩、群众公认"的原则,面向社会公开招考录入公务员3人,事业编3人,接收军转业干部1人。通过公开竞岗2次,选拔任用科级干部2人,主任科员1人,副主任科员3人,事业单位副科级1人。为7名提前退休和1名到龄退休干部办理退休手续。

(杨　东)

【社区工作者队伍建设】 年内,实施社区人才梯队建设,落实"北京市万名社区工作者培训计划",分4批次组织77名社区工作者参加区万人培训班。在7个社区选派10名优秀人才参加区级人才梯队建设。建立交流提拔和公开竞聘机制,公开选拔社区副职以上干部5名,新招录社区工作者9名。培养社工专业技能,鼓励社工进行社工资格考试,23名社工通过社工资格考试(3名中级社工师,20名助理社工师)。组织开展社工技能大赛,全面培养社工组织协调、群众工作、社区事务管理等11项基本功。培养、树立爱岗敬业社工典型,社区评出"小蜜蜂奖"7名、"银蜜蜂奖"2名,推荐2名候选人参加区"金蜜蜂奖"评选。

(杨　东)

【社会领域党建】 年内,通过党建工作专题研讨,调整非公经济党组织结构和管理模式。地区36个党支部实行分类管理,把人数少且人员较分散的20个非公党支部并入所在社区实行"接地式"管理。把人数多且人员集中的16个支部由党总支实施"总部式"管理。完成悠唐、国雅、朝外们星级商务楼宇服务站创建工作,新成立非公党支部6个。开展"凝聚党旗下,党群心贴心"系列活动。举办第九届"老板沙龙",完成"机关支部牵手社区党委为辖区群众做好事、办实事"活动,解决居民反映问题7件。

(杨　东)

【社会组织培育】 年内,街道按照"依托、扶植、引进、培育"服务思路,完成开展区"社会组织服务基地"和"社会组织培育中心"试点工作。7月3日,举行区街道系统首个社会组织基地展示活动。9月,成立地区社会组织综合服务基地发展中心,引进北京市律协等13家社会组织,培育"滴水恩残障人工作室"等3家社会组织。年内,街道获市级购买服务项目4个,区级项目1个,社会组织开展项目17项。开展乡村英才素质拓展、惠泽人专业志愿者培训、友成基金会等72次相关培训活动。社区社会组织活动256次,接待市区街各级社会领域领导、专家参观调研12次。

(杨　东)

【志愿者服务活动】 年内,打造"'橙房子'公益地标,设置2台触摸屏建设"志愿者注册平台",推出5大类30项"橙房子"服务新功能,包括便民服务类、信息查询类、志愿服务类、公益慈善类和公务协助类,辖区中石化、兴业银行等社会志愿者力量加入其中。建立常态化志愿服务机制,逐月发布志愿服务"主题词"——"绿色环保""爱心助残""关爱儿童""缤纷文化""法律援助""橙房子""关爱新居民""关爱老人""消防安全""温暖朝外"等。开展志愿服务项目25个,开办"为老人写回忆录项目""残障人融入社会项目""黑暗中的太阳""拒绝中国式过马路"等活动。北京电视台《北京日报》《新京报》《北京社区报》《朝阳报》等媒体进行专题报道。

(杨　东)

【"一刻钟社区服务圈"建设】 年内,开展星级服务圈建设。依托"一网一线一平台"实现社区服务向"五化"(规范化、标准化、信息化、人性化、体系化)迈进。印发便民服务手册4743本,发展认证服务商216家,建立农社对接菜站5个,整合规范社区综合维修点15个,开展维修日、便民特色服务日94场次,通过81890服务热线受理市民来电842件,其中咨询类674件、服务类167件、诉求类1件。居民通过网站及热线获取359大类245家企业服务信息。围绕服务专业化,开展政府购买服务项目,开展"四点半欢乐课堂"项目,通过社区平台解决家长无暇照顾孩子的后顾之忧。围绕资源一体化,整合辖区养老助残、文化服务设施等稀缺资源,通过对地区文化资源整合与协调,形成以街道文化中心为旗舰,各社区文化活动室护航,辖区单位文体场所补充开放的一刻钟文化服务圈。

(杨　东)

【居民自治实施家园计划】 年内,对老旧小区基础设施薄弱、公共资源私占现象,物业需求与物业管理矛盾、居民自治组织化程度低等问题,探索自治模式,实施家园计划,解决老旧小区的物业管理难题,培养居民家园意识。吉祥里社区进行试点探索,自治单元,开展楼门自治,以楼委会加党小组的模式在楼门内形成一支以党员、居民代表为主的居民自治队伍,实行分类分块治理,形成西草园"居家式"、西区"和谐式"、东区"家园式"三种自管会模式,发挥居民主体作用开展自治,解决小区多项物业问题与矛盾。年内,组织并通过卫生费上涨2元论证和听证会,解决老旧小区卫生费收缴难题,居民卫生收缴率达94.5%。施划停车线43个,发放停车证凭证进入,车辆实行收费管理,改善小区车辆乱停乱放现象。街道在区准物业管理工作现场会上作经验介绍。

(杨　东)

【社会保障】 年内,街道开展就业援助工程。推荐失业人员就业337人次,开发就业岗位3136个,职业指导1342人次。落实各项社会保障政策,为181户低保家庭发放最低生活保障金157.4万元。为有需求的老人配备“小帮手”服务器5部（总数已达278部），安装“一按铃”33个（总数已达212户）。为195名老年人办理老年证，为436名老年人办理优待卡，为新增的258名80岁老人办理居家养老券，为49人办理转出手续，全年发放养老助残服务券135.3万元。为95岁以上高龄老人参保外报销医疗费11万余元，为新增90岁以上的老人办理高龄津贴补助35人，为31位离世老人办理注销手续，全年发放高龄津贴13万余元。为新增的9名60岁以上困难低保老人办理慈善医疗救助（每人每年享受500元），累计办理31人。走访慰问2138户地区残疾人家庭，组织百名残疾人健康体检。

（杨　东）

【文化建设】 年内，通过整合、挂牌、租用、共用等方式完成各社区文化活动室面积300平方米以上目标。投入近450万元，装修改造并对社区文化活动室硬件进行升级，改造10余个功能活动室，新配备图书3.5万余册，建成3个电子阅览室，配备电脑25台，建造“24小时自助图书馆”2个，改造大型户外活动场所设施7个，形成以文化中心旗舰辐射7个社区文化阵地的公共文化服务网络，开展“春分朝阳文化节”、网络春晚品等14场大型文体活动。

（杨　东）

【人口与计划生育】 年内，成立人口调控工作领导小组，坚持“大人口”观，超额完成人口调控任务，完成44278人户籍人口个案信息比对、完善和录入工作，实现全员人口信息覆盖率95%以上。为已婚群众办理北京市生育服务证（第一个子女）974个，2012年10月至2013年9月上报新生儿760人，计划生育率为99.87%。

（杨　东）

【环境建设】 年内，实施路平工程。对东大桥27号楼至33号楼，工体东路3、5、7号楼、朝阳门北大街12号楼、芳草苑北路、西草园小区等4000平方米道路进行施工改造，解决路面破损坑洼、雨雪季积水等问题。完成天福园社区改造工程、三丰里清真超市升级改造工程、三丰里环境优美小区二期综合改造工程，绿化改造面积为1350平方米，增加苗木种类11种。年内，完成19栋楼134179平方米居住建筑节能改造工程。召开节能改造协调会17次，处理来电来访建议投诉类案件32件，节能改造工程惠及居民2028户6205人。在区绿化检查评比工作中，获旧居住区改造一、二等奖，养护管理优秀奖、节日摆花三等奖，吉祥里西区绿化养护获特等奖。在花园式创建工作中，侨福芳草地大厦被评为首都绿化美化花园式单位称号。

（杨　东）

【综合整治】 年内，街道城管执法队取缔规范无照经营1500余起次，暂扣各类非法经营工具及商品2000余件，没收非法书籍100余本，盗版光盘1000余张，规范“门前三包”单位2500余起次，清除非法小广告千余处，查处非法散发小广告170余起次，暂扣街头非法散发宣传品4万余份，对180个非法小广告号码上报停机系统。

（杨　东）

【安全生产检查】 年内，街道成立安全生产大检查工作领导小组，整合地区公安、工商、消防、食药、综治、房管、人防、安监等相关职能部门，组建6个联合检查组，分组重点对商场、市场、超市、商务楼宇、地下空间、施工工地、平房院落、违法建设、打包站、出租房屋、“六小门店”“多合一”场所等生产经营单位和重点部位开展联合执法检查。通过检查，建立统一台账，处级领导包社区、包点位限时划勾销账。检查各类重点生产经营单位515家、下发各类行政执法文书271份，检查各类出租房屋722家，查找各类隐患338处，整改各类隐患312处，责令停业整顿单位5家，罚款10.5万元。对辖区306处地下空间（含人防工程等）进行拉网式检查，专项清理作为仓储场所的地下空间113处，协调民防局和产权单位对12处人防工程进行专项整治。年内，开展联合执法检查和整治行动230余人次，出动车辆26台次。拆除违法建设7处3100平方米，出动执法人员320余人次，对打包站进行专项联合执法检查23次。发现无照经营、异地经营、超范围经营和消防安全隐患等90余处，约谈物业负责人130余人次，现场查封3家1292平方米，自行清理违法经营行为1800平方米，强制拆除清理16家3275平方米。

（杨　东）

大屯街道

【概况】 大屯街道位于朝阳区西北部。东邻来广营地区、望京街道，南靠亚运村街道、小关街道、太阳宫地区，西北接奥运村地区，辖域面积10.013平方公里。街道具有人口多、社会单位多、建筑物多的特点。有常住人口16.91万人，流动人口7.11万人，总人口约24万人。下辖14个社区居民委员会，74个居住小区，96个物业公司，1206栋楼房，地下空间476处，道路52条（市管道路8条，区管道路21条，社区道路23条），地区绿化覆盖率为46%。有法人单位3262家，个体工商户2551个，产业活动单位243家，餐饮及娱乐场所463家，企业以第三产业为主，商业、餐饮娱乐业发达。紫玉山庄、新新家园、富成花园、碧海方舟、鸿华高尔夫庄园等高档别墅坐落其中。辖区文化资源较为丰富，有北京联合大学本部及旅游学院、中华女子学院、中央民族乐团、武警指挥学院、武警军乐团、中国藏学研究中心等文化教育机构。年内，实现区级财政收入14.6亿元，同比增长1%。完成代征个人房产税上交入库2547万余元，形成房产税1799万元，个人房产税代征总额实现了优化增长。街道被市政府评北京市为老服务示范单位；被市人力资源和社会保障局评为劳动用工模范一条街工作先进单位；被市献血办公室评为北京市无偿献血突出贡献奖。20余项工作获市、区表彰。

地址：朝阳区安慧北里雅园1号

邮编：100101

电话：64917665

网址：http://dtjd.bjchy.gov.cn

（韩　涛）

【食品药品监督管理所成立】 11月1日，街道食品药品监督管理所成立（简称食药所）。管辖单位1196户，其中餐饮企业423户，个体食杂店390户，有限公司359户，药店24户。年内，办理食品流通许可10件；举办食品安全法律法规培训，辖区30个餐饮企业单位负责人参加培训；配合街道办事处联合执法4次；接到餐饮服务投诉举报案件13起；配合区食药局下发餐饮服务单位食品安全承诺书40份。

（韩　涛）

【安全稳定】 年内，新建和改建社区警务工作站6个，增招安保人员30名，增设监控探头33个，实现两个平安示范小区零发案。深化人民内部矛盾化解机制，排查和接办各类案件532件，成功化解和结案500件，结案率为93.9%，实现越级访、集体访“零指标”。构筑安全生产防范体系，以餐饮娱乐行业、地下空间为重点，开展安全演练13次。检查各类企业575家次。强化安全生产“十百千”工程，完成对10家社会单位相关人员的安全培训。为106家重点企业、较大危险源单位建立安全生产档案，培训企业法人及安全负责人1600人次。街道作为安全生产先进单位代表区接受市安全检查。

(韩　涛)

【拆违控违】 年内,拆除违法违规建设1.20万余平方米。清理整治地下空间50处,面积3.6万余平方米;拆除私建小房屋2000余间,清理合租人员4000余名。

(韩　涛)

【优化小区环境】 年内,投资300多万元,完成社区、学校园周边、老旧小区准物业管理、街巷胡同、校园周边、三条优美大街创建等5个环境项目整治工作。粉刷楼道3400平方米,更换楼道内破损玻璃1200平方米;安装楼道纱窗3500平方米、天井防护棚安装60平方米;自行车棚新建、维修180平方米;安装石桌凳14套,安装晾衣竿63套,安装楼门口扶手架20延长米。新增及维修铁艺护栏、大门2300平方米;修补围墙700平方米,道路铺装硬化680平方米。为1244户居民安装信报箱;补植养护安逸社区、秀雅社区等6个社区及文化广场绿地1850平方米。

(韩　涛)

【创新社区治理模式】 年内,以"三抓三推"工作模式创新社区治理。严抓慧忠北里第二等7个社区18套新、老办公服务用房装修改造工作;巧抓"一刻钟服务圈建设",打造大屯路北侧"一刻钟社区服务一条街"、建设慧忠北里第一社区区级特色服务圈;细抓社区"三问"工作。召开座谈会20余次,汇总居民意见建议562件,完成社区层面"为民解忧工程"38项。以"三推"凸显社区工作亮点,推进"定制服务"的品牌深化;推进"社区分类自治"的有效探索;推进"社会组织"的服务购买的工作模式,发挥社区党组织的战斗堡垒作用,强化社区居委会的自治引领功能,拓展社区服务站的综合平台项目,推进了和谐社区建设。扎实推进"三创"工作,完成亚运新新家园和安慧东里社区创建北京市"六型社区"工作;慧忠里第二、安慧东里及亚运新新家园社区被北京市评为三星级"智慧社区";慧忠里第二、欧陆经典社区通过市级"社区规范化建设示范点"验收。

(韩　涛)

【党政群共商共治】 年内,开展实施党政群共商共治工程。"三上三下"征询安居工程、交通出行、文化服务、便民生活、环境秩序、养老助残等6个方面民意。年内,完成为民办实事街道层面30件、社区层面38件。开展"情暖大屯"系列"送温暖"活动、"爱立方"为老筑巢行动,推进居家助残服务"多点爱"工程。持续完善就业岗位储蓄银行项目,召开大型招聘会3次,与108家用工单位建立合作关系,开发就业岗位2092个,实现城镇登记失业人员就业565人,就业困难人员实现就业266人。

(韩　涛)

【文化品牌】 年内,完善公共文化设施,构建书香阅读、科普教育、传统文化,文体娱乐四个文化特色区;开展多样化公共文化服务,形成"大屯文化汇"、金色阳光音乐殿堂、星光梦工厂、新市民鼎足文化社团、百姓大舞台、社区邻居节等一批具有地区影响力的文化服务品牌。通过志愿服务推广、开展道德领域突出问题治理以及"孝星""道德模范""身边好人"评比活动等,建立文化建设长效机制。

(韩　涛)

【党风廉政建设】 年内,严格落实中央"八项规定"和区委"两个从严""四个坚决不允许"。制定《大屯街道关于进一步改进工作作风、密切联系群众的实施细则》。规范地区工委会议事决策制度,落实"三重一大"工作机制。印发廉政风险防控手册,确认涉权事项724项,查找出风险点543个(高风险点72个,中风险点122个,低风险点111个),制定防控措施543项,编制流程图317份,签订廉政责任书163份。从抓干部值班、请销假、办公室卫生等制度入手,强化干部作风养成。深化廉政文化建设,开展"六个一"活动,逢会必讲,遇事必警,筑牢党员干部思想深处的拒腐防变防线。

(韩　涛)

【工会建会】 年内,完成工会建会158家。

(韩　涛)

东湖街道筹备处

【概况】 东湖街道筹备处位于朝阳区东北部。东与崔各庄乡、来广营乡接壤,南与望京办事处相邻,西与来广营乡相连,北至来广营乡。北小河自西向东贯穿整个区域。地域面积4.3平方公里,常住人口2.12万户4.97万人,流动人口1.64万人,外籍人士4408人。下辖7个社区。辖区有4所中学,5所小学,1所韩国学校,7所幼儿园,6个医院,4个公园。坐落有"三大功能区"之一的电子城西区。有法人及产业活动单位2178家,其中注册资金在100万元以上的企业有1060家,规模以上企事业单位501个。年内,以经济建设和社会建设管理创新工作来带动民生、文化惠民工作水平大幅提升为工作目标,实现地区各项事业的突破性发展。完成区级财政收入5.76亿元,与上年基本持平。征收个人出租房房产税2870万元,同比增长10.38%。

地址:宏昌路6号

电话:84716674

邮编:100102

网址: http://donghu.bjchy.gov.cn

(刘晶晶)

【烟花爆竹安全监管】 1月至2月,做好组织发动、制定措施、宣传、落实责任和强化监管等重点工作,开展集中宣传活动2次,发放宣传材料5800余份,受教育群众3.5万人。强化4个烟花爆竹销售点安全监管工作,坚持每天两次安全检查,保证销售网点和燃放烟花爆竹无火情发生,无伤人事件。

(石冰洁)

【"六型"社区创建】 1月至9月,对照"六型"社区224条标准,依托网格化管理机制,完成望京花园和南湖东园北社区"六型社区"创建工作。

(高　洁)

【民政科成立】 3月8日,根据区机构编制委员会《关于东湖街道办事处筹备处成立民政科的批复》精神,成立街道民政科,新增3个行政编制。主要职责为:负责社会救济居民最低生活保障工作;负责举办和发展社会福利事业、慈善等工作;负责老龄、民族宗教、殡葬管理工作;负责双拥工作;负责优抚安置,地退人员、超转人员的服务工作。

(佟佳丽)

【防汛工作】 3月至9月,完善《东湖街道防汛应急预案》《东湖防汛防汛工作方案和值班制度》《东湖防汛工作手册》。开展防汛宣传活动,发放《北京市人民政府防汛指挥部致广大居民一封信》22100份、北京市防汛手册7500份;储备水泵14台、沙袋500条、应急探照灯30个、雨衣雨鞋150套、发电机机组2台;在利泽西园小区举行6个科目(预报预警、倒灌抽水、疏散人员、疏通管线、封堵漏点、积水断路)防汛应急演练。

(许秀强)

【"煤改气"工程】 3月至10月,完成北京科种原热电有限公司望京蓝天供热厂"煤改气"工程。完成2万余个家庭用户和1000余家单位用户238万平方米"煤改气"供暖工程。

(高　洁)

【会议服务保障】 3月、11月,全国"两会"和中共十八届三中全会召开期间,召开动员大会、专项部署会、会商会议,制定总体保障方案和专项工作方案;建立完善会商、排查整治、联合执法、挂账督办4大机制；修订5大类37项应急预案；组织机关、社区、社会单位和居民开展应急演练10余次；组织发动志愿者、治保积极分子、社区治安员、社会单位等群防群治力量2773人，入户走访12914户，开展巡查1.1万人次，排查170余家重点社会单位、951家六小门店、968处地下空间、614户出租房屋，签订安全责任书873份。

（刘艳青）

【城管分队更名】 4月15日，根据区机构编制委员会《关于调整区城管监察大队机构编制的通知》精神，"北京市朝阳区城市管理监察大队东湖街道分队"更名为"北京市朝阳区城市管理综合行政执法监察局东湖街道执法队"。其他机构编制事项不变。

（佟佳丽）

【警务工作站规范化建设】 5月至7月，新建望湖、望京西园2个警务工作站，改、扩建南湖中园警务工作站，配齐专职工作人员并开展岗前培训工作。

（刘艳青）

【国际体育文化节】 5月至11月，举办地区第二届国际体育文化节。组织开展"东湖杯"中韩业余围棋邀请赛、第七届"东湖杯"乒乓球赛、"东湖杯"(2013)国际羽毛球精英邀请赛、趣味运动会等文体活动。吸引来自韩国、美国、英国、法国、加拿大、泰国、马来西亚、印尼等国家友人、留学生参加。

（许　蔷）

【社会工作党委换届】 6月7日，完成社会工作党委换届选举。选举产生社会工作党委委员7人。"叶青集团"党委等4个党组织当选为街道社会工作党委首届席位制委员。

（佟佳丽）

【庆祝建党92周年】 6月28日，开展庆祝建党92周年系列活动。召开表彰大会，表彰10个先进党组织、5名优秀党务工作者、60名优秀共产党员；组织群众性文艺演出，7个社区和部分非公党组织及席位制单位等近百名群众演员自编、自导、自演文艺节目。

（佟佳丽）

【创建优美小区】 6月至11月，完成南湖东园一区小区优美小区创建工作。道路修补800平方米，铺装硬化(含停车场)1200平方米，楼体外立面粉饰5000平方米，绿化美化28500平方米，完善公共照明设施14套。

（高　洁）

【国际青少年大联欢】 7月30日，举办"相约北京 牵手东湖—2013国际青少年大联欢"活动。美国、韩国、印度、埃及、乌干达等国青少年及随行家人164人参加活动。开展手工编织、讲中文、京剧脸谱、包饺子等中国传统文化交流与互动。

（许　蔷）

【"三无"小区创建】 7月至9月，完成慧谷阳光、华彩公寓、东湖湾、康都佳园、慧谷根园、望馨花园、南湖佳苑、果岭里CLASS、上京新航线9个小区"三无"(无暴露垃圾、无堆物堆料、无乱涂乱贴)小区创建工作。集中整治小区环境，建立、长效机制，监督考核物业和作业单位环境日常清整维护工作。

（张　莹）

【食品药品监督管理所成立】 8月29日，街道食品药品监督管理所成立。

（佟佳丽）

【非公党支部成立】 10月25日，北京桑翌实验仪器研究所党支部和北小河餐饮企业联盟党支部成立。11月8日，召开北京桑翌实验仪器研究所党支部成立大会；12月5日，召开北小河餐饮企业联盟党支部成立暨会员大会。

（佟佳丽）

【热计量改造】 10月，完成东湖湾、上京新航线小区58万平方米供暖面积热计量改造工程。

（高　洁）

【司法所规范化建设】 12月，完成司法所办公用房改造工程。配齐办公设备和工作人员，并通过市司法局"AAA"级规范化司法所验收。

（苏　严）

【党政群共商共治】 年内，开展党政群共商共治工程。在街道网站、《和谐东湖》报发布刊登征求意见表，以提案、问卷调查、网络留言等方式，向居民、社会单位公开征询意见建议；组织地区社会建设协调委员会、社区议事协调委员会、社区居民代表会、"两代表一委员"座谈会等20余次，进行集中征询，征集意见建议1016条；确定《东湖街道2013年党政群共商共治十大工程》，涉及为民解忧项目街道层面40项、社区层面56项。

（刘晶晶）

【文化建设】 年内，以"创建为民""文化惠民"为目标，坚持政府主导、文化名人引领、群众队伍支撑、社会共同参与，完成国家公共文化服务体系示范区创建工作。建成集音乐培训、舞蹈排练、居民娱乐、健身康体、亲子教育、协会活动、技能培训、图书阅览、无线上网、残疾人温馨服务、农民工文艺服务、信息资源共享工程等功能于一体，面积为3200平方米的综合性文化服务场所。建成益民书屋7个、24小时自助图书机3台、社区文化室7个、室外活动场所25处、室内活动场所12处。

（许　蔷）

【转变作风专项工作】 年内，落实贯彻中央八项规定，开展"转变工作作风，密切联系群众"专项工作。采取规范行为、走访基层、谈话谈心等方式，倾听群众呼声，研究解决实际问题。全年精简会议40%；合车出行、公务代办等减少公车费用20%；办公资源回收利用支出减少36%；领导干部深入社区、社会单位调研、指导工作300余人次。

（佟佳丽）

【社会服务进商务楼宇】 年内，开展社会服务进商务楼宇活动。组织劳动就业、计生、住房等方面政策咨询服务203次；联合驻区单位市坤荣律师事务所，开展公益法律咨询活动52次；接待各类咨询203次，更新报栏内容12期，利用报架宣传党的方针、政策及社会保障资料、人口健康知识500余册；组织"工商、计生、司法"进楼宇服务、"和谐楼宇杯"乒乓球赛等活动6场，1800余人次参加活动。

（佟佳丽）

【老干部活动】 年内，组织离退休干部参观工农业生产、开展"同庆中秋节 共话中国梦"学习座谈等活动；组织老干部参加区离退休干部"松鹤杯"象棋比赛，南湖中园社区老干部穆杰获酒仙桥赛区第一名；完成望京花园社区老干部工作区级示范社区创建工作；望京花园社区被评为区2013年度利用社区资源做好离退休干部服务工作示范社区。

（佟佳丽）

【妇联工作】 年内，举办"快乐童年 放飞梦想"庆"六一"儿童节系列活动。与华谊兄弟影院联合举办"妈咪宝贝"快乐瞬间亲子照片征集活动；开展"家长如何与孩子有效沟通"家庭教育讲堂和"我与祖国同成长"征文活动；与中国妇女基金会联合在三个社区举办家庭趣味运动会；通过政府购买服务的方式，在望京花园和南湖东园两个社区试行"放心工程"。

（侯文宇）

【志愿服务】 年内，开展"向雷锋学习，志愿东湖"主题实践活动。与望京摄影协会联合举办"醉美金秋夕阳红—为60岁以上老人免费照相活动”8次。在社区文化活动中心建立集社会工作党委、公益储蓄分中心、青年汇、社会组织服务管理4项功能于一体的综合中心。确定每月最后一个星期五为地区文明交通公益日。举办志愿服务榜样颁奖典礼活动。表彰无私奉献和谐促进员奖72名、巾帼志愿美丽人生奖10名、青春志愿无悔荣耀奖9名、志愿文明交通贡献奖10名、志愿服务突出贡献奖7名、志愿服务终身成就奖4名、志愿服务特别贡献奖1名、志愿服务先锋集体奖13家。

(侯文宇)

【依法行政】 年内,与酒仙桥法庭签订法政共建协议,在多元调解、法制宣传、人民调解、依法行政等方面合作开展工作。与北斗鼎铭律师事务所签订法律顾问服务协议,为政府依法行政、依法管理提供法律意见建议。

(苏　严)

【安全生产监督管理】 年内,建立安全生产动态管控机制,对辖区65家生产经营单位安全生产运行状态实行动态管控。制定安全生产重点执法检查计划,重点检查宾馆、饭店、歌舞厅、商市场等人员密集场所和生产经营单位698家,排查安全隐患835处,行政处罚10.8万元;组织召开安全生产问计大会。聘任物业、餐饮、建筑施工等主要行业22名工作人员为安全生产监督员。

(石冰洁)

【“平安示范”小区】 年内,完成南湖中园北社区A、C区“平安示范”小区创建。加高封闭小区铁艺栅栏、维修大门2个、新建治安岗亭1个、安装电动抬杆1个、施划小区停车位480个。在重点部位安装监控探头20个、维修更换探头12个、新建中控室1个,升级、维修和更换小区居民楼门禁64个、对讲系统187户。

(刘艳青)

【信访工作制度建设】 年内,加强街道信访工作制度建设。开展“矛盾纠纷大排查”“用群众工作统揽信访工作”“建立社区信访工作网络”等重点工作,接待来访243批次,受理市、区转来信访件20件,化解“通信基站辐射”“普度亡人事件”“社区物业管理”等重大社会矛盾。

(侯永利)

【纠纷调解】 年内,设8个标准化调解委员会。成功调处中国数码港亡人事件、望湖海鲜大卖场工人跳楼讨薪、明苑小区209楼无障碍通道占用、天使妇儿医院迁址等矛盾纠纷260件。

(苏　严)

【社区矫正帮教】 年内,接收社区矫正人员53名,其中40人已转为帮教安置对象,1人移交派出所列管,在管人员13名。接收刑释解教人员66名,解除帮教人员19名,在管人员47名。均无重新犯罪,脱管失控情况发生。

(苏　严)

【法律服务进社区】 年内,组织律师进社区126人次,为300余人次提供直接法律服务。吸纳优秀律师及志愿者加入法律服务室,健全定点服务、网络服务、电话服务三位一体的法律咨询服务“直通车”工程。每个社区每月定点定时开展法律咨询服务活动两次,实现法律咨询服务全覆盖。组织各类法律宣传教育活动48次;发放宣传教育材料3万余份;组织相关法律讲座10场次;在《和谐东湖》报开辟法制专刊,实现法律宣传覆盖率100%。

(苏　严)

【顾问式服务】 年内,根据居民不同需求以及志愿者构成,建立相应顾问式服务团队。通过“首问接待、全程跟踪、专业服务、延伸联系”等为居民提供个性化服务。组建9个顾问式服务团队,志愿者132名参与服务,吸纳有资质专业人员12名和专业服务机构3个开展工作。举办活动和服务47项,为1260人次提供顾问式服务。社区服务满意度由83%提升到98%。

(张　莹)

【社工队伍建设】 年内,招聘9名社区工作者,办理离退5名。开展社工基本功大赛。与朝阳人才服务中心合作完成社区工作人员的系统培训4天,以即兴演讲方式检验学习成果。跟踪培养社区优秀人才。调整社区负责人4名,调整后党政“一肩担”负责人6名,2名社区副站长被提拔任用为站长,社区站长、副站长轮岗各1名;5名社工考取社工师资格证书,2名考取助理社工师资格证书。

(张　莹)

【智慧社区建设】 年内,在利泽西园康都家园小区设立智慧家居展示厅;在社区安装便民通、智能系统设备;完成望湖、望京西园、南湖东园北3个社区的智慧社区创建工作;完成7个社区网站与街道一刻钟社区服务圈网站、办事处网站的互联互通工作。

(张　莹)

【“一刻钟社区服务圈”建设】 年内,接纳服务商200余家,制作《东湖街道“一刻钟服务圈服务手册”》。在利泽西园一区建设“五分钟如家服务圈”。与弘朝伟业公司合作,在潇湘府和望京西园社区增设蔬菜车销售点2个。

(张　莹)

【居家养老服务】 年内,审核办理老年证、老年优待证、养老助残券786人;为两位老人配发“小帮手”电子服务器;为20位空巢老人安装“一按铃”紧急呼叫器;为40位老人发放高龄津贴;办理丧葬补贴27份;建设完成一家设施完善、功能齐全、服务水平高的养老(助残)规范化餐桌;为7家养老(助残)餐桌办理“居家养老服务综合保障保险”。

(范红仔)

【社会保障】 年内,接收区职介转入的失业人员档案178份,办理档案转出手续191份。为19人发放失业保险金,为82名符合享受就业优惠政策的城镇登记失业人员办理灵活就业申报手续,为已经到期的31人办理灵活就业停止申报手续,为42人办理二次委托存档保险手续。补办遗失社保卡355张,换社保卡40张,第二次申领社保卡190张,发放社保卡800余张,发放超转人员社保卡299张,发放超转人员医保存折290份,报销超转药费514份。办理一老一小新参保400余人,发放一老一小社保卡220余张。办理丧葬补贴21人10.5万元。为29人办理新退休手续,接收外区转入新退休人员53人,办理新增退休人员医疗手续82人。职业指导465人次,开发就业岗位526个,推荐失业人员成功就业57人。举办春秋两季招聘洽谈会,近千人参加;组织社会化退休人员参加疗养以及区闽龙乒乓球赛等活动。

(王艳菊)

【助残帮困】 年内,为70名残疾人新办、补办“残疾人证”;为27人发放无业困难补助187920元;为55人发放助残券52540元;为48人发放临时困难补助19200元;为6名残疾人免费申请配发轮椅;为5名残疾儿童办理机构康复补贴2.9万元;走访慰问残疾人家庭156户,送去慰问金63200元;为8名精神残疾人办理精神诊疗费补贴4280.79元;为2名残疾人学生发放扶残助学补助10000元;为13人次办理残疾人养老保险、社会保险补贴65007元;2名残疾人实现就业;组织15名残疾人参观“花开有声”区聋人画家蔡珍年、韩琳作品展;组织30余名残疾人、残疾人家属、残联志愿者、工作者举办中秋诗歌朗诵会;组织残疾人到顺义潮白河森林公园、顺义国际鲜花港开展春秋季康复活动；在区第四届运动会中获优秀组织奖。

（赵佩文）

【人口与计划生育】 年内，完成对8234人核查、录入人口信息工作；上报出生人口350名，办理生育证260本，独生子女父母光荣证102本，审批二孩41人；审核、上报独生子女死亡、伤残特别扶助44人，为27人发放独生子女费、独生子女父母一次性奖励，发放独生子女死亡、伤残扶助金15.6万元。开展育龄妇女生育服务讲座、义诊12次，为20个流动人口家庭进行孕前优生检查，组织150名育龄妇女免费体检；签订出租房屋、提供经营场所、用工单位流动人口计划生育责任书457份；为新婚夫妇免费发放大礼包110个，小剂量叶酸498瓶，发放新生儿礼包400个。搭建失独家庭"3+1"沟通模式，发放慰问金5.8万元并提供免费全科体检、安康保险、享受地区内优先就医；举办"美丽东湖 幸福母亲"演唱会、"幸福家庭快乐成长"主题亲子阅读活动。开展"百家幸福家庭评选"活动，2户家庭被评为市、区级幸福家庭。

（魏　雯）

【劳动监察】 年内，检查用人单位105家；劳动监察立案39件；清理新办社保登记而未缴费单位66家；调研小型企业劳动关系30家、调查重点行业职工工资收入4家、调查21家重点企业薪酬工作；为2户知青家庭办理知青退休户口回京事宜；在地区商务楼宇开展高技能人才宣传工作；为4名劳动者追回拖欠工资（劳务费）4956元，为1名劳动者追回扣押身份证原件。

（张金鹿）

【绿化美化】 年内，完成河荫中路绿化项目和靓丽街打造工程。4.9万平方米新建绿地上划，纳入专业化规范管理；吸纳社会单位捐资220万元建设利泽公园（三角地）；组织开展"绿色家园、携手共建"和"'七一'献礼"主题党日志愿植树活动。10月，在区绿化美化建设评比中，东湖湾小区获"特等奖"，北京市第八十中学获"一等奖"。

（高　洁）

【城市管理】 年内，处理网格案件11200件；取缔露天烧烤、无照游商、店外经营1260起；规范门前三包单位1600家次，处罚社会单位及门前三包单位91家，个人150人，上缴处罚款8.5万元；拆除违法建设及非法设施18起650平方米；规范施工现场18次，查处不符合规定运输车辆36辆；清除小广告、喷涂16000余张；清理无主垃圾渣土150余吨。

（陈　皞）

【房屋安全普查】 年内，开展房屋安全普查工作。检查房屋237栋405万平方米，电梯设备514部，二次供水水泵266台，避雷设备393个。

（刘晓丹）

垡头街道

【概况】 垡头街道位于朝阳区东南侧。东与豆各庄地区交界，南与十八里店地区为邻，西与南磨房地区接壤，北与王四营地区毗邻，属典型的城乡结合部。辖区面积5.32平方公里，常住人口8万余人，流动人口近1万人。有居民楼256栋，平房1591户，社会单位445家（含门店）。有11个社区和2个社区筹备组，分别为垡头一区、垡头二区、垡头三区、垡头东里、垡头西里、垡头北里、翠城馨园、翠城雅园、翠城趣园、翠城盛园、翠城熙园社区、翠城福园社区筹备组、双合家园社区筹备组。规模以上企事业单位21家、教育机构15家（含北京工业技师学院和北京联合大学生物化学工程学院）。途经辖区公交线路10条。有500平方米为民服务大厅、5400平方米地区文化中心、5处文化广场和5处24小时自助图书馆。年内，街道围绕党的十八大精神，推进基层党组织建设；围绕文化示范区创建，推进区域软实力建设；围绕保障和改善民生，推进社会服务管理创新；围绕地区安全稳定，推进平安垡头建设；围绕"六型"社区创建，推进社区规范化建设。突出重点，务实创新，建设"人文、宜居、和谐、幸福"新垡头。实现区级财政收入1503万元，实现房产税34.89万元。

地址：垡头金蝉北里20号

电话：67365451

邮政编码：100023

网址：http://ftjd.bjchy.gov.cn

（石立华）

【元旦、春节期间走访慰问】 元旦、春节期间，整合各方资金（包括区民政局、区慈善协会、区老龄委、街道自身、社会单位）60万元，慰问地区困难对象1200户3500人。

（张怡然）

【党风廉政建设】 年初，召开党风廉政建设大会，逐级签订党风廉政建设责任书140份，签订率为100%。执行"三重一大"议事规则和操作程序，落实监察科长列席主任办公会、纪工委书记参加书记会制度。街道机关和社区集中开展清退会员卡工作，为零持有。制定《垡头街道关于改进工作作风、密切联系群众的实施细则》，落实中央八项规定。由街道纪工委牵头对财政收入、劳动就业、创建国家公共文化服务体系、电子政务建设、实施"亮居工程"、创建社区青年汇、翠城趣园和北里社区办公用房改造提升、环境整治绿化美化、平安示范小区建设、"温暖筑巢"行动等10项重点工作实行立项监察。把握"清权、确权、分权、管权"4个关键环节，查找涉权事项518项，制作权力运行流程图298份，查找风险点346个，制定防控措施472项。开展廉政文化"进机关""进社区""进家庭"活动，更新拓展"一书""一课""一言""一会""一刊""一平台"宣传教育活动。坚持日常和重点相结合，以一个廉政长廊和一个教育基地为主线，开展干部任前廉政谈话、社区干部调整集体谈话，健全廉政档案，开展廉政摄影比赛、廉政剪纸、为新任公务员讲廉政专题课，开展街道机关和社区干部以及党风廉政监督员到北京市反腐倡廉警示教育基地参观教育活动。聘请38名党风廉政监督员，采取明察暗访形式对街道及社区党风廉政建设、廉政勤政、作风建设、为民办实事、行风政风建设、党务公开、廉政风险防范等方面进行监督，梳理涉及街道层面的21条、涉及社区的7条意见建议。

（孙彦梅）

【社区服务用房建设】 1月4日，双合家园社区筹备组装修竣工并进驻办公。7月，北里社区办公用房工程竣工。11月，翠城趣园社区办公用房工程竣工。12月底，翠城馨园社区办公用房工程竣工并入驻。12月，翠城福园社区筹备组做好居民入住登记工作，并开展各项工作。

（王晓琳）

【妇联系列活动】 2月，街道妇联组织200余名青少年参加"健康、文明网络伴我成长"假期系列活动；3月，开展庆"三八""两关爱"（即关爱母亲行动，关爱妇女健康行动）和"三个一"（即一慰问、一活动、一座谈）活动；6月，组织社区舞蹈队参加区妇联举办的"美丽朝阳 乐活人生 女性健身"舞蹈展演比赛活动；8月，开展青少年暑期"创建平安家庭 预防儿童伤害"安全知识竞赛活动；8月至9月，开展地区第十二届"五好文明家庭"评选活动。评选出2600户"五好文明家庭"；10月，开展"大众图书会"征订工作；11月，开展关爱流动妇女儿童启动月活动。为11个社区"流动妇女儿童之家"授牌；12月，开展"学雷锋争当文明好少年"未成年人征文比赛活动。年内，街道妇联继续开展“寸草报晖”关爱老年无业妇女行动,与垡头社区卫生服务中心签订责任书,为169名老年无业妇女办理医疗救助卡。投入6.76万元,为地区130名老年无业妇女在社区卫生服务中心免费体检。

(蔡红梅)

【社区工作者队伍建设】 4月、6月,完成9名自招及18名区招社工工作。10月17日,举办第二届“社区有我”社区工作者基本功大赛。12月,区社会办授予王更玲、国惠敏银蜜蜂奖;鞠明月等13人小蜜蜂奖称号。年内,撰写完成《垡头街道社区工作者队伍建设调研报告》。

(王晓琳)

【拆违控违】 5月6日,垡头城管执法队召开拆违控违工作动员部署会。全年拆除违法建设11处1166平方米。

(王　晶)

【社区青年汇成立】 5月14日,街道团工委申报创建两家市级示范社区青年汇,即“垡头文化中心社区青年汇”和“垡头党员活动中心社区青年汇”,官方微博正式开通,标志着垡头社区青年汇成立。年内,两家社区青年汇组织地区青年、青少年参加第十四届北京外语游园会、新青年城市体验营、西部温暖计划捐助、寒暑假青少年星光自护培训等活动40余次。以“社区青年汇”为代表的青年活动阵地,为地区团员青年、青少年提供活动载体和沟通的平台,提高了新城市移民青年的归属感和凝聚力。

(刘苗苗)

【社区文体活动】 5月21日,街道举办体育明星进社区暨地区文化体育节开幕式,2000人参加开幕式。7月30日,翠城熙园健身队代表街道在北京市体育局举办的北京市第九届体育节广场健身舞总决赛中,获北京市民广场健身操舞总决赛优胜奖。10月8日至18日,街道交谊舞队在“追梦之舞·旋舞朝阳—‘中复杯’”朝阳区第六届舞蹈比赛中,获朝阳区团体三等奖和优秀组织奖。10月12日,在翠城公园七彩虹文化广场举办“重阳相聚一杯茶暨垡头街道第九届文化体育节闭幕式”,社区100户家庭共赏非遗节目,共话重阳情。10月26日,街道羽毛球队在区羽毛球团体赛中,获第三名。11月2日,组织街道第七届“和谐杯”乒乓球团体赛,二区乒乓球队代表垡头街道在区总决赛中获团体第一名。11月23日,举办朝阳区“社区一家亲”垡头文化居委会推荐活动之一—“身体是个宝—朝阳区政协委员进社区”活动。12月27日至31日,在地区文化中心举办迎新春书画展览。12月31日,举办街道象棋团体赛,11个社区33名队员参加比赛,翠城雅园社区获第一名;二区社区获第二名;翠城趣园社区获第三名。为翠城雅园和翠城盛园社区200余名居民进行国民体质测试。

(王晓琳)

【“六型社区”创建】 5月22日,翠城雅园社区、翠城盛园社区完成北京市民政局组织的第一轮第三方测评。完成与潘家园、建外、朝外、劲松、双井等街道的互评互学工作。10月,翠城雅园社区、翠城盛园社区完成六型社区第二轮第三方测评。

(王晓琳)

【工会服务站规范化建设验收】 6月,街道总工会完成工会服务站“一区五室两中心”规范化建设。于7月22日、10月8日,通过区总工会和北京市总工会的验收。

(董少雄)

【庆“七一”系列活动】 “七一”期间,地区开展“凝聚党旗下,永远跟党走”主题实践活动。开展走访慰问温暖民心、汇报党建提升水平、庆祝大会表彰先进、文艺演出向党献礼、合唱比赛红歌颂党等系列活动。表彰垡头派出所等5个先进党建共建单位、翠城盛园社区党委等3个“五个好”社区党委、翠城雅园社区党委第三党支部等22个先进基层党支部、王辉等26名街道优秀党务工作者、孙伯芬等221名街道优秀共产党员。

(李　斌)

【全民终身学习活动周】 10月,开展“e学,学e,2013年全民终身学习活动周”活动。涉及网络学习、远程教育、手机读书读报等项目。8000余名居民参加活动。

(王晓琳)

【文化、门店自律协会党支部成立】 11月20日,举办地区文化党支部、门店自律协会党支部成立大会暨授牌仪式。街道工委书记高智勇、街道办事处主任张爽等领导,街道相关科室负责人,社区党委书记、文化团体党员、门店自律协会党员代表等150人出席会议。

(李斌)

【社区规范化建设示范点验收】 11月,翠城雅园社区通过市社区处、区社会办社区规范化建设验收。

(王晓琳)

【社区基本公共服务项目全覆盖】 11月,街道翠城馨园社区、雅园社区、趣园社区、盛园社区和熙园社区5个社区达到180项基本公共服务标准,完成北京市基本公共服务全覆盖网上申报。

(王晓琳)

【“数字化社区”创建】 12月,翠城盛园社区被北京市文化局授予“北京市数字文化社区”称号。

(王晓琳)

【“智慧社区”创建】 12月,翠城雅园社区被北京市社会建设办公室、北京市经济和信息化委员会、北京市民政局联合授予2013年北京市首批三星级智慧社区称号。

(王晓琳)

【党建惠民】 年内,街道工委立足实际、积极探索,开展党群干群连心工程(“三心工程”),推动党建工作惠及百姓。实施“聚心工程”,为基层党组织办实事。投入10万元完善社区党员活动分中心功能,开展各类教育实践和服务活动1692次,服务居民32948人次。实施党员担任社区党建指导员试点工作,发挥“宣传、指导、服务、保障”作用。实施“顺心工程”,党组织为党员办实事。实施“亮居工程”,为10户困难党员粉刷装修房屋,改善困难党员的居住条件。开展“三关爱”活动,为80名老党员拍摄全家福、制作一份个性化工艺品、集体举办政治生日会等活动。开展党员“爱心基金”募集活动。实施“暖心工程”。党组织、党员为群众办实事。开展党支部与困难群众“一帮一”结对帮扶活动,街道67个党支部,2725名党员采取经济帮扶、应急救助、走访慰问、咨询服务等形式,帮扶67名困难群众。

(李　斌)

【“和谐驿站”建立】 年内,街道“和谐驿站”建立。接待群众来访咨询1158人次,为民代办各类实事500项。受理政民互动网上投诉案件504件,回复率为100%。受理市长信箱来信案件16件,办理区级信访系统案件26件。分中心接待群众来信来访28人19件次,社区工作站调处纠纷39人30件次,帮助群众解决实际问题,实现矛盾化解控制在属地目标。

(李　斌)

【干部队伍建设】 年内,街道继续深化干部队伍建设“六于六提高”(强于素质,提高工作水平;精于谋划,提高统筹能力;细于管理,提高精细化水平;严于执行,提高工作推动力;勤于务实,提高为民服务水平;勇于创新,提高破解难题能力)的目标要求,提升干部整体素质和服务能力。通过竞争上岗提拔使用机关干部10名,轮岗交流干部9名;提拔调整社区副职以上干部

19名;配强配齐社区党务工作者力量,实现“一社区一党务专干”。完善干部管理考核工作制度、干部请销假制度。依托街道工委党校,面向全体干部举办各类教育培训20次,培训干部3000人次。5名干部取得新学历,3名干部考取在职研究生。

（李　斌）

【科技创安】　年内,重点推进翠城福园社区科技创安工作。翠城福园社区为新入住居民小区,入住时没在实现全封闭管理,没有电视监控系统,治安状况堪忧。为深化地区平安建设,在翠城福园新入住楼盘周边主要路口、楼宇等处加装电视监控系统,10处高速球形摄像头纳入地区城市综合管理指挥中心,在居委会增设6个监控探头,改善社区内部治安环境。年内,在三区社区东院开展“平安示范”居民小区创建工作。在小区主要出入口、小区周界、重要通道、公用设施、机动车集中停放区域增设20个监控探头,图像信息等数据与街道城市综合管理指挥中心对接。在主要出入口建设治安岗亭2座,配置机动车挡车杆,规范化管理出入机动车。更换80套损坏门禁,维修和维护其他门禁系统。

（张　瓴）

【社区警务室建设】　年内,街道投入资金约60万元,完成社区警务工作室建设工作。在垡头街东侧新建两处警务室,覆盖北里、一区、东里、西里社区。在翠城生活区,利用原有翠城盛园社区居委会用房和翠城公园的办公用房改建两处社区警务室。在垡头老生活区,原有二区、三区警务工作室可覆盖垡头街以西的老生活区居民。形成社区警务室全覆盖。为警务室统一制作标牌和LED屏,配备电脑、打印机、文件柜等办公家具。

（张　瓴）

【交通微循环改造】　年内,垡头老生活区内有人口26042人,机动车2000余辆,楼间空地有限,停车车位不足,大部分机动车停放在道路两侧,导致早晚高峰时段交通拥堵严重,居民意见较大。为改善地区道路交通安全秩序,街道经过长期调研,召开由社区、社会单位和居民代表参加的听证会,同时与朝阳交通支队、劲松交通队多次现场办公,开展以主要路段单向行驶为重点的交通微循环专项工作。投入资金36万元,拓宽金蝉北路900延长米,施划停车位200个,施划各类交通标线2600平方米,安装交通指示牌120个,提升道路通行能力。

（张　瓴）

【辖区道路建设】　年内,经与区市政市容委道路养护中心协调,修复辖区8条道路8613平方米,分别为一区社区11号楼北侧路、4号楼南侧路;二区社区金北大院南门主路、便道,庆丰包子铺门前路;三区社区23号楼北侧路;西里12楼北侧路;北里佳华安琪幼儿园西侧路;东里社区铁路下坡半圈路。为提升小区道路通行能力,对垡头文化广场－京客隆东侧路面实施改造;对金蝉北路实施扩建铺装,铺装混凝土沥青路面90平方米,路面砖255平方米,拆除、更换混凝土道牙200延长米,铺设雨水管道32延长米,增设雨水口2座;为翠城公园警务工作站52延长米甬路实施铺装。整治翠城小区东侧的垡头东路待建区域环境脏乱差问题,对翠城趣园东侧荒铺装渗水砖650平方米、铺装草坪砖2600平方米、铺设路牙石50延长米。

（刘长君）

【小区绿地建设】　年内,投资35万余元进行小区绿地建设。绿化改造金蝉北里大院3126平方米,种植各类植物6000余株;绿化改造翠城雅园、盛园社区1121平方米,种植各类植物4500余株。为做好国庆节环境布置,在休闲广场及翠城路口两处摆设大型花坛,摆放各种花卉18000余盆;在地区文化中心东侧绿地安装铁艺围栏112延长米。

（刘长君）

【翠城公园改造】　年内,完成翠城公园围墙改造工程,实施封闭管理。改造翠城公园围墙及南北门,将原有800延长米围墙,改造为高度2.5米,厚度0.37米、灰色瓦顶、中部通透、苏州园林风格围墙。在翠城公园东北部铺设甬路170延长米。委托区园林绿化局对翠城公园进行专业管理,明确开、闭园时间,杜绝游商散贩入园。

（刘长君）

【文化广场建设】　年内,继续开展创建文化示范区工作。维修粉刷翠城馨园、雅园、盛园社区文化活动室墙体。为扩展翠城小区文化活动场所,利用翠城熙园社区空场地建设翠城阳光文化广场,增设舞台1座、长廊2个、木凳25组、六角凉亭1座、不锈钢橱窗2组,粉刷房屋。利用翠城趣园社区东侧空地建设社区健身园,铺装透水砖350平方米,草坪砖1600平方米。为提高休闲广场环境建设,修缮7根景观柱外立面。

（刘长君）

【防汛抢险保障汛期安全】　年内,街道召开防汛应急保障工作会,成立防汛指挥部,制定防汛应急工作方案,拉列防汛物资采购清单,部署地区防汛工作。投入近3.5万元购置沙子、沙袋条、水泵、救生衣、帐篷、雨衣、雨鞋等12类物资。将辖区3个在施工地现场作为应急物资储备地点,存储沙子400吨、沙袋2000条、潜水泵9台、挖土机3台、渣土车10辆。6月1日前,全面清掏雨水井及管线,维护科普公园地下雨洪工程设施。开展防汛宣传工作。以“六个一”(一部宣传片、一本知识手册、一套宣传海报、一堂科普知识、一封公开信、一张避险明白卡)为载体,做到“四进四到位”(进单位、进学校、进社区、进家庭,到广场、到街道、到户、到人),确保防汛宣传到位。6月4日,组织街道防汛演练,以防汛指挥部为司令部,以包片社区为单位,对积水部位围积沙袋,使用水泵紧急排水,抢救现场受灾人员、财物,组织居民疏散。6月6日,召开防汛工作部署会。要求社区做好防汛值班工作安排,及时上报雨量情况,确保地区建筑物、道路、树木安全。合理配置防汛人员,以东里社区、老旧生活区、翠城小区3个分队为主,并分为6个小组进行工作,举全街道之力,确保辖区平安度汛。

（刘长君）

【垃圾减量分类】　年内,开展垃圾减量分类工作。重点加强垃圾分类指导员、二次分拣员队伍、社区桶站建设。通过讲座、培训、宣传活动、展出展示等方式,提高居民和社会单位对垃圾减量分类的知晓率和参与率。分阶段强化培训志愿者,确保“指导到位、正确分拣”。开展巡视人员对志愿者工作效能进行监督。培训街道专业运输队伍和物业单位运输队伍。投入49万余元,用于垃圾分类管理维护、宣传等。在区垃圾分类普查工作中,第三方专业检查机构对基础台账、日常运行管理、本级检查考评、投放站点管理维护、分类设施设备、公示栏(牌)设立、分类指导员上岗、二次分拣员上岗、分类收集运输、分类效果等实施检查考评。街道一区、二区、三区、西里、北里社区全部被区评为A等级。

（刘长君）

【翠城法治文化广场改造】　年内,完成翠城法治文化广场改造工程。投资60多万元,建成“一壁一亭一长廊”的翠城公园法治文化广场,广场西侧是一条长23米的法治文化长廊,长走廊内有8组宣传橱窗48块图文并茂法宣展板,在走廊入口外墙上建有一幅法治文化广场LOGO和一组法制楹联。7月4日,市司法局法宣处领导到街道调研指导基层普法工作,对翠城法治文化广场建设给予肯定。10月21日《朝阳报》以“垡头有个居民普法‘小天地’”为题对翠城公园法治文化广场进行报道。

(梁　茜)

【“一刻钟社区服务圈”建设】　年内，根据朝阳区“一刻钟社区服务圈”“一图一册一网一线一平台”创建标准，制定工作方案、规范认定程序，召开一刻钟便民服务圈工作部署会，指导社区与服务商签订服务协议书、统一认证标识。印制、发放服务手册5000册、地图2万张。更新社区服务圈地图，完善街道、社区网站，方便居民查阅。引入七彩昀专业社工事务所，在一区社区开展扶贫济困志愿服务，在双合家园社区筹备组开展邻里共融计划，充实“一刻钟社区服务圈”服务项目。在双合家园引入与商务委合作的便民菜车，方便百姓购买到低价优质的蔬菜。11月份，完成区一刻钟社区服务圈迎检工作。

(王晓琳)

【社区健身园建设】　年内，街道对社区健身器材进行摸底和故障排查。为双合家园社区、二区格林莱雅小区安装体育健身器材3组42件，修理健身器材8件，报废5件。

(王晓琳)

【“阳光康复进家庭”系列活动】　年内，开展“阳光康复进家庭”系列6送(送技能、送文化、送健康、送幸福、送服务、送温暖)活动。6月28日，开展“‘七一’‘心声献给党’”残疾人文艺演出，9个社区选送节目参加演出；7月，组织30名残疾人到小庄医院进行体检。10月，组织开展残疾人技能大赛，30名残疾人及家属和20名工作人员参加。11月27日，组织开展地区残疾人“康复之星”座谈会，10名残疾人被评为“康复之星”，并进行经验交流。

(鲁晓磊)

【救助政策落实】　年内，为65名精神病人报销年度门诊费和住院费38879.68元；为三区社区残疾人刘玉华申请办理骨股头坏死置换手术补助40000元；为33名残疾人结算年度康复训练卡11290元；为16名辖区重度一级精神、智力残疾人申请办理“阳光家园”补贴费，每人600元；为9名残疾人申请临时困难补助7900元；为29名残疾人办理城镇养老保险补贴139629.15元；为3名残疾人学生办理助学补助10900元；完成17户残疾人家庭无障碍改造工程。

(鲁晓磊)

【街道级养老管理服务中心创建】　年内，街道把创建街道级养老管理服务中心作为为民办实事的重要工作之一。街道养老管理服务中心总体投资近80万元，创建场地总面积597.6平方米，12月，完成养老管理服务中心装修改造工程。

(张怡然)

【关爱失独老人“温暖筑巢”行动】　年初，制定地区温暖筑巢项目方案，整合地区各方社会资源，对空巢老人家庭特别是失独空巢老人家庭，开展“温暖筑巢”行动。探索建立135志愿帮扶(建立一个俱乐部、成立三支志愿帮扶团队、完善五项便捷化服务)长效机制，旨在通过全方位的服务，让健康生活走进空巢老人家庭。3月，召开地区共建单位和失独老人代表参加的工作推进会，听取失独老人意见，完善工作方案。6月底，街道启动地区温暖筑巢项目，成立“人道关怀 多彩夕阳”俱乐部，组建三支志愿帮扶团队，与区红十字会、区计生委在专项经费的拨付和使用上进行对接。为失独空巢老人提供大学生、邻里志愿服务60个小时，家政服务40个小时，开展心理健康干预课堂两期，免费体检一次，为一户失独家庭老人免费配备“小帮手”呼叫器。

(蔡　昕)

【人口文化节举办】　年内，举办以“幸福家庭 和谐人口”为主题的第五届垡头街道人口文化节。开展“文艺汇演展幸福”“生育关怀筑幸福”“早期教育促幸福”“干部联谊叙幸福”4项主题活动，寓教育内容于活动中，为开展人口和计划生育工作奠定思想文化基础。

(蔡　昕)

【工会建会】　年内，街道总工会继续推进企业建会工作。建立基层独立工会1家，新增联合工会会员单位10家，发展工会会员86人。街道总工会与19家企业单位签订工资集体协商，其中独立建会企业3家，社区联合工会下属企业16家，涉及职工139人。

(董少雄)

【小微企业岗位达标】　年内，地区161家生产经营单位完成小微企业岗位达标。

(严　帅)

【安全生产检查】　年内，检查生产经营单位6625家次，下达隐患通知书1219份。下达各类执法文书635份，立案4起，行政处罚3.4万元。地区30家企业完成安全生产事故应急预案的编制、评审及备案工作。

(严　帅)

【劳动就业】　年内，加强街道、社区两级社会保障平台建设。373人实现就业，完成年度指标的104.4%，就业率为62%，主要就业方向为灵活就业。有31名求职者被企业录用，完成单位就业率年度计划的150%。开发就业岗位2100个，完成年度计划的106.38%。

(王　腾)

【劳动监察】　年内，垡头劳动监察小组开展日常巡查210余次，巡查走访社会单位700余家。立案30件，开展对建筑业劳务公司工资支付情况及最低工资支付标准执行情况检查7次。专项检查上岗职业证书2次，使用童工情况专项检查5次，劳动合同情况专项检查6次。地区未发生较大劳动纠纷。

(王　腾)

【环境整治】　年内，垡头城管执法队联合地区派出所、交通队对化工路环境秩序开展为期半年三个阶段的整治行动。第一阶段为1月，重点整治化工路沿线违章停车、黑车趴活等违法行为。张贴告知书120余张，清理堆物堆料21处、广告牌匾17处，先行登记保存经营工具2辆，清除暴露垃圾1车。第二波阶段为4月，重点打击违章车辆占道停车、违章设置广告牌匾、私搭乱建等突出违法行为。出动执法车辆10余次，执法队员20余人次，保安30余人次，拆除违规设置广告牌匾7处、私搭乱建房屋2处，面积20余平方米。第三阶段为5月，对化工路沿线乱堆物料、游商散贩无照经营的违法行为。出动执法车辆20余次，执法队员30余人次，保安50余人次，规范门前三包70余家，规范游商散贩7处。

5月，垡头城管执法队开展“夏季——保秩序”集中整治行动。出动城管队员、保安员230余人次，执法车辆25车次。检查辖区主要大街115次。规范夏季大排档48次，取缔露天烧烤18处，发放告知书600余份。

(王　晶)

和平街街道

【概况】　和平街街道位于朝阳区西北部。东以城铁13号线为界，南起北二环路，西至安外大街，北至元大都公园，辖区面积4.54平方公里。有户籍人口25466户98710人，流动人口27514人。年内新出生人口664人，死亡人口275人。下辖9个社区居委会。辖区有中国计量科学研究院等14家科研院所和科技机构，有中国交响乐团等10家文化艺术团体，有北京化工大学等3所大专院校、1所成人教育学院、1所中专、3所中学、3所小学，有中国特种设备检测中心等中央企业41个，有北京化工研究院等25个市属企业。有规模以上企业208个，党政军机关3个，28个医疗机构和医院。年内，以实现地区民生幸福为主线，转作风、保稳定、促和谐，全面深化“平安、精致、温馨、文明”和平街建设。完成区级收入4.3亿元，完成房产税收入1616.4万元。

地址：和平西街和平西苑10号楼

电话：84280465

邮编：100013

网址：http://hepingjie.bjchy.gov.cn

（王爱君）

【缔结友好单位】 1月，街道办事处与房山区琉璃河镇人民政府签约缔结友好单位。

（王爱君）

【人口与计划生育】 1月，街道推出“六卡暖情”行动，投资5.47万元，为79名空巢老人办理公园卡、电影卡、阅读卡、理发卡、就餐卡及暖心卡。3月，开展以“会玩的孩子更聪明”为主题的“彩虹桥早教工程”。对0岁至3岁婴幼儿开展早期启蒙教育和家庭培养孩子的亲子指导，36位家长参加。4月，组织43名六年级学生开展“生命的春天”青春期教育参观活动。5月，开展“相约中国梦 书香满校园”读书活动，为安民打工子弟小学孩子们购置新图书1000余册。9月，开展纪念《关于控制人口增长问题致全体共产党员、共青团员的公开信》发表33周年活动。制作展板42块；举办“共建和谐 魅力社区”文艺演出；举办职场礼仪讲座1场。12月，启用“温警话吧”，由专业心理辅导咨询师在“温馨话吧”对特殊空巢、失独家庭老人进行心理疏导。

（周　洁）

【消防安全】 1月至3月，街道启动“温暖一号”“温暖二号”“温暖三号”“温暖四号”行动。为9个社区329户燃煤户安装一氧化碳报警器，发放风斗139个、报警器332个。2月，每日2次对5个烟花爆竹销售网点进行消防安全检查。与300家社会单位、9个社区居委会签订社会治安综合治理责任书。3月，完成处理5名在中日友好医院实习的哈尔滨医科大学大庆分校学生于2月4日晚一氧化碳中毒身亡事件和善后工作。5月，街道联合朝阳消防支队、亚运村消防队、和平街派出所、贵州大厦等单位开展消防应急演练，辖区社会单位、学校、社区200余人观摩演习。11月，开展以“认识火灾 学会逃生”为主题的消防宣传活动。讲解居家消防、安全用电、用火、用气和电动车使用安全知识，发放“认识火灾学会逃生”系列消防宣传品13种1500余份。12月，开展安全隐患排查。分9个以处级领导带队、机关干部和社区工作者为主的检查组，联合执法17次，发现安全隐患178处，整改完成154处，检查社会单位1227家，处罚4家，停产停业8家，关闭取缔22家，处罚金额2.8万元。

（孟　娟）

【全国“两会”安保】 3月15日，区人大常委会副主任王亚贵一行，到街道视察全国“两会”安保工作的落实情况。全国“两会”期间，街道检查出租房屋和流动人口，完善信息采集管理系统，动态掌握出租房屋和流动人口基本情况。出动检查人员306人，检查流动人口1671人，出租房屋719户，发现并消除隐患8处。对2名高风险重点人实施“6包1”、4名中低风险重点人实施“3包1”实名制24小时稳控，800余人次参加安保。社区29名注册维稳信息员收集维稳信息、排查不稳定因素；“红袖标”志愿者全员上岗，开展社会面防控。投入社会面防控力量（包括机关干部）1000余人次、社区工作者1200余人次、保安员1500余人次、协管员600余人次、派出所警力280余人次、社会治安志愿者1.6万余人次，社会力量6000余人次。

（孟　娟）

【领导调研】 3月，区长吴桂英、副区长张立新带领区政府办、区委宣传部、区住建委、区科委、区园林绿化局、区规划分局等相关人员到北京服装学院调研服饰时尚设计产业创业园建设情况。参观服装数字化技术中心、学校创意工作室和学生作品展，了解学院建设发展情况。吴桂英要求，区相关部门要为学校的发展提供服务、搭建平台，加快推进文化创意产业与学校办学相融合，使服装产业在朝阳得到发扬和传承。

（马　莹）

【社区教育】 4月，街道完成年度社区教育优秀项目评选申报工作。其中获评首都市民学习之星4人、首都市民学习品牌2个、社区教育特色课程1个。6月，社区教育项目《两论一讲》《和平街艺术馆》《残疾人艺风文化社》，北京中医药大学中医药博物馆《了解食品中药，正确饮食养生》项目获评社区教育优秀项目。街道通过国家级公共文化服务示范区检查验收。

（陈洪波）

【工会建设】 5月，街道总工会组织辖区近百家企业工会主席及负责人参观北京园博园。6月，组织辖区39家企业近400名职工在奥林匹克森林公园开展以“普及科学健身方法，享受文明健康生活”为主题健步走活动。7月，街道总工会职工书屋、劳动争议调解室、心理疏导室、职工诉求中心、创新成果展示室、工作档案室挂牌成立。开展夏季“送清凉”到一线活动。为453家企业7352名会员送去毛巾、饮料等。9月，开展企业职工技能大赛，8支企业代表队，近50名选手参加冷拼和职工风采展示项目。12月，为103家建会企业中11家企业职工订购春节回乡车票。

（薄述来）

【流动人口管理】 6月，摸排辖区5家大型市场从业流动人口936人，涉及经营面积3.2万平方米。7月，完成街道流管信息平台与公安派综系统对接和整合工作。开展摸排辖区新疆籍流动人口。清查143户190人，有证人员61人、无证人员59人，填写出租房屋检查表85份，有高危新疆籍维吾尔族人员6名，藏族人员6名、羌族人员5名，汉族人员34名。10月，完成摸排辖区群租房工作，核实发现群租房65户，群租房租住438人。12月，街道将胜古家园小区列为房屋违法出租问题治理试点。小区有楼房5栋、平房3户，居民1315户、出租房屋286户，其中群租房20户132人。2个专门工作组集中整治20户群租房情况。约谈房主7户，签订7份整改通知书。检查辖区198处普通地下室安全工作，整改43处安全隐患。

（孟　娟）

【第八届邻居文化节】 7月，以“携手芳邻颂文化，情牵家庭你我他”为主题的地区第八届“邻居文化节”开幕。围绕勤学善思、文化展演、创意文化等5个版块，举办“我的梦·中国梦”百姓宣讲会、“我家有明星”社区家庭才艺展示等25项主题，100余场活动，8万余人次参加活动。

（陈洪波）

【夏秋季征兵】 8月至9月 完成2013年首次夏秋季征兵任务，2名应征青年入伍。

（佟　红）

【居家养老】 9月2日，副市长戴均良到地区寸草春晖养老院调研。10月13日，国务委员、全国老龄工作委员会主任王勇到地区寸草春晖养老院考察。10月17日，市委副书记吕锡文到地区寸草春晖养老院调研并召开座谈会。12月9日，市外宣办组织中外记者对北京市加快推进养老服务业发展情况进行集体采访，街道推出的“寸草春晖”社区养老模式,受到华尔街日报、新华社、北京电视台等28家中外媒体关注。寸草春晖养老院探索“机构—社区—居家”一体化社区养老模式,通过养老机构覆盖社区周边一定范围,为不同养老需求的老人提供多层次养老服务。年内,街道新增居家养老748人、变更232人,享受居家养老服务2926人次,签约服务商户28家,服务结算金额384.79万元。

(王爱君)

【民间连锁博物馆成立】 9月,街道民间连锁博物馆成立。辖区6个手工艺家庭工作室成为首批街道民间连锁博物馆成员,并被街道授予百姓艺术家称号。

(陈洪波)

【社会单位推介活动】 9月,街道在和平家园社区中心花园举办地区社会单位推介活动。活动设立代表委员服务区、医疗义诊服务区、金融理财服务区、旅游推介服务区、美容美发服务区、餐饮特色服务区、特产商店展卖区、政府职能宣传区。7名区人大代表、4名区党代表、5名区政协委员、5名街道侨联委员及地区34家企业和5个机关职能科室参加活动。受益群众3000人次。期间,发放宣传品2000余份。10名中医药大学专家,6名“杨建为民服务队”理发师以及地区国际旅行社、银行、餐饮单位等参加现场推介活动。

(王琳琳)

【垃圾分类】 9月,街道开展“绿足迹行动”垃圾减量、垃圾分类文化宣传活动。11月,街道8个创建垃圾分类达标小区接受区社会办、区市政市容委现场考评检查。通过情况汇报,审阅基础数据、物资台账,查看设备设施、影像资料、检查记录等,通过市垃圾分类、垃圾减量验收工作。

(麻慧溶)

【文化广场建设】 9月至11月,完成廉政文化广场、法治文化广场建设。广场位于十五区城铁公园西南侧,占地面积1860余平方米。廉政文化广场由景观石、警钟、方鼎及6个宣传栏组成。法治文化广场由周公、管仲、孔子、商鞅等12位法治史上代表人物构成法学史话、12块宣传栏及法字柱、握手、司法天平3座浮雕群、5本金属书组成。

(麻慧溶)

【聘请常年法律顾问】 10月,街道办事处与北京市潮阳律师事务所签订《常年法律顾问合同》。聘请律师杨晓虹为常年法律顾问,为街道提供有关法律法规信息,解答法律咨询,参与辖区重大突发事件处置、依法提供建议或出具律师意见书等。

(周 密)

【食品药品监督管理所成立】 11月1日,街道食品药品监督管理所成立。专项检查北京化工大学、北京中医药大学、北京服装学院、中日友好医院、企发大厦等13个集体食堂的食品安全。12月,开展两场“餐饮服务与食品安全”专题培训。完成区食品药品安全委员会对街道食安会工作督查考核工作。

(李 伟)

【安全检查】 12月,副区长汪洋带领区民防局、区商务委、公安朝阳分局相关人员一行9人到地区检查存在安全隐患的十五区10号楼山西面馆和国典华园地下空间整治工作。汪洋要求,燃气钢瓶必须通过正常渠道购买并控制数量和重量,要继续加大地下空间居住人员清理工作,彻底消除安全隐患。年内,安全执法检查生产经营单位1920家次,下达现场检查记录、责令限期整改指令书、询问通知单等执法文书477份,发现并督促整改各类安全隐患559余处,立案12起,处罚金额5.4万元。

(佟 红)

【“四风”专项整治】 12月,街道开展“公款吃喝”“超标配备公车”“三公经费开支过大”“损害涉农利益行为”专项自查整治工作并公示自查情况。街道办事处主任、纪检书记,财政科长签署《关于开展“四风”突出问题专项整治工作承诺书》。

(马 莹)

【楼宇文化建设】 12月,街道小黄庄社区完成楼宇文化建设工作。在准物业管理改造基础上,建立自我服务管理制度;设置居民活动室、楼宇文化创作室,开辟小区居民文化活动阵地;走廊、橱窗设置居民作品展柜、展架,小区居民在自家门口办展览;电梯间设置电子展示屏,开展地区文化宣传。

(周晓蕾)

【老旧小区改造】 年内,街道配合区住建委、施工单位完成12栋楼6.3万平方米区房管局直管公房节能改造任务。完成十五区小区、樱花园西小区老旧小区环境改造工作,新建停车位89个、防腐木四方亭1座、防腐木座椅25套,修建自行车棚1座,设置造型景石1个和宣传栏1套。完成6个社区道路修补1266平方米、和平里北街优美大街和十五区优美小区创建工作、兴化路街巷胡同整治工作,完成24个“三无”(无暴露垃圾、无堆物堆料、无卫生死角)达标小区创建工作。清除卫生死角176处、堆物堆料73.1吨、暴露垃圾289.6吨,铲除非法小广告5.67万张,面积3113平方米,清理168栋楼、508个单元。设立宣传站23个。

(麻慧溶)

【招商引资】 年内,街道引进4家企业,分别为北京中纪汇丰文化传媒有限公司(主营文化创意产业,注册资金1000万元)、北京爱睿伊诺文化传媒有限公司(主营文化创意产业,注册资金100万元)、中央新影环球时空(主营文化传媒、投资管理,注册资金1亿元)、建投华文传媒投资有限责任公司(主营文化传媒、投资管理,注册资金1.5亿元)。

(马 莹)

【防汛抢险】 年内,街道成立地区防汛抢险指挥部。与92个单位签订安全防汛应急责任书。落实地区防汛应急避难场所3处;落实街道、社区防汛物资储备场所及防汛物资储备。开展重点部位隐患排查,整改隐患部位,改造2处污水管线和3处雨水管道,疏通雨水管线260余处,更换破损丢失雨篦、井盖19个,修剪处置危树50余棵,修复2个小区破损道路7488.11平方米。

(麻慧溶)

【居家助残】 年内,街道居家助残服务投入资金30万元,惠及残疾人家庭30户。为百名因乳腺癌致残的残疾人家庭和盲人家庭安装可升降晾衣竿,投入资金15万元提升改造胜古庄职康站,增加残疾人辅助用品用具展示区,残疾人康复训练区,添置4大类50余件操作简便、实用性强的辅助器材。在助残“六送”(送欢乐、送祝福、送康复、送平安、送服务和送温暖)活动中,为重残人、老残一体家庭免费清扫居室,为百名贫困残疾人免费体检,发放100张康复训练卡等,2200人次受益。

(杨宏燕)

【社区建设】 年内,街道工委调整5个社区领导班子成员。任命社区党委书记、社区党委副书记、社区服务站副站长各2名。招录社区工作者10名。十四区社区、樱花园社区建设成为区数字化社区。

(周晓蕾)

【“一刻钟社区服务圈”建设】 年内,街道“一刻钟社区服务圈”在每月20日举办义务活动。6月,樱花园社区“一刻钟社区服务圈”志愿服务广场标识落成。11月,街道一刻钟社区服务圈工作通过区社会办验收。

(周晓蕾)

【人民调解】 年内,街道司法所受理、调解矛盾纠纷1530件，调解成功1388件，形成案卷644件，调解成功率为90.7%。

（段　冰）

【矫正帮教】 年内，街道有社区矫正人员16人，刑释解教人员103人。新接收社区矫正人员9人，解除社区矫正人员9人。入户家访92人次、个别谈话208人次，电话回访800余人次，缓刑宣判前社会调查及假释入户核实22人次。为20名低保边缘困难人员申请爱心救助款近万元。协调民政、社保等部门解决4人低保问题、协助5人办理廉租房、指导就业安置10余人次。为4人办理临时救助，组织安排社区服刑人员参与全国城市文明程度测评工作。开展帮教转化工作。会同十四区社区党委、社区民警对2名"法轮功"修炼人员，通过登门走访、约见家属，与被转化人员见面，宣讲国家法律法规、观看教育转化光盘，使2人实现转化并写下不再修炼保证书。

（段　冰）

【法制宣传服务】 年内，街道以社区法律服务室为平台，将法律服务与法制宣传相结合，与5家律师事务所签署合作协议。开展社区公益法律宣传服务，组织律师每周到社区开展咨询活动并进行法律知识讲座。十四区社区"社区公益日"、高金谌法律服务室，和平家园社区"律师信息公示牌"，小黄庄社区"法律服务预定单"等特色活动受到社区群众赞誉。全年接待群众法律咨询1950人次，开展法律讲座43场，受益人群5500人次。在"3·15""12·4"重大活动日，开展以"做讲法制守秩序的好市民共筑伟大中国梦"为主题的宣传服务活动，发放书籍4000余册，解答群众咨询190余人次。开展为商务楼宇"送政策、送服务、送关爱"活动，为非公企业员工发放法律宣传资料，解答企业、员工的法律问题，提供法律服务。

（段　冰）

【劳动监察】 年内，街道对辖区172户用人单位进行劳动用工情况监察。书面审查70余家，涉及劳动者1781人，责令补签劳动合同30余份，督促新办社会保险登记54家。受理群众举报投诉案件16件，受理劳资纠纷案件8起，涉及农民工98人，处罚用人单位5家。

（左艳菊）

【就业服务】 年内，街道组织30名失业人员到区人力社保局职业技能培训学校参加免费技能培训班，26人经过考试取得资格证书。地区社保所对辖区59家用工单位开展用工需求调查，用工单位提供6个行业60个岗位，36名失业人员应聘。开展就业政策宣讲课10期，提供岗位信息1150条，开展一对一职业指导22人，发放宣传材料200余册。推荐154名就业困难人员实现社区灵活就业，帮助116名失业人员实现自主提档就业。

（王爱君）

【社会保障】 年内，街道社保所完成无保障居民参加2014年度医疗保险登记工作。地区4523名无保障居民参保。为1950余名社会化退休人员变更银行领取退休金信息采集工作。

（王爱君）

【环境整治】 年内，街道城管执法队出动2万余人次、车辆4000余台次进行环境整治。规范门前三包800余家，劝离无照游商900余个，清理暴露垃圾30吨，清理堆物堆料15吨，规范店外经营400余家，依法取缔无照经营220起，暂扣三轮车89辆，没收蔬菜水果5000余公斤，没收散发小广告50万张，教育违法相对人320人，整治商户牌匾150平方米。依法立案查处各类违法案件106件，罚款2万余元。开展拆违、控违专项治理活动。全年拆除新增违法建设64处2481平方米，控制新增违法建设28处278平方米。取缔辖区内露天烧烤大排档50处，暂扣烧烤工具65个，暂扣桌椅板凳150余张，拆除未取得行政许可审批手续广告牌匾18块。整治无证照经营挂账单位116户，取缔无证照经营23户。

（王爱君）

【社会救助】 年内，街道为因大病致困家庭、孤老无收入、特殊困难家庭等463人办理爱心救助12.31万元，爱心家园发放货物3962件。为2名大病就医资金特困人员申请慈善救助7000元。为550名低保人员发放"两节"慰问金22万元。一次性临时救助41人，发放救助金7.10万元。为新增老人办理老年证546人、老年优待卡806人，办理外埠老年证52人、老年优待卡324人。办理90岁至99岁老人津贴302人、百岁老人津贴5人。开展"携手慈善 凝聚爱心一日捐"捐款献爱心等活动。全年收到捐款14.42元。

（赵　伟）

【民生保障】 年内，街道有190个家庭申请公租房，122个家庭选房。113户登记经济适用房，103个家庭选房。241个家庭登记限价商品房，45个家庭选房。受理公租房213件，经适房转限价房、经适房限价房变更人口117件，申请廉租房16件。为143名优抚对象，发放工资、补助、过节费、伤残抚恤金等183.30万元。为142名地退人员，发放地退工资、补助、过节费等661.10万元。为40名军工人员，发放军工工资、补助、过节费等187.70万元。为14名水库移民发放培训补贴7840元。

（郑学宁）

【"平安示范"小区创建】 年内，街道在樱花园社区创建"平安示范"居民区。安装改造铁艺大门8套，更换修整铁艺栅栏143延长米，安装小区大门拱形门头2个，新建治安岗亭4个。调整升级监控探头15个，新安监控探头10个。升级改造19栋楼82个楼门门禁，维护修整门禁1515个，更换95个。落实机动车出入管理。

（孟　娟）

呼家楼街道

【概况】 呼家楼街道位于朝阳区中心地带。东起金台路，南起光华路，西至东大桥路，北至工人体育场南路。三环路贯穿南北，朝阳路、朝阳北路横穿东西。辖区面积2.8平方公里，大部分位于北京商务区中心区范围。有10个社区居委会，有户籍人口21449户64222人，外来人口20072人；年内新出生人口536人，死亡人口240人。地区有法人单位3430个，其中中央单位64家，市属单位89家，区属单位73家；有医院4所，小区卫生服务中心1个，小区卫生服务站5个，小区服务中心1个；有科研院所4个，大学1所，中学1所，小学2所，幼儿园4所；驻有中央电视台、人民日报社、世贸天阶、京广中心等单位。年内，街道以改善民生、统筹兼顾、突出特色、创新发展为工作方针，积极创建公共文化服务体系示范区，不断深化文明城区创建成果，在经济建设、小区建设、社会服务与管理等各项事业发展上力求突破，整体提升工作水平，努力建设"平安、快乐、文明、美丽、幸福"的呼家楼。完成区级财政收入18.2亿元，同比增长11.5%；征收房产税6554.9万元。

地址：呼家楼北街甲6号
电话：65012264
邮编：100026
邮箱：cyhjl@bjchy.gov.cn

（邱晓艳）

【廉政建设】 2月18日，开展"一把手"讲廉政课系列活动，逐级签订"一岗双责"责任书和《党风廉政建设责任书》45份，建立完善社区纪委工作制度，加强基层党风廉政建设。完成10个小区建立纪委工作，实现纪检组织在街道系统各层面全覆盖。升华廉政文化进小区“1+1+8”(一个廉政文化园地,一个廉政文化长廊,8个社区廉政文化橱窗)廉政文化宣传特色街活动。开展社区“1+1+3”(一个街道中心,每个社区一个宣传栏,三块展板)廉政文化阵地建设。

(邱晓艳)

【首批社保下沉业务试点】 4月,街道作为区首批社保下沉业务试点单位,按照区社保中心部署,建立和完善经办业务管理机制,本着急参保人所急、特事特办的原则,为居民办理更改医保定点医院、修改个人信息等业务。办理社保下沉业务4356人次,无差错事故发生。

(邱晓艳)

【环境整治】 4月,成立“CBD地区门前三包协会”,以自我管理和执法检查相结合的方式,规范“门前三包”。开展CBD区域专项治理行动、黑车整治专项执法月行动,重点整治地区无照游商、大排档、小广告等违法现象。开展控违拆违工作,通过日常巡查、网格案件和群众举报等方式,建立违法建设台账,依法拆除辖区内废弃构筑物、残墙断壁,硬化路面275平方米、拆除绿篱365平方米。发现、制止、拆除新增违法建设13处340平方米。开展化石营地区治安秩序整治,连续20天不间断打击无证无照经营行为,新建化石营治安环境综合秩序服务中心,巩固化石营地区环境治理成果。全年处理各类网格案件49528件、政民互动323件。

(邱晓艳)

【慈善助学】 5月23日,举行“慈善献爱心·李春平百分百助学定向捐款”仪式。李春平为地区困难家庭学生捐款30万元,企业单位代表中复电讯、国安集团、北京田华集团、朝阳第二医院捐款13万元。年内,在地区27户低保及边缘贫困家庭大学生中,开展助学百分百工程,发放救助款9.5万元,为8名考入大学的困难大学生每人赠送一台联想笔记本电脑,为地区10名困难家庭发放“衣恋圣秀慈善基金”助学款。

(邱晓艳)

【安全检查】 6月至12月,开展安全生产大检查工作。发放《安全大检查通知》2000余份、《调查问卷》3700余份,组织联合执法检查行动8次,加大对重点区域、重点行业安全监管力度和治理力度,推动各项工作开展。8月、9月接受市、区督查组4次督查,并给予肯定。

(邱晓艳)

【表彰为老服务单位】 6月14日,召开2012年爱老敬老“孝星”表彰大会。在北京市孝星网孝星评选活动中,地区中护联合投资有限公司、北京三元食品股份有限公司、天天家政有限公司、小区服务自管队伍、思梦家园等5家单位被北京市评为为老服务先进单位(队伍)。在区老龄委开展的老年餐桌活动中,表彰地区建国酒家、金三友酒家、嘉和一品、马华拉面等4家餐饮业。

(邱晓艳)

【领导调研】 6月15日,市委书记郭金龙、市长王安顺及市领导赵凤桐、张工,市政府秘书长李伟到小庄小区调研大气污染防治工作。

(邱晓艳)

【高层楼宇应急疏散演练】 6月20日,在北京泰达时代广场举办“北京市高层楼宇应急疏散演练活动”。商务楼、公寓楼、酒店、娱乐场所等五类行业近100家企业1500余人参加演练。市政府副秘书长周正宇、国家安全生产应急救援指挥中心副书记张平远、市安监局局长张家明、朝阳区副区长汪洋等市、区领导观摩指导演练活动。中央电视台、北京卫视、北京新闻、北京日报、北京青年报、中国安全生产报等10余家媒体进行报道。街道获市安全生产月活动“最佳实践活动奖”。

(邱晓艳)

【主题实践活动】 6月27日,开展以“凝聚党旗下 党群心贴心”为主题人实践活动。召开纪念建党92周年大会,表彰5个优秀小区党委、40个先进党支部、150名优秀共产党员、40名优秀党务工作者及25个党建协调共建先进单位;组织机关干部、小区居民、楼宇员工等110余人开展“我的梦 中国梦”主题演讲比赛;6月21日,组织小区和“两新”组织1000余名党员骨干参观北京园博会。开展以“体验园林城市、建设美好家园”为主题教育活动和以“我的梦 中国梦”为主题征文等集中教育活动;组织开展民主生活会、书记讲党课等党日活动。

(邱晓艳)

【“煤改气”工程】 6月,完成小庄北院80户煤改气工程。

(邱晓艳)

【社会保障】 8月,开展社保政策进企业、进小区、进家庭“三进”宣传活动18场,编写“社保政策60问”宣传册。召开“迎两节送温暖”“就业援助月”“春风行动”等大型专场招聘会,全年城镇登记失业人员实现就业563人、岗位开发3921个、职业指导1604人。参加城乡居民养老保险业务282人,办理“一老一小”医疗保险454人、为1146人发放失业金176万元。

(邱晓艳)

【食品药品监督管理所成立】 11月,成立街道食品药品监督所,健全街道食品安全委员会组织机构。举办食品安全知识培训2次370人次;发放宣传品690份;签署食品安全承诺书400份;与街道办事处联合执法6次,责令关停无证照从事餐饮服务、食品流通的小门店73家。

(邱晓艳)

【党政群共商共治工程】 年内,发挥街道工委统筹引领作用,整合街道办事处和社会各界资源,调动居民参与的积极性,形成党政群共同协商、共同参与、共同治理的工作模式。通过多种形式开展问政活动87次,收集意见建议213条次,完成区、街道、小区三个层面为民解忧工程96项,涉及资金1259万元,受益人群63.8万人次。12月10日出版的《人民日报》予以报道。

(邱晓艳)

【党组织建设】 年内,加强机关服务型党组织建设,建立“一沉三包”(实行领导、干部下沉社区,包经济建设、包社区建设、包安全稳定的工作责任制)责任制,收集意见建议210余条。落实小区党建工作责任制,成立北京环球金融中心等45家非公组织党支部及幸福金台、核动力等六小门店自律协作组党组织。SOHO尚都楼宇服务站获市级示范点、区级党建服务站暨禧瑞汇楼宇服务站成为区级先驱引领核心站。培育社会领域党建服务品牌,在“十必访一公开”(即在社区居民中,谁家遇到婚、丧、嫁、娶必访,优抚对象必访,下岗失业人员必访,矛盾纠纷必访,残疾、特困家庭必访,新迁入、迁出居民必访,离休、知名人士必访,空巢老人必访,流动人口必访,社区矫正、两劳释放人员必访;向社区居民公开居干的家庭电话和手机号码)和党员贴心谈的基础上,形成党建特色品牌“殷金凤小区工作法”,并成立呼北小区侨联。

(邱晓艳)

【干部队伍建设】 年内,制定实施《呼家楼街道关于改进工作作风、密切联系群众的实施细则》《呼家楼街道关于加强编外用工人员管理的“六不准”规定》《呼家楼街道小区后备干部队伍建设规定》《呼家楼街道小区晨讲》等。落实机关每月升旗点评、双周星期四学习制度,小区采取“54321”(开展5方面培训,组织4次学习活动,搭建3个展示平台,进行2次互学交流,开展1次总结评比）培训模式，推行“殷金凤小区工作法”。任用副主任科员及以上职务12人，完成6名干部提前退休工作。

（邱晓艳）

【社会救助】 年内，为400户低收入家庭和1750名残疾人发放米面油等生活品，发放低保金286万元；“爱心超市”为565户家庭发放价值8万元爱心卡，医疗救助152人次。为1.8万名60以上老年人纳入居家养老工作范畴，为2.8万人次发放184万元养老券；开展“重阳节”系列活动，老年乐园接待老年人6500余人次。为辖区残疾人提供康复、就业技术培训服务，为282名残疾人申请发放助残券33万元，为19户家庭进行无障碍改造，为51名重度无业残疾人进行免费体检，在温馨家园建立法律服务站，律师定期为残疾人提供法律咨询。

（邱晓艳）

【劳动监察】 年内，借助“两网化管理”，对辖区纳入网格的2300家企业信息实行动态管理。开展春风行动、百家企业和谐劳动关系普法行、劳动用工规范一条街、劳动用工书面审查工作等专项检查活动。完成200家重点企业劳动用工监控，处理投诉举报案件75件，日常巡查231件，立案84件，处罚12件。街道劳动科作为“朝阳区五星级劳动和社会保障科”，接受区10个街道以“看典型、学先进、强能力、促提高”为主题的观摩交流活动。

（邱晓艳）

【人口和计生服务】 年内，制定实施《呼家楼地区计划生育技术服务管理办法》，设立人口计生政务公开栏，利用人口学校平台传播健康理念。开展“出生缺陷一级预防干预”工程，关注百户独生子女困难家庭，推进青春助学计划“一元捐”活动，筹集资金1.4万元。专项整治非法行医10次，药品安全检查12次。计生协会发展新会员3家，协会单位达34家，上交会费3.3万元。开展“安康保险”活动。为地区独生子女死亡、伤残家庭和低保户258人次免费办理安康计划。开展“生育关怀，情满呼家楼”活动、“幸福家庭 快乐成长”0岁至3岁儿童亲子共读、“男性关爱三进活动”以及生命全周期健康讲座等活动。

（邱晓艳）

【公共文化建设】 年内，以创建国家公共文化服务体系示范区为契机，实现“五个一批”（抓载体，建设一批文化活动阵地；抓骨干，扶持一批文化活动队伍；抓合力，整合一批文化服务单位；抓引领，树立一批文化活动品牌；抓亮点，推出一批原创作品及文化代表人物）的文化发展目标。举办地区第二届“金台文化艺术节”开幕式、新春联欢会、“庆元宵、猜灯谜”活动、庆“六一”中外家庭草坪音乐会、第四届“端午文化节”、第二届京剧票友大赛等活动。围绕特殊人群，开展电影放映进小区、进工地、进单位、进学校、进警营“五进”计划、小区老年人声乐知识讲座、“关爱残疾人、文化助残行”系列等活动。组织居民参加“永远的雷锋”大型主题展览、“书香朝阳”全民阅读活动、第三届“五月朝阳”摄影展、“旋舞朝阳”朝阳区第六届舞蹈比赛等市区级大型文化活动。利用地区文化资源，举办“家年华—我爱我家园”—“记忆”非遗收藏展暨“岁月寻珍”馆藏档案展活动、“古都怀旧”—张正苏为地区名人名家量身定做老北京风情报纸收藏展、专家义务鉴宝会及知识讲座、金台诗书画社金秋笔会等活动。推进街道文化中心和小区文化室达标建设，建成金台里24小时自助图书馆和数字文化小区。

（邱晓艳）

【未成年人素质教育】 年内，开展未成年人主题教育实践活动，丰富市民文明学校教育内容，组织小区在未成年人中继续开展小楼门长、小宣传员、小引导员、环保小卫士、爱心小使者、家庭小孝星“六小”志愿服务活动，引领未成年人参与“爱首都、讲文明、树新风”社会实践，推进学校教育、家庭教育、小区教育全面发展。寒假期间开设乐器辅导班、“感恩之心”课堂、爱国歌曲大家唱、英语学习交流、面包DIY手工制作、民俗专家话节日等活动20余次，1200余人次参加活动。

（邱晓艳）

【志愿服务】 年内，整合辖区社会资源，加强志愿者队伍建设。吸纳星巴克公司、国安集团、光华医院、朝阳供电公司等单位参与地区学雷锋活动。参与星巴克“全球服务月，绿色社区行动”。组织青年通过服务老年乐园、开展节能减排教育课堂、慰问社区弱势群体、普法宣传等系列活动，宣传倡导低碳的节约型社区。结合街道周六学雷锋活动，联合北京市投资促进局开展“外企携手社区共建和谐家园”主题志愿服务。组织银达物业、雀巢（中国）等20余家企业百名外企青年志愿者走进呼家楼北社区开展志愿服务，通过绿色环保、文明引导、便民服务和爱心宣传体现“让青年参与志愿服务，让志愿服务走进百姓生活”的活动理念。人民日报、人民网、新华每日电讯等中央级媒体以《屋顶上“建农场”》为题进行报道。

（邱晓艳）

【“六型”小区创建】 年内，新建、改扩建9个小区办公用房与活动用房。整改小庄小区、东大桥小区外部环境，完成停车管理、车棚改造、污水改造、道路整修、橱窗维修、粉刷楼道等工程，通过第三方测评，达到“干净、规范、服务、安全、健康、文化”六型小区建设标准。

（邱晓艳）

【“智慧小区”建设】 年内，建成金台里“智慧小区”。召开金台里“智慧小区”创建工作协调会、调研会5次，实行“一个小区网，两个中心（信息中心和服务中心）”运行模式。实现小区居民“吃、住、行、游、购、娱、健”生活7要素全覆盖，具备物联、互联、互动、监控、警示、信息发布等相关功能，提供居家关怀、生活信息、预约挂号、技能培训、网上课堂、志愿活动、邻里关怀、在线咨询等服务，通过采集分析小区居民数据、健康档案、进出信息、活动信息、问题回馈信息实现网格化小区管理模式。

（邱晓艳）

【呼北小区准物业管理】 年内，街道在呼北小区探索和实施“居民完全自治”的准物业管理模式。探索“二三四五”工作法（依托小区党委领导、准物业管委会运行的2级组织，建立政府专职队伍、社会专业队伍、小区志愿者队伍3个服务体系，开展停车管理、治安防范、绿化保洁和维修维护4项重点工作，打造居民事务委员会、党建协调分会、居民代表会、听证会、专题座谈会5个居民自治平台），实现老旧小区自治管理创新与突破。呼北小区依靠自收自支、良性运转，实现了准物业管理，达到有停车管理、治安防范、绿化保洁、维修维护“四有”标准。接待丰台区政府等参观考察10余次。

（邱晓艳）

【老旧小区环境改造】 年内，完成东大桥东里小区5栋高楼抗震节能综合改造工程。实施“路平工程”，打通CBD区域内郎家园西路“断头路”，完善区域道路基础设施建设，畅通道路微循环系统。改造针织路小学门前雨水管线80延长米，拆除关北街绿篱200平方米。改造针织路小学门前雨水管线，拆除关北街绿篱，设置花坛，美化环境，实现“精雕细刻、优美舒适”街道市容环境秩序。开展“星级环卫绿化管理站”和“三无”示范小区创建工作，持续推进垃圾源头分类及减量化管理工作。

（邱晓艳）

【交通安全】 年内，开展社会单位交通安全“五进”工作（进农村、进社区、进企业、进学校、进家庭)。整顿79家严重交通违法的社会单位,对116家社会单位责令限期整改。在呼北小区建立小区交通安全自治组。开展CBD停车秩序示范区和东大桥示范街创建活动。重点打击黑车黑摩载客,解决车辆乱停放问题。在CBD区域推出两条便民摆渡车线路。清理取缔交通枢纽和公交轨道站点周边乱点和未经正规备案4处黑收费停车场。安装多处地龙,合理设置公租自行车点。协调呼北、呼南周边商厦实行昼夜错时停车,增加东大桥斜街路侧临时停车泊位8个。拆除金台北街、新街大院私装地龙138个,缓解老旧小区停车难问题。

(邱晓艳)

【平安建设】 年内,开展"深化平安建设,提升群众安全感"主题宣传活动。完成5个小区民警驻区制建设。投入67万元推进新街大院平安示范小区建设工作。改善指挥中心硬件条件,更换老旧楼房门禁系统49个,门禁系统完好率达95%以上。在召开国家重要会议和重大节日期间,组织地区治安志愿者参与社会面立体化防控任务,全年开展社会面等级防控49天,发动群防群治力量3万余人次。

(邱晓艳)

【调处维稳】 年内,坚持"用群众工作统揽信访工作"的思路,开展"畅通和规范群众诉求表达、利益协调、权益保障管道"主题活动、信访条例宣传月活动。全年受理各类群众来信来访417件876人次,初信初访化解率为100%;社区接待群众来访277件437人次,排查矛盾隐患309件次。实现对小区戒毒人员、刑释解教人员,拆迁、信访等级重点人一人一方案、一人一小组管控措施,加强对中央电视台新台址、人民日报社地等地标建筑巡视力度,完成全国"两会""六四""七五"等重点时期维稳任务。妥善处置10起集体讨薪、聚集申诉等突发事件。

(邱晓艳)

【司法行政】 年内,街道司法所开展2A级规范化司法所申报活动。完善地区四级人民调解组织网络建设构建,基层人民调解组织调解各类矛盾纠纷463件、接待咨询405人次。加强对9名小区服刑人员和112名刑释解教人员管理、教育和救助工作。全面推行"六五"普法规划,举办"法律六进"(使法律进机关、进乡村、进社区、进学校、进企业、进单位)、"服务五个建设"(经济建设、政治建设、文化建设、社会建设、生态文明建设)法制宣传教育主题活动70余场,8000人次参加活动。开展"公益律师法律服务村居行",10个小区和10家律师事务所一对一签订法律服务网协议,打造特色法律服务"一对一"模式。

(邱晓艳)

【安全生产宣传教育培训】 年内,组织企业安全生产培训会2次、安全管理专题研讨会2次,组织企业参加"同煤杯""打非治违""北京建工杯"等安全生产知识竞赛。开展"安全生产月"活动,街道在市安全生产月活动评比中获"优秀组织奖"。区安全生产管理协会呼家楼工作站发展会员5家,会员单位达70家,定期指导企业开展工作。

(邱晓艳)

【禽流感防控】 年内,召开"H7N9禽流感"疫情防控工作会3次,在地区宣传橱窗、楼门口、电梯间等部位张贴科学防控H7N9宣传知识海报,发放致居民一封信万余份。与65户养鸽户签订《呼家楼街道鸽子养殖户防控H7N9禽流感责任书》,成立疫情防控应急小分队,启动零报告制度,联合城管、农业执法等部门取缔化石营平房区私自贩卖活禽商户。

(邱晓艳)

【安全生产标准化创建】 年内,围绕区创建市企业安全生产标准化建设示范区目标,开展摸底调查、动员指导、全程协助,与技术服务机构形成"信息第一时间沟通、难题第一时间解决"互动机制,加强专业指导。全年16家企业通过评审,120家小微企业完成岗位达标。

(邱晓艳)

【小区服务】 年内,改扩建小区服务中心,优化整合小区服务事项,将家电维修、送餐、家政服务等居家养老服务商纳入96156便民服务队伍,形成东西2个"一刻钟小区服务圈",服务供货商达233家。建设金台路"便民服务一条街",整合餐饮、购物、医疗卫生等服务商71家,方便周边居民特别是老年人生活。新建农社对接菜店4个,在化石营地区引进96156农社对接小区直通车,建立呼家楼中心店,解决居民买菜难、买菜贵问题。

(邱晓艳)

【宣传报道】 年内,在国家级和市、区媒体发表宣传稿件147篇,其中《人民日报》等中央级媒体采用17篇,北京电视台等市级媒体采用32篇、《朝阳报》等区级媒体采用98篇。

(邱晓艳)

【双拥共建】 年内,在"两节"和"八一"期间,以联欢会、座谈会、入户走访等形式开展共建双拥活动。参加"双拥凡人凡事"征文和纪念延安双拥运动70周年摄影展作品征集活动。共建队伍与地区残疾人、孤老户等困难家庭组成20个互助对子,长期开展帮扶共建活动。开展优抚活动。为93名优抚对象发放优抚补助810558元,完成做好49名义务兵家属的优待工作。

(邱晓艳)

【年度征兵工作】 年内,完成年度征兵任务,两名适龄青年应征入伍。

(邱晓艳)

【工、青、妇建设】 年内,街道总工会推进"五室两中心"(五室分别为图书室、劳动争议调解室、心理疏导室、创新成果展示室、工作档案室。两中心分别为职工诉求中心、会计核算服务中心)建设,新建会452家,发展会员6510人,建立工资协商机制322家。妇联开展"五好文明家庭"创建和"零家庭暴力"小区创建活动,为辖区98名贫困妇女提供医疗救助,举办知识讲座3次,巧娘工作室定期开展编织培训,组织中外家庭草坪音乐会,创办10个家长学校,开展"青少年财商教育"以及"小公民道德建设"等系列学习活动。新建新经济组织团组织18家,开展主题团日、青年座谈、团建答卷、征文、志愿服务等活动7次,举办青年汇活动18次,开展联谊活动、搭建才艺展示平台、召开业务培训会、开展青少年活动等6次。

(邱晓艳)

【经济普查】 年内,启动"全国第三次经济普查"工作。以小区为单位划分普查区,对辖区6937家法人单位和产业活动单位逐一查找核实。

(邱晓艳)

【全模式社会服务】 年内,开展全模式社会服务管理工作。将辖区内人、事、物、地、组织分成10大模块96个大类1000余个细类,二级平台接受网格案件59699件;完成街道作为区全模式社会服务管理系统小区三级平台试点单位工作。召开小区三级平台培训会议8次,接收案件1382件。

(邱晓艳)

建外街道

【概况】 建外街道位于朝阳区西南部。东与八里庄街道、高碑店乡相邻,南与双井街道隔河相望,西至建国门立交桥,北与呼家楼街道接壤。辖区东西长3.7公里,南北宽1.3公里,面积4.4平方公里。有街巷37条,公共汽车线路72条。划分8个社区,常住人口6.7万人,户籍人口4.2万人。户籍人口4.1万。有31家外国驻华使馆,两个外交公寓群。国贸饭店、建国饭店、秀水市场等中央、市、区不同隶属关系的企事业单位2151家坐落辖区。有医疗机构6个,中、小学校6个,幼儿园5个。年内,走访各类社会单位410家。实现区级财政收入53.27亿元,同比增长14.68%,完成全年指标任务的102.4%,完成代征房产税5088万元,同比增长12.61%。与税务、工商等部门联合,共同引进新纳税户3600余家,其中有缴税记录的572家。成功促成"北京汇利房地产开发有限公司""国富商通信息技术发展股份有限公司"等27家异地纳税企业回迁。

地址:东三环中路39号建外SOHO西区18号楼

电话:58789617

邮编:100022

网址:http://jwjd.bjchy.gov.cn

(王京敏)

【班子建设】 年内,深入贯彻区委全会精神,打造具有引领力、执行力、凝聚力、创新力、公信力的"五力"班子。坚持中心组学习制度,13名处级领导干部参加上级组织的学习培训3872学时。制定《建外街道工委、办事处议事决策会议规定》《建外街道关于进一步改进工作作风密切联系群众的实施办法》等系列规章制度。开展清理确认涉权事项、加强权力运行程序监督制约工作。各科室全面梳理手中的权力,查找出涉权事项708项,其中公共服务与管理231项,行政执法365项、涉及人、财、物管理事项和"三重一大"事项67项,特定事项45项。编制权力运行流程图270份。查找廉政风险点319个,其中高风险点40个、中风险点57个、低风险点222个。制定相应防控措施526项。编制《建外街道廉政防控手册》,制定《建外街道"三公"经费管理办法》。推进党政主要领导不直接分管组织人事、财政资金、工程项目,强化对"一把手"监督。制定《关于严格控制"三公经费"的实施意见》,要求每月在地区工委会上通报经费使用情况。组织班子成员与正职、与分管科室层层签订党风廉政建设责任书60份,成立8个社区纪检委,开展廉政文化工程,对财务与重要岗位实行定期自审制度,发现问题及时处理,确保廉政建设扎实有效开展。街道被市授予"学习型党组织工作示范点"和"全市理论宣讲示范基地"。

(蔡佑华　徐　岚)

【楼宇党建】 年内,地区有商务楼宇134栋,企业18300余家,从业人员50多万人。从"如何提供服务,介入管理,实现引领"感性困惑,在实践中上升到"联系起来,互动起来,自转起来"进行理性思考,形成了"1+3+4"(明确一个定位,构建三大体系,建立四种机制)工作模式。通过单独建、联合建、依托建等灵活形式,在楼宇建立党支部,形成了"一中心,多堡垒"区域化党建格局。通过项目化运作,坚持"一楼一特色",着力打造"平安楼宇""文明楼宇""明星志愿者楼宇"等品牌,增强商务楼宇荣誉意识,形成品牌联创机制。年内,接待中央政策研究室、中央党校厅局级培训班,上海、广西南宁、江苏南京等省市各级领导调研32次,全国各地参观学习28批619人。

(蔡佑华)

【干部队伍建设】 年内,提拔任用科级干部6人、试用期满转正5人。组织招聘公务员4人、党务工作者5人、事业编人员4人。举办两期科级干部培训班、一期青年干部培训班和非领导职务人员培训班,完成机关处级和科以下干部参加在线学习规定学时。开展对社区工作指导和社工培训工作。通过社工年度绩效考核情况,提拔社区正职1人,降职处理社区副职2人,交流社工8人。分社区正职、副职、普通社工三个层面进行分类培训,实现社工培训率为100%。社工持证比例达到32%。开展"金蜜蜂""银蜜蜂""小蜜蜂"系列奖项评选工作。

(李　莹)

【团委获荣誉】 年内,依托南郎社区SOHO现代城社区青年汇和永安里东社区的红朝社区青年汇,开展桌游比赛、交友联谊、国学推广、户外骑行、培训讲座、户外拓展、文艺排演等活动,为青年人提供成长平台。建外SOHO商务楼宇服务站被评为2013年度北京市"青年文明号"。街道团工委被评为2013年度北京市五四红旗团委。SOHO现代城社区青年汇专职社工李景硕被评为2013年度北京市优秀共青团员。

(徐　岚)

【宣传报道】 年内,建立由街道科室内勤、各类专干、社区信息员为基础的信息员队伍和由130余家企业单位150余人组成的社会层信息员队伍。全年新闻稿被各级媒体采用114篇,其中被中央媒体采用4篇、市属媒体采用34篇、区属媒体采用76篇。与区文明办对接,共同策划制作街道CBD文化节系列活动专题网页,并被中国文明网采纳。全年出版《建闻周报》48期。

(程　迪)

【理论宣讲】 年内,街道作为北京市"建设学习型党组织工作示范点"。在学习内容上用十八大精神等科学理论武装头脑,指导实践,在形式上利用北京市委讲师团资源优势,组织主题调研4次,邀请专家授课8次。组织街道机关干部、社区党委和社区党支部政治理论学习12次。依托地区道德大讲堂,组织理论宣讲活动10次,开展"庆七一——我的梦·中国梦"主题宣讲比赛。组建建区理论宣讲团10个。街道被评为北京市理论宣讲三星级示范基地。

(程　迪)

【劳动监察】 年内,开展劳动监察工作,完成全年指标。检查企业单位849家,占全年指标的424%。立案84家,处罚12家,清理新工商注册单位办理社保登记57户,占全年指标的114%。清理已办理社保登记而没有申报缴费单位62家,占全年指标的206%。新增单位农民工参加养老保险5户。采集企业信息384家;收集整理上报各类报表1273份。办理知青返城4人。街道被评为2013年度区劳动保障工作综合优秀单位。

(王文婷)

【人口与计划生育】 年内,成立为"失独家庭"提供服务,启动"建外小红伞失独家庭关爱联盟"项目,通过《建闻周报》、建外CBD网等媒体招募志愿者为失独家庭提供精神慰藉等服务和关怀,发动社区医院为失独家庭提供上门医疗等服务,送去"生育关怀行动"慰问金12000元。创建ELMO(爱萌)亲子早教工作室,结合地区特色和实际,开展0岁至3岁婴幼儿早期教育活动。以社区为单位举办"幸福家庭"主题的DV作品大赛,利用网络投票等方式发动广大居民参与。南郎社区选送的作品"孝敬老人的好儿媳"代表街道参赛,获区"幸福家庭"DV大赛一等奖。完成区委、区政府折子工程人口调控工作年底实现流动人口同比减少740人的工作目标。9月,出生人口上报351人,其中计划外出生7人,计划生育率98%。依法规范办理审批审核事项,全年办理一胎生育服务证625件,一胎随父入户121件,独生子女证96件,上报审批二胎生育服务证件32件。立案违法生育案件6起,结案4起,征收社会抚养费713550元。

(谷　峪)

【工会建设】 年内,召开街道总工会三委(三委:即街道工会委员会、街道工会经审委员会、街道女工委员会)会议和一届三次代表大会,增补1名工会委员会委员、1名女工委员会会员。在南郎社区举行"建外街道职工心理健康关爱工程"启动仪式,得到中国社工协会心理援助工作站专业支持并结成战略合作关系。为培养职工"好读书、读好书"的习惯,最大限度发挥"职工书屋"作用,街道总工会职工书屋从3月起开展会员电话借阅图书服务。10月15日,全国总工会书记处书记赵世洪一行到街道检查和调研工会服务站工作。了解街道工会服务站规范化建设情况,参观职工心理健康中心、心理减压宣泄室、职工诉求中心和职工书屋。市人大常委会副主任、市总工会主席梁伟到街道工会服务站和街道南郎社区工会服务站,调研基层工会进行"会站合一"建设的情况。

(王金玲)

【人民调解】 年内,调解矛盾纠纷440件,调解成功437件,签订具有法院判决同等效力的调解协议书5份。

(王秀花)

【治安建设】 年内,开展"平安建外保障工程"。地区执行各类勤务工作175天,其中一级超常91天,出动人员4万余人次。对大望桥周边、秀水市场周边、北平房、西平房地区和永安东里小区环境治安乱象开展专项行动。组织日常执法2190余次,联合地区公安、交通、工商、卫生等部门实施联合执法203次。取缔无照经营1090起,暂扣物品8000余件。查扣"黑摩的""黑载客三轮车"等非法运营车辆455辆。送公安机关行政拘留违法相对人63人;对永安东里、北平房、75户等环境秩序乱点,组织专项整治活动21次,拆除违规广告牌匾195块500余平方米,罚款金额11万元。拆除违法建设200余平方米,责令停业门店26家。在辖区重点区域、重点路段和案件高发地区新增探头40余个,新增10余家社会单位的监控探头联入综治维稳和城市管理指挥中心。打造和谐数据库和高层楼宇数据库,并将其与建外安全稳定促进网进行无缝对接。新建社区警务站4个、改建5个。对永安里社区首汽宿舍小区实施封闭管理,更换门禁系统29套,入户对讲系统441户,新装监控探头15个,新建监控室1个,小区人口治安岗亭1个,安装抬杆3个,并设专人24小时值守,实施停车管理。

(郭洋洋)

【安全生产】 年内,检查生产经营单位500余家,下达各类执法文书458份,消除隐患356处,立案15起,处罚单位15家,行政处罚金额11.5万元,无一起行政复议和诉讼发生。11月,街道在区安监局执法案卷评查中获得满分。完成80家企业标准化达标工作,102家小微企业安全生产标准化岗位达标工作。编制《商务楼宇地区安全生产检查指导手册》和《现代商务楼宇地区安全生产案例选编》。开展地区企业消防技能竞赛活动和应急演练周活动。八支物业代表队、102家生产经营单位4000余人参加活动。其中实战演练38家次,桌面推演72家次,涉及加油站、建筑施工、星级宾馆、规模以上餐饮、高层建筑物业单位、学校等不同类型生产经营单位。

(贾梦琮)

【环境整治】 年内,完成14个"无非法小广告、无暴露垃圾、无堆物堆料"的"三无小区"创建工作并通过区验收。清除小广告2.2万张,查处违法散发小广告案件1460起。清理暴露垃圾65车,清理堆物堆料160车。配合市热力集团,完成秀水东大桥路小区、永安西里小区两处供暖系统改造工程。配合市燃气集团,完成更换光华里、京伦饭店东侧路两处燃气管道工程,消除安全隐患。完成环境整治光华里二建平房工程,整修道路1800延长米,整修人行步道1200延长米,改造重砌雨水井4座,铺设波纹管200米,粉刷围墙560平方米。实施全天候巡查盯守机制,消除国贸桥、大望路等市区环境挂账乱点。处理各类举报投诉来件10185件(含:网格案件8112件、区城管执法监察局督办件450件、来信来访63件、96310热线举报1560件),案件处置率达100%。

(张子奎　王　毅)

【助残帮困】 年内,发放城市最低生活保障金189万元,受理低保申请6户9人,复审低保家庭216户。发放低保家庭燃煤补贴40户2万元。发放清洁能源补贴17户2.3万元。为25名无业人员办理殡葬补贴12.5万元。为133人次报销医疗救助14万元;为优抚对象6人次报销药费6700元。临时救助8人3.2万元;慈善大病救助1人3000元。节日期间,走访慰问低保、困难家庭、残疾人、优抚对象共357户,送去慰问金12.98万元。为困难家庭发放爱心卡25张(500元/张)1.25万元。为21户困难家庭更换旧门窗236.13平方米价值9.45万元。发放高龄津贴16.64万元,审核办理高龄津贴64人,为434名65岁以上的老人办理优待证。发放助残券460余人次13.8万元。为75名重度残疾人发放重残补助,为52人发放特困补助,为22人办理三险补贴,为85人发放燃油补贴。新办、补办残疾证80件,为2名残疾人子女申请扶残助学。为每位残疾人发放残疾人相关政策、法规的口袋书932份。为121户新申请保障性住房的住户进行审核、登记,公租房配售16户,由经济适用房转限价房54户,配经济适用房入住45户,享受廉租房补贴9户822元。慈善家李春平捐赠善款56万元。

(王京敏)

【信访受理】 年内,受理群众来信、来访及调处各类矛盾纠纷294件,其中受理市、区交办信件33件。接待群众来访64批147人次;处理重大矛盾纠纷3件(国贸三期、中海地产和英皇凯特),超额完成区制定的3项信访化解率(初信、初访化解率,重信、重访化解率、积案化解率)90%的任务目标。

(周雪娇)

【再就业和社会保障】 年内,开发再就业岗位3234个,召开再就业招聘会两场,472名失业人员实现再就业。对1811名新增失业人员进行基础职业指导,组织296名失业人员进行免费技能培训,114名失业人员取得技能证书。为216名失业人员办理灵活就业保险补助审批手续。发放失业保险金119万元、低保金198万元、民政地退人员工资247万元。为159名失业人员办理退休手续,组织8名往届及外地回京考生在街道参加高考,为230人次退休人员报销医药费270万元。街道被评为2013年度北京市优秀社会保障事务所。

(孙　方)

劲松街道

【概况】 劲松街道位于朝阳区西南部。东以东四环路中心线为界与南磨房地区相邻;南以劲松724楼南侧小马路中心线及东南郊灌渠中心线为界与潘家园街道相邻,以北京化工机械厂南墙为界与南磨房地区相邻;西以东护城河中心线为界与东城龙潭街道相邻,以垂杨楼1号楼南侧围墙至东三环路中心线为界,与双井街道相邻;北以广和东街中心线至劲松201楼北侧围墙为界与双井街道相邻。辖区面积5.2平方公里,有5.1万余户居民,人口18万,其中常住人口14.1万,流动人口3.9万。辖有12个社区居委会。有中央、市、区属单位和机关、企业单位等2200余个。教育机构19个,医疗卫生机构23个。年内,以深入贯彻落实党的十八届三中全会、市委十一届三次全会、区委十一届七次全会精神和党的群众路线教育实践活动为主线,以党的建设科学化、社会管理精细化、公共服务均等化和社会治理优质化为重点，健全党政群共商共治机制，不断探索社会治理新模式，提升街道社会建设水平。完成财政收入3.69亿元，同比减少21.19%，征收个人出租房产税1142万元。同比增长41.47%。

地址：东三环南路华腾园甲6号

电话：87735209

邮编：100022

网址：http://jsjd.bjchy.gov.cn

（于　娜　徐文峰）

【空巢老人志愿服务新春茶话会】 1月16日，街道举办空巢老人志愿服务新春茶话会。街道领导班子、部分区人大代表、社会组织和志愿服务单位代表以及60名空巢老人家庭代表，街道、社区相关工作人员100余人参加。会上，开展了发布社区志愿者标识及志愿者岗位、为志愿者发放《储蓄手册》、为空巢老人代表佩戴红围巾等活动。与会人员探讨养老和志愿服务工作等相关问题。

（孙大力）

【清运可燃物】 元旦、春节期间，组织社区居委会干部、群众1000余人（次），清理可燃物150吨，清理居民楼堆积物600余处，消除火灾隐患。

（张　栋）

【群租房整治】 2月7日至7月31日，街道成立首城国际小区群租房整治工作办公室，开展整治群租房工作。通过入户摸底、宣传动员、自行整改、强制整改四个阶段，整治群租房155间。

（张　晶）

【交通安全宣传】 2月26日，在富顿中心广场开展禁止酒后驾车交通安全宣传活动。发放《致司机驾驶员朋友一封信》500份，交通安全宣传小册子700余份。

（张　栋）

【学雷锋志愿服务】 3月5日，在富顿广场开展学雷锋志愿服务活动。向居民发放预防煤气中毒手册、文明出行等宣传教育材料500份。接待流动人口咨询40人。

（张　晶）

【“3·15”法制宣传】 3月15日，街道与北京公衡律师事务所共同举办法制宣传活动。发放法制宣传材料500余份，律师为居民讲解《消费者权益保护法》有关内容，并解答居民法律咨询。

（冯红顺）

【社区警务室建设】 3月16日，完成劲松北社区、磨房北里社区、劲松中社区等9个社区24小时驻区制警务室建设工作。7月15日完成劲松西社区、百环社区9+2模式（即：9个社区新建或改扩建，2个社区作为备选）建设工作。

（张　栋）

【健身步道建设】 4月至6月，完成和谐雅园小区健身步道建设项目。安装绿地栏杆800米，安装弧形钢丝护网800米，种植藤本月季6400株、大叶黄杨19200株，铺装距离计量地砖。10月19日，街道首条健身步道启用。健身步道位于和谐雅园社区外围，全长约1250米，周边进行立体绿化。

（么亚波）

【社区书记、主任助理选拔】 4月至7月，街道在各社区公开选拔优秀社区工作者担任社区书记、主任助理工作。49名社区工作者报名参加，13人入选，其中书记助理4人，主任助理9人。

（邱春玲）

【招录社区、党务工作者】 4月至8月，通过资格审查、笔试、面试、体检、政审、试用期等环节，招录社区工作者和党务工作者35名。

（邱春玲）

【向四川芦山地震灾区捐款】 5月上旬，街道办事处启动捐赠应急预案，结合募捐月活动，组织辖区社会单位、机关干部、社区居民1500余人为四川雅安市芦山县地震（7.0级）灾区捐款11.30万元。

（孙大力）

【文体协会换届选举】 5月15日，街道举行文体协会第二届会员代表大会，完成文体协会换届选举工作。选举产生新一届理事会理事7名，并由理事会选举产生会长、常务理事、秘书长和监事。代表大会审议通过文体协会新《章程》和《会费收取使用办法》。

（邱春玲）

【“平安示范”小区建设】 6月至8月，完成劲松西社区“平安示范”小区建设工作。整修铁艺栅栏1000延长米，新装门禁对讲系统655个，维修门禁系统955个，新装监控探头16个、中控室1个、社区治安岗亭1个、电子升降杆2个。

（张　栋）

【市、区领导调研群租房整治】 7月16日，副区长苑文新带领区政府办、区法制办、区社会办、区综治办、区流管办、区房管局等部门主要领导到街道调研群租房整治工作并召开研讨会。9月12日，市委政法委副书记、首都综治办主任、市维稳办主任闫满成带队到街道调研群租房整治工作。10月15日，市委书记郭金龙到首城国际小区调研基层群租房整治工作。听取整治工作情况汇报，并慰问工作人员。11月15日，副市长张彦坤到百环家园小区实地调研群租房整治工作，并听取工作汇报。

（张　晶）

【社工基本功大赛】 10月17日，街道组织召开第三届社区工作者基本功大赛。48名社区工作者参赛，4名社区工作者代表街道参加区社区工作者基本功大赛决赛，获小组第二名。

（邱春玲）

【第五届地区秋季运动会举办】 10月19日，街道举办以“魅力朝阳 炫彩劲松”为主题的第五届秋季运动会。街道办事处工作人员、社区工作者、残疾人运动员、城管执法队和驻地区社会单位等700余人组成20余支队伍参加运动会。

（邱春玲）

【城乡住户一体化调查】 年内，完成城乡住户一体化调查工作。随机抽取的劲东、劲西、八棵杨3个社区34个样本住户，以自然月为周期，逐月上报调查数据。调查涉及城乡居民收入、消费及其他生活状况等内容，是制定城乡统筹政策和民生政策的重要参考依据。

（刘　慧）

【工会建设】 年内，新建会企业288个，有会员6400名。签订集体合同企业366家，工资集体协商覆盖企业346家。6月27日，街道总工会与街道安监科共同举办“2013年安全生产月暨安康杯安全生产”知识竞赛。暑期，街道总工会开展“送清凉”活动，向辖区工会一线员工送“清凉包”4600余个。

（赵　立）

【妇联建设】 年内，慰问单亲母亲33名；为166名城市老年无业妇女办理医疗救助卡。在“三八”节期间，组织街道机关人员和社区妇联执委，到市妇女儿童社会服务中心参观巧娘作品及育婴、烹饪、护理等展示。北京妇女儿童发展基金会向街道工会捐赠6000元，用于救助困难家庭妇女。开展“五好文明家庭”创建评选活动，评选出五好文明家庭7306户。举办“巧娘”手工培训班112次，培训妇女达2190人次。

（刘博婵）

【共青团建设】 年内，开展“星光自护大讲堂”17次，培训学生儿童及家长600人次。4月，在劲松西社区建立劲松西社区青年汇。“五四”青年节，举办“弘扬正能量 共筑中国梦”读书活动，街道机关、社区和社会单位近百名团员青年参加活动。开展

“2013年西部温暖计划”活动。向西部贫困地区捐助衣物12911件、学习用品1942件。街道被中国青少年发展基金会兰花草艺术基金、浙江千训爱心慈善基金会、共青团朝阳区委员会、北京公益服务发展促进会授予“2013西部温暖计划”“十佳志愿团体”荣誉称号。

(刘博婵)

【社会保障服务】 年内,实现失业人员就业728人,其中就业困难人员473人,登记失业人员就业率68.61%。为2722名失业人员进行职业指导,114名失业人员取得就业培训证书,开发就业空岗4718个,为4713名“一老一小”、579名城镇无业人员办理大病医疗保险手续;为384名无业居民办理城乡居民养老保险参保手续;有低保家庭492户950人,发放各类保障金、救助金1389万元。10个社区被评为“北京市充分就业社区”。

(王丽丽)

【夏季征兵】 年内,45名适龄青年参加应征入伍登记,4名适龄青年应征入伍,超额完成夏季征兵任务。

(王加忠)

【人防工程清理整治】 年内,关停广渠路48号楼擅用人防工程一处,清出人员20名。综合整治百环家园小区普通地下室。通过宣传自查、巡查分段、自行整改、联合执法、强制拆除4个阶段,拆除房间面积不足8平方米房间40余间,扩充间隔宽度不足1.3米的走廊10余米,没收电褥子、热得快等大容量电器4件,清理地下室居住人员1000余人。街道清理整治人防工程工作通过市、区督查室、民防局考核验收。

(王加忠 刘学玲)

【劳动监察】 年内,检查地区社会单位劳动合同和劳动用工情况208家,立案85件,处罚12起,处罚金额1.87万余元。企业劳动合同签订率为121.58%,30人以下小型企业劳动合同签订率为100.69%,各类企业劳动合同续订率为100%。清理已办理社保登记而没有申报缴费单位30家,完成率为100%。完成社会保险网上预登记10家,完成率为100%。完成新增单位农民工参加5项社会保险5家,完成率为100%。完成7家劳动和谐单位申报工作。为10名知青人员办理病困退手续,完成8名社会青年参加高考工作。书面审查辖区56家企事业单位。

(杨 洁)

【城市管理】 年内,规范市容环境卫生违法事件1300起,处罚50起。取缔工商类违法300起,处罚112起。处理环保类违法案件7起,处罚7起。规范门前三包3700次。清理垃圾30车200余吨。拆除各类非法广告牌匾278块。办理各类信访件35件、督办件300件、网格件4853件;非法小广告停机245部。处理城管热线举报2244起,立案207件,罚款463万元。开展集中拆除地锁行动6次,拆除侵占消防通道以及校园周边私装地锁、地桩1000余个。

(刘雄辉)

【拆违控违】 年内,发现存在安全隐患违法建设158处46895平方米。制发谈话通知、责令改正通知100余份。拆除违法建设39处,其中拆除存量违法建设23处3000余平方米。拆除新增违法建设16处约400平方米。

(刘雄辉)

【安全生产大检查】 年内,街道开展安全生产大检查。出动执法人员1500人次,检查单位970家,发现安全隐患1180余处,整改810处,其中重点安全隐患179处。

(沈丽娟)

【断头路打通】 年内,打通大郊亭中街珠江帝景和华腾国际小区交界处断头路,缓解交通拥堵,实现西大望路至四环路运行通畅。

(么亚波)

【环境整治工程】 年内,完成苏家沟地区环境整治工程。投资58.6万元,完成道路硬化、绿化边角地、涂刷粉饰围墙、线杆防粘涂料等工程。

(么亚波)

【老旧小区综合改造】 年内,完成年度抗震加固和节能改造任务。完成农光里老旧小区改造,抗震加固10栋楼房3.03万平方米,16栋楼为节能改造;抗震加固劲松北社区31栋楼2347户、劲松东社区17栋楼1361户;完成节能改造百环社区北人小区6栋楼、劲松中社区2栋楼。完成改造工程,拆除一层违法建设111户1200平方米,周转居民610户2032人,发放周转费1800多万元。

(么亚波)

【首都花园式社区创建】 年内,完成和谐雅园社区首都花园式创建工作。

(么亚波)

酒仙桥街道

【概况】 酒仙桥街道位于朝阳区东北部。辖域东至酒仙桥北路与崔各庄乡接壤,南至亮马河与东风乡毗连,西至酒仙桥路、将台路与将台地区相接,北到京顺路与东湖街道、望京街道相邻。辖区呈哑铃状,中间有酒仙桥路相穿。辖区面积5.3平方公里。下辖9个社区。有户籍人口69314人,流动人口20056人。新出生人口543人,人口自然增长率为0.78%,死亡263人,死亡率为0.38%。辖区有区属单位2家,医院4所,社区卫生服务站1个,社区服务中心1个,科研院所3个,中学、小学各4所,幼儿园8所。年内,街道处以深化科学发展观为指导,全面贯彻落实党的十八大精神;以建设“学习型、务实型、创新型、廉洁型、和谐型”领导班子为抓手,打造真抓实干、廉洁清正党员干部队伍;以推进“绿色、平安、民生、文化、和谐”社区为目标,保稳定、重民生、促发展,圆满完成全年任务。完成区级收入109085万元,同比增长8.29%。个人出租房屋房产税征收6918万元。

地址:酒仙桥六街坊6号

电话:64309022

邮编:100016

邮箱:zuzhike64309020@sina.com

(韩惠清)

【党政群共商共治座谈会召开】 2月28日街道召开地区商务楼宇党政群共商共治座谈会。地区10个商务楼宇物业公司主要负责人、地区非公企业党组织代表,商务楼宇周边社区书记、副书记20余人参加座谈。会议建立3项机制。一是初步建立商务楼宇服务“四级”管理机制。二是建立商务楼宇服务站与社区共同开展楼宇服务的联动机制。三是建立街道、社区与非公企业共商共治的机制。会议传达《酒仙桥街道党政群共商共治方案》,下发200余份企业和职工服务需求调查表。

(韩惠清)

【“为民解忧”工程问政会召开】 3月27日,街道召开2013年“为民解忧”工程问政会。地区人大代表、区政协委员、地区机关处级领导、社区居民代表、社会单位代表及科室项目负责人等70余人参加会议。街道办事处主任崔少飞汇报2012年“为民解忧”工程完成情况,并对2013年“为民解忧”工程问政季前期工作和街道层面入选的18个项目进行说明和公布。与会人员对街道2012年为民解忧工程项目完成情况给予肯定,对2013年“为民解忧”项目公开、透明的操作模式表示支持,并承诺参与街道“为民解忧”工程,宣传带动其他居民和单位为街道、社区为民解忧工程建言献策,贡献力量,更好地发挥监督作用。

(韩惠清)

【单位用人需求调查】 5月11日，街道开展2013年下半年辖区单位用人需求调查工作。社保所以电话通知、上门走访等形式，用时15天，完成对辖区71家用人单位抽样调查工作。收集空岗信息2230个，将空岗信息在各社区LED宣传屏幕上以及人力资源市场网上进行发布，实现企业与失业人员相互对接。

（韩惠清）

【春季招聘会举行】 5月23日，街道办事处在久隆百货广场举行"开发就业岗位，实现充分就业"春季大型招聘会。招聘会采用集中开展用工洽谈会、就业政策咨询形式为求职人员和企业交流搭建平台。同时，现场设立政策咨询、职业指导、技能培训、劳动维权等服务专区。在9个社区的LED宣传屏滚动播放招聘会信息，做好前期准备工作。40余家用人单位提供2726个岗位，涵盖金融、商贸、物业、酒店、地产、研发、家居等行业。现场收到求职信息登记表1200余份，达成用人意向432人。

（韩惠清）

【人口和计划生育工作会召开】 5月30日，街道召开年度人口和计划生育工作会议。街道处级领导、综合治理部门负责人、辖区单位领导、社区书记、主任，计生专干和计生志愿者等100余人参加会议。总结2012年人口计生工作情况，部署2013年工作任务，表彰2012年度街道人口与计生工作的先进单位和先进个人。街道工委书记王春庆对做好人口和计划生育工作提要求。

（韩惠清）

【法律服务活动进军营】 6月4日，街道司法所联合街道民政科、朗山律师事务所到北京武警中队举办法律服务进军营活动。为官兵讲解《合同法》《婚姻法》《继承法》和防止激情犯罪相关知识。100余名武警战士参加活动。

（韩惠清）

【"我的梦·中国梦"主题演讲】 6月19日，街道举办"我的梦·中国梦"主题演讲活动。区委社会工委有关领导，街道工委副书记陈文刚、街道纪工委书记郭慧、街道办事处副主任戴晓梅，社区干部、地区党员及"小红帽"志愿者100余人参加活动。9个社区和非公企业10名选手围绕主题进行演讲。

（韩惠清）

【法律法规培训】 6月20日，街道劳动科组织举办《劳动法》《劳动合同法》等相关法律法规培训会。邀请区人力资源和社会保障局老师进行专题授课。地区80家中小企业相关人员参加培训会。培训内容涉及劳动合同主要内容、解除条件、工资管理以及合同中关于女工三期、医疗期、试用期规定等相关政策。

（韩惠清）

【纪念建党92周年红歌演唱会】 6月26日，街道在久隆商场多功能厅召开纪念建党92周年红歌演唱会暨"荷香酒仙桥"廉政文化嘉年华活动。表彰3个先进社区党委、28个先进党支部、100名优秀共产党员、50名优秀党务工作者和30名党员志愿者之星。社区和辖区非公企业选出10支合唱团进行红歌演唱。街道处级领导、区社会建设办公室副主任石春岗及9个社区居干、居民300余人参加活动。

（韩惠清）

【"一把手"讲党课】 7月9日，街道工委书记王春庆作"加强作风建设，提高自身修养，做好新形势下的群众工作"专题党课讲座。街道全体机关干部、社区党委班子成员、事业单位党支部书记等120余人参加讲座。

（韩惠清）

【棚户区改造工委扩大会召开】 9月5日，街道工委召开地区推进棚户区改造工委扩大会。街道处级领导、机关科长，社区书记等50余人参加会议。会议传达北京市委办公厅关于正风肃纪专项整治中严明若干纪律规定文件精神，宣读街道棚户区改造工作的群众工作方案。成立街道棚户区改造工作领导小组、办公室及13个小组。街道处级领导分别从分管工作出发，对棚户区改造工作中的思路和建议进行交流。街道办事处主任崔少飞提出要做好"办好事、办大事、办难事"的思想准备要求。街道工委书记王春庆作"高度统一思想、明确责任使命、强化群众意识、迎接新的挑战"为题的讲话。

（韩惠清）

【区域化党建工作推进会召开】 10月15日，街道工委组织召开区域化党建工作推进会。街道处级领导、"两新"党组织负责人，社区书记、主任，工作站站长、副书记，部分支部书记等60余人参加会议。研究通过《酒仙桥街道关于在辖区非公企业成立"雷锋工作站"的实施方案》。10家非公企业党组织负责人与社区党委书记签订《酒仙桥街道"小红帽"志愿服务互助协议》。同时，为北京南方石城出租汽车有限公司等5个新成立的"两新"党组织、非公企业党组织"雷锋工作站"授牌。

（韩惠清）

【领导调研】 10月30日，区委书记程连元带领区委、区政府有关领导一行到街道调研危改事项并召开居民座谈会。街道工委书记王春庆、办事处主任崔少飞、工委副书记陈文刚、街道旧城改建办公室主任及40名居民代表参加座谈会。10月31日，区委党委、常务副区长甘靖中，带领相关委办局领导到街道调研危改事宜。街道工委书记王春庆、办事处主任崔少飞、工委副书记陈文刚、街道旧城改建办公室主任陪同调研。11月7日，区委常委、组织部部长张革，副部长唐行安一行到街道党员服务中心调研区域化党建工作。听取街道区域化党建工作汇报，了解街道党员服务中心"小红帽志愿者之家"志愿者活动开展情况，询问志愿者们在活动中遇到的困难和意见，观看街道"一品清廉"廉政文化剪纸作品展。街道工委书记王春庆、办事处主任崔少飞、副书记陈文刚陪同调研。

（韩惠清）

【老旧小区综合整治】 11月10日，完成高家园社区老旧小区综合整治工程。工程由北京中关村开发建设股份有限公司承包，7月2日开工，投资5800万元，节能改造29栋居民楼13.56万平方米，涉及居民2186户。

（韩惠清）

【改建回迁楼建设工程启动】 11月15日，举行酒仙桥旧城区改建回迁楼建设工程启动仪式。区委书记程连元，区长吴桂英，区委常委、常务副区长甘靖中，副区长苑文新等出席仪式。街道工委书记王春庆、办事处主任崔少飞、工委副书记陈文刚、街道旧城改建办公室主任及50名居民参加启动仪式。

（韩惠清）

【依法拆违】 12月6日，酒仙桥城管执法队与辖区派出所联合，依法拆除十二街坊1楼西侧和4楼西侧两处面积约20平方米塑钢结构违法建设。

（韩惠清）

六里屯街道

【概况】 六里屯街道位于朝阳区的东部，面积4.4平方公里，周边与7个街乡相邻，东至京包铁路，与东风乡、平房乡接壤；南以二道沟河为界，与八里庄、呼家楼、高碑店地区相望；西至朝阳体育馆，与团结湖地区相邻；北以农展南路为界，与麦子店地区相邻。下辖11个社区，有常住人口49775户121104人，流动人口22874人，港澳台和外籍人口778人。医疗卫生机构15个，其中医院9个、社区卫生服务中心1个、社区卫生服务站5个。有教育机构12所，其中大学1所、中学4所、小学3所、幼儿园4所。有法人单位1316个，有中央单位15家、市属单位38家、区属单位85家、事业单位56家，驻有北京画院、北京出入境检验检疫局、首都医科大学附属北京妇产医院北京妇幼保健院、中国音乐学院附中等单位。有一个社区服务中心。年内，街道围绕“一个目标、两条主线、五项重点”(实现创一流争第一的目标，建设文化街区和健康社区两条主线，抓住社区建设、环境治理、安全生产、民生工程和党建创新五项重点)的工作思路。完成年初确定的各项任务。实现区级财政收入2.23亿元，代征个人出租房屋房产税1468万元。

地址：甜水园北里17号楼

电话：65958641

邮编：100026

邮箱：liulitunjiedao@163.com

(王　薇)

【文化品牌建设】　4月1日，整合北京图书批发市场资源，建阵地、办活动、创品牌，建立了明轩百姓书屋。以创建公共文化示范区为契机，举办交谊舞联欢会、京剧票友会、居民大联欢、端午节“粽飘香”“和谐杯”乒乓球赛、“春之韵”趣味运动会、健康快乐运动会、青少年志愿者共竞技、廉政文化进社区书画展、科技文化谱写魅力人生、民俗文化节、我们一起读书吧、书香进万家等一系列特色文化活动。创建炫特社区“服务标准细化工作法”；晨光社区“一街一廊两中心”建设格局；十北社区“十送”(送亲情、送关怀、送吉祥、送温暖、送快乐、送健康、送服务、送岗位、送知识、送技能)凝聚法；八北社区“一点二线一个面”工作模式；秀水园社区民俗品牌项目等文化品牌。

(王　薇)

【拆违治违】　4月，开展“治违、治乱、治难”专项行动，集中清理一批环境秩序乱点、难点问题。年内，拆除违建43处41654.15平方米，控制违建7处1270平方米，其中12月13日拆除住总家具市场38405.65平方米违法建设是近年来区拆除面积最大的违法建设。

(王　薇)

【垃圾分类宣传培训基地建立】　5月，建立“六里屯垃圾分类宣传培训基地”并成立“六里屯街道垃圾减量、垃圾分类流动宣讲团”。以公园五号小区为代表的垃圾分类宣传和试点创新工作得到国家住建部和市、区市政管委关注及认可。

(王　薇)

【安全稳定】　7月至10月，完成碧水园社区针织小区、中新工贸小区、百货大楼宿舍3个“平安小区”创建工作。8月至10月，开展完善校园周边交通设施工作。规范停车秩序，协调小区停车位200个，实行错时停车。加强126名“两类”(社区矫正、安置帮教)人员管控，无重新犯罪、无脱管失控现象；“610”工作实现“0”指标要求。完成“两节”、全国“两会”和党的十八届三中全会等重要节点的安全保障任务，稳控因甜水西园北门封闭与万科东第小区物业费上调引发的上访问题；完成甜水园危改已搬迁居民及1872集体上访户的稳控工作，546件信访请求得以及时妥善调处。

(王　薇)

【节能改造】　7月至11月，完成甜水园东里和延静东里7栋楼25360平方米的节能改造任务。

(王　薇)

【社会服务】　12月，街道成立第11个社区—甜水西园社区。完成甜水西园社区、八北社区、十北社区办公用房内部装修，完成甜水园社区、道家园社区办公用房改造工程，接收晨光家园三期公共服务配套设施用房340平方米。完成秀水园社区、道家园社区两个六型社区创建工作，完成道家园社区“智慧社区”创建工作。8月，编制《六里屯街道社区工作者工作实务手册》，建立《“考、帮、建”工作机制》。11月，举办社工基本功大赛，提升社区工作者整体素质。推行老旧小区“准物业”管理工作，地区200余家门店纳入“一刻钟生活圈”服务体系，推广小呼叫系统，提高社区服务圈的服务能力。12月27日，市委副书记、市长王安顺到十里堡北里社区调研社区为民服务工作，给予肯定。

(王　薇)

【干部队伍建设】　年内，区属委办局抽调干部3人，向区相关部门输送干部2人，新提拔科级干部12人，通过交流、招聘引进、接收军转干部等方式调入干部7人次，科室人员调整15人次。

(王　薇)

【工会建会】　年内，地区工会组织新增独立建会单位79家，4月，群团组织完成“社区青年汇”筹备工作。

(王　薇)

【媒体宣传】　年内，通过“三借力”(借力专业团队、借力媒体团队、借力社会团队)找亮点，开展地区宣传工作。与派纳传媒的合作，继续办活、办好《幸福六里屯》报，及时更新宣传橱窗内容，建立新闻媒体联系网络。全年国家级媒体采用稿件1篇、市级媒体采用稿件52篇，区级媒体采用稿件83篇，网络媒体采用稿件180篇。3月，街道“呵护地球、共建美丽中国活动”被《搜狐》《人民网》《腾讯新闻》等42家网络媒体进行报道；5月，“母亲节放飞风筝祝福亲人活动”被《北京晚报》《北京日报》等6家市、区级媒体进行报道；12月，“拆除住总违法建设”行动被《法制晚报》《北京晚报》《新京报》等10家市、区级媒体进行报道。

(王　薇)

【党政群共商共治工程】　年内，坚持“问政于民、问需于民、问计于民”工作理念探索党政群共商共治之路。开展问政工作。通过召开座谈会、走访入户征询、问卷调查、网络留言等形式，多层次、多渠道征求居民及社会单位的意见和建议，经研究协商，确定为民解忧工程项目72项，其中街道层面4类37项，社区层面6类35项，年内全部完成。

(王　薇)

【助残帮困】　年内，开展助残宅急送服务。把安全、文化、康复、就业、法律、便民、关爱等7项特色服务送进残疾人家庭。以六北社区为试点，与北京慈爱嘉专业养老服务有限公司合作开展为老服务，发放医疗及各种救助金、慰问金90万元，4500名居民受益。登记失业人员实现就业829人次，城镇登记失业人员就业率67%；就业困难人员实现就业491人次；开发岗位4381个；职业指导2548人次；成功推荐就业404人次；处理劳动纠纷6起，协调追讨农民工工资120多万元。

(王　薇)

【人口与公共卫生】　年内，以“文明朝阳、幸福家庭”为主题开展健康便民服务型街区建设，启动“幸福六里屯·与健康同行”健康直通车和便民健康体验小屋，为辖区居民免费提供基础性医疗健康服务，创新便民服务形式，引导群众树立科学、文明、进步的健康观念。为89名流动人口进行免费体检。举办“远离猝死、从心做起”和“娃娃会洗手、健康一起走”主题活动。完成全年计划生育工作指标，审核上报独生子女家庭特别扶助、伤残扶助24人，发放独生子女父母一次性奖励150人15万元，独生子女父母一次性经济补助5人5万元，为3194人办理并发放独生子女父母奖励费93685元。

(王　薇)

麦子店街道

【概况】　麦子店街道位于北京市商务中心

区(CBD)的延伸带－－－燕莎商圈。东起东四环,南临朝阳公园南路、农展南路,西至东三环,北接机场高速辖域面积6.8平方公里。有5个社区,有人口46385人,其中常住人口27512人,流动人口18505人,来自全球92个国家和地区7015名外籍居民占常住人口的25%,有2000余名外籍人在地区工作。按人口数量多少排列依次为日、英、韩、美、德、俄、法等国。地区具有涉外主体多元化的典型区域特征。有美、法、日、韩等第三使馆区和上合组织、中国·东盟中心为代表的国际组织,有德国小学、加拿大国际学校为代表的国际教育机构3家,有宝马汽车、现代投资等世界500强企业,外国驻华机构、办事机构,外资企业600余家为代表的涉外经济体是麦子店国际大家庭的重要成员。年内,以"问政"为载体的党政群共商共治工作在全区街道系统进行推广。完成固定资产的清理工作,摸清办事处的家底。全年完成财政收入35.06亿元,占区级财政收入的9.2%,征收房产税1553万元,与2012年持平。街道获全国和谐社区建设示范街道称号;霞光里老年中心获得全国敬老文明号、北京市敬老爱老为老服务示范单位等荣誉称号和表彰;街道人口服务管理工作在区考核中获第一名。

地址:朝阳公园西里南区6号楼
电话:58260700
邮编:100125
网址:http://mzdjd.bjchy.gov.cn

(魏　平)

【防汛应急】 1月14日,北京市紧急救援基金会为街道捐赠应急救护箱和应急防护用品以及救援队个人携带物资和器材。社区和部分社会单位安装29台社区紧急救援储备箱。开展汛期检查,清除淤泥和杂物1吨,清除固体垃圾1吨;落实"一处一预案",加强值班值守,随时互相通报、报告所负责点位的汛情;街道办事处成立100人防汛队伍,居委会成立10人防汛抢险队和30人的防汛留守队,5家社会单位成立30人的防汛抢险队伍;街道办事处和社会单位储备铁锹1200把,阻水袋2万条,编织袋3万条,铅丝1.2吨,运输车5辆,水泵10台。为地区学校、幼儿园、社区居委会、物业等29个公共场所安装A1救援箱,对安装救援箱单位负责人、社区应急救援队员进行应急演练培训。

(张谊宣　白广冀　李　京)

【问政2013】 1月23日,街道召开问政研讨会。街道工委书记刘勇、办事处主任董健,中央党校党建教研部教授蔡霞、世界与中国研究所所长李凡、北京市社源传媒董事长李将健以及相关科室人员参加会议。推进"问政"工作制度化。设立"社区民政建设资金",专项用于支持社区发展建设项目。修订《问政工作指导手册》,制定《社区民政建设资金管理办法》。组织议事代表进行议事规则培训,召开"社区民政建设资金项目中期推进评审会""一五一十"实事工程暨社区民政资金项目年度评议会,由居民代表投票评选出最高效率奖、最得人心奖等9个奖项,形成问需、问计、问效、问责的工作闭环。3月26日,街道办事处召开"社区民政建设资金"使用协商会。地区60名问政议事代表对5个社区申报的14件自办项目进行无记名投票表决。有10件项目入围立项名录,社区在实施这些项目时,将获街道办事处资金支持。社区民政建设资金10个项目投入275.53万元,社会单位投入135万余元。

(魏　东)

【国际化社区建设】 1月25日,举办地区第九届中外居民过大年活动。共青团北京市委副书记杨海滨、共青团朝阳区委书记王洪涛及街道办事处主任董健等与100余名在京青年外交官、在京外国留学生、在京工作的外籍青年以及地区中外居民代表出席活动。12月24日,4000余平方米国际社区服务中心建成并投入使用。以"麦home·和美家园梦"为主题,整合多元文化资源,打造国际化社区文化品牌。举办第三届国际社区文化节,在社区居民中开展体育、文化、科教、艺术、媒体等系列活动,推出"千人健步走"品牌活动。完成13条街道261块双语牌匾标识规范及主要餐饮单位中英文菜单校对工作,与汉语学院联合开发、编写麦子店地区汉语班课程教材,方便外籍居民生活。

(叶　超)

【表彰志愿者】 3月1日,在朝阳区第二届星级志愿者表彰大会上,街道"爱心英语班"加拿大籍老师克里斯蒂娜获"朝阳区十大星级志愿者"称号。9月27日,在街道召开"2013年麦子店志愿者表彰大会"上,5个优秀志愿服务单位、32名星级志愿者、108名优秀志愿者获表彰。

(王文展　张谊宣)

【社会工作党建】 4月16日 召开街道社会工作党委党员代表大会。街道35名非公企业党员代表出席大会。经过"公推直选",选举街道新一届社会工作党委成员。以"直选"方式选举出社会工作党委书记、副书记各1名、党委委员7名,并通过3名席位制委员。

(赵建国)

【领导调研党政群共商共治工程】 4月22日,区委"党政群共商共治"党建课题调研组成员一行到街道开展为期一周的课题调研。"党政群共商共治"课题正式入选为市党建课题,成为区县局级单位基层党建重大课题项目。5月8日,区委书记程连元到街道,调研社会建设相关工作。区领导陈宏志、谢莹、张革、刘军胜及区社会工委、发改委等区相关部门负责人及24个街道工委书记一同调研。观看街道"问政"工作专题片,听取麦子店街道工委、办事处及枣北社区关于党政群共商共治工作汇报。程连元认为,"麦子店街道党政群共商共治工作经过三年实践已经相对成熟,各街乡要在认真梳理总结麦子店经验的基础上推行麦子店问政模式,并要坚持立足为民,结合各自特色因地制宜,形成制度"。

(赵建国)

【纪念建党92周年系列活动】 6月21日,街道以演讲比赛方式,举行以"凝聚党旗下党群心贴心"为主题"我的梦·中国梦"百姓宣讲活动。6月24日,举办党史热点问题解析专题讲座,街道全体干部、社区党支部书记以及支部党员、非公企业党支部书记等参加讲座。6月26日,召开纪念"建党92周年表彰大会",表彰先进基层党组织、社区优秀党建服务品牌、非公企业优秀党建活动项目和优秀共产党员。

(赵建国)

【第三次全国经济普查培训会召开】 9月12日,街道召开地区普查员核查工作培训会,全面启动街道第三次全国经济普查入户核查工作。12月19日,街道召开"全国第三次经济普查暨2013年年报和2014年定报培训会",6000余家企业分批参与学习。

(尹建平)

【食品药品监督管理所成立】 11月1日,街道食品药品监督管理所(简称食药所)成立。食药所负责辖区从事食品销售、餐饮服务和药品销售企业(含个体工商户)的监督与管理。11月27日,街道食药所与辖区单位签订食品安全责任书。

(马学军)

【地震安全示范社区创建】 11月22日,枣北社区地震安全示范社区创建通过区验收。

(郭　敏)

【人大代表集中述职评议会召开】 12月4日,召开2013年人大代表集中述职评议会。接受选民代表评议的有朝阳区人大代表麦子店选区张跃进、田锦秞、李朝辉、王蓓、郭蓉、齐飞6人。社区党委书记及选民代表100余人参加会议。选民代表就2014年关于养老、就医、交通出行等10项问题提出疑问和建议,田锦秞代表作了回复和解释;齐飞代表地区人大代表作集中述职报告,选民代表以举手表决形式通过述职报告。

(郭　敏)

【和谐社区示范街道创建】 12月20日,街道和谐社区示范街道创建通过市验收。

(董晋英)

【文体活动】 年内,组建由地区12个文体协会组成的“麦家俱乐部”。把社区文化与区域社会文化组织进行对接整合,形成文化活动团体。社会单位和个人成绩突出的给予奖励。地区全年参加全国及市、区等主办的文体项目比赛或表演活动114次,2100余人次参加活动。街道获北京市第十三届老年舞蹈大赛银牌、北京市第十三届“卓越杯柔力球交流大赛”金奖、“俏丽中国—全国中老年模特大赛”特等奖。4月17日,麦子店舞蹈队在北京市第二届老年舞蹈大赛中获表演金奖。

(李建芳　唐建明)

【人口和计划生育】 年内,以“创建幸福家庭、构建和谐社会”为主线,与42家辖区单位、5个社区及综合治理部门签订人口和计划生育责任书。完成区计生委下达的实有人口调控指标数,符合政策生育率达到98%;完成北京市育龄妇女信息系统与北京市全员人口信息管理系统对接,重点完成与公安系统户籍人口数据比对,完善并提升数据信息质量,达到“国家信息质量A级标准”;完成推进“情暖万家—生育关怀行动”走访慰问活动。各项奖励、扶助金发放落实率为100%;完成对85户计划生育家庭全面实施“创建幸福家庭生育关怀”安康计划保险工作。

(王书平)

【早期教育】 年内,街道与专业早教机构联合完善0岁至3岁教育公共服务体系,建立面向地区所有婴幼儿家庭工作运行机制。结合国际化社区建设,“六一”国际儿童节组织地区0岁至3岁婴幼儿家庭200余人开展“快乐互动,共同成长”国际化社区中外家庭多文化融合亲子游戏竞赛活动,相互观察和体验不同文化背景下亲子互动行为模式。

(王书平)

【国际社区服务中心改造完成】 年内,投入471.6万元完成国际社区服务中心装修改造工程。更新、改造和大修258广场、街心文化休闲广场和东南侧部分步道等,新铺人行道防滑砖1038平方米,盲道270平方米,拆除便道砖及垫层1038平方米,新建休闲广场背景墙,设置具有代表街道特色的农展馆、燕莎、朝阳公园、蓝色港湾、凤凰国际传媒中心镶嵌石雕和街道简介。处理环境网格案件6000余件,清理张贴、喷涂和花瓜广告10万余张(个),消耗各种油漆、涂料250桶。清运垃圾610余吨。

(白广冀)

【环境绿化美化】 年内,利用区绿化资金20万元,升级改造枣北社区南侧花园;绿化、美化整治枣南社区永安宾馆周边近5000平方米小区庭院绿地和枣北社区5000平方米绿地;完成街道星级环卫绿化工作站建立和完善工作;完成30家花园式单位复合工作和北京高尔夫公寓2013年花园式单位和北京市环境优美小区申报工作,北京高尔夫公寓获区园林绿化特等奖,远洋公馆获区园林绿化养护评比一等奖。

(白广冀)

【“三无”示范小区创建】 年内,以“无小广告、无堆物堆料、无暴露垃圾”为标准,完成远洋公寓、昆仑饭店宿舍小区、龙阁小区、博雅园小区、农展南里东由院等小区“三无”小区创建工作。

(白广冀)

【为民办实事】 年内,完成社区楼道原钢窗改换塑窗工程项目。完成霞光里社区18栋楼84个单元410个楼道窗和枣南社区20栋楼78个单元335个楼道窗改造工程。完成霞光里社区30号院1号楼、枣南社区23号楼老、旧小区节能改造工程。完成24栋已建住宅楼房1859户居民家庭信报箱更新补建和霞光里社区30号院、35号院楼梯扶手安装工程。

(刘家红　白广冀)

【抚恤优待】 年内,按时足额下发优抚对象抚恤金。为44名伤残人发放伤残优抚对象抚恤金406382元,为2名伤残人发放伤残优抚对象困难生活补助24640元。为1名带病回乡退伍军人发放生活补助4458元,减免医疗费37732元。为1名农村籍士兵发放生活补助300元;为2名不享受定期抚恤优抚对象发放慰问金2400元。为85名占地超转人员办理社保卡,并发放超转人员工资13万余元。为10名地退人员发放工资近50多万元。全年开展募捐两次,募集善款4.8万元。

(张谊宣)

【社会保障】 年内,完成城镇登记失业人员就业率指标为70%,完成77.93%,完成指标的112%;城镇登记失业人员实现就业人数185人,已完成172人,完成指标的93%;城乡劳动者技能培训指标为29人,已完成42人,完成指标的145%;就业困难人员实现就业人数117人,完成指标的154%;参加城镇居民基本医疗保险1233人,其中“一老”216人,“一小”936人,“无业居民”76人;参加城乡居民养老保险72人,达到应保尽保。

(余国柱)

【军民共建】 年内,开展拥军优属活动,春节、“八一”开展走访慰问共建部队,送去慰问金和慰问品总计价值30万元。为20名困难家庭战士每人送去500元慰问金。北京军区总医院耳鼻喉专家们为地区残疾人举办以“健康听力,幸福人生—关注老年人听力健康”为主题的健康讲座。武警北京总队医院医务人员在社区开展“关爱老年人”义诊活动。7月31日 副区长张立新带领区民政局、区双拥办等负责人,慰问武警九支队十八中队官兵,并送去慰问金3万元。

(张谊宣)

【慈善救助】 年内,开展送温暖走访慰问活动。慰问266户2650人,发放慰问金及慰问品总计价值51.12万元。开展慈善救助,为13名患重大疾病困难人员发放救助金额2.3万元。发挥爱心家园日常救助作用,全年救助321户困难家庭,发放救助物资价值7万元。

(张谊宣)

【为老服务】 年内,老年餐桌单位购买养老(助残)服务保障综合险或建立先行赔付风险保障基金。为地区724名80岁老年人,发出养老券414800元,收回养老券296407元,回收率为71.6%。维护老年人合法权益,为老人办理各项优待事项,为187名60岁人员办理老年优待证;为437名65岁人员办理老年优待卡;为505人次90岁人员发放高龄津贴59800元;为10人次发放高龄津贴2000元。评选出孝星25人,典型孝星2人、示范单位3家。

(张谊宣)

【助残帮困】 年内,麦子店精神关怀服务站在社区服务中心揭牌。开展康复进家庭活动,为47位残疾人进行生活自理能力、精神状态、患病状态评估。其中为26名有康复意义的残疾人提供入户康复护理服务。整体康复效果得到明显改善的达到90%以上。开展“无障碍艺途”培训,针对精神病康复者和智力残疾人心理特点,联合北京艺途社会工作事务所以绘画形式，让残疾人逐步敞开心扉，融入社会，学会沟通、体会生活正常状态。为503名残疾人发放涉及残疾人相关政策的《口袋书》；为23名无固定收入重度残疾人办理生活补助；为34名个体就业人员申请保险补贴；为82人发放助残券；为有残疾人轮椅车辆人员发放燃油补助65人，为4名重度残疾人免费申请肢体矫形器及电动轮椅、防压疮坐垫等辅助器具；为18名重残无业残疾人做免费体检；解决5名无业残疾人就业问题；建立残疾人免费上网点、组织开展残疾人合唱培训、运动会以及到郊外康复游活动等。

（张谊宣）

【垃圾分类宣传与检查】 年内，召开82个小区物业垃圾分类工作会议。组织社区宣传活动10次，发放宣传资料1.2万册，现场检查指导物业单位183次。接受区垃圾分类检查组检查28次，指导并整改部分高档小区基础设施不完备、物业管理人员分类意识薄弱、分类不规范等问题。接待市区领导检查和外省市考察学习30余次。

（白广冀）

【劳动保障监察】 年内，劳动监察“两网化”，增加劳动监察网上办案系统。完成劳动监察立案案件指标数87家；解决讨薪事件8起，涉及人员200余人，涉及款项67.2万元；对区域50家用人单位进行书面审查；开展“走进劳动法—劳动法律法规下基层”活动，清理已办理社保登记而未申报缴费单位34家；新增单位农民工参加5项社会保险9家；完成行政区域内监控中各类企业劳动合同签订率指标数99 %；行政区域内监控中各类企业劳动合同续订率指标数98%。街道获市人力资源和社会保障局“劳动用工规范一条街工程”先进单位。

（董建英）

潘家园街道

【概况】 潘家园街道位于朝阳区东南部。东与南磨房乡、十八里店乡相接，南与丰台区相邻，西与东城区隔河相望，北与劲松街道相连。辖域面积3.4平方公里有12个社区。常住人口约13万人，流动人口3万人。潘家园旧货市场、北京古玩城、天雅古玩城、河南大厦、陕西大厦、广西大厦坐落其间。有中、小学校幼儿园11所。有中国医学科学院肿瘤医院、肿瘤研究所、北京工业大学研究生院、北京眼镜城等中央、市、区不同隶属关系企事业单位1400家。年内，通过抓党建促廉洁、抓管理促统筹、抓安全促稳定，着力破解城市管理难题，圆满完成各项工作任务，地区经济持续协调发展，城市管理水平不断提升，地区环境不断改善，社会秩序和谐稳定。全年完成区级财政收入1.8亿元，代征个人出租房屋税991万元。

地址：松榆里43号楼

电话：87381916

邮编：100021

网址：http://pjyjd.bjchy.gov.cn

（薛瑞丰）

【全国“两会”服务保障】 3月1日至15日，街道启动社会动员机制，完成各项服务保障任务。投入安保力量3.90万人次、保障车辆140台次，在河南大厦、广西大厦及全国“两会”代表驻地及周边巡逻值守。拦截非正常访人员20批121人，抓获“法轮功”顽固分子1人，查获反动宣传品20册、光盘30张、播放器1台、印有反动宣传言论的人民币200元。

（薛瑞丰）

【市领导调研】 6月15日，市委书记郭金龙、市长王安顺到街道调研区大气污染整治工作。区委书记程连元、区长吴桂英陪同调研。5月16日，区长吴桂英到街道松西东小院调研居民互助自管模式工作。副区长苑文新、张维纲陪同调研。

（薛瑞丰）

【准物业管理】 9月24日，市委社会工委在地区召开全市推进老旧小区准物业管理现场会。街道创新1+1+X自治体系（1个居民议事会、1个自治小组、多支志愿服务队），深化松西东院小区居民自治管理模式，成为市区社会服务管理创新典型。市长王安顺、区长吴桂英等市、区及兄弟区县领导及人大代表、政协委员先后进行11次调研指导。

（薛瑞丰）

【“三无”示范小区创建】 9月，街道通过区级“三无”小区示范创建验收工作。按照“无堆物堆料、无暴露垃圾、无非法小广告”标准要求，在30个小区实施“三无”小区示范创建工作。修复小区公共设施208处、更换路灯和楼道灯具110个，修整路面2000平方米，恢复绿地面积1500平方米。

（薛瑞丰）

【文明城区创建】 年内，按照文明城区创建要求，街道围绕测评内容及特点，反复动员部署，深化组织保障，细化任务分解，强化落实处级领导包社区、科级干部包大街、社区干部包楼院制度。完善档案材料163册、整治道路3000平方米、维护公共设施900处、制作宣传横幅展板160条（块）。通过两次模拟测评和1次正式测评验收。

（薛瑞丰）

【公民道德建设】 年内，制定下发《潘家园街道关于进一步深入开展讲文明、树新风活动意见》。开展《首都市民文明公约》和“做文明有礼的北京人”宣传活动。举办“我推荐评议身边好人好事”评选活动，发放《文明礼仪宣传手册》4万册。

（薛瑞丰）

【志愿者服务】 年内，完善社会志愿者公益储蓄中心工作机制，新增注册社会组织17个。申报法律咨询志愿服务、公益环保志愿服务、关爱老人志愿服务等25个服务项目，募集志愿服务资金2.10万元，完成区下达任务指标。举办志愿者服务专题讲座4次，主题宣传6次。

（薛瑞丰）

【折违控违】 年内，拆除在建违法建设52处2400平方米。其中拆除紫东苑小区楼顶、南磨房城中村改造区域等地存量违法建设32处2230平方米。确保违建“零增长”。

（薛瑞丰）

【环境秩序专项整治】 年内，采取疏堵结合、严格管理原则，对旧货市场周边区域、武圣路沿线区域、肿瘤医院周边和松榆里小公园等区域进行专项整治。通过加大打击、死盯死守，解决上述区域长期环境脏乱、游商扰民等问题。查扣非法运营车辆500辆，取缔违法摊点360处。

（薛瑞丰）

【“334”环境提升工程】 年内，整合区级资金892万元，实施“334”环境提升工程。完成3条道路（松榆南路、华威南路、潘家园东里社区路）、3个重点区域（潘家园地铁站周边、垂杨柳中学周边、武圣庙小学周边）、4个小区（武农化实小区、华威里4号楼、华北21号院、磨一东院）环境改造工程。

（薛瑞丰）

【煤改气工程】 年内，完成华威兆佳供热厂煤改气工程项目，消除燃煤锅炉。

（薛瑞丰）

【垃圾分类】 年内，在60个小区实行垃圾分类。安装垃圾分类桶站550组，更换垃圾清运电动三轮车38辆，制作并安装新桶站75组。

（薛瑞丰）

【绿化美化】 年内，开展义务植树活动2次、绿护绿宣传10次，新增绿地4700平方米。完成迎接首都绿化委到社区绿化美化检查验收工作。潘家园社区评为“首都绿化美化花园式社区”。

(薛瑞丰)

【劳动监察】 年内,巡查劳动用工单位137家,补签劳动合同38份,立案84起,处罚2起。处理集体讨薪事件4起,协助追讨农民工工资26万元,接受和协调处理网格案件5万件,办结率为100%。

(薛瑞丰)

【保障性住房】 年内,承接各类申请保障性住房资格审核739件。其中新申请保障性住房215件、复审117人、限价复审96户、转限审核60户、公租房意向登记74户、廉租房复审73户、变更及终止36户、公租房补贴确认68户。

(薛瑞丰)

【社会服务管理创新】 年内,完善“一线、一网、一中心”社区公共服务管理平台。建立3000余家社会单位和社会组织数据库。智慧社区、社区工作者“培力计划”和“六小门店”自律管理服务3个政府服务项目被市级购买,并获26万元资金支持。“老年大学创新发展项目”被评为区社区教育示范项目并被推荐参加全国社区教育实验区实验项目,“夕阳红”摄影教材被评为区社区教育特色课程,“华西诗书画社”被评为区第三批市民学习品牌,华威消防中队被评为区第三批市民学习基地并推荐参加北京市市民学习品牌评选。

(薛瑞丰)

【社区建设与服务】 年内,公开招录社区工作者14名。开展万人社工培训和“金蜜蜂”评选活动,60名社区工作者参加助理社工师或社工师取证班学习,150名社工参加党委、居民委员会、工作站社区班次培训和技能比赛。开展“规范化”“精细化”“智慧型”和“六型社区”创建活动。华威西里通过区规范化社区创建验收,潘南社区通过区精细化社区创建验收,华北、潘家园、松东社区通过区“六型”社区创建验收,松西、华西社区被认定为市级“三星级”智慧型社区。

(薛瑞丰)

【平安建设】 年内,街道以城市综合管理指挥中心为平台,以社会面防控体系和公安机关治安防控网络为基础,细化平安小区建设指标体系,建立和完善立体化社会治安案防控体系,推进“天网”工程建设。为潘南1-4号楼、化实小区、磨一小区新安装32套监控设施,更换门禁系统120套,维修保养门禁1510套,为4个老旧小区安装监控探头75个。华威北里社区通过区平安社区创建验收。

(薛瑞丰)

【民警驻区制建设】 年内,街道投资55万元用于社区警务室建设,深化社区民警驻区制警务模式,按照“一警三专”力量配备、配置办公家具及设备。完成12个社区警务室建设工作,并通过区检查组综合验收。

(薛瑞丰)

【消防与安全生产】 年内,开展消防与安全生产大检查1951次,开展餐饮场所燃气安全专项治理行动,推进地区规模以上企业安全生产标准化达标创建,严格烟花爆竹安全燃放管理。检查社会单位和生产经营场所6947家,整治安全隐患3799个。开展“5·12”防灾减灾和预防煤气中毒宣传86次,发放安全提示6046份,检查煤火取暖住户170家,整治隐患36处。开展消防安全培训30次,检查人员密集场所28家。

(薛瑞丰)

【普法教育】 年内,落实“六·五”普法规划,制定法制宣传教育工作计划。在华威北里小公园开展春节前烟花爆竹安全燃放集中宣传活动,邀请区人民法院民四庭、双井工商所、中润律师事务所、“法老队”参加普法宣传活动。开展“大手拉小手,法律伴我行”知识竞赛和“金秋重阳送法进军营”活动。全年开展法律宣传17次,发放法律宣传材料1.3万余册,张贴宣传挂图72份。

(薛瑞丰)

【矛盾纠纷调处】 年内,开展矛盾纠纷排查23次,化解各类矛盾130起。接待群众来访64批144人,受理市、区和群众信件620件,办结率为100%。

(薛瑞丰)

【党政群共商共治工程】 年内,按照“三上三下准确知忧、三问三访充分议忧”工作思路,广泛征集居民和社会单位意见建议。通过走访、慰问、座谈、洽商、联谊等形式,征集居民需求和建议1.1万余条。完成为民办实事项目70件。其中街道层面18件,社区层面52件。北京电视台新闻频道、《北京日报》头版进行专题宣传报道。5个社区居民小组自发为街道送来锦旗。

(薛瑞丰)

【民生保障与服务】 年内,开发就业岗位5358个,完成再就业指标1137个,城镇失业人员就业率登记和技能培训指标实现100%。为3861名“一老一小”人员办理大病医疗,为845名低保户人员发放低保金,为100名因病致困家庭发放医疗救助金21.7万元,为地区22名水库移民进行生存和资格认证,为6户低保、残疾人家庭实施“亮白”工程,为33栋居民楼130个楼门老年人安装无障碍扶手,为572人办理计生安康保险,为1650名外来务工人员进行麻疹流脑预防接种,对265名女性服务员进行艾滋病病毒抽血检测。为239名特困人员实施慈善救助。40名群众被评为养老孝星、3家单位被评为养老示范单位,金百万烤鸭店老年人餐桌获区十大示范餐桌单位,民族宗教工作获首都民族团结进步奖。募集各类慈善捐款37万余元、物品8000余件。

(薛瑞丰)

【夕阳红驿站】 年内,深化“夕阳红驿站”建设,发挥“健身锻炼、文化娱乐、技能培训、科普教育、心理辅导”等功能作用,为社区老年人提供书法、绘画、娱乐、休闲等特色服务。全年接待服务老年人1200人次。加强爱心超市规范化建设,及时补充超市库存,建立需求档案和专门台账,实行专款专用。为困难家庭老人提供爱心救助1538人次,发放物品8123件。

(薛瑞丰)

【文化建设】 年内,更新居民健身场所设施19处,装修改造社区文化活动站5个。培训文体骨干500人,举办大型文体活动23次,举办“梨园之春”戏曲沙龙、“春之歌”诗会、百姓才艺大舞台、“书香朝阳·阅读人生”世界读书日读书征文、“第四届北京古玩城杯”乒乓球比赛、“五月鲜花”红歌展演以及“文体协会成立一周年汇演”等活动49场次,受益人群86000人。检查文化市场170次,取缔游商地摊近20个,查抄盗版光盘、书籍300张(册)。

(薛瑞丰)

【人口与计划生育】 年内,坚持目标管理责任制和“一票否决”制度,上报出生人口736人、为452人办理一胎生育服务证、为161人办理随父换证、为180人办理独生子女父母光荣证、按法定时限核对再生育一个子女申请材料37人,为650人办理存档人员计划生育申请审核。建立地区0岁至3岁早期教育项目点。申报审核独生子女伤残家庭特别扶助109户、179人,特别扶助独生子女死亡家庭63户95人,审核发放失业人员独生子女费3782人111060元,发放避孕药具26325盒,核对户籍人口信息83894人。为265名女性服务员进行艾滋病病毒抽血检测。开展H7N9禽流感宣传4次,发放宣传品5600份,取缔违法经营活家禽点7户(处)。组织260人参加自愿无偿献血活动2次,采血52400毫升,完成任务指标。

（薛瑞丰）

【动物防疫】　年内，开展动物防疫宣传4次，为1403条家犬实施免疫注射。

（薛瑞丰）

【非公党组织建设】　年内，成立北汽大厦商务楼服务站、华腾劲松商务楼宇服务站联合党支部，中海中医院党支部和北京潮星文化党支部，配合区委组织部指导北京潮星党总支晋升为党委，实现区委社会工委提出的非公党组织增加20%的工作目标。

（薛瑞丰）

【聚合力工程】　年内，以提高党组织凝聚力、战斗力、向心力为重点，实施"聚合力工程"，从"党性好、本领好、行为好、形象好、反映好"五个方面，激励党员作表率、争先锋，发挥桥梁作用，提升党的形象和号召力。开展"19"党员奉献日和非公党建联谊活动，以商务楼宇服务站为平台，开展党的十八大知识竞赛、庆"三八"妇女巧娘作品展览活动，指导北京潮星集团党委举办街道首届"潮星杯"商务楼宇趣味运动会。组织12个社区团委、地区非公团支部、青年汇等80家单位党员干部参加第一届单身青年联谊会。

（薛瑞丰）

【廉政建设】　年内，严格落实中央"八项规定"和区委"两个从严""四个坚决不允许"要求，强化"1＋1＋3"（区纪委要求每个街道有1个综合廉政文化阵地，社区纪委有1个廉政宣传栏，宣传栏内不少于3块展板）廉政文化阵地建设，开展"七个一"（"一把手"讲一堂党课、参观一次"职务犯罪警示教育展览"活动、观看一次警示教育录像片、组织一次廉政文化剪纸"一品清莲"作品征集活动、组织党员干部集中学习一次《关于在肃风正纪专项整治中严明若干纪律规定的意见》《违规发放津贴补贴行为处分规定》及《中纪委违反八项规定精神的12例典型问题通报》等文件规定、以支部为单位组织学习《理论热点面对面2013》中一文《打铁还需自身硬》—干部作风怎么改进、参观一次焦庄户地道战遗址纪念馆，接受革命传统教育）廉政教育活动，开辟居民广场廉政文化墙。推进廉政文化"六进"（进机关、进社区、进家庭、进企业、进工地、进学校）工程。举办反腐倡廉和作风建设专题讲座4次，签订党风廉政责任书160份，开展查找廉政风险点活动2次。利用问需会、问政会等形式，邀请人大代表、政协委员、居民代表参加议事座谈和监督，定期对人、财、物等重点部门和重点人员进行检查监督，对重大工程、重点项目和人员招聘等事项，邀请纪检监察部门全程跟踪监督，对各类资金实行三级联审制度，从制度上降低廉政风险。

（薛瑞丰）

【双拥建设】　年内，在"两节"期间，对华威消防中队和北京空军干休所进行慰问，看望老红军贺方齐。为地退和军退军休人员发放立功奖金、慰问款、优待金18.77万元。开展爱国主义和国防教育特色品牌基地建设。华威消防中队被评为朝阳区消防安全教育品牌和消防教育基地，北京空军干休所获区国防教育基地荣誉称号。

（薛瑞丰）

三里屯街道

【概况】　三里屯街道位于朝阳区中西部。东起东三环北路，南临工体南路，西至春秀路与东城区相接，北濒亮马河。分别与呼家楼、朝外、左家庄、麦子店、东城区的东直门街道办事处接壤。辖域面积2.9平方公里。有街巷40条，其中主要有工体北路、工体东路、新东路、三里屯路、东三环北路等8条。下辖7个社区，有人口5.8万人，其中户籍人口3.8万人，外来人口1.8万人（含北京市其他区县），境外人口2000人。有社会单位5000余家（其中法人单位2900余家）。有企业1800余家，驻华使（领）馆72家，有联合国开发署、联合国难民署、联合国儿童基金会和涉外宾馆饭店，中央市属单位103家。有武警总队医院、三里屯医院和北京同仁长虹医院。有北京联合大学机械工程学院，有中学、小学3各所。年内，街道继续坚持"四化"（立足规范化、突出国际化、引领时尚化、做实精细化）、"四抓"（抓统筹促发展、抓班子带队伍、抓管理上水平、抓重点出精品）工作思路，围绕建设"美丽、幸福、人文、魅力"三里屯工作目标，完成全年各项工作。实现区级财政收入12.92亿元，征收小房产税1807万元。

地址：朝阳区幸福村1号

电话：64165276

邮政编码：100027

网址：http://sltjd.bjchy.gov.cn

（陈　宁）

【商务楼宇侨联成立】　10月29日，地区召开商务楼宇企业第一次归侨侨眷代表大会，成立侨联。20余家企业30余名归侨侨眷代表选举产生地区商务楼宇企业侨联第一届侨联委员会。比利时归侨余晓宁当选为第一届侨联主席。商务楼宇企业侨联成立为地区归侨侨眷创业与发展搭建平台，对于汇聚侨力、发挥侨智起到推动作用，扩大了侨务工作的覆盖面。

（陈　宁）

【扶贫帮困】　年内，为困难人员申请慈善救助、办理临时救助、医疗救助27万元，发放低保金279万元。为70岁以上行动不便老年人申报"一按铃"、安装"小帮手"，发放高龄津贴16万元。新增养老餐桌3家。开展"送温暖 献爱心"等募捐活动，募集善款约15万元。新增"一老""一小"131人、为152名城乡居民办理参保手续。开展幸福家庭、"妇女之家"创建活动。完成为低保户、特扶、残扶、低保边缘、大病困难家庭500份安康保险入险工作。为300名流动和户籍已婚育龄妇女、独生子女困难家庭母亲及享受"寸草报晖"老年妇女提供免费健康体检，为户籍适龄妇女免费筛查宫颈癌和乳腺癌。投入98万元，完成北三里屯南42号楼街道养老服务中心装修改造工程。

（陈　宁）

【就业服务】　年内，开展"春风行动"。举办专场招聘和政策宣传活动8场，开发就业岗位2797个，实现就业320人。

（陈　宁）

【劳动监察】　年内，走访企业400余家，开展劳动用工审查，严查用人单位合同、保险、工资发放情况，处理9起劳动纠纷，追缴拖欠工资38万元。

（陈　宁）

【非公党建】　年内，以三里屯SOHO商务楼宇服务中心为依托，发挥社会工作党委统筹作用，以"午间时刻""青年交友""关爱联盟""白领讲坛"等特色活动为载体，探索实践商务楼宇党建新做法，形成以三个导向（需求引导、整合主导、联动倡导）为主线、一个重点（区域化党建）为基础、三大工程（服务暖心工程、活动聚力工程、品牌示范工程）为载体的"3·3"商务楼宇服务工作模式，全面对接企业和员工需求，提升楼宇党建引领带动作用。全年新建非公党支部3个，社会组织党支部2个，重点培育"家庭党日""给你一颗水晶心""让爱点亮星空"等一批党建创新品牌，提升社区和非公党组织凝聚力和影响力。社区成立六小门店自律协会，为建组织、强服务奠定基础。

（陈　宁）

【破损道路整修】　年内，继续开展"路平"工程。完成春秀路2300平方米便道铺装，修复破损便道600平方米，在幸福三村中路道路两侧补植绿化1500平方米。完成中纺里西院次主路1600平方米沥青铺装及1800平方米居民活动区改造。完成中三里、东三里、白北5号、7号楼等路面破损修复及铺装2300平方米。改造幸福一村居委会门前路段排水系统,新建排水井口6个,彻底解决积水问题。

(陈　宁)

【环境整治】　年内,街道组织辖区派出所、交通队、城管执法队、综治办对三里屯酒吧街和三里屯南路两处繁华地带流动商贩实时监控,联合执法31次,纠正影响市容环境的违法行为为8900余起。检查"门前三包单位"1230余家。制止非法安装广告牌5块,拆除违章广告牌6块,取缔私设停车位48个,取缔并处罚"联合众跃"黑收费公司,清理暂扣黑三轮260辆。联合公安、消防等部门检查生产经营单位1250家,下达执法文书680份,发现并整改安全隐患3340处,行政处罚立案13起,罚款8.35万元。整治白家庄路,查处露天烧烤摊位6处,拆除违法建设19处540平方米。组织地区治安巡逻志愿者维护交通秩序、街面巡控,出动治安巡逻力量6000余人次。招聘居住在本社区、年龄在50岁至60岁之间人员为巡逻志愿者,每个社区设3人,定人、定岗、定时在社区巡逻,发现问题及时处理。整治出租房屋秩序,处理违规群租房8家。受理"政民互动网"交办件45起,调解矛盾纠纷189件,开展日常法律咨询84次,处理群众来信、来访25件。投入70万元,完成白西和幸福二村社区、三里和北三里社区警务室。完成创建一村太平庄"平安示范"小区工作。

(陈　宁)

【文化惠民】　年内,完成国家公共文化服务体系示范区验收工作。启用"1个中心、7个活动室"文化工作服务网络,为地区居民提供完善的文化服务。举办第十二届社区文化节暨第二届国际时尚文化节、全民健身月、乒乓球比赛、科普活动进社区、老年人健康教育、百姓同乐会等活动。

(陈　宁)

【社区规范化建设】　年内,幸福二村社区完成"北京市社区规范化建设示范点"验收和"一刻钟便民服务圈"星级评审工作。完成北三里社区、白西社区"六型社区"创建工作。完成幸福一村社区"智慧型社区"创建并通过"国际社区服务站"验收。完成东三里社区平安社区、精细化社区创建工作。

(陈　宁)

【工会建设】　年内,以发放职工需求调查问卷、召开会员代表座谈会形式调研工会工作,完成会员信息采集7737人,办理京卡3202张。

(陈　宁)

【社会动员】　年内,发挥各类社会组织、基层自治组织等社会力量的协同作用,在中纺里成立第一家街道层面的社区侨联委员会,完善街道志愿者"公益储蓄分中心"建设,有星级志愿者658人。以新成立的商务楼宇"企业关爱联盟"为平台,嘉铭中心、世贸百货等单位以及社会各界为地区公益事业捐款22.5万元。启动街道红十字分会"关爱生命与健康温暖工程"活动,为地区内60户行动不便的特困空巢老人入户免费体检。协调社会单位和辖区居民参与地区各项公益活动和社会建设工作,北京职工体育服务中心出资400万为地区居民修建千米健身走廊和乒乓球健身园地。3.3服饰大厦出资70万元参与地区文化节活动。中纺里社区社情民意收集小组以及北三里社区居民"周末清洁日"等自发、自治行为,获居民认可和好评。

(陈　宁)

【党政群共商共治工程】　年内,利用入户走访、问卷调查、座谈了解等形式,收集社会单位、居民群众的意见建议243项;在党员代表、居民代表、单位代表等充分议忧基础上,经街道工委、办事处研究,确定社区层面20项立项项目、街道层面14项为民解忧工程。

(陈　宁)

首都机场街道

【概况】　首都机场街道位于朝阳区东北部。四周与顺义区接壤,面积12.23平方公里。包括航站区、工作区和生活区。生活区面积2平方公里,分为南路东里、南路西里、西平街和南平里4个社区,常住人口37169人,其中户籍7282户24553人;人户分离3505人,办证暂住外地人口9100人,外籍人口11人。有企业464家,个体工商户653家。有学校3所,幼儿园4所,有二级甲等医院首都国际机场急救中心、社区卫生服务站1个;有央企离退休干部活动中心6个、集贸市场1个、超市4个、商铺216个(餐饮业75个、美容美发64个、各类商店77个)和星级酒店4个;有体育馆和体育场、电视台、影剧院;有街边公园17个、健身园14处。年内,街道以"深入学习宣传贯彻党的十八大精神、加强社会服务管理创新"为主线,推进社会管理精细化、公共服务均等化、社会动员常态化、社会环境优质化、社会领域党建科学化,建设"文明、和谐、宜居、平安"的"美丽南楼",推动地区科学发展,实现民生幸福。完成税收3.46亿元,同比增长32%;区级财政收入8209.39万元,同比增长1.65%。征收个人房屋出租税675.9万,同比增长23.2%。

地址:首都机场生活区西平街2号
电话:64563946
传真:64500092
邮编:100621
电子邮箱:bjjcxzb@bjchy.gov.cn

(李雪飞)

【干部队伍建设】　5月28日,制定下发《首都机场街道干部职工休假审批办法(试行)》和《首都机场街道关于执行〈职工带薪年休假条例〉的实施办法》。11月4日至5日,区委组织部对街道领导班子进行任中考察,对处级干部进行任中考察测评。年内,发展中共党员6人,中共预备党员转正7名,现有街道自管中共党员(党组织关系在街道)554名。退休2人,1名干部到区直单位挂职,2名干部被遴选到区直单位,招录1名事业编干部和1名社区工作者,社保所纳入规范管理干部19人。

(李雪飞)

【食品药品监督所成立】　11月1日,成立首都机场食品药品监督所。街道办事处结合地区实际,理清相关科室(部门)职责,强化管理制度、规范工作流程5项。对辖区411家餐饮服务和食品流通等单位开展详细的摸底调查工作。组织地区75家餐饮服务单位进行学习培训。专项监管学校及幼儿园食堂卫生安全工作,保障学校及幼儿园食堂集体用餐安全。对地区餐饮服务和食品流通企业进行联合执法,综合治理。妥善处理投诉举报22起,满意率达100%。

(李雪飞)

【党政群共商共治】　年内,街道本着解民忧、惠民生、办实事的工作理念,整合政府各部门和社会各界资源,开展党政群共商共治工程。通过网上(南楼网)和网下2支谏言队伍、《南楼生活报》、社区常务代表会议、社区党员代表会议、社区工作者、人大代表、街道处(科)级负责人专题走访等7种渠道征求百姓意见410条。投入1586.54万元,实施街道层面5大项、社区层面6大项党政群共商共治工程,主要包括消防安全促进项目、社区服务用房改造项目、环境综合提升项目、文体设施改善项目、交通环境优化项目等。安装机非隔离护栏380延长米,安装违法停车监控设备5套,设立交通提示电子显示屏1处。改造西平里小区围墙1500延长米，安装治安监控探头20个。投资140多万元，翻修机场体育场塑胶跑道3900平方米。将原南路西里社区服务用房改建为140余平方米街道图书馆，新增24小时自助图书机1台，借阅图书13636册。改造、修缮辖区道路面积7399.6平方米，粉刷辖区楼道18万平方米，建设西平里优美小区，道路铺装1555.7平方米，改造绿化面积9500平方米。完成改造西平街社区办公用房660平方米。

（李雪飞）

【党建工作】 年内，街道工委秉承"党建龙头带动全面发展"理念，以地区党建协调会为平台，构建具有机场特色的区域化党建共建工作模式。通过推进区域化党建工作、扶持培育居民自治组织、创建示范型社会工作党委、开展"凝聚党旗下、党群心贴心"主题实践活动等形式，加强地区党建工作。推行志愿服务项目化，涌现出了"姐妹指路队""小草护绿队""蓝丝带时间银行""心手相连"等志愿服务品牌。与机场检验检疫局、机场物业、北京边检总站、朝航冷气支部等驻场单位党组织开展形式多样的党建共建活动，街道工委投入20万元，表彰10家党建共建工作突出的社会单位。扶持培育居民自治组织"乐民好管家"。完成社会工作党委换届工作。2名年轻企业中高层管理者被选入社会工作党委班子。组织街道党员干部参与改造南平东里小区绿地3200平方米，邀请中央党校教授张太原、高中华到街道解读党的群众路线教育实践活动和党的十八届三中全会精神。开展"中国梦·我的梦"百姓宣讲活动。走访慰问困难党员、新中国成立前老党员、优秀党员100余人。

（李雪飞）

【文化建设】 年内，以创建全国公共文化服务体系示范区为契机，加强地区文化建设。改建图书馆近200平方米，新增图书5000册，报纸杂志106种，馆藏量突破1万册。投资145万元，翻修体育场跑道。朝阳新闻发布风采图片717篇，上报门户网站信息447篇，区采用信息101篇。邀请传媒大学专家讲授媒体有关知识。开展中外经典诗歌散文吟诵、"圆梦南楼"乒乓球比赛、图书馆启动仪式暨历届文化节活动展和"我运动、我健康、我快乐"千人健步走等系列活动。组织驻地区单位和社区居民参加区交谊舞比赛和戏曲比赛，均获二等奖。

（李雪飞）

【机关规范化建设】 年内，街道工委以提高机关精细化、标准化、程序化和信息化水平为目标，重点做了三项工作：(1)加强干部队伍建设。实行"上挂下派"制度，全年分三批16名干部进行为期3个月街道和社区之间双向挂职。(2)制度及流程规范建设。深入推进清理确认涉权事项工作，梳理涉权事项843项、编制权力运行流程图324份，完成廉政风险防控手册汇编工作。制定《机场街道科室预算绩效管理办法》，提高财政资金使用效益和透明度。(3)机关硬件建设。配合机关规范化工作，投资298万元修缮办事处设施，购置了30.4万元办公设备，调整便民服务窗口科室(部门)办公房间，规范机关院内秩序，建成街道OA协同办公平台。

（李雪飞）

【社区服务】 年内，街道坚持以"自治与服务"理念，发挥居民自治组织作用，提升社区服务水平。每月召开"乐民好管家"自治组织成员座谈会，全方位了解社情民意，解决了不文明养犬、小区绿地斑秃等疑难问题。发挥"爱犬俱乐部"作用，安装爱犬便便取纸屋，倡导文明养犬理念。成立亲姐妹互助站和空巢老人开心驿站，满足高龄老人"同伴"陪护需求。设立"我爱我家俱乐部"，推进北平里小区公共客厅建设，营造和谐社区氛围。依托社区"道德讲堂""欢乐话吧"等平台，开展志愿者、服务商与困难空巢老人结对帮扶活动1361次，打造学雷锋月、"蓝丝带"志愿服务月、"吾爱花容"相约5日一元理发等特色服务项目。开展智慧社区创建工作，搭建网上社区服务平台。南平里社区被市社会办评为"三星级"智慧社区。南路东里社区通过六型社区创建测评。

（李雪飞）

【就业与劳动保障】 年内，街道社保所从"约束、从简、合作、并轨、共享"五个方面入手，优化服务，让百姓得到实惠。开发就业岗位623个，完成指标数的109%。为失业人员职业指导613人次，完成指标数的两倍。为失业人员免费技能培训25人，完成指标数的132%。3月21日，举办"春风行动"现场室内招聘会，10家用人单位提供300余个就业岗位，300余人场应聘，120人达成就业意向。全年新增失业人员112人，就业124人，实现新增失业人员全部就业。为131人享受灵活就业政策补贴人员办理相关手续，为4459名退休人员办理药费报销服务，为1640人提供"一老一小"及无业人员参加医保相关手续，为2498人办理补换医保卡手续，为43户75人办理低保相关手续，发放各类社会救助资金203.19万元。

（李雪飞）

【人口和计划生育工作】 年内，开展"创建幸福家庭""国门健康大讲堂"、人口文化嘉年华等活动。利用和整合社会资源，引进"爱玛家"专业机构，推出以"关爱母婴 启航梦想"为主题的"晨曦计划"。完成公共卫生安全社区创建工作。48人无偿献血10600毫升，为10户低保边缘家庭送去慰问金10000元，完成100名初级急救员培训工作和全员人口信息质量核查录入工作。新生儿出生上报正确率为100%，出生政策符合率(计划生育率)为100%。海淀区高校计生负责人、常营地区青少年等参观地区人口文化园。在"幸福家庭"DV大赛中，中航油计生办报送的《老于的故事》获区一等奖，获市三等奖，并被北京电视台选用。北京飞机维修工程有限公司计生办报送的《守候》获区二等奖。

（李雪飞）

【城市管理】 年内，地区开展城市环境整治改造工作。投资200万元，改造西平里小区环境，绿化美化面积9700平方米，安装便民晾衣架86组，更换维修城市家具和市政设施62件。西平里、北平里、南路西里3个小区完成"三无"小区创建工作。投资82万元，粉刷楼道18万平方米，并与北京金盛奥业工贸有限公司签订《机场生活区楼道保洁项目外包合同》，探索建立街道、居民自治组织和物业公司三方齐抓共管楼道保洁长效管理机制。投资30万元修补道路7399.6平方米。投资394万元，建成西平街社区办公用房，地区的社区办公用房全部达标。增设便道桩34个，安装交通出行提示显示屏1套，安装违法停车监测设备5套、闯红灯监测设备2套。严格施工工地检查、违法建设管控，拆除违建2处5平方米，实现违法建设"零增长"目标。全年取缔无照经营商贩130起，规范各类广告牌匾142块，立案查处、扣押黑摩的58辆，取缔露天烧烤8处。对地区400家门前三包单位进行年审续签工作，签订率达100%。

（李雪飞）

【安全稳定】 年内，街道完善重点人管控、情报信息搜集研判、社会稳定风险评估、群体性事件应急处置4项工作机制，统筹做好地区维稳工作。落实首都治安志愿者实名制制度，全国"两会"期间，出动安保志愿者1万人次。落实平安示范小区创建工作，加固加高西平里小区围墙138延长米，安装治安监控探头20个,更换维护小区门禁系统56套。加强流动人口和出租房屋管理,核减流动人口698人,完成工作指标。组织开展地区安全生产大检查,检查各类生产经营单位405家,签订安全生产责任书348份。受理矛盾纠纷202件,调解成功200件。帮助社区矫正人员和刑释解教人员解决实际困难,签订管控责任书,实行日常管控与帮扶救助相结合,营造和谐关爱的社会环境。处理上信访件53件,无重复信和历史积案化解情况,案件办结率100%。以创建AAA级规范化司法所为契机,加强软硬件建设,实现组织机构、人员队伍、业务管理、基础保障、外观标识和所务管理规范。12月18日,街道司法所通过市司法局考核组验收。

(李雪飞)

【帮困助残】 年内,按照"老有所养、残有所帮"工作目标,开展老年人和残疾人等弱势群体服务工作。组织地区老年人才艺展示汇演、老年人书画展、"朝阳慈善情——除夕大联欢暨新春合家欢饺子宴"等活动。为低保、优抚、高龄、地方退休等人员发放各类民政资金156万元。为470名老人办理老年证、老年卡。地区老年餐桌"18味餐厅"被市老龄委评为"十家示范养老餐桌"。慰问各类困难人员1522人,发放慰问金33.8万余元。组织地区困难残疾人50余人游览北京园博会。街道参加区职康项目展示的46件手工作品被区残联收购。购买立德社会工作事务所康复服务项目,组织地区残疾人开展折纸、软陶、体能展示等活动,在全区"激发潜能、精彩绽放"活动中,温馨家园表演节目获得好评,提升了康复人员的自信心。

(李雪飞)

双井街道

【概况】 双井街道位于朝阳区中西部。东起东四环与南磨房相邻,南至劲松大街、广渠路与劲松街道为界,西至东二环与东城区(原崇文区)相连,北至通惠河与建外街道相邻。辖区面积5.08平方公里(2006年,属原崇文区约0.02平方公里区域划归朝阳区,面积由5.06平方公里增至5.08平方公里),绿化覆盖率为33.8%。有户籍人口72514人,外来人口23555人,外籍人口3900余人。有12个社区居委会和社区服务站。东二、三、四环路,西大望路,广渠路等7条市级道路贯穿其中,有区级道路15条,公交线路38条。有规模以上企事业单位2383个,有学校(含托儿所)18所、医院1所、卫生服务中心1所、社区卫生服务站5个。地区属于CBD商务生活服务功能区,街道整体突出社会稳定、人居和谐,经济稳定发展的良好局面。年内,完成区级财政收入7.2亿元,同比增长29.14%;完成小房产税收2258万元,同比增长2.64%。

地址:百子湾南二路88号

电话:67782507

邮编:100022

网址:http://sjjd.bjchy.gov.cn

(尹　亮　赵　曼)

【食品药品监督所成立】 11月1日,街道成立食品药品监督所(简称食药所)。管辖单位909户,其中餐饮企业340户,个体食杂店224户,有限公司324户,药店21户。年内。办理食品流通许可24件;召开辖区100个餐饮企业单位负责人参加的食品安全法律法规培训;配合街道办事处联合执法5次;接到餐饮服务投诉举报案件20起;配合区食药局下发餐饮服务单位食品安全承诺书150份。

(尹　亮　赵　曼)

【党风廉政建设】 年内,街道为区分权管权试点单位,完善党风廉政建设领导体制和工作机制,召开2013年党风廉政建设工作大会。分层级签订党风廉政责任书315份,确保"一岗双责"的落实。开展分权管权工作,编纂完成《双井街道廉政风险防控手册》,编制涉权事项目录794条、权力运行流程图309份,廉政风险点226个,制定防控措施672条;确立并完成财政收入、劳动就业、人口服务管理、创建六型社区、智慧型社区、国际化社区建设、社区规范化建设7项效能监察工作任务。深化2013年目标管理双百考核工作。检查56次,提出合理化意见建议23项,促进街道各项工作任务有序开展。

(尹　亮　赵　曼)

【干部队伍建设】 年内,招聘干部3人,接收军队转业干部1人,退休6人(其中提前退休2人);任用副主任科员2人、副调研员2人;任用非领导职务干部9名(3名主任科员、6名副主任科员)。招录社区工作者12名,选拔社区后备干部20名(7名正职,13名副职)。开展"爱岗敬业模范社工银蜜蜂奖评选"活动,评选优秀社工12名。

(尹　亮　赵　曼)

【党政群共商共治】 年内,开展党政群共商共治工程建设。征求意见建议1258条。通过梳理,确定街道层面为民解忧项目28个、社区层面项目21个,截至12月底,全部完成。

(尹　亮　赵　曼)

【助残帮困】 年内,开展养老助残、扶助救助、计生帮扶、早教培训、心理疏导、结对互助、外地务工子女入学等专项服务,落实社会救助和就业政策,加大技能培训就业援助力度,帮助困难群众解决基本生活、就医、就业等实际问题。完成69户有需求的肢体残疾人家庭无障碍改造,实现无障碍改造全覆盖。为140户重度及老年残疾家庭提供居室清洁、清洗灶具、拆洗被褥等家政服务。为75户重残人家庭提供"一帮一""一帮二"的"轻残帮助重残"志愿服务,服务项目涉及:理发、盲人按摩、家政、心理疏导、代买代购、陪护就医等。由6名特聘顾问及12名社区助理疏导员组成"援障健康"疏导队,为残疾人免费提供法律、工商、税务、公共卫生、个体就业及社会保障等疏导咨询服务达450人次。为地区32名品学兼优困难家庭学生提供助学帮扶资金5万余元。接收公益性捐款14万余元,全部用于帮扶社会弱势群体。街道获2013年北京市敬老爱老为老服务示范单位。

(尹　亮　赵　曼)

【社会组织培育】 年内,分别以"职场四季""向阳花坊""双井13社区""百合行动""天使飞扬志愿者服务队""苹果艺术团"为主题,申报并获区级购买服务项目。依托社会组织开展地区公益性、帮扶性服务。其中关注失独家庭的"向阳花坊",由最初关注失独人员10余人,扩大到60余人,占地区失独人员总数的70%。以社会组织服务基地为平台,以社会志愿者公益储蓄分中心为依托,采取"上下内外联动"方式,推进志愿服务。地区招募社会志愿者10069人,服务时长达38038小时,开展志愿活动499次,服务人群39694人次。

(尹　亮　赵　曼)

【社区规范化建设】 年内,完成富力社区国际化社区创建和双花园社区市级规范化社区创建工作;完成百子园社区、广泉社区、广外南社区"六型社区"创建工作,完成大望社区、光环社区社区智慧社区创建工作。

(尹　亮　赵　曼)

【城市综合管理】 年内,对劲松九区、双花园南里小区实施准物业管理,对有机小区进行综合整治节能改造,提升改造九龙南社区文化广场绿地,粉饰15栋居民楼65个单元门9800余平方米楼道的小广告,在重要路口安装减速带10条,在百子湾南二路、垂杨柳中街安装便民座椅15把,为辖区物业公司派发电动三轮车20辆，、14个小区实现了垃圾分类。辖区23个小区获"三无"小区称号，新增停车位1200个，加装便道隔离桩、隔离护栏400延长米，设置公共自行车服务点10处，投放自行车150辆；绿化美化15.5万平方米，设置摆渡车停靠点10处、安装公交一卡通服务系统10台，营造安全、通畅、有序的出行环境。光环社区获首都花园社区称号和星级环卫绿化站称号，

（尹　亮　赵　曼）

【维护稳定】　年内，街道完成全国"两会"、十八届三中全会期间防控维稳任务。发动社会治安志愿者5600余人，机关干部、社区居干600余人（次），做到重要目标有人守、重要路段有人巡、重点人群有人看，做到社会面治安有效防控；成立1支由20人组成的巡防队伍；在广渠路和三环路沿线加装19个高清监控探头；建立双花园社区监控室，在地区1283个小区居民楼道、电梯间张贴社区民警电话、社区电话、日常安全等内容的温馨提示栏；发放各类安全常识宣传品5000余份。

（尹　亮　赵　曼）

【"双井13社区"】　年内，建立"双井13社区"专职办公室及信息员顾问组。在易构空间专设办公场所，通过技术开发、制度建设和运营活动，持续加大"双井13社区"建设，开发完成"双井13社区"网站和手机终端，现两个平台注册用户有3722个，其中个人用户1056个，商家用户2666个，话题信息达1686个。页面浏览量近16000人次。"双井13社区"微博有粉丝2401名，发布微博数618篇。年内，制发《今日双井》报数字化共20期，发布活动信息238个。网站页面浏览量近16000人次。

（尹　亮　赵　曼）

【危改拆迁】　年内，街道加快推进和平村拆迁项目。抽调地区机关骨干14名，组成工作组，负责拆迁工作。其中有2名处级领导现场专职调度、盯守，12名干部对接拆迁公司，配合促迁。落实3×3工作模式（即三名处级领导、三名副处级调研员、三名科长组成三个小组对接三个拆迁公司），包宣传走户、包安全稳控、包困难解决。街道14名处级领导带领56名机关干部、28名社区居干组成14个群众工作小组开展入户宣传工作。以周为单位开展专项行动，保障地区居民正常的生活、生产秩序。拆迁区域有5204户拆迁居民，现已搬迁5035户，完成拆迁任务的96.8%。

（尹　亮　赵　曼）

【信访风险评估】　年内，街道处理信访和各类矛盾隐患845件，突发事件34起。处理区以上群体访35次563人，主要上访户矛盾为和平一、二、三村拆迁相关问题。接待来人来电上访331批次；处理区转信访件22件；办理网上政民互动建议和投诉552件；处理96105热线电话162件；办理市长信箱和区长信箱信件64件。

（尹　亮　赵　曼）

【老旧小区整治】　年内，街道开展实施2013年老旧小区综合整治工作，成立2013年老旧小区综合整治工作指挥部及专项工作小组。补建绿化劲松九区面积2300平方米，维修道路7600平方米，为722户居民补建信报箱，完善照明系统70处，新建大门4处，修复围墙400米，新建自行车棚1处，新规划停车位200余个。劲松九区小区和有机小区通过区社会办2013年准物业管理小区创建验收工作；创建23个"三无"示范小区。

（尹　亮　赵　曼）

团结湖街道

【概况】　团结湖街道办事处位于朝阳区西部。东起水碓子东里、水碓子东路、朝阳体育馆西侧，南至呼家楼北街和二道沟北侧，西至东三环北路，北至农展馆南路。辖域面积约1.23平方公里，辖22条街巷，设6个社区居委会。有居民总户数17739户，常住人口43782人。有24小时自助工商银行、建设银行、邮局、新华书店、京客隆超市等。驻有中轻国际工程有限公司、国家烟草局培训中心等央属单位与北京青年报社等市属单位，有中专、中职、中学、托老所各1所，小学、幼儿园各2所，医院4所。年内，街道以"11168"（围绕"深入学习宣传贯彻党的十八大精神、加强社会服务管理创新"主线、以打造"和谐、宜居、智慧、幸福"团结湖为目标，以服务改善民生为重点。突出社区文化活动中心建设、智慧团结湖建设、城市精细化管理、养老助残体制机制建设、国家公共文化示范区建设、区域化党建六项工作。实现经济发展优质化、城市管理精细化、为民服务信息化、社会动员常态化、公共服务均等化、文化建设大众化、平安建设规范化、党建工作科学化的八个良好愿景）思路统领并完成全年工作。实现区级收入1.97亿元，征收个人出租房屋房产税1200万元，同比增长20%以上。

地址：团结湖北头条9号楼

联系电话：85589999

邮政编码：100026

网址：http://tjhjd.bjchy.gov.cn

（李丹梅）

【人口和计划生育】　2012年10月至2013年9月底，上报出生人数254人，计划生育率98.43%。签订地区单位计划生育责任书46份。为275人办理一胎《生育服务证》，为76人办理一胎随父入户，为75人办理《独生子女光荣证》，办理审核、上报再生育申请材料27例，征收3户社会抚养费81.03万元。为符合条件99名独生子女父母发放一次性奖励款9.90万元；为17名独生子女父母发放一次性经济帮助款17万元。全年为1503人次发放独生子女父母奖励费4.42万元。为20对待孕夫妇提供免费孕前优生健康检查服务；为100名已婚育龄妇女提供免费生殖健康体检、跟踪服务。加强74个药具发放点管理，发放避孕工具2.10万盒，其他药具815盒，发放叶酸143盒。开展"生育关怀，慈善献爱"一元捐活动；为250户计生困难家庭、特扶家庭办理安康计划保险。推进0岁至3岁儿童早期家庭教育，与早教基地开展"妈妈的吻""亲子读书周"等早教活动。加强流动人口管理工作。开展"双向协作"，提升流动人口服务管理水平。组织宣传活动36次，健康婚育知识讲座48次，办理流动人口生育服务联系单149人，核查流动人口避孕节育133人，核查出生监测人员104人，FIS系统日常工作核查和反馈信息557条。为常驻非户籍家庭提供避孕节育药具并定期随访，为100名已婚流动育龄妇女提供免费生殖健康检查并建立健康档案，开展流动人口关爱专项行动。推进人口信息化建设，完成与公安系统户籍人口的数据比对，规范全员人口管理信息系统运行管理，补充和校正PIS系统缺失、漏统和错统等个案信息3800条。

（李丹梅）

【矛盾纠纷排查】　1月、5月开展人民内部矛盾纠纷大排查工作。摸底社区矛盾隐患，落实责任。协调化解白家庄东里11楼特尔特一期工程遮光扰民、二期工程即将开工等重点矛盾纠纷。全年组织地区各类隐患排查调解14次，调处化解纠纷1461件（联合接待室1268件），办理1399件，达成书面协议18件（其中简易纠纷调解协议3件），成功办理率为96%。

（李丹梅）

【工会建设】　1月至9月，成立基层工会组织67家，覆盖辖区单位227家，有会员3604人。全年开展会员活动20场次，覆盖会员

900人次。集体合同签订率为92.07%,北京银行卡办卡率为99.28%。慰问地区企业困难职工,帮扶员工15人次。完成工会服务站标准化建设,并通过市总工会验收。

(李丹梅)

【党政干部接访月活动】 2月27日至3月20日,开展党政干部“接访月”活动。接访36件次42人次。

(李丹梅)

【拆违控违】 4月底,完成区挂账任务城建学校违法建设1处60平方米。全年拆除挂账外新增违法建设12处118平方米。拆除阳台扩建类5处43平方米,及时防控制止新增阳台扩建12处135平方米。

(李丹梅)

【信访宣传】 5月10日至6月7日,开展“畅通和规范群众诉求表达、利益协调、权益保障渠道”为主题的信访条例宣传月活动。5月10日,开展集中宣传日活动。设置宣传站,悬挂横幅、张贴信访宣传画、摆设板报。发放《信访人须知》、《信访条例》等宣传材料1200余份,1000余人参加活动。

(李丹梅)

【科普周活动】 5月21日,街道在团结湖公园开展第三届“科学健身 志愿服务”健身大步走暨团结湖地区北京科普周启动仪式活动。设置6个志愿服务宣传点,街道社区居民志愿者、区直机关志愿者、科普志愿者、青年志愿者、街道民兵志愿者近500人参加活动。

(李丹梅)

【表彰一刻钟社区服务圈服务商】 8月,投入近10万元表彰优秀服务商。采取服务商自荐和社区推荐的方式,评选出签约在10个月以上街道级优秀服务商32家。

(李丹梅)

【共青团建设】 9月,街道团工委召开地区“两新”团组织建立大会。新建非公企业团支部13个,覆盖团员160人,完成2013年“两新”组织团建任务目标。地区3名品学兼优青少年获北京市“希望之星(1+1)奖学金”2400元。

(李丹梅)

【食品药品监督所成立】 11月1日,成立“团结湖街道食品药品监督管理所”。主要职责为:负责地区食品、药品、医疗器械、保健食品和化妆品的监督管理工作。成立后颁发食品流通许可证15个,对100余家餐饮服务企业开展食品安全知识培训。会同街道综治办、派出所、工商所等部门开展联合执法3次,调查处理食品安全举报及网格案件50件。

(李丹梅)

【区域化党建】 年内,建立“智慧党建手机应用平台”、移动党建阵地等并在全区作经验介绍。街道确定党建重点调研课题18个,征集党建文章138篇,区党建专刊转载调研课报告3篇,刊印《朝阳区团结湖街道区域化党建实践与研究集萃》。建立党建指导员“5163”机制,在处级领导带领主管科室“包社区、包困难家庭、包重点矛盾、包调研项目、包品牌培育”5包制度基础上,街道机关每名党员联系1个至2个社区居民党支部或非公企业、两新组织党支部,通过“宣、指、听、带、促、树”方式,做到“沉下去,动起来,保实效”,为基层党建注入新动力。扩大党组织和党建工作覆盖面,成立机关第五党支部和博瑞大厦党支部。组织“我的梦·中国梦”宣讲活动。北京青年报、社区卫生服务中心等单位参加宣讲活动,北京电视台《北京新闻》进行报道。三四条社区老干部、老党员开展捐资“助学筑梦”活动,为10名孩子实现了上学梦。建立“1156”统战工作机制。即:构建一个大统战工作格局,建立一个统战人士信息库,通过联心、联动、联办、联谊、联合的“五联”工作方式,在商务楼宇建立党的建设、社会建设、工会、共青团、妇联、统战“六站合一”工作站,发挥地区统战工作围绕中心、服务大局、服务发展作用。

(李丹梅)

【助残帮困】 年内,为17名老年无业贫困妇女办理医疗救助卡。春节期间,为22名单亲贫困母亲每人发放慰问金200元。评选区级五好文明家庭3809户,占辖区常住总户数的26%。有低保家庭132户225人,比上年减少11人,发放低保金140万元。认定低收入家庭15户。完成慈善依恋助学17人次,发放救助款2.85万元。募捐善款6.49万元。为105名空巢老人建立台账并提供服务。为60户老人建立服务档案。为地区23名贫困失能老人,提供医疗、家政、志愿服务。借助敬老月启动为老服务建设5个工程(暖巢互助工程、爱心助老助残工程、智慧养老工程、孝行天下工程、为老维权工程)。街道获市为老服务示范单位称号。9月,在“第六届全国老年心理关爱研讨会”上作典型发言,论文“关于开展老年心理关怀的探索与实践”获一等奖。年内,走访慰问困难残疾人176户,发放慰问金11万余元。为4户特困残疾人申请临时生活困难补助16000元;为143名重残人发放北京市市民居家养老(助残)服务券17.16万元;为68名肢体残疾人发放燃油补贴1.77万元;组织25名残疾人到社区卫生服务中心免费体检;为5名残疾儿童发放康复补助38003元;为65名贫困精神病人申请精神科诊疗费34.87万元;为2名成年智力残疾人发放康复补助1.03万元;为7人办理贫困精神病人住院补贴;为13名肢体残疾人办理康复卡6500元;为38名残疾人发放个体三险补贴,为5名残疾人学生及低保残疾人女子申请扶残助学补助;为212名残疾人办理城乡居民养老保险缴费补贴审核手续;为10名残疾人申请北京市残疾人生活补贴。为18户肢体残疾人家庭改造无障碍设施;组织有特长残疾人志愿者上门慰问失能老人10名;投资8万元对辖区精神障碍者进行心理疏导和入院康复治疗。4月2日,朝阳三医院、北京市六医院和美国精神科导师到水碓子温馨家园进行考察调研。10月9日,中央电视台新闻中心到街道水碓子温馨家园,采访报道地区的精防工作。

(李丹梅)

【矫正帮教】 年内,地区有社区服刑人员16人,刑释解教人员63人,未发生发现脱管、下落不明、重新违法犯罪人员。为6人申请司法救助,为18人提供就业就学指导、心理疏导、家庭矛盾化解、政策法规咨询等救助,组织公益劳动25次104人次参加。完成9人次社区矫正适用前社会调查工作,组织7人参加中途之家法规培训,走访和教育谈话648人次。

(李丹梅)

【干部队伍建设】 年内,采取办培训班、经验交流、拓展训练、挂职锻炼等形式,培养干部解决实际问题的能力。鼓励干部继续教育学习,制定《团结湖街道机关干部继续教育学费报销规定》。1名科级干部晋升为处级领导岗位,2名年轻干部分别被市、区职能部门遴选,提拔任用为科级干部。开展班子整体建设调研试点,深入研究班子建设的特点规律,形成“1+5”调研成果,即:一个《街道领导班子整体建设调研报告》和《团结湖街道工委、办事处议事决策会议规定》《如何提升班子合力加强思想凝聚》《如何强化自身学习 提升班子干部的学习力》《在班子整体建设中书记作用如何发挥》《如何通过加强自我管理监督强化勤政廉政》5个文件,推进班子建设发展。

(李丹梅)

【宣传报道】 年内,媒体采用街道对外宣传稿件296条。其中中央媒体采用39条,市级采用148条,区级采用109条。智慧社区、志愿服务等工作被中央、市级、区级媒体进行报道。编发《团结社区》报11期。

（李丹梅）

【文化建设】　年内，新建"24小时自助图书馆"1个。投入40万元为街道图书馆与社区图书室新添置图书3万册。在"追梦之舞·旋舞朝阳"—"朝阳区第六届舞蹈普及推广展大赛"上，街道金友舞蹈队"巍巍大中华"舞蹈节目获"创编奖"。规范地区文化娱乐服务场所。开展"扫黄打非"检查461次，出动执法人员1209人次。检查网吧87次、歌厅41次、市场53次、图书报刊亭208次、音像店72次。

（李丹梅）

【公共卫生】　年内，在200个家庭中开展"健康口腔、幸福家庭"全国项目试点工作。完成流动儿童流脑麻疹的查漏补种545人、为879名外来务工人员接种流脑疫苗、839人接种麻疹疫苗。完成老人和儿童流感疫苗接种3539人。组织制定H7N9禽流感疫情防控工作方案，配合相关部门组织实施应急医疗救治工作和各项预防控制措施。国家卫生计生委《健康指南》杂志社和街道社区卫生服务中心联合为地区居民举办健康大讲堂活动15次。配合区性病、艾滋病防治所完成对流动人口、娱乐场所、吸毒人员等高危人群宣传干预工作。

（李丹梅）

【社区规范化建设】　年内，通过智慧团结湖信息机、《团结社区》报等媒介平台收集建议30条。在党政群共商共治"问政季"期间，通过召开问政会、座谈会、入户走访等形式，收集意见建议208条，参与人数2339人次。经筛选确定2013年街道层面为民办实事项目20个，社区层面10个。完成南北里社区创建市"六型社区"工作、水碓子社区创建市社区规范化建设示范点工作、一二条社区创建市老旧小区精细化管理示范点工作。做到"三结合"，即：将创建工作与提升社区整体服务管理水平相结合，在创建过程中解决居民实际问题；将创建工作与改善社区办公环境相结合，为南北里社区重新规划办公区域、装修房屋、增加LED屏等；将创建与提高社区工作者能力相结合，指导社区工作者全面梳理工作，强化大局意识和责任意识。

（李丹梅）

【网格化管理】　年内，通过系统平台接收处理城市环境类网格案件47967件，按时结案45587件，按时结案率为95.04%，总结案率为99.77%。通过微博接收并回复网格案件3万次，通过微博、微信和微群与居民互动交流3200余次（其中反映环境问题1186件）。规范社会单位"门前三包"260余家。重点部位和问题多发地段实行早6时至晚24时重点监控，整治无照游商、散发小广告、店外经营行为，处理市容环境、街面秩序3万余起，取缔、规范无照经营1800余起。

（李丹梅）

【关爱生命与健康温暖工程】　年内，完成红十字"关爱生命与健康温暖工程"试点项目工作。依托司堃范爱心工作室和"老伴热线"等红十字志愿者组织，开展"红十字春风送暖工程"。以送健康知识、送健康用品、送健康体检、送心理健康咨询、送电脑知识培训"五送"活动形式直接服务居民。收到红十字博爱捐款5万余元。完成无偿献血任务90人份。开展红十字急救员培训，200人取得急救员资格证书。

（李丹梅）

【信访接待与化解】　年内，街道信访接待来电、来访、来信反映的信访件380件，其中区转政民互动信访件236件，接待集体访6批50人次，信访件办结率达到98%。在矛盾纠纷大排查工作中，发现各类矛盾纠纷371件，重点矛盾纠纷3件（白家庄东里11楼居民反映博瑞大厦工程扰民问题、社区综合服务中心楼工程扰民问题、水碓子养老院扰民问题），其中1件已申请区级重点矛盾纠纷问题。通过采取突发应急处置措施，预防化解集体访6批次，实现没有发生有集体上访事件，实现零上访和无越级访工作目标。

（李丹梅）

【社会治安综合治理】　年内，开展消防安全检查2800次，检查单位2600余家次，排查整改安全隐患693处，下达整改通知书377份，处理举报案件513起，发放消防安全材料2870余份，组织辖区社会单位开展消防培训66期，开展消防宣传活动87次。专项整治辖区彩钢板房，拆除彩钢板房1900余平方米。开展出租房屋日常检查，新登记流动人口8183人，核销离开流动人口10394人，新登记出租房屋292套、核销出租房屋245套。流动人口数量降至14312人，完成地区流动人口调减1822人指标。开展"家庭拒绝邪教"活动。发放科普宣传资料2200份，家庭拒绝邪教签约率96%。开展禁毒宣传宣传教育活动。发放禁毒宣传材料1600余份。开展平安教育宣传工作。采取专家授课、知识讲座、宣传活动等，2163名群众代表参加活动。在社区及公共场所张贴各种宣传画册210份。加强物防、技防建设。为87个单元1643户居民更换门禁系统，其中水碓子东里更换维修大门7处，更换对讲系统14个单元596户，安装监控探头20个并与街道指挥中心对接，装修扩建地区5个警务室，按照"一警三专"配备人员，提高人防管理水平。全年发生可防性案件15起，同比下降21.05%。完成重要会议、重大节假日及敏感日维稳安保工作，出动维稳志愿者6300人次。深化"五微"（微设计、微施工、微整治、微引导、微循环）交通工程建设，与社会单位签订交通安全责任书1000余份，成立60余人"五行交通"志愿者组织，参加社会交通自治日常活动，制作各种宣传标牌21面，电子屏幕安全提示牌1面，全年组织交通活动16次，参与居民1800余人，开展交通宣传9次，受教育人次4000余人。联合执法收缴"黑摩的"120辆，教育违法人员60余人次。协助朝阳交通支队限期停车整顿，处罚单位12家，责令整改社会单位10家，处罚道路乱停乱放机动车611起，遏制道路乱停乱放机动车。分批次组织304人参观朝阳区公共安全馆，发放各类宣传品近1000份，接受群众咨询800余次。组织1600余名在校师生、居民开展中暑救护、火灾逃生、雷雨天气避险、避震逃生、食物中毒急救、家庭防盗等避险疏散演练。

（李丹梅）

【双拥共建】　年内，参加区"凡人凡事"征文活动，获二等奖、三等奖。参加纪念延安双拥摄影展活动，投送照片21幅，获三等奖1个、优秀奖7个。开展八个一活动（为部队送一份拥军礼物，送去生活用品和文化用品；为部队送一场文艺演出，为部队邀请文艺团体慰问演出；为部队送一次心理疏导；安排一次军营一日游；慰问一批贫困士兵为官兵解忧；开展一次职业技能培训，为士兵进行电脑技术培训；为部队官兵开展一次法律咨询；请老战士讲延安故事，弘扬部队优良传统）。开展"五送"活动。根据战士需求，送职业技能进军营，请英语协会为武警战士教授使馆英语。请DV协会为部队战士讲授DV课程。送岗进军营，在老兵退伍之前，联系10家招聘单位到部队招聘，与合适人才签订意向书。送法律进军营，邀请律师为战士讲解法律知识，为官兵讲解战士退伍政策。送温暖进军营，组织中国老龄事业发展基金会志愿者在春节和八一送文艺演出进军营，组织地区美容美发协会理发师送理发进军营。送心理疏导进军营，邀请军地专修学院为战士输送正能量。

（李丹梅）

【地下空间检查】 年内,检查88处人防工程,开出550份整改通知单,排除安全隐患400起。

(李丹梅)

【安全生产】 年内,落实安全生产责任制,与辖区近620家生产经营单位签订安全生产责任书。以“安全生产月”为契机,开展安全知识答卷、“同煤杯”安全发展战略知识竞赛、“北京建工杯”职工安全生产知识竞赛等活动,3000余人参加竞赛。检查生产经营单位625家次,发现问题或隐患622处,完成隐患整改610余处。行政处罚15起,处罚金额10万元。

(李丹梅)

【法律服务】 年内,出具司法行政建议书19件,接待群众来电来访咨询200余人次,为3户有诉求困难家庭办理援助初审手续。开展法律知识讲座32场,发放法律援助宣传材料6000余份。开展普法宣传58场,举办市民普法大讲堂37场。发放法律书籍1万本,受教育人数达5万余人次

(李丹梅)

【智慧社区建设】 年内,改造和完善社区服务热线平台、“三微平台”、“智慧信息机”、“一号定位系统”。热线平台接待居民咨询来电1953单,派遣居民服务单1247单,“三微平台”与居民互动3200次,利用信息机发布社区新闻463条,图片1330张,点击量达261233次。通过“一号定位系统”发现并处理环境卫生相关问题270余件,精确提供求助指导162人次。1月26日,“掌上团结湖”手机平台上线;5月22日,“3D团结湖智慧家园”平台上线;9月,启动智慧居家养老重点项目工作,项目是集安全报警、紧急救助、健康监护和生活服务等一体化功能,并挑选两户空巢老人家庭为试点。街道社区均被评为三星级智慧社区。12月19日,街道“5A5S智慧团结湖社区平台”方案获“智慧北京大赛”十大优秀示范应用奖。全年接待各地参观调研71家单位1078人次,媒体37家次进行报道,其中报纸9家:国家级1家、市级6家、区级1家、街道级1家;刊物6家:国家级5家、国际级1家;电视台4家:市级3家,区级1家;网站26家:国家级17家、市级6家、区级3家。

(李丹梅)

【为民服务】 年内,便民服务摊点16家,三产网点59家,享受居家养老服务2273人,服务商23家,96156社区平台,102家服务商,服务项目200余项,服务信息902条,服务热线咨询单1953个,服务单1247个,接听单3206个。

(李丹梅)

【劳动监察】 年内,巡查劳动用工单位163家,专项执法检查2次,书面审查用人单位60家,查处用工违法行为立案86件,行政处罚12件,罚款6600元,结案率100%。查处拖欠工资事件12起,帮助来京务工人员讨要工资30多万元,办理农民工参加5项社会保险登记5家,社会保险扩面征缴10家,办理老知青返京落户审批手续3件。

(李丹梅)

【首都花园式社区创建】 年内,街道与北京林业大学合作开展“生态文明宣讲进社区”、生态家庭种植培训、购买碳汇、“我的绿色梦”演讲比赛、“军民携手爱绿挂树牌”等活动。承办国家发展改革委等9部委主办的全国纪念“限塑令”实施五周年一系列活动,新华社、《人民日报》等媒体进行报道。10月,“三四条社区”被评为首都花园式社区,街道实现首都花园式社区“五连创”。

(李丹梅)

【抗震节能综合改造】 年内,配合区房管局完成改造一二条、三四条社区40栋14万余平方米直管公房抗震节能工程,提升居民楼抗震强度和保温、隔热效能。

(李丹梅)

【专项整治露天烧烤、夜市排档】 年内,开展取缔露天烧烤和夜市排档违法整治行动。联合执法整治11次,取缔无照经营29起,拘留29人,暂扣车辆28辆,罚款2900元。拆除违规悬挂广告牌98块、牌匾38块,拆除违规条幅51条,清除窗贴950处,没收占道广告牌195块。全年取缔无照经营466起,罚款1.15万元,没收冥币159公斤。清理堆物堆料95处,清除暴露垃圾86处,规范店外经营262起。完成各类环境保障任务156次。及时处理城管热线、政民互动、居民举报1211件,做到件件有记录、有回复。

(李丹梅)

【老旧小区准物业管理】 年内,投资126万余元对三四条北小区、水碓子小区实施准物业改造。规范准物业门头、健全制度,选举产生社区准物业管理委员会和小区管理委员会。

(李丹梅)

【筒子楼改造】 年内,投资133万元改造水碓子筒子楼3号楼和9号楼公共厨房,更换安装水碓子3号楼等5栋筒子楼居民铁皮柜,360户居民直接受益。

(李丹梅)

【为民解忧工程】 年内,投资21万元升级改造水碓子乒乓球场,设置体育文化展示围挡160平方米,铺装地砖320平方米。投资40万元综合维修改造中路南一条1、2号楼上下水设施;投资25万元增设、维修、粉刷座椅和晾衣竿300余个;投资28万元修复小区道路、栅栏门及挡墙;投资24万元整治团结湖二小校园周边环境,铺设维修道路650余平方米,粉刷墙面、栏杆1100平方米;投资309万整治中路南三条小区和三四条南小区环境;投资42万整治地铁6号线站口周边环境秩序;投资47万整治团结湖北路东段街巷;投资17万整治团结湖路17号院老旧平房区。

(李丹梅)

【就业安置】 年内,街道社保所采集空岗信息2463个,职业指导1493人次,职业技能培训98人,创业培训17人,推荐就业337人,实现创业12人,带动就业45人,辖区城乡劳动力实现就业477人,就业率为83.54%,其中就业困难人员实现就业313人。公益性托底安置60人,发放小额贷款3笔,退休人员医疗报销421人次84.01万元。退养人员医疗报销95人次26.78万元。接收社会化退休人员档案301份,开展文体活动4次,办理退休手续122人次。新增低保14户23人。临时救助30人次,救助金额87974元。受理丧葬费补贴申请27人次13.50万元。优抚对象医疗报销43人次1.86万元;医疗救助194人次,报销费用18.47万元。社会保险代办企业10家,社会保障卡挂失、补换等业务2915笔。城镇居民基本医疗保险参、续保2079人。

(李丹梅)

望京街道

【概况】 望京街道位于朝阳区东北部,2000年6月望京街道成立。辖域东至机场高速路与酒仙桥街道、将台乡接壤;南至北四环路与太阳宫乡为界;西至京承高速路与来广营乡、大屯街道相望;北至湖光北街、宏泰西街与东湖街道、崔各庄乡相邻。辖区面积10.36平方公里,有常住人口约25万人,流动人口5万余人。外籍人口2万余人,其中韩国人占85%。下辖22个社区居委会,设有花家地、南湖两个派出所。有社会单位6185家,规模以上404家。有20余家知名企业,其中世界500强企业6家。有大中型商、市场30余家;有医疗机构7个。有星美国际影院、望京图书大厦和望京社区图书馆等大型文化休闲场所10余家。有南

湖公园、北小河公园、望京文化体育广场等6家。有中央美术学院、北京青年政治学院、陈经纶中学分校、白家庄小学望京分校等院校15所、幼儿园18所。城铁13、14、15号线地铁贯穿其中。年内,以“改进作风树形象,打牢基础促稳定,心系群众保民生”为总体工作思路,以作风建设为保障,以开展“党政群共商共治”项目为抓手,以实现地区科学发展、民生幸福为目标,统筹推进各项工作。完成区级收入21.69亿元,代征个人出租房屋税款1612万元。

地址:望京东园615楼。

电话:64703102、84778841

邮编:100102

邮箱:http://wjjd-xzb@126.com

(项　悦)

【“三大秩序”整治】 1月11日,召开“2013年度消防工作”“交通、治安和环境”“三大秩序”整治和“两节、全国两会”安全检查和社会稳控工作部署会。街道办事处班子成员及亚运村交通大队、望京工商所、花家地派出所、南湖派出所、朝阳消防支队驻望京片区、96家消防安全重点单位和商场市场等单位160余名负责人参加会议。街道按照市区“关于开展三大秩序整治”工作精神全员动员。统筹调配执法力量及车辆,发挥联勤联动执法工作模式,协调属地公安、交通、综治等部门开展交通、环境秩序执法整治活动。出动城管队员40余人次、交通民警20余人次、公安民警10人次、协管保安100余人次,出动执法车辆20余辆次,整治望京城铁西站非法运营车辆。规范停车秩序100余辆次,暂扣非法运营摩托车6辆、汽车1辆。查扣烤白薯车2辆、小三轮4辆,小百货700余件,约谈、告诫相对人5人,罚款600余元。

(项　悦)

【预防煤气中毒】 1月16日,街道组织辖区派出所、综治、城建、城管等职能科室人员检查坝北村、六公主坟村预防煤气中毒工作落实情况。督促相关单位及时整改煤气安全隐患。年内,张贴防煤气中毒宣传画2500余张,投资7000余元购买风斗600个,免费发放给居民并安装。根据不同时期,不同气候等特点,提醒居民清理炉具、加强防范,使居民做到会使用、会防范,避免发生煤气中毒事故。坚持“协警人员驻村制”,在5个平房区2710余户居民中,安排9名保安人员和5名专职流管员,配合地区派出所对1200余户取暖炉具进行每日检查。收缴不合格炉具35个,发现、整改问题130余起。对多次不能限期整改的居民,地区派出所“现场办公”解决。全年无煤气中毒事故发生。

(项　悦)

【残疾人“五星”评比表彰】 1月30日,街道在中建一局公司礼堂举办第五届残疾人“五星”评比表彰会。表彰10名“文明之星”、10名“劳动之星”、10名“康复之星”、10名“志愿者之星”及10名“文体之星”。地区残疾人联合会成员、12个社区残协主席、25个社区服务主任、残疾人专职协管员等200人参加表彰会。

(项　悦)

【慈善饺子宴】 2月6日,街道在金百万餐厅举办“慈善饺子宴”活动。街道部分机关干部、残疾人、空巢老人、困难家庭代表和社区工作者100余人参加活动。

(项　悦)

【公益汇启动仪式】 3月4日,街道举办“爱聚望京”公益汇启动仪式。探索政府、社会组织、专业机构、企业跨界别合作。街道25个社区和30余家热心于公益事业企业和5家社会组织,对接居民需求,通过面对面沟通洽谈,选择参与志愿活动,认领公益项目,签订合作意向。有60余个为民办实事公益项目被认领。

(项　悦)

【家庭助老项目】 3月13日,街道联合望京社区青年汇、李楠社工事务所共同举办“朝阳伴夕阳”家庭助老志愿项目启动仪式。

(项　悦)

【社区青年汇公益共建活动】 4月26日,北京青年政治学院、北京公益学学会、街道办事处联合举办“青春汇聚力量 志愿传递梦想”社区青年汇公益共建活动。共青团北京市委副书记杨海滨、北京青年政治学院党委副书记祝文燕、北京公益学学会秘书长任杰、朝阳区团区委书记王洪涛、街道办事处主任杨洪福等出席共建活动,100余名打工子弟学生代表、50名青年志愿者、街道25个社区团支部书记、望京“七彩小屋”项目、李楠社工事务所负责人参加共建活动。年内,开展以“爱的礼物”为主题的关爱女孩帮扶活动。青年志愿者为社区10名计划生育困难家庭儿童发放书包、笔袋、铅笔等爱心礼物,举办趣味运动会、“第二届望京相亲大会”和“八分钟约会”“午间电影沙龙”等活动,增进青年员工沟通了解,引导青年团员志愿者参与环境保护、交通秩序维护等志愿活动,带动青年志愿者投身服务社会公益活动,凝聚青年力量。

(项　悦)

【环境集中整治】 5月28日,开展拉网式巡回环境集中整治。出动城管队员22人、公安民警6人、城管协管25人、公安协管20人,执法车辆10部,对辖区开展拉网式巡回环境集中整治。整治行动分南北两片开展,对辖区花家地周边、广顺大街福码、嘉茂一线、华堂小街、中福京客隆、西园三四区、体育广场、花家地南街、世安家园等重点点位的无照经营、排挡夜市、露天烧烤等问题进行整治。取缔无照经营20余起,规范告知夜市排档5处,查处露天烧烤6起,告知相对人7人次。暂扣小三轮车11辆、小商品20包、服装类250件、箱包130件、鞋类150双、玩具5箱、仿真枪4支,没收烧烤箱11个、煤气罐2个、桌子3张、椅子30把、各类肉串、菜串600余串。

(项　悦)

【“中国梦 亲子情”系列活动】 5月,街道联合北京青年宫、北京青年压力管理服务中心和李楠工作室共同启动“中国梦 亲子情”系列活动。举办专题活动10场,向家长们传授12种与孩子有效沟通的育儿策略,通过“1名家长+1个孩子”互动方式,以轻松有趣的亲子游戏,引导年轻父母学会正确处理孩子在生活中遇到的各类情绪情感问题。

(孔婧怡)

【领导考察李楠事务所】 7月5日,全国妇联主席沈跃跃到花家地社区考察李楠社会工作事务所。12月31日,残联主席张海迪视察望京花家地李楠社会工作事务所,了解李楠事务所日常开展助残志愿服务、心理咨询等服务项目。区委书记程连元、街道工委书记刘伯韬、办事处主任杨洪福陪同考察。

(项　悦)

【体验营活动】 7月19日,街道办事处携手北京红丹丹教育文化交流中心助盲志愿者开展“假如给我三天黑暗”体验营主题活动。望京西园四区、望京西园三区、望京东园五区、望京园、夏都等社区30余名青少年和10余名学生家长参加活动。

(项　悦)

【非公党员活动中心建成】 9月18日,街道整合辖区资源,投入资金100多万元,建成集流动党员管理站、现代远程教育站、党员志愿者服务站、困难群体救助站、党员就业服务站“五站”的多功能会议室、图书阅览室、党员谈心室、荣誉展示室“四室”和职工党校“一校”为一体400平方米宝星园非公党员服务中心。为地区商务楼宇提花了一个教育基地、活动平台和交流场所。

(项　悦)

【食品药品监督管理所成立】　11月1日，望京街道食品药品监督管理所挂牌成立，并正式对外办公。

（项　悦）

【宝能中心商务楼宇服务站成立】　11月1日，街道投资10万元，建成方恒国际宝能中心商务楼宇服务站。

（项　悦）

【党政群共商共治】　年内，通过深化为民解忧工程，建立“问政、问需、问计”常态化议事平台，规范“知忧、议忧、解忧”工作流程，召开问政会，征集意见和建议477条，通过科学分析、反复研讨，确定街道层面6大类22项，社区层面52项为民解忧工程项目，并将推进和完成情况在服务大厅、社区宣传栏、电子显示屏、网络、报纸等媒介进行公示，接受居民监督。投资1531万余元，通过党、政、群共同努力，完成74个共商共治项目。

（黄　敏）

【党风廉政建设】　年内，扎实推进惩治和预防腐败体系建设，严格落实领导干部“一岗双责”，逐级签订党风廉政建设责任书169份。组织党员领导干部观看廉政教育片、参加廉政教育党课、开设党风廉政建设园地、廉政文化走廊等“八个一”廉政主题活动，实现廉政教育的系统化、经常化和全覆盖。建立领导干部和成员谈话制度，开展清权确权工作，约谈56人次，清理确认涉权事项745项，编制流程图226份，从源头上预防腐败，打造覆盖各类权力和权力运行全过程的完整监控链条。加强效能监察，将区级重点工作、街道折子工程、“三重一大”等工作全程纳入效能监察工作体系，全程参与、跟踪、监察，确保了实施项目、重点工作、创新工程等按序推进。利用政务和网络平台，全程推行党务、政务公开1700次，确保了党务、政务公开透明。制定《关于改进工作作风密切联系群众实施办法》等规范性文件，保证党员领导干部言有依据、行有规范。

（项　悦）

【社区建设】　年内，通过改扩建、购置、新建等方式，实现社区规范化100%达标。精心打造5个“六型社区”示范单位。完成望京园、阜荣街智慧社区创建，落实全员值班主任制度。推进社区工作者教育培训“1+6”模式，培训社区工作者500余人次，55人取得社工师职业资格证书。

（项　悦）

【工地安全监管】　年内，地区在建项目16个，单体32个，总面积76万平方米，最高峰施工人数达2120人。街道采取4项措施做好在建工了监管工作，确保地区安全。一是加强和完善望京地区联动管理机制，街道城建、城管、安监、派出所联合加强对再施项目联合检查和联合执法。二是加强行业监管力度。配合区住建委检查组加强行业监管和检查，实现对建筑项目一周一查，检查工地430次。检查出安全隐患863条。停工整改检查20余次，对参建单位约谈51次，文字提示335次工地。对施工现场及项目生活区进行全方位监管，全年未发生安全事故。三是每月组织施工项目安全负责人对辖区工地进行互查，共互查38次，进行安全管理评比12次。四是组织施工项目安全防护应急演练活动。消防安全演练活动16次和安全知识教育培训12次，提升管理层安全管理意识和农民工安全防护技能。

（项　悦）

【绿化美化】　年内，开展城市美化亮化和“增绿”工程。发挥社会力量参与屋顶绿化、垂直绿化、阳台绿化建设，全年增补绿化面积3300平方米，植树500余棵，栽种花卉植物5000余株。

（项　悦）

【垃圾分类】　年内，完成金隅国际居住小区9栋楼746户的垃圾分类工作。创建16个“三无”示范达标小区。

（郭　斌）

【安全维稳】　年内，以平安和谐望京建设为依托，完善群众诉求表达机制、广泛联系群众机制，完成全国“两会”“十八大”等重要时期的维稳任务。完成处置大西洋社区物业交接等涉稳群体性聚集事件6起。完成花家地西里、花家地西里三区2个平安示范社区创建工作和22个社区警务工作站建设，在社区警务工作站创新推进“1+3+1”(1名民警+1名文职1名流管员1名保安+1名消防协管员)工作机制。加大对“高发案”社区治理力度，加强人物技防建设，减少可防性案件的发生。落实安全生产责任，与社会单位签订《安全生产责任书》800余份。成立信访办公室，投入近100万元，建立信访接待室，为居民群众提供理性诉求场所。协调完成困扰大西洋社区居民生活10余年的物业服务纠纷事件。

（项　悦）

【拆违控违】　年内，制定《2013年望京街道禁止和查处违法建设工作实施方案》。实现违法建设零增长的目标。处理、查处各类违法建设案件1199起，拆除违法建设26处4324平方米，区挂账任务6000平方米。拆除望花路社区“两牢释放人员”特殊群体擅自搭建的600余平方米和华鼎世家楼顶违法建设1户55平方米违法建设。

（项　悦）

【车辆监管】　年内，严格落实一车一档制度，完成辖区个体大客车26辆、个体大货车7辆、校车8辆备案工作。每月对个体车主进行交通安全宣传教育，做到逐人教育、逐车检查、逐车记录。每季度对车辆进行安全性能检查，将检查教育情况纳入监管档案，对20家严重违反季度交通法率的单位给予追查和处理。

（项　悦）

【消防安全检查】　年内，组织消防协管员配合管片警官做好辖区重点及“六小”单位消防安全检查工作。消防协管员和社区居委会出动检查人员4320人次，处理网格案件12000件，下发整改通知书8550份，复查8451次，督促整改2350家，将48家拒不整改单位报送区防火安全委员会。

（项　悦）

【交通秩序整治】　年内，在重点地段、主要街道、人流密集地、学校、地铁口等重点部位悬挂交通宣传标语84幅、设置宣传站点54个、发放宣传资料24000份。开展“小手拉大手”，交通文明宣传“四进”活动(进学校、进社区、进家庭、进社会单位)。利用短信平台、网络等新闻媒体宣传非法营运、违反交通法规的危害和开展专项整治行动的必要性。在打击非法营运行动中，分析、研究非法营运车辆出没的规律，制定科学整治行动计划，确定10个重点点位(地铁望京西站、地铁望京站、望京西园三区东西门口、望京西园四区东门口、嘉茂商场、南湖综合市场、新世界、悠乐汇、中福百货)、5条重要大街(望京街、阜通东大街、阜通西大街、湖光中街主、望京西路)、两个重要时段(7时至9时30分、17时30分至19时)，不定时对非法营运车辆进行依法严厉打击。出动执法车辆450台次，执法人员3200余人次；查扣机动车20辆，黑摩的55辆，罚款约4200元，拘留从事非法营运、揽客、拉客75人；通过教育现场释放从事非法营运人员180人次。

（项　悦）

【就业服务】　年内，开展以“春风送岗位携手促和谐”为主题的促进就业活动。走访辖区社会单位131家，与16家单位签订用工协议书。举办现场招聘洽谈会3场，开发岗位3306个。实现辖区登记失业人员提档就业650人，其中就业困难人员369人；城镇登记失业人员就业率达到75%；开展失业人员职业指导1829人次;失业人员参加职业技能培训116人,其中创业者培训6人;实现创业18人,带动就业76人。

（项　悦）

香河园街道

【概况】 香河园街道位于朝阳区东北部。东起客车四厂路北端、静安西街、柳芳北街、左家庄西街与左家庄街道相邻,南以柳芳南里社区与东城区接壤,西以轻轨13号线与和平街街道相望,北自三环路太阳宫桥、坝河桥、坝河中心线与太阳宫乡交界。辖域南北最长2.5公里,东西宽1.44公里,面积约2.5平方公里。有9个社区居委会((2013年6月,新成立光熙家园社区),总户数25301户,常住人口61735人,流动人口24321人。有居民楼206栋,其中高层建筑110栋。地下空间221处,其中人防109处、设备层74处、普通地下室38处。绿化面积为86.6万平方米,绿化覆盖率达34.6%。有企业单位147家、医院3家、幼儿园8所、小学3所、中学1所。年内,引进企业4家,走访慰问税源单位77家。实现区级财政收入2.26亿元,完成区指标的115.3%,同比增长21.5%。征缴个人出租房产税486.5万元,完成年计划的147.4%,同比增长47.4%。

地址:西坝河南里26号楼

电话:64677044

邮编:100028

网址:http://xhyjd.bjchy.gov.cn

（吴桂昕　王治宇）

【慰问活动】 1月28日,开展"两节"送温暖活动。全年开展29项慰问及庆祝活动,走访慰问地区困难群体、人员14类3100余人,投入资金60多万元,实现慰问帮扶全覆盖。

（吴桂昕 王治宇）

【农民工讨薪调解】 1月31日,完成调解聚集在国际展览中心一号楼北京国际艺术品投资公司门前20余名农民工讨薪事件,讨回工资20多万元。

（吴桂昕　王治宇）

【党政群共商共治工程】 3月21日,街道召开"党政群共商共治工程"问政会。街道共商共治领导小组成员、区人大代表、区政协委员代表、辖区社会单位代表、居民代表等近百人参加会议。会议以图文并茂的形式通报2012年街道为民办事完成情况,说明和阐述2013年街道党政群共商共治为民办实事项目工程。确定2013年为民解忧工程89项,其中街道级18项,社区级71项;投入资金776万元,建设完成社区交通微循环工程、设立便民菜站等等89项民需解忧工程,完成率达到100%。聘请12位代表作为监督员,并颁发"监督员"证书和聘书。

（吴桂昕　王治宇）

【无障碍小区改造】 4月至7月底,完成西坝河西里小区无障碍改造工程。小区安装电子探头25个,并纳入街道城市综合指挥中心。加装小区围墙铁艺护栏1250延长米,粉刷围墙墙面3250平方米。整修小区大门1处,更换楼门门禁系统15处。整修小区内消防通道13处5245平方米,施划消防通道线2756延长米,新增停车泊位360个。

（吴桂昕　王治宇）

【亲子读书周】 5月26日,光熙家园红黄蓝幼儿园承办区纪念中国计划生育协会成立33周年暨"亲子读书周"活动启动仪式。区人口计生委副主任肖志峰、香河园街道领导及区11个街乡计生干部、早教项目点负责人和地区0岁至3岁儿童家庭代表200余人参加启动仪式。

（吴桂昕　王治宇）

【社会组织服务基地】 7月18日,在市民之家活动中心举行地区社会组织服务基地启动仪式暨五彩2013公益社区行项目发布会。活动现场,颐天悦社会工作事务所、叶如陵团队和WOLF自强工作社等3个社会组织负责人阐述关于社会组织发展理念。公布地区2013年20个市、区、街3级中标项目。聘请清华大学社会组织发展研究中心教授林志刚担任地区社会组织管理的专业导师,以保证社会组织发展的专业性、持续性和有效性。

（吴桂昕　王治宇）

【《辕门射戟》获奖】 9月9日,国香京剧社《辕门射戟》选段在参加区群众文艺团队品牌认定戏曲比赛中获一等奖和品牌团队称号。

（吴桂昕　王治宇）

【重阳敬老服务】 10月13日,在辖区中里社区举办"贯彻老年法,造福老年人"为老服务月启动仪式。举办由15家服务商参加的大型公益活动,开展义务服务30余项,其中大型公益义诊活动29项,受益老人2000余人次;组织慰问空巢孤寡特困高龄33人;组织开展"幸福百老'惠'之老照片背后的故事和健康巴士进社区"等公益活动。

（吴桂昕　王治宇）

【非公经济党支部成立】 11月21日、22日,英特公寓联洋通国际贸易北京有限公司党支部、西坝河中里社区非公党员联合党支部成立。

（吴桂昕　王治宇）

【知识竞赛】 12月27日,街道在办事处新二楼会议室开展"共筑梦想 喜迎2014"知识竞赛。6支参赛队18名选手参赛,60名机关干部观看比赛。

（吴桂昕　王治宇）

【春风行动招聘会】 年内,街道社保所在西坝河南里文化广场举办以"搭建供需平台促进转移就业"为主题的2013春风行动大型招聘会。地区用人单位,北京皇家大饭店、天虹百货、雅诗阁中国、香江花园、迪亚天天、港家好邻居等20余家大中型企业40余名工作人员参与招聘会。企业提供包含业务销售、收银理货、前台文员、财会出纳、学校保安、餐厅厨师、工程技工、公司主管、项目经理等13个行业260余个岗位。地区约810人参加招聘会,现场达成意向93人,成功签订协议28人。

（吴桂昕　王治宇）

【数字文化社区建设】 年内,根据北京市文化局《关于加快推进数字文化社区建设的通知》要求,投资230329元完成西坝河南里社区和光熙门北里北社区的数字文化设施设备改造和完善工程。

（吴桂昕　王治宇）

【关爱"三失"老人】 年内,在"三失(失独,失能,失智)"老年群体中实现生活照料、康复护理、精神慰藉、紧急救助、咨询服务等方面的养老助老服务全覆盖。为1023名75岁以上空巢老年人及30户失独家庭开展入户信息采集工作,采集有效信息682条,完成对采集信息分析报告。青松老年看护服务专业队伍入户为30位高龄空巢"失能"老年人进行康复护理工作。愚公众益老年研究中心为完成500人次"失智"老年人的预防、体验宣教工作。北京通安康信息技术服务有限公司为"失独"老年人进行家庭生活服务工作,实现有生活服务需求"失独"家庭全覆盖,北京中科启慧心理咨询中心"开心聊吧"心理工作室为空巢和"失独"老年人家庭进行精神慰藉工作,已接待来访人员近100人次,免费心理热线进入1572名80岁以上老人和"失独"人员家庭中。同时弘扬"叶如陵团队"的红十字志愿服务精神。以"叶如陵红十字志愿者团队"为龙头,整合资源,扩充志愿者队伍,有效补充完善关爱"三失"老人,养老助老服务志愿者服务。

（吴桂昕　王治宇）

【会员卡专项清退】 年内,根据区纪委《关于在全区纪检监察系统开展会员卡专项清退活动的通知》要求,在街道纪检监察科系统内开展会员卡专项清退活动。清退活动对象主要包括街道纪工委书记、纪检监察科科长、各社区纪委书记及纪检工作第三人等共计11人。清退达到纪检监察干部全覆盖,清退无盲区,清退对象均零持有、零报告。

(吴桂昕 王治宇)

【党风廉政建设专项检查】 年内,重点采取4项措施加强党风廉政风险防范管理、有效预防腐败行为。一是强化对重大决策部署和重点工作的监督,围绕群众关心的热点难点问题实施监督。全年对为民办实事折子工程18项开展重点监察。其中公共服务4项、社会安全2项、环境秩序5项、社区建设4项、党政群共商共治1项、便民日常生活2项,涉及主责科室8个。纪检监察科对重大资金项目实施重点跟踪监督,确保重大资金使用安全。二是推进权力公开透明运行。22个科室和3个事业单位梳理职权921个,绘制各类权力运行流程图339张,明确涉权事项流转方式和运行程序,增强风险防控的可操作性和有效性。整合风险点226个,其中风险等级高等为43个,风险等级中等为113个,风险等级低等为107个。三是认真落实党风廉政建设责任制,按照“一岗双责”原则,分处级领导、科级干部、事业单位、社区党委4个层面,层层签订党风廉政建设目标责任书151份。四是严肃案件查处、积极做好信访举报工作,全年接区纪委信访办转来举报信件3件、电话来访1件,纪检监察科在拆违控违工作中约谈城管执法队、社区干部各1人。

(吴桂昕 王治宇)

小关街道

【概况】 小关街道位于朝阳区西北部。东起育慧南路,与太阳宫地区接壤;南至北土城公园与和平街街道交界;西邻北苑路与亚运村街道毗邻;北至北四环东路与大屯街道相望。辖域面积2.58平方公里,人口总量77792人,其中常住人口为58533人,流动人口为19259人,人户分离人口为9633人。辖区内主要干道有北土城东路、惠新西街、惠新东街、安苑路和北苑路。地铁5号线纵贯南北,10号线横跨东西,公交线路45条。街道有小关、小关东街、惠新里、惠新北里、惠新苑和高原街6个社区居民委员会,53个居民工作组、56个自治单元格,90个自然居民小区。有社会单位2028家,其中中央单位141家,市属单位86家,区属单位41家,街属单位12家;企业单位1886家,事业单位78家;社会团体36家,非公团体167家;学校(含托幼园所)13所,医院(含社区卫生站)4所。第三产业占纳税企业总量的93.91%。年内,街道按照“稳重点、增税源、抓清理、重服务”工作思路,继续在税收“稳、引、清”方面下功夫,提高财政精细化水平,确保完成区级税收任务指标。实现区级财政收入4.1亿元,同比增长13.33%;代征个人出租房产税812.35万元,同比增长1.42%。

地址:北四环东路108号院13号楼

电话:64975980

邮政编码:100029

网址:http://xgxzb@bjchy.egov.cn

(王 丰)

【党组织建设】 1月28日,街道工委推进党的群众路线和基层党组织建设,围绕以“学习贯彻党的十八大精神,改进工作作风,紧密联系群众,为民务实清廉”为主题,对照“两个从严”、“四个坚决不允许”要求,召开处级领导班子党员领导干部民主生活会,深刻进行“五个对照检查”,从理想信念、作风建设、执行纪律、落实民主集中制、廉洁从政等方面,研究制定加强班子建设系列整改措施;9月9日,组织理论中心组学习《关于在正风肃纪专项整治中严明若干纪律规定的意见》等系列重要文件精神;强化老旧小区综合整治、市区派驻党员干部管理和基层服务型党组织建设工作;1月16日,通过区委社会工委党建“三级联创”检查验收,并召开中共中能传媒有限公司党支部成立大会;小关街道千鹤家园商务楼宇服务站被评为北京市第一批市级商务楼宇工作站示范点。11月26日,区委党校小关分校举办“中国梦”主题巡讲活动。组织协办“贯彻十八大,实现中国梦”党建论坛以及纪念建党92周年大会”活动2场。

(王 丰)

【老旧小区整治】 6月13日,街道成立年度老旧小区综合整治工作指挥部及专项小组,开展实施老旧小区综合整治。完成14个老旧小区36栋楼体节能综合改造工程,惠及居民3415户。10月30日,完成街道2013年环境建设挂账任务;完成2013年非热力集团产权老旧供热设施及22公里管网改造;惠新南里5号院和京煤小区通过区社会办2013年准物业管理小区创建验收工作;完成小关东里10号院等8处家委会“邻里中心”标准化改造工程;5月,创建蓝珏苑、罗马花园等17个“三无”示范小区。

(王 丰)

【道路改造】 年内,完成小关东街乙2号楼703.5平方米道路;228平方米人行步道绿化改造工程,完成改造惠新里社区3172平方米道路,小关东街社区984平方米道路、1969平方米人行步道工程,惠新里社区150米污水管道、小关奥林匹克文化广场1300平方米路面改造等系列为民解忧工程。

(王 丰)

【城市综合执法】 年内,街道继续推进“城管队员挂职社区”精细化管理,深化“门前三包沙龙”工作。规范3条示范大街,评选出“沙龙之星”21个,组织商户重新签订“门前三包”责任书369份;增强“打非治违”、夜间排挡整治、无照经营取缔3大类专项执法。全年拆除违法建筑9处3107.32平方米;处理环境举报案件1200余件,及时回复率为100%。

(王 丰)

【网格管理】 年内,街道加大社区网格化管理力度。投入环境管理专项资金5元,制定《社区网格工作奖励办法》;全年接收网格案件12428件,及时结案率达到99.7%,发案数保持全区最低水平。以惠新苑社区为试点,调研全模式社会管理创新工作、全模式“智能化”门前三包管理和社区三级管理平台建设工作,实现“自上而下派遣案件”和“自下而上请办案件”双向闭环流程;完成“智慧小关-电子沙盘”一期项目验收。

(王 丰)

【公共安全防范】 年内,街道依托综治维稳中心四级指挥网络平台,巩固地区维稳成果。构筑“平安小关”防范网络。加强“科技创安”基础,图像监控点位达到106处,更新门禁系统89组,辖区729栋居民楼门禁系统完好率保持在95%以上;按照流动人口调控计划,地区登记流动人口减少1576人;发挥食品药品监督所和地区19个警务工作室和联合执法站阵地作用,组织开展联合执法行动18次;完成全国安全社区评审组初步验收工作。提高司法调解实效。辖区13名矫正对象、47名安置帮教人员全部纳入监管平台,直接解决民调纠纷397起;小关奥林匹克文化广场市级法治文化石雕正式揭牌;街道司法所获北京市司法局颁发的北京市社区矫正工作先进集体称号,司法助理员佘婷婷获朝阳区司法局社区矫正工作先进个人。深化现代化应急处突和防灾减灾网络。完成夏季防汛和冬季扫雪铲冰监测处置基础性工作;完成国家地震局对惠新北里国家级地震示范社区项目验收工作。

（王　丰）

【重点时期维稳】　年内,完成党的十八届三中全会、"两节"、全国"两会"等重大会议、节日维稳工作。动员社会力量2000余人次,形成群防群治"大防控"格局。制定完善《小关街道维护稳定工作领导小组维稳防控工作方案》《小关街道全国"两会"期间涉藏维稳工作方案》和《小关街道全国"两会"期间重点人稳控应急处置工作方案》,实现辖区动态舆情及时掌控。强化协调联动机制,确保地区安全稳定。

（王　丰）

【信访风险评估】　年内,街道依托"多元调解室",领导干部接访5次。接待来人来电57人次,处理信件3件,调解矛盾纠纷41件次,预防越级访、集体访1起。实现连续10年地区群众集体访、越级集体访和非正常群体访3项工作零指标目标。

（王　丰）

【安全生产监管】　年内,街道成立安全生产大检查领导小组和朝阳安全生产管理协会小关工作站。按照"三级体系"工作部署,开展餐饮场所燃气安全、特种作业及特种设备作业人员安全等专项治理行动4次,检查社会单位218家,完成区级任务指标130%。查处链家地产公司如意公寓装修工地特种作业人员使用不合格证件案和高原街社区杭州包子铺使用不合格液化石油气罐案等2起典型案件,立案处罚1.20万元。

（王　丰）

【劳动社会保障】　年内,街道与区职介中心完善联动机制,推进高质量就业工作,依托"就业之路·小关相伴"专属网站,开展职业技能指导65人次。城镇登记失业人员实现就业339人,完成年度指标102.73%。就业困难人员实现就业217人,完成年度指标101.3%。公共职介机构失业人员推荐就业185人次,完成年度指标116.25%。公共职介机构职业指导1183人,完成年度指标135.67%。开发就业岗位1742个,完成年度指标104.5%。失业人员再就业培训1183人,完成年度指标135.67%。实现创业12人,完成年度指标100%。带动就业49人,完成年度指标106.52%。为2689人办理"一老一小"基本医疗保险,为160人办理退休审批手续,受理退休人员医疗报销470人。加大劳动监察执法、社保扩面征缴、集体合同备案、用工信息动态监测等措施,监察立案84件,为55名务工人员追讨拖欠工资120万余元。开展规范企业用工行为专项检查,清理整顿违规经营职业中介机构,辖区非法职业中介机构保持为零。

（王　丰）

【社区自治自管】　年内,制定下发《朝阳区小关街道社区工作者管理制度汇编(试行)》和《朝阳区小关街道社区综合考核指标体系》。街道面向社会招聘社区工作者32名。增加"一刻钟社区服务圈"签约服务商80家,12月13日,通过区社会办对"一刻钟社区服务圈"验收工作。改造小关东街、惠新里2个社区办公用房,建成小关东里10号院等8处"邻里中心",提升社区自治管理规范化水平。

（王　丰）

【公共文化建设】　年内,街道以"关爱文化节"为载体,发挥"汉藏一家亲"艺术团品牌作用,继续推进"5312"("5"是搭架文化工作5个载体、"3"是三项文化行动、"12"是12项工作目标)文化工程,开展"关爱十万家"等十大版块活动。举办关爱文化节启动仪式暨西藏中学文艺演出、"同献关爱情共圆中国梦"关爱文化节闭幕式演出、"小关大爱"文化艺术联谊会、西藏中学"五个一"(一场慰问演出、一部爱国题材电影、一套文化学习图书、一张年货购物卡、一套日常生活用品)工程系列公共文化主题活动5场,播放露天数字电影70场次。发挥地区群众文化艺术协会作用,制作"都北雅集"百米画卷,开展"都北惠风"书画展,全年参与文化活动居民达3万人次。推进"科技福利型社区"辐射理念,举办科普讲座24场次,惠新北里社区通过"智慧化社区"验收,完成科技文化"精神家园"工程建设。街道综合文化中心、小关社区、惠新里社区和惠新北里社区通过区创建国家公共文化服务体系示范区第二次第三方测评。

（王　丰）

【民政民生服务】　年内,街道构建"大民政""大民生"理念,开展扶残助困工作。开展慈善募捐活动3场,募捐善款12.89万元,物品400余件。"爱心家园超市"救助1384人次。开展慈善救助20人次。走访慰问困难群体1920人次,联合区人民武装部开展慰问军休职工和义务兵家庭活动,送去慰问金和慰问品价值125.40万元;提供"老年餐桌"服务9400人次;联合中医大三院为21名精神残疾患者进行免费体检;举办"残疾人第七届趣味运动会""传递温暖,关爱救助;合力保学、快乐成长"流浪孩子回校园等主题关爱活动5场。

（王　丰）

【人口与计划生育】　年内,街道以"创建幸福家庭、构建和谐人口"为主线开展人口计生工作。开展主题宣传活动14场次,举行"妈妈讲堂"66期,宣传覆盖率达到100%;为100名已婚育龄妇女免费体检,连续9年被评为区级人口和计划生育标兵单位。

（王　丰）

【第三次经济普查核查】　年内,开展第三次全国经济普查核查工作。核查辖区法人、产业活动单位2678家,个体户546家;开展统计专项行政执法检查,查出漏报、瞒报经营收入统计数据34.2万元;开展2%人口抽样调查工作,完成惠新苑社区2个抽样小区265户,填报调查表595人。完成辖区280家规模以上单位统计网上报送和165家规模以下单位劳动工资年度统计网上报表工作。街道获得2012年度区综合统计工作先进单位称号。

（王　丰）

【群团宣传】　年内,街道工委全面推动工、青、团、妇、群和统战、侨联、老干部及人民武装工作,地区工委理论中心组召开专题会议,学习习近平总书记在十八届中央纪委二次全会上发表重要讲话和中国共产党第十八届中央纪委第二次全体会议公报;10月18日,开展西部温暖计划募捐活动,募捐衣物文具5300件。在共青团市委、区委组织的2012西部温暖计划总结表彰大会上,街道团工委获市、区西部温暖计划优秀志愿者团队奖和西部温暖计划突出贡献奖。召开高原街社区非公企业团支部成立大会,在北京湄州三苏大酒楼高原街分店、北京立丰信种苗有限公司和北京金源化学集团3家企业设立团支部;3月7日,街道妇联评选出5位"小关最美女性"妇女代表;11月12日,街道侨联召开高原街社区第一届归侨侨眷代表大会,选举出社区第一届侨联委员3名;街道制定小关街道2013年迎检方案,成立指挥部以及11个工作组,张贴主题宣传画2000余张、制作提示牌235块、文明标语横幅57条,8月23日,完成文明指数测评工作;全年邀请中央电视台、北京电视台、《北京日报》等主流媒体采访报道40次;组织协办"朝阳区道德模范—身边好人"巡演巡讲进社区系列主题活动3场。

（王　丰）

【党风廉政教育】 年内,街道组织召开2013年党风廉政建设工作大会。部署《小关街道2013年党风廉政建设工作意见》,逐级签订《党风廉政建设责任书》70份,达到"四个百分百"(处级、科级、科员、社区干部);召开"两规范一提高"(规范服务和执法,提高服务水平)试点工作动员会;开展规范权力运行、清权确权工作,编纂完成《小关街道廉政风险防控手册》,编制涉权事项目录465条、权力运行图276份,制定风险点防控措施510条;制定下发《小关街道改进工作作风、密切联系群众实施细则》;建成百米长小关街道廉政文化长廊,加强廉政文化宣传。

(王 丰)

【党政群共商共治工程】 年内,街道制定《小关街道开展党政群共商共治工程实施方案》,成立街道为民解忧工作领导小组。在5个社区设置民意征集箱、民生恳谈室,通过专题座谈、个别谈心等形式,拓宽民意渠道,发放征求意见表1370份,收回950份,便民连心卡23000余张;召开工作专题会,确定为民解忧工程14项;建立《民意事项落实进度表》工作台账,公开业务动态310条。完成街道为民解忧全部项目。12月27日,街道召开党政群共商共治工程总结会。

(王 丰)

亚运村街道

【概况】 亚运村街道位于朝阳区西北部,地处奥运主场馆核心区域,东起北苑路,南起北土城公园与东城区、西城区相邻,西到京藏高速路与海淀区相邻,北到安翔北路、慧忠路。四面环绕国家奥林匹克体育中心,三面环绕国家体育场(鸟巢)和国家游泳中心(水立方),是奥运功能区的重点区域。辖域面积5.13平方公里。下辖10个社区,辖区户籍人口2.6万户7.3万人,流动人口25449人。辖区有3029家单位,其中中央单位113家,市属单位150家,区属单位92家,非公单位2674家。有2所大学、3所中学、4所小学、6所幼儿园;1所成人教育学院;2所医院。是一个集文化经、教育、娱乐、体育、商贸、会展、旅游、居住等多种功能于一体的综合性区域。年内,以深入学习宣传贯彻党的十八大精神、加强社会服务管理创新为主线,以服务群众改善民生为重点,突出文化创新驱动,全面加强基层党建,扎实转变工作作风,真心为民办实事,积极打造工作品牌,推动亚运村各项事业再上新台阶,为实现区域科学发展、民生幸福目标不懈努力。完成区级财政收入8.4641万元,同比增长11.42%,征收个人房屋出租税822.19万,同比增长14%。11月19日,在中宣部召开理论宣讲先进集体、个人内部工作表彰大会上,街道工委被评为理论宣讲先进集体。

地址:亚运村安苑北里21号楼
电话:64960468
邮编:100029
网址:http://yycjd.bjchy.gov.cn

(朱荣虎)

【地区商会成立】 1月,成立朝阳区商会首家地区级分会——"亚运村地区商会"。商会有会员企业87家。制定年度工作计划,走访温州商会和月坛地区商会,设计完成商会会标,建立商会微信圈,策划出版商会会刊,编制商会会员手册。6月,邀请专家教授作"企业战略与企业文化"讲座。商会会员中企业高层管理者、行政管理人员、人力资源工作者80余人参加讲座。7月,成立商会党支部,召开地区商会第一届一次理事会。组织商会部分会员参加区工商联组织的商品推介会、政府为小微企业贴息贷款活动和"中国梦"主题演讲活动。

(朱荣虎)

【社会组织服务基地筹建】 5月,启动筹建社会组织服务基地工作。地区社会组织服务基地采用项目委托方式展开,由立德社工事务所承担。基地团队有5名专家、5名工作人员,制定基地运行方案、半年工作计划、项目设计流程、资源整合办法等。在通过调查居民、社区及社区社会组织需求后,完成策划安慧里和华西社区公益空间服务项目。通过召开通气会和走访社会组织的形式,招募28家社会组织开展服务,有6家地区企业参加社会组织体系建设工作。

(朱荣虎)

【排查汛期安全生产隐患】 6月25日,地区安监科联合地区城建科、综治办、消防等部门开展雨季防汛安全联合检查。检查京冶集团施工工地,安苑北里社区1号楼、3号楼地下空间等存在雨水倒灌隐患的单位,排除预案更新不及时、物资损失未及时补齐等7处防汛安全隐患。

(朱荣虎)

【党建专题工作会召开】 6月27日,召开党建专题工作会,发布街道"微党建"平台,探索街道网络党建新载体。部署街道年度党建、思想政治工作研究分会工作。社区党委书记代表社区就党建工作完成情况进行述职。确定14个立项课题,召开两次专家点评工作会。印发《基层党建调查研究及调研报告写作方法简编》。《北京日报》《北京晨报》《朝阳报》《人民网》等新闻媒体对街道党建工作进行专题报道。

(朱荣虎)

【庆祝建党92周年】 "七一"期间,街道开展特色党日和党员服务岗评选活动,完成4个社区党组织争创区级最佳党日和党员服务示范岗工作;组织50名优秀共产党员到朝阳规划馆开展"凝聚力量,共筑梦想"主题参观活动;开展党史教育影片巡演活动,到社区、商务楼宇服务站和非公企业巡演16场,600余名党员群众观看影片;慰问42名新中国成立前老党员、困难党员;开展爱心捐款活动,1376名党员群众捐款6.84万元。

(朱荣虎)

【商务楼宇党建服务体系】 年内,制定《亚运村街道商务楼宇服务站党务工作人员工作日志管理制度》,在16个服务站试运行。1月,奥体商圈服务站挂牌正式对外运行。对照区商务楼宇星级评定标准,完成16个服务站升级改造工程。启动工商进楼宇活动,在5个服务站集中开展工商年检进楼宇,182家企业完成年检。商务楼宇服务站结合自身特色品牌,开展系列服务活动。西部楼宇开展以"万人牵手心向党、人人行动是雷锋"为主题的党员学雷锋活动,60余家楼宇企业参与活动;盘古大观商务楼宇开展"接种疫苗进盘古"服务活动,300余名楼宇企业员工接受免费疫苗接种;北辰商务楼宇服务协会组织协会成员单位开展为地震灾区捐款活动;五矿、化工商务楼宇非公企业党支部开展植树造林主题党日活动等。全年开展各项服务活动40余次,服务受惠人数达2000余人。5个商务楼宇服务站(分别是亚运村商务楼宇服务中心站、五矿大厦商务楼宇服务站、创业大厦商务楼宇服务站、盘古大观商务楼宇服务站、华亭嘉园商务楼宇服务站)被评为市级商务楼宇示范站。

(朱荣虎)

【非公党组织建设】 年内,新建3个非公党支部(广能投资基金管理有限公司党支部、北京度工置业党支部、和君智业党支部);新建3个楼宇联合党支部(盘古大观联合党支部、奥体商圈联合党支部、丰宝恒大厦联合党支部);新建2个社会组织党支部(分别是立德社工事务所党支部,亚运村地区商会党支部)。联合信用管理有限公司北京分公司党支部、北京日立电梯营销有限公司党支部、北京经纬恒润科技有限公司党支部、环球电广有限公司党支部被评为北京市社会领域“五好”示范党支部。发展党员12名,预备党员转正29名。制定街道“菜单式”党员干部教育培训计划。组织党员参观“永远的雷锋”主题展,举办“坚定理想信念,坚守精神追求”专题讲座,开展“追寻奥运足迹 重温奥运梦想”主题活动,举办党组织书记、社区常任党代表和入党积极分子培训。全年举办教育培训活动15次,1100余人次参加活动。

(朱荣虎)

【公共文化建设】 年内,通过整合社区资源,10个社区文化活动场地面积均达到250平方米以上、图书3000册的标准,完成笼式多功能球场建设。社区文化活动达到每月“三个一”(一场电影、一场文艺演出、一场文化讲座)。涌现出慧声剧社、民乐团、丝竹国韵民俗艺校、“喜乐园”百姓大舞台等一批文化品牌。

(朱荣虎)

【构建文化资源整合体系】 年内,完成西部文化展示中心扩建、社区文化活动室和图书阅览室建设、社会文化资源整合等文化设施完善工作。形成以街道综合文化活动中心和文化展示中心为龙头,10个社区文化活动室为基地、数百家文化共建单位为平台、64家社区文体队伍为抓手的文化资源整合体系,形成“政府主导、社区动员、社会单位支持、社区社会组织积极参与”的多元化文化发展格局。6月份,街道代表朝阳区完成文化部对朝阳区文化创建工作实地验收工作。

(朱荣虎)

【语言文字示范区创建】 年内,完成北京市语言文字示范区创建活动。整理归纳近三年的语言文字工作档案,开展“写规范字、说普通话”宣传活动,开展社区规范用字专题培训、规范字硬笔书法比赛、作品展等系列活动,出版《亚运村街道规范字硬笔书法比赛作品集》。

(朱荣虎)

【警务工作室建设】 年内,改造升级8个社区的警务工作室。在社区设立24块“亚运村地区警民联系园地”标识牌。在社区开设法制大讲堂,由社区民警向群众宣传法制、法规知识,传授防范技能,听取群众意见和建议,提升见警率,同时,向群众宣传安全防范意识和技能。

(朱荣虎)

【社会救助】 年内,地区有低保户131户221人,发放低保金142.46万元;新增低保户5户12人,减少13户24人。发放低保及低保边缘群体爱心卡120张6万元。慰问14岁以下低保家庭儿童18人,发放书包、笔袋等学习用品。慰问重大疾病患者10名,发放慰问金2万元。慰问困难老人58人,为每人发放慰问金500元。办理临时救助5人,发放救助金2.63万元。为156名超转人员办理医保卡,为17名60岁以上低保老人办理“市慈善医疗卡”,每人每年500元。为符合条件131户221名低保特困人员及家庭,办理医疗保险,做到“应保尽保、不漏一人”。募捐月接收捐款12.81万元,其中为四川雅安地震募捐6.02万元。

(朱荣虎)

【居家养老】 年内,审批新增80岁以上居家养老服务补贴357人,现有享受人数为2282人,发放服务券金额235.85万元,与居家养老服务商结算金额99.39万元。审核并发展51家社区服务商,其中新增已审核服务商数量为13家。服务包括综合维修类、家政类、健康保健类、老年餐桌、美容理发类和生活服务类等。

(朱荣虎)

【为老服务】 年内,为60岁以上老人办理老年证386张,外埠63张;为65岁老人办理优待卡689张,外埠608张;为70岁以上易患突发病的老人安装“120”一按铃37户。办理90岁以上老人高龄补贴126人,发放高龄津贴153500元;为1名百岁老人发放津贴3500元,办理购买小帮手电子服务器18台。组织辖区老年人参加区第八届老年人运动会,推荐申报40名孝星及3家为老示范单位,组织朝阳老年人养老方式与服务调查问卷活动。在敬老月组织老年人才艺展示活动,慰问17名95岁老人,送去慰问金6000元;重阳节慰问70岁以上低保及边缘老人4名,发放慰问金2400元。组织地区为老服务商与辖区95岁以上老年人结成帮扶对子,免费为老人提供理发、家政、医疗等贴心服务。

(朱荣虎)

【优抚政策落实】 年内,为35名无军籍人员发放工资16.77万元;为31名地退人员发放工资138.06万元;为7名优抚对象发放定期补助10.48万元,为1名地退遗属发放生活补助3480元。为2名地退去世人员办理抚恤金相关手续,为1名无军籍去世人员办理抚恤金相关手续,为1名优抚对象报销医药费2293.7元,为1名病故军人家属办理申请定期抚恤的相关手续。开展慰问优抚对象活动。发放防暑降温物品、保暖被等物品,组织优抚对象外出疗养等。

(朱荣虎)

【残疾人社会保障及服务】 年内,街道有169名残疾人每人每月享受100元居家养老助残券,为50名残疾人办理每月580元无固定性收入重残无业人员生活补助,有67名残疾人享受每月100元市残疾人困难生活补,为50名残疾人办理北京市残疾人参加城乡居民养老保险,47名残疾人享受城镇个体就业残疾人社会保险补贴,为5人次贫困精神病人办理入住康复机构补贴的申请手续。5名成年智力残疾人享受入住康复机构补贴,每人每年6000元。为56名贫困精神残疾人办理免费服药补贴手续,金额为3.20万余元总金额达到32000余元。为8名贫困精神残疾人办理住院补贴,为63名精神残疾人提供免费药品,两项补贴合计42900元。补贴16岁以下残疾儿童2人,补贴成年智力残疾人5人,金额29000元。为36名贫困肢体残疾人办理每人500元的康复训练卡。30名残疾人每人每年享受500元地区社区服务中心康复训练服务。为810名残疾人发放《北京市残疾人政策服务手册》。为安翔里社区9栋楼19个单元门一层安装扶手;为30户肢体残疾人家庭进行无障碍改造。安置7名残疾人就业(其中个体创业1人、社区就业5人、按比例就业1人),组织残疾人参加各类技能培训25人次。组织残疾人参观国家地震紧急救援基地、参加征文比赛、参观自然博物馆、观看电影等活动。

(朱荣虎)

【双拥共建】 年内,与辖区10支部队签订共建协议书。八一建军节、春节期间走访慰问10支部队,送去慰问金25万元。为武警六支队16中队1名患肾病综合症战士发放慰问金3000元。开展慰问退伍老兵活动,并送去慰问金5000元。开展服务商进军营活动,部队与5户贫困家庭结成共建对子。组织“八一”慰问演出活动。

(朱荣虎)

【经济普查核查】 年内,街道开展普查核查工作。成立经济普查领导小组,配备办公室、电脑等办公设备。以社区为单位划分成10个普查区、根据普查区域单位数量选聘普查指导员和普查员153名、制定经普核查工作制度;明确普查相关人员工作职责;建立网络化信息交流平台;确保经普工作开展。在核查数据录入阶段,定时更新核查进度表,及时整理资料、准确核对底册,合理安排入户调查、电话核实和数据录入等工作,认真做好自查、互查,确保数据质量。配合区普办做好各阶段宣传工作,印制宣传横幅60条,在主要交通干道、过街天桥、商务楼宇、商住两用公寓周边悬挂并张贴宣传海报,在核查阶段通过给居民发放一封信,开展经普知识竞赛、经普征文等活动,提高普查对象的认知度,提高知晓率、影响力。全年核查4352家单位、755家个体户,单位核查率为91.4%。

(朱荣虎)

【全模式系统平台建设】 年内,完成补充、完善民政数据录入和基础数据库更新工作。完成街道2006年至2013年低保人员信息、发放福利信息录入全模式系统,与原有基础数据库中数据作对比,补充、完善基础数据库人员、家庭基础数据工作。完成搭建综合办公平台。完成折子工程管理、干部下社区管理、会议室预定、议题收集、社区任务管理、移动办公平台、意见管理等功能模块构建,培训地区机关干部使用平台相关知识。完成搭建流动人口管理平台,包括出租房屋地址、房屋类型、热水器类型、出租户信息、安全检查记录等信息录入工作,方便流管人员对出租房屋管理,跟踪管理存在安全隐患的出租房屋。全年录入信息315户577人,更新数据中心平台数据15万条。

(朱荣虎)

【完善廉政风险管理制度】 年内,结合推进分权管权工作,梳理岗位职责848项,编制权力运行流程图576项,查找风险点279个,其中高风险点23,中风险点40,低风险点216,建立制度(规程)319项。

(朱荣虎)

【安全生产检查】 年内,开展安全生产执法检查。重点检查建筑工地、装修改造、燃气使用、人员密集场所等安全生产情况。开展"餐饮场所燃气安全专项治理工作""有限空间安全生产监管工作""安全生产大检查"等专项行动13次。检查生产经营单位477家次,发现隐患164起,隐患整改164起,立案处罚生产经营单位违法行为17起,处罚金额9.4万元。检查燃气使用单位89家,消除燃气使用安全隐患21处,完善餐饮场所燃气使用基础台账,形成餐饮场所燃气安全治理长效机制。6月9日,街道办事处和10个社区居委会共同开展以"强化安全基础,保障城市运行安全,创建安全发展示范城市"为主题的安全生产主题宣传日活动。活动期间,悬挂横幅20余幅,张贴宣传海报100余张,发放宣传单、宣传册400余份,直接受宣传居民达6000余人。

(朱荣虎)

【职业危害专项治理】 年内,开展对机动车维修行业、建筑施工、装修装潢等存在职业危害风险企业进行专项监督、治理工作。督促用人单位对存在职业病危害项目的,向区安监局进行申报;督促相关企业开展作业场所职业病危害因素进行检测,并组织从业人员进行职业健康检查;指导用人单位开展职业危害告知与培训,从业人员上岗培训率为100%。

(朱荣虎)

【工会服务站规范化建设】 年内,开展工会服务站规范化建设工作。按照整合资源一室多用、一室共用原则,在社区活动中心完成"五室两中心"(即职工书屋、创新成果展示室、劳动争议调解室、工作档案室、心理疏导室和职工诉求中心、会计核算中心)建设。投入36万元,更新社区活动中心多功能厅音响设备,建立职工文化俱乐部。开展工会文化品牌建设。成立"五十六个民族职工文化大舞台"和职工艺术团,举办"唱响春天,我声飞扬"首届亚运村街道非公企业职工歌手大赛(每年举办一届)。举办两次"快乐的心,真挚的情"单身青年职工联谊会(不分区域、不分身份、不分年龄。每年举办两次),300余人参加,现场牵手17对。举办"相约三八、拥抱春天"非公企业女职工游园活动。举办"美丽北京"工会会员每月主题活动。700余名会员参加活动。

(朱荣虎)

【非公企业青年职工健身队成立】 年内,成立地区非公企业青年职工健身队。39名非公企业青年职工加入健身队。活动中心健身房每周六、周日持京卡互助服务卡可免费进行锻炼。

(朱荣虎)

【失业人员动态管理】 年内,开展失业人员管理和失业子系统使用工作。加强失业人员档案管理,街道管理失业人员档案881份,新接收失业人员档案277份,城镇登记失业人员实现就业284人,全年就业率为67.94%。4月,失业保险金发放由市、区、街三级发放调整为市级一级发放,街道社保所逐一联系失业人员,核对开户银行、银行账户、账户类型,录入银行账户等信息。在失业保险申领及复核等关键岗位执行双人双岗复核制,确保系统操作准确无误。全年发放失业保险金372人次46.39万元。

(朱荣虎)

【政策性就业人员管理与服务】 年内,为178人办理灵活就业社会保险补贴手续,为1人办理自谋职业社会保险补贴手续。全年办理灵活就业社会保险补贴业务712人次,其中灵活、自谋申请534人次,停止108人次,恢复70人次。为15人办理手工报销药费6.4万余元,无出现差错。

(朱荣虎)

【落实计划生育优惠政策】 年内,开展独生子女父母奖励费、奖特扶等对象审核上报工作。全年新增特扶对象14人,退出5人,有独生子女伤残家庭57户84人,死亡家庭28户43人。发放独生子女父母奖励费782人4.60万元。发放独生子女父母一次性经济帮助3人3万元;为60人发放独生子女父母一次性奖励6万元。春节期间,走访慰问40户独生子女特扶、困难家庭,送去价值1.76万元慰问品和2万元慰问金。国庆节期间,慰问地区独生子女失独家庭,并送去价值1.5万元慰问品。

(朱荣虎)

【早教基地建设】 年内,地区有1个市级早教项目点,2个区级早教项目点及3个早教基地,早教工作达到全覆盖。印制"优质早教从这里开始"宣传折页1000份,折页内容包括地区早教机构名称,特色介绍等和与之配套的"亚运村街道0岁至3岁婴幼儿信息卡片",可供家长在填写信息的同时选择早教机构。开展"宝贝计划"活动,通过发放宣传折页邀请辖区0岁至3岁幼儿免费参加红黄蓝早教机构亲子早教活动,128人次参加体验活动。在社区层面开展每周五早教进社区活动,固定时间、固定地点开展早教活动,让大家真正了解早教、参与早教,使早教的触角延伸到地区每一个角落,每一个家庭。

(朱荣虎)

【律师服务进社区】 年内,街道10个社区与律师事务所签订"律师服务进社区"协议书。依托辖区律师资源优势,与12家律所签订"律师服务村居行"责任书23份。签约服务律师24人、参与服务律师36人、培训服务律师36人、提供法律服务咨询300人次、举办法律讲座16次、发放宣传资料1万份、律师参与纠纷调解6次、培训社区调解员100余人次。

(朱荣虎)

【司法行政开放日活动】 年内,成立街道"爱民月"和"开放日"活动领导小组,以"爱民月"为契机,开展以"司法行政为人民"为主题的司法行政开放日活动。通过组织各项爱民活动,巩固"创先争优"和"听走送"为民实践活动成果,推动"查问题、转作风、树形象"专项教育活动深入开展。

(朱荣虎)

【网络文明传播】 年内,开展网络文明传播活动。4月,陆续将包括全国文明单位、首都级文明单位及区级文明单位10家文明单位纳入网络文明传播工作体系,建立由30名在职人员兼职的网络文明传播志愿者队伍。分别在新浪网、新华网、腾讯网等网站建立博客和微博,按照上级部门和指标体系要求按时完成撰写博文和上传及转发微博、跟帖任务,通过发表健康向上的言论,引导网络文明。全年发表博文630篇,微博及论坛留言2250篇。

(朱荣虎)

左家庄街道

【概况】 左家庄街道办事处位于朝阳区西部。东起东三环北路,临麦子店街道;南濒亮马河,临三里屯街道;西与东城区接壤,临香河园街道;北抵静安西街,临太阳宫地区办事处。辖域面积4.17平方公里,辖新源里、三源里、顺源里、新源西里、左南里、左北里、左东里、静安里、曙光里9个社区。有人口104277人,其中常住人口101277人、流动人口3000人。有外籍人士2749人。有中职、中学各1所,小学5所、幼儿园7所、医疗卫生机构6所。企业3492家,其中额央属企业90家,市属企业72家,区属企业94家,街乡企业14家。中信银行、中信信托、中冶集团、中石化北京分公司、北京国际信托、中检集团等。年内,街道贯穿一条主线(深入学习贯彻落实党的十八大精神,加强社会服务管理创新,建设"五个左家庄"主线),坚持两个导向(居民群众需求和服务为导向),实现六个新突破(在党建工作、社会服务、社会管理、文化文明创建、"六型"社区建设、地区经济可持续增长等有新突破)。坚持处级领导包企业制度,挖掘地区经济增长潜力,清理异地纳税、保障原有税源稳定及房产税征收工作力度,完成区级财政收入26.76亿元,同比增长16.5%,收缴出租房屋房产税1530万元,同比增长50%,异地回迁企业5家。

地址:新源里西11楼旁

电话:64643210

邮编:100027

网址:http://zjzjd.bjchy.gov.cn

(冯　晨)

【志愿服务】 3月29日,街道召开地区志愿者之星表彰暨志愿行动发布大会。团区委副书记杨栋,街道办事处主任苏静,社区干部、志愿者代表及驻区社会单位代表200余人参加大会。表彰5名"志愿者之星"和"兵妈妈服务队"。同时为新一届地区志愿者协会揭牌。

(冯　晨)

【领导视察】 4月15日,区委常委、组织部部长张革到街道调研党组织建设、老旧小区改造、居民自治管理模式等工作。6月26日,区委常委、常务副区长甘靖中到街道慰问新源里社区医疗党支部书记、优秀党员李顺先。9月2日,副市长戴均良一行在区长吴桂英、副区长张立新陪同下,到街道调研青松居家康复护理机构工作情况。9月4日,副区长张维刚带领区发改委、区商务委、区财政局、区社会办、区金融办负责人到地区中冶集团调研。

(冯　晨)

【双拥共建】 4月19日,召开年度双拥工作会。街道工委书记郑金路,卫戍区新源里干休所、总装备部研究设计总院等驻地5支部队领导,中冶集团、京华时报社等5家社会单位代表和9个社区党委书记参加会议。街道与驻地部队和社会单位签订双拥共建协议。7月18日,开展"社区母亲进军营·军民共享鱼水情"主题双拥系列活动。投入资金7万元,慰问辖区部队官兵及优抚对象600余人。8月1日,联合武警九支队二大队,举办庆"八一"欢乐进军营专场文艺演出。卫戍区新源里干休所政委赵军、武警九支队二大队教导员王家润、北京文化发展基金会副秘书长何世斌与驻地部队官兵、居民代表300余人观看演出。

(冯　晨)

【宣传精神卫生法】 5月7日,街道残联联合社区卫生服务中心在三源里社区夏园举办以"发展事业、规范服务、维护权益"为主题的精神卫生法宣传及义务心理咨询活动。设立咨询台、义诊,发放宣传资料,设立宣传展板、志愿者行动等形式,宣传讲解精神卫生法。现场发放宣传资料400余份,为20余人开展心理咨询服务,为50人次测量血糖。

(冯　晨)

【社区文化节】 6月至11月,举办社区文化节。文化节开展"十个一"(以民乐和器乐为主的音乐会,戏曲专场演出,颂歌献给党演唱会,大型体育健身展示活动,诗书画交流展示,国际交谊舞大赛,居民手工编织展览,家庭厨艺大比拼,优秀电影巡回展映活动和"好书相伴"读书沙龙活动)特色主题活动。开展大型演出12场,单项活动37场、放映电影60场,直接参与人员3247人,观众达8万余人次。

(冯　晨)

【职工运动会召开】 11月15日,街道总工会和团工委在清华附中朝阳学校举办以"运动伴我行,共谱中国梦"为主题地区职工运动会。街道办事处机关工作人员、社区青年社工、32家地区总工会成员单位及非公团组织青年职工360人参加运动会。运动会设羽毛球、乒乓、跳绳、踢毽、篮球定点投篮等5个比赛项目。

(冯　晨)

【普法宣传活动】 12月3日,以"12·4普法你我他,共筑伟大中国梦"为主题,举办法律宣传文艺汇演活动。活动以法律工作者演讲为主线,与小学生表演京剧选段、配乐诗朗诵、舞蹈、小品和法律知识抢答等相结合的方式展开。悬挂法制宣传画10幅,发放法制宣传材料300余份。街道办事处、左家庄工商所、左家庄司法所相关领导,9个社区100余名居民观看演出。

(冯　晨)

【学习党的十八大精神】 年内,开展学习党的十八大精神系列活动。整合街道"红色大讲堂""道德讲堂""社区讲堂""五老宣讲团"等宣讲载体和师资力量,组建讲师团,成立地区"三元讲坛"。开展主题宣讲活动9场、在社区巡回讲座18场,5000余人次党员群众参加活动。在学习中,采取组团学、分层学、活动学、对照学方法、领会党的十八大精神基本内容、内涵和实质,坚定党员理想信念,建设学习型、服务型、创新型基层党组织。

(冯　晨)

【党风廉政建设】 年内,制定《左家庄街道贯彻落实区改进工作作风、密切联系群众工作实施细则》。层层签订党风廉政建设责任书,签订率为100%。制定18类42项重点工作防范举措。9个社区建立纪检委,实现纪检组织在社区层面全覆盖。

(冯　晨)

【党政群共商共治】 年内,9个社区召开问需会、问政会25次,征集汇总6大类53项为民办实事项目,年度确定14项实事工程项目。对接群众需求,增设、维修休闲座椅、晾衣竿、停车棚、路灯等便民服务设施125处,居民生活更加便捷。邀请人大代表、政协委员、居民代表等全程参与实施工程的具体落实、检查验收等工作,通过居民代表大会、"两节"走访慰问、座谈会等形式,公开公示实事工程完成情况。对因特殊情况不能按时完成的实事工程,做出解释和说明,并明确下一步措施,争取居民群众理解,确保每一项实事都落到实处,达到预期效果。

(冯　晨)

【地区党建品牌建设】 年内,实行党建品牌项目化管理,定期开展调度检查,加强跟踪指导,及时通报推进效果,打造街道层面“三助工作法”“三元讲堂”“五老志愿者服务队”等10个精品品牌,社区层面“党员网格化管理”“双帮工程”“兵妈妈进军营”“李大夫工作室”等25个品牌项目,形成一社区一特色一品牌的党建品牌体系,培育树立了一批优秀共产党员、党员志愿者之星、道德楷模等先进典型,品牌集群效应开始彰显。

(冯 晨)

【社区建设】 年内,继续创建六型社区,深化“一刻钟社区服务圈”建设,推进社区服务用房升级改造工程。规范认证“一刻钟社区服务圈”服务商200家。在三源里菜市场设立“雷锋示范商户”20家,印制便民服务卡,定期帮扶特困家庭。扩大农社对接菜站覆盖范围,新增设左北里农社对接菜站1处、曙光里流动售菜车1处。现有“一刻钟社区服务圈”3个,实现全覆盖,并拓展服务内容。投资200万元,装修服务用房面积400平方米。加强社工能力培养,提升社工综合素质。采取“三会一评”的办法,推行“一带十”(每名社区工作者在社区内结交10名社区居民朋友,每名社区工作者联系一支不少于10人的志愿者队伍)工作法。优化岗位设置,实行“两委一站”人员交叉任职,探索一人多岗和单项工作A、B角,建立服务站受理事项知识库,提高社区工作质量和效率。

(冯 晨)

【创新居民自治】 年内,探索社区居民自治单元格的小区自治管理模式,推广“三源邻里服务社—3166”(“3”即“三问于民”。通过问需、问计、问政,自下而上、两下两上对接“为民解忧”服务需求。“1”即一支志愿服务队伍。“6”即“六方参与”。党组织带动,居民唱戏,社区工作者指导,产权单位物业部门尽责,共建单位和社会组织配合。“6”即“六有、六无”。有自治管理、有准入制度、有安全保障、有便民服务、有文化活动、有邻里互助;无杂物堆积、无私装地锁、无犬粪扰邻、无乱贴广告、无违章建设、无设施破损。)自治模式。

(冯 晨)

【志愿者建设】 年内,在册各类志愿者达11790名,星级社区志愿者达1150余名,占志愿者总人数的9.75%。

(冯 晨)

【老旧小区改造】 年内,开展老旧小区升级改造和优美小区、示范大街建设工作。修补破损道路7800平方米,绿化改造7000平方米,翻建、改建4个自行车棚;完成新源西里东街和中街小区老旧小区进行前期改造,绿化改造5900平方米,道路修补800平方米,铺装硬化1000平方米,粉饰楼道13000平方米,小区门头改造120平方米。完成创建新源街优美示范大街工作。创建长度551米。完成市区老旧楼房抗震节能改造试点工作。完成49栋楼节能改造,5栋楼抗震加固。建设准物业管理小区2个,并达到“四有”标准。推进垃圾分类、环境卫生保障和绿化改造工作。创建17个“三无”达标小区,为地区居民打造宜居环境。

(冯 晨)

【救助困难群体】 年内,发放低保金472.2万元。办理临时救助40户,救助金额18.86万元。办理低保及低收入家庭医疗救助160人,救助金额35.63万元。救助290户持爱心卡家庭,救助物品折价约19.86万元。办理残疾人证90个,发放残疾人困难补助15.62万元、重残无业补助58.34万元、助残卷36.27万元。投入42万余元开展助残活动。开展走访慰问活动7次,发放慰问金、慰问品价值计38万余元。

(冯 晨)

【为老助残服务】 年内,新增老年餐桌2家,打造“爱心树”为老公益服务平台,开展服务子项近20项,受益人群2万余人。向6家社会组织购买阳台菜园等7项公益服务项目。为老人群体提供个性化、专业化、人性化服务。推进残疾人居家康复,拓展“七色花”心理康复项目,引入专业康复机构,为10户肢体残疾人提供康复训练、心理疏导服务。投入11万元,完成残疾人家庭无障碍改造40户,引进寸草春晖社会机构开展“彩陶惠生活”系列残疾人康复活动,建立左南里社区残疾人康复工作站。

(冯 晨)

【安全维稳】 年内,开展重点时段和节点的安保工作,出动巡防队员80人、地区群防群治力量5000人。完成创建新源西里和三源里两个平安示范社区。安装监控探头86个,安装门禁系统75镗。开展联合执法186次,检查462家单位,整改安全隐患230个。

(冯 晨)

【拆违控违】 年内,查处违法建设、制止私搭乱建53处1825.45余平方米,拆除大型户外广告48处1700余平方米。专项整治三元大厦、三元桥地下通道、京密路地铁车站出口等重点地区环境,开展全市环境秩序三个百日整治行动工作。

(冯 晨)

【流动人口管理】 年内,街道加强出租房屋和流动人口管理。加强基础信息调查,准确掌握流动人口和出租房屋基本情况;加强动态监测分析,依托市流管信息平台对地区流动人口和出租房屋进行实时监测,实时、全面掌握地区流动人口和出租房屋的总量、新增、核销、更新、迁移情况。全年街道有流动人口20812人,出租房屋10551间,新增6438人,核销7689人,更新316人,迁移1152人;加强出租房屋隐患排查整治,以实事促服务;加强流动人口培训和教育。开展“流动人口示范讲座”,举办以消防安全、文明礼仪为主题的讲座两场,发放《致流动人口一封信》1000余份。

(冯 晨)

地　　区(乡)

常营地区(回族乡)

【概况】 常营地区(回族乡)位于朝阳区东部,东邻通州区邓家窑村,西与平房乡黄渠村接壤,南邻管庄乡,北与金盏乡和东坝乡为界。乡域面积9.3平方公里,2004年常营回族乡增挂地区办事处牌子,行使双重管理职能。2008年10月地区全面实行城市社区管理体制。2013年,共有11个社区,地区总人口约17.3万人(其中流动人口约3.2万人)。人口出生率21.36‰,人口死亡率2.18‰,人口自然增长率19.18‰。年内,经济总收入23.1亿元,利润总额4329万元,税金8340.1万元,实现区级财政收入1.7亿元,同比增长67.94%,完成全年任务的147.3%。人均劳动所得22167.3元。

地址:朝阳区幺家店路1号
电话:65481589
邮编:100024
电子邮箱:cybangongshi@bichy.gov.cn

(卢　娲)

【快乐向前冲居民喜乐会活动】 1月15日,举办第二届"快乐向前冲"居民喜乐会暨文化创建工作推进会活动。辖区社会单位人员、66322部队官兵以及地区居民近900人参加活动。区农委、区委宣传部、区文化委、区体育局等单位领导参加活动。活动中,总结地区2012年文化工作,为"常营文化活动社"揭牌,并对在文化创建过程中表现突出的7个社区进行表彰。

(卢　娲)

【区领导调研社区卫生信息化建设】 1月16日,区长吴桂英、副区长张立新,区卫生局党委书记苏民等领导到常营社区卫生服务中心调研社区卫生信息化建设工作。

(卢　娲)

【司法所规范化建设获市验收】 4月22日,市司法局常务副局长郑振远等领导到常营司法所对规范化建设后的司法所进行实地考察验收。并于年内获北京市司法行政系统首批规范化建设示范单位,成为朝阳区唯一获选单位。

(卢　娲)

【纪念建党92周年活动】 6月27日在常营公园花瓣广场举办以"凝聚党旗下·党群心贴心"为主题的常营地区纪念建党92周年大型活动。11个社区的党员、党务工作者、社区居民和"感动常营——十佳道德模范"等500余人参加活动。各基层单位以歌唱党、歌唱祖国的形式进行比赛,最终民族家园社区获得第一名。

(卢　娲)

【文化体育】 6月,常营地区图书馆对外开放。图书馆建筑面积200余平方米,有图书6000册。常营地区群星少儿舞蹈团的演出在中央电视台"六一"晚会上亮相。

(卢　娲)

【征兵工作】 6月至9月,辖区适龄青年307人参加兵役登记,登记率达100%,3人参加体检并被批准入伍。

(卢　娲)

【中央统战部领导调研社区建设】 9月3日,由中央统战部、首规委领导和无党派人士等组成的考察团到常营保障房地区,就地区的社区建设情况进行调研。考察团参观了常营保利社区、地区党员服务中心,并听取了地区工委书记吉广平的汇报。

(卢　娲)

【乡十六届五次人代会】 11月30日,召开常营乡第十六届人民代表大会第五次会议,45名人大代表参加会议。会上通过了《常营回族乡农民医疗补助办法》《常营回族乡第六次调整农民生活补助标准、病残人员生活救助标准及农村劳动力自主就业鼓励标准有关条款的意见》。

(卢　娲)

【计划生育】 年内,办理一孩儿生育服务证406个,独生子女证244个,流动人口生育服务联系单273份,代办二孩儿生育服务证37个;出生上报482人,计划生育率为97.5%。落实散居无业人员独生子女父母奖励费647人,共计38185元,发放农民独生子女父母奖励费1162人,共计83140元。落实一次性奖励126人,一次性经济帮助6人。

(卢　娲)

【劳动就业】 年内,开发就业岗位800个,组织地区大型招聘会4次,新增用工协议单位20家,等级职业技能培训80人,全乡就业人员总数250人。

(卢　娲)

【医疗卫生】 年内,常营地区农合参保总人数4366人,参合率99.73%。社区卫生服务中心共签约35857户、51142人,其中重点人群20155人。

(卢　娲)

【综合治理】 年内,共排查社会单位1411家,开具监督检查记录1450份,发现火灾隐患或违法行为525处,督促整改火灾隐患509处,开展大型消防应急演练活动3次。更新流动人口数据861条、出租房屋数据520条,签订出租房屋安全责任书4233份,在京暂住人员登记率99%、办证率98%,出租房屋登记率100%。

(卢　娲)

【拆违控违】 年内,处理网格案件3000余次,排查发现新增违法建设19处600平方米,全部拆除恢复原状。发现新增违法建设29处并下达停止违法(限期拆除)通知书,组织大型拆违活动6次,其中拆除账外24处、11741平方米,拆除账内15处、16768平方米。

(卢　娲)

【基础设施建设】 年内,新增5条公交线路。分别为582路、583路、586路、587路和819路,方便居民换乘地铁六号线。打通辛庄一路、三间房东路两条断头路,在朝阳北路增设两处交通路口。

(卢　娲)

【社会保障】 年内,办理及发放各类补助总计3092.5万元。其中,办理低保及低收入人员医疗救助305人次,救助金额29.5万元;办理困难家庭临时救助65户,救助金额29.2万元;办理残疾人生活救助20人,救助金额14.4万元;发放残疾人生活补助123人,金额57.6万元;发放农民生活补助2.4万人次,金额2210.4万元;发放农村劳动力转移就业补贴641.5万元;节日走访慰问了少数民族困难家庭、优抚对象、军属、高龄老人等群体,发放慰问金109.9万元。

(卢　娲)

【社区划分】 截至年底,有民族家园、连心园、鑫兆佳园、万象新天、荟万鸿、苹果派、畅心阳光、保利嘉园、住欣家园、常营福第、丽景园11个社区。其中民族家园社区为常营一村至七村以及常营第一居委会回迁社区,连心园社区为五里桥村、草房村和十里堡村回迁社区,畅心阳光社区、保利嘉园社区、住欣家园社区、常营福第社区、丽景园社区为保障房社区。

(卢　婣)

崔各庄地区(乡)

【概况】 崔各庄地区(乡)位于朝阳区东北部,东依金盏乡,南邻将台乡,西靠来广营乡,北接孙河乡,周边与望京新城、酒仙桥等8个街乡接壤,辖区面积31.7平方公里。其中,集体土地19.1平方公里,约占总面积的60%,国有土地12.6平方公里,占总面积40%。是首都国门路上的重要城市形象节点,素有“国门之乡”的美誉。下辖15个行政村、3个居委会。全乡户籍人口13007户24571人,其中农业人口8240人。流动人口20万人。机场高速、京承高速、机场辅路、京顺路、五环路、来广营北路、京包铁路等交通要道穿乡而过,顺白路、来广营东路、南盏路、北皋路等区域连接路横贯其中。辖区有中国电影博物馆、中国铁道博物馆、北京航空航天模型博物馆、“一号地”艺术区等文化旅游点和创意产业聚集区,驻区商务企业有史泰博、赛特奥莱、全美樱桃园、圣露国际酒庄、“果园”西餐厅等百余家创意商务及相关企业。全年实现经济总收入33.3亿元,同比增长10%;实现利润1.12亿元,同比增长10%;税金1.37亿元,同比增长10%;人均劳动所得27127元,同比增长8.7%。小房产税征收2793万元。全乡三次产业结构比为1.2∶16∶82.8。

地址:朝阳区南皋路1号

电话:84307300

邮编:100015

电子邮箱:cuigezhuang@yahoo.cn

(曾金胜)

【毛新宇出席纪念毛泽东诞辰展】 1月9日,在何各庄“一号地”艺术区D区举办纪念毛泽东诞辰120周年全国巡展启动仪式。毛新宇携夫人刘滨出席仪式并为中国毛体书法家协会创作展示基地揭牌。艺术区D区也成为毛体书法协会在北京的红色艺术创作展示基地,展览展出80余幅毛体书法作品与数百帧毛泽东与家人不同时期工作和生活照片,以及毛泽东各种纪念章、雕像和象征红色文化的多种艺术珍品。展厅中央悬挂李讷亲笔题词“毛体书法中国行”。

(曾金胜)

【资源资产股份合作联社换届】 1月10日,召开乡资源资产股份合作联社第二届团体社员大会。会上选举产生了联社第二届管委会社长、副社长、委员和监委会主任。杨润忠当选社长,马海波、王桥当选副社长。

(曾金胜)

【乡第三届三次党代会】 3月6日,召开乡第三届三次党代会会议。乡党委书记吴选辉作题为“立足新起点,谋求新跨越,努力开创城乡一体化示范区建设新局面”的工作报告。会议下发了《关于进一步发挥党代表作用的意见》,内容包括,党代表要在“更新观念、产业转型、美好环境、转变作风、文化引领”等8个方面切实发挥带动和示范作用,并继续推进党代表列席重要会议制度、重大事项征求党代表意见和通报制度,以及党代表建言献策制度。

(曾金胜)

【农民喜迁新居】 3月,崔各庄、善各庄、索家村三个村的6000余人全部顺利回迁京旺家园。本次交付使用的二期住宅楼共有住房2949套,其中60平方米的一居室和80平方米的二居室约占九成以上,人均住宅面积不低于50平方米。京旺家园紧邻东北五环与机场高速,规划总用地面积184公顷。其中,项目住宅用地面积65.8公顷,分A、B、C、D四个地块,规划总建筑面积约183万平方米,绿化率30%。

(曾金胜)

【村委员会换届】 4月11日至6月30日,第九届村民委员会换届选举工作经动员部署、投票选举等阶段,9个未土储村的村委会完成换届工作。

(曾金胜)

【西藏自治区政府领导考察】 4月21日,西藏自治区政府副主席孟德利,自治区新闻出版局书记肖传江等一行到何各庄村考察文化创意产业。

(曾金胜)

【领导班子调整】 4月23日,区委常委、组织部部长张革在地区干部大会上宣布任免决定:经区委常委会研究决定,陈杰不再担任崔各庄地区办事处主任职务,建议免去崔各庄乡乡长职务,调区农委工作,任调研员。原区委农工委副书记李华任崔各庄地区工委(乡党委)副书记、地区办事处主任,提名为崔各庄乡乡长建议人选,并请乡人大选举通过。

(曾金胜)

【首届文化艺术节】 5月25日,崔各庄地区“第一届文化艺术节暨第二十二届奶子房民间花会”在奶东村文化广场举办。区政协原副主席、东岳书院执行院长关三多,区委宣传部常务副部长高春利、区文化委副主任倪遥远以及区农委、区体育局、北京民俗博物馆馆长等领导参加。首届艺术节以“凝聚、和谐、舞动、活力、健康、传承”为主题,设四大类近百项文体活动,包括六合农业全美樱桃园开园暨六合农业全美樱桃园书画摄影季、首届文化艺术节之舞动崔各庄——大型广场舞展示、第二届崔各庄地区全民运动会等活动。

(曾金胜)

【区领导调研】 6月13日,区委书记程连元带领调研组到崔各庄乡调研产业发展情况并召开座谈会,研究发展现状,分析存在的问题、讨论解决办法,对乡产业发展工作做明确指导。

(曾金胜)

【区党建研究会崔各庄分会成立】 6月26日,崔各庄地区党建研究分会在建党92周年大会上举行了揭牌仪式。中组部党建研究所副巡视员赵湘江和地区工委书记吴选辉共同揭牌,成为朝阳区农村地区成立的首家党建研究分会。党建课题研究及成果转化工作得到中组部党建研究所、全国党建研究会有关领导及市、区领导的高度关注和肯定。“崔各庄乡城乡一体化进程中新建农民回迁社区过渡阶段党建问题研究”获得区党建研究课题一等奖,获市党建研究成果自选课题三等奖。

(曾金胜)

【纪念建党92周年庆祝大会】 6月26日,召开纪念中国共产党成立92周年庆祝大会。会议表彰了先进基层党组织和优秀共产党员、优秀党务工作者,进行“国门宣讲团”宣讲活动。工委书记吴选辉给全体党员上党课。中组部党建研究所副巡视员赵湘江,地区领导班子成员,辖区重点单位党务工作负责人,各基层党组织书记、村(居)委会主任和社长,党员代表等370人出席会议。

(曾金胜)

【柬埔寨亲王“国门行”】 7月下旬,柬埔寨亲王诺罗敦·夏卡朋(Norodom Chakrapong)一行到崔各庄地区参观考察。先后到有着“北京最美乡村”美誉的何各庄村暨北京市“一号地”艺术区、樱桃园、圣露国际酒庄参观考察。

(曾金胜)

【“三进三民”活动】 7月下旬至8月中旬,崔各庄乡党政机关领导班子成员分成9个小组,深入到群众中间进行实地调研,开展以“进村子、进社区、进住户,知民情、解民困、聚民心”的“三进三民”活动。共入户

201 家，面对面谈话约 300 人次。

（曾金胜）

【小金星幼儿园开园】 9月1日，京旺家园小金星幼儿园正式入驻崔各庄地区，乡长李华及社会企业界嘉宾出席开园典礼。

（曾金胜）

【人大代表视察】 9月10日，乡人大主席孙连玉带领乡人大代表30余人，到京旺家园小金星幼儿园、佐特陶瓷、北京圣露国际酒庄等地视察调研。

（曾金胜）

【第三次全国经济普查】 9月11日，召开崔各庄地区第三次全国经济普查动员会，部署普查实施方案。地区党政机关领导班子成员、各村（社区）主要领导及辖区企业负责人参加，会议由地区办事处副主任胡振俭主持。

（曾金胜）

【市领导调研马泉营村煤改气工程】 9月12日，副市长林克庆一行，在副区长陈涛等领导陪同下，调研马泉营村的锅炉房煤改气供暖改造工程。

（曾金胜）

【乡企业联合会换届】 9月27日，崔各庄企业联合会会员大会暨换届大会在圣露国际酒庄召开。会议通过了第一届理事会的工作报告、联合会章程条例（修改稿）和组织架构建议名单，推选产生了第二届联合会理事会成员，选举出第二届联合会会长、执行会长、副会长、常务理事长、监事长、秘书长及理事。会议通过了联合会更名事宜，将崔各庄企业联合会更名为崔各庄国门企业联合会。首创集团董事长刘晓光等受聘为国门企联顾问。新一届理事会会长吴选辉作工作报告。执行会长李华代表国门企业联合会与北京农商行朝阳支行负责人刘明忠签署了战略合作协议。

（曾金胜）

【国门经济论坛】 9月27日，崔各庄地区组织辖区企业家精英、专家学者举办国门经济论坛。区政协原副主席关三多，区科委主任冯守华，地区工委书记吴选辉等领导参加。首创集团董事长刘晓光、伊利诺伊总经理史晓燕、金港投资公司董事长叶明钦、国际航空俱乐部总经理盛苏等嘉宾出席。中国文化产业促进会会长由青云等发来贺电。会议推出“国际创意商务走廊”概念，提出依靠临近首都国际机场的“国门”优势，大力发展文化创意和创意商务等附加值高的创意产业，紧抓城镇化契机，实现整个地区经济的转型发展。围绕如何推进“国际创意商务走廊”建设，与会者踊跃献计献策。史晓燕建议做好整体规划和分享规划，在规划落实过程中做好设计工作，突出创意特色；铁道科学院王睿表示，作为中国轨道交通的科技创意单位，愿意为国际创意商务走廊增添创意内涵。

（曾金胜）

【政协调研“乡村记忆发掘和保护”工作】 10月24日，区政协副主席郑煌、邢念增率区政协相关部门及部分政协委员到崔各庄乡对“乡村记忆发掘和保护”工作进行调研，并召开区政协领导督办重点提案办理工作座谈会。调研中，与会领导对崔各庄地区在大望京城乡一体化试点以来，加强城乡一体文化传承体系建设，大力推动乡村志书编撰工作，深入挖掘民间非物质文化遗产资源，发扬传承奶子房民间花会等工作给予肯定。截至年底，出版了《崔各庄乡志》《大望京村志》等10余部乡村志书。副区长陈涛，区政府办、区农委、区文化委、区志办等部门领导陪同。

（曾金胜）

【食品药品监管所成立】 11月1日，崔各庄地区食品药品监督管理所正式挂牌成立。

（曾金胜）

【经济联社组建】 11月6日，崔各庄乡合作经济联社第一届第一次团体社员代表大会召开。会上选举产生了乡联社第一届管委会成员和监委会成员。崔各庄乡合作经济联合社是全乡社员按照自愿互利原则建立起来的综合性和社区性的农村合作经济组织。乡联社的集体资产由全乡社员共同共有。乡联社统一管理监督全部乡级集体资产，统领乡级集体各企业单位，承担着发展壮大乡级集体经济，带动农民就业，增加乡级集体积累的重要任务。

（曾金胜）

【十六届乡人大六次会议】 11月21日，崔各庄乡召开第十六届人民代表大会第六次会议。会议批准了翟钰、付琳的辞职报告，选举程振环担任崔各庄乡人民政府副乡长。

（曾金胜）

【5号地产业园项目合作签约】 12月25日，乡党委书记吴选辉带领副乡长李胜虎、程振环及国门企业联合会负责人等到北京百城置业集团总部所在地，同该集团就电子城北扩5号地产业园项目合作举行签约仪式。崔各庄乡资源资产股份合作联社管委会副主任韦玉星、山东百城置业有限公司副总经理苑天巍，在项目合作合同等相关文件上签字。电子城北扩5号地产业园项目东至规划一路、西至规划四路、南至规划十六路、北至规划十三路，总用地面积486142平方米，其中建设用地273659平方米，代征道路147524平方米，代征绿地45129平方米，代征水域19828平方米。地上建筑控制规模526200平方米，建设内容为高新技术产业、绿隔产业及供电设施。

（曾金胜）

【基础设施建设】 年内，争取市、区基础设施建设配套资金13240万元。完成了泉辛路、南皋路等环境整治；翻修破损严重的索家村路和北皋路；配合区有关部门对辖区14座公厕进行改造升级；指导黑桥村等9个村落实新农村及环境建设；完成50.4公顷平原造林；启动了马泉营村煤改气工程。

（曾金胜）

【公共文化服务体系】 年内，争取政策及近700万元的资金支持，完成8个文化广场建设。成立“国门艺术团”，艺术团原创舞蹈《幸福团圆》获第三届海峡两岸中老年舞蹈大赛金奖。组建业余文化团体65支。奶子房民间花会成功申请并入选朝阳区非物质文化遗产名录，争取专项资金495万元修缮善各庄关帝庙，修缮后作为地区文化服务中心分馆公益性文化活动场所使用。

（曾金胜）

东坝地区（乡）

【概况】 东坝地区（乡）位于朝阳区东部，东邻金盏乡，北临崔各庄乡，南与平房乡、常营乡接壤，西接将台乡，辖区总面积24.6平方公里，是北京市十大边缘集团之一。辖区9个行政村、11个社区。常住人口37889人（其中农业人口12906人，非农业人口24983人）。总户数17539户（其中农业户6403户，非农业户11136户）。集体企业26个。私营企业874个。辖域内公办幼儿园两所，公立小学有3所、中学1所、职业教育学校两所、高职院校1所，医院1个、4个村和3个社区共有7个卫生服务站、1个卫生服务中心。全年，乡经济总收入131501.8万元，同比增长0.2%；上缴税金总额3835.5万元，同比增长2.4%；农民人均劳动所得18023元，同比增长1.7%；完成区级财政收入1.32亿元。

地址：朝阳区红松园16号
电话：65491768
邮编：100018
电子邮箱：cydb@bjchy.gov.cn

（杨秋羽）

【新一届基层党组织成员培训】 1月16日，乡党委举办新一届基层党组织班子成员培训班,邀请区委党校教师围绕“基层党组织班子成员应具备的能力素质和主要职责”“如何做好新形势下群众工作”等内容培训。

(杨秋羽)

【十六届乡人大三次会议】 3月15日,召开乡第十六届人民代表大会第三次会议。乡长黄宏春向会议做政府工作报告。大会讨论并审议通过了《政府工作报告》《财政工作报告》《人大工作报告》。乡党委书记、乡人大主席安永存就做好2013年工作讲话。

(杨秋羽)

【党建工作会】 3月25日,召开党建工作会。会上,组织党员干部观看党风廉政建设教育宣传片,部署2013年地区组织宣传、精神文明和党风廉政建设工作;三岔河村、高杨树社区分别发言;向地区党风廉政监督员颁发聘书。乡党委书记安永存就党建工作讲话。

(杨秋羽)

【区领导考察调研】 5月8日,区长吴桂英到东坝调研东五环七棵树路段环境整治工作情况,并察看了大环景观生态林建设。10月12日,区委书记程连元到东坝乡调研察看南区土储19号地块拆迁腾退、临时导改路工作情况及大华窑排水沟现状。10月16日,区人大常委会主任佟克克到东坝乡调研北京中学建设工作。11月20日,区政协主席辛燕琴、副区长汪洋带队督查东坝乡落实安全隐患排查整治工作。

(杨秋羽)

【党员宣讲团举办首场报告】 6月26日,举办东坝乡纪念建党92周年暨东坝乡党员宣讲团首场报告会。乡长黄宏春主持会议,400余人参加。会上表彰先进基层党组织、优秀共产党员、优秀党务工作者,并对任宏亮、兴利生等5名优秀共产党员的先进事迹进行宣讲。

(杨秋羽)

【十六届乡人大四次会议】 8月1日,召开东坝乡第十六届人民代表大会第四次会议。大会审议通过乡长黄宏春作的上半年政府工作报告。安永存讲话。

(杨秋羽)

【乡第十二届二次党代会】 8月5日,召开中共朝阳区东坝乡第十二届代表大会第二次会议。黄宏春主持会议,副书记郝云峰就党代表任期制工作情况作汇报,书记安永存就如何发挥党代表作用讲话。

(杨秋羽)

【劳动就业和社会保障】 年内,提供就业岗位2000余个,为600人次失业人员进行就业指导,实现城镇失业人员提档就业310人;为824人申请就业补贴,为899人发放农村劳动力转移就业补贴363万余元,为853人上缴社会保险补贴432万元。劳务派遣服务中心完成首批物业管理从业人员招聘培训工作,形成了市场主导、政府参与的就业管理工作格局。落实“新农合”“城乡居民养老保险”等政策,规范保障性资金管理使用,年内累计发放各类资金1700多万元,保障了困难家庭、特殊群体的基本生活。强化劳动保障监察,对辖区157家用人单位开展巡查信息采集工作,受理32起农民工上访事件,为农民工追回拖欠工资306万余元。

(杨秋羽)

【文化体育】 年内,通过了全国公共文化服务体系示范区第三方检查验收。完成了文化中心电子阅览室网络改造和社区、村共享工程网络设施建设。开展身边好人巡讲、网络文明传播、“星光自护”等活动。成立东坝艺术团。举办了东坝地区第二届民俗文化节、第五届全民运动会等活动。

(杨秋羽)

【土地储备腾退】 年内,推进坝河南区剩余户拆迁腾退,共签署拆迁协议46份,其中住宅13户、非宅企业33家,拆除建筑面积13.6万平方米,完成318座坟茔的迁移工作,保障了18、19号地块符合上市条件。在完成评估公司、拆迁公司、拆除公司招标和入户测量的基础上,启动了三岔河村腾退拆迁工作。

(杨秋羽)

【产业发展】 年内,坝河南区两块8.12万平方米产业用地全面落实。利锦荣、铭泽园项目开工建设;坝上春秋项目延期手续办结;长者友善护理院项目主体改造工程基本完成。建筑产业全年开复工面积31万平方米,实现收入2.7亿元。东晓景文化创意产业园新建的2个1150平方米的展厅、3个960平方米的拍卖厅投入使用,举办首届晓景华德书画作品拍卖会等拍卖活动5次,拍卖总额达2682万余元,实现利润157万元。

(杨秋羽)

东风地区(乡)

【概况】 东风地区(乡)位于朝阳区中部,东与平房乡、东坝乡接壤,南与八里庄街道、六里屯街道相接,西与六里屯街道、麦子店街道相接,北接将台乡和酒仙桥街道。下辖4个村、8个社区、2个村居。辖域面积7.38平方公里。全年实现经济总收入26亿元,同比增长20.4%;利润总额8049.7万元,同比增长15%;上缴税金9000.8万元,同比增长10%;人均劳动所得29375.5元,同比增长7.3%。

地址:朝阳区星火西路9号
电话:85810712
邮编:100016
电子邮箱:chy-df@163.com

(董晓芸)

【市领导到六里屯村调研】 2月17日,市委常委、常务副市长李士祥,副市长林克庆、张延昆率相关部门就城乡结合部城市化建设问题到六里屯村调研。李士祥提出,朝阳区要在农村城市化方面先行一步创造经验。区领导程连元、吴桂英、陈宏志、陈涛、甘靖中、刘军胜、王春、汪洋参加调研。

(董晓芸)

【团市委领导调研】 2月18日至22日,团市委机关党委书记兼市志愿者联合会主任郭新宝带领团市委调研组一行6人,到东风地区针对非京籍大学生在京生活现状进行调研,发放问卷150份,深度访谈10人。

(董晓芸)

【促进转移就业】 3月19日,东风乡社保所与东坝乡社保所以“搭建供需平台、促进转移就业”为主题召开现场招聘会。招聘企业提供40余个工种的300余个岗位,辖区数百人应聘。现场面试100余人,当场达成求职意向71人。

(董晓芸)

【区长调研村庄社区化管理】 3月21日,区长吴桂英带领区农委、区综治办等职能部门领导到豆各庄村高庙调研村庄社区化管理工作。吴桂英听取豆各庄村党支部书记刘洪宇的汇报后,察看了流动人口管理站、视频监控室等,走访了出租房住户。

(董晓芸)

【绿隔腾退】 4月9日,开始豆各庄村、将台洼村进行绿隔腾退入户调查。7月1日,启动一期腾退工作。10月4日,辛庄村二期腾退工作启动。编制完善《腾退补偿安置办法及实施细则》。

(董晓芸)

【信访排查】 4月,制定《东风地区绿隔腾退信访接待工作处置预案》《东风地区绿隔腾退信访应急处置工作预案》等工作方案,做好绿隔腾退信访矛盾排查预防工作。

(董晓芸)

【党代表接待室建成】 5月,地区党代表接待室建成。乡党委申报的“党员360服务圈”项目被确定为区农村系统重大项目。

（董晓芸）

【朝阳区禁毒培训基地揭牌】　6月22日，朝阳区禁毒委、北京市公安局强制治疗管理处等部门，在石佛营药物维持治疗门诊部举行“你我同行拒毒品，同心共筑中国梦——朝阳区全民禁毒宣传月活动暨朝阳区禁毒培训基地揭牌仪式”。副区长王春出席活动。

（董晓芸）

【团体社员代表大会】　6月29日，东风乡合作经济联合社第一届第二次团体社员代表大会召开，集体审议通过《东风乡合作经济联合社第一届第二次团体社员代表大会特邀代表名单》《东风乡绿化隔离地区房屋腾退补偿安置办法》，并形成决议。

（董晓芸）

【区委书记考察社区综治中心】　7月10日，区委书记程连元，副书记陈宏志，公安分局局长陶晶，副区长王春等领导，带领区相关部门领导考察东润枫景社区综治中心并召开朝阳区民警驻区制工作会议。

（董晓芸）

【为民办实事】　8月至11月，完成为居民办实事项目21个，投资204万余元，涉及石佛营东里等5个社区。为民办实事项目包括整修地面、修缮围墙、补种绿植、安装信报箱、改造居民休闲场所等。

（董晓芸）

【食药所成立】　11月1日，东风乡食品药品监督管理所正式成立。

（董晓芸）

【禁毒工作获奖】　11月2日，地区禁毒工作获得国家禁毒委员会颁发的“全国社区戒毒社区康复工作示范单位”称号。

（董晓芸）

【地区工会服务站通过市验收】　12月2日，在星火西路17号建立地区工会服务站，面积300余平方米，设置“五室两中心”，即办公室、劳动争议调解室、心理疏导室、创新成果展示室、工作档案室、职工诉求中心、经费核算中心，并通过市总工会验收。

（董晓芸）

【廉政风险防控】　年内，按梳理涉权事项819项，绘制权力流程图783张，查找风险点528个，制定措施1156条。

（董晓芸）

【环境治理】　年内，完成六里屯村市场周边1600平方米柏油路铺设；对苇西村内2300平方米的破旧水泥路更换柏油路面，同时对村内长2580米、面积为7742平方米的临街两侧围墙重新粉刷；配合自来水集团完成石佛营东里、南里、西里自来水管道内部喷涂处理；针对石佛营区域道路泥泞，容易积水问题修建3000平方米的水凝土道路，铺设1200平方米步道砖，拆换102延米老旧污水管线，新建150延米雨水导线。

（董晓芸）

【业委会建设】　年内，开展地区业主大会和业主委员会指导监督工作，完成东山墅小区、泰华滨河苑业委会的补选和换届工作；指导东润枫景小区、亮马家园小区与中水金海嘉园小区首届业主大会筹备工作。

（董晓芸）

【专项整治】　年内，开展系列专项整治行动。一是安全生产领域“打非治违”专项行动；二是餐饮场所燃气安全专项治理；三是人员密集场所专项整治；四是工程建设领域专项整治；五是危险化学品专项整治；六是特种作业“双打”专项执法；七是特种设备专项检查；八是消防安全专项整治。

（董晓芸）

【劳动权益保障】　年内，在建工地开展工伤保险集中宣传活动。发放《劳动合同法》《社会保险法》《工伤保险条例宣传册》等劳动法律法规宣传资料。对丰苑大厦等企业开展书面审查，有36家企业参审并全部合格，规范用人单位劳动保障管理工作。

（董晓芸）

【民警驻区制】　年内，落实社区民警驻区制，投入经费40万余元，建立8个警务工作站。全年可防案件下降10%。

（董晓芸）

豆各庄地区（乡）

【概况】　豆各庄地区（乡）位于朝阳区东南部，东临黑庄户地区，南临通州区台湖镇，西与高碑店地区、王四营地区、十八里店地区接壤，北与三间房地区、管庄地区毗邻，面积14.16平方公里，下辖12个行政村，6个社区和1个社区筹备组。常住人口12585人，人户分离人口8307人，常住外来人口14320人，流动人口16219人，区域轮廓呈南北长东西窄不规则多边形，通惠灌渠纵贯全乡，萧太后河流经孙家坡村、水牛坊村和马家湾村，运通111路、475路、363路、411路、457路、753路等多条公交线经过乡域，五环路、京哈高速公路、京津二通道、劲松东延路和机场南线穿境而过，交通十分便利。辖区内有丰厚民族文化底蕴的张义祠堂，有中央491电台、北京市第二监狱、北京市看守所及北京市禁毒教育基地等市属单位。有中学1所、全日制小学4所、社区卫生服务中心1所、幼儿园（私立）5所，老年公寓、派出所、商店、银行、集贸市场、社区卫生服务站一应俱全。乡域内有格林万德高科技农业园区及富力又一城、京城雅居、青青家园大型居住区和绿丰家园、朝丰家园农民新村。年内，实现经济总收入16.85亿元，区级财政收入8230万元，农民人均纯收入2.4万元，同比增长8.5%。

地址：朝阳区西马各庄村

电话：65479002

邮编：100121

电子邮箱：dougezhuang@126.com

（刘静敏）

【干部队伍建设】　年内，调整任用干部52人次，1名科级干部晋升为副处级领导。依照精简、高效、平稳、有序原则，精简乡机关机构，重新调整科室职责，开展公务员全员竞争上岗活动。公开选拔10名大学生村官和25名农村后备干部，提拔5名基层单位正职助理，后备干部队伍更加充实、结构更加合理。

（刘静敏）

【推进党建项目工作】　年内，制定《关于进一步实施党建工作项目化管理的意见》；实施“打造豆各庄乡党员宣讲队伍”“打造学雷锋品牌队伍”“朝丰家园社区流动党员红色驿站”党建项目；成立党员志愿者服务队伍；组建了一支40人组成的党员宣讲队，开展“十八大”精神和“我的梦·中国梦”宣讲活动。

（刘静敏）

【党风廉政建设】　年内，制定《豆各庄乡“三重一大”工作制度》《财政财务内部管理办法》《党务公开工作制度》《经济合同联预审工作制度》等一系列制度，签订了《党风廉政建设责任书》《廉洁从政责任书》《党员廉政承诺书》，实现党风廉政建设责任制全覆盖。推进廉政风险防范管理，31个部门和单位清理确认涉权事项868项、查找廉政风险点1473个、制定防范措施1473项。

（刘静敏）

【加快产业升级】　年内，对京津二通道以南地区进行环境整治，拆除腾退低效企业15家，建筑面积7.8万平方米，对有潜力的企业进行升级改造，大力发展后劲强、科技含量高、绿色环保型产业，初步形成了以豆各庄商贸总部园区、东村文化创意园、艾泽斯盖传媒影视基地、九区文化产业园为龙头的4个产业园区，优化了地区产业结构。

（刘静敏）

【三资管理】 年内,探索“三资”管理新模式,加大对农村资金、资源、资产监管力度,逐步实现农村集体“三资”管理科学化、制度化和规范化。完成了12个村及直属单位的财务审计,并对审计出的问题进行全面整改,加大了对集体资源的统筹力度。稳步推进了产权制度改革。

(刘静敏)

【农转非安置】 年内,启动了地区整建制转非安置工作,3419名农民转为城市居民;开展职业技能和素质培训;75家企业在朝丰家园社区、绿丰家园社区等地举办4场招聘会,提供80余个工种,1200余个工作岗位,有就业意愿的农村劳动力基本实现了就业。

(刘静敏)

【拆除违章建设】 年内,严厉打击违法用地违法建设,集中力量拆除违法建设34处11.6万平方米。

(刘静敏)

【文化建设】 年内,以全国公共文化服务体系示范区创建为契机,在绿丰家园、青青家园、朝丰家园社区建立了24小时自助图书馆;举办了“活力豆各庄·幸福在朝阳暨五月鲜花”文艺汇演,80余人参加演出;启动乡志撰写和乡情博物馆建设项目,传承地区历史文化精神。

(刘静敏)

高碑店地区(乡)

【概况】 高碑店乡位于朝阳区东部,东邻中国传媒大学,南接王四营乡,西邻北京商务中心区,北靠平房乡。辖域面积15.08平方公里,总人口12万余人。有5个村级单位和24个社区。年内,围绕“一三五六”的发展思路,坚持“发展富民、保障安民、文化育民、管理塑民”,以新农村建设为主线,产业项目推进为动力,社会管理水平提升为目标,凝心聚力、真抓实干,圆满完成了全年工作任务,经济社会事业取得新进展。实现经济总收入187亿元,同比增长22.3%;实现利润6.9亿元,同比增长13.4%;上缴税金5.9亿元,同比增长18.8%。人均劳动所得3.5万元,同比增长5%。

地址:朝阳区高碑店北路甲1号
电话:85778502
邮编:100123
电子邮箱:gbddqbsc@163.com

(王瑞琴)

【推进产业结构调整】 年内,中医药港项目主体建成;高井传媒产业园区赢得了中央电视台、北京电视台、湖南卫视、安徽卫视、上海卫视等多家卫视的青睐,《非诚勿扰》《职来职往》《非你莫属》等16个一流品牌节目在园区录制、编辑;通惠河畔二期主体全部竣工;北京传媒时尚文化产业园一期项目主体结构基本建设完工;八里庄文化产业园完成总建筑面积的65%;新引进闽南居美、中视东辰、法制晚报、CNTV等一批新的经济增长点,确保经济持续稳定增长。

(王瑞琴)

【三资管理体制机制建设】 年内,按照区委区政府要求,推进三资管理体制机制建设。完成5个村的党政领导经济责任审计。开展全乡经济合同预审联审工作,梳理规范经济合同384份,逐步实现合同管理规范化、制度化、信息化。稳步推进产权制度改革,实现集体资产的乡级统筹,打破村域界限,实施乡级专业化经营,规范集体资产运营,形成了较为完善的集体资产管理体制,确保集体资产保值增值,资源合理利用。

(王瑞琴)

【税源建设】 年内,加大税源建设力度,及时掌握纳税企业的经营动态,对重点纳税单位实施动态管理,辖区税收实现稳定增长。完成税源总额2.84亿元,同比增长11.48%。实现区级财政收入3.17亿元,增长13.22%。全年累计完成个人出租房屋税款1260万元,超额完成任务。

(王瑞琴)

【违法建设查处】 年内,通过完善机制、建立队伍、加强巡查,有效遏制了违法建设势头。乡巡查发现违法建设16处,拆除16处,累计拆除违法建设73633平方米,违法建设实现动态“负增长”。

(王瑞琴)

【环境整治】 年内,集中开展对流动人口和出租房屋基础调查工作,完善出租房屋和流动人口管理台账,截至年底,出租房屋共计10601户,49676间,流动人口65619人。改善辖区交通环境,打通拓宽8处铁路涵洞,缓解困扰辖区群众多年通行不便的难题。开展优美大街环境整治,对京哈铁路、避暑专线、区级挂帐环境脏乱点、国华电力专线、广渠路沿线和四惠周边环境卫生进行整治。

(王瑞琴)

【新农村建设】 年内,推进广渠路二期拆迁,完成拆迁54个院,占总量的81%。提升地区居住投资环境,半壁店、小郊亭、方家村建设规划工作进展顺利,腾退企业29.3万平方米,占总量的91%。高碑店东区农宅抗震节能改造599户,占总量的50%,已完成交工184户。西店重点村的民宅工程全部竣工,共62排370栋。

(王瑞琴)

【社区建设】 年内,改善社区办公环境,新建大黄庄、太南社区办公用房和高井阿曼寓所社区服务站,改造了花北西社区、花北东社区办公用房。高碑店西社区和兴隆家园社区被评为“首批全国社会工作服务标准化建设示范社区”,兴隆家园社区还被评为“全国地震平安示范社区”。

(王瑞琴)

【综治维稳】 年内,完成了“两节”、全国“两会”以及“六四”等敏感期、十八届三中全会的安全保障工作。地区治安志愿者出动4200余人次。做好矛盾纠纷排查化解工作,信访总量同比下降17%。加强技防、物防建设,在甘一、甘二、康西、太北、花东、花西6个老旧小区,投资140万元新安装393套门禁系统,全面提升地区群众安全感。

(王瑞琴)

【安全生产】 年内,开展消防、一氧化碳中毒、违法出租、违法建设、安全生产“五位一体”大检查,集中清理一批“三合一”“多合一”场所。以“11·19”火灾事故为鉴,成立领导督查小组,检查企业6100余次并对企业发放隐患整改通知书,组织开展预防煤气中毒工作,签订责任书16300余份,有效杜绝重大安全问题和事故发生。

(王瑞琴)

【社会保障】 年内,开发就业岗位4343个,实现失业人员再就业536人。城乡居民养老保险参续保率达100%,城镇低保户、生活困难户和农村低保户100%实现应保尽保。投入27万元开展“两节”送温暖慰问活动和送医、送教、助学等一系列慈善救助服务,实现社会救助、社会帮扶全覆盖。

(王瑞琴)

【文化活动】 年内,建成乡综合性文化中心,面积达2600平方米。先后举办漕运庙会、秧歌大赛、地区运动会、中秋艺术节文艺演出等系列群众性文体活动。代表朝阳区参加北京市组织的广场舞大赛,获最佳优胜奖和最佳表演奖;参加朝阳区组织的“闽龙杯”乒乓球比赛和秧歌大赛,获二等奖;参加文联组织的交谊舞大赛,获三等奖。

(王瑞琴)

管庄地区(乡)

【概况】 管庄地区(乡)位于朝阳区东部,东邻通州区城关镇,南与豆各庄乡、黑庄户乡毗邻，西接三间房乡，北与常营乡接壤，属定福庄边缘集团的一部分。辖区面积10.15平方公里，实有人口13.4万人。区域内以汉族和回族为主。京通快速路、朝阳路、朝阳北路、地铁八通线、京秦铁路、通惠河贯穿全地区。有法人单位1103个，其中：农业1个，工业70个，建筑业35个，交通运输邮电业61个，批发和零售业397，住宿和餐饮业26个，服务业504个，金融业2个，房地产业7个。有中国音乐学院（管庄）校区和北京科技大学（管庄）校区，北京市电气工程学校（管庄）校区，中学3所，小学5所，幼儿园9所，社区卫生服务中心1个，社区卫生服务站5个，一级医院2个，门诊部以下医疗卫生机构1个。年内，地区完成集体经济总收入55.8亿元，实现利润总额3.63亿元，实现税金1.73亿元，农民人均劳动所得实现3.09万元。

地址：朝阳区管庄乡1号

电话：65762117

邮编：100024

电子邮箱：gzdq@bjchy.gov.cn

（冯　妍　邱　灿）

【环境整治】　3月23日至29日，投入资金40多万元，对咸宁侯排水沟及小寺排水沟进行清淤整理河道，确保安全度汛。年内，完成阶段性重兴寺公园景观绿化、旺角小区东侧土山绿化、西会公园南侧土堆绿化，绿化面积达16.4万平方米，有效改善地区环境。

（冯　妍　邱　灿）

【集体“三资”管理】　3月，完成村经济合作社换届工作，选出社员代表283名，健全各村组织机构，保障乡体制改革顺利推进。5月21日，制定《关于进一步落实农村重大经济事项决策制度的规定》。

（冯　妍　邱　灿）

【全模式社会服务管理系统运行】　4月8日，地区全模式社会服务管理系统正式运行，并成立地区全模式社会服务管理办公室。

（冯　妍　邱　灿）

【新增400个停车位】　4月15日，管庄西里、瑞祥里社区和惠桥小区等5个区域的居住区停车场改造工程通过验收，新增居住区平面停车位400余个。

（冯　妍　邱　灿）

【养老管理服务中心成立】　6月24日，成立地区养老管理服务中心，完善为老服务体系，开展“爱惠管庄——送温情”系列活动，并在揭牌仪式上与社会组织“惠邻工作室”就开展“温情护老”服务达成协议。

（冯　妍　邱　灿）

【“魅力管庄”官方微博开通】　7月1日，开通地区官方微博“魅力管庄”。

（冯　妍　邱　灿）

【第七届惠河文化节】　7月1日至10月12日，举办历时3个月的第七届惠河文化节系列活动。活动包括在八里桥社区开展的“星火工程”文艺演出，200余名居民观看；承办“全民健身日”朝阳区第七片区展示活动，平房、东风、三间房、常营、东坝、高碑店、管庄7个乡的9支健身操（舞）类队伍在管庄地区文化广场参加表演，近千名群众观看。在京通苑社区、新天地小区打造的管庄地区科普教育基地，是朝阳区东部唯一的科普基地。

（冯　妍　邱　灿）

【班子调整】　9月10日，地区领导班子调整，高永荣任地区工委（乡党委）书记，并于11月27日当选朝阳区第十五届人大代表、管庄乡第十六届人大代表。

（冯　妍　邱　灿）

【优秀党员事迹宣讲】　10月30日至11月15日，优秀共产党员事迹宣讲团分别到各社区、村，讲述地区优秀共产党员的事迹。总计宣讲21场，受众3000余人。

（冯　妍　邱　灿）

【安全生产】　11月19日至12月31日，开展安全生产专项大检查，累计检查生产经营单位1438家，排查各类安全隐患2831项，立即整改2544项，限期整改287项。

（冯　妍　邱　灿）

【民族工作获市奖】　12月，地区获得“首都民族团结进步先进单位”称号。

（冯　妍　邱　灿）

【老旧小区改造】　年内，管庄西里5栋老旧小区1.77万平方米抗震加固改造和2.77万平方米节能改造工程基本完成，318户居民基本完成回迁。修缮改造了京通苑、管庄东里、惠河东里社区服务站，改善了社区居民活动场所硬件设施。

（冯　妍　邱　灿）

【党员志愿服务机制建立】　年内，建立“百时星”共产党员志愿服务机制，将党员志愿服务的时间以小时为单位进行累加，按照每50个小时为一个星级划分为档次，对党员参加志愿服务活动情况进行评定，评选表彰了102名“百时星”星级共产党员志愿者。

（冯　妍　邱　灿）

【在建工程】　年内，管庄乡新村一期B11区工程配套建设项目主体工程封顶；田华集团办公楼项目主体工程基本完工；农民新村D区北区12.8万平方米全部完工。

（冯　妍　邱　灿）

【拆违控违】　年内，成立拆违控违办公室，定人定岗专职控违，共拆除43处约5.8万平方米违法建设。清理7处人防工程6000平方米、3处普通地下室2600平方米，消除地下空间内的安全隐患。

（冯　妍　邱　灿）

【拆迁腾退】　年内，重兴寺村、小寺村纳入北京市棚户区改造项目名册。完成了重兴寺村107个院落的拆迁腾退和小寺村227个院落的入户评估。落实东会、塔营400人的周转回迁。

（冯　妍　邱　灿）

【流动人口管理】　年内，实施流动人口和出租房屋管理“千百十”工程，即对一年来对地区安全稳定做出贡献的1000名优秀流动人口、100名星级出租房屋示范户、10名优秀房东进行表彰。2013年流动人口调控任务为46859人，截至年底，流动人口为46848人，超额完成调控任务。

（冯　妍　邱　灿）

黑庄户地区（乡）

【概况】　黑庄户地区（乡）位于朝阳区东南部，西靠垡头边缘集团与豆各庄乡相邻，北靠定福庄边缘集团与管庄乡相邻，东与通州区台湖镇工业园区接壤，南与光机电产业基地相邻，辖区面积24.5平方公里。下辖16个行政村，5个社区，5个直属企业。有4所小学、1所中学、2所医院。有双鹤药业、602所等各类型企业620余家。常住人口6.1万人，户辖人口1.8万人，流动人口6万余人。全年经济总收入25.6亿元，同比增长10.4%，利润1.07亿元，同比增长10.8%；农民人均收入18013元，同比增长8.1%。实现区级财政收入1.08亿元。

地址：朝阳区黑庄户乡工商大街甲1号

电话：85383651

传真：85381999

邮编：100121

电子邮箱：hzhxzxk@bjhy.gov.cn

（杨　冬）

【村委会换届】　6月，完成16个村的第九届村委会换届选举工作。登记选民11904人。选举产生村委会主任16人，其中连选连任主任10人，党员村主任15人，交叉任职5人；组织开展新任村委会主任及两委班子成员培训班，对新上任的村两委成员进行集中培训。

（杨　冬）

【组织建设】　年内，围绕十八大专题学习、党员廉政教育专题，开展党员培训700余人次;党员转正 24 人,发展新党员 21 人;新录用大学生村官 12 人,13 名年轻干部进入二级班子,基层干部队伍进一步充实。

(杨　冬)

【村级资金监管】 年内,累计监督审核村级管理资金 2.6 亿元,评审项目 80 余项,评审资金总额 1.63 亿元,核减投资成本 3628 万元。

(杨　冬)

【村级社员代表工作】 完成 16 个村的村级社员代表选举工作,完善村级社员代表大会制度,审议并通过了各村经济合作社章程和《关于提请社员代表大会批准启动集体经济产权制度改革的报告》。

(杨　冬)

【启动产业升级项目】 年内,启动黑庄户村、郎辛庄村环境整治、产业升级项目。清理低端产业 400 余处,拆除低级次产业和流动人口聚集的出租大院 28.9 万平方米;对苏坟村、郎辛庄村、万子营东村的部分到期租赁土地合同收归集体,引进高端项目,实现村集体增收,由原合同总额的每年 28 万元,提高到每年 203 万元,提升 7.25 倍。整合现有资源,引入电子商务龙头企业北京易迅腾飞电子商务发展有限公司项目,为传统物流产业的转型升级起到引领示范作用。

(杨　冬)

【拆除违法建设】 年内,签订《2013 年度黑庄户乡坚决制止违法用地、违法建设和非法生产经营责任书》,下发《2013 年控制和拆除违法建设工作方案》和工作台账,明确责任,拆控并举,共拆除账内外违法建设 216 处,34.6 万平方米。

(杨　冬)

【安全检查】 年内,推进安全生产、食品药品监督和社会治安综合治理。对群租房、出租公寓等重点区域和点位隐患排查,共组织拉网式安全大检查 9 次、专项安全检查 8 次,检查单位 7200 余家次,发现隐患 25000 余条,现场整改及限期整改隐患 18000 余条,整改率 72%。

(杨　冬)

【社会治安】 年内,提高村庄社区化管理效果,全年可防性案件 31 起,同比下降 61.25%,5 个基层单位实现"零"发案;投入 300 万余元在全乡公共区域加密监控摄像头,将各村监控系统接入乡指挥中心,初步形成全覆盖的监控体系和乡村同步、联勤联动的巡逻防控指挥体系;投入 150 万元,对 5 个社区的老旧小区门禁系统进行升级改造;投入 200 万余元,建设政府街及其延长线道路中间护栏和施划道路标线,解决该路段严重交通隐患问题;在区综治办进行的群众安全满意度调查中,群众安全指数从 66.67% 上升到 94%。

(杨　冬)

【公共服务】 年内,16 个村建立村邮站;14 个村建立社区服务站;12 个村完成农民安全饮水工程,基本公共服务设施得到提升。

(杨　冬)

【第一届文化体育艺术节】 年内,举办以"迸发激情、乐享生活"为主题的黑庄户地区第一届文化体育艺术节。包括举办"正月十五"健步走、"和谐杯"乒乓球赛、"红五月"歌咏比赛等。

(杨　冬)

将台地区(乡)

【概况】 将台地区(乡)位于朝阳区中北部,横跨东四环、五环路,东与东坝乡相邻;南与东风乡、麦子店办事处相接;西与望京办事处、太阳宫乡相连;北与崔各庄乡接壤,地处朝阳区丽都、燕莎商圈中,处于中关村科技园一区"五园"之一的电子城科技园腹地。辖区面积 11.45 平方公里,辖区设驼房营、东八间房、安家楼 3 个村(管)委会和芳园里、丽都、水岸家园、将府家园、梵谷水郡、瞰都嘉园 6 个社区居委会。辖区总人口 85558 人,其中常住人口 49087 人,户籍人口 36471 人。全年经济总收入 52.3 亿元,同比增长 10.1%,利润总额 5.62 亿元,同比增长 10%,税金总额 1.91 亿元,同比增长 10.1%,人均劳动所得 28295 元,同比增长 8%,区域经济保持良好发展态势,呈现出以电子城高新技术产业为主体,以现代服务业为有力支撑的产业格局。

地址:朝阳区酒仙桥村甲 1 号

电话:64371688

邮编:100016

电子邮箱:jtbgs_001@163.com

(郑　琪)

【"三级联创"检查验收】 1 月 29 日至 30 日,乡党委代表朝阳区农村系统乡级党组织接受检查验收。市委考核组通过听取乡党委书记工作汇报,开展中层干部测评,与乡、村两级党组织成员和村民代表谈话等形式,从领导班子建设、干部人才队伍建设、基层组织建设、党员队伍建设、党内民主建设、党风廉政建设、宣传信息工作和群团工作等多方面进行检查验收,并给予充分肯定。

(郑　琪)

【打击违法用地违法建设】 3 月 22 日,成立地区控违办公室。其职责是对辖区内违法建设进行巡查、接受报告、核实、处理,组织协调相关部门对违法建设实施强制拆除,按照市区工作要求,落实各项拆违任务。全年完成拆除违建 32 处,总建筑面积 6.5 万平方米,其中,拆除挂账违建 5 处,建筑面积 1.77 万平方米,拆除账外违建 27 处,建筑面积 4.73 万平方米,拆除流动人口出租大院 7 个,拆除面积 3.08 万平方米。

(郑　琪)

【人事调整】 4 月 10 日,区委组织部宣布,荣学强调任区园林绿化局局长,免去将台乡(地区)党委(工委)书记职务,连文胜任将台乡(地区)党委(工委)书记,兼任乡政府乡长(办事处主任)。6 月 6 日,区委组织部宣布,于瀛任将台地区办事处主任(乡长建议人选);贾恩松调任太阳宫地区办事处主任(乡长建议人选);武宁任将台地区办事处副主任(副乡长建议人选)。9 月 17 日,区委组织部宣布,原将台乡副乡长易湘林任将台乡(地区)党委(工委)副书记。

(郑　琪)

【"快乐将台"健步走】 4 月 28 日,在将府公园三期开展"快乐将台"健步走活动。区体育局和地区领导,机关干部,各社区、村,社会单位等近千人参加,健步走全程近 4 公里。

(郑　琪)

【"三社一体化"试点】 5 月 27 日,启动全市第一个社区、社会组织、社工"三社一体化"试点工作。6 个社区全部挂牌成立"社工服务站"。地区与北京增能社会工作促进发展中心共同签署《将台地区办事处社区、社会组织、社工"三社一体化"机制建设项目协议书》。"三社一体化"建设旨在通过形成以社区为平台,社会组织为载体,专业社工为支撑,群众需求为导向的工作模式,处理化解社会问题,满足居民服务需求,推动居民自治,为城市化发展探索社会建设新途径。

(郑　琪)

【补选区人大代表】 6 月 6 日,乡党委书记连文胜当选为朝阳区第十五届人大代表。11 月 27 日,区残联副理事长刘显威当选为朝阳区第十五届人大代表。

(郑　琪)

【东八间房村委会换届】 6 月 21 日,东八间房村举行第九届村委会换届选举投票。登记参选村民 2361 名,实际参加投票选举村民 2310 人,参选率 98%。经选举,郑金生当选村委会主任，刘立新当选村委会副主任，包春清、王敏、李昆当选村委会委员，当选人员得票率均在80%以上。

（郑　琪）

【庆“七一”表彰大会】　6月28日，举办纪念建党92周年表彰大会暨文艺演出活动，评选表彰先进基层党组织14个、优秀党务工作者17名、优秀共产党员124名，29名预备党员入党宣誓。机关、直属企业和各基层单位14个代表队参加文艺演出。

（郑　琪）

【将府公园雨洪利用工程】　6月，将府公园雨洪利用工程主体完成。“将府郊野公园—坝河千亩湖”雨洪蓄滞生态区工程是区“5432N”水利工程建设重点项目之一，位于将府郊野公园一期东侧，施工面积约1.1万平方米，其中包括湿地稳定塘1375平方米，潜流湿地面积2300平方米，表流湿地6511平方米。工程竣工后，可为50年一遇洪水位条件下，提供雨洪蓄水库容2.4万立方米，有效缓解坝河雨季蓄洪分流。

（郑　琪）

【新港城项目签约】　7月16日，举行将台商业综合楼（新港城）项目签约仪式，星泰泓信资产管理有限公司与新港集团国际有限公司就将台商业综合楼（新港城）项目正式签约。该项目位于将台路与酒仙桥路交汇处，地铁14号线（在建）将台站出口上，占地面积4551.32平方米，建成后将成为集商业和办公于一体的综合中心。

（郑　琪）

【十六届乡人大三次会议】　7月31日，乡召开第十六届人民代表大会第三次会议。41名人大代表出席会议，部分班子成员和机关干部列席会议。会上，乡人大代表听取将台乡政府工作报告，审议通过《将台地区失独家庭特别扶助办法》，选举连文胜为将台乡人大主席，于瀛为将台乡政府乡长，武宁为将台乡政府副乡长。乡党委书记、人大主席连文胜讲话。

（郑　琪）

【区人大领导调研代表工作室】　8月22日，区人大常委会主任佟克克带队调研人大代表工作室工作。实地查看工作室设施、听取汇报，指出要正确认识设立社区代表工作室的重要意义，认真研究乡人大作用的充分发挥。

（郑　琪）

【土地储备拆迁】　10月11日，启动乡JK地块土地储备拆迁项目153个院剩余户的拆迁筹备工作。拆迁本着“尊重历史、面对现实”的原则，由乡副职领导带领科级干部及拆迁、评估公司人员，分四组进入拆迁户家中介绍形势、沟通情况、听取意见。经过入户、咨询、签订拆迁协议等工作，截至年底已签协议42个院落，腾退面积9244.88平方米。

（郑　琪）

【第二届全民运动会】　10月12日，在北京信息技术学院举办地区第二届全民运动会开幕式。区农委、区体育局及地区工委领导，各基层单位主要负责人出席开幕式。运动会设集体项目、个人项目各5个，20支代表队1600余人次参赛。

（郑　琪）

【第三届孝星表彰大会】　10月30日，地区召开第三届孝星表彰大会，表彰35名地区孝星。区老龄办、区民政局有关领导到会，市区级孝星、社区村负责人、老龄干部100余人参加。

（郑　琪）

【环境改造】　10月，瞰都嘉园社区文化小广场工程完工。工程包括2520平方米的文化广场、健身绿地及小市政三项，总投资约173万元。11月8日，滨河一号小区绿化公园建成。总投资约808万元，施工面积约3.2万平方米，功能定位为街旁公园，主要服务于滨河一号小区及卡布奇诺小区居民休闲、健身、娱乐等。

（郑　琪）

【集体土地腾退】　10月，启动东八间房北岗子1号地集体土地到期腾退工作。乡村组成工作机构，研究制定《东八间房村集体土地租赁地块腾退方案》，对该处土地上12个承租人共13个单位进行腾退。

（郑　琪）

【宝马旗舰店项目开工】　11月，安家楼宝信集团北区结算中心及宝马旗舰店项目举行开工仪式。该项目占地面积约9333平方米，计划建筑面积2.3万平方米。

（郑　琪）

【安全隐患大排查】　11月，开展安全隐患大排查工作。成立8个检查组，以“三类建筑”“五类场所（单位）”“八类隐患”为重点，共检查社会单位、施工工地、学校、幼儿园、地下空间、网吧、娱乐场所、出租大院、出租房屋等401家，查出有安全隐患的单位377家，隐患783处，立即整改154家257处。结合季节特点，重点排查预防煤气中毒，共出动流管和巡防队员3214人次，检查出租房屋2245户，28670间，检查流动人口68757人次，与出租户签订责任书9937份，一氧化碳报警器安装、上线率100%。

（郑　琪）

【大众汽车旗舰店项目开工】　12月31日，大众汽车旗舰店项目举行开工仪式。该项目占地面积5333平方米，建筑面积2万平方米，由乡自主投资建设，依托将台商务中心（颐堤港）中高端城市综合体，建成大众汽车品牌中国区旗舰品牌展示中心，集大众品牌全系车款展示及体验、整车销售、客户服务、信息反馈、汽车停放五位一体的特许销售服务店。

（郑　琪）

【走访慰问】　年内，开展“节日送温暖，关爱到身边”“敬老爱老孝老，造福老人”等走访慰问活动。机关各科室、基层各单位为困难党员、低保户、计生困难家庭、残疾人、户籍老人等特殊群体4043人（户）次发放慰问品、慰问金共计285.9万元，其中乡、村出资169万元。

（郑　琪）

【中心幼儿园竣工】　年内，两所村中心幼儿园竣工。其中东八间房村幼儿园建筑面积5193平方米、容纳20个班；驼房营村幼儿园建筑面积6065平方米、容纳23个班。共接纳1505名儿童入园。

（郑　琪）

【新型农村合作医疗】　年内，基本医疗实行区办区管，参合人数1280人。基本医疗总筹资额51.2万元，基本医疗发生588人次，报销36.7万元；大病统筹总筹资额94.7万元，大病住院和特病门诊发生90人次，报销金额82.6万元。

（郑　琪）

金盏地区（乡）

【概况】　金盏地区（乡）位于朝阳区东部，地处温榆河畔，北部、东部与顺义区、通州区隔河相望，南接常营乡，西邻东坝乡、崔各庄乡，北接孙河乡。辖区内有13个行政村，3个社区，区域面积50.1平方公里，总人口77001人，其中常住人口28600人，流动人口48401人。年内，实现经济总收入46亿元，同比增长9.5%；实现利润1.26亿元，同比增长9.6%；实现税金1.29亿元，同比增长9.3%；人均劳动所得2.25万元，同比增长8%。

地址：朝阳区金盏大街2号

电话：84333130

邮编：100018

电子邮箱：jzxzf@126.com

（郎科俭）

【安全生产】　1月24日，地区召开2012年安全工作总结暨2013安全工作部署会。

地区领导班子成员,各村书记、主任、安全生产负责人共计120人参加会议。全年,开展消防、一氧化碳中毒、违法建设、安全生产大检查56次,共出动检查人员5650人次,检查单位455家,发现隐患490处,责令停产停业整顿企业49家,行政处罚立案24起,罚款金额11.5万元。

(郎科俭)

【十六届乡人大三次会议】 3月1日,召开金盏乡第十六届人民代表大会第三次会议,乡人大代表50人出席会议。乡长孙玉辉作2012年政府工作报告,人大主席杨俊青作人大主席团工作报告。与会代表分组讨论并提出意见建议,乡党委书记于志刚讲话。乡副职领导、各科室负责人列席会议。

(郎科俭)

【义务植树】 4月1日,区长吴桂英带领区四套班子成员,各委办局、各街道(地区)办事处主要领导及驻区部队官兵代表1000余人到东郊森林公园(海洼子地块)植树。4月23日,朝阳区庆祝“五一”国际劳动节暨绿色行动植树活动在地区万亩绿化地块举行。区委书记程连元率领区四套班子成员、各界劳模及朝阳区各工会代表800余人义务植树。全年共完成绿化造林161.4公顷。

(郎科俭)

【村委会换届】 4月8日至6月21日,地区开展第九届村民委员会换届选举工作。9个参选村登记选民13405人,实际参加投票13357人,参选率99.6%。共选出村委会主任9名,副主任2名,委员22名,其中妇女委员10名。村委会主任连选连任6人,村两委交叉任职的13人,村党支部书记、村委会主任“一肩挑”的1人。村委会成员平均年龄44岁,新一届村委会成员中大专以上占76%。

(郎科俭)

【文化教育】 5月9日,地区图书馆正式开馆。年内,争取市区教育资金1080万元,新建马各庄村和东村村办幼儿园,主体结构已封顶。

(郎科俭)

【区领导调研农村产业发展情况】 7月3日,区委书记程连元到地区调研农村产业发展情况。程连元强调:要以乡域为单位做好产业发展规划,细致研究产业定位、产业布局、产业用地持续开发和新老产业合理匹配等课题,全面推进乡域建设。区领导陈宏志、甘靖中、陈涛及相关委办局负责人一同参加调研。

(郎科俭)

【十六届乡人大四次会议】 7月19日,召开金盏乡第十六届人民代表大会第四次会议。于志刚、孙玉辉、杨俊青及乡人大代表共47人出席会议。孙玉辉作2013年上半年政府工作报告。

(郎科俭)

【社区建设】 8月28日,成立金盏嘉园第一社区、第二社区和金泽家园社区,并于12月9日成立社区居委会。举行第一届居民委员会选举,共选出居委会成员15名,其中主任3名,副主任3名,委员9名。新一届社区居委会班子成员平均年龄43岁,大专以上文化程度13人,占87%;中共党员13人,占87%。新当选社居委会班子中女委员4人,占27%。

(郎科俭)

【京客隆金盏路店开业】 9月6日,地区首家大型综合类超市京客隆金盏路店正式开业。

(郎科俭)

【村民回迁金泽家园】 9月24日至27日,楼梓庄村513户拆迁村民回迁入住金泽家园B区。

(郎科俭)

【市领导调研土地确权等工作】 10月17日,市委副秘书长赵玉金到地区调研土地确权、产权制度改革和三资管理工作。区农经办主任秦涛、农委副主任张晓宁和乡党委书记于志刚陪同调研。

(郎科俭)

【市总工会领导调研工会服务站】 11月4日,市总工会副主席王北平到地区调研总工会服务站建设情况。区总工会主席尹秀峰、副主席黄文娟和乡长孙玉辉陪同调研。

(郎科俭)

【区领导督查安全整治】 11月21日和30日,区领导程连元、甘靖中分别带领区相关部门负责人就地区安全隐患排查整治情况进行督查。

(郎科俭)

【社区建设】 年内,投资1276万元,完成东窑村、皮村、东村、西村、小店村和金泽农民新村村庄社区化建设。投资214.69万元,新建社区垃圾站棚、自行车棚、便民菜站等15个便民设施。投资233.3万元,完成东窑村、小店村、东村、西村及金盏嘉园第一社区、第二社区和金泽家园社区服务站建设。

(郎科俭)

【环境整治】 年内,联合公安派出所、城管、综治巡查队等综治力量,对机场第二高速沿线、金榆路沿线、东坝大街沿线和东苇路沿线的暴露垃圾、白色污染等环境问题进行重点整治,共整治暴露垃圾脏乱点8000余处,清理生活垃圾7万余吨,清理渣土2.2万余吨,核实各类卫星拍摄的土地照片94宗,下达《控违督办单》96份,拆除违法建设26.9万平方米,清理违法用地15.6万平方米。

(郎科俭)

【综治维稳】 年内,在各重要时间节点,发动社会面防控力量1.2万人次,可防性案件同比降低15%。开展矛盾纠纷排查31次,调解民间纠纷220件。加强对流动人口、出租房屋安全检查,新登记流动人口13887人,检查出租房屋39934间。与13个行政村、29个消防重点单位签订防火安全责任书,检查单位6487家次。开展劳动用工情况专项执法大检查,巡查立案62起,为1144名农民工追回工资及劳务费1144.6万元。

(郎科俭)

来广营地区(乡)

【概况】 来广营地区(乡)位于北京市南北中轴线北端东侧,朝阳区的东北部。东邻孙河乡、崔各庄乡;西与奥运村地区、大屯街道接壤;南与望京街道、大屯街道相连;北与昌平区东小口镇、北七家镇毗邻。辖区面积20.93平方公里,下辖18个社区,5个行政村。年内,地区经济总收入131亿元,同比增长20.1%;利润总额6.94亿元,同比增长21%;乡属税金5.91亿元,同比增长22%;辖区税金20亿元,同比增长47.1%;区级财政收入7.16亿元,同比增长14.1%;个人出租房屋税款1360万元,同比增长11.5%。

地址:朝阳区红军营南路甲1号

电话:84953336

邮编:100012

电子邮箱:cylgydzb@163.com

(吕琼琼)

【地区总工会一届三次会议】 1月18日,召开地区总工会第一届委员会第三次代表大会。审议通过《来广营地区总工会2012年工作报告》《来广营地区总工会经费审查委员会关于预、决算收支情况的报告》。

(吕琼琼)

【十六届乡人大四次会议】 1月25日,召开来广营乡第十六届人民代表大会第四次会议。审议通过了《政府工作报告》《2012年财政预算执行情况和2013年财政预算草案的报告》《人大主席团工作报告》。

(吕琼琼)

【绣菊园获国家级科普示范社区】 6月4日至5日，地区工委书记左景全在全国城镇社区科普工作会议上作为北京市唯一基层单位代表做典型发言，绣菊园社区成为地区继茉藜园社区之后第2个国家级科普示范社区。

（吕琼琼）

【区政协领导调研社区建设】 6月24日，区政协主席班子成员及相关处室负责人一行到来广营地区茉藜园、绣菊园社区调研社区建设情况。

（吕琼琼）

【十六届乡人大五次会议】 7月30日，召开来广营乡第十六届人民代表大会第五次会议。审议并通过了《政府工作报告》《来广营乡农业户籍学生助学奖励办法（试行）》《来广营乡农民老年人基本医疗费用二次报销办法（试行）》《来广营乡农民重大疾病救助办法（试行）》。

（吕琼琼）

【十六届乡人大六次会议】 9月10日，召开来广营乡第十六届人民代表大会第六次会议。52名代表出席会议，乡机关科长以上干部列席会议，大会表决通过了贾毅钦辞去来广营乡人民政府副乡长的辞呈，李冬全票当选来广营乡人民政府副乡长。

（吕琼琼）

【市领导调研地区产业发展】 10月17日，市委副秘书长赵玉金等就农村地区产业发展和"三资"管理情况到来广营地区调研，调研组参观了朝来高科技产业园区。

（吕琼琼）

【区人大领导调研高科技产业园】 10月29日，区人大常委会主任佟克克带领市、区人大代表到来广营地区调研朝来高科技产业园发展情况。

（吕琼琼）

【队伍建设】 年内，落实"三定"方案，机关科室由原29个调整为18个。深化干部人事制度改革，完成乡机关科级干部竞争（竞聘）上岗工作，10人竞聘上岗。

（吕琼琼）

【工资集体协商】 年内，地区独立建会企业签订工资集体协商合同的共78家，签订区域性工资集体协商合同的共16家联合工会，覆盖小企业222家。

（吕琼琼）

【办理土储农转非社保手续】 年内，完成土储农转非工作，为新生村、红军营村和来广营村1008名劳动力办理社会保险趸缴手续，为1220名超转老人办理社保卡。

（吕琼琼）

【奖励优秀教育工作者】 年内，制定《来广营地区"百名优秀教师"评选办法》，对评选出的110名优秀教师及18名优秀校（园）长给予奖励，发放奖励金27.4万元。

（吕琼琼）

【文化建设】 年内，完成勇士营郊野公园来广营文化广场4000平方米的改造工程。启动北部地区文化活动中心的建设，新建社区益民书屋和"数字化社区"各2家、24小时自助图书馆3个。

（吕琼琼）

【制定集体经济产权制度】 年内，完成《来广营乡村级集体经济产权制度改革工作方案》《来广营乡参加集体资产处置人员身份界定和劳动年限统计实施方案》的制定，并分别在各村的社员代表大会上表决通过。

（吕琼琼）

【拆除违建】 年内，拆除挂账违法建设21处、账外违法建设45处，面积达30820平方米。

（吕琼琼）

【民警驻区制】 年内，全力推进民警驻区制工作，新建中铁国际城、世华泊郡、北湖渠村3个警务工作站，改建来北家园、新生村、青年城、北苑家园4个警务工作站。

（吕琼琼）

【重点项目建设】 年内，朝来高科技产业园B09地块一、二、三期项目全部招商完毕；B01地块开工建设；B05地块中国城建大厦项目建设方案确定；奥迪汽车培训服务中心局部投入使用。北京朝来温泉休闲中心项目主体建设基本完成。朝来老年公寓项目动工建设。

（吕琼琼）

【双拥共建】 年内，制定《来广营地区军警民携手共建工作方案》，签署《军警民共建一条路活动协议书》，8支部队承担了8条辖区道路的环境秩序、文明引导、治安协助等任务。年内，4名适龄青年应征入伍。

（吕琼琼）

南磨房地区（乡）

【概况】 南磨房地区（乡）位于朝阳区南部，东与高碑店乡、王四营乡、垡头街道相邻，南与十八里店乡交界，西临东三环与双井、劲松、潘家园街道相接，北至通惠河，辖域面积9.43平方公里。常住人口15万余人，流动人口3万人，农业户籍人口2164人。下辖2个村委会、10个社区居委会、6家集体所有制集团公司和1家合作公司。年内，经济总收入119.9亿元、利润总额5.16亿元、上缴国家税收2.65亿元，各项经济指标全部增长8%以上。

地址：朝阳区西大望路甲29号

电话：67322223

邮编：100124

电子邮箱：nmfdjb@163.com

（王佳鑫　王　伟）

【安全专项行动】 1月7日，地区防火安全委员会在成教中心召开"除火患、保平安"专项行动部署会。各社区、地区专职消防队、南磨房派出所相关负责人以及辖区100余个防火安全重点单位的相关负责人200余人参加会议。会议部署工作方案，相关领导结合地区安全、消防及治安工作提出要求。

（王佳鑫　王　伟）

【与国家行政学院签约合作】 1月7日，地区工委书记郑勇、办事处主任张启顺等领导与国家行政学院领导共同参加了北京市城郊地区城镇化发展研究座谈会。会上，地区与国家行政学院签署合作协议，为共同探索城镇化发展新模式搭建战略平台。

（王佳鑫　王　伟）

【社区建设工作总结会】 1月17日，召开社区建设工作总结会，郑勇、张启顺等地区班子成员参加。会上，10个社区分别以视频形式汇报工作，近200名社区工作者参会。

（王佳鑫　王　伟）

【税源建设工作总结交流会】 1月25日，召开税源建设工作总结交流会。区农委、区发改委、区工商局等相关职能部门以及40余家辖区重点纳税企业参会。会议总结2012年地区税源建设工作，对2013年税源建设工作提出要求。

（王佳鑫　王　伟）

【科普教育馆揭牌】 1月31日，举行南磨房地区科普教育馆揭牌仪式。区科协主席杨绍磊和地区办事处主任张启顺共同为科普教育馆揭牌。该馆位于欢乐谷社区居委会办公楼三层，面积600平方米，包括户外安全体验区、家居安全体验区、灾害安全体验区、生命健康体验区、生活健康体验区五大区域，是一处集科普性、趣味性、互动性于一体的百姓科普基地。

（王佳鑫　王　伟）

【"两新"组织党建】 1月31日，召开地区"两新"组织党建工作会。张启顺等地区领导出席会议。区国税九所、双井地税、华威工商所、南磨房派出所等相关部门和辖区"两新"组织代表负责人80余人参加会议。会上，地区纪委书记金亚静对"两新"组织党建前期调查工作和党建工作进展进行通报;副书记殷伟涛部署推进“两新”组织党建工作实施意见和建立党建服务站的工作方案;盈科律师事务所党总支书记郝惠珍、恒安中医院党支部书记王玉芹代表“两新”组织发言。4月10日,《中国医药科学》杂志社有限公司成立独立党支部。6月14日,百子湾东社区“两新”组织联合党支部成立。这是百子湾东社区成立的第5个“两新”组织联合党支部。

(王佳鑫 王 伟)

【民俗文化节暨关王庙小年庙会】 2月2日至4日,南磨房地区举办第六届民俗文化节暨关王庙小年庙会。庙会期间,共投入50多万元帮扶济困资金,惠及低保户及困难家庭2462户,发放30万元购物券让困难群众在家门口免费逛庙会。庙会突出民俗特色,强化安全保障,让辖区群众在体验民俗文化的同时,切身享受地区发展成果。地区庙会被誉为北京首创的“民生庙会”。

(王佳鑫 王 伟)

【地区工作会】 2月26日,召开地区工作会。地区班子成员,乡属企业主要领导、直属单位领导,社区书记、主任,辖区部分事业单位负责人共260余人参加会议。会上,郑勇总结2012年工作、部署2013年任务。张启顺作2012年经济指标完成情况说明并部署本年经济指标。郑勇与乡属六大集团经理签订2013年经济指标合同书。

(王佳鑫 王 伟)

【“两会”安保部署会】 2月26日,地区召开全国“两会”安保维稳工作部署会。工委书记郑勇对安保工作提出具体要求。

(王佳鑫 王 伟)

【第九届“健康杯”长跑比赛】 4月27日,在欢乐谷公园举办地区第九届“健康杯”长跑比赛。来自地区各社区、村、企事业单位的近500名长跑爱好者参赛。这一群众性体育赛事已成为地区的品牌活动。

(王佳鑫 王 伟)

【实行社保所所长接待日制度】 4月起,为及时化解在群众中存在的疑点、难点、热点问题,南磨房社保所开始实行所长接待日制度。针对工作中存在的隐患、百姓的实际困难和有需要梳理协调的历史遗留问题等,倾听百姓声音,了解百姓意愿,找出问题根源,及时排查、解决。

(王佳鑫 王 伟)

【“中国梦磨房情青年心”党课】 5月3日,为纪念“五四”青年节,地区团委举办系列活动之书记大讲堂主题党课活动。工委书记郑勇围绕“中国梦、磨房情、青年心”三个主题和参会青年交流。

(王佳鑫 王 伟)

【“的哥的姐”签约助残出行】 5月16日,与华泰出租公司联合开展的“的哥的姐”助残行动正式启动。公司28名“的士之星”与地区5户重残家庭签订了免费出行用车协议,长期免费帮助重残家庭出行。活动当天,“的士之星”们免费接送残疾朋友出游。

(王佳鑫 王 伟)

【第七届全民健身体育节开幕】 5月19日,地区第七届全民健身体育节开幕式在北工大奥运场馆开幕。区体育局局长马海鹰,地区班子成员及地区近百名羽毛球爱好者参加开幕式,活动还邀请了前羽毛球世界冠军董炯与居民互动。

(王佳鑫 王 伟)

【“六型社区”示范单位获通过】 6月4日,北京市“六型社区”示范单位评估组对地区2013年申报创建“六型社区”的平乐园、百子湾东、紫南家园3个社区进行第一轮评估。10月15日,进行第二轮评估并通过验收。

(王佳鑫 王 伟)

【赛洛城小区楼顶拆违行动】 6月17日,地区“帮助拆除赛洛城小区楼顶违法建设”行动启动。拆除违法建设约300平方米,清理拆违垃圾20车次。

(王佳鑫 王 伟)

【纪念建党92周年表彰活动】 6月30日,举办纪念建党92周年表彰活动,表彰了优秀党员和党建示范项目,向50年以上党龄的老党员颁发荣誉牌,发展新党员20余名,4名基层党员作“党员梦、中国梦”主题宣讲。地区班子成员与500余名党员一同参加活动。

(王佳鑫 王 伟)

【“心连心”广场揭幕】 7月6日,地区举办“心连心”广场揭幕仪式暨“故乡情中国梦”歌咏比赛。郑勇、张启顺为“心连心”广场揭牌并观看比赛。来自10个社区的合唱队参加比赛,山水文园社区获第一名。

(王佳鑫 王 伟)

【农村劳动力消防中控技能培训】 7月12日,地区社保所联合区农委、区职业技能培训管理中心和融安消防职业技能培训学校,开办农村劳动力消防中控技能专场培训班,43人参加培训并参加全国统一考试,取得消防中控职业技能资格证书。

(王佳鑫 王 伟)

【征兵工作】 7月29日,召开2013年夏季征兵工作部署会。年内,3名青年应征入伍。

(王佳鑫 王 伟)

【“红心汇”揭牌成立】 7月30日,南磨房地区“两新”组织党建服务中心——红心汇正式揭牌成立。区委常委、组织部部长张革,区委农工委书记胡良森及地区班子成员出席仪式。辖区社会单位、各社区党组织书记100余人参加仪式。

(王佳鑫 王 伟)

【市领导调研数字出版产业基地】 8月8日,市委常委、宣传部部长李伟到地区调研中国数字出版产业基地项目,北京市新闻出版局局长冯俊科,区委常委、宣传部部长谢莹,地区工委书记郑勇等陪同调研。李伟一行考察项目地块并座谈。李伟对该项目给予高度评价,并对下一步工作提出要求。

(王佳鑫 王 伟)

【无偿献血活动】 8月28日,地区开展无偿献血活动。296人献血316单位(73200毫升),超额完成区献血指标。

(王佳鑫 王 伟)

【地区舞蹈队获奖】 9月17日,地区舞蹈队表演的第五套秧歌健身舞在区农委举办的健身秧歌大赛中获一等奖。

(王佳鑫 王 伟)

【失业人员招聘会】 9月27日,在平乐园小区健身广场举办失业人员招聘会。14家社会单位提供30余个工种的300余个岗位。300余人参加应聘,现场有45人与用工单位达成就业意向。

(王佳鑫 王 伟)

【调研双桥新发地市场】 10月10日,组织区、乡两级人大代表,机关干部,企业二级班子,直属单位负责人,社区书记、主任等100余人,对正在进行腾退拆迁的东郊市场和商户搬迁的新址双桥新发地市场进行现场调研,了解市场腾退工作。截至10月9日,南磨房乡仅用103天的时间,全部完成市场2486份商户租赁协议合同的终止和3100余个摊位的腾退工作,并有效调控流动人口2万余人,消除了市场潜在的安全稳定隐患。

(王佳鑫 王 伟)

【代表、委员视察东郊市场】 10月29日和11月14日,区人大常委会主任佟克克带领市、区人大代表,区政协主席辛燕琴带领部分政协委员分别到东郊市场调研视察。副区长陈涛陪同。地区工委书记郑勇现场汇报东郊市场腾退工作进展。

(王佳鑫 王 伟)

【十六届乡人大四次会议】 11月13日,南磨房乡第十六届人民代表大会第四次会议召开。41名乡人大代表,61名列席代表参加大会。会议审议并通过了《政府工作报告》和《南磨房乡农民健康体检办法(试行)》,选举赵歌帆为南磨房乡副乡长。

(王佳鑫　王　伟)

【第十二届登山节】　11月15日,地区举办第十二届登山节。每年一次的登山节已经成为地区的品牌项目。

(王佳鑫　王　伟)

【自办幼儿园安全检查】　11月28日至12月5日,针对辖区自办幼儿园安全问题,由办事处副主任张燕带领相关科室开展联合检查,对存在的安全隐患进行排查整改。召开未批自办家庭托幼场所联席会,部署全面综合整治工作。

(王佳鑫　王　伟)

【地区工会一届八次全委会】　12月4日,地区总工会召开一届八次全委(扩大)会议暨贯彻全总十六大精神专题报告会。邀请北京市工会干部学院工运理论研究所所长徐岩传达中国工会十六大精神,并对十六大的基本情况、习近平的重要讲话精神及工会章程修改内容进行详细解读。地区各级工会干部200余人参加。

(王佳鑫　王　伟)

【拆除影响市重点工程建设的建筑】　12月7日上午,地区协助区法院执法,经过5个小时的连续工作,对位于西大望路广渠路交叉口西南角影响地铁7号线、14号线工程推进的一处建筑进行拆除,保障了市重点工程顺利推进。至此,地铁7号线、14号线涉及该地区的拆迁任务全部完成。

(王佳鑫　王　伟)

【规范化司法所创建通过验收】　12月18日,市、区司法局到地区考核验收基层创建规范化司法所工作情况。考核验收组听取司法所工作汇报,实地查看司法所办公场所、档案材料、标识标牌、人员管理及履职等情况,对地区司法行政建设取得的成绩给予肯定并通过考核验收。

(王佳鑫　王　伟)

【十六届乡人大五次会议】　12月31日,召开乡第十六届人民代表大会第五次会议,听取并审议《南磨房乡人民政府安全生产工作专项报告》。38名乡人大代表出席。乡机关科级以上干部、乡属企事业单位主要负责人列席会议,社区(村)相关负责人旁听大会。

(王佳鑫　王　伟)

平房地区(乡)

【概况】　平房地区(乡)位于朝阳区中部,东侧、北侧分别与常营乡和东坝乡接壤,南靠朝阳路,临高碑店乡、三间房乡;西接京包铁路,临六里屯街道、八里庄街道、东风乡。地区下辖4个村、8个社区、4个社区筹备办公室,面积15.18平方公里。朝阳路、朝阳北路、姚家园、青年路、东五环路、黄杉木店路等纵横辖区,交通便利。地区总人口约20万人,其中,常住人口13万人,流动人口6.8万人,户籍人口33486人(其中农业人口8108人),少数民族人口4685人(有满族、回族、蒙古族、朝鲜族、土家族等36个少数民族)。有幼儿园6所,小学7所,中学3所,医院1所,社区卫生服务中心1处,社区卫生服务站5处,体育中心1个,郊野公园2个,村级公园3个。年内,经济收入71.5亿元,同比增长9.1%;利润3.26亿元,同比增长5.1%;税金3.27亿元,同比增长4.6%;人均劳动所得26423元,同比增长8.1%。

地址:朝阳区黄杉木店路8号
电话:85573164
邮编:100123
电子邮箱:pingfangdiqu@126.com

(翟泰凤)

【波士瑞达公司捐款】　3月13日,举办“平房慈善情——波士瑞达爱心捐助”活动。副书记张文龙主持仪式,主任寇晔、副主任王建国,波士瑞达公司总经理朱领军等领导将公司捐助的4.5万元救助金发放给地区19名因病致困人员。

(翟泰凤)

【市领导视察绿隔建设】　4月17日,副市长林克庆及市有关部门负责人一行到平房乡、南磨房乡和十八里店乡调研,考察朝阳区第一道绿化隔离地区建设工作,区委副书记、政法委书记陈宏志陪同调研。

(翟泰凤)

【村委会换届选举】　4月16日,召开第九届村委会换届选举工作部署会,乡选举工作领导小组相关成员及各村党委副书记参加会议。会上介绍了拟不参选村需履行的民主程序,乡党委副书记、选办主任张文龙对各村工作提出具体要求。5月,根据姚家园村、平房村、石各庄村、黄渠村4个村绿隔、重点工程拆迁等实际情况,经征求选民户意见、召开村民代表会等民主程序、报经朝阳区村“两委”换届选举工作领导小组批准,上述4个村确定不参加第九届村委会换届选举相关工作。截至5月31日,4个村均召开了村民代表会,总结了村委会近三年的工作。

(翟泰凤)

【社区便民服务大篷车活动】　4月26日,启动“社区便民服务大篷车”活动。大篷车每月到8个社区开展便民服务,服务项目涉及义务理发、缝补衣物、免费磨刀、法律咨询等内容。

(宋健京)

【“五星百佳”表彰】　6月21日,召开“学习贯彻十八大精神·凝心聚力共筑中国梦”庆祝建党92周年暨“五星百佳”表彰活动。对在2009年至2013年“五星百佳”争创活动中分别获得“五星级”的共产党员魏民孝、王秀苓等12人和获得地区首批“十佳道德模范”奖的吴长锋、苏凤英等10人予以表彰。

(翟泰凤)

【党建研究分会成立】　7月30日,地区召开朝阳区党建研究会平房地区分会成立大会。地区工委副书记张文龙作筹备工作报告,区党建研究会会长王力军、副会长张革等领导为地区党建研究分会揭牌。平房地区分会为农村地区成立的首家区党建研究会分会。

(翟泰凤)

【市委书记调研流动人口管理】　10月15日,市委书记郭金龙一行到国美家园社区调研“集结号”爱心联盟有关流动人口管理工作的开展情况,区委书记程连元、区长吴桂英等领导陪同。

(翟泰凤)

【就业服务】　年内,举办专场招聘会9场,提供就业岗位1859个,实现就业604人。乡社保所获“朝阳区人力资源诚信服务示范单位”。富华家园社区获“北京市充分就业示范社区”。

(孙　绮)

【社区队伍建设】　年内,公开招录16名社区工作者,平均年龄30岁,全部为大专以上学历。建立“1+3”社区工作者培训新模式(“1”是指制定培训规划。“3”是指细化分类、丰富内容和持续推进),对全体社区工作者进行40学时的素质教育培训。

(宋健京)

【“六型社区”创建】　年内,华纺易城、定福家园南、姚家园西、国美家园社区开展“六型社区”创建工作。经市民政局第三方对社区档案资料、实地考察、居民调查两次测评,均通过验收。

(宋健京)

【安全生产】　年内,开展“铁拳行动”。共检查单位、商户等2801家次,出租大院151个次,居民户5301户,发现、整改各类安全隐患3977条,消除了一批潜在的安全隐患。

(翟泰凤)

【控违拆违】 年内,共制止、自拆、帮拆56起、79处违法建设,总面积46510平方米。

(翟泰凤)

三间房地区(乡)

【概况】 三间房地区(乡)位于朝阳区东部,通惠河畔,与常营乡、管庄乡、豆各庄乡、平房乡、高碑店乡接壤,辖区8.75平方公里,11个行政村,13个社区居委会。辖区内主要事业单位5个,中央单位12个,市属单位15个;规模以上企业13家;幼儿园7所,小学3所,中学1所,职业技术学校1所,大学2所;医院1个,社区卫生服务中心1个,卫生服务站7个。年内,经济收入30.9亿元,财政收入1.64亿元,利润1.3亿元,分别同比增长9%、18.9%和9%;农村地区人均劳动所得21650元,同比增长8%。

地址:朝阳区建国路22号

电话:65420020

邮编:100024

电子邮箱:sjfdqbsc@sina.com

(于晓敏)

【区安全生产管理协会三间房工作站成立】 1月9日,成立区安全生产管理协会三间房工作站,区安监局、区安全生产管理协会等领导参会,乡安监科科长赵宗宝任工作站站长。

(于晓敏)

【卫戍区领导调研】 1月10日,北京卫戍区副政委郭志刚一行调研三间房地区文化创意产业,就继续加强交流、拓宽部队文化建设发展思路进行座谈。地区工委书记冯永忠、武装部部长荣秋明陪同调研。

(于晓敏)

【第一届一次社员代表大会】 1月12日,东柳村、西柳村、北双桥村、金家村、新房村等南部5个村合作社分别召开第一届第一次村经济合作社社员代表大会。审议通过各村经济合作社章程,各村选举产生1名合作社社长、4名管委会委员和3名监委会委员。

(于晓敏)

【文化创意产业发展】 1月16日,与北京信通投资有限公司召开三间房国际动漫游艺产业园项目对接会。年内,引进意菲克国际职业学校等3家文化企业。

(于晓敏)

【自创歌舞获红梅奖】 1月19日,绿洲家园社区创编的歌舞《老两口逛动漫》节目,在中国老年协会、中国文化委员会共同举办的"七彩夕阳2013年迎春风采大赛"活动中获一等奖——红梅奖。

(于晓敏)

【就业困难人员居家就业签约】 1月23日,召开促进残疾人就业工作总结会暨残疾人"居家就业"签约仪式。市人力社保局、市残联相关领导,区人力社保局及地区领导,与北京万豪天际文化传播有限公司联合举办动漫制作培训班,包括10名残疾人在内的31名就业困难人员签订劳动合同,实现"居家就业"。

(于晓敏)

【慰问土储拆迁周转群众】 1月28日至2月8日,地区百名机关干部走访2516户土储拆迁村民,送去米、面、油等"两节"慰问品,总计支出约130万元。

(于晓敏)

【地区工作会】 3月1日,召开地区工作会议,地区领导班子成员,机关正科实职以上干部,各村、社区、企业正职领导,乡党代表、人大代表共200余人参加。工委副书记、办事处主任张小锋作乡党委乡政府工作报告,副主任马旭辉部署信访、维稳暨"两会"期间安保工作。工委书记冯永忠强调围绕"总部经济年"和"机关服务年"开展各项工作。

(于晓敏)

【党建工作】 3月18日,由来自东华国旅等3家会员单位的党员组成的三间房企业联合会党支部成立。6月27日,召开纪念建党92周年暨先进集体和个人表彰大会,对定福庄东村等15个先进基层党组织,李学斌等18名优秀党支部书记,齐洪霞等30名优秀党务工作者,赵崇江等155名优秀共产党员给予表彰。600余人参加会议。

(于晓敏)

【拆违控违】 3月27日,召开地区遏制和查处违法建设工作动员会。成立控违办公室和巡查队,下发《三间房地区禁止和查处违法建设八项措施》。年内,累计拆除违法建设、出租大院、低级次产业共46处,合计32023平方米,挂账和督办的违法建设结案率达到98%。

(于晓敏)

【CCD发展战略研讨会】 4月3日,北京中央文化区(CCD)发展战略研讨会在定福庄管委会召开。市农委宣传处副处长顾崇华,区农委副主任张晓宁,定福庄管委会主任桑小为及三间房乡相关领导参加会议,参加会议的还有国务院发展研究中心东方文化与城市发展研究所、中国传媒大学文化发展研究院、中国建筑设计研究院城市规划所、北京竞园雅创文化发展有限公司、艾肯联合建筑规划设计有限公司等单位的项目负责人。与会人员共同探讨三间房地区打造中央文化区(CCD)可行性规划。

(于晓敏)

【人事调整】 4月8日,召开地区干部大会,区委组织部宣布:冯永忠不再担任乡党委(地区工委)书记;乡长张小锋主持党委工作。11月25日,区委组织部宣布:张小锋任乡党委(地区工委)书记;张军茹任地区办事处主任,建议乡长候选人;荣秋明不再担任地区武装部部长,任副调研员。

(于晓敏)

【土储腾退周转户回迁入住】 4月8日,乡土地储备腾退周转户开始回迁入住。年内,规划42万平方米回迁楼建设工程全部完工,其中完成住宅31.2万平方米,公共配套2.18万平方米,地下车库等8.8万平方米。全部完成已签订腾退协议的1352户、3276套房屋的回迁入住工作。

(于晓敏)

【村委会换届】 4月15日,召开乡第九届村委会换届选举工作部署会。5月20日,金家村、北双桥村、新房村、西柳村、东柳村5个参选村公布选民名单。5月29日,5个参选村召开大会投票提名村委会候选人。6月22日,召开村民选举投票大会,5个选举村共登记选民2797人,参加投票的选民2628人,参选率为93.96%。选出村委会成员17人,其中14人为中共党员,占82.35%,女性5人,占29.41%。

(于晓敏)

【"动漫好声音"配音赛】 7月21日,举办三间房"动漫好声音"决赛。区委宣传部副部长丰春秋,区农委副主任关得志,乡长张小锋等参加活动。本次"动漫好声音"选秀活动分为报名、海选、复赛、决赛四个阶段,300余名选手参与,决赛评出一等奖3名,二等奖6名,三等奖8名,优秀奖5名,部分选手获得配音公司签约机会。

(于晓敏)

【乡第七届二次党代会】 8月9日,乡第七届党代会第二次会议召开,会议听取并审议通过三间房乡党委工作报告。

(于晓敏)

【十六届乡人大四次会议】 8月9日,召开乡第十六届人大第四次会议。书面审议通过《关于乡人大主席团工作报告的决议(草案)》《关于免去冯永忠同志乡人大主席职务的决议(草案)》《关于三间房乡人民政府办理十六届人大三次会议议案、建议情况报告(草案)》;大会投票选举顾洪涛担任乡人大副主席。

(于晓敏)

【农村劳动力研讨会】　8月14日,召开地区农村劳动力研讨会,发布《三间房乡规范劳动力就业工作指导意见》,有针对性的解决乡农村劳动力就业问题。

(于晓敏)

【"乐动三间房"音乐艺术节】　10月19日,第八届北京市文博会朝阳分会场"乐动三间房"音乐艺术节举办。国家新闻出版广电总局出版管理司副司长朱启会,中国音像与数字出版协会理事长王炬,北京市国有文化资产监督办公室规划处处长陈伟,副区长张立新,区委宣传部副部长丰春秋等出席活动。活动共设置"三主两辅"五大版块,包括:首届中国音乐全产业链跨界合作论坛、民谣音乐节、音乐创意集市、当代雕塑展、公益文化活动。

(于晓敏)

【首场土储劳动力招聘会】　10月25日,举办地区首场土储劳动力招聘会,40余家企业参与,提供岗位3000余个,300余人参加招聘会。

(于晓敏)

【"动漫三间房"活动开幕】　11月9日,第八届北京文博会朝阳分会场"动漫三间房"分会场开幕。活动包括全市首个动漫大厦招商、"先锋在线"党务工作平台启用、三间房动漫社区全新亮相等内容。

(于晓敏)

【安全检查】　11月20日,召开地区安全隐患大排查工作部署会。成立地区安全工作检查组24个,共138人,对辖区内所有社会单位进行全面安全检查。11月底,地区各类安全隐患立即整改162处,限期整改207处,发放《致居民一封信》3万份、《和谐三间房安全大检查专刊》5000份、安全提示2000个。

(于晓敏)

【与区检察院签署共建协议】　12月11日,与区检察院签署文化创意产业共建协议。副检察长韩文山与地区办事处主任张军茹共同签署共建协议。共建主旨为发挥检察机关职能作用,将法律监督延伸到三间房乡,加大对侵犯知识产权案件的法律宣传和查处力度,同时借助三间房丰富的动漫产业资源,推进文化共享平台建设,促进检察院文化与乡镇文化共同发展。

(于晓敏)

【与区民防局联合检查人防工程】　12月17日,区民防局及乡相关部门联合对存在安全隐患的人防工程进行清理、拆除、查封,清理流动居住人员127人,房间135间,清理面积达1489平方米。

(于晓敏)

【文化设施建设】　年内,累计投资600多万元,建设动漫文化活动中心及动漫文化主题广场;投资200多万元,为社区(村)完善文化基础设施,新购图书9000册,电脑22台,音响设备11套;新建成福怡苑社区、定西北里社区两个数字化社区,新增两个24小时自助图书馆。

(于晓敏)

【养老保障】　年内,为19069名老年人提供价值145.4万元的居家服务项目。为6个土储村拨付过渡期劳动力和老年人补贴1778万元。成立地区老年协会,依托残疾人温馨家园,改建570平方米的地区级养老管理服务中心,为地区老年人提供服务信息咨询、膳食配送供应、老年用品和服务项目展示、教育培训、精神关怀、日间照料、文体娱乐等综合服务。

(于晓敏)

【环境整治】　年内,围绕朝阳路景观工程建设,完成定福庄中街、西街及东街的道路修缮,对沿线231家商铺立面牌匾进行统一改造,修建围墙300延米,粉饰楼体外立面近2.3万平方米;结合褡裢坡地铁站周边环境整治项目,共清运垃圾渣土300余立方米,铺装硬化路面420平方米,修建围挡围墙60延米;完成泰福苑、聚福苑两个新村小区绿化4.1万平方米;围绕改善乡域南部交通环境,完成乡政府东侧、通惠河两侧、玲珑山和双桥铁路小区周边约5710米道路的拓宽修缮;围绕京哈铁路沿线环境整治,粉饰京哈铁路沿线外立面2.1万平方米,铺装硬化路面6800平方米;完成金家村铁路桥涵洞南侧210米道路拓宽改造项目;完成双桥路社区西巷2号院老旧平房区的环境改造;修缮两处铁路桥涵洞及北双桥、西柳村、双桥铁路社区排水设施;建设杜仲公园雨洪利用工程。

(于晓敏)

【城市管理】　年内,共清理卫生死角、暴露垃圾等近600吨;清理非法张贴、散发小广告51万张,清除直喷直写小广告27万处;打击无照游商700余个,取缔大排档500余家;收缴"黑车""黑摩的"900余辆。

(于晓敏)

十八里店地区(乡)

【概况】　十八里店地区(乡)位于朝阳区东南部,面积25.23平方公里。本年度乡机关行政编制66人、城管编制20人、事业编制80人,内设组宣科、党政办公室、纪检监察科、武装部、信访办、团委、工会、规划科、民政科、社保所。下辖8个村(十里河、周家庄、吕家营、小武基、十八里店、老君堂、横街子、西直河),2个社区(弘善家园第二社区、老君堂社区),5个居委会(弘善寺、白墙子、六道口、前祁庄、后祁庄)。户籍人口38523人。截至年底,流动人口168709人。出租房屋14815户。全年实现经济收入148.9亿元,同比增长7.7%;利润7.2亿元,同比减少6.4%;税金3.4亿元,同比增长4.3%;人均劳动所得31754元,同比增长5%。区级财政收入3.13亿元,超额完成全年预计目标。

地址:朝阳区十八里店村18号

电话:67473250

邮编:100122

电子邮箱:sbldxzxk@sina.com

(李　晓)

【十六届乡人大三次会议】　1月22日,召开十八里店乡第十六届人民代表大会第三次会议。大会选举米振华为乡人大主席,郭亮为乡长,黄海东为副乡长。

(李　晓)

【春节慰问】　春节前夕,十八里店乡及各村领导分别慰问老党员、老干部、军烈属及困难村民,发送慰问品和慰问金70多万元。

(李　晓)

【区领导调研农村产业工作】　3月14日,区委书记程连元,政法委书记陈宏志,常务副区长甘靖中,副区长陈涛、王春等领导到十八里店乡调研农村产业工作,区相关部门领导和十八里店乡主要领导参加调研。

(李　晓)

【拆除违法建设现场会】　4月18日,在老君堂村召开拆除违法建设现场会。乡领导班子成员、相关科室负责人及各村村委会主任参加会议。会后,现场对老君堂村一处占地面积2000平方米的违法占用基本农田建设的公寓房予以拆除。

(李　晓)

【村委会换届选举】　4月19日,召开第九届村民委员会换届选举工作动员会。6月21日,全乡6个参选村全面完成村委会换届工作,共选出主任6人、副主任9人、委员19人。

(李　晓)

【芦山地震募捐活动】　4月21日,组织全乡各单位募捐,筹集善款56万余元。

(李　晓)

【安全生产大检查】 4月26日至5月8日,在辖区范围内集中对地区安全生产领域开展安全生产宣传和拉网式安全大检查。检查以出租大院、建筑工地、打工子弟学校(幼儿园)、企业单位、网吧、歌厅、洗浴中心、宾馆、商场、市场以及电玩城等人员密集场所为重点。共检查单位120余个,累计出动人员200余人次,查处隐患554处,开出整改通知书128份。

(李　晓)

【市人大领导调研回迁房建设】 5月24日,市人大常委会副主任梁伟率领部分人大代表到十八里店乡调研周家庄三期回迁房建设项目,并视察施工情况。

(李　晓)

【小武基村拆违】 8月27日,在区城管、公安、消防等部门的配合下,对小武基村内的一处国有土地上的违法建设依法拆除,副区长王春及区相关部门领导在拆除现场指导监督。

(李　晓)

【前祁庄拆违】 9月5日至8日,对前祁庄居委会新村区域内主要路段的违法建设进行拆除,拆除面积1600余平方米。清理建筑垃圾和渣土650余吨。

(李　晓)

【三资管理工作推进会】 9月10日,召开农村集体三资管理专题工作推进会。会议主要任务是结合十八里店乡经济发展形势,贯彻落实各项制度,进一步推进十八里店乡三资管理工作,促进乡村集体经济发展壮大。

(李　晓)

【安全隐患检查】 11月20日至29日,由区、乡、村三级组成的安全隐患联合检查专项工作组,到十八里店乡8个村开展安全隐患检查执法行动。检查企业1059家,开具责令整改通知书645份,检查出租大院191个,出租房屋3730户,对出租大院负责人和租户进行安全警示教育;发放《大洋半月刊》《致村民一封信》和预防火灾贴图等宣传材料1万余份。

(李　晓)

【集中拆除违建】 12月,拆除域内一处出租大院和工业区北侧一处占用消防通道的违章出租大院,共1600平方米;拆除北京再兴工贸有限公司3处占地面积6000平方米、建筑面积1.3万平方米的出租公寓;拆除第三管理站的一处建筑面积2.1万平方米的出租大院;拆除老君堂村内最大的一处废品堆积、收购市场,面积1万余平方米、临建违章房屋面积1000平方米;拆除吕家营村位于第十五村民组的建筑面积约6200余平方米的两处流动人口出租大院;拆除横街子村城昌路旁高压线下建筑面积5000余平方米的两处违章建筑;拆除十八里店村位于铁路桥北口的一处建筑面积2500平方米的超市。

(李　晓)

孙河地区(乡)

【概况】 孙河地区(乡)位于朝阳区东北部的温榆河畔,属北京市第二道绿化隔离带、土地储备和温榆河绿色生态走廊规划控制地区。东靠顺义天竺镇,距首都国际机场3公里,南与金盏和崔各庄乡接壤,西与昌平区隔河相望,北临顺义天竺空港工业区。机场高速、机场南线、机场辅路、京承高速、京顺路、M15号线、来广营北路、康营东路、顺黄路等区域连接路横贯其中。辖区设5个社区和14个行政村,面积35.2平方公里,总人口63399人,其中户籍人口22009人(农业与非农业人口分别为5046人和16963人),外来人口39395人,外籍人士1995人。年内,完成7个村整建制转居转工6078人,落实劳动力岗位1371个。辖区有1个社区卫生服务中心和4个社区卫生服务站、1所中学、4所小学。年内,经济总收入21.92亿元,同比增长11.9%;地方财政收入2.34亿元,同比增长13.99%;农村人均纯收入17947元,同比增长6.1%。

地址:朝阳区顺白路6号

电话:84595710

邮编:100103

电子邮箱:shdqbsc@sina.com

(张誉进)

【走访慰问】 2月2日,开展“迎新春、送温暖”慰问活动,对14个村625户老干部、老党员和困难家庭逐户慰问,发放慰问品20多万元。

(张誉进)

【十六届乡人大三次会议】 2月7日,召开乡第十六届人民代表大会第三次会议。51名代表参加会议。乡长吴晓军、乡人大主席贾民贤分别做政府工作报告和人大工作报告,乡党委书记刘伯明要求:要真抓落实、敢抓落实、善抓落实、抢抓落实、常抓落实,不断提升工作水平。

(张誉进)

【农转非安置工作业务培训】 2月26日,组织转非安置工作业务培训。涉及转非安置工作7个村的党支部副书记及村相关人员50余人参加,培训包括规范表格填写、证件领取、补助费用、人员建档、就业失业登记、补缴社会保险等内容。

(张誉进)

【“春风行动”现场招聘会】 3月15日,举办“春风行动”手拉手现场招聘会。21家用人单位提供了830余个工作岗位,500余名求职者参加,90余人现场与用人单位签订劳动合同。

(张誉进)

【企业安全达标授牌】 3月21日,区安监局、区安全生产协会为辖区内的北京市朝阳建华无油润滑轴承厂、北京荷美尔食品有限公司、北京盛和诚信混凝土有限公司、北京高强路新混凝土有限公司、北京质信恒通混凝土有限公司5家安全生产标准化三级达标企业授牌。

(张誉进)

【拆违控违】 3月21日,召开禁止和查处违法建设工作推进会。乡副职以上领导及各村主任、各社区负责人50余人参加会议。传达区有关精神,部署查处违法建设工作任务。会议决定成立百人违法建设巡查队伍,提出对新增违法建设“零容忍”要求。年内,拆除违建22.7万平方米,制止新增违建43起。组织专项夜查行动40余次,查处不符合规范运输车辆115辆。查处无照经营210余起,规范店外经营980次,规范查处露天烧烤、大排档55家次,处理夜间施工扰民35件,受理群众举报、市区督办等1514件。

(张誉进)

【农转非就业安置工作部署会】 4月9日,召开农转非就业安置工作部署会。乡转居办、社保所工作人员以及各转非安置村党支部副书记参加。会议明确转非就业安置工作任务、完成时限并提出工作要求。

(张誉进)

【首届民俗文化体育节】 4月26日至28日,举办首届民俗文化体育节。演职员及观众1.5万人次参与文化体育节活动。区体育局副局长姜文、区文化委副主任马骏等领导参加开幕式。文化体育节主要内容为:“歌唱祖国”合唱展示、十三档传统民间花会展演、广场舞及健身操展示,德元文化大院专场演出、星火工程文艺演出和地区乒乓球比赛。

(张誉进)

【村委会换届】 5月8日,召开第九届村委会换届选举工作部署会。5月20日,完成选民登记工作。5月29日,各村进行第九届村委会换届选举候选人提名。4个村选举产生32名正式候选人。6月22日,第九届村委会换届选举工作结束。6198名选民参加投票，参选率93.43%。选举产生新一届村委会成员20人，大专以上学历占70%。

（张誉进）

【大学生村官演讲赛】 5月21日，举行乡首届青年人才演讲比赛。11名大学生村官参加演讲。段旭、刘媛分获一、二等奖。6月，张琰在区举办的大学生村官首届演讲比赛决赛中获得第二名。

（张誉进）

【百姓宣讲团报告会】 6月7日，组织本地区"我的梦·中国梦"百姓宣讲团首场报告会。机关、各村、社区70余人参加。张焱等8名宣讲团成员，结合自身成长经历讲述人生追求、畅想祖国美好未来。年内，共组织宣讲5场。

（张誉进）

【两个项目获区非遗认证】 6月8日，区非物质文化遗产保护中心为前苇沟村"五虎棍"、雷桥村"聚友同心天平圣会"颁发项目证书和铜牌。

（张誉进）

【十六届乡人大四次会议】 7月19日，召开乡第十六届人民代表大会第四次会议。49名代表参加会议。乡长吴晓军、乡人大主席贾民贤分别做政府工作报告和人大工作报告，与会代表提出意见建议10件。

（张誉进）

【社区建设】 8月5日，召开社区建设推进会。各社区负责人及工作人员、机关各科室及直属单位负责人参加会议，会议明确社区职责，部署工作任务，提出强化管理措施的要求。乡党委副书记贾哲主持会议并提出要求。年内，完成康营家园一至四社区和下辛堡社区建制，招录10名社区工作者。研究探索建立"四位一体"管理模式，即社区党委和村党支部、村委会和村合作社、社区居委会和社区服务站、社区物业公司。实行场地统一使用、工作统一安排、人员统一管理、资金统一调配，激发社区管理服务活力和生机。

（张誉进）

【领导班子调整】 9月11日，召开乡干部大会，区委常委、副区长陈涛，区委常委、组织部部长张革到会宣布乡党委书记刘伯明调任区农委工作，任命金盏金融服务园区管委会主任张树宝任孙河乡党委书记。

（张誉进）

【国家安监局领导督查安全生产】 9月24日，国家安全生产监督管理局局长孙华山，副市长张延昆，区长吴桂英等领导对区域内企业北京荷美尔食品有限公司进行安全督导检查，实地察看车间、液氨储罐区、配电室、中控室等重点部位。

（张誉进）

【地区食品药品监督管理所成立】 9月27日，孙河地区食品药品监督管理所成立。

（张誉进）

【地区首个非公企业党支部成立】 10月15日，中共北京盛和诚信混凝土有限公司支部委员会成立。支部共有党员14名，选举司光明为党支部书记。该支部为地区首个非公企业党支部。

（张誉进）

【环境整治】 10月，开展康营家园环境整治行动。围绕完善基础设施、美化小区环境、提供便民服务等十余项整治内容，组织4次集中清理整顿，出动人员3900余人次、车辆1760余车次，清理垃圾910余吨，清除小广告16万余张、喷涂小广告2万余平方米。年内，投资1638.5万元，落实5个未搬迁村新农村建设工程项目41569平方米。完成万亩造林任务1486.9亩和京承高速两侧绿化种植5万平方米。

（张誉进）

【安全大检查】 11月20日，召开落实市、区安全工作视频会精神专题会。乡副职以上领导，有关科室，各村、社区书记、主任，派出所负责人70余人参加会议。会议决定成立地区安全生产检查指挥部和8个工作组，部署"拔钉子、除隐患、收资源、抓典型"铁拳行动。年内，发放告知书200余份，消除安全隐患1616处，拘留2人，清退非法经营人员3800余人，责令停业整改111家，出动人员5300人次，拆除"三合一"出租大院等违建14.63万平方米，累计收回土地22380平方米。

（张誉进）

【补选人大代表】 11月27日，组织区、乡两级人大代表补选工作。参加区人大代表补选投票选民8189人，参加乡代表补选投票选民403人，投票率99%。乡党委书记张树宝当选区人大代表和乡人大代表。年内，完成办理代表意见、建议46件，占承办总数的81%。

（张誉进）

【"企地合作共建"座谈会】 12月16日，召开"企地合作共建"工作座谈会。乡党委副书记贾哲等有关人员及辖区7家房地产企业负责人参加。会议宣布建立"双向服务、双向建设"共建机制，明确"共建孙河家园，服务企业发展"责任，协调地方更加注重服务于企业，企业努力服务地方建设，最大限度地促进企地共同发展。

（张誉进）

【征兵工作】 年内，开展地区征兵工作，辖区适龄青年83人，登记率93%，参加体检16人，批准入伍7人。

（张誉进）

太阳宫地区（乡）

【概况】 太阳宫地区（乡）位于朝阳区中西部，东北与望京街道、将台地区接壤；东南与麦子店街道接壤，与第三使馆区、燕莎商业区毗邻；南面与左家庄街道接壤，西南与和平街街道、香河园街道相邻，与国展商业区相依托，西北与小关街道、大屯街道接壤。辖区面积5.9平方公里。有3个行政村，10个社区居委会，7家直属企事业单位。常住人口7.99万人。全年，经济收入23.86亿元，同比增长10.3%；利润4239.9万元，同比增长10%；税金5771.7万元，同比增长10%。

地址：朝阳区太阳宫南街7号院7号楼

电话：84158000

邮编：100028

电子邮箱：tygbgsh@aliyun.com

（杨　望）

【郊野公园主体结构完工】 1月15日，取得《北京市规划委员会乡村规划建设许可证》；3月27日，公园绿化进入春季施工阶段；12月完成太阳宫郊野公园主体结构施工。

（杨　望）

【纪念"三八"大会】 3月7日，召开"展示巾帼风采、助推地区发展"纪念"三八"国际劳动妇女节103周年大会。地区领导班子成员以及基层各单位班子成员、妇联干部、妇女群众代表、优秀女性、服务标兵、金玫瑰志愿者等600余人参加。会上，工委书记张宏明为大会致辞，副书记李保民宣读"致太阳宫地区妇女同胞的一封信"，妇联主席尚淑芳向地区广大妇女发出倡议。

（杨　望）

【第四届文化节举办】 4月20日，在太阳宫公园举办"凝心聚力 强乡富民"第四届文化节，包括开幕式、廉政文化专场、"十八大颂歌"合唱等文艺演出，地区党员干部群众1500余人参加活动。

（杨　望）

【综合治理】 4月，地区开展多种形式环境秩序和社会治安综合治理行动。实行"空间、时间"执法关口前移，对新生违法建设、非法户外广告等采取日常巡查、群众举报等渠道收集信息,及时发现处理;成立20人组成的“清除非法张贴小广告”队伍和30人组成的“环境应急处理”队伍,清除辖区主要大街张贴、喷涂小广告,捡拾白色垃圾,清运偷到垃圾渣土;开展环境秩序“春雷”专项整治行动,重点治理牛王庙村、太阳宫村、十字口村违章建筑、废品收购、暴露垃圾等问题,以及文学馆路、育慧南路店外经营、露天烧烤等行为;加大对流动人口、出租房屋管理力度,查处“六小七黑”门店,取缔辖区内废品收购站点33个。

(杨　望)

【十字口社区团支部成立】　6月18日,十字口社区团支部成立,有35岁以下青年66人,28岁以下青年42人,团员25人,李晶晶任团支部书记。

(杨　望)

【民情联络工作启动】　6月21日,举行太阳宫地区“两代表一委员”民情联络工作启动仪式,120余人参加。区委常委、组织部部长张革,区人大常委会副主任李国,区政协副主席张树安等领导参加仪式并参观“两代表一委员”民情联络室。

(杨　望)

【庆祝建党92周年】　6月27日,在北京电子科技职业学院举办“颂歌献给党——庆祝建党92周年文艺演出”,节目包括合唱、舞蹈、京剧、诗朗诵等。地区机关干部、驻区单位及辖区党员群众共1500余人观看演出。

(杨　望)

【推行“一警三专”模式】　7月1日,太阳宫地区推行“一警三专”(即社区民警、社区警务工作站专职文员、专业协警、专业巡逻队)模式,7个新建警务工作站和3个原建工作站全部投入使用。

(杨　望)

【劳动人事争议调解室成立】　7月4日,成立“太阳宫地区劳动人事争议调解室”,由社保所所长和副所长担任调解员。截至年底,完成5件仲裁案件的调解。

(杨　望)

【红芍广场重新开放】　7月19日,“在党的阳光照耀下,扬帆起航”红色党建文化主题广场即红芍广场经过全新打造升级重新开放。广场500余平方米,融入科学发展观、创先争优、北京精神、朝阳精神、太阳宫精神和太阳宫文化等党建元素。广场主体由长6米、高3米、厚0.60米的“为人民服务”红旗墙和6块高2.3米的红色主题风帆构成,与周边的绿色植物相互映衬。

(杨　望)

【“乡村大舞台”活动】　7月19日,在太阳宫公园举办“太阳宫地区乡村大舞台——夏家园之夏”专场演出。地区机关、社区、村居民600余人参加。7月22日,举办“太阳宫地区乡村大舞台——戏曲专场演出”,社区越剧班表演了《追鱼》《梁祝》《山河恋》《白蛇传》《红楼梦》等十余段越剧。

(杨　望)

【朝阳区人口文化园落成】　7月,朝阳区人口文化园在太阳宫公园七彩虹门景区落成。人口文化园占地面积2200平方米,以“弘扬人口文化、倡导婚育文明、构建和谐家庭”为主题,由人口文化园、人口大环境、孕育、成长、美好爱情、三口之家、美好生活、夕阳红、幸福家庭等九组雕塑组成。

(杨　望)

【中央政法委领导调研综治工作】　8月5日,中央政法委秘书长、国务院副秘书长汪永清围绕党的群众路线教育实践活动,就政法综治工作听取各阶层群众意见,并参观太阳宫乡综合指挥中心。中央政法委副秘书长王其江,副市长张廷昆及市相关部门领导,区领导吴桂英、陈宏志等陪同。

(杨　望)

【第三次全国经济普查】　8月21日,召开第三次全国经济普查工作动员会,部署太阳宫地区普查工作方案。年内,核查到地区内法人及产业单位2211家,个体户3253家。

(杨　望)

【税源建设】　年内,挖掘地区经济增长潜力,北京华泰元田汽车销售有限公司工商注册转入辖区,星凯爱琴海购物中心落户地区,收缴个人出租房屋税收550万元。

(杨　望)

【非公组织党建】　年内,成立十字口社区非公企业联合支部和朝阳区智耘弘善社工事务所党支部。

(杨　望)

【居家养老】　年内,新增6家居家养老服务商,投资8万元在十字口社区和惠忠庵社区新建2所市级规范化托老(残)所,为社区老年人提供日间照料、文化娱乐、日间用餐、精神关怀等基本服务。截至年底,十字口社区托老所和惠忠庵托老所分别为232人次和187人次提供服务。

(杨　望)

【环境建设】　年内,完成圣馨家园小区道路改造和雨污水管线改造工程、芍药居北里小区4000余平方米道路改造和太阳宫村排水沟改造工程;开展社科院环境优美小区建设和牛王庙地区环境专项整治,改造绿化面积5000平方米。

(杨　望)

【社区建设】　年内,新接收太阳宫社区办公用房120平方米;投资200万元完成尚家楼社区办公用房改扩建工作;投资30万元完成芍四社区活动室、芍二社区电子阅览室的装修;在芍药居14号院和尚家楼48号院老旧小区推行封闭式准物业管理;完成“六型”社区创建和4个星级社区服务站建设。

(杨　望)

【城市管理】　年内,共查处各类城市环境违法行为6800起,拆除辖区各类违法建设246处10039平方米。

(杨　望)

【社会救助】　年内,为600余名超转人员办理社保卡,为49名政策性转居人员发放生活补助36万余元,全年发放低保金123万余元。

(杨　望)

【劳动就业】　年内,举办“搭平台、促就业”春风送暖招聘会和爱琴海专场招聘会,全年开展职业指导1176人次,开发就业岗位1661个,实现失业人员再就业557人,困难人员再就业230人。

(杨　望)

【安全生产检查】　年内,与各类社会单位签订责任书458份;检查生产经营单位5848家次,下发执法文书488份,行政处罚违法单位21家。

(杨　望)

【为民办实事】　年内,开展住宅楼房信报箱更新补建工作,完成38栋住宅楼3400余户信报箱的安装;在太阳宫社区安装节能路灯4000支。

(杨　望)

【转居安置】　年内,成立乡域规划范围内转居安置工作领导小组,开展转居安置人员基本情况统计,制定工作方案、办法和实施细则。年内,完成十字口村、太阳宫村和牛王庙村共1305名剩余农民的转非工作,212名超转老人移交民政局纳入社保,完成382名劳动力自谋职业公证和743名劳动力建档工作。

(杨　望)

王四营地区(乡)

【概况】　王四营地区(乡)位于朝阳区东南部,东靠豆各庄乡,南接十八里店乡,西邻南磨房乡,北与高碑店乡接壤。面积15.58平方公里,下辖6个行政村,2个社区,实行村居合一的管理模式。户籍人口19148人,流动人口64547人,常住人口83695人。年内,经济收入75.12亿元,同比增长19.6%;利润3.2亿元,同比增长10.1%;上缴税金1.58亿元,同比增长18.8%;农民人均劳动纯收入26915.5元,同比增长12.3%。

地址:朝阳区王四营乡王四营村1号
电话:67366621
邮编:100023
电子邮箱:63113852@qq.com

(王　谦)

【安全维稳】 1月27日,召开安全维稳工作大会,部署全国"两会"期间及2013年全乡安全维稳工作。

(王　谦)

【"五送五关爱"活动】 3月8日,地区"五朵金花爱心服务团"开展"五送五关爱"活动。即:送健康、关爱女性,举办"关爱女性、做美丽女人"知识讲座;送温暖、关爱困难家庭,为32个困难家庭送去慰问品及慰问金;送法律、关爱弱势群体,为地区群众及流动人口提供义务法律知识宣传和咨询服务,发放法律援助宣传单、法律援助联系卡、"六五"普法书籍等各种法律宣传材料400余份;送祝福、关爱老人生活,为地区老年公寓老人送去水果、给老人理发;送和谐、关爱优美环境,开展"弘扬雷锋精神、美化乡村环境"为主题的学雷锋志愿服务活动。

(王　谦)

【村委会换届】 4月12日,召开第九届村委会换届选举动员大会。按照市、区村委会换届选举工作要求,参加选举的王四营村、南花园村、孛罗营村于6月22日统一进行正式投票选举工作,3个参选村登记村民数3847人,参加选举投票3340人,参选率86.82%,推选出主任3名、副主任3名、委员9名。其中专职专选妇女委员3名,选出村民代表131人,村民小组长11人,其中中共党员53人,同时推选产生村务监督委员会,村务监督委员会主任3名,委员6名。

(王　谦)

【餐饮场所燃气安全专项治理】 4月26日,开展辖区餐饮场所燃气安全专项治理行动。专项治理从安全生产、电力消防、环境卫生、社会面治安防控等方面对辖区重点餐饮企业进行检查。

(王　谦)

【区委书记调研产业发展】 5月9日,区委书记程连元等领导调研王四营乡产业发展情况。探讨文物修复的价值和可行性,深入了解地区主导产业情况。主持召开调研会,研讨王四营乡产业发展的思路和方法,推进产业升级。区领导陈宏志、陈涛、刘军胜等陪同调研。

(王　谦)

【市委书记调研大气污染防治】 6月15日,市委书记郭金龙到王四营乡调研大气污染防治工作。市领导王安顺、赵凤桐、张工、李伟,区领导程连元、吴桂英、刘军胜、王春一同调研。乡领导分别就乡村基本情况、辖区燃煤使用情况、村内常住人口以及流动人口情况做汇报,区委书记程连元就朝阳区大气污染防治情况做汇报。市委决定对王四营乡南花园村实施煤改电工程。

(王　谦)

【庆"七一"系列活动】 7月1日,开展"七个一"系列活动,庆祝中国共产党成立92周年。即:开展一次评优表彰活动;发展一批新党员;组织一次集中走访慰问活动;举办一次"颂歌献给党"演唱活动;开展一次"我的梦·中国梦"百姓宣讲活动;开展一次重温入党誓词活动;组织一次"共产党员献爱心"活动。

(王　谦)

【计划生育宣传】 7月11日,举办纪念"世界人口日"开展"三个一"系列活动。即:开展一次纪念"7·11"世界人口日宣传活动,为群众发放"致流动人口一封信""诚信计生服务指南""花季小贴士""孕育新希望"等宣传品千余份,并接受群众现场咨询;组织参观一次"创建幸福家庭活动,促进民生和谐幸福"展览;开展一次以"老年人心理健康"为主题的幸福家庭宣讲活动。9月25日,地区举行古塔人口文化园揭幕仪式。

(王　谦)

【区领导调研东南各乡工作情况】 10月8日,区领导程连元、陈涛等在王四营乡主持召开基层调研会,听取王四营等朝阳区东南部各乡工作情况介绍,协调解决难点问题。

(王　谦)

【募捐活动】 10月18日,地区分别在乡机关、观音堂社区夏日文化广场、官庄村委会、道口村委会等7个地点,同时开展以"文明朝阳,公益有我,温暖西部,青年先行"为主题的西部温暖计划募捐活动。共收到募捐衣物用品5500余件,其中棉衣类600余件,毛绒衣类1300余件,外衣类1500余件,单衣类1400余件,童装类500余件,学习用品类180余件。

(王　谦)

【乡十三届二次党代会】 12月27日,召开中共朝阳区王四营乡第十三届代表大会第二次会议,85名代表参加会议,13人列席会议。代表们对党委班子及4名班子成员进行民主测评。大会差额补选副乡长田全喜、赵涛为党委委员。代表们对王四营乡工作提出意见建议,涉及产业发展、交通治理、环境整治等方面共7件,决定立案4件。

(王　谦)

【安全隐患排查】 年内,检查生产经营单位1656家次,排查出安全隐患1857起,隐患整改率达到93%;下达各类执法文书1589份,其中行政处罚立案21起,实施行政处罚11.6万元;开展各类综合治理和联合执法28次,全年未发生死亡以上事故。

(王　谦)

小红门地区(乡)

【概况】 小红门地区(乡)位于朝阳区南部,东靠京津塘高速公路,南临北京经济技术开发区,西与丰台区、大兴区接壤,北距南三环约1公里。面积12.41平方公里,下辖4个行政村、2个社区、1个新村管委会、3个居委会。全年实现经济收入67.1亿元,同比增长10%;利润1.85亿元,同比增长10%;税金1.57亿元,同比增长10%;人均劳动所得22933.4元,同比增长8%。区级财政收入3.77亿元,超额完成全年预计目标。

地址:朝阳区博大路鸿博家园六区5号楼底商
电话:87694869
邮编:100176
电子邮箱:xiaohongmenxiang@126.com

(李媛博)

【"强一建二带三"社区管理模式】 年初,本着强化管理、提升能力、夯实基础、规范流程的工作目标,确定了"强一、建二、带三"的社区建设与管理工作模式,即:强化恋日绿岛社区规范化管理,建设好中海城社区和鸿博社区居民自治组织,带动三台山、玉器厂、四道口社区工作开展。

(李媛博)

【乡公共卫生管理委员会成立】 年初,成立了双正职任组长,副乡长任副组长,各村、居委会和重点单位为成员的小红门乡公共卫生管理委员会,明确岗位职责和服务方向。为提供农民新村的配套服务,召开专项会议研究小红门社区卫生服务中心搬迁事宜,并于3月上旬完成迁址,改善了地区群众就医环境。

(李媛博)

【综合整治行动】 3月6日至4月30日，小红门执法队实施“春雷—压反弹”集中整治行动。对无照经营，非法散发、张贴、喷涂小广告，机动车及人力三轮车非法运营等行为加大检查力度，实施门前三包。对肖村桥、最高人民法院接待站周边等重点地区采取人盯车巡等措施，确保全国“两会”期间辖区各主要大街、重点地区环境秩序井然。3月至8月，共4次配合辖区派出所查处“黑车”“黑摩的”。共出动执法人员200余人次，出动执法车辆50台次，交通秩序、治安秩序明显改观。

(李媛博)

【校园建设】 3月30日，小红门中心幼儿园迁入新址，计划接收适龄幼儿450人，其中优先接收本地区户籍人口。9月，中海城朝花幼儿园(公办)投入使用，优化了中海城社区及周边教育配套设施。北京市71中学搬迁至原龙爪树小学校址，71中原址按区教委规划升级改造，成为校园环境优美、硬件设施齐全，师资力量雄厚的八十中学分校。

(李媛博)

【拆迁腾退】 3月，启动小红门村安置地块、龙爪树路四环路南侧道路用地和小红门地铁站周边产业用地的拆迁工作。截至年底，住宅拆迁完成总量的90%，非宅拆除完成总量的87.96%。

(李媛博)

【村委会换届】 6月22日，召开肖村村委会选举大会。依法选出村长1名，委员4名。小红门村、牌坊村、龙爪树村等三个因重点村整治及安置地块拆迁不参加选举，按要求履行民主程序，实现村委会班子平稳过渡。

(李媛博)

【“乡梓梦·追寻发展的印象”宣讲团成立】 6月，小红门地区“乡梓梦·追寻发展的印象”宣讲团成立。宣讲团共有16名成员，由辖区群众、村官及基层工作者组成。宣讲团通过追寻“新居印象”“人文印象”“党群印象”，反映地区城市化建设给地区面貌、群众生活带来的巨大变化，广泛宣讲地区各行各业普通劳动者和基层党组织在地区党委带领下，为实现个人全面发展、推动城市化进程、建设和谐家园而奉献创新、不懈奋斗的感人故事。共组织宣讲活动10余场。8月，宣讲团被评为朝阳区示范团之一。

(李媛博)

【第三次全国经济普查】 8月，组建小红门乡经济普查机构；完成118名普查指导员、普查员的选聘。截至年底，完成地区规模以上定期报表单位和经济普查调查对象共计2205家法人单位、3385家个体工商户的统计年报、经济普查报表的培训工作，为2014年开始的经济普查正式登记工作打下基础。

(李媛博)

【土地和企业现状调查】 9月2日至10日，对乡集体土地内企业用地、宿舍用地、其他用地的单位进行调查核实。11月29日至12月5日，再次对乡集体土地内企业情况、集体3%—5%绿色产业用地情况、集体产业用地使用现状进行调查。调查结果，产业用地使用现状涉及17个单位(或地块)397.16亩；3%—5%绿色产业用地现状涉及2个单位688亩；集体土地现状企业涉及209个单位(或地块)4377亩。为今后签订经济合同，发展集体经济提供了一手资料。

(李媛博)

【启动“阳光驿站”志愿服务】 9月7日，小红门地区“阳光驿站”志愿服务活动正式启动。组建“1+6”工作机构，即：“1”为一个阳光驿站，负责督办志愿者服务日常工作。“6”为六个小分队，分别为：健康生活指导队、家政义务服务队、绿色环保宣传队、文体艺术活动队、心理疏导服务队和普法咨询服务队。截至年底，阳光驿站志愿服务队共有志愿者200余人，组织大型公益活动2次。

(李媛博)

【校园安全管理】 11月底，成立小红门地区学校安全工作领导小组，对辖区内12所自办幼儿园、2所公办幼儿园、4所小学及1所中学共19所学校进行安全大检查。检查内容包括消防、安全、食品卫生等方面，并将检查结果汇总后以告知书形式发至学校，责令其限期整改，消除安全隐患。

(李媛博)

【中海城社区居委会成员选举】 12月13日，召开选举大会，投票选举出中海城社区居委会成员9人，其中社区主任1人、副主任2人、委员6人。当日，召开了社区居民委员会第一次会议。

(李媛博)

【安全生产】 年内，落实安全生产责任，与辖区内各村、经济联社签订《2013年小红门乡安全生产工作责任书》220份，并要求各村及联社与所属辖区内的企业签订安全管理责任书。针对消防安全、安全生产、城乡结合部整治等内容开展阶段性安全检查数十次，范围覆盖乡域范围内村、社区、企业、建筑工地等，共开具安全生产执法文书865份。

(李媛博)

【郊野公园文化广场改建】 年内，启动鸿博郊野公园文化广场1600平方米的改建工作。

(李媛博)

【三营门变电站规划调整方案确定】 年内，为推进解决地区新村和产业项目的用电紧张问题，经与相关部门协调，三营门220千伏变电站规划调整初步方案基本确定，进入选址位置论证阶段。

(李媛博)

【村级资金管理】 年内，乡属4个行政村全面实现村级财务预算管理。根据“制度+科技”的方针，将村级预算统一纳入朝阳区农村集体三资监管平台预算管理系统。制定《村级集体经济组织大额资金监督管理办法》，规范了村级集体资金的使用，实现村级集体资金事前、事中、事后的全方位监管，保证了集体资产安全。

(李媛博)

【制定过度经济发展工作意见】 年内，制定《小红门乡2013年过度经济发展工作意见》，明确可过度利用的企业范围，利用闲置资源，对乡域范围内全部集体土地、集体资产重新签订租赁合同，提高租赁标准，促进集体资产保值增值。经统计，乡联社管理范围内需要调整的合同有15家，年内，完成12家企业的合同调整工作，剩余3家企业正在洽谈中。

(李媛博)

【非遗“地秧歌”传承】 年内，开展国家级非物质文化遗产——“地秧歌”进校园活动。为小红门中心小学培养第二批“地秧歌”表演学员，创编“地秧歌”课间操，开展非遗教学课程近50次。编制的“秧歌操”获区教委“创新性学习成果金奖”。截至年底，肖村“地秧歌”文化大院全部完工，并拨专项经费56万元用于文化大院的后期硬件配套投入，将其打造成为“地秧歌”发展传承的新平台和地区文化活动的新阵地。

(李媛博)

【工会组织建设】 年内，地区总工会新增会员183人，覆盖企业11家。其中独立工会6家，会员134人。联合工会覆盖企业5家，会员49人。地区共有88家企业完成建会手续。其中，独立建会36家，加入村级工会联合52家。全年上缴工会会费328.87万元。

(李媛博)

【集体经济管理】 年内，通过开展企业占地测绘、实地调查和实行联预审制度，加强对经济合同的规范调整。完成租赁合同企业测绘96家，开展合同联预审工作；完善集体资产监管体系，重新利用闲置资源，调整租赁标准，促进集体资产保值增值，全年集体收益同比增长20%以上；出台《村级集体经济组织大额资金监督管理办法》《调整规范过度经济合同实施方案》《清查集体资金、资产、资源实施方案》等三资管理制度，推进村级预算管理，提高资金使用的有效性和安全性。

（李媛博）

【产业项目推进】 年内，北京国际风尚中心和红门国际广场项目通过区农村产业项目联审会。其中北京国际风尚中心一期地块拆迁腾退工作基本完成；小红门综合商业服务楼项目完成主体工程；城环城国际汽车文化中心项目完成初步方案设计。

（李媛博）

【"幸福家庭福万家"项目】 年内，开展"幸福家庭福万家"项目。经过居民自荐、互荐、单位推荐和村（居）委会的初评，再经过小红门地区幸福家庭的评选，最终由评审组评选出小红门地区尊老孝亲、养老助残、邻里互助、夫妻恩爱等6户幸福家庭代表，并于8月拍摄制作了《幸福花绽百姓家——小红门地区幸福家庭巡礼》专题片。

（李媛博）

【爱心捐助】 年内，筹集善款331万元，救助129人，使用救助款402.6万元，其中小红门村18人63万元、龙爪树村52人160万元、牌坊村51人150.6万元、肖村8人29万元。

（李媛博）

【消防安全检查】 年内，开展安全生产及消防安全执法检查。其中安全生产检查865家次并开具检查单。消防安全检查354家次并开具消防检查记录单。按照区安监局对存在严重安全生产隐患单位坚决依法予以处罚的要求，立案17件，处罚单位17家，处罚金额10万元。

（李媛博）

【特色社区教育项目】 年内，发挥社区学校在社区教育中的作用，实现了"村村有场所，人人有选择，课课有内容"的教育目标。以"快乐学习做低碳节能践行者""安全知识普及教育"和"伏枥手工坊"为主题的地区特色社区教育项目，通过区教委项目审核批准立项，并获得教委社区教育项目资金20万元。

（李媛博）

【拆违控违】 年内，拆除账外违法建设23处，共计89740平方米。发现新增违法建筑35处，均下发限期拆除通知书，其中13处拆除完毕，共计4145平方米。根据区拆违办、区农委和区监督中心下发的新增建筑案件，建立账内违法建设25处，149万余平方米，拆除9处，共计5.6万余平方米，其余16处均属程序性违法，上报有关部门给予销账。

（李媛博）

【重点村回迁安置房建设】 截至年底，新村一期A区、二期B、C、F西区四地块共开工建筑面积83.9万平方米，其中地上建筑开工64.7万平方米，地下车库开工17.5万平方米，配套设施开工1.7万平方米。前三个地块完成主体结构封顶和大部分安装工程。

（李媛博）

【民生保障】 截至年底，地区失业人员实现就业706人，就业率达64.1%，劳动力培训76人，开发就业岗位1312个，完成全年任务指标。年内，地区养老保险续保率达100%，新农合医疗保险参保率达99.52%。为保障困难群众的基本生活，通过多种救助形式，全年共救助家庭困难人员869人。地区劳动力自谋职业补助由每月150元提高到300元，村民提前退休养老补助由每月600元提高到700元，正式退休养老补助由每月730元提高到830元。

（李媛博）

【流动人口及出租房屋管理】 截至年底，全乡共有流动人口22931人，出租房屋2696户，其中平房1482户，楼房1214户。年内，配合"百日核查"、全国"两会"和十八届三中全会安保等工作，多次对出租房屋和流动人口进行摸排，平房出租房屋采集率为100%，流动人口采集率为90%以上，楼房出租房屋通过与物业、居委会对接，出租楼房采集率为80%左右，居住在楼区的流动人口采集率为50%左右。

（李媛博）

人 物

领 导 干 部

中国共产党北京市朝阳区第十一届委员会

书　　记　程连元
副 书 记　吴桂英　陈宏志　刘小宁(7月任)
常　　委　程连元　吴桂英　陈宏志　刘小宁(7月任)
　　　　　陈　涛　谢　莹　陶　晶　张　革　宋铁健
　　　　　甘靖中　贾彦翎　刘军胜
委　　员　(按姓氏笔画排列)
　　　　　王　立　王　春　王洪涛　支　芬　甘靖中
　　　　　吉广平　曲　君　吕明杰　刘　野　刘小宁(7月任)
　　　　　刘北阳　刘军胜　孙其军　苏　民　李　洁
　　　　　李瑞翔　杨树旗　吴凤岐　吴金龙　吴桂英
　　　　　佟克克　邹立嵩　辛燕琴　汪　洋　宋铁健
　　　　　张　岩　张　革　张立新　张永新　张维刚
　　　　　陈　涛　陈宏志　苑文新　范少飞　贾彦翎
　　　　　陶　晶　黄晓伟　常树奇　康志华　程连元
　　　　　谢　莹　樊文祯(3月免)
候补委员　田　峡　田锦和　刘　勇　刘伯韬　李云飞
　　　　　张克斌　张树宝　赵年生　赵红伟

中共朝阳区委工作机构负责人

办公室主任　刘军胜(兼)
组织部部长　张　革(兼)
组织部常务副部长　王小毛(5月免)
　唐行安(5月任)
宣传部部长　谢　莹(兼)
宣传部常务副部长　高春利
精神文明建设委员会办公室主任　吕　岚
统一战线工作部部长　谢　莹(兼)
统一战线工作部常务副部长　胡杰华
台湾工作办公室(区政府台湾事务办公室)主任　李　靓
侨务办公室主任　石延刚
直属机关工作委员会书记　刘军胜(兼)
直属机关工作委员会常务副书记　范少飞
社会工作委员会书记　张永新
农村工作委员会书记　张树安(兼,2月免)
　胡良森(2月任)
政法委员会书　记陈宏志(兼)
政法委员会常务副书记　杨树旗
社会治安综合治理委员会办公室主任　战玉贵
防范和处理邪教问题领导小组办公室
(区政府防范和处理邪教问题办公室)主任　唐涌涛
流动人口和出租房屋管委会办公室主任　王春增
教育工作委员会书记　周　炜
非公经济工作委员会书记　王小毛(5月免)
　王素荣(5月任)
老干部局局长　郑　晶
党史资料征集办公室主任　张　前
党校校长　张　革(兼)
党校党委书记、常务副校长　董　伟
保密委员会办公室(区国家保密局)主任　金宏图

朝阳区政府、人民团体党政分设工作机构党委(组)书记

科学技术委员会(知识产权局)党组书记　林广吉
民政局党组书记　徐传孝(4月免)
　张　岩(4月任)
人力资源和社会保障局党委书记　牟燕东
环境保护局党组书记　于良佐(5月免)
　陈　伟(5月任)
住房和城乡建设委员会党组书记　孙　梅
市政市容管理委员会党组书记　梅诗曙(5月免)
　康志华(5月任)
水务局党委书记　闻惠友
文化委员会党委书记　李　洋
卫生局党委书记　苏　民
国有资产监督管理委员会党委书记　吴金龙(5月免)
　王文远(5月任)
安全生产监督管理局党组书记　赵新跃
文学艺术界联合会党组书记黄晓伟体育局党委书记
　张永华(11月免)
　李守民(11月任)
统计局党组书记　刘方坡

园林绿化局党委书记　王　健
金融服务办公室党组书记　赵　捷
商务委员会党组书记　朱　晟(5月免)
张仲凯(5月任)
信息化工作办公室党支部书记　云建明
信访办公室党组书记　胡铁闽(7月任)

中国共产党北京市朝阳区第十一届纪律检查委员会

书　　记　宋铁健
常务副书记　曲　君(5月免)
刘丽平(5月任)
副 书 记　高大中　于良佐(5月任)
常　　委　关进国　李奕华　张颖辉　王东胜
姜仁忠(9月任)

朝阳区十五届人民代表大会常务委员会

主　　任　佟克克
副 主 任　李　国　张富生　朱春霞　曾原纪
专职常委　张建顺　董万立
委　　员　(按姓氏笔画排列)
丁清光　王姮隽　叶　青　田树林　任敬东
刘子华　刘显威　孙　立　李振玲　李　琪
杨立亭　杨　丽　杨爱军　何深思　张永贵
张克成　张建顺　陈　方　陈春玖　郎武淳
罗凤基　侯湘君　高　峰　黄　轶　曹信红
董万立　韩　峰　阚宝奎

朝阳区人大工作机构负责人

办公室主任　李振玲
内务司法工作委员会主任　侯湘君
财政经济工作委员会主任　任敬东
城建环保工作委员会主任　张永贵
教科文卫工作委员会主任　张克成
代表联络室主任　孙　立
农村工作委员会主任　空缺
研究室主任　杨立亭
信访接待室主任　刘长利

北京市朝阳区人民政府

区　　长　吴桂英
常务副区长　甘靖中
副 区 长　陈　涛　阎　军(2月免)　王　春　张立新
苑文新　汪　洋　张维刚(5月任)

朝阳区人民政府工作机构负责人

办公室主任　张维刚(5月免)
杨建海(5月任)
发展和改革委员会主任　常树奇
教育委员会主任　孙其军
教育督导室主任　滕国清(5月免)
王世元(5月任)
科学技术委员会主任　冯守华
监察局局长　曲　君(5月免)
刘丽平(5月任)
民政局局长　张　岩
司法局局长　王远捷
财政局局长　邹立嵩(5月免)
欧晓勋(5月任)
人力资源和社会保障局局长　吕明杰
机构编制委员会办公室主任　牟燕东
环境保护局局长　关　伟
住房和城乡建设委员会主任　吴凤岐
房屋管理局局长　刘来祥
市政市容管理委员会主任　康志华
农村工作委员会主任　赵红伟
水务局局长　宗永军
商务委员会主任　朱　晟
文化委员会主任　黄晓伟
卫生局局长　师　伟
人口和计划生育委员会主任　史素珍
审计局局长　刘　野
社会建设工作办公室主任　赵年生
国有资产监督管理委员会主任　王文远(5月免)
王春平(5月任)
安全生产监督管理局局长　张仲凯(5月免)
刘炳起(5月任)
体育局局长　马海鹰
统计局局长　王春平(5月免)
邵建云(5月任)
园林绿化局局长　胡良森(2月免)
荣学强(4月任)
旅游发展委员会主任　兰学军
民防局局　长闫宾
金融服务办公室主任　李　瑶(11月免)
民族宗教办公室主任　王爱录
外事办公室主任　谭林坤
法制办公室主任　马　龙
信息化工作办公室主任　王　臻
信访办公室主任　宋少伟

中国人民政治协商会议北京市朝阳区第十二届委员会

主　　席　辛燕琴(女)
副 主 席　郑　煌　张树安　陈合庄　邢念增　高向宇
连玉明
秘 书 长　王玉华(女)
常务委员　(以姓氏笔画为序)

于　欣　马丽颖(女,回)　王　健　王小毛(蒙古)
王文军　王文远　王幼君　王永滨　王全辉
王爱录　王鲁宁　毛大庆　卢清国　叶茂西
田巨清　田新民　朴　哲(朝鲜)　师　伟
吕立秋(女,满)　刘　伟　刘　江　刘　军
刘宁花(女)　刘来祥　李　瑶(女)　李　蘅(女)
李玉立　李吉安　李国红(女)　李树东
李秋玲(女)　李晓峰　李海作　杨清英(女,土家)
吴　杰　张　耘(女)　张　维　张兴凯　张其成
张国利　张明森　张继明　陈　平　茅为中
林大伦　林安杰　金晓萍(女,回)　周道珍(女)
赵大峰　胡杰华　战春燕(女,满)　姚国峰
贺贝奇(蒙古)　袁志鸿　贾冬云(女)　徐　伟
徐宝强　徐艳梅(女)　高吉喜　郭秀芬(女)
黄　亮(女)　黄　鹰　盛国辉(女)　董　伟
韩　潮(女,回)　鲁建玲(女)　富剑萍(回)
赫　捷　阚存一　樊碧发　滕国清

朝阳区政协工作机构负责人

办公室主任	李冬军(女)
研究室主任	李海作
专委会工作一室主任	郭秀芬(女)
专委会工作二室主任	徐宝强
专委会工作三室主任	李晓峰
专委会工作四室主任	李树东
专委会工作五室主任	盛国辉(女)

朝阳区政协专门委员会负责人

提案委员会主任	郭秀芬
学习委员会主任	盛国辉
文史委员会主任	陈巴黎
经济科技委员会主任	李晓峰
教文卫体委员会主任	徐宝强
城建环保委员会主任	李树东
社会法制与民族宗教委员会主任	富剑萍
港澳台侨委员会主任	黄　亮

朝阳区政法、军事机构负责人

人民检察院党组书记	王　立(11月免) 王向明(11月任)
人民检察院检察长	王　立
人民法院党组书记、院长	李瑞翔
人民武装部部长	贾彦翎
人民武装部政委	史连雪
交通支队队长	雷　军
北京市公安局朝阳分局党委书记、局长	陶　晶
北京市公安局朝阳分局政委	高　岩
北京市国家安全局朝阳分局党组书记、局长	李炳宽

朝阳区各民主党派负责人

民革朝阳区委主委	张兴凯
民盟朝阳区委主委	曾原纪
民建朝阳区委主委	徐艳梅
民进朝阳区委主委	张　耘
农工党朝阳区委主委	邢念增
致公党朝阳区委主委	高向宇
九三学社朝阳区委主委	张明森
台盟朝阳区工委主委	高　峰

朝阳区各团体负责人

总工会主席	尹秀峰
共青团朝阳区委书记	王洪涛
妇女联合会主席	李　洁
科学技术协会主席	杨绍磊
残疾人联合会理事长	赵　玲
归国华侨联合会主席	曾　旭
工商业联合会主席	叶　青
红十字会会长张立新(兼)红十字会常务副会长	王素荣(5月免) 赵宁江(5月任)
文学艺术界联合会秘书长	金　童
慈善协会会长	屈亚凤

朝阳区其他单位负责人

北京商务中心区管理委员会工委书记	吴桂英(兼,2月免) 甘靖中(兼,2月任)
北京商务中心区管理委员会主任	甘靖中(兼)
北京商务中心区管理委员会常务副书记	胡建三
北京商务中心区管理委员会常务副主任	李国红
北京奥林匹克公园管理委员会党委书记、主任	王　春(兼)
北京奥林匹克公园管理委员会常务副主任	田巨清
中关村科技园区电子城科技园管理委员会工委书记、常务副主任	王文军
中关村科技园区电子城科技园管理委员会主任	汪　洋(兼)
金盏金融服务园区管理委员会主任	张树宝(兼)
温榆河生态走廊建设管理委员会主任	杨　永
城市管理综合行政执法监察局党委书记	良　彪
城市管理综合行政执法监察局局长	吴熙盛
城市管理监督指挥中心党组书记	刘晓玲
城市管理监督指挥中心主任	皮定均
重点政府工程协调领导小组办公室主任	高永红
东坝国际商贸中心区管理委员会办公室主任	赵建国
绿化隔离地区建设指挥部办公室主任	李杰民
垡头文化休闲产业区管理委员会办公室主任	齐建宗
定福庄传媒文化产业区管理委员会办公室主任	桑小为
北京市规划委员会朝阳分局党组书记、局长	王雪梅
北京市国土资源管理局朝阳分局党组书记、局长	

樊文祯(3月免)
赵北亭(3月任)

北京市朝阳区经济社会调查队队长 张建萍
北京市工商行政管理局朝阳分局党组书记、局长 方世成
朝阳区国家税务局党组书记、局长 明建华
朝阳区地方税务局党组书记、局长 陈合庄(兼)
朝阳区质量技术监督局党组书记、局长 吴 平
北京市药品监督管理局朝阳分局党组书记、局长 赵玉杰
农村集体经济办公室(农村合作经济经营管理站)
党组书记、主任(站长) 秦 涛
老龄工作办公室主任蔺 红档案局局长 申玺朝(5月免)
王海军(5月任)
地方志编纂委员会办公室主 任邓献
云种植业养殖业服务中心党委书记 冯庆国
种植业养殖业服务中心主任 马文虎
广播电视新闻中心党委书记 孙 帅
广播电视新闻中心主任 潘 竞
投资促进局党组书记 杨春雁
投资促进局局长 马英晖
循环经济产业园管理中心党总支书记 郭团会
循环经济产业园管理中心主任 皮 猛
环境卫生管理服务中心党委书记 黄庆林(5月免)
陈万明(5月任)
环境卫生管理服务中心主任 陈万明
职工大学党委书记、校长 马金东
农业综合执法大队党委书记 孟秀琴
农业综合执法大队队长 张思忠
望京新兴产业区综合开发有限公司总公司党委书记 任国强
望京新兴产业区综合开发有限公司总公司经理 张克斌
北京宝嘉恒基础设施投资有限公司董事长、党总支书记 张 维
北京宝嘉恒基础设施投资有限公司总经理 绳志明
北京朝阳公园开发经营公司总经理 田锦䄂
北京京客隆商业集团股份有限公司董事长、党委书记 李建文
北京京客隆商业集团股份有限公司总经理 李 伟
北京昆泰房地产开发集团有限公司党委书记 王 忠
北京昆泰房地产开发集团有限公司董事长 何志强
北京昆泰房地产开发集团有限公司 韦 平
北京京广中心有限公司党委书记 孙明明
世奥森林公园开发经营有限公司党委书记 穆德林
北京国际商务中心区开发建设有限公司支部书记 苑志强
北京国际商务中心区开发建设有限公司总经理 周 建
区机关后勤服务中心党委书记 荣春丽
区机关后勤服务中心主任 李 杰
北京金朝阳商贸国有资本运营公司党支部书记 黄 武
北京金朝阳商贸国有资本运营公司经理 李 默
北京弘朝伟业国有资产经营有限责任公司党委书记、董事长 杨士山
北京弘朝伟业国有资产经营有限责任公司总经理 崔 虹
北京潘家园国际民间文体发展中心董事长、党总支书记 崔新未
北京潘家园国际民间文体发展中心总经理 汤 彤
北京蓝岛大厦有限责任公司党委书记 王东海
北京蓝岛大厦有限责任公司董事长 黄 豪
北京蓝岛大厦有限责任公司总经理 冯亦娜
朝阳城市建设综合开发公司党支部书记 郭 艺
朝阳城市建设综合开发公司经理 刘福利
朝阳副食品总公司党委书记 赵燕川
朝阳副食品总公司经理 王伟林
区建筑工程公司党委书记 暂空
区建筑工程公司总经理 张 瑞
北京市朝阳宾馆党总支书记 曹京伟
北京市朝阳宾馆经理 马德山
北京郡王府管理中心党支部书记 李桂芳
北京郡王府管理中心主任 王 彬
北京华阳经济开发公司经理 孙明明

朝阳区街道工委、办事处负责人

八里庄街道
工委书记 刘北阳(11月免)
刘海涛(11月任)
办事处主任 孔 磊(4月免)
刘海涛(4月任、11月免)
张福来(11月任)

左家庄街道
工委书记 郑金路
办事处主任 苏 静

和平街街道
工委书记 李连科
办事处主任 毕重伟

双井街道
工委书记 赵年生(5月免)
董 健(5月任)
办事处主任 吴景刚(11月免)
时春岗(11月任)

酒仙桥街道
工委书记 王春庆
办事处主任 崔少飞

呼家楼街道
工委书记 邢平芳
办事处主任 王春清

朝外街道
工委书记 田志刚
办事处主任 聂宏伟

劲松街道
工委书记 郑 霞(5月免)
殷 宁(5月任)
办事处主任 殷 宁(5月免)
王 健(5月任)

安贞街道
工委书记 王 军
办事处主任 董会生

三里屯街道
工委书记 常敬武
办事处主任 田 华

建外街道
工委书记邵水平
办事处主任　许嘉宁
团结湖街道
工委书记张志国
办事处主任　刘海涛(4月免)
战春燕(5月任)
潘家园街道
工委书记　刘炳起(5月免)
王　毅(5月任)
办事处主任　姬文革
香河园街道
工委书记　葛　强
办事处主任　宋　军(12月免)
六里屯街道
工委书记　傅义军
办事处主任　谭国忠
亚运村街道
工委书记　田　峡
办事处主任　麻晓晖
小关街道
工委书记　王海军(5月免)
吴　冰(5月任)
办事处主任　吴　冰(5月免)
李　钧(11月任)
垡头街道
工委书记　高智勇
办事处主任　张　爽
麦子店街道
工委书记　刘　勇
办事处主任　董　健(5月免)
李燕梅(5月任)
机场街道
工委书记　苏向东
办事处主任　陈伟航
望京街道
工委书记　刘伯韬
办事处主任　杨洪福
大屯街道
工委书记　宝月凤
办事处主任　吉旭初
奥运村街道
工委书记　张永红
办事处主任　徐桂士
东湖街道筹备处
工委书记　李　辉
办事处主任　商建英

朝阳区地区(乡)工委(党委)、办事处(乡)负责人

南磨房地区(乡)
工委(党委)书记　郑　勇
办事处主任(乡长)　张启顺
高碑店地区(乡)
工委(党委)书记　李云飞
办事处主任(乡长)　王秋英(11月免)
郭光辉(11月任)
将台地区(乡)
工委(党委)书记　荣学强(4月免)
连文胜(4月任)
办事处主任(乡长)　连文胜(4月免)
于　瀛(5月任)
太阳宫地区(乡)　工委(党委)书记　张宏明
办事处主任(乡长)　王　毅(5月免)
贾恩松(5月任)
十八里店地区(乡)
工委(党委)书记　米振华
办事处主任(乡长)　郭　亮
小红门地区(乡)
工委(党委)书记　李贺清
办事处主任(乡长)　刘大庆
王四营地区(乡)
工委(党委)书记　李世喆
办事处主任(乡长)　张　奎
平房地区(乡)
工委(党委)书记　马国勇
办事处主任(乡长)　寇　晔
东坝地区(乡)
工委(党委)书记　安永存
办事处主任(乡长)　黄宏春
金盏地区(乡)
工委(党委)书记　于志刚
办事处主任(乡长)　孙玉辉
来广营地区(乡)
工委(党委)书记　左景全
办事处主任(乡长)　高永荣(9月免)
王　刚(11月任)
东风地区(乡)
工委(党委)书记　张士华
办事处主任(乡长)　龙连柏
孙河地区(乡)
工委(党委)书记　刘伯明(9月免)
张树宝(9月任)
办事处主任(乡长)　吴晓军
崔各庄地区(乡)
工委(党委)书记　吴选辉
办事处主任(乡长)　陈　杰(4月免)
李　华(4月任)
三间房地区(乡)
工委(党委)书记　冯永忠(4月免)
张小锋(11月任)
办事处主任(乡长)　张小锋(11月免)
张军茹(11月任)

常营地区(乡)
工委(党委)书记　吉广平
办事处主任(乡长)　王　刚
豆各庄地区(乡)
工委(党委)书记　陈　杰
办事处主任(乡长)　蒋东燕
黑庄户地区(乡)
工委(党委)书记　路　军
办事处主任(乡长)　李　欣
管庄地区(乡)
工委(党委)书记　杨建海(5月免)
高永荣(9月任)
办事处主任(乡长)　周卫东

全国(含系统)先进集体、先进个人

先进集体

国家公共文化服务体系示范区
朝阳区**全国五一劳动奖状**
北京叶氏企业集团有限公司
全国工人先锋号
阳光矫正管理培训中心教育矫正部
全国维护妇女儿童权益先进集体
区法院
全国巾帼文明岗
酒仙桥税务所
乡妇女岗位建功先进集体
金盏乡妇联
全国社区志愿服务示范街道
酒仙桥街道　建外街道　安贞街道
全国志愿服务示范单位
安贞街道安华里社区
全国示范社区卫生服务中心
亚运村社区卫生服务中心
六里屯社区卫生服务中心
全国敬老文明号
麦子店街道
全国税务先进集体
朝阳区第六税务所
全国工商联系统先进集体
区工商业联合会
全国侨联系统先进集体
区侨联
全国社会管理综合治理先进集体
区综治办
全国社区戒毒社区康复工作示范点
东风地区办事处
全国社会工作服务示范社区
高碑店地区高碑店西社区
全国社区侨务工作示范单位
阜荣街社区
国家地震安全示范社区
安贞街道
高碑店地区兴隆家园社区
全国第十六届“群星奖”作品奖、项目奖
区文化馆
全国清理整顿人力资源市场秩序专项行动取得突出成绩单位
区劳动监察大队
“十一五”全国节能先进集体
区发展和改革委员会
民盟中央组织发展工作先进集体
民盟朝阳区委
全国保障性住房建设优秀企业
田华集团公司
全部优秀施工企业
田华集团公司
创建示范社区卫生服务中心活动优秀集体
区卫生局
全国检察宣传先进单位
区检察院组织宣传处
全国社会工作服务示范社区
高碑店地区高碑店西社区
全国社会工作服务标准化建设示范社区
高碑店地区兴隆家园社区

先进个人

全国五一劳动奖章
权福苗　李爱平
全国三八红旗手
胡　静
全国五一巾帼标兵
张桂红
中国好人榜“见义勇为”
邸　伟
全国模范人民调解员
孟　文
全国维护妇女儿童权益先进个人
胡　静
全国示范社区卫生服务中心优秀评估专家
高运生
九三学社全国先进组织工作干部
卢清国
中国社区志愿者之星
李颐扬　顾荣辉　陈淑英　史超齐
全国拘留所社会矛盾化解工作先进个人
高亚国

全国归侨侨眷先进个人

刘　峰　董　华

北　京　市
先进集体、先进个人

先 进 集 体

首都劳动奖状

金吉列出国留学咨询服务有限公司

朝阳区劲松文体协会

丰苑物业管理有限责任公司

朝阳区文化馆

朝阳区地方税务局

朝阳区军队离休退休干部第十二休养所

北京市工人先锋号

北京劳动大厦有限责任公司管家部

北京易事达投资有限公司物业工程部

朝阳区三环肿瘤医院肺癌中心病房

北京大洋路农副产品市场有限公司批发市场蔬菜组

朝阳区忠德学校国际部英语组

朝阳区广播电视新闻中心朝阳报社

北京金色慧谷物业管理有限公司科技园一二期项目工程部

朝阳循环经济产业园管理中心高安屯卫生填埋场

朝阳区人民检察院法警大队

星河实验学校数学教研组

团结湖街道办事处综治办

北京市五四红旗团委

朝阳区人民法院机关团委

建外街道团工委

眉州东坡餐饮管理(北京)有限公司团委

北京市五四红旗团支部

常营地区鑫兆佳园社区团支部

朝外街道三丰里社区联合团支部

北京市青年文明号

北方之星民族幼儿园教研组

北京地坛医院中西医结合中心

建外 SOHO 商务楼宇服务站

区房屋管理局档案中心

区社会保险基金管理中心

北京市三八红旗集体

区劳动人事争议仲裁院　区社会团体管理办公室

公安朝阳分局呼家楼派出所综合警区

区环境卫生服务中心第四清洁车辆场七分队

垡头街道翠城雅园社区　麦子店街道枣营北里社区

管庄地区管庄东里社区　高碑店地区兴隆家园社区

朝阳区图书馆　双桥医院　福怡苑幼儿园

新源西里小学　北京蓝岛大厦有限责任公司

丹顿(北京)会计师事务所有限公司

北京朝来红太阳餐饮有限公司

北京市妇联系统先进集体

亚运村街道妇联　潘家园街道妇联

南磨房地区妇联　常营地区妇联

太阳宫地区妇联　机场街道南平里社区妇联

将台地区幸福水岸 365 社区妇联

平房地区石各庄村妇代会　水锥子北里幼儿园妇委会

第七届首都民族团结进步先进集体

朝阳规划分局　朝阳公安分局国保支队

北京市公务员管理先进集体

朝阳地税局

北京环境建设先进村

高碑店乡高井村委会

北京市社会主义新农村建设先进集体

高碑店乡高井村委会

北京市敬老爱老为老服务示范单位

区法律援助中心　高碑店地区方家园便民大食堂老年餐桌

高碑店地区八里庄社区

高碑店乡北花园村委会

管庄地区果家店村

管庄地区司辛庄村

管庄地区社区服务中心

将台地区办事处

平房乡人民政府

区体育局

区司法局

团结湖街道

潘家园街道

大屯街道

麦子店街道

安贞街道民政科

北京市敬老爱老为老先进单位

高碑店地区八里庄社区

高碑店地区太平庄北社区

高碑店乡高碑店村委会

管庄地区果家店村

管庄地区司辛庄村

管庄地区社区服务中心

北京市先进社区居民委员会

管庄地区丽景苑社区

高碑店乡高碑店村委会

管庄地区丽景苑社区

北京市先进村民委员会

管庄地区小寺村

北京农村基础设施建设和公共服务建设先进村

将台乡东八间房村民委员会

北京市药品监督管理系统先进单位

药监局朝阳分局

首都绿化美化先进单位

团结湖街道办事处

首都民族团结进步先进集体

潘家园街道办事处

朝外街道办事处

第七届首都民族团结进步先进集体

管庄地区办事处

朝阳分局国保支队

民盟思想宣传工作优秀集体

民盟朝阳区委

民盟思想宣传工作先进集体

民盟北京市中医药大学委员会

民进会员发展工作先进组织

民进朝阳区委

民进社会服务工作先进单位

民进朝阳区委经济二支部

九三学社社会服务工作先进集体

轻工支社

北京工业大学支社

朝阳医药卫生支社

思想政治工作优秀单位

太阳宫地区工作委员会

民族宗教工作先进集体

望京街道办事处

北京市检察机关先进基层检察院

区人民检察院

北京市检察机关先进集体

法警大队

公诉一处

公诉二处

侦查监督一处

返渎职侵权局

法律政策研究室

教育培训处

北京市检察机关办案集体二等功

公诉二处

北京市检察机关办案集体三等功

返渎职侵权局

北京市检察机关办案集体嘉奖

侦查监督二处

技术处

未成年人刑事案件检察处

反贪局侦查二处

北京市未成年人保护工作先进集体

未成年人刑事案件检察处

先进个人

首都劳动奖章

刘建军　刘　敏　秦正伟　潘爱国　周维琦　苏云华
张骜制　张　波　陈海斌　孙　丞　谭　然　李淑琴
邱爱芬　张素珍　段兆鳞　赵曾海　侯瑞祥　黄金雄
张林华　陈立华　胡凌燕　夏　娟　马荣霞　姚有法
匡晨光　邹立嵩　何志强　杨士山　叶　青

民盟“同心协力　助推发展”优秀盟员

阚存一　殷培红　韩全义　穆军升　刘　铭

北京市三八红旗奖章

高敬茹　邢　伟　张朝晖　欧晓勋　付秀莲　郭俊玲
李雪玉　李　青　辛　莉　袁连华　邓　澄　吴玉茹
马荣霞　刘　毅　岳安荣　曹丽敏　庄　莉　褚连清
刘　黎　张滨滨　陈春红　何　琳　于　平　葛善英
李香菊　程建丽　黎　明　郭　睿　杨　颖　郝惠珍

北京市妇女儿童工作先进个人

郝　薇

北京市优秀团干部

文　丁

北京市优秀共青团员

魏抒华　李景硕

北京市优秀教师　赵　宏　吴卫东

北京市检察机关先进个人

傅　强　李小丽　叶　萍　金英梅　方　东　曹　冲
谭小薇　白　洁　耿俊娥　陈　艳　李长林　黄福涛

九三学社社会服务工作先进个人

张亚平　王　静　钟光珍　赵黔鲁　宇叙耕　王嘉瑞
张厚珕　陈翰彬　宋　飞　陈　铮　蔡永峰　魏胜利
康纯洁

第七届首都民族团结进步先进个人

张春才　高建珍　刘　勇

北京市科学技术普及工作先进个人

苏贵增

北京市未成年人保护工作先进个人

马　迪

北京市“人民满意的政法干警”争创奖

叶　萍

逝　世　人　物

王立英　中共朝阳区原纪委书记。男，汉族，中共党员， 1930年6月出生，河北省高阳县。1949年1月参加工作，1948年6月加入中国共产党。历任河北省静海县齐小庄学校、高阳县于堤小学教员，北京仪器机械厂、中央轻工业部工业处科员，北京度量衡厂党支部副书记，北京仪器机械厂保卫科副科长，中共朝阳区委监委会干部，朝阳区104干校副队长，朝阳区来广营公社党委副书记，星火公社党委书记，朝阳区房管局党委书记、局长，中共朝阳区纪委筹备组副组长，中共朝阳区纪委副书记、书记，1993年1月离休。2013年5月因病在京去世，享年82岁。

统 计 资 料

地区生产总值(2013年)

表1 单位:万元

项目	2013年	构成(%)
合计	39636262	100.00
第一产业	14792	0.04
第二产业	3976899	10.03
工业	2988421	7.54
建筑业	988478	2.49
第三产业	35644571	89.93
交通运输、仓储和邮政业	1814397	4.58
信息传输、计算机服务和软件业	1970251	4.97
批发和零售业	9640712	24.32
住宿和餐饮业	1018092	2.57
金融业	4284356	10.81
房地产业	4029390	10.17
租赁与商务服务业	6629991	16.73
科学研究、技术服务和地质勘查业	2659417	6.71
水利、环境和公共设施管理业	221652	0.56
居民服务和其他服务业	315853	0.80
教育	1077534	2.72
卫生、社会保障和社会福利业	697068	1.76
文化、体育和娱乐业	526157	1.33
公共管理和社会组织	759701	1.92

(数据来源:除特别标注外,均来自北京市朝阳区统计局)

财政收支(2013年)

表2　　单位:万元

项　　目	决算数	项　　目	决算数
财政收入	3800931	**财政支出**	4629591
公共财政预算收入	3764732	**公共财政预算支出**	3167743
区县固定税收	462665	一般公共服务	178332
房产税	308765	国防	5252
车船税	42344	公共安全	373320
印花税	105028	教育	666885
耕地占用税	6528	#教育费附加安排的支出	128933
共享税收	3246960	科学技术	66237
国内增值税	362566	文化体育与传媒	78608
改征增值税	343443	社会保障和就业	612610
营业税	1040262	医疗卫生	282569
城镇土地使用税	18577	节能环保	93706
土地增值税	271967	#排污费安排的支出	905
教育费附加收入	93424	城乡社区事务	384346
城市维护建设税	363956	农林水事务	259035
企业所得税	752765	#水资源费安排的支出	1703
企业所得税退税		交通运输	2499
分级收入	55107	资源勘探电力信息等事务	78396
国有资本经营收入	3955	商业服务业等事务	20569
国有资源(资产)有偿使用收入	23364	金融监管等事务支出	26301
其他收入	783	国土资源气象等事务	511
罚没收入	8563	住房保障支出	3862
行政性事业性收费	15834	粮油物资储备事务	2668
排污费收入	905	其他支出	32037
水资源费收入	1703	**政府性基金预算支出**	1461848
政府性基金预算收入	36199	教育	38055
新型墙体材料专项基金收入	3537	社会保障和就业	33020
残疾人就业保障金收入	32662	城乡社区事务	1372668
国有土地使用权出让收入		农林水事务	1185
其他政府性基金收入		资源勘探电力信息等事务	3537
		其他支出	13383

数据来源:北京市朝阳区财政局。

户籍户数及人口数(按街、乡分)(2013 年)

表 3　　单位:人

项　目	年末总户数(户)	年末总人口			在年末总人口中		出生人数	死亡人数
		合计	男	女	非农业人口	农业人口		
合　计	781394	2015049	1010179	1004870	1887716	127333	22713	7443
街道小计	477845	1338639	673690	664949	1338556	83	13250	5095
建　外	12999	42302	21940	20362	42302		294	169
朝　外	12195	43162	22899	20263	43162		436	185
呼家楼	21449	64264	31836	32428	64264		574	240
三里屯	13710	38285	18612	19673	38285		272	167
左家庄	25207	67016	33824	33192	67016		535	298
香河园	14041	34636	17393	17243	34636		381	169
和平街	25466	98710	49315	49395	98710		641	275
安　贞	18800	48467	24031	24436	48467		441	223
亚运村	17204	48858	24854	24004	48858		571	164
小　关	14361	51401	24249	27152	51401		447	152
酒仙桥	23977	69146	35926	33220	69146		549	282
麦子店	8509	21674	10972	10702	21672	2	248	70
团结湖	14078	36869	18654	18215	36869	271	186	
六里屯	24317	62168	31254	30914	62166	2	593	296
八里庄	29986	85897	42458	43439	85897		837	351
双　井	26705	72360	36375	35985	72338	22	757	290
劲　松	29269	73200	36928	36272	73159	41	757	375
潘家园	31929	81055	40696	40359	81052	3	729	421
垡　头	12061	31964	16789	15175	31964		367	117
大　屯	27111	71615	34973	36642	71615		958	187
望　京	31357	82815	41617	41198	82815		1114	229
奥运村	22992	57509	29100	28409	57496	13	769	154
首都机场	7286	24735	13703	11032	24735		299	45
东　湖	12836	30531	15292	15239	30531		410	50
乡小计	303549	676410	336489	339921	549160	127250	9463	2348
南磨房	24193	59499	30721	28778	57557	1942	787	211
高碑店	22847	48234	24003	24231	46273	1961	557	181
将　台	12741	26119	12967	13152	24532	1587	319	99
太阳宫	19545	45381	23101	22280	45151	230	651	118
小红门	13601	29112	13910	15202	15267	13845	424	118
十八里店	17351	38950	18422	20528	18029	20921	503	144
平　房	15846	33492	16435	17057	25384	8108	518	111
东　风	14278	30926	15360	15566	30695	231	382	116
来广营	23447	47269	24040	23229	44045	3224	1161	132
常　营	12425	24770	12562	12208	17661	7109	536	54
三间房	23392	71011	33555	37456	67728	3283	745	201
管　庄	22639	57269	30672	26597	52429	4840	901	157
金　盏	12821	28478	13771	14707	14019	14459	269	128
孙　河	11559	21979	10579	11400	16970	5009	192	93
崔各庄	12996	24448	11851	12597	15186	9262	242	107
东　坝	17539	37907	19275	18632	24992	12915	682	158
黑　户	8934	19330	9527	9803	11399	7931	205	102
豆各庄	6732	12719	6327	6392	11403	1316	180	44
王四营	10663	19517	9411	10106	10440	9077	209	74

数据来源:北京市公安局朝阳分局。

城镇固定资产投资完成情况(项目在地)(2013 年)

表 4　　　　单位:个、万元、平方米

项　　目	单位个数	项目个数	自年初累计完成投资	其中:基础设施投资	本年新增固定资产	房屋建筑施工面积	#住宅	房屋建筑竣工面积	#住宅
合　计	122	229	5406878	3443582	2569048	6033293	930064	501628	
按登记注册类型划分									
内资	109	210	3603641	1728559	594341	5704311	930064	450611	
国有	67	119	1806062	365580	286440	3505194	542725	256060	
集体	2	3	30612	15130	31979	184000			
股份合作									
国有联营									
集体联营									
国有与集体联营									
其他联营									
国有独资公司	9	43	1155485	1134999	27539	321369	97339	51263	
其他有限责任公司	18	32	461963	207754	144198	731537		143288	
股份有限公司	7	7	123973		104185	225231			
私营独资									
私营合伙									
私营有限责任公司	4	4	24240	5096		665105	290000		
私营股份有限公司									
其他	2	2	1306			71875			
港澳台商投资	8	10	1654631	1594494	1905073	225607		51017	
与港澳台商合资经营	5	6	69067	8942	319521	179484		51017	
与港澳台商合作经营									
港澳台商独资	1	1	896	896	896				
港澳台商投资股份有限公司	1	2	1584656	1584656	1584656				
其他港澳台商投资	1	1	12			46123			
外商投资	5	9	148606	120529	69634	103375			
中外合资经营	2	2	52214	51968	2120	40570			
中外合作经营									
外资企业	3	7	96392	68561	67514	62805			
外商投资股份有限公司									
其他外商投资									
个体经营									
个体户									
个人合伙									
按隶属关系划分									
中央单位	43	55	3026246	1664042	1897427	2984423	373767	280883	
市属单位	37	114	1705449	1520075	160152	973978	266297	51617	
区属单位	12	24	228057	140655	127095	170914	31316		
其他单位	30	36	447126	118810	384374	1903978	290000	137812	

表 5

房地产开发完成情况(项目在地)(2013 年)

单位:个、万元、平方米

项　目	单位个数	自年初累计完成投资	#基础设施投资	#住宅	房屋施工面积	#住宅	房屋竣工面积	#住宅	本年新增固定资产	商品房销售面积	商品房销售额	待售面积	#住宅	#一年以上住宅
合　计	363	6568541	154688	2268010	26332584	12163204	4939576	3579217	1701619	3717663	9041237	6592949	2393106	1366090
按登记注册类型划分														
内资	273	5093863	143350	20265642	22678908	11109423	4664451	3396219	1561894	3369154	7549968	5338486	2101918	1203546
国有	5	126538	2167	71815	1222896	888354	1011689	717988	273157	530002	271779	775042	407755	167422
集体	1	34381			215426							324	324	
股份合作														
国有联营														
集体联营														
国有与集体联营														
其他联营														
国有独资公司	10	118160	50896	4583	882721	441916	524519	441916	158704	235371	513160	205521	99034	97727
其他有限责任公司	225	4691149	88912	1913718	19484566	9319283	2983243	2152760	1081953	2473689	6459719	3956349	1463188	826780
股份有限公司	9	17508		202	155856	52785	76256	52785	17661	24760	42902	233513	38912	36949
私营独资														
私营合伙	1													
私营有限责任公司	20	30968		18844	93838	26754	63880	26754	29932	28141	122275	167737	92705	74668
私营股份有限公司	2	75159	1375	17402	623605	380331	4864	4016	487	77191	140133			
其他														
港澳台商投资	57	885106	11338	211946	2507798	856387	220289	139388	106452	267936	1174397	868920	231853	133645
与港澳台商合资经营	13	198619	11154	8253	617576	23833	23833	23833	27520	61325	312784	220195	53014	53014
与港澳台商合作经营	28	404607	184	98739	838055	279676	97159	78259	36625	117290	510702	430411	124303	65424
港澳台商独资	16	281880		104954	1052167	552878	99297	37296	42307	89321	350911	218314	54536	15207
港澳台商投资股份有限公司														
其他港澳台投资														
外商投资	33	589572		29500	1145878	197394	54836	43610	33273	80573	316872	385543	59335	28899
中外合资经营	10	479528		9168	654919	95411				3166	20449	156095	22370	20303
中外合作经营	16	93013		20332	323444	101983	54836	43610	33273	73891	285224	183051	32364	4484
外资企业	7	17031			167515					3516	11199	46397	4601	4112
外商投资股份有限公司														
其他外商投资														
按隶属关系划分														
中央	15	268130	563	143299	1350272	607437	320484	223705	101839	289926	923562	87843	12205	6857
市属	50	730997		204642	4265887	2272036	1150704	923068	463335	799892	1400875	1364597	248784	135318
区及区以下	298	5569414	154125	1920069	20716425	9283731	3468388	2432444	1136445	2627845	6716800	5140509	2132117	1223915
按资质等级划分														
一级	35	574828	21985	374600	3792921	2619348	1195044	977201	434601	640808	971509	1424039	401715	154011
二级	43	690402	7847	190522	3977406	1866627	1465819	1055961	475493	955168	1551135	1805116	591522	303848
三级	51	622792	11139	191051	2711140	1307872	612990	469193	169993	329118	962568	1044592	476768	216194
四级	147	1302451	17122	561477	7146448	3626253	742565	447806	328860	929618	2685903	1668758	667581	487167
暂定	45	2299730	87187	642958	5437938	1263605	669658	453211	214672	626641	2319491	351515	148215	124621
其他	42	1078338	9408	307402	3266731	1479499	253500	175845	78000	236310	550631	298929	107305	80249

房地产开发企业主要财务指标(2013 年)

表 6

单位:千元

项目	单位个数(个)	固定资产合计	累计折旧	本年折旧	资产总计	负债合计	营业收入	#主营业务收入	主营业务成本	主营业务税金及附加	营业利润	利润总额	应交所得税	应付职工薪酬
合计	669	37474248	12007137	2328735	1049446277	827055318	110475466	109397013	60488100	12494277	22372821	22512995	6260479	4232329
按登记注册类型划分														
内资	547	25010328	6788582	1513647	783136428	631906330	78337139	77533645	46818264	8291943	10953418	10984220	3343383	3056301
国有	10	344985	213895	19182	7615301	6566706	466494	443889	332607	25957	31943	31415	1757	40168
集体	1	775498	383410	44724	5095805	4708760	267591	267591	23452	15128	213398	245176	58937	11938
股份合作														
国有联营														
集体联营														
国有与集体联营														
其他联营														
国有独资公司	9	639710	118498	36494	32099905	20687765	8261284	8185346	5659880	770363	1276248	1309310	283836	134772
其他有限责任公司	417	20988803	5547223	1313604	646316513	525713498	68583876	67945969	40616947	7346693	10019870	9935000	2974770	2595038
股份有限公司	12	926108	42805	3658	52335245	39640468	242519	216699	58187	39367	－227	－2163	－8760	153144
私营独资														
私营合伙														
私营有限责任公司	92	1191051	390742	84528	32776698	28143403	487534	446310	117424	85316	－349456	－295524	32843	108030
私营股份有限公司	6	144173	92009	11457	6896961	6445730	27841	27841	9767	9119	－238358	－238994		13211
其他														
港澳台商投资	73	9850736	3291453	604823	177926319	135743160	24680513	24482803	10511835	3488698	8669004	8706177	2333424	870803
与港澳台商合资经营	18	1258405	1022789	78895	25775523	17007477	11603461	11598031	4591135	2269574	3962808	3997196	998772	221778
与港澳台商合作经营	33	2626168	640323	166638	50113496	39745855	8365003	8202457	4203231	866824	2244523	2249880	567805	281726
港澳台商独资	22	5966163	1628341	359290	102037300	78989828	4712049	4682315	1717469	352300	2461673	2459101	766847	367299
港澳台商投资股份有限公司														
外商投资	49	2613184	1927102	210265	88383530	59405828	7457814	7380565	3158001	713636	2750399	2822598	583672	305225
中外合资经营	17	457138	428083	20689	38265309	25512767	1558972	1517248	585658	283125	753974	816773	227076	88939
中外合作经营	23	1303264	715442	90530	25057253	16047693	4145968	4111431	1509514	302289	1443149	1449190	177808	156069
外资企业	9	852782	783577	99046	25060968	17845368	1752874	1751886	1062829	128222	553276	556635	178788	60217
外商投资股份有限公司														
其他外商投资														
按隶属关系划分														
中央	17	355064	97490	21319	69270443	54970051	6811767	6809247	4232353	931586	1254451	1241238	324786	261730
市属	63	2882570	409950	93743	118117327	90554017	26045809	25724211	16221329	2954670	4109671	4237502	1130419	608037
区及区以下	589	34236614	11499697	2213673	862058507	681531250	77617890	76863555	40034418	8608021	17008699	17034255	4805274	3362562
按资质等级划分														
一级	27	3116039	1110785	189459	231947986	184872383	19074677	18751486	11552106	1678888	4814717	4831182	1338949	826578
二级	50	4376134	1847182	318359	124871834	98475232	18018331	17716087	8937728	2664292	3589409	3694609	1003389	564197
三级	66	3109600	998575	246386	152959417	122131117	14448707	14335985	8656112	1554136	1700334	1809536	387496	521392
四级	253	14479401	3970046	891602	323665530	263921758	36610133	36351393	19876135	3554645	7855994	7772090	2188283	1294188
暂定	119	5425768	1221205	348425	131551804	100963683	19388131	19349103	10420457	2862552	3568291	3544502	1238699	542457
其他	154	6967306	2859344	334504	84449706	56691145	2935487	2892959	1045562	179764	844076	861076	103663	483517

社会消费品零售额(按行业结构分)

表7

单位:万元、%

项　　目	2013 年	2012 年	增长速度
合　计	19624287	18295384	7.3
#限额以上	18786740	17891293	5.0
#批发和零售业	17584487	16895005	4.1
#汽车及配件销售	6746731	6440447	4.8
综合零售	3963001	3991692	-0.7
石油及制品销售	1536055	1593492	-3.6
家用电器及电子产品销售	1032856	997554	3.5
医药及医疗器材销售	1000943	854409	17.2
互联网零售	730404	489770	49.1
五金、建材、家装销售	669718	587969	13.9
服装、鞋帽、纺织品销售	615596	600948	2.4
日用品销售	511145	549885	-7.0
文化、体育用品销售	479667	459922	4.3

注:1、本表数据口径为"产业经营地"口径。2、限额以上分行业2012年数据为表内同期数据。

农副产品市场情况

表8

项　　目	2013 年	2012 年	增长速度(%)	
农副产品市场经营管理单位个数	个	106	88	20.5
农副产品市场成交量				
#粮食类	吨	96983	92024	5.4
油脂油料类	吨	15955	15421	3.5
肉食禽蛋类	吨	126205	121252	4.1
水产品类	吨	26345	26791	-1.7
蔬菜类	吨	507055	461112	10.0
干鲜果类	吨	139877	122950	13.8
农副产品市场成交额	万元	635012	552066	15.0
#粮食类	万元	40881	37312	9.6
油脂油料类	万元	28702	27866	3.0
肉食禽蛋类	万元	243657	232750	4.7
水产品类	万元	32380	30829	5.0
蔬菜类	万元	152534	113830	34.0
干鲜果类	万元	66362	50179	32.3

数据来源:北京市工商行政管理局朝阳分局。

城乡个体工商业基本情况(2013 年)

表 9

项　　目	户数(户)	#城镇	从业人员(人)	#城镇	注册资金(万元)	#城镇
合　计	88676	144490	269034	61586	102878	173333
农、林、牧、渔业	221	333	2293	50	70	531
采矿业	2	2	25	2	2	25
制造业	640	1445	2147	307	636	864
建筑业	228	447	657	133	249	441
批发和零售业	73903	111138	220978	51560	79092	142000
交通运输、仓储和邮政业	662	946	3942	265	406	1710
住宿和餐饮业	2408	10625	12542	1883	8482	10032
信息传输、软件和信息技术服务业	105	163	292	76	117	229
房地产业	16	24	57	11	18	38
租赁和商务服务业	3482	4601	6600	2639	3455	4342
科学研究和技术服务业	1226	2030	3283	756	1331	2020
水利、环境和公共设施管理业	19	47	67	6	13	16
居民服务、修理和其他服务业	4745	10662	12241	3230	7572	8320
教育	152	274	472	87	166	197
卫生和社会工作	39	74	593	31	62	536
文化、体育和娱乐业	828	1679	2845	550	1207	2030

数据来源:北京市工商行政管理局朝阳分局。

对外经济基本情况(2013 年)

表 10　　单位:亿美元

项　　目	2013 年	增长速度(%)
新批三资企业(个)	574	-15.8
合同外资金额	40.3	-25.0
实际利用外资额	34.2	6.9
外贸出口额	149.2	17.9

数据来源:北京市朝阳区商务委。

外商投资企业新设立情况

表 11

项　　目	企业数（个）	
	2013 年	2012 年
合　计	574	682
按登记注册类型分		
合资经营	63	60
合作经营	4	3
独资经营	505	619
其　他	2	
按三次产业分		
第一产业	2	
第二产业	1	3
第三产业	571	679
按客商国别(地区)分		
日　本	38	35
美　国	34	51
中国香港	221	262
澳大利亚	6	7
法　国	11	12
新加坡	19	29
加拿大	9	12
德　国	22	26
西班牙	6	9
中国台湾	23	26
瑞　典	2	3
泰　国		2
比利时	3	2
丹　麦	4	1
韩　国	58	75
俄罗斯	8	11
其　他	110	119

数据来源：北京市朝阳区商务委。

表 12

中资银行人民币月末存款余额(2013 年)

单位:万元

月 份	各项存款	#单位存款	#个人存款	#储蓄存款
1月	120474911	67553481	46170455	44808791
2月	117911965	65852343	46165325	44743021
3月	123675109	69345561	48094241	46525919
4月	120932626	68202324	47019560	45455089
5月	123484505	69437401	47190234	45498672
6月	127210412	71721091	48554854	46370157
7月	128072896	70341685	47968750	45815716
8月	126913505	69869381	47927768	45844981
9月	131598005	73117391	49267691	46902829
10月	129465377	72125091	48105396	46037598
11月	130368411	74485452	48130903	46010990
12月	137796214	80376933	50322518	47257215

数据来源:中国人民银行营业管理部。

表 13

中资银行人民币月末贷款余额(2013 年)

单位:万元

月 份	各项贷款	#境内短期贷款	#境内中长期贷款
1月	56429343	16940873	38748562
2月	56930397	17173603	39045952
3月	55680511	16732901	38344279
4月	55892795	17147855	38161876
5月	55740685	17145076	37908495
6月	55715018	16732141	38093466
7月	56217202	16987593	38504595
8月	56679167	17222541	38826875
9月	57297506	17416785	39345633
10月	57248815	17395696	39361159
11月	57773838	17622102	39674329
12月	58205338	18188648	39654361

数据来源:中国人民银行营业管理部。

主要统计指标解释

一、地区生产总值

地区生产总值：是按市场价格计算的地区生产总值的简称。它是一个地区所有常住单位在一定时期内生产活动的最终成果。地区生产总值有三种表现形式，即价值形态、收入形态和产品形态。在实际核算中，地区生产总值的三种表现形态表现为三种计算方法，即生产法、收入法和支出法。三种方法分别从不同的方面反映地区生产总值及其构成。

二、地方财政收支

公共财政预算收入：是通过一定的形式和程序，由各级财政部门组织并纳入预算管理的各项收入。

政府性基金预算收入：是按规定收取，转入或通过当年财政安排，由财政管理并具有指定用途的政府性基金预算收入等。

公共财政预算支出：是各级财政部门对集中的一般预算收入有计划地分配和使用而安排的支出。

政府性基金预算支出：是各级财政部门用基金预算收入安排的支出。

三、固定资产投资

自年初累计完成投资：指从本年1月1日起至本年最后一天止完成的全部用于房屋建设工程和土地开发工程的投资额以及公益性建筑和土地购置费等的投资。

基础设施投资：是指能够为企业提供作为中间投入用于生产的基本需求；能够为消费者提供所需的基本消费服务；能够为社区提供用于改善不利的外部环境的服务等建设的投资，包括固定资产投资中用于市政工程、电信工程、公共设施和水利环保等建设的投资。具体包括：电力、燃气和水的生产和供应业；交通运输业；邮政业；信息传输业；水利、环境和公共设施管理业等(该指标是指规划红线以外的市政道路及地下管线煤、水、电、气、热的施工)。

本年新增固定资产：是指报告期内已经完成建造和购置过程，并已交付生产或使用单位的固定资产的价值，包括已经建成投入生产或交付使用的工程投资和达到固定资产标准的设备、工具、器具的投资及有关应摊入的费用。

四、房地产开发

房屋施工面积：指报告期内施工的全部房屋建筑面积。包括本期新开工的面积和上年开工跨入本期继续施工房屋面积，以及上期已停建在本期恢复施工的房屋面积。本期竣工和本期施工后又停建、缓建的房屋面积仍包括在施工面积中，多层建筑应填各层建筑面积之和也就是整栋楼的面积(该指标数据取自施工许可证或规划许可证中的面积数)。

房屋竣工面积 指报告期内房屋建筑按照设计要求已全部完工，达到住人和使用条件，经验收鉴定合格，可正式移交使用的各栋房屋建筑面积的总和(该指标数据取自该项目的甲方、乙方、监理、设计四方竣工验收记录单或竣工验收备案表)。

商品房销售面积：指在报告期内出售商品房屋的合同总面积(即双方签署的正式买卖合同中所确定的建筑面积)。由现房销售建筑面积和期房销售建筑面积两部分组成。

商品房销售额：指报告期内出售商品房屋的合同总价款(即双方签署的正式买卖合同中所确定的合

同总价)。该指标与商品房销售面积同口径，由现房销售额和期房销售额两部分组成。

待售面积：指报告期末已竣工的可供销售或出租的商品房屋建筑面积中，尚未销售或出租的商品房屋建筑面积，包括以前年度竣工和本期竣工的房屋面积，但不包括报告期已竣工的拆迁还建，统建代建，公共配套建筑、房地产公司自用及周转房等不可销售或出租的房屋面积。

五、社会消费品零售额

社会消费品零售额：指企业(单位、个体户)通过交易直接售给个人、社会集团非生产、非经营用的实物商品金额，以及提供餐饮服务所取得的收入金额。个人包括城乡居民和入境人员，社会集团包括机关、社会团体、部队、学校、企事业单位、居委会或村委会等。

六、市场成交额

市场成交额：指市场所有摊位的全年商品交易额之合计，包括成交后兑现的金额和签约合同成交的全部金额。

七、实际利用外资额

实际利用外资额：指批准的合同外资金额的实际执行数，外国投资者根据批准外商投资企业的合同(章程)的规定实际缴付的出资额和企业投资总额内外国投资者以自己境外自有资金实际直接向企业提供的贷款。

八、存款、贷款

存款：企业、机关、团体或居民根据可以收回的原则，把货币资金存入银行或其他信用机构保管并取得一定利息的一种信用活动形式。根据存款对象的不同可划分为企业存款、财政存款、机关团体存款、储蓄存款、农业存款等科目。它是银行信贷资金的主要来源。

贷款：银行或其他信用机构根据必须归还的原则，按一定利率，为企业、个人等提供资金的一种信用活动形式。我国银行贷款分为短期贷款、中长期贷款、委托及信托类贷款、其他类贷款等。

附　　录

中共北京市朝阳区委主要文件目录

中共北京市朝阳区委文件

京朝发〔2013〕1号:关于印发程连元同志在区委十一届五次全体(扩大)会议上的报告的通知

京朝发〔2013〕2号:关于表彰2012年度朝阳区经济贡献突出企业和优秀企业的决定

京朝发〔2013〕3号:关于进一步加强公务员队伍建设的若干意见

京朝发〔2013〕4号:关于印发《朝阳区科级干部选拔任用工作规定》的通知

京朝发〔2013〕5号:关于加强人口服务管理工作的意见

京朝发〔2013〕6号:关于进一步加强新时期统一战线工作的意见

京朝发〔2013〕7号:关于贯彻落实《中共中央关于加强新形势下党外代表人士队伍建设的意见》的实施意见

京朝发〔2013〕8号:关于加强平安基础建设深化社区民警驻区制工作的意见

京朝发〔2013〕9号:关于进一步加强公共文化服务体系建设的意见

京朝发〔2013〕10号:关于构建双拥工作体系和机制深入推进新形势下朝阳区双拥工作的意见

京朝发〔2013〕11号:关于推进区域化党建工作进一步深化聚合力工程的意见

京朝发〔2013〕12号:关于印发《朝阳区推进区级权力公开透明运行工作实施方案》的通知

京朝发〔2013〕13号:关于做好2013年军队转业干部安置工作的通知

京朝发〔2013〕14号:关于深入学习贯彻习近平总书记一系列重要讲话精神的意见

京朝发〔2013〕15号:关于印发《朝阳区安全发展示范城市创建规划》的通知

中共北京市朝阳区委办公室文件

京朝办发〔2013〕1号:印发《关于改进工作作风、密切联系群众的实施意见》的通知

京朝办发〔2013〕2号:关于认真贯彻落实习近平总书记重要批示和中央办公厅、市委办公厅市政府办公厅相关要求的通知

京朝办发〔2013〕3号:关于成立中国传媒大学“星光大道”项目规划建设协调领导小组的通知

京朝办发〔2013〕4号:关于印发《朝阳区2013年随军家属安置指标分配表》的通知

京朝办发〔2013〕5号:关于成立朝阳区党委系统信息化工作领导小组的通知

京朝办发〔2013〕6号:关于成立朝阳区电子政务内网建设和管理协调小组的通知

京朝办发〔2013〕7号:印发《关于进一步夯实基层基础加强村“两委一社”建设工作的意见(试行)》的通知

京朝办发〔2013〕8号关于印发《区委常委会2013年议题计划》的通知

京朝办发〔2013〕9号:关于印发《朝阳区“双十工程”2013年度实施工作方案》的通知

京朝办发〔2013〕10号:关于印发《区委2013年工作重点任务书》的通知

京朝办发〔2013〕11号:关于转发《中共北京市朝阳区委党的建设工作领导小组2013年工作要点》的通知

京朝办发〔2013〕12号关于进一步做好精简简报刊物工作的通知

京朝办发〔2013〕13号:印发《关于深化聚合力工程推进社会领域党建工作的实施意见》等四个文件的通知

京朝办发〔2013〕14号:关于成立朝阳区农村地区环境整治专项工作领导小组的通知

京朝办发〔2013〕15号:关于印发《核心秘密载体传递保障应急预案》的通知

京朝办发〔2013〕16号:关于印发《2013年朝阳区党委系统调研课题计划》的通知

京朝办发〔2013〕17号:关于成立朝阳区经济责任审计工作领导小组的通知

京朝办发〔2013〕18号:关于成立朝阳区棚户区改造和环境整治组织机构的通知

京朝办发〔2013〕19号:关于将重大决策社会稳定风险评估纳入区委常委会议、区政府会议决策程序的通知

京朝办发〔2013〕20号:关于开展会员卡专项清退活动的通知

京朝办发〔2013〕21号:关于进一步严明纪律规定加强作风建设的通知

京朝办发〔2013〕22号:印发《关于加强业主大会业主委员会建设的意见(试行)》的通知

京朝办发〔2013〕23号:关于做好2014年度《人民日报》、《求是》杂志和《北京日报》、《前线》杂志征订工作的通知

京朝办发〔2013〕24号:印发《〈中共北京市朝阳区委关于加强人民

政协政治协商制度建设的意见〉的实施办法》的通知
京朝办发〔2013〕25 号:关于印发《朝阳区区级领导公务活动礼品管理办法(试行)》的通知
京朝办发〔2013〕26 号:关于在全区深入开展安全大检查工作的通知
京朝办发〔2013〕27 号:转发《朝阳区社会治安综合治理委员会关于进一步做好提升群众安全感工作的方案》的通知
京朝办发〔2013〕28 号:关于区委书记、副书记、区委常委工作分工的通知
京朝办发〔2013〕29 号:关于做好 2014 年元旦春节期间厉行节约和廉洁自律工作的通知
京朝办发〔2013〕30 号:关于参加区十五届人大四次会议和区政协十二届三次会议有关事宜的通知
京朝办发〔2013〕31 号:关于印发《朝阳区党委系统信息化建设规划(2013 - 2015 年)的通知
京朝办发〔2013〕32 号:关于印发《朝阳区电子政务内网建设和管理规划报告(2013 - 2015 年)的通知》

北京市朝阳区人民政府主要文件目录

北京市朝阳区人民政府文件

朝政发〔2013〕1 号:北京市朝阳区人民政府关于印发《政府工作报告》的通知
朝政发〔2013〕3 号:北京市朝阳区人民政府关于加强低密度住宅小区安全管理的意见
朝政发〔2013〕4 号:北京市朝阳区人民政府关于 2012 年目标管理双百考核工作结果的通报
朝政发〔2013〕6 号:北京市朝阳区人民政府关于加强出租房屋安全管理的意见
朝政发〔2013〕8 号:北京市朝阳区人民政府关于治理无证无照经营行为维护市场经营秩序的意见
朝政发〔2013〕9 号:北京市朝阳区人民政府关于开展第三次全国经济普查的通知
朝政发〔2013〕12 号:北京市朝阳区人民政府关于印发北京市朝阳区人民政府工作规则的通知
朝政发〔2013〕13 号:关于贯彻质量发展纲要(2011—2020 年)的实施意见
朝政发〔2013〕14 号:关于印发朝阳区鼓励海外高层次人才创业和工作暂行办法、朝阳区优秀海外人才引进资助暂行办法的通知
朝政发〔2013〕16 号:关于印发朝阳区落实北京市 2013 - 2017 年清洁空气行动计划实施方案的通知
朝政发〔2013〕17 号:关于进一步加强职业培训工作的意见
朝政发〔2013〕18 号:关于印发朝阳区鼓励农村劳动力转移就业奖励办法的通知

学　　校

区教委直属单位

学　校	学校地址	值班电话
社区学院	和平里南口砖角楼北里 5 号	64213152
朝阳分院	甜水园 1 号	65088899 - 3093
教研中心	柳芳南里 14 号楼	64631143
信息中心	水碓子北里 14 号	85979246 - 1001
国资管理中心	西坝河东里 103 号	64654693
招生考试中心	团结湖南路 1 号	85988626
教学设备中心	安华里二区 5 号楼	64218150
青少年活动中心	红庙延静西里 19 号	65060549
保健所	团结湖路 23 号	85963649
老干部管理服务中心	水碓子东路 5 号楼(水碓子本部)	85989474
	新源西里中街甲 5 号(新源里分址)	85979805
教育人才交流分中心	朝阳区水碓子北里 14 号	85963971
社会力量办学管理所	北京市朝阳区胜古北里甲 9 号	65017723
项目资金管理中心	石佛营西里 28 号楼	85811944
教产中心	建华南路 6 号地杰长安驿 B 座 5 层	13911873828

中学及一贯制学校

学　校	办公地址	值班电话
陈经纶中学	朝外大街 38 号(本校)	65094792－8017
	北苑路 86 号嘉铭园三区七号楼(嘉铭分校)	84857603(04)－8000
	广渠路 28 号院 307 楼(帝景分校)	58633769
	常营中路一号院(保利分校)	57922568－0
陈经纶中学分校	利泽西街 4 号院(望京校区)	64758200
	望京南湖东园二期 223 号(东湖校区)	
芳草地国际学校富力分校	朝阳区大鲁店北路 30 号	59641731
一一九中学	建外永安西里 10 号(高中部)	65685498
	建国门外三道街 24 号(初中部)	65665154
三里屯一中	朝阳区北三里屯 5 号(本校)	64166435
	朝阳区幸福村路 41 号(幸福村校区)	64154635
	百子湾路后现代城百子园 20 号(百子园校区)	87766174
十七中学	百子湾家园 404 号(本校)	87517309
	陶家湾甲 80 号(陶家湾校区)	87214502
	百子湾东里 105 号(沿海赛洛城校区)	87214502
	高碑店村西店村甲 1 号(高碑店校区)	85758343
华侨城黄冈中学	东四环金蝉欢乐园 1 号院甲 1 号(高中部)	67385479－8023
	垡头翠城新园 318 号楼(初中部)	67361203－8000
人大附中朝阳学校	太阳宫南路 8 号(东校)	84158123
	芍药居北里 303 号(西校)	
	芍药居北里 212 号(小学高部)	
垂杨柳中学	松榆里 20 号楼(高中部)	67323655－8003
	松榆里 2 号(初中部)	67319045－6000
工大附中	双井大路园 0 号(富力城校区)	58768322
	营盘沟路 8 号楼(首城国际校区)	67397641－1103
	垂杨柳中街 1 号(垂杨柳校区)	67781018－8010
劲松四中	潘家园华威西里 48 号	67770358
和平街一中	和平街八区十六楼(本校)	64216403
	北苑家园莲葩园 1 号(北苑校区)	84958771
	北苑家园清友园 15 号楼(小学部)	84963526
北京中学	西坝河东里 1 号	64665481
中医学院附中	和平街 15 区	64289324
化大附中	惠新里 38 号(高中部)	64936574
	来广营绿色家园 E 区 1 号(朝来校区)	64289324
	安苑北里小区 7 号楼(安北校区)	64948894
呼家楼中学	呼家楼西里南街 2 号	65066670
八十中学	望京北路甲 16 号(高中部)	58047110
	白家庄西里 2 号(初中部)	59039022
八十中学实验学校温榆河分校	崔各庄乡崔各庄村北(崔各庄校区)	64354193－8000
八十中学管庄分校	管庄西里	65761485
八十中学体育运动学校	平房乡平房村 1861 号	85574462

学　校	办公地址	值班电话
日坛中学	建外光华西里4号(本校)	65072260
	南十里居38号(分校)	64374054
	东四环北路3号(阳光上东小学)	59673988
	通惠家园惠泽园3号(四惠校区)	51303165
东方德才学校	水碓子北里9号楼(本校)	85974262
	延静西里9号院(初中部)	65068738
	道家园甲7号(小学部)	65912920
	金台北路40号(金台里校区)	85995717
	小庄东里38号(红庙校区)	
九十四中学	南湖中园315楼(高中部)	64725572
	花家地北里18、19楼(初中部)	64728669
青年政治学院附中	大山子西里10号	64372718 64371282－8000
二外附中	管庄东里(高中部)	6576 2291
	管庄办事处西侧(初中部)	65727778
信工附中	德外南沙滩6号(高中部)	64852567
	华严北里68号(初中部)	64849940
同仁中学	甘露园南里一区10号	85772185－8309
教科院附中	望京西园四区428楼	64703545 64702848－8001
首师大附属实验学校	望京花园133号(本校)	64745843
	花家地西里105号(分校)	64727530
朝阳外国语学校	慧忠里232号()	64989474
	慧忠北里203号(高中部)	64860864
	慧忠里216号(小学低部)	64958690
	风林绿洲23号(小学中高部)	94830871－104
	慧忠里217号(住宿部)	64974327
体育场路中学	工体南路1号	65516563
虎城中学	磨坊北里230号	87373400－802
劲松一中	劲松一区125楼(西校区)	67796413
	农光东里100号(东校区)	67306078
劲松三中	劲松四区406楼	67755417
樱花园实验学校	樱花园小区16号楼(初中部)	64439334
	樱花园小区18号楼(小学部)	64442398
五路居一中	安贞西里一区13号楼	64420115－800
安慧北里中学	安慧北里安园5号	64952374－8000
团结湖三中	水碓子东路14号(初中部)	85983995
	团结湖中路8号(高中部)	85970620
中旅附中	八里庄西里10号(西校区)	65561804－8000
	八里庄东里10号(东校区)	
	十里堡北里晨光家园220号(晨光校区)	
八里庄三中	八里庄北里203楼	85835028－8042
东方培新学校	朝外慈云里甲1号	95021293－8001
酒仙桥一中	酒仙桥南路甲7号(本部)	64372045
	酒仙桥十街坊三号(分部)	64332907

学　　校	办公地址	值班电话
高家园中学	高家园小区 210 号	64375830
九十四中机场分校	首都机场燕翔西里 19 号(初中部)	64576844 - 6000
	首都机场燕翔东里 11 号(小学部)	64581381 - 8000
垡头中学	垡头西里三区二号	67377202
枣营中学	枣营南里 1 号	65025417 - 0
大望路中学	西大望路下甸甲 1 号	67735491
望京实验学校	望京西园三区 313 楼	64727464
	望京东园 113 楼(宝星分校)	84780946
草场地中学	崔各庄乡草场地	64332863
奶子房中学	崔各庄乡奶西村 626 号	84911296
民族学校	常营民族家园 12 号	65481748
十八里店中学	十八里店周庄甲一号	67472284 - 8001
七十一中学	小红门路 5 号	67609470
楼梓庄中学	金盏乡楼梓庄村北后街 2 号	84390668
十六中学	东坝红松园甲 3 号	51883244
双桥中学	双桥中路	85365502
金盏中学	金盏大街 1 号	84333254
北苑中学	安外北苑村	84922680
豆各庄中学	豆各庄乡豆各庄村	67364392 - 805
九十七中学	黄杉木店 206 号	85525287
黑庄户中学	黑庄户乡政府东侧	85383656
定福庄中学	定福庄西里 1 号	65761528 65795950
北师大朝阳附属中学	林萃西里 8 号	82721627
润丰学校	青年路西里 6 号院	85519898
东北师范大学朝阳附中	楼梓庄乡北后街临 6 号	52060110
清华大学附属中学朝阳学校	新源街 31 号(本校)	64652102
	新源里西里中街 8 号(新源里校区)	64673757
	柳芳南楼 20 号(柳芳校区)	64652461
	建安里甲 30 号(三元桥校区)	64673052
华中师大一附中朝阳学校	华章路 6 号院 1 号楼 2 号(泛海国际小区内)	85854152 - 8000
北京师范大学三帆中学朝阳学校	南湖南路 12 号	84294813
新教育实验学校	常营住欣园小区南门 102 号	15010083252

职　业　学　校

学　　校	办公地址	值班电话
求实职业学校	望京北路 20 号(望京校区)	64391623
	团结湖北三条 10 号(团结湖校区)	85974424
	团结湖北二条 5 号(团结湖校区)	
	安慧里三区 21 号楼(亚运村校区)	64949905
	安华西里一区 11 号(安华里校区)	64252179
	首都机场南路东里 21 号(机场校区)	64569406

学　校	办公地址	值班电话
劲松职高	劲松八区811楼(本校)	67710322 67710311
	双龙小区135号(双龙校区)	87323243
	新源里街14号楼(新源里校区)	64676283
	佳欣家园102号院(常营校区)	
	西坝河中里11号楼(西坝河校区)	64661519
电气工程学校	将台路四号(本部将台校区)	64354922
	大山子社区(大山子校区)	64314897
	望京中环南路2号(花家地校区)	64791707
	八里桥塔营东甲1号(管庄校区)	52114018
	甘露园南里60号(甘露园校区)	85772265
	双桥东柳西里乙一号(双桥校区)	65761423
朝阳工读学校	广渠门外广和里八巷2号	67783813

直　属　小　学

学　校	办公地址	值班电话
芳草地国际学校	日坛北路1号(本校)	85611740
	北四环东路71号(万和城分校)	84639335
	双花园南里二区15号院1号楼(双花园分校)	87511893
芳草地国际学校教辅中心	育慧里二区15号院	84625622
芳草地国际学校世纪小学	育慧里3号	84624378
芳草地国际学校远洋小学	八里庄西里78号	85865631
白家庄小学	三里屯南路40号(本校)	65025893
	核桃园北里甲2号(本校南部)	65065216
	望京西园四区408楼(望京新城校区)	64703053
	望京西园一区117楼(望京科技园校区)	64748231
朝阳实验小学	幸福一村4巷36号(本部)	64154368
	水岸庄园1107号(润泽校区)	84999852
	朝阳北路107号	58627368
朝师附小	和平街11区17楼(和平街本部)	64212626
	太阳星城夏家园8号楼旁(太阳宫分部)	52018678
	望京利泽西园116号楼(望馨园分部)	84711496
花家地实验小学	望京中环南路花家地小区18号楼(本校)	84714327－805
	朝来绿色家园蕴实园6号(朝来校区)	84953717－801
	北四环东路甲9号方舟苑小区102号(方舟校区)	58233436－801
安华学校	安华西里二区12号	64260060
星河实验学校	朝阳北路四季星河路1号院1－2号楼(星河湾校区)	85560198
	朝阳区雅成二里4号楼(天鹅湾校区)	59075783
北师大奥林匹克花园实验小学	东坝京奥家园288楼	51079190－8001
北师大朝阳附属小学	林萃路倚林佳园26号楼	82733187
清华附小商务中心实验小学	建国门外大街4号	58693387
府学胡同小学朝阳学校	苇子坑路101号东侧	59283430

学 校	办公地址	值班电话
朝阳区第二实验小学(原管庄中心小学)	管庄东里55号(本部)	65761083-0
	建东苑19号(建东苑分校)	65713171-0
	常营中路7号(北辰福第分校)	57923856
北京市第二实验小学朝阳学校	广渠路15号	56297077
首都师范大学附属朝阳实验小学	垡头翠城馨园219号楼	67368277
北京市第八十中学实验学校康营分校	孙河乡康营小区十四区108号	84354807
幸福村学区	西坝河西里5号楼	64285136
三里屯小学	三里屯东街4号	64169717
	柳芳北里18号楼(柳芳里分部)	
新源里四小	三源里北小街5号(本部)	64666166
新源西里小学	三源里北小街13号(分部)	64641522
	新源西里中街17号	64673035
	左家庄前街2号	84481468
西坝河三小	西坝河东里19号楼	64675043
黄胄艺术实验小学	西坝河中里37号楼(本部)	64634526
	西坝河西里15号楼(分部)	64653150
曙光里小学	曙光里社区40号楼	64657313
	和平街12区13号楼(本部)	84255005
和平街中心小学	和平街13区(分部)	64277790
惠新里小学	惠新里甲243号	64810933
小关北里小学	小关北里205楼	64919763
新源里小学	新源街12号	84513397
幸福村教辅中心	左家庄后街4号	64674983
垂杨柳学区	广渠门外东架松24号	67782086-0
垂杨柳中心小学	百子湾西里112号(金都校区)	67760742-8011
	垂杨柳南里3号楼南(低部)	67783259-0
	垂杨柳中里(高部)	67720128-8000
垂杨柳四小	百子湾西里430号	67717582
劲松一小	劲松1区124楼	67784949
劲松二小	劲松417楼	67782219
劲松三小	广渠门外东架松24号	67782086-0
劲松四小	劲松七区甲713楼(本部)	67785781
	劲松七区706楼(南校)	67781919
	垂杨柳南街13、14号(北校)	67783150
沙板庄小学	农光里1号	67312193
垡头小学	垡头西里8号楼	67383315
垡头二小	垡头西里三区9号	67383314
南磨房中心小学	松榆东里社区3号楼(低部)	67317538
	双龙小区226号(高部)	87327628
武圣庙小学	松榆西里3号楼(高部)	87370915
	松榆西里40号楼(低部)	87370915-8001
松榆里小学	松榆里14号	67323216-602
田华小学	紫南家园小区内	87352953

学　校	办公地址	值班电话
平乐园小学	平乐园小区 103 号楼	67315049
垂杨柳教辅中心	松榆东里南新园小区 14 号	87312818－0
安贞里学区	安慧里 4 区 12 号楼	64913234
安华里一小	安华西里三区 3 号楼	64212313
安贞里一小	安贞里二区十七楼	64424243
安贞里二小	安贞西里二区 28 号楼	64420331
南沙滩小学	南沙滩 33 号	64879404
安慧里中心小学	安慧里 4 区 12 号楼(低部)	64913239
	安慧里 1 区 10 号楼(高部)	64915047
安苑北里小学	安苑北里 6 号楼	64910182
华严里小学	华严北里 21 号楼	82844359
安慧北里小学	安慧北里安园 9 号	64944659
安慧北里二小	安慧北里秀园小区 18 号	64891665
慧忠里小学	慧忠里小区 414 号	64945705
科学园小学	科学园南里 703 号	64876586－810
慧忠北里二小	慧忠北里 409 楼	64864377
呼家楼学区	呼家楼西里七巷 12 号	65022087
呼家楼中心小学	呼家楼西里七巷 12 号(本校)	65022843
	南豆各庄万科青青家园 5 号院(青青家园分部)	85301847
光华路小学	砖厂胡同甲 33 号	65023002
日坛小学	通惠家园惠生园 20 号(四惠校区)	65584309
	十里堡甲 3 号院 13 号楼(东恒学区)	58624124
团结湖小学	团结湖北头条 10 号楼(团结湖校区)	65827071
	六里屯 13 号(丽水嘉园校区)	65919502
团结湖二小	团结湖中路南二条 1 号楼	85989512
针织路小学	金台西路 2 号院	65080840
下三条中心小学	朝外杨家胡同 3 号	65522165
南中街民族小学	朝外雅宝里 1 号	85622389
永安里小学	永安里中街甲 4 号	65681372
枣营小学	枣营北里 12 号楼	65034393
大望路小学	西大望路 5 号	65813892
八里庄学区	八里庄北里 114 号	85823277
八里庄中心小学	慈云寺北里 117 号	65574553
甘露园小学	甘露园南里一区 18 号	85771712
康乐园小学	康家园小区 14 楼	85746545
石佛营小学	石佛营东里 125 号(总校)	85815228
	石佛营西里 28 号楼(分校)	85811944
将台洼小学	东风乡将台洼	84301535
康静里小学	康静里小区东侧	65496319
国美家园小学	青年路西里 1 号院 1 号楼	52063116－0
育人学校	八里庄北里 114 楼	85833007
北马各庄小学	金盏乡北马各庄村	65418031
黄杉木店小学	黄杉木店一巷 2 号(原址)//石各庄 533 号(临时校址)	65488532

学　　校	办公地址	值班电话
楼梓庄小学	金盏乡楼梓庄村	84316551
东坝中心小学	东坝娘娘庙街72号(本校)	84319870　84311847
	东坝西北门84号(低部)	84311549
	东坝白衣庵街(分校)	84328836
平房中心小学	平房南街96号	85573217
酒仙桥学区	南湖中园二区239楼	64706415 – 188
酒仙桥中心小学	酒仙桥路乙28号(本部)	64358508 – 8000
	驼房营南里2号院22楼(梵谷水郡校区分校)	
酒仙桥二小	酒仙桥红霞路9号	64372893
大山子第二小学	酒仙桥路甲1号	64363271
将台路小学	芳园里小区	64349027
高家园小学	高家园小区112号	64373123 – 0
望花路小学	望花路东里7号	64723888
南湖东园小学	望京南湖东园109号楼(本校)	64710957
	红军营南路8号(青年城分校)	64954496
南湖中园小学	望京南湖中园239楼(本校)	64706415
	望京南湖中园309楼(知语城分校)	64790026
驼房营小学	驼房营210号	64372379
望欣园小学	望京利泽西园210号	64786228 – 801
北苑小学	北苑村临3号	84926470
北皋中心小学	崔各庄乡马泉营南里小区	64371370
苇沟小学	孙河乡前苇沟村	84311933
奶子房小学	崔各庄乡奶子房西村	84709118
上辛堡小学	孙河乡上辛堡村	84790276
酒仙桥教辅中心	酒仙桥红霞中路10号	64371782
望京教辅中心	花家地西里113号楼	64734836
管庄学区	兴隆家园31号	85756182
兴隆小学	兴隆家园31号	85779311
定福庄一小	三间房西里	65761188
定福庄二小	定福庄南里2号	65762893
定福庄四小	定福庄北街	65761547
八里桥小学	八里桥北	85701938 – 8000
京通小学	京通苑39号	65709825
瑞祥民族小学	瑞祥里小区17号	85707893
双桥一小	双桥路4号(本部)	85365525
	管庄乡小四村(分校)	65427168
高碑店中心小学	十七中高碑店高中部教学楼	85761245
大黄庄小学	大黄庄村1号	65761108
半壁店小学	高碑店乡半壁店	87743386
黑庄户学区	王四营乡柏阳景园白鹿司中街3号	67207726
黑庄户中心小学	黑庄户乡政府大街1号	85382787
万子营民族小学	万子营东村	85383370
双桥第二小学	双桥中路临乙5号	85395632 – 8000或 – 8001

学　　校	办公地址	值班电话
定辛庄小学	定辛庄村	85370574
豆各庄中心小学	豆各庄村南豆各庄中心小学	67364404
于家围小学	石槽村	85367186
王四营中心小学	王四营观音景园201楼(本部)	51351011
	王四营乡官庄村(分校)	52000714
官庄小学	王四营乡官庄村	67364290
孛罗营小学	王四营乡孛罗营村194号	87393180
柏阳学校	王四营乡柏阳景园白鹿司中街1号	87338703　87338238
黑庄户教辅中心	垡头西里1号	67380361
十八里店学区	十八里店乡十八里店村885号	67478516－606
十八里店中心小学	十八里店乡十八里店村885号	67474111
老君堂小学	十八里店乡老君堂村287号	67383445
祁庄小学	十八里店乡吕家营村	87691597
小武基小学	十八里店乡小武基村46号	67364288－802
西直河小学	十八里店乡西直河村	67383841－8008
新升小学	周庄嘉园东里甲28号	67330546
张家店小学	十八里店乡横街子村19号	87303606－801
小红门中心小学	小红门乡小红门村130号	87608361
牌坊小学	小红门乡牌坊中街一号院1号楼	87612739
肖村小学	小红门乡肖村后街15号	67696948

幼　儿　园

学　　校	办公地址	值班电话
三里屯幼儿园	朝外大街吉庆里3号楼	65520819
团结湖一幼	团结湖北头条11号楼	65823906
水碓子北里幼儿园	水碓北里10号楼	85982394
枣营幼儿园	枣营北里26楼	65917384
新源里幼儿园	新源里12号(本部)	64674716
	新源西里中街17号(分部)	64624196
光华路幼儿园	通惠家园惠生园16号	65584729
新源里二幼	新源里北小街7号	64662141
劲松一幼	劲松126号楼	87719385
	青年路29号院18楼(华纺易城分园)	58779273
劲松二幼	劲松7区711楼(本部)	67781987
	华威西里43号(华威部)	67761959
松榆里幼儿园	松榆里21号	67339920
垡头幼儿园	垡头二区12号(本部)	67383337
	王四营乡白鹿司中街5号(分部)	67207014
京通幼儿园	京通幼儿园38楼	65700438
西坝河三幼	西坝河中里20号(本部)	64678598
	望京丽泽西区115楼(分部)	84720194

学　　校	办公地址	值班电话
西坝河一幼	西坝河东里 71 楼(西坝河部)	64643141
	望京南湖中园 237 号楼(望京部)	64700596
群星幼儿园	西坝河西里 12 号	64275351
和平街幼儿园	和平街八区 6 号楼	64211548－0
惠新里幼儿园	惠新里 230 号楼(惠新部)	64948637
	北苑路紫绶园 11 号楼(北苑部)	84960846
安华里幼儿园	安华里二区 12 楼(安华部)	64234828
	安贞西里一区 18 号楼(安贞部)	64411019
安华里二幼	安华西里一区 23 号楼(本部)	64251691－
	安贞西里四区 19 号楼(安贞部)	64439861
秀园幼儿园	安慧北里秀园 19 楼	64945420
花家地幼儿园	花家地小区 11 号楼	64730729
清友实验幼儿园	北苑家园清友园小区 13 楼	84966124
福怡园幼儿园	定福庄北街福怡苑小区 6 号楼	6540 7227
望京新城幼儿园	望京新城西园 4 区 409 楼	64707003
华洋紫竹幼儿园	管庄双柳北街 1 号院 9 号楼	65439200
康泉新城幼儿园	双桥东路 12 号院 5 号楼	65463345
奥园幼儿园	东坝中路京奥家园 611 号楼	52508692
翠成幼儿园	翠城馨园 211 楼	67368331
北辰福第幼儿园	常营北小街 2 号院	57923871
定福家园幼儿园	朝阳北路定福家园南里一号院 7 号楼	58791078
中国人民大学朝阳幼儿园	芍药居北里 217 号(本部)	84158387
	太阳宫一街 2 号院(一部)	84158375
泛海幼儿园	华章东路 5 号院 1 号楼 2 号	85855777
丽景幼儿园	常营乡五里桥一街 4 号	57845303

民办中小学

学校名称	学校地址	值班电话
中国红十字基金会北京拔萃双语学校	平房北街 137 号	65497035
乐成国际学校	百子湾南二路 77 号	87717171－0
爱迪外国语学校	楼梓庄路 8 号	84390808
青苗国际双语学校	南十里居 38 号	51307951－0
忠德学校	东苇路 9 号	51397602
力迈外国语学校	仰山路 2 号	84922018
世青国际学校	花家地北里 18 号	64617779
新亚中学	十八里店乡 886 号	67473875
北方中学	百子湾路水南庄 1 号	
国际艺术与科学学校	麦子店正街 53 号	59082601
金色河畔高尔夫学校	孙河北甸甲 1 号	80466066
朝阳外语小学	北三环东路胜古家园后	64442623－8003
金色摇篮全程实验小学	慧忠北里 119 号楼	57437013
精诚实验小学	和平街十三区	64277109

学校名称	学校地址	值班电话
启明星双语学校	崔各庄乡奶东村顺白路2号	64337366-8002
实验外国语学校	朝阳路3号	85703096-702
安民学校	和平东街14区9号楼东	64226170
	东坝乡七棵树(原西坝小学)	
	崔各庄乡马泉营村(原马泉营小学)	
	东风乡(原辛庄小学)	
	东坝乡(原单店小学)	
	平房乡姚家园村(原姚家园小学)	
	蒋台乡(原东八间房小学)	
	石佛营路晨光家园(中旅附中校内)	
	三间房乡定福庄	
	金盏乡黎各庄村	13910682330
星河双语学校	十八里店乡十里河村	67312204
	北京市朝阳区金盏乡东村	
博雅小学	驹子房村	65494007
明圆学校	小红门乡龙爪树南里30号	87698993
博文学校	十八里店乡十八里店村46号	67476889
弘善学校	十八里店乡小武基村四队	87360388
金地老君堂实验学校	十八里店乡老君堂村	87308176
百年实验学校	崔各庄乡何各庄村	64319970-803
人大附中朝阳分校	太阳宫新区D区	62514938
世纪东方学校	林萃路2号国家网球中心	84370903

高等院校

名　称	地　址	电　话
北京工业大学	九龙山平乐园100号	67392239
中央美术学院	酒仙桥路万红西街2号	64380462
清华大学美术学院培训中心	东三环中路36号	65815565
中国音乐学院	安翔路1号	64874884
北京化工大学	北三环15号	64434820
中国金融学院	惠新里东10号	64495106
中国传媒大学	定福庄东街1号	65779319
第二外国语学院	定福庄南里1号	65778005
北京中医药大学	北三环东路11号	64213841
北京针灸骨伤学院	望京中环南路6号	64377035
首都经济贸易大学	金台路2号	65976360
北京服装学院	樱花路甲2号	64288271
北京青年政治学院	望京中环南路4号	64722074
对外经济贸易大学	惠新东街10号	64492001
北京联合大学	北四环东路97号	64900098
北京联合大学师范学院	安定门外外馆斜街5号	64213054
北京联合大学机电学院	白家庄西里12号	65004885
北京联合大学自动化学院	北四环东路97号	64900710
北京联合大学管理学院	北四环东路97号	64900512
北京联合大学商务学院	延静东里甲3号	65940718

北京联合大学旅游学院	北四环东路97号	64900159
北京联合大学信息工程学院	北四环东路97号	64900316

医院 卫生院

名 称	地 址	电 话
华信医院	酒仙桥一街坊6号	64369999
煤炭总医院	西坝河南里29号	64667755
安贞医院	安贞路2号	64412431
中日友好医院	和平里樱花园东街2号	84205566
民航总医院	朝外高井甲一号	85762244
朝阳医院	工体南路8号	85231000
望京医院	望京中环南路6号	84739000
北京中医药大学第三附属医院	外小关街51号	52075555
中国医学科学院肿瘤医院肿瘤研究所	潘家园南里17号	67781331
首都儿科研究所附属儿童医院	雅宝路2号	85695555
地坛医院	京顺路东街8号	84322200
北京市红十字会急诊抢救中心	德外清河南镇	62922345
首都机场医院	首都机场南路东里17号楼	64591120
航空总医院	安外北苑3号院	59520114
垂杨柳医院	垂杨柳南街2号	67718822
中国藏学研究中心北京藏医院	小关北里218号	64972929
北京市老年病医院	小关西街甲2号	62027018
朝阳区第二医院	金台路13号内2号	85993431
朝阳区第三医院	双桥南路甲8号,延静西里12号楼,金盏大街2号	52023406
朝阳区中医医院	工体南路6号	65531155
朝阳区妇儿医院	潘家园华威里25号	67719999
豆各庄社区卫生服务中心	豆各庄乡	67367160
双井社区卫生服务中心	垂杨柳南街2号	67734195
小红门社区卫生服务中心	小红门乡小红门中街1号	87602034
孙河社区卫生服务中心	孙河乡西甸村	84595672
太阳宫社区卫生服务中心	光熙门北里34-1号	64294423
左家庄社区卫生服务中心	顺源街01楼	64672412
金盏第二社区卫生服务中心	金盏大街2号	84334240
东坝社区卫生服务中心	东坝乡东风大队二条	84313067
高碑店社区卫生服务中心	高碑店乡高碑店村250号	85757762
南磨房社区卫生服务中心	西大望路29号	67326640
常营社区卫生服务中心	常营回族乡西	65435904
劲松社区卫生服务中心	劲松五区501楼	67782554
平房社区卫生服务中心	姚家园西里1号院1号楼	85575492
三里屯社区卫生服务中心	北三里屯南45号	64155582
管庄第二社区卫生服务中心	管庄地区瑞祥里小区15号楼	85706208
金盏社区卫生服务中心	金盏乡楼梓庄中心街104号	84317826
三间房社区卫生服务中心	双桥中路火车站南	85365532
八里庄第二社区卫生服务中心	十里堡东里119楼	65573889
八里庄社区卫生服务中心	延静西里11号楼	65005221
潘家园社区卫生服务中心	潘家园华威里25号	67719999

来广营社区卫生服务中心	朝来绿色家园嬴秋苑小区北综合服务楼	84952910
黑庄户社区卫生服务中心	黑庄户乡乡政府大街	85386211
望京社区卫生服务中心	望花路西里14号	64731559
垡头社区卫生服务中心	垡头金蝉北里19号	67204382
呼家楼社区卫生服务中心	金台路13号内2号西楼5层	85991801
亚运村社区卫生服务中心	安慧里一区17号	64916748
安贞医院大屯社区卫生服务中心	安慧北里逸园甲10号	64959100
东湖社区卫生服务中心	望京花园东区204号楼	84727228
三间房第二社区卫生服务中心	三间房乡西村甲479号	65768486
朝外社区卫生服务中心	工体南路6号	65535620
香河园社区卫生服务中心	柳芳南里15号楼	84514425
奥运村社区卫生服务中心	奥运村天居园10号楼	64852823
酒仙桥社区卫生服务中心	酒仙桥十一街坊7号院	64321278
将台社区卫生服务中心	酒仙桥路49号	64372046
团结湖社区卫生服务中心	团结湖北三条7号楼	85977775
王四营社区卫生服务中心	王四营乡	67379393
六里屯社区卫生服务中心	水碓子东路15号	85964238
东风社区卫生服务中心	石佛营西里29号楼	85813669
安贞社区卫生服务中心	安华西里2区11楼	64234017
崔各庄社区卫生服务中心	崔各庄社区卫生服务中心	84701525
十八里店社区卫生服务中心	十八里店乡周庄	67477980

公证处

名称	地址	电话
北京市正阳公证处	水碓子东路23号	85961236

律师事务所

名称	地址	电话
上海市汇盛律师事务所北京分所	安贞西里三区26浙江大厦1002室	64453741/42
怡丰律师事务所	曙光西里甲5号凤凰置地广场写字楼H座905室	84554560
博安律师事务所	小营路10号阳明广场3号楼南4A－1	84631565
德山律师事务所	北沙滩1号院8号楼2门302室	83524373
共和律师事务所	麦子店街37号盛福大厦1930室	85276468
正尊律师事务所	南湖中园124号楼9单元401	85188598－600
开越律师事务所	建国路15号院甲一号北岸1292自由创意区10楼1035室	85782652
大乾律师事务所	慧忠里103号洛克时代中心A座707/708	64803729
德权律师事务所	安定门外甘水桥甲1号太阳宫宾馆	65081195
嘉木律师事务所	光华路7号汉威大厦西区1019室	65616670
滕之信律师事务所	黑庄户怡景城扬州水乡梅园455－3号	85382341
光明律师事务所	高碑店北路甲6号白领家园5号楼一单元201室	51316878

嘉诚泰和律师事务所	西坝河南路1号金泰大厦1706室	64402648
众鑫律师事务所	麦子店西路3号新恒基国际大厦668室	84583018
安桥律师事务所	西大望路27号42号楼401室	87667130
中逸律师事务所	青年路国美第一城2号院7号楼二单元1703室	52066551
高通律师事务所	光华路丙12号数码01大厦2202室	65957021/7023
知仁律师事务所	东三环中路39号建外SOHO＊3号楼1606室	64746399
浩鸿律师事务所	建国路88号1号楼502室	85898389
东友律师事务所	东三环中路39号建外SOHO B座3102	58699967/70/71
合九千律师事务所	东大桥路8号SOHO尚都北塔B座－1708	59009757
庞标律师事务所	东大桥路8号soho尚都南塔2103	59005718
君本律师事务所	光华路甲14号诺安基金大厦1506室	65920262
亿胜律师事务所	来广营东路1号202	64307748
京典律师事务所	新源里16号琨莎中心2座510	84683458
国振律师事务所	安慧里五矿大厦1121	58603881
汉韬律师事务所	东三环北路2号南银大厦1703—1707室	64106061
伟拓律师事务所	朝外吉庆里小区9－10号楼E座二区16层	65518899
汉威律师事务所	东四环中路远洋国际中心D座2104室	85894950
正见永申律师事务所	朝外大街12号昆泰国际大厦2606室	58790066
瑞银律师事务所	新源里16号琨莎中心2座501室	84683690
鑫泰洋律师事务所	曙光西里甲1号东域大厦(第三置业)B－906	58220219
中伦律师事务所	建外大街甲6号SK大厦36、37层	59572288
昊明律师事务所	十里堡东里107号楼402号	52029815
元吉律师事务所	东三环北路38号院国际中心3号楼812	85879597
方谷律师事务所	新恒基国际大厦3层	84584208
中磐律师事务所	新源里16号13层1座12A08	84683132
衡琪律师事务所	北辰东路8号国际会议中心6021室	84982305
佑天律师事务所	安慧里四区15号楼中国五矿大厦708室	64981007
京朝律师事务所	朝阳北路103号金泰国益602	52026950
融源律师事务所	望京西区222楼B—0606室	64150948
永浩律师事务所	曙光西里甲1号A座309	58222085
王登瑞律师事务所	安立路68号阳光广场B2－1101	85420719
中诚友联律师事务所	国际会议中心7018、19	84985568
上海金茂凯德律师事务所	工体北路甲6号中宇大厦1802室	85235299
天平律师事务所	东三环中路39号建外SOHO18号楼801、803	51653555
柴傅律师事务所	亮马桥路39号1号楼C座405	84534567
君创律师事务所	建外SOHO 12号楼2904室	59000982
华尔泰律师事务所	曙光西里甲6号时间国际A座2309室	87551178
合川律师事务所	东三环中路9号富尔大厦1501室	85910400
安博律师事务所	西大望路63号阳光财富大厦603	59602388
端澄律师事务所	广渠门外大街18号	67719716
恒德律师事务所	西坝河南路甲1号新天第家园A座706室	64465129
易行律师事务所	仟村商务大楼A座1205室	64442365
世联新纪元律师事务所	建外大街22号赛特大厦1109室	65150285
海元律师事务所	广渠门外大街8号优士阁B座1606	58613943
沃尔森律师事务所	曙光西里甲1号第三置业大厦B座2102B	58220702
赛思博律师事务所	东四环中路62号远洋国际中心D座1105	65881199
庆成律师事务所	和平街北口11区15楼西门2号	64222873
中为律师事务所	东三环南路21号古玩城宾馆5001室	59609158
通广律师事务所	西大望路63号院7号楼阳光财富大厦1201室	59602438
康柯律师事务所	望京西路48号院金隅国际A座1002	64787663
金杜律师事务所	东三环中路7号财富中心写字楼A座40层	58785588
长安律师事务所	甜水园街6号出入境检验检疫大厦14层	58619715

华泰律师事务所	东大桥路甲 8 号尚都国际中心 511 单元	58702870
君邦律师事务所	团结湖北五条 1 楼 1 门 2 号	85989928
王晶律师事务所	奥林匹克花园 102 号楼 2 单元 301 室	51200119
鼎石律师事务所	工体北路甲 6 号中宇大厦 2603 室	85235558
中洋律师事务所	慧忠北里 416 - 3 - 1302 室	64808021
华风律师事务所	华严北里 8 号院外国专家大厦 4 号楼三层	82841737/36

法律服务所

名　称	地　址	电　话
潘家园街道法律服务所	劲松八区 811 楼 202 室	67762107
左家庄街道法律服务所	新源里左家庄街道办事处院内	64673210 - 6515
八里庄街道法律服务所	八里庄街道办事处院内	85867591
双井街道法律服务所	广渠门外广和路 3 号楼	67717656
酒仙桥街道法律服务所	酒仙桥街道办事处 207 室	64321938
劲松街道法律服务所	东三环南路华藤园甲六楼	8773523
小关街道法律服务所	小关街道办事处院内	84856676
朝外街道法律服务所	朝外市场街 16 - 17 号楼西平房	85613165
大屯街道法律服务所	安慧北里雅园 1 号	64974871
孙河乡法律服务所	孙河乡政府院	84839015 94839016

公安分局派出所

名　称	地　址	电　话
朝外大街派出所	三丰里甲 11 号	85612407
建外派出所	光华里甲 2 号	65005628
三里屯派出所	三里屯南 41 楼	64166786
呼家楼派出所	呼家楼北街	65021574
安贞派出所	安贞西里三区 7 楼	64419130
香河园派出所	西坝河南里 26 号楼	64660050
和平街派出所	樱花园东街 3 号	64422553
新源里派出所	新源里 17 号	64674294
小关派出所	小关东街 5 号	64917134
太阳宫派出所	西坝河北里 8 号楼	64212857
麦子店派出所	枣营北里 1 楼	65857190
团结湖派出所	团结湖路 19 楼	85989395
六里屯派出所	十里堡北区 2 号院	85817657
双井派出所	垂杨柳中街 2 号	67716244
劲松派出所	广渠路 66 号院 6 号楼	67727306
潘家园派出所	华威西里 29 楼	67713099
亚运村户籍派出所	安苑北里甲 8 号	64910477
大屯派出所	大屯 220 号 6 号楼	64949248
奥运村派出所	扶林路甲 9 号	84913594

来广营派出所	来广营乡来广营村	84913633
花家地派出所	花家地北里 8 号楼	64700714
将台派出所	将台乡将府家园北侧	64362030
首都机场派出所	首都机场燕翔东里 12 号	64561626
孙河派出所	孙河乡康营村	64384569
东湖派出所	望京花园 130 楼	64713294
南皋派出所	崔各庄乡南皋路	84566382
八里庄派出所	八里庄东里北巷	65561753
高碑店派出所	高碑店乡高碑店村	85753893
平房派出所	黄杉木店 180 号	85574138
东风派出所	东风乡辛庄村甲 28 号	85849101
酒仙桥派出所	酒仙桥路 30 号	64371415
东坝派出所	红松园北里甲 8 号	65495368
金盏派出所	金盏大街(金盏乡政府后)	84333271
楼梓庄派出所	金盏乡曹各庄 249 号	84312825
南磨房派出所	平乐园小区 105 楼	67312979
王四营派出所	王四营村 3 号	67364358
垡头派出所	垡头北里 12 楼	67381152
十八里店派出所	十八里店乡十八里店村 20 号	67471965
小红门派出所	小红门龙爪树南里	87690144
豆各庄派出所	西马各庄村	85308831
黑庄户派出所	黑庄户乡商业大街甲 1 号	85380178
管庄派出所	管庄乡双会桥西甲 5 号	65761888
常营派出所	常营公园西侧 200 米	65481258
三间房派出所	建国路甲 6 号	65420101
黄港派出所	孙河乡上辛堡村	84791728
崔各庄派出所	崔各庄乡马泉营村	64320110
南湖派出所	南湖中园 238 楼	64703003
小武基派出所	十八里店乡西直河村	87335727
奥林匹克公园派出所	安慧北里雅园 1 楼	64910162

工 商 所

名 称	地 址	电 话
六里屯工商所	甜水园北里 1 号楼	65076946
团结湖工商所	团结湖北头条 9 号楼	85589300
双井工商所	松榆东里 2 号楼东侧	67316857 – 1
酒仙桥工商所	驼房营路 3 号 < 将台派出所南	64329430
左家庄工商所	西坝河西里 28 号英特公寓 4 层	64292464
奥运村工商所	安惠里 1 区 11 号	64915551
高碑店工商所	康家园 25 号	85782132
北京商务中心区工商所	建国路 93 号万达广场 3 号楼一层	58205533 – 525/500
双桥工商所	管庄乡杨闸环岛东 200 米路南	85708720
华威工商所	双龙南里 212 楼	87312145
大屯工商所	朝阳区惠新东街 8 号设计大厦 E 层	84644537
望京工商所	望京西园 103 楼	64707739
安贞工商所	西坝河西里 28 号英特公寓 3 层	64433315

十八里店工商所	双龙南里129楼	87310453
崔各庄工商所	崔各庄乡政府东侧	64321040
执法检查队	育慧北路8号世纪村2区7号楼	84633030

国税局税务所

名　称	地　址	电　话
北京市朝阳区国家税务局	左家庄东里甲3号	64653418
第一税务所	左家庄东里甲3号	84516036
第二税务所	小八里庄37号	67343755
第三税务所	姚家园路石佛营101号4层	85569628
第四税务所	姚家园路石佛营101号4层	85569622
第五税务所	潘家园华威北里甲26号	87716176
第六税务所	左家庄东里甲3号	84551699
第七税务所	管庄燕京医药公司东侧	65765705
第八税务所	姚家园路石佛营101号4层	85569632
第九税务所	小八里庄37号	87373718
第十税务所	驼房营南里	64369392
第十一税务所	朝外大街乙6号朝外SOHO C座3层	58697940
车购税管理分局	姚家园路甲1号东办公楼三层“一站式”服务大厅	51193150

地税局税务所

名　称	地　址	电　话
第一税务所	安苑东里3区1号	64918178
第二税务所	六里屯北里18号楼A座	65933740
第三税务所	来广营红军营南路甲3号	84950400
第四税务所	来广营红军营南路甲3号	84950448
第五税务所	广渠东路40号	67799245
第六税务所	姚家园路101号新七彩商中心西楼	65939941
小关税务所	来广营红军营南路甲3号	64915005
酒仙桥税务所	来广营红军营南路甲3号	64382829
十里堡税务所	定福庄路9号	65711572
呼家楼税务所	团结湖东里甲10号	85967915
双井税务所	小八里庄6号	67320305
商务中心区税务所	东大桥路8号SOHO尚都北塔3层	59005160

银 行

中国银行股份有限公司

朝阳支行	东三环北路霞光里 18 号	59207135
奥运村支行	北辰东路 8 号院 1 号楼一层	64974074
世纪财富中心支行	光华路 5 号院 2 号楼一层 107 至 112 单元、二层 207 至 212 单元	85875200
望京西路支行	望京西路甲 50 号 1 号楼一层	64666527
北辰西路支行	北土城西路 7 号	82275009
和平东街支行	和平街 13 区 35 号楼	84264707
红领巾桥支行	八里庄北里 219 号 1 层商铺	64731770
建国路支行	建外大街乙 12 号	64689295
使馆区支行	三里屯路 5 号	84429080
西坝河南路支行	西坝河南路 1 号金泰大厦	64402901
新城国际支行	朝外大街 6 号院 26 号首层商业用房	65974547
商务区支行	北三环东路 8 号	64689295
丽都饭店支行	丽都饭店内	64369865
白家庄支行	东三环北路乙 19 号	65086091
五路居支行	安贞西里 2 区 21 楼	64440547
十里堡支行	八里庄东里 1 号 A 区 3 号楼 06	65861640
发展大厦支行	东三环北路西侧	65908304
燕莎中心支行	亮马桥路 50 号	64651529
光华路支行	光华路甲 10 号 1 幢首层	64689295
霄云路支行	麦子店西路 3 号	64630899
望京支行	望京北路 9 号	64392608
建外支行	建外大街京华公寓 1 层	59271805
安立路支行	安立路 68 号(阳光广场一层)	64955316
望京园支行	望京园 B25 区 1 号楼	64731792
柳芳北里支行	柳芳北里 12 号楼一层	84481908
三元桥支行	曙光西里甲 1 号东域大厦 B 座首层第 11A 号单元	58221406
东三环中路支行	东三环中路 9 号一层	85910321
丰联广场大厦支行	朝外大街 18 号	65883071
亮马河大厦支行	东三环北路 8 号	65906471
远洋天地支行	东四环中路 62 号 1 层 02、03	64689283
长虹桥支行	工体北路 4 号	87356455
将台路支行	酒仙桥路甲 12 号首层	64368832
樱花东街支行	樱花园东街 1 号	64423797
亚运村支行	安立路甲 56 号南楼首层	84802157
金台路支行	朝阳北路 177 号	65956100
四方新区支行	世纪东方嘉园 212 号楼	87356455
望京科技园支行	望京湖光中街 1 号(首层)	64741007
首都机场场区支行	首都机场内	64573144
逸园支行	安慧北里小区逸园 28 号楼	64893328
北苑支行	春华路北苑综合服务楼一层	84958560
西奥中心支行	大屯路科学园南里风林绿洲 18 号 B 幢一层	64844598
国际贸易中心支行	建外大街 1 号	65055958
雅宝路支行	雅宝路 8 号 3 号楼	65199227

朝外大街支行	朝外大街乙12号昆泰国际中心33-32号	64689295
东长安街支行	建外大街甲6号1号楼大堂	65630308
阜通路支行	阜通东大街6号院4号楼首层	84785357
安慧里支行	安慧里三区6号楼	64970380
朝阳公园南路支行	朝阳公园南路8号棕榈泉国际名苑商场	65397882
姚家园路支行	姚家园路105号1号楼	59283765
利星广场支行	望京街8号院2号楼(B座)201室	84760176
国贸支行	建外大街1号院1号楼1801-26	85350629
丰树大厦支行	建国路108号1层01单元	85215095
乐成中心支行	东三环中路20号楼首层AL113至AL115	67716113
宝能中心支行	阜通东大街12号楼	84765810
曙光西路支行	太阳宫金星园8号楼一层	63592491

中国工商银行股份有限公司

望京支行	酒仙桥路10号星城国际大厦c座6层	64368822
九龙山支行	广渠路甲40号	67704884
商务中心区支行	东环南路2号	65660817
朝阳支行	朝外大街1号	65042097
亚运村支行	慧忠北里407号	64863550
劲松支行	华威北里甲17号楼	87783592
金都杭城支行	百子湾西里102号楼	67783427
龙腾支行	南磨房路37号首层102室	87781819
富力城支行	东三环中路63号一层146号商铺	67759115
武圣里支行	武圣东里52号	67305625
广渠路支行	广渠门外大街22号楼西	67717693
潘家园支行	农光南里1号楼	67323015
翠城支行	垡头三区4号	67383267
航空城支行	北苑新路3号院	64863560
化信支行	安定路33号首层	64442522
北辰路支行	北辰东路8号(汇欣大厦首层)	84971938
惠新支行	安苑路20号世纪兴源大厦一层	84896322
世纪村支行	育慧北路8号	84639296
北苑家园支行	北苑家园清友园19号楼	84964212
双北桥支行	安外安贞西里二区	64410906
安慧支行	安慧北里秀园15号	64899897
中航油支行	民族园路1号1号楼首层	82001906
嘉美风尚支行	望京新城B1区1-3号地嘉美风尚中心一、二层	64379963
东坝支行	红松园北里2号院14楼	64379963
香河园支行	樱花东街5号	64379963
鹿港支行	望京西路50号院12号楼一层12-3号	64379963
首都机场南支行	首都机场南路3号南	64379963
广顺支行	广顺北大街33号院1号楼1层101室	64379963
首都机场支行	机场南路东里梨园小区	64379963
国航大厦支行	霄云路36号(国航大厦)1层01号	84475235
八里庄北里支行	十里堡路1号11号楼B座一层101室	85810811
左家庄支行	左家庄北里35楼	64673225
管庄支行	京通苑30号楼P1底商	65700198
大望路支行	西大望路甲2号南侧	65079878
十里堡支行	八里庄东里单身丙楼	65561503
八里庄支行	八里庄西里100号1层2层	85860680
新源里支行	新源里16号院2号楼首层	64641749

甜水园支行	六里屯北里 18 号楼 A 座	65001266
尚都支行	东大桥路 8 号 2 楼 1105 室	64169625
燕莎支行	麦子店街 41 号	65933978
半岛国际支行	夏家园 12 号楼一层	64379963
科学园南路支行	科学园南里东街 2 号	64410906
媒体村支行	北苑北辰居住区 C2 区 1 幢 1 层 A1	82721300
定福庄支行	定福庄南里 1 号	65761184
团结湖支行	白家庄东里 23 号 C 座一层 01 商业	65901328
三里屯支行	工体东路 15 号首层	65074361
国奥村支行	林萃东路 2 号院甲 3 号楼首层 F110 区域	64863545
高碑店支行	高碑店北路 5 号一层 5－1 室	85759510
林萃路支行	林萃西里 26 号楼 1 层	84922370
望京科技园区支行	望京利泽中园 105 号楼	64368822

中国建设银行股份有限公司

光华支行	光华路 7 号	65614010
东大桥支行	东直门外大街 22 号楼东侧	65083196
安慧支行	北辰东路 8 号汇欣大厦一层二层	84970059
朝阳支行	朝外大街乙 10 号楼	51995538
安华支行	安定路 35 号	51993323

中国农业银行股份有限公司

朝阳东区支行	建国路 89 号院 7 号楼	85718500－8013
朝阳支行	工体路东 2 号	65522906
亚运村支行	安定路 33 号	64411259
富力支行	天力街 1 号楼商业 5	67089993－8702
和平里支行	北三环东路甲 11 号	64214896
小营支行	安苑路 11 号	64915397
光华路支行	光华路 4 号 B 座一层	65821874
三元支行	霄云路 32 号	64624388
八里桥支行	京通路北管庄乡政府联合办公楼一层	65790821
将台路支行	花家地街 21 号	64722969
安外大街支行	安外大街甘水桥甲 1 号	64213258
水碓西里支行	朝阳北路 219 号 1 幢 1－2 层	85983470
银泰支行	建外大街 2 号院银泰中心地下一层	64242408
展览中心支行	曙光西里甲 6 号院	64619398
永安里支行	光华路 7 号 1 层 A101	65862258
英家坟支行	八里庄西里 99 号 99 号楼一层 112 115 116 117 号	65564806
京顺支行	望京街 9 号 2 座 101	64224714
双北桥支行	安贞三区 23 号楼一层	64438886
朝阳路分理处	日坛北路 17 号日坛国际贸易中心 B 座	65536688
北苑家园支行	北园家园紫绶园 5 号楼一层	84960750
望盛园支行	望京西园二区 221 号	64789601
奥园支行	京奥家园 186 号商业 101 号	51079363
康运支行	麦子店街 78 号	65042615
北苑支行	安外北苑路 68 号	84936039
芍药居支行	芍药居 36 号楼 1 层	84616174
洛克时代支行	慧忠里 103 楼 1 层 103－5、103－6 号	84970021
安立花园支行	安立住宅区 4 楼 1 门 104	64906693
定福庄分理处	定福庄西里 1 号	65761671

望京支行	望京商业街(北区)首层 A01	65536688
农业部北区分理处	麦子店街 20 号楼 102 室	65536688
财满街分理处	朝阳路 67 号 10 楼 130 - 138 号	65785957
定福庄支行	定福庄东街 1 号	65783507
朝阳路北支行	六里屯西口北里 4 号	65004262
蓝色港湾支行	朝阳公园西路 6 号 4 栋一层、二层 SA - 68 号商铺	59056785

中国交通银行股份有限公司

育惠东路支行	小营路 12 号亚运花园一层	84624401
亚北支行	安立路 60 号润枫德尚 6 号楼	64820734
东三环支行	东三环北路 19 号 B2 座 1 - 2 层	65869695
东区支行	广渠路 21 号配套楼	58202983

北京银行股份有限公司

亚运村支行	慧忠北里天创世缘 309 楼 A 座首层	64809997
酒仙桥支行	酒仙桥路 3 号	64382939
九龙山支行	农光里 117 号	67342064
八里庄支行	朝外红庙延静西里 2 号	65002455
商务中心区支行	光华路丙 12 号首层	65083196
金台路支行	团结湖路 52 号	65683608
关东店支行	东大桥三角地	65083196
芳草地支行	东大桥路 10 号	65911026
东长安街支行	建外大街乙 12 号	65683608
现代城支行	建国路 88 号现代城 A 区 S 座 0101 室	85803046
孙河支行	孙河顺白路 6 号	64653994
雅宝路支行	雅宝路二号(天雅大厦一层)	51362661
司樱花支行	北三环东路 15 号(化工大学校门旁)	64419057
红星支行	朝外大街 20 号	65885763
北辰路支行	北辰东路 8 号汇珍楼一层	84977466
安华路支行	外馆东街 51 号商业楼首层 0102	64408277
新源支行	北三环东路 6 号	64653994
朝外支行	朝外大街 12 号	65993325
北苑路支行	北苑路 172 号万兴苑 11 号楼一层 04 室	84854740
双桥支行	双柳北街 39 号商业二层 203 号	58692971
大望路支行	西大望路 15 号 1 号楼 512 室	87723153
燕莎支行	亮马桥路 42 号光明饭店一层、三层	84418576
日坛支行	日坛北路 19 号	65885765
远洋国际中心支行	东四环中路 56 号(远洋国际中心)A 座 106、107、207 室	65910176
望京科技园支行	望京西园一区 134 号楼 101 号	64789797
奥东支行	惠新西街 19 号	51300079
奥北支行	天乐园 1 号楼 1 层 1 - 6	84927536
奥运村支行	北辰西路 8 号院 2 号楼	84977466
健翔支行	安翔北里甲 11 号	64889925

中国民生银行股份有限公司

建外支行	建外大街甲 12 号新华保险大厦首层	65693081
奥运村支行	安立路 66 号安立花园 C 座中信建投证券首层北厅	64906563
三元支行	东三环北路甲 2 号	84489520
首都机场支行	首都机场航安路首都机场职工之家办公楼北侧	64595916

电子城支行	酒仙桥路14号兆维大厦	58671027
劲松支行	劲松三区302楼首层	87730409
国贸支行	东环南路2号	65674738
建国门支行	建外大街21号	65326597
朝阳门支行	朝外大街22号泛利大厦首层	65884529
工体北路支行	工体北路9号	64155280
亚运村支行	北四环东路131号藏学研究中心博物馆楼首层	64916864
西坝河支行	西坝河西里甲18号	64295659
京广支行	西大望路三号院2号楼1层HS－02、01夹层内局部	65974217
望京支行	南湖东园122号博泰大厦首层	64755278

中国光大银行股份有限公司

长虹桥支行	东三环北路15号	65066984
亚运村支行	慧忠东路5号	84891161
建国门支行	建外大街甲6号中环世贸中心D座1层	65630900
朝阳支行	朝外大街16号中国人寿大厦北一层、二层	85252520
安贞支行	安定路39号	64417743
望京支行	望京中环南路花家地街花家地商业1号楼	84726279
光华路支行	光华路2号阳光100G座	65915259
京广桥支行	东三环中路7号财富中心写字楼A座商业一层	65309950
劲松桥支行	东三环南路甲52楼(顺迈金钻大厦)	67727918
富力城支行	广渠门外大街1号院公－1商业楼6号商铺	58764958
西坝河支行	西坝河北里23号楼一层	64474789
东长安街支行	建外大街乙12号L111－L117	58287555

中信银行股份有限公司

安贞支行	安贞西里3区26号浙江大厦一层、五层	64417922
万达广场支行	建国路93号万达广场东区商业B座15号1层13－18号房	85182269
富力支行	双花园南里二区13号楼1至2层01	65687851
朝阳支行	农展馆南里12号	65389577
中信银行国际大厦支行	建外大街19号国际大厦一层	65008659
奥运村支行	慧忠北里309号	64802818
京城大厦支行	新源南路六号京城大厦1－001号	84865386
广渠路支行	东三环外广渠路31号九龙商厦一层	87768426
望京支行	望京新兴产业区利泽中园二区208号院内B座	64391219
酒仙桥支行	酒仙桥路14号兆维大厦一层	64364850
东大桥支行	工体东路甲18号	65944945
三元桥支行	曙光西里甲1号首层	58222277
福码大厦支行	广顺北大街33号院1号楼福码大厦办公楼B座	84729727
观湖国际支行	姚家园路105号3号楼1层	59282427
太阳宫支行	夏家园12号楼102号	84419878
国奥村支行	林萃东路2号院甲3号楼	84378356
媒体村支行	红军营南路北辰绿色家园天朗园C座一层	84910718
金泰国际支行	广渠路11号院1号楼	87213581
尚都国际中心支行	东大桥路8号尚都国际中心A座一层	58700092
北辰支行	慧忠里320号住总大厦一层、二层	84837798
出国中心支行	东三环北路四号东方歌舞团1号楼东侧	84551178
瑞城中心支行	亮马桥路48号院4号楼1层大堂和结构15层	65871883
长安支行	东三环中路39号楼建外SOHO小区17号楼	58695617

兴业银行股份有限公司

三元桥支行	宵云路21号一、四层	84540867
国贸支行	东三环南路2号	65661600
朝外支行	朝外大街77号	65522213
东外支行	东直门外大街23号	64688172
亚运村支行	亚运村安慧里16号楼	84885269
安华支行	北三环安华桥福建大厦	64450943
光华路支行	东三环中路25号住总大厦一、二层	65086082 - 8822

华夏银行股份有限公司

京广支行	东三环中路7号财富中心一层	65309568
亮马河支行	东三环北路3号幸福大厦B座	64688010
光华支行	光华路8号和乔大厦A座一、二层	65832024
东直门支行	东土城路14号建达大厦首层西侧	85271101
国贸支行	双花园南里三区4号楼1至2层109号	65669746
朝阳门支行	工体西路18号光彩国际公寓S107号	65527595
北沙滩支行	德胜门外北沙滩1号中国农业机械化科学研究院	64848676
望京支行	望京西园222号星源公寓C座一层	84725982

广东发展银行股份有限公司

京广支行	朝外大街甲6号万通中心一层	65574312
建国路支行	建国路112号	65669647
潘家园支行	华威里10号楼一层	87785996 - 125
国贸支行	光华东里8号院1号楼一层F1 - 03	59772119
亚运村支行	北辰东路8号	84980873
安贞支行	安定路39号	64445660
国展支行	西坝河东里18号	84603367
奥运村支行	北沙滩甲1号	64839015
大望路支行	西大望路15号4号楼(外企大厦B座)	87723795
望京支行	望京新城B区11 - 1号地悠乐汇中心E座一层	84787933
万达广场支行	建国路93号B座首层01单元	65811958

农村商业银行股份有限公司

高碑店支行	高碑店乡康家园小区26号楼	85777820
双桥支行	朝阳路管庄路口西20米	65761658
将台支行	酒仙桥路14号51号楼兆维华灯大厦一层A108	84798962
王四营支行	王四营乡官庄大队陶庄个体公园南	67382043
南磨房支行	大望路平乐园路口南300米	67359159
和平支行	来广营东路5号东郊农场综合服务楼	84701595
十八里店支行	十八里店村19号	67473624
小红门支行	小红门乡宋家楼4号	67632186
太阳宫支行	西坝河北里15号楼	64215209
朝阳支行	北苑路90号	64945337
来广营支行	望京北路18号	64390753
京粮支行	东三环中路16号102	87951741
亚运村支行	安立路甲56号	84802808
商务中心区支行	广渠路南侧44号	52081662

光华路支行	光华路甲 14 号诺安大厦 1 层	51309981
建国门支行	东三环中路 39 号建外 SOHO12 号楼	58697627
双井支行	天力街 1 号楼 B1－1 号	59060193
新源支行	新源里 16 号琨莎中心 1 座	84682518
金盏支行	金盏乡长店组团 13 号综合楼一层底商	84333350

招商银行股份有限公司

万通中心支行	朝外大街甲 6 号万通中心一层	59510225
建国路支行	建国路 116 号	65660172
静安里支行	北三环东路 8 号一层	64689332
望京支行	南湖南路 15 号院甲 1 号	64799867
朝外大街支行	朝外大街 26 号	65272078
万达广场支行	建国路 93 号(万达广场 7 号楼)	58206565
慧忠北里支行	慧忠北里 305 号楼一层	84987800
北苑路支行	北苑路 168 号一层	58247390
望京西园支行	望京西园 134 号楼地上一层	64789907
大望路支行	西大望路 15 号 3 号楼首层	87723112
东四环支行	东四环中路 56 号(远洋国际中心)首层	
京广桥支行	东三环北路 38 号院泰康金融大厦首层	85879737
朝阳公园支行	朝阳公园路 19 号	65398880
北辰大厦支行	北辰东路 8 号院 1 号楼北辰时代大厦 30 层	84981966
富力城支行	东三环中路 55 号一层、二层	58767070
立水桥支行	北苑路 13 号院 1 号楼 1－9 号	52086503
青年路支行	青年路西里 5 号院 15 号楼一、二层	85563113
华贸中心支行	建国路 79 号、81 号华贸中心	87723189
十里河支行	东三环南路 19 号院首层	87676769

平安银行股份有限公司

三元桥支行	新源南路 9 号楼 1－2 层	84538668
朝阳门支行	关东店北街国安宾馆 1 层	65067489
亚运村支行	安立路 66 号 1 号楼 101 室	64907572－623
光华路支行	光华路 4 号东方梅地亚中心 A 座一层	65832833
东四环支行	八里庄西里 100 号 1 号楼一层	85866189
望京支行	望京新城南湖西园 125 号一层、二层	84721880
亚奥支行	北辰东路 8 号 5 号楼 2 层	84970866－619

上海浦东发展银行股份有限公司

富力城支行	东三环中路 61 号楼商用物业一、二层	5903771
大望路支行	西大望路 3 号院 2 号楼 1 层 S117	85997593
慧忠支行	慧忠北里小区 214 号楼一层	57395960

杭州银行股份有限公司

安贞支行	安定路 10 号一层	64452511
朝阳支行	甜水园东街 10 号	65003106

天津银行股份有限公司

朝外支行	朝外大街乙 6 号朝外 SOHO0185、1133 号	59004356

三元桥支行	东三环北路乙2号圣元中心A座一层	84471301

中国邮政储蓄银行有限责任公司

双桥东路支行	双桥东路318号	85391063
香河园支行	西坝河中里35号楼	64624407
大山子支行	酒仙桥路13号	64330251
花家地支行	花家地北里1号楼	64737340
农光里支行	农光里102号楼	67317246
水碓子支行	金台北街6号楼	65005146
体东路支行	工人体育场东路甲2号1层101	64169919
双龙南里支行	双龙南里204号楼	87321621
南湖东园支行	南湖东园201楼	64755011
樱花东街支行	樱花东街1号	64420798
垡头支行	垡头西里2号楼	67383482
望京花园支行	望京花园小区119号楼	64700259
万科星园支行	仰山路万科星园甲7号	84921227
安贞支行	安贞西里5区1号楼	64422353
酒仙桥支行	酒仙桥路43号	64363004
财富中心支行	东三环中路财富中心	65309353
科学园支行	科学园南里甲2号	64855484
双桥支行	双桥街10号	85364101
甘露园支行	甘露园南里二区五号	85762613
慈云寺支行	八里庄东里3号	65565319
十里河支行	东三环南路19号嘉多丽园A座一层底商	65751642
三源里支行	三源里27楼	84543211
团结湖支行	团结湖路甲7号楼	65001799
金台里支行	金台路25号楼	85993781
松榆东里支行	松榆东里40号楼	67318190
呼家楼支行	关东店大街9号	65073991
左家庄支行	左家庄北里35号楼	64420798
慧忠北里支行	慧忠北里307号楼一层	64844757
横街子支行	横街子村委会	87302349
北苑支行	北苑村	84921295
管庄支行	建筑材料研究院	65726705
双井支行	广渠东路48号楼	67716753
十里河建材城支行	十里河村大羊坊路19号	67677321
国际邮件收寄中心支行	望京阜通东大街18号	84724272
亚运村支行	安慧里2区1号楼	64918199
眼镜城支行	农光南里5号院	67323107
三间房支行	三间房223号	65762454
育慧北里支行	育慧北里8号	84633944
垂杨柳支行	垂杨柳西区8号楼	67714347
劲松一区支行	劲松一区131楼	67738422
东区支行	望京西园一区120号楼	64752130
姚家园路支行	姚家园路甲一号活力东方奥特莱斯购物广场首层	51193715
吉庆里支行	吉庆里6号楼102A部分	84714696
广渠门外大街支行	广渠门外大街5号院55号楼1层17	58767943
西大望路支行	西大望路59号甲3号楼	67710380
秀水支行	秀水东街8号	65930733
青年路支行	青年路雅成一里19号楼(世丰国际大厦)	85521561
大望路支行	百子湾南2路70号楼一层102、201	87724593

保　　险

富邦保险代理有限公司	安华里二区 13 楼 103 室	67359189
慕尼黑再保险公司北京分公司	建外大街 2 号院 C 座 18 层、20 层	85919999
泛联保险代理有限公司	呼家楼向军南里二巷甲 5 号 7 层	85951478
普泰保险代理有限公司	东三环北路 2 号 8 层 811 室	64106221
民生保险经纪有限公司	工体西路 18 号光彩国际公寓 1 号楼 3A	65512240
恒泰保险代理有限公司	建外秀水街 1 号	85322387
美国友邦保险有限公司北京分公司	建外大街 8 号国际财源中心西塔 A、B 座 5 层	57835556
诚信保险代理有限公司	东三环南路甲 52 楼 5 层 6C	59711663
中国人民财产保险股份有限公司朝阳支公司	霄云里 4 号楼	84485273
社会保险基金管理中心	十里堡北区 18 号院	85821229
国泰保险代理有限公司	幸福一村 55 号	4162696
方胜保险经纪有限公司	西大望路 15 号 4 号楼 7 层 701	67771306
市保险仁和劳动服务公司	朝外市场街 18 号楼	86532423
泰洋保险代理有限公司	吉庆里 6 号楼 B 座(住宅楼)407 室	65531761 – 1005
医疗保险事务管理中心	十里堡北区 18 号院	65524020
民生人寿保险股份有限公司北京分公司	东三环北路 38 号院 2 号楼六层	59206413
牛宅保险顾问有限公司	吉庆里 9 号 10 号楼 E 座 2 区 303 室	65536988
永安财产保险股份有限公司北京分公司	建国路甲 92 号 9 层 903、912 – 917	58660988
嘉福(北京)保险公估有限公司	百子湾南 2 号 88 号 8 层 801	87759425 – 204
瑞信保险经纪有限公司	北四环东路 108 号千鹤家园 3 栋	84832950
天和保险经纪有限公司	北土城西路 7 号国恒基业大厦 F 座 802 室	82275813
信安保险代理有限公司	北辰西路 69 号峻峰华亭嘉园 C 座住宅楼 516 号	58772218
海亚(北京)国际保险经纪有限公司	安慧北里秀园 15 号楼四层	64896199
民生人寿保险股份有限公司	东三环北路 38 号院 2 号楼	65886669
北京联合保险经纪有限公司北京分公司	和平街东土城路 12 号院 3 号楼 1701 室	
希尔曼(北京)国际保险经纪有限公司	京顺路四元桥 1 号	84729364
苏黎世保险经纪(北京)有限公司	东三环北路霞光里 18 号佳程广场 A 座 21 层 A2 单元	84398166
国中保险经纪有限公司	建外大街 18 号 D702 号	65691170
德信保险代理有限公司	安慧里 4 区 16 号 916 室	84885211
明亚保险经纪有限公司	朝外大街 22 号泛利大厦 5 层 501 – 502 室	85658565 – 8542
润得保险经纪有限公司	北小营欧陆经典万兴苑(公寓楼)11 座 4 层 A 室	84854380
康信保险经纪有限公司	八里庄西里 61 号楼 2503 室	85861299
泛华保险代理有限公司	向军南里二巷甲 5 号雨霖大厦 7 层	51311689
康桥保险经纪有限公司	华威里 3 号楼 2E	87731845
国联(北京)保险经纪有限公司	北苑路 170 号 5 号楼 1203 室	52695090
赛福特保险代理有限公司	安立路 60 号 2 号楼 1502 室	64820778
安邦财产保险股份有限公司北京分公司	东三环中路 55 号 8 层 801	59229219
润盛保险经纪有限公司	东方东路 8 号	64681372
安康保险经纪有限公司	西坝河西里 28 号 B205	64477622
泛华富民保险代理有限公司	酒仙桥南路 4 号院 3 号楼 305 室	64386956
工银安盛人寿保险有限公司北京分公司	建国路 116 号招商局大厦 R2 层	51358866 – 662
新城保险经纪有限公司	北土城西路 7 号国恒基业大厦 D 座 804 室	51663231
招商信诺人寿保险有限公司北京分公司	建国路甲 92 号 – 4 至 24 层 9 层	85809055
海康人寿保险有限公司北京分公司	工体北路甲 2 号 A 座 12 层 1210 – 1217A 单元	58164868
中国太平洋人寿保险股份有限公司朝阳支公司	安贞里二区一号楼	66418855

中国太平洋财产保险股份有限公司朝阳支公司	霄云里6号楼	84482495
宏孚保险经纪(北京)有限公司	拂林路9号D单元1003	64466561
中航三星人寿保险有限公司	建国路118号招商局大厦26层、28层	58201802
富达保险经纪有限公司	吉庆里9号、10号(住宅)楼B座	57929150
社会保险基金监督管理中心	十里堡北区18号院	65523992
合众人寿保险股份有限公司北京分公司	朝外大街乙12号昆泰国际大厦20层	58797755－82037
金联安保险公估(北京)有限公司	樱花园28号楼(樱花集中办公区0279号)	64413960
阳光财产保险股份有限公司	朝外大街乙12号	58289999
永安财产保险股份有限公司朝阳支公司	太阳宫路甲12号	64915268
中汇国际保险经纪有限公司	东三环中路39号建外SOHO15号楼	58691896
申根保险代理有限公司	朝外大街10号(A1区)706A	51295586
智天保险经纪有限公司	建外大街22号赛特大厦1111号	66493978
中怡保险经纪有限责任公司北京分公司	建外大街甲6号爱思开大厦1206室	85679188
华安财产保险股份有限公司朝阳支公司	幺家店路2号院8号楼1层	64843347
阳光财产保险股份有限公司北京分公司	东三环中路7号北京财富中心A座501	65309835
安邦国际保险经纪有限公司北京分公司	慧忠北里306号(住宅)楼1307	64800053
中际保险代理(北京)有限公司	管庄杨闸环岛西侧北角京通新城13号楼	51397938
中法人寿保险有限责任公司	永安里8号华彬国际大厦1206室	85288588
安邦财产保险股份有限公司朝阳支公司	东三环中路55号楼7层801	59229989
中英人寿保险有限公司	东三环北路霞光里18号佳程广场A－19层	84400888
恒安标准人寿保险有限公司北京分公司	霄云路26号鹏润大厦B座805－807室	59235588
标准(北京)保险经纪有限公司	朝外大街乙12号昆泰国际大厦29层	58289926
中意人寿保险有限公司	光华路5号院1号楼12层1501和13层1601	58763988
安邦保险集团股份有限公司	三环中路7号财富中心A座45层	59229899
红枫鑫保险代理有限公司	东三环南路21号古玩城北侧翌景嘉园1号楼	87731151
三星财产保险(中国)有限公司北京分公司	建国路118号25层2506－2507A单元	65685828
海盟国际保险经纪(北京)有限公司	西坝河西里23号红都阳光商务会馆	66553313－838
全景保险经纪(北京)有限责任公司	将台路6号丽都饭店内3层O－324室	64373510
和政保险经纪有限公司	道家园18号楼12层	65301358
安华农业保险股份有限公司朝阳支公司	望京西路甲50号1号楼1102室	64393015
阳光保险代理有限公司	望京园602号楼27层3121	85867386
现代财产保险(中国)有限公司	霄云路38号现代汽车大厦5层508室	84428100
中意财产保险有限公司	建外大街乙12号双子座西塔9层	59601818
中国人寿财产保险股份有限公司北京市分公司	朝外大街16号2层212B—213A号15层、16层	85253888－6003
邦业保险公估有限公司	来广营西路甲8号三层	85256390
和政保险经纪有限公司北京分公司	道家园18号楼12层	65301358
信成和盛保险经纪有限责任公司	大郊亭中街2号院华腾国际公寓5号楼12B	63183593
众合四海保险代理有限公司	安华里二区13号楼101室	59221505
创富保险代理有限公司	东三环中路39号院10号楼1801室	51299166－8002
哈保保险经纪(北京)有限公司	建国路93号院10号楼601室	58203824
怡和立信保险经纪有限责任公司北京分公司	亮马桥路(光明饭店)1106室	64676199
道可特保险经纪(北京)有限公司	八里庄西里100号住邦2000－1号楼西区	85861008
北京泛联保险代理有限公司祥和分公司	安贞里二区1号楼3层366室	64278864
北京祥康保险代理有限公司	建国路88号10号楼14至15层1704	85805788
友邦保险有限公司朝阳三元桥营销服务部	东三环北路3号幸福大厦B座301	65683338
国华人寿保险股份有限公司北京分公司	朝阳北路237号楼501－502、509－510	59272203
国安国际保险经纪股份有限公司	和平街十三区煤炭科技苑小区35号煤炭大厦	85615121
中德安联人寿保险有限公司北京分公司	建国路81号5层01、08、09单元	59216086
中国人寿财产保险股份有限公司朝阳支公司	静安里26号楼6层	64823904
海达保险经纪有限公司北京分公司	裕民路12号E1座516A室	
瑞宝寿康保险代理有限公司	小关北里45号世纪嘉园1号楼17A	84897891
北京交广保险代理有限公司	幸福三村北街1号	84515731

上海美世保险经纪有限公司北京分公司	光华路1号(商业写字楼)南楼15层	65334231
五丰保险代理有限公司	朝外大街甲6号万通中心20层B-2002室	59071428
阳光金元汇保险代理有限公司	关东店南街2号0511室	80658546
望京永发保险柜经营部	望京商业街(北区)1层A38号	64728897
盛唐保险经纪有限公司	光华路15号院4号楼802号	65995951
正汇保险公估有限公司	东三环中路39号建外SOHO15号楼	58691896
宏利保险代理有限公司	建外大街1号(一期)16幢14层59室	57799168
美亚财产保险有限公司北京分公司	光华路7号汉威大厦9层A座15-16	59692990
金兰(北京)国际保险经纪有限公司	慧忠北里315号楼1603号	64938131
中瑞惠银国际保险经纪股份有限公司	东三环南路甲52楼18C	87729970
智瀚保险代理有限公司	东直门外大街28号423号	52011606
京泰瑞保险代理有限责任公司	东直门外大街28号501室	64151042
海商保险代理有限公司	东四环中路60号楼305室	59648624
佳保保险代理有限公司	京奥家园132号楼4层1门401号	51079873
华夏经纬保险代理有限公司	东三环中路59号楼601室	58241666
鼎盛保险经纪有限责任公司	东三环北路16号71、72号平房	65065338
北盛联合保险代理有限责任公司	朝外大街20号701A室	65884907-83
同泰保险经纪有限责任公司	曙光西里甲1号B-2703号	84444496
华康保险代理有限公司北京分公司	朝外大街19号华普国际大厦1502A、B室	65802543
美日保险代理有限公司朝阳分公司	西大望路1号A座5层	65387031
百年人寿保险股份有限公司北京分公司	建国路108号七层01、02、06单元	59817170
天圆地方(北京)保险代理有限公司	西大望路3号院3号楼18层	85999570-243
易品保险代理有限公司	光华路4号院3号楼2708室	85718581-8003
安邦人寿保险股份有限公司	东三环中路7号财富中心A座30层3001	65330656
关爱保险经纪有限公司	朝阳北路99号1号楼1903室	65992887
新光海航人寿保险有限责任公司朝阳支公司	霄云路甲26号海航大厦20层	57593666
阳光保险爱心基金会	朝外大街乙12号昆泰国际大厦28层5号房间	58780411
浙江中惠保险经纪有限公司北京分公司	西大望路63号院7号楼4层505	59600999
金支桥保险代理有限责任公司	汤立路218号7层827	84675758
鞍汇联保险经纪有限公司	东三环中路39号院15号楼7层0805	58695890
安邦人寿保险股份有限公司北京分公司	东三环中路55号楼6层701、702	59229348
泛华联兴保险销售股份公司	建国路93号院9号楼4层405室	58205550
和谐健康保险股份有限公司北京分公司	东三环中路55号楼7层802、803	59229138
信安保险代理有限公司朝阳分公司	宝马汽车电子产品生产及技术中心E2-1#楼	58772233
金宏保险代理有限责任公司	东直门外大街28号822号	87952509
中国人寿养老保险股份有限公司北京市分公司	朝外大街16号19层南区	80646228
普惠保险公估有限责任公司	西大望路63号院7号楼7层804	59600999
中联信保险销售服务有限公司	工体北路甲6号中宇大厦一层010C	85236865
奥创保险经纪有限公司	北苑北辰居住区B5区商业及办公11层	84938008
中航三星人寿保险有限公司北京分公司	建国路93号9号楼3层	58201777
汇丰人寿保险有限公司北京分公司	建外大街8号国际财源中心西塔A座11层	59860027
可为保险代理有限公司	西坝河西里28号1号楼B0903室	64475477
阳光一家家庭综合保险销售服务有限公司	朝外大街乙12号9层0-915	59053943
宜信博诚保险销售服务(北京)有限公司	建国路88号8号楼12层1505	58697439
信诚人寿保险有限公司	东三环中路1号环球金融中心办公楼东楼16	85878699

文物保护单位

全国重点文物保护单位

北京东岳庙	朝外大街141号	65510151
日坛	日坛北路6号日坛公园内	85614261
清净化城塔	黄寺大街11号	62018968
元大都城墙遗址(朝阳段)	健安东路、健安西路北侧,东起土角楼西侧北京服装学院以东673米,西至京藏高速路	84648252

北京市文物保护单位

永通桥(八里桥)	管庄乡八里桥村东南	85709886
十方诸佛宝塔	王四营乡古塔公园内	67376310
四九一电台旧址	豆各庄乡双桥街9号院	87363264
北顶娘娘庙	奥运村街道奥林匹克中心区国家游泳馆南侧	65510151
顺承郡王府	朝阳公园南路19号	65940948

朝阳区文物保护单位

海阳义园(山东会馆)	呼家楼南里2号	85976279
马骏烈士墓	日坛北路6号月坛公园内	85614261
张翼祠堂	豆各庄乡豆各庄村西	65479035
常营清真寺	常营民族家园东路西南侧	65484914
肃慎亲王敬敏墓	王四营乡道口村西北(现柏阳景园小区西侧)	67376310
显谨亲王衍璜墓	潘家园东里	87381835
南下坡清真寺	朝外2条129号	85626316
那桐墓	三间房双桥路西里6号	65420049

体育场馆

蓝翅空间体育发展有限公司	左安门外饮马井1号院	58215972
当代风情台球厅	安慧北里逸园28号楼	64969588
奇迹创新体育发展有限公司(京信大厦店)	东三环北路甲2号	84492052
朝阳体育馆	六里屯西口	85975547
国家奥林匹克体育中心	安定路1号场馆处	64912233
国家游泳中心有限责任公司(水立方)	天辰东路11号国家游泳中心	84371588
斯维思体育发展有限公司第三分公司	东三环南路54号院4号楼一、二层	87730282
天鹅湾休闲俱乐部有限公司	雅成二里20号楼底商121-123、201、	59075558-201
远景新星体育发展有限公司酒仙桥分部	酒仙桥路甲10号c座5层	64366855—821
四惠花园卡丁车赛车俱乐部有限公司	高碑店兴隆公园内	85751149、
国家体育场有限责任公司(鸟巢欢乐冰雪季)	国家体育场南路1号	64376080

零度阳光体育文化有限公司第一分公司	三里屯 19 号院地下二层 SB2 – SR18	88875239
零度阳光体育文化有限公司第二分公司	建国路 81 号 L318A	88875239
金隅京体()体育文化有限公司	阜通西大街 20 号院 1 号楼附属	84780611
加州耀能健身有限公司	光华路甲 9 号	65871288
松杨游泳技术培训中心	东四环北路 10 号院 2 号楼游泳馆	84797299
浩沙活力健身服务有限公司第八分公司	惠新东街甲 4 号 – 103 – 202	84663555
金鹏水星健身俱乐部分公司	北苑路 86 号嘉铭园一区 2 号楼 01 – 02 层	84858432
碧水英旗体育文化有限公司(京华豪园)	外交部南街 8 号 1 号楼 3 层 08 号	85628027
东方鸿铭中央商务区体育中心有限公司	高碑店路 99 号	67384809 – 831
奥斯曼体育发展有限公司(原公园大道店)	朝阳公园南路 6 号公园大道 4 号楼 2 层	65306647 – 0
羽丰军健康体俱乐部有限责任公司	崔各庄乡顺白路北侧农业中心院内	84709488
康庭体育发展有限公司	青年路西里 5 号院 16 号楼地下 05 – 06	85515757
东方球动力台球俱乐部有限公司	东三环南路 58 号富顿中心 C 座地下一层	58672882
优速竞技运动有限公司	京顺路四元桥一号	84729399
优速竞技运动有限公司平乐园分公司	南磨房乡平乐园甲 5 号 1 号楼 2 层	67758535
麟联置业有限公司东隅分公司	酒仙桥路 20 号 5 层 103 室	64105266
内太空体育发展有限公司	望京北路 39 号楼 11 号楼 2 层会所 1	84770598
天奥健身俱乐部有限公司	锦芳路 1 号 17 幢 – 201 内 01 号	64187954
奥力嘉尚国际文化传媒有限公司	太阳宫 1 街 10 号楼	85888778 – 801
乔士尼体育文化发展有限公司	东柏街 9 号院甲 1 号	87953258
望京阳光体育培训中心有限公司	广泽路 6 号院 13 号楼 S5 号	64719669
力健源体育文化有限公司	南湖南路 9 号院 2 号楼 2 – 4 号楼 – 1 层	64700709
周庄乒乓球俱乐部	十八里店乡周庄嘉园	67494058
一兆韦德(上海)健身管理有限公司三分公司	广顺北大街 18 号院 2 号楼华彩国际公寓 201	59780088
一兆韦德(上海)健身管理有限公司分公司	东方东路 19 号 1 号楼会所 9 号	85321113
铁群阳光体育文化发展有限公司	望京阜荣街 15 号院地下商业	84763685
酷赛健身俱乐部	慈云寺东区国际小区会所	85916378
欧陆健身	北苑路欧陆大厦 B 座三层	84853589
丽都水岸游泳健身休闲有限公司	芳园南里 9 号院 7 号楼	84578359
顶峰健身(原金梧桐)	市北苑路 86 号嘉铭二区 5 号	84858432
雅适健身	酒仙桥南十里居 36 楼一层	64345855 – 17
可乐思台球俱乐部有限公司	西坝河南路 4 号地下一层	88498876
斯维思体育有限公司京师园分公司	林萃路 9 号院京师园会所	58213473
超越尖峰体育文化有限公司	工体东路 18 号天照饭店二层东侧	65928266
亮马河大厦有限公司(京臣健身中心)	东三环北路 8 号	65907559
浩沙健身俱乐部有限公司亚运村分部	安立路甲 52 号四层	84801314
东兴军健休闲俱乐部	胜古庄 2 号 25 楼 106 室	86520079
林记台球娱乐有限公司	安立路甲 52 号四层	84801216
健力达健身俱乐部有限公司	金蝉欢乐园 2 号院甲 1 号楼 116 号	67388441
金惠缘台球俱乐部	金台北街 5 号楼北侧平方	64608733
三星台球厅	新源里 7 号	65910160
嘉益佳康体有限公司	光华路丙 12 号(国汇大厦)	85958263
翡力垲斯健身俱乐部有限公司	夏家园 20 – 22 号	65588021
翡力垲斯健身俱乐部有限公司	康家沟 145 号	62026088
天幕台球厅	黄寺大街 12 号	85865577
奥力佳邦健身有限公司	八里庄西里 99 号	85806900
奥力建国路一号店(soho 店)	建国路 88 号 SOHO 现代城 10 号楼会所	65305100
奥力建国路二号店	建国路 89 号华贸中心 19 号楼底下 1 层	51303330
奥力东四环店	东四环北路 6 号阳光上东园二区 55 号	82725850
朝阳三元台球厅	左家庄 3 区 3 号楼院内	64759530
东恒台球城望京店	花家地南里 5 号楼地下一层	64150009
望星恒远台球厅	南湖东园 101 楼底层南段	64754123

流星台球厅	望京西园4区423号楼	86543448
奥罗云顶游艺宫有限公司团结湖分公司	团结湖路7号	86543448
奥罗云顶游艺宫有限公司平和台球厅	双花园南里4号楼一层	86543448
奥罗云顶游艺宫有限公司金叶分公司	水碓子东里22号楼	86543448
奥罗云顶游艺宫有限公司关东店分公司	关东店三巷11号	86543448
奥罗云顶游艺宫有限公司	建外大街金之桥大厦北一层	86543448
奥罗云顶游艺宫有限公司崇圣分公司	西大望路27号	84724821
永德立台球城有限公司	望京南湖东园101楼底层南段	84796666
东山墅健身俱乐部有限公司	东四环北路7号	67306153
诚缘遇台球厅	首都机场南路2号	67783141
球亲球友台球俱乐部	十里堡路1号	67110095
京城射箭运动俱乐部东方巨龙射箭馆	安贞西里五区1号5层	65091420
鹏丽花园房地产发展有限公司	白家庄西里3号	64614517
香河园文化娱乐中心	西坝河南里2号	87698414
朝阳区文化馆	小庄金台里17号	64408600
动感地带台球俱乐部	外馆东街51号	87730809
浩沙健身俱乐部有限公司呼家楼分店	朝外小庄6号中国第一商城西塔楼6层	65788116
奥力健身万象新天店	常营乡常营居住地146号万象新天会所	65306286
海星健乐国际健身俱乐部有限公司	建国路91号会所101室	84375800

公　园

日坛公园	日坛北路6号	85619984
团结湖公园	团结湖南里16号	85973603
红领巾公园	后八里庄5号	85839070
元大都城垣遗址公园	惠新东街	84648252
北小河公园	望京东湖路1号	64708518
四得公园	将台西路	64384057
庆丰公园	广坡村甲2号	67780738
大望京公园	望京东路甲6号	84762917
奥林匹克森林公园	奥运村地区北五环仰山桥西	64529010
朝阳公园	朝阳公园南路1号	65940972
中华民族园	民族路1号	62063646
丽都公园	芳园西路6号	64378548
北京金盏郁金香花园	金盏西大街路北	84337800
北京朝来农艺园	来广营新生大队西侧	84913534
太阳宫公园	太阳宫公园	52032752
北焦公园	化工路口1号	67383866－2558
南湖公园	阜通西大街	84775828－8010
东一处公园	双桥东路一时区	65485855
望湖公园	望京北路51号	64785880
八里桥公园	管庄地区办事处	65716210
立水桥公园	安立路	84841533
兴隆公园	高碑店兴隆庄甲8号	85759918
镇海寺郊野公园	小红门乡小红门南里	87604036
鸿博郊野公园	小红门乡小红门南里	87604036
老君堂郊野公园	十八里店地区老君堂村	67474556

海棠郊野公园	十八里店地区老君堂村	67474556
古塔郊野公园	王四营地区	87390858
白鹿郊野公园	王四营乡道口村	87390858
将府公园	朝阳区将台乡东八间房	64371393
东坝郊野公园	朝阳区东坝地区东五环外	65491802
常营公园	朝阳区常营地区	65481631
东风公园	朝阳区东风乡将台洼	85811134
太阳宫体育休闲公园	朝阳区太阳宫西路 1 号	52018627
朝来森林公园	朝阳区来广营新生村	84913070
京城槐园	姚家园路与东五环路交汇处东南角	85574810
京城梨园	姚家园路与东五环路交汇处东南角	85574810
杜仲郊野公园	三间房乡金卫路	85367196
金田郊野公园	豆各庄乡于家围北村 478 号	85367983
京城体育场郊野公园	朝阳体育中心东西两侧	85574810
京城森林公园	黄杉木店路东西两侧	85574810
百花公园	高碑店乡北花园村	65475890
黄草湾郊野公园	辛店路	64922882
勇士营郊野公园	来广营乡朝来绿色家园东(北苑东路东侧)	84911106
清河营郊野公园	来广营乡清河营润泽庄园东侧	84911106

社区居委会、村委会

安贞街道

安贞里社区居委会	安贞里二区 20 号楼	64428863
安贞西里社区居委会	安贞西里三区 5 号楼东侧二层小楼	64453619
安华里社区居委会	安华里二区 11 号楼	84241354
安华西里社区居委会	安华西里一区 21 楼前平房	64268241
黄寺社区居委会	黄寺大街甲 28 号院 1 号楼 107	82070950
裕民路社区居委会	裕中东里一号院	82027289

奥运村街道

总装社区居委会	安翔北里 10 号院	66355671
南沙滩社区居委会	南沙滩 66 号院 1 号楼 1 单元 3 层	52071973
科学园社区居委会	科学园南里东街 2 号楼二层	64841885
风林绿洲社区居委会	科学园南里风林绿洲 F12 楼 4 单元 1 层	64874476
绿色家园社区居委会	天居园 5 号楼一层	84916766
大羊坊社区居委会	双营路 11 号院 1 号楼东北角	64528614
龙祥社区居委会	清林路 1 号院世茂奥临 7 号楼 3 层居委会	849402095
万科星园社区居委会	万科星园北门圆房子	84945840
北沙滩社区居委会	北海滩 8 号院 5 号楼	64830556
双泉社区居委会	域清街 2 号院 5 号楼	62925020
林萃社区居委会	林萃路 9 号(京师园 5 号楼 18 号)	58213621
国奥村社区居委会	林萃东路 2 号院西门圆房子	84374871

八里庄街道

红庙北里	红庙北里53号楼南平房	65014186
红庙	朝阳区慈云寺4号楼东侧平房	65013944
八里庄西里	慈云寺北里207楼27、28号居委会	65570478
八里庄东里	八里庄东里12楼后	65569064
十里堡	朝阳区十里堡东里27楼、28楼之间平房	65577555
延静里	延静里西里22楼东侧平房	65014362
甘露园	朝阳区甘露园南里18号楼后	85781756
朝阳无限	朝阳区甘露园10号楼1单元101号	85739508
城市华庭	朝阳区十里堡甲3号院都会华庭4号楼	65561247
十里堡南里	甘露园中里2号院12号楼南侧	65577308
罗马嘉园	朝阳北路107号院39楼3层	85512155
华贸中心社区	朝阳区建国路89号院华贸公寓15号楼北二层	65307245
远洋天地家园社区	八里庄西里59号楼南侧配楼	85866626
黄杉木店社区	朝阳区甘露园南里18号楼后	85783485 85781756

朝外街道

芳草地社区居委会	东大桥路23号楼院内	85619525
吉庆里社区居委会	工体西里4号楼南侧院内	65538102
吉祥里社区居委会	朝外大街北侧吉祥里112楼旁	65514388
三丰里社区居委会	三丰里14号楼南侧小楼	85612610
体东社区居委会	工体南路甲1号(平房院内)	65522988
天福园社区居委会	天福园8号楼东侧平房	85611495
雅宝里社区居委会	朝南大街甲14号楼北侧	85628668

大屯街道

慧忠里第一居委会	慧忠里甲316楼北侧	64980308
慧忠里第二居委会	慧忠里B区109楼东南侧	64966868转8918
慧忠北里第一居委会	慧忠北里411楼104号	85584734
慧忠北里第二居委会	慧忠北里202楼104室	85584007
安慧北里秀雅居委会	安慧北里雅园4号楼一层	64921361
安慧北里安逸居委会	安慧北里逸园18号楼0110号	64973028
大屯里居委会	大屯里115楼208号	84805104
安慧东里居委会	北苑路178号院光大名筑8号楼118号	64826118
欧陆经典居委会	欧陆经典172号院16号楼底商三层	84853151
育慧西里居委会	育慧西里小区居委会办公楼	64915900
嘉铭园居委会	嘉铭园A区5号楼2单元101、103号	84859022
育慧里居委会	成慧路二号院1号楼1单元1层	84636040
世纪村居委会	世纪村西区8号楼北侧	84633764
亚运新新家园居委会	辛店路亚运新新家园物业一层	51737063

东湖街道筹备处

望京花园社区	望京花园130楼2层	64700550
利泽西园一区社区	利泽西园一区104楼106	64788250
望湖社区	利泽西园二区206楼2单元地下室	64786258
望京西园社区	望京西园一区116楼东南侧黄色二层楼	64754948
南湖东园社区	南湖东园一区中心花园旁	64791990

南湖中园社区	南湖中园 117 楼 3 门 102 室	64709041
果岭里	果岭里社区东门外	84727412

垡头街道

垡头街道一区社区居委会	垡头一区 6 号楼北侧	67382011
垡头街道二区社区居委会	金蝉里 19 号楼 011 室	67367009
垡头街道三区社区居委会	垡头二区 18 号楼	67365471
垡头街道东里社区居委会	垡头东里老居委会	67365570
垡头街道西里社区居委会	垡头西里 24 号楼北侧	67360853
垡头街道北里社区居委会	垡头 17 号楼西侧	67374703
垡头街道翠城馨园社区居委会	翠城馨园 340 楼 13 号	67383900
垡头街道翠城雅园社区居委会	翠城馨园 237 号楼北侧	67202700
垡头街道翠城趣园社区居委会	翠城趣园 111 楼	67363500
垡头街道翠城盛园社区居委会	翠城馨园 143 号楼底商	67376900
垡头街道翠城熙园社区居委会	翠城趣园 420 楼底商	67371136

和平街街道

和平家园社区居委会	和平街 11 区甲 12 号	84291139
砖角楼社区居委会	砖角楼北里 5 号楼院内平房	64219740
十四区社区居委会	和平街 14 区 14 楼前平房	84258576
和平东街社区居委会	和平街 15 区西门外南侧平房	64294800
樱花园社区居委会	樱花园社区 24 – 7 – 103	64443929
胜古庄社区居委会	皇姑拉 2 楼南墙外	64452943
小黄庄社区居委会	和平街西苑 15 号楼西侧平房	84270383
胜古庄北社区居委会	安定路 12 号院 2 号楼 101	64437323
煤炭科技苑居委会	和平街 13 区 34 楼 101	84264316

呼家楼街道

小庄社区	金台里 2 号楼北侧标牌厂西侧	85996939、85991491
新街社区	光华路 15 号院泰达时代中心 4 号楼 1004 室	]85885070、85885071
关东店社区	向军南里 3 号楼 109 号	65023450、65005758
关东店北街社区	向军北里 28 号院 D 座 1 层	65005783
东大桥社区	东大桥路 8 号 SOHO 尚都南塔一层	59003781、59003782
金台里社区	金台北街甲 1 号	85994144、85994580
核桃园社区	农丰里 7 号楼 7 门 101 号	65938892、65947306
呼家楼北社区	呼家楼北里 1 号楼南侧平房	65950122、65082915
呼家楼南社区	呼家楼南里 22 号楼南侧平房	65924251、65071668
人民日报社社区	金台西路 2 号内民 16 楼北侧	65369869
新街社区	光华路 15 号院泰达时代中心 4 号楼 1004	85885071

建外街道

建国里社区居委会	建国里三道街一号楼南平房	65678270
永安里社区居委会	朝阳区灵通观 10 号楼南平房	58783636
永安里东社区居委会	朝阳区建外 soho 西区 15 号楼 B1	58793610
秀水社区居委会	东大桥路 57 号楼院内平房	58783688
光华里社区居委会	光华西里一号温莎大道 A 座 1 层	65081733
北郎家园社区居委会	朝阳区郎家园 15 号	65831573
北郎家园东社区居委会	蓝堡国际公寓 D 座 S215 室	85997485

南郎社区居委会	朝阳区现代城文化教育活动中心	58783660

劲松街道

劲松北社区居委会	劲松一区 132 楼	67759027
劲松东社区居委会	劲松三区 321 楼一层	67758807
劲松中社区居委会	劲松五区 507 楼	67757904
劲松西社区居委会	劲松八区甲 813 楼一层	67700806
农光里社区居委会	农光里 142 楼西侧	67354935
农光里中社区居委会	农光里二区 212 楼一层	67354936
农光东里社区居委会	农光东里 10 号楼北院	67356577
磨房北里社区居委会	磨北邻甲 120 楼	67313633
八棵杨社区居委会	华腾园乙 7 裙楼四层	67735144
大郊亭社区居委会	广渠路 28 号院珠江帝景 208 楼北 A156	58631483
和谐雅园社区	五圣路 6 号院和谐雅园一号	67775535
百环社区	广渠路 66 号院百环家园 10 号楼一层	67726195

酒仙桥街道

高家园社区居委会	高家园小区 118 号	64309142
大山子社区居委会	大山子北里小五楼	64309134
电子球场路社区居委会	三街坊 2 楼旁平房	64309151
红霞路社区居委会	六街坊 11 楼 6 单元	64909146
中北路社区居委会	酒仙桥路 11 号院后平房	64309139
酒仙桥东路社区居委会	驼房营南里兆维小区综合楼 2 层	64309168
酒仙桥南路社区居委会	十街坊 17 楼楼下平房	64309156
怡思苑社区居委会	南十里居 15 号院 8 号楼	64309129
驼房营西里社区居委会	酒仙桥驼房营西里临甲 8 号文体中心一层	84707693

六里屯街道

秀水园社区居委会	水碓子北里 4 号楼前西平房	85961850
碧水园社区居委会	甜水园北里 6 号楼 7 单元 104 号	65033285
甜水园社区居委会	甜水园东里纺织小区存车处	65007498
道家园社区居委会	道家园 7 号楼 9 单元 102 号	65920781
八里庄南里社区居委会	八里庄南里 24 号楼北侧平房	85831049
八里庄北里社区委员会	八里庄北里公园 1872 215 号楼一层底商	85918862
晨光社区居委会	晨光家园 212 号楼东 107 号	85843811
十里堡北里社区居委会	十里堡北里 29 号楼北侧平房	85832145
六里屯北里社区居委会	丽水家园 1 号楼地下室北侧	65862417
炫特家园社区居委会	炫特家园 3 号楼东侧	85856772
甜水西园社区居委会筹备处	甜水西园甲 12 号楼社区服务中心	85972199

麦子店街道

霞光里社区居委会	霞光里 30 号院 5 号楼二层	64661665
枣营北里社区居委会	枣营北里 30 号楼	65928551
枣营南里社区居委会	枣营南里 21 楼前平房	65089525
朝阳公园社区居委会	朝阳公园西路 9 号北小楼	65383824
农展南里社区居委会	农展南里 3 号楼	65915230

潘家园街道

潘家园社区居委会	潘家园 27 # －2－204 号	87701306
潘家园南里社区居委会	潘家园南里 11 楼北侧平房	87715076
潘家园东里社区居委会	潘家园东里 12 # －1 层 10 号	67705015
华威西里社区居委会	华威西里 42 # 乙	87771754
华威北里社区居委会	华威北里甲 32 #	67733310
松榆西里社区居委会	松榆西里 61 # 楼西侧	67321248
松榆里社区居委会	松榆里 26 # －104 号	67322086
松榆东里社区居委会	松榆东里 15 # －0－014 号	67321348
武圣农光社区居委会	松榆北路 7 号院 9 楼 2 层	87379079
武圣东里社区居委会	武东 51 楼 104 号	67322256
磨房南里社区居委会	磨南 22 楼 1 门 101	67356846
华威里社区居委会	华威南路 2 号楼地下一层	87731033

三里屯街道

幸福一村社区居委会	太平庄南里甲 3 号	64169217
幸福二村社区居委会	幸福二村 5 号楼北侧 2 层楼 1 层	64166399
北三里社区居委会	北三里屯南楼西甲 1 号	64177960
中三里社区居委会	东三里屯中 3 楼院平房	66787026
东三里社区居委会	东三里中 11 楼南侧平房	64176151
中纺里社区居委会	中纺里 9 楼北侧平房	65929071
白西社区居委会	三里屯南路 4 号楼 1 层	65912776

首都机场街道

南路西里社区居委会	首都机场宿舍区燕翔西里 2 号楼北侧办公楼	64571571
南路东里社区居委会	首都机场宿舍区东平里 5 号楼北侧办公楼二层	64565422
西平街社区居委会	首都机场宿舍区南平里 7 号楼 2103－4	64571567
南平里社区居委会	首都机场宿舍区南平里 32 号楼西侧办公楼二层	64573848

双 井 街 道

广和里社区	广和路 17 号院(翠城沙盘)	67751452
垂东社区	垂杨柳北区 14 楼西门一层	67754505
垂西社区	垂杨柳西里 6 号楼西侧平房	87772862
广外南社区	广渠门外大街 22 楼后平房	67751339
广泉社区	广渠门外大街甲 28 号院 15 楼 206	87752193
双花园社区	双花园西里甲 8 楼	67398998
光环社区	双花园南里 2 区 6 号楼 5 单元 1 层 1 号	87721692
富力社区	富力城天力街 3 号楼	58621732
九龙社区	百子湾路 32 院南区 5 楼 A 座地下室	58263287
九龙南社区	百子湾南 2 路 76 号院乐成国际 5 号楼 15 号	87724721
大望社区	西大望路 19 号 5 楼 7 单元 101 号	87755016
百子园社区	百子园 4 号 B 座 1 层 105 室 2 层 203 室	87747250

团结湖街道

一二条社区居委会	团结湖北头条 4 号楼东侧	65824358
三四条社区居委会	团结湖北三条 16 号楼	85971899

中路北社区居委会	团结湖街道中路北一条8号楼	85982265
中路南社区居委会	团结湖路南一条5号楼西侧二层小楼	85989270
水碓子社区居委会	团结湖水碓子24号楼	85986788
南北里社区居委会	团结湖路21-1-101	85989524

望京街道

望京西园四区居委会	望京新城403号楼107	64706915
望京西园三区居委会	西园三区304楼2层	84726031
望花路东里居委会	金星路16号楼后院平房	64782766
望花路西里居委会	望花路西里9号楼2单元101	84715085
花家地居委会	花家地9号楼	84712151
花家地北里居委会	花家地北里5号楼12单元101	64759181
花家地南里居委会	花家地南里2号楼1单元1	64725778
花家地西里居委会	花家地西里109号楼	64716251
花家地西里三区居委会	南湖实业宿舍院内	64719483
南湖东园居委会	南湖东园210楼1单元101	64706917
南湖中园居委会	南湖中园215楼4单元101	64706923
南湖西园居委会	南湖西园101号楼4单元101	64704359
南湖西里居委会	南湖渠西里院内	64709018
方舟苑居委会	方舟苑2号楼103	64780673
大西洋新城居委会	大西洋新城会所四层	64727607
爽秋路居委会	蓝色家园西门外	64773107-808
圣星居委会	圣馨大地B座负一层	64747841-661
望京园居委会	望京园3区华鼎世家304楼103	84727640
南湖西园二区居委会	季景5号底商	52039054
望京东园五区居委会	望京东园503楼2层	84781519
阜荣街居委会	阜荣街15号1号楼2单元1层	84763124
望京西路居委会	望京西路50号院鹿港7号楼1层	84784239

香河园街道

柳芳南里社区居委会	柳芳南里6号楼前平房	64607112
柳芳北里社区居委会	柳芳北里甲14号平房	84514269
西坝河南里社区居委会	西坝河南里20号楼前平房	64651709
西坝河中里社区居委会	西坝河中里2号楼前平房	64676023
西坝河西里社区居委会	西坝河西里4号楼	64296921
西坝河东里社区居委会	西坝河东里107楼东侧	64670151
光熙门北里北社区居委会	光熙门北里甲6号楼	64272821
光熙门北里南社区居委会	光熙门北里10号楼101室	64200497
光熙家园(筹备组)	光熙家园9号楼203室	59033942

小关街道

惠新苑社区居委会	惠新西街9院1号楼1层	64810094
惠新北里社区居委会	惠新北里8号楼	64810092
高原街社区居委会	高原街4号院	84626490
小关社区居委会	小关北里204楼	64914908
惠新里社区居委会	惠新里226号楼地下室	64810091
小关东街社区居委会	小关东街3号楼旁	64304889、4909

亚运村街道

安慧里社区居委会	安慧里一区甲7号楼	64980226
安慧里南社区居委会	安慧里三区13号楼	64932951
北辰东路社区居委会	安慧北里1号楼101室	64978765
安苑里社区居委会	安苑北里9号楼107室	64962829
祁家豁子社区居委会	华严里祁家豁子路	82026957
京民社区居委会	华严北里2号院	82028035
华严北里社区居委会	华严北里45号楼加建	82841857
华严北里西社区居委会	华严北里22号楼2层	82846023
丝竹园社区居委会	丝竹园社区7号楼11门2楼	64863772
安翔里社区居委会	安翔里1号	64886323

左家庄街道

新源里社区居委会	新源街21号楼旁	84552609
顺源里社区居委会	顺源里04号楼前	64637571
三源里社区居委会	三源里夏园活动中心	64625677
新源西里社区居委会	新源西里中街甲5号楼	84551479
左北里社区居委会	左北里甲38楼	64683979
静安里社区居委会	静安里甲6号楼	64631136
左南里社区居委会	左西街10号楼	64656209
曙光里社区居委会	曙光里39号楼旁小白楼	84515170
左东里社区居委会	左东里14号楼	64656754

常营地区(回族乡)

常营民族家园社区	常营民族家园小区59号楼底商	65738991
连心园社区	连心园小区底商	58240346
苹果派社区	苹果派小区13号楼一层	65466171
荟万鸿社区	荟康苑小区3号楼8单元102室	65728145
鑫兆佳园社区	三间房东路甲9号—1	65431083
万象新天社区居委会	万象新天社区115号楼	65436228
畅心阳光社区	五里桥一街3号院首开畅心园1号楼1层	59396206
常营保利社区	常营中路保利嘉园3号院19－19底商	57921994
常营福第社区	朝阳北路15号楼	57923868
丽景园社区	丽景园小区1－2－306	57845099
住欣家园社区	住欣家园社区215号楼	57914007

崔各庄地区(乡)

何各庄村村委会	何各庄村	64310510
马泉营村村委会	马泉营村	64387476
费家村村委会	费家村	84704166
奶东村村委会	北奶东村	84560718
奶西村村委会	奶西村	84700766
南皋村村委会	南皋村	64368319
黑桥村村委会	黑桥村	64384536
草场地村村委会	草场地村	64329193
东辛店村村委会	东辛店村	64340686
崔各庄村村委会	京旺家园四区崔各庄村	64311104

善各庄村村委会	京旺家园四区善各庄村	84560307
索家村村委会	京旺家园四区索家村	64340206
望京村村委会	京旺家园一区北门东侧望京村股份经济合作社	64364634
东营村村委会	京旺家园一区 13 号楼底商东营村委会	84160336
北皋村村委会	京旺家园一区 13 号楼底商北皋村委会	64320195
马南里社区居委会	马南里社区	84701691
京旺家园一社区居委会	京旺家园	84306567
京旺家园二社区居委会	京旺家园 6 区 3 号楼	84102736

东坝地区(乡)

七棵树村村委会	坝鑫家园办公楼二层	84396988
单店村村委会	单店村	65498870
西北门村村委会	西北门村	52056006
后街村村委会	后街村	84327363
东风村村委会	东风村	84318341
驹子房村村委会	驹子房村	52070582
三岔河村村委会	三岔河村	84313874
焦庄村村委会	焦庄村	65780827
东晓景村村委会	东晓景村	57800870
红松园社区居委会	东坝乡红松园社区	65494922
东坝家园社区居委会	东坝家园 206 楼 1 单元 202	65412456
康静里社区居委会	康静里社区 13 号楼 5 门 101	65734994
高杨树社区居委会	高杨树中街 15 号院富北嘉园 4 号楼	65479711
朝阳新城社区居委会	新嘉园东里三 1 号楼社区服务站	65456084
奥林匹克花园社区居委会	奥林匹克花园社区三期 723 楼底商	65494272
中铁十六局社区居委会	十六局文化宫内西边楼梯上二层	51884630
大街居委会居委会	东坝乡东风村村委会楼上	84327090
常青藤社区居委会	单店西路 15 号院 1 号楼底商	85379765
景和园社区居委会	朝新嘉园东里六区 6 号楼东侧一层	65479716
丽富嘉园社区居委会	东坝中路 30 号院 6 号楼 1 单元 104	65479669

东风地区(乡)

六里屯村村委会	六里屯村	65862164
辛庄村村委会	辛庄甲 1 号	85846037
豆各庄村村委会	豆各庄高庙村东北门	85811977
将台洼村村委会	将台洼村	84315469
石佛营东里社区居委会	石佛营东社区 113 楼东侧二层楼	85820154
石佛营西里社居委会	石佛营西里 9 号楼 3 门 101	85811324
石佛营南里社区居委会	八里庄北里 128 号楼玫瑰郡底商	85835729
紫萝园社区居委会	石佛营东里 136 号院 B 座 108	85846204
东润枫景社区居委会	南十里居 28 号院 6 号楼 2 单元	64312604
观湖国际社区居委会	东四环 88 号院 7 号楼 1 单元 2 层	59283405
公园大道社区居委会	朝阳公园南路 6 号院 4 号楼会所东一层	65306652
泛海国际南社区居委会	星火西路 17 号	85844893
泛海国际北社区居委会	东风地区辛庄居委会	85814847
将台洼社区居委会	七棵树西街 158 号	84312621

豆各庄地区(乡)

豆各庄村村委会	朝丰家园社区天达路八号院六号楼	67206225

孟家屯村村委会	朝丰家园社区天达路八号院六号楼	87391357
黄厂村村委会	朝丰家园社区天达路八号院六号楼	67206288
孙家坡村委会	朝丰家园社区天达路八号院六号楼	67206232
水牛坊村委会	朝丰家园社区天达路八号院六号楼	67373802
马家湾村委会	朝丰家园社区天达路八号院六号楼	67206230
南何家村委会	绿丰西路绿丰家园社区居委会院内南何家村委会	85308299
于家围北村委会	绿丰西路绿丰家园社区居委会院内于北村委会	85366353
于家围南村委会	绿丰西路绿丰家园社区居委会院内于南村委会	85307431
东马各庄村委会	绿丰西路绿丰家园社区居委会院内东马各庄村委会	85307047
西马各庄村委会	朝丰家园社区天达路八号院六号楼	67206181
石槽村村委会	朝丰家园社区天达路八号院六号楼	67206233
青青家园社区居委会	青青家园 101—1	85300961
京城雅居社区居委会	京城雅居西侧物业院内	87391785
绿丰家园社区居委会	绿丰西路绿丰家园社区居委会	85309786
文化传播社区居委会	双桥路九号院	95367481
阳光家园社区居委会	豆各庄一号院大门内东侧	87392814
朝丰家园社区居委会	朝丰家园社区天达路八号院六号楼	87391273
富力又一城社区筹备组	马家湾村萧太后河北岸水闸旁边	87332697

高碑店地区(乡)

高碑店村村委会	高碑店村 1358 号	87741569
高井村村委会	朝外高井甲 6 号	85760437
半壁店村村委会	半壁店村	87743221
北花园村村委会	北花园村	65475898
高碑店东社区居委会	高碑店村 5 区 1 楼 1 号	85763010
高碑店西社区居委会	高碑店西区一区 32 号楼	85755601
高井社区居委会	朝外高井甲八号高井村委会	85772433
西店社区居委会	西店村 527 号(老年公寓东侧 300 米)	67043885
方家园社区居委会	方家园社区	85768651
半壁店社区居委会	半壁店村 280 号	87741051
北花园社区居委会	北花园村委会	65475881
八里庄社区居委会	康家沟甲 30 号	65586729
甘露园南里一区社区居委会	康家园 23 号楼一层	85752957
甘露园南里二区社区居委会	甘露园南里二社区 19 号楼东侧居委会	85773316
丽景馨居社区居委会	甘露园南里三区丽景馨宾馆二层	85758506
花北东社区居委会	花园闸北里 13 号楼花北东社区	65745746
花北西社区居委会	大黄庄南里 25 号楼二层西侧	65791272
太平庄南社区居委会	朝阳区朝阳路 69 号院临甲 9 号	51386093
太平庄北社区居委会	南太平庄北巷 8 号	85501889
康家园东社区居委会	高碑店北路甲 6 号院白领家园小区 5 号楼 3 单元 201 室	51316821
康家园西社区居委会	康家园小区 1 号楼北头西侧院内	52029080
兴隆家园社区居委会	建国路 29 号兴隆家园 23 号楼 201 室	85768044
通惠家园社区居委会	通惠家园惠润园 4 号楼 3 单元 1 层社区服务站	59679522
大黄庄社区居委会	大黄庄 152 号	85762616
文化园社区居委会	高碑店村民俗文化街 1712 号	87739893
力源里社区居委会	力源里北街金地名京 6 号楼 M 层社区办公室	85723201
小郊亭社区居委会	小郊亭村 268 号	87741211
花园闸社区居委会	北花园村委会斜对面	65400766
水南庄社区居委会	西店村 1131 号	87703699

管庄地区(乡)

郭家场村村委会	郭家场村	85391679
八里桥村村委会	瑞祥里小区 26 号楼地下室	85708767
重兴寺村村委会	重兴寺村	65730972
杨闸村村委会	杨闸村	85708652
司辛庄村村委会	司辛庄村	65739289
小寺村村委会	小寺村	65703627
果家店村村委会	瑞祥里小区 4-4-103	85708429
管庄村村委会	管庄村 268 号	65761536
东会村村委会	东会村	52037551
西会村村委会	瑞祥里小区 4-1-103	85709631
咸宁侯村村委会	咸宁侯村 414 号	85365773
塔营村村委会	瑞祥里小区 29-1-102	85709455
八里桥社区居委会	东军庄 8 号楼 5 单元 103	85701262
京通苑社区居委会	京通苑社区 10 号楼东二层	65709460
管庄东里社区居委会	管庄东里 35 号楼东侧平房	51167315
管庄西里社区居委会	管庄西里 3 楼南侧平房	65740261
建东苑社区居委会	建东苑小区 1 号楼东侧	65752017
惠河东里社区居委会	双桥东路 12 号院 15 号楼一层	65485807
惠河西里社区居委会	双柳北街一号院 14 号楼 305 室	65438728
瑞祥里社区居委会	瑞祥里小区 4 号楼 3 单元 101 室	65709460
丽景苑社区居委会	管庄西里 78 号楼(尚东阁小区)东侧平房	65777481
新天地社区居委会	朝阳路 5 号院 12 号楼北门 2 层	59121092

黑庄户地区(乡)

大鲁店一村村委会	大鲁店一村	85386242
双树南村村委会	双树南村	85373302
大鲁店二村村委会	大鲁店二村	85385253
双树北村村委会	双树北村	85371154
大鲁店三村村委会	大鲁店三村	85383595
定辛庄东村村委会	定辛庄东村	85371426
小鲁店村村委会	小鲁店村	85386256
定辛庄西村村委会	定辛庄西村	85372393
郎各庄村村委会	郎各庄村	85387385
苏坟村村委会	苏坟村	85372287
郎辛庄村村委会	郎辛庄村	85382273
幺铺村村委会	幺铺村	85370621
黑庄户村村委会	黑庄户村	51235285
四合庄村村委会	四合庄村	85381261
万子营东村村委会	万子营东村	85381836
万子营西村村委会	万子营西村	85384093
旭园社区居委会	黑果宿舍旭园居委会	85384802
双桥第一社区居委会	双桥农场五号井小区	85391807
双桥第二社区居委会	双桥农场六号井小区	85393238
康城社区居委会	双桥东路 9 号院康城花园物业楼	85375049
怡景城社区居委会	郎辛庄北路 58 号院物业楼	85380351

将台地区(乡)

东八间房村村委会	东八间房村委会	52053188

驼房营村村委会	驼房营办公楼	84561035
安家楼管委会	安家楼村东林场	64372167
丽都社区居委会	东四环北路 6 号阳光上东 C 区 1 号楼	51303352
梵谷水郡社区居委会	驼房营南路 2 号院 14 号楼梵谷水郡小区	84706491
芳园里社区居委会	将台路芳园里 18 号楼对面	64356243
水岸家园社区居委会	酒仙桥路甲 1 号水岸家园	64332726
将府社区居委会	将府家园北里 103－2－101	51373060
瞰都家园社区居委会	东四环北路 10 号院 2 号楼底商	84797568

金盏地区(乡)

沙窝村村委会	沙窝村	84317838
金盏东村村委会	金盏东村	84343674
金盏西村村委会	金盏西村	84333599
皮村村委会	皮村	84331517
雷庄村村委会	雷庄村	84340179
长店村村委会	长店村	84339965
楼梓庄村村委会	楼梓庄村	84393471
黎各庄村村委会	黎各庄村	84317601
东窑村村委会	东窑村	84316859
曹各庄村村委会	曹各庄村	84391615
小店村村委会	小店村	84349120
北马房村村委会	北马房村	84311013
马各庄村村委会	马各庄村	65418506
金泽家园社区居委会	东坝乡康各庄路金泽家园 A 区 27 号楼	56521023
金泽家园北社区居委会	东坝乡康各庄路金泽家园 B 区 318 号楼 2 单元 2 层	办理中
金盏嘉园第一社区居委会	金盏乡金盏嘉园 C 区 1 号楼南侧	办理中
金盏嘉园第二社区居委会	金盏乡金盏嘉园 D 区 1 号楼南侧	办理中

来广营地区(乡)

来广营村村委会	来广营村	84903775
红军营村村委会	红军营村	84923441
清河营村村委会	北苑东路清河营郊野公园内	84945392
新生村村委会	新生村	84913775
北湖渠村村委会	来北家园东门 C 座 3 层	53015145
北苑一号院社区居委会	安外北苑一号院 10 号楼 2 单元 1 层	66749494
北苑二号院社区居委会	北苑二号院	84936317
北苑三号院社区居委会	安外北苑航空中心医院三号院	84929635
朝来绿色家园社区居委会	红军营东路蕴实园小区北门东侧	84950419
黄金苑社区居委会	旭辉奥都 5 号楼一层	84931521
立城苑社区居委会	立水桥甲 3 号立城苑小区 5 号楼场	84813176
立清路第一社区居委会	立清路明天第一城 5 号院 5 号楼 7 单元 101 室	84673960
莲葩园社区居委会	北苑家园莲葩园小区西门小黄楼	84925448
茉藜园社区居委会	北苑家园茉黎园小区 19 号楼 101 室	84926067
青年城社区居委会	红军营东路 8 号院甲 2 号楼	84954599
清友园社区居委会	筑华年小区 Q4 号楼	64116601、84967852
时代庄园社区居委会	红军营东路 18 号时代庄园会所三层	84967984、64188390
新街坊社区居委会	北苑 5 号院 6 区佳兴园小区 605 号楼 A 单元 101 室	84945426
绣菊园社区居委会	北苑家园绣菊园 5 号楼北侧	84966936
紫绶园社区居委会	北苑家园紫绶园 8 号来广营城管大院 1 层	84955849
广达路社区居委会	广达路社区 2 号院 5 号楼 1 单元 101	84364537

清苑路第一社区居委会	水岸庄园2区1010商业楼4层	84912960
红军营社区居委会	来北家园4号楼4单元一层	53015222

南磨房地区(乡)

楼梓庄村村委会	紫南家园小区207楼	87351374
大郊亭村村委会	窑洼村68号	67348539
紫南家园社区居委会	紫南家园小区207楼	87351374
平乐园社区居委会	窑洼村68号	67303600
双龙南里社区居委会	双龙南里社区居委会	87320042
南新园社区居委会	南新园小区26号楼2层	87322075
东郊社区居委会	深沟甲168号(东四环东侧)	87705761
百子湾西社区居委会	东石门村6号	87715691
百子湾东社区居委会	百子湾家园109号楼	87956922
欢乐谷社区居委会	金蝉西路南	67377070
山水文园社区居委会	燕东路山水文园东园四号楼底商A-25号	87367539
赛洛城社区居委会	百子湾东里113号楼-R	67713718-815

平房地区(乡)

平房村村委会	平房村	85575115
姚家园村村委会	姚家园村	85576377
石各庄村村委会	石各庄村	65469915
黄渠村村委会	黄渠村	65765017
平房社区居委会	平房村1780号	85573866
姚家园西社区居委会	姚家园西里1号院1号综合楼4层	85523855
雅成里社区居委会	雅成一里青年路小区14号综合服务楼2层	85512305
富华家园社区居委会	黄杉木店路186号院	85762215
华纺易城社区居委会	青年路29号院华纺易城社区1号楼4单元201室	58777563
国美家园社区居委会	青年路西里国美第一城小区2号院6号楼底商一层	52069601
定福家园南社区居委会	三间房西路福盈家园1号院1号楼1单元地下一层	58791563
星河湾社区居委会	黄杉木店后街168号(畅园1号楼2单元1层北门)	85561850
姚家园东社区居委会	平房乡姚家园8号院5号楼3单元104	85798698
青年路社区居委会	青年路西里5号院润枫水尚5号楼底商	85563188
天鹅湾社区居委会	雅成二里20号楼底商103	59075209
逸翠园社区居委会	姚家园西里5号院9号楼4单元102室	85515336

三间房地区(乡)

三间房东村村委会	三间房东村	65471869
三间房西村村委会	三间房西村	65774855
定福庄东村村委会	定福庄东村	65767150
定福庄西村村委会	定福庄西村	65765938
褡裢坡村村委会	褡裢坡村	65763296
白家楼村村委会	白家楼村	65752268
东柳村村委会	东柳村	65420301
西柳村村委会	西柳村	65400756
北双桥村村委会	北双桥村	65400913
金家村村委会	金家村	85362188
新房村村委会	新房村	65758174
福怡苑社区居委会	定福庄北街福怡苑小区一区北门东侧	65406809
美然动力社区居委会	朝阳北路50号院东侧	65769868

双惠苑社区居委会	水郡长安家园1号院3号楼二层	65427426
艺水芳园社区居委会	北花园街8号院外西侧	65400351
绿洲家园社区居委会	建国路18号院1号楼107室	65403552
三南里社区居委会	三间房南里4号院	65756922
定西南里社区居委会	定福庄西街定福园小区20号楼南侧	65769657
定西北里社区居委会	定福庄西里1号院电建北院平房	65715419
定南里社区居委会	三间房定福庄定北里1号院	65737663
定北里社区居委会	定福庄北街23号院东领鉴筑4号楼一层	65407714
双桥路社区居委会	双桥街西大院12号	85366803
双桥铁路社区居委会	双桥街东柳西里北一区14号楼北侧	65758180
双柳社区居委会	双桥路双柳巷16号楼北侧	65702611

十八里店地区(乡)

十八里店村村委会	十八里店村	67474039
十里河村村委会	十里河村	67322734
吕家营村村委会	吕家营村	87691746
周庄村村委会	周庄村	67330480
小武基村村委会	小武基村	67473450
横街子村村委会	横街子村	87305279
老君堂村村委会	老君堂村	87309866
西直河村村委会	西直河村	67388090
老君堂社区居委会	君堂好园6号楼一层	87309990
弘善家园第一社区居委会	弘善家园409号楼一层底商	67049499
弘善家园第二社区居委会	弘善家园315号楼东侧一层底商	67049109
前祁庄社区居委会	吕家营村前祁庄832号	87625053
后祁庄社区居委会	吕家营村829号	87691516
六道口社区居委会	吕家营村六道口居委会	87696579
白墙子社区居委会	白墙子社区	67471547
弘善寺社区居委会	弘善家园315号楼东侧一层底商	67049168

孙河地区(乡)

孙河村村委会	康营家园D区	84354679
上辛堡村村委会	上辛堡村	84590898
前苇沟村村委会	前苇沟村	84329653
下辛堡村村委会	下辛堡村	84794868
后苇沟村村委会	康营家园D区	64331704
黄港村村委会	黄港村	84791949
康营村村委会	康营家园D区	84300237
雷桥村村委会	康营家园24区3号楼	84911357
北甸东村村委会	康营A区	84591200
沙子营村村委会	沙子营村	84912178
北甸西村村委会	康营家园A区	84590227
李县坟村村委会	康营家园14区3号楼	84910132
西甸村村委会	康营家园D区	57627215
沈家坟村村委会	康营家园14区3号楼	84915939
康营家园一社区居委会	康营家园D区	84564543
康营家园二社区居委会	康营家园A区	64382639
康营家园三社区居委会	康营家园24区3号楼	84354635
康营家园四社区居委会	康营家园14区3号楼	84354330
下辛堡社区居委会	下辛堡村	84794868

太阳宫地区(乡)

十字口村村委会	十字口村	64616916
牛王庙村村委会	牛王庙村	64365908
芍药居社区一社区居委会	芍药居北里219号楼5层	84368128
芍药居社区二社区居委会	芍药居北里203号楼	84628158
芍药居社区三社区居委会	芍药居10号楼下平房	84615524
芍药居社区四社区居委会	芍药居2号院	84612696
太阳宫社区居委会	太阳宫南街7号院6号楼西侧2层	64220891
十字口社区居委会	太阳宫火星园8号楼8－9	64287853
牛王庙社区居委会	太阳宫五里沟甲20号	64385869
夏家园社区居委会	夏家园20号楼	52036308
尚家楼社区居委会	尚家楼社区48号院	64683068
惠忠庵社区居委会	太阳公元1街1号院10号楼底商	64205711

王四营地区(乡)

官庄村村委会	官庄村	67366137
观音堂村村委会	观音堂村	51352902
王四营村村委会	王四营村	67389215
南花园村村委会	南花园村	67366973
道口村村委会	道口村	87399671
孛罗营村村委会	孛罗营村	87390092
观音堂社区居委会	观音堂村	51352902
白鹿社区居委会	道口村	87399671

小红门地区(乡)

小红门村村委会	小红门村	87602942
肖村村委会	肖村	67627444
龙爪树村村委会	龙爪树村	87695071
牌坊村村委会	牌坊村	87600245
恋日绿岛社区居委会	鸿博家园1区9号楼底商	52054488
鸿博社区居委会	鸿博家园1区9号楼1单元底商	87554601
中海城社区居委会	少角中街8号院5号楼	87656764
三台山社区居委会	三台山甲1号	87601375
四道口社区居委会	四道口居委会	67609221
玉器厂社区居委会	龙爪树街734号	87693193

索　引

说　明

本索引为主题索引，又称内容分析索引，主题词（标目）以《北京朝阳年鉴》(2014)正文中出现的专业名词、名词词组、机构名称为主。

本索引共三部分。第一部分为汉语拼音索引，以音序排列，音序相同时，以第二字排序，以此类推；第二、第三部分为数字索引和英文字母索引。

本索引的文字部分为主题词，主题词之后的阿拉伯数字表示所在正文中的页码（地址项），数字之后的小写英文字母(a、b、c)分别表示该页的左、中、右栏。主题词后有多个页码的，表示该主题词均在这些位置出现。

特载、专文、大事记、人物、统计资料、附录、勘误及正文中的表格、图片等内容不在索引范围内。

汉语拼音索引

A

B

C

D

E

F

G

J

K

L

M

N

P

Q

R

S

T

W

X

Y

数字索引

英文字母索引

勘 误

《北京朝阳年鉴》(2013年卷)共发现12处错漏,特此更正,并向读者致歉。

1."目录"第4页右栏第15行"纪检监察"应降一级为"·纪检监察"。

2."目录"第12页左栏第22行"检察"应降一级为"·检察"。

3.第102页左栏第37行"眉州东坡餐饮管理(北京)有限"应为"眉州东坡餐饮管理(北京)有限公司"。

4.第102页中栏第11行"6月26至28日"应为"6月26日至28日"。

5.第102页中栏第34行"8月2至3日"应为"8月2日至3日"。

6.第102页中栏第39行"9月27至28日"应为"9月27日至28日"。

7.第138页中栏倒数第4行句末应加"。"。

8.第211页右栏倒数第3行"(金虎)"应为"(金　虎)"。

9.第353页右栏第7行至第9行、第27行至第31行、第39行至第43行,书名号之间的顿号应去掉。

10.第593页"索引"第6行"主题题词"应为"主题词"。

11.第594页中栏第13行"北京科普之夏第活动"应为"北京科普之夏活动"。

12.第597页中栏倒数第12行"第中国国际投资贸易洽谈会"应为"中国国际投资贸易洽谈会"。

感谢以下人员为本刊提供图片

（按姓氏笔画排列）

丁国乐	丁鑫	于水	于静	于飞	于娜	于晓敏	大季
川辉	马利军	马金玲	马鸿斌	丰霜	王伟	王晖	王谦
王颖	王丰	王天天	王玉丹	王宇霞	王丽梅	王利华	王佳鑫
王京敏	王治宇	王祎楠	王建军	王倩	王爱君	王雪飞	王喜庆
王瑞琴	王薇	井鹏	贝斯斯	牛荣	尹兴田	尹亮	邓璇
邓洪涛	玉红	石立华	平川	卢姌	田丽华	付剑梅	白国辉
白富强	丛军刚	冯妍	冯晨	邢浩明	吕游	吕琮琮	朱弋征
朱荣虎	朱羿	朱润玲	乔元玉	刘军	刘佳	刘洋	刘蕊
刘小瑜	刘玉安	刘向菲	刘红伟	刘莎	刘培途	刘梓昂	刘晶晶
刘鹏	刘静敏	齐敬霞	衣雪	关鹏	宇娅薇	许治	孙研
孙绮	孙北	孙红娟	孙咪咪	牟静	李力	李勇	李晓
李晔	李凌	李萌	李蕊	李小峻	李丹梅	李文恒	李玉国
李汇涛	李宏钧	李国立	李明	李佳君	李孟阳	李海林	李娟
李雪飞	李雪峰	李雪梅	李渊峰	李雯	李媛博	李默菡	李穆明
杨望	杨东	杨冬	杨卓	杨京恋	杨秋羽	杨健	杨雪
时彬	吴玉明	吴桂昕	吴晓萌	邱灿	邱云波	邱晓艳	邱维伟
何伶俐	余步勇	汪虎	汪昆	沈力	沈兴龙	宋刚	宋思沐
宋铁岭	宋超江	宋磊	张川	张卉	张宇	张纯	张彦
张前	张凌	张子曰	张天一	张文星	张玉云	张正晔	张本志
张兰英	张伟	张旭	张秀梅	张国静	张怡然	张秋佳	张晓芳
张涛	张雅	张景惠	张颖	张誉进	张馨元	陈昕	陈征
陈涛	陈浩	陈洁	陈巴黎	陈宁	陈竹君	陈全中	陈迎双
陈钟献	陈鸿昊	陈德生	林倩	林春照	欧阳昕倩	周易	郑茂典
郑茂典	郑琪	孟庆龙	孟祥飞	项悦	赵阳	赵杰	赵洋
赵佳阳	赵诚强	赵晔	赵培	赵曼	赵博生	郝军	胡科
侯亚昕	姜军	姜海玉	姚雯	骆启昕	秦阳	秦磊	耿淑轩

莫宝林　夏春秋　钱素君　倪亚南　徐文峰　徐志军　徐志浩　徐隆祥
徐　铣　徐　磊　唐　佳　唐　珺　朗科俭　桑　凯　黄斯蕊　黄雅卿
曹发来　曹延伟　曹　军　龚立卓　常　成　康文涛　康雅文　商晓晶
梁奥博　葛　楠　董晓芸　蒋希晨　韩　涛　韩惠清　韩　静　曾金胜
谢雯雯　蔡　萌　蔡广培　管文东　薛　琳　薛瑞丰　霍　星　霍宗达
霍　萌　穆　静　戴高菊　魏　平